한국전쟁

THE KOREAN WAR 걸작 논픽션 004 한국전쟁

한국전쟁에 대해 중국이 말하지 않았던 것들

왕수쩡王樹增 지음 | 나진희·황선영 옮김

글항아리

일러두기

_ 이 책의 초판은 1999년에 출간되었다. 이 책에 기록된 특정 시점은 출간 연도 기점으로 셈해졌다.
번역은 2009년에 출간된 개정판을 저본으로 삼았다.
_ 본문에서 첨자로 부연 설명한 것은 옮긴이가 단 것이다.

　1950년 한반도에서 발발한 전쟁은 정전停戰된 지 반세기가 넘는 세월이 지난 지금도 여전히 세계 정치와 군사 판도에 영향을 미치고 있다.

　그래서 우리는 오늘날에도 전쟁의 역사를 되새기는 것이다.

　1970년대 이전, 중국에서는 이 전쟁을 줄곧 '항미원조전쟁'이라 불렀고, 참전한 중국군을 '중국인민지원군'이라 불렀다. 하지만 나는 이 전쟁에 대한 책을 쓰면서 '한국전쟁'이라는 용어를 사용했는데, '한국'은 전쟁이 발발한 지역인 '한반도'를 가리킨다. 이는 중국인이 이 전쟁에 대한 넓은 이해와 시야를 지니고 있으며, 세계화의 측면에서 이 전쟁을 회고하고자 하는 바람을 나타낸다. 중국인은 그렇게 해야만 한반도, 더 나아가 이 세상을 둘러싸고 있는 각종 난제를 분석하는 데 도움이 된다는 사실을 알고 있기 때문이다.

　1950년은 중화인민공화국이 수립된 지 1년이 되는 해였지만, 중국 내에 새로운 정권을 수립하기 위한 전쟁이 완전히 끝나지 않은 상태였다. 중국인민해방군의 주력부대는 여전히 국민당 군대의 잔여부대가 점령한 일부 연해 도서 지역에 최후의 공격을 퍼붓고 있었다. 그리고 수만 명의 또다른 인민해방군은 드넓은 서북과 서남 그리고 티베트 지역으로 진군해서 변방에 남아 있는 국민당 유격대와 토구 세력을 물리치기 위해 안간힘을 쓰고 있었다. 이것은 상당히 막중한 임무였다. 더욱 중요한 것은 8년간의 중일전쟁과 4년간의 국공내전을 치르면서 기초가 약한 민족산업과 생산력이 저하된 농업 모두 붕괴 직전이었기 때문에 경제 회복이 무엇보다 시급한 과제였으며, 국가적으로 할 일이 산더미 같았지만 대규모 재건은 아직 계획 단계에 머무른 상태였다는 점이다. 전쟁으로 깊은 상처를 입은 국민은 평화로운 생활을 할 날이 오기만 학수고대하고 있었다. 전쟁은 국민 모두의 단결이 필요한 동시에 국가의 강력한 생산력이 뒷받침되어야 한다는 사실에는 의심할 여지가 없다. 질 좋고 풍부한 물자는 전쟁에서 승리하는 데 없어서는 안 될 조건이다. 이런 각도에서 볼 때 신생국인 중국은 한국전쟁의 포화 속에 뛰어들 만한 어떠한 조건도 갖추고 있지 못했다. 특히 미국을 중심으로 한 유엔군에 맞서 싸울 만한 조건은 더더욱 되지 않았다.

한국전쟁이 끝난 후부터 오늘날까지 중국의 참전 이유에 관해서는 다양한 연구가 이루어졌고 이견도 분분하다. 그러나 그 이유는 주로 국제정치에 초점이 맞춰져 있다. 그 가운데 일부 연구자가 무심코 간과하거나 회피하는 사실이 있다. 한반도에서 전쟁이 일어났을 때, 미국 정부가 한반도의 충돌은 아랑곳하지 않고 제7함대를 보내 우선 중국 영토에 속했던 타이완 해협을 무장봉쇄했다는 사실이다. 이 때문에 타이완을 해방시키려던 중국인민해방군의 계획에 차질이 생겼고, 결국 중국 통일의 꿈은 좌절되고 말았다. 이와 동시에 전쟁이 진행되면서 유엔군의 지상군이 중국과 북한의 국경인 압록강 지역으로 빠르게 진군했고, 미 공군은 중국 국경도시에 공습을 가하기 시작했다. 신생국 중국의 생존 문제를 떠나서, 당시 중국 지도자가 어떤 이유로 한국전쟁 참전 결정을 내렸는지 정말 이해할 수가 없다. 그리고 수백만 명의 중국군 장병이 왜 만리타향에서 뜨거운 피를 뿌리고 귀중한 목숨을 바쳐야 했는지는 더욱 납득하기 어렵다.

중국군은 물자 지원이나 무기장비 면에서 미군에 비해 상상을 초월할 만큼 뒤떨어져 있었다. 하지만 꼬박 3년 동안 전쟁을 치르면서 협상한 결과, 전쟁은 마침내 전쟁 발발 지점에서 막을 내렸고, 중국군은 이를 위해 무수한 병사의 목숨을 바치는 대가를 치러야 했다. 희생당한 병사들의 유해는 머나먼 이국땅인 한반도에 묻혔다. 운 좋게 살아남은 병사들은 이미 나이가 많이 들었고, 군단과 사단의 최고 지휘관들은 연이어 세상을 떠났다. 그들이 겪은 전쟁과 함께 그들의 이름은 오늘날에도 중국인들의 뇌리에서 잊히지 않고 있다. 이유는 간단하다. 한국전쟁은 우리 아버지 세대가 겪은 특별한 사명과 의의를 가진 역사이며, 또한 중화인민공화국 역사상 소홀히 할 수 없는 중대한 과거이기 때문이다. 이것이 내가 『한국전쟁』을 쓰게 된 가장 근본적인 계기가 되었다.

나는 군사학자가 아니다. 그러므로 내 글은 사람과 사람의 운명에 천착하고 있다. 어떠한 성질의 전쟁이든 간에 그 주체는 영원히 전쟁을 치르는 사람들일 것이다. 전쟁은 인류생활에서 나타나는 가장 극단적인 표현 방식으로, 평화로운 일상의 규율과 질서를 파괴함으로써 일상은 극도의 공포에 휩싸이게 된다. 생명을 담보로 한 필사의 싸움에서 거침과 섬세함, 포악함과 따스함, 천함과 고상함, 유약함과 굳셈이라는 인격과 인성의 양극단이 한데 뒤섞여 개인 또는 군대의 운명이 비장한 심리에 휩싸이게 된다.

이 책을 쓰기 위해 나는 중국군사과학원中國軍事科學院에서 저술한 『항미원조전쟁사抗美援朝戰爭史』와 한반도에 진입했던 중국군 소속 15개 군이 전후에 정리한 전쟁사, 그리고 전쟁이 종식된 뒤 귀국한 수많은 참전 장병이 쓴 전쟁 회고록을 읽으며 연구했다. 더불어 당시 한반도 전장에 있던 중국군 지휘부와 베이징의 핵심 지휘자들 간에 교환한 모든 문서와 전보를 열람했다. 이처럼 진귀한 사료들은 오늘날 독자들이 전쟁의 경위를 이해하는 데 커다란 도움이 된다. 따라서 물론 복원 작업의 상당 부분은 중국 국가이익 입장에서 이루어진 것이긴 하나 가능한 한 한국전쟁의 원형을 복원하고자 했다. 동시에 미국 역사학자 모리스 이서먼Maurice Isserman의 『한국전쟁Korean War』, 역사학자 로이 애플먼Roy Appleman의 『낙동강에서 압록강까지South to the Naktong, North to the Yalu』, 논픽션 작가 조지프 굴든Joseph Goulden의 『한국전쟁비화Korea: The Untold Story of the War』, 군사학자 베빈 알렉산더Bevin Alexander의 『한국전쟁: 최초의 패전Korea: The First War We Lost』 등의 저서, 그리고 미군 고위장성 더글러스 맥아더Douglas MacArthur와 매슈 리지웨이Matthew B. Ridgeway가 쓴 한국전쟁에 대한 회고록 등의 저술은 또다른 각도에서 한국전쟁을 이해하는 데 도움을 주었다.

이 책을 쓰기 위해 나는 참전한 중국군 주력군과 주력사단, 더 나아가 주력연대의 지휘관들을 취재했다. 그 가운데 미군과 최초로 교전한 운산전투의 지휘관인 중국군 제39군 116사단 사단장 왕양汪洋, 한국군과 최초로 교전한 온정리전투의 지휘관인 중국군 제40군 118사단 사단장 덩웨鄧岳, 그리고 미군과의 가장 참혹했던 송골봉전투를 지휘한 중국군 제38군 112사단 335연대 연대장 판톈언範天恩 등은 우리에게 결코 잊지 못할 기억을 남겨주었다. 이 책을 집필하면서 나는 허구나 상상적인 요소를 최대한 줄이거나 배제했다. 한 사람으로서 또는 작가로서 내 인식이 특정 부분에 국한되거나 시각이 편협해질 수 있음을 알고 있기 때문이다.

나는 한국의 수도 서울과 해안도시 인천을 둘러본 적이 있다. 그때 보았던 한강은 과거 '한성漢城'이라 불리던 아름다운 도시를 관통하며 흐르고 있었고, 나는 그런 도시가 오늘날 번영과 활기를 누리는 것에 기쁨과 위안을 느꼈다. 과거 격전이 벌어졌던 인천의 월미도는 이제 수려하고도 고요한 경관을 뽐내고 있다. 나는 그 해변가에서 한참을 거닐었다. 그 순간 세계적으로 어떤 구실로든 이 수려한 반도에 전쟁을 재연할 권리는 그 누구에게도 없다는 것이 내 가슴을 가득 메웠다.

이 책이 한국 독자들에게 한국전쟁을 이해하는 새로운 관점을 제공했으면 한다. 각기 다른 신분의 참전자들이 각자의 시각에서 구성한 역사적 기억은 비록 다원화된 것이기는 하지만 21세기인 지금 사뭇 다른 입장에서 출발해 인류생활과 관련된 기본적 인식을 같이하는 데 도움이 될 것이다. 역사와 현실이 어떠한 우여곡절을 겪든지 인류가 함께 앞으로 나아갈 동력을 얻고 보유해야 하기에 인류의 공통된 인식은 필수적이다.

오래된 명제

인류 진보의 역사는 동시에 전쟁의 역사다.

평화와 발전에 대한 희망이 아무리 아름답고 절실하다 하더라도 지구상에서 전쟁은 매일같이 일어나고 있다.

역사의 어느 순간에도 독립과 주권, 영토 보존 그리고 국민의 평화로운 생활을 중시하는 국가에게 전쟁은 유일한 선택이었다.

전쟁을 택하면 반드시 다음과 같은 역사적 질문이 뒤따른다. 전쟁에서 승리할 수 있는가?

싸워서 이길 수 있을까? 어떻게 해야 싸워서 이길 수 있을까?

이는 늘 진부하면서도 매번 시대를 앞서가는 질문이기도 하다.

지금으로부터 가장 가까운 시기에 평화를 위해 싸웠던 전쟁 가운데 가장 규모가 컸던 것은 제2차 세계대전이다. 전 세계 절반 인구가 전쟁의 화염에 휩싸였으며, 전쟁은 1억 명의 사상자를 낸 뒤에 끝났다. 중국과 미국은 이 전쟁에서 승전국에 속했다.

모든 참전국이 전쟁으로 만신창이가 되었을 때 본토에 가해진 피해가 전혀 없었던 미국은 전후 세계를 이끌고 나갈 경제력을 보유하게 되었다. 그때 미국의 산업 분야 총생산 가치는 전체 서구세계의 절반 이상을 차지했다. 1950년 미국의 철강 생산량은 8772만 톤에 달했고 밀 생산량은 서구세계 총생산량의 30퍼센트 이상을 차지했으며, 농공업의 총생산 가치는 1507억 달러에 달했다. 1949년 미국의 금 보유량은 약 247억 달러로 서구세계의 70퍼센트를 차지했다. 더불어 당시 미국은 과학기술이 가장 발달한 국가로서 세계 최대 규모에 최고 수준을 자랑하는 과학기술 인재를 보유하고 있었다. 미국은 이를 기반으로 한 적극적인 노력으로 세계 군사강국이 되었고 대량살상무기인 원자폭탄을 보유하게 되었으며, 세계 최대 규모에 최첨단 성능을 장착한 전투기와 해군 전함도 갖게 되었다. 제2차 세계대전이 종결되었을 때에도 미국은 18척의 항공모함을 건조하고 있었으며 보유한 항공모함의 수와 총 톤수에서 전 세계의 80퍼센트를 차지했다. 미군의 1개 보병사단에는 전차 140여 대, 70밀리 화포 330문의 군수장비가 배치되었고, 육군이 보유한 화력은 세계 최강을 자랑했다. 제2차 세계대전의 승리로 미국은 일본에서 필리핀, 이탈리아에서 괌에 이르기까지 유럽과 아시아를 아우르는 부채꼴 형태의 지대에 200여 곳의 군사기지를 구축했다. 그리고 이 기지에 미군의 3분의 1에 달하는 육군, 100여 척의 전함과 1100여 대의 전투기를 배치했다.

미국과 그 군대의 전쟁능력에 의문을 품는 사람은 거의 없었다. 전쟁에서 승리를 거두리라는 데 이의를 제기할 사람도 거의 없었다.

하지만 그로부터 5년 뒤 미국과 그 군대는 한국전쟁에서 실패하고 말았다.

강력한 미군은 자신들이 한반도에서 겪은 실패를 '울지도 웃지도 못할 결과'라고 말했다. 제2차 세계대전에서 거두었던 화려한 승리를 생각하면 한국전쟁의 패배는 세계 최강을 자랑했던 군사대국 국민에게 이해할 수 없는 일이었다. 미 육군 참모총장 조지프 로턴 콜린스Joseph Lawton Collins는 미 제8군 사령관 매슈 리지웨이에게 이렇게 한탄했다. "여보게, 한 번의 승리가 정말 중요하네."

한국전쟁에서 미군의 상대는 중국이었다. 전쟁의 폐허에서 막 일어난 중국 은 인민공화국의 성립을 선포한 당일에도 중국 전역을 해방시키지 못해 인민 해방군은 그때까지도 서남과 서북 지역으로 전진하고 있었다. 또한 이미 해방 된 광활한 지역에서 신생 인민정권에 맞서는 국민당 군대의 잔존 세력은 여전 히 군사적으로 골치 아픈 문제였다. 해를 거듭하며 지속된 전쟁은 취약한 공 업을 철저히 파괴했고, 애초 원시경작 상태에 있던 농업은 더욱 쇠락했다. 1950년 신중국의 농공업 총생산 가치는 불과 574억 위안으로, 달러로 환산하 면 미국 농공업 총생산 가치의 끝자리 수에 지나지 않았다. 전쟁에서 노획한 장비를 가장 주요한 무기 공급원으로 삼았던 인민해방군은 큰 칼과 긴 창을 사용하던 홍군紅軍, 중국이 제2차 국공내전을 치를 때 중국 공산당이 이끌던 군대로 중국공농홍군 中國工農紅軍의 약칭에서 발전한 군대였다. 전쟁 승리로 장비 보유 상황은 크게 나 아졌지만 중국군의 각 군대가 보유한 70밀리 이상의 화포는 190여 문에 불과 했다. 이는 미군의 1개 사단이 보유한 장비의 절반에 불과한 데다 그나마도 항일전쟁과 국공내전國共內戰에서 노획한 구식 화포가 무기의 대부분을 차지 했다. 중국인민해방군에는 정규 공군부대가 없었고 대공 무기도 매우 부족했 다. 신중국의 군대가 가진 것이라고는 '좁쌀과 소총뿐'이었다. 그나마 좁쌀의 공급도 부족한 데다 소총도 연식과 기종이 통일되지 않은 것들로 구성되어 있 었다. 당시 신중국은 모든 것이 다 새로운 부흥을 기다리고 있던 상황이었다.

그렇다면 중국군과 미군이 교전하던 한반도 전장에서 중국군이 우위를 점 할 수 있었던 이유는 무엇일까?

수천 년의 중국 문명 발전사에서 전쟁의 승패를 결정짓는 수많은 요소는 이미 전쟁철학과 기술로 발전해왔다. 중국은 군사적으로 '득도다조得道多助'라

하여, 정의의 편에 서면 많은 사람의 지지와 도움을 받을 수 있다는 것을 숭상했다. 이는 철학적으로 '정신력'을 숭상하는 것과 일치한다. 전국시대에 군중軍中의 점술사巫師가 '하늘이 정한 시간天時'을 점친 데서 이미 '천인합일天人合一'이라는 중국 전쟁철학의 사상적 단서가 드러난다. 중국인들은 전쟁의 승패를 결정짓는 3대 요소를 '천시天時, 지리地利, 인화人和'로 보았는데, 그 가운데 '인화'가 가장 중요한 요소였다. 중국인은 화약을 발명해서 전쟁터에서보다는 귀신을 쫓는 폭죽이나 경사스러운 날의 불꽃놀이에 더 많이 썼지만, 전쟁에 화기를 사용한 역사는 서양보다 1000년 가까이 앞선다. 이후 기나긴 역사 속에서 전쟁물자는 끊임없는 발전을 거듭해왔고 그 속에서 어쩔 수 없이 고성능 전쟁물자에 겹겹이 에워싸이기는 했지만 그러한 상황이 중국인의 오래되고 견고한 정신적 기반을 뒤흔들지는 못했다. 군사적인 면에서 중국 농민이 사용했던 긴 창이 국가 정권을 차지하기에 충분했다는 것은 누구도 부정할 수 없는 사실이다.

'세상만사를 결정짓는 요소들 가운데 첫째는 바로 사람'이라는 것이 농민군을 이끌어 신중국을 수립한 마오쩌둥毛澤東의 핵심 사상이자 중국의 전쟁철학에서도 가장 중요한 사상이다.

1950년 겨울, 이러한 중국의 전쟁철학은 한반도라는 전장에서 중국인민지원군에 의해 실천되었다.

전쟁에 과학기술을 많이 쏟아부을 필요가 있는가라는 문제에 대해 논쟁을 벌일 사람은 없다. 주권국가가 우수한 무기로 국가의 군대를 정비해야 한다는 것을 부인할 사람도 없다. 선진적인 무기와 첨단의 장비가 전세를 변화시키는 데 핵심 역할을 한다는 점을 무시할 사람도 없다. 특히 제2차 세계대전이 끝난 뒤 55년이 흘렀고 한국전쟁이 종결된 지도 장장 47년이 지난 시점에서는 더욱 그러하다. 과거 근 반세기 동안 인류의 과학기술은 하루가 다르게 발전과 진보를 거듭했다. 그리고 그 이후에 일어난 전쟁 속에 인류가 이룩한 과학기술의 발전과 진보가 고스란히 반영되고 있다. 그렇다면 전쟁에서 결정적 역할을 하는 요소는 대체 무엇인가?

지구상에서 전쟁이 없어지지 않는 한 이 문제는 영원한 화두가 될 것이다. 그러므로 50년 전에 발발한 한국전쟁을 회고하고 분석하는 것은 결코 의미 없는 일이 아니다.

제1장

전쟁의 발발과
미국의 개입

1950년 6월 25일

38선의 최서단은 한반도 해주만海州灣, 황해도 남부 해안 가장 깊숙한 곳에 위치한다. 식량 생산량이 많은 습윤 저지대인 이곳에서 북쪽으로 전진하면 38선을 사이에 두고 북한의 제7경비여단과 남한의 제17연대가 대치하고 있었다.

1950년 6월 25일, 일요일 새벽 4시.

칠흑 같은 어둠 속에서 장대비가 쏟아지고 있었다.

갑자기 네온사인보다 더 밝은 한 줄기 주황색 광선이 비 오는 밤을 뚫고 올라오기 시작했다.

대포. 전차. 비에 젖은 병사들!

곧이어 38선 최서단에서 신호탄이 연속해서 올라오며 불붙은 도화선처럼 300여 킬로미터의 남북한 분계선을 따라 동쪽으로 빠르게 퍼지기 시작했고 한 시간 뒤에는 동부 해안에 도달했다. 새벽 5시, 38선에서 수천 문의 화포가 불을 뿜었다. 화포의 불빛 아래 파릇파릇한 볏모가 진흙투성이가 된 채 밤하늘로 튕겨져 올랐고 한반도 중부에서는 전차 수천 대가 구불구불 연기를 뿜어대고 있었다. 마치 한반도 전체를 뒤덮어버릴 사납고 거친 파도 같았다.

불안정한 세상에서 일어나는 일들이 늘 그렇듯이, 1950년 6월 25일 한반도에서 갑자기 발생한 그 사건은 그저 국부적인 전쟁이었다. 정치적으로든, 군사적으로든 6월 25일 아시아 동북쪽의 습기 찬 장마철에 일어난 그 사건이 한반도 밖의 사람들에게 그렇게 깊고도 깊은 영향을 미칠 것이라고 생각한 사람은 아무도 없었다.

한반도 밖의 세계에서 1950년 6월 25일은 평범한 날이었다.

중국인민해방군 제38군 114사단 342연대 1대대 대대장이었던 차오위하이曹玉海는 그날 오전 햇빛이 찬란한 우한武漢의 큰길을 걷고 있었다. 그는 제대 후 우한의 한 교도소에서 간수장을 맡고 있었다. 농촌 출신인 이 청년은 항일전쟁과 국공내전 기간 동안 중국 공산당의 해방전쟁에 참가했으며 위험한 전투를 수없이 치렀다. 그 과정에서 세 차례 큰 공을 세웠으며, 5개의 '용감 포장勇敢獎章'을 받았다. 그는 후베이 성湖北省 이창宜昌에서 병사들을 이끌고 풍랑이 몰아치는 양쯔 강을 앞다퉈 건너다가 군 복무 중 마지막 부상을 당했다. 당시 포탄에 맞아 원래 상처투성이였던 그의 몸은 더 허약해졌다. 그는 아름다운 경치를 자랑하는 둥후東湖 요양원에서 휴양을 하던 중 제대 명령을 받았다. 차오위하이는 부대를 떠나고 싶지 않았지만 요양원 간호사의 사랑이 그의 상처를 보듬어주었다. 이제 막 시작된 평화로운 삶에서 사랑은 더욱 따스하게 느껴졌다. 차오위하이를 사랑한 간호사가 그에게 프러포즈를 한 그날, 그는 방송에서 중국과 접경한 한반도에서 전쟁이 일어났다는 뉴스를 들었다.

6월 25일, 차오위하이가 우한 대로를 내달릴 때, 그는 자신의 옛 부대인 제38군이 남쪽에서 북쪽으로 올라가면서 우한을 지나간다는 소식을 들었다. 이웃 나라의 전쟁이 자신과 무슨 상관이 있는지는 몰랐지만 부대가 전장으로 나간다는 소식은 그의 마음을 자극했다. 국경지대는 방어가 필요할 것이고,

그렇다면 부대는 또 자신과 같은 용감한 고참 군인을 필요로 할 것이라는 점을 그는 충분히 느낄 수 있었다.

그때 차오위하이의 호주머니에는 간호사가 써준 편지가 들어 있었다.

사랑하는 위하이

당신이 나를 떠난다는 생각만 하면 내 마음이 갈기갈기 찢기는 것 같아요! 당신을 만나고부터 사람이 어떻게 살아가야 하는지를 깨달았어요. 하지만 내가 개인의 행복만 중시하곤 한다는 당신의 지적은 맞는 말이에요. 당신은 이렇게 말했지요. "나는 행복이 필요하지 않은 게 아닙니다. 내가 천성적으로 전쟁을 좋아하는 것도 아니고. 하지만 평화를 위해, 그리고 전 세계인의 행복을 위해 나는 싸우러 가야 합니다." 당신 말이 옳아요.

언제 만날 수 있을지 아무도 모르겠죠. 하지만 당신이 승리해서 돌아올 때까지 나는 기다리고 또 기다릴 거예요. 당신을 위해 베개에 수를 놓았어요. 가져가서 내가 당신 곁에 있는 듯 여겨주세요……. 그만한 시간은 있겠죠? 사랑하는 위하이, 가서 꼭 편지 써줘요. 한 글자라도 좋으니까…….

베개는 흰색이었고 겉에 '영불변심永不變心(사랑하는 마음 영원히 변치 않으리)'이라는 네 글자가 수놓아져 있었다.

차오위하이는 수많은 인파로 인산인해를 이룬 우한에서 정말로 옛 부대를 찾았다. 곧 전장으로 향할 이 부대는 그에게 다시 1대대 대대장을 맡겼다.

부대가 계속해서 북쪽으로 향하고 있을 때 차오위하이는 간호사의 사진을 꺼내 전우인 야오위룽姚玉榮에게 보여주었다. 그녀의 미모에 야오위룽은 부러워서 어쩔 줄 몰라했다. 왜 결혼을 안 하고 왔느냐는 그의 질문에 차오위하이는 이렇게 대답했다. "만일 내가 죽으면 그 사람한테 얼마나 면목이 없겠어." 야오위룽은 놀리듯이 그를 떠보았다. "그렇게까지 좋아하지 않는 건 아닌가?"

차오위하이는 순간 얼굴이 굳어지며 대답했다. "나는 죽어서도 그녀를 사랑할 걸세!"

차오위하이는 햇빛이 찬란한 우한 거리에서 옛 부대를 찾은 지 8개월 뒤에 휘몰아치는 눈보라 속에서 사상 초유의 잔혹한 육박전을 치렀고, 1대대 대대본부는 미군 병사에게 포위당했다. 차오위하이는 전화로 연대장 쑨훙다오孫洪道에게 큰 소리로 "안녕히 계십시오"라고 작별 인사를 한 뒤 전사들을 이끌고 포위망 돌파를 강행했다. 여러 발의 M1 소총 탄환이 그의 가슴과 배를 관통했다. 차오위하이가 쓰러진 곳은 한국 중부의 한강 남쪽 기슭, 표고 250.3미터의 황량한 고지였다. 그는 잠시 몸부림쳤지만 곧 꼼짝도 하지 않았다. 그의 몸에서 솟구쳐 흐른 뜨거운 피는 곧바로 영하 20도의 추운 날씨에 두텁게 쌓인 눈과 함께 얼어붙었다.

미군 1대대 대대장 찰스 스미스Charles B. Smith 중령은 몹시 피곤했다. 6월 25일은 그가 몸담고 있는 미군 제24보병사단의 창설 기념일이었다. 사단 사령부는 이날 저녁에 성대한 가장무도회를 열었다. 전 사단의 장교와 병사들이 흥분에 휩싸였다. 이 사단은 일본에 오랫동안 주둔했던 까닭에 많은 병사가 백학白鶴으로 분장했다. 백학의 기다란 붉은 부리들이 시끌벅적하고 소란스런 불면의 밤을 여기저기 찔러대고 있었다. 당시 아무도 동해 건너편에서 울리는 포성을 듣지 못했다. 심지어 사단장 윌리엄 딘William F. Dean 소장이 전화를 받고 나서 당황해하는 표정을 알아차리는 사람도 없었다.

1대대가 속한 21연대는 일본 규슈 구마모토 현 구마모토 부근의 캠프 우드Camp Wood에 주둔했다. 스미스 중령은 그날부터 계속 두통에 시달렸다. 몇 년 전만 하더라도 이 젊은 장교에겐 밝은 미래가 보장되어 있었다. 미국 웨스트포인트 사관학교를 졸업한 뒤 그는 한 중대를 지휘했다. 일본군이 진주만을 습격했을 때 그는 명령을 받들어 바버스 포인트Barbers Point에 긴급히 진지를 구축했다. 당시 지휘관 콜린스 장군은 그를 '아주 괜찮은 장교'라고 생각했다.

그는 보병장교로서 남태평양전쟁이 끝날 때까지 전쟁 한가운데에 있었다. 그런데 지금 그는 일본에 장기 주둔하면서 무료하기 그지없는 나날들에 질려버린 것이다. 스미스가 극동 지구에서 또 한 차례의 전쟁이 일어났다는 사실을 안 것은 며칠 뒤 저녁이었다. 연대장 리처드 스티븐슨Richard Stevenson의 다급한 목소리가 수화기 너머로 흘러나왔다.

"상황이 좋지 않다. 빨리 복장을 갖추고 지휘소에 가서 보고하라."

스미스의 임무는 즉시 부대를 이끌고 비행기로 한국에 들어가는 것이었다. 스미스가 아내에게 작별의 입맞춤을 할 때 창밖은 비바람이 몰아치고 칠흑같이 어두웠다. 그의 말을 빌리면 "하느님이 우리 사랑을 위해 눈물을 흘리는 것"이었다. 비 오는 밤에 군용 트럭이 공항을 향해 달렸다. 스미스는 한국에 가서 참전해야 한다는 일이 어찌된 영문인지 알 수 없었다. 미국 작가 조지프 굴든은 이렇게 표현했다. "스미스는 왜 멸망을 자초하는 듯한 사명을 이행하기 위해 파견되는 것인지 전혀 알지 못했지만, 분명히 의아해했을 것이다." 미군 제24사단 21연대는 한국전쟁 현장에 도착한 첫 번째 미군이었다.

찰스 스미스는 한국전쟁에 가장 먼저 참전한 미군 부대 지휘관으로 전쟁사戰爭史에 그 이름을 남겼다. 그러나 그의 부대는 첫 번째 전투에서 북한군의 공격을 받자마자 참패했으며, 스미스는 미군의 군사 수칙을 떠올릴 겨를도 없이 부상자와 전사한 병사의 시신을 전장에 버려두고 도망쳤다. 그는 또한 한반도 서부전선에서 싸운 미군 가운데 가장 멀리서 싸운 지휘관이기도 했다. 그는 "거의 중국 땅이 보였다"고 말했다. 어디까지나 '거의'였다. 그는 오스트레일리아군 대대장의 넓적다리가 폭음 속에서 공중으로 날아오르는 것을 보고 즉시 병사들과 '거의 중국 땅이 보이는' 곳에서 방향을 돌려 달렸다. 한국전쟁 사료에는 찰스 스미스의 전사 기록이 없다. 지금도 살아 있다면 그는 87세의 노인이 되었을 것이다. 그가 나중에 진짜 '중국 땅'을 봤는지는 모르겠다.찰스 스미스는 1967년 준장으로 예편했고, 2004년 5월 미국 애리조나 주에서 88세로 사망했다.

차오위하이와 찰스 스미스, 검은 눈과 파란 눈의 두 젊은 장교는 한국전쟁에서 기술할 만한 가치가 있는 일화를 남겼다. 현재 그들을 기억하는 사람은 별로 없지만 말이다.

전쟁은 한국이라고 불리는 나라에서 일어났다. 그러나 전쟁에 관한 이야기는 평범한 중국인과 평범한 미국인으로부터 서술해야 한다. 이것이 바로 역사다.

원래 '고요한 아침의 나라'라는 아름다운 이름을 가진 한국은 서력기원 얼마 전에 문자로 역사를 기록하기 시작했다. 그러나 그 역사의 주제는 시종일관 전쟁이었다. 특수한 지리적 위치 때문에 한국은 끊임없이 강대국의 점령과 짓밟힘에 시달렸다. 이 나라의 가장 사치스런 소망은 그저 세계의 한구석에서 조용히 홀로 지내며 하늘에서 선사한 아름다운 사랑노래와 기름진 쌀을 맘껏 누리는 것이었다. 이 소망을 이루기 위해 17세기, 강대국의 침입이 없었던 잠시 동안 조선왕조의 국왕은 백성에게 금·은 채굴 금지령까지 내렸다. 조선에 대한 강대국들의 관심을 줄이기 위해서였다. 그러나 이 '은둔자와 같은 나라'는 늘 평화를 향한 소망을 이룰 수 없었다. 1866년 7월 미국 상선 제너럴 셔먼 호가 대동강에 침입해 통상을 요구하며 들어주지 않으면 평양을 포격하겠다고 큰소리쳤다. 미국인들은 이 선량한 민족이 그렇게 격분할 줄은 예상하지 못했다. 평안도 관찰사 박규수가 이끄는 조선군의 포격으로 셔먼 호는 불태워졌다. 그로부터 5년 후 어느 날, 미국 선박 다섯 척이 다시 조선 해역에 들어왔다. 그들은 제너럴 셔먼 호 격침에 대한 손해배상과 아울러 '통상조약 체결'과 '개항'을 요구했고 응하지 않으면 무력 공격을 가하겠다고 위협했다. 결과적으로 조선 민중의 거센 저항에 부딪혀 미국인들은 철수했다. 현재 한국의 한 박물관에 당시에 세운 척화비가 전시되어 있다. 비석에는 '양이침범 비전즉화 주화매국洋夷侵犯 非戰則和 主和賣國(서양 오랑캐가 침입하는데, 싸우지 않으면 화친하자는 것이니, 화친을 주장함은 나라를 파는 것이다)'라는 열두 글자가 크게 새겨져 있고, 그 아래에는 '계아만년자손 병인작신미립戒我萬年子孫 丙寅作辛未立 (만대자손에게 경계하노라. 병인년에 짓고 신미년에 세우다)'라는 글귀가 작게 새겨져 있다.

한국은 반도국이다. 남북 직선 길이는 약 800킬로미터, 동서 최대 너비는 약 300킬로미터, 면적은 약 22만 제곱킬로미터다. 반도 남부는 살기 좋은 기후를 자랑하는 농산물 풍작 지역이다. 북부는 산림이 무성하고 광물이 풍부하다. 한국은 동아시아 교통의 요충지로서 특수한 지리적 위치로 인해 무시할 수 없는 전략상의 의미를 지니는 지역이다. 동해를 향해 도약판 형태로 뻗어 있어 강대국이 극동 지구를 침입하는 데 가장 간편한 필수 경로인 동시에 타국의 침입을 저지하기 위한 천연 교두보이기도 하다.

북위 38도선은 한반도 중부를 가로지른다.

38선은 한국에게 불행의 상징이다. 19세기 말 러시아와 일본이 조선에 대한 통치권을 차지하기 위해 전쟁을 벌였으나 일본인들이 러시아인들을 쫓아냈고 한반도 전체를 식민지로 삼켜버렸다. 1942년 일본은 제2차 세계대전 중에 다시 한국을 일본 영토의 일부로 삼고 일본 자치성 관할로 귀속시켰다. 1943년 카이로회담에서 미국의 루스벨트Franklin Roosevelt 대통령은 한국이 아직 독립정부를 유지하고 권한을 행사할 능력이 없으니 최소 40년간의 후견을 받아야 한다는 의견을 표명했다. 이에 따라 루스벨트와 영국 총리 처칠Winston Churchill, 중국의 장제스蔣介石가 공동 성명으로 발표한 카이로선언에는 "현재 한국인이 노예 상태 아래 놓여 있음을 가슴 아파하며 일정 기간 내에 한국을 자유독립국가로 할 결의를 가진다"는 특별조항이 포함되어 한국의 앞날에 대한 강대국들의 연민을 나타냈다. 1945년 얄타회담에서 루스벨트 대통령은 중병을 앓고 있었지만 일본의 패망으로 오랜 기간 일본에 점령되었던 한반도가 정치적 '진공' 상태에 빠질 것이라는 점을 분명히 의식하고 있었다. 그는 울퉁불퉁한 한반도가 미국의 전략상 그렇게 큰 의미가 있다고는 생각하지 않았다. 미국은 극동 지구에서 일본 본토를 점령한 것만으로도 이미 충분했다. 그러나 미국은 소련의 세력이 어느 곳으로 뻗어나가는지에 대해서는 시시각각 촉각을 세웠다. 소련의 대일對日 선전포고를 재촉하기 위해 루스벨트와 처칠이 스탈린에게 양보한 것 중에는 미국·영국·소련·중국 4개국이 한반도를 '공동 신탁통치'하는 데 동의하는 내용도 포함됐다. 한국은 또다시 강대국의 정치 담보물로 전락했다. 미국은 한국을 넘보지 않았지만, 미국이 끊임없이 한국에 간섭의 손길을 뻗친 이유는 주목할 만하다. 왜냐하면 그 이유로 인해 미·소 양대 초강국이 냉전의 신호탄을 쏘아올리게 되었으며, 훗날 미국이 한국전쟁에 발을 들여놓는 가장 근본적 원인이 되었기 때문이다. 다시 말하면 장기적으로는 미국이 한국에서 챙길 이익은 없었다. 다만 미국이 원하는 바는 한국이 소련의 일본 침공을 저지할 완충지대 역할을 해주는 것이었다. 한국전쟁이 발발했을 때 미국의 대통령이었던 해리 트루먼Harry Truman은 회고록에 이렇게 썼다.

"국무부는 미국이 반드시 한반도 전역에서 일본군의 항복을 받아내야 한다고 극력 주장했다. 그러나 우리가 상황에 따라 한반도 이북에 군대를 보낸다면, 다른 나라보다 먼저 일본에 상륙할 수 있다고 장담할 수 없었다."

한반도 전역에 일본군이 저토록 많으니 가서 점령하려면 '무수한 사상자를 낳게' 될 것이므로 역시 소련이 감당하게 놔두자, 미국은 앉아서 어부지리를 기다리면 된다는 것이 당시 미국의 본심이었다.

1945년 8월 8일, 소련 외무인민위원 뱌체슬라프 몰로토프Vyacheslav Molotov는 주소련 일본 대사 사토 나오타케佐藤尚武를 회견하면서 소련의 대일 선전포고를 전했다. 8월 9일 0시, 소련의 적군赤軍이 사방에서 중국 둥베이東北 지역으로 기습 침투해 일본 관동군을 공격하기 시작했다. 한편 소련의 몇몇 적군 사단은 중국 둥베이 지역의 국경을 넘어 빠른 속도로 한반도로 밀고 들어갔다. 이때쯤엔 소련 적군 전사들이 한국의 어느 지역에서 멈출지 아는 사람이 아무도 없었다. 포츠담회담은 한반도 영토 어느 지점이 미·소 양국이 모두 인정하는 점령 분계선인지를 명확히 하지 않았다. 미국인들은 소련군이 이미 한반도에 들어갔다는 소식을 접하자 은근히 걱정하기 시작했다. 왜냐하면 한반도에서 가장 가깝다는 미군도 저 멀리 수백 킬로미터 밖의 일본 오키나와에 있었기 때문이다.

트루먼 전 대통령은 이렇게 회고했다. "한반도 전 지역에 미국과 소련의 공군, 해군의 작전 범위에 대한 경계선을 그어야 했다. 지상의 작전 지역과 점령 지역에 관해서는 어떤 논의도 진행된 바 없었다. 당시에는 아무도 미국이나 소련의 지상부대가 단기간 내에 한국에 들어가리라고는 생각지 못했기 때문이다."

1945년 8월 9일 저녁, 미국 국무부·육군부·해군부로 구성된 3부 조정위원회는 국방부 건물 펜타곤에서 긴급회의를 열어 소련이 극동 지구에서 우위를 점하지 못하도록 저지하고, 극동 지구에서 미국의 이익을 보호할 방도에 대해 논의했다. 당시 미국 육군 참모총장인 조지 마셜George C. Marshall 장군의 참모진 가운데 딘 러스크Dean Rusk라는 젊은 대위가 있었다. 그는 어차피 바로 투입할 수 있는 부대가 없고 시간적·공간적인 제약도 있으니 소련군보다 앞서 한국에 들어가는 것은 불가능하다고 했다. 국방부 차관보는 딘과 또 한 명의 대위를 옆방인 제3휴게실로 보내 최대한 빨리 '미국의 정치적 의도를 충족시키고 군사 현황에도 부합하는 절충안'을 내놓으라고 명했다. 그것도 '30분 안에' 내놓아야 한다고 못 박았다. 두 젊은 직업장교는 휴게실 안에서 한반도 지도를 앞에 두고 멍하니 있었다. 그들은 그전에 한 번도 이 머나먼 나라에 관심을 가져본 적이 없었기 때문이다. 당시 딘은 자신의 일생이 이로부터 한국과 엮이게 될 것이라고는 전혀 생각지도 못했다. 또한 한국에서 벌어지는 전쟁으로 인해 자신의 관운이 트일 것이라고도 예상치 못했다. 딘의 시선은 좁고 기다란 한반도 판도에서 최대한 중간 지점을 찾고 있었다.

'만약 우리가 제시하는 항복 수락 건의안이 우리 군사력을 훨씬 넘어서는 내용이라면 소련이 받아들이기 어려울 거야.'

이렇게 생각한 딘은 궁리 끝에 한국의 행정구역에 따라 경계선을 긋고 미·소 양국 수뇌들이 토론할 수 있게 제공하기로 했다. 그러나 당시 딘 앞에 놓인 한반도 지도에는 행정구역이 나뉘어 있지 않았다. 그리고 30분이라는 시간은 무척 짧았다. 딘은 붉은색 연필을 들고 거침없이 한반도 지도에 직선을 죽 그었다. 이 선은 바로 북위 38도선이었다.

하나의 완전한 주권국가가 바로 이렇게 한국 땅을 한 번도 밟아보지 않은 젊은 미국 참모의 손에서 30분 만에 둘로 쪼개졌다.

한반도를 다시 분할한 딘 러스크는 이후 한국전쟁에서 미국 국무부 극동 담당 차관보를 맡았고 그 뒤 케네디 정부와 존슨 정부에서 국무장관을 연임했다.

미국인들의 예상외로 스탈린은 이 선에 대해 반대하지 않았다. 소련 제1극동군 남익南翼 부대가 태평양함대와 협력해 일본 관동군과 일본 본토의 연락선을 신속히 차단했다. 8월 10일부터 차례로 한국 북부의 웅기, 나진, 청진, 원산 등의 항구를 점령했고 19일에는 평양을 함락했다. 이후 한반도를 점령한 일본군을 공격하던 소련 적군은 38선에서 공격을 멈췄다.

한반도 진격에 나선 소련 적군 가운데 한국인 부대가 하나 있었다. 이 부대의 사령관이 바로 김일성이었다.

소련 적군이 평양을 점령한 지 20일이 지나 미군 제6·제7·제40보병사단이 한국 남부 인천항과 부산항에 상륙했다. 미국인들은 당시의 군사작전이 항복을 접수하는 데 그칠 뿐이고, 소련 적군이 거둔 승리의 성과에 편승한 어부지리나 다름없다는 것을 알면서도 그 상륙작전에 '블랙리스트'라는 은밀한 암호명을 붙였다.

인천에 상륙한 미군은 쉬지 않고 행군해서 마침내 북위 38도선에 도착했다.

시간상 우위를 점한 소련군은 38선에서 멈추고 최고사령관 더글러스 맥아더Douglas MacArthur 장군이 이끄는 미군을 기다렸다. 미·소 양국 병사는 38선에서 파티를 열었다. 미군은 탭댄스를, 소련군은 전통의 칼춤Sabre Dance을 췄다. 미군들은 거칠고 커다란 몸집의 코사크인들이 발끝으로 미친 듯이 몸을 돌리는 것을 보고 놀라움을 금치 못했다.

미국인들은 나중에야 후회했다. 스탈린이 반대하지 않았다는 사실보다 분계선을 조금 더 북쪽으로 이동해 북위 39도선에 설정하는 것이 훨씬 더 중요했다. 이렇게 하면 중국의 군항 뤼순旅順이 미국의 세력 범위 안에 놓일 수 있었다. 하지만 북위 38도선 분계선은 이미 확정됐다.

한반도를 비스듬히 가로지르는 북위 38도선의 길이는 약 250킬로미터이다. 이 선은 정치, 군사, 경제 등 여러 요인을 완전히 무시하고 주관적으로 만들어 낸 분계선이다. 다양한 각도에서 볼 때 이 분계선은 이 나라의 높은 산맥 여러 개를 갈라놓고, 열두 물길과 200여 향촌도로, 여덟 개의 등급도로와 여섯 개의 철도를 끊어놓았으며, 당연히 공교롭게도 그 선상에 있던 녹색의 무수한 촌락을 가로질렀다. 이 선이 생긴 순간부터 세계 모든 강대국은 둘로 갈라진 이 극동의 나라가 틀림없이 제2차 세계대전 이후에도 여전히 병사들의 생명을 요구할 곳이라는 점을 인식했다. 이 나라는 험준하고 기이한 산맥이 많긴 하지만 '그 거대한 주름을 펼치면 지구촌 전체를 뒤덮을 수 있어 전 세계에서 대규모 병력을 투입해 전쟁을 치르기에 가장 부적합한 지역 가운데 하나'로 손꼽혔다.

4년 10개월 뒤 국무부 차관보에 오른 딘 러스크는 귀빈 자격으로 미국 내셔널 프레스 클럽이 개최하는 디너파티에 초대를 받았다.

"참 아름다운 밤이었다. 별이 총총한 하늘 아래 발코니에 올라 모두 이야기에 푹 빠져 있었다." 『뉴욕헤럴드트리뷴』지의 칼럼니스트 조지프 앨솝Joseph Alsop은 그날을 이렇게 회고했다. "대화 도중에 직원이 와서 러스크 차관보에게 전화를 받으라고 했다. 몇 분 뒤 발코니로 돌아온 러스크 차관보는 안색이 백지장처럼 창백해 있었다. 그래도 그는 그럴듯한 핑곗거리를 대고 총총히 자리를 떴다. 우리는 분명히 무슨 큰일이 난 것 같다, 저 사람은 극동 지구 책임자야, 그런데 극동은 대체 뭐하는 동네야? 하며 의견이 분분했다."

1950년 6월 25일, 한국 시간으로 일요일, 미국 시간으로는 토요일이었다. 트루먼 대통령은 주말에 워싱턴을 떠나기로 결심했다. 그즈음 그의 심경은 정말 엉망이었다. 국회에서 공화당 사람들이 사사건건 자신에게 반기를 들고 나서서 거의 참을 수 없는 지경에까지 이르렀기 때문이었다. 워싱턴의 축축한 날씨에도 진저리가 났다. 트루먼 대통령은 의원들의 시끄러운 소리에서 벗어나 미주리 주의 고향집으로 가서 며칠간 지내기로 했다. 물론 대통령이므로 휴가라 해도 일거리를 내세워 국민을 위해 근면 성실하게 봉사하는 이미지로 포장해야 했다. 그는 볼티모어 부근의 공항 준공식에 참석해달라는 초청을 수락했다. 실제로는 다분히 '개인적'인 일을 하려고 했다. 그는 그랜드뷰의 농장에 가서 남동생 얼굴도 좀 보고 싶었고 자기 농장에도 해야 할 일이 좀 있었다.

"나는 농장에 가서 울타리를 좀 쳐야겠네. 이 일엔 어떤 정치적 목적도 없어." 트루먼이 전용기에 오르려 하면서 국무부 의전장儀典長 스탠리 우드워드 Stanley Woodward에게 말했다. "그 정치가들 죄다 없어지라고 해!"

볼티모어 공항 준공식은 한 시간쯤 소요됐다. 트루먼 대통령은 연설 중 항공산업 발전의 중요성을 논하긴 했지만 역시 기회를 놓치지 않고 정적政敵들, 곧 자신과 곳곳에서 대립하는 공화당 사람들을 신랄하게 풍자해가며 연설의 대부분을 채웠다.

"그 고리타분한 말들을 곧이곧대로 믿는다면 우리는 분명히 지금까지도 공용 마차를 이용하고 있을 겁니다. 송구스럽게도 공용 마차를 주장하는 무리가 아직 국회에 있습니다……."

나중에 쓰인 모든 회고록은 트루먼 대통령이 연설 말미에 '평화로운 미래, 평화로운 목적, 평화로운 세계' 등 일련의 단어를 사용한 점에 주목했다. 하지만 역사적 진실은 그로부터 몇 시간이 지난 시점에 미국 눈앞에 전쟁이 닥쳤다는 것이다.

트루먼은 고향집에 가서 저녁을 먹고 온 가족과 함께 서재에서 이런저런 얘기를 나누고 있었다. 그때 전화벨이 울렸다.

국무장관 딘 애치슨Dean G. Acheson의 전화였다. 애치슨도 메릴랜드 주 하우드에 있는 농장에서 주말을 보내고 있었다. 공산주의 공포증에 걸린 조지프 매카시Joseph R. McCarthy 의원의 질책에 머리가 지끈거려 고향집에 돌아가 한숨 푹 자고 싶었던 것이다. 밤 10시에 테이블 위의 흰색 전화기가 울렸다. 국제전화였고 전화를 건 사람은 서울에 있던 주한 미국 대사 존 무초John Joseph Mucho였다. 내용은 한국에 전쟁이 터졌다는 것이었다. 이에 대한 애치슨의 첫 반응은 사람을 보내 유엔 사무총장 트뤼그베 리Trygve Halvdan Lie에게 연락을 취하라는 것이었다. 주말을 보내고 있는 대통령에게 소식을 전해야겠다고 생각한 것은 그다음이었다.

트루먼은 전화상으로 애치슨의 조치에 동의했다. 그러나 애치슨은 대통령이 그날 밤에 서둘러 워싱턴으로 돌아오는 것에는 찬성하지 않았다. "그렇게 하면 전국을 공포로 몰아넣게 될 겁니다. 더구나 한반도 상황이 아직 불분명합니다."

트루먼 대통령은 복잡다단한 심정을 안고 갖은 꿈에 시달리며 그 밤을 보냈다.

이튿날, 사냥감을 기다리듯 대통령 농장 주변에 진을 치고 있던 기자들은 대통령이 비행기에 오를 때의 단정치 못한 차림새와 허둥대는 기색을 보았다. 두 명의 수행원이 단 몇 분 지각했을 뿐인데도 대통령은 그들을 활주로에 내버려둔 채 출발했다.

6월 26일 저녁 7시 15분, 대통령의 초청으로 블레어 하우스Blair House에 모인 백악관과 국방부 고위관료들이 백악관에서 급히 준비한 만찬을 들었다. 저녁상을 물리자 식탁은 바로 회의 탁자로 변했다. 회의에서는 애치슨이 제기한 세 가지 제안이 통과됐다. 첫째, 극동 주재 미군 총사령관 맥아더에게 권한을 위임해 한국에 필요한 지원을 제공할 것, 둘째, 미 공군에 명령을 내려 미국 대사관 직원과 교민, 한국에 체류 중인 미국인들을 철수시키고 북한 인민군 지상부대를 폭격할 것, 셋째, 미 제7함대에게 즉각 타이완 해협으로 가서 중국 공산당군의 타이완 공격을 저지할 것 등이 그 내용이었다. 특히 세 번째 제안에 주목할 필요가 있다. 이 제안은 현재까지도 역사학자들의 논쟁이 그치지 않는 부분이다. 이 제안은 전쟁 바깥 지역에 있는 갓 성립한 국가, 중화인민공화국을 겨냥한 것이다. 한국에서 일어난 전쟁이 타이완과 무슨 관련이 있는가? 당시 트루먼 대통령을 비롯한 미국 고위관료들은 바로 이 세 번째 제안으로 인해 한 번도 교전해본 적이 없는 두 대국이 무수한 사상자를 내며 역사상 가장 잔혹했던 전쟁에 휘말리게 될 줄은 전혀 생각지도 못했다.

중국의 마오쩌둥에겐 일요일이라는 개념이 없었다. 베이징 시, 송백이 어우러져 자태를 뽐내고 있는 고대 황가 정원 안의 펑쩌위안豐澤園이라는 곳이 그의 집인 동시에 집무실이었다. 마오쩌둥은 그곳에서 독서를 하고 식사를 하고 산책을 했으며 그에게 용무가 있는 사람들을 접견했다. 꼭 필요한 회의나 외부 시찰을 제외하고는 그 한적한 중국식 정원을 벗어나는 일이 좀처럼 없었다. 며칠 전, 중국 공산당 제7기 삼중전회三中全會가 베이징에서 열렸다. 그 회의에서 마오쩌둥은 "사면 출격하지 말라不要四面出擊"는 유명한 연설을 했다. "각 계급과 정당 및 민족의 각 방면의 관계를 잘 처리해 눈앞의 주요 적들을 고립시키고 그들에게 타격을 가해야 한다. 지나치게 많은 적을 만들면 전체 국면에 이롭지 않다"는 내용이었다. 마오쩌둥이 이 연설을 할 때는 불과 몇 개월 뒤에 자신이 이끄는 중국이 출정을 해야 하며 그것도 국경선 밖으로 출정해야 하리라고는 생각지도 못했다.

그날은 집 안이 조금 더웠다. 마오쩌둥은 호위병에게 자신이 여름에 쓰는 커다란 부들부채를 찾아오라고 일렀다. 호위병은 그에게 새로운 부들부채를 건넸다. 중국의 부들부채는 포규蒲葵, 중국 야자수라는 식물의 잎으로 만든다. 호위병이 가져온 부채에는 아직 싱그러운 풀 내음이 배어 있었다.

마오쩌둥이 말했다. "작년에 쓰던 그게 좋잖아."

"그건 망가져서 버렸습니다."

마오쩌둥은 언짢아하며 혼잣말로 중얼거렸다. "그래도 그게 쓰기 편했는데……."

그의 책상 위에는 이 신생국가가 곧 반포할 중요한 법령 '중화인민공화국 토지개혁법'이 놓여 있었다. 3억1000만 인구가 거주하는 해방구에서 토지개혁을 진행하는 것은 신중국의 하늘과 땅이 뒤바뀔 큰일이었다. 이 법령은 토지개혁의 지도사상指導思想과 실시 방법을 명확히 규정해놓았다. 또 하나의 문서는 8일 전 정무원政務院의 명의로 발표된 '실업노동자 구제에 관한 지시 및 잠정 시행안'이었다. 여러 해 지속된 전쟁은 중국 경제를 파멸로 몰고 갔다. 국민의 의식주 문제를 해결하는 일이 절실했고 그중에서도 식량 문제가 가장 시급했다. 정무원은 식량 20억 근斤을 풀어서 발등에 떨어진 불을 끄기로 했다. 이러한 조치가 '계란으로 바위치기'로 끝날지 어떨지는 알 수 없었다. 책상 위에는 이밖에도 영국인 찰슨Charleson과 미국인 토머스Thomas가 티베트 섭정의 서한을 가지고 비밀리에 '친선대표단'을 조직해 미국, 영국 등의 나라에 가서 '티베트 독립'을 위한 외국 세력의 지지를 요청한 일과 관련한 조사보고서가 놓여 있었다. 신중국 수립 이후 티베트 반정부 세력의 '독립' 활동은 나날이 거세졌다. 따라서 '이는 엄중한 투쟁 임무에 속했다.' 마오쩌둥은 이어서 시난군구西南軍區의 비적 출몰에 관한 심각한 보고서를 보고 마음이 무거워졌다. 건국한 지도 벌써 수개월이 지났건만 외진 지역에 흩어져 있는 전 국민당 소속 산병散兵과 토적의 수가 약 40만이나 되었다. 시난군구의 보고서에 따르면 쓰촨四川 지역은 2월, 구이저우貴州 지역은 3월, 윈난雲南 지역에선 4월에 토적들이 소동을 피우기 시작했다. 이 토적들은 "장제스 위원장이 곧 돌아올 것이다, 신정권은 얼마 못 간다"는 유언비어를 퍼뜨렸다. 이들은 군중을 위협하고 교통을 마비시키며 물자를 강탈했다. 이들이 살해한 정부 및 군대 직원의 수가 이미 2000명을 넘었다. 반년에 걸친 토적 토벌작전으로 그 절반을 소탕했지만 그물망을 빠져나가 숨은 토적이 아직도 많았다. 그야말로 신중국 내부의 크나큰 우환이었다.

마오쩌둥은 방에서 나와 정원을 거닐었다. 초여름 베이징의 하늘은 푸르렀고 풀빛은 싱그러웠다. 펑쩌위안 안의 짙푸른 송백나무는 모두 100년 이상 된 것들이었다. 마오쩌둥이 몇 걸음도 못 떼었는데 뒤에서 호위병의 작은 목소리가 들려왔다. "마오 주석, 총리의 전화입니다."

전화의 내용은 '한국전쟁'에 관한 것이었다.

마오쩌둥에게는 이웃 나라에서 일어난 전쟁이 결코 뜻밖의 일은 아니었다. 그러나 그가 짐작했던 대로 전쟁이 유발하게 될 한 가지 문제로 인해 이 역사적 위인은 깊은 생각에 빠졌다. 그 문제는 바로 '타이완'이었다.

타이완, 영원히
침몰하지 않는 항공모함

　1949년 12월의 어느 흐린 날, 장제스는 조용히 미제 군함 장징江靜 호에 올라 중국 동남쪽 바다의 한 섬, 타이완으로 도주했다.

　중국 대륙에서 국민당의 실패는 이미 돌이킬 수 없는 사실이었다. 항일전쟁의 승리는 국민당 영수에게 명예를 안겨주었을 뿐 아니라 800만이라는 막대한 병력을 보유하고 선진화된 미국 무기도 원조받게 해주었다. 이를 기반으로 장제스는 3년 전 웅대한 포부를 안고 "3개월에서 반년 내에 공산당을 소탕하겠다"고 선언했다. 당시 그의 군사 막료들과 동맹국 미국은 작전 병력이나 무기 품질이 장제스의 전쟁 승리를 결정짓는 필수 조건이라 여겼다. 그러나 그들은 군사 병력 이외의 요인을 완전히 소홀히 했다. 그것은 바로 전쟁이 발생한 이 땅의 민심의 향배였다.

　전쟁은 결국 사람이 하는 일이다. 국민당 정권 말기에 정치는 어둡고 관료들은 부패했으며 물가는 치솟았다. 이로써 전 중국 국민의 생활이 도탄에 빠졌고 그들 마음속에 국민당 정권은 이미 '재난'의 대명사였다. 게다가 각지에서 할거한 군벌들이 오래전부터 파벌을 지어 싸우니, 손에 총을 든 해방군과 그들의 뒤를 따르는 수백만 민중의 함성 속에서 장제스가 거느린 100만 정예병사는 하나둘 군복을 벗어버리고 전선을 이탈했다. 장제스는 중국 대륙 중부를 가로지르는 양쯔 강을 바라보며 순진한 환상을 품었다. '500리 견고한 방어선을 구축하고 해안포와 군함으로 숲을 이뤄 기다리자.'

그러나 해안가에서 가난하고 고생스럽게 살아가는 백성은 자원해서 나룻배를 저어 포화를 뚫고 양쯔 강 건너편으로 해방군을 실어 날랐다. 결과적으로 양쯔 강이라는 천연의 해자垓子는 작은 배로도 건너갈 수 있는 아무것도 아닌 게 되어버렸다. 헝겊신을 신은 해방군 전사들이 난징南京 총통부의 호화로운 장제스 집무실로 돌격해 들어갔을 때 책상에 놓인 전화는 아직 사용할 수 있었다. 한 해방군 장교가 장 총통의 의자에 앉아 베이징 시산西山 산 위에 푸른 소나무로 둘러싸인 솽칭雙淸 별장으로 전화를 걸었다. 마오쩌둥은 전화를 끊고 나서 시 한 편을 써 내려갔다. 그중 한 구절을 보자. "용감하게 궁지에 몰린 적을 뒤쫓아야지, 초패왕을 본받아서는 안 된다宜將剩勇追窮寇, 不可沽名學霸王."

중국 공산당은 전 중국을 해방하는 승리를 거두었고, 타이완으로 도망친 국민당 군대는 당연히 '궁지에 몰려 쫓기는' 적이었다. 타이완을 국민당 잔병과 패장들이 구차하게 목숨을 부지하는 곳이 되게 할 수는 없는 일이었다. 해방군의 대규모 도해작전渡海作戰과 타이완을 최종적으로 해방하는 것은 정치상으로나 군사상으로나 '물 흐르는 곳에 도랑이 생기는' 것과 같은 이치였다. 이에 대해 마오쩌둥은 마음속으로 이미 준비를 마친 터였고, 장제스는 아직도 가슴이 두근거리는 상태였다. 한편, 저 멀리 지구 반대쪽에서 극동 지구의 일에 기어코 발을 들여놓으려 하는 미국도 자연히 이 필연적 결말을 지켜보았다.

남아 있는 문제는 인민해방군이 타이완 해협을 건널 스케줄뿐이었다.

놀란 가슴이 아직 가라앉지 않은 장제스는 바다로 포위된 섬에서 '타이완은 반드시 사수해야 한다'고 반복해서 강조했다. 그러나 마음속으로는 간단한 군사적 사실 하나를 분명히 인식하고 있었다. 150해리의 타이완 해협은 300년 전 정성공鄭成功의 목선 함대와 빈약한 무기뿐인 병사들도 막아내지 못했는데 지금 저 위세가 등등한 인민해방군을 어찌 막아낼 수 있단 말인가? 푸젠 성福建省 연해에서는 중국인민해방군의 수십만 정예군인 제3야전군과 각종 모델의 함선이 모두 전쟁준비 태세를 갖추고 있었다. 가장 놀라운 것은 장비가 열악한 해방군에게 뜻밖에도 비행기가 있다는 사실이었다! 장제스의 손에 전해진 정보문서는 이렇게 설명하고 있었다.

"그들의 공군은 민국 39년(1950)에 이미 400대의 비행기를 갖췄다. 상하이 룽화龍華 공항은 한때 우리 정부에 의해 폭파되었으나 이미 소련의 도움을 받아 사용할 수 있을 정도로 복구했다."

"양쯔 강 이남 각지에 대일 전쟁 때 영국군이 세운 몇몇 기지를 포함해 약 30개의 공군기지가 있는데, 이 또한 이미 사용할 수 있을 정도로 복구했다."

이때 장제스가 보기에 잡을 만한 지푸라기는 한결같은 미국의 원조뿐이었다. 군사적 간섭을 받더라도 말이다. 그러나 불안감에 시달리고 있는 장제스에게 미국의 방침은 엎친 데 덮친 격이나 다름없었다.

마오쩌둥이 베이징 톈안먼天安門 성루에서 전 세계를 향해 중화인민공화국의 수립을 선포할 때 미 국무부도 긴급히 극동문제 원탁회의를 열었다. 이 회의에서 다음의 사실을 확정했다. '장제스는 이미 영원히 중국 대륙에서 추방됐다. 공산당 군대가 머잖아 타이완을 점령할 것이다. 아무리 늦어도 1950년 하반기일 것이다.'

미국이 당면한 문제는 가능한 한 빨리 중국에서 발을 빼고 장제스 정권과 관계를 마무리짓는 것이었다. 애치슨 국무장관은 심지어 적어도 잠시 동안은 국민당 정권에 군사원조를 제공하지 말아야 하며 타이완을 중국 대륙과 분리하려는 시도를 해서도 안 된다고 주장했다. 미국 정부의 태도는 굉장히 명확했다. 신중국을 인정하지 않는 동시에 이미 희망이 사라진 장제스도 지원하지 않겠다는 것이었다. 그러나 미 국회의 일부 상원의원은 오히려 계속 타이완을 지원하자고 주장했다. 그들은 트루먼 대통령에게 끊임없이 압박을 가했다. 이를 위해 애치슨이 나서서 미군 측에 이렇게 설명했다. "미국은 공산당이 전 중국을 통제하며 국민당 정권은 이미 붕괴했다는 사실을 인정해야 합니다."

설령 합동참모본부에서 나온 의견을 따라 계속 타이완에 원조를 제공한다고 해도 그 효과는 아무리 커봤자 타이완의 함락 시기를 1년 정도 늦출 뿐이라서 미국에 타산이 맞지 않는다는 것이었다. 왜 타산이 맞지 않는지를 설명하기 위해 애치슨은 인내심을 가지고 다섯 가지 이유를 열거했다. 첫째, 미국을 다시 세계적으로 영향을 줄 실패로 몰고가 국가의 위신에 타격을 줄 것이다. 둘째, 모든 중국인의 일치된 원한을 미국이 한 몸에 받을 수 있다. 셋째, 소련에게 안전보장이사회에서 미국을 공격할 빌미를 제공할 수 있다. 넷째, 미국이 아시아 사람들의 마음속에 부패하고 위신이 땅에 떨어진 국민당 정부의 지지자로 새겨질 수 있다. 다섯째, 타이완이 공산당 손에 떨어지면 미국의 극동 방어선이 무너질 것이라고 생각하는 사람은 아무도 없다. 특히 이 다섯 번째 이유가 바로 미국 정부의 대타이완 정책을 바꾸게 된 가장 근본적 원인이었다. 미국은 타이완이 그렇게 큰 대가를 치를 만큼의 가치는 없다는 사실을 인식했다. 타이완 문제에서 미국은 세계 강대국으로서 시야를 좀더 멀리두어야 했다.

1949년 12월 23일, 미 국무부는 비밀명령 제28호 '타이완에 관한 정책적 선전 방침'을 내렸다. 이 문서는 타이완 문제에 대한 미국 정부의 통일된 대외 선전 방식을 확정했다. 또한 타이완을 지지하는 어떠한 방법도 미국의 이익에 불리하고, 미국을 위험한 전쟁에 빠지게 만들며, 중국 국민과 대립각을 세우게 한다고 확정했다. 문서에서 가장 주목할 만한 점은 지금까지도 굉장히 민감한 중요한 관점을 강조한 것이다. 바로 타이완은 역사적으로나 지리적으로나 중국의 일부분이며, 중국은 나눌 수 없는 완전한 국가라는 점이다.

1950년 1월 5일, 트루먼 대통령은 미국 정부를 대표해 '타이완 문제에 관한 성명'을 발표하고 '카이로선언'과 '포츠담선언' 중 타이완의 중국 귀속에 관한 조항을 재차 확인했다. 미국은 무조건적으로 타이완이 중국 영토라고 생각하며 타이완을 약탈할 야심이 없다고 선포했다. 트루먼은 다음과 같이 말했다.

"미국은 또한 무장부대를 동원해 타이완의 현재 정세에 간섭할 계획이 없다. 미국 정부는 미국을 중국 내전에 말려들게 하는 그 어떤 경로도 따를 계획이 없으며 타이완 군대에 군사원조 및 의견 제공을 진행하지 않을 것이다."

이 성명을 토대로 미국은 타이완에서 교민을 철수하겠다고 선포했다. 타이완에는 영사급 대표 한 명만 남았고 최고 무관이라봐야 중령 한 명뿐이었다.

트루먼은 장제스가 자생 자멸하는 것을 지켜보기로 결심했다. 과거의 '동맹국'은 생사존망의 고비에서 조금도 머뭇거리지 않고 단칼에 갈라섰다. 이에 대해 트루먼과 장제스 두 사람 모두 마음속에 말 못할 고충이 있었다. 1948년 민주당 후보 트루먼과 대통령 자리를 놓고 경쟁을 벌인 사람은 공화당 소속의 뉴욕주지사 토머스 듀이Thomas Edmund Dewey였다. 듀이는 사회주의에 대한 증오로 가득 차 중국 국민당 군대에 대한 원조를 늘려야 한다고 강조했다. 그는 미국 군사고문을 중국에 파견해 국민당 군대의 질적 개선을 돕고, 아무런 부가조건 없이 국민당 정부에 10억 달러를 지원해 멸망을 눈앞에 둔 정권을 후원해야 한다고 주장했다.

바다 반대편에서 벌어지는 이러한 소란은 장제스를 굉장히 흥분시켰다. 그는 현금을 기부해 듀이의 선거활동을 도왔을 뿐 아니라 특별히 미국에 정착한 중국 자본가 쿵샹시孔祥熙가 개인 명의로 듀이를 '물심양면으로 힘껏 도와주도록' 허가했다. 또한 국민당 주미 대사 구웨이쥔顧維鈞에게 위임해 듀이에게 길성훈장吉星勳章을 수여하도록 했다. 트루먼은 이런 일들을 아주 분명히 알고 있었다. 그는 이렇게 말했다. "그들은 여러 하원의원과 상원의원이 그들의 분부를 듣게 만들었다. 그들은 수십억 달러를 쓸 수 있다. 나는 그들이 누구를 매수했다고 말하는 것이 아니라 많은 돈이 흘러다니고 있으며 많은 사람이 차이나 로비China Lobby의 의도대로 움직이고 있다고 말하는 것이다." 그러나 선거 결과는 역시 트루먼의 승리해서 미국 대통령으로 당선됐다.

미국이 '타이완을 포기'한다는 결심을 전 세계에 알리기 위해 애치슨 국무장관은 아예 극동 지구의 전략방어선을 공개했다. 미국 내셔널 프레스 클럽에서 강연 중에 그는 기자들 앞에 극동 지구 지도를 펼쳐놓고 지시봉으로 가리키며 말했다.

"서태평양에서 미국 군사방어선은 북쪽의 알류샨 열도에서 시작해서 일본 열도를 지나 류큐 열도까지 이어집니다. 그리고 다시 남쪽으로 필리핀 제도까지 뻗어 있죠. 타이완과 한국은 모두 미국의 방위권 밖에 있습니다. 다시 말해 미국 방위권 밖의 일에 대해서 미국은 관여하지 않을 것입니다."

미국의 극동 지구 군사방어선 공개는 전 세계에 큰 파문을 불러일으켰다. 이 영향으로 한국전쟁이 일어난 3년 동안 애치슨은 미국 급진파의 공격에 끊임없이 시달렸다. 그들은 애치슨을 예로 들어 매카시 의원이 전에 언급해 놀라움을 안겨주었던 '미 국무부의 절반은 공산주의자'라는 말을 증명했다.

트루먼의 성명과 애치슨의 강연은 모두 1950년 초에 일어난 일이다.

극동 지구에서 이는 실로 미묘한 시기였다.

훗날 마오쩌둥은 트루먼이 1월 5일에 발표한 성명을 겨냥해 미국이 말 같지도 않은 말을 한다며 비난했지만 베이징 입장에서 당시 트루먼의 성명은 안전 신호임이 분명했다. 타이완 해협을 가로지르는 작전 계획이 마오쩌둥의 마음속에 이미 무르익고 있었다. 이제 관심을 기울여야 할 부분은 군사 준비와 기상 데이터밖에 없었다. 전 중국이 곧 온전히 해방된다는 그림이 마오쩌둥의 그 시절을 더없이 아름답게 만들었다. 그는 의기양양하게 건국 초기의 각종 회의에 참석해 유머러스한 후난湖南 지방 말투로 계속해서 국민에게 중국의 청사진을 제시했다.

"우리 목적은 반드시 달성됩니다. 우리 목적은 반드시 달성될 수 있습니다!"

하지만 유쾌한 마오쩌둥의 마음 한구석엔 여전히 작은 그림자 하나가 드리워 있었다. 선견지명이 있었던 정치가이자 군사가로서 그는 극동 북부와 중국과 접한 한반도에서 전쟁은 어쩌면 피할 수 없는 형세임을 어느 정도 예감했다. 마오쩌둥은 이 사실에 굉장한 불안감을 느꼈고 이런 불안은 미국 신문에 실린 글 한 편으로 더욱 고조됐다. 그것은 타이완 포기에 반대하는 미국 국회의원들이 1950년 초 극동 정세를 분석한 글이었다. 큼지막한 검은색 헤드라인은 미국인들을 혼비백산하도록 만들기에 충분했다.

'트루먼, 공산당에게 공격해오라고 초대하다!'

타이완은 3만5760제곱킬로미터의 면적에 인구는 600만 명이었다. 일본 점령기에 약간의 산업 인프라가 구축되었지만 주민 대부분은 대대로 농사를 생업으로 삼았다. 1949년 대륙에서 갑자기 들이닥친 국민당 군대는 이 폐쇄적인 섬을 돌연 긴장하게 만들었다. 물가폭등과 물자부족 현상이 심각해진 한편 해방군이 곧 쳐들어올 것이라는 소식이 들리는 데다 미국이 '타이완 포기' 정책을 견지하자 이미 혼란에 빠져 있는 섬은 더욱 불안에 떨었다. 대륙에서 금괴를 적잖이 약탈해온 국민당 고관들은 다시 탈출할 방법을 궁리하기 시작했다. 타이완 정권은 '비밀 유지, 간첩 방지'라는 구호로 위장해 누구도 섬을 빠져나가지 못하게 했다. '운명을 함께하자'는 자세였지만, 오히려 섬 전체의 민심 붕괴는 그 속도를 더해갔다.

국민당은 타이완으로 철수한 군대가 60만 명이라고 공언했지만 그중 절반은 이미 일말의 투지도 남아 있지 않은 산병이었다. 비행기는 부품이 없었고 휘발유 재고량도 2개월 분밖에 남지 않았다. 허름한 군함의 절반 정도는 아예 전투에 나갈 수도 없는 지경이었다. 마지막에는 식량마저도 문제가 되었다. 1949년 타이완의 식량 생산량은 10년 전보다 14만 톤이 감소했다. 연해의 작은 섬들에 흩어진 국민당 병사들의 옷은 남루했으며 뱃속에서는 꼬르륵 소리가 났다. 그들이 계획하고 있던 작전 방안 가운데 가장 구체적인 내용은 해방군이 왔을 때 어떻게 목숨을 건질 것인가였다. 더군다나 대다수의 병사는 가족이 아직 대륙에 있었다. 부모님, 아내, 자식들에 대한 그리움은 비바람이 휘몰아칠 때면 절정에 달했다. 해방군과 싸워본 경험이 있는 노병들은 그때가 되면 손을 들어올리는 것이 최선의 살길이라는 사실을 모두 알고 있었다. 그러면 해방군은 집에 돌아갈 여비를 몇 푼 쥐여줄 것이고, 그것이 일찌감치 이 섬을 떠날 수 있는 최선의 방법이었다.

1950년, 해방군이 바다를 건너 타이완을 해방하기에 가장 적절한 시기는 6월에서 8월까지 3개월 이내였다. 9월이 되면 타이완 해협은 태풍이 빈번한 계절에 접어들기 때문이다. 이 3개월 중에서도 전투의 성공 가능성이 가장 큰 시기는 6월이었다.

장제스는 바다에서 태풍이 빨리 와주길 바랐다. 빨리 오면 올수록 좋고 1년 내내 쉬지 않고 태풍이 불어주면 더 바랄 것이 없었다.

그러나 6월에 장제스가 특별히 마음먹고 타이완 해협 해변에 갔을 때, 그가 본 것은 한 장의 커다란 유리처럼 파랗게 펼쳐진 잔잔하고 드넓은 수면이었다. 그때 장제스의 시선은 그가 도망쳐 나온 대륙 쪽으로 고정되어 있었다. 그는 그 대륙 바로 북쪽에 있는 한국이라는 나라가 얼마 지나지 않아 해협 건너편의 대륙과 질긴 운명에 묶이리라고는 꿈에도 생각지 못했다. 당시 장제스를 괴롭히는 문제는 단 하나였다. '해방군은 언제 쳐들어올 것인가?'

해방군은 공군과 해군 역량이 부족했다.

건국 전인 1949년 7월, 해방군의 각 주력부대가 중국 변방에서 승전을 거두고 있을 때 류사오치劉少奇를 필두로 한 대표단이 소련으로 출발했다. 대표단은 중국 공산당 중앙위원회가 스탈린에게 보내는 서신을 지니고 있었다. 서신은 소련에게 공군과 해군을 출동시켜 중국인민해방군의 타이완 진격에 협조해달라는 내용이었다. 소련에서 류사오치는 스탈린에게 1950년에 타이완을 해방하고자 하는 중국의 구상을 설명하고 전투기 200대를 제공해줄 것과 비행기 조종 훈련사를 데려가게 해달라고 요청했다. 류사오치의 구체적인 요구에 스탈린은 흔쾌히 승낙했다. 그러나 스탈린은 중앙위원회가 서신에서 부탁한 내용에 대해서는 수긍하지 않았다. 소련은 해방군이 타이완을 공격할 때 공군과 해군을 보내 전쟁에 참여하고 싶지 않았다. 미국이 그것을 좌시하지 않고 개입하게 되면 미·소 간 전쟁이 초래될 것을 우려했기 때문이다. 제2차 세계대전이 끝나고 4년이 흐른 뒤 스탈린은 이렇게 말했다. "소련 국민은 이미 전쟁으로 인해 막대한 고초를 치렀다. 그들은 왜 그렇게 해야 했는지 이해하지 못한다."

마오쩌둥은 스탈린의 염려를 이해했다. 농민 출신의 정치가이자 군사가는 장기간의 전쟁에서 일생의 신념 하나를 세웠다. 그것은 바로 '자력갱생'이었다. 자신의 역량에 의존해서 스스로의 일을 처리한다는 것이다. 마오쩌둥은 결코 소련의 원조를 타이완 문제 해결의 열쇠로 보지 않았다. 그러나 푸젠 연해 전선의 전투보고서를 받았을 때 한 번도 바다로 나가본 적이 없었던 마오쩌둥은 근심에 싸이기 시작했다. 진먼 섬金門島 해방전투에서 바다를 건너기 위한 해상 도구의 열악함과 고난도 작전으로 인해 해방군은 엄청난 사상자를 냈다. 연해작전도 이러한데 타이완까지 진격하려면 얼마나 큰 어려움이 따를지 가히 짐작할 수 있었다. 마오쩌둥은 직접 소련을 방문하기로 결정했다.

1949년 12월, 모스크바에서 가장 추운 계절에 따뜻한 중국 남방 지역에서 태어난 마오쩌둥은 기차를 타고 빙설이 한없이 뒤덮인 시베리아 황야를 가로질러 소련 크렘린 궁에 도착했다. 마오쩌둥 생애 최초로 조국 땅을 벗어난 것이었다.

중국 공산당은 성립된 날부터 소련 공산당을 본보기로 삼기로 결심했다. 피비린내 나는 전투를 거쳐 소련과 같은 사회주의 국가를 세우기로 한 것이다. 그러나 소련이 보기에 당시 중국 땅에서는 국민당이 절대다수의 지역을 통제하고 있고 국민당이 중국의 합법정부였다. 반면 공산당은 아직 미약해 중국 일부 외지의 구석에 자리잡고 있을 뿐이었다. 따라서 항일전쟁 기간에 소련은 중국에 대한 원조 대부분을 국민당에게 제공했다. 1948년에 이르기까지 중국 공산당 군대는 기적처럼 4개월 남짓한 기간에 국민당 정규군 144개 사단과 비정규군 29개 사단을 소탕했다. 총 소탕 규모가 154만 명이 넘는 사실에 소련은 놀라움을 금치 못했다. 소련 공산당 중앙위원회는 아나스타스 미코얀 Anastas Ivanovich Mikoyan을 중국 공산당 중앙위원회 주둔지인 허베이 성河北省 시바이포西柏坡로 보내 어떻게 그와 같은 일이 일어난 것인지 알아오라고 했다. 미코얀은 소련에 돌아와 다음과 같은 결론을 내렸다. '중국 공산당의 지도층은 마르크스·레닌주의에 정통한, 능력이 출중한 엘리트들로 구성되어 있다. 국민당의 실패는 필연적 결과다.'

그러나 이런 상황에서도 소련은 여전히 공산당과 국민당에게 '획강이치劃江而治', 곧 양쯔 강을 경계선으로 각자의 지역을 통치하는 방안을 제시했다. 소련의 걱정은 일단 해방군이 강을 건너 중국 전역을 해방하면 미국이 전쟁에 개입할 것이고, 그렇게 되면 제3차 세계대전을 촉발해 소련도 휘말리게 될 것이라는 점이었다. 그러나 결과는 달랐다. 해방군은 줄곧 진격해 국민당 총통부까지 쳐들어갔지만 미국은 관여하지도, 국민당에 구원의 손길을 뻗지도 않았다.

류사오치가 소련을 방문했을 때 스탈린은 중국 공산당을 가볍게 봐선 안 된다는 사실을 이미 깨달았다. 그는 류사오치에게 이렇게 질문했다. "우리가 당신들을 방해한 것 아닙니까?" 류사오치가 대답했다. "아닙니다." 그럼에도 스탈린은 이렇게 말했다. "방해했어요, 방해했어. 우리가 중국을 너무 몰랐습니다."

중국을 너무 몰랐던 스탈린이 무슨 수로 마오쩌둥을 이해할 수 있을까?

마오쩌둥이 거느린 대표단은 규모가 방대했다. 명목은 스탈린의 칠순 연회에 참석하는 것이었다. 그러나 마오쩌둥이 모스크바에 도착한 뒤 소련 측은 마오쩌둥과 스탈린의 회견을 곧바로 준비하지 않았다. 나중에 스탈린을 만난 마오쩌둥은 이렇게 말했다. "저는 오랫동안 주변에 서서 기다리던 사람입니다."

스탈린과의 회담에서 마오쩌둥은 '중·소 우호조약'을 맺자고 주장했다. 그의 말을 빌리자면 "맛도 있고 보기도 좋은 것"을 만들어보자는 것이었다. 그러나 스탈린은 그렇게 조약을 체결하면 얄타협정에 위배된다고 생각했다. 마오쩌둥은 조약 체결의 의지를 견지하며 성사되지 않으면 소련을 떠나지 않겠다고 했다. 마오쩌둥이 인내심을 가지고 이국타향에 수개월이나 머문 이유는 타이완 문제가 그만큼 중요했기 때문이다. 마오쩌둥은 처음 스탈린과 회견했을 때 타이완 해방에 도움을 달라는 얘기를 바로 꺼냈다. 그러나 스탈린의 대답은 모호하기만 했다.

"그런 원조가 가능하지 않은 것은 아닙니다. 원래부터 그런 조치를 고려해야 했지요. 문제는 미국에게 간섭의 빌미를 줘서는 안 된다는 점입니다. 지휘관이나 병력이라면 우리는 언제든지 보내드릴 수 있습니다. 그러나 다른 형식의 원조는 좀더 생각해봐야겠습니다."

스탈린은 이런 말까지 했다. "먼저 타이완에 낙하산부대를 공중 투하해서 폭동을 일으킨 다음 공격해 들어갈 수도 있지 않겠습니까?"

스탈린은 소련·미국·영국 3국이 얄타회담에서 전후 극동 지구의 정치 구도 분할에 대해 약속한 내용을 깨고 싶지 않았고 깰 수도 없었다. 아마도 이 시점에서 마오쩌둥의 소련에 대한 반발심과 미국에 대한 경멸감이 동시에 생겼던 것 같다. 그리고 바로 이 두 가지 감정이 훗날 발발한 한국전쟁의 규모와 발전, 결말에 결정적인 영향을 끼쳤다.

마오쩌둥이 아직 모스크바에 있을 때인 1월 5일, 트루먼 미국 대통령이 '타이완 문제에 관한 성명'을 발표했다. 훗날 역사학자들은 이것이 스탈린의 '사상을 해방한' 성명이라고 생각했다. 미국이 얄타회담에서 정한 세력 범위를 기꺼이 포기하고 '쓸데없는 일들'에 관여하지 않겠다고 공개적으로 성명을 발표한 마당에 소련이 조심스러워해야 할 필요가 뭐가 있겠는가? 또한 애초에 국민당 정권이 대륙에서 붕괴를 눈앞에 두었을 때 미국은 군사개입을 하지 않았다. 그런데 지금 그들이 그 조그만 타이완을 신경 쓰겠는가? 스탈린은 즉시 태도를 바꿨다. 그래서 원래 체결할 마음이 없었던 '중·소 우호동맹 상호원조 조약'을 체결했다. 그리고 중국의 타이완 해방 계획에 대한 원조도 기댈 곳이 생겼다. 스탈린은 "적당한 시기에 타이완 해방을 위해 필요한 준비를 하고 중국에 3억 달러의 차관을 제공한다"는 내용에 동의했다. 그중 절반은 타이완 해방을 위한 해군장비 구입에 사용될 것이었다. 그러나 마지막까지도 스탈린은 소련군 비행기와 군함을 타이완 해방전투에 참여시키는 데에는 동의하지 않았다.

타이완 해방을 위한 군사 준비가 낙관적인 분위기에서 착착 진행되었다.

마오쩌둥이 모스크바에 머물고 있을 때 또 한 명의 젊은 외국인도 모스크바에 있었다. 그가 스탈린에게 제기한 문제는 마오쩌둥이 제기한 것과 거의 같은 성질이었다. 스탈린은 마오쩌둥에게 그가 제기한 문제를 알려주지 않았다. 단지 어느 한 회담에서 당시 중국인민해방군에 소속된 한국 국적의 장병 전체를 북한 국적으로 전환하는 문제를 논의할 때 거의 그 젊은이의 일이 거론되기 직전까지 간 적이 있지만, 스탈린은 마오쩌둥과 중국의 문제에 대해서만 논의했다. 마오쩌둥은 중국의 이웃 나라 한국을 언급할 때, 한국이 언제라도 진격할 수 있으니 북한은 바짝 경계하고 있어야 하며 적극적인 방어태세를 취해야 한다고 강조했다. 그러나 그 당시 마오쩌둥의 마음속에 신중국의 가장 절박하고 중요한 문제는 타이완 해방이었다.

마오쩌둥과 함께 모스크바에 있던 사람은 김일성이었다.

김일성이 소련에 간 것은 스탈린에게 한반도의 통일을 갈망하는 자신의 초조한 심정을 표현하기 위해서였다.

중국 둥베이 지역의 추운 삼림에서 그리고 소련 극동부대 군영에서 전쟁의 고초를 충분히 겪었던 김일성은 준수하고 체격이 컸다. 그가 이끈 유격대가 한국 땅에 있는 일본인들의 간담을 서늘하게 한 적이 있었다. 그는 젊었지만 이미 북한군 장군 자리에 올라 있었고 여러 해 동안 극동 지구 이곳저곳에서 전투를 치르며 자신감을 얻었고 과감해졌다.

1945년 12월, 미·소·영 3국 외무장관이 모스크바에서 한국 문제를 전문적으로 논의하는 회의를 열었다. 회의 후 발표된 공식성명에서는 한국의 앞날을 매우 명확하게 진술했다.

"한국을 독립국가로 만들기 위해 미·소 양국 정부는 협의를 통해 한국에 임시 민주정부를 조직한다. 또한 이 정부와 협동해 한국 국민이 정치, 경제, 사회에서 진보를 이뤄 하루빨리 통일된 독립국가를 건설할 수 있도록 돕는다."

적어도 이론상으로 보면 한국의 앞날은 밝았다. 이 공식성명의 정신에 따라 1946년 3월, 한국 주둔 미군사령부와 북한 주둔 소련군사령부의 대표로 구성된 연합위원회가 성립됐다. 그러나 이후 한국 문제에서 동서 양대 진영의 대립이 숨김없이 표출되기 시작했다. '통일독립국가'는 그저 문서 속의 한 구절로 전락했고 한반도는 사실상 여전히 경비가 삼엄한 철조망을 경계로 한 남북의 두 부분으로 나뉘어져 있었다.

소련 군대가 북한에 들어간 뒤, 1945년 8월 15일 소련 적군은 "한국은 이미 자유국가가 되었다. 소련군은 한국의 모든 반일 민주정당과 폭넓은 협력을 진행하며 그 협력을 토대로 한국 국민이 자신들만의 민주정부를 세울 수 있도록 도울 예정이다"라고 선언했다. 당연히 소련의 이 약속은 독립과 자주를 갈망하는 한국 국민의 지지를 얻었다. 1945년 10월, 조선 공산당 북조선 분국(북조선 공산당)이 설립됐다. 그 이듬해 북조선 공산당과 조선 신민당이 합병해 조선 노동당을 세웠다. 1946년 초 북한 임시인민위원회가 설립되었다. 임시인민위원회는 노동자 계급이 지도하고 공농연맹工農聯盟을 기초로 하는 인민민주독재 정치기관이었다. 인민위원회는 다음과 같은 정치강령을 발표했다.

"일본 제국주의 통치의 잔재를 모조리 숙청하고 반동세력의 활동을 진압해 인민의 민주와 자유권리를 보장한다. 교통, 은행, 광산 등 대기업을 국유화하고 일본인, 매국노, 지주의 토지를 몰수해 농민에게 무상 분배한다. 민족경제와 민족문화를 발전시키고 민주혁명을 철저히 완수하며 한반도 북부 민주기지를 공고히 하고 강화하기 위해 투쟁한다."

철저히 공산당이 이끄는 사회주의 체제의 정권이었고 인민위원회 김일성 위원장이 그 지도자였다.

1946년 3월 5일, 북한에서 토지개혁이 시작됐다. 일제강점기의 일본 기업과 한·일 합작기업, 절과 교회의 재산, 지주 점유 면적 중 5정보町步, 1정보는 1만 제곱미터 이상의 토지가 전부 몰수됐다. 농민 70만 명 이상이 꿈에도 그리던 토지를 무상으로 얻었다. 식민지와 봉건제의 경제 기반이 타파되고 농촌의 생산력이 유례없이 해방되었다. 그야말로 가난한 이들에겐 축제의 날이요, 부자들에겐 종말의 날이었다. 김일성은 농민들로부터 3만 통이 넘는 감사 편지를 받았다. 그중 수십 통은 피로 쓴 편지였다. 또한 중요 기업들이 전부 국유화됨으로써 국민경제에서 사회주의경제의 주도적 위상이 확고해졌고 전쟁의 상처와 민족경제를 회복하는 데 중대한 역할을 했다. 인민위원회는 또한 일련의 사회 개혁 법령을 반포해 국민에게 국가의 하늘에서 내리쬐는 햇볕이 전에 없이 아름답다는 느낌을 안겨주었다.

한국에서는 미군의 '군정' 첫날부터 경제와 정치가 혼란에 빠졌다. 그 정도는 극동 지구 미군 최고사령관인 맥아더의 예상을 훨씬 넘어섰다.

미군이 남한에 상륙한 첫날인 1945년 9월 8일, 맥아더가 발표한 첫 번째 공고는 "한반도 북위 38도 이남 지역 및 그 지역 주민에 대한 정부의 일체 권력은 잠시 본인이 행사한다"는 것이었다. 이어서 그는 한국 국민을 분노케 한 조항들을 제정했다. 그중 하나는 "원래 일제 식민정부 직원들이 계속 그 자리에서 공무를 수행한다"는 것이었다. 한반도에서 일본의 끔찍한 통치는 끝난 게 아니었던가? 또 이런 조항도 있었다. "군사 관제 기간에 영어를 정부기관의 통용어로 한다." 한반도는 해방되었는데 자신의 언어도 쓸 수 없단 말인가? 미군은 맥아더의 명을 받들어 이미 남한에 세워진 인민위원회를 해산하고 일제 식민통치 시기의 모든 기관을 복구했다. 군정 각급 관원은 일률적으로 미군 장교가 맡았다. 일제 식민통치 시기의 모든 법률이 유효함을 선포했고 식민 통치자들의 재산을 전부 미군 소유로 귀속시켰다. 당시의 통계 수치에 따르면 미군은 군정 시기에 남한의 공업과 농업 총자산의 80퍼센트를 자신의 지갑에 넣었다.

미국은 미국식 민주주의를 남한에 들여왔다. 남한에서는 단시간에 각양각색의 정당이 쏟아져 나왔다. 가장 많았던 때는 그 수가 113개에 달했다. 이 정당들은 대부분 정치적으로 숙적이어서 누구든지 다른 쪽과는 털끝만큼도 협력하려 하지 않았다. 맥아더의 말을 빌리자면, "그야말로 일대 재난이었다." 맥아더의 인생 역정은 그가 군사적으로는 위세가 등등한 일세의 명장이었지만 국제정치에서는 말할 수 없이 뒤떨어졌음을 드러낸다. 그는 미군이 일본을 점령할 때 썼던 방법을 남한에 그대로 적용했다. 한국이 역사적으로나 제2차 세계대전 후의 상황으로나 패전국인 일본의 정치적 위상과는 완전히 다르다는 사실을 생각조차 못했다. 패전으로 놀란 가슴이 아직 가라앉지 않고 원자폭탄 폭격으로 두려움에 떨었던 일본인들은 맥아더를 사회법제 통치의 상징으로 볼 수 있었다. 그러나 한국은 이 미군 장교에게 굴종할 이유가 전혀 없었다. 한국인들이 갈망하는 것은 외국의 통치를 끝내고 자신들만의 국가를 세우는 것이었다. 따라서 1946년 한 해 동안 연초부터 연말까지 대규모 시위와 항의, 파업, 수업거부 등이 여기저기서 끊임없이 일어나며 남한 73개 군郡을 휩쓸었다. 미군은 기병과 전차를 출동시켜 진압에 나섰지만 결과적으로 갈등을 더욱 격화시켰다. 1946년 10월에는 대구에서 무장봉기가 일어나 2개월이나 지속되었다. 이것이 한국 현대사에서 유명한 '10월 항쟁'이다.

맥아더의 후임 리지웨이 장군은 자신의 회고록에서 다음과 같이 인정했다. "미군의 군사점령 정책과 조치는 민심을 얻지 못했고 미군은 한국 국민의 신뢰와 협력을 잃었다."

1947년 10월 17일, 소련은 제2회 유엔총회에 두 가지 의안을 제출했다. 하나는 남북한의 대표를 초청해 한국 문제를 논의하는 유엔회의에 참석시키자는 것이었고, 다른 하나는 미·소 양국이 1948년 초부터 동시에 남북한에서 군대를 철수해 한국 국민이 전국적 의미의 중앙정부를 세울 수 있도록 하자는 제안이었다. 결과적으로 두 의안 모두 미국의 반대로 부결되었다.

사실 미국의 본심은 가능한 한 빨리 한국에서 손을 떼는 것이었다. 한국은 이미 미군의 정치적 수렁이 되었을 뿐만 아니라 미국 내에서 전쟁에 반대하는 목소리가 날로 높아졌기 때문이다. 미국 의회의 가을 회기가 시작되었을 때 의원들은 신발 수천 켤레를 받았다. 대부분 미군 병사들의 가족이 보내온 것이었다. "전쟁은 이미 끝난 것 아닙니까? 젊은 아이들을 집으로 좀 보내주시오!"라는 말과 함께.

일본이 투항한 날, 미국 남녀 청년 1200만 명이 아직 군대에 복무 중이었다. 1947년, 미 의회 양원의 세출위원회Appropriations Committee는 모든 군별軍別을 합쳐 미군 총 인원이 160만 명을 초과하면 안 된다고 규정했다. 같은 해에 국방비 지출도 820억 달러에서 130억 달러로 삭감했다. 이유는 매우 간단했다. 세계대전이 끝났으니 미국 납세자들은 군복을 입고 빈둥거리는 그 많은 사람을 먹여 살릴 필요가 없다는 것이었다. 이를 토대로 1947년 11월 14일 미국은 유엔에서의 특수한 지위를 이용해 한국 문제에 관한 결의를 억지로 통과시켰다. 결의에서는 오스트레일리아·캐나다·중국(국민당 정부)·엘살바도르·프랑스·인도·필리핀·시리아·우크라이나 등 9개국의 대표로 '유엔 한국임시위원단UNTCOK'을 구성할 것, 한국에 '감독관을 파견해 의회선거를 실시'할 것, '한국 중앙정부 수립 및 군사역량 구축' 등의 내용을 결정했다. 표결을 놓고 소련·벨라루스·폴란드·체코슬로바키아·유고슬라비아 대표는 투표를 거부했고, 우크라이나는 그 '위원회'에 참여하지 않겠다고 선언했다.

다른 나라들이 한국의 운명을 결정하고 있을 때 북한의 지도자 김일성은 조국 통일을 실현하기 위한 현 단계의 방안 가운데 하나로 남북한의 모든 민주정당과 사회단체 대표가 참여하는 연석회의를 열자고 제안했다. 1948년 회의가 열려 남북한의 56개 정당, 545명이 회의에 참석했다. 그중 240명은 남한에서 온 사람들이었다. 회의에서는 남한이 단독으로 선거를 치르는 안이 반대에 부딪혔고, 미·소 양국에 군대를 철수하라고 전문을 보내 한국 국민이 어떠한 외부 세력의 간섭도 받지 않고 자신의 운명을 결정하도록 했다. 회의에서는 다음과 같은 공동성명을 발표했다.

"남한 단독 선거의 결과는 절대로 인정하지 않는다. 또한 그 선거로 성립되는 단독 정부는 절대로 인정하지도 지지하지도 않는다."

미국은 김일성의 제안대로 하면 한국이 강대하고 빈틈없는 조직을 갖추게 되고, 절대다수의 국민이 옹호하는 공산당 정권에 의해 통일될 것이라는 사실을 분명히 알고 있었다. 이는 미국이 결코 바라지 않는 바였다. 따라서 1948년 5월, 미국의 조종 아래 남한은 결국 단독 선거를 실시했다. 이후 제헌국회는 '대한민국헌법'을 통과시켰다. 1948년 8월 15일, 대한민국 정부가 서울에 수립됐다. 맥아더 장군은 대한민국 대통령 취임식에 참석했다. 대통령의 이름은 이승만이었다.

이승만은 1875년 3월 26일 황해도 평산군의 한 부유한 가정에서 태어나 어렸을 때부터 외국 교회에서 교육받았다. 스물세 살 때 정치혁신 활동에 참여했다가 8년 동안 수감생활을 했다. 출옥 후 미국으로 건너가 프린스턴대학교에서 국제법 박사학위를 받았다.이승만은 왕족의 후손이지만 가난하게 자랐다. 1899년 1월 고종 폐위 음모 사건에 연루되어 투옥된 뒤 5년여가 지난 1904년에 석방되었다. 프린스턴대에서는 국제법 관련 논문으로 철학박사 학위를 받았다. 이후 한국으로 돌아와 교편을 잡았고 독립운동에 참여했다. 1919년에는 대한민국임시정부 대통령 자리에 올랐다. 그러나 당시 미국 대통령이었던 토머스 우드로 윌슨Thomas Woodrow Wilson에게 미국이 한국을 '신탁통치'해야 한다고 제안한 데다 재미동포가 기부한 '독립기금'을 횡령한 혐의까지 얻어 얼마 지나지 않아 대통령직에서 물러났다. 일본이 한국을 점령한 뒤 이승만은 미국으로 망명했다. 30년 뒤 맥아더가 한국에 들어왔을 때 그는 이승만이라는 사람이 있는지도 미처 몰랐다. 맥아더 수하의 아시아 문제 전문가는 이승만을 "트집 잡길 좋아하는 노인네"라고 평했다. 미국 『시카고 선타임스Chicago Sun-Times』 지 기자 마크 게인Mark Gane의 평은 더욱 신랄했다.

"이승만은 음험하고 교활한 위험인물이다. 그는 시대 조류에 맞지 않으며 어리벙벙하게 이 시대로 뛰어들었다. 진부한 관점과 민주 메커니즘을 운영해 황당하기 그지없는 독재의 목적을 달성했다."

미국인들은 이승만이 한국을 떠난 뒤 스스로 붙인 각종 칭호를 듣고 모두 반신반의했다. 훗날 루스벨트 대통령이 이승만의 '망명 임시정부'를 인정하길 확실히 거부한 것은 이승만을 인정하면 한국 국민이 스스로의 뜻에 따라 정치 형태 및 정부를 선택한다는 원칙에 배치되기 때문이었다.

그러나 미군이 한반도에 상륙하면서 맥아더는 미국 이익의 대변인이 되어줄 한국인을 찾느라 마음이 다급했다. 그는 적임자가 있는지 여기저기 수소문하다가 마지막에 장제스에게까지 물어보았다. 장제스는 이승만을 전혀 알지 못했지만 그에게는 김구라는 한국인 친구가 있었다. 김구는 오랫동안 중국에 거주하면서 장제스의 귀빈이 되었고 장제스의 두터운 우정을 얻었다. 김구가 알고 있는 이승만은 '망명 임시정부'의 대통령이었다. 그를 통해 소식이 퍼지면서 중국에 있는 부유한 한국 상인들이 특별히 이승만을 추천했다. 그래서 맥아더는 김구와 이승만에게 서울로 와달라고 했다. 김구와 대면한 자리에서 '아시아의 태상황太上皇' 맥아더는 이승만을 한국의 통치자로 앉히겠다고 밝혔다. 더 실감나는 연기를 위해 맥아더는 특별히 '이승만 귀국 환영식'을 열어 '전 국민이 그들의 지도자를 볼 수 있도록' 했다. 2년 뒤 한국전쟁이 일어났을 때 맥아더는 자신이 고심해서 선택한 이승만 대통령의 괴벽스러움을 물릴 정도로 겪어야 했다.

1948년, 이승만의 나이 73세였다.

대한민국이 수립되고 한 달 후 이북에서 조선민주주의인민공화국이 수립되었고 김일성이 수상에 올랐다.

이렇게 극동의 한반도에 같은 민족이지만 이데올로기가 완전히 대립하는 두 정권이 등장했다.

제2차 세계대전 후 사회주의와 자본주의 양대 진영의 대립으로 분단된 두 국가가 있다. 하나는 독일이고, 또 하나는 한국이다. 독일은 제2차 세계대전의 핵심 침략국으로 미·소 연합군의 적이었다. 독일의 분단은 전쟁에서 승리한 각 측이 패전국을 점령한 것이 그 시발점이었다. 반면 한국은 독일·이탈리아·일본 파시스트 통치의 피해국인데 어째서 독일과 마찬가지로 분단이라는 결말에 이르렀을까? 소련과 미국을 포함해 어느 누구도 이러한 상태의 한반도가 앞으로 아무 탈 없이 평안할 것이라고는 생각지 않았다. "전쟁은 언제고 일어날 일이다." 주한 미국 대사 존 무초는 "어느 날 아침이 될지 모르는 일"이라고 했다.

1947년 9월, 미 육군 부참모장 앨버트 웨더마이어Albert C. Wedemeyer 중장은 트루먼 대통령의 위임을 받아 한국을 시찰했다. 그는 귀국 후에 올린 보고서에서 세 가지 선택안을 제시했다. 첫째, 미군은 즉시 철수한다. 둘째, 미군은 무기한 주둔한다. 셋째, 미군과 소련군이 동시에 철수한다. 웨더마이어의 보고서를 놓고 합동참모본부에서는 세계 전략적 측면에서 "미국이 품을 수 있는 희망은 아시아 대륙에서 진행되는 모든 공격이 대부분 한반도를 에돌아가는 것"이라고 생각했다. 일단 한국이 소련의 통제 아래 놓임으로써 극동 지구에서 미국의 군사행동이 위협을 받는다면, 미국도 공중 공격을 가해 그 위협을 제거할 수 있다. 더군다나 공중 공격은 지상 작전보다 훨씬 쉬웠다. 이에 트루먼 대통령은 1948년 12월 한국에서 순차적으로 철군하는 동시에 한국에 대한 군사원조를 확대해 이승만 정부의 존재를 유지하기로 결정했다.

1948년 말, 미군의 남한 철수를 촉구하기 위해 소련군이 먼저 북한에서 철수했다.

소련군이 철수한 뒤 한반도 정세가 갑자기 긴장에 휩싸이기 시작했다.

미군은 철수하기 전에 이승만 정권에 1억9000만 달러에 상당하는 무기장비를 제공했다. 거기에는 미제 및 일제 소총 15만여 자루와 각종 대포 2000여 문이 포함되어 있었다. 미군은 또 85만 명을 동원해 인천에서 서울, 서울에서 부산 그리고 김포공항을 지나고 38선을 횡단하는 전쟁용 도로를 확장하고 김포공항을 중심으로 비행기지를 확대했다. 또한 거액을 들여 인천·포항·여수 등지의 항구를 개조하고 목포·묵호 등지에 해군기지를 건설했다. 모든 중요한 지역에 반영구적 군사시설을 건설하는 한편 남한이 38선을 따라 수백 리에 이르는 참호와 교통호를 구축하는 것을 도왔다. 이에 따라 남한의 군대 확대 계획이 절정에 달했다. 이승만은 2년 내에 15만 병력의 국방군을 구축하겠다고 밝혔다. 그가 반포한 '병역법'은 17세에서 60세 사이의 노동력을 지닌 한국 남자는 모두 병역의무를 이행해야 한다고 규정했다. 이를 위해 이승만은 미국에 돈과 물자를 요구했다. 이런 무리한 요구에 트루먼 대통령은 '지나치다'고 느꼈다.

이승만은 '북진통일'로 한반도를 통일하려는 의도를 조금도 숨기지 않았다. 그는 한반도 문제를 평화롭게 해결하자는 북한의 제안을 계속 거절하면서 '남북 분단은 전쟁으로 해결해야 한다'고 큰소리쳤다. 전쟁이 일단 발발한 후의 '내부' 안보 문제를 해결하기 위해 이승만은 남한 내의 인민유격대와 애국인사들을 대대적으로 토벌했다. 1949년 이승만은 군사적 준비가 대체로 완성되었다고 생각했다.

1949년 4월, 이승만은 유엔 주재 한국특사 조병옥에게 서신을 보냈다. "지금과 같은 정세에서 자네가 극비리에 유엔 및 미국 고위관료들과 툭 터놓고 얘기를 나눠야 한다고 보네. 통일을 위해 무기와 탄약이 부족한 것 말고는 다른 부분들은 모두 준비가 끝났네."

1949년 7월, 이승만은 기자들에게 담화를 발표했다. "북한을 점령하면 통일을 이룰 수 있습니다."

1949년 10월, 그는 기자회견에서 또 이렇게 밝혔다. "피를 흘리지 않으면 통일 독립은 실현할 수 없습니다. 실현하더라도 얼마 못 갈 것입니다."

이듬해인 1950년 초, 이승만은 신년 축사에서 이렇게 말했다. "우리는 새로운 한 해에 우리 역량으로 남한과 북한을 통일해야 한다는 사실을 기억해야 합니다."

1950년 2월, 그는 군대 고위간부들을 이끌고 도쿄를 방문했다. 그 자리에서 맥아더에게 자신의 군사 준비 계획을 알렸다.

1950년 4월, 38선 부근에 집결한 한국 부대의 직속 포병과 기타 기술병과가 강화되었다. 또한 한국의 '북진통일'에 발맞춰 오마 브래들리Omar N. Bradley 합동참모본부 의장, 포레스트 셔먼Forest Sherman 해군 참모총장, 호이트 밴던버그Hoyt Vandenverg 공군 참모총장을 비롯한 미군 수뇌부들이 차례로 일본에 도착해 극동 지구에서 미군의 군사배치를 강화했다. 그중 미군 제7함대는 항공모함 2척, 순양함 2척, 구축함 6척을 늘렸다. 또 미 공군의 B-26과 B-29

로 구성된 3개 폭격기연대, 6개 전투기연대, 2개 수송기연대가 일본 군사기지에 집중되었다.

극동에서는 이미 전쟁 무기들이 가동되기 시작했다.

남한의 군사 준비에 대해 김일성은 시종일관 촉각을 곤두세우고 있었다. 안보 측면을 고려해 김일성은 두 번이나 스탈린에게 '조·소 우호 및 상호원조조약'을 체결하자고 청했다. 또한 소련에게 군사원조를 제공해달라고 요청했다. 스탈린은 북한에 필요한 군사원조를 제공하겠다고 약속했으나 구체적인 답변을 주지는 않았다.

1949년 5월, 김일성의 비밀특사가 당시 베이핑 시산 산의 솽칭별장에서 마오쩌둥을 만났다. 특사가 마오쩌둥에게 한반도에서 벌어지고 있는 일촉즉발의 전쟁 국면을 설명하자 마오쩌둥은 '한반도의 충돌은 피하기 어렵다'는 김일성의 생각에 동의한다고 밝혔다.

마오쩌둥은 이렇게 분석했다. "당신들에게 지구전은 불리합니다. 미국이 간섭하지 않는다 해도 한국에 전쟁 원조를 제공하도록 일본을 부추길 수도 있으니까요." 이어서 "걱정할 필요 없습니다. 중국과 소련이 당신들 편에 있으니까요. 일단 필요한 상황이 되면 중국은 군대를 보내 당신들과 함께 싸우겠습니다"라고 말했다. 이것은 마오쩌둥이 처음으로 김일성에게 한국전쟁이 일어나면 중국이 군대를 출동해 참전하겠다는 뜻을 나타낸 것이었다.

북한의 방어태세 강화를 돕기 위해 마오쩌둥은 인민해방군에 속한 2개 한인 사단을 김일성에게 넘겨주기까지 했다. 그러나 당시 한국 정세에 관해 마오쩌둥은 전쟁이 바로 일어나길 바라지 않는다고 분명히 밝혔다. 그 이유는 두 가지였다. 첫째, 국제정세가 여의치 않다. 둘째, 중국 공산당은 아직 북한을 효과적으로 지원할 수 없다. 그러나 "일단 중국 통일이라는 임무를 완성하고 나면 상황이 달라질 것"이라고 했다.

마오쩌둥이 말하는 '중국 통일의 임무'란 바로 타이완 섬의 해방을 뜻했다.

그다지 친하지도 않고 처음부터 벽이 있었던 마오쩌둥에 비해 스탈린은 김일성을 비롯한 북한 지도자들을 더 신뢰했다. 이는 김일성이 소련 극동군에서 전쟁을 치른 것과 어느 정도 관련이 있을지도 모른다. 한국의 방대한 군사 준비 태세에 정치가이자 군사가인 김일성은 조선 공산당이 조국을 통일하고 독립자주적인 사회주의 국가를 세우는 것이 자신의 당위적 책임이라는 점을 보다 강하게 인식했다. 그러나 스탈린은 여전히 한반도에서 일단 전쟁이 일어난 후 초래될 결과를 걱정했다. '미국은 중국에서 실패한 뒤여서 더 직접적으로 한국의 일에 간섭할 것'이라는 게 그 이유였다. 그렇다면 북한이 전쟁 상황에 놓였을 때 군사적으로 우세를 점하지도 못할뿐더러 정치적으로도 미국이 한국에 군사적으로 개입할 빌미를 제공할 수도 있었다.

그러나 바로 이때 애치슨 국무장관이 한국과 타이완을 제외한 미국의 극동 방어선을 전 세계에 내놓았다. 김일성은 즉시 소련 측에 또 한 번 자신의 통일 계획을 제시했다. 이번에는 스탈린이 고려하지 않을 수 없었다. 한국과 타이완, 미해결로 남아 있는 이 두 문제에서 스탈린이 더 우려한 쪽은 한국이었다. 소련의 안보와 직접적으로는 아무런 관계가 없는 타이완에 비해 한국은 지리적 위치상 줄곧 극동 지구에서 소련이 일본과 힘겨루기를 하는 중요한 전략적 요충지였다. 더군다나 김일성이 원하는 것은 그저 무기장비일 뿐 소련 병사가 아니었다. 미국이 간섭할 수도 있겠지만 어차피 애치슨이 분명히 밝혔으니 그리 걱정할 필요가 없을지도 몰랐다. 1950년 1월 8일, 스탈린은 주북한 소련 대사에게 전보를 보냈다. 김일성에게 원조를 제공하는 데 동의하고 그 일과 관련해 언제든 김일성을 만날 준비를 하겠다는 내용이었다. 3월 30일, 김일성은 다시 비밀리에 모스크바를 방문했다. 북한에 대한 소련의 원조는 유상 방식으로 진행됐다. 북한은 금 9톤과 은 40톤, 기타 광석 1만5000톤을 제공하고 소련으로부터 1억3800만 루블에 상당하는 무기장비를 인계받았다. 이 장비로 3개 보병사단을 무장시킬 수 있었다. 스탈린은 북한의 완벽한 작전

준비 계획을 들은 후 크게 만족했다. 마지막으로 스탈린은 김일성에게 계획을 마오쩌둥에게도 알려야 한다고 일렀다. 스탈린은 김일성이 마오쩌둥의 의견을 구해야 한다는 뜻을 견지했다.

김일성과 마오쩌둥이 모스크바에서 스탈린을 만난 지 약 반년 후, 그리고 한국전쟁 발발을 겨우 1개월 12일 앞둔 1950년 5월 13일, 김일성은 베이징에 도착했다. 그때 북한 인민군의 수는 이미 한국군의 2배를 넘어섰다. 마오쩌둥은 김일성의 작전준비 계획이 벌써 그렇게 완비되었으리라고는 생각지 못했다. 당시 신중국은 아직 북한에 대사를 파견하지 않았고 군사 시찰원도 파견하지 않은 상태였다. 마오쩌둥은 김일성이 한 일에 대해 아는 바가 극히 적었다. 이때 마오쩌둥은 소련이 김일성에게 일정한 군사원조를 제공할 것이라는 소식을 들었다.

마오쩌둥은 스탈린에게 전문을 보냈다.

이튿날, 스탈린은 다음과 같이 회신했다.

마오쩌둥 동지

조선 동지와 회담 중 필리포프Filippov(스탈린의 가명)는 국제정세의 변화를 감안해 조선인들이 통일을 이루는 것에 동의한다는 의견을 냈습니다.

그와 동시에 문제는 최종적으로 중국 동지와 조선 동지가 함께 해결해야 하며 중국 동지가 동의하지 않으면 문제 해결을 다음 논의 때까지 보류해야 한다고 상의를 끝마쳤습니다. 상세한 회담 내용은 조선 동지가 얘기해줄 것입니다.

마오쩌둥은 중국 공산당 중앙위원회 정치국 회의를 열었다. 그러고 나서 김일성에게 중앙위원회가 북한의 작전준비 계획에 동의한다는 의견을 전달했다.

한편 이때 중국군이 타이완을 해방시키는 데 필요한 여러 기술적 문제가 해결되고 있었고 군사 준비 작업도 순조롭게 진행됐다. 한국전쟁이라는 상황이 있다 해도 아무리 늦어도 1951년까지는 타이완을 해방할 여건도 대체로 갖춰야 했다. 그러나 마오쩌둥에겐 아직 근심거리가 하나 더 있었다. 일단 한국전쟁이 일어나면 미국 정부가 대타이완 정책을 변경할 가능성이 크다는 점이었다. 만약 정말 그렇게 되면 그 결과는 상상하기 어려웠다.

1950년 6월 7일 한국전쟁 발발 18일 전, 김일성은 다시 조국통일 민주주의 전선 중앙위원회의 이름으로 '조국 평화통일 촉진 방침에 관한 호소문'을 발표했다. 호소문에서 남북한의 각 정당과 사회단체 대표 협상회의를 열어 통일의 조건과 대선大選 절차 등의 문제를 협의하고 8월에 한반도 전체의 민주적 대선을 실시하자고 제안했다.

6월 11일 전쟁 발발 14일 전, 한국은 평화통일에 관한 김일성의 제안을 거절했다.

6월 17일 전쟁 발발 8일 전, 트루먼 대통령의 고문 존 포스터 덜레스John Foster Dulles가 38선 참호를 방문했다. 그는 망원경을 들고 한반도 북쪽을 바라본 후 한국군에게 말했다. "어떤 적도 당신들을 막을 수는 없습니다. 그들이 아무리 강대해도 말이지요. 하지만 나는 당신들이 더욱 노력해주길 바랍니다. 당신들의 거대한 힘을 보여줄 때가 멀지 않았으니까요."

6월 19일 전쟁 발발 6일 전, 김일성은 다시 조선민주주의인민공화국 최고인민회의와 남한의 국회가 연합해 남북을 아우르는 단일 입법기관을 세워 조국을 통일하자고 제안했다. 그러나 다시 한국 측에 거절당했다.

남북한 중 도대체 '누가 먼저 방아쇠를 당겼을까'라는 문제에 대해서는 지금까지도 여러 국가의 전쟁사학자들 사이에서 논쟁이 끊이지 않는다. 그러나 '누가 먼저 방아쇠를 당겼을까'의 문제에서 맴도는 것은 본질적으로 의미가 없다. 한국전쟁의 성질이 민족 내부의 통일 문제를 해결하기 위한 내전이며, 그 근원에는 미·소 양대 국가가 일본 패전 후 한국을 분할 점령하려 했던 의도가 깔려 있었기 때문이다.

마오쩌둥의 예상대로 한국전쟁이 발발한 이튿날, 미국이 보인 첫 번째 반응은 "타이완 해협을 무장 봉쇄하라"는 것이었다.

미국은 어째서 한국전쟁이 일어나자 타이완 문제에 대해 그렇게 민감하게 반응했을까? 트루먼은 왜 타이완 문제에 관한 성명에서 그렇게 빨리 입장을 바꿨을까? 이는 줄곧 역사학자들이 철저히 밝히고 싶어하는 문제들이다. 전후 기밀해제 문서자료를 보면 전쟁 발발 11일 전에 루이스 존슨Louis A. Johnson 미 국방장관과 브래들리 합동참모본부 의장이 극동 지구를 시찰하고 돌아오면서 극동 주둔 미군 최고사령관 맥아더의 비망록을 가져왔다. 이 비망록은 한국전쟁이 일어난 당일 트루먼이 블레어 하우스에서 연 긴급회의에서 낭독되었다. 비망록은 타이완이 당면한 위기를 상세히 논술하고 있었다. 외교 인사들의 말을 인용하자면, 타이완은 7월 15일 이전에 중국 공산당에게 점령당할 것이었다. 맥아더는 극동 최고사령관의 명의로 중국 공산당이 타이완을 점령할 수 없도록 해야 미국이 중대한 전략적 이익을 얻을 수 있다고 밝혔다. 만약 타이완이 공산당 수중에 들어가고 소련이 이를 이용한다면 미국의 맞수에게 항공모함 수십 척으로 조직된 함대를 내어주는 셈이며 오키나와와 필리핀의 미국 기지를 궁지에 몰아넣게 될 것이라는 내용이었다. 블레어 하우스 회의에서 맥아더의 비망록이 미국 정책 결정자들에게 얼마나 큰 영향을 주었는지는 확언할 수 없다. 그러나 분명히 말할 수 있는 것은 맥아더의 한마디가 트루먼의 마음에 무시할 수 없는 무게감으로 다가왔다는 것이다. 타이완은 미국 입장에서는 극동 지구의 '영원히 침몰하지 않는 항공모함'이다.

이리하여 타이완에 군사개입을 하자는 애치슨 국무장관의 제안을 트루먼이 받아들였다. 그날 저녁, 트루먼은 존슨 국방장관에게 미국 제7함대를 타이완 해협으로 이동하도록 맥아더 장군에게 지시하라고 했다. 트루먼이 미국의 대타이완 정책을 재빨리 바꾼 데는 이유가 있었다. 그는 한국 내 공산당의 움직임을 전 세계로 확장하려는 계획적 행동으로 보았다. 타이완을 봉쇄하면 한국 문제를 국부적으로 국한시키고 미국의 힘을 드러내 공산당을 한국에서 몰아낼 수 있으리라고 생각했다. 특히 미 안보위원회는 1949년 국민당 정권이 붕괴되고 소련이 원자폭탄을 실험함으로써 핵무기에 대한 미국의 독점적 지위가 사라졌으며 국제적인 다양한 업무에서 미국의 위신이 이미 심각한 위협을 받고 있다고 경고했다. 이로부터 세계 어느 곳에서든 양보란 용인할 수 없는 일이 되었는데, "왜냐하면 현재 자유민주주의 국가에 대한 공격이 이미 전 세계에 퍼졌기 때문이다."

미국의 움직임은 베이징의 강한 반발을 불러일으켰다. 마오쩌둥은 타이완에 대한 미국의 이런 입장을 중국 내정에 대한 간섭으로 여겼다. 그는 '제국주의의 본질'이라는 개념을 제기해 아시아, 나아가 전 세계를 침략하려는 미국의 야심을 지적했다. 마오쩌둥은 이렇게 말했다.

"중국 인민은 일찌감치 공개적으로 선언했습니다. 전 세계 각국의 일은 각국 인민 스스로 처리해야 하고 아시아의 일은 아시아 인민 스스로 처리해야 합니다. 미국이 나서서 관여할 일이 아닙니다. 미국의 아시아 침략은 아시아 인민의 폭넓고 결연한 저항만 불러일으킬 뿐입니다. 트루먼은 올해 1월 5일 성명을 통해 미국은 타이완에 간섭하지 않겠다고 하더니 그것이 거짓이었음을 지금 스스로 증명했습니다. 또한 미국은 중국 내정에 간섭하지 않는다는 모든 국제적인 협의를 파기했습니다. 미국은 이렇게 자신의 제국주의적 면모를 드러냈습니다. 이는 중국과 아시아 인민에게 굉장히 유익한 일입니다. 미국이 한국, 필리핀, 베트남 등의 내정에 간섭하는 것은 완전히 도리에 어긋나는 일입니다. 중국과 전 세계 인민은 침략당한 나라들을 동정할 것이며 결단코 미제국주의 편에 서지 않을 것입니다. 그들은 제국주의의 유혹에도 빠지지 않을 것이며 제국주의의 위협도 겁내지 않을 겁니다. 제국주의는 겉으로는 강해 보이나 속은 허약하기 그지없습니다. 인민의 지지가 없기 때문입니다. 전국, 전

세계 인민이 단결하고 충분히 준비해 미 제국주의의 어떠한 도발도 물리쳐야 합니다."

타이완 섬에서 온종일 해방군의 공격을 걱정하고 있던 장제스도 트루먼이 "타이완은 미국의 방어선이 아니다"라는 말을 했을 때 한동안 마음이 편치 않았지만 곧 한국에서 전쟁이 일어난 것에 대해 극도의 기쁨을 감추지 못했다. 또한 미국 제7함대가 타이완 해협에 진입했을 때 장제스는 절체절명의 위기에서 간신히 목숨을 건진 듯한 느낌을 받았다. 타이완 섬이 잠시 안전을 확보할 수 있을 뿐 아니라 한국전쟁은 제3차 세계대전을 촉발할 가능성이 높았기 때문이었다. 정말 그렇게 된다면 그가 미국의 힘을 빌려 '대륙에 반격'하는 것도 가능성이 없지 않았다. 당시 서울 주재 타이완 대사 사오위린邵毓麟은 장제스의 흥분한 모습을 아래와 같이 꽹장히 노골적으로 표현했다.

"타이완 입장에서 한국은 그야말로 백익무해합니다. 중국 공산당의 군사적 위협, 우방 미국의 타이완 포기 선언 및 공산 괴뢰정권 인정 등 우리가 직면했던 외교적 위기들이 이미 한국전쟁으로 인해 그 정세가 크게 변했고 한 가닥 전기를 보이고 있습니다. 중국타이완을 말함과 한국은 관계가 밀접해 이해가 일치합니다. 앞으로 한국전쟁이 남한에 유리한 쪽으로 기운다면 틀림없이 우리나라에도 유리할 것입니다. 한국전쟁이 미·소 세계대전으로 번진다면 남북한은 통일을 이룰 것이고 우리는 압록강에서 동북쪽으로 들어가 중국 대륙으로 복귀할 수 있을 것입니다. 한국전쟁이 불행하게도 남한에 불리해지면 또한 그로 인해 미국 및 자유국가들의 경각심이 고조될 것이며 긴급히 남한을 지원해 코민테른이 바다를 건너 타이완을 공격하도록 놔두지 않을 것입니다."

장제스는 맥아더 장군에게 전보를 보냈다. "3만3000명의 병력을 출동시켜 한국전쟁에 참가하겠다"는 내용이었다.

한국전쟁 3일째, 저우언라이周恩來 중국 총리가 강렬한 어휘들로 작성된 정부 성명을 발표했다. 이 성명은 즉시 전 세계로 퍼져나갔는데 장제스의 귀에도 들어가길 바라는 의도도 있었다. 다만 그가 성명을 접하고도 여전히 비정상적 흥분 상태를 유지했는지는 알 길이 없다. 성명 내용은 다음과 같다.

나는 중화인민공화국 중앙인민정부를 대표해 공개적으로 선언한다. 트루먼이 27일에 발표한 성명과 미 해군의 움직임은 중국 영토에 대한 무장 침입이며 유엔헌장을 철저히 파괴하는 행동이다. 미 정부의 이와 같은 폭력적 약탈 행위는 결코 중국 인민의 예상을 벗어나지 않았으며 분노를 더욱 증폭시켰을 뿐이다. 중국 인민은 오랫동안, 끊임없이 미 제국주의가 중국을 침략하고 아시아 전체를 강점하려는 음모와 계획을 폭로했다. 트루먼의 이번 성명은 그 예정된 계획을 공개적으로 폭로하고 그것을 실천에 옮긴 것에 불과하다. 사실상 미국 정부가 한국군에 조선민주주의인민공화국을 공격하라고 사주한 것은 미국이 예정한 계획 중 한 절차다. 그 목적은 미국이 타이완, 한국, 베트남, 필리핀을 침략하기 위한 핑계를 만드는 것이며 바로 미 제국주의가 아시아에 한층 더 간섭하려는 것이다.

나는 중화인민공화국 중앙인민정부를 대표해 선포한다. 미 제국주의자들이 어떤 방해공작을 펼쳐도 타이완이 중국에 속한다는 사실은 영원히 변할 수 없다. 이는 역사적 사실인 동시에 카이로선언, 포츠담선언 및 일본 투항 후 현재 상황에 의해 확인된 사실이다. 중국 인민은 한마음으로 일치단결해 침략자 미국의 손에서 타이완을 해방시키기 위해 끝까지 분투할 것이다. 일본 제국주의, 미국 자본주의의 앞잡이 장제스와 싸워 이긴 중국 인민은 반드시 침략자들을 쫓아내고 타이완 및 중국에 속한 모든 영토를 수복할 것이다.

중화인민공화국 중앙인민정부는 전 세계의 평화 정의와 자유를 사랑하는 모든 사람, 특히 압박받는 아시아 각 민족과 인민에게 호소한다. 일제히 일어나 미 제국주의의 아시아 지역에 대한 새로운 침략 행위를 제지하자. 우리가 위협에 굴하지 않고 결연히 광대한 인민을 동원해 전쟁 제조자들에 반대하는 투쟁에 참여하기만 하면 그런 침략은 완벽히 격파할 수 있다. 중국 인민은 마찬가지로 미국의 침입을 받고 저항투쟁을 하고 있는 한국, 베트남, 필리핀 그리고 일본 인민에게 동정과 경의를 표한다. 또한 압박받는 아시아의 전 민족과 인민은 기필코 흉악무도한 미 제국주의 전쟁 제조자들을 결국 위대한 민족독립투쟁의 불길 같은 분노 속에 매장할 것이라고 굳게 믿는다.

서울 대피란

 한국전쟁이 남긴 사료 가운데 널리 알려진 사진이 한 장 있다. 사진에는 머리에 예모禮帽를 쓴 미국인이 한 무리의 미군과 한국군이 빼곡히 둘러싼 가운데 망원경을 들고 한반도 북쪽을 몰래 관찰하고 있다. 장소는 38선 최전방 남한 측 참호다. 사진 속 미국인의 이름은 존 포스터 덜레스, 당시 미국 대통령 트루먼이 보낸 특사였다. 이 미국 공화당 소속의 유명한 외교 대변인은 국무장관 애치슨의 요청으로 국무부 고문이 된 후 곧 기자들을 몰고 다니는 정계 인물들 가운데 한 명으로 부상했다. 덜레스 본인을 비롯해 미국 측에서는 이 사진의 배경에 대해 미 대통령 특사가 한국을 방문해 38선을 시찰하는 장면이며 며칠 후 일어난 한국전쟁과는 "순수하게 우연의 일치로 어떠한 내재적 관계도 없다"고 수차례 해명했다. 그러나 역사 본연의 모습 앞에선 그 어떤 해명으로도 미국 고위관료의 한반도 방문에 대한 세계 여론의 강력한 의심의 눈초리를 불식시킬 수 없었다. 더욱이 덜레스는 한국 국회에서 연설 중 다음과 같은 애매모호한 말까지 했다.

"유엔은 정신적으로 당신들을 유엔의 회원으로 여기고 있습니다. 미국은 한국이 자유세계 건설을 추구하는 공동체에서 평등한 회원이 되는 것을 환영합니다. 따라서 저는 이렇게 말하고 싶습니다. 한국이 인류의 자유라는 위대하고 창조적인 움직임 가운데 계속해서 효과적으로 제 역할을 해준다면 영원히 고립되지 않을 것입니다."

"미 제국주의와 남한의 미국 앞잡이들이 한국전쟁을 정성 들여 계획했다." 이것은 한국전쟁에 대해 북한 측이 현재까지도 견지하고 있는 전쟁의 결론이다. 또한 덜레스가 38선을 시찰하는 유명한 사진 아래쪽에 이 말이 설명으로 적혀 있어 고전적인 역사 기록으로 남았다.

도쿄 다이이치第一빌딩은 일본 왕궁의 해자 주변에 자리잡은 큰 규모의 건물이었다. 제2차 세계대전 이전에 일본 보험회사의 본부였던 이 건물은 전후에 미군 극동사령부로 사용되었다. 일본과 동남아 지역에서 거의 태상황의 지위를 지닌 한 미국 군인이 때마침 덜레스와 함께 영화를 관람했다. 미국 서부의 카우보이가 허리춤에 비스듬히 찬 총집에서 재빨리 총을 꺼내 사람을 쏘아 죽인다는 내용의 구식 할리우드 영화였다. 물론 영웅이 미인을 구해주는 장면도 빠지지 않았다. 여자는 전형적인 미국식 미인으로 아름다우면서도 야성적이어서 지푸라기가 깔려 있는 소달구지 나무바퀴 아래서 사람을 죽이거나 살해되기 전의 카우보이와 껴안고 미친 듯이 뒹굴었다. 맥아더는 이런 유의 미국 영화를 몹시 좋아했다. 그런데 옆에 앉은 덜레스는 다소 안절부절못하는 모습이었다. 12시간 전에 한국전쟁이 일어났기 때문이었다.

덜레스는 맥아더의 냉정한 모습에 놀라움을 금치 못했다. 특히 부드러운 가죽의자에 기대앉아 적어도 세상 사람 절반이 알고 있는 옥수수 파이프를 물고 있는 맥아더의 표정을 보니 마음속에 뭐라 형언할 수 없는 복잡한 감정이 스쳤다. 덜레스는 그 옥수수 파이프가 제2차 세계대전 중 전황이 가장 잔혹했을 때에도 이 장군의 입술에서 떠난 적이 없다는 사실을 잘 알고 있었다. 제2차 세계대전이 끝난 후 미국 언론은 이 파이프가 '전쟁과 죽음의 상징'이라고 맹렬히 공격했고, 그 뒤로 옥수수 파이프를 피우는 모습은 전쟁에서 살아남은 사람들의 반감을 사게 되었다. 그래서 일본에서 평화로운 지도자로 보이고 싶었던 맥아더는 공개된 자리에서 옥수수 파이프를 거의 피우지 않았다. 그날, '전쟁과 죽음'을 상징하는 그 파이프가 또다시 대중 앞에서 연기를 뿜기 시작했다.

한국전쟁은 맥아더가 일생에서 세 번째로 겪은 전쟁이다.

"추측하기 어렵고 오만하며 부리기 어려운 황소"라는 점에서 맥아더에 대한 덜레스와 트루먼의 평가는 완전히 일치했다. 필리핀 해방, 일본 투항 등의 전과로 최고의 기분을 맛봤던 맥아더는 전쟁이 끝나면 군인은 결국 정치가들의 '손바닥 안의 물건'으로 전락한다는 사실을 인식하지 못했다. 덜레스는 한국전쟁을 약간은 반기는 맥아더의 마음을 알아챘다. 장군의 인생은 전쟁이 있어야 눈부시게 빛난다. 그런데 또 한 번의 전쟁이 온 것이 아닌가!

70세에 이른 미 극동군 최고사령관 맥아더는 이미 직업군인으로서 누릴 수 있는 권력과 영예의 최고봉에 다다랐다. 제1차 세계대전에 참전했고 제2차 세계대전에서 혁혁한 전공을 세운 이 전설적 명장은 자신의 출중한 군사 재능과 수천만 병사의 생명으로 극동에서 지존무상의 지위를 얻었다. 맥아더는 키가 180센티미터이고 허리는 꼿꼿했다. 군복은 늘 빳빳했으며 훌륭한 화술의 소유자였다. 어떤 화제든 간에 생동감 넘치게 얘기했고 유머러스하면서도 조리가 분명했다. 비범한 기억력과 많은 독서량은 그의 숭배자들이 마음속 깊은 곳에서부터 그를 추앙하게 만들기에 충분했다. 맥아더는 사람들이 자신을 숭배해주기를, 그리고 자신이 돋보이기를 갈망했다. 그래서 자기 만족감이 강한 여타의 인물과 마찬가지로 사실보다 과장해서 말을 할 때가 많았고 비난을 용납하지 못했다. 때로는 자신의 과실을 감추기 위해 뻔뻔스럽게 거짓말을 하기도 했다. 바로 이것이 기자들이 가장 즐거워하는 점이었다. 그들의 눈에 이 장군은 뉴스를 만드는 데 소질이 있었고 '영화배우처럼 연기 재능이 출중'했기 때문이다.

미국의 역사가 클레이 블레어Clay Blair Jr.는 이렇게 썼다. "가늘고 기다란 손가락으로 파이프를 들고 불을 붙이고 또 붙였다. 성냥을 한 개비 또 한 개비 그었다. 한 가지 일에 온 정신을 몰두하고 활기를 발산하는 그의 모습은 방문한 이들을 감동케 했고 마음 깊은 곳에서 자연스레 그에 대한 무한한 존경이 솟구쳤다."

맥아더는 자신의 매 순간이 모두 역사책에 기록될 것 같다는 느낌을 영원히 품었던 것 같다. 그래서 그의 일거수일투족, 말과 행동거지에는 마치 리허설이라도 하듯 무대에서나 봄 직한 과장이 섞여 있었다. 그는 말할 때 앉아 있는 것을 좋아하지 않았다. 앉은 자세는 연기를 부자연스럽게 만들 수 있기 때문이었다. 그는 청산유수로 말을 내뱉을 때면 방 안을 왔다갔다하면서 수시로 사진사가 만족할 만한 포즈를 취했다. 맥아더의 한 수행 참모는 그가 말을 할 때마다 같은 자리를 왕복하며 '최소 8킬로미터 정도는 걷지 않을까' 하고 추측했다.

맥아더는 1880년 1월 16일 미국 아칸소 주의 주도州都 리틀록의 한 군영에서 태어났다. 그는 면화 상인의 딸과 미국 육군 대위의 사랑의 결정체였다. 그는 "나는 걷고 말하기 전에 총 쏘기와 말 타기를 배웠다"고 말하곤 했다. 13세에 웨스트텍사스 군사학교에 들어가 전쟁에서 요구하는 재능을 드러냈다. 그는 학교에서 테니스 챔피언이었고 훌륭한 야구 유격수이기도 했다. 그가 이끄는 축구팀은 견고한 수비력으로 한때 이름을 날렸다. "어떤 팀도 웨스트텍사스 군사학교 축구팀의 골문을 뚫을 수 없었다"는 전설도 전해졌다. 맥아더의 꿈은 유명한 웨스트포인트 사관학교에 입학하는 것이었다. 첫 번째 시험에서 실패한 뒤 1899년에 마침내 웨스트포인트 사관학교가 공인하는 가장 영준한 생도이자 가장 우수한 생도 중 한 명이 되었다. 맥아더는 사관학교 4년 가운데 3년 동안 성적이 전교 1등이었다. 졸업 성적은 98.14점으로 웨스트포인트 사관학교 개교 이래 최고 점수였다. 1917년 맥아더가 꿈에 그리던 전투 기회가 왔다. 그는 프랑스로 파견되어 미군 '무지개부대(42사단)' 참모장을 맡았고 계급은 대령이었다. 그는 곧 전쟁에서 가장 용감하고 겁 없는 장교 중 한 명으로 유명세를 탔다. 그는 방독면 쓰기를 거부했고 복장도 늘 남들과 달랐다. 광택이 나는 목이 긴 스웨터에 챙이 짧은 세련된 모자를 쓰고 손에는 승마용 말채찍을 들고 다녔다. 언론에서는 그를 '원정군의 플레이보이'라고 불렀다. 제1차 세계대전이 끝나고 맥아더는 웨스트포인트 사관학교 교장이 되었다. 겨우 30세의 나이에 사관학교 교과과정과 규율을 정돈한 것으로 유명해졌다. 그는 이 학교에 현대식 군사 시스템을 도입했다. 1930년 맥아더는 미국 역사상 최연소 육군 참모총장에 취임했다. 제2차 세계대전이 시작된 뒤 그는 태평양 방면 연합군 최고지휘관이 되었다. 대일對日 작전 중 그가 지휘한 여러 전투를 통해 그의 군사적 재능은 신출귀몰한 경지에 다다랐다. 필리핀 레이테 만灣 전투와 루손 섬 상륙, 바탄 수복, 일본의 오키나와전투 등을 통해서 맥아더의 모자와 짙은 선글라스, 옥수수 파이프, 그리고 걸을 때 팔을 크게 흔드는 자세가 한동안 세상 사람들이 우러러보는 영웅의 이미지로 자리매김했다. 대대적 철수와 대반격이라는 드라마틱한 전쟁을 거쳐 필리핀 해변에 상륙했을 때 기자들의 촬영을 위해 맥아더는 혼탁한 바닷물 속을 수차례 왔다 갔다했다. 그러고는 말했다. "내가 말했지요, 반드시 돌아온다고!" 이 '대사'는 즉시 세계 각 유명 신문의 헤드라인으로 실려 일본에 짓밟혔던 아시아 국민의 눈물을 자아냈다.

맥아더는 그의 군인으로서의 삶에 맨 처음 영향을 준 아버지의 가르침을 이렇게 회고했다. "더 중요한 것은 자신의 책임감을 일깨우는 것이다. 그것을 이해한 뒤에 반드시 해야 할 정당한 일이 있으면 개인은 어떤 희생을 치르더라도 그것을 이루어야 한다. 국가는 그 어느 것보다 우선한다. 평생 경계해야 할 두 가지 일이 있다. 영원히 거짓말하지 말고 또 시빗거리를 만들지 말거라."

그러나 맥아더는 끊임없이 거짓말을 하고 끊임없이 분쟁을 일으킴으로써 평생 사람들로부터 공격을 받았다.

6월 27일, 덜레스가 도쿄에서 미국으로 돌아갔다. 맥아더는 공항까지 그를 배웅하겠다고 고집을 피웠는데 비행기 고장으로 제시간에 이륙할 수 없었다. 그래서 맥아더는 덜레스와 얘기를 나누며 시간을 보냈다. 그때 미국 합동참모본부가 즉시 맥아더와 전신타자電信打字로 회의를 열자고 요청하고 워싱턴에서 중대한 결정을 내릴 것이라고 전했기 때문에 참모진은 최고사령관을 모시고 사무실로 돌아가려고 했다. 그러나 맥아더는 공항에 있겠다고 고집을 피우며 가지 않았다. "그들에게 전하게. 나는 지금 덜레스 선생을 배웅하느라 바쁘니 내 참모장과 잘 얘기하라고."

맥아더는 고개를 돌려 모두가 걱정하고 있는 한국전쟁의 상황에 대해 긴장한 표정이 역력한 덜레스에게 말했다. "워싱턴 정부가 방해하지 않으면 나는 한 손을 등 뒤로 묶고 한 손만으로도 대응할 수 있습니다."

참모들은 이 고집스런 사령관을 사무실로 돌아가게 하기 위해 수를 냈다. 그들은 공항 방송실에 비행기가 곧 이륙한다고 가짜 방송을 내보내도록 했다. 맥아더는 덜레스를 배웅해 열정적이고 과장된 작별 인사를 하고 나서야 공항을 떠났다. 맥아더가 떠난 뒤 덜레스는 즉시 비행기에서 내려달라는 부탁을 받았고, 다시 휴게실에서 한참을 기다린 후에야 비행기가 진짜로 이륙했다.

덜레스는 일본에서 맥아더가 잘난 척하고 거들먹거리길 좋아한다는 사실을 충분히 알게 되었다. 그가 미국에 돌아가 트루먼 대통령에게 극동 정세를 보고하면서 건의한 것 가운데 하나가 그 오만방자한 노인네를 자리에서 물러나게 하자는 것이었다.

그러나 한반도의 상황이 확실히 심상치 않았다.

6월 25일 정오가 되어서야 한국 주재 미군 고문단은 전쟁의 심각성을 확실하게 인식했다. 전쟁은 이미 38선을 따라 전역에서 벌어지고 있었고 그중에서도 한국의 수도 서울로 직행하는 두 도로에서 격렬한 전투가 벌어지고 있었다.

철원-의정부 축선에서 북한 인민군은 소련제 T-34 전차를 앞세워 길을 열었다. 중포重砲와 박격포, 중기관총의 화력에 힘입어 2개 사단과 1개 연대 총 2만8000병력이 1개 사단 병력도 채 되지 않는 한국군의 전선을 신속히 돌파했다. 그 뒤 놀랄 만한 속도로 전진해나갔다. 서해안 도로를 따라 남하하는 북한 인민군 역시 병력 면에서 철원-의정부 축선에서와 마찬가지로 한국군과 큰 대비를 보였다. 이들은 마치 벌어진 펜치처럼 동서 두 방향에서 시작되어 한국의 심장인 서울에서 모아질 것이었다.

북한군은 소련이 지원한 무기장비로 당시 이미 7개 보병사단과 1개 전차여단, 1개 국경경비여단, 1개 기계화사단을 편성했으며, 병력이 한국군의 배가 넘을 뿐 아니라 장교들의 자질과 사기도 한국군이 필적할 수 없었다. 병사 대부분은 항일전쟁 참전 경험이 있는 베테랑 전사들이었다. 그중에는 중국 항일전쟁과 국공내전에 참전했던 조선족 병사들도 있었다. 신병이라 해도 대부분 노동자와 농민의 신분에서 갓 벗어난 군인들로, 그들의 정치적 우세는 북한군으로 하여금 전쟁 초기에 놀랄 만한 역량을 발휘하게 했다.

고량포 방향의 한국군 제13연대는 첫 교전에서 90퍼센트의 사상자를 냈고 북한군 전차는 한국군 진지를 재빨리 돌파했다.

임진강 방향의 한국군 제1사단은 미군 고문 로드웰Rodwell 중령과 백선엽 사단장의 지휘 아래 임진강 남쪽 기슭에 진지를 구축하고 패퇴해 내려오는 제12연대를 기다려 다시 전열을 가다듬고 저항에 나섰다. 결국 12연대의 패퇴한 병사들이 벌 떼처럼 몰려왔고 그 뒤를 북한 인민군 제1사단이 바짝 뒤쫓아왔다. 한국군 공병대는 재빨리 버튼을 눌러 임진강교를 폭파하려고 했으나 전선이 이미 끊어진 상태였다. 곧 북한군이 밀물처럼 밀어닥쳐 전략적으로 중요한 의미가 있는 다리를 점령했다.

의정부 방향은 군사상 극도로 중요한 지리적 통로로, 전차를 배치해 서울을 방어할 수 있는 최후의 보호벽이었다. 이곳을 지키던 한국군 제7사단은 북한군 최정예부대인 제3, 4사단과 맞닥뜨렸다. 북한군 2개 사단은 동시에 공격을 개시했다. 공병단이 전차와 자주포의 엄호 아래 도로 양쪽의 토치카를 파괴했고, 보병은 도로변의 험준한 절벽을 올라 한국군의 후방으로 침투했다. 도로 위에서 정면공격을 개시한 전차부대는 결연하게 진격했다. 한국군 전방 진지는 금세 와해되었다.

춘천 방향의 한국군만이 북한 인민군 제2군단의 공격에 맞서 국지적 반격을 개시했다. 그러나 의정부 방향의 한국군이 패퇴함에 따라 춘천은 이미 고립된 돌출부가 되었다. 도망가지 않으면 붕괴는 시간문제였다. 그래서 유일한 저항도 포기할 수밖에 없었다.

미군 고문단 단장 윌리엄 로버츠William Roberts 준장이 '아시아의 용사'라고 부르던 한국 육군이 전쟁이 터진 뒤에 보여준 모습은 군사고문단에게 실망을 넘어 경악을 안겨주었다. 쏟아져 내리는 빗속에서 이미 편제가 무너져버려 남쪽으로 뿔뿔이 도망치는 한국군 병사들이 도처에 보였다. 바로 이때 미군 고문단은 그들을 더 큰 충격으로 몰아넣을 보고를 받았다. 북한군의 소련제 야크 전투기 몇 대가 서울과 김포공항 상공에 접근해 김포공항 관제탑과 미제 C-54 수송기가 공격받고 있으며 유조 탱크 하나에 불이 붙었다는 소식이었다. 또한 서울 부근의 또다른 소형 공항도 공격을 받았으며 공항에 있던 연습기 10대 가운데 7대가 피격되었다는 보고가 들어왔다. 가장 심각한 일은 이들 공항에서 비행기가 이미 도로를 따라 북쪽으로 비행하기 시작했고 두려움에 떨고 있는 한국군 상공에서 저공사격을 가해 이미 패퇴한 군대를 수십 킬로미터에 이르는 공포의 도가니에 빠뜨린 것이었다. 미군 고문단은 맥아더에게 전보를 보냈다. "군사적 형세로나 심리적으로나 한국 육군은 이미 완전히 붕괴되었습니다."

6월 25일 저녁, 맥아더가 도쿄에서 영화를 보고 있을 때 뿔뿔이 흩어진 한국군은 정말로 서울 북부 미아리 일대에 방어진지를 구축했다. 역사에서는 이를 '미아리 방어선'이라고 한다. 한국군은 경원京元 도로를 둘러싸고 있는 구릉 지형을 이용해 서울 수호를 위한 마지막 저항을 시도했다. 이는 그야말로 최후의 저항으로 27일 정오까지 전투가 계속되었지만 북한군은 마침내 미아리 방어선 전면의 창동 방어선을 돌파했다. 날이 어두워지자 북한군 병사들은 대규모로 전 방어선 후방으로 침투했고 미아리 방어선은 처참하게 붕괴됐다. 맥아더는 서울이 곧 함락될 것이라는 정세 예측 정보를 보고받았다.

전쟁의 궁극적 피해자는 언제나 일반 국민이다.

6월 25일 아침, 서울은 비가 개고 날씨가 맑았다. 일요일, 도시의 거리 풍경은 전날과 다름없었다. 오전 10시, 거리에 갑자기 군용 지프가 나타났고 헌병이 차 스피커를 통해 소리쳤다. "국군 장병들은 즉시 군대로 복귀하시오!" 지프가 사라지고 병사들을 실은 트럭과 견인포牽引砲가 질주해 지나갔다. 서울 시민들은 '38선에서 또 무슨 일이 일어난 것 아닌가?' 하고 추측하기 시작했다. 북한군이 오늘 새벽 38선에서 남침했고 아군은 즉시 적과 교전해 현재 적을 격퇴하고 있다는 호외가 온 거리에 뿌려졌다.

서울 시민들은 북쪽으로 진격하는 군용차와 징용 병사들을 수송하는 버스를 향해 환호를 보냈다. 그들은 정부가 평소에 반복했던 말을 굳게 믿었다. "전쟁이 일단 발발하면 즉시 평양을 점령하고 단시간 안에 북방 전역을 통일할 수 있다."

그러나 머리 위로 비행기 소리가 들려 고개를 들어 보니 기체에 북한 인민군 마크가 보였다. 비행기에서 뿌려진 전단에는 이렇게 쓰여 있었다. "남조선 군대가 미 제국주의의 지지하에 북으로 공격해왔다. 북방 군대는 결연히 반격할 것이다."

오전 11시, 서울 라디오 방송국에서 방송이 흘러나왔다. "옹진 지구, 적 전차 7대 격파, 기관단총 72정, 소총 132정, 기관총 7정, 대포 5문 노획, 적군 일개 대대 완전 섬멸…… 공군단장 한 명 및 수하 공산군 투항……."

반면 오전 11시의 평양 라디오 방송국에서는 이런 방송이 나왔다. "무뢰반역자 리승만이 괴뢰정부의 군대에 북침을 명령했기 때문에 인민군은 자위 조치로서 남조선을 공격하기 시작했다. 리승만 도당은 체포되어 실형에 처해질……."

밤이 되었으나 서울 시민들은 뜬눈으로 밤을 지새웠다.

가장 믿을 만한 소식은 전방에서 내려온 부상병들이 전해주는 이야기였다. 부상병들은 전세의 전모에 대해선 명확히 말하지 못했으나 "전차! 북측의 전차 정말 대단해요! 우리는 전차가 없어요."라며 이구동성으로 말했다.

6월 26일 새벽, 서울 시민들은 포성을 들었으며, 북쪽 의정부 방향에서 도망쳐오는 피란민들을 보았다. 북한군의 비행기가 다시 서울 근처로 날아와 대통령 관저를 폭격해 불태웠다. 한국 공군의 연습기가 하늘로 날아올랐다. 전 시민이 지켜보는 가운데 무장하지 않은 기체가 북한군 비행기와 충돌했다.

그러나 군의 공고문에는 '국군의 일부 병력이 이미 38선에서 20킬로미터 북진했다!'라고 씌어 있었다. 도대체 한국군이 평양에서 더 가까운가, 아니면 북한군이 서울에서 가까운 것인가? 서울 곳곳은 어찌할 바를 모르는 표정들로 넘쳐났고 도시 전체에 괴이한 분위기가 감돌았다.

이때 서울에서 단 한 사람만이 전쟁 상황을 아주 정확하게 알고 있었다. 그는 바로 대통령 이승만이었다.

북한 비행기가 '경무대景武臺'라 부르는 대통령 관저를 폭격했을 때 이승만은 당황해 어찌할 바를 몰랐다. 그의 머릿속에 떠오르는 유일한 생각은 도망이었다.

그는 주한 미국 대사 존 무초를 찾았다.

존 무초는 47세의 베테랑 외교관이었다. 또한 외교관 생활의 대부분을 라틴 아메리카와 극동 지구에서 보냈다. 미국 직업군인들이 가장 얕보는 사람이 바로 온화하고 교양 있는 이들 외교관이다. 군대에선 이들을 '벌거숭이 쿠키 장수'라고 부른다. 무초는 대다수 쿠키 장수와 달리 군인들과 관계가 좋았다. 하지만 이는 그가 하급장교들과 종종 술을 마셔서가 아니었다. 그보다는 그의 몸에서 일반 외교관들에겐 없는 '사내다운 기질'이 흘렀기 때문이다. 그는 한국에 와서 재직한 초반부터 이승만과 갈등을 빚었다. 미군 고문단이 유리하게 한국 군대를 통제할 수 있도록 하기 위해 무초가 단호하게 미군의 입장에 서서 이승만 수중의 권력을 장악하려고 했기 때문이다. 무초는 이승만을 "생트집을 잘 잡고 변덕이 심한" 사람이라고 평했다.

무초는 신성모 국방부 장관의 안내로 이승만 대통령을 회견했다. 그 회견은 무초에게 평생 잊지 못할 기억이 되었다. 어찌되었든 간에 한 나라의 대통령이 국가 위기 시기에 그토록 죽음을 두려워하는 모습은 아주 뜻밖이었기 때문이다. "만약 내가 공산당 손에 떨어지면 한국의 사업은 일대 재앙을 맞을 것입니다. 역시 서울을 떠나는 것이 좋겠습니다." 이승만 대통령이 무초를 만나서 맨 처음 한 말이었다.

무초는 이승만 대통령을 만류하기 위해 그 시각 한국군이 퇴각하고 있으며 심지어 어떤 부대는 이미 전군이 전멸했음을 잘 알고 있었지만 입에서 나오는 대로 거침없이 말했다. "한국군은 정말 잘 싸우고 있습니다, 그 어느 부대도 패해서 흩어지지 않았습니다. 대통령께서 서울에 남아 계셔야 군대의 투지를 북돋울 수 있습니다. 대통령이 도망가면 그 소식이 퍼질 것이고 그러면 북한에 저항하기 위해 진격하는 병사가 한 명도 없을 것입니다. 전 육군이 싸워보지도 못하고 무너집니다." 하지만 이승만은 떠나겠다는 뜻을 굽히지 않았다.

무초는 혐오감이 극에 달해 말했다. "좋습니다. 대통령 선생, 가시려거든 가십시오. 본인 뜻대로 하세요. 어쨌든 저는 가지 않습니다!"

이승만은 무초의 강경한 태도에 놀라 그날 밤에는 가지 않아도 될 것 같다고 불쌍하게 말했다.

무초가 나가자마자 이승만은 즉시 교통부 장관에게 전용열차를 대기시켜 놓고 명령을 기다리라고 말했다.

대통령이 서울을 떠나려 한다는 소식이 먼저 국회의원들 사이에 전해졌다. 의원들은 대통령이 국민을 버렸다고 비난했다. 그러나 대통령이 포로로 잡히면 한국이란 나라의 존재 자체가 없어진다고 생각하는 의원들도 있었다. 이를 두고 국회에서는 몇 시간에 걸친 논쟁 끝에 표결을 진행했다. 대다수 의원이 대통령이 서울에 남아 '국민과 함께해야' 한다고 주장했다.

그러나 6월 27일 새벽, 이승만은 그의 가족들 그리고 몇몇 측근 참모와 함께 전쟁이 일어난 지 채 50시간도 되지 않은 깜깜한 밤중에 전용열차를 타고 서울을 떠났다. 떠나기에 앞서 그는 결국 무초 대사에게 그 사실을 알릴 용기가 나지 않았다. 무초는 나중에 말했다. "나는 그가 이미 떠난 뒤에야 도망갔다는 것을 알았다. 대통령의 그와 같은 처사로 이후 수개월간 나는 유리한 위치에 설 수 있었다. 왜냐하면 그가 나보다 먼저 서울을 떠났기 때문이다."

덜레스를 배웅하고 도쿄공항에서 돌아온 맥아더는 긴급전보가 와 있는 것을 보았다. 미국 정부에서 그가 해군 및 공군력을 동원해 퇴각 중인 한국군을 지원하는 것을 허가한다는 내용이었다. 미국 극동공군FEAF 사령관 조지 스트레이트마이어George E. Stratemeyer 중장은 마침 그때 미국 본토에서 회의 중이었다. 그래서 맥아더는 극동공군 부사령관 얼 파트리지Earle E. Partridge 소장에게 구두 명령을 하달했다. 파트리지 소장은 맥아더가 명령을 내릴 때 '희색이 만면하고 득의양양한 듯한' 느낌을 받았다. 그는 극동공군에게 36시간 안에 출동해 "지배할 수 있는 모든 수단을 활용해 북한군을 호되게 두들겨 미 공군의 위력을 보여주라"고 명령했다. 맥아더는 괌 미군기지의 폭격기 대대 하나를 일본 공군기지로 돌려달라는 파트리지의 요청을 허가했다. 맥아더가 마지막으로 파트리지에게 내린 지시는 이 전쟁의 미묘한 부분을 잘 드러낸다. "극동공군은 전면 경비 태세를 갖추고 소련의 일본 침공을 방비하라."

황혼이 드리우기 전, 극동공군 기지는 바쁘고 어수선했다. 정찰기가 전장 의 사진을 찍으러 이륙했고 공항의 지상근무 요원들은 B-26에 폭탄을 실었 다. 주유차가 왔다갔다하고 조종사들은 모여서 좁고 긴 한반도 지역마다 공격 해야 할 목표를 연구했다.

6월 27일 땅거미가 진 뒤 이승만 대통령이 서울을 떠나려고 할 때, 폭탄을 가득 실은 미군 B-26 폭격기 10대가 이륙했다. 비행기 편대는 동해 상공에 짙게 드리운 구름층을 뚫고 한반도를 향해 비행했다.

당시 미 극동공군은 역사가 6년밖에 되지 않았다. 이 부대는 견장이 매우 특이하다. 미국의 다른 공군부대와 마찬가지로 비행기 날개가 있지만 추가로 그 위쪽에 이른바 필리핀의 태양과 남십자성을 상징하는 별 5개가 있다. 남십 자성은 극동공군이 1944년 지구 남반구인 오스트레일리아 브리즈번에서 탄 생했음을 상징한다. 필리핀의 태양에 관해서는 1941년 미국 공군이 필리핀에 서 일본군에게 패퇴했던 치욕을 잊지 않기 위해 극동공군의 견장에 넣은 것 이라고 미국인들은 설명한다. 이 젊은 부대는 태평양전쟁에서 자랑할 만한 영 예를 떨쳤다. 전후 일본 도쿄 중심의 한 건물에 극동공군 사령부가 세워졌다. 공군 참모들은 창문을 통해 히로히토裕仁 일왕 왕가의 화원을 내려다볼 수 있 었는데 마치 일본 전체를 내려다보는 듯한 느낌을 받았다.

그러나 이번에 극동공군은 시작부터 성가신 일이 생겼다. 우선 이륙한 폭 격기들은 기후 상황이 열악하고 밤하늘이 몹시 캄캄해 서울 이북에서 북한 인민군의 전차 종대를 흔적도 찾을 수 없었다. 그래서 폭탄을 싣고 동해 상공 의 두터운 구름층을 뚫고 갔다가 그냥 되돌아왔다. 이어서 극동공군의 폭격기들이 다시 이륙해서 한국에 도달했을 때 이번에도 한반도 상공에 두터운 구름이 짙게 깔려 또다시 아무런 성과 없이 되돌아왔다.

맥아더는 공군에게 불같이 화를 냈다. 그는 전화에 대고 파트리지에게 빨리 공군을 동원하지 않으면 한국 육군은 끝장이라고 말했다. 맥아더의 참모장 에드워드 아몬드Edward M. Almond 소장은 파트리지에게 더 분명히 말했다. "어떤 대가를 감수하더라도 미국의 폭탄을 한국에 떨어뜨려야 합니다. 정확도 여부는 상관하지 마십시오." 다시 말해 폭탄이 북한 병사 머리 위에 떨어지든 남한 병사 머리 위에 떨어지든 떨어뜨리기만 하면 된다는 것이었다!

이튿날 정찰기 조종사 블라이스 포Blyth Poe가 RF-80A 정찰기를 몰고 먼저 이륙했고 마침내 한반도의 맑은 상공을 볼 수 있었다. 이렇게 해서 극동공군 비행기들이 대거 이륙하기 시작했다. 그날은 B-26 폭격기가 가장 불운한 하루였다. 폭격기들이 38선 부근의 철도와 도로에 폭탄을 떨어뜨렸는데 북한군의 지상 방공 화력이 예상을 뛰어넘을 만큼 맹렬해 거의 모든 B-26기를 명중했다. 그중 한 대는 서울 부근 수원비행장에 불시착했고 또 한 대는 심각하게 손상된 채 일본기지로 돌아오긴 했지만 이미 완전히 폐기물이 되었다. 가장 비참했던 것은 공격을 받아 만신창이가 된 B-26 한 대가 일본 아시야蘆屋 비행장에 불시착하면서 지상으로 곤두박질해 기내에 있던 전원이 사망한 일이었다. F-80 전투기의 손상은 폭격기보다 경미한 편이었지만 일본 비행장에서 한국 전장까지 거리가 거의 이 비행기의 활동 반경의 한계였기 때문에 조종사는 조마조마해하면서 작전을 수행했다. 조금만 잘못해도 기지로 돌아가지 못할 것이기 때문이었다. 이들은 서울 이북의 도로에서 장사진을 치고 있는 전차와 트럭 행렬을 보았다. 그리고는 정말로 '정확도에 상관없이' 공격을 개시해 "장장 80킬로미터의 도로에서 화염이 하늘로 치솟았다." 한국군 제1사단 백선엽 사단장은 B-29 폭격기에 욕을 퍼부었다. '하늘의 요새sky fortress'라는 별칭을 지닌 B-29는 원래 순수한 전술지원 작전 중에는 출동하지 않도록 되어 있었다. 그러나 맥아더가 고집을 피워 4대가 출동한 것이다.

거대한 폭격기 4대에 탄 비행요원들은 극단적인 방법을 취했다. 지상에 목표가 있기만 하면 그것이 병사든 전차든 또 적이든 우방이든 상관없이, 그들이 말한 대로 "폭격할 만한 것으로 보이기만 하면 바로 폭탄을 떨어뜨렸다." 그 결과 서울 북쪽 도로와 도로에 평행한 철도를 따라 비행하던 B-29 폭격기는 싣고 온 대부분의 폭탄을 남쪽으로 퇴각하는 한국군 병사들에게 떨어뜨렸다. 극동공군 참모진들조차도 전략폭격기를 이런 식으로 사용하는 것이 '매우 이상하다'고 느꼈다. 그러나 맥아더 장군이 미 공군의 힘을 최대한도로 보여주라고 하니 어쩔 수 없었다.

이승만이 도망친 날 밤, 북한 인민군 선봉부대인 제3사단 9연대가 전차와 함께 서울 동북쪽을 기습 침투했다. 한국군은 여전히 서울 변두리의 작은 산들에서 저항하고 있었다. 북한군 비행기가 서울에 전단을 뿌려 한국에 즉각 투항을 요구했다.

1950년 6월 27일 밤은 서울에 거주하는 사람들에게는 지옥과도 같은 밤이었다.

당황해 어찌할 바를 모르던 시민들은 라디오에서 "정부와 국회를 임시로 수원으로 옮긴다"는 뉴스를 듣고 마침내 대란이 닥쳤음을 알았다. 시민들은 짐을 들쳐 메고 기차역으로 몰려들었다. 남쪽으로 향하는 모든 열차가 피란민으로 가득 찼다. 기차에 끼어 타지 못한 이들은 자전거나 소달구지를 이용했고 아예 걷는 사람들도 있었다. 국민은 패퇴한 군대 사이에 섞여 남쪽으로 뿔뿔이 흩어져 도망갔다. 사료 기록에 따르면 그날 서울을 떠난 피란민이 40만 명에 달한다.

이날 주한 미국대사관도 일대 소란에 빠졌다. 존 무초 대사는 원래 공산당이 서울을 점령한다 해도 대사관 직원들은 외교 면책특권이 있다는 데 한 줄기 희망을 품고 마지막까지 버티기로 결심했다. 그러나 미국 정부에 지시를 요청한 결과 애치슨 국무장관이 강하게 반대하고 나섰다. 대사관 직원들은 공산당의 인질이 될 가능성이 크다는 이유였다. 이에 따라 무초는 철수하기로 결정했다. 총성과 포성이 점점 가까워졌고 한국군 병사가 수시로 와서 북한 군대가 언제든 서울 시내로 들이닥칠 수 있다고 보고했다. 대사관 직원들은 허둥지둥 금고를 꺼내와 캄캄한 밤중에 공산당 손에 들어가서는 안 된다고 생각되는 문서들을 태우기 시작했다. 문서를 태우는 불빛이 마치 대사관 전체를 불태우는 듯 보여 서울 시민의 두려움을 배가시켰다. 대사관 안전요원들은 암호기를 폭파하기 시작했다. 무초 대사는 맥아더와 통화를 하던 중 몇 마디 하지도 못했는데 전화가 끊어졌다. 알고 보니 대사관 직원이 커다란 망치로 전화교환기를 부순 것이었다. 마지막으로 대사관 직원 가족들은 라인홀트Reinhold 호라는 임시 징용선을 타고 한국의 해안을 떠났고, 직원들은 비행기를 타고 도쿄로 갔다. 무초는 다시 대사관으로 돌아왔다. 그는 지프를 몰고 이미 어디에 있는지도 모르는 한국 정부를 찾아가려 했다. 지프가 대사관을 벗어날 때 무초가 고개를 돌려 바라보니 미국 국장國章이 아직 대사관에 걸려 있었다. 무초는 국장을 뜯어야 한다고 생각했지만 시간이 없었다. 그가 생각지 못했던 일은 북한군이 서울을 점령한 뒤 뜻밖에 미국 국장에 대해서는 별로 신경을 쓰지 않았다는 점이다. 몇 주 뒤에 무초가 미군의 진격을 따라 다시 서울로 돌아왔을 때 국장은 그 자리에 멀쩡하게 걸려 있었다.

치밀하게 짜인 서울 방어긴급계획에 따르면 서울 이북의 모든 중요한 다리와 도로는 위급할 때 폭파되어야 했다. 그러나 한국군이 사방으로 뿔뿔이 흩어지고 있는 터라 계획상의 한 글자도 집행할 수 없었다. 방어긴급계획은 휴지 조각이나 다름없었다. 다만 다리 하나의 폭파계획은 이상할 정도로 단호하게 이행되었다. 바로 서울 이남 한강의 유일한 다리인 한강교였다. 이 다리는 서울에서 남쪽으로 통하는 유일한 통로였다. 수많은 피란민과 흩어진 군대가 남쪽으로 퇴각할 때 이 다리는 생명선과 마찬가지였다. 따라서 미군 고문단 참모장 에드윈 라이트Edwin K. Wright 준장은 한국군이 이 다리를 폭파하려 한다는 말을 들었을 때 자신의 귀를 의심했다. 그는 한국 육군본부 참모부장 김백일에게 부대와 보급물자, 장비 등이 한강교를 넘기 전에는 절대로 다리를 폭파해선 안 된다고 말했다. 그러나 그는 듣지 않았다. 라이트 준장은 무안하고 분해 화를 내며 한국군이 철수한다 해도 이 다리에 온전히 희망을 걸어야 하고, 더군다나 아직 수많은 피란민이 이 다리를 통과하고 있지 않느냐고 다시 설명했다. 결국 라이트 준장은 채병덕 육군 참모총장을 찾아가 논의한 끝에 적의 전차가 다리 부근에 접근한 것을 확인한 후에 폭파한다는 원칙을 정했다.

그러나 한국 국방부 고위층 관리의 명령으로 한국군은 결국 즉시 한강교를 폭파하기로 결정했다. 중요한 것은 수많은 한국군 병사나 피란민의 생명이 아니라 북한 인민군 전차가 절대로 한강을 건너게 해서는 안 된다는 이유였다. 한강을 지키던 한국군 제2사단 사단장은 이에 항의를 제기했다. 그는 자신의 부대가 아직 시내에 있고 장비도 아직 철수하지 못했으므로 한강교를 지금 폭파해서는 안 된다고 말했다. 채병덕 참모총장이 이미 한강을 건넌 상황에서 작전국 부국장은 즉시 한강교 쪽으로 달려가 잠시 폭발을 미루라고 명령하려 했다. 그러나 그의 군용 지프가 피란민 인파 속에서 옴짝달싹하지 못하다가 간신히 한강교에서 150미터 떨어진 곳까지 왔을 때 거대한 주황색 불길이 한강교 위로 치솟는 것이 보였다. 이어서 천지를 뒤흔드는 듯한 폭음이 들렸다. 끔찍한 화염 속에서 작전국 부국장의 눈에 한강교 위의 차량과 피란민, 병사들이 교량 파편과 함께 붉은 밤하늘 속으로 날아오르는 모습이…….

한강교가 폭파된 시각은 6월 28일 새벽 2시 15분이었다.

이때 한국 육군의 주력부대인 제2, 제3, 제5, 제7사단과 수도사단은 아직 서울 외곽을 지키며 북한군을 저지하고 있었고, 다리를 건너려고 한강 북쪽 기슭으로 몰려와 기다리던 군대 차량들이 도로에 8열로 늘어서 있었다. 병사와 피란민들이 한데 빽빽이 들어차 '몸도 돌릴 수 없는' 지경이었다. 이 모두가 한강교의 폭파와 함께 북한군 앞에 남겨졌다.

미국 시사주간지 『타임』지 기자였던 프랭크 기브니Frank Gibney는 그 지옥과 같은 서울의 밤을 목격했다. 그는 훗날 이렇게 썼다.

"나는 동료와 지프를 타고 아주 한참이 걸려서야 겨우 피란민과 차량으로 가득한 서울 거리를 벗어났다. 그러고 나서 머리에 보따리를 인 피란민들과 함께 차도를 따라 어렵사리 남쪽으로 갔다. 마침내 우리 지프가 다리에 올랐다. 다리에서 지프는 한 걸음도 나아갈 수 없었다. 전방에는 6륜 트럭으로 편성된 부대가 있었다. 나는 차에서 내렸다. 도대체 무엇 때문에 움직이지 않는 것인지 보고 싶어서였다. 그런데 다리 위에 피란민들이 물샐 틈 없이 들어차 있어 아예 발을 디딜 곳도 없었다. 나는 차로 돌아와 기다렸다. 순식간에 이상한 주황색 불덩어리가 하늘을 물들였다. 앞쪽 그리 멀지 않은 곳에서 거대한 폭음이 들려왔다. 우리 지프는 그 충격으로 30센티미터도 넘게 위로 솟구쳤다."

당시 폭격으로 기브니는 안경이 날아갔고 얼굴은 온통 피투성이가 되어 아무것도 보이지 않았다. 그가 주변의 사물을 볼 수 있게 되었을 때 끊어진 다리 도처에 시체들이 널려 있는 것이 보였다.

한강교를 지나치게 일찍 폭파하는 바람에 미군 고문단도 북한군에게 내던져졌다. 라이트 참모장은 겨우겨우 피란민들을 실어 나르는 나룻배 몇 척을 찾았으나 피란민들은 그 미국인들이 뭐하는 사람들인지 아예 거들떠보지도 않았다. 결국 미국인들은 총을 쏘았다. 배를 내줄 것인지 총에 맞아 죽을 것인지 선택하라는 뜻이었다. 사공은 두려움에 떨며 미군 고문단을 태우고 한강을 건넜다.

한강교를 지나치게 일찍 폭파하는 바람에 한국군은 '재앙과도 같은 결과'를 맞았다. 남쪽으로 패퇴하는 한국군 병사들 가운데 뗏목을 이용하는 이들도 있었고 아예 헤엄을 쳐서 남쪽으로 도망치는 이들도 있었다. 많은 병사가 강물에 잠겼고 무기장비를 전부 잃어버렸다. 나중에 사실로 증명된 바에 따르면 북한군은 다리를 폭파한 지 10시간 뒤에야 서울 시내에 들어왔고, 12시간이 지나서야 한강에 도착했다. 폭파 시각을 몇 시간만 늦췄다면 한국군 2개 사단 전원과 대부분의 물자도 강을 건널 수 있었을 것이다. 사료 통계에 따르면 전쟁 발발 당시 한국 육군의 수는 총 9만8000여 명이었다. 6월 28일 한강교가 폭파되고 나서 한강 너머로 도망친 부대에는 고작 2만여 명만이 남아 있었다. 훗날 한국 군사법정이 '다리 폭파 방식이 부당했다'는 죄명으로 한강교 폭파를 책임졌던 공병감工兵監을 총살하긴 했지만당시 현장에서 한강교 폭파를 명령한 최창식 공병감은 사형에 처해졌으나, 1964년 재심에서 '상관의 작전명령에 따른 행위'로 무죄를 선고받았다. 이 사건은 한국군에게 심리적으로 오랫동안 영향을 끼쳤다. 『미국육군사』에 '한국 부대는 그때부터 놀랄 만한 속도로 붕괴되기 시작했다'라고 기록했듯이 말이다.

분명한 것은, 한국군의 힘으로 한국전쟁의 전세를 만회하기란 절대로 불가능하다는 점이었다.

한국군 부대들이 앞다퉈 남쪽으로 도망칠 때 한반도 밖에는 권총을 차고 북한군의 공격을 맞받아쳐 북상하려는 사람이 있었다. 바로 70세의 맥아더였다.

맥아더가 결정한 일은 어느 누구도 바꿀 수 없었다.

한국전쟁이 발발한 이래로 맥아더는 미국 정부, 심지어 유엔에 대해서도 강한 불만을 품고 있었다. 한강교가 폭파되던 날 밤, 그는 워싱턴에 전보를 쳐 강경한 투로 말했다. "미국의 행동이 몹시 더디다. 한국은 이미 위험이 눈앞에 닥쳤다." 한밤중에 그는 또 한 번 워싱턴에 텔렉스를 보냈다. "한국 군대에 흥분제라도 한 방 놔주지 않으면 몇 시간도 안 걸려서 전쟁이 끝나버릴 것이다." 맥아더가 미국에 신속한 조치를 취해달라고 한 것은 다름 아닌 직접 지상군을 파병해 참전하라는 뜻이었다.

유엔헌장으로 보면, 트루먼 대통령이 미 공군으로 하여금 한반도로 가서 폭격을 하도록 허가한 것은 일종의 위헌 행위였다. 이 점은 트루먼도 잘 알고 있었다. 미국 정부에게 당시 필요한 것은 유엔이 한국전쟁에 군사개입을 인가하는 안건을 통과시켜주는 것이었다. 미국의 조종 아래, 또한 소련 대표가 참석하지 않은 상황에서 1950년 6월 27일 오후 3시, 유엔안보리는 회의를 열었다. 여러 시간에 걸쳐 격렬한 논쟁이 펼쳐졌고 중간에 몇 시간 동안 휴회가 선언되었다가 한밤중에 이르러 결론이 나왔다. "유엔 회원국은 대한민국에 필요한 원조를 제공해 무장 침공을 저지하고 해당 지역의 평화와 안전을 회복시킬 수 있다"는, 유엔 명의로 국가 내전에 공개적으로 간섭하는 안건이 통과된 것이다. 이제 미국은 이미 개시한 군사행동이 합법화되었고 한층 격상된 권력도 얻었다.

맥아더가 그의 전용 비행기 조종사인 앤서니 스토리Anthony Storey 중령에게 한국으로 가라고 명령했을 때 중령은 이 노인네가 그냥 농담하는 것이려니 생각했다. 맥아더는 기자 네 명을 자신의 사무실로 불러 그의 결정을 발표했다. 또한 죽음을 두려워하지만 않는다면 그들도 함께 데리고 갈 수 있다고 말했다. 맥아더는 일부러 공포스럽고도 자극적으로 그 계획을 말했다. "이 비행기는 무장하지 않았습니다. 또한 전투기의 호위도 없습니다. 어느 곳에 착륙한다고 장담할 수도 없습니다. 내일 출발하기 전에 기자들이 보이지 않으면 다른 임무를 수행하러 갔다고 생각하겠습니다." 이 말에 기자들은 모험영화와도 같은 분위기에 빠져서 함께 가고 싶다고 말했다. 사실 이것은 맥아더의 또 한 차례의 연기였을 뿐이다. 극동공군이 최고사령관의 전용기를 단독 비행하게 할 수는 없었다.

맥아더의 전용기는 '바탄Bataan 호'였다. 바탄은 필리핀 루손 섬 서남부에 있는 주州의 이름이다. 제2차 세계대전 당시 맥아더의 부대는 바탄전투에서 패했고 미군 7만 명이 일본군에 투항했다. 포로 가운데 일본군의 학대로 죽은 사람이 1만 명에 달했다. 바탄 호가 일본 하네다 공항에서 곧 이륙하려고 하는데 날씨가 굉장히 좋지 않았다. 스토리 중령이 알아본 일기예보에 따르면 폭풍이 불고 비가 내리며 구름이 낮게 깔린다고 했다. 그가 맥아더 장군에게 출발을 하루 미뤄야 한다고 주장했을 때 맥아더는 마침 면도 중이었다. 스토리 중령에게 돌아온 것은 음침한 한마디였다. "즉시 이륙해!" 전투기 4대의 호위를 받으며 바탄 호는 맥아더와 참모 5명, 그리고 기자 4명을 싣고 한반도로 향했다. 비행기가 순항고도에 오르자 맥아더는 파이프 담배를 피우기 시작했다. 당시 수행했던 『라이프Life』지 기자 데이비드 더글러스David Douglas는 훗날 이렇게 썼다. "맥아더 장군은 혈기왕성했으며, 두 눈은 번들거렸다. 바로 예전에 봤던 고열 환자의 얼굴과 흡사했다."

기자들을 앞에 두고 맥아더는 파트리지 극동공군 부사령관에게 보내는 전보를 구술했다. 북한 비행장을 즉시 제거하라는 내용이었다. 언론 보도는 하지 않기로 하고 맥아더가 승인했다. 이 전보는 미군 비행기가 38선을 넘어 공격해도 된다는 의미였다. 기자들은 미군의 공격 범위가 38선 이남으로 엄격히 통제된다는 사실을 알고 있었다. 이 원칙은 소련이 한국전쟁에 개입할 것을 우려해 미국 정부가 줄곧 특별히 강조한 것이었다. 정부의 명령을 공개적으로 위반하는 것은 맥아더에게 하나의 즐거움이었다. 한국전쟁 발발 이후 맥아더는 처음으로 중대한 문제에 있어 대통령의 권한을 넘어 자신의 생각대로 결정했다. 이런 오만함은 이후 그의 비극적 운명을 초래한 여러 요인 가운데 하나다.

맥아더의 전용기는 수원비행장에 착륙했다. 수원비행장은 서울 이남에 위치한 미군 비행장이었다. 바탄 호가 일본에서 아직 이륙하기도 전에 수원비행장은 북한군의 공격을 받았고 활주로 끝에 있던 C-54기에 불이 났다. 활주로는 원래도 짧은 편이었는데 불이 난 비행기로 인해 20미터나 더 줄어들었다. 그보다 심각한 일은 바탄 호가 수원비행장 활주로로 미끄러지는데 어디선가 북한군 야크 비행기가 침입해 바탄 호를 향해 돌격해온 것이었다. 비행기 안에 있던 모두가 놀라서 소리를 질렀는데 맥아더만 흥분한 목소리로 말했다. "보시오, 우리가 제대로 손 좀 봐줄 것입니다!" 스토리 중령의 민첩한 조종으로 위험을 피한 바탄 호는 무사히 수원비행장에 착륙했다. 이때 활주로 끝의 C—54기는 여전히 짙은 연기를 뿜고 있었다.

맥아더는 카키색 셔츠에 가죽재킷을 입고 있었다. 특유의 모자를 쓰고 가슴에는 망원경이 걸려 있었으며, 음침한 날씨에 아무런 실용 가치도 없는 선글라스를 쓴 채 바탄 호에서 내렸다. 미국 측에서는 존 처치John H. Church 장군과 존 무초 대사, 그리고 한국 측에서는 채병덕 육군 참모총장과 이승만 대통령이 그를 영접했다. 이승만은 넋을 잃은 듯 보였다. 무초가 고집하지 않았으면 처치 준장은 한국 측 인사는 비행장에 부르지 않았을 것이다. 맥아더는 그래도 이승만을 껴안았다. 그는 무초 대사의 안내로 비행장 한쪽에 있는 낡은 교사로 갔다. 그곳이 당시 미군 고문단의 소재지였다.

맥아더는 전쟁 상황을 물었다. 이승만이 위태로운 국면을 묘사했다. 채병덕에게 질문을 할 때 그다지 군인처럼 보이지 않았던 이 뚱뚱한 참모장은 입대할 청년 100만 명을 모집하겠다고 대답했다. 그야말로 현실과 동떨어진, 입에서 나오는 대로 한 발언이었다. 48시간 후 채병덕 참모총장은 해직되었다. 맥아더는 일어나더니 '최전방에 가서 살펴보자'고 말했다. 처치 준장은 곧바로 반대했다. 그곳에서 20킬로미터 떨어져 있는 최전방의 상황은 누구도 정확히 말하기 어려웠다. 맥아더는 반박을 용납하지 않고 다시 한번 말했다. "정세를 판단할 수 있는 유일한 방법은 가서 실전 부대를 살펴보는 걸세."

참모진들은 곧 주저앉을 듯한 검정 구형 도지Dodge 승용차를 찾아 맥아더를 태웠고, 기자들은 지프에 탔다. 이 소규모 부대는 패전해서 도망치는 병사들과 반대 방향인 북쪽으로 향해 한강변에 다다랐다. 맥아더가 서울 쪽을 바라보니 불타고 있는 도시가 보였다. 그는 입에서 파이프를 빼고 말했다. "저

산으로 올라가서 보지."

모든 사람이 70세의 미국 장군을 따라 산을 올랐다.

당시 수행했던 코트니 휘트니Courtney Whitney 장군은 나중에 이렇게 회고했다.

하늘에선 탄환이 튀어오르는 날카로운 소리가 울렸고 도처에 악취가 진동해 재난이 지나간 전장의 처량함을 여실히 드러내고 있었다. 모든 도로는 고통에 시달리며 온몸에 먼지를 뒤집어쓴 피란민으로 가득했다. 이 장면은 맥아더가 한국의 방위 잠재력이 이미 바닥났다는 사실을 믿게 하기에 충분했다. 한강에서부터 소수의 성한 도로를 따라 한반도 남단의 부산으로 향하고 있는 공산군의 전차 종대를 막을 만한 것이 아무것도 없었다. 한반도 전체가 그들의 것이었다.

맥아더는 자신의 회의록에서 다음과 같이 썼다.

패전해 뿔뿔이 도망친 군대가 끔찍한 역류를 형성했다. 한국군은 처참하게 도망쳤다. 뿔뿔이 흩어져 군대라고 할 수도 없었다. 씩씩 숨을 가쁘게 몰아쉬는 군대. 온몸이 먼지투성이가 되어 밀치락달치락하는 피란민들이 꽉 들어차 발걸음을 내디딜 수 없었다.

산에서 맥아더는 한 시간을 머물렀다. 폭파되고 남은 한강교의 몸체를 가리키며 "저걸 폭파하게"라고 지시한 것 외에는 내내 말이 없었다.

수원비행장의 낡은 교사로 돌아온 맥아더는 이승만과 또 한 시간 동안 얘기를 나눴다. 그 뒤 그는 비행기를 타고 도쿄로 돌아갔다. 맥아더는 이승만에게 가능한 한 모든 원조를 제공하겠다고 약속했다. 한편 훗날 출간한 그의 회고록에 따르면, 당시 그의 머릿속에는 이미 완벽한 작전 방안이 구상되어 있었다. 이 작전 방안에는 미군의 거점 확보와 몇 개월 후 세계를 놀라게 한 인천상륙작전 계획이 포함되어 있었다. 맥아더는 말했다. "이것은 배수전背水戰이 될 것이다. 그리고 내가 가진 유일한 기회이기도 하다."

문제는 미국이 반드시 지상군을 출동시켜야 한다는 것이었다. 그렇지 않으면 한국, 나아가 전 아시아 대륙에서 실패를 받아들일 수밖에 없었다.

맥아더는 도쿄로 돌아와서 기자들에게 분명히 밝혔다. "내게 미군 2개 사단을 주면 한국을 지킬 수 있습니다."

맥아더는 또 시비에 휘말릴 과오를 범했다. 미군이 지상군을 출동시키려면 미 합동참모본부의 논의를 거쳐야 하고 대통령만이 명령을 내릴 수 있었다. 대통령과의 힘겨루기를 좀더 명확히 하기 위해 그는 기자들에게 말했다. "대통령께 미군 사단 몇 개를 출동시켜달라고 건의할 것입니다. 그런데 대통령께서 내 건의를 받아들일지는 잘 모르겠습니다."

6월 30일, 맥아더는 미국 정부로부터 권한을 위임받지도 않은 채 곧바로 타이완을 방문했다. 사정이 생겨 바탄 호가 예정보다 늦게 도착했는데도 장제스는 흥분한 채로 기다리고 있었다. 한국전쟁 발발 후 맥아더가 타이완을 방문해서 장제스와 도대체 어떤 정치 거래에 합의했는지는 지금까지도 수수께끼로 남아 있다. 그러나 얼마 있지 않아 장제스가 3만3000명의 병력을 파병해 참전하겠다고 강력히 요청했다는 소식이 신문에 실렸다. 맥아더가 멋대로 타이완을 방문한 일은 트루먼 대통령에게 극도의 반감을 샀다. 그리고 이 일에 누구보다 가장 민감한 반응을 보인 쪽은 다름 아닌 중국 공산당이었다. 맥아더의 타이완 방문은 스스로를 신중국과 철저한 대립관계에 놓이게 한 일이었다. 이 사건은 이후 한국전쟁의 진행과 결과에 미묘하고도 중요한 역할을 했다.

6월 27일, 미국 3군 참모총장들은 밤새워 연구한 끝에 마침내 미 공군의 개입만으로는 한국의 전세를 되돌릴 수 없다는 결론을 냈다. 하지만 지상군을 움직인다는 것은 미국이 한국전쟁에 전면적으로 참전한다는 의미였다. 이는 국가 이익에 결부된 지극히 민감한 문제였다. 미국은 오랫동안 글로벌 전략의 중점을 늘 유럽에 두었다. 극동 지구에는 대규모로 개입할 계획이 없었다. 게다가 미국인들이 마음속으로 생각하는 큰 우환거리는 소련이었다. 한국전쟁이 격상되어 일단 소련이 개입하면 미국에게는 절대적인 골칫거리가 될 터였다. 따라서 누구도 나서서 대통령에게 그 건의를 올리지 못했다. 그러나 28일이 되자 한국전쟁의 위급 상황에 대한 보고가 끊임없이 올라왔다. 특히 미국 정부를 놀라게 한 것은 서울이 이미 북한군에게 점령됐다는 보고였다. 그래서 3군 참모총장들은 미국 지상군의 출동 외에는 다른 방법이 없다는 생각을 확고히 했다. 오전에 참모본부는 신중하게 전쟁 격상 계획을 제기했다.

6월 28일 한밤중에 맥아더는 워싱턴에 2000자에 달하는 긴 전보를 보내 한국군의 처지를 상세히 진술했다. 한국군이 "반격 능력을 완전히 상실"했으며 현재 유일한 희망은 "한국 작전지역에 미국 지상군을 투입하는 것"이라고 했다. 그는 일본에서 2개 사단 병력을 추출해 초기 반격작전에 투입하길 희망했다. 전보 마지막에 맥아더는 또 "내 말을 듣든지 아니면 관두든지"라는 오만한 말투를 썼다. "전화戰火에 짓밟힌 이곳에 육·해·공군 전투부대를 충분히 동원하도록 명문으로 규정하지 않으면 우리는 임무를 통해 허망하게 많은 생명과 돈, 영예를 대가로 바쳐야 할 것이다. 최악의 경우 재난에서 도망치게 될 수도 있다."

맥아더가 한밤중에 보내온 전보는 미 육군 참모총장 콜린스의 마음을 졸이고 불안에 떨게 해 그날 밤 펜타곤 빌딩에서 고위급 회의를 열지 않을 수 없도록 만들었다.

새벽 3시 10분, 미 국방부는 맥아더와 텔렉스를 통해 주고받는 형식으로 논의를 시작했다.

워싱턴에서 보낸 전보문은 다음과 같다.

육군부 1호

장군이 C56924 전보에서 제기한 권한 위임 사항은 대통령께서 결정하실 것이며 대통령께 고려할 수 있는 시간을 드려야 합니다. 또한 합동참모본부는 금일 저녁 장군에게 내린 지시에 근거해 부산 기지로 1개 연대 전투부대를 보낼 것을 위임합니다. 이 점에 관해서는 오전 8시에 열릴 전신타자 회의에서 상세히 진술하겠습니다.

맥아더의 회신은 매우 참을성 없어 보였다.

극동사령부 1호

현재 국방부에서 권한을 위임해서 한국에서 지상 작전군을 사용할 수 있는 기본 원칙은 확립되었으나 현 정세에서 채택할 만한 효과적인 작전에 대해서는 충분한 자유를 부여하지 않았습니다. 내가 전보에서 제기한 최소한의 요구도 아직 충족되지 않았습니다. 긴박한 사안이니 시급히 명확한 결정을 내려주길 요청합니다.

콜린스는 맥아더가 대통령을 재촉해서는 안 된다고 생각했다. 사안이 중대했기 때문이다.

육군부 2호

나는 백악관에서 6월 29일 오후에 열린 회의에 참석했습니다. 당시 대통령께선 합동참모본부가 제84681호 문서에서 확정한 권한에 따라 작전 실행에 필요한 권한을 위임하기로 결정했습니다. 그렇게 결정한 것으로 보아 대통령께선 고위급 고문들과 신중히 고려한 후 다시 미국 작전부대의 전쟁지역 진입에 대한 권한을 위임하려는 의중이 있는 것으로 보입니다.

콜린스는 한참을 기다렸으나 맥아더에게서 회신이 오지 않았으므로 다시 텔렉스를 보냈다. "장군이 1개 연대 파견 작전을 완수하면 대통령께서 2개 사단을 파견하는 문제를 결정할 것입니다." 그리고 질문 하나를 덧붙였다. "이렇게 하면 장군의 요구가 충족된 것입니까?" 그러나 텔렉스를 보낸 후에도 맥아더는 대답이 없었다. 콜린스는 침묵하고 있는 텔렉스기를 바라보며 민망하기도 하고 참을 수 없기도 했다. 그는 그것이 맥아더가 곧잘 내보이는 오만한 침묵임을 알고 있었다. 맥아더는 이미 전세가 막다른 붕괴로 치닫는 상황을 피하기 위해 필요한 부대를 파견해달라고 요구했다. 그의 요구가 거절당하면 펜타곤은 예측할 수 없는 부정적 결과 일체에 대해 책임을 져야 할 것이었다. 콜린스는 이렇게 말할 수밖에 없었다. "우리는 맥아더 장군의 침묵을 우리가 '시급히' 결정해달라는 강력한 요구로 간주합니다." 그는 회의실을 떠나 육군 장관 프랭크 페이스Frank Pace Jr.에게 전화를 걸어 맥아더의 요청을 전했다.

새벽 4시 57분, 페이스 장관은 전화를 걸어 트루먼 대통령에게 맥아더의 요청을 보고했다.

오전 9시 30분, 트루먼은 백악관에서 전쟁위원회 회의를 열었다. 회의에서는 논의 끝에 장제스의 참전 요청은 부결했지만 미군 2개 사단을 한국에 파병하기로 결정했다.

이 결정을 내리기란 매우 힘겨웠다. 미국 지상군을 파병해 참전하는 것은 미국이 전쟁의 문턱에 이미 발을 내디뎠으며 또한 머나먼 극동에 발을 들인다는 의미였다. 트루먼은 당시로선 맥아더의 오만한 말투를 그저 참을 수밖에 없었다. 반대파인 공화당 의원들의 질문에 답하면서 트루먼은 이렇게 말했다. "나는 맥아더가 어떻게 행동하길 원한다고 여기저기서 떠벌이고 싶지 않습니다. 그는 이제 미국 장군이 아닙니다. 그는 유엔을 위해 일합니다."

트루먼과 막료들은 전쟁에 그렇게 발을 내디디면 오직 하나의 길만 남는다는 것을 예상치 못했다. 그것은 바로 계속해서 싸워야 한다는 것이다. 미국의

파병 참전 결정으로 수많은 미국 청년이 3년 동안 한국전쟁의 수렁에 빠져야
했다. 3년 뒤, 시체 자루에 담겨 미국으로 돌아온 젊은 병사의 수가 수만 명
에 달했다. 또한 트루먼과 행정부 관료들은 한국전쟁에서 그들의 맞수는 그
들이 줄곧 걱정해왔던 소련이 아니며, 북한군뿐만 아니라 미국인들에게는 무
척 신비로운 나라인 중국일 것이라고는 더욱 예상치 못했다.

한국전쟁과 두 미군 장군의 운명,
그리고 중국 국방안보회의

1950년 6월 30일 맥아더 장군은 도쿄에서 제8군 사령관 월턴 워커Walton H. Walker 중장에게 지시를 내려 미 제24보병사단을 즉시 한국에 투입하도록 명령했다. 워커 중장이 제24보병사단 사단장 윌리엄 딘 소장에게 하달한 명령은 다음과 같았다.

1. 2개 보병대대와 2개 박격포소대, 75밀리 무반동총 1개 소대로 지연임무를 수행할 특수임무부대를 편성하고 대대장 1인의 지휘 아래 즉시 부산으로 공수하라. 도착 후 존 처치 준장에게 보고하라.
2. 사단 사령부와 1개 보병대대를 즉시 부산으로 공수하라.
3. 사단의 기타 병력은 해상으로 이동하라.
4. 공격이 가능한 작전기지를 최대한 빨리 구축하라.
5. 특수임무부대는 한국 착륙 후 즉시 전진해 서울에서 수원으로 남진하고

있는 북한 부대와 교전하고 그들의 전진을 저지하라.

6. 사단장은 한국 도착 후 즉시 주한 미국 육군부대 지휘권을 행사하라.

미 제24사단은 제2차 세계대전 중 태평양 전역戰域의 파푸아뉴기니, 필리핀의 레이테 만 그리고 루손 섬 전투에 참전했던 부대다. 레이테 만 상륙작전에서 발휘한 용맹함으로 전 세계에 이름을 떨쳤던 이 사단은 전쟁이 끝난 후 일본 규슈 야마구치 현에 주둔하고 있었다. 한때 전체 사단 병력이 1만2197명이었으나 당시엔 5000명 정도가 줄어 있었다.

미 제24사단의 투입은 미국 지상군의 한국전쟁 개입을 알리는 제1보였다. 당시 미국의 초기 군사행동에 두 명의 장군이 등장하는데, 한 명은 제8군 사령관인 워커 중장이고 다른 한 명은 제24사단 사단장인 딘 소장이다. 한국전쟁에서 두 사람 중 한 명은 중국군의 공격으로 사망하고워커 중장을 말하는데, 그는 함께 참전한 아들 샘 워커 대위의 훈장 수상을 축하하기 위해 차를 타고 가다가 교통사고로 사망한 것으로 알려졌다., 다른 한 명은 북한군에게 생포되어 포로수용소에서 3년을 보내는 운명을 맞는다. 이들과 함께 초기 군사행동에서 눈에 띄는 또 한 명의 하급장교가 있는데, 바로 제24사단 21연대 1대대의 대대장 스미스 중령이다. 딘 소장이 특수임무부대의 임무를 스미스에게 맡기자 그의 첫 반응은 자신의 대대에 장교가 부족하다는 것이었다. 사단장 딘 소장이 3대대의 장교들로 모자란 장교 병력을 충원해주겠다고 약속한 뒤, 21연대 연대장 리처드 스티븐스 Richard Stevens 대령이 그에게 줄 수 있었던 한국전쟁에 관한 정보는 단 한마디였다. "이봐, 가서 해보라구. 거긴 벌써 난리야."

1950년 7월 1일 새벽 3시, 장대 같은 비가 쏟아지던 밤이었다. 스미스 중령은 440명의 장병을 이끌고 일본 구마모토에서 트럭을 타고 이타즈케板付 공군기지로 출발했다. 수하에는 병력이 부족한 2개 보병중대(B중대와 C중대)와 본부중대 절반, 통신소대 절반과 혼합 편성된 포병소대가 있었고, 무기는 무반동총 4문, 박격포 4문이 전부였다. B중대와 C중대는 각각 대전차포 6개조와 60밀리 박격포 1개조를 보유하고 있었고, 병사들은 각각 1정의 M1 소총과 120발의 실탄, 이틀분의 전투식량을 배급받았다. 스미스 부대의 장병들 가운데 약 3분의 1은 제2차 세계대전에 참전한 경험이 있었고 나머지 대다수는 전투 경험이 전무한 미국 청년들이었다.

워커 중장이 제24사단의 딘 사단장에게 하달한 명령에서 보이는 어휘, 그리고 미국이 한국에 단 하나의 지연부대만을 투입한 사실을 통해서 당시 미군이 상황을 어떻게 파악하고 있었는지를 엿볼 수 있다. 당시 미군의 행동은 참전을 앞둔 것이라고 보기는 어렵다. 어쩌면 맥아더를 포함한 미군 장교들이 한국전쟁을 그 정도로밖에 생각하지 않았는지도 모른다. 이러한 상황은 스미스 중령에게 이번 임무가 그다지 힘들지 않을 것이라는 착각을 심어주었다. 그럼에도 불구하고 스미스 중령은 이타즈케 공군기지에서 자신과 병사들이 칠흑 같은 어둠과 장대비를 뚫고 급히 가고자 하는 한반도라는 지역의 현황에 대해 딘 소장에게 진지한 자세로 물었다. 딘 소장은 부산에 도착하면 대전 방향으로 전진해 가능한 한 부산 북쪽 멀리에서 북한군을 저지하라고 했다. 그러기 위해서 경부 국도를 따라 최대한 빠른 속도로 북진해서 처치 준장과 연락을 취해야 한다고 했으며, 만약 처치 준장이 어디 있는지 모르겠거든 우선 무조건 대전으로 가라고 말했다. 그는 그 이상의 정보가 없는 것을 안타까워했으나 그래도 하늘이 스미스와 그의 병사들을 보호할 것이라고 기도해주었다. 웨스트포인트 사관학교 출신인 스미스 중령은 질문하기 전보다 더욱 막연한 느낌이었지만 그래도 병사들에게는 이렇게 말해주었다. "북한군은 우리를 보자마자 줄행랑을 칠 것이다."

스미스 특수임무부대를 공수하는 C-54 수송기가 한국 상공에 도착했다. 하지만 짙은 안개로 착륙할 수 없게 되자 일본으로 회항했다. 7월 1일 오전 11시가 되어서야 수송기는 부산 근처의 한 활주로에 겨우 착륙할 수 있었다.

흔들리는 비행기 안에서 사색이 되어 내린 미군 병사들을 길 양쪽으로 늘어선 한국 주민의 환영 인파가 맞아주었다. 미군이 도착하자 한국 사람들은 뛸 듯이 기뻐했다. 미군들이 역에서 기차를 탈 때는 한국의 악대가 연주를 해주었다. 대전 도착 후 스미스 중령은 처치 준장을 찾았다. 처치 준장은 지도를 펼치고 그에게 말했다.

"우리가 여기서 조금씩 행동을 개시할 테니 자네들은 가서 한국군의 사기를 북돋아주게."

명령에 따라 스미스 중령은 교전이 벌어질 것이라 예측되는 지역으로 가서 지형을 살폈다. 길에는 수많은 한국 군인과 피란민이 남쪽으로 줄지어 피란을 가고 있었다. 필립 데이Philip Day Jr. 중위는 당시의 상황을 이렇게 회상했다.

"어딜 가든 병사와 장교, 노인, 여자, 아이들 할 것 없이 인산인해를 이뤘습니다. 더욱 중요한 것은 몸이 성한 사람은 거의 없이 모두가 다친 사람들이었다는 점입니다. 맙소사, 이곳에서는 정말 전쟁이 벌어지고 있구나 하는 생각이 들었죠."

오산 부근의 방어진지에서 스미스는 병사들에게 참호를 파라고 명령했다. 이때 그의 머리 위로 한 무리의 전투기가 지나갔다. 저공비행하는 전투기에는 빨간 별 문양이 선명히 찍혀 있었다. 하지만 이들은 공격을 개시하지 않고 그대로 가버렸다. 그때까지도 스미스는 며칠 뒤 북한 부대의 전차가 몰려올 때 줄행랑을 치는 쪽이 북한 병사들이 아닌 자신들일 것이라고는 꿈에도 생각하지 못했다.

이날 스미스 중령은 운 좋게도 유엔군 공군의 폭격 시범을 보았다. 오스트레일리아 공군의 머스탱 폭격기 4대가 9칸의 객차가 연결된 열차를 향해 미사일과 기관총을 발사하며 맹렬한 공중폭격을 실시한 것이다. 폭격으로 열차는 폭발했고 작은 마을의 절반이 재가 되어 날아가버렸다. 열차는 한국군이 전방으로 탄약을 운송하는 데 사용한 것으로, 잠시 평택이라는 작은 역에서 철도 레일을 조정하던 중이었다. 사실 이날 유엔군 공군은 '혁혁한 성과'를 올렸다. 미 공군은 수원 방면에서 한국군의 군용차를 습격했다. 이에 놀란 한국군 병사들이 소총으로 미군 비행기를 공격해 추락시켰고, 미군 조종사들은 낙하산으로 착지한 뒤 곧장 한국군에게 체포당했다. 오후에는 4대의 미군 비행기가 오산 국도 일대를 공습해 300여 대에 이르는 한국 군용차를 폭파시켰으며 200여 명의 한국군 병사가 목숨을 잃거나 부상을 입었다. 미군 고문단마저 그날만 다섯 차례 아군 공군의 습격을 받았다. 고문 중 한 명은 가족에게 보내는 편지에서 조소하듯 이렇게 말했다.

"미군 조종사들이 세운 공이 얼마나 눈부시던지! 그들은 탄약고와 기차, 군용차 부대, 한국 육군 사령부까지 습격했어!"

혼란스러웠던 이날, 처치 준장은 극동공군 사령부에 '강력한 항의'를 표하며 공중 공격은 한강교 이북 지역에 국한하도록 요구했다.

미 제24사단의 나머지 병력도 속속 한국에 도착했다.

7월 5일 스미스 부대는 징발한 한국 트럭을 타고 오산 진지에 들어왔다. 오산으로 향하는 도로는 피란민과 패잔병으로 혼잡했고 트럭을 운전하는 한국 기사들도 잔뜩 겁에 질려 꾸물댔다. 새벽에 스미스 중령은 전형적 진지방어 형식으로 병력과 화력을 배치했다. 진지 오른편에는 B중대의 1개 소대를, 도로 동쪽에는 2개 소대를 배치했는데 B중대의 3개 소대 뒤로는 능선이 하나 솟아 있었다. 도로와 철로가 평행선을 이루는 곳의 양쪽에는 대전차포를 배치하고 다른 편 산등성이에는 박격포를 배치했다. 금방이라도 다시 비를 뿌릴 것 같은 기상 때문에 공군의 지원은 기대하기 어려운 상황이었다. 새벽 5시, 동틀 무렵이 되자 보병들은 시험 사격을, 포병들은 시험 발사를 시작했다. 그 소리를 제외하고는 사방이 고요했다. 스미스 중령은 대전차방해물 뒤쪽에서 긴장된 모습으로 북쪽 도로를 바라보고 있었다. 흐린 날씨였지만 가시거리가 수원성이 보일 정도는 되었다. 시험 사격 후, 병사들은 다 파놓은 참호에 들어가 정해진 양의 아침식사를 하기 시작했다. 오전 7시, 스미스 중령의 시야에 이동하는 듯 보이는 차량이 검은 점 형태로 포착되었다. 30분 후, 그 점들이 남진하고 있는 전차 대열임을 똑똑히 볼 수 있었지만 스미스 중령이 그 어떤 반응을 취할 겨를도 없이 전차는 이미 2000미터 반경 안에 도달해 있었다.

오전 8시 16분, 미 제24사단 21연대 1대대가 첫 번째 유탄과 포탄을 발사했다. 미국 지상군이 한국전쟁에서 발사한 첫 번째 포탄이었다.

전차 대열 사이에서 포탄이 폭발했고 전차 한 대에 명중했다.

하지만 북한군의 전차들은 전혀 주저함이 없었다. 그들은 우회하지도 않았고 속도를 늦추려는 생각은 더더욱 없는 듯 여전히 요란한 소리를 내며 전진했다.

전차가 400미터 거리까지 전진해왔을 때 미군은 대전차로켓으로 사격을 개시했다. 소련제 T-34 전차는 마치 아무 일도 없다는 듯 전진했고 급경사 도로를 따라 기어 올라왔다. 미군의 75밀리 대전차로켓은 T-34 전차에 전혀 효과가 없는 듯했다. 로켓탄을 20여 발 발사하고서야 T-34 전차 한 대가 마침내 정지해 길을 막았다. 멈춰 선 전차에서 북한군 병사 3명이 튀어나왔다. 두 손을 든 채로 전차에서 나온 이들은 발이 땅에 닿자마자 손에 들고 있던 총을 발사했다. 미군 진지에서 매우 가까운 거리에 전차가 섰기 때문에 미군 진지에 있던 기관총수 한 명이 이 총탄에 맞아 사망했다. 역사에 이름도 남기지 못한 이 미국 청년은 한국전쟁에서 최초로 목숨을 잃은 미국 지상군 병사였다.

T-34 전차의 화력은 대단했다. 데이 중위의 75밀리 무반동총은 무참히 산산조각 났고 거대한 폭발음에 찢긴 고막에서 피가 흘러 볼을 따라 흘러내렸다. 한 시간도 채 안 되어 스미스 부대의 병사들 가운데 20여 명이 전사하거나 부상당했다. 전차 대열은 능선의 꼭대기를 넘어 내려가기 시작했고 일부 전차는 이미 포병진지의 후방까지 도달했다. 젊은 병사 몇몇은 도망가기 시작했고 포병 장교가 직접 나서서 탄약을 장전했지만 북한군 전차의 공격을 막기

에는 역부족이었다. 오전 11시, 북한군의 전차 대열은 미군의 포병진지를 뚫고 지나갔다. 뒤이어 북한군 보병이 물밀듯 밀어닥쳤다.

미군은 그렇게 많은 북한군 병사가 순식간에 그들을 향해 돌진해올 줄은 생각지도 못했다. 전차의 포탄이 미군 진지에 떨어지기 시작하자 부상을 입은 병사들이 고통에 찬 비명을 내지르며 진지에서 아래로 굴러떨어졌다. 스미스 중령은 "적군 종대를 향해 발사!"라고 큰 소리로 명령을 내렸다. 혼란스러운 가운데 한바탕 총격전이 벌어진 뒤 스미스 중령은 진지 좌우의 능선 위로 이미 북한의 깃발이 날리고 있는 것을 발견했다. 적군은 C중대와 B중대가 배치된 진지를 점차 압박해왔고 정오 무렵이 되자 원래 1200미터에 달했던 진지는 700미터가 채 안 될 정도로 좁아져 있었다. 스미스는 포병에게 소리쳤으나 돌아온 것은 무선통신 장비를 실었던 차가 파손되어 통신선이 끊겼다는 보고뿐이었다. 통신선이 끊기자 포병들은 사격을 할 수가 없었다. 이렇게 미국식 포병지휘 방식은 한국전쟁의 첫 번째 전투에서 조롱을 당했다.

오후 1시, 북한군이 포위망을 좁혀오기 시작했다. 스미스는 진지를 계속 사수하다가는 수하 부대원들이 모조리 전사하리라는 것을 본능적으로 알아차렸다. 이후에 그는 이렇게 회상했다.

"당시엔 이미 전혀 희망이 없었습니다. 사상자가 넘쳐났고 통신은 두절되었지요. 교통수단도 부족했고 탄약은 바닥났으며 북한군의 전차는 바로 뒤까지 다가와 있었습니다. 그 상황에서 나는 진지와 생사를 같이할 것인지, 아니면 병사들을 데리고 포위망을 뚫을 것인지 둘 중 하나를 선택해야만 했습니다. 더 버틸 수 있는 시간은 길어야 한 시간 정도였고 그 이상이 되면 부대는 전멸할 상황이었습니다. 나는 포위망을 뚫는 쪽을 택했습니다⋯⋯."

스미스 중령은 철수 명령을 내리는 동시에 철수 순서를 알렸다. 하지만 병사들이 자기 목숨을 건지려고 달아나기에 급급해서 철수 순서는 아무런 소용이 없었다. 뿔뿔이 흩어져 도망가는 미군을 향해 북한군은 맥심 기관총을 무차별 발사했고 곳곳에서 미군이 무더기로 쓰러졌다. 스미스 중령은 마지막으로 진지에서 철수하다가 지나친 포병진지에서 전혀 파손되지 않은 대포들이 열을 지어 있는 모습을 보았다. 마치 미군의 장비를 전시해놓은 것 같았지만 진지에는 포병의 그림자조차 보이지 않았다.

이것이 미국 지상군이 한국전쟁에서 벌인 첫 번째 전투였다.

이 전투는 훗날 각종 전쟁 사료에 여러 차례 기록된다. 25년 후인 1975년 시사주간지 『타임』의 일본어판에서는 스미스 부대의 오산전투를 이렇게 묘사했다.

"철수 당시 미군은 성조기로 덮어준 전사자들은 그 자리에 남겨두고 부상당한 대원들만 데리고 떠났다. 적지 않은 부상병이 공포에 질려 철모와 상의를 벗어던졌고 심지어는 신발까지 벗은 이들도 있었다. 스미스 부대의 궤멸에 대해 미군 본부는 사실대로 발표하지 않았다. 500명의 병사 가운데 150명이 전사했으며 72명이 생포되었다고 밝혔을 뿐 중경상을 입은 병사의 수는 포함시키지 않았다."

맥아더는 강력한 미군의 상징적 등장만으로도 북한군은 놀라고 당황해 북쪽으로 도망갈 것이라고 생각했지만, 미군이 발표한 보수적 수치에 근거해도 스미스 부대는 두 시간의 전투 동안 절반 이상의 병력을 잃었다. 생포된 장병의 숫자는 정확했다. 북한의 관련 발표에 따르면 총 72명의 미국인이 포로로 잡혔는데 그중 어떤 부상도 입지 않았던 한 미군 위생병은 도망갈 기회를 포기한 채 자원해서 부상병을 돌보기 위해 남았다고 한다.

제2차 세계대전에서 얻은 미군의 불패신화는 오산이라는 극동 지구의 한 구석에서 순식간에 산산조각 나고 말았다. 흩어진 미군 병사들이 복귀하는 데는 오랜 시간이 걸렸다. 일부 병사는 서해나 동해안까지 걸어가서 그곳에서 배를 타고 부산으로 돌아오기도 했다. 그 병사들의 표정은 그야말로 놀람과 당황 그 자체였다.

북한의 사료는 오산전투를 이렇게 기록하고 있다.

미국 침략자들은 이승만 괴뢰정부 군대의 엄호 아래 평택과 안성 북쪽에서 지상군을 투입해 차령산맥 최전방에서 아군의 진격을 저지하려 했다.

7월 5일, 아군의 선봉부대가 오산 북쪽에서 미 제24사단의 전위부대와 마주쳤다.

처음으로 미군 지상군과 마주친 우리 인민군의 마음속에는 미 제국주의 침략자에 대한 분노와 증오의 화염이 불타올랐다. 선발대는 주력부대의 도착을 기다리지 않고 즉시 돌격에 돌입했다. 전차부대는 행진 중 종대로 대열을 바꿔 적진을 뚫었고 한방에 적군의 방어진지를 파괴시켰으며 적군의 포병진지를 압박했고 소멸시켰다. 전차가 적진을 뚫고 돌진한 데 이어 보병들이 정면에서 돌격했고 빠르게 적군의 측면으로 우회해 공격을 개시했다. 아군은 그렇게 두 시간이 안 되는 전투에서 미군의 보병대대와 포병대대를 전멸시켜 적진을 마비 상태에 빠뜨렸다.

중국 지도자들은 중국과 지리적으로 인접한 한국에서 발발한 전쟁, 그중에서도 유엔군의 군사적 간섭에 지대한 관심을 보였다.

1950년 7월 7일, 중국 중앙인민정부 인민혁명군사위원회 부주석 저우언라이의 주재 아래 제1차 국방안보회의가 긴급 소집되었다.

신생국가가 '국방안보'에 중점을 두는 것은 지극히 자연스러운 일이다.

건국한 지 얼마 되지 않은 신중국은 국공내전 후 국가 재건에 대한 막중한 압력과 전 국토해방이라는 복잡한 군사적 정세 등의 문제에 당면했다. 더욱 심각한 문제는 당시 신중국이 세계 무대에서 대다수 국가로부터 인정을 받지 못했을 뿐 아니라 신중국을 거부하고 적대시하기까지 하는 강력한 세력이 존재한다는 데 있었다. 신중국 수뇌부는 국제정세의 사소한 움직임과 변화 하나하나를 세밀하게 주시하고 있었다. 하물며 이웃 나라에서 발발한 전쟁은 더 말할 것도 없었다. 이제 막 탄생한 신생 국가의 국민으로서 중국인이 오랫동안 바라 마지않은 것은 해방된 삶과 평화로운 생활이었다. 이 때문에 '국방안보'보다 당시 중국인의 마음을 더 정확히 표현할 수 있는 단어는 없었다.

한국전쟁 정전 40년 후 출판된 『미국해군사美國海軍史』는 당시 중국의 군사개입에 대해 이렇게 평한 바 있다.

"중국은 적대관계에 있던 군대가 압록강에 근접하는 것을 용인할 수 없었다. 미국이 멕시코와의 접경 지역에 흐르는 리오그란데 강에 적군이 출현하는 것을 받아들일 수 없는 것처럼 말이다."

중국 지도자들에게 '적대 관계에 있는 군대'란 미국 군대였다. 비록 미군은 이제 막 한국에 상륙한 터였고 초기 전투에서 강력한 전투력을 보여주지도 못했으며 전투는 중국과 북한 국경에서 1000킬로미터 떨어진 곳에서 벌어졌지만 말이다. 세계 최강대국이 극동 지구에서 벌어진 전쟁에 실제로 참전하고 있다는 점에서 중국 지도자들은 경계심을 갖지 않을 수 없었다. 당시 북한 인민군이 전투마다 거침없이 승리를 거두며 전진하고 있었지만, 유엔이 한국전쟁에 개입하겠다고 발표한 날부터 마오쩌둥은 앞으로 전쟁이 복잡한 양상으로 전개되리라는 것을 예감했다고 해야 할 것이다.

제1차 국방안보회의에는 중앙군사위원회 책임자와 베이징 해방군의 병과별 책임자들이 참석했다. 총사령관 주더朱德, 총참모장 직무대행 녜룽전聶榮臻, 제4야전군 사령관 겸 중난군구中南軍區 사령관 린뱌오林彪, 총정치부 주임 뤄룽환羅榮桓, 총후근부總後勤部, 후근은 후방 근무를 뜻하며 병참이나 군수 업무를 담당함 부장 양리싼楊立三, 총정치부 부주임 샤오화蕭華, 군사위원회 철도부 부장 텅다이위안滕代遠, 군사위원회 작전부 부장 리타오李濤, 해군 사령관 샤오징광蕭勁光, 공군 사령관 류야러우劉亞樓, 기갑 사령관 쉬광다許光達, 포병 부사령관 쑤진蘇進 등이 그들이다. 하지만 한국전쟁에서 결정적 역할을 한 것으로 유명한 펑더화이

彭德懷는 이 회의에 참석하지 않았다.

이틀 후인 7월 10일, 저우언라이의 주재 아래 제2차 국방안보회의가 소집되었다.

7월 13일에는 중국 공산당 중앙위원회와 중앙군사위원회가 '둥베이 변방 안보에 관한 결정關於保衛東北邊防的決定'을 작성하는 한편 훗날 그 통찰력과 중요성을 인정받은 군사 배치를 결정했다. 즉 최정예 부대인 제38군·제39군·제40군·제42군을 둥베이 지역에 집결시켜 둥베이 변방군으로 편성하고 중국과 북한의 국경지대에 배치해 돌발 사건에 대비하도록 한 것이다.

마오쩌둥이 결정한 둥베이 변방군의 지도자 명단에서도 신중국 지도자가 한국전쟁에 보인 지대한 관심을 확인할 수 있다. 중앙군사위원회는 사령관 겸 정치위원으로 쑤위粟裕를, 부사령관으로 샤오징광을, 부정치위원으로 샤오화를, 후근부 사령관으로는 리쥐쿠이李聚奎를 임명했다. 하지만 쑤위는 건강이 좋지 않았고 샤오징광은 신중국의 해군을 편성하고 있었으며, 샤오화는 총정치부의 일상 업무를 관장해야 했다. 이런 여러 가지 이유로 마오쩌둥이 처음 임명했던 둥베이 변방군의 주요 지도자는 모두 임명된 직을 수행하지 못했다. 10일 후, 중앙군사위원회는 마오쩌둥의 비준을 받아 둥베이군구東北軍區 사령관이자 정치위원인 가오강高崗에게 둥베이 변방군의 지휘를 맡겼다.

둥베이 변방군 중에서도 제38군·제39군·제40군은 중국인민해방군 제13병단 예하 군단이었다. 이들은 불과 몇 달 전에야 국가의 전략적 예비군단으로 정해졌고 언제든 필요한 곳에 동원될 수 있도록 중국 대륙의 중심부인 허난河南 지역에 배치되었다. 그중 제38군은 신양信陽에 주둔했고 군단장은 량싱추梁興初가, 정치위원은 류시위안劉西元이 맡았다. 제39군은 뤄허漯河에 주둔했으며 군단장은 우신취안吳信泉, 정치위원은 쉬빈저우徐斌洲였다. 제40군은 하이난 섬海南島 해방을 위한 도해渡海 작전에 참가하고 있었으며 군단장은 원위청溫玉成, 정치위원은 위안성핑袁升平이 맡고 있었다. 제40군의 경우, 어느 부대에 소속될 것인지 편제가 확정된 상태는 아니었으나 주둔지는 이미 뤄양洛陽으로 결정되었다. 제42군은 둥베이의 치치하얼齊齊哈爾 지역에서 농지개간사업에 종사하고 있었다. 이들 4개 군단에 제1·2·8 포병사단을 배속하니 총 인원이 25만 명에 달했다. 제13병단이 둥베이 변방군으로 선택된 중요한 이유 중하나는 제4야전군을 주력으로 했던 이 병단에 둥베이 지역 출신 장병이 많았기 때문이다. 이들은 추운 지역의 작전에 더 잘 적응할 수 있었고 둥베이 지역의 지형에도 익숙했다.

제13병단의 지도자를 선정하는 일도 마오쩌둥을 고심하게 했다. 당시 제13병단의 사령관은 황융성黃永勝이었다. 하지만 마오쩌둥과 린뱌오, 뤄룽환, 류야러우 등은 모두 황융성보다는 제15병단의 사령관 덩화鄧華가 여러모로 그자리에 더 적격이라고 생각했다. 이러한 배경 아래 '전투를 앞두고 장군을 교체하는臨陣換將' 듯한 인사 개편이 단행되었다. 이는 기존의 군사 관례에 그다지 부합하지 않는 것이었다. 즉 제15병단의 지휘 기관을 기초로 제13병단의지휘사령부를 편성한 것이다. 제13병단의 사령관이었던 황융성은 광둥군구廣東軍區의 부사령관으로, 제13병단의 참모장이었던 쩡궈화曾國華는 광둥군구의참모장으로 자리를 옮겼다. 그리고 덩화는 제13병단 사령관 겸 정치위원으로,홍쉐즈洪學智는 제1부사령관으로, 한셴추韓先楚는 부사령관으로, 셰페이란解沛然(셰팡解方)은 참모장으로, 두핑杜平은 정치부 주임으로 임명되었다.

중국 군대가 북진하라는 명령을 받았을 때 정치부 주임 두핑은 이렇게 말했다고 한다. "일대 방향 전환이로군."

우선은 이미 제대가 결정된 병사들을 잔류시켜야 했다. 한국전쟁이 발발하기 전인 6월 6일, 중앙군사위원회는 마오쩌둥의 지시에 따라 경제적 위기를타개하고 국가 재건의 역량을 강화하기 위해 해방군 일부를 제대시키기로 결정했다. 하지만 해방군의 일부 병사들, 그중에서도 일부 노병은 이미 부대를집처럼 여기며 익숙해져 있었기 때문에 이들을 제대시켜 고향으로 돌려보내는 것은 쉽지 않은 일이었다. 노병들 가운데 상당수는 단호하게 제대하지 않겠다고 했고, 가더라도 전 중국의 해방을 이룬 뒤에 가겠다고 고집을 부렸다. 정치부는 대단한 인내심과 많은 정성을 쏟은 뒤에야 비로소 병사 제대 작업을 시작할 수 있었다. 물론 제대를 반긴 병사들도 있었다. 그들은 마침내 고향에 돌아가 가족과 단란한 삶을 꾸릴 수 있게 되었다고 생각했다. '자기 땅에 소 한 마리로 농사를 짓고, 마누라와 자식들과 뜨끈한 아랫목에서 몸을 녹이는 삶'은 농민 출신의 병사라면 누구나 꿈꾸는 이상이었다.

그런데 이제 막 병사들을 제대시키는 작업에 돌입하려는 찰나, 모든 작업을 즉시 중지하는 것도 모자라 기존과 정반대의 설득을 하게 된 것이다. 부대에 잔류하는 것이 얼마나 중요한지를 되풀이해 설명해야 했는데 부대에 잔류한다는 것은 곧 다시 전쟁에 투입될 수 있다는 것을 의미했으니, 이 임무가 얼마나 어려웠을지 가히 짐작이 가고도 남는 대목이다. 때문에 당시 제38군에는 '제대를 설득했던 당사자가 제대를 만류하도록 설득하는 임무를 맡는다'는 성문화되지 않은 규정이 있을 정도였다.

당시 허난 지역에 주둔한 제38군과 제39군의 핵심 임무는 더 이상 전투가 아닌 생산이었다. 작전 수행에서 생산 작업으로 부대의 임무가 바뀌는 과정에서 정치부는 부대원들에게 인민해방군이 생산에 종사하는 것이 얼마나 영광스러운 전통인지를 반복해 강조했다. 마오쩌둥과 주더는 이들 부대의 생산 작업을 장려하기 위해 격려하는 글을 내리기도 했다. 마오쩌둥은 "인민을 단결하여 생산력을 높이자"고 했고, 주더는 "인민정부를 지지하고 인민을 사랑하는 마음으로 생산을 돕자"고 했다.

때는 마침 겨울이 끝나고 봄이 시작되려는 무렵이었다. 농민 출신의 장병들은 오랫동안 기다려 마지않던 평화의 도래와 땅에 대한 본능적 열정으로 잔뜩 고무되어 있었다. 그들은 "마오 주석과 주 총사령관이 가라고 하는 곳이면 어디든 가겠노라"는 구호를 외치며 명령이 떨어지기 무섭게 대규모 농업생산

운동에 돌입했다. 농사와 전쟁 두 영역에서 활약했던 역사 속 유일무이한 이 부대 병사들은 작전에 사용했던 무기를 거두고 황량한 토지에 씨앗을 뿌리기 시작했다. 6월 초여름에 접어들자 장병들이 발을 디딘 땅에는 잘 자란 농작물이 끝없이 펼쳐져 있었다. 부대는 국가의 부담을 덜기 위해 식량을 운반하는 임무를 맡았다. 수백 킬로미터에 이르는 중원의 수송로에는 위로는 군단, 사단, 연대의 장교부터 아래로는 병사, 위생병까지 식량을 실은 일륜차一輪車를 미는 사람들로 가득했다. 중국 군대는 어디를 가든 함께 노래를 불렀는데 이들의 노랫소리에 주민들은 길가로 달려 나와 큰 소리로 환호해주었다. 제38군의 한 사단은 기름을 추출하는 작업장을 만들고 직접 전기를 생산해 주둔지인 현縣과 성城에 당시 일반 국민에게는 귀하게만 여겨졌던 전등을 설치해주었다. 군대의 이런 행동에서 중국인들은 '과연 천하가 태평해졌다'는 강력하고도 따뜻한 메시지를 받을 수 있었다.

더욱 낭만적인 일은 장기간의 전쟁 속에서 배우자를 찾을 틈도 없이 삼사십 대에 접어든 장교들이 평화가 오자 인생의 중대사를 해결하고자 하는 마음이 절실해졌다는 것이다. 이들은 부대의 주둔지 근처나 고향에서 신붓감을 골랐는데 지식인들로 구성된 부대인 남하공작단南下工作團의 아리따운 여자 동지들이 제일 인기가 좋았다. 일부 '노총각' 장교들을 위해 중매를 주선하는 것은 제13병단 정치사상 업무의 중요한 부분이었다. 병단이 정저우鄭州 교외에 대규모 병사兵舍를 짓기 시작했을 때 장병들의 평화를 갈망하는 마음속엔 '내 집에서 살면서 화약 냄새 없는 공기를 마시며 마누라와 자식들에게 편안한 안식처를 제공하리라'는 구체적인 내용이 첨가되었다.

바로 이런 시기에 제13병단은 북으로 이동하라는 명령을 받았다. 명령 중에는 숙사와 농작물, 생산 작업에 쓰인 도구 등 작전과 무관한 일체를 모두 지방정부에 인도하라는 내용도 명시되어 있었다. 정치부 주임 두핑은 훗날 이렇게 회상했다.

"수박이 주렁주렁 달리던 계절에 우리는 북으로 향하는 열차를 탔다. 떠나기 전에 나는 이제 막 부지 정리를 마무리한 숙사 터를 한 바퀴 둘러보고 차를 몰아 교외 농장으로 가서 우리가 일일이 삽으로 파고 괭이로 일군 땅을 살펴보았다. 벼는 막 이삭이 패고 있었고 옥수수에는 수염이 달리기 시작하던 때였다. 수수도 알을 배고 있었다……."

풍작이 든 땅을 앞에 두고 차마 발걸음을 옮기지 못하는 장병들의 마음을 설득하기 위해서는 대단한 입심이 필요했다. 전쟁으로 인해 장병들은 풍작이라는 성과를 버릴 수밖에 없었고 이에 마음이 상하기도 했지만 동시에 전쟁은 적에 대한 증오를 불러일으키는 효과를 가져오기도 했다. 문제는 부대가 이미 태평한 세월을 맞아 '무기는 창고에 쟁여놓고 말은 산에 풀어놓은' 데 있었다. 두핑이 회상한 것처럼 "적지 않은 병기에 녹이 슬어 있었다. 심지어 포신 안에 참새들이 둥지를 튼 대포도 있었다."

아마도 이때부터 중국 지도자들은 자신들이 사는 이 세상에 평화란 영원히 요원한 일이라는 것을 깨달았을지도 모를 일이다. 그리고 만약 그렇다면 순수하게 군사적 의미에서 뛰어난 군대를 늘 유지할 필요가 있었다.

이윽고 해방군 병단의 대규모 병력 이동이 순서대로 시작되었다.

해방전쟁 이래로 해방군의 대규모 병력 이동은 모두 남쪽을 향한 것이었다. 하지만 이번엔 달랐다. 병력은 북으로, 다시 북으로 이동해야 했다.

7월 24일, 제38군이 펑청鳳城을 거쳐 카이위안開原과 톄링鐵嶺 일대로 주둔지를 옮겼다.

7월 25일, 제39군이 랴오양遼陽과 하이청海城 일선에 도착했다.

7월 26일, 제40군이 압록강변의 전략적 요지 안둥安東(지금의 단둥丹東)에 도착했다.

제42군은 본래 둥베이 지역에서 황무지 개간 사업에 투입될 예정이었으나 그들의 위치가 중국 둥베이 지역에서도 서쪽으로 치우쳐 있었기 때문에 동쪽으로 이동해야 하는 상황이었다. 군단장 우루이린吳瑞林은 조금 더 일찍 생산 종료 명령을 받았던 것으로 기억한다. 6월 29일, 그는 전용 열차를 타고 치치 하얼에서 출발했다. 우루이린 군단장은 그때까지 그렇게 호화로운 열차를 타 본 적이 없었다. 열차 안에서 그를 위해 특별히 준비된 식사를 하면서는 생전 본 적도 없는 산해진미를 맛보기도 했다. 전용 열차는 신호에 걸리지도 않고 계속 달렸다. 산전수전을 다 겪어온 그는 무언가 심상치 않은 일이 벌어졌음 을 직감했다. 열차가 선양瀋陽에 도착한 후, 그는 둥베이군구 사령관이자 정치 위원인 가오강으로부터 제42군을 7일 안에 퉁화通化와 메이허커우梅河口 일선 에 집결시키라는 명령을 하달받았다.

그날 저녁, 제42군 위원회는 이렇게 결정했다.

1. 42군 군부는 퉁화로 이동한다. 124사단은 제1제대梯隊, 전투나 행군 시 임무 및 행동 순서에 따라 편성된 몇 개의 단위 중 한 단위로 퉁화에 집결하고, 126사단은 퉁 화 동쪽 강 부근의 다리 사大理寺에, 125사단은 메이허커우에 집결한다. 각 사단은 필히 6일 안에 모든 승차 준비를 마치고 명령을 기다린다.

2. 아군이 맡았던 생산 임무는 지방정부에 인도한다. 우선 아군 각 사단의 해방전사들로 편성된 잔류 조직이 관리를 맡고 지방정부가 파견한 인사 가 도착하면 인수인계 절차를 밟는다.

3. 군 소속 기관과 부대는 출장 임무를 수행하고 있는 각 부문 병력에게 지 정된 장소로 집합하고 부대에 복귀하도록 즉시 통지한다.

4. 상무위원회는 아군의 생산 임무를 반드시 지방정부에 인도 완료해야 한 다고 결정했다. 개간한 토지 전부와 사육한 소, 말, 양, 돼지 및 가금류 등 가축 전부를 지방정부에 양도한다. 함부로 양과 돼지를 잡아 회식하 지 않는다. 농작물을 훼손하거나 생산에 손해를 입히는 행위도 모두 불 허한다. 인민과 지방정부에게 빌린 생산 도구는 모두 반납하고 파손된

부분에 대해서는 배상해 대인민對人民 기율을 준수한다.

이렇게 중국인민해방군이 병력을 대규모로 이동시키고 있을 때 미 제8군의 주력부대는 한국전쟁 투입 후 빠른 속도로 저지 방어선을 구축하고 있었다.

7월 7일, 북한군은 그 유명한 제3차 작전을 개시했다. 작전 지침은 다음과 같았다.

'적군에게 새로운 방어선을 구축할 시간 여유를 주지 않고 신속한 행동으로 맹렬한 타격을 가한다. 금강과 소백산맥 일선을 신속히 돌파하고 대전 지역과 소백산맥 일선에서 적군의 주력부대를 포위·섬멸함으로써 전주, 논산, 문경 지역과 울진 이남 지역을 해방시킨다.'

북한 인민군 최고사령관이었던 김일성은 자신의 지휘소를 서울로 이동시키고 직접 제3차 작전을 지휘했다. 이 작전의 목표는 명확했다. 부산을 점령하고 유엔군을 해상으로 철수시킨 뒤 육지에 남은 한국군을 철저히 섬멸해 통일을 이루는 것이었다.

당시 전황으로 보았을 때 북한의 통일 목표 실현은 그저 시간문제인 듯했다.

하지만 같은 날 유엔 안전보장이사회도 공식 회의를 소집했다. 소련 대표와 중국의 합법대표가 참석하지 않은 이 회의에서 영국과 프랑스가 제기하고 미국 정부가 초안한 '유엔 회원국의 참전부대 지휘권 통일을 위한 유엔군사령부 설치'에 관한 안건을 통과시켰다. 이 안은 앞서 말한 결의안에 따라 회원국이 제공하는 병력과 기타 원조는 반드시 미국이 지휘하는 통합 사령부를 통해 배치되어야 하며, 유엔군사령부 사령관은 미국에서 파견할 것을 요청하는 내용을 담고 있었다. 다음날, 트루먼 대통령은 맥아더를 유엔군 총사령관으로 임명했다. 그렇게 유엔 창립 이래 '유엔군'이라는 깃발을 단 첫 부대가 탄생했다.

10여 개국이 참전 성명을 냈지만 이에 대한 김일성의 반응은 멸시 그 자체였다. 김일성에게 승리를 안겨줄 열쇠는 시간이었다. 그는 북한군이 강력한 공세를 계속 유지할 수는 없다는 것과 단숨에 통일을 이루지 못하면 예상치 못한 문제에 맞닥뜨리게 될 것을 알고 있었다. 특히 유엔군이 아직 한반도에 본격 투입되기 전이야말로 북한군이 적을 섬멸하고 전쟁에서 승리할 수 있는 절호의 기회였다. 제3차 작전을 개시하기 전, 김일성은 빠른 속도로 부대를 전진시키지 않은 일부 장교를 단호히 교체했다. 아울러 대전에서 미군을 단번에 섬멸할 결심을 했다.

맥아더는 자신에게 2개 사단만 내주면 한반도 문제를 해결할 수 있다고 큰소리쳤던 과거 발언이 얼마나 현실과 동떨어진 것이었는지를 마침내 깨달았다. 하지만 그는 자신의 판단 착오를 인정할 사람이 아니었다. 스미스 특수임무부대가 참패한 그날, 맥아더는 합동참모본부에 7월부터 8월 사이에 전세를 역전시키는 데 투입할 수 있도록 4개 사단을 추가로 파견해달라고 요청했다. 그는 현재 전투가 대규모 작전으로 커지고 있다는 이유를 들었다. 맥아더는 워싱턴의 트루먼 대통령이 듣기에 변함없이 오만한 어조로 증병을 하지 않으면 패배해도 자기 책임이 아니라고 말했다.

미국 입장에서 한국전쟁에 추가 병력을 파견하는 일은 극도로 곤란하고 모순투성이인 일이었다.

한국전쟁이 발발했을 당시, 미 육군의 총병력은 약 59만1000명, 총 10개 작전사단이었다. 그중 36만 병력은 미국 본토에 있었고 나머지 23만1000명은 해외에 흩어져 있었다. 미국 안보 전략의 중점은 유럽에 있었기 때문에 서독에 8만 명, 오스트리아에 9500명, 이탈리아에 7800명 등 해외 주둔군의 대부분이 유럽에 배치되어 있었다. 이에 반해 태평양 지역에 주둔하는 병력은 7000명에 불과했고, 소련과 하나의 해협만을 사이에 두고 있는 알래스카에는 7500명, 남미의 카리브 지역에는 1만2200명이 배치되어 있었다. 이밖에 수천 명의 장교와 관찰병, 보조병 등도 현역에 포함되어 있었다. 극동 지구의 병력이 10만1000명에 달하기는 했지만 그들은 광대한 남아시아의 점령 임무를 맡고 있었다. 미국은 하찮은 한국전쟁에 대체 얼마나 많은 병력을 투입해야 하는 것인지, 또 한국전쟁이 밑 빠진 독이 되지는 않을지 고민하지 않을 수 없었다.

맥아더의 요구 사항은 일리가 있었다. 미국은 한국 전선에 대규모 공군을 파견했고 미 해군도 한국 근해를 직접 순찰하며 참전했지만 한국군은 계속해서 참패하고 있었으며 전세는 전혀 호전될 기미를 보이지 않았다. 한국군의 최전선 부대 사령관은 부대에서 이탈하고 흩어진 한국군이 즉시 전선에 합류하지 않을 때에는 사살해도 좋다는 명령을 내리기까지 했다. 하지만 미군과 한국군이 구축한 방어선은 연달아 뚫리고 있었다. 패색이 짙은 전세를 뒤집기 위해 미군은 증병을 시작했다.

7월 13일, 미 제8군 사령관 워커 중장은 대구에 미군 사령부를 정식으로 설치했다. 제24사단의 주 병력은 21연대 1대대의 참패 후 사단장 딘의 지휘 아래 대전으로 전진하고 있었다. 제25사단은 7월 10일 부산에 도착했고 미군의 정예 병력인 제1기병사단도 7월 18일 포항에 상륙했다. 맥아더의 명령 아래 모든 한국군은 미군의 지휘를 받게 되었다.

양측 군의 태세로 볼 때 한국전쟁이 대규모 전쟁으로 확대되는 것은 이미 피할 수 없는 일인 듯했다.

미군의 최전방 지휘관이었던 제24사단 사단장 딘 소장은 금강을 천연 방어선으로 삼아 북한군을 저지할 것을 결심하면서 필경 불안감을 떨치지 못했을 것이다. 적과의 전투에서 스미스 특수임무부대가 이미 참패를 당하기도 했거니와 적군의 남하를 저지하는 데 연달아 실패하면서 심각한 병력 손실에 시달렸기 때문이다. 특히 미군 병사들이 한국 영토에 발을 내디딘 뒤로 '승리의 희망'이라고는 한 줄기도 보지 못했다는 것이 심각한 문제였다. 사상자와 실종자가 동시에 늘어난 것이 그 끔찍한 현실을 설명해준다. 금강의 교량을 모두 폭파하고 강을 건널 수 있는 배도 모두 태워버리고 나서 딘 소장은 부하들에게 인근 부대와 긴밀한 연락을 유지하고 상황이 급박해지면 후퇴해 제1기 병사단의 증원增援을 받을 수 있도록 최대한의 시간을 벌라고 암시했다. 워커 중장이 서면을 통해 제24사단은 어떠한 경우에도 금강 일선에서 후퇴해서는 안 된다고 명령했는데도 불구하고 말이다.

7월 14일 새벽녘, 북한 인민군의 선봉부대가 금강 북단까지 전진해왔다. 남쪽 방어선에서 대기 중이던 제24사단 34연대의 L중대와 포병대대는 두 척의 소형 바지선만 강을 건너오는 것을 보고는 북한군의 공격은 아닐 것이라고 판단해버렸다. 하지만 곧이어 대규모의 북한군 부대가 매우 빠른 속도로 강을 건너오기 시작하자 미군은 무슨 일이 벌어지고 있는지 알아챌 겨를도 없이 순식간에 후방을 차단당했다. 당황한 L중대의 중대장은 몇 발 사격해보지도 못하고 무단으로 철수 명령을 내려 포병대대와 측면대대를 인민군에게 완전히 노출시켜버렸다. 그 결과 한 시간 만에 제63야전포병대대 대대장과 그 수하의 100여 병사가 섬멸당했으며 대포 10문과 군용차 86대가 그대로 북한군의 손에 넘어갔다.

미군은 또 한 번 공산당 군대만의 특수전술에 당한 것이다. 한 미군 병사는 이를 두고 "서부영화에 나왔던 인디언의 습격을 보는 듯했다"고 말했다.

제34연대의 방어선이 뚫리고 34연대와 19연대 간의 통신도 두절되었다. 딘 소장은 19연대에 결사적으로 방어하라고 긴급히 명령했다. 19연대는 미국의 남북전쟁 시기에 창설되었으며, 딘 소장도 대위 시절에 19연대에서 복무한 적이 있었다. 19연대의 연대장은 훗날 주한미군 사령관이 된 가이 멜로이Guy S. Meloy, Jr. 대령이었다. 7월 15일 밤, 북한군은 미군의 공중폭격과 지상공격을 무릅쓰고 사용 가능한 모든 수단을 동원해 도하를 강행했다. 금강 도하에 성공한 북한군은 19연대를 맹렬히 공격했고 전투는 16일 아침까지 계속되었다. 19연대 방어진지 곳곳이 뚫렸고 미군은 몇 차례 반격을 시도했지만 큰 효과를 보지는 못했다. 오전 10시, 북한군은 19연대의 유일한 퇴로를 봉쇄했다. 치열한 교전은 하루 종일 계속되었다. 황혼 무렵 19연대의 대다수 부대가 섬멸당하거나 흩어진 상황에서 한 참모가 중상을 입은 멜로이 대령을 마지막 남은 전차에 태우고 적군의 포위를 뚫기 위해 분투했다. 전차 안의 멜로이 대령은 자신이 부상을 입은 후 연대 지휘권을 넘겨준 오토 윈스티드Otho T. Winstead 중령은 이미 전사했고, 부연대장도 지프를 타고 포위망을 뚫고 나가서 부대에 지휘관이 없다는 사실을 알게 되었다. 전차 안에서 잠망경으로 밖을 내다보니 최소한 100여 대의 미군 차량이 불타고 있었고, 한 무리의 미군 병사들이 앞다퉈 도망가는 모습이 보였다. 멜로이 대령은 작전참모에게 도망병들을 모아 조직하라고 명령했지만 그 작전참모도 얼마 버티지 못하고 격렬한 사격전 끝에 전사했다. 미군은 사방으로 뿔뿔이 흩어져 도망가기 시작했다. 이 전투로 19연대 C중대는 총병력 171명 가운데 122명을 잃었다. 연대본부와 1대대, 박격포중대의 장비는 모두 유실되었다. 멜로이 대령은 최종 보고에서 자신의 실수는 너무 일찍 예비대를 동원한 것이라고 말했다.

미 제24사단의 3개 주력부대는 모두 심각한 손실을 입었다. 딘 소장은 북한군의 공격을 저지하는 것은 마치 '그물망을 빠져나오는 물을 막는 것'과 다름없다는 걸 깨달았다. 그는 어쩔 수 없이 수하 부대에 모든 전선으로부터 철수하라고 명령했다. 하지만 그때 워커 중장은 멜로이 대령에게 7월 20일까지 대전을 사수한 후 제1기병사단과 교대하라는, 완수하기 불가능해 보이는 임무를 하달했다. 대전은 한반도의 최남단으로 연결되는 교통 요지였다. 워커 중장은 마지막에 "도저히 어찌할 수 없는 상황이라면 20일 전에 대전을 포기해도 된다"고 덧붙였지만 직업군인인 딘 소장은 그 말이 예의상 한 말이라는 것을 알고 있었다. 그와 수하의 제24사단은 반드시 20일까지 대전을 사수해야만 했다.

딘 소장에게 1950년 7월 20일은 평생 기억하고 싶지 않은 날이 되었다.

북한군은 7월 19일 밤부터 새로운 공격을 개시했다. 그들은 여전히 정면에서 공격하고 측면으로 침투하는 전술을 구사했다. 제24사단의 각 진지에서 연달아 긴급구조 요청이 밀려왔다. 하급장교들이 수차례 철수를 요청했으나 딘 소장은 응하지 않았다. 새벽 3시, 북한군이 대전 최전방 방어선을 돌파했다. T-34전차는 미군 1개 대대의 지휘소 천막을 깔아뭉개고 지나가기까지 했다. 흥미로운 사실은 당시 미 제24사단이 북한군 전차에 맞설 수 있는 89밀리 대전차포를 보유하고 있었다는 점이다. 이 대전차포들은 맥아더의 명령으로 7월 8일 미국 캘리포니아에서 비행기로 공수해 10일 대전에 공수되었고, 12일 제24사단에 배치되었다. 금강전투가 개시되기 전, 미군 병사들은 이 신식무기를 도로변에 설치했지만 막상 북한군 전차가 나타났을 때 전문 훈련을 받은 89밀리 대전차포 포수들은 모두 온데간데없이 사라진 뒤였다. 북한군 전차는 아무런 제지도 받지 않고 돌격을 계속할 수 있었을 뿐 아니라 순식간에 진지 최전방에 있던 미군 1개 대대를 와해시켰다.

7월 20일 동이 틀 무렵, 북한군은 대전 시가로 돌진해 들어왔다. 북한군과 미군은 화염에 휩싸인 도시 안에서 힘들고도 피비린내 나는 전투를 벌였다. 딘 소장은 89밀리 바주카포가 위력을 발휘할 것이라 굳게 믿고 있었다. 그는 직접 바주카포 분대를 이끌고 북한군 전차를 공격하러 나섰다. 바주카포의 효과가 아예 없었던 것은 아니다. 하지만 결코 설명서에 나와 있는 것처럼 대단하지는 않았다. 포탄이 T-34의 정면을 때리고 요란한 소리를 내며 터졌으나, 발사 각도가 조금만 어긋나도 아무런 효과가 없었다. 그래도 딘 소장의 대전차포 분대는 북한군의 전차 한 대를 격파하는 데 성공했다. 오늘날 대전광역시에 가면 그 전차가 "1950년 7월 20일, W. F. 딘 소장의 지휘로 격파되었음"이라는 설명문을 달고 전시품으로 진열되어 있는 것을 볼 수 있다. 하지만 전차를 격파한 그날, 딘 소장의 비극은 이미 피할 새 없이 그를 덮쳐오고 있었다. 북한군은 이미 대전을 빽빽이 포위했는데 딘 소장이 기다리는 지원부대는 올 기미도 보이지 않았다. 대전 주위의 진지들이 아직도 미군 수중에 있는지도 확신할 수 없는 상황이었다. 오후 5시, 딘 소장은 34연대 연대장의 행방이 불분명하다는 보고를 받았다. 극도의 피곤함에 지쳐 있던 딘 소장은 지휘소를 떠나 부패한 흙과 분뇨물 냄새가 코를 찌르는, 폭격으로 부서진 어느 집에 들어가 몸을 누이고 잠이 들었다. 동이 틀 무렵 잠에서 깨어난 딘 소장의 눈에 들어온 것은 곳곳에서 도망치고 있는 미군 병사들이었다. 딘 소장은 증원을 요청하는 비밀 전문을 발송하고 포위망을 뚫기 시작했다. 그는 시가에서 북한 전차를 향해 75밀리 무반동포를 발사했다. 수중의 포탄을 다 발사했지만 얻은 것은 없었다. 극단적인 충동으로 그는 권총을 뽑아 들고 전차를 향해 발사하기도 했다. 다음날 새벽 6시, 철수를 엄호하던 34연대 대리 연대장이 시내에서 길을 잘못 들어 막다른 골목으로 들어가고 말았다. 후속 부대가 어렵사리 21연대가 사수하던 터널에 도착했으나 터널은 이미 북한군에게 점령당한 뒤였다. 포위를 뚫으려던 미군들은 북한군이 미리 쳐놓은 덫에 걸려버렸다. 딘 소장 일행은 쏟아지는 탄환 속에서 남쪽으로 뻗은 도로에 올라섰으나 전면에서 북한군 부대가 나타나자 방향을 잘못 잡았음을 즉시 깨달았다. 적군의 집중사격이 시작되자 일행은 순식간에 뿔뿔이 흩어져 도망치기 시작했다. 딘 소장은 도로를 벗어나 산으로 올라갔다. 그때부터 한국전쟁이 정전에 들어갈 때까지 미군은 이 미국 장군에 대한 그 어떤 소식도 듣지 못했다.

한국전쟁에 최초로 투입된 미군 부대인 제24사단은 대전전투에서 병력의 45퍼센트와 주요 장비의 60퍼센트를 잃었다.

대전 방어전 종결 후 미군은 딘 소장이 사망했다고 판단하고 즉시 제24사단에 신임 사단장을 임명했다.

하지만 딘 소장은 살아 있었다. 수행 부하들과 함께 높은 산으로 들어간 그는 부관의 만류에도 불구하고 물을 찾으러 나갔다가 실족해 부하들과도 헤어졌다. 그는 혼자서 36일 동안 야인처럼 산속에서 숨어 다녔다. 이질에 걸리고 어깨와 늑골이 골절되었으며 머리에도 부상을 입었다. 그는 인민군의 순찰을 피해 다니며 허기를 채울 수 있는 것이라면 무엇이든 먹었다. 중간에 한 번은 한국 주민들에게 발각되기도 했다. 딘 소장이 신고하지 말라고 부탁하며 100달러를 주었는데도 주민들은 인민군 순찰대에 그를 신고했다. 하지만 딘 소장은 기적처럼 탈출에 성공했다. 36일째 되던 날, 그는 다시 주민에게 발각되었고 다시는 탈출하지 못했다. 그가 붙잡혔을 때 원래 88킬로그램이던 체중은 58킬로그램으로 줄어 있었다.

미군 제24사단 사단장 딘 소장은 전쟁포로수용소에서 3년의 세월을 보낸 뒤 1953년 9월 4일, 판문점에서 이루어진 포로교환을 통해 미국으로 송환되었다. 집에 도착한 그는 미국 정부가 1951년 2월 16일 그에게 수여한 명예훈장이 걸려 있는 것을 보았다. 정부가 명예훈장을 수여한 이유는 그가 미국의 이익을 위해 '영예롭게 전사'했기 때문이었다.

인천상륙작전

한국전쟁 초기에 참패를 면치 못했던 미군의 모습은 보는 사람으로 하여금 과연 이들이 제2차 세계대전의 그 용감하고 강력했던 군대인지 의심하게 했다. 제2차 세계대전에서 미국의 군 수뇌부는 대규모 작전을 세우는 데 비범한 능력을 보였고, 미군 병사들은 참혹한 환경에서도 용감하고 맹렬히 전투하는 의지를 보였다. 이 모든 것이 한국전쟁에서는 다 사라졌다는 말인가?

아래는 한 미국 기자와 미군 병사가 나눈 대화다.

병사 그 사람들은 그걸 두고 경찰작전이라고 했습니다. 단지 경찰작전일 뿐이라고요! 경찰이 어디 있습니까? 또 강도는 어디 있습니까? 이게 무슨 경찰작전입니까?

기자 장교들이 설명해주지 않던가요?

병사 해주지 않았습니다. 우리는 바비와 그런 이야기는 하지 않습니다.

기자 바비가 누굽니까?

병사 바비를 모르십니까? 우리 소대장님 말입니다.

기자 그래요, 그럼 바비가 당신들에게 말한 적이 없단 말입니까?

병사 그렇습니다. 어쩌면 소대장님도 잘 모르는 것 같습니다.

대전전투가 끝나고 북한군은 그 승리의 여세를 몰아 전진을 계속해나갔다. 그리고 1950년 7월 21일, 제4차 작전을 개시했다.

북한군 제4차 작전의 주공격 방향은 김천과 대구였다. 작전 지침은 "영동, 함창, 안동 지역의 적군 방어부대를 격멸하고 낙동강 이남과 이서의 광대한 영토를 점령한다. 또한 신속하게 낙동강을 도하해 마지막까지 적을 섬멸하는 데 유리한 조건을 만든다"는 내용을 담고 있었다. 이는 상대를 철저히 섬멸해 총공격을 실시할 여건을 만들겠다는 김일성의 최종 목적을 명확하게 드러낸 것이었다.

김일성의 지휘부는 다시 남쪽으로 이동했고, 그는 충주 남부의 전선 사령부에 직접 나와 작전을 지휘했다. 그는 북한군의 주력부대가 대로변을 따라 전진하지만 말고 우회전술과 침투전술도 구사해야 한다는 점을 특별히 강조했다. 목적은 단 하나, 더욱더 속도를 높여 상대에게 숨 돌릴 여유를 주지 않겠다는 것이었다. 김일성은 북한군에게 시간만큼 귀한 것은 없다는 점을 잘 알고 있었다. 하루하루 시간이 지나갈수록 더 많은 미군 병사와 총기, 전차와 비행기가 한국전쟁에 투입될 것이기 때문이었다.

7월 29일, 북한군은 추풍령을 돌파했고 미군과 한국군이 구축한 방어선을 하나하나 차례로 무너뜨리며 전진했다. 이어 김천, 진주, 안동 등 요충지를 점령했고 파죽지세로 낙동강 북쪽 기슭까지 남하했다.

낙동강 방어선은 동서 80킬로미터, 남북 160킬로미터에 걸쳐 구축한 방어선을 말한다. 이 방어선 바로 뒤는 부산이었고, 부산은 한국군과 유엔군이 한국 해안에 둔 최후의 근거지였다. 따라서 미군에게 낙동강 방어선은 곧 '최후의 방어선'이었다. 부산에서 후퇴할 곳은 바다밖에 없기 때문이다.

7월 29일, 미 제8군 사령관 워커 중장은 퇴각 중이던 제25사단을 직접 방문해 사단 전체에 목숨을 걸고 진지를 사수하라고 연설했다.

"우리는 지금 시간을 벌기 위해 싸우고 있다. 전장 준비나 그밖에 다른 이유로 다시 후퇴하는 것은 허락하지 않겠다. 우리 후방에는 더 이상 후퇴할 방어선이 없다⋯⋯. 부산으로의 퇴각은 곧 역사상 최대의 살육이 벌어진다는 것을 의미한다. 따라서 우리는 끝까지 싸워야 한다."

워커 중장이 '시간을 벌기 위해 싸운다'고 말한 것은 유엔이 군대를 더 증파할 시간을 벌어야 한다는 뜻이었다.

하지만 북한군은 제4차 작전의 목표를 달성하고 부산 앞에서 상대를 철저히 섬멸하기 위해 8월 8일 낙동강을 도하했다. 미군 제1기병사단과 제25사단 그리고 작전에 새로 투입된 제2사단은 또다시 참패해 후퇴했고, 북한군은 부산으로 가는 관문이라 볼 수 있는 마산까지 근접해왔다.

북한군의 제4차 작전은 8월 20일에 종료되었다. 북한군은 이미 상대를 극도로 좁은 공간 안에 가둬버렸다. 비록 북한군이 제4차 작전의 목표를 모두 달성하지 못했고 미군과 한국군의 저항도 갈수록 격렬해졌지만, 이 작전을 통해 북한군은 총 3만 명을 섬멸했고 남한 영토의 90퍼센트를 점령할 수 있었다.

8월 15일은 북한의 '조국해방 5주년' 기념일이었다. 북한의 수도 평양에서는 대규모 군중집회가 열렸고 김일성은 장문의 담화를 발표해 8월을 '조국을 완전히 해방시키는 달'로 만들라는 명령을 내렸다.

8월 31일, 북한군은 '부산작전'이라 불리는 제5차 작전을 개시했다.

부산작전은 최후의 작전이었다. 결전이 다가왔다.

하지만 전쟁의 전개는 원래 여러 변수의 제약을 받게 마련이다.

미군은 한반도의 동남부 모서리 지역에 방어 병력을 배치해 '부산 방어권'을 구축했다. 방어권의 남쪽과 동쪽은 바다와 맞닿아 있고, 서쪽은 남과 북을 관통하는 낙동강, 북쪽은 끊임없이 이어진 산맥이었다. 전투가 시작된 뒤 난공불락의 지형을 가진 이 방어권에 미군의 증원 병력이 속속 도착했고 미국 이외의 참전국이 파견한 부대도 계속 도착했다. 이에 반해 북한군은 두 달 동안 강력한 공세를 지속하면서 총 6만여 병력의 손실을 입는 등 이미 많은 것을 잃은 터였다. 8월 초가 되자 유엔군의 병력은 북한군의 두 배 수준으로 늘어났다. 공군 전력도 유엔군이 절대적 우위를 차지했다. 계속해서 전선이 남하하면서 북한군의 후방 병참선은 갈수록 길어졌고 유엔 공군은 대량의 항공기를 띄워 수백 킬로미터에 이르는 북한군의 병참선에 쉴새없이 맹렬한 폭격을 퍼부었다. 원래 계획했던 해상운송도 미 해군 함대의 빈틈없는 봉쇄에 막혀 불가능한 상황이었다. 한반도 영토는 허리가 좁은 지형이다. 미군이 운송선상의 한강교 지역에 폭격을 계속해서 가하자 북한군의 보급품 운송은 갈수록 어려워졌으며, 군은 고립 상태에 빠졌다. 동시에 미군은 강력한 대전차무기를 동원하기 시작했다. 미군의 130밀리 로켓포는 북한군 전차 격파에 높은 성공률을 자랑했다. 미군의 네이팜탄은 더욱 위협적이었다. 110갤런의 네이팜탄 하나가 연소하는 데 필요한 시간은 불과 20초였지만 50제곱미터를 불바다로 만드는 위력이 있었다. 게다가 T-34전차의 캐터필러는 고무재질인 데다 전차에 탄약과 유류가 적재되어 있기 때문에 네이팜탄으로 격파되는 전차 수량이 로켓포로 격파되는 것보다 열 배 이상 많았다. 북한의 전차 수량은 급속히 줄어들었다. 부산전투가 시작되고 나서 인민군이 보유한 전차 수량은 전쟁 발발 당시의 3분의 1 수준으로까지 감소했다. 미 공군은 북한군 후방에 쉴새없이 대규모 전략 폭격을 가했다. 평양에서 원산, 흥남까지 북한의 공업도시들이 모두 초토화됨에 따라 군수품 생산도 마비되고 말았다.

이때 유엔군은 비좁은 부산 방어권 안에 5개 사단 병력과 한국군의 8개 사단을 집중 배치했다. 당시 병력의 밀집도는 인류 전쟁 역사상 유례없을 정도로 높아 조그만 참호마다 병사들로 가득했고, 하늘에선 유엔군의 공군이 24시간 내내 폭격을 가했다. 부산전투 개시 후 북한군 선봉대는 북위 35도선까지 진격해 내려오는 데 성공했다. 하지만 9월 10일, 유엔군의 강대한 병력이 역공을 시작하자 전쟁 발발 이후 줄곧 전면적 공세를 펴오던 북한군은 모든 전선을 방어로 전환했다. 이로써 낙동강 전선 전체는 험난한 교착 상태에 빠졌다.

김일성의 속전속결 전략은 엄혹한 시험대에 올랐다.

김일성의 소중하고 유한한 시간이 하루하루 공격을 막아내는 가운데 사라지고 있었다.

게다가 김일성은 북한군에 치명타를 입힐 작전이 바로 그때 세워지던 중이라는 사실을 알지 못했다.

1950년 9월 15일, 맥아더는 오랫동안 고심하며 수립한, 세계를 놀라게 할 군사행동을 개시했다. 바로 인천상륙작전이다.

인천은 한반도 중부 서해안의 항구도시다. 서울에서 40킬로미터밖에 떨어져 있지 않고 한반도의 가장 잘록한 허리 부분에 위치한다. 미군이 인천상륙에 성공하고 상륙 부대들이 공세를 펴는 것은 곧 북한군의 후방에서 한반도의 허리를 끊어 한국 영토 내의 북한군을 포위함을 의미했다. 이렇게 되면 부산에서 부채꼴 모양으로 펼쳐진 북한 군대는 양쪽으로 적의 공격을 받게 될 터였다. 인천에 상륙만 한다면 군사 지식이 없는 일반인도 쉽게 예측할 수 있는 것처럼 북한은 극도로 불리한 전세에 놓이게 될 것이었다.

하지만 미군이 인천에 상륙한다 해도 이 작전은 이론적으로는 군사 기본 상식에 정면으로 위배되는 것이었다. 왜냐하면 인천항은 극심한 조수 간만의 차로 인해 폭이 24킬로미터에 이르는 개펄이 형성되어 세계에서 상륙작전을 펴기에 가장 불리한 항구 가운데 하나였기 때문이다. 어쩌면 이런 이유로 김일성도 머지않아 자신의 군대가 참패할 인천항 방비를 소홀히 했을 것이다.

맥아더는 일찌감치 인천항을 점찍어두었다. 인천상륙에 성공한 뒤, 그는 전쟁 발발 나흘째 되던 날에 이 작전을 생각해냈다고 말했다. 6월 29일, 한국에 도착해 시찰하던 그는 서울 남쪽의 작은 산에 올라 망원경으로 북쪽을 조망했다.

"그 산에서 나는 머릿속으로 현재의 절망적인 상황을 바꿀 수 있는 유일한 방법을 생각했다. 바로 미 육군을 투입해 전세를 역전시킬 유일한 전략, 인천상륙작전 말이다. 그리고 구체적으로 작전의 시행 가능성을 분석했다."

그의 말이 사실인지는 알 길이 없지만 그래도 인천상륙작전이 이 미국 장군이 말년에 창조해낸, 세계 군사 역사에 길이 남을 작품이라는 것은 확실하다.

인천상륙작전에 대한 착상은 제2차 세계대전 중 맥아더가 태평양 지역에서 지휘했던 작전에서 비롯된 것이다. 당시 미군은 태평양 지역에서 이른바 '개구리 뜀뛰기 전법'을 창조해내 방어가 취약하거나 아예 방어가 되지 않던 일본군의 후방 요충지에 기동작전을 펼쳤다. 이를 통해 미군은 태평양전쟁 초기 제공권과 제해권을 장악했던 일본군을 압박해 몰아내는 데 성공했다. 맥아더는 태평양 지역의 여러 섬에서 미군의 상륙작전을 지휘한 경험이 있었고 그의 전법은 매번 거의 동일했다. 바로 적군의 좌우 양익兩翼으로 우회해 적의 배후에 상륙하는 것이었다. 미군은 이런 '개구리 뜀뛰기 전법'을 통해 루손 섬으로 가는 승리의 길을 성공적으로 열 수 있었다. 물론 쉽지는 않았지만 말이다.

이러한 전과戰果를 자랑하는 맥아더였지만 그가 도쿄의 널찍한 사무실에서 인천상륙작전에 대한 계획을 꺼냈을 때 그 자리에 있던 군사 수뇌부 모두는 이 70세의 장군이 '머리가 어떻게 된 것 아닌가'라고 생각했다.

8월 23일 오후, 도쿄의 맥아더 원수 회의실.

이곳에서 한국전쟁 발발 이후 미군 최고위급 군사회의가 열렸다. 미국에 있던 육군 참모총장 조지프 로턴 콜린스와 해군 참모총장 포레스트 셔먼 그리고 공군 참모차장 이드월 에드워드Idwal H. Edward 등 육·해·공 삼군의 최고

지도자들이 회의에 참석하기 위해 도쿄를 방문했다. 그날의 안건은 맥아더가 제안한 인천상륙작전이었다.

해군 측이 먼저 발언을 시작했다. 미 해군은 인천이라는 곳이 대규모 상륙작전을 시행하기에 얼마나 부적합한 곳인지를 설명했다. 그들은 인천은 세계에서 조수 간만의 차가 가장 커서 몇 미터에 이르고, 오랜 세월 퇴적된 진흙이 수십 킬로미터에 이르는 개펄을 형성한 점을 들어 작전을 반대했다. "개펄의 진흙은 초콜릿처럼 부드럽지만 그 맛은 정반대"라며 말이다. 그들은 그런 개펄에 상륙하는 것은 미 병사들을 적군에게 살아 있는 사격 훈련용 표적으로 넘겨주는 것이나 다름없다고 했다. 인천항에 배가 드나들 수 있는 수로는 딱 하나뿐이었는데 그것조차 매우 협소하며, 드나드는 조수의 물길이 아주 거셌다. 때문에 수로를 지나던 배가 한 척이라도 문제가 생기면 전체 수로가 막힐 수밖에 없고, 상황이 그렇게 되면 나머지 함정들은 되돌아 나갈 여지조차 없게 될 확률이 무척 컸다. 썰물 때까지 작전이 지연되면 수로 위의 함정들은 옴짝달싹 못하게 되고 다시 물에 뜨기 위해서는 다음 밀물 때를 기다려야 한다. 이런 상황에서 적군이 쉬고만 있을 리 있겠는가? 틀림없이 폭격을 가해올 것이었다. 이러한 이유로 해군은 "그런 지역에서 상륙에 성공한다면 해군 교과서를 개정해야 할 것"이라는 결론을 내렸다.

육군의 걱정은 인천에 상륙한 미군이 육지에 오른다 해도 작전의 목적을 달성하기 위해서는 반드시 워커 중장이 부산 방어권에 배치한 제8군이 북쪽으로 반격해 올라와서 인천에 상륙한 부대와 남북 협공을 펼쳐야 한다는 점이었다. 문제는 당시 워커 중장에게는 제8군을 통솔해 부산 방어권을 뚫겠다는 자신이 없다는 데 있었다. 워커 중장은 방어선에 뚫린 틈을 메우기 위해 전력을 다하고 있었고, 포위망을 뚫는 일까지는 생각할 여력이 없던 터였다. 그리고 미군이 인천에 상륙했는데 워커 중장이 북쪽으로 동시 공격을 하지 못한다면 이는 인천에 상륙한 미군에게 재난이 될 것이었다.

이런 상륙작전을 과연 감행해야 하는가?

어느 지역에서 상륙작전을 펼쳐야 하는가?

해군과 육군은 하나같이 비관적이었다.

맥아더가 마지막으로 입을 열었다. 그것은 발언이라기보다는 연설에 가까웠다. 장시간 무겁게 가라앉은 회의실 분위기 때문인지 그가 한 연설은 더욱 강력한 효과를 가져왔고 참석자들에게는 더욱 깊은 인상을 남겼다. 맥아더는 그 자리에 있는 사람들의 비관적인 논조와 토론할 때 드러나는 그들의 초조한 표정을 즐겼다. 그에게 그 모든 것은 자신의 연설을 더욱 돋보이게 할 장치일 뿐이었다. 훗날 콜린스는 이렇게 회상했다.

"극적인 효과를 빼고 생각해도 그것은 맥아더의 인천상륙작전에 승부수를 걸어보겠다고 결심하게 한 아주 훌륭한 연설이었다."

맥아더는 적군이 인천 방어는 미처 준비하지 못했을 것이라고 확신했다. 그는 1759년 영국이 캐나다 퀘벡을 기습했던 일을 예로 들었다. 영국 병사들이 그 누구도 오를 수 없을 것이라고 생각했던 해안 절벽을 기어오르자 프랑스의 수비대는 방어할 새도 없이 무너졌다. 인천은 그와 마찬가지로 출기제승出奇制勝, 곧 기묘한 전략을 써서 승리를 거둘 수 있는 지역이었다. 맥아더는 해군이 자신을 신뢰하는 것 이상으로 자신은 해군을 신뢰한다고 말했다. 그는 미 해군이 제2차 세계대전 중 여러 차례 수륙양용작전을 수행하며 수많은 어려움을 극복했던 전사들이기 때문에 인천에서도 승리를 거둘 수 있을 것이라고 확신한다고 했다. 다른 지역에서의 상륙은 인천보다는 덜 위험하지만 그만큼 가치도 없다고 했다. 인천상륙이야말로 적군의 허리를 차단해 길고긴 적군의 전선을 마비시킬 수 있는 작전이라는 것이다. 그는 제8군이 부산 방어권을 뚫을 수 있을지의 여부는 더욱 문제될 것이 없으며, 미군 병사들의 강력한 투지가 이를 곧 증명해줄 것이라고 했다. 마지막에 맥아더는 인천에 상륙하지 않으면 남는 길은 단 하나, 부산에서 계속 소모전을 벌이는 것뿐이라고 말했다.

"우리 미군이 도살장의 말이나 양처럼 그 방어권 안에서 손 놓고 죽기만을 기다리길 원하는 겁니까? 그런 비극을 누가 책임지려 하겠습니까? 물론 나는 절대 책임지지 않을 겁니다! 만약 내 예측이 정확하지 않아서, 내가 어찌 해 볼 수 없는 적군의 방어에 막힌다고 합시다. 그러면 나는 참혹한 패배를 맞기 전에 내가 직접 우리 부대를 철수시킬 것입니다. 그럴 경우 우리가 잃는 것은 그저 나 개인의 직업상의 명예 하나뿐입니다. 하지만 인천작전은 절대 실패하지 않을 것이며, 반드시 성공을 거둘 것입니다. 그 작전은 10만 명의 생명을 구할 것입니다."

그의 연설은 현장에 있던 모든 사람의 마음을 움직였다.

맥아더는 그의 강한 고집과 장군으로서의 위엄으로 맞서기 힘든 육·해·공 삼군의 최고 지도자들을 설득했다. 뿐만 아니라 설득과 분노와 위협을 거듭한 끝에 마침내 트루먼 대통령의 동의도 얻어냈다. 트루먼 대통령은 맥아더가 이런 중대한 계획을 일찌감치 세워놓았으면서도 자신에게 보고하지 않은 데 대해 상당히 심기가 불편했다. 트루먼 대통령이 7월에도 여러 차례 맥아더에게 작전계획이 있냐고 물었지만 그때마다 거만한 그는 늘 농담하듯 말했다. 마치 일개 극동의 사령관이 미국의 국정을 마음대로 결정할 수 있는 것처럼 말이다. 하지만 트루먼 대통령으로서는 당장 한국전쟁의 난관을 타개하기 위해서 자신이 임명한 유엔군 사령관의 의견에 동의하는 것 말고는 더 좋은 방법이 없는 듯했다. 다들 동의는 했지만 그때까지도 트루먼 대통령을 포함한 모두가 인천상륙작전에 대해 걱정이 태산 같았다. 맥아더 자신도 말했듯이 그것은 작전이라기보다는 도박에 가까웠다. 패 하나로 횡재할 확률이 거의 희박하다는 것은 모두가 아는 도박의 법칙이다.

한국전쟁이 발발했을 때는 주북한 중국대사관이 아직 설치되기 전이었다. 따라서 중국 지도자들은 한국전쟁에 대한 정보를 신속하게 입수할 수 없었다. 전쟁이 터지고 얼마 지나지 않아 주북한 중국대사관이 황급히 생겨났다.

9월 초 중국대사관의 정무참사관 차이청원柴成文이 평양에서 돌아와 한국전쟁의 전황을 보고했다. 때는 바야흐로 양측이 부산 전선에서 팽팽히 대치하고 있는 상황이었으며, 미군은 비밀리에 인천상륙을 준비하고 있었다. 차이청원은 녜룽전에게 상황을 보고하며 다음과 같이 자신의 의견을 제시했다. 미군이 현재 적극적으로 반격을 준비하고 있는데, 북한군 측후側後에서 상륙작전을 실시할 가능성이 매우 높고 그 지역은 인천이 될 가능성이 짙다는 것이다. 차이청원이 그렇게 판단한 이유는 서울로 가는 관문인 인천을 점령하면 곧바로 서울로 공격해 들어갈 수 있고, 그러면 북한군의 후방 병참선을 일거에 차단할 수 있기 때문이었다. 또한 부산 방어권의 미군과 상호 협력해 작전을 펼 수도 있었다. 정보에 따르면 당시 인천 연해에서 미군 활동이 잦아지고 있었다.

그것은 전체 승패를 좌우할 만한 판단이었다. 녜룽전은 차이청원의 보고 내용을 간추려 마오쩌둥에게 보고문을 올렸다. 마오쩌둥은 보고를 받은 후 즉시 서면으로 의견을 밝혔다.

"먼저 저우언라이, 그다음 류사오치, 주더, 런비스任弼時 순서로 돌려 읽은 다음 녜룽전에게 돌려주라. 저우언라이는 차이청원과 약속을 잡고 만나 임무와 방법을 지시하라. 제13병단과 차이청원과 함께 갈 관계자가 베이징에 와서 차이청원과 직접 만나 시의적절한 지침을 받아야 하지 않을까? 저우언라이가 상황을 감안해 결정해주길 바란다."

저우언라이는 차이청원과 이야기를 나누던 중 이렇게 물었다.

"만약 우리가 출병한다면 어떠한 어려움이 있겠는가?"

린뱌오도 차이청원에게 물었다.

"그들(김일성 지칭)은 산에서 게릴라전을 펼칠 준비가 되어 있는가?"

전쟁 경험이 풍부한 중국 지도자들은 미군이 취할 행동을 충분히 예측하고 있었을 것이다. 당시 지속되던 대치 상태는 북한에게 갈수록 불리하게 작용할 것이 분명했다. 전세가 역전될 것에 대응하기 위해 중앙군사위원회는 녜룽전의 건의를 받아들여 중국 화둥華東 지역에서 타이완 해방을 위해 동원하려 했던 쑹스룬宋時輪의 제9병단(예하 20군, 26군, 27군)과 시베이西北 지역에서 막 토벌 작전을 마친 양더즈楊得志의 제19병단(예하 63군, 64군, 65군)을 각각 진푸津浦와 룽하이龍海의 양 철도선에 집결시키고 이들을 둥베이 변방군의 제2제대로 삼기로 했다. 동시에 국민당 군대의 습격에 대비해 중국 동부 연해 지역의 경계를 강화하기로 결정했다. 8월 26일, 저우언라이는 다시 한번 국방회의를 소집해 중국군의 포병, 공군, 장갑차병의 창설 속도를 높이기로 하고 소련에 주문해둔 필수 무기장비의 인도를 독촉했다.

중국이 사전에 예측한 미군의 인천상륙작전을 북한에 귀띔해주었는지의 여부에 관한 명확한 기록은 남아 있지 않다.

1950년 9월 15일, 새벽.

맥아더는 기함旗艦 마운트 매킨리Mt. Mackinley에 앉아 입에는 옥수수 파이프를 물고 거친 파도와 그 파도를 헤치며 전진하고 있는 상륙부대를 바라보았다. 그 순간 맥아더는 뭐라 말하기 힘든 마음이 들었다. 전쟁터에서 산전수전 다 겪은 이 직업군인은 어둠 속에 다가오고 있는 한반도 해안과 이제는 중지할 수 없는 군사행동에 조금은 불안함을 느꼈다. 맥아더는 상륙작전 성공이 기습에 달려 있다는 사실을 잘 알고 있었다. 하지만 미군이 곧 상륙할 것이라는 점과 그 시간은 비밀이랄 것도 없었지만, 단 상륙 지점만은 비밀이었다. 따라서 맥아더는 모든 텔레비전 방송국과 신문사에 거짓 정보를 흘려 유엔군이 부산에서 반격을 시작할 것이라고 제멋대로 보도하도록 연막전술을 펴라는 명령을 내려 인천상륙작전에 대한 경계를 흐릿하게 하려 했다. 또한 일본이 항복문서에 서명한 것으로 유명한 전함 미주리USS Missouri 호를 한국 동해안의 삼척 부근에 출동시켜 커다란 함포로 삼척 해안의 모든 목표물에 맹렬한 포격을 가하도록 명령했다. 그 결과 해안의 거의 모든 포대와 진지가 파괴되었다. 평양 외항에는 항공모함 트라이엄프Triumph 호가, 남포 일대에는 순양함 헬레나Helena 호가 출동해 포격을 가했다. 특히 모두가 미군의 상륙 지점으로 예상한 군산항에는 공군이 출격해 항구 주변 50킬로미터 이내의 도로와 철로 등에 실제 상륙작전을 실시하기 전에 가하는 폭격을 방불케 하는 폭탄을 퍼부었다. 또한 미군과 영국군의 연합 기습부대가 군산 해안에서 전투정찰을 하기도 했다. 인천상륙작전을 은폐하기 위한 이런 일련의 양동작전은 후에 상당한 효과를 거둔 것으로 확인되었다. 하지만 인천에 상륙하기 위해서는 사전 정찰이 필요했다. 이를 위해 '밤도둑'이라는 별명의 유진 클라크Eugene F. Clarke 미군 대위는 여러 차례 인천 지역에 잠입해 조수 간만의 차와 개펄, 방파제, 방어 상황 등 정보를 수집했다. 그 과정에서 그가 겪은 전기소설傳奇小說 같은 이야기들이 미 해병대의 전사戰史에 기록되어 전해진다.

"클라크는 임무 수행 중 자신의 안전을 염려했다. 아주 많은, 자세한 정보를 보유하고 있었기 때문이다. 일단 붙잡히면 클라크는 북한군에게 더없이 소중한 자원이 될 것이다. 때문에 클라크 대위는 늘 수류탄 하나를 가지고 다녔다. 권총 자살보다 수류탄을 사용하는 것이 더 확실하게 죽을 수 있는 방법이라고 생각한 것이다."

9월 14일, 작전에 필요한 화력 공격이 시작되었다. 미군의 코세어Corsair 전폭기들이 인천항 외곽의 아름다운 공원이었던 월미도 위에 대량의 네이팜탄을 쏟아부었다. 작은 섬은 순식간에 초토화되었다.

맥아더는 더 이상 걱정할 게 없었다.

정보에 따르면 인천항 부근의 북한군 방어 병력은 1000명을 넘기지 못했고 화력 또한 10문의 화포와 기관총 몇 정이 전부였다.

아마도 그때쯤 맥아더는 인천상륙작전의 성패가 자신의 군인으로서의 명성에 중대한 영향을 끼칠 것이라는 점을 진정으로 의식했을 것이다. 곧 정년퇴직을 앞두고 있는 그였다. 직업군인에게 최후 전투의 패배는 더할 수 없는 아쉬움이고 치욕이다.

맥아더는 기함 마운트 매킨리 호에 앉아 있는 힘껏 스스로를 다스리려 했다. 그의 주위에는 그가 특별히 초대한 기자들이 모여 있었다. 맥아더가 그들에게 보낸 초대장에는 "작은 전투를 함께 참관하시지요"라고 쓰여 있었다. 기자들은 거친 파도를 가르며 전진하는 전함 위에서 때를 놓치지 않고 그에게 중국의 개입 여부에 관한 질문을 퍼부었다. 맥아더가 대답했다.

"그렇다면 우리 공군이 압록강을 역사상 유례없는 피바다로 만들 것이오!"

새벽 2시, 인천상륙작전 명령이 하달되었다.

맥아더는 함교艦橋에 올라섰다.

모든 함대가 인천의 좁은 수로에 진입해 있었고 함선의 함포는 어둠 속의 인천항을 겨누고 있었다.

눈부신 불빛, 거대한 폭발음과 함께 상륙을 위한 사전 포격이 개시됐다. 엄청난 규모의 맹렬한 포격에 기자들 입이 절로 벌어졌다. 순양함 4척과 구축함 8척은 해변에서 가까운 곳에서 45분이 채 되지 않는 짧은 시간 동안 2845발의 포탄을 월미도에 발사했다. 함대 화력이 얼마나 대단했던지 공중의 해군 비행조종사가 지면의 목표물을 하나도 확인할 수 없을 정도였다. 그 결과 월미도 전체가 쟁기로 간 것처럼 초토화되었고 월미도의 모든 생물은 순식간에 소멸했다. 이와 동시에 공군은 인천 전체에 폭탄을 퍼붓기 시작했다. 그 수량은 노르망디상륙작전 때 오마하 해변에 쏟아부은 폭탄 수량과 맞먹는 것이었다.

하지만 미국인들은 미군의 상륙작전 부대가 질퍽거리는 해안 위로 기어 올라가고 있을 때도 북한군의 완강한 저지 공격을 받았다는 데 경악했다. 관련 자료는 이렇게 기록하고 있다.

"이대훈 상위上尉가 지휘하는 인민군 해안포 중대원들은 포신이 타서 구부러지거나 적군의 포탄에 맞아 절단되기 전까지 계속 공격을 가해 적군의 함정 4척을 격침하거나 격파했다. 대포가 다 망가진 뒤에는 포병과 보병이 함께 상륙을 개시한 적군과 격렬한 백병전을 벌였다. 9월 15일 오전 10시, 월미도의 영웅과 같았던 수비대들이 적진으로 돌격하며 외친 마지막 만세 소리가 울려 퍼졌다."

순조롭게 월미도를 점령하고 나서 미군 공병대가 작업을 개시했다. 밀물이 썰물로 바뀌어 있어 함대는 외해로 물러나야 했다. 매우 중요한 순간이었다. 미군의 상륙이 이미 공개된 상황에서 북한군이 대대적으로 반격이라도 해오면 상황이 어떻게 전개될지 알 수 없었기 때문이다. 미군은 모든 함재기를 총동원해 인천을 중심으로 반경 40킬로미터 내, 특히 도로를 대상으로 쉴새없이 폭격을 가했다. 이후에 알게 된 사실이지만 북한군은 실제로 인천 방향으로 부대를 증원했다고 한다. 하지만 도로에서 미 공군의 맹렬한 공격을 받자 꼬박 한나절을 전진할 수 없었다.

인천항은 이미 불바다가 되었다. 특히 항구 내 비축 석유관이 폭파되자 불길이 하늘로 솟구쳐 인천시 전체가 불에 타는 듯했다. 미 해병대는 상륙주정 上陸舟艇에 옮겨 타 해변을 향해 돌격하기 시작했다.

"그들은 목제 또는 알루미늄으로 만든 사다리를 이용해 상륙주정에서 내려와 다시 인천시를 둘러싼 콘크리트 방파제를 올라타기 시작했다."

해병대와 함께 전진했던 시사주간지 『타임』 기자는 훗날 이렇게 회고했다.

"305미터 길이의 적색해안Red Beach, 인천상륙작전 때 유엔군 상륙 지점의 한 곳 방파제는 아르시에이RCA, Radio Corporation of America 방송국 빌딩만큼이나 높았다."

오후 5시 30분, 미 해병대의 첫 대원이 인천 땅을 밟았다.

인천 시내에 진입한 후 북한군의 저지진지를 향해 공격하려던 찰나, 해병대의 발도메로 로페즈Baldomero Lopez 중위는 팔뚝에 총알을 맞아 손에 들고 있던 수류탄을 땅에 떨어뜨렸다. 로페즈 중위는 주위의 전우들을 구하기 위해 몸으로 수류탄을 덮어 폭사했다.

미군은 빠른 속도로 인천 시가지를 점령했다.

그날 밤새 1만8000명의 해병대 병력과 대량의 보급품, 수십 대의 전차가 인천에 양륙되었다. 이후 4일간 5만여 명의 유엔군 병사가 인천에 상륙했다.

인천상륙작전에 성공한 뒤 미군은 즉시 서울 방향으로 돌격하기 시작했다.

인천상륙작전 다음날인 1950년 9월 16일, 맥아더는 인천 해안에 내려섰다. 기자들의 사진기 앞에서 그는 득의양양한 모습이었다. 격파된 전차와 병사들의 시체로 가득한 진지에서 그는 또 한 번 작은 연극을 연출했다. 그의 첫 대사는 이랬다.

"나는 미 해병대 연대장 중 한 명인 루이스 풀러Lewis B. Puller라는 대령을 찾으려 합니다. 그에게 직접 훈장을 수여하고 싶습니다."

막 산봉우리로 진격하고 있던 맥아더 숭배자 루이스는 그에게 훈장을 받으러 가라고 전해준 장교에게 이렇게 말했다.

"우리는 전투 중이다! 내게 훈장을 주고 싶다면 직접 여기로 오면 되겠지!"

맥아더는 이렇게 오만한 루이스 연대장에게 화를 내기는커녕 그가 자신의 연극에 적극 협조해준 데 대해 매우 흡족해했다. 맥아더는 부하들의 만류에도 불구하고 지프를 타고 총성이 쉴새없이 울려 퍼지는 방향으로 달려갔다. 그리고 귀를 찢는 듯한 총성이 사방에서 울리는 초막 안에서 맥아더는 온몸에 화약 냄새를 풍기는 루이스 대령을 만나 유쾌하게 서로 경례했다. 기자들이 미친 듯 기뻐한 것도 당연했다. 세상에 이보다 더 독자의 흥미를 끌 만한 영웅 스토리는 없을 것이기 때문이었다.

맥아더의 도박과 연출은 모두 성공했다.

인천상륙작전에서 미군은 총 203명의 사상자가 발생한 데 비해 북한군은 1594명이 사살 또는 부상당하거나 생포되었다.

이어서 더욱더 큰 패배가 이미 한반도 남단까지 돌진한 북한군을 기다리고 있었다.

어려운 선택

미군이 인천에 상륙한 뒤 남북에서 앞뒤로 협공해오자 북한군은 즉시 병력 배치를 조정했다. 낙동강 방어선에서는 북쪽으로 돌격하는 미 제8군을 필사적으로 저지하는 한편 병력을 서울로 증원해 '경인 지구에서의 적군 격멸'을 시도했다.

하지만 병참뿐 아니라 병력 면에서도 인민군은 절대적 열세에 놓여 있었다. 9월 중순, 유엔군은 이미 15만1000명의 병력과 전차 500대, 1000문 이상의 각종 화포를 보유하고 있었다. 뿐만 아니라 미 공군 제5항공대의 전투기 1200대의 지원도 받고 있었다. 이에 반해 북한군의 병력은 7만에 불과했으며 그나마도 절반은 전력 손실을 메우기 위해 징발한 신병들이었다. 전투 장비 또한 전쟁 과정에서 심각한 손실을 입어 편제의 장비율이 절반밖에 되지 않았다.

북한군은 전선사령관 김책의 지휘 아래 낙동강에서 필사적으로 저지하며 꼬박 6일을 버텼다. 낙동강 각 방어선의 저지가 연이어 실패로 돌아가자 전선이 붕괴될 조짐이 보이기 시작했다. 9월 18일 밤, 북한군 제1군단의 우익이 순서에 따라 퇴각하기 시작했다. 9월 22일, 부산의 협소한 방어권 안에서 힘겹게 두 달을 버티다 해상으로 철수할 뻔했던 미 제8군은 마침내 북한군의 방어선을 뚫고 낙동강을 건넜다. 9월 23일, 새로운 전선을 구성할 어떠한 희망도 없는 상황에서 김일성은 전선을 38선 부근으로 옮기라는 퇴각 명령을 내렸다.

김일성이 얼마나 쓰라린 마음으로 총퇴각 명령을 내렸을지는 어렵지 않게 가늠해 볼 수 있다. 불과 한 달 전만 해도 한반도 통일이 바로 눈앞에 있었으니 말이다. 미군의 전폭적 지원이 있다 해도 이미 전투 의지를 잃은 한국군이 되살아날 수 있으리라고 생각한 사람은 아무도 없었다. 그리고 한 달 전, 작고 협소한 부산 방어권은 망망대해에서 간신히 목숨을 부지할 수 있게 해주는 구명부표에 지나지 않아 보였다.

전후 공개된 자료에 따르면 맥아더는 8월에 한반도에서 철수하는 구체적인 계획을 세웠고 미 해군도 대규모 준비를 마친 터였다고 한다.

하지만 이제는 상황이 역전되어 북한군의 퇴각이 현실이 되었고 북한군은 철수할 시기마저 놓쳐버렸다. 9월 27일, 경부 가도를 따라 북쪽으로 돌격하던 미군은 인천상륙작전 부대인 해병대와 연결해 인민군의 퇴로를 전면 봉쇄했다. 포위된 북한군 부대는 완강히 저항하며 포위 돌파를 시도했지만 많은 부대가 와해되었고, 미처 철수하지 못한 패잔병들은 산간지대에 들어가 게릴라전을 수행했다.

9월 28일이 되자 AP통신은 '북한군의 묘연한 행적, 하룻밤 새 남부전선에서 종적을 감추다'라는 제목의 보도에서 "북한군이 어떻게 유엔군의 추격을 피했는지는 수수께끼"라고 했다. 당시 일본 신문도 "북한군은 종적 없이 자취를 감추었으며 일병일졸—兵—卒도 잡지 못했다"고 보도했다.

사실 북한군의 손실은 심각하고 치명적이었다. 전후 통계에 따르면 후퇴한 7만여 명의 북한군 가운데 38선 이북에 도달한 이는 3만 명이 채 되지 않았다. 북한이 잃은 병력 가운데 1만 명은 사망했고 1만2000여 명은 포로로 붙잡혔으며 2만여 명은 게릴라 전사가 되었다. 또한 북한군의 중장비는 거의 다 없어졌다.

북한이 공개한 자료는 북한군의 퇴각을 아래와 같이 기록하고 있다.

서부전선의 인민군 부대는 함안 지구와 낙동강 왼쪽에서 용감한 반격과 과감한 기습전을 벌이는 한편 낙동강 오른쪽의 유리한 지점으로 점차 철수했다. 이에 적군은 9월 18일부터 19일, 막대한 손실을 입은 뒤 낙동강을 도하했다. 9월 19일, 적군은 아군 연합부대의 접합점에서 방어선을 뚫고 아군의 배후를 공격해와 아군이 불리한 형세에 처했다.

동부전선의 인민군 각 연합부대는 경주, 포항 지구에서 밤낮 없이 격렬한 전투를 벌였다. 하지만 이 지역 방어선은 9월 21일 적군에게 뚫렸다. 당시 적군은 북쪽에서 서울을 위협하는 한편 낙동강전선 지구의 아군 방어선도 돌파해 전체 전선의 상황이 긴박하게 돌아갔다.

9월 22일 미 제9군단, 제1군단과 한국군 제2군단, 제1군단은 수많은 전투기의 엄호 아래 아군의 방어선을 돌파했다……. 9월 24일부터 30일 새벽까지 6일간, 아군 연합부대는 함창과 이화령에서 필사적으로 진지를 사수했다……. 안동, 죽령 지구에서도 격렬한 방어전을 펼쳐 적군의 공격을 며칠간 지연시켰으며 이로써 후방부대의 후퇴를 효과적으로 엄호할 수 있었다. 하지만 서부전선 지구의 부대 요직을 가로채고 있었던 김웅(북한군 제1군단 군단장, 중장)을 필두로 하는 반혁명 반당 종파주의분자들은 최고사령부의 작전 지침에 고의로 소극적이고 태만한 태도를 취했다. 최고사령부는 나날이 노골화되었던 적군의 인천상륙 기도를 감안, 인천—서울 지구의 방어 강화를 위해 낙동강 지구의 부대를 인천-서울 지구로 이동시키라는 명령을 하달했다. 하지만 이 악당 무리는 명령을 충실히 이행하지 않았다. 또한 후방 전선이 어려운 상황 아래 서부전선 부대는 신속히 금강 이북의 유리한 지구로 이동하라는 명령을 하달했으나 이 또한 집행하지 않았다. 이 반혁명 반당 종파주의분자들은 최고사령부의 작전 지침의 실현을 방해해 적군을 도왔으며 아군에 크나큰 어려움을 가져왔다.

그렇게 아군의 일부 주력부대가 남반부 지구에서 완전히 철수하지 못한 상황에서 적군은 남반부의 대부분 지구를 점령해버렸다. 때문에 최전선은 더욱 심각한 상황에 처했다……. 아군은 두 동강이 났으며 대부분의 주력부대는 적군에게 포위되었다.

북한군의 최고사령관이었던 김일성은 훗날 아래와 같이 패전 요인을 분석했다.

1. 미군이 육·해·공의 대규모 병력을 동원해 대대적 공격을 펼치면서 병력 면에서 적군이 우세를 점했다.
2. 인민군 내부에 잠입한 김웅 등 반혁명 반당 종파분자와 일부 지휘관이 당과 최고사령부가 내린 전략과 작전 지침을 정확하고도 신속히 이행하지 않았다.
3. 미국과 이승만 당의 살육정책과 박헌영(남한 출신으로 당시 북한의 외무상)과 이승엽(남한 출신으로 당시 북한의 사법상) 등 간첩 집단이 전투를 방해했다.

정치적 수사를 제외하고 김일성의 최종 평가에서 적어도 두 가지는 군사연구가들이 연구할 가치가 있다. 첫째, 북한군이 남진할 때 그 추진 속도와 병력 투입이 이상적으로 이루어지지 않아서 미군이 견고한 방어권을 구축하기 전에 파죽지세로 바다로 몰아낸다는 목표를 달성하지 못했다. 북한군이 이 목표를 달성하고 한반도 전역을 점령했다면 유엔군은 자신들의 무장 간섭을 뒷받침할 정치적, 군사적 근거를 잃었을 것이다. 둘째, 북한군은 인천상륙을 제대로 예측하지 못했고 미군이 인천에 상륙한 후에도 부산 방어선을 사수하지 못했다. 또한 인천 방향으로 상대를 저지하는 데도 실패함으로써 미군이 남북에서 순조롭게 연합해 강력한 협공을 펼칠 수 있게 했다.

미군 입장에서 보면 인천상륙작전의 기습 효과, 공중 전력과 지상 병력의 절대적 우세가 전세를 역전시킬 수 있었던 결정적 요인이었다.

인천상륙에 성공한 그다음 주인 9월 28일에 유엔군은 서울을 탈환했다. 미군은 이렇게 기록하고 있다.

"서울 수복 선언을 마쳤을 때 북한군은 의정부 방향으로 퇴각했다. 북한군의 남침은 큰 도박과 같았다. 그들은 개선가를 부르며 서울에 진입한 지 딱 90일째 되던 날 서울을 다시 빼앗겼다."

9월 29일 오전 10시, 맥아더는 김포공항에 도착해 잿더미로 변한 서울 시가지에 모여든 환영 인파를 뚫고 중앙청 건물에 도착했다. 이승만 대통령 부부와 맥아더가 입장했을 때 워커 중장과 미 해군 장교들은 단상에 앉아 있었다. '서울 탈환 환영대회'가 시작되었다. 의장대도 없는 환영대회였다. 원래는 미군의 제1해병사단 군악대가 연주해주길 바랐으나 그들은 악기를 일본에 두고 왔을 뿐 아니라 보병으로 참전한 많은 이가 부상을 입어 연주를 할 수 없었다. 서울 시가지에서는 여전히 총소리가 산발적으로 울리고 있었다. 맥아더는 사전에 준비해둔 축사를 발표했다.

대통령 각하, 인류의 가장 위대한 희망을 가슴에 품고 전투에 임한 우리 유엔군은 하느님의 자비로 한국의 고도古都를 해방시켰습니다. 이제 서울을 각하께 넘겨드리겠습니다.

맥아더가 축사를 읽어 내려갈 때, 포성과 함께 중앙청 홀 북쪽의 파손된 유리가 요란한 소리를 내며 아래로 떨어졌다. 놀라고 당황한 장내 사람들은 모두 폭탄이 폭발하는 줄로만 알았다. 소란스러운 가운데 미동도 보이지 않은 이는 맥아더뿐이었다. 그의 얇고 고집스러운 입술에는 옥수수 파이프로 피우던 담뱃잎 냄새가 옅게 남아 있었다. 유리가 산산조각 부서지는 소리와 사람들이 놀라 웅성대는 소리 속에서 그는 머리 위를 올려다보았다. 그곳에는 미국 성조기가 펄럭이고 있었다.

미국에서는 그 환영대회에서 성조기가 '지나치게 눈에 띠는 위치'에 놓여 '미국이 한국을 점령'한 듯한 인상을 줄지 모른다는 여론이 있었지만, 한국전쟁에서 맥아더의 개인적 위엄과 명망은 그 순간 의심할 여지 없이 최고 정점에 달했다. 훗날의 역사는 한국전쟁의 전개 과정에서 당시는 겨우 서막 중의 서막일 뿐이라고 설명하지만, 맥아더는 그 서막에서 정점에 다다른 것이다.

정점, 조금 더 앞으로 가면 내리막길이 되는 것이 바로 정점이다.

맥아더에 이어 이승만 대통령이 감사의 말을 전했다. 전 세계 사람들은 그날 신문을 통해 "목이 메어 말을 잇지 못하는" 노대통령의 모습을 보았다.

"저와 한국 국민의 감사하는 마음을 어떤 말로 표현해야 좋을지 모르겠습니다……"

당시 이승만은 확실히 '만감이 교차'하고 있었을 것이다. 전세의 발전 추세와 그 자신의 정치적 앞날이 이렇게 빨리 전환되었으니, 마치 운명이 이 노인을 일부러 괴롭힌 양 짧은 몇 개월이 꿈꾸듯 얼결에 지나간 것 같았다.

그날, 유엔군의 선두부대가 38선에 도착했다.

1950년 10월 1일은 중화인민공화국의 건국 1주년을 기념하는 국경일이었다. 신중국 건국 후 첫 번째로 맞은 국경일에 전국 각지에서는 경축 행사가 열렸다. 베이징의 골목골목에는 붉은 깃발이 나부꼈다. 국경일을 맞아 차려입은 노동자와 시민 그리고 학생들이 새벽부터 톈안먼 광장에 모여들었다. 오전 10시가 되자 마오쩌둥과 신중국 지도자들이 톈안먼 성루에 올랐다. 그들은 수십만 군중과 함께 성대한 열병식을 관람했다. 곧이어 떠들썩한 군중 행진이 이어졌다. 밤이 되자 오색찬란한 불꽃들이 밤하늘을 수놓았다. 광장의 인민은 춤추고 노래하며 밤늦게까지 함께 어울렸다.

하지만 이날 즐거움에 빠져 있던 중국인들은 거대한 전쟁의 그림자가 그들을 덮쳐오고 있다는 것은 알지 못했다. 당시 중국인들은 신문을 통해 한국전쟁 소식을 접할 수 있었지만 대부분의 기사가 북한군의 승리를 다뤘다. 일부 심상치 않은 징조가 보인다 해도 보통의 중국인들은 별 관심을 두지 않았다. 중국인들은 한국전쟁이 그들과는 거리가 먼 남의 나라 일이라고만 생각했다.

국경일을 맞아 즐거운 분위기 속에서 근심을 품은 이들은 중국 지도자들뿐이었다. 인천상륙작전이 성공하고 유엔군이 38선에 근접하면서 전 세계의 눈길은 '미국을 필두로 한 유엔군이 38선을 넘어 계속 북진할 것인가'에 쏠리고 있었다.

한국전쟁 발발 이후 첫 번째 쟁점이 6월 25일 발발한 전쟁 자체였다면, 두 번째 쟁점은 유엔군의 개입이었고, 세 번째 쟁점은 9월 15일의 인천상륙작전이었다. 그리고 네 번째 쟁점은 바로 '선을 넘을 것인가' 하는 월선越線의 문제였다.

유엔군의 한국전쟁 개입을 외세의 내전 개입이라고 한다면, 그들이 38선을 넘어 북으로 진격하는 순간 한국전쟁에서 '내전'의 성격은 없어지는 것이다. 이 경우 유엔군이 무장 병력을 동원해 정복하려는 것은 북한이라는 나라이며, 이로써 한국전쟁은 곧 국제적 문제로 변모한다. 동서 양대 진영이 이를 확실히 인식하고 있었다.

각국이 정치적 입장을 가장 잘 표현할 수 있는 유엔 안전보장이사회에서

'월선'에 대한 찬반 의견이 팽팽히 대립했다.

한국의 입장은 불 보듯 뻔했다. 이승만은 9월 19일 "유엔 연합군이 멈추더라도 한국군은 진격할 것이다"라고 말했다. 한국의 외교장관은 "압록강까지 진격할 결심"을 사방에 퍼뜨리고 다녔다. 9월 30일, 한국 국회는 한국군의 북진에 관한 '결의'를 통과시키기까지 했다. 한국군 수뇌부도 흥분하긴 마찬가지였다. 한국군은 두 달간의 연이은 참패로 여론의 비난을 한 몸에 받고 치욕을 느끼고 있었다. 그러던 차에 '복수'의 때가 오자 '압록강까지 진격하기 전에는 멈추지 않겠다'고 하는 그들의 태도는 미국마저 불안하게 만들었다.

미국의 태도는 모순된 것이었다. 한국전쟁이 발발하자 미국은 유엔 안전보장이사회에서 한국전쟁에 개입하는 이유를 "한국 영토에서 북한군을 몰아내기 위한 것"이라고 설명했다. 그리고 그 목적은 이미 달성되었다. 하지만 미국이 한국전쟁에 대규모 개입을 감행한 진짜 이유는 머나먼 이국땅 한국에 있지 않았다. 그보다는 극동 지구에서 이익을 확보하고 소련과 냉전 대치 상태에 한국을 이용하기 위한 것임은 누구나 아는 사실이었다. 미국은 북한이라는 정권의 존재를 원치 않았다. 이익과 시국이라는 두 가지 필요에 따라 '월선'에 관한 미국 내의 의견은 '강경파'와 '온건파'로 나뉘었다. '강경파'는 유엔군이 38선을 넘어야 한다고 강력히 주장했다. 그들은 북한군이 패하기는 했지만 여전히 권토중래할 조건을 갖추고 있어 북한군을 철저히 격멸하지 않는 한 한국 문제는 영원히 해결되지 않을 것이라고 했다. 또한 유엔군이 한국에 장기 주둔할 수는 없으므로 38선을 넘지 않으면 향후 이 선이 영구적 국경선이 될 것이라며, 한국전쟁에 개입한 이유가 '한국의 통일'이고 전쟁 중에 유엔 공군이 이미 38선을 넘어 공격을 했기 때문에 실질적으로 38선은 이미 존재하지 않는 것이어서 지상군이 '선을 넘지' 말아야 할 이유는 없다고 주장했다. 이 주장은 6월 27일 유엔 안전보장이사회가 통과시킨 결의와 간극이 있으므로 '강경파'는 필리핀 대표의 관점을 수용해 이렇게 주장했다. 유엔 결의의 '그

지역the area'이라는 단어에서 '그the'를 '한국 전체'라고 해석하자는 것이었다. 이렇게 해석하면 유엔군이 38선을 돌파하고 계속 북진해 한반도 전체를 점령하는 사안이 유엔 결의를 통해 권한을 부여받은 셈이 된다. 기본적으로 미국의 강경파와 온건파는 "북한 정권을 궤멸시켜야 한다"는 데는 의견 차가 없었다. 하지만 북한 영토 진입 후 소련과 중국의 간섭이 가져올 결과에 대해서는 생각이 달랐다. 당시 여론은 소련과 중국이 간섭하면 한국전쟁은 사실상 제3차 세계대전으로 발전한다고 보았다. 트루먼 정부의 가장 큰 걱정도 바로 여기에 있었다.

서유럽 국가들은 원래 38선을 넘어가는 것을 반대했다. 그들의 주요 관심사는 유럽의 안보였다. 특히 새로운 세계대전의 발발을 원치 않았기 때문에 한국전쟁이 빨리 끝나기만을 바라고 있었다. 하지만 영국이 "만약 38선을 넘지 않는다면 유엔의 감독 아래 남북 총선을 치르거나 통일을 실현할 수 없을 것"이라는 입장을 밝히자 이에 영향을 받았다. 게다가 미국은 제2차 세계대전 중 그들의 구세주가 아니었던가. 또한 한국전쟁 당시에도 안보 면에서 여전히 미국에 의지하는 바가 컸기 때문에 결국 서유럽 국가들의 의견은 돌파 쪽으로 기울어졌다.

캐나다와 오스트레일리아 등 범태평양 국가들은 미국의 강경파와 입장을 같이했다.

갈피를 잡을 수 없었던 것은 소련의 생각이었다. 한국전쟁이 터진 후 소련은 시종일관 애매모호한 태도를 취해왔다. 유엔이 한국전쟁 출병에 관한 결의안을 채택한 6월 27일, 소련이 뜻밖에도 회의에 불참해서 결의안이 순조롭게 통과될 수 있었다. 미국 병력이 한국에 투입되기 시작했을 때 트루먼은 소련이 반대하지는 않을까, 소련도 마찬가지로 출병한다고 하지는 않을까 하는 걱정을 감추지 못했다. 하지만 소련 외상이 "외세는 한반도에 개입하지 말아야 한다"는 입장을 표명하는 성명을 발표하자 트루먼은 이를 '소련은 한반도 문제에 개입하지 않겠다'는 신호로 받아들였다. 그제야 트루먼은 안심하고 맥아더에게 미군의 한반도 투입을 지휘하도록 했다. 그렇다면 역사의 진실은 무엇일까? 트루먼조차 미처 생각지 못했던 것은, 서구세계에서 볼 때 강대한 군사력을 보유한 소련도 드러내지는 않았지만 미국에 대해 두려움을 품고 있었다는 사실이다. 그리고 얼마 후 중국 지도자들이 어려운 선택의 갈림길에 놓였을 때 이는 다시 한번 드러났다.

9월 19일 열린 유엔총회에서 소련 외상 안드레이 비신스키Andrey Y. Vyshinskii는 38선을 기준으로 정전하는 것을 골자로 한 '평화선언'을 제안했지만 채택되지 않았다. 안전보장이사회도 '8개국 공동 제안'을 제출했으나 소련이 거부권을 행사해 통과되지 못했다. '8개국 공동 제안'은 소련의 거부권을 피하기 위해 9월 29일 직접 유엔총회에 상정되었다.

'8개국 공동 제안'은 영국·오스트레일리아·필리핀·네덜란드·노르웨이·브라질·쿠바·파키스탄 등 8개국이 서명해 제출한 것으로, 주요 내용은 아래와 같았다.

1. 유엔은 한반도 전역의 안정을 확보하기 위해 필요한 일체의 조치를 취한다.
2. 통일된 민주정부를 세우고 유엔의 관리 아래 총선을 실시한다.
3. 한국의 빠른 부흥을 실현한다.
4. 제2항 임무 이외의 목적으로 유엔군은 한국에 주둔하지 않는다.
5. 한국의 통일과 부흥을 위해 새로운 유엔한국위원회를 임명한다.

이는 명백히 유엔군의 북한 진입을 묵인하는 문건이었다.

유엔은 전례 없이 격렬한 논쟁에 휩싸였다. 유엔군이 일단 38선을 넘어섰을 때 중국이 어떻게 반응할 것인가가 쟁점이었다. 중국이 공개적으로 또는 '지원자'의 형식으로 한반도에 출병할 것인가? 아니면 중국은 유엔, 특히 아시아 국가들에 최대한의 압력을 행사해 북한의 '독립'을 확보하거나 '북한을 완충지대'로 삼는 데 그칠 것인가? 그것도 아니면 중국과 북한의 국경지대에 대규모 병력을 배치하되 출병은 하지 않을 것인가?

이에 대해 영국은 "중국은 아직 내부적으로 확실히 자리잡지 못했고 '경제재건'에 전력을 다하고 있으며 그 군사력이 대규모 전쟁을 치르기에는 부족하므로 한국전쟁에 출병할 가능성이 낮다"고 결론 내렸다. 중국의 군사개입에 대한 각종 정보가 다양한 경로를 통해 전해졌고, 중국과 밀접한 관계인 인도는 유엔총회에서 계속 중국의 경고를 명확히 전달했지만 불행히도 경고는 그 어떤 효과도 가져오지 못했다.

9월 27일, 맥아더는 서울에서 미국 합동참모본부의 훈령을 받았다.

……귀관의 군사적 목적은 북한군을 궤멸시키는 것이다. 이를 위해 귀관에게 38선 이북에서 양동 상륙작전, 공중작전, 지상전투 등을 포함한 군사행동을 실시하도록 권한을 부여한다…….

그래도 한국전쟁이 세계대전으로 변모할 가능성에 대해 걱정하고 있었기 때문에 훈령의 마지막 부분에서 맥아더에게 이를 환기시켰다.

그 어떤 상황에서도 만주나 소련 접경지역을 넘어서는 안 된다. 정책적 견지에서 어떠한 부대도 만주와 소련의 국경을 넘게 해서는 안 되며 한국군이외의 군대를 한·만 국경이나 한국 동북부로 진격시켜서는 안 된다. 귀관의 38선 남북 작전을 지원하는 데 만주와 소련 영토에 대한 공군과 해군 행동은 포함되지 않는다.

이런 배경하에 한반도에서 작전을 수행하던 미 제8군은 38선상에서 "퇴각하는 북한군에 대한 추격 허가를 기다리겠다"고 공개적으로 밝혔다.

그러자 갑자기 공화당 의원들이 트루먼 정부가 "공산주의자들에게 관용을 베풀고 있다" "공산당 위성국가에 숨 돌릴 틈을 주고 있다"며 비난하고 나섰다. 그들은 공산당 군대가 다시 일어서면 그것은 전쟁의 '재발'을 용인하는 것이나 다름없다고 주장했다.

9월 29일, 막 미국 국방장관에 임명된 조지 마셜은 맥아더에게 비밀전보를 쳤다.

제8군의 성명으로 미루어보아 한국군 사단이 38선에서 전진을 멈추고 재집결할 것이라는 보도가 나오고 있다. 우리는 귀관이 38선 이북으로 전진할 때 전술적·전략적으로 자유롭길 희망한다. 앞서 제시한 성명을 실행에 옮기려면 유엔에서 38선 월경에 대한 투표를 통해 동의를 얻어야 하므로 유엔이 진퇴양난에 빠질 가능성이 농후하다. 그러느니 귀관이 군사적 필요에 따라 선택 결정하라.

미국 합동참모본부의 실제 의도는 '북한군 궤멸의 사명'을 완수하기 전에 '38선이 쟁점이 되는 것'을 최대한 피해보자는 것이었다.

맥아더는 즉시 북진의 구체적 계획을 제시했다.

1. 제8군은 현재와 같은 편성으로 북진해 평양으로 진격한다. 평양 점거 후 제10군단은 원산에 상륙해 제8군과 함께 협공한다.
2. 제3보병사단은 총사령부의 예비부대로 일본에 남는다.
3. 안주—영원—흥남을 잇는 전선의 작전에는 한국군만 투입한다.
4. 제8군의 공격은 10월 15~30일 사이에 개시할 것이다.

미군은 '8개국 공동 제안'이 유엔에서 아직 통과되기도 전에 이런 결정을 내렸다. 그래도 맥아더는 그의 북진 계획이 여러 제한을 받게 되었다는 이유로 불만에 가득 차 있었다. 그는 소련과 중국이 참전하더라도 전쟁을 계속해 아시아에서 싹을 틔우고 있는 공산당 정권을 완전히 소멸시켜야 한다고 생각했다.

그다음 날인 10월 1일, 맥아더는 도쿄에서 방송을 통해 북한의 총사령관 김일성을 향해 항복 권고 성명을 발표했다.

같은 날, 톈안먼 성루 위에 선 신중국 지도자들은 마침내 찾아온 어려운 선택의 갈림길 앞에 서 있었다.

미군이 인천상륙작전을 수행한 다음날, 김일성은 내무상 박일우를 중국 안둥(지금의 단둥)에 파견해 그곳에 집결한 중국 제13병단 군사 지도자들에게 북한군의 어려운 상황을 알렸다. 당시 박일우는 인천상륙작전 후 북한군이 처한 국면, 각 부대의 배치 현황과 전투력 그리고 임기응변책 등 무엇 하나 확실히 말할 수 있는 게 없었다. 그는 그저 현재 부대가 북으로 철수하고 있으며, 가도와 철로가 모두 파손되고 적군이 급속도로 북진하고 있다는 사실만 알 뿐이었다.

박일우는 중국의 출병을 부탁하는 김일성의 요청을 중국에 전달했다.

북한의 첫 번째 공식 요청이었다.

김일성은 맥아더의 항복 권고 성명을 접하고 황급히 주북한 중국 대사를 만나 북한군은 결코 항복하지 않겠다는 뜻을 확실히 표명했다. 북한의 이러한 태도는 김일성이 맥아더의 통첩에 회답한 문장에서 더욱 명확히 드러났다. 김일성은 북한군이 선혈로 조국의 영토를 보위하고 있다고 호소하며 어쩔 수 없이 퇴각해야 할 때가 오더라도 일체의 물자와 운송 도구를 옮겨 선반 하나, 열차 한 칸, 식량 한 톨도 적군에게 남기지 않을 것이라고 했다.

10월 3일, 박일우는 김일성의 긴급 서신을 가지고 베이징에 도착했다.

미국 침략군이 인천에 상륙하기 전에는 우리 형편이 좋지 않았다고 볼 수 없었습니다. 적들은 패전에 패전을 거듭하여 남조선의 최남부 협소한 지역에 몰려 들어가게 되어 최후 결전에서 우리가 승리할 가능성이 많았고, 미국의 군사적 위신은 여지없이 추락했던 것입니다. 이에 미국은 자신의 위신을 만회하여 조선을 자기 식민지와 군사기지로 만들려는 본래의 목적을 기어이 달성하기 위한 대책으로 태평양 방면의 미국의 육해공군의 거의 전부를 동원하여 9월 16일에 마침내 대병력을 인천에 상륙시킨 후 서울시를 점령하였습니다.

전황은 참으로 엄중합니다. 우리 인민군은 상륙 침입한 미군 진격을 대항하여 용감히 싸우고 있습니다. 그러나 전선에는 우리에게 참으로 불리한 조건이 있다는 것을 말씀드리려 합니다.

적은 약 1000대의 각종 항공기로 매일 주야를 구분하지 않고 전선과 후방할 것 없이 마음대로 폭격을 부절히 감행하고 있습니다. 그러나 우리 편으로부터는 그를 대항할 항공기가 없는 조건하에서 적들은 참으로 공군의 위력을 충분히 발휘하고 있습니다. 각 전선에서는 100여 대로 편성된 항공 부대의 엄호하에서 적의 기계화 부대들이 활동하며 또한 특히 우리 부대를 저공비행으로 다수 살상합니다. 후방에서 적의 항공기들은 교통, 운수, 통신기관들과 기타 시설을 마음대로 파괴하여 적들의 기동력이 최대한도로 발휘되는 반면 우리 인민군 부대들의 기동력은 악화 마비되고 있습니다.

이것은 각 전선에서 우리가 체험한 바입니다. 적들은 우리 군부대들의 교통, 운수 연락망을 차단하고 진격을 계속하여 인천 방면으로 상륙한 부대들과 남부전선에서 진격하는 부대들이 연결됨으로써 서울을 점령할 수 있게 되었습니다. 그런 결과 남반부에 있는 우리 인민군 부대들은 북반부로부터 차단되고 남반부 전선에 있는 부대들은 여러 토막으로 차단되었습니다.

그리하여 우리 군부대들은 무기와 탄약을 공급받지 못하고 있을 뿐만 아니라 몇 개 부대는 서로 분산되어 있으며, 그중 일부는 적에게 포위되어 있는 형편에 처했습니다. 서울시가 완전히 점령된다면 적은 38선을 넘어 북조선을 침공할 것입니다. 그렇기 때문에 우리가 오늘과 같은 불리한 조건에 계속 처해 있다면 적의 침입은 결국 성공할 것이라고 봅니다.

우리의 운수, 공급 문제를 해결하고 기동력을 보장하자면 무엇보다도 그에 준하는 항공력을 지녀야겠습니다. 그러나 우리에게는 이미 준비된 비행사들이 없습니다.

친애하는 모毛 동지시여, 우리는 여하한 난관에 봉착하더라도 그것을 극복하면서 조선을 미 제국주의자들의 식민지와 군사기지로 내놓지 않을 것입니다. 우리의 독립, 민주와 인민의 행복을 위해서는 최후의 피 한 방울까지 아끼지 않고 싸울 것을 우리는 굳게 결심하고 있습니다. 우리는 전력을 다하여 새 사단들을 많이 조직 훈련하며 남반부에 있는 10여 만의 인민군 부대를 작전상 유리한 일정한 지역으로 수습 집결하며 또한 전 인민을 총무장해서까지 장기전을 계속할 모든 대책을 강구 실시합니다.

그러나 적들이 오늘 우리가 처해 있는 엄중하고 위급한 형편을 이용해 우리 자체의 힘으로써는 이 위기를 극복할 가능성이 없습니다. 그러므로 우리는 당신의 특별한 원조를 요구하지 않을 수 없습니다. 즉 적군이 38선 이북을 침공하게 될 때에는 약속한 바와 같이 중국 인민군의 직접 출동이 절대로 필요합니다.

밤새 톈안먼 하늘을 수놓았던 불꽃이 채 꺼지지 않았는데 중난하이中南海 이녠탕頤年堂에는 엄숙하고 긴장된 분위기가 감돌았다. 마오쩌둥이 직접 주재한 중앙서기처中央書記處 회의에서는 현재 한국의 형세와 김일성의 요청에 대해 진지한 분석과 토론이 벌어졌다.

중국 정부는 줄곧 한국전쟁의 형세를 주의 깊게 지켜보고 있었다. 또한 "유엔군이 만약 38선을 넘어 북한으로 진격한다면 중국도 가만있지는 않을 것"이라는 경고를 여러 경로를 통해 국제사회에 밝혔다. 미군이 인천에 상륙하고 얼마 후 중국군 총참모장 직무대행 녜룽전은 카발람 마드하바 파니카르 Kavalam Madhava Panikkar 주중국 인도 대사를 만났다. 파니카르는 1949년 중국 인민해방군이 난징南京에 근접했을 당시, "500대의 항공기만 주면 그들을 궤멸시킬 수 있다"고 했던 맥아더의 발언을 중국 지도자들에게 상기시키면서 만약 중국이 한국전쟁에 개입한다면 "중국의 산업은 큰 타격을 입을 것"이며 "중국의 건설은 10년이나 미뤄지게 될 것"이라고 했다. 이에 녜룽전은 "일단 전쟁이 발발하면 일어나 싸우는 것 말고는 선택의 여지가 없다. 물론 이는 문제의 일면일 뿐이고 제국주의 또한 그들만의 취약점이 있을 것이다. 오늘 우리 임무는 평화를 쟁취하고 전쟁의 발발과 발전을 제지하는 것이다"라고 응수했다.

9월 30일, 저우언라이는 훗날 반복적으로 인용되는 중요한 연설을 발표했다. 이 연설은 중국이 자신의 원칙적 입장을 밝힌 중요한 문건이라고 평가된다. 그 내용은 다음과 같다.

중국 인민은 평화를 사랑하지만, 평화를 수호하기 위해서 침략전쟁에 저항하기를 결코 두려워하지 않았다. 중국 인민은 결코 외국의 침략을 용인할 수 없을 뿐 아니라 제국주의자가 이웃 나라 인민에게 침략을 자행하도록 절대 관망하지 않을 것이다. 누구든 중국의 5억 인구를 유엔에서 제외시키려 기도하거나 인류의 4분의 1에 해당되는 중국인의 이익을 앗아가려 한다면, 또 중국과 직접적 관계를 가진 아시아의 모든 문제를 독단적으로 해결하려는 망상을 품고 있다면 반드시 참패를 당할 것이다.

중국이 팔짱 끼고 상황의 전개를 관망하고 있지만은 않겠다는 입장을 유엔에 명확히 알린 것이었다.

마오쩌둥의 의견에 따라 출병이 초보적으로 제안되었지만 처음부터 중국 수뇌부가 한국전쟁 출병에 관해 의견의 일치를 본 것은 아니었다. 당시 린뱌오는 건강이 좋지 않아 둥베이 변방군의 총지휘관으로 참전할 수 없었기 때문에 회의에서는 펑더화이를 즉시 베이징으로 불러 상의하기로 했다. 한국전쟁 출병 문제는 10월 4일 열리는 정치국 확대회의에서 다시 토론하기로 했다.

그날 밤 한국군은 38선을 넘었다.

10월 3일 새벽 1시, 저우언라이는 다시 파니카르 대사를 만나 공식적인 외교 경로를 통해 미국 정부에 중국 입장을 전달했다. "미군이 38선을 넘어 전쟁을 확대하려고 기도하고 있다. 미군이 정말 그렇게 한다면 우리도 가만히 앉아서 보고 있지만은 않겠다"라는 것이 주된 내용이었다.

중국의 한국전쟁 참전은 비밀리에 추진된 것이 아니라고 해야 할 것이다. 애석한 것은 중국의 잇단 경고를 미국은 '말로만 하는 위협'이며 '외교적 제스처'라고 여겼다는 점이다. '중국통'이라 불렸던 맥아더의 정보참모인 찰스 윌러비Charles A. Willoughby 장군은 이렇게 말했다.

"최근 중국 공산당 영수들이 만약 유엔군이 38선을 넘으면 중국군도 북한에 진입할 것이라고 하지만 이는 외교적 협박에 지나지 않는다."

중국의 출병은 바로 이렇게 미국인들이 '제스처'일 뿐이라고 여기는 가운데 시작되었다.

1950년 10월 4일, 훗날 한국전쟁에서 세계의 주목을 한 몸에 받은 중국군 고위장교가 베이징에 그 모습을 드러냈다. 바로 펑더화이였다.

펑더화이, 가난한 농민의 아들로 태어나 여덟 살에 어머니를 잃은 그는 당시 중국인민해방군의 부총사령관이었다. 그의 개인사는 거의 무장투쟁으로부터 정권을 차지하기까지의 중국 공산당 역사라고 할 수 있다. 홍군 창립 초기에 그는 제3군 군단장으로 장제스의 '토벌작전'에 맞서 혁혁한 공을 세웠다. 홍군의 장정長征 당시, 그의 군단은 샹장 강湘江을 피로 붉게 물들였고 우장 강烏江을 돌파한 뒤 러우산관婁山關의 천험의 요새를 함락시켜 전멸 위기에 처한 홍군이 고비를 넘길 수 있게 했다. 인적 없는 초원을 벗어난 후에 홍군의 산시陝西·간쑤甘肅 파견대에서 그와 마오쩌둥은 각각 사령관, 정치위원의 직책을 맡았다. 항일전쟁 시기에 그가 지휘한 이른바 백단대전百團大戰은 전 세계를 놀라게 했다. 장제스 군대와 최후 격전을 벌일 때 그가 이끈 야전군은 파죽지세로 진군했고 중국 서북부의 광대한 지역을 수복했다. 마오쩌둥은 그만을 위한 시구를 지었다.

칼 들고 말 달리며 용감히 싸우는 자　　　　　　　　　　　誰能橫刀立馬
바로 우리의 펑 대장군이 유일하다네　　　　　　　　　　　唯我彭大將軍

당시 중국 시베이군정위원회西北軍政委員會 주석을 맡은 펑더화이는 시베이西北 지역의 경제를 활성화하기 위해 전력을 다하고 있었다. 한국전쟁 발발 후 사무실에 한국 지도를 걸어놓기는 했지만 그가 더욱 관심을 가졌던 것은 여전히 시베이 지역의 국민경제 회복과 발전이었다. 피비린내 나는 전투를 통해 신중국을 세우고자 했던 그의 이상은 이미 실현되었다. 이제 그는 토지 생산량을 늘려 인민이 풍족히 먹고 따뜻하게 입을 수 있는 좋은 세월을 꿈꾸고 있었다. 그 꿈의 실현을 위해 펑더화이는 시베이 경제발전계획 제정을 직접 주관했다. 그 계획에는 석유 채굴과 관개수로 건설 및 교통 미발달 지역에 교통망을 세우는 것 등 구체적인 내용이 포함되어 있었다. 그런 시기에 펑더화이는 즉시 베이징으로 올라와 회의에 참석하라는 통지를 받았다. 그를 베이징으로 데려갈 전용비행기가 이미 그가 살던 도시 시안西安에 도착해 있었다. 비행기에 올라 탈 때까지도 그는 중앙회의에서 무엇을 토론하려는 것인지 알지 못했다. 그는 비서에게 시베이 건설계획을 챙겨가자고 분부하기까지 했다. 중앙에서 빠른 경제 회복에 관한 보고를 듣고 싶어할지도 모른다고 그는 말했다. 한국전쟁에 관해서는 8월에 마오쩌둥에게서 전보를 받은 적이 있었다. 그때는 북한군의 진격이 순조로웠을 때였다. 전보에는 이렇게 쓰여 있었다.

"상황에 기민하게 대응하기 위해 12개 군을 모아야 함(현재 4개 군 모집 완료). 하지만 이 일은 9월 말에 다시 결정할 예정이니 그때 베이징에 와서 직접 의논했으면 좋겠음."

이번 베이징 방문이 전쟁 때문이라 해도 자신이 군대를 이끌고 직접 참전하게 될 줄은 예상치 못한 일이었다. 그도 제13병단이 둥베이에 집결했고 둥베이 변방군의 지도자에 대한 인사가 있었던 일은 알고 있었다. 하지만 전쟁의 필요에 따라 제4야전군으로 구성된 제13병단이 출동한다면 총사령관은 응당 린뱌오가 될 것이었다.

펑더화이는 온갖 상상을 다 해보았지만 실제 그 앞에 펼쳐진 일은 그가 미처 생각지 못한 것이었다.

펑더화이가 중난하이에 도착했을 때 한국전쟁에 출병을 해야 할 것인가 말아야 할 것인가를 논의하는 회의가 이미 진행 중이었다. 그는 무거운 분위기를 곧바로 느낄 수 있었다. 중국 수뇌부는 한국전쟁에 병력을 파견하는 문제를 놓고 입장이 확실히 갈렸다. 반대파는 다음과 같은 이유를 들어 출병할 수 없다고 했다.

"신중국에 필요한 것은 내전의 상처를 복구하고 심각한 타격을 입은 국민경제를 회복시켜 경제위기가 신생 정부에 가져오는 부담을 덜어야 하는 일이다. 또한 현재 신중국은 중국 전역을 완전하게 해방시키지 못했다. 일부 국경지대와 섬에는 다수의 국민당 부대가 잔류해 있고 안정을 찾지 못한 지역사회도 있는 등 신정권은 힘들게 자리를 잡아가고 있다. 게다가 아직 토지개혁이 끝나지 않은 지역도 많아 이제 막 탄생한 신정권의 입지가 탄탄하지 않다. 더욱이 출병해 참전한다 해도 상대는 강대국 미국이다. 전쟁은 결국 양측의 경제력, 그중에서도 산업 방면의 실력을 겨루는 것인데, 산업 역량과 군사 장비만 놓고 보더라도 우리와 적의 수준 차이가 아주 현격하다. 또한 전쟁이 끝나고 평화로운 시절이 시작됨에 따라 군인들이 전쟁에 싫증을 느끼고 있는 것도 무시할 수 없는 문제다."

반면 출병에 찬성하는 측은 이렇게 주장했다.

"유엔군이 압록강까지 진격하면 이는 신중국에 크나큰 위협이 될 것이다. 이는 극히 현실적인 문제다. 중국인이라면 누구나 알고 있는 오래된 이야기인 '순망치한脣亡齒寒, 입술이 없으면 이가 시리다는 뜻. 서로 이해관계가 밀접한 사이에 어느 한쪽이 망하면 다른 한쪽도 그 영향을 받아 온전하기 어려움을 비유하는 말'은 중국인의 마음속에서 스스로의 안전을 지키기 위한 기본 원칙으로, 또 국제적 문제를 처리하는 데 있어서도 실무적인 안전 준칙으로 뿌리깊게 자리하고 있다. '양쪽 다 일리가 있다. 하지만 타인의 조국이 위기에 처했는데 옆에서 방관만 하는 것은 어찌되었든 마음 편한 일은 아니다'라고 한 마오쩌둥의 발언이 바로 그 점을 증명해주는 것이다."

펑더화이는 회의에서 아무런 발언도 하지 않았다.

회의가 끝나고 마오쩌둥은 이 강직한 장군에게 하룻밤 동안 생각할 시간을 주었다.

그날 밤 펑더화이는 잠을 이루지 못했다.

미국은 의심할 여지 없는 세계 최강대국이었다. 국력이 받쳐주지 않는데 어떻게 싸울 것인가? 그렇다고 싸우지 않는다면 어떤 결과가 닥칠 것인가?

10월 5일 오전, 마오쩌둥은 덩샤오핑鄧小平을 보내 펑더화이를 중난하이로 오게 했다. 당시 마오쩌둥은 이 문제에 대한 펑더화이의 견해를 절실히 알고 싶어했다.

펑더화이는 일말의 주저 없이 간밤에 잠 못 이루며 생각한 자신의 의견을 말했다. 즉시 한국전쟁에 출병해야 한다고 말이다.

오후에 속개한 정치국 확대회의에서도 격렬한 논쟁이 벌어졌다. 중화인민공화국의 부주석 겸 중앙공산당 둥베이국 서기 겸 둥베이군 정치위원회 주석인 가오강의 태도는 극히 중요한 것이었다. 가오강은 이렇게 말했다.

"이제 막 내전을 끝낸 중국이 다시 참전하는 것은 경제적 부담이 지나치게 크다. 군대의 장비도 낙후되어 미국의 공격을 막아내지 못하고 후퇴하기 시작하면 그 결과는 상상할 수 없을 만큼 끔찍할 것이다. 그러니 둥베이 지역에서 방어에 만전을 기하는 것이 좋겠다."

저우언라이는 가오강이 말한 '방어'에 대해 따져 물었다.

"압록강의 1000킬로미터에 달하는 국경선에서 방어를 하려면 얼마나 많은 부대가 필요한가? 또 해를 거듭하며 계속 방어만 한다는 것이 얼마나 수동적인 일인가?"

저우언라이에 이어 펑더화이가 자신이 출병에 찬성하는 이유를 말했다. 훗날 펑더화이는 실각한 뒤 기술한 자료에서 다음과 같이 회고했다.

"그다음 날 오후에도 우리는 이녠탕에 모여 회의를 진행했다. 다른 동지들이 발언하고 나서 나도 짧게 발표했다. '한국전쟁 출병은 필요한 일이다. 끝까지 싸우는 것은 해방전쟁의 승리를 몇 년 뒤로 미루는 것과 같다. 미군이 압록강변과 타이완에 주둔하게 되면 그들은 침략전쟁을 일으키려 할 것이고 언제든 그 구실을 찾을 것이다.' '호랑이는 사람을 잡아먹는다. 언제 먹느냐는 배가 고픈지 아닌지에 달려 있으니 그런 놈에게 양보해서는 안 된다. 적이 침략하려 한다면 우리는 반反침략으로 맞서야 한다. 미 제국주의와 우열을 다투지 않고 사회주의를 건설하기란 어려운 일이다.'"

마오쩌둥은 펑더화이의 의견을 매우 마음에 들어했다. 그는 당시 중국에 여러 문제가 있기는 하지만 미국이 중국의 참전을 종용하고 있다고 생각했다.

중국은 어떤 어려움이 있더라도 상대가 평양을 점령하기 전에 즉각 출병해야
했다. 그들에게 선택의 여지는 없었다.

마오쩌둥은 한반도에 진입할 부대의 지도자로 펑더화이를 임명할 것을 제
의했다.

회의 참석자들이 줄지어 펑더화이 앞으로 와서 그와 악수했다.

당시 펑더화이는 52세였고 장기간의 전쟁으로 몸이 망가져 적잖은 병에 시
달리고 있었다. 더욱이 그가 다시 뛰어들 전쟁은 지극히 험난하고 위험한 것
이었다. 훗날 펑더화이는 '문화대혁명' 중 비난을 받자 이런 글로 응수했다.

"주석은 내가 한반도로 갈 것을 결정했고 나 역시 회피하지 않았다."

중국의 한국전쟁 개입이 확정되었다.

하지만 유엔군은 이런 사실을 전혀 모르고 있었다.

10월 7일, 유엔총회에서 '8개국 공동 제안'이 찬성 47표, 반대 5표, 기권
7표로 통과되었다. 맥아더는 즉시 김일성에게 항복을 권고하는 최후통첩을 보
냈다.

"무고한 생명과 재산 손실을 최소화하기 위해 나 맥아더는 유엔군 총사령
관으로서 유엔의 결의를 통해 마지막으로 요구한다. 한반도 어디에 있든지 무
기를 버리고 적대활동을 중지하라."

동시에 미군 제1기병사단과 제24사단, 영국군 제27보병여단, 한국군 제1사
단으로 구성된 부대가 38선을 넘어 북한으로 진격하기 시작했다.

38선에서 전쟁을 멈추고 평화적으로 해결하기를 바랐던 중국의 희망은 이
미 실현 불가능했다. 유엔이 '8개국 공동 제안'을 채택한 다음날인 10월 8일,
유엔군이 정식으로 38선을 넘은 다음날이기도 했던 이날, 마오쩌둥은 중국
인민혁명군사위원회 주석의 명의로 중국인민지원군 편성에 관한 명령을 내
렸다.

펑더화이, 가오강, 허진녠賀晉年, 덩화, 홍쉐즈, 세팡解方 그리고 중국인민지원군 각급 지도자 동지들에게

(1) 북한 인민해방전쟁을 원조하기 위해 미 제국주의와 제국주의 앞잡이들에 반대하고, 이를 통해 북한 인민과 중국 인민 그리고 아시아 각국 인민의 이익을 수호한다. 이를 위해 둥베이 변방군을 중국인민지원군으로 재편해 신속히 북한에 출동하고 북한 동지들과 협동해 침략자를 공격하고 영예로운 승리를 쟁취한다.

(2) 중국인민지원군의 제13병단과 예하 제38군·제39군·제40군·제42군 및 변방 포병사령부와 예하 포병 1·2·8사단은 즉시 준비를 완료하고 출동 명령을 기다린다.

(3) 중국인민지원군 사령관 겸 정치위원으로 펑더화이 동지를 임명한다.

(4) 중국인민지원군은 둥베이 행정구를 총 후방기지로 삼는다. 일체의 병참 및 북한 동지 원조와 관련한 사무는 둥베이군구 사령관 겸 정치위원인 가오강 동지가 관리하며 책임진다.

(5) 중국인민지원군은 북한 영토에 진입해 북한 인민과 북한군, 북한 민주정부, 조선 노동당(공산당), 기타 민주당파와 북한 인민의 수령 김일성 동지에게 필히 우애와 존중을 표하며 군율과 정치 기율을 엄격히 준수한다. 이는 군사 임무의 완수를 위한 중요한 정치적 기초다.

(6) 발생 가능하거나 또는 필연적으로 발생할 어려움을 반드시 파악하고 고도의 열정과 용기, 세심함, 인내의 정신을 통해 어려움을 극복한다. 현재 전체적인 국내외 정세는 우리에게 유리하고 침략자에게는 불리하니 동지들이 용감하게 싸워주고 현지 인민을 단결시키며 침략자를 물리친다면 최후의 승리는 우리 것이다.

중국 인민혁명군사위원회 주석 마오쩌둥
1950년 10월 8일, 베이징

1950년 10월 8일, 신중국 역사상 대단히 특수한 군사용어로 꼽히는 '중국 인민지원군'이 이렇게 탄생했다.

웨이크 섬—미국식 정치게임

중국인민지원군이 창설되던 그날, 지구의 다른 한편에서 트루먼 대통령은 사람을 시장으로 보내 '블럼'이라는 사탕을 찾고 있었다. 이 조그만 사탕을 위해 트루먼은 과거 맥아더 장군 곁에서 일했던 사람까지 찾아내 의견을 물었고, 블럼이 맥아더와 그의 부인이 가장 좋아하는 사탕이라는 사실을 알아냈다. 도쿄 거리에서는 그런 사탕을 결코 살 수 없었던 시절이었다. 트루먼은 비로소 마음을 놓았다. 그날 대통령 수행 명단에는 오마 브래들리 미국 합동참모본부 의장, 프랭크 페이스 육군장관, 국무장관 보좌관 필립 제섭Philip C. Jessup과 딘 러스크, 윌리엄 애버럴 해리먼William Averell Harriman 순회대사 등 고위급 관료와 30여 명의 기자뿐 아니라 450그램 무게의 사탕 꾸러미도 포함되어 있었다.

한국전쟁이 가장 미묘한 단계에 접어들고 있던 그때, 트루먼과 맥아더는 태평양의 작은 섬에서 회동을 가졌다.

웨이크Wake 섬은 지도에서도 거의 찾을 수 없을 만큼 작은, 폴리네시아 군도群島의 수많은 섬 가운데 하나다. 세 개의 방파제로 연결된 이 산호섬은 지세가 평평해 해발이 고작 6미터밖에 되지 않고, 주민은 수백 명에 지나지 않았다.

파랗게 펼쳐진 망망대해에서 웨이크 섬은 이웃한 태평양의 섬들과 별반 다를 것 없는 평범한 모습이었다. 코코넛과 바나나, 열대 과일이 자라는 것 말고는 별달리 특별한 것도 없었다. 1899년 미국에 점령되었던 이 섬은 워싱턴과는 7564킬로미터나 떨어져 있지만 도쿄와는 약 3058킬로미터 정도로 가까운 거리였다. 웨이크 섬은 제2차 세계대전 중 미국의 동태평양 군사기지가 되면서 유명해졌다. 일본은 진주만을 습격할 때 웨이크 섬에도 폭격을 가했으며, 웨이크 섬에 상륙을 강행해 미국 수비군 사령관 제임스 데버루James P. S. Devereux 소령의 항복을 받아냈다. 3년 후에야 미국은 웨이크 섬을 탈환했다. 이 섬의 가장 중요한 건축물은 비행장 건물과 비행장 사무처로 쓰이는 목조 건물이었다.

유엔군이 북한에 진격하면서 한국전쟁은 예측 불가능한 위험 단계로 접어들었다는 것이 당시 미국 정부와 민간의 보편적인 의견이었다. 트루먼 대통령의 정적들은 소련과 중국이 맥아더 군대가 그처럼 순조롭게 북진하도록 내버려두지 않을 것이라고 굳게 믿고 있었기 때문에 대통령이 미국을 극도의 위험에 빠뜨렸다며 맹렬히 공격했다. '공산당을 꿰뚫어보고 있다'고 자신하는 미국의 정객들은 앞으로 대규모의 군사적 충돌이 발생할 것이라고 믿어 의심치 않았다. 만약 전쟁이 정말로 그렇게 전개된다면 어떤 경건함과 정성으로도 관에 실려 미국으로 돌아오는 젊은이들을 살려낼 수 없을 것이라는 게 이들의 주장이었다. 정적들이 격렬히 비난하는 부분은 바로 트루먼이 스스로 가장 자신 없어 하는 문제이기도 했다. 즉, 한국전쟁에 대한 소련과 중국의 진정한 태도는 무엇이며, 그들이 과연 이 전쟁에 개입할 것인지의 여부에 대한 확신 말이다. 이 문제에 관해서는 애치슨처럼 노련하고 치밀한 대통령의 심복도 확

실히 알 방법이 없었다. 소련과 중국의 개입 여부에 관해 미국중앙정보국CIA
이 제공한 정보는 가지각색이라 서로 모순되는 것도 많았다. 트루먼과 맥아더
가 주고받은 전보에서 맥아더도 확전擴戰이라는 민감한 문제에 대해서는 늘
애매모호한 답변으로 일관했다. 트루먼은 맥아더가 전쟁이 확대되기를 바란
다는 느낌을 강하게 받았다. 하지만 한국전쟁에 대한 트루먼 자신의 본능적
인 판단은 상황이 악화될 수도 있다는 것이었다. 의혹을 철저히 없앨 수 있는
가장 좋은 방법은 직접 맥아더와 만나 이야기를 나눠보는 것이었다.

관례상 대통령이 수하의 장교를 불러서 만날 때는 그 장교의 직위가 얼마
나 높든지, 또 어느 지역에 주둔하고 있든지 간에 약속한 시각에 정확히 맞춰
대통령 집무실로 직접 방문해 경례하는 것이 일반적이다. 하지만 맥아더는 보
통 미국 장교가 아니었다. 그는 대통령을 만나러 미국에 돌아갈 리가 없었고,
이미 6년이나 미국에 가지 않은 터였다. 트루먼은 맥아더가 '현재 전쟁 중'이라
는 핑계로 미국에 돌아오지 않으리라는 점을 잘 알고 있었다. 애치슨은 이를
갈며 이렇게 말했다.

"지금 맥아더는 사실상 국가의 원수元首요, 일본의 왕이자 한국의 왕이다."

맥아더가 워싱턴 소환에 불응하자 맥아더와 트루먼이 동시에 비행기를 타
고 비행 거리가 비슷한 하와이에서 만나도록 하자는 의견이 나왔다. 맥아더는
이 제안도 받아들이지 않았다. 마지막에는 대통령이 7564킬로미터를, 맥아더
는 3058킬로미터를 비행해야 하는 웨이크 섬에서 만나자고 제안했다. 맥아더
는 아주 간단명료하게 대답을 전해왔다.

"15일 오전, 웨이크 섬에서 대통령을 기쁜 마음으로 만나 뵙겠습니다."

이 결정에 대해 애치슨을 포함한 다수의 관료는 대통령이 지나치게 양보해
서 맥아더에게 '심리적 우위'를 줄 수 있다며 큰 불만을 나타냈다. 애치슨은 분
노에 떨며 이렇게 말했다.

"정말 이것은 대통령을 죽이려는 것이나 다름없습니다! 개한테도 이렇게는

안 할 겁니다!"

　그러나 트루먼은 그렇게 결정했다. 그가 힘이 없었기 때문이 아니라 스스로에게 이번 만남이 절실했기 때문이다. 트루먼은 훗날 이렇게 회고했다.

　"내가 맥아더 장군을 만나려 한 이유는 아주 간단했다. 그때까지 우리는 개인적으로 만난 적이 없었다. 나는 그가 군 통수권자를 알아야 한다고 생각했고, 나 역시 극동 지구의 최고 지휘관을 알 필요가 있었다……. 북태평양에서 전해오는 중국의 한국전쟁 개입설도 그를 만나고자 한 이유 중 하나였다. 나는 그가 직접 알아낸 정보와 그의 판단을 듣고 싶었다……. 짧은 고민 끝에 나는 워싱턴에서 그를 만나겠다는 생각을 포기했다. 맥아더는 그렇게 위험한 시기에 부대에서 멀리 떨어질 수 없다고 생각할 것이었고 충분히 이해할 수 있는 부분이었다. 몇 시간 이야기를 나누기 위해 먼 바다를 건너야 하는지 분명 망설여졌을 것이다. 그래서 나는 태평양에서 만나자고 제안했고 웨이크 섬이 가장 적합하다고 판단했다."

　이어 트루먼이 한 말은 맥아더의 훗날 운명에 영향을 미친 중요한 관건이다.

　"6월부터 일어난 여러 사건으로 봤을 때 맥아더는 해외에서 몇 년을 보내면서 어느 정도 국가와 국민과의 연결 고리를 잃어버렸다."

　한국전쟁 발발 이래 트루먼과 맥아더는 여러 문제에서 충돌했고 때로는 갈등을 빚어 트루먼을 분노하게 하기도 했다. 하지만 트루먼이 가장 견디기 어려웠던 것은 맥아더와의 힘겨루기가 아닌 절대적으로 민감한 타이완 문제였다. 한국전쟁 발발 후 유엔은 '타이완의 중립화' 결의를 통과시켰고, 미국 제7함대는 공산당이 한국전쟁을 틈타 아시아에서 세력을 확장하지 못하게 하겠다는 구실로 타이완 해협을 무장 봉쇄했다. 이로써 타이완 문제는 중·미 관계에서 폭약과 연결된 도화선이 되었다. 한국전쟁의 전세가 돌변하면서 타이완 문제는 중·미 충돌의 내재적 쟁점이 될 것이 분명했다. 그런데 맥아더는 제멋대로 타이완을 방문해 장제스의 국민당과 '회담'을 가졌다. 그들은 타이완 군대를 맥아더의 지휘 아래 둘 것과 '미국과 타이완의 공동 방어'라는 요지의 '협의'를 도출했다. 이후 장제스는 맥아더와 여러 차례 회의를 통해 여러 방면에서 의견 일치를 보았고 타이완 공동 방어와 중·미 관계 협력의 기초를 닦았다고 말해 트루먼을 더욱 불안하게 했다.

맥아더가 타이완을 방문한 뒤 미군 제13공군부대와 F-20 전투기들이 타이완에 진입했다. 맥아더의 말을 빌리자면 무력으로 타이완을 통제하는 것은 그의 "책임이며 필히 달성해야 할 의무"였다. 정치인인 트루먼이 보기에 한국전쟁이 시작된 시기에 맥아더의 그러한 행동과 발언은 중국에게 출병해달라고 초청장을 보내는 것이나 다름없었다. 그래서 트루먼은 맥아더에게 엄중히 경고하기도 했다.

"한 나라의 최고 지도자인 대통령만이 대륙의 군사집결 행동에 맞서는 예방 조치를 명령하거나 비준할 권리를 갖습니다. 국가 이익이 가장 중요하니 전면적인 전쟁이 발발할 수 있거나 적들에게 전쟁을 일으킬 구실을 줄 그 어떠한 행동도 삼가야 합니다."

트루먼이 경고한 지 얼마 지나지 않아 맥아더는 '제51회 시카고 해외전쟁퇴역군인대회'에 한 통의 서신을 보냈다.

"적대적 국가의 수중에 떨어져 있는 타이완은 이상적인 위치에 자리하고 있으며, 진격 전략을 실시할 수 있는 가라앉지 않는 항공모함과 같다……."

트루먼은 이를 본 즉시 맥아더에게 그 노골적 언사의 서신을 철회하도록 명령했다. "맥아더는 더욱 위험한 정책에 골몰하고 있었다"고 트루먼은 말했다.

트루먼과 맥아더는 공산국가와 타이완에 대한 근본적인 원칙에서는 충돌하는 점이 없었다. 문제는 미국 대통령의 권위를 무시하는 맥아더의 행위가 미국 통치체제에 대한 중대한 도전이라는 점이었다. 더구나 일단 중국군이 참전하면 미국은 수렁에 빠지게 될 것이 분명했다. 이렇게 전쟁의 확대가 가져올 결과 예측에서 트루먼과 맥아더는 엄청난 차이를 보였다.

트루먼은 복잡한 심정을 안고 바다를 건너는 장시간 비행을 시작했다.

맥아더는 웨이크 섬 회동이 시작되자마자 심드렁한 태도를 보였다. 그는 트루먼이 '자신의 전쟁'에 손을 대는 데 극도의 반감을 보였다. 한국전쟁 발발 후 맥아더가 가장 참을 수 없었던 것은 바로 갖가지 방법으로 '그의 손발을 묶으려'는 미국 정부였다. 그의 말을 빌리자면 "사무실에 앉아 있는 작자들이 극도로 한가하고 무료할 때 가장 큰 즐거움이 바로 명령을 내리는 일"이다. 비록 이번에는 대통령이 먼 길을 마다하지 않고 와서 그의 체면을 세워주긴 했지만, 그것은 아시아의 '태상황'인 그로 하여금 몸 둘 바를 모르게 하기에는 한참 부족한 것이었다. 오히려 그는 트루먼과 논의할 모든 문제가 '아무런 의의'도 없는 일이며, 심지어 트루먼의 이번 발걸음이 인천상륙작전의 성공에서 정치적 자본을 건져올리기 위한 일이라고 생각했다. 맥아더를 더욱 불만스럽게 한 것은 워싱턴에서 보낸 전보에서 이번 회동에 관한 일체의 언론 보도를 백악관 대변인 찰스 로스Charles Roth가 담당한다는 내용을 특별히 강조한 점이었다. 그 말은 곧 웨이크 섬 회동에서 맥아더에 관한 기사는 모두 백악관의 심사를 거쳐야 함을 의미했기 때문이다. 트루먼이 직접 기자단을 대동하지만 맥아더가 보기에 그 기자들은 믿을 수가 없었으며, 결코 자신에게 유리한 보도를 하지는 않을 것이라고 생각했다. 맥아더는 과거 자신을 동행 취재했던, 이제는 '맥아더 가족의 정식 구성원'이라 할 정도로 가까운 '자신의 기자'를 데려가겠다고 했지만 백악관으로부터 거절당했다. 이는 이번 트루먼과의 회동에 대한 의심, 즉 트루먼의 정치적 투기 목적에 대한 의심을 더하게 만들었다. 생각이 많아진 맥아더는 도쿄에서 웨이크 섬까지 가는 8시간 동안의 비행 중 불편한 심기로 트루먼이 보내준 새로운 전용기 '연합군 최고사령관 호'의 통로를 왔다갔다하며 고민했다. 여정은 이제 막 시작되었는데 벌써 짜증이 몰려왔다. 참모장 휘트니는 이번 회동에서 맥아더가 6년 만에 처음으로 자신의 상관을 만난다는 사실을 알고 있었다.

맥아더는 트루먼보다 하루 앞서 웨이크 섬에 도착해 비행장의 목조건물에서 불면의 몇 시간을 보냈다. 한편, 트루먼의 여정은 3단계로 아주 잘 짜여 있었다. 먼저 그의 고향 미주리 주의 인디펜던스 시에서 하룻밤을 보냈다. 그런 뒤 다시 하와이로 가서 해군이 대통령을 위해 준비한 가벼운 행사에 참석했다. 마지막으로 하와이에서 웨이크 섬으로 가는 비행기를 탔다.

대통령 수행원과 기자들은 비행기 세 대를 꽉 채울 정도로 많았다. 그중 시사주간지 『타임』 기자였던 로버트 셔로드Robert Sherrod는 훗날 당시의 느낌을 이렇게 회상했다.

"트루먼과 맥아더는 마치 '서로 다른 두 나라의 최고 통치자'가 완전무장한 수행원들을 데리고 중립지역으로 가서 회담을 하며 서로의 의중을 파악하는 것 같았다."

10월 15일 동틀 무렵 맥아더가 웨이크 섬의 습기 찬 목조건물에서 면도를 하고 있을 때 트루먼의 전용기 '인디펜던스 호'가 웨이크 섬 상공에 나타났다. 인디펜던스 호는 바로 착륙하지 않고 웨이크 섬 상공에서 세 바퀴를 돌았다. 훗날 사람들은 이를 두고 맥아더가 자신보다 먼저 왔는지를 확인하기 위해 대통령이 취한 행동이라고 말했다. 만약 트루먼이 맥아더보다 일찍 섬에 도착한다면 대통령이 먼저 와서 자신의 부하를 맞이하는 꼴이 되지 않겠는가? 다행히도 트루먼은 비행기 창문 밖으로 제2차 세계대전 당시 웨이크 섬을 공격했던 일본인이 두고 간 파손된 전차 몇 대 이외에도 환영 의식이 준비된 비행장을 확인할 수 있었다. 그제야 인디펜던스 호는 착륙했다. 대통령을 맞기 위해 올라온 맥아더는 때 묻은 육군 모자를 쓰고 있었다.

"오랜만입니다." 트루먼이 맥아더의 손을 잡으며 건넨 첫마디였다.

기자들은 맥아더가 대통령에게 경례를 하지 않았다는 것을 예리하게 알아챘다.

웨이크 섬에서 차다운 차는 낡디낡은 '쉐보레' 한 대뿐이었다. 그나마 뒷문이 열리지 않아 트루먼과 맥아더는 앞문으로 타서 앞좌석에서 뒷좌석으로 넘어가야 했다. 네 명의 병사를 태운 지프의 안내에 따라 쉐보레는 활주로 끝의 군용 막사에 도착했다. 트루먼과 맥아더가 한담을 나눌 때는 기자들도 동석했지만 정식 회의가 시작되자 자리를 비켜야 했다. 무더운 날이었고 대통령과 장군 모두 겉옷을 벗었다. 맥아더는 그의 파이프를 들고 말했다.

"대통령 각하, 담배 한 대 피워도 되겠습니까?"

"편할 대로 하십시오. 얼굴에 담배 연기 맞는 걸로 치자면 내가 세상에서 제일 많이 맞는 사람일 겁니다."

회담은 그렇게 시작되었다.

그날 회담 내용은 기록이 금지되어 오늘날까지도 구체적인 내용이 문자로 남아 있지 않다. 그날 회담에 대한 기억은 참석자에 따라 그 내용이 매우 다르다. 맥아더도 훗날 자신의 회고록에서 웨이크 섬 회동에 관한 이야기는 꺼내지 않았다. 그 회담이 '상대적으로 중요하지 않다'고 생각했기 때문이다. 트루먼의 회고록에도 이 회담에 대한 내용은 많지 않다. 다행히도 버니스 앤더슨Vernice Anderson이라는 임시 종군 속기사가 문밖으로 새어 나오는 소리를 들으며 회담 내용을 속기했다. 그녀는 '순전히 직업적 습관' 때문에 그렇게 했다고 말했다. 그 기록이 훗날 초래했던 문제들은 일단 접어두고 그녀가 비교적 완벽히 기록해낸 맥아더의 발언에서 우리는 당시 맥아더가 얼마나 고집스러웠고 완강했는지를 짐작할 수 있다.

일본과의 강화조약, 아시아 지역 방어연맹 등의 문제 이외에 그날 트루먼과 맥아더의 주요 화제는 한국전쟁이었다. 한국전쟁의 앞날에 대한 맥아더의 긍정적인 전망은 트루먼을 놀라게 할 정도였다. 맥아더는 연설에 뛰어난 특유의 재능을 활용해 당당하고 차분하게 말을 이어나갔다. 그 모습을 본 현장의 고위장교들은 몇 분 지나지 않아 "맥아더는 진짜 군사 천재"라고 인정할 정도였다. 맥아더는 이제 한국전쟁에서 할 일은 게릴라 부대들을 견제하는 것뿐이며 이 전쟁은 이미 승리한 전쟁이라고 생각하고 있었다. 그는 "한반도 전역에서 정규 저항전은 추수감사절미국은 11월 넷째 목요일, 한국은 11월 셋째 일요일 이전에 끝날 것"이라며 "총성이 멎으면 군인들은 한국을 떠나야 하고 행정 직원들이 그 역할을 대신해야 할 것"이라고 말했다. 당시 맥아더는 어떻게 남은 전쟁을 치를 것인지를 생각하고 있었던 게 아니라 승리 후 미군 부대의 재배치와 전후 한국의 체제 문제를 생각하고 있었다. 그는 "크리스마스 이전에 제8군을 일본으로 철수시킬 수 있기를 바라며 내년 초에는 한국 전역에서 선거를 치를 수 있도록 노력하겠다"고 했다.

물론 대통령 앞에서 맥아더는 워싱턴을 시끄럽게 만들었던 문제들에 대해 상징적인 해명을 했다. 트루먼은 자신의 회고록에 이렇게 기록했다.

"우리는 타이완 문제에 대해 피상적인 이야기를 나누었다. 장군이 먼저 해외전쟁퇴역군인대회에 보낸 서신에 대한 이야기를 꺼냈다……. 장군은 자신의 행동으로 정부에 심려를 끼쳤다면 죄송하다며 결코 정치적 목적에서 그 서신을 보낸 것은 아니라고 말했다. 그는 자신이 1948년 정치권에 한 번 당한 적이 있고 다시는 그런 일이 일어나지 않을 것이라고 했다. 그는 자신이 정치에 개입할 의사가 조금도 없음을 확실히 했다."

어느 정도 회의 분위기가 만들어지자 트루먼이 가장 중요한 질문을 던졌다.

"소련과 중국이 개입할 가능성은 얼마나 된다고 보십니까?"

맥아더는 현장에 있었던 사람들이 그 뒤 여러 해가 지난 뒤에도 생생히 기억할 정도로 확고하고도 명확한 태도로 이야기했다.

"가능성은 아주 적습니다. 만약 한국전쟁 개전 뒤 한두 달 안에 개입했다면 그것은 결정적인 위협이 되었겠지요. 하지만 우리는 더 이상 그들의 참전을 걱정하지 않고 있습니다. 우리는 또 더 이상 비굴하게 무릎을 꿇지도 않을 것입니다. 현재 중국군은 만주에 30만 병력을 보유하고 있는데 그중 압록강변에 배치된 병력은 10만에서 12만 명을 넘지 않을 것으로 보입니다. 그중에서 압록강을 넘을 수 있는 병력은 5~6만 명에 지나지 않습니다. 게다가 그들은 공군을 보유하고 있지 않습니다. 중국이 남하해 평양으로 진격한다면 이미 한반도에 기지를 두고 있는 우리 공군의 폭격으로 엄청나게 많은 사상자가 발생할 것입니다."

중국 군대의 전투력을 평가해달라고 하자 맥아더는 피비린내 풍기는 대답을 했다.

"유엔군의 강력한 공세에 그들이 흘린 피가 강을 이룰 것입니다. 만약 그들이 개입한다면 말입니다."

중국 지상군에 소련이 공군 지원을 할 가능성을 묻는 질문에는 소련의 군사력을 무시하는 말투로 대답했다.

"양자의 조정이 매우 어려울 것입니다. 소련 공군이 중국군을 폭격할 가능성이 우리를 폭격할 가능성보다 결코 적지 않다고 생각합니다."

트루먼의 반신반의하는 얼굴에 엷은 미소가 번졌다.

중국군 참전 가능성에 대한 맥아더의 판단이 전부 근거 없는 오만에서 나온 것은 아니었다. 장기간 전쟁을 경험한 지휘관으로서 맥아더는 다량의 정보 분석을 기초로 결론을 도출했다. 애석한 일은 미국중앙정보국, 특히 극동지부가 중국의 참전 가능성에 대한 문제에서 역사적 실수를 범했다는 사실이다.

처음에 정보 부처의 눈길은 온통 소련에 쏠렸다. 냉전의 적수인 소련이 참전할 가능성이 가장 크다고 생각했기 때문이다. 정보 부처는 제2차 세계대전 중 일본이 미국에 선전포고를 하기 전에 주미 일본대사관의 문건들을 소각했던 데서 교훈을 얻어 서방 국가에 주재한 소련대사관들을 세심히 관찰했다. 그러자 주미 소련대사관에서 연기가 솟아오르는 등 적지 않은 '이상 동태'가 포착되었다. 루마니아 병사의 복무 기간이 연장되었고 소련은 체코 군대에서 러시아어 교육을 시작했다. 또한 알바니아 게릴라 부대가 그리스로 돌아가는 등 정황이 포착되었다. 정보 부처는 이 모든 것을 '소련이 전쟁을 준비하고 있다'는 신호로 받아들였다. 하지만 유엔에서 취한 소련의 태도도 그렇고 전쟁의 전개 상황으로 보아도 소련이 직접 한국전쟁에 개입할 가능성은 갈수록 낮아지고 있었다. 그러던 차에 중국이 둥베이 지역에 대규모 병력을 집결시키자 미국인들은 긴장하기 시작했다. 정보국의 관찰 대상도 급속히 중국으로 전환되었다. "중국 부대가 대규모 철도 운송을 시작했다" "중국이 중립 국가로부터 대량의 마취제와 약품을 구입하고 있다" "미 공군이 만주 변경에서 대량의 전투기를 발견했다" "중국인이 압록강에서 나루터를 세우고 있다" 등등의 정보가 미국에 흘러 들어왔다. 하지만 중국 동향에 관한 정보 부처의 정보들은 서로 모순되는 것이 많았다. 중국의 개입이 코앞에 닥쳤다는 정보가 입수되었다가도 곧바로 중국 개입의 조짐이 명확하지 않다는 정보가 맥아더에게 보고되는 식이었다.

웨이크 섬 회동 며칠 전, 맥아더는 미국중앙정보국의 높은 평가를 받은 결론성의 보고를 보았다.

중국 공산당이 한국전쟁에 대규모 병력을 투입할 가능성이 여전히 존재하지만 모든 요소를 두루 판단했을 때 소련이 전 지구적 전쟁을 일으킬 결심을 하지 않는 한 아마 중국이 1950년 안에 전쟁에 개입하지는 않을 것이라는 결론을 내릴 수 있다. 해당 시기에 중국의 개입은 아마도 북한에 비밀 지원을 하는 것 등에 국한될 확률이 크다.

이 보고는 정보 문건에서는 절대적으로 금지해야 하는 '가능성'이나 '아마' 등의 어휘를 사용하고 있지만, 이런 보고들로 인해 맥아더가 중대한 판단 실책을 범하게 됐던 것은 분명한 사실이다. 한편 미국중앙정보국은 트루먼의 웨이크 섬 회동을 위한 분석 자료를 준비하면서 이런 결론을 도출했다.

저우언라이가 그런 말들을 했고 중국군이 만주로 이동해오고 있지만, 또 정치 선전에 사용하는 어휘가 격렬하고 국경 침범 사건이 발생하고 있지만 중국군이 확실히 전면 개입할 것이라는 조짐은 보이지 않고 있다……. 중국 공산당은 미국과의 교전 결과를 두려워하는 게 확실하다. 중국은 대내적으로 대규모 계획을 가지고 있는데, 한국전쟁에 개입하게 된다면 참전에 따른 막대한 손실로 이 정권의 전체 계획과 경제가 큰 타격을 받을 것이다.

물론 미국 정보국 내부에서 모든 사람이 다 이렇게 낙관적으로 상황을 판단한 것은 아니었다. 그들은 저마다 신빙성 있는 정보를 입수했다. 어떤 이는 중국 대륙이 해방된 뒤로 잠복해온 전 국민당 장교로부터 정보를 입수했는데, 넘겨받은 지도에는 중국 둥베이 지역의 중국군 배치 상황이 자세히 표시되어 있을 뿐 아니라 "중국군이 곧 압록강을 도하할 것"이라는 명확한 코멘트가 달려 있기까지 했다. 전 국민당 장교는 중국군에 복무하고 있는 여러 동료를 통해 어느 부대가 어디에 위치해 있는지를 파악할 수 있었던 것이다. 이밖에도 미국중앙정보국은 중국 수뇌부가 9월 베이징에서 회의를 열어 참전 문제에 대해 격렬한 논쟁을 벌였다는 정보도 입수했다. 하지만 이 정보에는 C-3 등급이 매겨졌다. 미국 정보 부처는 정보의 출처와 신빙성에 따라 정보를 A, B, C, D 등급으로 분류하고 각 등급 아래 다시 4개의 단계를 두어 정보의 정확성을 표시했다. C-3 등급의 정보는 휴지 조각과 다를 바 없는 것이었다.

미국이 중국군 개입에 대해 오판한 데에는 여러 복합적 요인이 있었다. 하지만 그중에서도 가장 기본적인 요인은 의심할 여지 없이 '세상에 우리 적수는 없다'는 미국인의 생각이었다. 누가 감히 미국과 싸우려 한단 말인가. 특히 경제적으로 낙후된 중국이 미군과 전투를 벌인다는 것은 절대다수의 미국인이 결코 이해할 수 없는 일이었다.

10월이 되자 한국전쟁에 투입된 유엔군 병력은 이미 33만 명을 넘어섰다. 여기에 미국이 극동에 배치한 공군과 해군을 더한다면 총병력은 40만 명을 훌쩍 넘었다. 병력은 확실히 충분했다. 더구나 적군은 이미 참패해 흩어진 3만의 북한군이었다. 단지 그런 점으로만 보면 맥아더가 전쟁의 승리를 기정사실화했던 것도 그리 이상할 것이 없었다.

트루먼과 맥아더의 웨이크 섬 회동은 오전 9시 12분에 끝났다. 회담은 총 96분간 진행되었다. 맥아더는 짜증나는 이 작은 섬에서 한시도 더 지체하고 싶지 않았다. 그는 대통령에게 함께 오찬을 하지 못하겠다고 말했다.

"한시라도 빨리 돌아가봐야겠습니다. 괜찮으시다면 오찬 전에 떠나고 싶습니다."

트루먼은 아쉬움을 표했으나 굳이 붙잡지는 않았다. 작별의 악수를 하려 할 때 기자들이 예상치 못한 광경이 펼쳐졌다. 트루먼이 미국에서 특별히 가져온 '공로훈장'을 맥아더에게 직접 수여한 것이다. 맥아더가 이미 다섯 개나 가지고 있는 훈장이었다.

대통령의 인디펜던스 호가 이륙하자 맥아더도 지체 없이 그의 연합군최고사령관 호에 몸을 실었다.

웨이크 섬 회동을 통해 트루먼은 짧은 시간 안에 그가 원한 정치적 효과를 얻었다. 즉 한국 문제에 신중하게 대처하는 이미지를 조성함과 아울러 맥아더에게 '전쟁이 곧 끝날 것'이라는, 미국 국민을 기쁘게 할 소식을 전해 들을 수 있었다. 웨이크 섬에서 돌아온 후 가진 외교정책 연설에서 트루먼은 다음과 같은 말로 맥아더를 높이 평가했다.

맥아더 장군은 내게 한국전쟁의 상황을 알려주었고 그가 지휘하는 유엔군이 거둔 빛나는 전과를 말해주었습니다. 대한민국 부대와 함께 그들은 침략의 파도를 물리쳤습니다. 더욱더 많은 전투 인원이 전 세계 자유국가로부터 속속 도착하고 있습니다. 나는 머지않아 이 부대들이 한반도 전체의 평화를 회복시켜줄 것이라고 굳게 믿습니다.

미국인으로서 우리는 우리의 육해공군과 해병대의 눈부신 성과가 자랑스럽습니다. 우리 군대는 군사 역사에 찬란한 한 페이지를 새롭게 써내려갔습니다. 자랑스럽기 그지없는 일입니다.

또한 유엔은 유엔군의 첫 번째 사령관을 미국인이 맡도록 했습니다. 이 또한 더할 수 없이 큰 영광입니다. 우리에게 이 사명을 완수하는 데 적합한 인물이 있었다는 것은 세계의 행운입니다. 그 사람은 위대한 전사, 바로 더글러스 맥아더 장군입니다.

그로부터 불과 6개월 후에 트루먼이 맥아더를 해임하고 그를 "멍청한 놈"이라고 욕하자 어떤 미국인이 트루먼이 맥아더를 칭송하며 했던 "위대한 전사"라는 말을 끄집어내며 맥아더를 해임한 일이 유감스럽지 않은지 물었다. 그러자 트루먼은 "내 유일한 후회는 몇 달 전에 그를 해임하지 않은 것"이라고 대답했다.

오늘날 웨이크 섬 회동은 한국전쟁 중 벌어진 역사적 웃음거리로 여겨지고 있다.

트루먼과 맥아더가 웨이크 섬에서 그들이 한 번도 본 적이 없는 압록강변에서 미군 병사들이 승리를 경축할 일을 전망하고 있을 때, 수십만의 중국군 병사는 그들의 지휘관과 함께 이미 압록강변에서 두툼한 솜바지를 말아 올리고 차가운 강을 건너 북한으로 진격할 준비를 하고 있었다.

인민지원군,
압록강을 건너다

1950년 10월 7일, 펑더화이는 마오쩌둥과 함께 인민지원군이 국경을 넘은 뒤의 첫 번째 작전 배치, 지원군에 대한 병참보급 및 한반도 출병 후 언론 매체의 보도 수위 등과 관련한 문제에 대해 논의를 마치고 나서 숙소로 돌아왔다. 그는 비서에게 시안에서 가져온 모든 문서를 중앙 행정 부서에 넘겨주라고 당부한 뒤 행정처로 가서 출발 이후 사용할 물건을 수령했다.

비서는 펑더화이의 지시대로 일을 처리한 후 아이들을 데리고 왔다. 장군은 아이들을 위해 준비한 사탕을 꺼내고는 한 명 한 명 품에 안고 학습 상황과 생활에 관해 물어보았다. 다년간 각지를 다니면서 수많은 전쟁을 치른 장군이 지금까지 보여준 적이 없는 다정함을 내보인 순간이었다. 아이들은 장군에게 물었다.

"내일은 어디로 가요?"

"너희가 크면 알게 될 거란다."

중국군이 한국전쟁 참전을 위해 출병 준비를 하고 있던 그때 참전 사실은 아직 비밀에 부쳐져 있었다. 그날 밤 펑더화이를 만났던 한 아이는 훗날 이렇게 회상했다.

"우리가 큰아버지를 만났던 이틀 동안 그분은 내내 아주 바빴습니다. 정서적으로도 그다지 안정되어 보이지 않았고요. 우리는 아주 짧은 시간 동안 함께 있었는데 그때 우리가 어떻게 공부하고 생활하고 있는지 물어보셨고, 또 옷과 생필품, 공부에 필요한 책 등이 필요한 사람은 누군지 거듭 물으셨습니다. 그분은 또 호위대원에게 우리한테 옷 몇 벌, 신발과 양말 그리고 생필품을 사주라고 특별히 지시했습니다. 큰아버지께서 왜 그토록 감상에 젖어 우리에게 그렇게 많은 물품을 사용하도록 해주셨는지를 이해하기에는 우리가 무척 어렸죠. 시간이 흐른 뒤에야 그분이 명령에 따라 한반도로 갔고 인민지원군을 지휘해 미군과 전쟁을 치렀다는 사실을 알게 되었습니다. 그리고 한국전쟁은 매우 치열하게 치러졌으며 엄청난 규모의 미국 비행기가 연일 폭격을 가했고 큰아버지께서 묵고 계시던 숙소가 폭격을 당해 완전히 무너진 적도 두 번이나 있어 죽을 고비를 두 번 넘기셨다는 것도 듣게 되었습니다. 당시 큰아버지께서 우리에게 억제하지 못하고 고스란히 드러냈던 감정을 회상하면 그분은 이미 마음속으로 희생할 각오를 다지고 있었던 것입니다."

펑더화이는 숙소에 번거로움을 더할 수는 없다며 아이들에게 따로 방을 배정해주지 말라고 비서에게 일렀다. 그렇게 그날 밤 장군의 예닐곱 되는 가족은 모두 장군 숙소 안에 깔려 있던 카펫 위에서 잠을 청했다.

밤이 깊었을 때, 비서가 시안에서 가져온 문서를 남김없이 상부에 올렸다고 보고했다.

펑더화이는 "짐을 잘 준비해두시오. 새벽이 되면 출발합니다"라고 했다.

비서는 자신의 일기에 이렇게 적었다.

"10월 7일 펑 총사령관의 분부대로 밤에 짐을 챙겨 새벽에 떠날 채비를 갖추었다. 어디로 향할지는 모르겠다."

마오쩌둥은 펑더화이의 안전을 위해 인민지원군 지휘소를 중국 국경지대에 배치하라고 주장했지만, 펑더화이는 국경을 넘어 김일성과 함께 작전을 지휘해야 한다는 뜻을 굽히지 않았다.

10월 8일 새벽, 베이징에는 가랑비가 내리고 있었다.

중앙군사위원회 총참모장 직무대행 녜룽전은 직접 펑더화이를 비행기까지 배웅했다. 펑더화이를 태운 비행기는 기상 조건이 좋지 않은 상황에서도 이륙을 강행해 북쪽으로 향했다. 비행기에는 중국 공산당 중앙 둥베이국東北局 서기이자 둥베이군구 사령관 겸 정치위원 가오강, 펑더화이의 작전참모 청푸成普 그리고 비서가 동승했다. 그리고 특수 신분을 지닌 젊은이도 탑승했는데, 그는 펑더화이의 러시아어 통역사였다.

펑더화이는 선양에 도착해 고위간부 회의를 소집하고 김일성이 파견한 특사인 북한 내무상 박일우를 만나 당시 한반도의 전세를 파악했다.

10월 9일 중국인민지원군 제1차 간부회의를 선양에서 소집했다. 이 중요한 회의에서 중국군은 처음으로 한반도 전쟁에 출병한다는 사실을 명확히 했다. 펑더화이는 회의 석상에서 이렇게 말했다.

한반도의 전세와 김일성 수상의 요구에 따라 중앙은 파병을 통해 북한을 지원한다는 결정을 내렸습니다. 이는 우리가 전쟁을 좋아해서가 아니라 순전히 미 제국주의가 우리를 나서게 한 것입니다. 미군과 한국군이 38선까지 밀고 들어왔을 때 저우 총리는 재차 미군에 경고한 바 있습니다. 38선을 넘어 북침할 경우 중국은 파병으로 북한을 원조하겠다고 말입니다. 하지만 미·영군과 한국군은 유엔군의 깃발을 들고 우리 정부의 경고를 무시한 채 38선을 넘어 북침을 시작했으며 현재는 평양에 근접해 있습니다. 목적은 중국과 북한 양국의 국경지대인 압록강변으로 진격해 북한을 완전히 장악

하겠다는 것입니다. 우리 적은 송나라의 양공襄公, 초나라와의 전쟁에서 적군에게 쓸
데없는 인정을 베풀어 송나라의 패배를 자초한 인물이 아닙니다. 적은 우리가 전투대형
을 갖출 때까지 기다려주는 우를 범하지 않을 것입니다. 적은 기계화된 부
대입니다. 공군과 해군의 지원을 등에 업고 매우 빠른 속도로 진격하고 있
습니다. 우리는 적들과 분초를 다투어야 하는 상황에 처해 있습니다. 중앙
에서 나를 이곳에 파견한 것도 사흘 전에야 결정되었습니다.

출병해 북한을 지원하는 이번 전쟁에서 우리는 승리의 결의를 다져야 합니
다. 더불어 끝까지 싸워낼 것이라는 정신적 준비도 해야 합니다. 만일 미국
인들이 중국에 쳐들어온다면 우리는 끝까지 싸우고 다시 나라를 재건하면
될 것입니다.

각 군은 정치사상 작업을 강화하고 간부와 병사 교육을 통해 필승의 신념
을 세워야 합니다. 또한 당 중앙과 마오 주석의 영도 아래 미 제국주의자를
반드시 물리칠 수 있다는 굳은 신념으로 무장해야 합니다. 각 군은 밤낮으
로 준비에 박차를 가해 열흘 내에 문제를 해결하고 밤을 도와 돌격할 수 있
도록 국경 밖의 전쟁 준비 작업에 만전을 기해야 합니다.

이번 한반도에 진입해 미군과 전쟁을 벌이는 것은 국내전쟁과는 다릅니다.
미국은 한반도에 1000여 기의 각종 비행기를 배치해 아군의 작전에 심각한
제약을 줄 것입니다. 현재 간부와 병사들이 미군 비행기에 대해 위협과 공
포감을 느끼는 것은 당연합니다. 아군의 장비 보유 상황은 극소수의 대공
화기만 보유하고 있을 정도로 매우 열악하기 때문에 그렇습니다. 그런 이유
로 오늘 저우 총리가 모스크바에 가서 스탈린과 공군의 엄호 및 무기장비
문제에 대해 논의하고 있습니다.

미군과의 교전이 임박하자 중국군 병사의 심리 상태는 매우 복잡했다. 펑
더화이와 가오강이 연명으로 작성해 중앙에 보낸 전보에서 이러한 심리를 확

인할 수 있다. 전보는 중앙에 참전과 관련된 문제, 이를테면 아군이 국경을 넘어 작전을 벌일 때 군사위원회는 아군을 엄호할 수 있는 폭격기와 전투기를 얼마나 보내줄 수 있는지, 언제 출병하며 누가 지휘할 것인지, 육군과 공군의 연락 신호는 어떻게 결정하는지를 묻는 것이었다. 하지만 당시 신중국의 군대는 엄밀한 의미에서의 공군을 갖추지 못했다.

곧 투입될 전장에 대한 중국군 병사들의 사상적 정서는 대략 세 가지 유형으로 나뉘었다. 지원군 정치부 주임 두핑의 추측에 따르면, 첫째는 의분으로 가득한 유형이었다. 병사의 대부분을 차지한 이들은 전선으로 가서 미군과 전쟁을 치러야 한다고 요구했다. 이들 대다수는 중국 국내전쟁을 경험한 해방군 고참병들로서 계급적 기반이 좋고 정치적 각성도가 높으며, 용감히 전장에 나서고 희생을 불사하는 부대 전투력의 핵심이었다. 둘째는 싸우라면 싸우고 싸우지 않아도 괜찮은, 상부의 지휘를 따르는 명령 복종형이었다. 이들은 첫 번째 유형보다 적은 수를 차지했다. 셋째는 고통과 전쟁을 두려워하는 유형이었다. 이들은 특히 미군과 원자폭탄을 두려워해 한반도에 가서 전투하는 것은 '부질없는 참견'이고 공연히 '사서 고생하는' 행위라고 생각했다. 이들의 대다수는 신병이거나 원래 국민당군이었다가 포로로 끌려온 자들이었다. 그래서 '싸워야 하는가'와 '싸울 수 있는가'는 인민지원군이 한반도에 진입해 작전을 수행하기 전에 반드시 병사들에게 명확히 설명해야 하는 문제였다.

일반 해방군 병사들의 초미의 관심사는 신중국이 수립된 이후, 특히 토지개혁을 거쳐 토지를 할당받은 후에 평화로운 날이 정말로 도래할 것인가였다. '가정家庭'이라는 개념은 중국군 병사들의 생명을 좌우하는 가장 견고한 근원이었다. 역사적으로 제국주의 세력이 함부로 중국을 침략했던 사실이 가장 좋은 교재가 되었다. 미 제국주의가 한반도를 점령하고 나면 다음 목표는 바로 중국 본토였다. 중국군에서 출신 성분의 대다수를 차지하는 해방된 농민들에게는 외세의 통치 아래 사는 것보다 더 고통스러운 삶은 없었다. 참전을 준비하던 제13병단에는 둥베이 지역 출신들이 대다수를 차지했다. 일본 통치 시기에 둥베이 지역 인민의 비참한 생활상은 병사들의 마음에 깊은 상처로 각인되어 있었다. 상처가 아물 즈음 다시 '이전에 겪었던 고통을 되풀이하는' 것은 받아들일 수 없는 일이었다. 북한 지원이라는 문제와 관련해 병사들은 '국제주의 의무'라는 아주 새로운 관점을 접하게 되었다. 이 문제에 대해 병사들이 이해하기 가장 쉬운 방식은 중국에 수천 년간 전해 내려오는 격언, 곧 '입술이 없으면 이가 시리다'라는 뜻의 '순망치한'을 생각해보는 것이었다. 싸울 수 있는가에 대한 문제에서 "모든 제국주의는 종이호랑이"에 불과하다는 마오쩌둥의 결론은 중국군이 어떤 어려움도 두려워하지 않고 승리의 확신을 갖도록 하는 데 엄청난 작용을 했다. 중국 문화의 정수는 근본적으로 정신력에 대한 숭배에 있다. 정신력은 영원히 물질력의 상위에 있다는 관점은 중국인들의 가슴속에 깊이 뿌리박혀 있다. 동시에 미군이 보유한 장비가 중국군보다 우세하다는 것을 인정하면서 중국군이 미군보다 우위인 점을 진지하게 분석할 필요가 있었다.

첫째, 중국군은 정치적으로 우세하다. 침략을 반대하기 위한 전쟁이므로 출병에 명분이 있어 국내 인민과 평화를 사랑하는 세계인의 지지를 얻는다. 반면 미군은 침략을 위해 벌이는 전쟁이기에 정의롭지 못하다는 이유로 미국인들을 비롯한 세계인의 반대에 부딪힌다.

둘째, 중국군은 장비의 열세를 무릅쓰고 우세한 장비를 보유한 세력을 물리친 전통이 있다. 중국군은 근접전과 야간전투, 산악전투, 백병전에 능한 반면 미군은 이런 유형의 전투에 취약하다.

셋째, 미군은 틀에 박힌 전법을 구사하는 반면에 중국군은 은폐작전과 우회포위작전을 펴는 데 능하다.

넷째, 미군은 고생을 잘 견뎌내지 못하고 작전을 펼 때 주로 화력에 의지한다. 하지만 중국군은 고통과 어려움을 참고 견디며 희생을 두려워하지 않는다. 근접전에서 미군의 화력은 위력을 발휘하지 못한다.

다섯째, 중국군은 후방과의 거리가 가까운 반면 미군은 병참보급선이 길다. 미군이 보유한 전차와 비행기 대수가 많기 때문에 연료용 유류와 탄약의 소비 또한 만만치 않다. 반대로 중국은 그렇지 않다.

이렇게 중국은 정치적으로는 '미국과 싸우고 북한을 도와 가정을 보호하고 나라를 지킨다抗美援朝 保家衛國'는 명분을 세우고, 군사적으로는 자신이 가진 장점으로 적의 단점을 공격하고자 했다. 중국군의 전투에 대한 열정은 한껏 고무되어 어떤 병사는 심지어 자신의 이름을 '부산釜山'으로 개명하기도 했는데, 여기에는 유엔군을 부산까지 몰아붙여 바다로 쫓아내겠다는 의지가 담겨 있었다. 전쟁 개입 전야의 중국인민지원군과 전쟁 초기의 북한군에게서 풍긴 낙관적 정서는 놀랍도록 비슷했다.

제40군의 어느 병사가 지은 시 한 수는 전쟁에 대한 병사들의 실질적인 인식 정도와 대대적인 정치교육의 성과를 잘 보여준다.

미제는 흡사 한 줌의 불씨와도 같이	美帝好比一把火
한반도를 불태우고 중국까지 태우려 하네	燒了朝鮮燒中國
중국의 이웃에서 재빨리 불을 끄세	中國隣居快救火
한반도를 구하는 것이 곧 중국을 구하는 것이기에	救朝鮮就是救中國

10월 10일 밤, 펑더화이 일행은 열차를 타고 북한과 중국의 국경지대 요충지인 안둥으로 향했다. 열차 안에서 펑더화이는 자신의 지휘 기구를 세웠다.

이때 한국전쟁의 전세는 몹시 긴장된 상태였다. 웨이크 섬에서 도쿄로 돌아온 맥아더는 38선을 넘은 유엔군에게 전격적으로 북으로 진격하게 하는 동시에 미 제10군단에게 북한 동해안의 원산에서 상륙하라는 명령을 내렸다. 유엔군의 북진 부대는 미 제8군 예하 제1군단(제24보병사단), 제9군단(제2·제25

보병사단, 제1기병사단), 제10군단(제1해병사단, 제3·제7보병사단)과 187공수연대를 포함하고 있었고, 여기에 영국군 제27·제29여단, 캐나다 여단, 터키 여단이 더해졌다. 더불어 한국군에는 제1군단(제3보병사단, 수도사단), 제2군단(제6·제7·제8보병사단), 제3군단(제2·제5·제9보병사단)이 포함되었으며, 한국군 제1사단은 미 제1군에, 제11사단은 미 제9군단에 배속되었다. 동시에 작전을 지원하는 미 제5항공대는 다양한 기종의 전투기 700여 기를, 제20전략폭격 항공대는 각종 폭격기 300여 기를 보유하고 있었다. 유엔군의 총병력 규모는 40만여 명에 달했으며 1000여 기의 각종 비행기, 300여 척의 군함을 보유하고 있었다. 그중 제1선에 배치된 병력은 4개 군, 10개 사단, 1개 여단, 1개 공수연대로 모두 10만여 명이었다.

모든 면에서 압도적 우세를 보이는 적군에 맞서 10월 11일 펑더화이는 압록강변에 도착해 부대가 도강할 수 있는 지역을 관찰하고 마오쩌둥에게 전보를 보냈다. 나중에 펑더화이의 이 전보는 아주 시의적절하고 정확했음이 증명되었다. 병력 운용 면에서 말하자면, 군사 연구가들은 이 전보의 내용이 중국과 미국의 첫 번째 교전에서 중국이 승기를 잡은 관건이라고 했다. 전보는 이런 내용을 담고 있었다.

"……원래는 2개 군과 2개 포병사단이 먼저 출발할 예정이었습니다. 하지만 압록강교가 폭파되었을 때 우세한 병력을 집중시키기가 여의치 않고 자칫 전투 기회를 잃을 수 있어서 전체 병력(4개 군 3개 포병 사단)을 강 남쪽에 집결하는 것으로 계획을 수정했습니다……"

펑더화이는 북한 국경 진입을 준비하던 10월 11일 새벽 1시에 녜룽전의 전화를 받았다. 그다음 날 가오강과 함께 베이징으로 신속히 돌아오라는 요구였다.

그날 밤 펑더화이는 선양으로 돌아왔다.

10월 12일 마오쩌둥은 급전을 띄웠다.

첫째, 10월 9일의 명령 수행을 잠시 중단하고 13병단의 각 부대는 원위치에서 훈련을 계속하고 출병하지 마시오.

둘째, 가오강과 펑더화이 두 동지는 내일이나 모레 베이징으로 와서 논의합시다.

　한국전쟁이 발발한 뒤 소련이 취한 일련의 행동은 지금까지도 이해하지 못할 수많은 의혹을 남겨놓았다. 유엔 안전보장이사회가 처음으로 한국전쟁의 문제를 토론하는 중요한 순간에 소련 측은 중국에 타이완 문제가 남아 있다는 이유로 불참했다. 이로 인해 유엔은 한반도 내전에 무력으로 간섭할 권한을 부여받았다. 바로 그 순간부터 서구 국가의 주요 냉전 라이벌이 한반도 문제에서 보여준 태도는 중국의 지도자를 포함한 전 세계에 수많은 추측을 낳았다. 그 이유는 이렇다. 미국은 여러 이유를 들어 한국전쟁은 사실상 동구와 서구의 냉전 쌍방이 제2차 세계대전 이후에 최초로 총과 탄알로 싸우는 각축장이라고 생각했다. 상황이 이런데도 각축을 벌일 다른 한 축은 시종 불명확한 태도를 보이고 있으니 정말 이해할 수 없는 일이었다. 시간이 흐른 뒤에 보니 교전이 벌어진 상황은 정작 두 군사 대국이 서로 두려워한 결과였다. 마치 사냥꾼이 맹수를 마주했을 때 사람과 짐승 모두 전혀 무서워하지 않을 도리가 없는 것처럼 말이다.

　펑더화이가 비행기에 몸을 싣고 베이징에서 선양으로 간 10월 8일, 미군 조종사가 엄청난 일을 저지르고 말았다. 미국의 제트기 두 대가 소련 변경 수하야레카 부근의 비행장에 폭격을 가한 것이다. 미국 측은 이 사건이 소련에게 한국전쟁에 간섭할 절호의 빌미를 제공할 것이라 생각하고 긴장 태세에 돌입했다. 특히 이 사건은 미군이 38선을 넘은 그날 발생했기 때문에 소련으로 하여금 유엔군이 38선을 넘은 의도가 자신들을 겨냥한 것이라고 판단하게 할 가능성이 컸다.

엄청나게 긴장한 미국은 즉시 소련 측에 사과를 표하면서 조종사의 착오였다고 재차 해명했다. 또한 책임자인 비행 대대장을 이미 해임하고 사고를 일으킨 두 조종사에게도 징계 처분을 내렸으며, 소련 측에 일체의 손실을 배상할 의향이 있다고 밝혔다. 미국은 안절부절못하며 소련의 반응을 기다렸다. 그런데 소련은 애초에 아무 일도 없었던 것처럼 아무런 반응도 보이지 않았다. 그러자 미국은 이를 소련의 의도적 은폐라고 판단해 불안은 더욱 커져갔다. 사실 이 몇 발의 폭탄으로 소련인들이 놀라서 진땀을 흘렸다는 사실을 미국인들은 모르고 있었다. 스탈린의 의식 저 깊은 곳에는 불가피한 상황이 아니라면 소련은 절대 미국과 교전해서는 안 된다는 생각이 깔려 있었다.

한반도로 출병을 결정하고 나서 마오쩌둥은 직접 스탈린에게 보낼 전보의 초안을 작성했다. 때는 10월 2일이었다.

첫째, 우리는 지원군 명의로 일부 군대를 북한에 보내 미국과 그 앞잡이 이승만의 군대와 전투를 벌여 북한을 지원하기로 결정했습니다. 우리는 이러한 결정이 필연적이라고 여기고 있습니다. 북한이 통째로 미국에 점령되면 북한의 혁명 역량은 근본적으로 좌초될 것이고 침략자 미국은 더욱 기세등등해져 아시아 전 지역에 불리하게 작용할 것이기 때문입니다.

둘째, 중국군을 북한에 파병해 미국과 전쟁을 벌이기로 결정한 상황에서 관련 문제를 해결할 수 있어야 합니다. 먼저 북한 영토에서 미국과 기타 국가의 침략군을 섬멸하고 축출할 준비를 해야 합니다. 또한 중국군이 비록 지원군 명분이지만 북한 영토에서 미군과 전쟁을 치르게 되었으니 미국이 중국과 전시체제에 돌입했음을 선포하는 데 대비해야 합니다. 더불어 미국이 공군 병력을 가동해 중국의 수많은 대도시와 공업 기지를 폭격하고 해군으로 연해지역을 공격할 상황에 대비해야 합니다.

셋째, 위의 두 가지 문제에서 우선인 것은 중국군이 북한 영토에서 미군을 섬멸해 북한 문제를 효과적으로 해결할 수 있는가입니다. 두 번째 문제(중국과 미국의 전쟁 선포)의 심각성이 여전히 있지만 아군이 북한에서 미군, 주요하게는 제8군(전투력이 높은 미국의 베테랑 부대)을 섬멸해야 전세는 혁명전선과 중국 모두에게 유리한 상황으로 바뀔 수 있습니다. 즉 미군의 패배로 한국전쟁이 사실상 종결된다면(종결 형식이 아니라면 미국은 상당히 오랜 기간 북한의 승리를 인정하지 않을 수 있습니다), 미국이 중국과 공개적으로 전투를 벌였다 하더라도 이 전쟁의 규모와 기간에는 모두 한계가 있을 것입니다. 가장 불리한 상황은 중국군이 북한 영토에서 미군을 대대적으로 섬멸하지 못하는 것입니다. 이럴 경우 교전하는 쌍방이 서로 버티는 대치 국면이 조성되고, 미국은 또 이미 중국과 공개적으로 전쟁에 돌입하게 된 상태가 됩니다. 이렇게 되면 중국에서 시작된 경제건설계획은 물거품이 되고 민족자산계급과 기타 일부 인민의 원성을 유발하게 됩니다.(이들은 전쟁을 매우 우려합니다.)

(…)

길지 않은 기간에 마오쩌둥과 스탈린은 수십 통에 달하는 전보를 주고받았다. 중국이 파병을 결정한 데 대해 스탈린은 찬성했다. 이를 통해 소련이 얻을 수 있는 이점이 분명히 있었기 때문이다. 즉 소련은 미국과 직접 충돌하는 위험을 감수하지 않으면서 극동 지구에서 미국의 야심을 억제할 수 있는 것이다. 소련 공군을 지원해달라는 중국의 요구에 대해 스탈린은 주저하지 않고 동의했다. 하지만 10월 8일 미국 비행기가 소련의 비행장을 공격한 사건이 발생한 이후 스탈린은 긴장 속에서 한 가지 현실을 깨달았다. 미국의 군사력으로 보면 소련 전 지역이 미국이 공격할 수 있는 범위 안에 놓여 있다는 사실을 말이다. 얼마 뒤 마오쩌둥은 "소련 공군은 아직 준비가 갖춰지지 않아 파병할 수 없다"는 스탈린의 전보를 받았다. 공군의 엄호를 받지 않고 인민지원군이 미 공군의 직접적인 위협 아래 전투를 하는 것은 불가능했다. 마오쩌둥은 엄청난 딜레마에 빠졌다. 바로 이 시점에서 지원군의 출병을 잠시 막는 결정을 내리게 된 것이다. 동시에 그는 저우언라이를 즉시 소련으로 보냈는데, 이렇게 말했다고 한다.

"아무래도 저우 동지가 수고스럽겠지만 한번 다녀와주시오."

저우언라이는 모스크바에 도착한 뒤 비행기를 갈아타고 흑해 해변에 있는 크림 반도로 향했다. 그가 휴양 중인 스탈린의 관저로 가고 있을 때 그의 곁에는 중국 역사상 아주 유명한 인물인 린뱌오가 있었다. 린뱌오는 지병 치료차 저우언라이의 비행기를 타고 소련에 왔지만, 저우언라이는 스탈린과의 회견에 그와 동행했다. 이번 회견이 매우 중요해 주변에 증명할 사람이 필요했기 때문이다. 저우언라이는 막중한 외교 임무를 수행하고 있었다. 중국 측이 출병을 잠시 늦춘다는 결정을 스탈린에게 알릴 경우 그가 어떤 태도를 취할지 예측하기란 아주 어려웠다. 또한 소련의 공군 지원을 설득하는 것도 매우 어려운 일이었다.

저우언라이가 직접 찾아와 소련 공군을 파병할 수 없는 이유에 대해 묻자 스탈린은 "준비가 되어 있지 않다"는 입에 발린 말을 버리고 솔직하게 마음속의 우려를 털어놓았다.

"소련 공군은 아직 파병할 수 없습니다. 공중으로 날아오른 비행기는 구역 안에서만 비행하지 않게 마련입니다."

스탈린은 하마터면 미국 비행기가 소련 국경을 넘어 폭격한 일을 예로 들 뻔했다.

"만약 미국과 전면전을 벌이게 되어 전투 규모가 커지면 중국의 평화적 건설에도 영향을 미칠 것입니다. 특히 당신들은 전후 복구 단계에 있습니다. 만약 조종사가 적에게 포로로 잡히면 지원군 복장을 하고 있다고 한들 무슨 소용이 있겠습니까?"

저우언라이는 소련이 공군을 파병하지 않으면 중국은 출병을 잠시 늦출 것이라고 말했다.

스탈린은 잠시 침묵을 지킨 후에야 입을 열었다. "중국이 어렵다면 출병하지 않아도 괜찮습니다. 북한을 잃는다 해도 우리는 여전히 사회주의를 견지하고 있으며 중국도 건재하지 않습니까."

스탈린의 태도가 무척 확고해 파병 문제를 토론하기란 쉽지 않았다. 하지만 스탈린은 중국 출병에 대한 희망을 품고 있었다. 그는 관련 부서에 중국 공군에 대한 훈련과 장비 지원을 아끼지 말라고 지시했다. 동시에 중국군에 일반 재래식 무기와 장비를 최대한 신속히 지급하라고 지시했다.

유엔군은 매우 빠른 속도로 북·중 국경지대를 향해 진격하고 있었다.

중국군은 모든 준비를 끝내고 병력을 압록강변에 배치했다.

출병 여부와 관련된 선택과 마찬가지로 마오쩌둥은 다시금 선택의 갈림길에 놓였다.

마오쩌둥, 류사오치, 주더, 펑더화이, 가오강 등 중국 지도자들은 반복된 토론을 거쳐 최종적으로 "공군의 엄호가 없지만 즉시 출병해 미국에 앞서서 최소한 북한 영토에 부대를 주둔시킬 수 있는 근거지를 점령해야 한다"는 결론을 내렸다. 항미원조抗美援朝는 빈말이 아니었다. 전쟁의 호기를 놓치면 기회는 다시 오지 않는다. 그 이유는 마오쩌둥이 아직 소련에 체류하고 있는 저우언라이에게 보낸 전보에 상세히 설명되어 있다.

첫째, 정치국 동지들과 토론한 결과 아군은 북한에 파병하는 것이 유리하다는 데 의견 일치를 보았소. 첫 번째 단계에 한국군을 중점적으로 격파해야 하오. 한국군과의 전투에서 아군은 유리한 상황이오. 원산과 평양 이북의 산맥 지역에서 북한의 근거지를 마련해 북한 인민의 사기를 진작시킬 수 있소. 이 첫 번째 단계에서 한국군의 사단 몇 개를 섬멸시킬 수만 있다면 북한에서의 전세는 우리에게 유리하게 변할 것이오.

둘째, 우리가 상술한 정책을 채택하면 중국과 북한, 아시아 그리고 세계에 매우 유익할 것이오. 하지만 우리가 출병하지 않으면 적들은 압록강변을 억압하게 되어 국내외적으로 반동 기류가 더욱 고조될 것이고, 이는 모두에게 불리한 상황이 될 것이오. 우선 둥베이 지역이 더 불리한데, 전체 둥베이의 국경 수비군이 휘말려 들어갈 것이고, 남만주南滿洲 지역의 전력이 통제 아래 놓일 것이오.

그래서 우리는 마땅히 참전해야 하며 반드시 참전해야 하오. 참전이 주는 이익은 엄청나고, 참전하지 않을 경우의 손해는 막대하오.

이 전보는 저우언라이가 스탈린을 설득할 때, 중국이 한반도에 출병해야 하는 이유에 대해 가장 실제적이고 명확한 논리적 근거를 제공해주었다.

이후 서구의 사료에 기록된 바에 따르면, 저우언라이가 스탈린에게 소련의 공군 지원이 없어도 중국은 출병하겠다고 밝혔을 때 "스탈린은 눈물을 흘리며" 연거푸 "역시 중국 동지들은 훌륭합니다, 역시 중국 동지들은 훌륭합니다"라고 말했다고 한다. 이런 소문의 신빙성과는 별개로 중국의 행동이 소련의 예상을 벗어났다는 점은 확실하다. 마오쩌둥은 근본적으로 스탈린이 중국을 이해하지 못하고 있다고 말했다. 이 말의 숨은 뜻은 곧 스탈린이 중국 공산당 당원들을 근본적으로 이해하지 못하고 있다는 것이다.

펑더화이가 한 말은 중국 공산당 당원이 어떤 사람들인지를 잘 설명해주고 있다. 안둥에서 그는 부하에게 이렇게 말했다.

"나라는 사람은 참 팔자가 사납소. 혁명에 참가했던 당시 고생스러운 곳에 있었고 장정長征에서의 고통은 말할 것도 없고 항일전쟁에는 타이항 산太行山에서, 해방전쟁 때는 서북부 지역에서 그리고 또 이번에는 북한으로 가야 하오. 가는 곳마다 모두 고생스러운 곳이니 이게 사나운 팔자가 아니면 무엇이겠소? 내가 말한 것은 모두 사실이오. 우리 공산당 당원들은 '고통苦'과 '빈곤窮'이라는 글자와 가까이 지내야 할 운명이오. 고통과 빈곤 없이 우리 공산당 당원들이 무얼 하겠소?"

10월 16일 선양으로 돌아온 펑더화이는 재차 지원군 고위간부 회의를 소집했다. 그는 회의 석상에서 출병해 참전하라는 마오쩌둥의 지시를 전달하고 먼저 방어선을 구축한 후 북한군과 협동해 반격한다는 기본 작전 방침을 확정했다. 이 회의에서 펑더화이는 국경을 넘어 전투를 벌이는 부대의 규율 문제를 특별히 설명했다.

"중국인민해방군의 삼대기율三大紀律, 모든 행동은 지휘에 따른다. 대중의 물건은 바늘 하나 실 한 올이라도 갖지 않는다. 모든 노획품은 공공의 물건으로 한다과 팔항주의八項注意, 말을 부드럽게 한다. 거래를 공평하게 한다. 빌린 물건은 돌려준다. 망가뜨린 것은 변상한다. 남을 때리거나 욕하지 않는다. 농작물을 짓밟지 않는다. 부녀자를 희롱하지 않는다. 포로를 학대하지 않는다는 전체 중국 인민의 칭송과 지지를 얻었습니다. 북한에 도착한 후 군율을 좀더 성실히 준수하고 대중의 이익을 침범하지 않도록 해야 합니다. 북한 인민의 풍습에 대해 진지하게 주의를 기울여야 합니다. 대중과 관계를 잘 맺고 그들의 도움을 얻어야 전쟁에서 승리할 수 있습니다. 일반적으로 다음의 세 가지 상황에서 쉽게 군율을 어기게 됩니다. 첫째, 전쟁에서 이겼을 경우, 둘째, 전쟁에서 패했을 경우, 셋째, 어려움과 고생에 맞닥뜨렸을 경우입니다. 이런 세 가지 상황에 부딪혔을 때 특별히 주의를 기울여야 합니다. 승리했을 때는 오만하지 말고, 좌절했을 때는 낙담하지 말아야 하며, 곤란에 부딪혔을 때는 원망하지 말아야 합니다. 어떠한 상황에서도 겸손하고 신중하게 단결하고 역경을 극복하며 미래에 대한 희망을 견지해야 모든 적을 물리치고 승리할 수 있습니다."

10월 18일 펑더화이는 재차 마오쩌둥의 부름에 응해 베이징으로 갔다. 당시 한반도 전세의 동향에 근거해 마오쩌둥은 신속하게 진격해오는 적들 앞에서 방어를 위주로 준비했던 전법은 실행하기 어렵다는 판단을 내렸다. 그래서 펑더화이와 직접 만나 전략전술에 관한 논의를 했으며, 기동전을 위주로 한 작전 방침으로 전환할 것을 결정했다. 또한 제13병단은 10월 19일부터 북·중 국경지대의 압록강을 도하하기로 결정했다.

펑더화이가 베이징을 떠날 때 마오쩌둥은 자택에서 연회를 열어 곧 전선으로 떠날 펑더화이를 초대했다. 이 연회에서 마오쩌둥은 자신의 아들인 마오안잉毛岸英을 펑더화이에게 소개하고 마오안잉이 펑더화이를 따라 북한에 가고자 하는 생각에 대한 의견을 구했다. 펑더화이는 주저했다. 당시 결혼한 지 얼마 되지 않은 마오안잉은 마오쩌둥에게 그야말로 특별한 존재라는 사실을 잘 알고 있었기 때문이다. 마오안잉은 마오쩌둥의 맏아들이자 양카이후이楊開慧, 마오쩌둥의 정신적 스승인 양창지의 딸이며, 마오쩌둥의 두 번째 부인이자 혁명동지. 1930년 국민당군에 사로잡혀 총살당함가 남겨놓은 아들이었다. 최전선으로 향하면 생명의 위험은 피할 수 없는 상황이었다. 하지만 마오안잉의 간청과 마오쩌둥의 지지로 펑더화이는 동행을 허락했다.

10월 8일 새벽에 북쪽으로 향하는 비행기에서 펑더화이 곁에 있던 그 러시아어 통역사가 바로 마오안잉이었다.

중국의 지도자가 한반도 출병 문제에 대해 힘든 선택을 내리고 있을 때 맥아더는 '유엔군 제4호 작전명령'을 하달했다. 원래 미 제8군과 미 제10군단을 평양과 원산 중간 지점에서 집결시키려 했던 계획을 변경해 압록강을 향해 전속력으로 전진하라는 명령이었다.

마오쩌둥이 펑더화이를 위한 송별연을 열어 잔을 들던 그날, 유엔군은 평양을 삼면으로 포위하고 북한 수도에 강공을 펼치기 시작했다.

1950년 10월 19일 평양은 함락되었다.

바로 이날 중국인민지원군은 북·중 국경지대의 경계선인 압록강을 도하하기 시작했다.

다음은 중국인민지원군의 선서문이다.

우리는 중국인민지원군이다. 미 제국주의의 잔학한 침략에 반대하고 북한 형제민족의 해방투쟁을 지원하며 중국 인민, 북한 인민 그리고 전체 아시아 인민의 이익을 수호하기 위해 우리는 북한 전장으로 자원하여 진군해 북한 군과 어깨를 나란히 하고 결전을 벌일 것이다. 공동의 적을 소멸하고 공동의 승리를 쟁취하기 위해 분투할 것이다. 영예롭고 위대한 전투 임무를 완성하기 위해 우리는 용감하고 강한 전투 의지로 명령에 결연히 복종하고 지휘에 순종하며 상부가 가라는 곳은 어디든 갈 것을 다짐한다. 또한 결코 겁먹지 않고 동요하지 않으며 괴로움과 고통을 참고 견디는 견고하고 성실한 정신을 드높여 모든 난관을 극복할 것이다. 더불어 혁명적 영웅주의를 드높여 전투 중에 혁혁한 공로를 세울 것을 맹세한다. 우리는 북한 인민의 영수 김일성 장군의 영도를 존중하고 북한군의 용감하고 능수능란한 전투력을 본받을 것이다. 북한 인민의 풍습을 존중하며 북한의 모든 자연을 소중히 보살필 것이다. 북한 인민, 북한군과 일치단결해 미 제국주의의 침략 군대를 완전히, 깨끗이 그리고 철저히 소멸시킬 것이다. 상술한 선서문을 위반할 시에는 동지들의 질책과 혁명 규율의 제재를 기꺼이 바란다. 이에 삼가 선서한다.

중국과 미국의 충돌은 이제 피할 수 없게 되었다.

역사적으로 이 충돌은 필연적이었다. 중국 외교정책상 공산당의 강렬한 이데올로기적 요소와 위대한 이상적 목표에 대한 당원들의 신념은 근 한 세기 동안의 굴욕과 좌절을 경험한 이 동방 민족으로 하여금 자신들의 신념이 불러온 이 시련이 민족의 역량과 존엄이라는 지고무상의 위치에 놓여 있음을 인식하게 했으며, 이제 누구도 이 충돌의 필연성을 부정할 수 없게 되었다.

중국인민지원군은 칠흑 같은 어둠 속에서 압록강을 도하하기 시작했다. 새까만 인파가 차디찬 강물을 비추는 달빛을 뒤덮었다. 그날 강을 건넌 부대에는 마푸야오麻扶搖라는 이름의 청년이 있었는데, 지원군 제1포병사단 26연대 5중대의 정치지도원이었다. 그는 미 제국주의를 이기겠다는 결심을 품고 시 한 수를 지었다.

씩씩하고 당당하게 압록강을 건너
평화를 수호하고 조국을 수호하는 것이 바로 고향을 지키는 것이네
중화의 멋진 아들들아 합심하고 굳세게 단결하여
미 제국주의의 야욕을 물리치자!

마푸야오의 시는 나중에 작곡가 저우웨이즈周巍峙의 수정과 작곡을 거쳐 그 시대 전 중국의 남녀노소가 목청껏 부르던 「중국인민지원군 군가」가 되었다.

씩씩하고 당당하게 압록강을 건너
평화를 수호하고 조국을 지키는 것이 바로 고향을 지키는 것이네
중국의 멋진 아들딸들아 합심하고 굳세게 단결하여
항미원조로 미 제국주의의 야욕을 물리치자!

제2장

운산전투
─중국군과 미군의 첫 번째 육박전

'요요' 작전과 한국어로 부르는 「둥팡훙」

모든 것을 안다고 생각했지만 사실은 아무것도 모르고 있었다

우익의 붕괴

운산전투-중국군과 미군의 첫 번째 육박전

우리는 아직 연대봉에 있다!

중국군이 사라졌다

먹으나 마나

'요요' 작전과
한국어로 부르는「둥팡훙」

중국인민지원군이 공식적으로 압록강을 도하하라는 명령을 받았을 때 제 38군의 가오룬톈高潤田이라는 소대장은 혼자서 카이위안開原 교외의 고탑古塔 아래로 왔다. 그는 잡초가 무성한 곳에 구덩이 하나를 파서 자신의 '가산家産' 전부를 방수포로 잘 싸서 넣었다. '가산'이라는 것은 둥베이, 화베이, 뎬난滇 南, 중난中南을 해방한 기념배지 몇 개와 '힘 있고 용감하며 각고분투'한 기상 을 대변해주는 훈장 1개, 군정대학의 배지 1개, 중국 공산당 '7대' 당 헌장 1권, 입당 지원서 1장, 그의 이름을 새긴 도장 1개, 수첩 1권 등이었다. 이어 서 그 위에 세숫대야를 덮은 후 흙으로 꼼꼼히 묻는 것까지 일체의 행동이 비 밀스럽게 이루어졌다. 원래 군대의 일관된 방식에 따르면 개인의 '가산'은 후방 사무소에 보관해야 했다. 전장에서 혹시라도 전사하게 된다면 보관해둔 물건 은 본인의 가족이나 친척에게 전달되었다. 소대장 가오룬톈이 이렇게 한 것은 자신의 군대가 개선해 돌아올 것을 확신했고 자신 역시 반드시 살아 돌아오리라 생각했기 때문이다. '가산'을 묻은 지점의 표시는 확실하게 해두었다. 모든 것이 변할 수 있어도 수백 년 동안 그 자리에 우뚝 서 있는 고탑은 '미국놈들'을 소탕하는 며칠간 절대 유실될 리 없다고 믿었다.

일을 마치고 나서 가오 소대장은 부대를 따라 강을 건넜다.

당시 제13병단의 4개 군이 착용한 복장에는 군대라는 어떠한 표시도 없었다. 황토색의 홑옷과 솜옷이 한데 뒤섞이고 사람과 대포를 실은 말이 한데 뒤섞여 있었다. 병사들은 머리 위에 나뭇가지와 나뭇잎을 올려놓고 팔에는 흰 수건을 두르고 있었다. 이 수건은 중국군 전체에 배급된 것으로, 겉면의 '혁명이 완수될 때까지'라는 붉은 글씨는 잘려져 있었다. 밤이 깊어지면서 병사들의 발걸음 소리와 말들이 콧김을 내뿜는 소리가 어둠 속에서 대열의 다급하고 어수선한 분위기를 드러냈다. 도하는 군사적으로 절대 기밀에 부쳐야 하는 행동이었다. 부대 전체는 황혼 무렵에 진군을 시작해 새벽녘이 되면 정지했다가 황혼 무렵에 다시 진군에 나섰다.

맨 먼저 북·중 국경지대를 넘은 부대는 제42군의 선두 정찰부대인 124사단 370연대였다. 그들의 행동은 다른 대부분의 부대보다 사흘 앞선 것이었다. 10월 19일 해질 무렵의 저녁 6시, 제42군의 5만여 대오는 만포철교滿浦鐵橋와 임시로 가설한 부교를 통해 압록강을 도하했다. 그들의 전진 목표 지점은 함경남도 장진 지구였다. 그날은 거센 바람이 불고 차가운 비가 내렸다. 군단장 우루이린과 정치위원 저우뱌오周彪는 철교 어귀 중국 영토의 한쪽에 서 있었다. 그들 옆으로 등에 짐을 지고 총을 두 손으로 받쳐든 병사들의 대오가 길게 줄을 지어 지나가고 있었으며 개중에는 탄약과 작은 포를 실은 말들도 있었다. 우루이린과 저우뱌오는 압록강을 등지고 조국이 있는 곳으로 잠시 시선을 두었다. 드문드문 보이는 촌락의 등불 이외에 그들의 시야에 들어온 것은 끝없이 광활하고 고요한 밤이었다.

제42군을 바짝 뒤쫓아 도하한 부대는 제38군이었다. 그들의 집결지는 당시 북한의 임시 수도인 평안북도 강계였다. 제38군이 막 강변까지 행군해왔을 때 즉시 도하하라는 명령이 떨어졌다. 선두에 있던 군대의 정황이 급박하게 돌아가고 있었기 때문이다. 강을 건널 때 어떤 병사가 대오 속에서 말을 하자 간부가 즉시 제지했다. 하늘에 떠 있는 미군 비행기가 들어서는 안 된다는 것이었다. 그러자 병사들은 그때부터 말소리를 아주 작게 낮추었다.

제39군의 115사단과 116사단은 안둥에서부터 강을 건넜고, 117사단은 창뎬長甸 입구에서부터 강을 건넜으며, 목적지는 각각 평안북도 구성과 태천이었다.

"지프에 앉아 있는데 창밖으로 손을 뻗으면 압록강 대교에 손이 닿을 것 같았다. 대교는 마치 두 나라의 땅에서부터 밖으로 내뻗은 두 팔이 강에서 서로 끌어안고 있는 것 같았다……." 제39군 군단장 우신취안吳信泉은 이렇게 회고했다. "대오는 매우 조용했다. 모두 침묵을 지키며 걸었고 누구도 말을 하는 사람은 없었다. 하지만 그중 어떤 병사는 이 다리가 얼마나 긴지를 헤아리고 있었다. 이 다리는 중국에서 북한에 이르기까지 고작 1500보 정도의 거리에 불과했다. 차량이 대교 중앙, 즉 양국의 국경선을 지나자 차 옆에 있던 대오 속의 한 병사가 흥분에 겨워 간부에게 물었다. '중대장님, 지금이 몇 시 몇 분입니까?'"

제40군의 병사들도 안둥에서 강을 건넜다. 그들이 안둥에 다다랐을 때는 비 내리는 가을밤이었고, 이 작은 도시는 인적 없이 황량하고 적막했다. 안둥 시민들은 중국군이 한반도에 가서 전쟁을 치르는 사실에 대해 어느 정도 심리적 평정심을 되찾은 상태였다. 도로변에서 보이는 유리창에는 방공용으로 쌀 미米 자 모양의 종이가 붙여져 있었다. 사전에 비밀을 유지해서 대군이 강을 건너는 장면을 구경하러 나온 시민들은 없었다. 제40군의 4열 종대는 물이 고인 거리 위를 걸었다. 빗속의 가로등은 비틀거리는 그림자를 남겨놓았다. 압록강 대교를 지나갈 때는 병사들의 심장 뛰는 소리와 내딛는 발소리가 밤공기를 가르며 유달리 선명하게 들리는 듯했다. 대교 중간 지점에 이르자 중국과 북한의 양국 병사들이 수비하고 있던 하얀색 선이 눈에 확연히 띄었다. 그것이 바로 북·중 국경선이었다. 병사들은 하얀색 선을 지나가면서 절로 색다른 느낌이 들었다. 선두부대가 아직 대교를 다 건너지 못했는데 소련제 지프 한 대가 경적을 짧게 울리며 느린 속도로 다리 위의 기나긴 행군 대열을 추월하고 있었다. 병사들은 습관적으로 지프가 지나가도록 길을 비켜주었으며 지프는 하얀색 선을 지나 북한 영토의 어둠 속으로 빠르게 사라졌다. 이 지프에 특별히 주의를 기울이는 사람은 아무도 없었다. 제40군 군단장인 원위청溫玉成도 지프에 앉아 있는 이가 누군지 몰랐을 것이다.

10월 19일 펑더화이가 막 안둥에 도착하자 김일성의 특사 박일우가 서둘러 왔다. 그는 다급히 물었다.

"펑 총사령관님, 출병 날짜가 결정되었습니까?"

"바로 오늘 밤입니다."

이 대답을 듣고 박일우는 뭐라 말로 형언할 수 없는 심정이었다. 당시 북한의 수도 평양은 이미 함락되었고 당정黨政 기관의 인사들은 북·중 국경 방향으로 퇴각하고 있었다. 북한 정부는 임시로 수도를 강계로 이전하기로 결정했다. 다음 단계의 계획에 대해서 박일우는 회답하지 못했는데, 이는 당시 북한 지도층이 어떠한 구체적인 계획도 할 수 없었다는 말이기도 했다. 그때 김일성이 갖고 있던 단 하나의 희망은 아마도 북한 영토에서 펑더화이와 그가 인솔한 중국군을 보는 것이었으리라.

펑더화이가 물었다.

"김일성 수상은 지금 어디에 계십니까?"

"미국인들의 정보력이 뛰어나니 수상께서는 계속해서 머무는 위치를 바꾸어야만 합니다. 저도 그분이 지금 도대체 어디에 계신지 정확히 말씀 드리기가 어렵습니다."

"김일성 수상을 찾아갑시다. 지금 곧."

이렇게 중국군의 이름 높은 장교이자 수십만 지원대군의 최고사령관은 그 첫 발걸음을 내딛게 되었다. 세계적으로 어떤 국가의 어떤 군사 지휘관이든 대적과 맞설 때 변화무쌍한 전장에서 스스로 선두에 나서서 적진 깊숙이 들어가는 이는 없었다. 펑더화이는 맨 앞에 서서 부대원들이 질서정연하게 전진하도록 지휘했다. 그는 참모 한 명과 호위대원 몇 명 그리고 무선통신기 한 대만으로 한반도에 진입했다.

펑더화이는 규정대로 조선인민군 장군복으로 미처 갈아입지 못했고, 그를 위해 준비한 담비 모피로 만든 외투를 수령하러 가지도 못했다. 그는 그때까지도 시안에서 입고 온 누런색 트위드 군복을 입고 있었다. 초췌한 얼굴에 뺨은 홀쭉하고 두 눈은 붉게 부었으며, 짧고 뻣뻣한 머리카락은 이미 온통 하얗게 세어 있었다. 펑더화이는 함부로 말하거나 웃는 사람이 아니었다. 마오쩌둥을 제외하고는 그와 농담을 나눌 용기가 있는 사람은 거의 없었다. 제13병단의 사령관 덩화는 그들의 통솔을 맡을 이가 펑더화이라는 사실을 알았을 때 부사령관인 훙쉐즈에게 반 농담 삼아 말했다.

"노형, 신중히 모셔야겠습니다! 작전 중에 조금이라도 과실이 있으면 크게 화를 내실 겁니다. 만일 화나게 했다 싶으면 머리를 조심하십시오!"

지프가 압록강 대교에서 북한으로 들어갈 때 캄캄한 어둠 속에서 펑더화이의 두 눈은 크게 떠 있었다. 차량의 바퀴가 막 북한 영토에 닿았을 때 그는 갑자기 차를 정지하라고 명령했다. 펑더화이는 차에서 내리지 않고 차창 밖으로 고개를 내밀어 뒤쪽으로 시선을 보냈다. 그가 무엇을 보고 있는지 아는 사람은 아무도 없었다.

강을 건너자 북한의 국경도시 신의주였다. 사거리에 지프를 세워놓고 길을 물으려 할 때가 돼서야 급한 나머지 한국어 통역사를 대동하지 않았다는 사실을 깨달았다. 이때 중국어를 할 줄 아는 자칭 신의주 위원장이라는 사람이 앞으로 다가왔다. 이 위원장은 팔이 한쪽밖에 없었는데 중국 해방전쟁에 참가했다가 입은 부상이라고 설명했다. 그의 안내로 펑더화이는 김일성이 보낸 부수상을 만났다. 부수상은 김일성이 현재 어디에 있는지 자신도 잘 모른다고 했다. 하지만 믿을 만한 소식통에 따르면 평양은 이미 함락되었다.

펑더화이는 즉시 한반도 지도를 살펴보았다.

적의 진격 속도는 그의 생각보다 훨씬 빨랐다.

부수상의 안내로 펑더화이는 또다른 접선 장소로 출발했다.

지프는 내내 요동치며 달렸다. 참모는 이미 피로가 극에 달한 펑더화이의 모습을 보고 잠시 눈을 좀 붙이라고 권했다. 펑더화이는 중얼거리며 말했다.

"내가 병사들을 이끌고 수십 년 동안 전장을 누비면서도 지금처럼 이렇게 적군과 아군의 정황을 가늠하지 못하는 수동적인 상황은 만난 적이 없었소. 만약 적들이 지금처럼 진격 속도를 유지한다면 우리 부대는 아마도 조우전遭遇戰을 치러야 할 것 같소."

10월 20일 새벽, 펑더화이는 압록강 남쪽 기슭의 수풍발전소水豊發電所에 다다랐다. 내내 내리던 비는 어느 순간 눈으로 바뀌어 있었다. 펑더화이는 자기 부대의 상세한 도하 상황을 몰랐다. 그저 아는 것이라고는 현재 유엔군의 선봉대와 그들 간의 거리가 갈수록 좁혀지고 있다는 사실이었다. 오전 나절을 기다린 끝에 마침내 김일성에 대한 정보를 입수했다. 접견 장소는 평안북도 창성군 북진北鎭 부근이었다. 그곳을 향해 전진하고 있을 때 좁은 도로는 북쪽으로 퇴각하는 북한 당정 기관 인사들과 군대 그리고 피란민들로 가득 차 있었다. 사람과 가축들 그리고 차량이 거대한 흐름을 형성했다. 펑더화이의 지프는 마치 흐름을 역류해 올라가는 한 조각의 작은 배와 같았다. 가고 서고를 반복하는 과정에서 무선통신기를 실은 트럭이 낙오되었다. 이는 지원군 사령관과 자신의 부대 사이에 연락이 완전히 두절되었음을 의미했다.

펑더화이가 김일성을 수소문하고 있을 때 주북한 중국대사관의 직무를 대행하고 있던 차이청원은 중앙에서 보낸 전보 한 통을 받았고 그것을 급히 김일성 수상에게 알려야 했다. 펑더화이 사령관이 북한에 들어온 후 "김일성이 있는 곳으로 가서 회견하고 이후 구체적인 계획을 세우기를 희망함"이라는 내용이었다. 차이청원은 즉시 차를 타고 덕천으로 가서 김일성을 찾았다. 미군 비행기가 투하한 조명탄이 여기저기서 번쩍이고 있어서 밤에 다니는 차량도 등을 켜지 못했다. 차이청원은 덕천에 도착한 후 이 도시에 인적 하나 없다는 것을 알아차렸다. 정오가 되어 군郡 위원장의 안내를 받고서야 철도 터널 속의 열차 안에 있는 김일성을 찾아냈다. 차이청원은 김일성에게 펑더화이가 그를 찾고 있다고 알리면서 특히 펑더화이의 현재 직책을 강조해 말했다.

"중국인민지원군 사령관 겸 정치위원이신 펑더화이께서 수상님을 뵙고자 하십니다."

김일성과 차이청원은 차를 타고 북으로 향했다. 청천강을 건너 북한 북부에 있는 높고 가파른 산에서 10월 21일 새벽 2시가 될 때까지 뱅뱅 돌다 비로소 북진에서 3킬로미터 떨어진 대유동의 금광에 도착했다.

2시간이 지나면 펑더화이도 그곳에 도착할 것이었다.

차이청원이 먼저 펑더화이를 맞으러 갔다.

그런 시기와 그런 환경에서 펑더화이를 만난다니, 차이청원은 만감이 교차했다. 1941년 펑더화이가 타이항 산에서 팔로군八路軍 총사령부 임무를 맡고 있을 때 차이청원은 그의 수하에서 정보계 계장을 맡은 적이 있었다. 차이청원이 잊을 수 없는 기억은 1942년 5월 25일, 일본 군대의 소탕작전으로 겹겹의 포위망에 빠져 있을 때 1개 호위 소대를 이끌고 펑더화이를 엄호해 포위를 뚫고 나왔던 일이다. 그 전투에서 중국군은 쭤취안左權이라는 유명한 군사 고위장교를 잃었다.

펑더화이는 차이청원에게 현재의 전황을 물었다. 그런 다음 그는 다 깨진 사기 대야에 담긴 물로 얼굴을 씻고 북한 쌀밥과 절인 야채로 요기를 한 후 김일성을 만나러 갈 채비를 했다. 밭두렁을 따라 김일성이 기다리고 있는 지점으로 걸어가다가 펑더화이는 대뜸 차이청원에게 가위 같은 것을 가지고 있는지 물었다. 차이청원은 갑작스러운 질문에 펑더화이의 의도를 알아채지 못했다. 그러자 펑더화이가 말했다.

"내 군복 소맷부리가 다 해져 실밥이 들쭉날쭉 지저분하게 삐져나와서 그러오. 이렇게 수상을 만난다는 것은 예의가 아니지 않소."

그 말을 들은 차이청원이 손톱깎이를 꺼냈고, 두 사람은 밭두렁에 서서 펑더화이의 소맷부리를 정리했다. 손톱깎이로는 그리 깔끔하게 정리할 수 없었기 때문에 펑더화이는 어쩔 수 없다는 듯 실망스러운 어조로 말했다. "이쯤하면 됐소."

마침내 펑더화이와 김일성이 만났다. 향후 수많은 이유로 이 역사적인 만남은 사람들 입에 오르내리지 못하고 그저 한국전쟁과 관련한 사료에서만 이따금 기록되어 있다. 하지만 어떠한 각도에서 보더라도 그 만남은 역사적 순간이었다. 한국전쟁의 역사에서 펑더화이라는 중국 고위급 장교가 이국땅에서 위험을 무릅쓰고 홀로 행군을 감행했다는 사실 자체가 군사학자와 역사학자 그리고 정치학자들이 깊이 생각해볼 만한 대목이다. 그 시각에 전쟁의 다른 한 축인 맥아더는 도쿄의 호화로운 주택에서 사치스러운 생활을 누리고 있었다. 이 유엔군 총사령관은 전선에서 1000킬로미터 정도 떨어진 지점에 있었고, 그의 적 중국군은 화염으로 가득한 전장에서 전선이 어디인지를 찾고 있었다. 당시 펑더화이는 아마도 자신이 실제로 이미 적의 후미에 깊이 들어와 있다는 사실을 몰랐을 것이다. 설령 알았다고 하더라도 그런 상황에 신경 쓸 겨를이 없었을 것이다. 그가 무장 호위도 없는 상황에서 남쪽으로 걸어가고 있을 때 한국군 1개 연대가 거의 그와 어깨를 스칠 듯이 지나가 그의 뒤에서 작전을 진행하고 있었다. 이 연대는 아주 빠른 속도로 압록강변까지 밀고 나갈 태세였다. 군사적 측면에서 보면 이 중국 고위장교는 사실상 포위된 상태였다. 하지만 기적적으로 그는 스스로 포위망을 뚫고 걸어나왔다. 오랜 시간이 흐른 뒤에 펑더화이의 부하 한 사람은 그때의 공포감을 여전히 떨쳐버리지 못한 채로 이렇게 말했다.

"그 이틀 동안 우리와 펑 사령관님은 연락이 두절되었습니다. 우리는 초조해 죽을 지경이었죠."

전세가 이처럼 혼란스러운 상황에서 불행한 일이 발생할 경우 펑 사령관이 취할 수 있는 선택은 세 가지뿐이었다. 포로로 잡히거나, 죽거나, 도망치는 것 말이다. 펑더화이 일행이 숫자도 적고 목표도 간단했던 데다 미군 정보부가 중국군의 사령관이 전장의 최전선에 있다는 사실을 까맣게 모르고 있었기 때문에 가능했던 일일 것이다.

펑더화이는 정말 운이 좋았다.

그리고 이는 곧 중국인민지원군 부대와 중국의 항미원조 군사작전의 행운이기도 했다.

1950년 10월 21일 오전 9시, 김일성과 펑더화이는 "중국·북한 양당과 양국 인민의 친밀하고 우호적인 분위기 속에서 역사적인 첫 번째 회담을 가졌다."

펑더화이는 단도직입적으로 김일성에게 중국 정부가 출병을 결정했고 부대 조직이 이미 압록강을 도하한 사실을 알렸다. 중국인민지원군의 선두 참전부대 6개 군 35만 명이 곧 도착할 것이며 마오쩌둥이 그밖에도 6개 군을 예비대로 준비해두었다는 소식을 들은 김일성의 말과 행동에는 흥분한 정서가 고스란히 묻어났다.

"정말 잘됐습니다! 정말 잘됐습니다! 조국에 전폭적인 지원을 보내주신 중국 공산당 중앙과 마오쩌둥 동지에게 감사드립니다!"

펑더화이는 신중국이 막 수립된 시기라서 군대를 보내 참전하는 것은 어려움과 위험을 감수해야 하는 일이라고 사실대로 설명했다. 아울러 중국군 참전의 전망에 대해 세 가지 가정을 내놓았다. 첫째, 대대적으로 적을 섬멸하고 거점을 확보할 경우에는 합리적으로 한반도 문제를 해결한다. 둘째, 적의 일부만을 섬멸할 경우에 쌍방은 전장에서 교착 상태에 빠진다. 셋째, 적군에 패해 돌아간다.

김일성은 당시의 전세를 설명했다. 사실 이 '당시'의 정세는 이미 과거의 정보였다. 전쟁의 불길이 걷잡을 수 없을 정도로 확산되고 있었기 때문에 김일성은 전세를 명확히 판단하기가 쉽지 않았다. 그들이 회담을 진행하고 있을 때도 머리 위에서는 수많은 미군 비행기가 날아다니고 사방에서 포성이 들려왔다. 대오에서 낙오한 무선통신기를 실은 트럭은 아직 아무 소식도 없었고 김일성도 무선통신기를 가지고 다니지 않았다. 따라서 주변에서 발생하는 엄청난 변화에 대해 알 길이 없었다.

펑더화이와 김일성이 회담을 할 때 맥아더는 직접 전용기를 타고 미 187공수연대를 지휘해 평양 이북의 숙천과 순천 지역에서 공수작전을 폈다. 맥아더는 "이 작전의 목표는 평양에서 북으로 퇴각하는 북한 병사와 장교들을 포위하는 것"이라고 말했다. 동시에 서부전선의 한국군 제2군단 예하 제6·제7·제8사단은 이미 순천과 성천의 제일선으로 전진해 있었다. 인민지원군이 애초에 결정한 방어선에서 고작 100킬로미터쯤 떨어진 거리였다. 동부전선에 있는 한국군의 수도사단은 이미 중국군 제42군이 원래 정한 방어선인 오로리五老里와 홍원洪原 등지를 점령했다. 반면 지원군에서 이미 도하한 5개 사단은 당시 예정 방어선 지역으로부터 최소한 100킬로미터에서 200킬로미터 정도 떨어져 있어 적보다 빨리 도착할 수는 없는 상황이었다.

김일성은 당시 이렇게 말했다.

"인민군의 주력부대 대부분이 남쪽에 가로막혀 있으니 북으로 퇴각할 대책을 강구해야 합니다. 현재 작전을 펼 수 있는 병력은 4개 사단이 채 안 되고 대다수가 신병입니다."

펑더화이는 지원군이 적과 맞서기 전에 인민군이 최대한 적을 저지해달라고 요청했고 김일성은 이에 대해 아무 말도 하지 않았다.

또한 펑더화이는 김일성과 공동으로 사령부를 구축하자고 건의했다. 이에 대해 김일성은 이렇게 말했다.

"중국인민지원군의 작전행동 방침에 대해서는 펑 사령관이 직접 지휘 처리 해주십시오."

김일성은 한 국가의 수상이었고 펑더화이는 한 국가 군대의 고위장교였다. 이들이 함께 전쟁을 지휘할 수 있을까? 정치적 경험이 부족한 펑더화이는 이 부분을 간과했다. 회의가 끝나자 외딴 두메산골에서 김일성은 닭 한 마리와 포도주 한 병으로 펑더화이를 정성껏 대접했다. 이것은 펑더화이가 생각지도 못한 일이었다. 그들은 비행기와 대포의 폭격음 속에서 잔을 부딪쳤다.

그때 펑더화이가 가장 원했던 것은 무선통신기를 실은 그 트럭이 나타나는 것이었다. 전세에 대한 상황 파악을 하지 못하고 있었기 때문에 심리적으로 몹시 불안한 상태였다. 펑더화이는 작은 산에 올라가 트럭이 나타나기를 바랐고 심지어는 자신의 부대가 떡하니 등장해주기를 기대하기까지 했다. 하지만 그의 시야에 잡히는 것이라고는 무리를 이루어 북으로 향하는 피란민들뿐이었다.

오후가 되자 무선통신기를 실은 차량이 마침내 도착했다. 펑더화이의 얼굴에 모처럼 웃음이 번졌다.

"안전하게 돌아왔으니 됐소. 어서 전보를 보냅시다!"

이는 펑더화이가 북한에 진입한 뒤 마오쩌둥에게 보낸 첫 번째 전보였다. 때는 1950년 10월 21일 오후 4시였다.

(1) 금일 오전 9시, 동창 북진의 큰 동굴에서 김일성 동지와 만났습니다. 이 전의 상황은 매우 혼란스러웠고 평양에서 퇴각한 부대는 이미 3일 동안 연락이 두절된 상태입니다. 함흥, 순천 전선 이남에 아군은 더 이상 없고 함

흥에 있는 적군이 계속 북진할지는 불명확합니다.

(2) 우군 위치는 장진 부근에 1개 노동자연대와 전차연대가 있고, 덕천과 영변의 대로 전선 이북의 고지에 4개 사단이 있으며, 숙천에 제46사단, 박천博川에 제17전차사단이 있습니다. 이상은 모두 신병으로 구성되어 있어 적군이 계속 북진할 경우 전세는 적군을 저지하기 어려울 것으로 보입니다.

(3) 현재 묘향산, 행천동 전선 및 그 이남을 신속히 통제해야 하며 참호를 세워 요충지 희천을 보호하고 동서로 포진한 적들의 연락을 차단하는 것이 매우 시급합니다. 일부 차량을 집중시키고 1개 사단을 신속히 움직여 2개 연대를 희천 이남의 묘향산으로, 1개 연대는 행천과 오령 전선으로 향해 기선을 잡고 참호를 세울 방도를 강구해주십시오. 또한 1개 사단을 장진 및 그 이남의 덕실리와 구진리 전선으로 이동해 최전선과 후방부대에 이르는 참호를 구축하고, 이 전선의 동부 지역인 원풍리, 광대리에 강화된 1개 대대를 보내 요지를 포착해 최전선과 후방부대에 이르는 참호를 세울 예정입니다. 부대 측면의 안전과 강계 후방의 교통을 보장해야 합니다. 희천, 장진 두 요충지를 확실히 통제할 수 있으면 주력부대를 즉시 자유롭게 이동시킬 수 있어, 실력이 우수한 병력을 집중시켜 동서 또는 서부 일대를 칠 것입니다.

(4) 덩화, 훙쉐즈, 한셴추 세 동지는 필요한 인원을 데리고 내가 있는 곳으로 신속히 와서 전체 판세를 배치하는 데 대해 논의하시오. 셰페이란 동지는 잔여 인원을 인솔해 후방부대를 따라오시오.

이어 10월 22일에 펑더화이는 적진의 전황을 분석한 뒤 다시 마오쩌둥에게 전보를 보냈다.

현재 아군은 제공권이 없어 적들의 육해공군과 전차의 협공 아래 놓여 있는 동서 연해도시들과 신의주를 지켜내기 어려운 상황입니다. 용감하긴 하되 포기할 것은 포기해서 적군의 병력을 분산시키고 아군의 쓸데없는 소모를 줄여야 합니다. 현재 작전계획은 1개 군으로 적을 견제하고 3개 군을 집중시켜 남한 군대의 2~3개 사단을 섬멸할 기회를 포착하는 것입니다. 이를 통해 원산에서 평양 전선 이북의 산간지대를 쟁취해 확대하고 공고히 함으로써 남한에 대한 유격전쟁을 힘 있게 전개할 것입니다.

먼저 방어선을 구축하겠다는 애초의 계획은 적군의 신속한 진격으로 실시하지 못했다. 게다가 원래 점령하기로 정했던 구성과 온정, 희천도 적의 손아귀에 넘어갔다. 상황이 이렇다 보니 일찍 적군과 접전하려고 했던 계획을 포기하고 적군을 유인해 다시 계획을 세우기로 했다.

방침은 있었다. 하지만 부대는 지금 어디에 있는가? 어떤 상황에 처해 있는가?

지원군은 작전계획을 은폐하기 위해 적군과 개전하기 전에는 모든 무선통신기 사용을 불허한다는 명확한 규정을 두고 있었다.

펑더화이는 홀로 잡초가 무성한 두메산골을 배회했다.

지원군이 북한 영토로 진입하고 맨 처음 체험한 것은 유엔군 비행기의 저공 정찰과 사격이었다. 중국군 병사 절대다수가 비행기에 대해 유일하게 알고 있던 지식은 노병이 그들에게 말해준 것으로, 비행기가 일단 '알을 떨어뜨리면' 엄청난 위력을 보인다는 것이었다. 어지럽게 북쪽으로 퇴각하던 북한군이 길에서 지원군을 만났을 때 나온 첫 마디가 바로 "당신들 비행기 있습니까?"였다. 없다고 대답하면 미군의 공습에 혼비백산해서 흩어진 병사들은 시종 고개를 절레절레 내저었다. 지원군이 북한에 진입한 초기에 엄격한 명령이 하나 내려졌다. 바로 수중에 있는 경화기輕火器로 비행기를 공격하지 말라는 것이었다. 공격에 실패하면 도리어 폭격의 목표물로 노출되는 상황이 되어버리기 때문이었다. 이렇게 밤새 눈바람 속을 행군한 부대는 밝은 낮에는 숲속의 눈구덩이에 숨어서 미군 비행기가 산등성이에 바짝 붙어 나무 꼭대기를 스치며 날아다니는 모습을 지켜보았다. 어떤 부대가 숨겨두었던 차량이 병사들 바로 눈앞에서 미군 비행기에 의해 폭파되기도 했으며, 부대에는 공습으로 인한 사상자가 발생하기 시작했다. 전속력으로 전진해야 하는 밤중이지만 전진하는 길마다 정체 현상이 빚어졌다. 급히 남하하는 지원군 대부대와 북쪽으로 피란하는 북한 피란민들이 마주쳐 좁은 도로를 꽉 메우고 말았기 때문이다. 지원군과 퇴각하는 북한군 사이에 누가 길을 양보할 것인가를 놓고 옥신각신하는 마찰도 빚어졌다.

지정된 지점에 도착하는 기한은 엄격히 정해져 있었다. 행군 속도가 더뎌 마음을 졸이던 지원군의 지휘관들은 어떻게 하면 속도를 높일 수 있을지 머리를 쥐어짜며 고심했다. 적잖은 부대가 이미 보낸 선발대와 연락이 두절되었고, 각 부대의 지휘관들은 지도 한 장에 의지해 부대를 인솔하고 최대한 빠른 속도로 목표 지점으로 접근해가고 있었다. 병사들이 막 압록강을 건넜을 때 북한군 여성 병사가 그들 눈에는 '서양식' 분위기가 물씬 풍긴다고 느껴지는 소련식 군복을 입고 대열을 지어 한국어로 「둥팡훙東方紅」마오쩌둥을 찬미하는 혁명가을 소리 높여 부르는 모습을 보고 들었던 흐뭇한 마음은 추위와 피로와 긴장감 속에서 이미 사라져버렸다. 그때 신의주 시민들이 거리로 달려 나와 길 양쪽에 서서 꽃다발을 흔들며 그들을 환영했다. 당시 중국 병사들은 「김일성 장군가」를 배워두지 못한 것을 후회했다.

중국군 병사들에게 가장 깊은 영향을 주었던 일은 행군 도중에 한국군에게 사살되어 들판에 널브러져 있는 조선 노동당 당원, 민청맹원, 심지어 일반 촌민들의 시체를 목격한 것이었다. 뿐만 아니라 미군 비행기가 북한 촌락을 폭격해 일반 국민에게 가한 차마 눈 뜨고 볼 수 없는 참상도 목격했다. 태천 방향으로 전진하던 부대의 허칭량何慶亮이라는 참모는 미군 비행기의 습격을 받은 민가에서 갓난아이를 구했다. 당시 이 아이는 엄마 시신 위에서 울고 있었다. 허칭량은 아이를 안고 와서 정치위원에게 보고했다. 그리고 그는 정치위원에게서 이런 대답을 들었다.

"아이를 돌봐줄 누군가가 나타날 때까지 아이는 당신이 책임지시오. 춥게 해서도 배고프게 해서도 안 되오."

이에 허칭량은 갓난아이를 품에 안고 대오에 섞여 행진했다. 몸에 총과 탄약뿐 아니라 배낭과 식량까지 지니고 있어 허칭량은 얼마 지나지 않아 체력을 지탱하기 어려웠다. 그러자 이 부대의 병사들이 돌아가면서 아이를 안기 시작했다. 하룻밤의 다급한 행군을 하고 나서 동이 텄을 때에야 비로소 아이를 거두겠다고 나서는 가정을 찾았다.

"선량한 북한의 한 할아버지가 우리 품에서 그 엄마 없는 아이를 받아갔다." 허칭량은 훗날 이렇게 회고했다. "주변을 에워싸고 있던 젊은 여성들은 눈물을 흘리며 아이의 연약한 작은 얼굴에 입을 맞췄다."

제40군 좌익의 선두부대는 118사단이었다. 연일 닷새 밤을 강행군한 이 사단은 그새 신륜을 지나 북진 지구에 접근했다. 118사단의 사단장은 덩웨鄧岳라는 젊은 군관이었다. 그의 부대가 사실상 전체 지원군의 선봉이라는 점을 그는 모르고 있었으며, 그의 부대가 최초로 유엔군과 교전을 벌인 지원군 부대 중 하나이기 때문에 자신이 한국 전쟁사에 필연적으로 이름을 남길 지휘관이 될 것이라는 점도 모르고 있었다. 그해 32세인 덩웨는 12세에 중국 홍군에 참가한 명실상부한 이른바 '꼬마 홍군'이었다. 장정 도중 어린 덩웨가 병이 나자 분대장이 은화 열 닢을 주면서 대오를 떠나라고 했지만 말을 듣지 않았다. 덩웨가 고열로 경련을 계속 일으키면서 길가에 누워 있을 때 홍군의 고위장교인 천경陳賡이 그를 발견했다. 천경이 자신의 군마를 양보했지만 고집이 센 덩웨는 말을 타지 않고 말의 꼬리만 붙잡았다. 말굽에서 튄 흙탕물이 눈에 달라붙어 그는 눈을 감은 채 혼미한 정신으로 장정의 험난한 여정을 완수해냈다. 나중에 그는 항대抗大, 중국인민항일군사정치대학中國人民抗日軍事政治大學의 약칭의 분교 대장, 간부대대 대대장, 군관구 참모장, 팔로군 부연대장을 역임했다. 그는 심지가 굳고 싸움에 강하며 숙련된 군관이었다. 국공내전 당시 그는 사단장이 되어 해방군의 1개 주력부대를 이끄는 지휘관이 되었다. 그는 병사들을 이끌고 랴오선전투遼瀋戰役와 핑진전투平津戰役 등 유명한 전투에 참가해 혁혁한 공을 세웠다.

펑더화이가 초조하고 불안해하고 있을 때 덩웨의 부대는 이미 펑더화이와 가까이에 있었다. 당시 그들은 앞에서 울려 퍼지는 포성을 듣고 온정 방향이라고 판단했으나 적군의 상황이 분명치 않았다. 두메산골 어귀에서 그들은 몇 명의 북한군 병사를 발견하고 통역사를 대동해 앞으로 가서 물었다. 하지만 이들의 질문에 북한군 병사들이 대답을 거절할 줄 누가 알았겠는가. 덩웨는 화가 나서 큰 소리로 자신의 직책을 말했다. 쌍방이 서로 꿈쩍도 하지 않고 대치하고 있는 가운데 내내 산골 어귀에서 부대가 당도하기만을 간절한 마음으로 기다리던 펑더화이의 참모가 뛰어왔다.

덩웨는 이렇게 회고했다.

"우리는 빠른 걸음으로 펑 사령관님의 숙소로 향했다. 그곳은 창문이 크게 나 있는 북한식 초가집이었다. 우리는 반쯤 열려 있는 창문을 향해 걸어가면서 멀리서 펑 사령관님이 방 안에서 서성이는 모습을 보았다. 우리가 문 입구에서 '보고합니다'라고 소리치자 펑 사령관님이 즉시 우리 손을 힘주어 잡았다. 그러고는 감격에 겨워 이렇게 말했다. '그렇게도 기다렸는데 드디어 왔구려. 부하가 없는 사령관은 조급해만 할 뿐 다른 방도가 없었소. 부대를 이끌고 이곳으로 왔으니 정말 잘됐소, 정말 잘됐어! 식사들은 했소?' 그런 다음 우리를 앉게 하고 직접 우리에게 마실 물을 따라주었다. 나는 펑 사령관님이 부하들에게 이렇게 따뜻한 분인 줄은 정말 생각지도 못했다. 나는 펑 사령관님께 이렇게 보고했다. '우리 118사단은 모두 1만3000여 병사로 구성되어 있고 선두부대는 이미 대유동 부근의 골짜기 입구에 도달했습니다. 현재 온정 방향에서 포성이 그치지 않고 있으나 사령부와 연락이 두절된 상태라서 전방의 상황은 전혀 모릅니다. 펑 사령관님께서 우리가 어느 방향으로 가서 작전을 펼지 지시를 내려주십시오.' 펑 사령관님은 마오 주석에게 보낼 각 군의 작전 계획과 관련해 준비한 전보를 우리에게 보여주었다. 그런 다음 아주 힘 있게 말했다. '현재 북한군은 전선에서 북으로 퇴각했고 적군이 추격하고 있는 매우 위급한 상황이오. 사단을 어서 온정 방향으로 진군시키고 먼저 온정 이북의 유리한 지형을 점령하시오. 은폐 매복해서 부대를 하나의 자루와 같은 형태로 진을 치고 대담하게 적들을 그 안으로 밀어넣은 후 사방에서 발포해 기습적으로 맹공을 퍼붓는 거요. 기회를 틈타 무모하게 뛰어든 적들을 섬멸하고 적들의 기세에 호된 공격을 가하면 되오. 그렇게 적들의 공격을 지체시켜 주력군이 집결하는 것을 엄호하시오. 이는 지원군이 국경을 넘어서 벌이는 첫 번째 전투이자 당신들 사단의 첫 교전이오. 당신들이 해낼 수 있는지 지켜보겠소.' 펑 사령관님의 명확하고도 확고한 지시로 승리에 대한 우리 믿음은 더욱 강해졌다. 우리는 펑 사령관님이 계신 곳에서 고작 30분을 머물다가 지시에 따라 즉각 부대를 인솔해 포성이 들려오는 동남쪽의 온정 방향으로 구보로 전진했다."

덩웨는 펑더화이 곁을 떠날 때 한사코 일부 병력을 남겨 펑더화이를 호위하게 했다. 이 젊은 사단장은 이후의 세월 동안 단신으로 적진의 후방에 깊숙이 들어간 펑더화이의 과감한 행동에 대해 존경의 마음을 간직했다.

덩웨의 도착은 펑더화이에게 자신감을 주기에 충분했다. 펑더화이의 마음에 당시 그 순간에 덩웨가 나타난 것은 1개 사단 병력이 도달한 것보다 훨씬 큰 의미가 있었다. 그 의미는 그가 이 젊은 사단장에게 마오쩌둥에게 보내려고 준비했던 전보를 보여준 데서 알 수 있다. 118사단의 도착으로 대유동에 머무르며 지원군 지휘소를 그곳에 세우려 한 펑더화이의 희망이 실현되었다. 비록 그곳이 적군과 불과 20킬로미터밖에 떨어져 있지 않아서 지휘부로 쓰기에는 적군과 아주 가까운 거리이기는 했지만 말이다.

유엔군 사이에는 전쟁에 대한 낙관적인 기류가 널리 퍼져 있었다. 이렇게 돌변한 전세에서 얻은 낙관은 어느덧 모든 병사에게로 전파되었다. 그러다 보니 중국군이 그들을 향해 돌진해오고 거의 그들과 정면으로 부딪치려는 상황에서도 유엔군이 북으로 진군할 때의 심정과 태도는 여전히 '여행을 가는 듯'했다. 가장 낙관적인 이들은 바로 미군 상층부였다. 『뉴욕타임스』는 사설에서 "중국과 북한의 국경지역에서 예상 밖의 사건이 터지지만 않는다면 이 전쟁의 승리는 이미 결정된 것"이라고 단정하기까지 했다.

전쟁이 신속히 종결되리라는 생각에서 미 육군 사령부는 한국의 전투지역에 군용물자가 쌓이는 것을 피하고자 전력을 쏟았다. 맥아더는 웨이크 섬에서 돌아와 "모든 조건을 충분히 이용해 전속력으로 북진하라"는 명령을 내렸다. 하지만 극동사령부는 동시에 제202호 작전계획을 발표했는데 "전쟁과 관련된 일이 줄어든 뒤의 행동 순서에 대해 계획을 세워 일부 유엔군이 한반도에서 철수하는 데 편리를 제공한다"는 내용을 담고 있었다. 미국 정부는 맥아더에게 한반도에 보충인원 파병을 중지한다고 통지했고, 맥아더도 이에 대해 이의를 제기하지 않았다. 몇 주 전 급히 탄약 보충을 요구했던 워커 장군은 맥아더에게 현재 제8군의 탄약은 "아주 넉넉하다"고 보고했고, 미국 본토에서 운송해온 탄약과 장비를 모두 일본에 보내야 한다고 말했다. 한편 일본에 주둔한 미군 병참지원 사령관은 샌프란시스코에 있는 그의 동료에게 이렇게 말했다.

"대금을 지불하지 않은 무기와 탄약 주문을 모두 취소하게. 만약 그 빌어먹을 물건들이 이미 항구에서 선적되었다면 즉시 하역하라고."

미군들 사이에서는 곧 일본이나 미국으로 돌아갈 것이라는 정보가 떠돌고 있었다. 제임스 카디James Cardi라는 병사는 부모에게 보내는 편지에 이렇게 썼다.

"들리는 소문으로는 제1기병사단이 가장 빨리 일본으로 돌아갈 것이고 전쟁은 곧 끝난다고 합니다. 저도 정말 그렇게 되리라 희망하고 있습니다. 저는 이 나라와 전쟁이 지긋지긋해졌어요."

미 제10군단에서는 심지어 한반도에 1개 사단과 나머지 인원만 남겨두고 모두 귀국하는 구체적인 계획까지 나왔다. 귀국에 대한 희망이 특별히 컸던 부대는 미 제2사단이었다. 그들은 이미 인천항으로 설영대設營隊를 보내 대부대가 배를 타고 한반도를 떠나는 일을 준비하는 작업에 착수했다. 하지만 역사의 무정함은 20년 후까지 미 제2사단을 한반도에 주둔시키는 결과를 낳았다. 미 제1기병사단의 병참군이 한반도에 있는 육군 병사들에게 크리스마스 선물 가격표를 보냈을 때 대다수 병사는 그 가격표를 던져버렸다. 한반도에서 크리스마스를 보낸다는 것은 그야말로 터무니없는 일이며, 크리스마스에는 분명히 도쿄에 있을 것이라고 생각했기 때문이다. 그래서 이 가격표는 일본 도쿄의 유흥가인 긴자銀座의 물가표로 변했다. 기병사단의 일부 부대는 심지어 무기를 이미 상자에 넣어놓기도 했다. 병사들 사이에서 가장 의견이 분분했던 것은 추수감사절 때 도쿄에서 치러지는 열병식에서 그들 사단 특유의 표식인 황색 스카프를 두를 것인지의 여부였다. 그들은 황색 스카프에 대해 자부심을 갖고 있었다.

이러한 상황에서 맥아더의 성격을 가장 잘 대변해주는 전장 배치의 부주의로 인한 엄청난 실수가 일어났다. 미군이 두 갈래로 나뉜 것이다.

인천상륙작전이 성공을 거둔 후 맥아더는 마치 '상륙병'에 걸리기라도 한 것처럼 아몬드 장군에게 미 제10군단을 인솔해 배를 타고 동해안으로 돌아가서 원산항에서 상륙을 실시한 뒤 북으로 진격해 최종적으로 한반도 서쪽을 따라 북진하고 있는 워커 중장의 제8군과 합류하라는 명령을 내렸다. 미군은 이 때문에 한반도 북부에서 동서 두 갈래로 나뉘었고 그 중간에는 끊임없이 기복을 이루는 산맥이 버티고 있었다. 동서로 나뉜 미군은 거대한 장애물을 사이에 두고 협동작전을 펼 수 없었다. 이처럼 서로 연계하지 않고 제각기 나아가는 공격 방식에 대해서 웨스트포인트 사관학교의 저학년 생도들조차 의문을 제기했다. 특히 미 제10군단이 인천항에서 배에 오를 때는 한국군이 육로로 먼저 원산을 점령한 터였다. 하지만 맥아더의 명령은 그대로인 채 '고집스럽게 제10군단에 1367킬로미터에 달하는 해상의 풍랑을 견뎌야 하는 모진 고초를 요구했다.' 사실 제10군단에 소속된 미군 병사들은 해상 항해라는 눈 앞이 캄캄한 상황을 감내해야 했을 뿐 아니라 원산항에 도착한 뒤에는 상륙할 수도 없었다. 항구 해상에 북한군이 설치해놓은 수뢰가 널려 있었기 때문이다. 미 해군이 수뢰를 제거하는 동안 수송선이 해상에서 왕복 순찰하면서 기슭에 배를 대지 못하는 미 제10군단에게 물자만 보충해주고 있었다. 이러한 공급 순찰은 의외로 며칠 동안이나 지속되었다. 할 일이 없어진 제10군단 병사들은 갑판에 누워 일광욕을 하거나 포커를 했다. 그러면서 미군 병사들은 재빨리 원산상륙작전에 별명을 붙였는데 바로 '요요YOYO 작전'이었다. '요요'라는 장난감처럼 '왔다갔다하며 한가롭게 거닌다'는 의미였다.

한반도 동해상에서 수뢰를 제거하는 미 해군의 입장에서 원산상륙작전을 실시한 그날은 재난과도 같았다. 제2차 세계대전에서는 300여 척의 소해정이 노르망디상륙작전에 동원되었다. 오키나와전투 때 해상의 수뢰 제거 면적은 원산과 규모가 비슷했지만 그래도 100여 척의 소해정이 동원되었다. 그러나 원산에서 미군이 수뢰 제거를 위해 투입할 수 있는 소해정은 고작 30척에 불과했다. 그중 20척과 거기에 탑승한 수병들은 패전국 일본 해군 소속이었다. 일본 병사들이 한국전쟁에 투입되자 한국 국민의 엄청난 반감을 샀다. 이 문제는 전쟁이 끝나고도 상당히 오랫동안 끊임없이 제기되었다. 원산 지구의 수뢰 제거 과정은 '하느님도 두려워할' 작전으로 불렸다. 작전을 진행하던 이틀 동안 3척의 소해정이 수뢰에 부딪혀 침몰했다. 일본 수병은 영어를 할 줄 모르는 데다 수뢰를 제거하는 방식도 미군과 달랐기 때문에 해상에서 두 나라 병사들이 서로 다른 언어로 욕을 퍼붓는 상황도 종종 발생했다.

'요요작전'이 마침 장진 지구에서 작전을 벌이고 있는 중국군 제42군에게 더없이 소중한 시간을 벌어주었다는 것을 나중에 알게 되었고, 미 제10군단의 병사들은 곧 '왔다갔다하며 한가롭게 거닌' 결과를 쓰디쓰게 맛봐야 했다.

10월 24일은 중국인민지원군 사령부를 긴장에 떨게 한 하루였다. 전날인 23일에 마오쩌둥이 펑더화이에게 구체적인 내용을 지시한 전보를 보냈기 때문이다.

펑더화이 동지와 가오강 동지 보시오.

22일 술시戌時에 전보는 잘 받아보았소. 당신이 제시한 방침은 타당하오. 우리는 타당한 토대 위에서 출발해야지 가능하지 않은 일을 해서는 안 되오. 북한의 전세는 군사적인 측면에서 다음의 몇 가지 부분에 착안해 결정을 내려야 하오. 첫째, 현재 작전 배치상 적들이 전혀 예측하지 못할 기습공격으로 2~3개 또는 4개의 한국군 사단(한국군 3사단은 한국군 6사단의 후방을 따라 진격할 것이고 1사단은 증원할 것임)을 섬멸할 수 있을 것인가에 대해서요. 이번 전투에서 만약 크게 이긴다면 적들은 재배치에 나설 것이오. 그러면 신의주·선천·정주 등지에서 최소한 일정 기간은 진격해 점령할 수 없으며, 한국군 수도사단과 제3사단 이 2개 사단은 함흥 일대에서 원산 지구로 퇴각할 것이오. 그러면 장진은 보호할 수 있지만 신의주와 순천 두 지점을 보호할 수 있느냐는 아마도 문제로 대두될 것이오. 성천에서 양덕의 철도 구간을 막고 지키는 병사가 없다는 것은 적에게 엄청난 빈틈을 내보이는 격이오. 현재 병력으로 봤을 때 적들은 즉시 수세적인 상황에 빠지게 될 것이오. 만약 이번의 기습작전이 큰 승리를 거두지 못한다면 한국군 제6·7·8 사단의 주력부대를 신속히 섬멸할 수 없을 것이고, 그들은 탈출하거나 지원을 기다리는 방침을 고수할 것이오. 그러다가 한국군 제1사단과 수도사단 및 미군의 일부가 증원되어 도착하면 아군은 퇴각해야 하며, 전세가 적에게 유리하게 바뀌어 희천과 장진 두 곳을 지키는 것도 힘들어질 것이오. 둘째는 적군의 비행기가 아군에 타격을 가해 아군의 작전에 얼마나 방해를 줄 것인지에 대한 문제요. 만약 우리가 야간 행군을 이용해 작전을 능숙하게 이끌어갈 수 있다면 적군에게 막대한 규모의 비행기가 있다 해도 대규모 사상자를 내지 못할 것이며 우리를 그다지 방해하지도 못할 것이오. 아군은 지속적으로 야전을 펴고 수많은 고립된 거점을 공격해나갈 것이오. 즉 평양·원산·서울·대구·부산 등 대도시 및 인근 지역에서는 아군에게 비행기가 없으므로 공격하기 힘들지만, 그밖의 지역에서는 적들이 아군에 의해 각개 섬멸될 것이오. 미군이 재차 몇 개 사단을 증파하더라도 아군은 각개 섬멸이 가능하오. 이렇게 하면 미군을 압박해 우리와 외교협상을 하도록 할 수 있을 것이오. 또는 아군이 비행기와 대포를 갖춘 뒤에 대도시들을 하나하나 점령해나갈 수도 있소. 적군의 비행기가 아군에 무수한 사상자를 내거나 큰 장애가 되어 아군이 유리한 전투를 할 수 없다면, 공군이 없는 반년에서 1년 사이에 우리 군은 아주 어려운 상황에 처할 것이오. 셋째, 미군이 5~10개 사단을 다시 북한으로 파병하기 전에 아군이 기동전이나 고립된 거점을 치는 작전으로 몇 개의 미군 사단이나 한국군 사단을 섬멸하지 못할 경우, 전세는 우리에게 불리한 방향으로 흘러갈 것이오. 그 반대라면 전세는 우리에게 유리해질 것이오. 지금까지 말한 몇 가지 관점은 모두 이번 전투 및 그 이후 수개월 내에 경험하거나 증명될 것이오. 우리는 전력으로 이번 전투를 완벽한 승리로 이끌어야 하오. 전력을 다해 적군의 비행기 폭격 속에서도 왕성한 사기로 힘 있게 전투를 벌여야 하오. 적들이 미국 또는 다른 지역에서 병력을 증원해 북한으로 보내기 전에 전력을 다해 일부 적군을 섬멸해야 하오. 병력 보충으로도 적군이 입은 타격을 만회할 수 없도록 해야 하오. 이것이 내 생각이오. 마지막으로 우리는 타당하고 신뢰할 만한 토대 위에서 가능한 모든 승리를 쟁취해야 하오.

마오쩌둥

10월 23일

10월 24일, 서부전선에서 한국군 제6사단이 이미 희천을 점령했고 주력부대는 온정·회목동檜木洞·초산楚山 방향으로 무모하게 돌진하고 있었으며, 1개 연대는 이미 대유동의 후방에 도착했다. 한국군 제8사단은 영원寧遠을 점령하고 계속해서 중국군 좌측 후방의 강계 방향으로 우회해 전진하고 있었다. 한국군 제7사단과 제1사단은 영변과 용산동 지역을 점령하고 정면에서 중국군을 향해 압박해오고 있었다. 영국군 제27여단과 미군 제24사단은 각각 정주와 태천을 향해 북진하면서 중국군의 우측 후방을 향해 우회했다. 동부전선에서 한국군 제3사단과 수도사단은 오로리를 점령했고, 미군 제1해병사단과 제3사단은 원산에서 수뢰 제거가 완료되면 상륙할 수 있었으며, 미군 제7사단은 이미 이원利原 방향으로 움직였다.

중국 지원군의 대부분 부대는 아직도 예정된 방어진지에 도착하지 못한 상황이었다. 제40군의 2개 선두사단만이 북진과 운산 이북으로 진군했을 뿐, 나머지 각 군의 선두사단은 예정 작전지역에서 아직도 30~50킬로미터나 떨어져 있었다. 제39군의 선두부대인 117사단은 태천 지역으로, 제38군의 선두부대 113사단은 전천前川 지역으로, 제42군의 선두부대 124사단은 고토리 이북 지역으로 진격하고 있었다.

이때까지도 유엔군은 중국 지원군이 북한에 출병한 흔적을 발견하지 못했고, 그런 이유로 북진에 더욱 속력을 냈다.

중국군과 유엔군의 전투가 어느덧 눈앞에 임박했다.

중국 지원군 사령기관의 전체 인원과 제13병단 지휘부가 대유동에 도착해 펑더화이와 합류한 뒤 화급을 다투는 첫 번째 일은 바로 지휘부를 세우는 것이었다. 펑더화이가 애초에 구상한 대로 제13병단 사령부에 일부 인원을 더해 지원군 사령부를 조직하려 했으나 적정敵情이 다급해져 그럴 여유가 없었으며, 따라서 아예 제13병단 사령부를 그대로 지원군 사령부로 바꾸었다.

중앙군사위원회의 임명을 거쳐 10월 25일 중국인민지원군 지휘기관을 구성했다. 펑더화이가 지원군 사령관 겸 정치위원으로, 덩화가 부사령관 겸 부정치위원으로, 홍쉐즈와 한셴추가 부사령관으로, 셰팡이 참모장으로, 두핑이 정치부주임으로 임명되었다. 이밖에 지원군 당위원회도 구성되었다. 펑더화이가 지원군 당위원회 서기, 덩화가 부서기, 홍쉐즈·한셴추·셰팡·두핑이 상임위원으로 임명되었다. 지원군과 인민군의 작전협력을 위해 조선 노동당 중앙은 박일우를 보내 지원군 총사령부에 상주하도록 했는데, 그는 지원군 부사령관과 부정치위원, 지원군 당위원회 부서기를 겸임했다.

이후 소집된 지원군 제1차 작전회의에서 펑더화이는 입안의 찻잎을 씹으며 말했다. "우리가 애초에 정한 방어 속에 적군을 소멸한다는 계획은 실행하기 어렵게 되었소. 국내전쟁에서 사용했던 크게 치고 들어갔다가 뒤로 빠지는 전법도 지금 이 상황에서는 적절하지 않소. 우리는 전략을 바꿔 기동전을 주로 하고 진지전과 유격전으로 기동전을 보조하는 작전 방침을 취해야 하오. 구체적인 작전 배치로는 일부 병력으로 동부전선의 적을 견제하고 서부전선에 집중해 돌발적인 작전으로 적군을 혼란에 빠뜨리는 거요. 그러려면 먼저 서부전선에 전투력이 약한 한국군 3개 사단을 쳐야 하오. 자, 맨 처음을 어떻게 먹어치워야겠소? 내 생각에는 적군을 아군이 유리한 지형으로 유인해 섬멸해야 하오!"

마오쩌둥이 10월 23일에 보낸 전보의 지시대로 작전회의는 다음과 같은 전략적 배치를 확정했다.

첫째, 제40군의 제8포병사단 42연대를 온정 이북, 북진 이동以東 지역으로 집결시키고 기회를 기다렸다가 한국군 제6사단을 온정 서북 지역에서 섬멸한다. 둘째, 제39군의 제1포병사단 26연대 및 25연대 1개 대대, 제2포병사단 29연대, 고사포병 1연대는 운산雲山 서북 지역으로 신속히 집결해 제40군이 포위 섬멸하는 한국군 제6사단을 지원하러 오는 한국군 제1사단을 운산 인근 지역에서 섬멸할 준비를 한다. 셋째, 제38군 125사단과 제8포병사단 46연대는 희천 이북의 명대리明岱里와 창리倉里 지역에 신속히 집결해 희천 및 그 이북 지역의 한국군 제8사단을 섬멸할 준비를 한다. 넷째, 제42군 주력부대의 제8포병사단(42, 46연대가 빠짐)은 장진 이남의 황초령黃草嶺과 부전령赴戰嶺 지역에서 적군의 북진을 저지하고 동부전선의 적을 견제해 서부전선 지원군 주력부대 측면의 안전을 책임진다. 동시에 제66군은 안동에서 강을 건너 철산鐵山 방향으로 전진하고 영국군 제26여단을 저지할 준비를 한다.

이는 쌍방의 병력 비교나 당시 전세로 봤을 때 정확한 배치였다. 하지만 적군의 상황에 대한 정보가 부족해 지원군의 지휘관들은 당시 발생할 수 있는 돌발적 상황을 예측할 수가 없었다.

제40군 118사단 사단장 덩웨는 펑더화이의 지시를 받고 전위대 354연대에게 온정을 지나지 말고 온정 이북의 풍하동豐下洞과 부흥동富興洞 지역에서 진지를 구축해 적군을 저지할 준비를 갖추게 했다. 사단의 주력부대는 양수동兩水洞과 북진北鎮 지역에 집결해 전투 투입 상황을 지켜보았다. 적군이 북으로 진격하지 않을 경우 다음날 밤에 계속 전진할 예정이었다. 354연대의 전위대는 4중대였다. 당시의 정황상 이 중대는 마치 전체 지원군이 내놓은 촉수 같은 존재였다. 그들은 온정에서 고작 4킬로미터밖에 떨어지지 않은 지점에 도착해 도로 동쪽의 숲에서 온정 지구의 한국군이 야영을 하면서 피운 모닥불을 보았다. 또한 철수하는 북한군 병사들을 통해 한국군이 이미 온정을 점령했다는 사실은 알아냈으나 점령군의 부대명과 병력 그리고 이후의 계획은 파악하지 못했다. 354연대 참모장은 다음과 같이 작전 배치를 했다.

2대대 4중대에 중기관총 2정을 지급해 도로변의 216고지를 통제하고 정면 저지를 맡긴다. 3대대는 부흥동 이북의 239지점 8고지에서 화력으로 도로를 통제한다. 1대대는 예비부대로 장동長洞에서 은폐한다. 정찰소대는 앞으로 나아가 적군의 상황을 파악하고 적들의 동향을 감시한다. 전투가 시작되면 연대 지휘소를 490지점 5고지에 세우고, 동시에 전체 연대는 철저하게 위장하며 등불을 통제하고 유선전화를 신속히 가설해 연락이 가능하도록 한다.

중국군 병사들이 어둠 속에서 진지를 구축하고 있을 때 354연대의 정치위원 천예陳耶는 미군의 인천상륙 후 포위망을 뚫고 거기까지 철수에 성공한 북한군 연대장을 만났다. 이 북한군 연대장은 중국인민해방군에서 중대장을 역임한 바 있었기에 그들은 서로 특별히 존중을 표하면서 밤새도록 긴 이야기를 나누었다.

동이 틀 무렵이었다. 경계 보초를 서는 병사들 이외에 나머지 병사들은 진지에서 몸을 잔뜩 웅크린 채로 졸고 있었다. 날씨가 추웠지만 불을 피우는 것은 금지되어 있었다. 그래도 어떤 병사들은 꿈을 꾸며 깊이 잠들었을 것이다. 날이 밝은 후에 어떤 일이 벌어질지는 354연대의 장교들을 포함해 아무도 모르고 있었다. 그저 이런 진지 배치를 펑 사령관이 직접 계획했다는 사실이 바로 이곳에서 큰일이 일어나리라는 걸 설명해준다고 짐작할 뿐이었다. 전투가 곧 시작될 것이다. 죽기 살기로 진격해오는 적군이 남한 사람이건 미국 사람이건 어쨌든 모두 외국인이었다. 중국군 병사들은 생각이 거기까지 미치자 마음속에 기이한 느낌이 들기 시작했다.

모든 것을 안다고 생각했지만
사실은 아무것도 모르고 있었다

1950년 10월 25일 이른 아침, 한국군 제6사단 2연대는 새벽안개 속에서 전투대형을 갖추고 있었다. 연대장 함병선 대령은 전진하는 전투 서열을 하달하면서 마음속에 희미한 불안감이 들었다. 하루 전인 24일에 2연대가 북한군의 저지를 격퇴하고 온정으로 진입했을 대 3대대의 정보원이 유선통신망을 이용한 도청으로 중국군이 등장한 기척을 발견했다고 보고했다. 함병선이 즉시 이 정보를 사단장 김종오에게 보고하자 사단장은 이렇게 회답했다.

"상부의 정기적인 정보로는 아무 말도 없었다."

온정에서 하루를 숙영하는 동안 어떤 상황도 발생하지 않았고 지금은 부대가 곧 출발해야 했다. 불안한 마음이 함병선의 마음을 훑고 지나갔다. 그는 전진과 관련한 명령을 하달했다. 2대대를 선두대대로 삼아 1대대가 그 뒤를 따르고, 3대대의 포병과 전차는 차량을 타고 함께 이동하라는 내용이었다.

2연대의 전진 방향은 북진이었다.

오전 9시, 2연대의 긴 대열이 온정에 나타났다.

밤사이 파견한 정찰분대가 보고를 했다. 북으로 향하는 도로에서 이상한 기척은 발견하지 못했다는 내용이었다.

이날 새벽 2시, 북진에 위치한 지원군 사령부 작전 당직실의 전화벨이 울렸다. 참모장 셰팡解方이 수화기를 드니 제40군 118사단 사령부에서 걸려온 전화였다. 들려오는 목소리는 매우 긴장되고 흥분해 있었다.

"아군 정면에서 적군을 발견했습니다!"

셰팡은 자신이 잘못 들었나 의심했다. 적군의 상황을 파악한 바에 따르면 아군이 이렇게 빨리 적군과 접촉할 리가 없기 때문이었다. 그가 재차 물었으나 돌아온 대답은 마찬가지였다.

"확실합니다. 적군입니다! 외국어를 하고 있어서 알아듣지는 못하겠습니다!"

셰팡은 즉각 지시를 내렸다. "철저히 감시하고 이쪽의 모습을 노출해서는 안 된다."

전화기를 내려놓고 셰팡은 부대가 이렇게 빨리 적군과 맞닥뜨린 데 대해 의외라는 생각을 했다. 잠을 잘 엄두도 못 내고 셰팡은 부사령관 홍쉐즈를 불러 두 사람이 함께 불안한 마음으로 전화기를 지켰다. 얼마 지나지 않아 전화가 또다시 울렸다. 이번에는 사단장 덩웨가 직접 걸었다.

"우리 정찰병은 그들이 말하는 것을 들었습니다. 조선어를 쓰고 있는 걸 보아 미군은 아닌 것 같고 아마도 한국군 제6사단인 듯합니다."

"만일 한국군이라면 그들을 유인하시오." 홍쉐즈가 말했다.

원래의 계획대로라면, 지원군 각 부대는 이 일대에서 작전을 벌여야 했다. '큰 자루'를 펼치고 다시 유리한 전투 기회를 포착해 기습하는 방식으로 순식간에 한국군의 몇 개 사단을 포위하는 것이었다. 하지만 118사단의 정면에 이미 적군이 나타나 조우전을 피할 수 없게 되었다. 중국군이 참전한 사실이 일단 드러나면 기습전투는 고사하고 애초의 계획이 모조리 물거품이 될 판이었다.

그저 118사단의 정보가 잘못된 것이기만을 간절히 바랐다.

한국군 제6사단의 진격계획은 구장에서 온정을 거쳐 고장에 이르는 도로를 따라 전진하는 것이었다. 최종 목적지는 중국과 북한 국경지대 부근의 벽동과 초산이었다. 7연대가 전진하는 속도가 매우 빨라 그들은 이미 온정을 지나 곧 고장에 다다를 참이었다. 제6사단의 진격 순서에 따라 2연대는 7연대의 뒤를 따라 전진했다.

높은 가을하늘이 돌연 어둑어둑해지더니 하늘에 먹구름이 짙게 드리웠다. 저 멀리 암석이 노출된 적유령산맥에는 눈이 얇게 깔려 있었다. 현재 도로에는 선두부대인 7연대가 지나가고 있어 안전하다고 할 수 있었다. 온정은 북한의 북부 산악지대로 들어가는 관문이었다. 북쪽을 향해 남북 방향의 도로가 산에서 흘러나온 구룡강을 끼고 구불구불 이어져 있었다. 도로 동쪽에는 소나무로 빽빽한 산들이 이어졌고 마른풀들은 먹구름이 만들어낸 음영 속에서 흔들거렸다. 서쪽으로는 강과 강변으로 뻗어 있는 고산의 골짜기가 있었다. 강 양편의 곡지리에는 논이 평평하게 펼쳐져 있었다.

지원군 118사단 354연대의 병사들은 도로 양쪽 산비탈의 마른풀 더미에 몸을 숨긴 채 추운 밤을 지냈다. 새벽안개가 서서히 걷히면서 맑은 강과 촘촘히 이어진 밭두렁 그리고 초가집과 기와집들이 어렴풋하게 보였다. 산비탈 아래 도로는 인적이 없어 마치 죽어 뻣뻣해진 회백색의 뱀 같았다.

지형상으로 이곳은 매복하기 좋은 지역이었다.

풀숲 안에 있는 중국군 병사들이 까만 눈을 크게 떴다.

도로 끝에서 마침내 희미하게 피어오르기 시작한 먼지가 서서히 더 짙어지고 두터워졌다. 먼지 속에서 가장 먼저 모습을 드러낸 이들은 보병이었다. 보병들은 총을 들고 2열로 나뉘어 도로 양옆을 따라 서서히 이동했다. 이어서 차량으로 구성된 대오가 보병을 지나 당당히 다가오고 있었다.

중국군 병사들 사이에서 긴장과 흥분이 급속히 퍼져나갔다. 밤낮으로 수도 없이 구상했던 광경이 오늘 실제로 눈앞에 펼쳐지고 있었다.

354연대 정치위원 천예는 바로 그 순간 연대장 추촨위褚傳禹가 보이지 않는다는 사실을 깨달았다. 3개 보병대대의 전화를 총동원해 알아보았지만 연대장이 어디에 있는지 찾지 못했다. 천예는 통신계에 일러 무선통신기로 사단에 연락을 취하라고 했으나 사단 지휘소는 침묵으로 비밀을 지키고 있는 중이어서 연결이 되지 않았다. 조국을 떠난 후의 첫 번째 전투를 앞두고 다급해진 천예는 이것저것 생각할 겨를 없이 즉각 참모장과 정치처 주임, 작전·통신·조직·선전·보위 등 각 계의 계장을 자신이 있는 곳으로 소집했다.

긴급회의는 매우 급박하게 진행되었고 두 가지 방안이 도출되었다. 첫 번째는 정면으로 적군을 제압하는 방안이었다. 이렇게 하면 확실하고 덜 위험할 뿐 아니라 후속부대와 지휘기관의 안전도 보장할 수 있었다. 단점은 격파전과 소모전이 될 가능성이 있다는 점이었다. 두 번째는 적군을 몰아넣는 방안이었다. 1개 대대를 몰아넣은 후 섬멸전을 펼치는 방안인데, 여기에도 어느 정도의 위험은 뒤따랐다. 대다수가 두 번째 안을 주장해서 그렇게 결정한 후 참모장 류위주劉玉珠는 부대에 "명령 없이 총을 쏘아서는 안 되고 적군을 몰아넣고 공격한다"는 명령을 내렸다.

이때 천예 정치위원과 밤새도록 대화를 나눈 그 북한군 연대장이 전투 참가를 요구했지만 천예는 동의하지 않고 즉시 이동하라고 했다. 북한군 연대장은 중국군 병사들 뒤편에 있는 삼림 속으로 사라졌다.

적군이 가까이 오자 머리에 쓴 철모에서 번쩍번쩍 빛이 났다.

354연대의 병사들은 유선전화를 통해 참모장의 준엄한 목소리를 들었다. "명령 없이는 누구도 발포하지 마라!"

모든 소총, 기관총, 박격포, 척탄통擲彈筒이 도로를 겨냥하고 있었다.

병사들 앞에는 다발로 묶인 수류탄이 쌓여 있었다.

이때 사라졌던 추촨위 연대장을 찾았다. 그는 이렇게 빨리 적군과 맞닥뜨리게 되리라고는 생각지도 못했고, 적군의 정황을 발견했을 때에는 1대대 3중대에 있었다. 추촨위 연대장은 긴급회의에서 결정된 전술에 동의했다. 그리고 그가 1대대와 3대대를 인솔해 출격하고 정치위원이 2대대를 인솔해 '자루 입구를 묶으러' 갔다.

총사령부의 지휘 없이 354연대가 모든 작전을 결정했다.

이는 예상하지 못한 조우전이었다.

이 전투에 참전했던 모든 중국군 병사는 그날 마주친 한국군 병사들의 태연스러운 모습에 놀라움을 금치 못했던 것을 기억하고 있다. 온정에서 나온 한국군 제6사단 2연대의 선봉대는 기본적으로 화력 정찰을 하지 않았고 차량에서 내리지도 않았다. 그들은 차에 앉아서 사과를 먹으면서 이야기꽃을 피우고 있었다. 선봉대를 태운 트럭이 중국군 병사들이 매설해놓은 '접촉식 지뢰'를 압박했으나 지뢰에 사용된 것이 신속하게 터지는 뇌관이 아니었기 때문에 트럭은 파괴되지 않았다. 차량에 있던 한국군 병사들은 조금도 놀라는 기색이 없었으며 심지어는 트럭을 세워 점검해보지도 않았다.

한국군 제6사단 2연대 3대대는 차량을 이용하는 기동대였다. 그래서 가장 늦게 온정에서 출발했지만 그때 이미 선두대대인 보병 2대대를 추월했다. 결국 중형 트럭이 견인하는 곡사포 12문이 2연대 전체의 선봉대가 되었다. 진격 과정에서 포병을 최전방에 세우는 전투대형 역시 중국군 병사들이 한 번도 접해본 적 없는 모습이었다. 포차 후미에는 군수품과 보병을 실은 20여 대의 차량이 따르고 있었다.

포병과 차량은 가장 남쪽에 있던 354연대 2대대 4중대의 바로 앞을 지나갔다.

발포 명령은 내리지 않았다. 방아쇠를 바짝 끌어당기는 중국군 병사들의 손이 땀으로 축축히 젖어 있었다.

갑자기 노랫소리가 들리고 도로에 있던 포차와 트럭도 멈춰 섰다. 앞장선

포차는 이미 풍하동 입구에 도착했고 일부 주민들이 태극기를 흔들면서 나와 '국군'을 환영하고 있었다. 환영 인파를 지나 차량 행렬은 계속 앞으로 전진했다. 이때 심각한 문제가 발생했다. 차량 행진은 빠른 반면 보병의 행진 속도가 더뎌서 도로를 행진하던 2연대의 앞뒤 대열 간격이 족히 몇 킬로미터는 되었던 것이다. 한국군 보병대대를 몰아넣기 위해 354연대는 선두로 가던 차량 행렬을 그대로 보냈는데, 이 차량 행렬이 354연대의 방어구역을 지나친 후 예상과는 달리 118사단의 지휘부가 있는 곳까지 들이닥쳤다. 지휘부는 선두연대가 적군과 맞닥뜨릴 것을 알고 있었지만 무선통신기는 그때까지도 울리지 않았다. 게다가 적군이 그렇게 빨리 들이닥치리라고는 전혀 예상치 못했다. 한국군이 도착했을 때 118사단의 지휘부는 길가에 멈춰 있었으며 병사들도 그 옆 마을에서 휴식을 취하고 있었다.

차량에 있던 한국군 병사가 곧바로 총을 쐈다. 길가에 멈춰 서 있던 118사단 지휘차량의 유리창이 순식간에 박살났고 차량 안에서 잠을 자고 있던 운전병은 몸을 날려 산골짜기로 내달렸다. 사단의 정찰중대는 즉각 총을 쏘며 반격에 나섰고 사단장 덩웨를 포함한 지휘부도 황급히 산에 올라 진지를 잡았다.

이때 354연대의 지휘소는 한국군 보병대대 전체가 매복권 안으로 들어온 후 발포하라는 명령을 내렸다. 갑작스레 총알이 빗발처럼 날아오자 한국군 병사들은 어지럽게 뒤엉켰다. 3대대 8중대의 박격포수 허이칭何易清은 돌아나가려는 트럭을 향해 포를 발사했고, 멈춰버린 차량이 도로를 가로막았다. 당시 허이칭이 사용한 60밀리 박격포는 현재 중국혁명군사박물관에 전시되어 있다.

한국군 제6사단 2연대의 병사들에게 이날은 세계의 종말을 고한 하루였다.

중국군이 총검을 들고 달려들자 도로 위에서, 논 한가운데서 그리고 강기슭 등의 도처에서 놀라고 당황해 어찌할 줄 모르는 한국군 병사들이 추살되는 광경이 목격되었다. 효과적으로 대항할 태세를 갖추지 못하고 20분도 채 안 되는 사이에 가장 먼저 온정을 출발했던 보병대대는 끝장나버렸다.

도로 최남단에서 한국군 후속부대의 진격을 저지할 책임을 맡은 4중대는 엄혹한 시험대에 올랐다. 적들의 화포가 전선 최전방에 있던 8분대 진지를 불바다로 만들어놓았기 때문이다. 적군을 향해 수차례 공격을 수행한 후 8분대 진지는 불바다가 되었고 분대원 전원이 전사했다. 대신 한국군은 70여 병사의 목숨을 내놓아야 했다.

이상한 것은 354연대가 그냥 보낸 한국군 기동대대가 전투역량이 취약한 118사단의 정찰중대와 대치한 뒤, 요란하게 총성이 울리는 뒤쪽에 그다지 신경을 쓰지 않고 즉시 뒤돌아 공격하는 태세도 취하지 않았다는 점이다. 만약 그들이 그렇게 했다면 354연대는 그야말로 양면 협공을 받는 형세에 빠졌을 것이다. 이때 한국군 기동대대는 여전히 그들이 맞닥뜨린 것은 그저 사소한 한 차례의 소란에 불과하다고 생각했다. 훗날 미국 논픽션 작가 조지프 굴든이 남긴 글에 따르면, 당시 한국군 병사들은 모두 숨어서 원군이 오기를 기다리며 그들 지휘관이 북한군 차단부대라고 상상했던 적을 격퇴시키려 했다. 그 결과 기동대대의 기다림 끝에 당도한 것은 덩웨가 뽑아온 또다른 보병연대, 즉 중국군 353연대의 포위 섬멸이었고, "몇 분 내에 그 대대는 엄청난 사상자를 내고 말았다." 10월 25일 오후 3시, 353연대가 전장을 정리한 결과 사살된 한국군은 325명, 포로는 161명이었고, 노획한 장비는 차량 38대와 화포 20문, 각종 총기 163정에 이르렀다. 그중 미군 고문 한 명이 사살되었고 또 한 명의 미군 고문 글렌 존스Glenn C. Jones 중위는 부상을 입고 포로가 되었다가 후에 전쟁포로 수용소에서 사망했다.

이와 거의 동시에 제40군 우익의 선발 연대인 120사단 360연대 역시 한국군과 전투를 치렀다.

360연대는 쉬루이徐銳 연대장의 인솔하에 운산 북쪽의 간동 남산, 옥녀봉 일선에 진지를 세우고 운산 북쪽에 있는 한국군을 저지할 준비를 했다. 이들의 임무는 한국군을 제압하고 제40군의 작전 진행을 엄호함과 동시에 제39군의 도착을 기다리는 것이었다. 쉬루이는 용감하게 작전을 펴는 지휘관이었다. 중국 국공내전의 랴오선전투에서 부연대장을 맡은 쉬루이는 1개 대대를 이끌고 적진에 깊숙이 침투해 국민당군 랴오야오샹廖耀湘 병단의 사령부를 습격했는데, 당시 습격의 경위는 이후 랴오선전투를 묘사한 수많은 작품을 통해 여러 차례 기록된 바 있다. 이때 360연대의 선두 진지인 간동 남산을 수비하던 부대는 1대대 3중대였다. 3중대 진지 앞은 강으로 가로막힌 운산이었다.

아침 햇살이 아직 들기 전이라 차량이 내쏘는 불빛이 하늘 저 끝까지 눈부시게 비추고 있었다. 한국군 제1사단의 북진 부대는 새벽녘에 운산에 진입했다. 1대대 3중대의 병사들은 성안의 한국군이 아침식사를 하는 상황까지도 똑똑히 볼 수 있었다. 오전 7시, 선봉대를 앞세우고 그 뒤를 전차와 자동화포 차량 대열이 바짝 뒤따르며 한국군 제1사단은 보무도 당당하게 운산에서 진군하기 시작했다.

쉬루이는 선봉대가 지나가도록 놔둔 뒤 대부대를 향해 기습 사격을 가하기 시작했다. 360연대 소속 포병도 한국군의 전차를 향해 포격을 시작했다. 전차 대형이 이내 뒤엉키면서 뒤쪽으로 방향을 바꾸었고 한국군의 선봉 대부분은 그 자리에서 사상자를 냈다. 쉬루이는 포로로 잡힌 한국군 병사들을 즉시 그가 있는 곳으로 압송하라고 명했다. 그는 적군의 부대명과 실력을 절실히 알고 싶었다. 하지만 곧바로 미군 비행기가 커다란 새처럼 날아오고 있었다. 중국군 병사들과 압송된 한국군 포로들은 폭격으로 인해 순식간에 참혹하게 살육되었다.

354연대의 매복전과는 다르게 360연대는 아주 힘겨운 저지전을 치렀다.

한국군 제1사단은 맹렬한 포화와 대량의 전차 그리고 미군 비행기의 지원을 등에 업고 중국군의 저지진지에 강공을 펼쳤다. 공세의 중점은 1대대 3중대가 사수하는 간동 남산이었다.

간동 남산은 운산에서 희천 그리고 운산에서 온정에 이르는 두 도로가 교차되는 지점에 가로로 뻗어 있는 해발 100여 미터의 야산이었다. 이 고지는 한국군이 북진하기 위해 반드시 거쳐야 하는 길이었기 때문에 전장에서 쌍방의 공수가 이루어지는 중요 지점이었다. 마미송馬尾松이 빽빽한 산에서 1개 중대의 중국군 병사들은 사력을 다해 한국군 제1사단이 가한 수차례의 공격을 물리쳤다. 중국군의 완강한 수비는 한국군 지휘관을 깜짝 놀라게 할 정도였다. 한국군이 반격을 시작한 이후 북한군의 저지를 받았지만 이처럼 전투력을 갖춘 저지부대는 없었기 때문이다. 공격이 실패하자 한국군은 전차와 화포를 집중시켜 간동 남산을 향해 맹렬한 포격을 퍼부었다. 동시에 미군 폭격기 20기가 전투에 참가했다. 미군 비행기의 항공 폭탄, 로켓탄 그리고 네이팜탄의 정확한 폭격으로 간동 남산에서 피어오른 맹렬한 불길이 하늘을 온통 뒤덮었다. 이글이글 타오르는 화염 속에서도 중국군 병사들이 위축되는 기미는 전혀 볼 수 없었다. 한국군 병사들이 함성을 지르며 아주 가까이 돌진해왔을 때 그들은 한 명씩 이미 폭격으로 평평해진 진지에서 튀어나와 총을 쏘기 시작했으며, 막대수류탄이 폭우처럼 한국군 병사들 머리 위로 떨어졌다. 공격과 수비를 반복하면서 중국군 병사들은 절반쯤 사망했으며, 더욱 심각한 것은 탄약이 이미 소진되었다는 사실이다.

엄중한 때가 다가왔다.

20여 명의 한국군 병사가 마침내 산 한쪽을 오르고 있을 때 적진에서 다 해진 옷을 입은 병사 한 명이 불쑥 일어서는 모습이 눈에 들어왔다. 그 병사는 폭파통 한 개를 가슴에 안고 미소를 띤 것 같은 얼굴로 그들을 향해 돌진했다. 한국군 병사들은 자신들 앞으로 다가오는 이 젊은 병사가 중국에서 온 사람이라는 사실을 알지 못했다. 병사의 빛나는 까만 눈은 전쟁 중 죽을지언정 굽히지 않는 이의 모습을 떠올리게 했다. 그 까만 눈의 병사가 가까이 돌진해왔을 때에야 한국군 병사들은 앞으로 무슨 일이 벌어질 것인지 퍼뜩 깨닫게 되었다. 하지만 이미 손쓸 겨를도 없이 까만 눈의 병사가 품고 있던 폭파통이 폭파했다. 스바오산石寶山, 중국군 제40군에 소속된 그는 한국전쟁에서 적과 함께 희생한 최초의 지원군 병사였다.

360연대의 목숨을 건 필사적 저지로 급하게 북진하던 한국군 제1사단은 3일 동안 운산에서 발이 묶여 북으로 한 걸음도 밀고 올라가지 못했다. 360연대의 병사들은 당시 이 3일 동안의 결사적 저지로 앞에 놓인 운산이 한국군 제1사단을 혼비백산하게 만든 지옥이 된 줄은 모르고 있었다.

10월 25일 이날, 중국군과 한국군이 서부전선에서 맞닥뜨렸을 때 동부전선의 지원군 부대 또한 포성을 울리고 있었다.

북한의 지세는 압록강을 도하해 장진 지구로 향하는 다급한 행군을 더욱 어렵게 했다. 이 길에는 한반도 북부의 유명한 개마고원이 가로놓여 있기 때문에 해발고도가 높은 영향으로 기온이 갑자기 떨어져 아직 10월인데도 눈발이 날렸다. 동해안에서부터 중국과 북한의 국경지대로 통하는 유일한 도로는 구불구불하게 심산 협곡 사이에 놓여 있었다. 이 도로는 함흥과 흥남을 거쳐 곧바로 언덕을 올라 황초령이라는 고개를 넘어 개마고원으로 이어졌다. 이 도로는 유엔군이 동해안을 끼고 중국과 북한의 국경지대로 진군하는 필수 경로였다. 동부전선에서 북진하는 유엔군을 저지하고 지원군 우익의 안전을 엄호하며, 서부전선에서 치러지는 전투의 승리를 위해 압록강을 도하하는 제42군의 임무는 아주 명확했다. 즉 이 도로에서 북진하는 적들을 결연히 막아내야 했다. 제42군의 지휘관은 전황이 복잡해질 것을 예견했다. 그래서 대부대가 도하하기 전에 124사단의 부사단장인 샤오젠페이蕭劍飛가 인솔하는 선발대를 보내 전투지역에 깊숙이 들어가서 지형을 조사하도록 했다. 선발대는 미군 비행기의 폭격을 무릅쓰고 동부전선 전투지역의 중요 목표 지점을 정찰했다.

10월 21일 샤오젠페이는 조선인민군 장진 지구 수비대의 사령관 김영환을 만났다. 중국인민해방군에서 중대장으로 복무하다가 1949년이 되어서야 조국으로 돌아온, 중국어가 유창한 이 군관은 이처럼 엄혹한 시기에 샤오젠페이를 만나자 눈에 그렁그렁 눈물이 맺혔다. 김영환의 안내로 샤오젠페이는 북한군의 부사령관 최용건과 북한군 부대에 있던 몇 명의 소련 고문을 만났다. 그때 그들이 가장 알고 싶어한 것은 그곳으로 오고 있는 지원군과 비행기 그리고 대포의 규모였다. 지원군은 2개 사단(제42군의 125사단은 제38군에 배속되어 서부전선에서 작전 중)으로만 구성되어 있고 비행기와 전차도 없으며, 전군에 임시로 강화된 포병만이 더해졌을 뿐 화포도 전부 해봐야 100문이 채 안 된다는 사실을 듣고는 얼굴에 피로가 켜켜이 쌓인 최용건과 소련 고문은 실망을 금치 못했다. 소련 고문이 의문을 제기했다.

"미군과 비교해 무기와 화력의 격차가 심하고 비행기 지원도 없는데 무엇으로 적군의 공격을 막아낼 수 있겠소?"

이에 샤오젠페이가 이렇게 대답했다.

"유리한 고지를 점령하고 도로를 봉쇄하기만 하면 적군의 전차와 기계화부대는 위력을 발휘하지 못합니다. 우리 지원군은 풍부한 전투 경험과 용감히 전투에 나서는 정신이 있으니 분명 승리할 것입니다."

소련 고문들과는 달리 중국인민해방군에서 전투를 해본 경험이 있는 김영환은 일찌감치 제42군의 군단장이 우루이린이라는 사실을 알고 있었고 또한 중국 군대가 가지고 있는 강렬한 자신감이 어디에서 나오는지를 아주 잘 알고 있었다. 그는 중국의 젊은 부사단장 샤오젠페이의 낙관에 모종의 신뢰를 표했다.

관건은 저지전에서 가장 유리한 지점이 어디인가였다.

논의 결과 황초령이 바로 그 지점이었다.

황초령은 함흥에서부터 뻗어나온 도로의 가장 고지대였다. 특히 오로리에서 황초령으로 오르는 길은 반드시 40킬로미터에 달하는 협곡지대를 지나야 했다. 협곡 양쪽에는 모두 거대한 산봉우리와 깎아지른 듯한 절벽이 있었다. 이곳에서는 연대봉과 송용동, 초방령 등 감제고지가 기각지세掎角之勢를 이루기 때문에 다른 각도에서 전체 협곡을 조감하고 적군을 견제할 수 있었다.

유엔군 지휘관도 황초령이 그들에게 마찬가지로 중요한 의미를 지니고 있다고 판단했다. 이 요지를 점령하는 것은 곧 북한 동부의 관문을 여는 것과 같아서 위험을 감수하지 않고도 적의 전진을 막아낼 수 있는 우세를 차지하는 것을 뜻했다. 반대로 일단 황초령에 대한 통제를 잃게 되면 북상하기 위해 반드시 거쳐야 하는 이 지역을 통과하기 위해 엄청난 대가를 치러야 했다.

쌍방은 먼저 점령하기 위해 앞다퉈 황초령을 향해 전진하기 시작했다.

제42군은 압록강을 도하한 후 소련 공군이 참전하지 않기로 결정했기 때문에 명령대로 강계에서 꼬박 이틀을 머물렀다. 이 이틀의 손실은 제42군에게 아주 치명적이었다. 그때 선두부대 124사단은 강계에서 고작 180킬로미터 떨어져 있었다. 선두연대 370연대는 황초령에서 최소한 200킬로미터 정도 떨어진 곳에 있었는데 도보로 이동하기 때문에 아무리 빨라도 이틀 후에나 도착할 수 있었다. 하지만 한국 수도사단의 선봉부대는 이미 함흥에 도착했고 미군 제1해병사단도 얼마 지나지 않아 원산항에 상륙할 것이었다. 원산에서 함흥까지의 거리는 80킬로미터였고 거기에 함흥에서 황초령까지의 거리를 더해도 도합 120킬로미터가 안 되었다. 유엔군은 기계화부대로 이동하므로 저지 세력이 없다면 서너 시간 만에 황초령에 도착할 수 있었다.

샤오젠페이의 유일한 요구 사항은 병사들을 수송할 수 있는 차량을 마련해 달라는 것이었다. 김영환은 모든 방법을 동원해서 이 지역의 군대와 민간 차량을 징발해 중국군이 사용할 수 있도록 공급하라는 명령을 내렸다. 또한 남쪽에서 이곳으로 퇴각한 북한군의 전차 7대와 야전포 12문 전체에 대해 중국군의 지휘를 받으라는 결정을 내렸다.

샤오젠페이는 마침내 18대의 차량을 확보했다. 그는 370연대의 부연대장 위안스런苑世仁에게 2대대를 이끌고 차량을 타고 전진해 10월 24일 밤에는 반드시 황초령을 점령해야 한다고 명령했다. 이와 함께 김영환도 황초령의 각 고지를 수비하는 북한군에게 더 이상 뒤로 물러서서는 안 된다는 명령을 내렸다.

370연대 2대대의 병사들은 모두 간편한 복장을 하고 있었고, 트럭 운전석 지붕과 차문 양쪽에도 모두 병사들이 들어차 있었다. 정원을 심각하게 초과한 트럭은 구불구불한 산간도로를 미친 듯이 달려 황초령을 향해 갔다. 차에 탄 중국군 병사들이나 운전하는 북한군 병사나 모두 목숨 따위는 뒷전으로 제쳐둔 듯했다.

펑더화이는 제42군이 보낸 전보를 받고 그들의 '기특한' 결정에 흐뭇해하며 높이 평가했다.

미친 듯이 질주한 18대의 트럭은 2개 중대의 중국군 병사들을 24일 밤에 황초령까지 수송했다.

다행히도 유엔군은 중국군의 참전 사실을 전혀 모른 채 느릿느릿 전진하고 있었다. 4시간이면 충분한 기계화부대의 행군 여정을 그들은 장장 3일 동안 진행하고 있었다.

10월 25일 새벽녘, 370연대 2대대는 황초령 지역의 연대봉과 송용동, 용수동 일대에서 저지진지로 진입했다.

추운 고원의 산림은 하얀 눈으로 뒤덮여 있었다. 중국군 병사들은 밥 한 술, 물 한 모금도 먹지 못하는 극도의 피로 속에서 신속하게 간이참호를 구축한 뒤 적군이 나타나기를 기다렸다. 위험에 맞서 꿋꿋이 지키고 생사를 걸고 끝까지 싸우라는 것이 상부의 명령이었다. 황초령을 저승길로 만들어 죽거나 포로가 된 적을 제외하고는 한 명도 놓쳐서는 안 된다고 했다.

동이 트고 중국군 병사들이 가장 먼저 목격한 것은 기괴한 모양을 한 것이 날아다니는 장면이었다. 바로 한 대의 정찰 헬기였다. 중국군 병사들 가운데 이전에 이런 것을 본 사람은 아무도 없었고, 그저 일부 병사만이 그것을 '대형

유도탄'이라고 짐작할 뿐이었다. 헬기는 황초령 산골짜기에서 장시간 선회했고 심지어는 2대대의 최전방 방어진지에 잠시 착륙하기도 했다. 이 괴물이 다시 날아오르고서야 중국군 병사들은 비로소 그것이 '대형 유도탄'이 아닌 비행기라고 확정했다. 이때 중대 간부들이 병사들에게 적군이 곧 올 것이라고 알렸다.

과연 헬기가 날아간 뒤에 미군 폭격기가 벌 떼처럼 몰려왔다. 동시에 오로리에 있던 한국군 포병진지에서도 끊임없이 포탄 세례를 퍼부었다. 적군의 공격준비사격이 시작되었다.

황초령에 진격한 것은 한국군 수도사단이었다. 이 사단은 이승만 대통령의 근위사단으로 2개의 보병연대와 1개의 기갑연대로 편제되었고, 이밖에도 미제 105밀리 곡사포를 갖춘 1개 포병대대를 배속시켜 전체 사단병력 규모는 1만 명이었다. 한국군 병사들은 도로 양측을 끼고 걸어왔다. 서부전선의 제6사단과 마찬가지로 중국군 병사들이 보기에 그들이 전진할 때의 긴장감 없는 모습은 근본적으로 공격하는 태도가 아닌 것 같았다. 키가 작은 한 장교는 심지어 중국군 병사들이 매복한 전초진지에서 고작 20미터밖에 떨어지지 않은 곳까지 온 데다 병사들을 불러서는 앉아서 담배를 피우도록 했다. 중국군 병사들이 무겁게 내뱉는 숨소리도 들을 수 있는 곳에서 그들은 담배를 다 피우고는 계속해서 전진했다. 이제 한 걸음이면 중국군 병사들의 최전방 경계선을 지날 참이었다.

370연대는 한국군 수도사단을 향해 총성을 울렸다. 그 시각은 몇백 킬로미터 떨어진 온정 북쪽의 중국군 354연대가 한국군 제6사단에게 발포한 때와 거의 동시였다. 기습공격을 받은 수도사단이 얼마나 혼란에 빠졌는지는 가히 짐작할 수 있다. 한국군 병사들은 산과 들 여기저기로 흩어져 도주했고 시체들이 가파른 고개를 뒤덮었다.

10월 25일 바로 그날, 중국군과 유엔군의 전투는 이렇게 한반도 북부의 각기 다른 지점에서 동시에 시작되었고, 이후 장장 2년 9개월에 걸친 거대한 규모의 전쟁으로 이어졌다.

갑작스럽게 시작된 전투로 지원군 총사령부는 긴장감이 팽배한 혼란 상태에 빠졌다.

펑더화이에게 25일의 이 전투는 그가 기대한 시각에 발생한 것이 아니었다. 예정은 전투의 기습성을 이용해 한국군 2~3개 사단을 일거에 섬멸하는 작전 계획을 실행하는 것이었지만, 조우전으로 인해 중국군의 참전이 지나치게 일찍 드러남으로써 전세는 한순간에 예측하기 어려워지고 말았다.

이는 '조우전이자 반돌격전反突擊戰'이었다. 펑더화이는 돌발적으로 시작된 이 전투를 이렇게 규정했다.

점심 내내 펑더화이는 아무 말도 하지 않았다. 식사를 할 때조차도 깊은 생각에 빠져 있었다. 식사가 끝난 후 지원군 총사령부의 고위장교들은 펑더화이의 뒤를 따랐다. 전세에 대한 그의 지도적 의견을 듣고 싶었기 때문이다. 미군 비행기가 상공에서 선회하자 호위대원들은 펑더화이에게 방공호로 들어가라고 재촉했다. 펑더화이는 버럭 화를 냈다.

"가려면 당신들이나 가시오! 어쨌든 나는 안 갈 테니!"

지도 앞에서 오랫동안 침묵을 지키다가 펑더화이는 마침내 입을 열었다.

"호사다마라고 했던가. 아마도 또 계획을 바꿔야 할 것 같소!"

이때 저지당한 한국군이 기습을 받은 상황에서 판단력을 잃고 이리저리 도망친 것을 제외하면 유엔군의 각 부대는 여전히 병력을 나눠 북진하고 있었다. 그중 영국군 제27여단은 북·중 국경지대에서 고작 30킬로미터 떨어진 남시에 도착했고, 미군 제24사단은 북·중 국경지대에서 35킬로미터 떨어진 대관동에 도착했다. 또 한국군 제6사단 7연대는 이미 북·중 국경지대에서 고작 5킬로미터 떨어진 초산을 점령했다.

10월 25일 밤, 펑더화이는 마오쩌둥에게 전보를 보냈는데, 전세가 이렇게 시작된 데 대한 불안한 심정을 엿볼 수 있다.

적군은 몇 대의 전차와 10여 대의 차량으로 대오를 구성해 도처에서 활보하고 있습니다. 아군은 한 전투에서 적의 2~3개 사단을 포위 섬멸하려고 했으나 그렇게 하기 매우 어려운 상황이 되었고, 또 더 이상 기밀을 지키기 어려워졌습니다. 그래서 군과 사단으로 나눠 적의 1개 사단과 2개 연대를 섬멸하기로 결정했습니다(오늘 밤 이미 시작되었음). 첫 번째 작전의 몇몇 전투에서 적의 1~2개 사단을 섬멸하고자 합니다. 적의 활보를 멈춰 세우고 인심을 안정시키는 일이 시급합니다.

마오쩌둥은 이렇게 답전했다.

먼저 적군의 몇 개 연대를 섬멸하고 점차 규모를 확대해 좀더 많은 적을 격멸해서 군심을 안정시켜 아군의 기반을 확고히 다지겠다는 방침은 매우 적절한 것이오.

펑더화이는 "각 부대는 적군을 추격하라"는 명령을 하달했다.

10월 25일 새벽, 유엔군은 막 점령한 북한의 수도 평양에서 열병식을 진행했고, 그 자리에서 맥아더는 북한에 가장 먼저 도착한 미군 병사들에게 '일보 앞으로 나오라'고 명령했다. 그러고는 일일이 병사들의 어깨를 친근하게 쓰다듬었다. 물론 일보 앞으로 나온 병사가 몇 명 되지는 않았지만 말이다. 최초로 북한에 도착한 스미스 특수임무부대의 일부 병사들은 시체 운반용 자루에 담겨 미국으로 돌려 보내졌고, 대부분은 일본에 있는 미군 병원에 누워 있었다. 이어서 미 제8군 사령관 워커 중장은 전세에 관한 기자들의 질문에 대답했다. 워커는 전쟁이 곧 끝날 것이라고 암시하면서 이렇게도 말했다. "모든 상황이 순조롭게 진행되고 있습니다."

하지만 얼마 지나지 않아 전선에서 "엄청난 저항에 맞닥뜨렸고 한국군 사상자가 속출하고 있다"는 보고가 날아왔다. 특히 맥아더와 워커를 놀라게 한 것은 보고에서 이구동성으로 "아마도 중국군이 참전한 것 같다"고 한 점이었다.

그 증거로 운산 방향에서 '한국어도 일본어도 알아듣지 못하는' 적군 병사 한 명을 붙잡아왔다.

유엔군 측이 '전쟁포로 1호'로 구분한 이 병사는 중국 광둥 성 출신이었다.

이어서 온정 방향에서 보고가 들어왔는데, 전투 중에 부상을 입은 또 한 명의 병사를 포로로 잡았다고 했다. 보고에서는 그가 "중국인처럼 생겼다"고 했다.

맥아더와 미군 정보부를 갈팡질팡하게 만든 것은 포로 중 한 명이 중국군 제8군 5연대 소속이라고 밝힌 점이었다. 미군 정보부는 이에 대해 상당한 노력을 기울여 중국군의 편제 서열을 조사했다. 결국 이 구두 자백은 거짓임이 드러났다. 중국군의 '제8군'은 당시 중국 시베이 지구에서 작전을 벌이고 있는 '제1야전군'에 소속되어 있었기 때문이다. 게다가 '제8군'이라는 번호는 이미 1년쯤 전인 1949년 5월에 없어졌다. 그뿐 아니라 이른바 '제5연대'는 중국군 '33제' 편제 방식에 의거해 '제1군'에 예속되어야 했다. '절대적으로' 신뢰할 수 있는 정보에 따르면, 중국군의 제1군은 당시 중국의 오지 칭하이 성青海省에 주둔해 있으며 병사들은 단 한 명도 수천 킬로미터 바깥에 있는 한반도에 출병하지 않았다. 그렇다면 '북한 병사가 거짓으로 자신을 중국인이라고 했을까? 아니면 흩어진 중국의 지원 인원이 한반도에 들어온 것일까?' 미군은 처음에 '예측되는 규모는 1000명이 넘지 않을 것'이라 판단했다. 어찌되었든 유엔군은 이 시기에 중국군이 참전하는 상황에 대해 밝힐 수 있는 근거를 생각해내지 못했기 때문이다. 그리하여 중국군이 이미 공식적으로 항미원조전쟁의 포성을 울렸을 때, 미 제1군은 '아무런 저항도 없는' 상황에서 박천으로 진군했다. 오후 4시, 군단장 프랭크 밀번Frank W. Milburn은 "북을 향해 추격하라!"는 명령을 내렸다.

하지만 10월 25일 오후가 되자 도처에서 전보가 빗발쳤다. 날이 어두워질 때까지 맥아더는 혼란스러운 전보 속에서 갈피를 잡지 못하고 있었다.

어쨌든 1950년 10월 25일 한반도 북부에서 전투가 발생했고, 이는 유엔군에게는 전쟁사상 길이 남을 비극적인 개막이었다.

미 국방장관 마셜은 일이 벌어진 뒤에 침통하게 말했다.

"우리는 모든 것을 안다고 생각했지만 사실은 아무것도 모르고 있었다. 하지만 상대방은 모든 것을 알고 있었다. 그래서 전쟁이 시작됐다."

우익의 붕괴

10월 26일, 중국인민지원군에게 크지도 작지도 않은 재난이 발생했다.

그 재난은 스스로 초래한 것이었다. 동부전선의 제42군 124사단 370연대의 1개 수송대는 최전방을 수비하는 2대대에 탄약과 비상식량을 수송하는 임무를 수행하는 중이었다. 하지만 북한의 크고 높은 산에서 길을 잃고 말았다. 2대대의 진지를 찾던 그들은 산골짜기에 있는 초가집 한 채를 발견했다. 초가집에서 불빛이 보이자 적군인지 아군인지 모르는 상황에서 다가가서 길을 물었다. 초가집에서 쉬고 있던 사람들은 30여 명의 한국군 병사였다. 지원군 수송대는 고작 10여 명에 소총은 5자루에 불과했다. 아주 짧은 교전을 치른 후 수송대 병사 전원이 포로가 되고 말았다.

중국군을 발견했다는 소식을 듣고 미군 동부전선의 지휘관 아몬드 장군은 크게 놀랐다. 그는 즉시 중국군 병사들을 비행기로 도쿄에 보내 맥아더에게 인계한 후 취조하도록 했다. 이후 맥아더는 그 중국군 병사들을 다시 미국으로 보냈다.

중국군의 참전과 관련한 더 많은 정보가 수집되어 극동사령부로 전달됐다. 그 정보에는 워커의 제8군이 연이어 수집한 보고가 포함되어 있었는데, 그들은 계속해서 자신의 부대가 이미 중국군과 접촉했고 최대 병력은 사단급임을 증명했다. '새로운 적이 참전했다는 사실은 더 이상 의심할 여지가 없다'는 결론이 내려졌다.

하지만 맥아더는 여전히 믿지 않았다. 그의 정보참모 찰스 윌러비는 고집스러운 성격과 심각한 판단 착오로 이후 한국전쟁에서 비난을 받았다. 윌러비는 10월 27일의 보충 정보에서 여전히 다음과 같은 입장을 견지했다.

대부분의 중국군은 주요 군사강국과 실제 전투를 치른 유용한 경험이 없음을 인식해야 한다. 이밖에도 그들의 훈련 또한 기존의 북한 군대와 마찬가지로 통일된 장비가 부족하고 탄약 공급이 담보되지 못해 커다란 장애를 안고 있다.

(…)

전술적 관점에서 보면 연전연승하는 미군 사단이 전쟁에 전면 투입되었기 때문에 전쟁에 개입할 절호의 기회는 일찌감치 물러간 것으로 보인다. 만약 중국이 참전할 계획이었다면 그 계획을 인민군 잔존 병력의 운명이 이미 다할 시점까지 미루었으리라고는 상상하기 어렵다.

군사적 측면에서 보면 중국군의 참전 여부에 대한 윌러비의 판단은 일리가 있었다. 포로로 잡힌 중국군 병사를 본 그는 이렇게 묘사했다.

모든 포로에게 공식적인 군대 표기는 아무것도 없었다. 그중 몇몇은 먹물로 군복 상의에 자신의 이름과 부대 번호를 적었다. 그들의 평상복은 목화솜으로 채워 넣고 일반적으로 짙은 황색이어서 북한의 민둥산 색깔과 비슷해 보였다. 장교 복장의 다른 점은 다만 바지 주름이 있고, 상의 좌측과 목둘레 주변, 소맷부리에 붉은색 꾸밈선이 있다는 것뿐이었다. 목화솜을 누벼 만든 군복은 건조한 날씨에는 더없이 따뜻하지만 물이 스며들면 말리기가 여의치 않았다. 솜옷 안에 중국인들이 입은 것은 군복 하복과 우연히 입게 된 이러저러한 옷들이었다. 헝겊신에는 신발 끈이 없었고 신발 밑창은 고무였다. 보병 대부분은 일본식 소총을 지녔는데, 이는 제2차 세계대전이 끝났을 때 만주에서 노획한 것이 분명했다. 하지만 박격포와 경기관총은 미국제로 중국 국민당에게서 노획한 전리품이었다. 최소한 70퍼센트의 포로들이 중국군의 1개 사단, 즉 124사단 소속이었다. 그들은 모두 장제스와 전투를 벌인 적이 있다고 말했다. 산지山地인 관계로 중국군은 대포 장비를 보유하지 않았다.

이런 상태의 군대가 감히 미군과 전쟁을 치른다는 것은 상상도 할 수 없는 일이었다.

이밖에 현재까지 군사전문가들이 반복해서 연구하고 있는 중국군의 참전 시기도 문제다. 중국이 정말로 북한의 한반도 통일을 돕고자 했다면 북한군이 부산을 공격하거나 미군이 막 인천에 상륙했을 때가 바로 중국군이 참전할 최적의 시기였다. 당시 한반도의 한국군과 유엔군은 상당히 취약한 상태였기 때문에 중국군의 돌발적 공격으로 쉽게 무너졌을 것이다. 이럴 경우 한국전쟁의 역사는 다시 쓰였을 것이다. 하지만 그때 중국군은 개입하지 않았다. 유엔군이 절대적 우위를 점하고 있을 때 군대를 투입하는 것은 범의 아가리에 음식을 바치는 것이나 다름없었다. 뛰어난 중국 지도자들이 이러한 군사 상식의 착오를 범했으리라고 믿는 사람은 없다.

중국 지도자가 왜 이 시기에 참전을 결정했는지에 대한 해석은 군사적으로

만 접근해서는 부족하다. 유엔군 측은 시일이 상당히 지나고 나서야 희미하게 나마 그 실마리를 잡을 수 있었다. 하지만 그것은 2년 후 전쟁의 쌍방이 판문점의 협상 테이블에 앉을 무렵의 일이었다.

월러비는 지리와 역사 그리고 정치적인 이유로 전쟁에서 소수의 중국 지원 인원이 등장하는 것은 그다지 이상한 일이 아니고 그 숫자는 5000명을 넘지 않을 것이라고 말했다.

월러비가 이런 결론을 내릴 때, 한국군과 교전했던 중국인민지원군은 펑더화이의 명령에 따라 길을 나눠 북으로 진군하는 유엔군을 향해 포위해가고 있었고 병력 규모는 25만 명에 육박했다.

인민지원군 제38군·제39군·제40군은 각각 희천과 운산 방향으로 전진했다. 10월 27일, 한국군 제6사단 주력부대와 제1사단은 멀리 있는 주력부대 7연대를 증원하기 위해 온정 방향으로 이동해서 인민지원군과 온정 동쪽 및 남쪽 지역에서 대치하고 있었다. 제38군이 희천에서 아직 60킬로미터 떨어져 있기 때문에 펑더화이는 희천을 공격하려던 원래 계획을 재차 수정해 제40군에 온정 지구의 한국군을 포위해 섬멸하라는 명령을 내렸다. 희천·운산·구장의 한국 증원군을 유인한 후 제39군과 제38군으로 공격함과 동시에 제40군 118사단을 이미 점령한 온정에서 철수시키고 북으로 방향을 돌려 제50군 148사단과 협공해 북·중 국경지대에 도착한 한국군 제6사단 7연대를 섬멸하려는 계획이었다.

제40군 119사단은 먼저 입석동에서 한국군 제6사단 19연대의 1개 대대를 섬멸했다. 이는 소규모의 섬멸전이었다. 병력 면에서 절대 우위를 점한 중국군이 포위한 산골짜기에서 한국군은 사방으로 포위망 돌파를 시도했고, 그 과정에서 1개 대대본부만이 방어하고 있는 지점에서 포위망을 뚫는 데 거의 성공하는 듯했으나 돌파구는 이내 막히고 말았다. 결국 한국군 1개 대대의 병사 대부분은 전사했고 230명은 포로가 되었다. 동시에 귀두동 방향에서

120사단은 한국군 제8사단 10연대의 1대대와 3대대 그리고 제6사단 19연대의 1개 대대를 포위했다. 작은 분지에서 5시간의 전투를 치르면서 한국군은 뿔뿔이 흩어졌고 사상자 외에 30명이 포로로 잡혔다. 포로들은 후에 "원하면 가고자 하는 곳으로 보내주겠다"는 말을 들었을 때 자신들의 귀를 의심했다. 그들의 상관은 공산당이 포로를 죽인다고 말했기 때문이다.

또다른 산골짜기에서 중국군 병사들은 약 1개 중대의 한국군 병사들을 포위했다. 포로가 된 한국군 대대장 한 명은 중국군 병사들이 자신을 죽일까 두려워한 나머지 몸에 지닌 회중시계와 지폐를 뇌물로 주려다가 거절당했다. 당시의 북한 돈 1원이면 암탉 3마리 또는 삶은 왕밤을 몇 개의 대야에 가득 담을 정도로 살 수 있었다. 중국군 병사들의 행동에 마음이 움직인 이 한국군 장교는 항복하라는 선전에 나섰고, 이에 산골짜기에 숨어 있던 80여 명의 한국군 병사가 투항했다. 총을 들고 걸어 나와 투항한 한국군 병사들은 큰 소리로 한마디 외쳤는데 중국군 병사들 중에는 그 말을 알아들을 수 있는 사람이 없었다. 나중에 병사들이 통역한 바에 따르면, 그 말은 '공산군 만세!'였다고 한다. 뇌물을 거절한 중국군 부대는 제40군 120사단 358연대 5중대였다. 마오쩌둥이 중국 국공내전 때 사과를 많이 생산하는 진저우錦州 인근에서 대중이 생산한 사과를 먹지 않은 데 대해 표창을 내렸던 바로 그 부대였다.

온정 지구의 섬멸전은 중국군에게 엄청난 양의 노획물을 안겨주었다. 700여 명에 달하는 포로 이외에도 수많은 차량과 화포를 빼앗았다. 하지만 지원군 중에는 차량을 운전할 줄 아는 사람이 적어 노획한 차량 대다수를 길가에 세워두었고, 결국 차량 대다수가 미군 비행기에 의해 곧바로 폭파되었다.

노획물자 중에서 영화 필름으로 가득 찬 차량 한 대가 있었는데 차량 옆에 누워 있는 시신의 완장에는 이런 글귀가 쓰여 있었다.

정치활동 대한민국 태양영화사 제조부 부장 한창기 9월 30일 발급 미국 종군기자는 당시 이렇게 보도했다.

"이튿날 이른 아침, 중국인은 도로를 따라 온정으로 곧장 돌진해 한국의 남은 수비부대를 축출하고 격파했다. 한국의 또다른 연대가 지원을 위해 서둘러 도착했을 때 수많은 중국군과 맞닥뜨렸고 이 연대의 모든 차량과 포병 중대를 포기했다."

온정 전투가 진행되고 있을 때 한국군 제6사단 7연대의 미군 고문 해리 플레밍Harry Fleming 소령은 병력과 장비를 충원한 1개 소대를 이끌고 고장古場에서 출발해 북·중 국경지대의 초산에 진입했다. 그는 흩어진 일부 북한 병사가 압록강 위의 부교를 통과해 중국 둥베이 지역으로 퇴각하는 장면을 목격했다. 플레밍은 기관총으로 중국 영토를 향해 사격하라고 명령을 내렸다. 플레밍은 자신이 아마도 미군 중 최초로 압록강을 본 사람일 것이라는 생각에 마음이 흥분되었다. 그는 심지어 강 위로 걸어가서는 흰 눈이 덮인 빙판 위를 잠시 걷기도 했다. 그는 그 순간을 확실히 새겨두고 싶었다. 마지막으로 그는 1개 전투부대를 남겨놓고 고장으로 돌아와서 7연대 장교회의를 소집해 이튿날 전체 연대가 초산에 진입할 계획을 짰다.

바로 그 시각, 플레밍은 사단 지휘부로부터 날아온 전보를 받았다. 7연대는 즉시 철수하라는 명령이었다. 또한 전보는 2연대가 이미 온정에서 섬멸당했다는 소식을 전했다. 플레밍은 크게 놀랄 수밖에 없었다. 7연대는 한국군 제6사단의 선봉대로서 압록강을 향해 진군하는 작전 과정에서 그야말로 이목을 끈 부대였고 빠른 행군 속도로 칭송을 받았다. 플레밍의 손에는 또 '도쿄신문 타이틀'이라고 인쇄된 텔렉스가 쥐여져 있었다.

'한국군 선봉대가 이미 압록강에 도착했고 포병은 중국 영토를 향해 시험 사격을 했다. 대체 무슨 일이 일어난 것인가? 2연대는 어떤 부대에게 섬멸당했는가? 이것이 정말 사실이라면 7연대의 후방은 어디에 있는가? 이미 고립되었단 말인가?'

플레밍은 갑자기 식은땀을 흘렸다. 7연대는 휘발유와 탄약이 이미 다 떨어진 터였다. 플레밍은 답전을 보냈다. "충분한 휘발유, 식량, 탄약을 보충해주지 않는다면 7연대의 이동은 불가능하다."

한국군 제6사단 7연대가 북·중 국경으로부터 몇 킬로미터 떨어진 지역에서 보급물자가 공중투하되길 기다리고 있을 때 중국군 제40군 118사단은 353연대를 선봉대로 삼아 그들을 포위하기 위해 도보로 빠르게 다가오고 있었다. 국경을 넘어 첫 번째 전투를 막 끝낸 이 부대는 그 순간 방향을 바꿔 북·중 국경선을 향해 돌진했다. 병사들은 추위와 피로 그리고 배고픔을 감수하며 해발 2000미터에 달하는 산림에서 밤낮을 쉬지 않고 강행군을 했다. 한국군이 공중투하를 기다린 이틀 동안 중국군 병사들은 300킬로미터에 달하는 험난한 산길을 걸어 마침내 10월 28일 용곡동 이남 지역에 도착했다.

10월 28일 정오, 한국군 7연대는 마침내 보급물자를 전해주러 온 4대의 수송기를 보았다. 수송기는 공중에서 휘발유 45배럴, 포탄 200발 그리고 기타 물자를 투하했다. 차량에 주유하고 나서 오후에 7연대는 용곡동을 목표 지점으로 퇴각하기 시작했다.

353연대 연대장 황더마오黃德懋는 직접 용곡동에서 도로를 지킬 유리한 지형을 골라 부대에 야전참호를 구축하라고 지시했다. 이곳은 중국과 가까운 곳이었기 때문에 북한 주민들은 지원군에 대해 특별히 친절했다. 여성들이 보내온 더운밥에 중국군 병사들은 큰 감동을 받았다. 심지어 이곳까지 퇴각한 북한 포병연대는 가진 것의 전부인 대포 몇 문을 소로 끌고와 전투에 참가하도록 해달라고 청하기도 했다.

10월 29일 오전 8시, 한국군 제6사단은 7연대에 전보를 보냈다.

"귀 연대는 이미 위험 상황에 처해 있으니 최대한 노력해 성공적으로 포위망을 뚫기를 바란다."

오전 9시, 한국군 7연대의 선두부대 2대대가 중국군 353연대의 진지에 진입했다. 돌발적이고 맹렬한 사격으로 2대대의 대형은 곧 흐트러지고 말았다. 미군 F−51 전투기 4대의 지원이 있었지만 7연대가 맞닥뜨린 붕괴 국면은 만회할 수 없었다. 정오, 사단장 김종오는 결국 전보를 쳐 "마음이 찢어진다"는 말과 함께 이렇게 지시했다.

"휴대 가능한 작전장비 이외에 나머지 장비는 모두 파괴하거나 소각하고 회목동에 집결하라."

이 전보의 실제 의미는 어떤 방법을 써서라도 탈출해오기만 하면 된다는 것이었다.

전장은 돌연 고요해졌다.

고요한 전장은 도리어 한국군 병사들에게 불안감을 더해주었다. 하지만 그들에게는 상황을 추정하고 판단할 시간 여유가 없었다. 남쪽으로 퇴각하는 급박한 행군을 시작해야 했다. 하지만 날이 어두워지면서 마지막 날이 다가오고 있었다.

하현달의 차갑고도 희미한 빛이 잔설 위를 비추고 있었다. 갑자기 온 산과 벌판에 중국군의 신호나팔 소리가 울려 퍼졌다. 중국군의 돌발적인 야습으로 한국군은 효과적인 전투태세를 갖추지 못한 채 수천 수백에 달하는 병사가 어둠 속에서 놀라 두려움에 떨며 사방으로 도망쳐 흩어졌다. 한국군 병사들이 이처럼 중국의 국경지역으로 접근했기 때문에 중국군 병사들 마음속의 증오는 더욱 강렬했다. 그들은 달빛 아래서 몸을 사리지 않고 돌진해 한국군 병사를 추격했고 고함 소리는 산골짜기에 울려 퍼졌다.

『한국전쟁사』는 이 전투를 이렇게 기록하고 있다.

한밤중이 되자 중국군이 나팔을 불고 징을 치며 북을 울렸다. 중국군은 엄청난 규모의 병력을 집중시켜 제2대대와 제3대대가 수비하고 있는 진지 정면으로 진격해 강공돌파를 통해 분할 포위하려고 했다. 2개 대대의 전체 병력은 전력을 다해 상대를 저지하고 섬멸하려 했다. 하지만 중국군이 대병력을 동원해 끊임없이 집중 공격을 가하자 2시간 동안의 격전을 치른 후 아군 진지의 몇 부분은 돌파되고 말았다. 2개 대대는 풍장 방향으로 퇴각할 수밖에 없었다. 중국군은 승세를 몰아 추격에 나섰고 2시에 풍장에 바짝 접근해왔다.

풍장에서 제1대대는 전방 2개 대대의 후퇴를 전력을 다해 엄호하고 군을 정돈할 시간 여유를 벌기 위해 이대용 대위가 지휘하는 제1중대를 도로 우측의 저지대에 배치하고 제2중대와 제3중대를 도로 좌측 두 갈래 능선에 배치했다. 그런 다음 모든 화력을 집중시켜 중국군의 전진을 저지했다. 한 시간가량 백병전을 벌인 끝에 중과부적의 상황에서 제1대대는 섬멸되었고 풍장은 중국군에 의해 돌파되었다. (…) 위에서 언급했듯이 아군은 중국군이 인해전술을 취해 작전을 수행한 가장 위험한 상황에서 중국군을 섬멸하기 위해 결코 굽히지 않고 용감하게 몸을 던졌다. 아군의 위력 앞에서 중국군은 사상자의 속출에 상관없이 계속해서 벌 떼처럼 돌진했다. 시간이 흐름에 따라 전세는 아군에게 점차 불리하게 흘러갔고 대부대의 집결전략은 장벽에 부딪혔다. 이에 제7연대 연대장 임부택 대령은 부대의 손실을 최대한 막고 최후에 이 위기를 극복하기 위해 단호히 명령을 내렸다. "각 부대는 전력을 다해 각자 포위망을 뚫고 구장동으로 집결하라."

이른바 '인해전술'은 한국군이 놀라 허둥지둥하는 바람에 착각한 것이었다. 쌍방의 병력 면에서 이 전투는 기본적으로 연대와 연대 간의 싸움이었다. 게다가 중국군은 포병의 지원도 공중 지원도 받지 않은 상황이었다.

유엔군 측의 통계에 따르면, 이 전투에서 한국군 제6사단 7연대는 모든 중장비를 잃었다. 연대 전체 병력 3552명 가운데 875명만 도망쳐 돌아왔고, 미군 고문을 포함한 나머지 장교와 병사들은 전사하거나 포로가 되었다.

플레밍은 이 전투에서 유일하게 살아남은 미군 고문이었다. 그가 포로로 잡혔을 때 온몸에 15군데나 총상을 입은 상태였다. 1942년 진주만에서 입대해 1950년 9월 19일 미군 소령으로 한반도에 온 그는 한국전쟁에서 40일간 군사고문을 역임한 후 차가운 눈밭 위에서 숨이 곧 끊어질 듯한 모습으로 누워 있었다. 북·중 국경지대에 얼음으로 뒤덮인 아름다운 강은 그의 기억 속에서 어느덧 흐릿해지고 있었다. 중국군 통역관에게 그는 미국에 있는 아내와 자신이 소유한 180에이커 규모의 농장을 그리워하고 있으며, 자신은 대학을 다닌 문화수준이 높은 사람이라고 말했다. 3년 후인 1953년 가을, 포로 교환이 이루어져 플레밍은 미국으로 돌아갔다.

지원군 제38군의 시작은 순조롭지 않았다. 원래의 배치에 따르면, 제38군은 압록강을 도하한 후 강계에서 3개월간 합동훈련을 하고 지원군의 전투 예비대로서 장비를 교체하고 나서 작전에 투입될 예정이었다. 하지만 막 북한에 진입한 이들에게 펑더화이가 즉시 희천 방향으로 진격하라는 명령을 내릴 줄 누가 알았으랴. 황급히 전진하던 부대는 좁디좁은 도로에서 후퇴해오는 인민군 그리고 정부기관의 차량과 뒤엉키고 말았다. 이로 인해 군단 사령부와 각 사단의 연락이 두절되었다. 군단장 량싱추를 더욱 화나게 만든 것은 군단 사령부의 차량 한 대가 전복되어 작전단장을 포함한 사령부 인원들이 죽거나 상해를 입은 일이었다. 아직 적군과 마주치지도 않았는데 심각한 병력 손실을 입어 좋은 징조가 아닌 듯했다. 이때 펑더화이에게서 전보가 왔다. 제38군은 제42군 125사단을 예하에 두고 신속히 희천 이북으로 집결해 한국군 제8사단을 섬멸할 채비를 갖추라는 명령이었다. 군단 사령부는 즉시 작전계획의 초안을 짰다. 113사단이 주공격을 맡고, 112사단은 희천 동부를 우회해 적군의 퇴로를 차단하며, 114사단은 예비부대로 두기로 했다. 하지만 113사단은 도무지 연락이 닿지 않았다. 이때 112사단이 보낸 전보는 군단 지휘부의 모든 사람을 깜짝 놀라게 만들었다. 희천에 1개 미군 흑인연대가 나타났다는 내용이었다.

이 정보는 지원군 사령부가 통보한 "희천에는 한국군 1개 대대만 있다"는 내용과 아주 큰 차이가 있었다. 제38군의 지휘관은 신중에 신중을 기하다가 10월 29일이 되어서야 희천 공격을 개시했다. 결국 희천 외곽에서 생포한 100여 명의 한국군 병사 외에 도시 안에는 아무도 없었다. 한국군 제8사단은 이미 몇 시간 전에 도주한 뒤였다. 정황상 희천에는 애초에 미군 흑인연대가 없었다고 볼 수 있다.

일을 그르친 제38군으로 인해 펑더화이의 '먼저 희천을 섬멸한다'는 계획은 물거품이 되고 말았다. 희천전투는 본래 중국군에서 명성을 누리던 제38군이 한국전쟁에서 치를 첫 번째 전투였으나 전투 시기를 놓치는 바람에 이 부대의 역사에 이루 말할 수 없는 오점을 남기고 말았다.

중국군의 돌발공격으로 맨 처음 공격 대상이 된 한국군 제6사단은 공격당한 지 3일 만에 2연대·7연대·19연대가 치명적인 타격을 입었고, 한국군 제8사단의 10연대도 마찬가지였다.

미 제8군의 우익右翼은 이렇게 붕괴되었다.

이때 미 제8군의 좌익左翼은 여전히 북으로 전진하고 있었다.

맥아더는 중국군이 이미 참전하고 우익에서 전투의 허점이 계속해서 드러나고 있을 때에도 계속 북으로 진격하라는 명령을 하달했다. 이러한 명령이 내려진 데에는 정보의 오판 이외에 서해안을 따라 북진하는 미 제24사단이 거의 저지를 받지 않은 것도 중요한 원인으로 작용했다.

중국군이 북한에 진입해 참전한 최초의 며칠 동안 서해안 도로를 끼고 남쪽으로 향하던 중국군의 진격 속도는 매우 느렸다. 미 제8군의 우익은 한국군 제6사단의 심각한 패배로 인해 보호받지 못했지만, 서해안을 따라 파죽지세로 쳐들어간 미군은 북·중 국경지대의 신의주에서 80킬로미터밖에 떨어지지 않은 지역에 도착했다. 이 때문에 중국군과 미군의 실제 전선은 한곳에서 뒤얽혔고, 지원군은 측면과 후면에 심각한 위협을 안은 채 전투를 벌여야 했다.

미 제24사단은 가장 먼저 북한에 진입한 미군 부대로 북한군의 치열한 공세 속에서 엄청난 손실을 입었다. 하지만 병력을 보충한 후 계속해서 서해안의 최전선에서 행군할 수 있었다. 그 선두부대는 영국군 제27여단이었다. 10월 30일 영국군 제27여단은 정주를 점령했다. 이 여단은 10월 21일 평양에서 출발한 후 줄곧 전위대의 임무를 도맡아왔다. 정주에 도착했을 때 여단장 배질 코드Basil A. Coad 준장은 갑자기 전진하던 부대에 정지명령을 내리고 임무교대를 요구했다. 즉 미군이 앞서라는 것이었는데, 이유는 그의 병사들이 계속된 행군과 산개한 북한군 병사들에게 대응한 9일 동안 '정신과 체력이 이미 한계에 다다랐다'는 것이었다. 코드는 이렇게 요구한 뒤 부대에 정주에서 숙영하라고 명령했다. 그는 수하 장교들에게 미군이 와서 임무를 교대하면 제27여단의 임무는 끝난 셈이라며 "압록강변에 도착해 한가로이 돌아다니는 것을 좋아할 사람은 없다"고 말했다.

바로 이때 막사에서 깊은 잠에 빠져 있던 오스트레일리아군 제3대대의 대대장 찰스 그린Charles H. Green 중령은 엄청난 폭격음에 놀라 잠에서 깨어났다. 북한군 포병이 교란사격을 시작해 포탄 6발이 오스트레일리아 대대본부에 떨어졌다. 그중 1발이 그린 중령의 막사 근처에 떨어져 폭발했다. 폭격으로 중상을 입은 그린 중령은 안주의 미군병원으로 후송되었으나 3일 후에 사망했다. 그린은 한국전쟁에서 미군을 제외한 유엔군 참전국 장교로는 최초의 전사자다.

제24사단 사단장 처치 소장은 즉시 21연대에 영국군 제27여단을 지나 그날 밤으로 북진하라고 명령했다. 21연대의 미군 병사들은 밝은 달빛 아래에서 전면의 북한군 전차가 후면의 퇴각하는 대열을 향해 발사하는 폭격음을 들었다. 21연대 1대대는 스미스 대대장의 인솔하에 가장 먼저 한반도 땅을 밟은 부대이자 오산에서 치른 전투에서 가장 먼저 낭패를 당한 부대다. 처치 소장의 명령으로 이번에도 이 부대는 북으로 진군하는 21연대의 선두에 서게 되었다. 11월 1일 정오, 스미스는 신의주에서 30킬로미터 떨어진 정차동에 도착했다. 그가 압록강변에 도착해 살펴볼 준비를 하고 있을 때 또다시 처치 사단장의 명령이 하달되었다. 즉각 전진을 중단하고 현장에서 종심縱深 방어진지를 구축하라는 것이었다.

한국전쟁과 관련한 방대한 사료에 뜻밖에도 스미스 중령이 이 명령을 받고 나서 지은 표정이 상세히 묘사되어 있다. 당시 스미스는 '자신도 모르게 헛웃음을 터뜨렸다'는 것이다. 이 미군 중령의 웃음의 의미를 정확하게 이해할 사람은 아무도 없다. 오직 그 자신만이 그 이유를 알 뿐이다. 인천상륙 이후로 군인으로서 압록강에 최초로 도착한 영예는 오산에서 실패한 치욕을 상쇄시키기에 충분했을 것이다. 게다가 현재는 가까스로라도 '모든 상황이 순조롭게' 흘러가고 있었다. 그가 압록강변에서 찍은 사진은 전쟁이 곧 끝날 것을 상징하는 것으로 보였다. 하지만 방금 떨어진 명령으로 그는 '전진을 중단'했다. 바로 이런 이유로 스미스 대대장이 이 명령에 대해 상당히 유머러스한 반응을 보인 것은 전혀 이상할 게 없다.

명령을 받았을 때 북한 전차가 폭격을 가하기 시작했다. 스미스 대대에 배속된 미군 6전차대대의 잭 중대장은 직접 전차를 몰고 미군을 인솔해 반격에 나섰다. 북한의 T-34 전차 7대가 300미터 거리 밖에서 일제사격을 가하자 포신에서 분출한 오렌지 빛깔의 불덩어리들이 미제 퍼싱Pershing 전차를 향해 날아갔다. 중국 국경지대에서 아주 가까운 정차동이라는 곳에서 한국전쟁 최대 규모의 전차전이 벌어지기 시작했다. 최대 규모라는 것이 실상은 북한군의 전차 7대와 미군 전차 10여 대의 전투였으며, 북한 전차 5대가 격파되는 것으로 끝났다.

이와 동시에 구성龜城을 점령한 미 제24사단 5연대는 항공통신기에서 투하된 통신함을 받았다. 전진을 중단하고 현 위치에서 명령을 기다리라는 내용이었다. 마찬가지로 '자신도 모르게 헛웃음을 터뜨리는' 것으로 응답한 뒤, 그날 밤 5연대와 스미스 부대는 함께 방향을 뒤로 돌렸다. 그 시각 그들 뒤에 엄청난 재난이 매복해 있다는 사실을 그들은 아직 모르고 있었다. 느린 그들의 행군은 곧 정신없이 도망가는 상황으로 바뀔 터였다.

10월 30일, 한국군 제1사단 사단장 백선엽은 운산에 세운 지휘소에서 한 가닥 불길한 예감이 들었다. 10월 24일에 그를 한국군 제2군 군단장으로 임명한다는 명령이 하달되었기 때문에 그때 사실상 그는 군단장이었다. 하지만 그 뒤 전세가 돌변하자 제1사단 사단장의 직무로 복귀했다. 중국군의 참전으로 그는 군단장의 지위에 단 하루만 앉아본 셈이었다. 그는 만주국滿洲國 군대에서 중위로 정보관을 지내면서 당시 러허熱河 지역에서 중국의 항일무장단체와 전투를 치른 '중국통'이었다. 중국군을 잘 알았기에 그에게 불길한 예감이 들었던 것이다. 제1사단이 연이어 입은 손실과 맞닥뜨린 거센 저지공격에서 그는 본능적으로 상대가 중국군이 분명하다고 느꼈다. 그가 받은 전장 보고서에는 이런 내용이 있었다.

"적군은 운산의 사방에서 빠르게 전진하고 있는데, 그들의 대오가 산마루에서 이동할 때 마치 산 전체가 움직이는 것처럼 보였다."

10월 29일, 백선엽은 제1사단에 운산 서북 방향으로 진격하라는 명령을 내렸는데, 그 결과는 사상자가 나온 것 외에는 아무런 진전도 없었다. 그의 부하는 이렇게 보고했다.

"적군은 교묘하게 위장한 방어진지를 통해 매우 완강하게 저항하고 있으며, 15연대와 12연대가 주공격을 퍼부었던 고지는 하룻밤 사이에 벌집 같은 요새로 변했습니다. 반복적인 포격과 폭격을 받았음에도 적군은 전혀 무서워하는 기미도 보이지 않으며, 아군 병사들이 한 걸음 다가갈 때마다 수류탄이 정면에서 비처럼 쏟아져 내립니다."

백선엽은 미 제1군단장인 밀번에게 보고를 올렸다.

"운산 주변 전체에 중국 정규군이 들어차 있습니다. 즉 아주 많은 병력이 포진해 있습니다."

운산은 포위되었다.

백선엽은 미군 증원부대가 속히 당도하기를 간절히 바랐다.

미 제1기병사단의 병사들에게 그들의 목표 지점인 운산은 유리한 곳이 아니었다.

제8군 우익의 붕괴 조짐이 점차 가시화되자 워커 중장은 자기 감정을 주체하지 못했다. 시간이 흐르면서 온정을 탈환할 가능성은 점차 희미해졌고 희천에도 대규모의 중국군이 모습을 드러냈다. 운산은 더욱이 엄청난 규모의 적군에 삼면이 포위된 가운데 한국군 제1사단이 여러 차례 돌격하면서 국면을 타개하려고 했지만 큰 성과를 내지 못했다. 워커의 눈에 이렇게 나가면 승리의 기회는 물거품처럼 사라져버릴 것이고 그의 제8군은 어떠한 성과도 내지 못할 상황이었다. 워커는 결단을 내리고 밀번 군단장에게 지시를 하달했다. 평양에서 수비 임무를 수행 중인 미 제1기병사단을 전세가 가장 복잡하게 뒤엉킨 운산 방향으로 이동시키라는 지시였다. 그들의 임무는 한국군 제1사단을 지나 북진의 국면을 타개하는 것이었다.

도쿄로 철수하려던 제1기병사단 병사들의 꿈은 이 짤막한 명령으로 산산조각 났다. 북으로 전진하는 그들의 어두운 심정은 이런 글귀에서도 드러난다. "어두운 구름이 암석으로 이루어진 산맥 곳곳에 드리워져 핏빛으로 물든 석양 속에서 무서운 그림자를 만들어냈다."

10월 30일, 제1기병사단이 용산동에 당도했고, 8연대가 운산으로 향한다는 결정이 내려졌다. 임무는 '한국군 제1사단을 지나 삭주 부근으로 돌진하는' 것이었다. 8연대가 출발할 때 제8군 기병처장이 한마디 경고를 했다.

"운산 부근에서 공격하는 대상은 중국군일 가능성이 크다."

그러나 안타깝게도 연대장 레이먼드 파머Raymond D. Palmer를 포함한 모든 장교는 이에 개의치 않았다. 그들은 '중국은 이처럼 어떻게 손써볼 수 없는 시기에 결코 전쟁에 개입하지 않을 것이라는 당시의 일반적인 판단에서 벗어나지 못했기 때문이다.'

10월 30일 오후, 운산에 당도한 8연대는 그곳의 광경을 목격하자 일시에 두려움에 빠졌다. 산봉우리에서 불이 세차게 타올라 새카만 연기가 온 하늘을 뒤덮고 있었다. 한국군 병사들의 말로는 중국군이 공중 방어를 위해 불을 지른 것이라고 했다.

이제 중국과 미국, 두 나라 군대의 역사상 첫 번째 전투는 더 이상 피할 수 없게 되었다.

미군 측은 중국군의 한국전쟁 개입 여부에 대해 줄곧 설명하기 힘든 모순된 심리를 지니고 있었다. 제8군의 한 참모 인사는 나중에 이렇게 회고했다.

"8연대가 이런 경향을 보인 것은 관련 정보에 대해 의혹을 품었다기보다는 믿고 싶지 않았기 때문이라고 보는 게 더 맞다."

10월 30일까지 중국군은 제38군과 제40군의 6개 사단이 이미 집결해 청천강에서 군우리軍隅里 일대에 이르는 지역을 빼앗을 준비를 하고 있었으며, 제39군은 운산 지구 포위를 완료했다. 그리고 서해안에서 집결한 제50군과 제66군은 미 제24사단을 기다리고 있었다. 중·미 양군 모두 우익 방어태세와 좌익 공격태세의 전법을 취하고 있었다. 군사적으로 이는 '용감한 자가 승리'하는 진세였다. 다시 말해 어느 쪽이든 후방이 위협을 받는다고 더 일찍, 더 크게 의식하는 쪽이 반드시 철저히 패하게 되는 것이다.

펑더화이가 한반도에 진입한 첫날 제50군과 제66군이 신속히 뒤따라 한반도에 진입해서 2개 군의 10만 병력이 서해안을 따라 안정적으로 진격하도록 건의한 이유가 바로 여기에 있었던 것이다.

워커의 제8군 후방이 당면한 재난은 미군 제1기병사단이 구해줄 수 있는 성질의 것이 아니었다.

미 제1기병사단에게 북쪽으로 가서 지원하라고 내린 명령은 이후 워커가 가장 후회한 결정 중 하나가 되었다.

운산전투—
중국군과 미군의 첫 번째 육박전

1950년 11월 1일, 운산의 아침은 짙은 안개로 자욱했다. 중국군 제39군 116사단장 왕양汪洋은 전초 관측소에서 몹시 초조해하고 있었다. 공격전진 지형 및 포병으로 보병을 지원하는 방안을 검토한 후 운산의 상황을 직접 관측해야 했는데, 짙은 아침 안개로 인해 관측이 불가능했기 때문이다. 중국군에겐 정찰기가 없었기 때문에 최전방에서의 육안 관측은 지휘관에게 매우 중요한 일이었다. 아침 10시나 되어야 안개가 옅어져 눈앞에 있는 적의 동향이 점차 명확해질 것이었다.

그날 오후, 적정을 관측하던 왕양은 순간 긴장하기 시작했다. 운산 동북 방향에 있던 적의 전차와 차량, 보병이 뒤쪽으로 이동하기 시작하고, 운산 부근의 적도 빈번히 왕래하는 모습이 포착됐기 때문이다. 또한 우익 최전방 관측소에서도 정면에 있던 적이 배낭을 메고 차량에 탑승해 뒤쪽으로 움직이기 시작했다는 보고가 올라왔다.

'운산의 적이 이미 삼면으로 포위된 것을 알아채고 도망가려는군.' 왕양의 첫 번째 반응이었다.

왕양은 손목시계를 보았다. 오후 4시 정각이었다. 원래 정해진 진격 시각까지는 아직 3시간 넘게 남아 있었다. 그러나 바로 진격하지 않으면 전투 기회를 놓칠 것이다. 왕양의 가슴이 격렬하게 뛰기 시작했다.

이날은 한국전쟁 국면이 중요한 전환점을 맞게 될 하루였다.

유엔군의 우익은 이미 격멸되었다. 워커가 배치를 조정해 청천강을 건너온 병력이 다소 증가하긴 했지만, 계속 북진하고 있는 각 부대는 사실상 여전히 분산된 상태였다.

펑더화이는 이를 예민하게 감지하고 있었다. 지원군이 막 한국에 진입했을 때의 혼란 국면은 이미 진정되었고, 현재 각 군은 모두 지정된 위치에 도달했다. 현재 지원군은 10~11개 사단, 총 15만 병력을 집중시켜 작전을 펼칠 수 있었다. 병력의 우세는 틀림없이 전투에서 승리의 기회를 가져다줄 것이다. 유엔군에 커다란 타격을 가할 펑더화이의 작전계획은 다음과 같았다. 이미 지리멸렬한 적의 우익 쪽으로 돌진하고 정면공격과 종심으로 우회 기동하는 전술을 동시에 펼쳐 유엔군의 남과 북의 연락을 차단해 청천강 이북에서 적을 섬멸하는 것이었다.

10월 30일 저녁, 마오쩌둥이 이 작전을 위한 전보를 보내왔다.

펑더화이 동지, 덩화 동지

(1) 한국군의 제8사단 4개 대대를 섬멸하고 승리한 것을 축하하오.

(2) 10월 30일 9시의 배치는 매우 좋았소. 우리는 적의 수, 위치, 전투력, 그리고 사기 등 모든 사항을 이미 명확히 파악하고 있소. 아군은 모두 도착해 전열을 정비했고 사기가 고조된 상태요. 반면 적들은 우리 상황을 현재까지도 모르고 있소(다만 아군이 4만~6만 정도 될 것으로 어렴풋이 짐작하고 있소).

따라서 동지들이 눈앞의 적 한국군 1사단과 7사단, 영국군 27여단, 미 24사단, 미 제1기병사단 일부 및 한국군 6사단, 8사단의 잔존 병력을 섬멸하는 것을 목표로 삼은 것은 정확하오. 제38군 및 제42군 1개 사단이 적의 청천강 퇴로를 확실히 차단하고 기타 각 군 사단이 용감히 적의 각 부대 측방과 후방으로 돌격해 적을 분할하고 섬멸한다면 승리는 반드시 우리 것이 될 것이오.

(3) 대작전을 펼칠 때 제66군을 사용해 병력을 확보하도록 하시오.

마오쩌둥

10월 30일 오후 8시

10월 31일 오전 9시, 지원군 본부는 다음과 같은 작전명령을 하달했다. 제38군은 구장의 적을 신속히 섬멸한 후 청천강 동쪽 기슭을 따라 원리, 군우리, 신안주 방향으로 돌격해 적의 퇴로를 차단한다. 제42군 125사단은 덕주로 돌격해 점령하고 적의 증원을 저지한다. 제40군은 눈앞의 적군을 신속히 돌파해 11월 1일 저녁 영변 지구의 한국군 제1사단을 포위하고 기회를 엿보아 적을 섬멸한다. 목표를 달성한 후 등산동으로 돌격해 미 제1기병사단의 퇴로를 차단한다. 일부는 상구리동 지구에 남아 운산 지구 적군의 도주를 차단한다. 제39군은 11월 1일 저녁 운산 지구의 적을 공격해 섬멸한다. 목표를 달성한 후 용산동 지구로 돌격해 제40군과 힘을 합쳐 미 제1기병사단을 포위해 섬멸한다. 제66군 일부는 구성 서쪽에서 미 제24사단을 제압하고, 일부는 적의 증원군 수송을 저지한다. 군의 주력은 적의 측방과 후방으로부터 미 제24사단으로 돌격한다.

마오쩌둥의 전보와 지원군 본부의 명령에서는 '제38군이 마지막까지 뚫고 들어간다'는 작전을 이번 전투의 결정적 요점으로 삼았다. 마오쩌둥과 펑더화이는 제38군에게 희망을 걸었다. 제38군은 이미 진격을 시작해 소민리를 함락시키고 구장 방향으로 전진하고 있었다. 펑더화이는 특히 운산 정면의 제39군에게 제38군이 지정된 위치에 접근하기를 기다렸다가 운산을 다시 공격할 것과, 적의 퇴로를 완벽히 차단하지 못해 기계화 능력이 강한 적을 도망가게 해서는 안 된다고 분부했다.

그러나 공격을 받지도 않았는데 운산의 적들은 이미 도망갈 조짐을 보이고 있었다.

제39군 군단장 우신취안은 어쩔 수 없이 공격 시각을 오후 5시로 앞당기기로 결정했다.

펑더화이도 동의했다.

운산 정면에서 이미 기세를 모은 지 오래인 중국군 대부대가 곧 운산이라는 작은 도시를 휩쓸어버릴 참이었다. 적군을 모조리 섬멸하려는 펑더화이의 전투계획은 우익 쪽에서 횡으로 가로질러 서쪽으로 뚫고 들어가는 제39군의 전진 속도에 성공 여부가 달려 있었다.

나중에 알게 된 일이지만 116사단장 왕양이 발견한 운산 정면의 유엔군은 철수한 것이 아니라 한국군 제1사단이 미 제1기병사단 8연대와 진지를 교대한 것이었다. 진지를 교대하면 중국군이 공격을 개시하는 시점에 제1기병사단 8연대가 최전방에 있게 된다. 중국군 제39군 장병들은 이 사실을 전혀 몰랐고 공격을 개시한 후에도 상대가 한국군 제1사단 부대인 줄로만 알았다.

제39군은 11월 1일 오후 4시 40분에 조급한 마음으로 공격준비사격을 시작했다. 가지각색의 신호탄이 황혼 녘의 하늘로 높이 치솟았고 각종 화기에서 나는 소리가 운산 골짜기를 뒤흔들었다.

보병들은 포화 뒤를 바짝 쫓아 운산으로 진격하기 시작했다.

운산 외곽 고지를 일소하는 전투에서 한국군의 방어선이 곧바로 돌파됐다. 미 제1기병사단 8연대장 파머 대령은 퇴각해오는 한국군 병사들을 보았다. 그는 훗날 이렇게 묘사했다.

"그들은 점토로 빚은 부대였다. 완전히 정신이 나간 상태여서 우리 지프나 부근에서 이따금씩 들려오는 총소리에도 전혀 신경 쓰지 않았고 모두들 표정이 없었다. 바탄에서 보았던 투항 전의 미군들과 똑같았다."

미군 측 전쟁사료에 따르면 중국군의 포화는 굉장히 맹렬했다. 포탄의 탄도를 조사한 결과 제2차 세계대전 중 스탈린그라드Stalingrad, 현재의 볼고그라드 Volgograd에서 독일군을 놀라게 했던 82밀리 '카추샤Katyusha' 로켓포였다. 이런 무기들의 출현은 공격해오는 부대가 일반 부대가 아님을 뜻했다. 파머 연대장은 이때야 비로소 문제의 심각성을 깨달았다. 거의 알아볼 수 없는 대형으로 공격해와 마치 인간 파도처럼 각 방향에서 사라졌다 나타났다 하면서 순식간에 미군 앞으로 들이닥쳤다. 347연대의 장성張生이라는 병사는 적의 기관총 공격을 받아 부대의 전진이 중단되자 기관총 진지의 뒤쪽으로 돌아갔다. 그는 총을 가지고 있지 않아서 미군 기관총수를 끌어안고 함께 절벽으로 굴러 떨어졌다. 이와 비슷한 장면들이 운산 사방의 칠흑 같은 언덕 곳곳에서 일어났다. 운산 외곽의 고지들이 그로 인해 돌파되었고 미군 병사들은 그들이 알아들을 수 없는 함성 속에서 사상자를 끊임없이 냈다. 노먼 앨런Norman Alan 대위는 질겁해서 말했다.

"저들이 중국인이 아니라고 말하는 사람은 미친 게 틀림없어!"

운산 외곽을 일소하는 전투에서 제39군 348연대 2대대 장병들은 한국전쟁에서 기록을 세웠다. 그들은 삼탄천 동쪽 기슭을 따라 운산 방향으로 진격했다. 1분대 리롄화李連華 부분대장은 작렬하는 포탄의 불길 속에서 멀지 않은 전방에 집채만 한 물체 네 개가 있는 것을 발견했다. 리롄화는 전투 전에 이곳을 정찰한 적이 있었다. 이곳은 원래 개활지였다. 신중하게 더듬어 살피며 앞쪽으로 가보니 눈앞에 나타난 것은 뜻밖에 네 대의 비행기였다. 알고 보니 이 개활지는 미군의 임시 비행장이었던 것이다. 비행장을 지키던 미군이 즉시 중국군 병사들과 백병전을 벌였다. 1분대는 전투를 치르는 동안 병력 손실이

커서 리롄화와 또다른 병사 한 명만 남은 상태였다. 남은 두 병사는 끈질기게 비행기로 접근해갔다. 두 사람은 이미 부상을 당한 상태였지만 마지막까지 저항하던 미군 병사 한 명이 비행기 조종실에서 끌려나올 때까지 쓰러지지 않았다. 중국군 병사들은 임시 비행장을 점령한 후 즉시 인력으로 육중한 비행기를 밀고 가서 은폐된 곳에 숨기려고 했다. 그러나 비행기가 꿈쩍도 하지 않자 대량의 옥수숫대로 비행기 네 대를 덮어두었다.

나중에 알게 된 바로는 그곳에 있던 비행기는 지상공격기 한 대와 경비행기 세 대였다. 이 비행기들은 일본에 주둔한 미군 극동본부에서 보낸 것으로, 그날 오후 도쿄비행장에서 이륙했다. 탑승자는 미 제1기병사단을 취재하러 온 기자들이었다. 그러나 기자들이 취재할 새도 없이 전투가 시작되어 긴급히 다시 이륙하려 했으나 실패했다. 비행기가 중국군 병사들에게 포위되었기 때문이다. 중국군 병사들은 손에 든 소총과 총검으로 미군 비행기 네 대를 빼앗았다. 중국인민지원군이 한국전쟁에서 유일하게 노획한 미군 비행기였다.

중국군 병사들이 옥수숫대로 숨겨놓은 네 대의 비행기는 날이 밝은 후 미군의 머스탱 폭격기가 발사한 미사일을 맞아 전소되었다.

한밤중에 지원군의 1개 분대가 운산 남쪽으로 15킬로미터 지점의 도로 입구에 도착해 운산에서 도주하던 미군 전차부대를 막아섰다. 처참한 혼전 속에서 중국군 병사 자오순산趙順山과 위스슝於世雄, 톈유푸田有福는 미군들과 뒤엉켜 싸웠다.

"그 미군은 키가 크고 뚱뚱했어요. 운전사인지, 장교인지 아니면 기관총병인지 분간할 수 없었습니다."

자오순산이 그때를 회상하며 말했다. 외국인과 처음으로 육박전을 치른 자오순산이 사력을 다한 전투에서 어떤 느낌이었는지는 알 길이 없지만, 서로 얼굴을 맞댄 순간에 불길의 격렬한 떨림 속에서 자오순산은 "그의 눈동자가 황녹색"인 것을 보았다. 뒤엉켜 싸우는 도중에 미군 병사가 권총을 꺼냈지만 자오순산은 그를 제지할 수 없어 큰 소리로 외쳤다.

"위스슝! 빨리 와서 이 자식 권총 뺏는 것 좀 도와줘!"

위스슝이 한 손으로 그 미국 병사의 권총을 내리쳤다. 바로 그때 위스슝과 뒤엉켜 있던 미군 병사가 권총을 꺼내 위스슝의 복부에 한 발을 쐈다. 분노가 극에 달한 자오순산의 눈에 미군 병사 몸에 차고 있던 야전삽이 보였다. 자오순산은 그것을 뽑아서 자신이 몸으로 누르고 있던 미국 병사의 머리를 내리쳤다. 처참하게 내지르는 비명 소리에 위스슝의 몸 위에서 싸우던 미군 병사도 무너져버렸다. 그는 멍하게 일어나 두 손으로 머리를 움켜잡고 뛰어가려고 했다. 그러나 부상을 입은 위스슝이 그의 다리를 꽉 움켜쥐었다. 자오순산이 말했다. "내가 동작이 더 빨랐습니다. 8촌寸, 약 27센티미터 길이의 야전삽이 이미 올라갔고 적이 양손으로 머리를 감쌌지만 그걸로 목숨을 보전할 수는 없었어요. 내가 든 야전삽이 그의 손등을 관통해 머리를 찍었습니다."

치열한 전투는 끝이 났다. 위스슝과 톈유푸는 참호 옆에 누워 있었다. 둘 다 이미 혼수상태였다. 자오순산은 이렇게 회상했다.

"위스슝 옆에 꿇어앉았죠. 그는 왼손으로 여전히 적의 권총을 꽉 움켜쥐고 이빨을 꽉 깨물고 있었습니다. 몸의 핏자국을 닦아주다가 배에 권총을 맞은 상처를 보았습니다. 마음이 정말 괴로웠어요. 나 때문에 상처를 입은 것이니까요. 톈유푸는 위스슝 옆에 누워 있었습니다. 오른쪽 다리가 잘려 바짓가랑이가 온통 선혈로 붉게 물들었습니다. 그는 육박전이 시작되기 전에 부상을 입었어요. 그런데도 적이 달려들자 한쪽밖에 없는 다리로 꿇어앉아 적을 끌어안았죠. 내가 야전삽으로 적을 찍어서 죽일 때까지 그러고 있었습니다."

그때 운산은 이미 혼란에 빠져 있었다. 운산에 쳐들어간 제39군 116사단 346연대의 선두부대인 4중대는 도로 다리에 도착했다. 미 제1기병사단 8연대 3대대 M중대가 다리를 지키고 있었다. 당시 상황을 미군 전쟁사료는 이렇게 기술하고 있다.

"1개 중대의 병사들이 용산동으로 가는 간선도로를 따라 엄숙하고 정연하게 다리 남쪽으로 접근했다. 다리에서 보초를 서고 있던 미군 병사는 그들이 한국군이라고 여겼는지 검문도 하지 않고 통과시켰다. 그들이 엄숙하고 보무 당당하게 걸어왔기 때문이었다."

"종대는 다리를 통과한 후 간선도로에서 계속 북진했고 얼마 후 대대본부에 접근했다. 갑자기 그들은 신호나팔을 불며 일제히 사령부를 습격하기 시작했다."

4중대가 펼친 군사작전은 마치 무대 공연과도 같았다. 중국군 병사들은 대담했을 뿐만 아니라 그들의 기지를 아낌없이 발휘했다. 중국군 제39군 사료 기록을 보면 그들은 도로의 다리를 통과할 때 심지어 '미군과 악수도 나누었다'고 적혀 있다. 미 제1기병사단 3대대 본부는 즉시 혼란에 빠졌다. 중국군 병사들이 부채꼴 대형을 펼쳐 대대본부 주변은 백병전 소리로 요란했다.

미군 전쟁사료에 이 전투가 상세히 묘사되어 있다.

3대대 장교들은 남쪽으로 통하는 도로가 이미 중국군에게 통제된 것을 알았고, 결국 육로로 철수하기로 결정했다. 그들은 차량을 한 대씩 줄지어 배치해놓았고, 기진맥진해진 병사들은 트럭 운전석과 화물칸, 산병호散兵壕에서 잠든 채로 철수 명령을 기다리고 있었다. 그런데 1개 중대의 중국군 병사들이 몰래 경계선을 넘었다(보초병은 그들이 한국군인 줄 알았다). 삽시간에 신호나팔 소리가 적막한 밤하늘에 울려 퍼졌다. 어느 병사가 나중에 이렇게 보고했다. "누군가가 나를 깨워서 말 떼가 질주하는 소리를 듣지 못했냐고 물었습니다……. 곧이어 군호 나팔 소리가 들려왔지만 거리가 멀었습니다. 다음으로 누군가가 호루라기를 불었습니다. 몇 분 후, 우리가 있던 곳은 불바다가 되었습니다." (…) 정체불명의 그림자 한 무리는 마치 하늘에서 내려온 것 같았다. 그들은 즉시 보이는 사람마다 총을 쏘거나 총검으로 찔렀다.

3대대 로버트 오먼드Robert Ormond 소령은 중국군이 던진 수류탄에 중상을 입었다. 그는 매케이브McCabe 대위와 함께 대대본부에서 도망쳐 나왔다. 탄환 한 발이 매케이브의 철모로 날아왔다. 몇 초 후, 또 한 발이 그의 어깨뼈에 박혔다. 매케이브는 피를 무척 많이 흘린 탓에 길가에 드러누워 움직일 수가 없었다. 그러나 곧이어 이 미군 대위에게 이상하고도 운 좋은 일이 일어났다. 중국군 병사 몇 명이 총검으로 그를 가리키긴 했지만 찌르지는 않은 것이다. 그의 총을 빼앗지도 않았고 서로 뭐라고 얘기만 할 뿐이었다. 매케이브가 손가락으로 남쪽을 가리키자 중국군 병사들은 방향을 돌려 가버렸다. 매케이브는 지금까지도 자신이 도대체 어떻게 살아난 것인지 확실히 알지 못했다. 자신을 둘러싼 중국군 병사들이 서로 무언가를 상의하는 것 같았고 그가 적군인 것 같지 않다고 결론을 낸 듯했다. 반면 오먼드 대대장은 '부상을 당한 지 몇 시간 뒤에 목숨을 거두었다.'

날이 밝자 미군 폭격기가 운산 도로의 다리 상공을 교대로 비행하며 중국군에게 점령된 교통 요로에 맹렬히 폭격을 가했다. 미 제1기병사단 8연대 3대대는 그때서야 인원수를 점검할 틈이 생겼다. 그러나 사망자 수는 이미 셀 수도 없을 지경이었고, 전차 3대로 둥그렇게 둘러싼 작디작은 진지 안에만 170명의 부상병이 누워 있었다.

제일 먼저 운산 거리로 쳐들어온 중국군은 1개 선두분대였다. 이들 중 네 명만이 아직 부상을 입지 않고 남아 있었다. 이들은 2인 1조로 도로를 따라 수색을 펼쳤으나 미군 전차 한 대가 전방 도로를 봉쇄하고 있었다. 전차의 중기관총 화력에 뒤쪽에서 따라가던 중국군 병사들이 부상당하거나 죽었고, 선두분대 자오쯔린趙子林 분대장의 몸에는 불이 붙었다. 그는 작은 가게 옆까지 기어가서 미군 전차와 응사하고 있는 인근의 아군 부대에서 폭약통을 손에 넣었다. 자오쯔린은 폭약통을 움켜쥐고 전차를 향해 기어갔다. 미군 전차는 미군을 가득 태운 트럭 몇 대를 엄호하면서 다가오는 중국군 병사들을 향해 미친 듯이 사격을 가했다. 자오쯔린을 엄호하기 위해 중국군 병사들은 사력을 다해 미군을 물고 늘어졌다. 자오쯔린은 마침내 전차에 접근했다. 전차의 캐터필러여러 개의 강판 조각을 연결해 만든 벨트를 차바퀴 둘레에 걸어놓은 장치. 전차나 장갑차 등에 쓰인다가 바닥을 굴러가며 내는 굉음이 지면을 격렬하게 흔들어댔다. 자오쯔린은 전차 정면에 우뚝 섰고, 전차가 눈앞에 다가오자 폭약통의 도화선을 잡아당겼다. 거대한 폭음이 하늘과 땅을 뒤흔들었다. 자오쯔린은 마지막에 힘겹게 눈을 뜨고 전우들이 시커먼 초연硝煙을 뚫고 미군을 향해 돌격하는 모습을 지켜보았다.

운산 지구의 미군은 남쪽으로 퇴각하기 시작했지만 퇴로가 이미 차단된 상태였다.

중국군 제39군 115사단 345연대 병사들은 '제인교諸仁橋'라 불리는 도로 길목을 점거했다. 이 전투가 끝났을 때 미군 병사 수십 명이 맹렬한 공격 속에서 백기를 들고 투항했다. 그들은 통역사에게 그들의 장교가 말한 투항의 4대 조건을 알려주었다. 첫째는 탄알이 없을 것, 둘째는 비상식량이 없을 것, 셋째는 연락이 두절되었을 것, 넷째는 포위망을 뚫을 수 없을 것이 그 조건이었다. 그들은 당시 투항의 모든 조건에 부합했다.

11월 20일 동틀 무렵에 미 제8군은 전 구간 철수를 명령했다. 서해안에 있던 제24사단이 받은 명령은 '청천강 전선까지 퇴각하라'는 한마디가 전부였다. 당시 제24사단의 미군 장병들은 불안감에 휩싸여 있었다. 소련군이 참전한 것인가? 아니면 중국군이 퇴로를 차단했나? 혹시 북한이 완전히 투항해서 전쟁이 끝난 것인가? 미군 장병들은 이처럼 희비가 교차하는 소문들 속에서 불안해했다. "장병들은 실망을 안고 여우에 홀린 듯한 기분으로 후퇴하기 시작했다."

전보와 전화 그리고 정찰기의 보고가 눈송이처럼 제8군 사령부로 날아들었다. 단편적이고 비관적인 대량의 정보 가운데 그래도 낙관적인 견해를 지닌 보고도 섞여 있었다. 이 낙관적 견해로 인해 워커의 참모진은 판단의 우를 범하고 말았다. 미군 전쟁사료는 당시의 분위기를 이렇게 묘사하고 있다.

"하루 종일 히스테리에 시달리며 미친 듯이 일했지만 효과는 최악인 하루였다. 또한 이날 몇 가지 실수도 범했다……. 계속 내용이 달라지는 명령이 연달아 쏟아졌다."

이때 미 제1기병사단 5연대가 박천 방향에서 부랴부랴 증원군을 보냈지만, 증원군이 운산 이남의 용성동에서 용두동 사이의 도로 부근까지 행군했을 때 중국군의 완강한 저지에 부딪혔다. 저지하는 부대는 중국군 제39군 115사단 343연대였다. 미군은 전차와 중포重砲를 동원해 맹렬히 포격을 퍼부었다. 미군 비행기는 하늘에서 큰비를 쏟아붓듯이 사정없이 휘발유를 뿌린 후 소이탄을 투하했다. 중국군의 저지진지가 순식간에 불바다가 되었다. 저지하기가 예상외로 힘겨워졌다. 제343연대 3중대의 진지 상공에서는 미군 전투기 수십대가 지상의 중국군을 향해 난사했고, 지상에서는 끊임없이 전차와 배속 보병들이 돌격하고 있었다. 원래 수목이 우거졌던 진지는 이미 초토화되었다. 3중대 전 대원 160명 중 끝까지 싸워 살아남은 자는 수십 명에 불과했다. 잔혹한 전투의 불바다 속에서 미군 전차의 캐터필러 소리가 다시 울릴 때 부대대장 한 명이 도주했으나 살아남은 병사들은 모두 맹렬한 총격과 폭격 속에서도 꿋꿋이 진지를 지켰다. 미군 병사들이 방어진지 최전선에서 20미터 떨어진 곳까지 근접했을 때 큰 불길 속에서 중국군 병사들은 다시 한번 일어섰다. 그들은 총검을 들고 처절한 육박전을 시작했다.

미군은 중국군 병사들이 왜 불타 죽지 않는 것인지 의아해했다. 사실 중국군 병사들이 쓴 방법은 아주 간단했다. 바로 저지진지 안에 방화선防火線을 판 것이다. 농민 출신인 중국군 병사들은 참호 파는 일이 생소하지 않았다. 그들은 총알이 사방으로 튀는 가운데서도 쉬지 않고 참호를 파서 활활 타오르는 사나운 불길에서 몸을 숨길 공간을 확보했다. 심지어 전투가 거의 끝나갈 무렵에 343연대장이 진지로 올라가 보니 병사들은 그때까지도 정신없이 참호를 파고 있었다!

도로 다리 어귀의 참호에서 미군은 한 중국군 병사가 태연하게 그들 쪽으로 다가오는 것을 보았다. 미군은 일순간 멍해졌다. 어째서 이런 기이한 일이 일어나는 것인지 도무지 알 수 없었다. 중국군 병사 리푸구이李富貴는 만년필을 사려고 가지고 있던 100만 둥베이東北 위안중국 국공내전 시기에 둥베이은행이 발행해 둥베이 해방구에서 유통된 지폐을 꺼내 그의 분대장에게 건네주고는 사정없이 발포해대는 적의 참호를 폭파하지 못하면 돌아오지 않겠다고 말했다. 그는 맨발로 꽁꽁 얼어붙은 개울로 뛰어들었다. 개울 한가운데서 그는 왼쪽 어깨에 총을 맞아 심한 통증에 눈물을 줄줄 흘렸다. 그러나 그는 멈추지 않았다. 미군 참호 앞까지 가서 한 묶음으로 된 수류탄 5개를 던졌다. 수류탄이 폭파하면서 1개 분대의 미군 병사들이 콘크리트와 함께 날아올랐다. 혈인血人과 같은 모습의 리푸구이는 개울에서 웃고 있었다. 그가 자신의 부대를 따라가려고 발을 옮기려던 순간 그만 넘어져 물에 빠지고 말았다. 아무것도 신지 않은 그의 발이 개울물과 함께 얼어붙었던 것이다.

밤이 깊었다. 예비부대인 미 제1기병사단 7연대는 1개 대대를 다시 증원군으로 보냈다. 당시 중국군에게 점점 먹혀가고 있는 8연대를 구하기 위해서였다. 이 대대의 소대장인 매켈혼McElhone은 나중에 주일 미 육군사령부 정보작전처장이 되었다. 그는 당시를 회상하며 말했다.

"아무 일도 없다는 듯이 다가오고 있는 부대를 보고 한국군인 줄 알았습니다. 그런데 모습을 보니 또 아닌 듯했죠. 그래서 중대장이 대대장에게 물었습니다. '남하하는 한국군입니까?' 대대장이 대답했습니다. '모르겠네.' 중대장이 또 물었습니다. '그러면 쏴도 되겠습니까?' 대대장은 좀더 기다리라고 대답했습니다. 상황을 알아챘을 때는 이미 포위된 후였습니다."

미군은 관례적으로 야간에는 공격하지 않았다. 그러나 그날 밤, 이 대대의 장병들 입장에선 공격하지 않는 것이 공격하는 것보다 더욱 두려웠다. 미군 전쟁사료에서는 이렇게 묘사하고 있다.

"밤새도록 고지 사방에서 신호와 나팔, 호루라기 소리가 끊임없이 울렸다. 소수의 중국 정찰병이 이 대대 사방을 왔다갔다하면서 시도 때도 없이 아무 악기나 마구 불어댔다. 중국군과 처음으로 대치한 장병은 실정을 파악하지도 못한 채 밤새도록 불안해하며 신경과민에 시달렸다. 이것은 일종의 원시적인, 그러나 굉장히 효과적인 신경전神經戰이었다. 때문에 미군은 그곳을 '나팔고지' 라고 이름 붙였다."

제39군이 운산을 포위 공격하고 있을 때 제40군도 영변에 공격을 개시했다. 119사단이 좌로를, 120사단이 우로를 맡았고 118사단이 그 뒤를 쫓았다. 부대는 석창동 부근에서 맹렬한 포화공격을 받고 저지되었다. 120사단 358연대 8중대와 119사단 예하 2개 중대가 신속히 적의 후방으로 깊숙이 들어가 적의 포탄 소리를 따라 5킬로미터를 수색한 결과 마침내 미군 포병진지를 찾아냈다. 그들은 즉시 공격을 가해 진지를 마비시키고 미군 병사 30명을 포로로 잡았다. 제40군의 중국군 병사들은 이때 처음으로 미국인을 보았다. 중국군 병사는 신기해하며 미국인을 "키가 크고 피부가 하얗다"고 묘사했다.

119사단은 곡파원에서 마침 증원을 위해 운산으로 향하던 한국군 제8사단 2개 연대와 조우했다. 중국군 병사들은 즉시 이들을 포위했다. 한국군은 그곳에서 적을 만나리라고는 전혀 생각지 못했기 때문에 무척 당혹한 나머지 기습에 방어하지 못하고 격파되었다. 중국군은 아주 많은 한국군 병사를 포로로 잡았다. 그중 6중대 하나만 해도 포로가 200명이 넘었다. 먹을 것을 주지 않자 한국군 포로들은 농민들이 심어놓은 배추를 모조리 뽑아 먹고 민가의 처마 밑에 걸어놓은 옥수수를 날로 먹었다. 중국군 병사들 눈에 이는 '군중기율群衆紀律을 심각하게 위반한' 사건이었기 때문에 총기를 빼앗은 후 포로들을 놓아주었다. 포로 중에는 미군 제1기병사단 소속 병사가 몇 명 있었다. 중국군 병사들은 그들을 보고 의아해했다.

"기병이라면서 어째서 말이 없는 거지?"

제40군이 계속해서 영변으로 전진할 때 맨 앞에서 행군한 부대는 120사단 358연대 3대대 9중대였다. 평동 지구의 길가에서 그들은 가시철조망에 맞닥 뜨렸다. 위쪽에는 찻잔 크기만 한 방울이 가득 달려 있었다. 그들이 자세히 보려고 가까이 다가갔을 때 맹렬한 사격이 시작됐다. 9중대는 막대한 병력 손실을 입었다. 9중대가 맞닥뜨린 상대는 태천에서 철수하던 미 제24사단이었다. 제40군은 한국전쟁에서 가장 먼저 개전한 지원군 부대인데, 흥미로운 사실은 그들의 맞수 역시 한국전쟁에 가장 먼저 참전한 미군 부대였다는 점이다. 열흘간 연이어 전투를 치르면서 제40군 병사들은 굶주림에 허덕이고 있었다. 그들은 막대한 희생을 치렀지만 시종 미군의 저지를 돌파할 수 없었다. 결국 제40군은 영변을 포위하고 운산 지구에 포진한 적의 퇴로를 차단할 기회를 놓쳤고, 펑더화이의 작전계획은 일부 실패로 돌아갔다.

진지 쟁탈을 놓고 미군과 반복해 전투를 벌이면서 제40군은 무의식중에 중국군에게 의미 있는 일을 했다. 병사들이 전투에서 생전 보지 못한 두 가지 물건을 빼앗은 것이다. 하나는 포신이 길고 검은 색깔에 포미는 나팔 모양이며, 포탄에는 구멍이 여러 개 있는 무반동포였다. 다른 하나는 포신이 짧고 굵으며 큼지막한 무처럼 생긴 로켓 발사기였다. 이 두 물건은 연대에서 사단으로, 사단에서 군단으로, 군단에서 지원군 본부로 전달되었으나 아무도 본 적이 없었다. 이 두 무기는 후에 중국 쓰촨성 몐양綿陽에 있는 군사연구소로 보내졌다. 머지않아 이 두 무기의 모조품이 제조되어 신속히 중국군 부대에 제공되었다.

당시 여러 전선에서 작전을 수행하면서 펑더화이가 가장 불만스러워한 부대는 제38군이었다. 10월 31일, 제38군은 신흥리와 소민리 지역을 공격해 점거했고, 제39군이 운산에서 공격을 개시한 날에야 구장 방향으로 전진하기 시작했다. 마오쩌둥이 전보에서 강조했듯이 제38군의 공격노선은 측면에서부터 미 제8군의 우익 뒤쪽을 파고드는 것이었다. 군우리, 신안리, 개천价川 일대까지만 진출하면 청천강 이북의 적군을 상대로 거대한 포위망을 형성할 수 있었다. 그러나 돌진하는 중에 길이 익숙지 않은 데다 소소한 전투에 연연한 탓에 제38군은 11월 2일이 되어서야 겨우 예정 지역에 다다랐다. 그런데 이때 미 제8군은 부대의 측면이 위협받고 있음을 인식하고 이미 전 구간에서 철수하기 시작하는 한편 한국군 제1사단과 함께 영변 동북 지역에서 엄호 태세에 들어갔다. 또한 미 제2사단도 군우리, 개천 지구에서 상호 엄호 태세를 갖추고 있었다. 제38군은 결국 적군을 포위하고자 했던 목표를 달성하지 못했다.

펑더화이는 제38군이 제때에 지정된 위치에 도착해 적의 퇴로를 차단하지 못했다는 소식을 듣자 참지 못하고 버럭 화를 냈다.

운산전투는 중국인민지원군이 처음으로 열악한 장비로 미군에게 심각한 타격을 가한 성공적인 전례戰例다. 이 전투로 미 제1기병사단 8연대의 대부분 병력과 한국군 제1사단 12연대 일부 병력을 섬멸했고, 미군 1840명을 포함해 총 2046명을 섬멸했다. 또한 비행기 4대를 노획했으며, 격파하거나 포획한 전차가 28대였다. 뿐만 아니라 차량 116대, 각종 포 190문과 대량의 총기 및 탄약을 노획했다.

운산전투는 한국전쟁이 끝난 후 모범 전례로 선정되어 일본 육상자위대 간부학교의 교재『작전이론입문作戰理論入門』에 수록되었다. 이 책은 다음과 같이 기술하고 있다.

"중국군에게 운산전투는 미군과 최초의 교전이었다. 그들은 미군의 전술 특징과 작전능력에 대해 그다지 아는 바가 많지 않았는데도 원만한 성공을 거두었다. 마오쩌둥의 10대 군사원칙을 충실하게 이행해 고립·분산된 미군에게 절대적으로 우세한 병력으로 집중 포위하고 적극적이고 용감하게 야간 백병전을 실시한 것이 성공의 주요인이었다."

한편 미국의 전쟁사에서는 이렇게 기술하고 있다.

"중국은 전차와 공중지원, 중형 화포가 부족했다. 대신 그들은 기습작전으로 미국을 이겼다. 중국군 지휘관들은 비범한 능력을 드러냈다. 그들은 상대가 조금도 알아챌 수 없는 상황에서 방대한 부대를 동원하고 야간행군을 통해 갖가지 위험한 지형을 뚫고 지나다녔다……. 여기저기 기운 자국이 있는 솜 군복을 입은 중국군 병사들은 이런 면에서는 모든 국가의 병사를 능가했다. 그들은 어둠을 엄호 삼아 비밀리에 적군의 진지로 침투할 수 있었다. 그야말로 믿기 어려운 정도였다."

중국군 병사들은 운산전투에서 포로로 잡은 거의 모든 미군 병사의 배낭에서 한국 놋그릇 몇 개씩을 발견했다. 나중에 알게 된 바에 따르면, 미군 병사들은 아시아인들이 금으로 만든 그릇을 사용한다는 말을 듣고 전투를 치르는 와중에 한국 놋그릇을 모았던 것이다. 이 일을 통해 아시아 민족에 대한 미국인의 인식이 얼마나 일천한지를 어렵지 않게 엿볼 수 있다. 이렇게 운산이라는 북한의 작은 마을은 중국군 병사들의 나팔 소리 가운데서 살아남았고, 아직 살아 있다면 이미 백발이 성성해졌을 미국인들에게는 영원히 잊지 못할 장소로 남아 있다.

우리는 아직 연대봉에 있다!

10월 31일, 한국전쟁 동부전선 작전을 책임진 미 제10군단 군단장 아몬드는 함흥에 있는 한국군 제1군단 지휘소에 직접 가서 군단장 김백일 소장의 보고를 들었다. 부대가 전진하던 중에 다수의 중국군이 존재했다는 정보에 관한 분석 보고였다. 보고에 의하면 중국군은 제42군 124사단인 듯했다. 그들은 1주일 전에 만포진 부근에서 압록강을 건너 그곳에서부터 야간행군을 했고, 박격포와 탄약은 노새와 말에 실어 날랐다고 했다.

한국 동북부로 북진하려는 목표를 이행하기 위한 아몬드의 작전 배치는 대략 다음과 같았다. 한국군 제1군단은 동해안 도로를 따라 동북 방향의 국경선을 향해 진격한다. 미 제7사단은 그 남서쪽에서 함경남도 이원利原에서 북쪽으로 향하는 도로를 따라 북·중 국경의 혜산진惠山鎭에 도착한다. 미 제7사단의 남서쪽은 미 제1해병사단이 맡는다. 미 제1해병사단은 함흥에서 장진호 방향으로 전진한다. 이후 도착하는 미 제3사단은 그 후방의 안전을 책임진다. "우리 군은 이 일대의 서로 단절된 지형에 분산 분포한다"고 했지만, 아몬드 자신도 이 점이 굉장히 난감하다는 사실을 인식하고 있었다.

서부전선에서 실망스런 소식들이 끊임없이 전해오는 가운데 아몬드는 전방으로부터 전황 보고를 받았다. 한국군 제1군단 3사단 선두부대인 26연대가 수동 쪽으로 공격을 개시하는 도중에 대규모 사상자가 발생했다는 소식이었다.

한국군을 저지한 것은 중국군 제42군 124사단 370연대였다.

미 제10군단은 원산항 해역에서 수뢰제거 작업을 실시한 데다 소속 부대 지휘관이 지나치게 신중한 나머지 진격 속도가 굉장히 느렸다. 이로써 서부전선에서 전쟁이 시작된 후 펑더화이는 동부전선에 대한 염려를 거둘 수 있었다.

중국군 제42군 124사단과 126사단은 험난한 산지 행군을 거쳐 10월 27일 지정된 방어 지역에 도착했다. 군 지휘부는 다음과 같이 배치했다. 124사단 370연대와 371연대 3대대는 창리와 1115고지, 796.5고지, 초방령 전선의 저지진지를 점령한다. 372연대와 371연대 1대대, 2대대는 하마대리下馬垈里, 뇌동리에서 예비부대로 대기한다. 사단 사령부는 부성리富盛里에 둔다. 126사단은 376연대가 점령한 부전령, 고대산 전선의 저지진지와 사단 주력부대가 집결한 갈전리 전선에 예비부대로 대기한다. 군단 사령부는 구진에 둔다.

124사단 전체가 지정된 진지에 도착한 날, 한국군 제3사단은 황초령에서 큰 타격을 입은 수도사단과 교대하라는 명령을 받고 오전 8시에 한국 북부의 황량한 산봉우리를 향해 나아가기 시작했다. 오후에 중국군 124단 370연대는 적군의 상황에 대한 보고를 받았다. 적군이 수동 방향으로 이동하고 있으며 목표는 796.5고지라는 보고였다. 연대 지휘관은 즉시 4중대에게 그쪽으로 가서 저지하라고 명령했다.

그때 중대장은 1개 소대를 이끌고 북한군 부대를 찾으러 갔기 때문에 4중대에는 사실상 2개 소대 병력만 남은 상태였다. 어둠이 깔렸지만 4중대 병사들은 차디찬 참호에서 잠이 오지 않았다. 한밤중 그들은 산 아래쪽에서 낙엽 밟는 소리를 들었다. 머지않아 철모와 총검이 달빛 아래 번뜩이며 나타났다. 최전방에 있던 5분대는 적군과 진지 사이의 거리가 10미터밖에 되지 않을 때 갑자기 수류탄을 던졌다. 기관총수 주피커朱丕克는 참호에서 뛰어나와 적을 향해 연발사격을 가했다. 갑작스런 공격을 받은 한국군은 시체 몇 구를 버려둔 채 즉시 산 아래로 도망쳤고 눈 깜짝할 사이에 달빛 속으로 사라졌다. 4중대 병사들은 그들이 버리고 간 미제 자동소총을 거둬왔고, 이 선진화된 무기를 보고 신기해 마지않았다. 한 장교가 용감한 기관총수 주피커에게 방금 총알을 아주 많이 쏘았다며 아끼라고 주의를 주었다. 그러나 병사들이 세어보니 한국군 병사 시체에서 거둬온 총알이 주피커가 발포한 총알보다 더 많았다. 이에 장교도 병사들을 보며 웃었다.

자정 이후 날이 밝기 전까지 한국군은 수차례 기습을 감행했으나 모두 실패로 끝났다.

4중대가 겪은 일은 이후 황초령 지역에서 벌어진, 더할 나위 없이 잔혹한 저지전의 시작에 불과했다.

이후 3일 동안 370연대는 한국군 제3사단 26연대의 반복 공격으로 인해 막대한 대가를 치렀다. 미군 비행기는 파리처럼 중국군 머리 위를 뱅뱅 돌며 폭격을 퍼부었다. 중국군 병사들은 비행기의 흰색 별 마크를 볼 수 있었고, 심지어 비행기 안의 미군 조종사 얼굴까지도 볼 수 있었다. 중국군 저지진지에는 그 어떤 방공시설도 없었다. 무시무시한 폭음이 온종일 끊임없이 이어졌고 뜨거운 포탄 파편이 질식할 것 같은 연기와 먼지 속에서 찢어질 듯 날카로운 소리를 냈다. 또한 방대한 규모의 포병이 한국군의 공격을 지원했다. 이들은 그 조그마한 고지에 쉴새없이 포탄을 퍼부었다. 포탄이 폭발하면서 고지에 노출된 암석이 갈라졌고, 암석 파편은 포탄 파편처럼 날카로웠다. 미군 비행기는 네이팜탄도 투하했다. 큰 불길 속에서 중국군 병사들은 땅에 구르기도 하고 나뭇가지를 서로에게 내리치며 옷에 붙은 불을 껐다. 한국군은 1개 중대에서 점차 2개 대대로 공격 규모를 늘렸다. 4중대 진지 앞은 공격해오는 적군으로 넘쳐났고 중국군 병사들은 가죽재킷을 입은 미군 고문이 한국군 병사들 속에 섞여 있는 것을 볼 수 있었다.

중국군의 병력 손실은 엄청났으며, 더 심각한 것은 필수적인 생리 욕구였다. 날이 어두워진 후 적군의 공격은 멈췄으나 조명탄이 길고긴 밤을 대낮같이 밝히니 중국군 병사들은 더욱 견디기 힘들었다. 연대 사령부에서 각 방어 고지에 이르는 모든 통로는 포화로 빈틈없이 막혀 있어 저지진지로 물자를 수송하려는 어떤 시도도 성공하지 못했다. 그래도 진지에 진입한 당일에는 수수쌀밥을 한 끼 먹긴 했지만 그 이후부터는 곡식 한 톨도 진지로 수송되지 못했다. 진지에는 물이 없어서 오줌을 마시는 사람까지 생겼다. 마오쩌둥은 지원군 간부들에게 '싸울 수 있는가? 막아낼 수 있는가? 먹을 것이 있는가?'라는 세 가지 문제를 논의하도록 한 적이 있었다. 최소한 지원군은 황초령 저지진지에서 싸웠고 막아냈다. 그런데 먹을 것은 없었다. 4중대와 같은 최전방 진지는 말할 것도 없고, 124사단 전체 식량도 사흘치밖에 남지 않았다. 굶주림뿐 아니라 추위도 문제였다. 이곳은 밤이 되면 기온이 영하로 떨어졌다. 중국군 병사들은 산과 들판에서 노숙을 했고 솜옷은 이미 해진 지 오래였다. 손발은 동상이 걸리기 시작했다. 들녘의 매서운 한파 속에서 어떤 병사가 울고 있었다. 그가 가지고 있던 곡괭이로는 단단한 바위를 파낸다는 게 불가능했는데, 그걸 밤새도록 파다가 손바닥이 갈라졌고, 폭격으로 무너진 참호 안의 방탄벽은 복구될 가능성이 없었던 것이다.

제42군 지휘관들은 몹시 초조했지만 길고 취약한 보급선에선 여전히 좋은 소식이 들려오지 않았다. 이에 그들은 이 전쟁을 특히 비장하게 만든 결정을 내렸다. 군 지휘부원들은 군량을 1인당 하루에 4량兩, 16량이 1근斤만 지급하기로 하고 제2선 부대는 1인당 하루에 6량, 제1선 장병은 1인당 하루에 8량을 지급하기로 한 것이다. 군량을 진지로 보낼 수 있을 것인가는 또다른 차원의 문제였다. 참호를 짓는 데 필요한 도구는 군 병참보급원들을 동원해 북한 폐광에 가서 찾기로 했다. 탄약 부족에 관해서는 '보이지 않으면 쏘지 않는다, 정확히 조준할 수 없으면 쏘지 않는다, 거리가 멀면 쏘지 않는다'라는 3대 원칙을 정했다. 방한防寒 문제에 대한 해결 방법으로는 '이불 끝을 찢어 동상에 잘 걸리는 손과 발을 감싸는 것' 외에 또 한 가지 제안이 있었다. 병사들이 서로서로 껴안는 것이었다.

10월 29일 새벽, 4중대 장병들은 취사반이 포화를 무릅쓰고 날라온 감자 한 가마니와 무 반 가마니를 얻었다. 지휘관 리자오친李兆勤은 간부들에게 감자 한 알, 무 한 개도 남기지 말고 전부 병사들에게 나눠주라고 명령했다. 이로써 병사당 감자 두 알과 무 반 개가 분배되었다. 병사들이 먹고 있는데 공격이 바로 재개되었다.

그날은 가장 잔혹한 전투를 치른 하루였다. 하늘에는 미군 비행기가 넘쳤고 지상에서는 한국군 병사들이 미친 듯이 공격해왔다.

진지에는 불에 탈 만한 것이라고는 없었는데, 마지막에는 네이팜이 스며든 진흙이 타기 시작했다. 남루한 옷을 입고 있던 중국군 병사들은 포탄이 터지는 바람에 진흙에 파묻혔다가 다시 전우들에 의해 파헤쳐졌다. 모든 이불은 위생병들 손에 찢겨 지혈붕대로 쓰였다. 빗발치듯 흩날리는 총탄 속에서, 적군과 아군의 시체 속에서, 중국군 병사들은 작전에 재활용할 수 있는 탄약을 찾았다. 한국군 제3사단 26연대는 거의 모든 병력을 동원해 도로를 따라 몇 개의 고지를 동시에 공격했다. 한 부대가 뜻밖에도 4중대의 후방을 파고들었다. 중국군 병사들은 앞뒤로 적의 공격을 받으며 가장 원시적 무기인 돌을 사용해 싸우기 시작했다. 거대한 돌덩어리가 한국군 병사들 머리 위로 날아들었다. 돌에 맞아 부상을 입은 병사들이 토해내는 커다란 신음 소리에 공격하는 한국군 병사들은 소름이 끼쳤다. 전력 손실이 거의 극도에 이르렀을 즈음,

4중대는 예비부대 1개 분대를 진지에 투입했다. 목숨을 건 마지막 공격이었다. 오후 5시, 4중대는 상부에서 요구한 진지 사수를 위해 상부에서 요구한 마지막 시간까지 버텼다.

4중대는 적 250명을 살상하고 2박 3일 동안 진지를 사수한 전과에 힘입어 지원군 본부로부터 '황초령 영웅중대'라는 칭호를 얻었다. 이 칭호는 깃발에 쓰여졌고 현재까지 중국군 한 중대의 명예전시실에 걸려 있다.

미 제1해병사단 사단장 올리버 스미스Oliver Smith 소장은 침착하고 신중한 성격의 장교였다. 이런 성격 때문에 제1해병사단 전체가 한국전쟁에서 치명적인 재난으로부터 벗어날 수 있었다. 10월 30일, 아몬드가 직접 비행기를 타고 원산으로 와서 제1해병사단에게 북진하라는 임무를 하달했다. 스미스는 득의만만한 아몬드를 보고 마음속에 강한 위화감이 일었다. 아몬드는 지도 앞에 서서 공격하는 제스처를 취하면서 자신의 지팡이를 계속 가지고 놀았다. 그는 제1해병사단 장교들에게 장진호로 진출할 노선을 설명했는데 "그 모습이 마치 즐겁고 만족스런 주말 산책을 계획하는 듯"했다. 제1해병사단은 장진호 서쪽 기슭을 따라 북쪽으로 진격해 북·중 국경지역인 압록강까지 돌진할 예정이었다. 아몬드가 마지막으로 말했다.

"귀관들이 이 일대를 완전히 소탕하면 한국군이 귀관들과 교대할 것이다. 그러면 우리는 미군을 한국에서 철수시킨다."

제1해병사단의 모든 장교가 침묵을 지키자 아몬드는 뭔지 모를 불쾌감을 느꼈다.

제1해병사단 장교들은 바로 얼마 전에 그들이 지나가려던 곳에서 한국군 1개 사단이 중국군에게 크게 타격을 입은 사실을 알고 있었다. 중국군은 이미 몇 군데 방어진지에서 철수했지만 군사 상식에 비춰볼 때 그들은 분명 또다른 곳에 함정을 설치해놓았을 터였다. 스미스 사단장은 중국군의 배치 상황을 파악할 수 없는 상태에서 진격을 감행하고 싶지 않았다. 정보부에서는 중국군이 단지 중국 둥베이 지역에 전력을 공급하는 장진호 저수지 부근의 몇몇 발전소를 보호할 목적으로 전투하는 것이라고 반복해서 말했다. 그렇지만 그런 말도 안 되는 소리를 믿을 사람은 아무도 없었다. 그러면 서부전선의 운산 부근에서 중국군은 무엇을 보호하려고 전투를 한다는 것인가? 게다가 지형정찰을 실시한 결과 1만 명에 가까운 제1해병사단 장병들에게 아몬드가 진격하라고 지시한 곳은 그야말로 미궁이었다. 흥남 항구에서 제1해병사단의 목적지인 하갈우리까지 100여 킬로미터에 이르는 길은 사실상 모래와 자갈이 섞인 좁은 길이었다. 끝없이 이어지는 황량한 고개에 진입할 때까지 무수한 급커브와 가파른 산길이 계속되었다. 그중에서도 황초령 지역이 가장 험준했다. 이곳은 매우 길고 하늘을 찌를 듯이 높다란 낭떠러지로 경사가 가팔라서 지프도 들어갈 수 없었다. 그야말로 저지를 위해 설계된 지형으로서 제1해병사단이 일단 진입한 후에는 언제든 커다란 화를 입을 수 있는 곳이었다. 게다가 원래 마땅히 보병이 해야 할 일을 정예부대인 해병사단에게 하라니, 해상과 육상 양면에서 전투를 펼치는 제1해병사단의 작전 전통을 훼손하는 것이었다. 지도를 본 제1해병사단 작전처장은 춥지도 않은데 몸이 떨렸다. 그는 맥아더가 한없이 어리석은 사람이라고 생각했다. 동부전선의 제1해병사단과 제7사단이 서부전선의 제8군과 아주 멀리 떨어져 있기 때문이었다. 그러나 작전처장은 기세등등하게 상대를 압박하는 아몬드의 태도가 극에 이른 것을 눈치챘다. 그는 이미 "눈앞에 벌어질 상황을 아무도 막지 못할 승리로 묘사하고" 있었다.

좌우 측면이 보호받지 못하는 상황에서 고립무원의 군대가 험준하고 외진 산속 깊은 곳으로 들어가는 것은 제1해병사단에게 목숨을 걸라는 말이나 다름없었다. 스미스 사단장은 장진호를 따라 북진할 때 보급품을 운송하고 부상병을 철수할 수 있도록 하갈우리에 반드시 간이 비행장을 세워야 한다는 의견을 제시했다. 아몬드는 눈을 크게 뜨고 물었다.

"어떻게 사상자가 있을 수 있나?"

스미스 사단장은 훗날 이렇게 회고했다.

"그는 심지어 사상자가 있을 수 있다는 사실도 인정하지 않았다! 이것이 바로 우리가 직면한 상황이었다. 그래도 우리는 간이 비행장을 지었고 그곳에서 사상자 4500명을 철수시켰다."

제1해병사단 7연대장 호머 리첸버그Homer Litzenberg 대령은 자신의 연대가 선두부대로서 어떤 상황에 직면했는지 똑똑히 알 수 있었다. 출발한 날 저녁, 그는 수하 장교들에게 말했다.

"제군들, 나는 분명히 중국군을 만날 것이라고 예측하네. 우리는 머잖아 제3차 세계대전의 서막전에 참가하게 될 걸세."

제1해병사단 7연대는 미국 본토에서 왔기 때문에 사단의 다른 연대보다 한 주 늦게 한국에 도착했다. 그러나 7연대는 빠른 속도로 주력부대를 따라붙었다. 인천상륙 이후 서울을 통과하기까지 전진 속도가 엄청나게 빨라서 미군에서는 이 연대를 '나는 듯이 발 빠른fleet-footed 리첸버그'라고 불렀다.

그러나 장진호로 진격하는 길에서 '발 빠른 리첸버그'는 느리고 조심스러웠다. 휘하의 1대대는 선두부대가 되어 산길을 따라 산골짜기를 통과했다. 2대대는 리첸버그가 '행군 중 환형環形 보호'라고 부르는 방식으로 양쪽 산등성이를 따라 진군했고 3대대가 맨 뒤에서 행군했다. 수동 방향으로 행군하는 과정에서 그들은 퇴각하는 한국군을 만나 전방에 중국군이 있다는 사실을 알았다. 그래서 비행기 지원을 요청해 폭탄 270여 킬로그램과 20밀리 로켓탄으로 중국군 저지진지에 맹렬한 폭격을 가했다. 11월 1일 저녁, 수동에서 멀리 떨어지지 않은 곳에서 제1해병사단 7연대는 밤을 보내기 위해 참호를 파기 시작했다.

캄캄한 밤은 중국인의 세상이었다.

자정이 막 지난 시각, 7연대는 중국군의 공격을 받았다.

미군 전쟁사료에는 다음과 같이 기록되어 있다.

하늘로 솟구치는 불빛과 신호나팔 소리는 모든 산등성이에서 보내는 공격 신호였다. 중국인들은 저항에 부딪히면 경기관총과 수류탄으로 필사적으로 사납게 맞섰다. 그들은 방어선이 취약한 곳에서 빈틈을 발견하면 곧바로 산골짜기를 향해 벌 떼처럼 몰려들었다. 한밤의 혼전 속에서 중국인들은 없는 곳이 없는 듯했다. 제2차 세계대전에서 일본의 야간 공격에 반격해본 경험이 있는 해병대원들은 중국군의 전술이 그들과 굉장히 유사하다는 사실을 발견했다. 그들은 영어로 전쟁터의 위생병들을 부르며 온 힘을 다해 '어디 있나', 혹은 '너를 보았다'고 외쳤다. 해병대원들은 긴장된 마음을 안고 말없이 응전하면서 중국인들이 모습을 드러낼 때만 총을 쏘았다. 소련제 T-34 전차 한 대가 바리케이드를 부쉈고 고막을 찢을 듯한 소리를 내며 제1대대 지휘소로 향했다. 그들은 앞뒤 가리지 않고 박격포 진지, 차량, 심지어 혼자 있는 병사를 향해서도 사격을 가했다. 해병대가 발사한 로켓탄이 그 전차에 명중하자 포탑이 갑자기 돌아가더니 포탄 한 발만으로(이 한 발은 사실상 직사거리에서 쏜 것이다) 해병대 로켓탄 발사조를 명중시켰다.

날이 밝았다. 미 해병대원들은 그들과 중국인 모두가 산골짜기 밑바닥에 있다는 사실을 알았다. 중국군 병사는 제1대대와 제2대대 사이의 도로를 점령했고 산봉우리에 흩어진 해병대 가운데는 연락이 두절된 중대도 많았다.

그날 밤, 7연대 미군들이 진정한 '나는 듯이 빠른 발'이 되어 놀랄 만한 속도로 사방으로 도망쳤음을 가히 짐작해볼 수 있다. 리첸버그는 병사들에게 어떻게 해서든지 날이 밝을 때까지 버티라고 명령했다. 그는 해병대의 무시무시하고 정확한 화력으로 날이 밝으면 중국군의 인해전술을 박살낼 수 있으리라 믿었다. 그러나 여명이 밝아올 즈음, 고지에 있는 중국군에게 돌진했을 때 마찬가지로 강력한 저지에 부딪혔다. 로버트 베이 중위는 이렇게 회고했다.

"내가 목격한 것은 의심할 여지 없이 최고의 밀도로 투하되는 수류탄 화력 망이었다."

미군 비행기가 서둘러 와서 지원해 중국군 진지에 막대한 사상자를 냈다. 그러나 미군의 공격은 역시 성공을 거두지 못했다. 미국 전쟁사료에는 이렇게 기록되어 있다.

"중국 저격수 한 명이 2대대의 응급치료소를 발견했다. 저격수가 연거푸 여섯 명의 해병대원을 쓰러뜨렸다. 그중 한 명은 군의관 클라크 중위였다. 그는 한 부상병을 치료하던 중 총에 맞았다."

7연대 미군 병사들을 가장 괴롭힌 공격진지는 연대봉이었다. 해발 890미터의 이 고지는 수동 북서쪽에 위치해 동북 방면의 727고지와 호응했다. 연대봉은 도로가 내려다보이는 곳으로 황초령의 관문이었다. 중국군 제42군 124사단 371연대가 이 고지를 점령했고, 유리한 지형을 이용해 유엔군을 저지하고 있었다. 10월 30일, 한국군 제3사단 22연대와 23연대가 연대봉을 공격하기 시작했다. 11월 1일이 되자 제3사단은 다시 공격 병력을 늘려 한때 주봉主峯을 점령하기도 했으나, 그날 밤 중국군의 반격으로 결국 포기하고 물러갔다. 제1해병사단 스미스 사단장은 연대봉을 손에 넣지 못하면 황초령 지역 전체를 빼앗을 수 없고 북진의 목표를 아예 실현할 수 없다고 판단했다. 그래서 제1해병사단 7연대에 한국군 제3사단을 배속하고 도로상의 모든 목표를 공격할 수 있는 위치에 있는 연대봉을 어떻게 해서든 점령해야 한다고 명령했다.

연대봉 고지를 지키는 부대는 중국군 제42군 124사단 371연대 2대대 4중대였다.

주봉을 둘러싸고 쟁탈전을 반복하면서 주봉을 지키는 1개 소대의 중국군 병사는 6명밖에 남지 않았고, 미군이 이미 주봉의 반쪽을 점령한 상태였다. 연대에서 회의를 끝내고 막 돌아온 중대장 류쥔劉君은 모제르총을 뽑아 들고 중대 사령부원, 통신병, 이발병과 그밖의 몇몇 비전투병에게 말했다.

"나를 따르라!"

그들은 두 조로 나눠 주봉으로 올라갔다. 오른쪽 길은 병사 류위룽劉玉龍이 인솔해 화력의 엄호하에 세 사람이 1미터씩 1미터씩 접근했다. 이들이 거의 주봉에 다가갔을 때 거대한 폭음이 울렸다. 지뢰를 밟은 것이다. 왼쪽 길로 향한 조는 폭발 연기 속에서 빠른 속도로 전진했다. 이들은 수류탄으로 미군의 중기관총을 제거했다. 그때 전방에서 갑자기 총검을 든 미군 1개 소대가 일어났다. 류쥔 중대장은 최후의 순간이 다가왔음을 깨달았다. 바로 그때 미군 병사들은 소름 끼치는 소리를 들었다. 그들 바로 앞에서 나는 그 소리는 날카롭고 낭랑했다. 중국군의 신호나팔 소리가 울려 퍼진 것이다. 미군 병사들 사이에서는 '중국나팔'에 관한 끔찍한 전설이 돌고 있었다. "중국인들은 공격을 개시할 때 특대형 구리나팔로 마음을 초조하게 만들고 정신을 산란케 하는 무시무시한 소리, 날카롭고 귀를 찢는 듯한 소리를 낸다"는 것이었다. 그런데 뜻밖에도 이렇게 가까운 거리에서 그 소리를 들은 데다 무수한 '중국나팔'이 눈앞에서 번뜩이고 있었다. 미군 병사들은 무기를 진지에 버려둔 채 몸을 돌려 달아나기 시작했다.

4중대 중대장 류쥔은 주봉까지 돌진한 후 점검해보니 자신이 이끌고 온 병사가 전부 해봤자 19명에 불과하며, 게다가 그중 4명은 부상을 입었다. 그는 병사들을 100제곱미터도 채 안 되는 주봉 정상에 집중시켰다. 그러고 나서 연대 지도부에서 보내온 전황을 전달했다. 서부전선의 중국군이 미 제1기병사단을 격퇴했다는 소식이었다. 류쥔 중대장이 말을 이었다.

"우리는 기필코 날이 어두워질 때까지 버텨 주력부대의 반격을 기다려야 한다."

4중대의 신호병은 장췬성張群生이었는데, 둥베이 출신으로 집이 바로 압록강변에 있었다. 그는 입대하기 전에 문예연출대에서 일해 트럼펫을 불 줄 알았다. 입대 후 그는 부대에서 우수한 고참 나팔수에게 지도를 받아 각종 지령을 전달하는 군용신호 악보를 불 줄 알았고 신호나팔로 고향의 노랫가락도 연주할 수 있었다. 그래서 병사들에게 인기가 많았다. 그는 전투에서 용감하고 '아이디어'도 굉장히 많아서 병사들은 아예 신호병이라는 호칭 대신 '사령관司令員, 신호병司號員의 '號'를 '令'으로 바꾼 것'이라고 바꿔 불렀다. 4중대에서 '샤오장小張 사령관'이라고 하면 모르는 사람이 없었다. 적군의 재공격을 기다리면서 '샤오장 사령관'은 중국군 병사들이 잘 아는 '샤오얼헤이가 결혼한다네小二黑結婚'를 불기 시작했다.

미군이 공격을 개시했다.

장췬성 옆에는 나무줄기가 타고 있었고, 손에 쥔 신호나팔에는 붉은 비단 리본이 나풀대고 있었다. 산속 움푹 팬 곳에서 미군 병사들의 머리가 나왔다. 철모가 번쩍번쩍거렸다. 미군이 산봉우리 정상에서 10미터 떨어진 곳까지 이르자 류쥔 중대장은 비로소 사격명령을 내렸다. 미군은 총소리로 주봉에 중국군 병사가 많지 않다고 판단해 이번에는 후퇴하지 않았다. 대신 그들은 포탄 구덩이에 엎드려 정상 쪽으로 수류탄을 던졌다. 기관총수 궈중취안郭忠全은 미군의 수류탄에 부상을 입었다. 그에게는 세 번째 부상이었다. 한쪽 다리는 이미 그전에 절단됐다. 미군은 기관총이 멈춘 틈을 타 돌진해왔다. 궈중취안은 한쪽 다리로 꿇어앉아 기관총을 안았다. 기관총의 연발사격 소리가 다시 울려 퍼졌다.

또다른 쪽에서는 미군 몇 명이 이미 주봉에 올라왔다. 류쥔 중대장은 총검을 부착한 소총을 들고 참호에서 일어나 돌진해오는 미군을 맞았다. 육박전이 시작됐다. 류쥔은 미군 네 명과 뒤엉켜 그중 한 명의 등에 총검을 찔렀는데, 이때 다른 미군의 총검도 그를 향해 왔다. 병사 정유량鄭友良이 개머리판으로 그 미군을 쳐서 쓰러뜨렸지만 미군은 갈수록 더 많아졌다. 이때 증원군 3소대가 도착했고 미군이 어수선해지면서 산 아래로 퇴각했다. 류쥔은 기뻐하며 소리쳤다.

"3소대, 자네들의 공로를 상부에 보고하겠네!"

말이 채 끝나기 전에 탄알 하나가 그에게 날아와 명중했다. 류쥔은 사령관 장췬성의 몸 위로 쓰러졌다.

류쥔은 장췬성에게 말했다.

"산에 사람이 너무 적다. 막아야 해!"

장췬성이 대답했다.

"같이 끝까지 싸워요!"

류쥔이 말했다.

"나는 틀렸어. 네가 이제 정식으로 사령관이 돼라."

장췬성은 다시 산 아래를 내려다봤다. 멀리서 미군 전차 몇 대가 증원군을 내려놓고 나서 미군 시체를 싣고 가는 것이 보였다.

장췬성은 진지의 탄약을 점검했다. 1인당 탄알 6발과 수류탄 2개씩 나눠 가질 수 있었다. 그는 통신병 정자오루이鄭兆瑞에게 기어가서 말했다.

"탄알이 부족하니 돌로 싸우자!"

그는 또 이발병 천카이밍陳凱明에게 기어가서 말했다.

"중대장님이 얼마 못 갈 것 같아. 우리가 복수하자고!"

그는 거의 모든 병사에게 한마디씩 했다.

병사들은 말했다.

"샤오장 사령관, 자네 말을 따르겠네!"

맹렬한 포격을 퍼붓고 나서 미군 200여 명이 또 돌진해왔다. 연대봉 주봉에서 산발적인 총소리가 난 후 돌들이 비처럼 굴러떨어졌다. 중상을 입은 궈중취안은 장췬성의 외침을 들었다. 그는 다급히 소리쳤다.

"샤오장 사령관, 아껴야 해. 아껴야 한다고!"

장췬성이 대답했다.

"내가 사용하는 것은 돌이야!"

이후 누가 무슨 소리를 해도 장췬성은 듣지 못했다. 연대봉 주봉에서 중국군 병사들이 노호하는 소리가 울려 퍼졌다.

미군은 다시 퇴각했다. 날이 저물었기 때문이다.

단 세 명만 남은 중국군 병사들은 험준한 연대봉 주봉과 함께 황혼 속에서 꼿꼿이 서 있었다.

장췬성은 중대장을 끌어안고 그를 불렀다. 그러나 류쥔 중대장은 그의 부름에 영원히 대답할 수 없었다.

장췬성은 자신의 흰색 수건으로 중대장의 얼굴을 덮고 울었다.

진지 앞에는 또한 200여 구의 미군 시체가 널려 있었다.

불에 타서 검게 그을린 땅이 피로 붉게 물들어 있었다.

병사 한 명이 장췬성에게 대대 지휘소에 보고해야 한다고 일깨워주었다. 이에 장췬성은 어둠 속에서 다시 신호나팔을 불었다.

지휘소는 연대봉 주봉에서 들려오는 나팔신호를 해독했다. '날이 어두워졌고, 우리는 아직 연대봉에 있다!'는 뜻이었다.

정면에서 미 제1해병사단이 압박해옴에 따라 중국군 제42군 124사단의 저지선은 계속 악화되는 추세를 보였다. 정찰병이 보고를 올렸다. 제1해병사단 포병들은 연대봉 동남쪽 용수동에 있고 전차 10여 대를 갖추고 있는데, 포병의 경계를 맡은 것은 1개 대대 병력뿐이라는 내용이었다. 용수동 남쪽으로 약 10킬로미터 지점에 있는 오로리가 바로 미 제1해병사단 주력부대가 주둔한 곳이었다.

그날 밤, 4개 대대로 편성된 기습대가 출발했다.

중국군 지휘관은 미 제1해병사단에 반격전을 펼치기 위해 중국 고전소설에서나 봄 직한 방침을 정했다. "머리를 치고 꼬리를 막으며 허리를 공격한다. 종심으로 깊숙이 들어가서 묘혈을 파고 심장을 끄집어낸다"는 것이었다.

기습대가 출발하고 얼마 지나지 않아서 1대대는 용수동 북쪽 500미터 지점에서 미군 포병진지를 발견했다. 흥분에 싸인 1대대 대대장 펑구이팅馬貴廷은 함께 움직인 2대대가 아직 따라오지 못한 사실을 알았다. 1대대의 지휘를 따르던 371연대 부연대장 퉁위佟玉는 2대대가 도착한 다음에 공격하면 이미 늦어버릴 것이라고 했다. 그래서 그들은 공격을 개시했다. 미군은 갑작스런 공격에 어찌할 바를 모르고 당황한 나머지 포 10여 문을 중국군 수중에 떨어뜨렸다. 미군은 곧바로 저지부대를 편성했다. 인원수가 중국군보다 몇 배나 많은 미군들이 중국군과 혼전을 벌였다. 그들은 잃어버렸던 대포를 다시 빼앗아갔다. 날이 곧 밝으려 할 즈음에 1대대는 철수했다.

370연대 3대대 참모장 싱자성邢嘉盛이 이끄는 3대대는 어둠 속에서 용수동 서쪽을 수색해 개울가에서 야영하는 미군을 발견했다. 그는 직접 개울을 건너가 정찰했다. 나란히 붙어 있는 막사에는 모두 불이 켜져 있었고 미군 병사들은 대부분 자고 있었으나 술을 마시거나 포커를 하는 병사들도 있었다. 곡사포 20여 문이 모래톱에 보초 없이 놓여 있었다. 전차 10여 대만이 둥그렇게 포병진지 주위를 둘러싸고 있었고, 보초병 몇 명이 느릿느릿 어슬렁거리고 있었다. 싱자성은 다시 개울을 건너서 돌아왔다. 각 중대에 임무를 설명하고 있는데 북쪽 방면에서 갑자기 총소리가 들려왔다. 1대대 쪽이었다. 총소리가 강 맞은편의 미군들을 놀라게 했다. 싱자성은 작전을 기습에서 강공으로 바꾸기로 했다. 중국군 병사들의 갑작스런 맹렬한 공격에 미군 포병진지에 있던 포 10여 문이 폭파되었고, 1개 보충소대의 미군 병사 대부분이 막사 침낭 속에서 죽었다. 이 전투를 끝내고 3대대는 계속해서 미군 방어선 깊숙이 들어갔다. 한 도로에서는 또 미군 1개 대대본부를 습격해 지프 2대와 트럭 7대, 곡사포 3문을 격파했다. 이곳은 미 제1해병사단 사령부가 주둔하는 오로리에서 멀지 않은 곳이었다.

2대대는 부대대장 자오지썬趙繼森의 인솔하에 고지 한 곳을 습격하려고 준비 중이었다. 선봉소대가 최전방을 수색하다가 포탄 구덩이와 참호 안에 침낭 30여 개가 어수선하게 널려 있는 것을 보았다. 머리만 내놓은 미군은 잠에 곯아떨어져 있었다. 그야말로 천재일우의 기회였다. 소대장이 손짓을 하자 병사들이 돌진했다. 그러나 중국군 병사들은 놀라서 얼이 빠졌다. 침낭에서 나와 있는 얼굴들이 전부 시꺼먼 것이었다! 중국군 병사들은 그때껏 흑인을 본 적이 없었다. 대부분 농민 출신인 그들은 세상에 이런 피부색의 사람이 있는지도 아예 몰랐다.

"귀신이야! 귀신이 있다!"

누군가가 소리를 질렀다.

중국인은 귀신의 존재를 믿는다.

선봉소대의 중국군 병사들은 방향을 돌려 왔던 길로 뛰기 시작했다.

자오지썬은 선봉소대가 전투를 개시하기는커녕 뛰어오는 것을 보고 어떻게 된 일인지 묻고는 말했다.

"정말로 귀신이 있다 해도 고지를 손에 넣어야 한다!"

중국군 병사들이 다시 공격했을 때 미군은 이미 저지대형을 펼치고 있었다. 격렬한 전투 끝에 미군 1개 소대가 격퇴되었다. 미군 병사들은 정말로 귀신이 되었다.

날이 밝았는데도 중국군 병사들은 미군 흑인 병사들의 시체 주변에 둘러서서 구경을 하느라 정신없었다.

미 제1해병사단은 습격을 당한 후 즉시 정면공격을 잠시 늦추라고 부대에 명했고, 예비부대인 미 제3사단을 전투에 투입해 미군 점령지까지 깊숙이 들어온 중국군을 궤멸시키려고 했다.

적군 후방에 가장 깊숙이 진입한 3대대는 400.1고지에서 미군에게 포위되었다.

고지에서 3대대 참모장 싱자성은 미군 차량이 오는 것을 보았는데, 족히 1개 대대 병력은 되는 것 같았다. 차량 행렬은 고지 아래에서 멈췄고 병사들이 뛰어내리며 공격할 준비를 했다. 싱자성은 즉시 명령을 내렸다. 미군이 아직 제대로 대형을 갖추지 못한 틈을 노려 2개 중대 중국군 병사들이 함성을 내지르며 산꼭대기에서 곤두박질치듯 내려왔다. 그들은 맹렬히 돌진하며 공격해 삽시간에 미군 병사들을 혼란에 빠뜨렸다. 20분 동안의 전투에서 미군 130명이 죽고 30여 명이 포로로 잡혔으며 트럭 40여 대가 불탔다. 중국군은 총 60여 자루와 무전기 2개를 주워 산으로 돌아갔다.

미군은 3대대가 머무는 고지를 철통같이 에워싸고 사정없이 보복을 가하기 시작했다. 목숨을 건 공방전이 격렬히 펼쳐지는 가운데 미군 비행기 10여 대가 번갈아 전투에 가담했다. 정오가 되자 미군은 뜻밖에도 1개 연대 병력을 증원했다. 양국 병사가 한데 엉켜 혼전을 벌이고 있었기 때문에 미군 비행기도 함부로 폭격을 가할 엄두를 내지 못하고 저공에서 맴돌고만 있었다. 그렇게 3대대는 날이 어두워질 때까지 버텼다.

날이 어두워진 후 정면에서 양동작전을 펼치는 가운데 3대대는 포위망을 뚫기 시작했다. 이들은 공격을 하는 동시에 철수하면서 큰 산으로 들어갔다. 산속에서 온갖 고초를 겪으며 살아남은 3대대 병사들은 마침내 이틀 후 그들을 지원하러 온 부대와 합류했다.

웨스트포인트 사관학교를 졸업한 제1해병사단장 스미스는 이번 전투에서 중국군의 규모와 그들이 구사하는 종심을 깊숙이 파고드는 공격작전이 도무지 이해가 되지 않았다. '자살이나 다름없는 중국인들의 행동은 어떤 전술에 바탕을 둔 것이란 말인가?'

한국전쟁이 중반에 접어들었을 때 마오쩌둥은 자신의 서재에서 제42군 군단장 우루이린을 접견했다.

마오쩌둥이 말했다.

"전신을 보니 우 동지가 도로에서 돌을 폭파시켰다는데 어찌된 일인지 이야기 좀 해보게."

우루이린이 대답했다.

"항일전쟁 시기에 일본 놈들이 도로를 닦을 때 돌을 폭파하는 것을 본 적이 있습니다. 황초령에서 바로 그 방법을 쓴 것입니다. 공병을 시켜 산 틈새에 작은 폭약포대를 끼워 폭파해 틈을 내고 다시 200킬로그램짜리 폭약을 설치했습니다. 전기로 발화하고 전화기를 기폭장치로 사용했습니다. 그 결과 적군 전차 다섯 대를 폭파했고 여덟 대를 망가뜨렸습니다. 이 때문에 적군 지상부대는 대엿새 동안이나 움직일 엄두를 내지 못했습니다."

우루이린이 말한 적군 궤멸법은 중국군이 한국 동부전선 전장에서 여러 차례 실시한 방법이다. 한번은 중국 공병이 도로변에서 폭약을 터뜨렸는데 폭파한 돌이 족히 수십만 톤은 넘었다. 마침 진격해오던 미군 전차 50대 가운데 20여 대가 돌에 파묻혔고 그로 인해 죽거나 부상을 입은 미군 병사는 셀 수 없을 정도였다.

마오쩌둥은 얘기를 들은 후 연거푸 말했다.

"좋아, 아주 좋아."

이것은 도대체 무슨 전술일까?

한국 동부전선 전장에서는 미군 병력이 절대적 우세를 차지했다. 이렇게 작전원칙에 위배되는 듯한 형세에서 중국군 제42군은 유엔군의 북진을 완강히 저지했다. 유엔군이 스스로 전장에서 사라질 때까지.

중국군이 사라졌다

1950년 11월 2일, 한 가지 정보가 미 극동사령부 정보참모 윌러비의 손에 전달되었다. 정보의 내용은 윌러비에게 커다란 놀라움을 안겨주었다. '중국이 오늘 중국 라디오 방송에서 한국에 중국군이 존재한다는 사실을 공개적으로 인정했다. 그들은 수력발전 지역에 있는 지원군을 보호하기 위해서라고 밝혔다'는 내용이었다.

미 극동사령부는 '지원군志願軍'이라는 단어를 이때 처음 들었다. 윌러비는 어찌된 영문인지 몰라 혼란에 빠졌다. 그는 중국인들이 저렇게 말하는 것은 '꿩도 먹고 알도 먹겠다는' 수작일 것이라고 추측했다. 그가 아는 바로 중국인은 극단적으로 민감하고 체면을 극히 중시하기 때문이다. 그들은 한국에 정규적인, 조직된 중국 군대는 없으며 유엔군과 대치하고 있는 것은 단지 '지원 인력'이라고 단정적으로 말했다. 이렇게 하면 만일 전쟁에 패하더라도 중국군의 명예를 훼손하지 않으면서 패배해 퇴각하는 북한군에게 실질적인 지원을 제공할 수도 있다. 또한 확실한 정보에 의하면, 전쟁을 치르고 있는 한국 땅에 이미 병력을 제대로 갖춘 중국군 군단이 최소한 몇 개는 되며, 군단당 3개 사단, 총병력 10만 명 이상을 두고 있다고 했다. 게다가 중국군은 낮에는 산속 동굴이나 수풀이 우거진 곳에 숨어 있다가 날이 어두워지면 진군해 유엔군이 반드시 지나야 하는 길을 내려다볼 수 있는 산봉우리까지 이동했다. 그중 5개 부대는 한국 중부 산지에서 미 제8군, 한국군 제2군단과 조우했다. 다른 2개 군단 또는 6개 사단은 예비부대로 서부 산지에 머물고 있었는데 모두가 중국인이었으며, 전장의 심문관은 북한 사람과 중국인으로 혼합 편성된 부대라는 어떤 기미도 발견하지 못했다. 물론 가장 유력한 증거는 이들이 조우전에서 한국군 제2군단에 패배를 안겨주고 미 제1기병사단에 손실을 입혔다는 사실이었다. 이는 북한군으로선 절대 해낼 수 없는 일이며 또한 소수의 중국 '지원자'들도 할 수 없는 일이었다. 윌러비는 주홍콩 미국 영사가 이미 워싱턴에 보고서를 전달했다는 소식을 들었다. 보고서는 중국과 소련의 지도자가 8월 회의에서 중국의 한국전쟁 참전에 관해 합의했으며, 마오쩌둥이 10월 24일 1차 회의에 참석했을 때 정식으로 결의했다고 언급했다. 만주 지역으로 출동한 중국군은 대략 20개 군단으로 예측됐다.

윌러비는 10월 28일 자신이 맥아더에게 올린 분석보고서에서 중국인의 일체 위협은 '일종의 외교상 협박'이라고 했던 것이 떠올랐다. 지금에 와서 보니 그것은 분명 심각한 판단 실책이었다. 자신의 '체면' 때문에 윌러비는 즉시 중국군을 좀더 두려운 존재로 만들어 워싱턴에 전보를 쳤다.

현재까지의 조짐으로 볼 때 중국인들은 단지 표면상의 제한적인 목적으로 극히 작은 약속을 실행한 것에 불과합니다. 하지만 공산당이 언제든지 거대한 잠재력을 동원할 수 있음을 간과해서는 안 됩니다. 이는 굉장히 중요한 사안입니다. 만약 중국 공산당 고위층에서 전면적으로 간섭하겠다는 결정을 내리면 그들은 즉시 이미 압록강 연안에 배치한 44개 사단 가운데 29개 사단을 투입할 것입니다. 또한 많게는 150대의 비행기로 중대한 공세작전을 지원할 것입니다.

곧이어 윌러비는 두 번째 전보에서 아예 중국군 숫자를 더 정확히 언급했다.

만주 지역의 중국 정규 지상부대는 총 31만6000명, 비정규부대 및 공안부대는 27만4000명입니다. 정규군 대부분은 압록강 연안의 여러 나루터 부근에 집결해 있는 것으로 판단됩니다.

윌러비가 보낸 2통의 전보와 유엔군이 철수하고 있는 현실에 직면해 워싱턴 당국은 합동참모본부를 재촉해 맥아더에게 전보를 치도록 했다. 맥아더에게 '가능한 한 빨리 한국 정세에 대해 간략하고 정확한 예측을 제시하고, 아울러 중국군이 침입 사실을 공개한 상황이 어떤 의미를 내포하는지 판단하라'는 것이었다.

합동참모본부의 예상대로 오만한 맥아더 극동사령관은 아예 이 문제에 대해 정면으로 대답하기를 꺼렸다. 그의 회신은 모호하기 그지없었다. 마치 합동참모본부 간부들을 안개 속으로 몰아넣으려는 듯했다. 맥아더는 우선 당장은 중국이 한국에 간섭하는 정확한 목적에 대해 권위 있는 예측을 내릴 수 없다고 분명히 밝혔다. 그러고 나서 그는 중국이 취할 만한 네 가지 방식을 열거했다. 그 내용은 '첫째, 모든 역량을 동원해 거침없이 공개적으로 간섭한다. 둘째, 외교적 이유에서 은밀하고 비밀스럽게 간섭한다. 셋째, 지원군을 활용해 한국에서 발판을 유지한다. 넷째, 단지 한국군에 대응하기 위함인데, 그들이 한국군을 패퇴시키는 것은 그다지 어려운 일이 아닐 것이다. 목전의 이런 추측들은 일면에서 분명 가능성이 있고 많은 외교 전문가도 모두 그렇게 추측한다. 하지만 다른 일면에서는 그런 추측을 지지하지 않는 많은 논리적 이유도 있을뿐더러 그런 견해들을 즉시 받아들이기에 증거가 충분하지도 않다'는 것이었다. 마지막에 맥아더는 이렇게 덧붙였다.

"나는 여건이 아직 충분히 무르익지 않은 상황에서 경솔하게 결론을 내리지 말도록 건의한다. 마지막 판단은 향후 더 전면적으로 군사정보를 축적한 뒤에 내려야 한다고 믿는다."

합동참모본부 입장에서 맥아더가 거론한 '일면'과 '다른 일면'은 아무런 대답을 하지 않은 것이나 다름없었다. 맥아더의 회신에서 헤아려볼 수 있는 유일한 의미는 '극동사령관은 정세가 그리 심각하지 않다고 생각하며, 전장에 중국인들이 나타난 것은 그리 크게 놀랄 만한 일이 아니'라는 것이었다.

트루먼은 안절부절못하면서 맥아더가 전보에 쓴 '마지막 판단은 향후 더 전면적으로 군사정보를 축적한 뒤에 내려야 한다'는 오만불손한 문장을 깊이 새겨두었다. 유엔군이 전진이 아니라 후퇴하던 날, 트루먼은 이 늙은이_{맥아더를 가리킴}가 말한 '향후'란 도대체 언제를 말하는 것인지 보고 싶었다.

서부전선의 유엔군은 이미 전면 철수하기 시작했다. 펑더화이는 지원군 각 군단에 맹렬히 추격하라고 명령했다.

중국군 제40군은 소수 부대를 남겨 전장을 일소했고, 대부대가 추격을 개시했다. 기계화 작전을 펴는 미군을 따라잡기 위해 중국군은 관례를 깨고 낮에 급행군을 했다. 영변에서 허탕을 치고 나서 제40군은 행군 속도에 더욱 박차를 가했다. 10여 일간 연이어 전투를 치른 중국군 병사들은 굶주림과 피로가 이미 극한에 이른 상태였다. 구보 행군을 하면서 비와 땀이 스며든 솜옷은 더욱더 무거워졌다. 어떤 병사는 아예 솜옷과 솜바지를 벗어버리고 웃통도 벗고 내복 바지만 입은 채 총을 메고 달렸다. 마지막 에너지와 원기까지 모두 소진한 병사들은 땅에 쓰러져 다시는 일어나지 못했다. 간부들은 처음에는 미군에게 빼앗은 멋진 가죽외투를 입었다. 그러나 급박한 행군 속에서 먼저 내

피를 뜯어버리고 외투를 우의 삼아 입다가 결국에는 전부 내던져버렸다. 복장이 제각각인 부대가 산길과 밭두렁을 달리는 장면이 어떠했을지 가히 알 만하다. 달리는 중에 몇몇 간부와 고참 병사는 1년여 전의 지난 일을 떠올리기도 했다. 당시 그들은 중국 광시廣西 밭두렁에서 두 시간 동안 50여 리를 달려 국민당 124군을 차단해 섬멸했다.

120사단 359연대는 구룡강을 건넌 뒤 북한 농민들을 통해 미군 부대 하나가 구룡강으로 통하는 길에서 행군하고 있다는 정보를 입수했다. 연대장 리린李林은 3대대에게 용연동으로 곧바로 돌격해 도로 양측에 병력을 전개하도록 하고, 1대대는 구룡강 방향으로 포위하라고 명령했다.

3대대는 산 정상에 오르자마자 산 밑 도로에서 미군의 군수품 수송차와 병력 수송차를 발견했다. 병사들은 긴장하고 또 흥분했다. 마침내 따라잡은 것이었다! 이런저런 생각을 할 틈도 없이 총소리가 울렸다. 중국군 병사들의 기관총과 소총이 무방비 상태의 미군을 향해 동시에 발사되었고 차량 사이에서 수류탄이 터졌다. 미군 차량이 서로 충돌하며 도로를 막았다. 미군은 미약하게 저항하다가 투항했다. 전투는 10분 만에 끝났다. 살아 있는 미군 포로 11명 가운데 한 장교가 넘긴 권총은 정교하고 화려했다. 손잡이 한쪽에는 나체의 여자가 새겨져 있어 중국군 병사들의 호기심을 자아냈다. 그 장교의 신분을 묻자 미 제24사단의 정보과장 소령이라고 대답했다.

중국군에게 따라잡힌 것은 미 제24사단 19연대였다. 선두대대가 습격을 당한 후 19연대는 즉시 전투대형을 펼쳐 중국군에 반격을 가했다. 도로변 고지에서 양측 병사들이 한데 섞여 혼전을 벌이는 바람에 지원하러 온 미군 비행기는 저공비행을 해도 폭격을 가할 엄두를 내지 못했다. 중국군 병사들은 휴대한 탄약을 금세 다 써버렸다. 박격포탄도 안전장치를 뽑아버리고 수류탄 대용으로 던졌다. 1개 연대 대 1개 연대의 병력이 대등한 전투였기 때문에 중국군은 자주 동원하는 방법을 썼다. '미군을 두 토막으로 자르고 그중 일부를 먼저 처치하는' 방법이었다. 흩어진 미군은 온 산과 벌판으로 도망쳤다. 반면 1개 중대는 중국군의 철통같은 포위망에서 사력을 다해 저항했다.

중국군 병사 장펑산張鳳山은 6소대의 전투조장이었다. 그는 정신없이 도망치는 미군 병사 네 명을 추격하다가 체력이 달리는 느낌이 들었다. 온몸의 힘이 빠져 하늘과 땅이 빙빙 도는 것 같았다. 그는 꼬박 사흘 동안 한 끼도 먹지 못했던 것이다. 미군 병사 네 명은 그의 상태를 알아차린 듯 몸을 돌려 그에게로 달려왔다. 장펑산은 총을 쏴서 한 명을 쓰러뜨렸다. 다른 세 명이 순간적으로 그를 끌어안았다. 격투 중 장펑산은 입을 벌려 그의 옷깃을 움켜쥔 털이 숭숭 난 커다란 손을 물었다. 손을 물린 미군은 비명을 지르며 손을 풀었지만 다시 달려들어 장펑산을 물었다. 장펑산은 고통 속에서 총을 주워 들고 아무렇게나 방아쇠를 당겼다. 그를 문 미군이 쓰러졌다. 남은 두 명은 몸을 돌려 달아나려 했으나 다른 중국군 병사에게 붙잡혔다.

정치지도원이 뛰어와 바닥에 누워 거칠게 숨을 몰아쉬고 있는 장펑산에게 큰 공로大功로 기록하겠다고 그 자리에서 말했다.

대대장은 박격포수 몇 명을 찾아서 노획한 미제 곡사포의 사용법을 즉시 익히도록 명령했다. 중국군 병사들은 잠시 살펴본 후 노리쇠를 젖히고 장탄하는 방법이 조금 다른 것 외에는 모든 나라의 포가 서로 비슷하다는 사실을 깨달았다. 그래서 미군의 곡사포 4문을 당겨 미군을 향해 발포했다. 미군 병사들은 중국군의 박격포보다 훨씬 위력적인 폭음 속에서 머리를 감싸고 황급히 달아났다. 중국 포수들이 말했다.

"알고 보니 미군들이 미국 대포를 제일 무서워하는군!"

미 제24사단 19연대의 전투 의지가 흔들리기 시작했다. 그들은 중국군을 벗어나 달아났다.

120사단 359연대는 전과戰果를 점검했다. 죽이거나 부상을 입히고 포로로 잡은 미군이 300여 명에 달했고, 노획한 차량이 81대, 곡사포가 4문, 로켓포가 15문이었다. 총기와 군용물자도 적지 않았다.

심각한 타격을 입은 것은 미 제24사단 19연대 1대대 3중대와 포병중대의 절반이었다.

숲속으로 도망친 미군 병사들이 속속 붙잡혔다. 선전대장 한 명이 간사 둘을 데리고 한 마을에 들어섰을 때 한국인 노인 한 명이 초가집 쪽으로 손가락 다섯 개를 내밀었다. 이에 중국군 병사가 안에서 미군 네 명을 찾아냈는데, 노인이 다시 다섯 손가락을 뻗었다. 알고 보니 짚더미 속에 한 명이 더 숨어 있었다.

미군 전쟁사료는 이 전투에 대해 "1000명가량의 적군이 19연대 1대대에서 북서쪽으로 2킬로미터 떨어진 구룡강을 건넜고 남쪽으로 움직여 삼림지대를 지났다. 분명히 1대대의 후방으로 진입할 목적이었다. 그들의 기동작전이 성공했다. 대대 통신병이 무전기로 대대 지휘관에게 상황을 보고하려는 시점에 중국군이 무전기를 빼앗았다"고 기록했다.

중국군 제40군 355연대와 358연대도 청천강 북쪽 기슭으로 추격해 미군에게 공격을 개시했다. 미군 전쟁사료에는 당시 전투의 단편이 이렇게 기록되어 있다.

제19연대의 교두보 진지와 영국 제27여단 진지 사이에 약 8킬로미터의 빈틈이 있었다. 이 무인지대에 큰 산이 하나 있었는데 적군이 이 산을 넘으면 제19연대 또는 제27여단의 좌우와 후방으로 우회할 수 있었다……. 5일 저녁, 적군은 전 방어선을 따라 공격을 개시했고 제19연대 E중대와 G중대의 완강한 저항에 부딪혔다. 적군의 일부 공격대가 뒤에서 E중대 진지로 올라갔는데 야전 전화선을 따라 찾아낸 것이 분명했다. 중국군은 침낭 안에서 잠들어 있는 많은 사람을 잡았고 또 그들을 죽였다. 몇몇 사람은 뒷머리에 총알을 맞기도 했다. 사실상 중국은 이미 123고지의 대대진지를 점령했다.

미첼 리드 클로드Mitchell Reed Claud 하사는 위스콘신 주 출신의 인디언이었다. 그는 자신이 있던 산 정상 진지에서 5중대에 첫 번째 경보를 보냈다. 중국군 부대가 약 30미터 밖의 은폐참호에서 갑자기 발포했다. 클로드 하사는 두 다리로 뛰어오르며 브라우닝 자동소총으로 중국 병사를 향해 사격했다. 적이 그를 쓰러뜨렸으나 그는 발을 끌면서 있는 힘껏 앞으로 나아갔다. 그는 한쪽 팔로 눈앞에 있는 작은 나무를 끌어안고 다시 자동소총을 발사했다. 중국 병사의 탄알이 그의 생명을 앗아갈 때까지 그의 사격은 계속됐다. 5중대에는 또 조지프Joseph 상병이라는 자동소총수가 있었다. 그도 마찬가지로 용맹한 병사였다. 중국군이 허를 찔러 그가 있는 지점 20여 미터 이내로 접근해 근접 거리에서 달려들었다. 조지프 상병은 순간적으로 그들을 향해 자동소총을 발사했으며, 죽을 때까지 제자리에 서 있었다. 이틀 뒤, 우군 순찰대가 이곳을 돌면서 조지프 상병의 시신 앞에 적군 17명이 사살되어 있는 것을 발견했다.

중국군 제38군은 한반도에 진입한 뒤 펼친 작전에서 내내 부진한 모습을 보였다. 특히 여러 이유로 그들은 마오쩌둥과 펑더화이가 큰 희망을 건 돌격 임무를 완수하지 못했다. 이후 펑더화이의 엄명으로 제38군은 추격을 개시했다. 그 예하의 112사단은 전 군의 전위대로서 원리, 군우리 방향으로 나아가려고 준비했다. 와동에 도착했을 때 112사단은 산 아래에서 저지당했다. 사단 지휘부는 즉시 335연대장 판톈언范天恩에게 임무를 인수하도록 했다. 판톈언이 철도 터널 안에 세워진 사단 지휘부에 도착하자마자 제일 먼저 요구한 것은 한잠 자게 해달라는 것이었다. 사단 지휘관의 동의가 떨어지기도 전에 판톈언은 축축한 터널 암벽에 기대 잠이 들었는데 코 고는 소리가 우레 같았다. 그가 이끄는 부대는 추격전을 펼친 며칠 동안 단 1분도 눈을 붙이지 못했다. 사단 지휘관은 그런 그를 차마 깨우기가 안타까웠지만 그래도 흔들어 깨우며 말했다.

"맞은편의 큰 산을 점령하라!"

맞은편의 큰 산이란 군우리와 개천 북쪽의 험준한 비호산이었다.

비호산은 유명한 전략적 요충지로 군우리와 개천으로 통하기 위해 반드시 거쳐야 하는 곳이었다. 군우리와 개천은 모두 교통의 거점으로 함께 큰 사거리를 이루고 있었다. 남쪽은 순천과 평양으로 통하고 동쪽은 덕천으로, 서쪽은 구성과 신의주로, 북쪽은 희천과 강계로 통했다. 유엔군 부대가 북상하려면 반드시 이곳을 지나야 했다. 또한 군우리는 유엔군의 북진을 위한 병참본부이기도 했다. 중국군이 비호산을 통과해 이 거대한 교통거점을 점령하면 철수하는 유엔군의 퇴로가 차단될 것이었다. 비호산에서의 전투는 한바탕 악전고투가 될 것이 분명했다!

강공이라는 임무를 앞두고 판톈언은 먼저 자기 연대에 식량과 탄약이 부족하다는 데에 생각이 미쳤다. 미군 비행기가 중국군 후방에 맹렬한 폭격을 가해 중국 본토에서 실어온 보급품이 도중에 심각한 손실을 입었던 것이다. 게다가 빠른 속도로 추격해왔기 때문에 보급품 공급부족이 더욱 심각했다. 탄약도 수차례 전투를 치르며 거의 소진되었다. 가장 난처한 것은 역시나 식량문제였다. 중국군은 전쟁을 할 때 현지에서 식량을 조달해왔다. 그러나 이국타향에서는 이 전통을 적용할 수가 없었다. 지원군이 이르는 곳들은 기본적으로 열에 아홉은 텅 비어 있었고 북한 사람은 그림자도 볼 수 없었다. 병사들의 비상식량 주머니는 일찌감치 바닥나 있었고 하루에 찐 옥수수 몇 알만먹을 수 있어도 다행이었다. 그러나 옥수수 알갱이마저도 며칠 동안이나 공급하지 못했다.

판톈언은 직접 비호산에 가서 상세히 정찰한 뒤 폐허가 된 연광鉛鑛에서 대대장 회의를 열었다. 그는 뜻밖에도 대대장들에게 미제 비스킷을 대접했다. 이 미군 비상식량 때문에 그는 혹독한 비난을 받았었다. 그가 희천에서 탈취한 미군 트럭 5대에 실려 있던 비스킷, 통조림, 각설탕과 위스키 등을 전부 병사들에게 나누어주었기 때문이다. 그는 병사들의 비상식량 주머니에 먹을 것을 보충해주어야 한다고 생각했다. 하지만 중국군은 유격대였던 시절부터 정해둔 철칙이 하나 있었다. 바로 '모든 노획품은 국가나 기관으로 귀속시킨다'는 것이었다. 그런데 판톈언이 독단으로 노획물자를 처리해 군의 기율을 어긴 것이다. 병사들이 주머니 속의 미제 비스킷을 다 먹어버린 지도 이미 오래였다. 지금 판톈언이 내온 이 비스킷들은 오랫동안 소중히 아껴둔 보물과도 같았다. 그는 가장 소중한 것을 꺼낼 때가 왔음을 알았다. 그가 공격노선과 임무를 설명하는 동안 대대장들이 바삭바삭한 미제 비스킷을 우적우적 씹는 소리가 칠흑같이 어두컴컴한 광산굴에 울려 퍼졌다.

11월 4일 동틀 녘, 부슬부슬 내리는 비로 비호산에는 몽롱한 운무가 내려앉아 있었다.

오전 4시 10분, 주공격을 맡은 2대대가 대대장 천더쥔陳德俊의 인솔하에 최대한 간편한 복장으로 비호산 주봉으로 통하는 2킬로미터 너비의 개활지로 진격했다. 그곳은 적군의 포화로 엄밀하게 봉쇄된 구역이었다.

미군 1개 포병대대가 그곳에서 한국군의 작전을 지원하고 있었다. 그 포병대대는 중국군 병사가 진격함과 거의 동시에 일찌감치 치밀하게 준비한 사격을 맹렬하게 퍼부었다.

2대대 병사들이 주봉에 접근했을 때 포화 속에서 끊임없이 사상자가 속출했다.

중국군을 지원하는 대포도 제압사격을 개시했다.

이 전선에서 중국군을 저지한 것은 한국군 제7사단이었고, 비호산 주봉을 방어한 것은 그 휘하의 5연대였다. 한국군 제7사단은 원래 미 제1군단에 배속되었다가 운산 방향의 전세가 돌변한 이후 한국군 제2군단으로 배속되어 대기하던 위치에서 희천 방향으로 나와 방어전을 펼쳤다. 그들은 희천에서 중국군과 첫 교전을 치렀고, 이 교전에서 중국군 제38군에게 정면에서 호된 공격을 당했다. 한국 전쟁사료는 이들과 중국군 제38군의 전투를 다음과 같이 기록했다.

제7사단은 전날(3일) 방어전을 개시했다. 그날 오전 3시, 적군 1개 사단과 격렬한 전투를 벌여 적군의 전투력을 크게 실추시켰다. 제7사단이 북진한 이래 처음 격렬한 전투를 치르고 승리를 거둔 날이었다. 사단 우익인 제5연대가 적군 1개 대대와 교전을 벌였다. 전방 경계부대 제1대대가 수비하던 760고지가 위급해짐에 따라 대대장은 즉시 예비부대를 보내 적군을 격퇴했다. 적군은 아군 제5연대와 제3연대의 인접 지역을 공격해 비호산을 통제하려 기도했다. 적군은 포화의 엄호하에 공격을 시작했으며 총포성이 천둥치듯이 온 하늘에 울려 퍼졌다. 이때 봉천리를 점령한 제2대대도 격렬한 전투를 벌였지만 결국 적군에게 포위되었다. 따라서 아군은 적군을 지체시키면서 송림참, 간참 지역으로 철수했다. 전투 중 적군이 연속 포격을 가함으로 인해 대대와 각 중대 간의 유선 통신선이 폭파되어 끊겼다. 적군은 물밀 듯한 기세로 본 대대를 추격했다. 주저항선에서 제1대대와 제3대대는 개천 지역에 위치한 유엔군 포병대대의 화력 지원을 받아 세 시간 동안 전투를 지속했다. 세 차례 쟁탈을 반복한 끝에 적군을 격파해 뿔뿔이 흩어지게 했다. 그러나 연대 전체의 사상자 규모도 적지 않았고 휴대한 탄약도 거의 소진되었다.

중국군 병사들이 한국군 제7사단 5연대가 점거한 비호산 주봉으로 돌격할 때, 중국군에게 패한 한국군 제7사단 3연대는 개천의 한 초등학교에서 인원 수와 무기를 점검하고 있었다. 한국군 제2군단장 유재흥 소장은 제7사단장의 배석하에 3연대를 '표창'했다. 연대장 3명과 통신참모관 1명은 한 계급 승진했고 병사 20명에게는 무공훈장이 수여됐다. 그러나 이어서 이 병사들은 비호산 정세가 악화되었으니 진격하라는 명을 받았다.

중국군 병사들은 이미 거의 봉우리 정상까지 쳐들어왔다.

중국군 제38군 112사단 335연대 2대대는 결연하고 맹렬하게 공격을 펼쳤다. 가랑비가 짙은 안개로 바뀌어 가시거리가 매우 짧았다. 총과 포가 목표도 없이 사격한다고 해도 과언이 아니었다. 양측 장병 모두 상대방이 도대체 자신들과 얼마만큼 떨어져 있는지 알 길이 없었다. 주봉과 가까운 구역에서 양측은 결국 예측했던 대로 백병전을 개시했다. 차디찬 짙은 안개 속에서 곳곳에서 육박전을 치르며 내는 거친 숨소리, 욕설, 신음 소리가 전해졌다. 335연대 1대대의 지도원 리위춘李玉春은 5중대를 이끌고 비호산 주진지로 뛰어들었고, 2대대와 함께 공격한 1대대와 3대대도 동서 양측 고지를 점령했다.

방금 군단장에게 상을 받은 한국군 제7사단 3연대가 이때 받은 명령은 비호산 주봉을 탈환하라는 것이 아니라 즉시 5연대의 철수를 엄호하고 나서 중국군의 돌파구를 막으라는 것이었다. 판톈언이 이끄는 1개 대대가 이미 군우리로 진격했기 때문이었다.

유엔군의 모든 대포가 비호산 주봉을 향해 포탄을 퍼부었다. 판톈언은 분노가 끓어올라 결단코 군우리를 함락시키겠다고 맹세했다. 그런데 마침 그때 사단 지휘소에서 명령이 내려왔다. 공격을 멈추고 그 자리에서 방어하라는 것이었다. 적잖이 놀란 판톈언은 그 명령이 이해되지 않았다. 군우리로 공격을 개시한 대대가 이미 출발했기 때문에 이제 와서 공격을 멈출 수는 없었다. 판톈언은 통신병에게 그 대대를 쫓아가서 돌아오게 하라는 명령을 내리면서 사단 지휘소에서 하달한 명령의 숨은 뜻을 생각했다. '전투를 여기까지 진행시켰고 지금이 마침 공격할 좋은 기회인데, 전황에 무슨 문제가 생기기라도 한 걸까?'

그 명령은 펑더화이가 하달한 것이었다.

335연대장 판톈언은 이제는 군우리를 점령하기에 늦었다는 사실을 몰랐다. 왜냐하면 유엔군이 이미 청천강 이남으로 철수해 남쪽 기슭에 견고한 저지방어선을 구축했기 때문이었다. 제38군이 적군의 퇴로를 차단하는 임무는 이미 의미가 없어진 것이다.

제38군은 마지막까지 사력을 다했지만 결국 펑더화이의 작전계획을 실현하지 못했다.

이때 판톈언은 '그 자리에서 방어하라'는 명령으로 인해 또 한바탕 지옥 같은 처참한 전투가 자신과 335연대를 기다리고 있음을 결코 알지 못했다.

판톈언이 '그 자리에서 방어하라'는 명령을 받았을 때 펑더화이는 이미 다른 부대에게 유엔군의 종심으로 전진하라고 명령했다. 또한 그들이 멀리 가면 갈수록 더 좋다는 바람을 밝혔다. 그 부대 병사들은 중국어와 한국어 두 언어로 말하면서 숲속에서 「적군의 후방으로 가세到敵人後方去」라는 중국 노래를 부르며 빠른 속도로 진군했다.

이 부대는 펑더화이의 명령으로 조직된 적후유격대敵後遊擊隊였다.

그동안 몇몇 당사자만 기억할 뿐 한국전쟁과 관련한 중국 사료에는 이 부대에 대한 언급이 별로 없었다. 그런데 오히려 한국의 사료에는 한국전쟁 기간에 '후방에서 공산당 유격대를 소탕했다'는 내용이 소상히 기록되어 있다. '공산당 유격대' 소탕작전에는 한국군 경찰부대와 정규군뿐 아니라 미군에서 정예부대라 불리는 제1해병사단도 참가했다. 이로써 한국전쟁에서 유격대의 역할이 결코 작지 않았음을 알 수 있다. 게다가 이 유격대는 중국과 북한 정규부대로 편성되었으며, 노련하고 지혜로운 장교와 용맹한 병사들로 구성되었다.

펑더화이는 유격대 수립에 관한 명령을 전보로 전달했다. "필요한 간부들과 몇 개 대대병력을 준비해 조선인민군과 공동으로 몇 개 지대支隊를 조직하고 적의 후방으로 전진해 유격전을 펼쳐라."

제1지대는 중국군 제42군 125사단 375연대 2대대와 북한군 제7사단 7연대의 1개 연합부대로 편성되었다. 125사단 부사단장 루푸이茹夫一가 지대장 겸 정치위원, 375연대 정치위원 바오난린包楠林이 부정치위원, 중국군 375연대 부연대장 리원칭李文淸과 북한군 제7사단 작전과장 최봉준이 각각 부지대장으로 임명됐다. 유격전을 펼칠 지역은 평양, 삼등리, 순천, 성천, 양덕 일대였다.

제2지대는 중국군 375연대 1대대와 북한 맹산군 위원회, 영원군 위원회로 편성되었다. 중국군 125사단 정치부 주임 왕화이샹王淮湘이 지대장 겸 정치위원, 중국군 375연대장 자오리셴趙立賢이 부지대장으로 임명되었다. 유격전을 펼칠 지역은 덕천, 맹산, 영원 일대였다.

유격대의 임무는 소규모 적군 타파, 포로 포획, 정보 수집, 한국군과 기타 지방 무장세력 궤멸, 적군 후방 교통망 파괴, 적군 후방의 인민군 및 노동당과의 연락 등이었다.

11월 5일, 유격대는 밤중에 대동강 부교浮橋를 통과해 남진했다. 그런데 다리를 건너자마자 강대한 적군과 마주쳤고, 전투 끝에 막대한 사상자가 발생할 줄 누가 알았겠는가. 적군 포로를 통해 그들이 맞닥뜨린 것이 한국군 제8사단 주력부대임을 알게 되었다. 이때부터 유격대는 가능한 한 대로를 피하고 적군 주력부대를 피했으며, 유엔군 방어선의 빈틈을 골라 진격했다.

적의 후방에서는 언제든 예상치 못한 일이 일어날 수 있으므로 유격대는 신중에 신중을 기해 행동했다. 상대가 그들의 방향과 주둔지를 알아채지 못하도록 이들은 우선 지도에서 행군 목적지를 선택했다. 보통 하룻밤 사이에 갈 수 있는 거리 내의 목표를 정했다. 그다음 현지 안내인을 구해서 먼저 목적지와 다른 방향으로 몇 킬로미터를 행군했다. 그리고 나서 다시 목적지 쪽으로 재빨리 방향을 틀어 급행군했다. 목적지에 도착한 뒤 저녁이 되어 다시 출발할 때는 새로운 안내인을 데리고 떠났으며, 먼젓번의 안내인은 놓아주었다. 숙영할 곳에 도착할 때면 먼저 포위한 다음 마을에 진입해서는 소식이 새나가지 않도록 봉쇄하고 마을 사람들의 출입을 금했다. 근처 길목과 고지에 사복 차림의 보초병을 배치했고, 경험이 풍부한 정찰병을 파견해 주변 정황을 파악했다. 이 유격대는 극히 위험한 환경에서 끊임없이 유엔군에서 분산된 부대와 한국의 지방행정기관을 습격했고, 전투마다 모두 승리를 거두었다. 이들에겐 '속전속결, 치고 달리기, 약한 적군 집중 공격, 적군 후방 교란'이라는 전투 원칙이 있었다.

유격대 최대의 애로 사항은 부상병 문제였다. 희생된 병사는 현장에 묻으면 됐지만 20여 명에 이르는 부상병은 다른 병사들이 메고 행군해야 했다. 중국군의 전통에 따르면 부상병은 모두 현지 주민에게 넘겨서 보살피도록 했으나 이곳은 이국타향이었다. 이 난제를 해결하기 위해 375연대 정치처 조직계장 가오청장高成江은 조사를 통해 회창檜倉에 음식점을 하는 화교들이 꽤 된다는 사실을 알게 되었다. 그는 그중에서 장싱성張興盛이라는 노인을 알게 되었다. 장 노인은 중국 산둥 성山東省 룽청榮城 출신으로, 항일전쟁 시기에 일본인의 강제징용을 피해 한국으로 도망쳐왔다. 장 노인도 작은 음식점을 하고 있었다. 가오청장이 유격대의 바람을 말했더니 노인은 시원시원한 산둥 사람답게 "중국인은 모두 다 내 친형제지!"라고 했다. 이로써 유격대 부상병들은 전부 장 노인이 거두었다.

유격대는 이후 적군의 후방을 전전하던 북한군 정규부대를 찾아냈고, 북쪽으로 철수하지 못한 북한군 2만여 명을 인솔하고 있는 북한군 제2군단 참모장 노철蘆哲과 합류했다. 노철은 중국 공산당 당원이었고 중국인민해방군의 백전노장이었다. 랴오닝군구遼寧軍區 리훙광李紅光의 지대에서 참모장을 지냈고, 여러 해 동안 루푸이와 어깨를 나란히 하고 전투에 참가한 적도 있었다. 노철은 그때까지도 루푸이와 린강전투臨江戰役를 치르고 나서 함께 찍은 사진을 소중히 간직하고 있었다. 생사고락을 함께했던 두 전우가 뜻밖에도 이런 환경에서 만나 서로 껴안고 몹시 기쁜 나머지 눈물을 흘렸다.

이와 같은 정황은 지원군 본부에 보고되었고, 펑더화이는 특별히 전보를 보냈다. "귀관들은 인민군 2만여 명과 적군 후방에서 승리를 거두고 합류했으니 굉장히 의미 있는 일을 했다. 정말 기쁘고 위안이 된다."

11월 5일 저녁, 청천강변의 유엔군 진지는 또 한 차례 대규모 야간습격을 당했다.

대략 1개 대대 규모의 중국군 부대가 거의 숨소리도 내지 않고 미 제1기병사단 61포병대대에 배속된 진지로 쳐들어왔다. 중국군 병사들은 폭약 포대를 안고 연이어 여러 문의 대포를 폭파했으며 미군 병사들과 총검으로 격투를 벌였다. 미군 포병대대는 포수 외에 모든 병사가 원형 방어진지를 편성해 저지했다. 포수들은 가늠쇠 조준 거리를 0으로 한 채 아무렇게나 발포했다. 가지고 있는 포탄을 모두 발포하자 그들은 어쩔 수 없이 미군 보병의 지원을 받아 도망쳤다.

영국군 제27여단은 어둠 속에서 네 시간 연속 습격을 받았다. 여단장 배질 코드는 더 이상 효과적인 저지작전을 편성할 수 없었다. 최전방의 영국 병사들은 뿔뿔이 도망치기 시작했고, 그다음 진지 전체가 함락되었다. 당시 코드는 최후의 고비가 왔다고 생각했고 영국 병사들은 극도의 공황 상태에 빠져 여단장에게 말했다.

"오늘밤은 나쁜 사람들이 자신의 죄를 고백하는 날인가봅니다."

가장 심각한 타격을 입은 것은 미 제24사단 19연대 진지였다. 거의 모든 중대가 긴급구조를 요청했고, 사상자 수가 급증해 미군들은 세계 종말이 이미 닥쳤다고 느꼈다. 좌익 진지가 무너지자 중국군 병사들이 밀물처럼 쏟아져 들어왔다. 미군 장교들은 진지 주변에 흩어진 병사를 집합시키려고 시도했으나 이러한 노력은 아예 실현 불가능하다는 사실이 곧 증명되었다. 가까스로 날이 밝을 때까지 버틴 19연대 1대대는 다시 전열을 가다듬어 잃어버린 진지를 향해 반격을 개시했고, 미군 병사들은 서서히 고지로 접근했다. 그런데 이상하게 아무런 저항에도 부딪히지 않았다. 미군은 마침내 고지에 올라섰다. 진지는 고요했고 물밀 듯 쏟아져 들어왔던 중국군이 없어졌다! 미군 병사들은 참호에서 피곤에 절어 단잠을 자고 있던 중국군 병사 3명을 발견한 것이 다였다.

쉴새없이 울려대던 총성이 사라지니 영국 병사들은 더욱 조마조마했다. 그들이 사방에 참호가 파인 진지로 올라갔을 때 눈앞의 광경에 놀라움을 금치 못했다. 중국인들이 사라진 것이었다! 긴장과 불안 속에 하룻밤을 보낸 관찰 보초병이 큰 소리로 외쳤다.

"그들이 도망쳤다. 그들이 도망쳤다!"

태양이 떠올랐고 쾌청한 하루가 시작됐다. 유엔군 비행기가 하늘에서 맴돌았고, 사방을 둘러본 정찰기 조종사가 보고했다.

"적군의 그림자도 보이지 않습니다. 중국군의 행군 방향이 묘연합니다."

바로 전날 밤, 서부전선 청천강 전선에서 작전을 펼쳤던 중국군은 사전에 어떠한 조짐도 없이 갑자기 자취를 감췄다.

먹으나 마나

한반도 북부 산지와 평원의 접합부 그리고 청천강 북쪽 기슭의 광대한 지역에서 총소리가 점차 뜸해지면서 대규모 전투가 막을 내렸다. 훗날 한국 전쟁 사료에서는 이 단계의 전투를 '유엔군·국군 진격전투'라고 칭했고, 중국 전쟁 사료에서는 '항미원조 제1차 전역抗美援朝第一次戰役'이라고 칭했다.

'항미원조 1차 전역'은 1950년 10월 25일에 개전해 11월 5일에 끝났다. 전투는 열흘 동안 치러졌으며, 북진하던 유엔군이 습격을 받고 청천강 전선에 구축한 방어진지로 철수하면서 종결되었다.

극동 지역에서 발생한 이 소규모 전투는 유엔이 유엔군이라는 이름으로 한 지역에 개입한 최초의 국부전局部戰이었으며, 중국 공산당 군대가 작전이라는 방식으로 직접 참전함으로써 역사적으로 오래도록 관심의 대상이 되었다. 또한 동서 냉전국면이 형성된 이래 일어난 첫 번째 동서 군사충돌로서 교전 양측의 정치가, 군사가들이 오랫동안 이 문제를 연구 대상으로 삼았다. 이후 장기간 대치 국면에 접어들었던 냉전 기간 동안 전투에 참여했던 양측은 상대방의 전략전술 운용 및 군사사상軍事思想 원칙을 초보적으로 체득했으며, 체득한 내용을 깊이 돌아보는 시간을 가졌다. 어쩌면 이러한 점이 전투 그 자체의 결말보다 더 중요한 듯하다.

서구 군사학자들은 이 전투를 '세계 전쟁사상 드문 조우전遭遇戰, meeting engagement'이라고 칭한다. 이 전투에서 눈에 띄는 특징은 쌍방 모두가 예기치 않은 전투에서 급하게 교전에 임했다는 점이다.

중국군은 유엔군 측이 군대를 파병해 개입할 시기를 완전히 놓쳤다고 생각할 때 긴급히 국경을 넘었다. 중국군의 전략 배치는 정보가 부족하고 전황이 혼란한 가운데 바뀌고 또 바뀌었다. 마지막에 마오쩌둥과 펑더화이는 유엔군의 약점을 파악했다. 유엔군은 병력을 나누어 돌진했고 동부·서부 양대 전선의 부대가 각자 북진하며 서로 연락을 취하지 않았다. 마오쩌둥과 펑더화이는 이 약점에 착안해 동부전선에서는 저지하고 서부전선에서는 공격하는 총체적 작전 방안을 확정했다. 그러나 서부전선의 중국군이 한국군과 온정 지구에서 전투를 치르면서 일찌감치 중국군의 위치와 의도를 드러내고 말았다. 때문에 펑더화이가 예정했던 공격 방안이 또 한 차례 수포로 돌아갔다. 이에 중국군은 주력부대가 지정된 위치에 모두 도착하지 않은 상황에서 어쩔 수 없이 공격을 개시했다. 운산을 돌파한 후 적을 섬멸할 기회가 왔으나 제38군이 우회노선에서 심각한 저항에 부딪힌 데다 제66군이 남쪽으로 도주하는 미 제24사단을 즉시 잡지 못하는 등의 원인으로 전투 구상을 완벽히 달성하지 못했다. 그러나 중국군이 전투 중 구사했던 독특한 전술로 인해 중국군에 대해 아는 바가 없었던 유엔군은 크나큰 손실을 입었고 심지어 일부 국부전에서는 붕괴 상태에 처하기까지 했다.

미군 전장 지휘관은 중국군의 전술에 대해 다음과 같이 설명했다.

중국군은 맥아더가 '아시아의 오합지졸'이라고 조롱했던 것보다 훨씬 기민하고 노련했다. 중국 보병은 박격포 외에는 그 어떤 중화기도 갖추지 않았지만 화력을 매우 잘 다루면서 미군과 한국군의 견고한 진지를 공격했다. 특히 야간에 중국군 순찰대가 미군 진지를 수색해 혁혁한 성과를 올렸다. 그들이 예정한 공격 계획은 배후에서 공격을 일으키고 퇴로와 보급선을 차단한 후 정면 공세를 펼치는 것이었다. 중국군은 기본적으로 V자 공격대형 전술을 구사했다. 그들은 적군이 이 대형 속으로 이동하게 한 후에 이 V자 대형의 테두리를 포위했다. 이와 동시에 다른 부대가 V자 대형의 벌어진 곳으로 이동해 도망치려는 어떠한 시도도 막아냈으며 증원부대도 저지했다.

위의 글은 중국군의 전술 원칙을 매우 정확히 체득한 내용이라 볼 수 있다. 흥미롭게도 3년 동안 치러진 한국전쟁에서 중국군은 이와 완벽히 일치하는 전술을 수차례 사용했으며, 유엔군은 중국군의 V자 공세에 당황해 어찌할 바를 몰랐던 적이 여러 번 있었다.

한국 전쟁사료에는 중국군의 작전 특징을 미군보다 더 상세히 분석한 내용이 나와 있다. 이는 한국이야말로 이 전투에서 가장 먼저 타격을 입었고 엄청난 손실을 입었기 때문일 것이다.

기동전술 적의 약점을 잡아 기습을 펼친다. 공격이 좌절되면 신속히 철수해 능동성을 유지함으로써 교착 상태 및 일진일퇴一進一退의 국면에 빠지지 않도록 한다. 병력을 탄력적으로 운용하고 신속히 기동하며 집중적으로 공격한다.

돌파전술 협소한 지역의 정면에서 예리한 돌격부대를 투입해 강력한 공격선봉을 형성한다. 제1선 부대의 돌격력이 특별히 강하다. 약간의 제대梯隊로 나누어 연속적으로 공격하며 육박전을 이용해 적의 포화 및 공중공격으로 인한 손실을 줄인다.

분할전술 공격부대가 적군 진지 안으로 돌격해 적군 진지를 몇 부분으로 분할한 후 각각 섬멸한다. 큰 목표를 몇 개의 작은 목표로 나누고 적군 진지에 '일점양면一點兩面' 공격태세를 형성해 적군의 취약 부위로 돌격하는 방식으로, 습격과 강공을 감행하는 것이 특징이다.

임기응변 방어전술 주력부대를 후방의 적당한 지점에 포진하고 소규모 병력으로 넓은 정면을 점령한다. 적을 만나면 적군의 공격 약점을 잡아 신속히 기동하고 전장에서 철수해 적군에게 방어를 하는 듯한 인상을 심어준다. 그러나 실제로는 적군을 공격해 들어가며 주력부대는 진지를 점령하지 않는다. 작전을 펼칠 때, 탄력성을 최대한으로 발휘해 진지의 위상을 확보한다.

기동방어전술 퇴각하면서 공격을 진행해 적군을 지체시키며 단계별로 점차적으로 저항한다. 잠복과 습격 등 적극적인 수단을 활용해 소규모 전투에서 승리를 거두며, 넓은 정면과 대규모 종심작전을 이용해 다층적 저항 반격을 실시한다.

기타 전술 적군을 완전히 포위했지만 미처 치명적인 타격을 줄 수 없을 때는 강력한 부대를 파견해 상대의 핵심부위로 파고들어 안에서 밖으로 공격하는, 이른바 '중심개화中心開花' 전술이 있다. 야간에 이용할 수 있는 전술로는 소규모 부대로 적군 2개 부대의 접합 지점에서 파고들어 타격을 주고 혼란한 틈을 타 대규모 부대를 투입해 공격을 개시하는 방법이 있다. 또 은밀히 진출해 호루라기와 신호나팔을 불어 적군의 사기를 꺾고 아군 병사의 사기를 진작시키는 전술도 있다.

중국군이 더욱 흥미를 갖는 것은 아마도 미군과의 1차 교전으로 체득한 내용이 아닐까 싶다. 미 제24사단은 예전에 전장에서 어떤 중국군 부대가 펴낸 『운산전투경험 총정리』라는 소책자를 손에 넣은 적이 있었다. 책 앞부분에는 미군의 박격포와 전차, 포병 병력과 공중지원의 배합 능력 그리고 보병의 화력 속사速射 기술에 대해 부러워하는 내용이 적혀 있었다. 그러나 미군 병사들의 전투능력에 대해서는 무시하는 듯이 묘사했다.

미군 병사들은 퇴로가 차단되자 모든 중무기를 내팽개쳐 여기저기에 버려두었고 죽은 척하기도 했다……. 보병은 전투력이 부족했고 죽음을 두려워했으며, 공격과 방어를 감행할 용기와 지략을 갖추지 못했다.

그들은 비행기, 전차, 대포에 의존했다. 동시에 우리 화력을 두려워했다. 그들은 진군하다가 총소리를 들으면 뒷걸음질하며 전진하지 않았다……. 그들은 낮에만 전투를 벌였고 야간전과 백병전에는 익숙하지 않았다. 전쟁에 패하면 뿔뿔이 흩어져 대오를 이루지 못했다. 또 화력의 지원이 없으면 어찌해야 할 바를 몰랐다……. 운산에서는 며칠 동안 포위되어 있으면서 아무런 성과도 얻지 못했다. 그들은 퇴로가 차단되는 것을 겁냈다. 보급이 끊기면 보병들은 완전히 투지를 잃었다.

이런 글을 보는 것보다 미군을 더 난감하게 하는 일은 없었다. 한국전쟁 전에 제2차 세계대전의 전 기간을 통해 미군이 잠시 실패를 겪기는 했어도 감히 이렇게 미군 병사들을 묘사한 사람은 없었다. 자존심에 상처를 주기도 했지만 더욱 미군 장교들에게 불쾌감을 안겨준 것은 미군 병사들에 대한 중국군의 평가가 완전히 틀린 말은 아니라는 점이었다.

11월 6일 오전 7시, 맥아더는 노기충천해서 자신의 사무실로 들어섰다.

맥아더의 심기를 불편하게 한 것은 참모장 휘트니 장군이 전달한 합동참모본부가 국방부에서 보낸 전보였다.

대통령 지시에 따라서 다음 명령을 받기 전까지 만주 국경 약 8킬로미터 이내 목표를 향한 폭격을 연기하시오. 장군이 형세에 대해 새로운 예측을 내리는 일이 시급하고, 아울러 압록강 다리를 폭파하라는 명령을 내린 이유를 설명하시오.

맥아더는 분개해 왔다갔다하며 서성거렸다.

'폭격을 연기해? 폭파한 이유라고? 도대체 내가 멍청한 것인가, 아니면 브래들리가 정신이 나간 건가? 중국인들이 이미 선전포고도 없이 참전한 것을 모르는 게야? 그들이 계속해서 거리낌 없이 압록강 다리를 넘어오도록 놔두란 말인가?'

맥아더는 트루먼에게 중국의 참전 여부에 대해 '경솔하게 결론을 내지 말라'고 전보를 보내놓고, 동시에 미 극동공군에게 '북한의 도시를 남김없이 파괴하라'는 명령을 하달했다. 또 '참전한 조종사들은 필요하면 녹초가 될 때까지 비행하라'고 요구했다. 미 극동공군은 맥아더의 명령을 충실히 따랐다. 중국군이 남쪽으로 유엔군을 추격해 내려왔을 때, 북한의 모든 도시와 미군 조종사들이 폭파할 만하다고 생각하는 모든 목표물은 대규모 공습을 받았다. 맥아더는 그래도 여전히 만족하지 못했다. 그는 다시 극동공군에 B-29 폭격기 90대를 출동시키라는 대규모 폭격 명령을 내렸다. 폭격 목표는 맥아더가 지도상에서 파내버리고 싶어 안달이었던 도시, 신의주였다. 북·중 국경에 인접한 도시 신의주는 당시 북한 정부의 피란처였다. 북한 정부 관리와 군대가 이때 신의주의 건물에 은폐하고 있었다. 신의주의 철도·도로 병용교 하나와 철도 복선교 하나가 신의주와 중국 도시 안둥지금의 단둥을 연결하고 있었다. 그러나 극동공군 사령관 조지 스트레이트마이어 중장이 맥아더 장군의 명령 가운데 이해하기 힘들었던 부분은 '만주 국경 내 북한과 중국을 연결하는 모든 다리에서 북한 부분을 파괴하라'는 것이었다. 차라리 압록강 다리를 폭파하라고 하면 좋을 것을, '북한과 중국을 연결하는 모든 다리에서 북한 부분'을 파괴하라는 것은 뭐란 말인가? 압록강 다리에서 '북한 부분'을 폭파한다는 것은 폭탄을 급강하로 투하한다는 측면에서 볼 때 미군 비행기가 공중에서 북·중 국경을 넘어야 한다는 것을 의미했다. 미군 비행기가 중국 영공으로 비행한다는 것은 미국 정부 입장에서 극도로 민감한 사안이었다.

"장군, 미군 비행기가 이 임무를 수행하려면 어쩔 수 없이 폭탄을 중국 영토 안에 투하해야 한다는 사실을 모르시는 것은 아니겠지요?"

"자네는 중국군이 이미 우리 제8군과 붙은 사실을 모르는 것은 아니겠지?"

스트레이트마이어 중장은 하는 수 없이 맥아더의 명령을 '통보 사본' 형식으로 펜타곤에 보고했다. 펜타곤이 맥아더의 폭격 계획을 알게 된 것은 그가 폭격을 실시하자고 요구한 시각에서 3시간밖에 남지 않은 시점이었다. 합동참모본부 고위간부들은 긴급 협의를 거친 후 트루먼 대통령과 통화했다. 미국 정부 쪽에선 며칠 안으로 유엔에서 중국군의 참전 문제를 논의해야 한다는 데 의견이 일치했다. 이러한 때 중국 영토에 대한 '오폭'은 '소련의 개입'과 같은 심각한 결과를 초래할 수 있었다. '아군의 안전을 위협하는 대규모 도강작전이라도 발견했다면 모를까, 이번 폭격작전은 현명하지 못하다'는 것이 그들의 판단이었다. 극동 관련 사무를 책임지고 있는 미 국방차관보 딘 러스크를 비롯한 관료들은 압록강은 수위가 매우 낮아 다리를 폭파한다 해도 중국군의 진군을 효과적으로 저지할 수 없다고 생각했다. 따라서 극동공군이 압록강 다리를 폭파하기로 예정된 시각이 한 시간 반 남은 시점에서 미국 정부는 맥아더에게 폭격 이유에 대한 진술을 요구하는 전보를 도쿄로 보냈다.

트루먼 대통령은 맥아더가 회신에서 정세 예측에 180도 돌변한 태도를 보인 데 대해 화가 치밀었다. 맥아더는 긴박한 어투와 신랄한 언사를 사용해 트루먼을 크게 놀라게 했다. 맥아더는 지난번 전보에서는 역시나 어른이 아이를 가르치듯이, 한국전쟁 정세에 대한 예측은 "더 전면적으로 군사정보를 축적해야" 가능하다고 말했었다. 그런데 이번 전보에서 이미 위험한 현상이 꼬리를 물고 일어나고 있다고 한국전쟁을 묘사했다.

워싱턴 합동참모본부 브래들리 장군께

대규모 군대와 물자가 만주로부터 압록강 위의 모든 다리를 통과하고 있습니다. 그로 인해 본관 지휘하의 부대가 곤경에 빠졌고 아군이 전멸될 위기에 처했습니다. 도강작전은 밤의 장막을 엄호 삼아 진행될 수 있으며, 압록강과 우리 방어선 사이의 거리가 매우 가까우니 적군은 공습의 위협을 그리 염려할 필요 없이 아군을 목표로 병력을 배치할 수 있습니다. 적군의 증원을 저지할 유일한 방법은 우리 공군의 위력을 최대한 발휘해 모든 다리와 북부 지역에서 중국인의 진격을 지원하는 모든 시설을 파괴하는 것입니다. 한 시간이 지연될 때마다 미국과 유엔 그리고 그 외 국가가 엄청난 피의 대가를 치를 것입니다. 신의주의 주요 나루터는 몇 시간 안에 폭파해야 하며, 이 임무는 사실상 이미 준비 완료되어 있습니다. 본관은 최대한 항의하며 잠정적으로 이 습격을 늦추고 있으며 국방부의 지시에 따르고 있습니다. 본관이 명령하는 작전은 전적으로 전쟁 원칙에 부합하며 유엔의 결의를 얻고 지시받은 것입니다. 또 중국 영토에 대한 그 어떤 적대행위도 아닙니다. 국제법을 제멋대로 위반한 것은 그쪽이지만 말입니다. 본관은 국방부에서 본관에게 가하는 제약이 물질적, 심리적으로 심각한 손해를 끼칠 것이라는 부정적 측면을 지나치게 과장하고 싶지 않습니다. 대통령께서 이 일에 즉시 주목해주시기를 희망합니다. 국방부의 명령은 심각한 재앙을 불러올 가능성이 크다고 확신하기 때문입니다. 대통령께서 친히, 그리고 직접적으로 이 상황을 파악하지 않으면 본관은 그 책임을 감당할 수 없습니다. 시간이 긴박하니 즉시 결정을 재고해주길 요청합니다. 국방부 결정을 기다릴 것이며 물론 온전히 국방부 명령에 따라 일을 처리하도록 하겠습니다.

육군 5성 장군 맥아더

이것은 훗날 각종 역사책에 반복해서 실린 매우 유명한 전보다. 이 전보에서 눈에 띄는 부분은 일개 전장의 사령관이 놀랍게도 최고사령부에 감히 저런 어조를 사용했다는 점이다. 만일 다른 사람이 저런 말투로 전보를 보냈다면 즉시 해임되었을 것이다. 또 하나 눈에 띄는 점이 있다면, 매스컴이 흥미진진하게 언급하도록 만드는 맥아더의 성격 그리고 그와 트루먼 대통령 간의 미묘하고도 복잡한 관계가 전문電文에서 다시 한번 드러났다는 사실이다.

브래들리는 복잡한 심경을 안고 전화로 트루먼 대통령에게 전보를 읽어주었다.

트루먼의 첫 번째 반응은 다음과 같았다.

'겨우 이틀밖에 지나지 않았는데 맥아더가 군사정보를 충분히 모았다는 말인가? 그래서 다른 이들은 모두 중국의 참전에 당황해 어찌할 바를 모르고 있을 때 오직 혼자서 차분하고 태연하게 있다가 이제 그 입장이 완전히 180도 바뀐 것인가? 아니면 단 이틀 만에 한국전쟁의 정세가 폭탄을 중국 본토에 투하하지 않으면 미국과 유엔 그리고 기타 국가들이 엄청난 피의 대가를 치르게 될 지경으로 치달았단 말인가?'

트루먼이 더 불만스러웠던 것은 이 전보의 이면에 맥아더가 일관되게 사용해온 잔꾀가 드러나 있다는 점이었다. 폭격에 동의를 하든지, 아니면 예기치 않은 일이 일어나도 그의 책임은 아니라는 수법 말이다. 압록강 다리를 폭파하는 것은 위험한 행동이었다. 조금만 신중하지 않아도 소련에 보복이나 개입을 위한 구실을 주기에 충분했다. 이것이 현실화된다면 그 결과는 상상조차 할 수 없었다. 그러나 맥아더가 묘사한 끔찍한 장면이 일단 전개된다면 그가 보낸 전보는 대통령에 대한 고소장이 될 터였다. 맥아더는 실패의 책임에서 깨끗이 벗어날 수 있는 데 반해 트루먼 자신은 역사의 죄인이 될 것이었다. 트루먼은 재고 또 재보다가 결국 브래들리에게 일러 맥아더에게 신의주 폭격 권한을 위임하라고 했다.

합동참모본부는 맥아더에게 신중하고 교활한 단어를 골라 작성한 전보를 보냈다. 그야말로 옥신각신하는 암투를 여실히 보여주는 공문서의 전형이었다.

장군(11월 6일)이 전보에서 설명한 상황과 우리가 최근에 받은 장군(11월 4일)의 전문 마지막 구절을 비교해보니 상당히 큰 변화가 있었습니다. 11월 6일 전보가 장군에게 받은 마지막 보고였습니다. 우리는 압록강 다리를 파괴함으로써 장군 지휘하의 부대가 안전을 보장하는 데 큰 도움을 얻을 것이라는 점에 동의합니다. 중국 공산당이 이런 행동을 만주에 대한 공격이라고 해석해 더 큰 공세를 펼치고, 심지어 소련도 병력을 투입하지만 않는다면 말입니다. 그렇게 되면 장군의 부대가 위기를 맞는 것은 물론이요, 충돌지역이 더 확대되어 미국이 극히 위험한 국면에 빠질 수도 있습니다. 그러나 11월 6일 장군이 전문 마지막에 언급한 상황을 감안해, 장군의 계획대로 신의주의 목표와 북한 쪽의 압록강 다리를 포함한 북한 국경을 폭격하도록 권한을 위임합니다. 이 전보를 받고서도 그런 행동이 장군 부대의 안전에 필요하다고 생각한다면 말입니다. 상술한 명령은 압록강 댐이나 발전소 폭격에 대해서는 권한을 부여하지 않습니다. 유엔의 정책 및 지시와 적절한 관계 유지를 위해, 또한 미국의 국가적 이익이라는 측면에서 한국전쟁을 한반도 영토에 국한해야 한다는 중요성 때문에 만주의 영토 및 영공 침범은 절대적으로 피해야 하며, 만주 쪽에서 일어나는 적대행위를 제때에 보고하는 것이 굉장히 중요합니다. 중대한 정세 변화가 일어날 때 수시로 우리에게 정세 변화를 알려주는 것이 매우 중요하다고 생각합니다. 또한 최단 시간 내에 우리가 사흘 전에 장군에게 판단해달라고 요청한 사항을 알려주길 바랍니다.

맥아더가 이 회신을 받고 어떤 기분이었을지 상상이 된다.
그러나 그는 최소한의 목적 달성에는 성공했다.

당시 미 육군장관 프랭크 페이스는 이렇게 말했다.

"인천상륙 이후 우리는 맥아더 장군의 현장 예측 능력에 탄복해 마지않았습니다."

몇 시간 후, B-29 폭격기 90대가 이륙했다. 그리고 얼마 후 미 해군 항공모함도 이 폭격 작전에 가담했다. 길고긴 압록강 강가에서 하늘을 가득 메운 미군 폭격기들이 각 나루터의 상공을 지나가자 도시, 마을, 도로가 곧바로 불바다 속에 잠겨버렸다. 신의주는 융단폭격을 맞아 도시 전체가 일순간에 폐허로 변했다.

물론 중국 국경도시 안둥도 미군의 폭탄에 파괴되고 있었다.

합동참모본부의 요청에 따라 이튿날 맥아더는 정세를 '판단'한 회신을 보냈다. 그는 또 한 번 한국전쟁 상황이 "극단적으로 심각하다"고 말했으며, 여러 이유를 열거하며 압록강 주변의 목표를 폭파하는 것이 미군에 대한 중국의 위협을 저지하는 유일한 효과적인 방법이라고 언급했다. "분명히 방어적 성격의 작전입니다. 그런데 이 작전으로 인해 국부적 간섭의 정도가 증대된다거나 한 차례 대전을 도발할 것이라고 말한다면, 그것은 상상하기 어렵습니다." 미국 정부가 가장 이해할 수 없다고 여긴 것은 맥아더의 회신 마지막 단락이었다.

구체적인 인원수는 모르나 중국군이 군대를 편성한 것은 확실합니다. 중국군은 제8군을 저지하는 전투에서 이미 주도권을 빼앗았습니다. 중국군이 공격을 지속한다면 우리는 계속 전진한다는 희망을 포기하거나 심지어 후퇴해야 할 수도 있습니다. 그러나 본관은 열흘 내에 서부전선에서 다시 공격을 펼치고 싶습니다. 본관이 중국군의 증원을 저지할 수 있다면 말입니다. 이렇게 능동적인 작전을 채택해야만 중국인의 실력을 정확히 판단할 수 있습니다.

맥아더는 분명히 대규모 중국군이 이미 개입했다면서, 분명히 중국군이 이미 "주도권을 빼앗았다"고 말했다. 또한 분명히 정세가 악화되고 있으며 유엔군이 "심지어 후퇴해야 한다"고 스스로 비관적인 견해를 언급하고 나섰다. 아울러 그 중간에 어떤 설명도 없이 "열흘 내에 서부전선에서 다시 공격을 펼치고 싶다"고 말하고, 공격을 해봐야만 정부에 정확한 판단을 제공할 수 있다고도 말했다. 이런 전보를 도대체 어떻게 이해해야 한단 말인가? 미국 정부가 벌건 대낮에 귀신이라도 본 것인가? 아니면 맥아더의 정신이 이상해진 것인가?

또 하루가 지나고 맥아더가 다시 전보를 보내왔다. 이번 전보에서 맥아더는 중국인의 '성격과 문화'에 대해 본인이 얼마나 손금 보듯 훤하게 알고 있는지 늘어놓았다. 그는 과거에 온화하고 교양 있었던 중국인들이 공산당 통치하에서 공격적인 '민족주의자'로 변했다고 했다. 또한 중국이 한국전쟁에 개입한 이유는 '권력 확장에 대한 탐욕' 때문이라고 말했다. 맥아더의 말을 통틀어 보면, 그는 자신의 주요 맞수가 북한이 아니라 중국이라고 생각하고 있었다. 그가 관심을 기울이는 부분은 국부적으로 벌어지고 있는 한국전쟁이 아니라 아시아 공산당에 대처하는 전면적 전쟁이었다. 이런 각도에서 보면, 맥아더가 왜 타격을 입은 후에도 여전히 유엔군에게 계속 북진하라는 명령을 고집했는지 어렵지 않게 이해할 수 있다. 전방에 중국군이 있다는 엄청난 현실도 그를 막을 수는 없었던 것이다.

맥아더 자신이라는 요인 이외에 그를 판단 착오에 이르게 한 그밖의 요인들도 무시할 수는 없다. 우선 미국 정부는 중국군의 참전 목적과 규모, 결심 등의 문제에 대해 시종일관 정확한 결론을 내리지 않았다. 미국 정부는 중국이 유엔군과 대규모 전쟁을 치를 충분한 결심과 능력이 없다고 생각했다. 또한 중국인들이 한국 전장에 나타난 것은 한편으로는 소련권 그룹의 일원으로서 상징적으로 북한에 지지를 표하고, 또 한편으로는 북·중 국경 부근에서 중국 둥베이 지역에 전기를 공급하는 수력발전소를 보호하기 위해서라고 생각했다. 때문에 미국 정부는 정식으로 성명을 발표해 "미국은 중국의 발전설비를 파괴할 의도가 없으며 중국의 국경선을 존중한다"고 정중하게 강조했다. 두 번째로 미군 극동 정보부처의 실수도 맥아더의 판단 착오를 유도한 한 요인이다. 정보참모 윌러비는 심지어 11월 하순까지도 전방에 도착한 미 육군 참모총장 콜린스 장군에게 이렇게 말했다.

"참전한 것은 의용군에 불과합니다. 이미 중국 사단으로 증명되었기는 하지만 말입니다. 전투력은 1개 대대에 상당합니다."

콜린스 장군은 이러한 판단이 '굉장히 의아해서' 이렇게 묻지 않을 수 없었다.

"그러면 제8기병연대는 어째서 그런 참패를 당한 것인가?"

윌러비가 대답했다.

"제8기병연대가 경계심이 부족했기 때문입니다. 소수 적군의 과감함에 압도돼 어둠 속에서 궤멸됐습니다."

훗날 매스컴에서 한국전쟁 중 '특별히 뛰어난 낙관론자'라고 풍자된 윌러비는 11월에 놀랍게도 중국군 참전 인원 숫자를 정밀하게 계산해냈다.

"현재 한국에 있는 중국군 병력은 4만4851명에서 7만51명 사이이며, 이미 5500명이 사상했다."

몇만 명 단위 내 한 자리 숫자까지 정밀한 이런 정보가 조작될 리 있을까? 따라서 맥아더가 중국군이 전면 개입할 가능성이 없다고 판단한 데는 그만한 이유가 있는 것이다. 이에 따라 10월 하순에 나타난 중국군은 같은 신념을 지닌 이웃 나라에 의례적 차원에서 원조를 제공한 것이라고 보았다. 또 중국군은 최대 병력이 7만 명 수준인 의용군義勇軍이며 참전 의도는 방어에 있다고 보았다.

전술한 맥아더의 판단을 가장 잘 뒷받침할 수 있는 증거가 있었다. 중국군은 잠시 전쟁을 치르고 가지 않았는가? 가장 경험 많은 미군 정찰기 조종사조차 다시는 중국군의 자취를 발견하지 못하지 않았느냐 말이다.

이때 한반도에 들어와 참전한 중국군 총인원은 이미 38만 명에 달했다.

맥아더가 판단한 수치는 아마도 중국군 뒤에 따라온 전방지원 노동자 수와 비슷한 수준이었던 것 같다.

맥아더가 한편으로는 북한 후방과 압록강의 모든 목표를 대대적으로 폭파하고, 다른 한편으로는 부대에 탐색차 계속 북상 공격할 것을 명령하고 있을 때인 11월 13일, 북한 온정 북쪽의 폐금광 동굴 안 판잣집에서는 펑더화이가 중국인민지원군 당위원회 설립 이래 처음으로 당위원회 회의를 소집했다. 회의에서는 제1차 전역을 총정리하는 동시에 앞으로 치를 더 큰 규모의 전투를 위해 전력 배치를 진행했다.

펑더화이는 얼마 전에 끝난 1차 전역의 전과에 만족하지 못했다. 적군의 퇴로를 차단하지 못해 적군이 굉장히 빠른 속도로 철수했다. 그 결과 사실상 전투에서 적군을 밀어붙이긴 했지만 섬멸한 적군 수가 많지 않았으며, 한국군 몇 개 사단과 미군 몇 개 사단을 섬멸하라는 마오쩌둥의 작전 구상을 완수하지 못했다.

11월 4일까지 중국군은 영국군 제27여단의 1개 곡사포병대대와 미 제24사단의 1개 보충중대를 섬멸했고 한국군 제1·제6·제8사단과 미 제1기병사단 예하의 제5·제8연대에 큰 타격을 입혔으며, 1만5000여 명을 무찔렀다. 적군이 청천강 전선으로 전부 철수하면서 중국군은 이미 적을 무찌를 시기를 놓쳤다. 당시 중국군은 열흘 연속 전투를 치렀고 사상자 수가 적지 않았으며 식량과 탄약은 이미 바닥난 상태였다. 반면 유엔군은 그리 큰 손실을 입지 않은 상태여서 병력을 조직해 반격을 가할 가능성이 있었다(개별 지역에서는 이미 반격을 진행하고 있었다). 일단 반격이 개시되면 중국군은 능동적 입장에서 수동적 입장으로 바뀌게 된다. 그래서 펑더화이는 과감하게 추격을 중지하고 후퇴하라는 명령을 내린 것이다. 한편 펑더화이의 마음속에는 새로운 전투계획이 세워지고 있었다. 바로 적군이 계속 북진할 때 이용할 전투 기회를 모색하는 것이었다.

11월 4일 펑더화이는 명령을 내렸다. '서부전선의 각 군은 각각 주력부대를 신의주·구성·태천·운산 및 희천 이남의 신흥리·소민리·묘향산 지구에 배치하라. 각 군은 1개 사단을 각각 선천·남시·박천·영변·원리·구장 지구에 두고 넓은 범위의 정면 방어와 유격전을 결합하는 방침을 채택하라. 소규모 적을 만나면 섬멸하고 대규모 적을 만나면 철수하라. 적을 깊숙이 유인하고 적군의 측방, 후방으로 이동하라'는 내용이었다.

펑더화이는 이 전투계획을 마오쩌둥에게 보고하고 제9병단을 신속히 한국전쟁에 참전시키도록 건의했다.

몇 시간 후인 11월 5일 새벽 1시, 마오쩌둥이 회신을 통해 이 계획을 승인했다.

(1) 11월 4일 오후 3시에 전보를 받았음. 총사령관의 배치에 동의하니 현재 상황을 참작해 결정하길 바람.

(2) 덕천 방면이 굉장히 중요하니 아군은 반드시 원산·순천 철도선 북쪽 지역을 쟁취해 전투를 벌여야 함. 이 지역에서 적군 병력을 소멸하고 원산·평양 전선 정면으로 전투를 가져가야 함. 덕천·구장·영변 북쪽과 서쪽 지역을 후방으로 삼아야 장기적으로 작전을 펼치기에 유리함. 현재 이 점을 수행할 수 있는지 여부는 상황을 보고 결정하길 바람.

같은 날, 마오쩌둥은 또 한 차례 전보를 보내 쑹스룬이 통솔하는 제9병단(제20군·제26군·제27군 등 3개 군 관할)이 즉시 한반도에 들어가 전력을 다해 동부전선의 작전임무를 수행하도록 확정했다. 마오쩌둥은 전문에서 다음과 같이 언급했다.

강계·장진 방면은 쑹스룬의 병단이 전력을 다해 책임지도록 확정한다. 적을 깊숙이 유인해 기회를 노려 각각 섬멸하는 것을 방침으로 한다. 그 뒤이 병단이 즉시 그 지역을 직접 지휘하며, 우리가 이곳에서 통제하지 않는다. 제9병단 1개 군은 곧장 강계를 열고 속히 장진으로 나아가라.

마오쩌둥의 지시와 신임에 힘입어 펑더화이는 새로운 전투계획을 실시하겠다는 결심을 굳혔다. 특히 동부전선에서 참전 병력이 3개 군에 이르게 되면 제42군을 서부전선으로 이동 배치할 수 있을 뿐 아니라 새로운 전투를 개시할 때 좌우 양익의 안전 문제도 대체로 마음을 놓을 수 있었다.

11월 8일, 새로운 전투에 대해 명확한 계획을 세운 펑더화이는 작전회의를 열었다. 펑더화이는 회의에서 이렇게 말했다.

"맥아더는 오만하고 남을 업신여기는 사람이 아닌가, 그는 우리 대규모 부대가 이미 강을 건넌 것도 믿지 않고 있다. 그의 판단 착오를 이용해 적에게 약하게 보여 깊숙이 유인한 다음에 기회를 잡아 섬멸한다."

펑더화이는 당시 이미 맥아더의 치명적 약점을 포착했다. 바로 유엔군 동서양 전선 사이로 80~100킬로미터에 이르는 빈틈이 있었던 것이다. 미군은 북진 과정에서 동서 양군으로 나누었고, 동부전선에서 아몬드가 지휘하는 제10군단은 워커 중장의 지휘에 예속되지 않고 맥아더가 직접 원격 지휘했다.

적을 깊숙이 유인해 기회를 노려 적을 섬멸한다, 이는 굉장히 대담하고 큰 위험이 따르는 계획이다. 유엔군은 이미 북진 공격을 개시한 데 반해 중국군은 대규모 전투를 막 끝내고 심히 피곤한 상태였다. 이런 상황에서 어찌 적을 유인하는 전략을 구사한단 말인가? 어느 곳에 V자 대형을 배치한다는 것인가? 어느 부대가 적을 깊숙이 유인해야 하나? 군사 역사상 최후의 승리야말로 전투 배치를 평가하는 증거다. 펑더화이는 이 새로운 전투계획의 위험성에 대해 잘 알고 있었다.

펑더화이는 온정 북쪽의 판잣집에서 큰 소리로 제38군 군단장 량싱추에게 질문했다.

"량싱추! 자네에게 희천 쪽으로 뚫고 들어가라고 했는데 왜 그렇게 하지 않았나? 어떻게 된 건가? 뭐가 주력부대야? 주력부대 전투자세가 이건가? 39군은 운산에서 미 제1기병사단과 잘 싸웠네. 40군도 온정에서 한국군 6사단을 포위해 좋은 성과를 올렸고. 그런데 자네 38군은 잇달아 공격 시각을 늦추는 바람에 희천의 적도 섬멸하지 못하고 군우리와 신안주로 뚫고 들어갈 시간도 지체시켰네. 자네 목이 날아가도 시원찮아!"

펑더화이는 V자 대형의 벌어진 곳을 봉쇄하지 못한 실책을 용서할 수 없었다. 날은 차고 땅은 얼어 있었지만 량싱추는 머리에서 진땀이 났다.

중국군에서도 유명한 부대의 지휘관인 그는 아마도 이 난감한 때에 미군을 향해 복수할 결심을 굳혔을지도 모른다.

작전회의에서는 다음과 같이 부대를 이동 배치하기로 결정했다. 제38군·제39군·제40군은 덕천·영변으로 이동한다. 적군의 뒤쪽으로 우회해 퇴로를 차단할 준비를 하고 적군을 우회 포위한다. 제38군 112사단은 희천 전선에서 치고 빠지면서 적을 유인한다. 제42군은 동부전선의 국방사무를 제9병단에 인수인계하고 영변으로 이동한다. 제39군과 제66군은 각각 태천과 구성에 집결해 대기하고 자루 형태의 진을 형성한다. 제50군은 해안을 빈틈없이 경비한다.

펑더화이는 맥아더도 현재 V자 배치를 하고 있음을 알았다. 즉 동서 양 전선의 유엔군이 마지막에 강계 남쪽의 무평리에서 맞물리도록 해서 중국군을 거대한 자루 안에 모조리 담아버릴 셈이었다. 그러나 맥아더의 자루는 실로 무척 컸다. 펑더화이는 그 자루가 마지막에 묶일 것이라고는 생각하지 않았다.

펑더화이가 가장 마음을 놓을 수 없는 점은 지원군 장병들이 먹고 입는 문제였다. 병참보급을 담당하는 부사령관 홍쉐즈는 더더욱 속이 타서 밤잠도 이루지 못했다. 미군 비행기가 밤낮을 가리지 않고 중국군 병참보급선을 봉쇄해 각 군에서 전방 병사들이 추위와 배고픔에 시달리고 있다는 전보가 끊임없이 날아왔다. 펑더화이는 분노에 차서 말했다.

"전사들을 의미 없이 희생시킬 수 없다. 싸우다가 죽는다면 할 말이 없지만 전사들이 헛되이 동사하거나 아사하는 것을 볼 수는 없다. 2차 전역에서 더 큰 승리를 거두기 위해서는 지원군의 식량·탄약·장비·의복 등의 공급 문제를 시급히 해결해야 한다. 그렇지 않으면 2차 전역의 적군섬멸 계획이 엄청난 영향을 받게 될 것이다."

협의를 거쳐 펑더화이는 중앙지도부에 전보를 보냈다.

전방에서 차량 손실이 심각합니다. 지원군에게는 총 1000대의 차량이 있지만 잠정적 통계에 따르면 적군 비행기의 폭격으로 손상된 차량이 이미 600대가 넘었습니다. 현재 쑹스룬 병단은 이미 강을 건넌 상태인데 수송이 몹시 어려워 부대가 종종 끼니를 굶고 있습니다. 차후 전투의 식량 준비는 더 큰 문제입니다. 따라서 현재 만저우리滿洲里에서 다롄大連 쪽으로 수송하는 소련 측 차량 1000대를 어떻게 해서든지 방법을 강구해 빌려야 합니다. 어떻게 해야 할지 속히 답변해주십시오.

마오쩌둥의 회신은 장부를 계산한 듯한 내용이었다.

소련 차량은 머지않아 1차분이 도착할 수 있소. 차량 손실이 크긴 하지만 보충할 수 있습니다. 평균 하루에 30대가 손상을 입으면 한 달이면 900대가 손상을 입으니, 1년 동안 전투를 치른다 해도 1만 대가량에 불과할 것이오. 또한 망가진 차량 중 일부는 수리할 수 있고, 일부는 부품 몇 개를 교체하면 될 것이오. 또 일부를 노획할 수도 있소. 따라서 차량 쪽은 완전히 해결할 수 있다고 생각하오.

기다리는 소련 차량은 도착하지 않고 대신 주북한 소련 대사가 왔다. 김일성 군대의 소련 고문진은 펑더화이가 추격 중 뜻밖에 철수 명령을 내린 것에 극도의 불만을 표했다. 펑더화이가 소련 대사에게 적을 깊숙이 유인할 계획을 설명하고 나자 소련 대사가 말했다.

"중국 공산당이 강력한 적군을 소멸시킨 것이 완전히 정확하게 증명되었으니 그 어떤 의심도 품어서는 안 됩니다."

그러나 북·중 군대를 통일해 지휘하는 문제를 제기했을 때 김일성은 여전히 가부를 결정하지 않는 애매한 태도를 보였다. 김일성은 북한 군대의 지휘권을 타국의 군사 지휘관에게 넘겨주고 싶어하지 않았다. 북한군이 이미 몇 개 사단밖에 남지 않은 상태였는데도 말이다.

11월 8일, 유엔 안보리는 투표를 통해 맥아더가 중국의 한국전쟁 개입에 관해 올린 보고를 논의했다. 미국인들은 중국인의 긴장을 좀 풀어주겠다는 환상을 품고 미국은 중국 국경을 침범할 뜻이 없다고 밝혔다. 이에 유엔은 한반도 문제에 관한 유엔회의에 참여하도록 중국 대표를 초청했고, 미국은 중국과 대화를 원한다고 밝혔다.

안보리는 두 가지 제안을 논의했다. 하나는 미국의 제안이었다. 미국은 중국군에 한국에서 철수해야 한다고 호소했으며, 유엔특별위원회의 감독하에 한국이 '통일된 민주정부'를 세울 때까지 유엔군이 한국에 머물러야 한다고 했다. 프랑스는 이에 대해 다른 제안을 내놓았다. 유엔군이 '군사 안보적 필요성에 대해 마땅히 해야 할 고려를 통해' 압록강 수력발전 시설의 파괴를 막는 조치를 취해야 한다고 요구했다. 이 제안에 대해 미국은 어휘를 수정해달라고 건의했다. 맥아더에게 군사사무 처리에 대한 권한을 부여하기 위해서였다. 프랑스는 이에 동의했지만 한 구절은 보류할 것을 요구했다. 바로 유엔의 정책은 "중국과 북한 국경은 침범당할 수 없으며, 국경지역에서 중국의 합법적 이익을 충분히 보호해야 함"을 이미 분명히 하고 있다는 문구였다. 하지만 미국은 그 말을 "완전히 받아들일 수 없다고" 밝혔다. 이는 사실상 "공격을 진행하고 있는 중국 비행기에 피란처를 제공해주는 것"이었기 때문이다. 서구 국가들이 서로 각자의 의견을 고집하는 가운데 이번에는 소련이 부결표를 행사했다. "중국 대표가 참석해야만 이 문제를 논의할 수 있다"는 이유였다.

유엔의 초청에 대해 중국 정부는 간단하게 통보했다. 중국은 맥아더의 보고와 미국이 제안한 어떤 논의에 관해서도 참여하지 않을 것이지만, 대표단을 파견해 유엔에서 '타이완 문제'를 논의하고 싶다고 밝혔다. 또한 외교관 14명으로 구성된 중국 대표단이 이미 출발했다고도 알렸다. 유엔의 회의 날짜는 11월 14일이었다. 그런데 그날 중국인은 아예 그림자도 보이지 않았다. 알고 보니 중국 대표단은 무슨 이유에서인지 오는 길에 늑장을 부리고 있었다. 그들은 모스크바, 프라하, 런던을 경유해 중국에서 미국까지 오는 데 총 13일이 걸렸다. 유엔에 도착했을 때는 이미 11월 24일이었다. 어떤 언론 매체는 "중·미 양국 간 거리가 얼마나 먼가를 충분히 증명해주었다"며 이중의 의미가 담긴 말로 이 일을 보도했다.

1950년 11월 24일, 한국전쟁에서 이날은 심상치 않은 날이었다.

미국은 중국이 한국전쟁에 참여한 진짜 이유를 밝히지는 못했지만, 중국이 '타이완 문제'에 대해 협의하길 원하는 태도에서 뭔가 짚이는 것이 있었다. 또한 11월 25일 날이 밝을 즈음, 한국 전쟁터에서 '충격적인' 소식이 날아왔을 때, 미국인은 마침내 중국 대표단이 왜 늑장을 부리며 24일에야 미국에 도착할 수밖에 없었는지 깨달았다.

유엔군이 조심스럽게 북한 북부에서 공격을 재개한 그날, 미국인들은 이 세계가 알 수 없는 일투성이라고 생각했다.

"칭기즈 칸이라 해도 겨울에는 한국에서 전쟁을 할 엄두를 내지 못할 것이다."

미 제8군 장교들이 한 말이다. "적을 깊숙이 유인한다"는 펑더화이의 작전 의도를 제때에 판단하지 못한 것에 대해 전투가 끝난 후 미국 정보전문가들 은 그 책임을 미국 도서관에서 마오쩌둥의 저서를 찾을 수 없는 것에 돌렸다. 마오쩌둥 저서의 번역본은 "전 세계 공산국가에서 널리 유행"했는데, 그들은 "1954년 이전에 미국에서는 국회도서관을 포함해 어디에서도 찾을 수가 없었 다"고 원망했다. 미국 정보전문가가 가리킨 것은 마오쩌둥이 1938년에 쓴 유 명한 저서 『지구전을 논하다論持久戰』였다. 이 책에 '한국의 유엔군에 대한 예언 적 성격'의 글들이 실려 있기 때문이었다.

"우리는 늘 적을 깊숙이 유인해야 한다고 주장해왔다. 이 전술은 전략방어 가 약한 군이 강력한 군을 상대로 전투할 때 가장 효과적인 군사전략이기 때 문이다."

마오쩌둥은 반문反問과 반답反答의 방식을 활용해 철수하는 것도 일종의 전 술이라고 제기했다. "먼저 용감하게 결전을 치르고 나서 토지를 포기하면 모 순되는 것인가? 밥을 먼저 먹고 나서 똥을 누면 먹으나 마나 한 것인가?"

미국인들은 후에 마오쩌둥이 이 책에서 제기한 구호가 지닌 생명력을 인정 할 수밖에 없었다.

적군이 진격하면 아군은 후퇴하고	敵進我退
적군이 주둔하면 아군은 교란시킨다	敵駐我擾
적군이 지치면 아군은 공격하고	敵疲我打
적군이 후퇴하면 아군은 추격한다	敵退我追

누가 진격하고 누가 후퇴하는가에 상관없이 두 대국이 이미 진정한 전투태 세에 돌입한 것이 한국 전장의 현실이었다. 이상한 점은 양국 중 어느 쪽도

그전에 서로 선전포고를 하지 않았다는 사실이다. 이런 일은 아마 세계 전쟁 사상 전무후무할 것이다.

제3장

38군 만세!

"대단한 전력이 아니다"
"중국군 밥 냄새만 맡아도 철수하라"
한국군 제2군단은 더 이상 없다
비참한 '베이커 중대'와 '까만 미국인'
'가장 이상한 회의'와 닫혀버린 '철책문'
38군 만세!

"대단한 전력이 아니다"

일본에서 출판된 『한국전쟁 명인록韓國戰爭名人錄』에는 비호산을 함락시킨 중국군 연대장 판톈언의 이름과 함께 다음과 같은 설명이 실려 있다.

판톈언, 1950년 연대장에 임명됨. 부대를 이끌고 한국전쟁에 참전. 1차 전역에서 창칼과 화기만 갖춘 1개 연대(정치위원은 자오샤오윈趙霄雲)를 지휘해 비호산(622.1고지)을 빼앗고 미 제9군단의 병참본부인 군우리를 위협했다. 이후 유엔군과 한국군 제7사단 및 미 5연대 일부에게 대대적인 공중폭격과 전차의 지원을 동반한 반격을 받고 5일 밤낮을 사수하다가 능동적으로 적군에게서 벗어나 이름을 떨쳤다.

판톈언은 중국인민해방군의 백전노장이었다. 중대와 대대의 군정軍政 지휘관을 거쳐 종대縱隊 및 군 1급기관에서 참모장을 지냈으며, 군사적 학식이 풍부하고 용맹하게 작전을 펼치는 것으로 유명했다. 판톈언은 1950년에 제38군 작전과장에 임명되었으나 부대가 한국전쟁에 참전하기 전날 밤, 그의 강력한 요구로 제38군 112사단 335연대 연대장으로 전임되었다. 당시 그는 달콤한 신혼생활에 빠져 있었다. 한국전쟁 참전 직전에 열린 궐기대회에서 그는 335연대를 대표해 '모범연대가 되자'는 구호를 제창했으며, 아울러 형제부대에 '아군 1개 연대로 적군 1개 연대를 섬멸하는' 조건의 도전을 신청했다.

'적을 깊숙이 유인한다'는 펑더화이의 계획에 따라 중국군 각 부대는 당시 지정된 지역으로 집결하는 중이었다. 한편 맥아더도 서부전선의 유엔군 각 부대에 탐색차 북진을 개시하라고 명령했다. 서부전선 전 구간에서 개천과 군우리 지역으로 향하는 한국군 제7사단과 일부 미군의 진군속도가 가장 빨랐다. 개천과 군우리는 모두 유엔군이 동부전선의 미 제10군단과 맥아더의 '협공'을 완수하기 위해 반드시 거쳐야 하는 길이었다. 또한 강계로 우회하려면 반드시 경유해야 하는 길이기도 했다. 유엔군이 무척 빠른 속도로 북진해 중국군의 이동에 영향을 끼치고 중국군의 측방과 후방을 위협하는 것을 막으려면 비호산의 험준함을 이용해 저지해야 했다.

11월 5일, 혈전을 치러 비호산 진지를 점령한 뒤에 펑더화이는 335연대에게 "그 자리에서 방어하라"고 명령했다.

비호산에서 저지하는 임무가 335연대에 내려진 것이다.

제38군이 1차 전역에서 예정된 임무를 완수하지는 못했지만, 펑더화이의 심중에 이 부대는 여전히 강한 전투력을 지닌 부대였다. 북진하는 적군을 저지하는 데 일단 착오가 생기면 전투계획 전체가 물거품이 될 수 있었다. 지원군 부사령관 훙쉐즈는 훗날 이 일을 회상하면서 당시 저지부대를 선정하는 데 얼마나 신중을 기했는지 특별히 강조했다.

적을 깊숙이 유인하는 임무는 보통 비주력부대를 동원한다. 그러나 펑 총사령관은 주력 중에서도 주력부대인 제38군 112사단을 투입했다. 112사단은 본래 중국인민해방군 제4야전군 예하의 제1사단이었다. 저지전을 펼칠 사단을 선정할 때 펑 총사령관은 덩화와 나에게 의견을 구했다. 우리는 만약 가장 강한 부대를 투입하려면 그 사단을 써야 한다고 건의했다. 가장 강한 부대를 투입한 이유는 적군의 전투력이 매우 강했기 때문이다. 저지전을 펼칠 부대는 적을 깊숙이 유인하는 목적도 달성해야 하고 적군을 막아낼 수도 있어야 했다. 적군에 한순간에 밀리면 부대 이동이니 주머니에 담느니 하는 작전은 말도 꺼낼 수 없지 않은가? 후에 2차 전역에서 112사단이 사력을 다하지 않았다고 말하는 사람도 있었지만 그것은 하나만 알고 둘은 모르는 말이다. 112사단은 제2전역의 핵심이 되는 바로 그 지역에서 최선을 다했다.

판톈언은 335연대가 비호산을 저지한다는 것이 무엇을 의미하는지 잘 알고 있었다.

저지전을 펼칠 때 판톈언은 일개 연대장으로서 아마도 지원군 지휘부가 세운 '적을 깊숙이 유인한다'는 계획에 대해서는 몰랐을지도 모른다고 말하는 편이 옳을 것이다. 그러나 진지를 잃게 된다면 적군이 비호산을 통해 파죽지세로 북상할 것이며, 한반도 북쪽은 바로 중국이라는 사실을 335연대의 모든 장병은 분명히 알고 있었다.

판톈언은 비호산 진지로 가서 갑자기 공격에서 방어로 임무가 바뀐 병사들이 참호를 파는 모습을 보았다. 공격하면서 병사들은 이미 진격에 방해가 되는 삽과 곡괭이를 모두 버린 뒤였으므로 주룩주룩 내리는 비에 흠뻑 젖은 솜옷을 입은 채, 손과 총검으로만 단단한 돌을 파고 있었다. 많은 병사의 양손에 피가 흘렀고, 피와 흙과 비가 한데 섞여 마치 진흙을 이겨놓은 것처럼 보였다. 전투 경험이 전혀 없는 문화지도원 다이두보戴篤伯가 적군의 포화 봉쇄를 무릅쓰고 진지로 삽을 날라왔을 때 335연대 병사들은 삽을 보고 울음을 터뜨렸다.

판롄언은 문화지도원에게 말했다. "지식인이 쓸 만하군!"

11월 6일, 한국군 제7사단이 미군과 협력해 공격을 개시했다. 비호산 진지 최전방에는 335연대 2대대 5중대 3소대가 있었다. 날이 밝자마자 비행기와 대포가 일제히 3소대 진지 쪽으로 폭탄을 퍼부었다. 돌이 부서져 가루가 되고 나무는 전부 기둥만 남았다. 아침부터 저녁까지 꼬박 3소대는 적군의 수차례 공격을 물리쳤다. 저녁에 한국군 병사들이 3소대 진지 옆에 있는 나무와 마른풀에 온통 불을 붙였다. 3소대 진지는 연기와 불길에 휩싸였고, 한국군은 연기와 불을 엄호 삼아 쳐들어왔다. 소대장 마쩡쿠이馬增奎는 부하들을 이끌고 진지 양측면에 은폐했다. 한국군이 적당한 거리에 접근하자 그들은 수류탄을 던져 진지의 화염과 함께 폭파시켰다. 한국군이 후퇴한 뒤, 산 아래에서 들려오는 울음소리에 3소대 병사들이 고개를 내밀고 살펴보니 한국군 장교가 몽둥이로 병사를 벌하고 있었다. 한국군 병사들은 다시 한번 산으로 올라왔다. 그들은 더욱 겁을 내면서 중국군 병사들과 아직 30미터나 떨어진 지점에서 더 이상 움직이지 않았다. 마쩡쿠이는 한국군이 20미터 앞에 다가올 때까지 총을 쏘지 말라고 명령했다. 그러나 한국군 병사들은 20미터 앞까지 다가오지 않았다. 갑자기 기다리다 마음이 급해진 중국군 병사 한 명이 총을 쏘자 한국군 병사들은 일순간에 우르르 몰려서 산 아래로 달려갔다.

이날 3소대는 절반이 죽거나 다친 대가로 한국군의 공격을 일곱 차례나 막아냈다.

4중대와 6중대도 비호산에서 고된 싸움을 치렀고, 부상병들이 끊임없이 진지로 실려왔다. 6중대장이 실려오고 나서 지도원도 바로 실려왔다. 지도원은 부상이 심각해 큰 소리로 비명을 질렀다. 대대 교도원이 그에게 소리를 지르지 말라고 하자 그는 상처를 누르며 교도원에게 말했다.

"6중대가 끝장났습니다!"

교도원이 말했다.

"진지를 잃었다고? 믿을 수 없네. 통신병, 따라와!"

교도원은 6중대 진지로 올라갔다. 칠흑 같은 어둠 속에는 과연 한 사람도 보이지 않았다. 그는 손으로 참호를 더듬어보다가 생존자 한 명을 발견했다. 분대장 장더잔張德占이었다. 교도원이 다른 사람들은 어디 있냐고 묻자 장더잔은 소대장이 죽었다고 대답했다. 교도원이 말했다.

"자네를 소대장으로 임명한다. 빨리 사람들을 모아라!"

진지에 마침내 몇 사람이 모였다. 점검해보니 중대 간부 중에는 부중대장을 제외하고는 모두 부상을 입거나 전사했다. 교도관은 부중대장을 중대장으로, 문화지도원을 부지도원으로 임명하고 나서 곧바로 남은 모두를 이끌고 서둘러 참호를 수리하면서 적군의 공격을 저지할 준비를 했다.

날이 밝았다. 한국군 제7사단의 전 포병이 모두 비호산 포격에 나섰고 개천 지역의 유엔군 포병도 비호산 쪽으로 포격을 가했다.

중국군 병사들은 한바탕 잔혹한 전투를 치렀다.

판롄언이 지휘소에서 상부에 전황을 보고하고 있을 때, 연대 경비중대는 적군의 맹렬한 공격을 막아내지 못했다. 부지도원과 소대장 한 명이 진지로 달려와 판롄언에게 외쳤다. "연대장님, 빨리 후퇴하십시오. 적군이 올라옵니다!"

판롄언은 꿈쩍도 하지 않고 물었다.

"진지를 잃었는가?"

부지도원과 소대장은 우물쭈물하면서 똑바로 말하지 못했다.

판롄언은 즉시 산 위에 있는 대대장 천더쥔에게 전화를 걸어 진지로 쳐들어온 적군이 이미 패해서 쫓겨갔음을 알게 되었다. 판롄언은 돌아서서 어두운 얼굴로 연대 정찰참모에게 말했다.

"인웨유尹曰友! 저 둘을 묶고 총살하라!"

인웨유가 두 사람을 호송해갔다. 연대 정치위원인 자오샤오원은 사람의 목숨은 하늘에서 관장하는 것이라 생각해 사단 지휘소에 전화를 걸었다. 사단 정치위원은 총살에 찬성하지 않았으며 "그들에게 단련할 기회를 줄 수 있다"고 말했다.

산 위의 천더쥔은 연대장이 사람을 죽이려 한다는 얘기를 듣고 더더욱 찬성하지 않았다.

"산에서 사상자가 많아 병력이 갈수록 줄고 있는데 총살을 하면 더 줄어들지 않겠는가."

부연대장은 서둘러서 인웨유를 쫓아가 두 사람을 풀어주었다.

판톈언은 얼굴빛이 더 어두워졌다. "최전방 5중대의 병사로 가도록!"

천더쥔은 산에서 두 사람을 만나 엄하게 꾸짖었다.

"바보들 같으니! 도망치려면 나한테로 왔어야지. 게다가 싸움터에서 도망이라니 도대체 무슨 짓들인가? 이 일로 끝난 게 아니다. 5중대에 가서 어떻게 싸우는지 두고 보겠다."

부지도원과 소대장은 이후 전투에서 용감하게 싸워 진급했다.

11월 6일에서 7일까지, 유엔군은 공격의 강도를 높였다. 양측은 335연대 2대대 5중대 진지에서 16차례나 쟁탈전을 반복했다. 그중 육박전으로 치달은 적도 수차례나 되었다. 5중대 병사 리싱왕李興旺이 부상당한 머리를 스스로 싸매고 있을 때 미군 병사 세 명이 달려들어 그를 껴안았다. 리싱왕은 총을 빼앗으면서 미군 한 명을 발로 차서 낭떠러지로 떨어뜨렸고, 동시에 다른 한 명을 총으로 쏘아 사살한 다음 그 시신에서 수류탄을 뽑아 세 번째 미군에게 부상을 입혔다. 리싱왕의 소대가 가장 어려운 상황이었을 때 진지에서 쓰러지지 않은 사람은 소대장과 병사 세 명뿐이었다. 그들은 탄약을 모두 전우와 적군의 시신에서 얻었다. 중국 국공내전에서 '일당백의 영웅' 칭호를 얻었던 병사 리융구이李永桂는 적군이 휘발유로 불을 붙여 진지가 완전히 불바다가 되자 앞장서서 참호를 뛰쳐나와 적군을 향해 달려들었다. 불바다 속에서 갑자기 나타난 그를 보고 놀란 적군은 방향을 바꿔 산 아래로 구르듯 내려갔다. 탄약이 떨어지자 리융구이는 중대본부로 돌아와 수류탄 십여 개와 기관총 한 정을 달라고 했다. 두 번째로 탄약을 달라고 왔을 때 그의 왼쪽 다리는 폭격으로 잘려나간 상태였는데, 잘린 다리를 끌면서 기관총 탄약 한 상자를 산으로 옮겨갔다. 가난한 집안에서 태어난 이 청년 병사는 다리의 피가 모조리 흐를 때까지 진지에서 전투를 벌였다.

중국군은 대공對空 방어무기가 전혀 없었기 때문에 미군 비행기는 미친 듯이 기총소사를 퍼부을 수 있었다. 제38군 112사단 지휘소는 산 동굴에 있었다. 원래 산 동굴이라면 위험하지 않으리라 생각했지만, 동굴에서 부상병을 거두는 일까지 겸해 많은 부상병이 실려 들어가다보니 미군 조종사들에게 발각되고 말았다. 미군 조종사들은 비행기를 산골짜기로 몰고 들어와 동굴 입구에 쌓아둔 휘발유통을 공격했다. 짙은 연기와 화염으로 동굴 안이 질식할 지경이 되자 밖으로 뛰쳐나온 사람들은 미군 비행기의 기총소사에 잇달아 고꾸라졌다. 중국군 장병들의 상황을 알아챈 미군 비행기가 구름처럼 몰려들어와 동瓦洞이라고 하는 이 작은 골짜기는 일시에 전투기들의 사격장으로 돌변했다. 훗날 통계를 보면, 당시 공중 습격으로 중국군 장병 230명이 사망했는데 그중 다수가 젊은 여군이거나 대대 및 연대급 장교들이었다.

비호산에서 힘겹게 저지전을 펼치는 동안 가장 곤란했던 것은 역시 먹는 문제였다.

5중대 기관총수인 량런장梁仁江은 굶주린 나머지 돌멩이 하나를 입에 넣고 갈아 먹었다. 병사들이 놀라서 그를 보고 말했다.

"돌로 식사가 되면 농작물을 기르는 사람들은 뭐가 되겠나?"

량런장이 말했다.

"못 믿겠으면 자네들도 한번 해봐. 침이 많아져서 허기가 조금 가시고 기운이 난다니까."

이 발명은 곧 진지에 퍼졌고, 비호산 진지에서는 돌 갈아 먹는 소리가 울리기 시작했다.

그 소리 속에서 어떤 병사가 말했다.

"우리도 비행기가 있으면 좋을 텐데. 쓰핑四平 전투 때 보니까 국민당은 비행기에서 먹을 것을 던져주더라고. 낙하산은 폭이 이불 여덟 채만큼이나 되고 계란이 거기 매달려 있었는데 땅에 떨어져도 깨지지 않던걸!"

335연대의 민간물자 운송계장 펑샤오셴馮孝先은 명령을 받들어 식량을 준비했다. 그는 중국군에 대한 이해가 부족해 숨어버린 북한 농민들을 찾아다니며 이런저런 사정을 설명했다. 또 납광산의 숙사를 찾아가 북한 노동자들을 이해시켰다. 한 군郡 위원장이 앞장서서 자신의 밭갈이 소를 잡아 사람들에게 큰 냄비 6개에 고깃국을 끓이도록 했다. 또한 북한 농민들은 쌀을 모아서 미군 비행기가 사격을 퍼붓는 가운데 불을 피워 밥을 지었다. 335연대 진지로 통하는 좁은 길들은 모두 미군 비행기에 의해 빈틈없이 봉쇄되었다. 그러나 포탄 파편으로 어수선하고 소란스런 가운데에서도 머리에 질항아리를 이고 밥을 나르는 행렬이 나타났다. 길을 안내하는 사람은 60대 북한 노인이었다. 그는 중국군 병사들이 보기에 중국 고대 현관縣官들이 썼던 것과 비슷하게 생긴 사모紗帽를 머리에 쓰고 있었다. 행렬 앞에 있던 사람이 쓰러지자 뒷사람이 묵묵히 그를 대신해 앞장서서 차분하면서도 완강하게 비호산으로 전진했다. 박효남이라는 여성은 쌀밥을 담은 함지박을 이고 가다가 포탄 파편에 맞아 쓰러졌지만 다시 일어나 함지박을 끌고 진지까지 올라갔다. 중국군 병사들은 밥을 두 손으로 받쳐들고 눈물이 그렁그렁해서는 차마 먹지 못했다. 적군이 다시 공격을 개시하자 병사들은 밥을 내려놓고 말했다.

"제기랄, 이 몸이 아직 밥도 안 먹었는데. 저놈들 쓸어버리자!"

밥을 날라온 북한 농민과 노동자들도 전투에 참가했다. 또 한 차례 적군의 공격을 물리쳤을 때 진지에서 부상을 입거나 죽은 사람들 중에는 밥을 날라다 준 북한 민간인들도 섞여 있었다. 북한 여성 박효남이 비호산으로 밥을 가져올 때 쓴 함지박은 중국군 병사 손에 보존되었다가 나중에 중국혁명군사박물관에 역사문물로 소장되었다.

11월 8일은 335연대가 비호산에서 저지전을 펼친 마지막 날인 동시에 가장 힘든 하루였다. 미군은 비행기 80여 대를 출동시켰고, 대포 수백 문으로 일제히 포격을 가했다. 비호산의 각 진지는 결국 모두 육박전에 접어들었다. 고함 소리와 신음 소리가 5킬로미터 길이의 진지에서 오래도록 메아리쳤다. 유엔군 병사들은 중국군 병사들에게 이미 탄약이 떨어졌다는 사실을 알고 나서는 한바탕 육박전을 치른 뒤 아예 20미터 정도 후퇴해 휴식을 취한 다음 다시 돌격해왔다. 비호산 진지는 양측 병사들이 맞붙어 싸우는 과정에서 거듭 주인이 바뀌었다. 해가 뜬 뒤부터 해가 질 때까지 혼전이 이어졌다.

이때 상부에서 판톈언에게 사단 사령부로 와서 회의를 열라고 지시했다.

판톈언은 자신은 그곳을 떠날 수 없다면서 자신이 자리를 뜨면 부대의 사기가 흔들릴 수 있다고 말했다.

사단장이 명령했다.

"자네가 직접 와야 하네. 뒷일은 내가 모두 책임지겠네!"

상부에서는 335연대에 30킬로미터 후퇴하라고 명령을 내렸다.

판톈언은 그 말에 곧 화를 내며 말했다.

"후퇴요? 죽기 살기로 싸워 적군이 한걸음도 전진하지 못하게 해놨는데 철수하라는 말입니까? 더 물러나면 압록강이 아닙니까? 그러면 병사들에게 그 임무를 어떻게 수행하라 합니까?"

사단장이 말했다.

"이건 명령이네. 수행해!"

335연대는 꼬박 5일간 밤낮으로 비호산을 방어하면서 한국군 1개 사단과 미군 일부의 완강한 공격에 맞서 죽고 다치거나 포로로 잡은 적군의 수가 1800명에 달했다.

당시 펑더화이는 유엔군의 북진 속도가 빠르지 않음을 감지했다. 따라서 제38군이 매섭게 막아내면 맥아더의 북진 결심이 흔들릴 것을 우려해 잠시 그들의 손을 들어주기로 결정했다. 판톈언은 이런 상황을 알지 못했다.

335연대가 철수하자 유엔군은 뜻밖의 성과에 굉장히 기뻐했다.

그날 335연대는 구룽리 일대로 이동해 계속해서 방어진을 치고 적을 유인했다. 판톈언은 적군을 유인하는 계획을 알고 나서는 그곳에서 유엔군을 상대로 장난을 쳤다. 먼저 이름도 없는 조그마한 고지에서 저지전을 전개했다. 유엔군이 첫 번째 공격에 실패해 물러간 뒤, 판톈언은 부대에게 신속히 진지에서 철수해 멀찌감치 산꼭대기로 가서 구경하라고 명령했다. 2차 공격을 준비한 유엔군은 먼저 고지 쪽으로 대규모 포격과 폭격을 퍼부은 뒤 진격했다. 그들이 산꼭대기를 점령하고 나서 아무도 없는 것을 발견하고 영문을 몰라 갑갑해하고 있을 때 협공작전에 투입된 미군 비행기가 고지 상공으로 날아와 늘 하던 방식으로 공무를 처리하듯이 폭격과 기총소사를 퍼부었다. 유엔군 병사들은 당연히 비참한 결과를 맞았다.

335연대는 구룽리 일대에서도 5일간 밤낮으로 치고 빠지기를 반복했다. 이전과 다른 점이 있다면, 이제는 더 이상 비호산에서처럼 그렇게 필사적으로 사수하지 않았다는 것이다. 그들은 잠시 공격했다가 철수하거나 아니면 고지 하나를 점령한 후에 결사적으로 사수하는 모습을 보이며 이틀을 지키다가 또 철수했다. 또는 갑자기 전진해 한밤중에 산봉우리 몇 개를 수색하고 나서 자취를 감추곤 했다. 적군이 쫓아오게 만들면서도 정말로 따라붙지는 못하게 만들었다. 이러한 작전은 나무줄기에 기대서도 잠을 잘 수 있고 옥수수 알갱이 몇 알로 목숨을 유지할 수 있는 중국군 병사들이 힘들이지 않고 수행할 수 있었다. 이는 또 중국군의 비장의 수법이기도 했다. 당시 이처럼 뭐라 명확히 설명할 수 없는 전술을 경험한 것은 일본군과 타이완으로 도망친 국민당 군대뿐이었다. 그리고 이제 한국군과 유엔군이 이 전술에 당할 차례였던 것이다.

중국군 제40군 119사단 356연대도 적군 유인 임무를 맡았다. 연대장 푸비주符必久는 적군을 깊숙이 유인할 완벽한 방안을 마련했다. 그들은 11월 10일 천불산 일대에서 북진하는 미 제1기병사단과 접촉했는데, 각 산봉우리에서 한바탕 결연한 저지전을 펼치고 나서 한 곳씩 계속 포기하고는 주봉까지 철수했다. 주봉 진지에서 그들은 꼬박 하루 동안 대규모 저지전을 펼쳤고, 양측 모두 대규모 사상자가 발생했다. 그러나 저녁이 되어 날이 어두워지자 356연대는 다시 철수해 예정해둔 제2전선 진지에서 미 제1기병사단이 오기를 기다렸다. 결과적으로 사흘을 기다리는 동안 푸비주는 긴장이 되어 죽을 지경이었다. 그는 너무 지독하게 방어해서 미군이 오지 않는 것인가 걱정했다. 11월 16일이 되자 그들은 드디어 미군 정찰대를 발견했다. 356연대는 즉시 먼저 나서서 교전을 벌여 잠시 맹렬히 공격을 퍼붓고는 다시 달아났다. 이렇게 미 제1기병사단과 싸웠다 후퇴했다를 반복하고 있는데 마침내 사단에서 전보가 왔다. 미군이 이미 '중국군은 북쪽으로 도망친 군대의 잔여 병력'이라고 착각하고 있다는 것이었다. 푸비주는 이때야 비로소 마음을 놓았다.

그러나 펑더화이는 여전히 워커, 이 의심 많은 사령관이 매우 느린 속도로 진군하고 있다고 생각했다. 유엔군의 북진 속도는 중국군의 실력과 작전 의도를 판가름하는 척도였다. 이에 펑더화이와 덩화는 군위원회에 전보를 보내 포로들 한 무리를 석방하자고 건의했다. 그렇게 하면 적어도 두 가지 효과를 얻을 수 있기 때문이었다. 우선 중국군의 인도주의 정신을 드러낼 수 있고, 더 나아가서는 죽음을 두려워하는 적군의 심리를 깨뜨릴 수 있었다.

마오쩌둥은 이 건의를 크게 칭찬하며 바로 회신했다.

"포로들을 석방하는 것은 아주 옳은 일이오. 서둘러서 그들을 보내주고 언제든 무리를 나누어 보내도록 하시오. 일일이 상부에 지시를 요청할 필요는 없소."

11월 18일 저녁, 쌀쌀한 바람이 불고 있었다. 포로수용소에서 선택된 미군 포로 27명과 한국군 포로 76명은 이발과 목욕을 하고 노잣돈도 받고 특식을 먹은 뒤 지원군 조직과장 쓰둥추司東初와 운전사 왕다하이王大海의 인솔에 따라 트럭을 타고 운산 지구로 출발했다. 진지 최전방에서 쓰둥추가 포로들에게 말했다.

"만일 미군 경계선을 넘지 못하겠거든 돌아와라, 우리는 환영한다!"

한편 제42군도 적을 유인하는 가운데 포로 석방을 시작했다. 미군 포로들이 상대가 계속해서 패퇴하고 있다는 것을 믿게 하고자 군사령부는 부대를 향해 철수하는 길에 총기와 배낭들을 흘려두라고 명령했다.

제39군은 포로를 석방하기 전에 지원군 장병이 포로들과 대면하고 말했다. 자신들은 주력부대가 아니다, 후방으로 이동할 것이며 전투를 하지 않을 것이다, 탄약과 약품도 없으며 귀국할 준비를 하고 있다는 등의 내용이었다. 최전방에서 미군과 교섭한 끝에 중국군 병사들은 부상을 입거나 병든 포로들을 들것에 실어 도로변에 놓아두고 물러가 미군이 들것을 옮겨갈 수 있도록 했다.

나중에 미 극동부대 사령관을 맡은 리지웨이 장군은 회고록에 이렇게 썼다.

"중국이 포로를 석방하는 방법은 북한이 포로를 대하는 방법과 완전히 달랐다. 한번은 부상병들을 들것에 실어 도로에 놓아둔 후에 철수하기도 했다. 우리 의료진이 트럭을 타고 그쪽으로 가서 부상병들을 데려올 때 그들은 사격을 가하지 않았다."

AP통신의 화이트White 기자는 11월 23일 다음과 같은 기사를 작성했다.

"석방된 미군 포로들은 중국인민지원군이 그들에게 잘 대해주었다고 말했다. 그들은 지원군과 똑같이 식량을 배급받았다. 지원군은 한정된 설비로 부상을 입은 포로들을 치료해주기도 했다. 중국인들은 미국인들의 주머니를 뒤

지지 않았고, 그들이 지닌 담배와 금시계 그리고 그밖에 사적인 물건들을 그 냥 가지고 있도록 했다."

중국군의 포로 석방은 즉시 국제사회에서 강렬한 반응을 이끌어냈다. 동시에 미군 정보부처에 극도의 공포를 야기시켰다. 미국은 중국군의 그러한 행동이 그들이 진행하고 있는 전쟁에 어떤 영향을 끼칠 것인지 주목했다. 미군 전쟁사료에 당시 그들이 분석한 내용이 실려 있다. 이에 따르면, 중국인들은 종종 석방된 포로에게 '너희는 자본주의에 억압된 희생물이다. 제국주의 지옥을 벗어나야만 공산주의 천국의 자유를 맛볼 수 있다'는 것을 이해시키려고 했다. 또 중국인들은 포로들에게 중국군의 인도주의 정신을 '그들 동료에게 전달하고, 동료들에게 총구를 돌려 자신의 장교를 조준하길 촉구하라'고 요구했다는 내용도 있다. 이런 말들이 나온 것은 사실 서구인들이 중국인과 중국군을 전혀 이해하지 못했기 때문이다. 서구인들은 중국 공산당 군대가 아직 농민유격대였던 시절에 제정한 첫 번째 군기軍紀에 '포로학대 금지' 조항이 명기되어 있음을 알지 못했다.

한국전쟁 1차 전역 막바지인 11월 5일, 중국인민지원군 사령관 펑더화이는 특별히 김일성에게 장문의 서신을 보내 중국군의 포로우대 정책과 경험을 소개했다.

예로부터 전쟁에서 병사들의 운명은 불확실했고 포로의 운명은 더더욱 위태로웠다. 그렇기 때문에 펑더화이가 쓴 긴 서신의 주요 내용을 다시 발췌할 필요가 있다.

우리는 상술한 포로정책, 즉 적군을 와해시키는 정치공작을 펼침으로써 적군의 전투력을 점차 약화시켰으며, 사로잡은 많은 포로로 아군의 병력을 보충했습니다. 현재 중국인민해방군 가운데 일부 전사들은 포로병에서 보충된 사람들입니다. 해방전쟁에서 우리는 주로 포로에서 병사를 공급받았습니다. 이렇게 해방된 포로들은 교육개조를 거친 후에 많은 사람이 혁명대오에 참여하길 원했고 꽤 많은 이가 이미 해방전쟁에서 전투영웅 및 인민공신이 되었습니다. 이로써 포로는 잡을 수 있고 또 잡아서 개조할 수 있다는 것이 증명되었고, 이는 또 마오쩌둥 동지의 관대한 포로정책이 완전히 정확하다는 사실을 증명하고 있습니다.

중국 혁명 초기에, 심지어 그 이후 개별 지역에서 일부 동지들이 적군의 잔학함에 분노해 포로 장병들에게 보복을 가한 것은 피하기 어려운 일이었습니다. 그러나 그런 보복행위는 혁명에 매우 해롭습니다. 보복과 원한으로 포로를 살해하면 적군에게 헛소문을 지어낼 핑계를 주기 때문입니다. 그렇게 되면 적군 내부의 단결을 촉진시키고 적의 전투력을 증가시키는 결과만 가져옵니다. 만약 개개의 적에게 모두 강경하게 맞서야 한다면 혁명에서 거둔 승리에 대해 더 큰 대가를 치러야 합니다. 따라서 일부 동지들의 잘못된 보복행위에 대해서는 인내심을 가지고 교육을 통해 단호하게 설득해 철저히 고쳐나가야 합니다. 그렇게 해야만 적을 와해시키고 스스로를 굳세게 함으로써 혁명에서 승리를 거둘 수 있습니다.

조선 인민이 진행하고 있는 전쟁은 조선이 독립, 민주, 자유를 쟁취하기 위한 혁명전쟁입니다. 관대한 포로정책을 통해 이 진리를 적군에게 전달하면 중국의 경험에 비춰봤을 때 그 효과가 매우 클 것입니다. 포로에 대해 관대한 정책을 펼치고 교육개조를 진행함으로써 노동인민과 그 군대의 광명정대하고 위대한 기백을 드러낼 수 있고, 이러한 기백을 지닌 혁명군대는 필시 백전백승하며 이기지 못할 적이 없을 것입니다. 조선이 앞으로 포로를 대하는 데 참고하기를 바라며 상술한 경험을 특별히 소개합니다.

중국군의 유혹에 유엔군은 결국 엄청난 착각에 빠지고 말았다. 바로 그들이 맹렬한 공중폭격을 실시해 이미 중국 지원부대가 전장에 발을 들여놓지 못하도록 만들었으며, 병력이 제한된 중국 참전부대도 유엔군의 우세한 화력 공세에 전투 결의를 잃은 것으로 판단해 중국군은 "대단한 전력이 아니다"라고 오판한 것이다.

한편 이때 서부전선의 중국군 제50군·제66군·제39군·제40군·제42군·제38군 등 6개 군단은 이미 각각 정주 북서쪽과 구성·태천·운산·덕천 북쪽 그리고 영변 북쪽 지역으로 이동한 상태였으며, 동부전선의 제9병단 예하 3개 군단도 모두 예정된 지점에 도착했다.

11월 21일, 서부전선의 유엔군은 이미 맥아더가 지정한 '공격 개시선'으로 진군했고 전선의 전방위적 전개를 완성했다. 북진한 미 제8군이 미 제1군단과 제9군단 그리고 한국군 제2군단 등 총 3개 군의 8개 사단, 3개 여단, 그리고 1개 공수연대를 지휘했다. 그 우익에서는 미 제1군단이 미 제24사단과 한국군 제1사단, 영국군 제27여단을 지휘해 가산리와 고성동 지구에서 각각 신의주와 삭주 방향으로 진격했다. 미 제9군단은 미 제25사단과 제2사단을 지휘해 입석리와 구장 지구에서 각각 벽동과 초산 방향으로 진격했으며, 제2제대인 터키군 여단은 군우리 지구에 포진했다. 미 제1기병사단은 순천 지구에서 기민하게 움직였다. 그 우익에서는 한국군 제2군단이 한국군 제7사단과 제8사단을 지휘해 각각 덕천 북쪽의 사동과 영변 지구에서 희천과 강계 방향으로 진격했다. 이 방향의 제2제대인 한국군 제6사단은 북창리와 가창리 지구에서 움직였다. 그리고 서부전선의 제8군 총 예비부대로 영국군 제29여단이 평양에, 미 187공수연대가 사리원에 포진했다.

동부전선에서는 맥아더가 직접 지휘하는 미 제10군단이 미 제1해병사단을 관할했고, 미 제7사단과 제3사단은 장진호에서 무평리와 강계 방향으로 진격했다. 한국군 제1군단은 수도사단과 제3사단을 지휘해 동해안을 따라 두만강 쪽으로 진군했다.

이렇게 해서 유엔군은 이미 전부 예정된 전장으로 유인되어, 서쪽 청정리에서 시작해 태천·운산·신흥동·영변 동쪽까지 약 140킬로미터에 걸쳐 활 모양으로 불거진 커다란 자루 속으로 들어왔다. 커다란 자루 입구에는 전투 준비를 하고 있는 중국인민지원군 총 9개 군이 집결해 있었다. 펑더화이가 꿈에 그리던 기회가 드디어 다가왔다.

"중국군 밥 냄새만 맡아도 철수하라"

추수감사절은 북아메리카의 영국 식민지 플리머스Plymouth에서 비롯되었다. 이 지역 주민들이 1621년 풍년을 맞아 '하느님께 감사'하는 성대한 경축 행사를 열었고, 이후로 점차 고정된 기념일로 자리잡아 추수감사절이라 명명되었다. 그 날짜는 매년 11월의 넷째 주 목요일이다.

1950년의 추수감사절은 11월 23일이었다.

11월 23일, 호화로운 도쿄 관저에서 맥아더 가족은 추수감사절 초에 불을 붙이고 오븐에서 기분 좋은 냄새를 풍기는 칠면조를 꺼내 식탁에 놓았다. 맥아더와 가족들은 '하느님께 감사하는' 기도를 하고 나서 추수감사절 저녁식사를 시작했다. 디저트를 먹고 나서 맥아더는 평소와는 달리 샴페인 한 잔을 따라 들고 창문 앞에 서서 집집마다 환하게 켜놓은 불빛을 응시했다. 라디오에서는 한국 전선에 있는 미군의 추수감사절 메뉴가 흘러나오고 있었다. 칵테일, 올리브, 작은 칠면조 구이에 과일 잼, 과일 샐러드, 계란, 파이와 커피를 곁들인 미군 메뉴는 참호에서 먹는 식사라기보다는 골프클럽에서 모임을 가진 은행가들의 식사 메뉴처럼 들렸다. 맥아더는 구체적인 메뉴가 무엇인지에는 전혀 흥미를 느끼지 않았다. 날이 밝으면 비행기를 타고 직접 한국 전선으로 가서 젊은 미군들을 만나볼 작정이었다. 기자들이 자신과 미군 병사들이 칠면조 맛을 논하는 장면을 찍어 신문에 실어준다면 이번 추수감사절은 완벽할 것이었다.

11월 24일, 미 제8군 지휘소가 있는 신안주의 하늘은 맑았다. 울퉁불퉁한 지면에 맥아더의 전용기가 착륙하자 워커 중장을 비롯한 장교들이 나와 깍듯이 그를 맞았다. 하지만 파카를 입고 전용기에서 내린 맥아더는 그를 기다리던 장교들과 먼저 악수하지 않고 방향을 틀었다. 자신이 장교들과 악수하는 뻔한 사진에는 기자들이 흥미를 느끼지 못한다는 것을 잘 알고 있었기 때문이다. 그는 쪼그려 앉아 제1군단장 프랭크 밀번 소장이 데려온 독일산 작은 개 '에베'의 머리를 쓰다듬었다. 잘 들리지는 않았지만 농담도 한마디 건넨 듯했다. 기자들은 이 유쾌한 장면을 향해 셔터를 눌러댔다. 맥아더의 농담을 정확히 알아듣지는 못했지만 현장의 미군 장군들도 웃음을 터트렸다.

곧이어 맥아더는 지프를 타고 전선으로 시찰을 떠났다.

맥아더는 워커 중장에게 반농담 식으로 행동이 민첩하지 못하다며 꾸짖었다. 그 문제에 대해 워커는 줄곧 자신의 입장을 확실히 밝히지 않고 있었다. 워커는 맥아더가 미 제24사단 처치 사단장에게 이렇게 말하는 것을 들었다.

"나는 이미 24사단 병사들의 아내와 어머니들에게 크리스마스 전에는 그들이 고향으로 돌아갈 수 있을 것이라고 호언장담했네. 나를 사기꾼으로 만들지 말게나. 압록강까지 진격하면 곧 자네들을 미국으로 돌려보낼 걸세."

당시 현장에 있던 『타임』지의 한 기자도 맥아더의 말을 기억했다.

기자들은 이 주제를 붙들고 맥아더에게 질문했다.

"장군, 그렇게 말씀하시는 것은 이 전쟁이 크리스마스 전에 끝날 수도 있다는 뜻입니까?"

"그렇습니다. 좌익을 담당한 아군 부대는 누구도 막지 못할 맹렬한 공세를 펼칠 겁니다. 어떤 저항도 힘을 못 쓸 것이고 희망이 없을 겁니다. 우익을 담당한 아군 부대는 강력한 해군, 공군과 힘을 합쳐 적군보다 훨씬 유리한 입장에서 공격해나갈 겁니다. 이렇게 좌우 양익 부대가 전진해 압록강에서 만나게 되면 어떤 의미에서는 이 전쟁은 끝났다고 할 수 있습니다."

"장군께선 한국에 들어온 중국군이 얼마나 된다고 보십니까?"

"정규군 3만, 지원군 3만이 들어왔다고 봅니다."

"승리 후 계획은 어떻게 됩니까?"

"제8군은 일본으로 복귀하고 2개 사단은 유럽으로 갈 겁니다……. 크리스마스 전에 미군 병사들이 집에 돌아갈 수 있도록 하겠습니다!"

그다음 날인 11월 25일, 미국 주요 신문의 머리기사는 '맥아더 장군, 크리스마스 전 전쟁 종결 보증' '크리스마스에는 병사들 고향으로 돌아올 수 있어' '눈앞에 다가온 승리, 크리스마스가 얼마 남지 않았다' 등으로 도배되었다.

'크리스마스 공세'라는 이름의 작전은 그렇게 풍자적 의미를 갖게 되었다. 나중에 맥아더는 회고록에서 자신은 그런 말을 한 적이 없다고 강력히 부인했지만, 신안주 비행장에 있던 미군 고위장교와 기자들이 모두 증인이니 딱 잡아뗄 수 있는 일은 아니었다. 훗날 맥아더의 참모장 휘트니는 당시 맥아더의 발언에 대해 "반 농담조였지만 그 의미와 목적에 있어서는 모종의 확신을 가지고 있었다"고 회고했다. 이에 대해 맥아더는 이렇게 해명했다.

"여러 장교와 대화하면서 나는 중국이 전쟁에 개입하지 않는다는 전제하에 브래들리 장군이 크리스마스 이전에 2개 사단이 귀국할 수 있기를 희망한다고 일러주었다……. 언론은 이 말을 우리가 반드시 승리할 것이라는 말로 곡해했다. 그리고 이 날조되고 왜곡된 해석은 훗날 나를 무섭게 공격하는 강력한 무기가 되었다."

하지만 맥아더는 그날 자신이 발표했던 공고마저 부인할 수는 없었다.

북한에 출현한 중국 정예군에 대처하기 위한 유엔군의 포위작전은 이제야 최후의 결정적인 일격을 가할 단계에 도달했다. 여러 기종으로 이루어진 우리 공군은 지난 3주 동안 강력하면서도 모범적인 공격을 지속해 북쪽의 적군 보급선을 차단했다. 이로써 적의 증원부대 투입이 급격히 감소했으며 기본적 보급품의 후방 지원 또한 원활히 이루어지지 못했다. 이번 협공작전에서 아군 우익 부대들은 해군의 강력한 지원 아래 이미 적을 유리하게 포위할 수 있는 높은 고원지대의 진지에 도착해 지리적으로 적군의 북부 지역을 양분했다. 오늘 오전, 협공을 펼칠 서부전선에서 총공세에 돌입해 적을 포위하고 공격의 고삐를 죌 것이다. 이 작전이 성공한다면 전쟁을 실질적으로 종결짓고 한국은 평화와 통일을 회복하게 되며, 유엔군은 신속히 철수할 수 있을 것이다. 또한 완전한 주권과 국제적 평등을 향유하고자 하는 한국 국민과 국가의 소망을 성취하게 될 것이다. 이것이 바로 우리가 싸우는 이유다.

세계 전쟁사에서 그 어떤 군사 지휘관도 공격을 개시하기 전에 자신의 계획을 이렇게 만천하에 공개적으로 선포한 적은 없었다. 하지만 맥아더의 공격 노선과 규모, 병력, 목적 등 절대적 기밀 사항들은 그의 발표에 따라 여행 스케줄처럼 세상에 '게시'되었다. 영국 『타임스The Times』지는 공격 계획을 함부로 널리 알린 이 공세를 두고 "분명히 이상하고도 독특한 전투 방식"이라고 평가했다. 지금 우리가 인정할 수 있는 것은 "유엔군 7개 사단(미군 3개 사단과 한국군 4개 사단)과 영국군 여단이 이미 준비를 마치고 최후의 공세라고 하는 공격을 통해 서해안에서부터 한국군이 이미 도달한 압록강 하류 지역까지를 소탕하려 했다"는 것이다.

맥아더의 정보참모 윌러비는 사령관인 맥아더보다 훨씬 긴장해 있었다. 낙관주의자로 이름난 윌러비는 1차 전역에서 얻은 교훈을 거울삼아 '크리스마스 공세'를 개시하기 전날 밤, 중국군의 병력을 좀더 현실적으로 수정했다. 11월 15일, 윌러비는 사령관에게 이렇게 주의를 환기했다.

"대략 30만의 전투 경험이 있는 중국 공산당 군대가 이미 압록강의 안동 북부에서 만포에 이르는 128킬로미터 구간에 집결해 있습니다. 중국 광둥에서 입수한 정보에 따르면 대량의 화포와 경화기, 탄약과 그밖의 군수물자를 실은 배가 북쪽으로 이동하는 중이라고 합니다."

24시간 쉬지 않고 비행하는 미군의 정찰기 조종사들은 "중국군의 흔적을 발견하지 못했다"고 보고했지만 윌러비는 이에 의구심을 가졌다. 중국군은 외진 도로를 사용해 행군하는 데 능했고, 어둠의 엄호를 받으며 눈에 띄지 않게 이동했기 때문이다. 윌러비는 이런 중국군이라면 대규모 병력을 북한에 침투시킬 충분한 능력이 있다고 생각했다. 게다가 중국군의 병참선 또한 매우 짧아 후방 병참도 상대적으로 용이한 상황이었다.

중국군의 기동력과 위장 행군의 특징에 대해 미군 전쟁사료에는 이렇게 쓰여 있다.

중국군의 행군 능력은 매우 뛰어났다. 신뢰할 만한 정보에 따르면, 중국군의 3개 사단은 압록강 인근의 안동에서 출발, 16일에서 19일 동안 460킬로미터를 행군해 북한 동부의 집결지에 도착했다. 그중 1개 사단은 18일 동안 험난한 산길을 하루 평균 약 29킬로미터를 행군했다고 한다. 중국군의 '낮'은 땅거미가 내리기 시작할 때 시작되었다. 그들은 저녁 7시 전후부터 새벽 3시까지 행군했다. 동이 틀 무렵, 즉 새벽 5시 30분경에는 참호를 파고 모든 무기장비를 은닉하고 나서 밥을 먹었다. 낮 동안에는 다음날의 숙영지 정찰을 위해 소수의 정찰부대만 행동하고 주력부대는 모든 행동을 멈추고 숨어 있었기 때문에 항공사진과 공중정찰만으로는 그들을 식별할 수가 없었다. 만약 중국군 병사 한 명이 대낮에 위장이 벗겨졌다면 비행기가 나타날 때 자신이 흔적을 남긴 그 자리에서 꼼짝도 하지 않고 그대로 있어야 했다. 장교에게는 이러한 명령에 따르지 않는 자를 즉결 처분할 권한이 있었다.

미군 비행기가 공중에서 빈틈없이 정찰했으나 기민하게 움직이는 중국군의 대규모 병단을 포착해내지는 못했다. 한국전쟁이 끝난 후 미국과 영국 등의 군사전문가들은 이를 두고 "당대 전쟁사의 기적"이라고 했다.

대규모 중국군의 이동을 발견하지 못한 이유에 대해 미 제8군은 이렇게 분석했다.

1. 비교적 정확한 정보를 얻었을 때조차 '중국군은 개입하지 않을 것'이라는 선입견이 판단에 지극히 큰 영향을 미쳤다. 아무리 정확한 정보라도 지휘관이 신뢰하지 않으면 유용하다고 할 수 없다

2. 제8군의 정보조직이 빈약했다. 미군은 미 제24사단이 한국에 구축했던 기존 정보망을 해체한 뒤 효과적인 정보망을 다시 구축하지 않았다.

3. 야간정찰이 불가능했으며, 사진판독장교는 중국군의 위장을 판단할 수 있는 능력을 갖추지 못했다.

4. 제8군이 소집한 정찰장교와 사진판독장교들은 모두 오랫동안 실전 경험이 없었고, 이들은 세월이 흐르면서 직업적 기민함을 상실한 상태였다.

처음부터 끝까지 중국군 병력을 정확히 판단하지 못한 데 대해 미 제8군은 '중국군의 하찮은 사기극에 빠졌기 때문'이라고 해석했다. 중국군은 부대 호칭을 두 단계씩 낮춰 불러 군단은 연대로, 사단은 대대로, 연대는 중대로 들리게끔 위장해 병력 규모를 기만했다.

하지만 제8군 사령관 워커 중장은 이 같은 견해에 대해 실패 후 책임을 전

가하는 억지라고 말했다.

맥아더의 눈에 워커는 대담하지 못하고 비겁한 사람이었다. 새로운 공세가 시작되기 직전, 워커는 맥아더의 독단적 지휘 방식이나 제8군의 지휘 아래 있던 제10군단을 분리시켜버린 데 대해 더 이상 분노하지 않았다. 그보다는 수하의 제8군이 앞으로 한 치 앞을 알 수 없는 전장에 뛰어들어야 한다는 사실이 더욱 염려스러웠다. 제8군과 동부전선의 제10군단 사이에는 거대한 틈이 벌어져 있었고, 이 때문에 우익이 '위험하게 노출된' 상태였다. 워커는 깊은 수심에 잠겼다. 11월 15일에 공격을 개시하라는 맥아더의 명령이 내려왔을 때, 워커는 필요한 물자 공급을 다 받지 못했다고 했다. 전투시 제8군이 하루에 필요한 각종 물자는 4000톤에 달했다. 맥아더는 어쩔 수 없이 11월 20일로 공격 개시일을 늦췄다. 이후에도 워커의 소극적인 준비로 공격 개시일은 다시 11월 24일까지 미뤄졌다. 워커로 인한 작전 지연이 펑더화이에게 부대를 이동시킬 시간을 주었는지 여부는 잠시 접어두고, 미군 군사학자들은 워커의 이런 신중함이 중국군에 대한 '모종의 탄복'에서 비롯했다는, 기이해 보이지만 매우 철학적인 분석을 했다. 워커는 가까운 벗에게 맥아더의 명령을 단호하게 수행해야 하지만, 일단 상황이 바뀌기만 하면 즉시 후퇴할 수 있도록 준비하고 있다고 말했다. 왜냐하면 그는 "중국군이 어디선가 분명히 우리를 기다리고 있을 것"이라고 강렬하게 예감했기 때문이다.

워커는 동부전선의 미 제10군단과 연계해 공격 중에 상호 협력을 확보하고자 제8군 측면의 우군을 찾도록 순찰대를 파견했다. 그 결과 순찰대는 제8군의 측면에 "1개 부대가 있는 것 같다"고 보고했다. 공격 개시를 앞두고 열린 기자회견에서 워커 중장이 한 말은 자리에 있던 언론인들에게 뭔가 아주 잘못되었다는 느낌을 줬다. 당시 『리더스 다이제스트Reader's Digest』 기자였던 제임스 미치너James Michener는 "그것은 내 기억 속에 가장 우울하고 암담한 기자회견이었다"고 회고했다.

기자: 워커 장군, 순찰대가 이미 우익의 부대와 연락을 취했다고 하는데 그들은 우군입니까?

워커: 그렇다고 생각합니다.

기자: 설마 모르는 것은 아니겠지요?

워커: 우리는 그들이 우군이 틀림없다고 생각합니다.

기자: 우익 부대와 어떠한 연락도 취한 적이 없습니까?

워커: 없습니다. 우리는 각자 독립적으로 작전에 임할 것입니다. 하지만 그 부대가 틀림없이 우군이라고 확신합니다.

며칠 후 전투가 시작되었을 때 워커는 순찰대가 본 그 '우군'은 사실 우회 중인 중국군이었다는 사실을 깨달았다.

맥아더의 크리스마스 공세에 의문을 품었던 사람이 워커 장군 한 명뿐인 것은 아니었다.

"펜타곤은 초조하고 불안해하며 맥아더가 전쟁을 끝내겠다고 한 공세의 전개를 지켜보고 있었다."

미국 육군 부참모총장 리지웨이는 제8군과 제10군단의 부대 간격이 너무 떨어진 상태에서 두 방향으로 진격하는 것은 적진 돌파와 분할에 능한 중국군에게 절호의 기회를 주는 것이나 다름없다고 생각했다. 이런 배치는 웨스트포인트 사관학교의 최저학년 견습학생 수준이었다. 그는 비웃는 말투로 맥아더의 이른바 '공격'을 비난했다.

"맥아더가 이번 압록강으로의 진격을 '공격'이라고 하지만 사실상 이것은 적을 맞이하기 위한 움직임에 불과하다. 적의 위치를 제대로 파악하지 못한 상태에서, 또 적군과 접촉한 적이 없는 상태에서 적군을 향한 공격 개시는 있을 수 없는 일이다. 많은 야전부대 지휘관들이 중국의 강력한 대규모 부대가 어디선가 기회를 노리고 있을 것이라고 굳게 믿고 있다. 또 한두 명의 지휘관은 측면의 안전을 생각하지 않고 측면의 우군과 연락을 취하지도 않은 상태에서 맹목적으로 전진하는 방식에 대해 아주 현명하게 의심을 표하고 있다. 그러나 아무도 어려움을 알고 물러서지 않을 뿐 아니라 많은 사람이 총사령관처럼 지나치게 낙관적인 정서를 표하고 있다."

트루먼 대통령조차 맥아더의 '크리스마스 전에 전쟁을 끝낸다'는 논조에 의구심을 가지고 있었다. 비록 이런 의구심은 일이 터진 다음에야 겉으로 드러났지만 말이다.

"우리는 그때 영국이 희망한 대로 한반도의 목 부위에 해당하는 이 지역(손가락으로 지구본을 가리키며)에서 멈췄어야 했습니다. 우리는 중국이 변경 지역에 100만의 병력을 집결시킨 것 외에도 여러 방면의 상황을 파악하고 있었습니다. 하지만 맥아더는 전쟁터의 총지휘관이었습니다. 군사조직이 제대로 돌아가게 하려면 지휘관으로 선택한 사람에게 무조건적 지지를 보내야 합니다. 우리는 얻을 수 있는 최고의 의견을 수집한 터였지만 최전선의 그 사람은 우리 생각과는 다르게 해야 한다고 주장했습니다. 결국 나는 그의 의견에 동의해주었습니다. 사후에 이를 어떻게 판단하든 간에 이것은 내가 내린 결정이었습니다."

대통령조차 맥아더를 어찌할 수 없었는데 다른 고위 군사 막료들이 또 무엇을 할 수 있었겠는가? 애치슨 국무장관은 그의 회고록에 이렇게 기록했다.

"정부는 한국전쟁이 재난으로 치닫는 것을 막을 가장 좋은 기회를 놓쳤다. 대통령의 관련 분야 고문들은 문관이나 군관 할 것 없이 모두 뭔가 잘못되었다는 것을 알았다. 하지만 무엇이 잘못되었는지, 어떻게 그것을 찾아낼 것인지, 어떻게 처리할 것인지에 대해서는 모두 생각이 없었다."

해외에 주둔한 군사 사령관인 맥아더와 본국 정부 그리고 최고군사기구 간의 관계는 제2차 세계대전 이후 세계 정치사와 전쟁사를 통틀어 가장 기이한 관계라고 할 수 있다.

"그는 우리를 애송이로만 생각했다." 미국 합동참모본부 의장 브래들리의 말이다.

이 비유도 생동감이 넘치지만 작가 조지프 굴든의 표현은 더욱 절묘하다.

"펜타곤의 잘못은 대담하지 못했고 책임을 지지 않으려 했다는 것이다. 맥아더 앞에서 미국 합동참모본부는 거리에서 불량배를 만난 남학생처럼 겁에 질려 벌벌 떨었다."

11월 23일 추수감사절 새벽, 펑더화이는 확대경으로 지도의 여기저기를 들여다보고 있었다. 덩화, 훙쉐즈, 세팡 등도 불러왔다. 펑더화이는 지도상의 덕천과 영원을 가리키며 말했다.

"바로 여기요, 바로 여기!"

펑더화이가 기다려온 기회가 확실해졌다. 유엔군의 우익에 생겨난 눈에 띄게 취약한 구간이 바로 덕천과 영원 지구였다. 이 지역에 배치된 유엔군은 한국군 제7사단과 제8사단이었고, 중국군 제38군과 제42군이 그에 맞서게 될 것이었다. 이는 펑더화이가 예상했던 작전 시나리오 중에서도 가장 이상적인 상황이라고 해도 무방했다. 한국군은 중국군의 적수가 되지 못했다. 이 구간을 뚫고 들어간다면 유엔군 서부전선의 후방을 직접 공격할 수도 있었다. 펑더화이는 전멸한 한국군 2개 사단의 최후를 생생히 떠올려보았다.

펑더화이는 즉시 제38군과 제42군에 전보를 띄웠다.

25일 밤, 제38군과 제42군은 덕천 지구의 한국군 제7사단과 제8사단을 섬멸하는 것을 목표로 공격 개시하고, 쑹스룬 부대는 26일 공격 개시하라. 청천강 서쪽의 각 군은 상황 전개를 지켜보며 행동을 결정하라. 한셴추 동지가 실제 상황에 따라 조정해주길 바란다. 우선하는 원칙은 차단, 포위를 통해 제7사단과 제8사단을 격멸하는 것이다.

첫째 날, 한국군 제7사단과 제8사단은 덕천과 영원 일선에 도착했고, 제6사단은 개천에서 동쪽을 향해 이동했다. 북창리와 가창리는 미 제2사단이 인계받았다. 미 제1기병사단과 제24사단, 영국군 제27여단, 한국군 제1사단은 구장·용산동·박천에 진입했다. 유엔군의 이러한 상황 변화는 중국 중앙군사위원회의 주의를 불러일으켰고, 군사위원회는 특별히 전장으로 전보를 보냈다.

청천강 동쪽 기슭에서 아군이 공격을 개시한 후, 미 제2사단·제1기병사단이 동쪽으로 증원부대를 투입할 가능성이 극히 크다고 생각된다(물론 북진을 계속하거나 제자리에서 멈추거나 청천강 교두보로 물러날 가능성도 있다.) 미 제2사단과 제1기병사단이 동쪽으로 증원부대를 투입하고 교두보를 사수한다면 아군 제39군·제40군이 제42군·제38군과 협력해 한국군 제7사단과 제8사단을 섬멸하기 어려울 것으로 보인다……. 이에 제40군을 동쪽으로 보내 제39군에 인접하게 해서 아군 우익의 돌격력을 증강하라……. 제40군은 구장과 원리 방면으로 증원하고 있을 미 제2사단과 제1기병사단에 대처해 아군 제38군·제42군이 한국군 제7사단과 제8사단을 섬멸하는 목표를 달성하게 하고, 아울러 다음 단계 대미對美 작전에서 우회에 유리한 조건을 조성하라.

펑더화이는 즉시 작전배치를 다음과 같이 조정했다. 제38군과 제42군은 한셴추 부사령관의 직접 지휘하에 덕천·영원·맹산에 있는 한국군 제6·제7·제8 3개 사단을 우선적으로 섬멸한다. 제40군은 동쪽으로 이동해 신흥리와 소민리 북쪽에 이르러 1개 사단이 제38군 112사단의 임무를 인계받고 적군을 저지한다. 동시에 제40군 주력군은 알일령과 서창으로 뚫고 들어가 미군의 증원을 차단한다. 제40군이 동쪽으로 이동한 후에는 제39군·제66군·제50군 등의 부대도 점차 동쪽으로 이동해 순서대로 방어임무를 인계받고 전선을 온전히 유지하도록 한다. 적을 향해 전면 공격을 개시한 후, 각 군은 전방의 적을 향해 전력으로 진격해 적군의 일부를 섬멸한다.

펑더화이는 계획 수정안을 마오쩌둥에게 보고하고 서부전선의 공격 개시일을 11월 25일 해질 무렵으로 재차 확정했다. 이에 따라 동부전선의 공격 개시일도 11월 26일 해질 무렵으로 조정되었다.

마오쩌둥이 회전을 보내왔다.

금일 7시의 작전배치는 흠잡을 데 없이 정확하오. 그 배치에 따라 단호히 작전을 수행하길 바라오.

마오쩌둥은 이 전보를 한국에 보내던 그때, 자신에게 평생 가시지 않을 슬픔을 안겨준 사건이 일어난 사실은 모르고 있었다.

11월 25일 오전, 미군 전투기가 지원군 사령부가 위치한 지역의 상공에 출현해 네이팜탄을 퍼부었다. 그중 하나가 사령부 건물에 명중해 건물이 순식간에 화염에 휩싸였다. 그 전날에도 미군 전투기의 폭격을 받았던 터라 훙쉐즈 등은 펑더화이를 비롯한 수뇌부 일행에게 산속으로 몸을 피할 것을 강력히 요구했다. 그 요구를 받아들여 펑더화이 일행은 그날 아침 산속으로 은폐해 화를 면할 수 있었다. 하지만 마오쩌둥의 아들 마오안잉과 참모들은 미처 몸을 피하지 못하고 폭사했다. 네이팜탄은 단 몇 분 만에 사령부 건물을 잿더미로 만들어버렸다. 미군 전투기가 사라진 후 산에서 내려온 펑더화이는 까맣게 타버린 마오안잉의 시신을 확인했다.

"왜 하필이면 그를……."

무너지는 듯한 슬픔 속에서 펑더화이는 이 말을 되뇌었다.

마오안잉의 신분은 펑더화이와 지원군 내 고위 지휘관을 제외하고는 아무도 몰랐다.

마오쩌둥의 맏아들 마오안잉은 1922년 중국 후난 성湖南省 창사長沙에서 태어났다. 유년 시절에는 어머니 양카이후이와 함께 국민당에 체포되어 투옥생활을 했고, 나중에 공산당 지하조직에 의해 구조되었다. 그는 소련의 프룬제 군사아카데미Frunze Military Academy와 모스크바 동양언어대학을 졸업했다. 독소전쟁이 발발하자 소련 전차부대의 중위로 참전했으며, 한국전쟁에 참전하기 전에는 베이징 기계공장에서 당위원회 부서기를 맡기도 했다. 그리고 한국전쟁에서는 펑더화이 밑에서 비서 겸 러시아어 통역 등 임무를 수행하다 28세의 짧은 삶을 마감했는데, 결혼한 지 얼마 되지 않은 때였다.

이것은 유엔군이 크리스마스 공세를 개시한 다음날에 일어난 일이다.

몇 시간 후 병사들이 널빤지에 못을 박아 관을 만들었다. 마오안잉의 시신은 그 관에 안치되어 인근 산에 묻혔다.

오늘날 북한의 회창군에 가면 비석 하나가 서 있다. 앞면에는 '마오안잉 동지의 묘'라고 쓰여 있고, 뒷면에는 그의 일생을 요약한 글이 적혀 있다.

'후난 성 샹탄 현湘潭縣 사오산韶山에서 태어난 마오안잉 동지는 중국 인민의 영수 마오쩌둥 동지의 장자다. 1950년, 중국인민지원군에 결연히 지원하였다가 1950년 11월 25일 항미원조전쟁 중 용감히 전사했다. 마오안잉 동지의 애국주의와 국제주의 정신은 젊은 세대에게 영원한 귀감으로 용기의 원천이 될 것이다. 마오안잉 열사의 이름은 역사에 길이 남으리!'

유엔군 특공대원들이 현장을 정찰하고 목표를 표시해주지 않았더라면 미군 전투기가 펑더화이의 사령부에 그렇게나 정확히 폭격을 가하지는 못했을 것이다. 이 사건은 한국전쟁 초기, 중국이 사령부 보안에 얼마나 소홀했는지를 보여준다.

만약 펑더화이가 산으로 숨으라는 권고를 듣지 않았다면 그 역시 재난을 피해가지 못했을 것이다.

한국전쟁에 펑더화이라는 중국군 사령관이 없었다면 전쟁은 또 어떤 양상으로 전개되었을까?

한편 맥아더는 모든 전선에 공격 개시를 명령했다.

전차와 작전 차량이 천지를 울리는 굉음을 내며 움직이기 시작했다.

종군기자들은 알 수 없는 흥분 속에서 유엔군이 '최후의 공세'를 시작했다는 긴급 뉴스를 전 세계에 타전했다.

맥아더는 총사령관으로서 이곳에서 할 일은 더 이상 없다고 생각했다. 그가 한국을 떠나기 위해 전용기에 올라타며 조종사에게 내린 명령은 그 자리에 있던 모두를 어안이 벙벙하게 만들었다. "서해안을 향해 비행하다가 압록강을 따라 북쪽으로 가라."

수행 참모들은 맥아더의 전용기에 방어무기 체제가 갖춰져 있고 전투기의 엄호를 받겠지만, 그렇다 하더라도 압록강으로 비행하는 것은 매우 위험한 일이라며 즉시 만류했다. 압록강 상공에서 미군 비행기가 소련 미그기와 조우한 적이 있다고 정보참모 윌러비가 여러 차례 경고하지 않았던가? 중국이 압록강변에 배치한 고사포 병력이 미군 비행기를 격추한 기록이 남아 있지 않았던가?

하지만 맥아더는 이렇게 말했다.

"지형을 좀 살펴보고 소련인과 중국인의 흔적도 찾아봐야겠소……. 이런 비행을 할 수 있는 담력이야말로 최선의 보호책 아니겠소!"

그 어떤 반대의견도 맥아더의 의지 앞에서는 무용지물이었다.

기자들은 겁에 질려 말했다.

"꼭 이렇게까지 할 필요가 있습니까?"

휘트니 장군도 조심스레 물었다.

"낙하산을 메고 탑승하시는 게 어떻겠습니까?"

"메고 싶다면 여러분이나 메시오. 나는 메지 않겠습니다."

맥아더는 파이프를 입에 물고 비웃는 듯한 표정을 지었다.

마침내 이륙한 전용기는 서해안 상공에서 방향을 틀어 압록강이 바다로 흘러들어가는 입구까지 비행했다.

맥아더는 "강을 따라 비행하라! 고도를 조금 더 낮추라!"고 명령했다.

전용기는 고도 5000미터로 비행했다.

비행기 날개 아래로는 흰 눈이 소복이 덮인 산과 평원이 펼쳐졌다. 압록강은 물살이 급한 강심江心만이 간혹 까만 수면을 드러내고 있을 뿐, 대부분 수역은 꽁꽁 얼어붙어 있었다. 강을 따라 펼쳐진 거대한 벌판 위로 나 있는 구불구불한 도로도 눈으로 뒤덮여 있었다. 어디를 봐도 사람이나 교통수단이 지나간 흔적은 보이지 않았다. 희뿌연 눈보라 속에서 벌판은 시베리아까지 쭉 뻗어 있었다.

맥아더는 아무것도 발견하지 못했다.

휘트니 장군은 훗날까지도 그날 비행기의 둥근 창문을 통해 바라본 광경을 잊지 못했다.

"끝없이 펼쳐진 허허벌판, 험한 산세의 산봉우리들, 열곡裂谷과 깊은 골짜기, 거무스레한 압록강 물은 죽은 것같이 고요한 얼음과 눈의 세계에 결박당한 듯했다."

휘트니 장군은 낙하산을 거부한 맥아더가 옳았다는 생각이 들었다. 긴급 상황이 발생한다 하더라도 '저 냉혹하고 무정한 황야에 떨어지느니 비행기와 함께 생을 마감하는 것이 낫다'고 생각했기 때문이다.

압록강을 따라 비행한 맥아더에게 미 공군은 공훈비행훈장과 전투비행 영예휘장을 수여했다. 기자들의 숭배에 가까운 눈길을 받으며 맥아더는 국경 지역 비행을 마쳤고, 그의 전용기는 도쿄를 향해 다시 방향을 틀었다. 맥아더의 전용기가 구름 속으로 사라지자 지상에 남았던 워커 중장이 낮은 소리로 중얼거렸다.

"정말 제멋대로군."

워커의 목소리는 작았지만 현장에 있던 모든 사람은 그 발언을 두 귀로 똑똑히 들었다고 했다. 워커 중장의 전용기 조종사 마이크 린치Mike Lynch는 이에 대한 기자들의 질문에 "워커 중장은 아무리 화나는 일이 있다 하더라도 모욕적인 말을 절대 쓰지 않는다"고 대답했다.

맥아더는 도쿄로 돌아오자마자 "유엔군의 이번 공세는 빠른 시일 안에 승리로 끝날 것"이라는 내용의 성명을 발표했다.

이날 일본 『아사히신문』은 큼지막한 타이틀의 머리기사를 실었다.

'유엔군 총공세 개시, 전란의 끝이 보인다'

하지만 전선의 워커 중장은 미 제24사단 사단장 처치 소장에게 이렇게 말했다.

"소장의 선두부대인 21연대의 스티븐스Richard W. Stephens 대령에게 이르시오, 중국군 밥 냄새만 맡아도 즉각 후퇴하라고 말이오!"

사실 맥아더의 전용기가 저공비행으로 훑고 지나간 황량한 산골짜기의 습기 찬 동굴에서 펑더화이는 꽁꽁 얼어붙어 감각조차 없어진 손으로 확대경을 들고 지도를 보고 있었다. 그는 전투가 시작된 뒤 가장 관건이 될 제38군의 진격 방향에 의외의 변수가 생기지는 않을까 고심하고 있었다.

미군 병사들이 빛깔 좋은 칠면조를 뜯고 뜨거운 커피를 마시고 있을 때, 북한 북부의 끝없이 펼쳐진 설원에서는 수십만의 중국군이 마른 나뭇가지와 쌓인 눈으로 위장한 참호 안에서 몸을 웅크리고 있었다. 그들은 딱딱한 밀전병이나 감자와 콩을 삽에 구우며 곧 다가올 전투에서 먹을 식량을 준비하고 있었다. 그들의 점심 식단은 옥수수였다. 매서운 날씨에 꽁꽁 언 옥수수를 먹기 위해 그들은 옥수수를 겨울볕에 널어놓았다가 햇볕에 녹아 부드러워진 부분부터 먹었다. 이미 적을 사지에 몰아넣을 거대한 함정을 파놓았기 때문에 기다리는 동안 그들은 천천히, 여유 있게 식사할 수 있었다.

밝은 태양 아래 참호 가장자리에 줄지어 있는 중국군 병사들도 보지 못하면서 스스로 '동방민족의 성격을 깊이 이해하고 있다'고 자칭한 맥아더의 크리스마스 공세는 세계 전쟁사의 비극으로 끝날 수밖에 없는 운명이었다.

한국군 제2군단은
더 이상 없다

　1950년 11월 25일 어스름해질 무렵, 청천강 북쪽에 형성된 서부전선의 동쪽 끝에서 서쪽 끝 전역에 걸쳐 중국인민지원군이 공격을 개시했다. 중국군 제50군은 박천에서 영국군 제27여단을 향해, 제66군은 태천에서 한국군 제1사단을 향해, 제39군은 영변에서 미군 제25사단을 향해, 제40군은 구장 방향에서 미군 제2사단을 향해, 제38군은 덕천에서 한국군 제7사단을 향해, 제42군은 영원에서 한국군 제6사단과 제8사단을 향해 전면 공세를 펼쳤다. 이틀 후 동부전선의 중국군 제20군·제26군·제27군도 공세를 개시했다.

　중국 전쟁사에서는 이 공격을 한국전쟁의 '제2차 전역'이라고 부른다.

　주목할 만한 점은 마오쩌둥이 당시 한국과 베이징을 오갔던 수많은 전보에서 줄곧 "한국군 제7·제8 2개 사단을 최우선으로 격멸하라"고 강조했다는 사실이다. 마오쩌둥은 심지어 그 방향에 병력이 부족할까 걱정해 병력 배치에 특별한 주의를 요하기도 했다. 전투의 돌파구를 정하는 문제에서 마오쩌둥과 펑더화이의 의견은 일치했다. 바로 '유엔군 서부전선의 우익'을 돌파구로 삼는 것이었다.

훗날 출간된 한국전쟁에 관한 많은 저서에서 반복해서 언급하는 한 가지 문제는 바로 한국군의 전투력에 관한 것이다. 미군 전쟁사료 곳곳에서 한국군의 낮은 전투력을 문제 삼은 내용을 어렵지 않게 찾아볼 수 있다. 한국군은 '손만 대면 무너져버릴 듯 했다'거나 '오합지졸이었다'거나 '당황해서 어찌할 줄 몰랐다'는 등의 표현을 되풀이해 사용했다. 이런 미국 측의 기술에 대해 한국군은 사료를 통해 여러 차례 분노를 표했다. 한국군은 미군이 책임을 회피하는 유일한 방법으로 한국군이 무능했다고 함부로 모함하는 것을 택했다고 생각했다.

2차 전역에서 중국군 제38군과 제42군은 정면을 맡아 한국군 제6·제7·제8사단의 방어구역을 공격했다. 유엔군 서부전선의 우익에 해당하는 이 구간은 마오쩌둥과 펑더화이가 주목한 돌파구이기도 했다. 전선의 우익에서 제38군과 제42군의 맹렬한 돌격을 통해 공세의 돌파구를 신속히 조성하자는 것이 펑더화이의 작전이었다. 이 돌파구 조성에 성공하면 유엔군을 동서로 분산시키는 동시에 적의 후방을 차단해 서부전선 전체를 포위할 수 있었다. 마오쩌둥과 펑더화이는 이번 전역의 성공 여부는 좌익의 신속한 돌파, 그리고 동서 방향으로 뚫고 들어가 제때에 정해진 위치에 도달할 수 있는가에 달려 있다고 보았다. 당시 서부전선의 미군은 빠른 속도로 전진하고 있었으나, 한국군은 전진 속도가 느렸다. 그래서 전체 전선에 돌출 구간이 형성되었고, 이에 따라 유엔군 전선도 어느새 길어져 병력이 분산된 상황이었다. 특히 우익의 한국군은 대동강 양쪽 기슭에 고립되어 있었다. 워커 중장이 전선의 우익을 전부 다 한국군에게 넘겨버린 것이다.

마오쩌둥과 펑더화이가 중국군이 정면으로 공격하는 좌익이 유엔군의 전체 전선 중에서도 가장 취약한 부분이며, 중국군 2개 군으로 신속히 방어선을 돌파할 수 있고 그 여세를 몰아 유엔군의 후방까지 치고 들어갈 수 있다고 자신한 이유는 간단했다. 그 지역에 배치된 부대가 모두 한국군이었기 때문이다. 한국군은 미군보다는 훨씬 수월한 상대였다.

좌익 공격의 성패가 전체 전투의 성패와 직결된다고 판단한 펑더화이는 전장의 최전선에서 직접 작전을 지휘하기로 결심했다. 하지만 그의 결심은 즉시 지원군 군당위원회軍黨委員會에서 부결되었다. 회의에서 군당위원회는 최종적으로 지원군 부사령관 한셴추를 수장으로 하는 지원군 전진지휘부를 조직하고 좌익의 제38군과 제42군의 작전지휘를 맡기기로 결정했다. 출발 전 한셴추가 펑더화이에게 물었다.

"더 알려주실 것이 있습니까?"

펑더화이가 단호하게 대답했다.

"첫째는 돌파, 둘째는 퇴로를 차단하시오. 지난번 전투를 교훈 삼아 다시는 적군의 도주를 허용해선 안 되오!"

이른바 '지난번 전투의 교훈'이란 1차 전역에서 제38군이 희천 방면에서 공격 기회를 놓친 것을 이르는 말이었다.

이번 전투에서 제38군의 주공격 방향은 덕천이었다. 군단장 량싱추는 지원군 회의에서 펑더화이에게 질책을 받은 뒤로 심기가 줄곧 불편했다. 군당위원회에서 그는 제38군에 대한 펑더화이의 비판을 전달하고 자발적으로 책임을 인정했다. "펑 사령관의 비판이 옳소, 내가 지휘를 잘못한 탓이오!"라고 말은 했지만, 이 고집 센 장군은 진심으로는 그다지 승복하지 않았다. 제38군은 모르는 사람이 없을 정도로 명성이 자자한 부대가 아닌가. 1차 전역에서 썩 만족스럽게 싸우지는 못했어도 섬멸한 적군 숫자는 다른 부대보다 적지 않건만, 펑 총사령관의 "뭐가 주력부대야"라는 말은 확실히 마음을 상하게 하는 데가 있었다.

돌이켜보면 제38군은 펑더화이의 군인으로서의 삶과 떼려야 뗄 수 없는 관계를 맺어온 부대였다. 제38군의 전신은 중국 둥베이 민주연군民主聯軍의 제1종대이며, 이 종대는 중국 공농홍군工農紅軍을 요체로 발전한 부대였다. 제38군예하 338연대는 홍군 제25군 75사단의 일부였고, 334연대는 바로 1928년 7월 펑더화이가 핑장平江 봉기를 이끈 뒤 조직한 홍군 제5군의 일부였다. 이 부대는 항일전쟁 시기에 핑싱관전투平型關戰役에 참가했다. 1946년 중국 둥베이 지구에 진입해 둥베이 민주연군 제1종대를 조직한 뒤 전투에 참전했고 '삼하강남 사보림강三下江南, 四保臨江' 전투1946년 12월부터 1947년 4월까지 먼저 남쪽을 점령하고 나서 북쪽을 점령하려는 국민당의 전략을 분쇄하기 위해 치른 전투와 '사전사평四戰四平' 전투1946년 3월부터 1948년 3월까지 둥베이 쓰핑四平에서 국민당과 치른 4차례의 전투, 랴오시회전遼西會戰, 선양瀋陽 함락전투 등에 참가해 혁혁한 공을 세웠다. 1948년 11월에 제38군이 정식으로 창설된 뒤 핑진전투에서는 주공격 부대로 가장 먼저 톈진天津의 방어선을 돌파해 진탕교金湯橋를 점령하고 국민당 군대 2만여 명을 섬멸했다. 이후에는 남하해 이창宜昌, 사스沙市(지금의 징저우荊州), 후난 성 서남부와 광시廣西 등지역에서 전투에 참가했다. 해방전쟁 중에 제38군은 중국 최북단의 쑹화 강松花江에서 중국 서남부의 베트남 접경 지역에 이르기까지 13개 성시省市를 돌아다니며 전투를 치러 100여 곳 도시를 해방시킴으로써 모두가 인정하는 중국인민해방군의 주력부대가 되었다.

그랬던 제38군이 한국전쟁에서 첫 번째 전투 이후 "뭐가 주력부대야"라는 말을 듣는 신세가 된 것이다. 량싱추는 부하들에게 말했다.

"제38군이 주력부대인지 아닌지는 이번 전투를 보면 알 것이다! 이번 전투는 각자 맡은 바 임무가 확실한 상황이다. 누구에게 문제가 생기든 내가 용서하지 않는다고 원망하지 마라!"

제38군은 지휘소를 구장에서 강선동으로 옮겼다. 습기로 축축한 동굴에서 량싱추는 오랜 시간 지도를 들여다봤다. 그는 수하의 부대가 진격할 지역의 모든 지명을 달달 외우다시피 했다.

한셴추가 제38군 지휘소에 도착했다.

후베이 성 황안黃安(현재는 흥안紅安) 출신인 한셴추는 홍군 병사로 시작해 분대장, 소대장, 중대장, 대대장, 사단장, 종대사령관, 군단장을 차례로 거쳐 제4야전군병단의 부사령관이 되기까지 모든 군사 직위를 거치며 풍부한 전투 경험을 쌓은 군인이었다.

한셴추는 서부전선의 전체 상황을 설명한 뒤 "먼저 덕천을 공격한 후 적의 후방으로 신속히 우회하라"는 제38군의 임무를 구체적으로 전했다. 한셴추는 "신속히 덕천을 공략하기 위해 제42군이 제38군과 협력해 전투를 치르고 나서 영원을 공격하겠다"고 했다.

량싱추는 기분이 상했다.

"제42군은 맡은 임무나 수행하시오. 덕천은 우리가 맡겠소!"

한셴추는 엄숙히 대답했다.

"군중에 빈말이란 없소!"

"25일에 공격을 개시해서 26일에는 결판을 낼 것이오!"

한셴추는 펑더화이에게 전화를 걸어 제38군이 '단독으로', 그것도 하루에 덕천을 함락할 것을 보증했다는 말을 전했다. 그는 제38군이 단독으로 덕천을 친다면 제42군은 동시에 영원을 공격할 수 있어 한국군의 방어선을 더욱 신속하게 분쇄할 수 있을 것이라는 의견을 냈다. 펑더화이가 말했다.

"량싱추가 아주 자신만만하군. 그에게 전하시오. 내가 바라는 것은 적을 섬멸하는 것이지 몰아내는 것이 아니라고 말이오!"

량싱추는 이렇게 말했다.

"내가 한국군 7사단을 묵사발로 만들 것이오!"

량싱추가 놀라우리만치 자신만만할 수 있었던 것은 구체적인 계획을 완벽히 세워놓았기 때문이었다. 그는 한국군 제7사단과 제8사단의 연결 부분을 뚫고 들어가 덕천의 적군을 포위하려고 했다. 예하 113사단은 동쪽에서 덕천 남쪽의 차일봉에 이른 뒤 남쪽에서 북쪽으로 진격하고, 112사단은 덕천 서쪽에서 운송리에 이르러 서쪽에서 동쪽으로 진격하며, 114사단은 정면에서 덕천을 공격한다는 계획이었다.

"이번에는 아주 박살을 낼 것이오!"

량싱추는 이를 부득부득 갈며 말을 이었다.

"선발대를 즉시 출발시켜 군단 정찰과장 장쿠이인張魁印과 113사단 정찰과장 저우원리周文禮의 지휘하에 대동강을 몰래 건너게 할 것이오. 그들은 덕천 남부의 무릉리에 잠입한 후 먼저 순천과 평양으로 통하는 덕천의 교량을 폭파할 것이오. 7사단이 어디로 도망치는지 내가 지켜볼 것이오!"

한셴추는 건드리기만 하면 폭발해버릴 것 같은 상태의 제38군에게 이제는 그 어떤 말도 소용이 없다는 사실을 깨달았다.

2차 전역이 시작되기 바로 전날인 11월 24일, 별이 드문드문한 깊은 달밤에 제38군 선발대가 출발했다.

제38군 선발대가 적 후방에 깊숙이 침투한 이 작전은 훗날 중국의 한 영화 제작소에 의해 흑백영화로 제작되었다. 「기습奇襲」이라는 제목의 이 영화는 도시와 농촌에서 여러 해 동안 상영되었다.

당시 량싱추 군단장은 정찰과장 장쿠이인을 지휘소로 불러들였다.

"대원 몇 명만 인솔해 먼저 적진을 뚫어줄 수 있겠나?"

장쿠이인이 엄숙하게 대답했다.

"못할 게 어디 있습니까!"

"그러면 준비 후 즉시 출발하게. 26일에는 반드시 그 교량을 폭파시켜야 하네."

"틀림없이 임무를 완수하겠습니다." 장쿠이인이 대답했다.

제38군의 부군단장 장융후이江擁輝가 지도를 가리키며 장쿠이인에게 말했다.

"무릉리 서쪽에 흐르는 대동강 지류를 가로질러 남쪽에서 덕천으로 통하는 도로가 하나 있네. 그곳에 있는 교량을 26일 아침 8시 전까지 반드시 폭파해야 하네. 예상컨대 그때쯤이면 공격을 받은 적들이 남쪽으로 후퇴하고 있을 것이고, 북쪽에 있는 적들은 증원을 시도할 것이야. 이때를 놓치지 않고 교량을 폭파해야만 주력부대가 덕천의 적을 섬멸할 수 있네."

그리고 마지막으로 장융후이가 물었다.

"오늘 밤 대동강을 건널 수 있겠나?"

"예상치 못한 일이 발생하지 않는다면 할 수 있습니다."

장융후이가 말했다.

"데리고 가는 선발대 숫자가 많아 적군 최전방 진지를 돌파하는 데 어려움이 클 것이네. 그러나 사상자가 발생한다 해도 반드시 돌파해야 하네!"

"알겠습니다!" 장쿠이인이 대답했다.

하지만 장융후이는 선발대가 한국군의 봉쇄를 뚫고 순조롭게 적 후방으로 잠입할 수 있을지 걱정을 떨치지 못했다.

"돌파가 불가능하더라도 필사적으로 싸워서 포로라도 몇 명 생포해 돌아오게."

323명의 선발대는 다수의 공병대원과 소수의 영어 및 한국어 통역관 그리고 길 안내자와 통신병으로 충당된 북한 평안도 내무서 서장과 부서장 등으로 편성되었다. 이들은 필요한 무기 외에도 통신 기구와 폭파 자재를 가지고 길을 나섰다.

팔뚝에 흰 수건을 동여맨 선발대원들은 최전선 부대가 양동작전을 펼치는 틈을 타 어두운 밤에 한국군 진지를 향해 출발했다. 출발한 지 얼마 되지 않아 지원군 사령부가 전신 한 통을 보내왔다. 사령부는 선발대에 무전통신병이 있냐고 물으며, 만약 사고라도 일어나 적군이 무전통신 암호를 알게 된다면 손실이 몹시 클 것이라고 염려했다. 하지만 군단장 량싱추는 선발대에 무전통신병이 없다면 지휘부와 연락할 방법도 없으니 수하의 무전통신병을 한번 믿어보자고 했다. 때마침 폭탄 공격을 받아 전화선이 끊겼고, 이 일은 그렇게 유야무야되었다.

전쟁 중, 특히 큰 전투가 벌어지기 전날 밤에 쌍방이 전세를 가다듬고 공격 개시 명령을 기다리고 있는 상황에서 323명으로 구성된 선발대가 적군에게 들키지 않으면서 적군의 최전방 진지를 뚫고 나가기란 거의 불가능한 일이었다. 돌파해야 할 구역이 미군 진지였다고 해도 량싱추 군단장이 이런 행동을 했을지는 미지수다. 그만큼 한국군은 중국군의 조롱거리 신세였던 것이다.

선발대는 얼마 못 가 철조망으로 봉쇄된 도로를 보고 최전선의 다른 방향으로 틀었다. 그렇게 그들은 한국군의 최전선에서 뚫고 들어갈 빈틈을 찾으며 왔다갔다하기를 반복했지만, 놀랍게도 한국군은 그 어떤 반응도 보이지 않았다. 마침내 선발대는 급경사의 산기슭에서 방어망이 허술한 곳을 발견했다. 아마도 이런 곳까지 사람이 올 리는 없다고 생각해 빈틈없이 방어망을 쌓지 않은 듯했다. 과연 그 산기슭은 경사가 가파르고 무른 토질이라 병사들이 올라가려고 발을 내딛자 곧바로 아래로 미끄러졌다. 아래쪽으로는 작은 하천이 흐르고 있었는데, 미끄러진 병사들이 물속에서 인간 피라미드 쌓기라도 하듯 줄지어 빠졌다. 다시 전진해 최전선 쪽으로 다가가니 또다시 철조망이 세워져 있는 것이 보였다. 한국군 몇 명이 달빛 아래 참호를 파고 있었다. 구름 한 조각이 달을 가린 틈을 타 113사단 정찰과장 저우윈리의 인솔하에 중국군 병사 몇 명이 철조망을 들어올렸다. 대원들이 차례로 허리를 굽혀 철조망 틈새를 통과했다. 세 겹의 철조망을 연이어 통과한 선발대는 한국군을 바로 앞에 두고 숲으로 숨어드는 데 성공했다. 숲속에 들어와 장쿠이인이 인원수를 헤아렸다. 선발대는 한 명의 낙오도 없이 모두 잠입에 성공했다.

다음 단계는 강을 건너는 것이었다. 강의 다리는 이미 적군이 폭파했지만, 선발대는 북한군이 평양에서 후퇴하면서 수면 아래 잠기는 수중교를 설치한 사실을 알고 있었다. 수중교의 위치를 찾으며 선발대는 마치 아군 진지에서 행군하듯 도로를 따라 걸었다. 한국군 병사를 가득 실은 트럭이 정면에서 다가와 적군과 조우하는 듯했지만 트럭은 아무 일도 없다는 듯 선발대를 스쳐 지나갔다. 중국인은 외관상 한국인과 별 차이가 없었고, 어둠 속에서는 복장도 거의 알아볼 수 없었다. 트럭이 지나가자 저마다 손에 안전핀을 뽑은 수류탄을 꼭 쥐고 있던 선발대원들은 긴장한 탓에 온몸이 땀으로 범벅이 되어 있었다. 너무 쉽게 속아 넘어가는 한국군이 이상할 정도였다.

선발대는 고성강이라는 이름의 작은 마을에 도착했다. 수중교가 있는 마을이었다. 고성강에는 한국군이 먼저 들어와 방어하고 있었다. 거리에는 한국군 병사 한 명이 게슴츠레한 눈을 하고 소변을 보고 있었다. 그러다가 맞은편에서 걸어오는 선발대를 보자 급히 몸을 돌려 숙소로 뛰어갔다. 중국군 병사들은 그를 뒤따라 숙소로 들어가 잠자고 있던 적군들을 사살했다. 생포한 포로를 통해서 이미 한국군이 수중교를 발견하고 수비대를 배치한 사실을 알 수 있었다. 선발대의 한 소대가 재빨리 나루터로 뛰어갔다. 강가의 작은 집에는 한국군 병사 몇 명이 모여 도박으로 보이는 놀이에 한창이었다. 저우원리는 북한 통신병에게 일부러 북한말로 큰 소리를 내어 말하도록 시켰다.

"신발 벗고 강 건널 준비를 하라우."

소리가 크면서도 침착해서 한국군 병사들은 뜻밖에도 자기편의 장난으로 여기고 고개도 들지 않은 채 계속 놀이에 열중했다. 강가에 다가갈수록 저우원리의 긴장도 더해갔다. 만약 수면 아래의 다리를 찾지 못하고 물에 들어간다면 틀림없이 한국군들이 이상하다는 눈치를 채고 그들을 발견할 것이기 때문이었다. 저우원리가 수면 위를 바라보자 맞은편 강가로 이어지는 한 줄기 작은 물보라가 눈가에 들어왔다. 발을 물속으로 뻗자 수중교가 맞았다. 어려울 것이라고 예상했던 도하는 그렇게 어린애 장난처럼 끝이 났다.

한국군의 최전선 경계와 대동강 나루터 경비는 그렇게 유명무실했다. 선발대는 다시 몇 리를 더 걸어 작은 마을에 도착했다. 적군과의 교전을 피하고 싶었기 때문에 마을을 돌아 걸었지만 반드시 통과해야 하는 작은 길목에 한국군 병사 한 명이 총을 들고 동초動哨를 서고 있었다. 선발대는 마치 보초병을 보지 못했다는 듯이 계속 걸어갔고, 총을 든 한국군 병사는 길 한쪽으로 밀려나 행군하는 선발대를 멍하니 바라보기만 했다. 그러다 거치적거리는 그가 짜증이 났는지 중국군 병사 한 명이 아예 어깨로 밀쳐 길옆 도랑으로 빠뜨렸다. 그 병사는 도랑 반대편으로 기어올라간 후에도 여전히 멍하니 선발대 대열을 바라보았다. 그러다 갑자기 총성이 울려 퍼졌다! 원래 선발대는 마을로 들어가 길을 안내해줄 현지인 한 명을 붙잡을 생각이었지만 적군에게 발각되자 교전을 시작했다. 선발대는 돌진하려 했으나 적군이 기관총을 발사해 도로에서 꼼짝할 수가 없었다. 선발대는 적군에게 노출되고 말았다. 장쿠이인은 이 상태로 교전을 계속하면 안 된다는 것을 알고 있었다. 그는 즉시 부대원들에게 적군에게서 도주해 도로에서 벗어나 산 위로 몸을 피하라고 명령했다. 한국군 병사들이 무슨 일이 벌어졌는지 알아차리기도 전에 선발대는 어둠이 짙은 산속으로 사라졌다. 그날 새벽 2시부터 아침 8시까지 선발대는 고목들이 하늘을 찌를 듯 솟아 있는 큰 산을 쉬지 않고 올라 정상에 도달했다. 한밤중에 강을 건널 때 젖은 솜바지와 신발이 이제는 얼음처럼 꽁꽁 얼어 있었다. 병사들은 비상식량을 먹으며 젖은 바지를 햇볕 아래 널어 말렸다. 무전기로 이미 부대와 연락을 취해 지난밤 전황과 수중교의 위치를 보고했다.

바지를 말리며 따뜻한 햇볕을 쬐자 참을 수 없는 졸음이 몰려왔다. 대원들은 차례로 꾸벅꾸벅 졸기 시작했다.

선발대의 목표 지점인 무릉리까지는 아직도 70킬로미터를 더 가야 했다. 산 밑의 도로에는 한국군 군용차들이 왔다갔다하고 있어 한낮의 이동은 위험부담이 매우 컸다. 오후 2시가 되자 선발대는 다시 출발해 산간의 작은 길에 들어섰다. 가시나무가 제멋대로 자라 있는 데다 썩은 나무들이 쓰러져 있어 길을 열어가며 전진했다. 선발대는 해 질 녘까지 쉬지 않고 걸음을 재촉했다. 그리고 황혼 무렵, 북쪽에서 포성이 울려왔다. 고개를 돌려 바라보니 덕천 상공이 포화로 온통 빨갛게 물들어 있었다. 중국군의 2차 전역이 시작된 것이다.

선발대의 중국군 병사들은 공세가 일단 시작되기만 하면 한국군이 벌집을 쑤신 것처럼 후퇴할 것이므로 더 빨리 이동하지 않으면 퇴로를 차단할 수 없다는 것을 알았다.

11월 25일 어둑해질 무렵, 제39군의 3개 사단이 공세를 개시했다.

공격을 시작할 때, 112사단의 장병들은 극도로 피로한 상태였다. 그들은 1차 전역 후 적을 깊숙이 유인하는 임무를 맡았으며, 사단의 주력부대로서 북진하는 유엔군을 교대로 공격했다. 이들은 공격과 철수를 거듭하면서 펑더화이가 지정한 지점까지 유엔군을 유인하는 데 성공했다. 25일 오후, 막 걸음을 멈춘 112사단에 즉시 진격하라는 명령이 떨어졌다. 공격과 철수를 반복하며 걸어온 길을 되돌아가야 한다는 것이었다. 사단 전체가 며칠 밤을 걸어 형제봉이라는 높은 산을 다시 한번 넘고 덕천의 서쪽으로 우회해 포위해야 했다. 전진하라는 명령이 긴급하게 내려왔으므로 중대의 간부들도 행군하면서 작전에 동원되어야 했다.

"적을 포위하기 위해 산을 오른다. 산만 넘으면 승리는 우리 것이다!"

112사단은 이런 구호를 외치며 행군을 계속했다.

사단장 양다이楊大易는 부하들에게 "적과 마주치거든 소수의 인원만 적과 대치하고 나머지는 계속 돌파하라. 전과에 연연해 계속 싸우려는 자들은 그 책임을 물을 것"이라는 명령을 내렸다.

덕천의 서쪽은 한국군 제7사단과 미 제25사단 그리고 터키군 여단이 인접한 지대였다. 여러 부대가 뒤엉킨 데다 중국군의 정면공격이 시작되자 적군 조직은 혼란이 가중되었다.

빠른 속도로 도로 위에 그 모습을 드러낸 112사단은 정면에서 다가오는 트럭 행렬의 불빛을 발견했다. 부사단장 리중신李忠信은 적군에게 발각되었다고 판단하고 교전을 개시하라는 명령을 내렸다. 짧은 전투 끝에 노획한 트럭에 실린 것은 적군이 아니라 산 닭이었다. 이런 시기에 한국군이 왜 이렇게 많은 닭을 전방으로 운송하는지 모를 일이었다. 뱃속이 텅 빈 중국군 병사들 머릿속은 금세 푹 고은 닭고기로 가득 찼다. 그들은 우선 한 끼 먹고 나서 다시 전진하자고 했지만 사단장 양다이는 단호하게 거절하며 무조건 전진하라고 명령했다. 중국군 병사들은 생포한 한국군의 손발을 묶어 산골짜기에 버려두었다. 생포한 미군 고문 몇 명은 두고갈 수 없어 부대를 따라 걷게 했으나 아무리 말해도 걷지 않으려 해서 중국군 병사들이 맞들고 걸었다. 이렇게 112사단은 11월 26일 새벽 5시에 덕천 서쪽의 운송리를 점령하고 한국군 제7사단의 퇴로를 차단하는 데 성공했다.

덕천 남부를 돌파하는 임무를 맡은 제38군 113사단은 112사단이 행동을 개시한 지 30분 뒤에 움직이기 시작했다. 그들은 한국군 제7사단과 제8사단이 인접한 지역에서 노선을 뚫어야 했는데, 그곳의 방어는 더더욱 취약했다. 113사단은 1차 전역에서 임무를 완벽하게 수행하지 못했기 때문에 사단 전체가 엄청난 심리적 압박을 받고 있었다. 이런 이유로 행동이 개시되자 강력하게 밀고 나갔다. 모든 연대는 2개 대대로 선발대를 구성해 돌격했다. 길에서 전진을 방해하는 적군과 마주쳐도 한 차례 돌격하면 교전은 끝이 났다. 밤늦게 도착한 대동강변에서는 배고픈 호랑이가 먹잇감을 덮치듯 강가에서 불을 쬐고 있던 적군을 남김없이 사살하고 재빨리 강을 건넜다. 사단장 장차오江潮와 정치위원 위징산于敬山은 솜바지와 신발, 양말을 벗고 가장 먼저 강물 속으로 걸어들어갔다. 그러자 병사들도 그들을 따라 뼛속까지 한기가 스며드는 차가운 강물 속으로 들어가기 시작했다. 강물에 떠다니는 부서진 얼음조각들이 급류를 타고 큰 소리를 내며 부딪쳤다. 추위가 골수까지 파고들자 호흡곤란이 오기 시작했다. 강을 건너던 병사 중에는 하오수즈郝淑芝라는 이름의 여전사가 있었다. 하오수즈는 유달리 고생을 잘 참고 자신도 힘든 상황에서 부상병까지 정성껏 보살펴 사단 장병들의 존경을 받았다. 그날 밤, 그녀는 다른 병사보다 비상식량 하나를 더 등에 진 채 솜바지를 벗고 새카만 강물을 건넜다. 한국에 들어온 뒤부터 그녀는 줄곧 다른 사람보다 비상식량 하나를 더 지고 다녔다. 중요한 순간에 부상병들이 배를 곯지 않도록 하기 위해서였다. 338연대의 후위를 맡은 것은 1중대였다. 앞서 간 취사반이 이미 강을 다 건너 육지에 올라서고 뒤따라간 3개 소대는 아직 입수하기 전, 갑자기 어둠 속에서 "적이다!"라고 외치는 소리가 울렸다. 1개 대대 정도 되어 보이는 한국군 병사들이 나루터를 향해 돌진해오고 있었다. 중대의 장병들은 주저 없이 적군을 향해 돌격했다. 강의 중간쯤을 지나던 소대 하나도 물속에서 몸을 돌려 사격을 개시했고, 3개 소대도 강 북쪽에서 기관총을 발사했다. 중대장이 소리쳤다.

"적군을 생포하라! 공적을 세울 때가 왔다!"

병사들도 소리 높여 응답했다. 취사반 병사들마저 식칼과 멜대를 들고 적군을 향해 돌진했다. 중국군 병사들이 바로 앞까지 돌진했을 때 한국군 병사들은 심장이 떨리는 광경을 목격했다. 그 추운 칠흑 같은 밤에 그들을 향해 달려든 중국군은 바지를 안 입고 있었던 것이다! 하반신에 맨다리를 드러낸 중국군 병사들은 온몸에 얼음이 얼어 있었다. 두툼한 외투를 입고 있던 한국군 병사들은 순간적으로 닥친 극도의 공포감 속에서 타살된 자 외에 생포된 자가 140여 명에 이르렀다.

113사단은 강을 건넌 뒤 예정된 곳으로 신속히 전진했다. 덕천으로 가는 도로는 한국군 제7사단의 수색중대와 경비중대가 봉쇄하고 있었다. 338연대 3대대의 선봉대는 적군의 후방으로 우회해 수류탄을 투척했고, 한국군은 뿔뿔이 흩어졌다. 중국군 병사들은 긴장을 풀지 않고 바짝 쫓아가서 약 50명의 한국군을 생포했다. 나머지 패잔병들은 흔적도 없이 자취를 감췄다. 교전이 끝났을 때 한국군이 소고기를 삶고 있던 도로변의 솥에서는 아직 김이 모락모락 피어오르고 있었다.

11월 26일 오전 8시, 113사단은 덕천 남부의 차일봉과 갈동 등 요지를 점령해 덕천과 영원 간 적군의 연락을 차단했으며, 적군이 남쪽으로 도주할 퇴로도 차단했다.

최후의 행동은 덕천에서 정면공격의 임무를 맡은 제38군 114사단의 몫이었다. 11월 25일 밤 8시, 정면 강공을 개시한 114사단은 한국군 제7사단의 방어지역을 직접 공격했다. 공격은 막힘없이 진행되었다. 이튿날 새벽 5시, 340연대가 향당동 북산을 점령했고, 오전 9시에는 철마산과 삼봉 지역을 점령했다. 341연대도 발양동 진지를 점령했다.

이때 한국군의 포화가 아주 맹렬한 양상으로 바뀌었다. 114사단을 따라 전진하던 부군단장 장융후이는 적군의 포병진지를 처치하라고 명령을 내렸다. 341연대 2대대는 쏟아지는 포화를 헤치고 한국군의 포병진지에 다가갔다. 새벽 4시, 2대대가 공격을 시작했다. 4중대는 지휘소를 덮치고 5중대는 지휘소와 진지의 연락을 차단했으며, 6중대는 직접 포병진지를 공격했다. 결국 한국군은 전부 섬멸되었고 증원부대로 투입된 1개 연합부대도 격멸되었다. 이 전투에서 중국군은 차량 50대와 곡사포 11문을 포획했다. 11월 26일 오전 11시, 114사단은 덕천 북부의 두명동과 마상리 지역을 점령함으로써 덕천의 적군을 진압하라는 임무를 완수했다.

같은 날인 26일 아침, 장쿠이인이 인솔한 선발대는 대동강을 건넌 뒤에도 속도를 늦추지 않고 신속하게 70킬로미터를 전진해 목적지인 무릉리 인근에 도착했다. 북한 노인 한 명과 처녀 한 명의 안내를 따라 작은 마을을 지난 후, 선발대는 량싱추 군단장이 폭파하라고 명령한 다리를 발견했다. 다리 옆 마을 사람들은 지원군이 덕천을 해방시켜줄 것이라는 말을 듣고 여자들은 선발대에게 밥을 해주고 남자들은 선발대를 도와 밧줄과 사다리를 찾아 나섰다. 오전 7시 50분, 거대한 폭발음이 무릉리에 울려 퍼지면서 다리가 폭파되었다.

다리를 폭파한 중국군 병사들이 자리를 뜨기도 전에 북쪽 도로에서 군용차량과 전차들이 줄지어 내려왔다. 덕천의 적군이 남쪽으로 후퇴하기 시작한 것이다. 선발대는 그 즉시 적과 교전을 시작했다. 전투는 다리 주변에서 집중적으로 이뤄졌다. 적군은 다리를 다시 복구하기 위해 기를 썼고, 장쿠이인의 선발대는 이를 막으려 필사적으로 싸웠다.

이때 한국군 제7사단의 주력 5000여 명은 중국군의 공격에 밀려 10여 제곱킬로미터에 지나지 않는 좁은 덕천 골짜기 구역에 몰려 있었다.

제38군 군단장 량싱추의 계획은 11월 26일까지 덕천을 함락하는 것이었다.

가능한 한 빨리 덕천의 적군을 제거하기 위해 제38군은 덕천을 포위한 뒤 오후 3시에 총공세를 개시했다. 3개 사단이 삼면에서 일제히 맹렬한 공격을 퍼부었다. 포위망이 점점 좁혀짐에 따라 한국군은 이리저리 부딪치며 허둥거렸다. 중국군과 한국군이 한데 섞여 전투를 벌이고 있었기 때문에 공중지원을 위해 투입된 미군 비행기도 폭탄을 투하하거나 기관총을 난사할 수 없었다. 궤멸된 한국군을 구할 뾰족한 수가 없는 가운데 미군 비행기는 상공에서 빙빙 돌기만 했다. 병사 17명을 인솔하던 112사단 336연대 5중대의 지도원 허우정페이侯徵佩는 도로에서 밀물처럼 밀려오는 한국군 패잔병들과 마주쳤는데 족히 2000명은 되는 것 같았다. 17명의 중국군은 전혀 두려워하는 기색 없이 맹렬히 사격을 가했다. 고개를 떨구고 도망가던 한국군 병사들은 다른 방향에서도 총알이 쏟아지자 이리저리 도망치다가 무너졌다. 그날 허우정페이 수하 17명 병사가 사살 또는 부상을 입히거나 포로로 잡은 한국군 병사들만 해도 200여 명이나 되었다.

한국군 부대의 지휘체계가 완전히 무너져 혼란에 빠진 패잔병이 되자 예상치 못한 일이 적잖이 발생하기도 했다. 중국군 112사단은 지휘소를 작은 마을에 설치했는데, 사단장 양다이가 전선 지휘소를 방문하기 위해 자리를 비웠을 때 부사단장 리중신은 지휘소 내 작은 방에서 전황 보고서를 작성하고 있었다. 그때 전화벨이 울렸다. 수화기를 드니 통신병이 낮은 목소리로 말했다.

"부사단장님, 말씀 마시고 듣기만 하십시오! 적군이 무리를 지어 지금 부사단장님이 계신 곳으로 가고 있습니다!"

말이 채 끝나기도 전에 부상당한 정치위원이 비틀거리며 안으로 들어왔다. 적군이 가까이 있다는 증거였다. 리중신이 밖을 살펴보니 적군들이 바로 지휘소 입구에 앉아 쉬고 있었다! 지휘소에는 미군 포로를 지키는 호위분대만 자리를 지키고 있을 뿐 병사는 한 명도 없는 상태였다. 리중신은 즉시 호위분대에 지휘소 뒤쪽의 산봉우리를 점령하라고 명령한 다음 나팔수에게는 나팔을 불어 신호하도록 명령했다. 나팔이 울리자 부사단장은 권총을 들고 문을 박차고 뛰어나갔다. 문 입구에 있던 적군들은 놀라 머리를 감싸고 줄행랑을 쳤다. 미군 포로들이 이 틈을 타서 도망가지 않을까 걱정이 된 리중신이 고개를 들어 산을 바라보자 수천 명의 한국군이 산을 넘어가고 있는 모습이 보였다. 그들 머리 위에서는 수십 대의 미군 비행기가 도주를 엄호하고 있었다. 리중신은 즉시 336연대 1대대에 한국군의 퇴로를 막으라는 명령을 하달했다. 1대대가 돌격해 발포하기 시작했다.

혼전 중, 113사단 338연대 8중대는 한국군 제7사단의 미군 고문단과 조우했다. 중국군 병사들이 달려들어 미국 고문단을 쓰러뜨리고 격투를 벌여 대부분을 섬멸하고 미군 고문 8명을 생포했다. 포로가 된 고문 8명은 대령 1명, 중령 1명, 소령 6명이었다.

전투는 저녁 7시까지 계속되었다. 소수만 탈출에 성공했을 뿐 한국군 제7사단의 대부분은 덕천에서 섬멸되었다. 덕천전투에서 한국군은 사상자 1041명과 포로 2078명을 내고 화포 156문과 차량 218대를 손실하는 등 막대한 손실을 입었다.

밤이 되자 지원군 부사령관 한셴추는 제38군 군사정치위원 류시위안劉西元과 함께 불바다로 변한 덕천 시내에 진입했다. 시가지 곳곳에 포로와 화포, 총기, 차량이 널려 있었고, 그밖에도 각종 물자가 산처럼 쌓여 있었다.

날이 밝자 미국 ABC 방송국의 아나운서는 덕천의 전황을 이렇게 보도했다.

"대한민국 군대 제2군단이 섬멸당했습니다. 중국군의 맹렬한 공격을 받아 24시간이 채 되지 않는 짧은 시간에 제2군단은 더 이상 존재하지 않는 부대가 되었습니다. 그들은 흔적조차 남기지 않고 사라져버렸습니다."

중국군 제42군 군단장 우루이린은 한쪽 다리에 부상을 입은 뒤로 '절름발이 우장군'이라 불렸다. 백전노장으로 명성이 자자한 그는 한반도 동부에서 벌어진 한국전쟁 첫 번째 전투에서 민첩한 기동력과 신념을 굽히지 않는 지휘관의 풍격을 보여주었다. 11월 23일 새벽, 지도를 꼼꼼히 살피던 그는 한셴추가 제38군에서 건 전화를 받았다. 한셴추는 제38군이 단독으로 덕천 공격 임무를 수행하겠다고 하니 제42군의 기존 작전계획에도 다소 변경 사항이 있겠다고 말했다. 그 말을 듣자마자 우루이린은 곧장 이렇게 생각했다.

'량 앞니!량싱추의 앞니가 튀어나와 붙여진 별명 지난 1차 전역 때 희천에서 흑인연대에 겁먹어 펑 총사령관에게 된통 혼나더니, 2차 전역 때 체면을 살려보려는 심산이군. 그것도 좋겠지. 나는 집중적으로 영원과 맹산을 공격해서 한국군 제8사단을 깔끔하게 해치워 보이겠어, 체면을 세울 일을 량 앞니 혼자서 독차지하게 할 수는 없지!'

우루이린 군단장과 정치위원 저우뱌오는 또다시 적의 상황을 정리하고 제42군의 새로운 작전계획을 확정했다.

제42군 정면에 있는 적은 한국군 제8사단이었다.

제42군이 취한 전법은 기동전으로 적을 섬멸하고, 우회해서 적을 분산시키는 것으로 구체적 계획은 다음과 같았다. 125사단이 정면공격부대가 되어 영원에서 정면돌파를 실시해 한국군 제8사단 10연대의 1·3대대와 21연대의 1·2대대를 섬멸하고 풍전리·송정리·봉덕산 일대를 점령한다. 126사단은 용덕리와 남중리를 점령해 영원의 적군이 후퇴할 퇴로를 차단하고, 맹산과 북창리에서 북진해 지원할 가능성이 있는 적을 저지함과 아울러 맹산을 점령한다. 124사단은 영원 동남부의 석막리 일대로 우회한 뒤에 북쪽으로 진격해 영원을 공격한다.

측면에서 적을 우회하는 공격은 11월 25일 황혼 무렵에 개시되었다. 한셴추는 제42군단 지휘소로 와서 맹산과 영원에서 한국군 제8사단을 처치한 후 즉시 순천 방향으로 진출해야 한다고 특별히 지시했다.

우루이린 군단장은 다리를 절면서 부하들의 만류에도 불구하고 영원의 북쪽에 솟은 산꼭대기에 올랐다. 산에는 눈이 무릎까지 쌓여 있었다. 군단장은 가쁜 숨을 몰아쉬며 망원경으로 그의 부대가 곧 공격할 영원을 바라보았다. 이 시골 마을은 전쟁으로 이미 폐허가 되었고, 무너진 집들은 하얗게 쌓인 눈 아래서 더욱 검게 보였다. 서쪽으로 흐르는 하천에서는 폭탄으로 산산조각 난 얼음덩어리들이 서로 부딪쳐 큰 소리를 내면서 떠내려갔다. 우루이린 군단장과 함께 올라온 125사단 사단장 왕다오취안王道全이 하천을 가리키며 말했다.

"저 하천은 초나라와 한나라의 경계였던 '초하한계楚河漢界'와 마찬가지입니다. 하천 서쪽의 한국군 제7사단은 제38군이 맡고, 하천 동쪽은 우리가 맡는 것이지요."

우루이린이 대답했다.

"돌격대를 보내 영원으로 뚫고 들어가서 적군 8사단의 주력부대 10연대 지휘소를 없애버리게. 먼저 그들의 심장을 파버리는 거야!"

124사단과 126사단은 전진을 시작했지만 길이 비좁아 지정한 시각에 출격 위치에 도착하지 못했다. 목적지를 향해 계속 전진하는 동안 날이 밝아 결국 미군 정찰기에 발각되고 말았다. 20여 대의 미군 비행기가 폭탄을 투하하고 기관총을 난사하기 시작했다. 부대원들은 신속히 전진하려 했으나 계속 몸을 숨기면서 움직여야 했으므로 속도가 나지 않았고 사상자도 생겨났다.

그럼에도 불구하고 어스름해지자 제42군은 한국군 제8사단을 향해 예정된 시각에 맞춰 공격을 개시했다.

정면공격을 맡은 125사단은 밤 11시에 출격했다. 375연대는 적군 진지를 연달아 함락하고 영원의 서부까지 공격해 들어갔다. 373연대는 두 갈래 길로 진격했다. 연대장 리린李林은 마담리와 직리로, 정치위원은 마토리로 직접 통하는 길로 진격해 주공격 부대인 374연대의 좌우 양익을 확보했다. 374연대 또한 연대장과 정치위원의 인솔하에 둘로 나뉘어 각기 다른 방향에서 영원 외곽으로 돌격했다.

우루이린이 보낸 '심장을 파버릴' 돌격대는 125사단의 374연대 1대대였다. 돌격대 중에서도 핵심은 부대대장 쑨셴산孫先山이 인솔하는 3중대였다. 야간 전투에 뛰어난 부대로 명성이 높은 3중대 병사들은 한밤중에 물 만난 물고기처럼 민첩하게 행동했다. 외곽을 소탕하는 전투에서 그들은 적군과 10미터도 안 되는 거리까지 몰래 다가가 비수로 보초병을 살해했다. 적군이 공격에 반응할 새도 없이 3중대는 포화의 지원을 받으며 맹렬한 기세로 돌격했다. 한국군은 황급히 잠시 저항하다가 곧 진지를 버리고 남쪽으로 달아나기 시작했다. 566고지를 공격하자 한국군은 격렬히 저항했다. 고지 전체에 백병전의 고함소리가 울려 퍼졌다. 류 동지劉同志라 불리는 3중대 2소대 소대장은 병사들을 이끌고 적군과 교전하던 중 땅딸막한 한국군 병사와 대치했다. 땅딸막한 병사가 고함을 치자 두 명의 한국군 병사가 더 튀어나왔고, 류 동지는 세 명의 적군에게 포위되었다. 하지만 그는 산전수전을 다 겪은 노련한 병사였다. 국공내전에서는 두 차례 큰 공을 세우기도 했고, 특히 총검술로 전 사단에 이름을 날린 그였다. 류 동지는 고함을 지르지 않았다. 대신 얼굴색 하나 변하지 않은 채 상대의 빈틈을 파고들어 땅딸막한 적군의 등에 총검을 찔렀다. 무척 깊게 찔러서인지 총검이 단번에 빠지지 않았다. 남은 두 명의 적군이 그를 향해 칼을 들이대며 다가왔다. 류 동지는 적군의 등에 박힌 총검에서 손을 떼고 몸을 돌리면서 순식간에 상대의 총을 빼앗았다. 그는 상대가 멍해진 그 순간을 놓치지 않고 다시 한번 적군을 쓰러뜨렸다. 그러자 마지막 남은 적군은 머리를 돌려 도망쳤으나, 류 동지가 바짝 뒤쫓아가 한칼에 격투를 끝냈다. 566

고지를 함락한 뒤 3중대는 한국군 1개 중대의 저지를 돌파하고 마치 한 자루의 날카로운 칼처럼 단숨에 영원 시내로 뚫고 들어갔다. 전쟁으로 만신창이가 된 작은 도시는 시커먼 어둠에 묻혀 있었다. 사방에서 들려오는 귀를 찢는 듯한 총포 소리에 비하면 시내는 조용한 편이었다. 2층짜리 작은 건물 주변에 다다른 3중대 병사들은 건물 안에 사람이 있는 것을 발견했다. 영어를 쓰는 사람들이었다. 3중대는 즉시 공격하기 시작했다. 짧은 교전 끝에 건물 안의 적들이 창문 밖으로 항복을 표하는 하얀 수건을 내밀었다. 전과를 꼼꼼히 확인하던 중국군 병사들은 놀라지 않을 수 없었다. 건물 안에는 총 17명의 미군이 있었고, 그중에는 여군도 몇 명 섞여 있었다! 그들은 모두 미 제3사단 소속으로 일요일을 보내러 횡천리에서 왔다고 했다. 알고 보니 그 2층짜리 건물은 무도장舞蹈場이었다. 그제야 중국군 병사들은 그날이 전 세계인들이 모두 휴식을 취하는 일요일이라는 사실을 알았다.

같은 시각, 부대대장 쑨셴산은 이미 수하 병사들에게 한국군 제8사단 10연대의 지휘소를 포위하라는 명령을 내렸다. 중국군이 그곳에 나타날 줄은 꿈에도 몰랐던 10연대 연대장과 장교 30여 명은 모두 생포되었다.

전투는 날이 밝을 때까지 계속되었다. 374연대의 선봉대는 97명의 사상자를 내는 대가로 적군 194명을 사살하고 223명을 생포했다. 또한 화포 15문과 각종 총기류 150여 정을 노획했다.

10연대는 한국군 제8사단의 주력연대로 영원 방어를 맡고 있었다. 하지만 지휘부가 통째로 없어졌으니 어떻게 지킬 수 있겠는가? 영원의 한국군은 사방으로 흩어져 도망가기 시작했다.

우회 임무를 맡은 124사단은 중리 남산에서 더 이상 진격하지 못하고 도로 한가운데서 옴짝달싹 못하고 있었다. 376연대가 두 시간 동안 중리 남산을 공격했지만 전투는 끝나지 않았다. 우루이린은 초조한 마음에 화가 머리끝까지 치밀었다. 그의 엄명으로 사단 참모장이 직접 지휘에 나서고 9정의 중기관총을 집중 발사했다. 또 병력을 강화해 우회도로를 막고 있는 적에게 맹렬한 공격을 퍼부은 결과, 돌파에 성공해 길을 뚫을 수 있었다. 가장 멀리까지 뚫고 들어간 376연대 2대대는 희미하게 날이 밝을 때쯤에는 덕화리까지 도달했다. 대대장은 병사들에게 재빨리 식사를 하라고 명령했다. 막 식사를 하고 있는데 갑자기 한 무리의 한국군 병사들이 뛰어왔다. 2대대가 아군이라고 착각하고 배를 채우기 위해 뛰어온 것이다. 그들은 자신들이 포로가 되었다는 사실을 알고서도 총을 한쪽에 버려둔 채 여전히 먹는 데 전념했다. 2대대는 그렇게 200여 명의 한국군을 생포했다.

124사단 370연대는 한밤중에 석막리에 도착해 한국군 제8사단 21연대의 기관총중대를 섬멸했다. 반면 2대대는 예정된 시각에 맞춰 지정된 장소에 도착하지 못했기 때문에 한국군 21연대 보병중대는 전부 도망칠 수 있었다.

영원 서남쪽으로 진격한 선봉대는 124사단 372연대의 2대대 4중대였다. 이들은 두상동이라는 곳에서 자신들을 향해 다가오는 지프 한 대와 마주쳤다. 4중대 장병들이 길을 막아서자 지프에서 2명의 한국군 장교가 뛰어내리며 뭐라고 소리쳤는데, 통역원이 이런 말이라고 옮겨주었다.

"중국군은 어디에 있는가?"

4중대 장병들이 큰 소리로 대답했다.

"중국군은 바로 여기 있다!"

4중대는 그들을 생포한 뒤 간단한 심문 끝에 영원에서 도망친 한국군 무리가 곧 그곳에 도착할 것이라는 사실을 알게 됐다. 4중대는 즉시 도로 양쪽의 감제고지를 점령하고 적이 나타나기를 기다렸다. 얼마 지나지 않아 도로에 눈부신 차량 불빛이 나타났다. 패잔병들이었다. 4중대 병사들은 차가 가까이올 때까지 기다렸다가 앞뒤 방향에서 동시에 공격을 가하고 적군의 허리를 차단했다. 한국군은 차를 버리고 필사적으로 도망쳤으나 결국 4중대에게 포위되고 말았다. 교전이 끝난 뒤 중국군 병사들은 뜻밖에도 지프에 식품과 과자,

통조림 등이 잔뜩 실려 있는 것을 발견했다. 생전 처음 보는 맛있는 음식도 있었다. 2대대 대대장 쿵주싼孔祝三이 명령을 내렸다.

"각 중대에 통지한다. 차에 실린 맛있는 것들을 챙겨라! 챙길 수 있는 만큼 다 챙기도록!"

통신병이 즉각 '차에 실린 맛있는 것들을 챙기라'는 명령을 각 중대에 전달했다.

하지만 중국군 병사들이 가져가지 못한 것이 있었으니, 바로 한국군이 버리고 간 자동차와 대포들이었다. 중국군 중에는 자동차를 운전할 수 있는 사람이 드물었다. 또 대포는 사람이 아무리 힘껏 밀어도 꿈쩍도 하지 않았기 때문에 가져갈 수 없었던 것이다.

날이 밝자 여느 때와 다름없이 미군 비행기가 나타났다. 비행기는 저공으로 몇 차례 선회한 뒤 한국군 제8사단이 이미 붕괴된 것을 확인하고는 곧 중국군이 가져가지 못한 것들에 폭격을 가하기 시작했다. 도로는 금세 화염에 휩싸였다. 중국군은 자동차와 대포들이 순식간에 고철 덩어리로 변하는 모습을 가슴 아프게 지켜봤다.

마오쩌둥과 펑더화이가 작전 개시 전에 예상했던 것과 같이 유엔군 전선의 우익은 하루 만에 완전히 붕괴되었다.

비참한 '베이커중대'와 '까만 미국인'

　미 제2사단 제9보병연대 3대대의 베이커중대B중대는 제8군의 대부분 중대처럼 총 129명의 장교와 사병으로 구성되었으며, 흑인과 백인, 신병과 고참병이 섞여 편성되었다. 미군 전쟁사료에 따르면, "그중 버지니아 주 사우스보스턴 출신의 소총수 월터 크로퍼드Walter Crawford 하사는 17세밖에 되지 않았다." 또한 중대에는 한국전쟁에서 전개하는 작전에 수월하게 적응할 수 있도록 10여 명의 한국군 병사가 배치되었다.

　1950년 11월 25일 새벽, 베이커중대 장병들은 이날도 선두부대로 맨 앞에서 전진해야 한다는 것을 알고 불만에 가득 차 있었다. 당시 미군들 사이에서는 "선두부대는 무조건 중국군과 마주치게 될 것"이라는 말이 유행처럼 번지고 있었다. 베이커중대는 매번 선두에서 가장 먼저 교전을 벌였다. 베이커중대 장병들은 지휘관이 자신들이 쓸모없어지면 곧 내다 버릴 것처럼 하찮게 여긴다고 생각했다.

하지만 사실 베이커중대는 청천강에 도착한 이래 진정한 의미의 교전을 벌인 적이 없었다. 산발적으로 소규모 저항을 한 것 외에는 아직 중국 군대의 그림자도 본 적이 없었다.

11월 25일, 출발을 앞둔 베이커중대의 중대장 윌리엄 월리스William C. Wallace 대위는 정찰기 조종사의 보고를 받았다. 주요 내용은 이전과 마찬가지로 "적의 흔적을 발견하지 못했다"는 것이었다. 그날 베이커중대가 가야 할 목적지는 북쪽으로 10킬로미터 떨어진 청천강의 219고지였다.

전장을 향해 행군하면서 베이커중대의 장병들은 오늘도 별다른 교전은 없을 것이라고 믿어 의심치 않았다. 크리스마스에는 고향에 돌아갈 수 있다고 한 맥아더의 말은 아주 매력적으로 들렸다. 게다가 맥아더가 직접 압록강 상공을 비행한 일을 미군 장병들도 모두 알고 있었다. 장병들은 이렇게 말했다.

"그 노인네 여전히 멋지단 말이야. 만약 노인네가 탄 비행기가 추락했다면 중국 사람들은 노인네의 옥수수파이프를 스탈린에게 갖다 바쳤을 거야. 스탈린도 파이프를 좋아한다니까 말이야."

날씨는 추웠지만 하늘은 더없이 파란 날이었다. 그즈음 계속 그랬듯 베이커중대 장병들은 무거운 철모를 던져버리고 막 배급받은 따뜻하고 가벼운 털모자를 썼다. 병사들은 탄약도 많이 지니고 다니기 싫어서 1인당 수류탄 1발, 탄알 16발만 휴대했고, 중대가 보유한 기관총탄과 박격포탄도 각각 4상자와 61발이 전부였다. 이는 규정된 탄약 휴대량의 최저치였다. 병사들 가운데 절반 정도는 토목 작업에 필요한 도구를 여전히 휴대하고 있었지만, 나머지 절반은 짐스럽게 여겨 버린 지 오래였다. 텅 빈 배낭은 가볍고 아주 편안했다. 먹을 것은 한국 노동자들이 갖다줄 것이었다. 중대 통신병은 귀찮다며 한 대 있는 야전용 전화기마저 연결하지 않았다. 그는 설사 교전이 일어난다 해도 포병 관찰을 위해 행군 도로에 깔아놓은 전화선에 전화기를 연결해 몇 마디 하면 될 것이라고 생각했다.

베이커중대의 2개 소대 병사들이 M-4 전차 4대와 M-16 다용도 자주포 2대에 분승했고, 나머지는 도보로 뒤따랐다.

산길은 구불구불하고 평탄치 않았으며, 행군 대오는 느리고 산만했다. 머리 위에서는 햇볕이 내리쬐고 사방은 쥐 죽은 듯 조용했다.

219고지는 U자형의 작은 산이었다. 키 작은 잡목들로 덮인 산은 북쪽으로는 경사가 완만했지만 남쪽은 가파른 낭떠러지였다. 이 고지는 청천강변의 요지로서 북쪽으로 난 도로를 통제할 수 있어 한반도 북부로 진입하기 위해서는 반드시 우선해서 통제해야 할 감제고지였다.

월리스 대위는 고지의 서쪽 산기슭에서 위쪽을 관찰하고 있었다. 고지에는 정적이 감돌았다. 부드럽게 이는 바람에 마른 잎들이 흔들렸고 지난밤 추위에 얼었던 까마귀 몇 마리만이 햇볕에 몸을 녹이고 있었다. 월리스 대위는 별다른 이상 징후가 없다고 단정하고 이 고지를 점령하라는 명령을 내렸다.

베이커중대는 북쪽으로 난 완만한 경사를 따라 산을 오르기 시작했다. 2소대 1분대가 선봉대로 가장 앞쪽에 섰고, 중대의 주력부대도 선봉대와 약 10미터 거리를 두고 뒤따라 올라갔다. 천천히 한 시간쯤 올라가 1분대가 산 정상에 근접했다. 정상을 20미터 앞에 두고 병사들은 잠시 멈춰 서서 휴식을 취하며 땀을 닦았다. 로런스 스미스Lawrence Smith, Jr. 병장과 로버트 키조너스Robert A. Kjonaas 중위는 땀을 닦다가 무의식중에 위를 올려다보았다. 그 순간 그들의 눈에 들어온 것은 머리 위로 우박처럼 쏟아져 내려오는 수류탄이었다. 놀란 나머지 둘의 입이 떡 벌어졌다. 수류탄은 미군 병사들 사이에 떨어져 폭발했고 이어서 총알이 날아왔다.

순식간에 베이커중대 병사들의 피와 살이 사방으로 찢겨 흩어졌다. 중대장 월리스가 외쳤다. "적이다!"

전 중대가 한꺼번에 219고지 위에 엎드렸다. 상처를 싸매고 있는 1분대 병사들을 향해 기어가던 중대장 월리스는 중국군 몇 명의 그림자가 잡목림 속에서 번뜩이듯 움직이는 것을 보았다. 윌리스가 질겁하며 눈을 크게 뜨자 중국군은 또 보이지 않았다.

순식간에 일어난 일이라 베이커중대는 총알 한 발도 응사하지 못했다.

11월 25일 오전 10시 30분에 일어난 일이었다.

총소리가 갑자기 멎었다. 베이커중대는 즉시 두 길로 나눠 공격태세에 들어갔다.

2소대 정면에서 공격을 퍼부었던 중국군은 사라진 듯했다. 2소대는 작은 봉우리에 도달했지만 바위투성이의 산꼭대기에는 기관총 진지가 될 만한 곳이 없었고, 전차들도 봉우리에 가로막혀 지원을 하지 못하는 상황이었다. 미군 병사들이 어찌할 바를 몰라 주저하고 있을 때 더 높은 봉우리의 수풀 속에 숨어 있던 중국군이 사격을 개시했다. 셀 수 없이 많은 수류탄과 총알이 쏟아져 순식간에 2소대의 사상자는 18명으로 늘어났다.

다른 방향에서 진격했던 3소대는 산 정상에 이르기도 전에 탄약을 다 소진해 산 아래로 철수할 수밖에 없었다. 바로 이날 아침에 부임한 3소대 소대장 브로턴Broughton 중위는 아직 부하들의 이름조차 외우지 못한 상태였다. 3소대가 퇴각하고 있을 때 3대대의 부대대장이 탄약차를 가지고 도착했다. 그는 산 아래에 있던 전차와 자주포의 위치를 조정하고 3소대를 지원해 공격을 재개하도록 지휘했다. 브로턴 중위는 3소대에 산 정상으로 재돌격하도록 명령했다. 3소대가 다시 한번 산 정상에 근접했을 때 브로턴 중위는 평생 잊히지 않는 장면을 목격했다. 산 정상에 파놓은 참호 속에서 여러 명의 중국군 병사들이 갑자기 벌떡 일어난 것이다. "그 중국군 병사들은 두 손을 높이 들고 투항하는 듯한 몸짓을 취했다." 3소대는 "중국군 병사의 군복 단추를 볼 수 있는 거리"에서 산병散兵 대형으로 서 있었다. 중국어를 할 줄 아는 한국군 병사가 소리쳤다.

"참호에서 나와 항복하라!"

그러자 중국군이 대답했다.

"이리 와서 잡아가라!"

말을 주고받는 동안 더 많은 중국군 병사가 손을 들고 대열에 동참했다. 하지만 곧이어 "그들은 갑자기 돌격하면서 수류탄을 투척하고는 참호 속으로 숨어버렸다."

브로턴 중위의 3소대는 219고지에서 치명적인 병력 손실을 입었다.

중국군은 다시 잡목숲 속으로 사라졌다.

이때 베이커중대는 방어진지 구축을 마친 상태였다.

이렇게 해서 중국군과 미군 병사들이 219고지에서 대응사격을 하며 대치하는 가운데 해가 저물었다.

기온은 영하 15도, 차가운 공기에 휘영청 밝은 달이 뜬 1950년 11월 25일 초저녁이었다.

밤의 정적은 그리 오래가지 못했다. 베이커중대 병사들은 북쪽 방향에서 갑자기 들려온 거대한 폭발음에 놀라 명해졌다. 밤하늘의 반쪽이 포화로 붉게 물들었고, 포성이 연이은 천둥소리처럼 창공에 울려 퍼졌다. 청천강의 건너편 기슭에서 시작된 폭발음과 불꽃은 곧 베이커중대의 우측 후방으로 번져왔다.

베이커중대 장병들은 격렬한 전투가 그들의 전방과 측후방에서 동시에 벌어지고 있음을 알아챘다.

중대장 월리스는 상부에 전보를 쳐 도대체 무슨 일이 발생한 것인지를 물었다. 연대장 찰스 슬론Charles c. Sloane의 회신은 아주 간단했다.

"아마도 진짜 놈들이 나타난 듯함."

월리스는 이 회신의 대략적 의미는 이해했지만 그날 낮에 자신의 중대가 겪은 전투는 중국군 정찰부대의 저지에 불과했다는 사실은 알아채지 못했다. 그리고 다시 몇 시간이 흐른 뒤 그와 베이커중대는 더욱 처참한 전투에 말려들었다.

월리스 대위가 당시 상황을 제대로 파악하지 못한 데는 참작의 여지가 있다. 그때까지 맥아더 장군조차 펑더화이 지휘하의 수십만 중국군이 이미 한반도 서부전선에서 전면 공세를 시작했다는 사실을 전혀 모르고 있었기 때문이다. 이날은 맥아더가 전용기를 타고 전선까지 날아가서 "크리스마스 전에 젊은이들을 고향으로 돌려보내겠다"고 공언한 바로 다음날이었다. 또한 그가 압록강 상공을 비행하며 두 눈으로 직접 확인하고 "중국군의 흔적은 없다"고 말한 다음날이기도 했다.

베이커중대의 사방에서 총성이 쉴새없이 울려 퍼졌지만 이상하게도 정작 베이커중대는 공격을 받지 않고 있었다. 219고지는 쥐 죽은 듯 고요했다. 베이커중대는 극도의 공포 속에서 후방에서 울리는 총성을 들었다. 하지만 그 누구도 어떻게 해야 할지 몰랐다. 월리스는 전화 연락을 통해 3대대의 다른 중대는 모두 맹렬한 공격을 받고 와해 직전이며, 2대대도 포위된 사실을 알았다. 또한 1대대 본부는 습격을 받아 대대장과 다수의 참모들이 모두 행방불명되었다고 했다. 그 시각, 미 제2사단 9연대의 각 부대는 예외 없이 모두 치열한 접전을 벌이고 있었다. 9연대의 오른쪽 후방에 있던 38연대에서 전해온 소식에 따르면 '그들은 이미 백병전을 치르는 혼전에 휩쓸린 상태'였다.

그런데도 요지에 있는 베이커중대는 그 어떤 방향에서도 공격을 받지 않던 것이다! 베이커중대는 공격을 받은 것보다도 더 큰 공포에 휩싸여 안절부절못했다. 장병들은 복잡한 심경으로 하늘을 바라봤다. 그들은 고향의 그것과 별다를 게 없어 보이는 한국 하늘의 달을 바라보며 참호 속에 웅크리고 앉아 자신의 운명을 위해 기도했다.

그 시각, 곧 베이커중대를 사지로 몰아넣을 중국군 부대, 바로 제40군 120사단 359연대가 219고지를 향해 한 걸음 한 걸음 다가오고 있었다.

제40군은 제38군과 제39군 사이의 서부전선 중부에서 공격하도록 배치받았다. 11월 24일 밤, 제40군은 명령에 따라 용천산과 서창 방면으로 전진하기 시작했다. 11월 25일 새벽, 미 제2사단이 이미 신흥리와 소민리를 점령했다는 사실을 안 펑더화이는 제40군에 명령해 일부는 계속 서창 방면으로 돌파하고 그 주력부대는 제39군을 도와 정면에서 공격하도록 해 미 제2사단을 섬멸하고자 했다.

제40군의 작전계획은 다음과 같았다. '119사단은 서창 방면으로 계속 돌파하고, 118사단은 신흥리 방면의 미 제2사단 9연대를 공격한다. 120사단은 청천강 서쪽 기슭에 남아 주력부대 양 측면의 안보를 확보하되 359연대는 청천강을 도하해 어룡포로 직접 돌격한다. 이로써 미 제2사단의 퇴로를 차단하고 구장 방면으로 투입될 수 있는 적군의 지원부대를 저지한다.'

명령을 하달받기 위해 소집된 359연대의 대대장들은 군소리 없이 임무를 받았다. 당시 한반도 북부의 기온은 영하 25도, 청천강의 강폭은 200미터에 달했다. 강심은 깊은 데다 물살까지 셌고, 강기슭은 이미 추위에 꽁꽁 얼어 있는 등 열악한 상황이었다. 더군다나 강 맞은편 기슭에는 전차 등 중무기를 갖춘 미군의 1개 보병대대와 1개 포병대대가 각각 포진했다. 무기의 목표는 강을 봉쇄하는 것이었다. 동시에 강기슭 이편에도 적군이 있었고, 십여 킬로미터의 봉쇄선도 펼쳐져 있었다. 359연대는 아무런 도하 장비도 없이 직접 강을 건너가야 했고, 강을 건너는 동안 강 맞은편 적군의 사격을 막아내야 했을 뿐 아니라 강 이편 적군의 측면 사격이라는 장애물도 넘어야 했다. 하지만 359연대에게 선택의 여지는 없었다. 그들은 반드시 청천강을 건너가야 했다.

359연대와 함께 도하하기 위해 120사단의 부사단장 황궈중黃國忠이 도착했다. 그는 359연대의 전임 연대장으로서 모든 대대장과 잘 아는 사이였다. 황궈중이 대대장들에게 말했다.

"우리는 함께 죽고 함께 살 것이오, 모두 최선을 다합시다!"

359연대는 땅거미가 내리고 사위가 어두워지자 출발했다. 10킬로미터를 달려 병사들은 도하 지점에 도착했다.

엄동설한의 날씨에 뼛속까지 파고드는 듯한 북풍까지 불고 있었다. 강 수면의 얼음조각들이 부딪히는 소리도 들려왔다. 현지 정찰에 나선 참모들은 병사들을 데리고 한 움집에 들어가 잠시 바람을 피했다. 다시 길을 재촉하며 움집에서 나왔을 때 병사 한 명이 자신의 손에 들린 총을 보고 혼이 빠져나간 듯한 표정을 지었다. 그의 반자동 소총이 움집에 들어가 잠시 벽에 기대놓은 동안 미군의 카빈총으로 바뀌어버린 것이다. 영문을 모른 채 다시 막사로 뛰어들어가 손전등을 켠 그는 깜짝 놀라고 말았다. 움집 구석에 미군 7명이 잠을 자고 있었던 것이다! 놀라 잠에서 깨어난 미군 병사들은 어찌된 일인지 알아채기도 전에 이미 중국군 병사들의 차갑게 언 손에 의해 침낭 속에 든 채로 살해되었다.

밤 8시 30분, 박격포중대의 공격준비사격을 마친 359연대가 중기관총의 엄호를 받으며 청천강을 건너기 시작했다. 먼저 3연대 연대장이 언 강물에 발을 디디며 입수했다. 입수 지점까지 빠른 속도로 행군하며 온몸에 뜨거운 땀을 흘렸던 병사들도 함께 가슴 깊이의 얼음물에 입수했다. 순식간에 온몸을 칼로 도려내는 듯한 고통이 느껴졌다. 물에 젖은 솜옷은 납처럼 무거웠다. 몇 걸음 나가지 않아 두 다리에 경련이 일어나는 것이 느껴졌고 곧 감각이 마비되었다. 시커먼 강심에 근접하자 거센 물살 때문에 똑바로 서 있는 것조차 불가능해졌다. 목까지 차오르는 물이 밀려와 숨을 쉴 수가 없었다. 병사들은 총을 머리 위로 들고 서로 몸과 몸을 밀착한 채로 한 걸음 한 걸음 나아갔다. 달빛 아래 하얀 얼음 층과 모래밭이 눈앞에 펼쳐져 있었다.

강 맞은편의 적군이 사격을 시작했다. 교량도 없는 지점에서 중국군이 도하를 할 것이라고는 예상치 못한 탓인지 적의 사격에서 급박함과 당황스러움이 느껴졌다.

맨 앞에서 도하하던 황궈중 부사단장은 키가 작은 사람이었다. 강심에 다다르자 그의 머리가 물에 잠겼고 폐부를 꿰뚫는 듯한 차가운 물이 벌컥벌컥

목 안으로 넘어왔다. 호위대원이 부사단장을 수면 위로 올려주자 그의 얼굴과 머리카락이 순식간에 얼어붙었다. 그는 뭔가 말하려고 했으나 말이 나오지 않았다.

어두운 수면 위로 359연대의 어지러운 고함 소리가 메아리쳤다.

"강만 건너면 승리는 우리 것이다."

"기슭으로 올라가 적군을 쳐부수자!"

적군이 퍼붓는 총탄과 포탄에 폭파된 커다란 얼음덩어리에 부딪힌 병사들이 쓰러져 잇달아 물살에 휩쓸려 떠내려갔다. 그러나 살아 있는 병사들이 건너편 강기슭에 발을 내딛자 세상은 다시 그들의 것이 되었다.

8중대 3소대가 가장 먼저 강기슭으로 올라갔다. 흠뻑 젖은 솜옷은 얼어붙어 이미 얼음 덩어리가 되어 있었다. 병사들은 있는 힘을 다해 옷에 들러붙은 얼음을 부러뜨렸지만 총도 얼었을 것이라는 생각은 미처 하지 못했다. 얼어붙은 총이 발사되지 않자 어떤 병사들은 총에 오줌을 누기 시작했다. 극도의 추위와 긴장 속에서 오줌이 쉽게 나오지는 않았지만, 나오기만 하면 효과는 아주 좋았다.

8중대가 미군의 포병진지를 무너뜨렸다.

5중대는 어룡포를 점령했다.

6중대는 도하 후 교량으로 돌격해 미 제2사단의 헌병대와 조우했다. 20분간 격전을 치른 뒤 2개 소대의 중국군 병사들은 전멸했다. 나중에 중국군 병사들의 시신을 묻은 사람은 온통 얼음으로 뒤덮인 시신들이 한결같이 적군을 향해 총구를 겨눈 전투자세를 취하고 있는 것을 보았다.

359연대는 계속해서 깊숙이 들어가 미 제2사단 9연대 3대대와 2대대를 공격하고 포위하는 데 성공했다.

그 시각, 359연대의 3대대 9중대는 명령에 따라 219고지를 공격하고 있었다.

밤은 벌써 깊어 있었다.

한 무더기의 포탄이 219고지에 떨어지자 베이커중대의 장병들은 자신들이 재난을 맞을 차례라는 것을 깨달았다.

베이커중대의 박격포소대는 산허리에서 중국군에게 포위당했다. 양측 모두 바위산의 움푹 파인 지대를 엄호에 이용할 수 있어 총탄은 거의 무용지물이나 다름없었기 때문에 219고지의 전투는 곧 수류탄전으로 탈바꿈했다. 미군은 곧 중국군이 나팔 소리가 두 번 울리면 돌진하고 한 번 울리면 수류탄을 투척하는 등 장단에 맞춰 공격하고 있음을 알아챘다. 중국군이 얼마나 촘촘히 수류탄을 투척했는지 미군은 생지옥을 경험하는 듯했다. 협소한 저지대에 몰린 미군 병사들이 수류탄을 피할 길은 없었다. 그들은 필사적으로 날아온 수류탄을 차냈다. 그해 17세밖에 되지 않았던 크로퍼드 하사는 훗날 이렇게 회고했다.

"수류탄이 비처럼 주위에 쏟아졌다. 터지기 전에 내가 차낸 수류탄만 40여 발이나 됐다."

베이커중대 부중대장 엘리슨 원Ellison Wynn 중위는 기골이 장대한 흑인 장교였다. 그는 혼란스러운 교전 속에서 주위의 병사들에게 자신의 곁에 붙어 있으라고 명령했다. 탄약은 이미 소진된 상태였다. 원 중위는 돌덩어리를 던지기 시작했다. 마지막에 주위의 돌덩어리마저 없어지자 그는 참호 안에 서서 통조림 식품을 던지기 시작했다.

베이커중대는 진지를 포기하기로 결정했다. 원 중위는 산허리의 박격포소대를 구하러 갈 때 병사들의 맨 뒤에 있었는데, 중국군이 던진 수류탄이 그의 머리 위에서 터지는 바람에 파편에 '얼굴 반쪽이 날아갔다'. 훗날 웨더레드 Weatherred 중위는 2시간 동안 그가 있던 산꼭대기에 수류탄이 60여 발이나 투척되었다고 했다. 219고지를 향한 꼬박 26시간의 전투에서 베이커중대는 철저히 궤멸되었다. 공격을 개시했을 때 보유했던 병력 129명 가운데 살아 돌아온 인원은 34명뿐이었다. 34명 가운데 절반은 '스스로 걸을 수는 있는 부상병'이었다.

한국전쟁이 종결된 뒤에 나온 모든 전쟁사료에 1950년 11월 25일의 베이커중대 이야기가 실려 있다. 일부는 베이커중대의 219고지 전투를 영웅적으로 묘사하는가 하면, 다른 일부는 219고지에서의 비통했던 참상을 잔혹하게 기술하고 있다. 어떻든 간에 중국군 제40군 120사단 359연대 3대대 8중대의 병사들이 휘영청 밝은 달빛 아래 미 제2사단 제9연대 3대대 베이커중대의 공격에 맞서 싸운 이 전투는 전쟁의 쌍방과 이 전투를 회고하는 모든 이에게 잊을 수 없는 일인 것만은 분명하다.

제40군 118사단의 2개 연대도 11월 25일 밤에 청천강을 도하해 미 제2사단의 각 진지를 향해 맹렬한 공격을 퍼붓기 시작했다. 전장의 모든 전투는 비슷한 상황으로 전개되었는데, 미군은 강력한 화력 지원에 힘입어 완강하게 저항했고 중국군은 이에 굴하지 않고 계속 돌격하는 양상이었다. 미군 전쟁사료는 이렇게 기록하고 있다.

"중국군은 소총과 기관총으로 맹렬히 사격했으며, 영원히 다 써버리지 못할 것처럼 보이는 수류탄을 투척했다. 그들은 미군 진지로 돌격해 산병호 안에 있던 미군 병사들을 총검으로 찔러 죽였다."

중국군은 스메들리Smedley라는 이름의 미군 이병을 생포해 심문한 뒤 풀어주었다. 그를 풀어주며 중국군 통역관이 이렇게 말했다.

"우리는 너희를 속속들이 다 알고 있다. 네가 소속된 조지중대G중대의 모든 간부 이름도 다 알고 있어. 가봐. 가서 네 상관에게 소이탄은 쓰지 말라고 전해. 네이팜탄 말이야. 너희 부대는 저기에 있다. 가봐."

스메들리 이병은 강변을 향해 뛰어가면서 뒤에서 총성이 울릴 것이라고 생각했지만, 중국군은 끝내 그를 향해 방아쇠를 당기지 않았다.

스메들리가 소속된 조지중대는 미 제2사단 9연대의 예하부대였다. 중대장 프랭크 모슨은 자신의 중대가 궤멸당한 후 한 판자집에서 울음소리가 흘러나

오는 것을 듣고 안으로 들어갔다. 안을 살펴보니 한 병사가 벽 모퉁이에 숨어 몸을 잔뜩 웅크리고 있었다.

중대장: 거기서 뭐하나?

병사: 모르겠습니다……. 전 모르겠습니다.

중대장: 따라와!

병사: 대위님, 저는 나가고 싶지 않습니다.

중대장은 닭의 날갯죽지를 잡듯 병사의 팔뚝을 잡고 일으켜 세웠다.

"명령이다. 당장 전차에 올라타라!"

중대장은 권총을 꺼내 들고 조지중대를 인솔해 포위망을 돌파하기 시작했다. 그 결과 20분도 채 안 돼서 70여 명의 병사가 목숨을 잃었다.

11월 26이이 되자 미 제2사단은 중국군 제40군의 공격으로 모든 전선이 붕괴할 위험에 직면했다.

미 제25사단을 정면에서 공격한 것은 중국군 제39군이었다.

제39군에서 가장 먼저 미 제25사단과 접촉한 것은 흔치 않은 성을 가진 연대장 쐐칭촨要淸川의 부대였다. 쐐칭촨이 지휘하는 345연대는 11월 25일 동틀 무렵에 상구동에 도착했다. 제40군의 임무를 인계받을 때 제40군의 정찰소대가 이곳에서 345연대를 기다리고 있다고 말했다. 하지만 상구동에 도착했을 때 정찰소대의 그림자도 보이지 않았다. 같은 시각 상구동에 도착한 343연대의 연대장 왕푸즈王扶之도 제40군 병사들을 본 적이 없다고 했다. 그렇게 말을 주고받고 있는데 마을 주민 한 명이 그들에게 마을 서쪽에 적군이 있다고 일러주었다. 쐐칭촨 연대장이 서쪽으로 가서 보니 정말 미군 부대가 있었다.

이들은 미 제25사단 24연대의 선두부대였다.

미 제2사단과 마찬가지로 24연대도 25일 아침에 북진을 개시했다.

쐐칭촨은 즉시 명령했다.

"고지를 점령하고 상구동 남쪽에서 적군을 저지해 후속 부대들이 진격할 시간을 벌어야 한다!"

중국군 제39군 115사단은 미 제25사단과 창졸간에 교전을 시작했다.

쑤칭촨의 345연대가 25일 하루 동안 미군과 전투를 벌였기 때문에 26일에는 344연대가 정면을 공격했으며, 343연대는 상구동으로 뚫고 들어가 미군의 퇴로를 차단하는 임무를 맡았다. 사단장 왕량타이王良太는 343연대 연대장 왕푸즈에게 200명의 적군을 생포하라는 명령을 내렸다.

미군은 이미 중국군이 전면 공세에 돌입했다는 것을 알고 철수하기 시작했다.

상구동 부근 도로에는 협곡으로 통하는 입구가 있었는데, 이 입구를 점령해 지키면 후퇴하는 미군을 막을 수 있었다.

11월 26일 밤, 중국군과 미군은 상구동 부근의 도로를 따라 사람 대 사람, 사람 대 전차의 목숨을 건 전투를 치렀다. 도로변 고지를 점령하기 위해 교전하면서 343연대는 미군의 강력한 화력으로 적지 않은 손실을 입었다. 하지만 야간전투에 공포심을 가지고 있는 미군이기에 중국군은 대담하게 공격할 수 있었다. 343연대는 수류탄 다발을 들거나 폭약포대를 안고, 아니면 다발로 묶은 폭약통을 들고 미군의 거대한 전차를 향해 돌진했다. 한 번으로 안 되면 또다시 달려들었다. 사방이 어두컴컴해서 적군이 어느 방향에서 공격해오는지 분간할 수 없는 미군 전차 운전병은 캐터필러가 파열되거나 연료 탱크가 폭발할 때까지 미친 듯이 포탑을 이리저리 움직여 마구 포를 쏘아댔다. 불붙은 전차가 멈춰서며 도로를 막았고, 후면의 전차는 필사적으로 마비된 전차를 향해 돌진했다. 전차끼리 부딪치는 소리는 중국군 병사들에게 총포 소리보다 훨씬 더 공포스럽게 들렸다. 어둠 속에서 무리 지어 이동하는 중국군 돌격 대형의 그림자가 생겨났다. 공격이 코앞에 닥치자 미군 병사들은 심리적 방어선이 무너져 여기저기로 뿔뿔이 흩어져 도망쳤다. 하지만 중국군이 이미 사방에서 포위하고 있었기 때문에 미군 병사들은 어느 방향으로 달려도 정면에서 날아오는 공격을 피할 수 없었다.

캄캄한 밤은 중국군 세상이었다.

날이 밝자 미군 비행기가 상공에 나타났다. F-86 전투기가 연이어 급강하하며 미군 부대가 지원을 요청한 지점의 지시신호와 중국군의 흔적을 찾았다. 하지만 조종사들은 산으로 도망친 미군 병사들의 그림자도, 산속에 몸을 숨기고 있는 중국군의 그림자도 발견하지 못했다. 한편 미군과 함께 숨어든 잡목림에서 중국군은 포로를 사로잡기 위해 허리를 굽히고 산 구석구석을 뒤지고 다녔다.

연대장 왕푸즈가 생포한 포로 수를 세어보니 모두 180여 명으로, 사단장 왕량타이가 하달한 목표치 200명에는 조금 못 미쳤다.

목에 부대번호와 계급, 이름이 새겨진 군번표를 걸고 있는 미군 포로들은 모두 미 제25사단 소속이었고, 거의 전부가 푸에르토리코인이었다.

미 제25사단에는 전원 흑인으로 구성된 보병연대가 하나 있었는데, 중국군 제39군의 공격을 받은 24연대가 바로 이 부대였다.

24연대는 역사가 오래되고 전공이 혁혁한 부대였다.

24연대는 또한 오랫동안 차별과 조롱을 받아온 부대이기도 했다.

미 제25사단 24연대는 1878년 미국 국회에서 통과된 법령에 근거해 창설된 부대였다. 24연대는 1870년대와 1880년대에 인디언과의 전투에서 용감히 싸워 높은 평가를 받았다. 누구보다 용감하게 작전 수행에 임했지만 인종차별주의가 성행했던 당시에 전원이 흑인으로 구성된 이 부대는 영원한 '2등 병사'일 수밖에 없었다. 이 때문에 24연대의 흑인 장교들 마음에는 '우리를 인간으로 봐주지도 않는데 우리가 왜 그들을 위해 죽어야 한단 말인가'라는 생각이 뿌리 깊게 박혀 있었다.

미 제25사단은 한국전쟁에 가장 먼저 파견된 미군 부대 가운데 하나였다. 1950년 7월 20일, 미 제25사단이 한국전쟁에 투입된 후 24연대에 부여된 첫 번째 임무는 경상북도 예천을 사수하라는 것이었다. 하지만 임무 수행에 착수한 첫날, 24연대의 행동은 사단장 윌리엄 킨Willam B. Kean 소장의 분노를 샀다. 24연대 병사들은 아무렇게나 한바탕 총을 쏘고 나서는 황급히 도주했는데, "절대 우세를 점한 북한군과 조우했기 때문"이라는 이유를 내세웠다. 그러나 다음날 미군이 파견한 수색대가 돌아와 보고하기를, 북한군은 아예 예천에 온 적도 없으며 시내에 큰불이 난 것은 미군의 화포 공격에 건물이 불탔기 때문이라고 했다. 이후 상주전투에서의 부진으로 24연대는 제25사단의 치욕이 되었다. 미국 육군 사료는 24연대의 상주전투를 다음과 같이 기록하고 있다.

상주 서쪽에서 벌어진 거의 모든 전투에서 24연대는 두려움에 떠는 모습이었다. 병사들은 무기도 진지에 버려두고 무단이탈해 후방으로 도주했다. 3대대는 고지에서 철수하며 기관총 15정과 박격포 11문, 로켓 발사장치 4개, 소총 102정을 버리기도 했다.
이밖에 진지에 진입할 때만 해도 장교 4명과 병사 105명이었던 24보병연대 L중대의 병력은 며칠 후 진지에서 철수할 때 산병호에 17명밖에 남아 있지 않았다. 그동안 사상 또는 다른 이유로 진지를 떠난 것은 장교 1명과 병사 17명뿐이었고, 나머지 장교 3명과 병사 88명은 행방이 묘연했다. 하산하는 길에 병사 17명의 대오는 점점 불어나 산기슭에 다다랐을 때는 장교 1명과 병사 35명으로 늘어나 있었다.

제25사단 예하 다른 부대들은 24연대에 '도망자'라는 별명을 지어주었다. 어디에서나 24연대의 완장은 비웃음의 대상이 되었다. 미군 병사들은 24연대에 '도망자'라는 제목의 흑인 민요 선율을 만들어주기까지 했다.

중국인의 박격포가 쿵쿵 터지니,

24연대 나리들 꽁지 빠지게 도망가네.

심각한 인종차별이 24연대 흑인 장병들의 책임감과 명예심에 커다란 영향을 주었다.

'낮에는 방어하고 밤에는 도망간다'는 것은 24연대에 불문율처럼 정해진 전술이었다. 7월 29일, 막 한국전쟁에 투입된 뒤 치른 전투 중에 24연대 1대대 전체가 야반도주를 해서 포병들이 모두 북한군에 내던져졌다. 병사들의 도주를 막기 위해 미군은 검문소를 세우고 존 울리치 소령에게 허가받지 않고 철수하는 병사를 구류할 수 있는 권한을 부여했다. 그는 매일 평균 75명의 탈영병을 잡아들였는데, 가장 많은 날에는 150명을 잡은 적도 있었다. 하지만 구류도 소용이 없었다. 다음날, 24연대 소속 중대장 길버트Gilbert 중위는 10명이 넘는 병사를 데리고 다시 탈주했다. 검문장교가 그에게 즉시 진지로 복귀하라고 명령했지만 중위는 불복했다. 훗날 길버트 중위는 전장에서 명령에 불복종한 죄로 사형을 언도받았다. 길버트 중위는 자신을 변호하면서 복귀 명령에 복종하는 것은 자신과 나머지 12명의 병사를 사지로 내모는 것이나 다름없는 일이라고 했다. 육군 법관의 건의에 따라 그는 사형에서 징역 20년으로 감형되었다.

길버트 중위에 대한 군법 판결은 트루먼 대통령의 재가를 받아 확정된 것이었다.

미국 역사상 일개 중위의 형량 선고 문건을 대통령이 직접 재가한 것은 전무후무한 일이었다.

트루먼 대통령이 재가한 날짜는 1950년 11월 27일이었다.

바로 그날, 머나먼 한국 전장의 24연대에서 또 트루먼을 실소케 할 어처구니없는 사건이 일어났다.

중국군 제39군 116사단 347연대가 상초동이라는 마을에서 미 24연대 예하 1개 중대를 포위했다. 망원경으로 적을 살피던 중국군 장교는 포위된 미군이 전부 흑인이라는 사실을 발견했다. 1차 전역을 거치면서 중국군은 미국인 중에는 피부가 까만 사람이 있다는 것을 알게 되었다. 중국군 병사들은 피부색이 다른 미군을 '헤이메이黑美'라고 불렀다. 피부색이 까만 미국인이라는 뜻이었다.

영어를 할 줄 아는 중국군 장교가 포위된 미군을 향해 '나와서 투항하라'고 소리쳤다.

오래지 않아 흑인 병사 2명이 백기를 들고 걸어나오는 모습이 보였다.

그러나 중국군이 투항을 받아들이기 위해 일어났을 때 뒤에 있던 미군들이 갑자기 발포해 중국군 병사 여럿이 총알을 맞고 그 자리에 쓰러졌다.

격노한 중국군도 맹렬한 사격을 개시했다. 포위된 미군들 사이에서 고통에 찬 비명이 울려 퍼졌다.

중국군은 사격을 멈추고 다시 한번 투항하라고 소리쳤다.

마침내 흑인 장교 한 명이 손에 백기가 아닌 하얀 종이를 들고 나왔다. 종이에는 흑인이 총을 들고 투항하는 모습이 그려져 있었다. 그림 옆에는 이 중대의 인원수까지 적혀 있었다. 이 흑인 장교는 24연대 C중대의 중대장 스탠리였다. C중대 병력은 148명으로 모두 흑인이었다. 스탠리는 중국군 앞으로 와서 방금 투항을 받은 중국군을 향해 총을 쏜 것은 백인 장교의 강요 때문이었다고 해명했다.

미 제25사단 24연대 C중대는 한국전쟁 중 부대 전체가 중국군에 투항한 유일한 부대였다.

이 사건에 대한 트루먼 대통령과 미군 측의 반응은 알려져 있지 않으며, 지금까지도 모든 미군 전쟁사료에 이 이야기는 결코 언급되지 않았다.

3개월 후, 흑인으로만 편성된 24연대를 해산하자는 미 제25사단 사단장 킨 소장의 건의안이 국방장관 조지 마셜의 재가를 받았다.

그 이후 미군 부대는 줄곧 흑인과 백인을 혼합해 편제하고 있다.

11월 26일 해질 무렵, 미 제2사단 38연대 연대장 조지 페플로George B. Peploe 대령이 진지에 도착했다. 그 진지는 미군 방어선의 최동단에 있었고 거기서 더 동쪽으로 가면 한국군의 담당 지역이었다. 페플로 대령이 진지에 올라 전선을 바라보자 눈앞에 믿기지 않는 광경이 펼쳐지고 있었다. 적어도 수천 명은 되어 보이는 한국군 병사들이 홍수가 밀려오듯 미군 진지로 몰려오고 있었던 것이다. 페플로 대령은 순간적으로 '이 한국인들이 왜 여기로 뛰어오는 거지? 그들이 담당한 우익에 무슨 문제라도 생긴 건가?'라는 생각이 들었다.

생각이 여기에 미치자 대령의 온몸에 식은땀이 흐르기 시작했다.

같은 시각, 미 제2사단 사단장 로런스 카이저Lawrence B. Keiser 소장도 다른 방향의 미군 진지에서 걸려온 전화 한 통을 받았다. 수화기 너머로 어수선하고 시끄러운 분위기가 그대로 전해졌다.

"지금 한국군 1개 연대 전체가 우리 방어구역으로 몰려오고 있습니다. 어떻게 해야 합니까?"

카이저 소장은 벌컥 화를 내며 말했다.

"그들을 지휘하라. 그들을 이용하란 말이다. 머저리들아!"

1950년 11월 27일, 미 제8군 사령관 워커 중장도 마침내 한국군 3개 사단에게 맡겼던 유엔군의 우익이 무너졌음을 알게 되었다. 유엔군의 우익은 이미 중국군의 공격에 완전히 노출된 상황이었으나 현재 전선 중부에서 작전을 수행하는 미군 병력으로는 이를 감당할 수가 없었다. 이에 따라 크리스마스 이전에 압록강에 도달해 전쟁을 끝내겠다는 계획은 실현될 가능성이 없어졌다. 미 극동사령관 맥아더가 공언한 '크리스마스 전에 젊은이들을 고향으로 돌려보내겠다'는 말도 허무맹랑한 것이 되어버렸다.

'가장 이상한 회의'와
닫혀버린 '철책문'

한반도 서부전선의 전투가 한층 격렬한 양상으로 치닫고 있을 때, 맥아더
는 도쿄에서 훗날 세계 군사학자들로부터 '한국전쟁 중 가장 이상했던 회의'
라고 평가받게 된 회의를 주관했다.

회의는 1950년 11월 28일 밤 9시 50분에 시작되었다.

도쿄의 맥아더 관저에는 미국 국기가 휘날리고 있었고, 관저 안에는 등불이
환하게 밝혀져 있었다. 제2차 세계대전에서 패전한 일본인들은 전쟁에 대한
기억을 벌써 깨끗이 지워버린 듯 도쿄의 번화가는 인파로 넘쳐났다. 맥아더 회
의실의 통유리창으로 내다보이는 도쿄는 태평성세를 누리는 듯했다. 맥아더와
참모장 휘트니, 정보참모 윌러비, 전장에서 긴급 소집된 제8군 사령관 워커 중
장과 제10군단 군단장 아몬드, 제10군단 참모장 에드윈 라이트 등 회의 참석
자들은 벌써 다 와 있었다. 이에 대해 미군 전쟁사료에는 이렇게 쓰여 있다.

"당시 맥아더의 언행은 자가당착에 빠져 보는 사람을 곤혹스럽게 했다. 이

런 언행은 그가 여전히 정확한 상황 판단을 하지 못하고 있으며, 또 당황해 어찌할 줄 모르고 있었다는 것을 보여준다. 그러면서도 그는 자신이 처한 현실 때문에 그가 바라 마지않던 환상이 깨지는 것을 원치 않았다. 이해하기 어려웠던 일련의 행동 중에서도 첫 번째는 전장에서 작전 수행 중인 지휘관 두 명을 도쿄로 소집해 전쟁토론회에 참가하도록 한 것이다."

그 회의가 '이상'한 이유는 세계 군사 역사상 유례없는 일이었기 때문이다. 당시 전쟁터의 전선은 위험에 직면했고 참전부대들 또한 절망적인 상황에 처해 있어 지휘관의 대책과 방법 강구가 가장 필요한 시기였다. 맥아더는 바로 그런 때에 전장의 지휘관에게 전선의 부대를 버려두고 전장에서 수천 킬로미터나 떨어진 곳으로 날아와 군사 문제를 연구하도록 명령한 것이다.

한국전쟁 2차 전역의 관건인 시기에 과감하게 최전방으로 올라갔던 맥아더는 이번에는 전방으로 나가지 않고 멀고 먼 후방에서 회의를 열었다.

회의는 다음날인 11월 29일 새벽 1시 30분까지 계속되었다.

장장 4시간에 걸쳐 지속된 회의에서 다룬 군사 문제는 '중국군의 강력한 공세에 맞서 연합군은 어떻게 해야 할 것인가'라는 것이었다.

회의가 진행되는 동안에도 전방의 지휘관들이 보낸 긴급 전보가 잇달아 들어왔다. 전보들의 요지는 하나같이 '여기서 전면 철수하지 않으면 전멸할 것'이라는 내용이었다.

회의에서 워커와 아몬드는 놀라우리만치 많은 중국군 병력과 강력한 전투력을 생생하게 묘사하기 위해 최선을 다했다.

"이번 건은 국부적인 반격이 아니라 철저히 계획된 대규모 공세입니다! 중국군 지휘관들은 필요한 전술을 알맞게 구사하고 병사들의 군율 또한 엄격하기 그지없습니다. 그들은 쉴새없이 공격을 퍼부어대는 데다 일정한 흐름도 없어 예측하기가 쉽지 않습니다. 수많은 사상자가 나와도 중국군은 멈추지 않고 돌격하고 또 돌격합니다."

"중국군의 행군 속도는 놀라울 정도입니다. 생각지도 못한 곳에서 갑자기 나타나는 경우가 한두 번이 아닙니다. 그것도 사단 전체가 말입니다! 중국군은 끊임없이 특수 나팔이나 호루라기를 불어대고 심벌즈처럼 생긴 타악기를 두드려대면서 파도처럼 아군 진지를 덮쳐버립니다. 자기 목숨 따위는 안중에도 없습니다!"

"적군은 아군 진지 후방을 공격하는 전술과 칠흑 같은 야밤에 기습하는 전술을 많이 사용합니다. 중국 병사들은 시력도 특출나서 깜깜한 밤에도 아무 문제없이 기습작전을 척척 수행합니다. 밤을 엄호 삼아 공격하는 데에는 아군이 어찌해볼 도리가 없습니다."

특히 워커는 한국군에게 맡겼던 우익이 붕괴하면서 유엔군 전선이 엄청난 위험에 처한 데 대해 불만이 컸다.

"양익이 없는 전선은 무너지기 쉽습니다. 중국군은 우회해 포위하는 전술을 뛰어나게 구사합니다. 뚫린 우익으로 치고 들어오는 적군을 저지하지 못한다면 아군의 퇴로는 차단될 것이고 그렇게 되면 전황은 상상을 초월할 정도로 악화될 것입니다!"

맥아더는 극도로 곤혹스러웠다. 일이 예상외로 급작스럽게 터졌기 때문이다. 유엔군이 전면 공세에 나서서 크리스마스 이전에 전쟁을 끝내겠다고 계획한 마당에 중국군이 사전에 아무런 조짐도 없이 막대한 병력을 앞세워 갑작스럽게 역습을 해온 것이다. 더욱 엉망인 것은 유엔군이 뜻밖에도 그렇게 빨리 무너졌다는 점이다. 정보에 문제가 있었던 것일까? 맥아더는 윌러비를 바라보았다—이 정보 고위장성은 눈을 감고 회의가 시작될 때부터 죽어도 입을 열지 않겠다는 자세로군. 유엔군, 더 구체적으로는 미군의 전투력이 형편없는 것일까? 정말로 제2차 세계대전 후 편안해진 생활로 병사들이 쥐새끼처럼 겁이 많아진 것일까? 아니면 일부 기자들이 말한 것처럼 미군이 '다다미 군대'로 전락한 것일까? 더욱 받아들이기 힘든 것은 엄청난 병력의 중국군이 어디서 튀어나왔느냐는 점이다. 2주 동안이나 펼쳐진 대규모 폭격 속에서 중국군은 어떻게 중국 본토에서 북한 영토로 집결할 수 있었을까? 그렇게나 거대한 부대의 이동을 미군 정찰기는 왜 발견하지 못한 것일까?—이런 생각 끝에 해답이 떠올랐다.

'이게 다 트루먼 그자가 압록강 다리를 완전히 폭파하고 중국 땅에 폭격을 가하지 못하게 했기 때문이야!'

맥아더는 문득 윌러비가 방금 그의 책상에 놓고 간 '일급 기밀' 문서를 떠올렸다. 내용은 중국군 고위장교 린뱌오가 부하들과 나눈 대화였다.

맥아더 장군이 우리 병참선과 교통선에 대해 취하려 한 보복성 조치를 미국 정부가 저지하고 나설 것이라는 사실을 사전에 확실히 알지 못했다면 나는 부하들의 목숨과 나의 군사적 명예를 담보로 하는 이번 공세를 결코 일으키지 않았을 것이다.

맥아더는 깨달았다. '워싱턴이 중국인의 담을 키워준 거야! 이런 매국노들 같으니!'

사실 이 '일급 기밀 정보'는 맥아더 수하의 하급 장교들조차 믿지 않을 정도로 신빙성이 떨어지는 것이었다. 그 이유는 간단했다. 중국군의 한국전쟁 개입을 지휘하는 사람은 린뱌오가 아니었던 것이다. 이 문건은 전쟁이 시작된 후 전장 곳곳에 흩어져 활동한 장제스의 스파이들이 퍼뜨린 것일 가능성이 매우 컸다. 그들이 이 위조 문건을 미군 측에 제공하는 것은 아주 손쉬운 일이었으며, 미국이 중국 본토에 대규모 폭격을 퍼붓기를 간절히 바라는 사람은 장제스뿐이었다.

물론 맥아더도 이런 '정보'를 쉽게 믿을 리는 없었다. 하지만 이 정보가 유엔군의 참패를 설명할 수 있는 가장 좋은 이유인 것은 분명했다.

4시간에 걸쳐 진행된 회의에서 어떤 해결책도 나오지 않았다. 최종적으로 결정을 내린 바가 있다면 그것은 바로 두 글자, '철수'였다.

회의를 마치고 맥아더는 워싱턴에 전보를 쳤다. 미군 전쟁사료는 이 전보의 실질적 내용을 맥아더의 책임 회피라고 보고 있다.

아군의 공세로 초래된 현 전황은 이제 더 이상 논쟁의 여지가 없습니다. 한반도의 군사적 충돌을 북한군과 상징적 외부 요인으로 구성된 적군에 국한시키고자 하는 모든 희망은 철저히 배제해야 할 것입니다. 중국은 북한에 대규모 병력을 투입했고 그 전력도 나날이 증대되고 있습니다. 지원志願 또는 다른 이유로 소규모의 지원支援을 하고 있다는 중국의 핑계는 이제 전혀 믿지 못하게 되었습니다. 우리는 이제 완전히 새로운 전쟁에 직면해 있습니다.

(…)

꽁꽁 언 압록강을 통해 중국군은 점차 많은 증원 루트와 병참선을 확보하고 있습니다. 이에 따라 아군의 공중 역량으로는 이를 봉쇄할 수 없게 되었습니다. 현재 아군의 병력으로 선전포고 없이 전쟁에 뛰어든 중국인을 상대하기란 역부족입니다. 기후와 지리는 그들에게 더욱 유리합니다. 이 때문에 전쟁은 완전히 새로운 국면에 진입했고, 전 세계적 범위에서 이 문제를 바라볼 가능성도 확대되었습니다. 이제 이 문제는 전장 사령관인 본인에게 부여된 결정권한의 범위를 벗어났습니다. 본관은 직권이 허락하는 범위에서 할 수 있는 모든 일을 다 했습니다. 하지만 현재 상황은 본 사령부의 통제능력 범위를 벗어났습니다.

미국 합동참모본부 의장 브래들리 장군은 이 전보를 받았을 때 이미 전황이 역전되었음을 알고 있었지만 맥아더가 전보에 골라 쓴 단어들에 대해서는 놀라움을 금치 못했다. 왜냐하면 맥아더는 어제만 해도 "조속한 시일 내에 전쟁을 끝낼 자신이 있다"고 말했는데, 어떻게 하룻밤 사이에 '완전히 새로운 전쟁'으로 바뀌었으며 '본 사령부의 통제능력 범위를 벗어났다'는 것인가? 이 전보가 분명하게 전달하는 한 가지 소식은 맥아더가 전쟁 실패에 대한 핑계를 찾기 시작했다는 것이다. 아무튼 자신은 '직권이 허락하는 범위에서 할 수 있는 모든 일을 다 했으니' 만약 합동참모본부가 어떤 결정을 내려주지 않는다면 의외의 상황이 일어난다 해도 자신은 책임지지 않겠다는 것이었다.

11월 29일 새벽 6시, 여느 때와 같이 펜실베이니아 애비뉴Pennsylvania Avenue에서 아침 산책을 하던 트루먼에게 브래들리가 전화를 걸어왔다.

"중국군이 한국에 진입했습니다! 청천강 북쪽에서 제8군이 엄청난 병력의 중국군과 조우했고, 유엔군 우익이 이미 와해됐습니다. 미군은 현재 철수 중입니다!"

브래들리는 맥아더가 보내온 전보 내용도 읽어줬다.

이 소식을 접하고 트루먼이 처음으로 든 생각은 '크리스마스 전에 전쟁을 종결시키겠다'고 큰소리쳤던 그 노인네가 책임을 회피하고 있다는 것이었다. 안하무인인 그 노인네가 책임을 벗기 위해 분주히 구실을 찾고 있다면 한국전쟁은 위기에 직면한 것이 틀림없었다.

곧이어 맥아더가 증병을 요구하는 전보를 연속해서 보내왔다. 그중에는 한국전쟁에 장제스 부대를 사용할 수 있도록 허가해달라고 요청한 전보도 2건이나 있었다. 맥아더는 이런 이유를 내세웠다. 이전에 장제스의 요구 사항을 거절한 것은 공산당에 타이완을 공격하고 동시에 한국전쟁에도 개입하는 구실을 줄까 걱정해서였다. 하지만 그 걱정은 이제 더 이상 유효하지 않으며, 무엇보다 한국전쟁에는 병력이 긴급한 상황이라는 것이었다.

트루먼은 복잡한 심경으로 국가안전보장회의NSC, National Security Council를 소집했다.

한국전쟁의 전황을 전해들은 회의 참석자들은 두 눈만 휘둥그레진 채 입을 열지 못했다.

국방장관 마셜은 기존의 자기 입장을 견지했다.

"단독 국가로든 유엔군의 회원국으로든 미국은 중국 공산당과의 전면전에 말려들어서는 안 됩니다. 중국과의 전면전은 소련이 파놓은 함정입니다. 미국은 중국 영토에 진입해서도, 장제스의 부대를 이용해서도 안 됩니다."

브래들리가 마셜의 발언을 보충했다.

"만약 우리가 중국과의 전쟁에 말려든다면 유럽에서의 지속적 전력 확대가 불가능해질 것입니다."

부통령 앨번 바클리Alben W. Barkley는 '현 정부에게 위험천만하다고 여겨지는 대중 홍보와 관련된 문제'를 제기했다. 다시 말해 '크리스마스 전에 젊은이들을 고향으로 돌려보내겠다'라는 맥아더의 발언이 이미 매스컴을 통해 널리 인용되고 있는데, 그가 실제로 이런 말을 한 적이 있느냐는 것이다.

브래들리가 말했다.

"맥아더는 어제 기자들에게 그런 말을 한 적이 없다고 공식적으로 부인했습니다."

바클리는 격노했다.

"맥아더 장군은 전장의 지휘관으로서 그 말이 무슨 의미인지 알고 있었을 것입니다. 그 결과가 어떨지를 뻔히 알면서도 그렇게 말한 진심이 무엇입니까?"

브래들리는 맥아더와 펜타곤을 대신해서 해명해줄 수밖에 없었다.

"맥아더 장군의 그 발언은 아마도 중국에게 들려준 소리였을 것입니다. 이번 공세 후에 미국은 한반도에서 철수하겠다는 뜻을 표시한 것이지요."

국방장관 마셜은 이렇게 결론을 내렸다.

"그 발언이 현재 우리를 매우 난처한 상황에 빠뜨렸기 때문에 우리는 '어떤 방법으로든 그것을 피해야' 합니다."

회의에서는 가장 실질적인 문제, 바로 '어떻게 체면을 구기지 않고 한반도에서 떠날 수 있을지'에 대한 논의가 나오기 시작했다.

이 난처한 문제는 이때 제기되어 그후 2년 동안이나 미국 정부를 괴롭혔다.

워싱턴에서 열린 회의는 도쿄에서 열린 회의와 마찬가지로 아무런 실질적 성과를 내지 못한 채 끝이 났다. 제8군이 이미 철수하기로 결정한 상황이었기 때문에 맥아더에게 새로운 지시를 내릴 필요도 없었다. 미국 정부는 새로운 지시를 내린다 해도 맥아더가 듣지 않을 것이라는 점도 잘 알고 있었다.

하지만 회의를 마친 뒤 트루먼 대통령은 마셜 장관에게 향후 합동참모본부가 맥아더에게 보내는 모든 전보는 반드시 '자신에게 사전 보고한 후' 발송하도록 명령했다.

한편 중국군 제38군의 지휘관들은 11월 27일에 마오쩌둥이 보낸 전보를 받았다. 마오쩌둥은 먼저 지원군이 덕천 방면에서 한국군 제2사단 주력을 섬멸해 승리를 거둔 것을 치하하고, 다음 단계의 임무로 미군 제1·제2·제25사단의 주력을 격멸할 것을 명령하며 이렇게 덧붙였다.

"이 세 사단의 주력을 무찌르기만 하면 전체 형세가 우리에게 더욱 유리해질 것이오."

2차 전역의 전면 공세를 개시한 뒤 제38군 지휘관들은 미군 사단 한두 개를 격퇴할 수 있는지 여부가 한반도 전세의 앞날에 영향을 미칠 것이며, 미군 사단을 섬멸하는 관건은 제38군의 돌파 성공 여부에 달려 있다는 것을 깨달았다.

펑더화이는 제38군에게 삼소리 방면으로 전진해 미군의 퇴로를 철저히 봉쇄하라고 명령했다.

이제 막 덕천전투를 끝낸 제38군 병사들은 극도로 피로한 상태였다. 잠시 쉬는 시간이면 허기와 피로가 몰려왔다. 병사들은 참호 작업을 할 때나 행군을 할 때나 꾸벅꾸벅 졸기 일쑤였다. 113사단 338연대의 연대장 주웨칭朱月清

은 죽을 받아 들고 젓가락으로 휘휘 젓다가 머리가 한쪽으로 점점 기울어지면서 잠이 들어 온몸에 죽을 뒤집어쓴 일도 있었다.

삼소리로 돌격한 부대는 113사단이었고, 113사단의 선봉연대가 바로 주웨칭이 지휘하는 338연대였다.

사단장 장차오는 주웨칭에게 전화를 걸어 말했다.

"수하 연대를 이끌고 즉시 출발할 것을 명령한다. 옆에 지도가 있는가?"

주웨칭은 사단장의 지시에 따라 지도에 전진 노선을 표시했다. 지도상으로 출발 지점에서 삼소리까지의 직선거리는 72.5킬로미터였다.

당시 338연대에서도 그들이 긴급히 삼소리로 이동하는 이유를 명확히 아는 사람은 일급 지휘관 몇 명뿐이었다. 주웨칭은 즉각 예하 각 대대에 밥도 행군하면서 먹고 임무 또한 행군하면서 하달하며 단 한 명의 병사도 낙오하지 않도록 철저히 관리하라고 지시했다.

덕천전투에서 다량의 경화기를 노획한 뒤라 제38군의 많은 병사가 무기를 미국식 톰프슨건Thompson gun과 기관총으로 바꿔 가지고 다녔다.

차를 운전할 줄 아는 한국군 8명과 미군 5명 등 포로 13명을 골라 중국군의 호송 아래 노획한 탄약을 가득 실은 군용차를 운전해 113사단의 뒤를 따르게 했다.

흐릿한 달빛 아래 113사단 대오는 어떤 것에도 지체하지 않고 예정된 목표 지점을 향해서만 신속히 행군했다. 길고 긴 대오는 산을 넘고 물을 건너면서 가능한 한 소음을 내지 않으려 했지만, 큰 소리를 내며 넘어지는 병사들이 끊이지 않았다. 극도로 피곤한 병사들은 졸음에 취해 비틀비틀 걷다가 차가운 개울 위로 넘어지고 나서야 정신을 차리고 다시 걸음을 재촉했다. 대오가 행군을 멈추고 아주 짧게나마 휴식을 취하면 금세 잠드는 사람들이 생겨났고 순식간에 코를 고는 소리가 합창하듯 울려 퍼졌다. 일부 병사는 자신이 잠에 취해 부대에서 낙오할 것을 걱정한 나머지 휴식 시간이면 아예 도로 한가운데에 누워버렸다. 그러면 잠이 든다고 해도 대오가 다시 이동을 시작할 때 동료들의 발에 밟혀 잠에서 깰 수 있었다. 대포와 포탄을 가지고 행군해야 하는 포병들은 더욱 힘들었지만 보병들에게 한 걸음도 뒤처지지 않았다. 포병들이 숨이 가빠 헐떡거리는 소리는 사람을 놀라게 할 정도로 컸다. 113사단의 부사단장 류하이칭劉海淸은 선두부대 338연대를 인솔해 안산동에서 한국군 1개 소대를 섬멸했고 사둔에서도 한국군 1개 중대를 격파했다. 이후 1250미터가 넘는 장안산을 넘으면서는 극도로 피로한 병사들이 졸다가 깊은 골짜기로 떨어지는 것을 방지하기 위해, 338연대의 간부들이 앞에 서서 길을 텄고 뒤쪽의 병사들은 앞선 병사의 탄약 벨트를 잡고 줄지어 전진했다.

삼소리에서 약 10여 킬로미터 떨어진 지점에 이르렀을 때 날이 밝았다.

수십 대의 미군 비행기가 대동강을 따라 날아와 몇 리에 달하는 113사단의 행군 대오 위에서 빙빙 맴돌았다. 병사들은 북한에 들어온 후 낮에는 행군하지 않는 것이 관례여서 은폐하라는 명령이 떨어지면 재빨리 몸을 숨긴 다음 한숨 푹 잘 수 있겠다고 생각했다. 하지만 이번에는 달랐다. 대오에서 명령이 전달됐다.

"계속해서 전속력으로 전진하라!"

114사단이 돌파할 목표는 알일령이었다. 알일령은 덕천에서 남서쪽으로 20킬로미터 떨어진 곳에 우뚝 솟은 천연 장벽이었다. 빽빽한 숲으로 덮인 높은 산에는 10미터 너비의 험준한 입구가 있었는데, 돌격부대가 군우리 방향으로 전진하기 위해 반드시 통과해야 하는 길이었다. 하지만 믿을 만한 정보통에 따르면, 워커 중장이 무너진 유엔군의 우익을 복구하기 위해 개천에 배치되었던 터키군 여단 선두부대를 알일령으로 급파했다. 개천은 알일령에서 30킬로미터 떨어진 곳으로, 차를 타고 이동하면 두 시간이 채 걸리지 않는 거리였다. 이에 반해 114사단은 아직도 18킬로미터를 더 걸어가야 했다. 피로에 지친 병사들이 걸어서 알일령 입구를 선점하기란 이미 불가능한 일이었다.

터키군 여단의 장병 5000여 명은 한국에 도착한 지 며칠 되지 않은 상태에서 워커 중장의 명령을 받았다. 워커 중장은 유엔군의 우익이 와해되자 이 부대를 파견해 우익의 터진 틈을 메우도록 한 것인데, 훗날 미국 군사학자들은 이를 두고 "아스피린 병 코르크 마개로 맥주통 입구를 막으려 한 것"이라고 평가했다. 터키군 여단은 응당 알고 있어야 할 전장의 정보도 알지 못한 상태로 전투에 투입되었고, 그들이 예상했던 만큼 미군의 협조를 받지도 못했다. 당시 서부전선의 미군은 모두 청천강 남쪽으로 철수하는 중이었다. 그런 상황에서 터키군 여단은 도리어 북쪽의 최전방으로 전진하라는 명령을 받은 것이다. 터키군 여단이 알일령으로 출발한 지 몇 시간 뒤에 '대승을 거두었다'는 소식을 전해왔다. 터키군 여단의 말을 빌리자면 "끝없이 몰려드는 중국군과의 격전"에서 "피 튀기며 처절히 싸운" 끝에 진지를 사수했을 뿐 아니라 "수백 명에 이르는 포로도 생포했다"고 했다. 미 제2사단 장교들은 뜻밖의 기쁜 소식을 듣고 포로 심문을 위해 즉시 정보병과 통역관을 파견했다. 하지만 몇 마디 물어보지 않고도 터키군 여단이 쳐부순 것은 중국군이 아니라 참패해 남쪽으로 도망하던 한국군 제7사단이었음이 밝혀졌다. 이 한국군 병사들은 덕천에서 도망쳐 터키군 여단이 구축한 진지로 들어갔다. 그날 전장에 막 투입된, 한국어도 영어도 못하는 터키군 병사들에게 사살된 '중국군'은 모두 한국군이었던 것이다.

제38군 군단장 량싱추와 정치위원 류시위안은 알링령을 불과 2킬로미터 앞둔 지점에 설치된 114사단 지휘소를 찾았다. 이미 지휘소에 와 있던 부군단장 장융후이가 량싱추 군단장에게 보고했다.

"터키군 여단의 1개 중대가 우리보다 앞서 알일령의 주봉을 선점했습니다."

밤이 되자 알일령 주봉 여기저기서 불이 밝혀졌다.

장융후이와 114사단 사단장 자이중위翟仲禹 등 지휘관들은 토론을 거쳐 342연대 연대장 쑨훙다오와 정치위원 왕피리王丕禮의 건의를 받아들이기로 했다. 이왕 적의 위치가 확실히 드러나 있는 만큼 기습해서 남몰래 접근한 뒤 갑자기 발포하면 단번에 알일령 주봉을 차지할 수 있다는 것이었다.

한참 토론하고 있는데 멀지 않은 곳에서 아코디언 소리가 들려왔다. 사방이 고요한 한밤중에 아코디언 소리가 느닷없이 큰 소리를 내며 울리자 모두가 깜짝 놀랐다.

아코디언을 연주한 사람은 다름아닌 342연대의 2대대 대대장 야오위룽이었다. 그는 바로 간호사인 연인의 편지를 품에 안고 참전한 1대대 대대장 차오위하이曹玉海의 전우였다. 아코디언은 그의 전리품이었다. 그는 이 전리품이 마음에 들어서 그 무거운 것을 줄곧 등에 지고 행군해왔다. 무슨 곡을 제대로 연주할 줄 아는 것은 아니었지만 그의 대대 병사들은 그가 연주하는 것을 보고 재미있어 했다. 곧 사단장 자이중위가 어둠을 헤치고 뛰어와 이 낭만적인 대대장에게 욕을 퍼부었다.

"이 망할 놈! 적군이 듣기라도 했다면 넌 나한테 총살이야!"

야오위룽은 즉시 자신이 무슨 짓을 했는지 깨닫고 아코디언을 산골짜기에 던져버렸다. 깊은 골짜기로 떨어지며 아코디언은 더욱 큰 소리로 울렸다. 사단장 자이중위는 어둠 속에서 자신을 향한 병사들의 눈빛을 바라보며 화가 나서 무슨 말을 해야 할지 모르는 채 한참이나 씩씩거렸다.

342연대 2대대의 장병들은 이곳의 지형에 매우 익숙했다. 1차 전역 때 이 지역을 방어한 적이 있었기 때문이다. 연대장 쑨훙다오와 정치위원 왕피리의 인솔 아래 2대대의 7중대와 8중대는 알일령 주봉으로 다가갔다. 소리가 날 수 있는 모든 것을 내려놓고 총과 수류탄만 휴대한 채였다. 주봉에 거의 근접했을 무렵이었다. 노획한 미군 군화를 신고 눈길을 걷자니 철컥철컥하는 소리가 났다. 이에 중국군 병사들은 신발을 벗고 맨발로 눈길을 밟아 산을 올랐다.

알일령 주봉의 터키군 여단은 추운 겨울밤을 나기 위해 불을 지피는 데만 열중하고 있었다. 나무들은 쩍쩍 갈라지는 소리를 내며 타고 있었다. 장작을 쌓아놓고 불을 피우는 곳은 열 군데가 넘었다. 정치위원 왕피리는 수하 병사들을 몇 명 단위의 조로 나눈 뒤 각 조에 장작 옆에 서 있는 터키군 병사들을 처치하라고 명령했다. 터키군과의 거리가 20미터까지 좁혀졌을 때 중국군은 사격을 개시했다. 수류탄이 폭발하는 소리에 터키군 병사들은 사방으로 흩어져 도망쳤다. 20분 후, 알일령 주봉은 중국군 손에 들어왔다. 당황한 터키군 병사들은 차에 올라타 하산하기 시작했고, 산 밑으로 도주하는 터키군의 차량이 꼬리에 꼬리를 물며 대열을 이루었다. 산길은 산을 빙빙 돌며 나 있었는데, 연대장 쑨훙다오가 8중대에 적군의 퇴로를 차단하라는 명령을 내리자 병사들은 직선거리로 산길 아래쪽을 향해 돌진했다. 깎아지른 듯 가파른 산 위에서 병사들은 곧장 낭떠러지로 뛰어내렸고, 떨어져 다친 병사나 다치지 않은 병사나 다 함께 계속 앞으로 돌진해 마침내 산길 아래쪽에서 도망가는 터키군을 차단했다. 교전 중 돌 틈이나 차 밑으로 숨어든 터키군 병사들은 중국군의 협박과 회유에도 결코 항복하지 않다가 결국 죽음으로 최후를 맞았다. 그날 터키군 여단은 중국군에게 포위, 섬멸되어 소수의 병사만 포로로 살아남고 전멸했다. 중국군 병사들은 터키군 병사들이 1차 전역에서 봤던 미군들과 마찬가지로 엉덩이에 놋그릇을 한 개, 많으면 몇 개씩 매달고 있는 것을 발견했다. 중국군 통역관이 금으로 만든 것이 아니라고 아무리 말해줘도 터키군 병사들은 믿지 않고 끝까지 버리지 않았다.

터키군 여단은 알일령 방면으로 5000여 명의 부대가 투입되었으나 전투가 끝난 뒤에는 고작 2개 중대의 병력만 살아남았다.

11월 28일 아침이 되자 서부전선에도 명확한 변화가 생겼다. 중국군이 미 제9군단 예하 제2사단과 제25사단, 터키군 여단, 미 제1기병사단, 한국군 제1사단을 삼면에서 포위한 것이다. 차단당하지 않은 유엔군의 퇴로는 안주에서 숙천에 이르는 길뿐이었다. 그리고 이 퇴로를 통해 철수하는 유엔군이 꼭 거쳐야 되는 곳이 바로 삼소리였다. 만약 삼소리를 막지 못하면 2차 전역 전체가 틀림없이 섬멸전殲滅戰의 목표를 달성하지 못하고 적을 물리치는 데 그치는 격궤전擊潰戰이 될 공산이 컸다.

펑더화이가 있는 지휘소는 초조하고 불안한 공기로 가득했다. 삼소리를 돌파하라는 임무를 받은 제38군 113사단은 지금 어디까지 갔을까? 그들이 제시간에 맞춰 도착할 수 있을까? 궁금한 것은 많았지만 궁금증을 해소해줄 그 어떤 소식도 들려오지 않았다!

제38군 지휘소와 연락을 시도하면 돌아오는 것은 '무전기가 연결되지 않았음'이라는 대답뿐이었다.

펑더화이는 수하의 통신병에게 직접 113사단을 호출해보라고 지시했다. 통신 주임이 직접 113사단 무전기와 접촉을 시도했지만 113사단은 전장에서 흔적도 없이 사라진 것처럼 아무런 소식이 없었다!

계획대로 진행되었다면 113사단은 지금쯤 적 후방 80킬로미터 지점까지 깊숙이 파고들었어야 했다.

113사단은 이처럼 적군이 점령한 종심에 있어 도움을 받을 수 없는 고군孤軍인지라 어떤 상황이든 발생할 수 있었다.

펑더화이의 두 눈은 벌겋게 충혈되었고 입술은 쩍쩍 갈라졌으며, 목소리도 쉬어 갈라져나왔다.

"제길, 이놈의 113사단은 도대체 어디로 갔냐는 말이다!"

유엔군의 정면에는 중국군 제40군·제39군·제50군·제66군이 대치해 전력으로 적진을 압박하고 있었다. 제50군은 박천 서쪽의 천화동과 대화동으로 전진했고, 제66군은 봉무동 지구에서 적군의 공격을 저지하고 있었다. 제40군도 전력을 다해 군우리 방향으로 공세를 폈고, 제39군은 안주 방향으로 전진했다.

이때 제42군은 전력으로 돌파하고 있었는데, 이들의 임무는 제38군의 차단 임무와 똑같이 중요했다. 일각도 지체하지 않고 진격해서 적군보다 먼저 순천과 숙천을 점령함으로써 적군의 퇴로를 철저히 차단해야만 했던 것이다. 엄밀히 말하면 제42군의 임무가 더 어려웠다. 돌파 거리가 길고 그 과정에서 더욱 격렬한 저지에 부딪힐 것이기 때문이었다. 이 때문에 마오쩌둥은 11월 28일 새벽에 전보를 보내 지시했다.

"미 제1기병사단(2개 연대로 편성)이 현재 덕천과 순천, 성천 사이의 병력을 이동 중이다. 목적은 성천, 순천 일대에서 아군의 남진을 저지하기 위해서다. 제42군은 책임지고 홀로 적군을 섬멸해야 한다……."

11월 28일 밤, 제42군은 다음과 같이 병력을 배치했다.

'125사단은 가창리와 월포리 노선을 따라 전진 공격을 전개해 월포리를 점령한 후 순천까지 점령한다. 124사단은 125사단의 뒤를 따르되 주공격 방향의 전투 투입에 대비한다. 126사단은 송우리와 용문리, 신흥리 일대까지 전진해 주력작전에 협조한다.'

뒤따르던 125사단은 신창리에서 북쪽으로 올라가던 미 제1기병사단의 저지를 받았다.

신창리에서는 안빙쉰安炳勛이란 이름의 중국군 소대장이 전쟁영웅이 되었다. 그는 1개 소대를 이끌고 미군 진지로 돌진해 잇따라 3개 고지를 점령하면서 1개 소대 병력으로 미군 1개 소대를 섬멸하고 또다른 미군 소대를 격파하는 전과를 올려 '전투영웅'이라는 영광의 칭호를 얻었다. 전투 중 총알이 그의 왼쪽 뺨을 관통해 얼굴이 온통 피투성이가 되었지만 멈추지 않고 계속 공격을 지휘했다. 그렇게 가장 어려운 시기에 그의 소대 전체 병력은 미군과 육탄전을 벌였다.

수차례의 미군 반격으로 125사단의 373연대는 막대한 전력 손실을 입었다. 병력 유지를 위해 373연대는 전투에서 철수했다. 미군의 강력한 저지에 부딪히자 제42군 지휘관들의 믿음은 또 한 번 흔들렸다. 이들은 '싸우느냐 철수하느냐'를 두고 설전을 반복한 끝에 11월 30일이 되어서야 '싸우자'고 결심했다.

작전은 124사단과 125사단이 동시에 미군을 공격하는 것이었다. 하지만 공세를 개시하기 전에 두 사단의 결심이 또다시 흔들리면서 상부의 명령을 받지 않은 상태에서 모두 10킬로미터 후방으로 철수했다. 철수하면서 뒤처진 포병들이 미군 비행기의 폭격을 맞아 크나큰 손실을 입었다.

제42군은 과감히 공세에 나서지 않아 결국 펑더화이가 내린 돌파 임무를 완수하지 못했고, 미 제1기병사단 7연대는 중국군의 포위를 벗어날 수 있었다. 숙천 방향의 적군 퇴로 또한 완벽히 봉쇄되지 못하고 뚫려버렸다.

제42군의 선두부대는 아파리 지구까지 침투했는데, 2차 전역에서 중국군이 유엔군 후방으로 가장 깊숙이 들어간 경우였다. 그러나 아파리에서 제42군은 여전히 과감히 공세를 펴지 못했다. 370연대는 미군 비행기의 맹렬한 폭격 속에 지휘가 제대로 이뤄지지 않아 엄청난 전력 손실을 입었다. 378연대 연대장 정시허鄭希和도 대동강 동쪽 기슭에서 미군 비행기의 습격을 받아 전사했다.

제42군이 돌파에 실패한 이유는 여러 가지가 있다. 당시 중국군 병사들의 체력이 이미 바닥난 상태였고, 장비 보급이 제대로 이뤄지지 않아 탄약도 극도로 부족했다. 또한 미군 진지를 정면에서 공격하기 위한 효과적 수단도 부족했다. 미군의 첨단 무기들과 일단 부딪히기만 하면 중국군은 예외 없이 엄청난 병력 손실을 입었다. 미군 전쟁사료에는 한 차례 공격을 멈추면 진지 앞에 중국군 시체가 '또다른 방어 장벽을 구축하기 충분할 정도'로 쌓여 있었다고 기록되어 있다. 끝으로 제42군이 맡은 임무가 이미 행군속도의 한계를 넘어선 것이기도 했다.

제42군의 돌격이 유엔군에 저지당하고 있을 때, 펑더화이를 노심초사하게 만든 113사단은 실은 예정 목표지인 삼소리를 향해 줄곧 완강하게 전진하고 있었다.

삼소리는 서부전선의 미 제8군 한가운데에 있는 작은 산촌이었다. 남쪽으로는 대동강과 맞닿고 북쪽으로는 산들이 연이어 솟아 있으며, 서쪽으로는 개천과 평양으로 바로 연결되는 도로가 남북 방향으로 나 있었다. 삼소리는 서부전선의 유엔군이 북진하기 위해 반드시 거쳐야 하는 지역이었다. 물론 유엔군이 북진에 실패하면 삼소리는 미군 주력이 남쪽으로 도주하는 데 꼭 필요한 '철책문'이 될 것이었다.

시간에 맞춰 삼소리에 도착하기 위해 113사단은 관례를 깨고 대낮에 도로 위를 과감히 행군하기를 반복했다. 미군의 비행기 공격이 두렵지 않아서가 아니라 그럴 수밖에 없었던 것이다. 부사단장 류하이칭은 '전사들의 목숨을 귀하게 여기는 게 마땅하지만, 예정된 시간 안에 삼소리에 도착하지 못하면 더 많은 사상자가 나올 게 틀림없다'고 생각했다. 이는 바로 전투 중 최고의 대중적 관점을 나타내는 변증법이었다.

사단장 장차오도 류하이칭의 의견에 동의했다.

이상한 일은 미군 비행기가 행군하는 중국군의 상공에 나타나 선회하기는 했지만 폭격을 가하지는 않았다는 사실이었다. 처음에는 비행기가 머리 위에 뜨면 부대 전체가 잠시 은폐했지만, 이렇게 하면 행군이 심각하게 지체되었기 때문에, 나중에는 병사들이 아예 위장을 던져버리고 씩씩하게 행군했다. 그 결과 미군 조종사들은 이에 속아 넘어가 이들이 북쪽에서 철수하는 한국군 부대가 틀림없다고 오인했다. 미군 조종사들은 무선 통신을 통해 삼소리의 한국군 치안부대에 '철수하는 국군'을 위해 식사를 준비하라고 요구했다. 온정이 넘치는 미국 조종사들은 쌀밥과 끓인 물 이외에도 한국인들이 좋아하는 소금에 절인 생선을 준비해놓으라고 당부하기까지 했다.

중국군 병사들은 재빨리 미군이 속아 넘어간 것을 알아채고 아예 큰 소리로 외치며 용기를 북돋고 극도로 밀려오는 졸음을 쫓았다.

"빨리! 더 빨리 가자. 바로 앞이 고지다."

행군하는 병사들 손에는 풀이 한 포기씩 들려 있었다. 진흙으로 질퍽이는 곳을 지날 때 뒤에 따라오는 포병을 위해 길을 만들어주기 위한 것이었다.

113사단 338연대의 전위대는 삼소리에 도착해 단 한 번의 공격으로 식사 준비에 여념이 없던 한국군 치안부대를 섬멸했다. 그런 다음 신속히 삼소리 서쪽에 남북으로 난 도로 양측의 모든 고지를 점령했다.

338연대 연대장 주웨칭도 지휘부를 데리고 곧 도착해 삼소리의 동쪽 산에 올랐다. 산에 오르자마자 전위대 방향에서 울리는 총성을 들었다. 망원경으로 바라보던 그의 몸이 긴장으로 굳어졌다. 끝이 보이지 않는 미군 부대의 철수 행렬로 북쪽 도로에 흙먼지가 자욱하게 일고 있었던 것이다!

주웨칭은 즉시 뛰어서 전진하라는 명령을 내렸다.

그의 뒤에 있던 부대는 미군을 막으라는 명령을 듣자마자 젖 먹던 힘까지 다해 뛰기 시작했다. 어떤 병사는 넘어지자 식량주머니와 배낭을 아예 포기하고 다시 일어나 뛰었지만, 또 어떤 병사는 넘어진 뒤 앞을 한번 쳐다보고는 다시는 일어나지 못했다

제38군 113사단 338연대는 14시간 동안 72.5킬로미터를 이동하는 강행군 끝에 삼소리를 선점했고, 남쪽으로 철수하는 미군의 '철책문'을 굳게 닫는 데 성공했다. 미군보다 단 5분 먼저 도착할 정도로 아슬아슬한 상황이었다.

113사단은 돌진 중에는 전략적으로 무전기를 쓰지 않았다.

삼소리에 도착하자마자 주웨칭은 통신 주임 장푸張甫에게 군단과 사단에 무전을 치게 했다.

무전은 사전에 정한 암호를 사용했다.

펑더화이의 지휘소에서 줄곧 113사단의 통신기 신호를 찾고 있던 통신병이 갑자기 크게 소리쳤다.

"연결되었습니다!"

113사단의 통신기 전원이 켜지고 사단, 군단, 지원군 본부에 연결되기까지 걸린 시간은 단 5분, 여기에는 통신 주임 장푸의 역할이 컸다.

"우리 부대가 적보다 먼저 삼소리에 도착했습니다!"

"적군이 삼소리를 지나 철수하려 합니다!"

"부대의 다음 임무를 지시해주십시오!"

극도의 피로에 지쳐 있던 펑더화이는 순간 뭐라고 해야 좋을지 모를 정도로 기뻐했다.

"마침내 나왔군. 드디어 도착했어!"

같은 시각, 제38군 지휘부는 113사단에 무전을 보내 삼소리의 북서쪽 방향에 있는 용원리에도 순천으로 통하는 도로가 있어 유엔군이 그쪽으로도 철수할 수 있음을 알려주었다. 하지만 제38군 지휘부의 통신병이 '원源' 자를 '천泉' 자로 잘못 치는 실수를 범했다. 무전을 받은 113사단은 지도를 이 잡듯 뒤져 '용천리'를 찾았지만 끝내 위치를 확인할 수 없었다. 시간은 사람을 기다려주지 않는 법, 대략적 방향은 명확했으므로 113사단은 337연대를 즉시 그 방향으로 긴급 출동시켰다. 11월 29일 새벽, 337연대는 용'천'리를 점령했다.

동시에 113사단은 안주 방향으로 1개 대대를 파견해 도로와 교량을 폭파하는 임무까지 완수했다.

남쪽으로 철수하는 유엔군의 퇴로는 완전히 봉쇄되었다.

펑더화이는 제38군에 엄중히 명령했다.

"강철못이 박힌 것처럼 그곳을 단단히 사수하라!"

38군 만세!

중국군이 삼소리와 용원리를 점령하자 유엔군의 전체 전선이 큰 타격을 받았다. 유엔군이 대규모 후방기지의 핵심 부위를 잃게 되면서 청천강 북쪽 기슭을 배회하던 미 제2사단, 제25사단, 제24사단 그리고 영국군 제27여단, 한국군 제1사단 및 터키군 여단의 잔여 부대 전체가 중국군의 포위망에 걸려들었다. 이때 유엔군 서부전선의 최고지휘관이자 미 제8군 사령관인 워커 중장은 그제야 터키군 여단을 투입해 우익의 터진 틈을 메우려 했던 결정이 얼마나 경솔한 것이었는지 뼈저리게 실감했다. 현재 워커의 수중에 기동할 수 있는 부대라고는 순천에 있는 미 제1기병사단뿐이었다. 하지만 가창리 방향에서 "순천 방향으로 움직이는 중국군이 포착되었다"는 보고가 있었기 때문에, 워커는 이내 상당히 곤란한 처지에 놓이고 말았다. 다시 말하면 예비대의 투입은 이미 의미가 없어졌고, 현재로서 유일하게 할 수 있는 일이라고는 포위망에 놓인 부대를 신속히 철수시키는 것뿐이었다.

11월 29일 아침, 맥아더는 도쿄에서 성명을 발표했다. '중국군의 대대적인 남진으로 한국전쟁의 조기 종전을 기대하기 어렵다'는 내용이었다.

유엔군은 청천강 남쪽 기슭으로 대규모 퇴각을 시작했다.

유엔군의 철수 목표 지점은 순천·숙천·성천 일선이었는데, 이곳은 한반도 전역에서 동서 간의 간격이 가장 좁은 지역이었다.

지도상으로 보면, 유엔군이 남쪽으로 퇴각할 경우에 이동할 수 있는 길은 네 곳뿐이었다. 이 네 갈래 길은 유엔군이 북진했던 길이기도 했는데, 서쪽에서 동쪽으로 순서대로 박천에서 숙천에 이르는 길, 개천에서 신안주를 거쳐 숙천에 이르는 길, 개천에서 용원리를 거쳐 순천에 이르는 길, 그리고 개천에서 삼소리를 거쳐 순천에 이르는 길이었다.

미군이 중국군이나 한국군과 달랐던 점은 그들의 대규모 기계화부대가 행군할 때는 반드시 도로를 이용해야 한다는 것이었다.

최서단의 미 제1군단은 청천강 북쪽 기슭에서 신안주 지구로 신속히 퇴각했고, 미 제9군단 역시 개천 지구로 집중했다.

갈수록 맹렬해지는 중국군의 압박에서 신속히 벗어나기 위해 미군은 대량의 장비와 기기를 유기하면서 개천에서 신안주로 내려오는 방향을 따라 퇴각했다. 삼소리와 용원리에서 미군은 비행기와 전차의 엄호를 받아 중국군이 점령한 진지를 향해 맹공을 퍼부으며 남쪽으로 퇴각하는 통로를 가능한 한 빨리 열고자 했다.

워커는 서부전선에서 포위된 부대가 돌파할 수 있는 유일한 희망을 한 가지 구상에 걸었다. 즉 삼소리와 용원리의 중국군은 아마도 이곳에 황급히 돌진한 부대여서 병력과 방어 종심이 매우 취약할 것이며, 따라서 병력과 화력이 우세한 미군이 통로를 연다면 다소 번거롭기는 하겠지만 별다른 문제는 없을 것이라고 판단한 것이다.

북진하려던 유엔군의 계획이 이미 실패했음을 맥아더가 모호하게 인정한 그날 아침, 미 제2사단 사령부로 피투성이가 된 터키 병사가 달려들어왔다. 그는 숨을 헐떡거리며 보고했다. 자신은 터키군 연대의 보충중대 소속인데 중대가 순천에서 개천으로 향하는 도로를 따라 북진하고 있을 때, 청룡참 부근에서 대규모 중국군과 맞닥뜨려 전 중대가 기습공격을 받았으며, 현재 이미 병력이 얼마 남지 않았다고 했다.

미 제2사단 사단장 카이저는 퇴로를 차단한 중국군이 1개 소규모 부대는 아닐 것이라고 판단했다.

미 제2사단이 대낮에 남북으로 받은 협공은 사단장 카이저에게 깊은 인상을 남겼다. 중국군이 정면에서 끊임없이 공격을 퍼부어 제2사단의 전투력은 이미 절반으로 줄어든 상태였고, 특히 보병대대의 일부 대대 병력은 200명에서 250명까지 줄었으며, 심지어 20여 명밖에 남지 않은 보병중대도 있었다. 상황이 이와 같은데도 카이저가 계속해서 저항하는 전술을 포기할 엄두를 내지 못한 것은 그렇게 하지 않으면 제2사단 전체가 패퇴해 뿔뿔이 흩어져야 할 판이었기 때문이다.

놀라고 당황한 터키 병사의 보고를 듣고 카이저는 1개 헌병 분대에 정찰임무를 하달해 남쪽으로 내려보냈으나 분대가 출발한 뒤로 더 이상 그들의 소식을 듣지 못했다.

오전 8시, 상황을 돌파할 마땅한 대안을 찾지 못한 카이저는 미 제1군단장 밀번의 전화를 받았다.

"상황이 어떻소?"

"좋지 않습니다. 우리 지휘부마저 공격받고 있습니다!"

"정말 안 되겠거든 우리 쪽으로 붙으시오. 그럼 좀 안전할 것이오."

그러나 전체 전선 우익의 엄호 임무를 맡고 있는 미 제2사단이 어떻게 임무를 무시하고 서쪽으로 달려갈 수 있겠는가? 다시 말해 이러한 시기에 어떻게 자신의 직속상관이 아닌 사람의 명령을 따를 수 있겠는가? 카이저 사단장은 직접 군 지휘부로 한번 가보기로 결정했다. 지프를 타고 군우리에서 서쪽으로 4킬로미터 떨어진 지점에 있는 군 지휘부로 이동했다. 카이저는 그곳에 도착해서야 군 지휘부에 아무도 없다는 것을 알아차렸다. 아무것도 결정하지 못할 작전부장만이 잔뜩 미간을 찌푸린 채 지도 위에 엎드려 있을 뿐이었다. 카이저는 군 지휘용 지도에서 자신의 사단이 작전을 펴고 있는 구역을 살펴보았다. 그러고는 지도에 표시된 상황을 명령으로 결론짓고 차를 타고 되돌아갔다. 지프가 도로에 오르고 나서야 도로 위에 퇴각하는 군수품 차량들이 가득한 것을 발견했다. 지프가 도로 위에서 꼼짝도 할 수 없자 카이저는 헬기로 갈아탔다. 헬기가 도로를 따라 사단 지휘소로 이동하는 동안 카이저는 도로에 벌 떼처럼 시커멓게 몰려들어 남쪽으로 이동하는 수천 명의 피란민을 보았다. 자신의 전투 경험에 비춰 피란민이 나타났다면 중국군은 아직 도착하지 않은 것이라는 생각이 들었다. 전쟁 상식으로 보면 피란민들은 늘 군대가 도착하기 전에 피란길에 오르기 때문이다. 하지만 이후에 전개된 상황은 카이저 사단장에게 그가 보았던 수천 명의 인파가 피란민이 아니라 바로 그들의 퇴로를 차단하기 위해 남하하던 중국군이었다는 사실을 냉혹하게 증명해주었다.

걸어서 행군하는 중국군 병사들의 군복은 표시도 명확하지 않았거니와 힘들고 급하게 뛰는 와중에 군대의 위용이나 장비에 신경 쓸 겨를이 없었다. 이런 상황은 미군의 정찰을 거듭 잘못된 판단으로 이끌었다.

중국군의 주력이 아직 도착하지 않았다면 미 제2사단이 개천에서 순천으로 이르는 도로를 따라 퇴각할 시간 여유가 있다. 헬기에 탄 카이저 사단장은 이렇게 판단했다.

전후에 카이저는 여생을 보내면서 이 장면을 생각할 때마다 자신의 어리석음을 후회했다.

지휘소로 돌아온 카이저는 파견한 헌병 분대에서는 소식이 없고, 그 뒤에 파견한 전차소대 역시 돌아오지 않았다는 사실을 파악했다. 이때 제2사단을 정면으로 압박하는 중압감은 갈수록 더해갔다. 조바심이 난 카이저 사단장은 다시 1개 정찰중대를 보내 남쪽으로 퇴각하는 도로를 정찰하도록 했다. 정찰중대가 청룡참 부근에 들어섰을 때 중국군의 습격을 받았다. 미 제2사단 9연대의 지원중대가 정찰중대를 발견했을 때 살아남은 장병은 고작 20여 명에 불과했다.

남쪽으로 퇴각하는 부대에 혈로를 열어주기 위해 미 제9군단은 11월 29일 하루 종일 중국군을 향해 전면적인 맹공을 퍼부었다. 하지만 예상과 달리 중국군은 완강하게 저항했는데, 미군이 애초에 생각했던 소규모 기동대가 아닌 대규모 정예부대였던 것이다.

삼소리로 돌격해 들어가 '강철못이 박힌 것처럼 단단히 사수하던' 대규모 정예부대는 바로 중국군 제38군 113사단이었다.

카이저 사단장이 보낸 정찰중대가 용원리에서 마주친 부대는 113사단 337연대의 1대대 3중대였다.

11월 29일 새벽 4시, 337연대가 3중대를 전위대로 하고 용원리를 점령했을 때 마침 일부 미군 부대가 이곳을 통과하고 있었다. 중대장 장유시張友喜의 인솔하에 3중대는 즉시 미군을 향해 공격을 개시했다. 이 전투로 차량 15대가 격파되었고 미군 15명이 포로로 잡혔다. 심문을 통해 그들이 미 제1기병사단 5연대의 선두 부대라는 것이 밝혀졌다.

급박한 조우전이 끝난 후 잠시 정적이 흘렀다. 중국군 병사들은 미군 차량에서 노획한 음식을 먹기 시작했다. 날이 밝아왔다. 보초병이 적군의 낌새가 있다고 보고했다. 장유시가 도로를 따라 북쪽으로 눈길을 돌리자 다가오는 물체가 뚜렷하게 보이기 시작했다. 지프 1대와 대형 트럭 몇 대로 구성된 소규모 차량 행렬이었다. 차량 행렬이 가까이 오기를 기다렸다가 3중대는 기습공격을 감행해 큰 힘을 들이지 않고 전투를 치렀다. 중국군 병사들은 미군 차량이 운송하던 물품을 보고 매우 흥분했는데, 이번에는 마시기 고역스러운

'위스키'가 아니라 밀가루와 버터였던 것이다.

3중대 병사들이 제대로 기뻐할 틈도 없이 대규모 미군이 들이닥쳤다.

11월 29일 낮 동안 미 제2사단 9연대는 내내 전차를 앞세운 공격을 퍼부었다. 이날의 저지전은 사실상 중국군 병사들의 피와 살로 이루어진 몸과 미군의 강철 전차가 맞붙은 격투였다. 3중대 3소대의 쉬한민徐漢民이라는 병사는 수류탄으로 전차 한 대의 캐터필러를 폭파했다. 그리고 얼마 지나지 않아 자신이 캐터필러를 폭파한 그 전차가 여전히 '작동'하고 있는 것을 발견했다. 미군 전차 운전병이 전차 밑으로 내려와 캐터필러를 수리한 것이다. 쉬한민은 그걸 보고는 화가 나 쫓아가서 전차 위로 뛰어올랐다. 다른 중국군 병사들은 이 광경을 보고 크게 소리쳤다. "용감하다! 훌륭해!" 쉬한민은 막상 미군 전차에 뛰어오르기는 했지만 그다음엔 어떻게 해야 할지 몰랐다. 전차를 격파하는 것과 관련해 중국군 병사들이 아는 지식은 극히 제한적이었다. 전차가 이 중국군 병사를 태우고 100미터 정도 움직이자 성원을 보내던 중국군 병사들은 이번에는 다시 걱정스럽게 소리쳤다. "빨리 돌아와! 빨리!" 이때 쉬한민이 갑자기 전차에서 굴러떨어지는 모습이 보였고 엄청난 폭음이 그 뒤를 이었다. 쉬한민이 수류탄 한 묶음을 전차의 포탑 안으로 밀어넣었던 것이다.

113사단이 삼소리와 용원리에서 남하하는 미군을 저지하고 있을 때, 펑더화이는 미군을 향해 맹렬한 압박공격을 가하라고 서부전선의 중국군에 명령했다.

개천을 중심으로 사방 10여 킬로미터 범위 안에서 중국군은 무수한 부대 단위로 나누어 미군을 갈라놓았다. 이렇게 해서 개천 지역은 세계 전쟁사에서 엄청난 피가 뿌려진 전쟁터 가운데 한 곳이 되었다.

제39군의 각 사단은 사나운 기세로 군우리로 압박해 들어가 미군이 임시로 구축한 방어진지에 완강하게 돌진했다. 미군 병사들은 중국군 병사 한 명이 기관총을 들고 서서 그들에게 사격하는 것을 당황스럽게 지켜보았다. 그 병사는 몸에 수많은 총상을 입고도 쓰러지지 않았다. 양위딩楊玉鼎이라는 이 중국군 병사는 117사단 349연대 소속이었다. 117사단 350연대의 전위중대가 삼포리까지 들어갔을 때 군우리에서 탈출해 전차와 비행기의 엄호를 받고 있던 미군과 정면으로 맞닥뜨렸다. 350연대의 병사들에게 자신의 생명은 안중에도 없었다. 소대장 옌화이유顔懷有는 도로에 올라서서 미군의 퇴로를 가로막았다. 나머지 중국군 병사들도 소대장과 함께 미군 병사들을 논으로 몰아넣고 포위 섬멸했다. 결국 단 한 명의 미군도 재난에서 벗어나지 못했다.

제38군의 114사단은 터키군 연대의 방어선을 돌파했다. 이어서 명령에 따라 눈앞의 적이 신속하게 삼소리 방향으로 전진하고 있는데도 불구하고 엄청난 압박을 받고 있는 113사단을 향해 다가갔다. 114사단은 맹렬하고도 신속하게 돌진해 용원리에 접근했다. 그들이 바로 미 제2사단 사단장 카이저가 헬기에서 본 수천의 '피란민'이었다. 11월 29일 오후 4시, 제38군 112사단은 봉명리에 도착했다. 이곳을 지키던 미 제25사단은 필사적으로 막았으나 2시간 동안의 참혹한 전투 끝에 결국 112사단이 봉명리를 점령했다.

제40군 118사단은 미군의 저지를 돌파하고 군우리를 점령했으며 계속해서 신안주 지구까지 추격했다. 동틀 무렵, 젊은 사단장 덩웨는 머리 위를 날아다니는 미군 비행기 때문에 신경이 바짝 곤두선 상태였다. 비행기가 대형 나팔을 동원해 영어와 한국어로 뭐라고 쉴새없이 떠들어댔기 때문이다. 덩웨가 통역사에게 물었다. "비행기에서 지금 뭐라고 계속 떠들어대는 건가?" 통역사는 잠시 귀를 기울였다. "미군과 한국군 병사들이 모두 평양에 집결했다고 알리고 있습니다."

제40군 119사단은 명령에 따라 청곡리로 돌격해 들어갔다. 이곳은 용원리 북쪽의 도로 요충지였다. 119사단은 미군 부대를 정면으로 공격하면서 삼소리와 용원리에 바짝 접근함으로써 미군이 이미 1개 연대 정도로 줄어들었음을 증명했다. 도로는 미군이 유기한 차량과 전차 그리고 대포로 꽉 막혀 있었다. 최전방까지 돌진한 6중대는 철도 터널 부근에 300여 대의 미군 차량과 전차가 밀집한 것을 발견했다. 중국군 병사들이 노획한 미군 바주카포로 차량을 명중시키자 터널 부근이 일시에 불바다가 되어 화염이 하늘로 치솟았고 불빛이 어두운 하늘을 대낮처럼 밝게 비추었다. 맹렬하게 사격을 퍼부은 뒤 중국군은 도로로 돌진했다. 도로 위에는 미군 시체가 즐비했고 살아남은 미군 병사들은 사방으로 도망쳐 흩어졌다. 이때 도로 앞에서 갑자기 격렬한 총성이 울렸는데, 그 총성은 청곡리 서쪽에서 들려온 것이었다. 바로 제38군이 점령해 완강히 저지하는 진지가 있는 송골봉 쪽이었다. 남쪽으로 퇴각하던 미군이 이곳에 도착한 후 저지당했다면 더 이상 도망갈 곳이 없었다.

송골봉은 북한 서부의 흔하디흔한 작은 산이다. 하지만 이곳에서 일어난 상황을 한 중국 작가가 기사로 보도하면서 지금까지도 많은 중국인이 송골봉을 알고 있고, 이곳에서 중국군과 미군이 결사적인 격투를 벌인 사실을 알고 있다.

1950년 11월 30일은 송골봉에서 피와 살이 사방으로 튀는 참상이 벌어졌던 날이다.

중국 작가의 보도에서 송골봉은 청송이 빽빽이 들어찬 모습으로 묘사되었지만, 사실 이곳은 주로 흙과 돌로 이루어진 작은 산이었다. 송골봉은 용원리의 동북부에 위치해 삼소리, 용원리와 세 개의 솥발처럼 정족지세鼎足之勢를 이루었다. 북쪽으로는 군우리와 통하고 북서쪽으로는 개천에 닿았다. 최고봉은 해발 288.7미터이며, 산 정상에서 동쪽으로 100미터 정도의 도로가 뻗어 있었다.

송골봉을 수비하던 중국군은 제38군 112사단의 335연대였으며, 연대장은 얼마 전에 비호산 저지전을 마친 판톈언이었다.

판톈언의 335연대는 한국전쟁에서 격렬한 전투를 쉴새없이 치러야 했다.

2차 전역이 시작되었을 때 335연대는 적을 깊숙이 유인하는 임무를 수행했다. 이 연대의 장병들은 판톈언의 인솔하에 비호산에서 북진하는 유엔군을 상대로 거센 저지전을 치렀다. 그 뒤 싸우면서 철수했고, 군의 주력이 덕천 공격을 개시했을 때 덕천에서 100여 킬로미터 떨어진 화평참에서 북진하는 미군을 저지했다. 그날 저녁 판톈언은 새로운 명령을 받았다. 명령은 '당면한 적에게 공격을 가하라'는 단 한 문장이었다. 이때 사단과 연락을 취하던 무전기가 고장 났다. 판톈언은 곧 지도에서 전진 노선을 찾아내고는 신흥리라는 지역을 공격하기로 결정했다. 이때 제40군의 한 참모가 그를 찾아와 335연대의 진지를 인수하라고 말했다. 이때 제40군 지휘관의 입을 통해 판톈언은 비로소 2차 전역에서 제38군의 공격 지점이 덕천이라는 사실을 알았다. 판톈언은 제40군을 따르면 분명 제대로 된 전투를 할 수 없을 것이니 차라리 자신이 속한 군의 주력부대를 뒤쫓는 편이 낫겠다고 생각했다. 결정을 내린 후 335연대의 전 병력은 간편한 복장을 했다. 전투에 필요한 물품 이외에 나머지 장비들은 전부 작은 산골짜기에 숨겨두고 1개 분대를 보내 지키도록 했다. 판톈언은 하루에 60킬로미터를 가서 이틀이면 주력부대를 따라잡을 수 있을 거라고 계산했다.

335연대에는 안내자가 없었다. 지도 한 장과 나침반 하나에 의지해 혹한 속에서 산을 넘고 재를 넘는 험난한 행군을 시작했다. 목표는 단 하나였다. '주력부대를 뒤쫓아 전투 기회를 쟁취한다.' 이틀 밤을 걸어 덕천에서 아직 10킬로미터 정도 떨어진 한 작은 산촌에 도착했을 때, 판톈언을 포함한 연대 전 장병은 녹초가 되어 꼼짝도 할 수 없었다. 판톈언은 참모 한 명에게 병력을 대동해 주력부대의 위치를 정찰하라는 명령을 내리고 부대는 마을에서 잠시 휴식을 취하게 했다. 호위병이 방공이 가능한 곳을 찾았을 때 생각지도 못한 일이 벌어졌다. 야채를 넣어두는 움막에서 10여 명의 한국군 병사들을 사로잡은 것이다. 상황을 묻자 덕천에서의 전투가 이미 끝났다고 대답했다. 얼마 지나지 않아 정찰을 나갔던 참모가 돌아와 현재 군 주력부대는 알일령을 향해 전진하고 있다고 보고했다. 판텐언은 계속해서 주력을 뒤쫓으라는 명령을 내렸다. 알일령 부근에서 335연대는 마침내 막 알일령을 함락시킨 군 주력부대를 따라잡았고, 판텐언은 그 와중에 도로에 전복된 미군 차량에서 무전기 한 대를 주웠다. 이때 112사단 사단장 양다이는 즉시 송골봉을 점령하라는 군 지휘부의 명령을 받았다. 그러나 동원할 수 있는 부대가 없어 난감해하던 차에 335연대가 도착한 것을 보고 양다이는 흥분해서 소리쳤다. "정말 하늘이 내린 장병들이군!"

양다이는 판텐언에게 송골봉으로 돌진해 그곳에서 남쪽으로 도주하는 미군을 저지하라는 명령을 내렸다.

판텐언은 몹시 피곤한 병사들을 이끌고 즉시 송골봉을 향해 빠르게 전진했다.

칠흑 같은 밤, 335연대는 미군의 포화를 뚫고 서당참 일대에 부대를 배치했다.

판텐언은 1대대에 송골봉을 점령하라고 지시했다.

1대대의 선두중대는 3중대였다. 3중대는 날이 밝아오자 송골봉을 오르기 시작했다. 참호를 미처 구축하기도 전에 대규모 미군이 도로를 따라 다가오고 있었다.

벌 떼처럼 남쪽으로 퇴각하는 부대는 미 제2사단이었다.

한눈에 다 들어오지도 않는 도로 위의 미군들을 보자, 며칠간 강행군을 한 중국군 병사들은 피로와 배고픔을 싹 잊어버렸다.

3중대의 최전방은 8분대였다. 미군과 8분대 진지의 간격이 20미터로 좁혀졌을 때 8분대의 기관총수 양원밍楊文明이 먼저 발사해 첫 번째 차량을 명중시켰다. 총성이 울리자 소대장 왕젠허우王建侯는 5명의 병사를 이끌고 도로로 뛰어들었다. 바주카포 사수가 전차로 접근해 사격했고 수류탄이 동시에 차량으로 날아갔다. 이때 5분대의 폭파조도 두 번째 전차를 공격했다. 차량과 전차가 도로를 가로막았다.

잠시 후 미군도 송골봉을 공격할 태세를 갖췄다.

그들은 살기 위해 반드시 송골봉의 통로를 열어야 했다.

한국전쟁에서 가장 처참한 전투가 바로 이렇게 시작됐다.

전투가 시작된 후 판톈언은 진지에 참호가 아직 구축되지 않아 사상자가 많이 날 것을 염려해 휴대용 무전기를 켜고 1대대에게 큰 소리로 외쳤다. 하지만 무전기에서 나오는 소리는 전부 영어였고, 저편의 미군 지휘관이 시끄럽게 떠들어대고 있었다. 판톈언은 하는 수 없이 1대대 3중대 방향으로 기관총 사격을 가해 화력 지원하라는 명령을 2대대에 내려 전방의 부담을 덜어주려 했다.

1대대 대대장 왕쑤치王宿啓는 도로에 바싹 붙어 있는 데다 의지할 곳도 없는 언덕에서 3중대가 과연 적군을 막아낼 수 있을지 걱정되는 마음에 더욱 초조하고 불안했다. 그는 3중대 진지 좌측의 1중대와 우측의 2중대 모두 착검하라고 명령했다.

미군의 세 번째 돌격이 시작되었다.

미군 비행기는 중국군의 정수리를 스쳐 지나가면서 엄청난 폭탄과 소이탄을 투하했다. 미군 화포도 미친 듯이 불을 뿜어댔다. 포병들도 여기서 포위를 뚫지 못하면 끝장이라는 사실을 알고 있었기에 중국군 진지에 빗발치듯 포탄이 떨어졌다.

3중대 주위에 포탄 파편이 사방으로 날아다녔고 불길이 세차게 일었다.

미군 병사들이 돌진해왔다.

대대장 왕쑤치는 즉각 좌측의 1중대에 측면에서부터 공격하라고 명령했다. 육탄전이 벌어지자 미군 병사들은 중국군의 총검에 밀렸다. 그러자 방향을 바꿔 3중대의 우측에서부터 공격하려 했으나 우측의 2중대도 총검을 들고 돌진했다.

이렇게 해서 3중대가 정면에서 맞서고 1중대와 2중대가 측면에서 지원하는 형국이 되었다.

총검을 든 필사적 격투 속에서 1중대와 2중대는 엄청난 희생을 치렀다.

송골봉 전방을 향해 공격하는 미군 병력은 몇 배로 불어났다.

사단장 양다이는 초조하게 3중대 쪽을 주시했다. 그는 사단 지휘소가 세워진 산꼭대기에 서서 약수동에서 용원리에 이르는 도로를 가득 메운 미군 차량과 전차를 보았다. 규모가 얼마나 어마어마한지 그 끝을 헤아리기도 힘들었다.

미군의 네 번째 돌격은 진지의 불길이 가장 맹렬하게 타오를 때 시작되었다. 미군 병사가 4분대의 진지로 돌진하자 4분대 병사들은 소리쳤다.

"기관총, 빨리 쏴!"

하지만 기관총의 총신이 불에 휘어져 사격할 수가 없었다. 기관총수 리위민 李玉民은 죽은 전우의 소총을 집어 들고 미군을 향해 돌진했다. 그때 총탄이 그의 허벅지를 관통했다. 그는 총알 한 발로 상처를 틀어막아 지혈하고는 계속해서 적군과 육탄전을 벌였다. 4분대의 병사들이 돌진해오자 미군 병사들은 그를 버리고 달아났다. 눈이 보이지 않게 된 3소대장이 기어와 리위민을 업고 가려 하자 리위민은 이렇게 말했다.

"어서 가서 지휘하십시오. 적군이 또 대포를 쏘려고 합니다!"

이때 제38군 군단장 량싱추가 전화했다. 전화로 들려온 군단장의 목소리에는 판텐언에 대한 화가 어려 있었다. 정찰 보고에 따르면 335연대의 방어구역에서 미군의 포차 4대가 도로를 통해 남쪽으로 달아나고 있었기 때문이다. "추격하시오. 단 한 명의 미군도 남쪽으로 달아나게 해서는 안 된다는 것을 명심하시오!"

판텐언은 즉시 3대대의 2개 중대를 보내 추격하게 했다. 포차 4대를 섬멸하기 위해 그렇지 않아도 부족한 병력에서 2개 중대를 빼낸 점에서 중국군이 미군을 남김없이 사지에 몰아넣을 결심을 했다는 것을 충분히 확인할 수 있다. 판톈언의 2개 보병중대는 험산준령을 넘고 길을 가로질러서 꼬박 하루를 추격한 끝에 미군 포차 4대를 섬멸했다.

정오가 되자 송골봉을 수비하던 3중대의 병력은 절반도 남지 않게 되었다. 중대장 다이루이戴如義와 지도원 양사오청楊少成은 모든 문서와 자신의 노트를 불태운 뒤 살아남은 병사들과 함께 이 중대가 출정 역사를 통틀어 얻었던 각종 칭호들을 떠올렸다. '전투모범중대' '삼호三好. 신체·학습·품행이 모두 뛰어난 모범을 일컬음중대' '앞다퉈 양쯔 강을 건넌 영웅중대' 등등이 있었다. 마지막으로 다이루이와 양사오청은 '우리 두 사람은 가장 위험한 바로 그곳에 있을 것'이라며 결심을 굳혔다.

송골봉과 용원리 그리고 삼소리 진지의 저지전이 최고조에 이르렀을 때 펑더화이는 113사단의 지휘소에 전화를 걸었다. 그는 사단 정치위원 위징산於敬山에게 물었다.

"적군이 모두 퇴각해 일제히 그쪽으로 밀어닥치고 있소. 적군을 차단할 수 있겠소?"

"차단할 수 있습니다."

용원리에서 저지하고 있던 또다른 3중대는 제38군 113사단 337연대 소속이었다. 이 중대의 정면에서 공격하는 부대는 미 제2사단 이외에도 미 제25사단과 영국군 제27여단이 있었다. 3중대의 중국군 병사들은 진지에 있는 단단한 암석지형에 의지해 노획해온 버터와 밀가루로 구운 부침개를 먹으면서 한 발도 물러서지 않겠다는 맹세를 다졌다. 이 길을 뚫기 위한 전투가 최고조로 치달았을 때 100대가 넘는 미군 폭격기가 출동해 용원리 모든 진지의 산천을 들썩이게 했고, 전차포와 곡사포, 박격포 그리고 항공폭탄이 퍼부어져 진지의 단단한 암석을 몇 번이나 뒤집어놓았다. 아군의 화력을 맹신하던 미군은 무차별적인 공격을 받고도 살아남은 중국인의 능력에 대해 놀랐다. 북쪽으로 지원 온 적군이 1소대의 전방진지를 점령했다는 정보를 접한 3중대 중대장 장유시는 10명의 병사를 데리고 즉각 적군에 공격을 개시해 총검으로 압박했다. 몇 차례 실패를 경험한 미군은 한 가지 방법을 고안해냈는데, 바로 '병사들을 위장 투항시키는 것'이었다. 한 무리의 미군이 차량에 앉아 백기를 들고 투항할 뜻을 밝혔다. 그러자 중국군은 병사를 보내 투항을 받아들였다. 중국군 병사가 미군에 다가갔을 때 차량에 있던 미군 병사들이 갑자기 총을 쏘아대고 나서 차량을 몰아 재빨리 도주했다. 미군 병사들은 이런 행위가 중국군 병사들의 적개심을 더욱 높일 것이며, 중국인의 성격상 적개심이 일단 자극을 받으면 더욱 사납고 완강하게 변한다는 것을 몰랐다.

3중대의 진지는 시종 미군의 남북 협공에 놓여 있었다. 남쪽으로 도망가던 미군과 증원하기 위해 북상하던 미군이 거의 '부대가 합류'할 정도에 이른 적도 있었다. 전쟁이 끝난 뒤 미 제2사단의 장교는 이렇게 회고했다. "우리는 증원하러 오는 터키군 여단의 전차에 새겨진 흰색 별을 보기도 했다."

그러나 3중대 전체 병력이 얼마 남지 않고 또 탄약이 이미 다 떨어진 상황에서도 남북 양측의 미군은 시종 합류할 수 없었다.

용원리의 '철책문'은 굳건히 닫혀 있었다.

오후 1시, 송골봉 진지를 공격하던 미군은 다섯 번째 돌격을 시작했다.

중국군이 바짝 포위해 들어오자 미군의 운명은 이미 최후의 순간에 이르렀다. 송골봉 돌격에 참여한 미군 병력은 수천 명으로 늘어났고, 비행기며 전차며 화포를 동원해 도로변의 이 작은 산을 향해 장장 40분에 걸쳐 맹공을 퍼부었다. 3중대의 병사들은 몸을 숨길 만한 참호도 없는 진지에서 폭발로 만들어진 포탄 구덩이에 웅크리고 앉아 있었다. 그러고는 불시에 뛰쳐나와 기어오르는 미군을 향해 사격을 가했다.

미군의 돌격이 한 차례씩 격퇴될 때마다 돌격에 투입되는 병력도 점차 늘어났다. 반면 송골봉 진지에 있는 3중대는 전투할 수 있는 병력이 점차 줄어들었다. 소대장이 전사하자 분대장이 자발적으로 소대장의 임무를 대행하다 그도 죽었다. 그러자 병사들은 자발적으로 임무를 인수인계했으며 취사병과 통신병까지 전투에 참여했다. 지도원 양사오청은 총탄이 바닥나자 총검을 들고 미군을 향해 돌진했다. 자신보다 몇 배나 많은 미군 병사가 그를 에워쌌을 때 그는 손안에 있는 최후의 수류탄 한 발을 당기며 소리쳤다.

"동지들, 반드시 진지를 사수하시오!"

그리고 나서 수류탄이 폭파될 즈음 적군을 끌어안았다. 중국군 병사들은 자신의 지도원이 희생되는 광경을 목격하고 눈물을 머금으며 외쳐댔다.

"돌격! 공격하라!"

병사들은 진지로 새까맣게 몰려드는 미군을 향해 돌진했다.

이것이 바로 3중대 최후의 순간이자 송골봉전투를 직접 목도한 미군의 뇌리에 깊이 각인된 장면이었다. 총탄이 떨어진 중국군 병사들은 허리춤에 수류탄을 끼우고 시퍼렇게 날이 선 총검을 들고는 조금도 두려운 기색 없이 정면으로 돌진했다. 총검이 부러지자 그들은 적군을 안고 쓰러졌다. 주먹과 이빨로 싸우다가 끝내야 한다고 여겨지는 순간 몸에 지닌 수류탄의 안전핀을 당겼다. 공산당원 장쉐룽張學榮은 기어서 적군을 향해 돌진했다. 그는 이미 중상을 입어 총검을 들 힘조차 없었다. 그는 미군 가까이 기어가 희생된 전우의 몸에서 꺼낸 수류탄 4발의 안전핀을 당겼다. 싱위탕邢玉堂이라는 중국군 병사는 미군의 네이팜탄 공격으로 온몸이 불덩이가 되고 말았다. 그는 '휙'하는 소리를 내며 화염과 함께 미군을 향해 돌진했다. 미군은 거센 불덩어리에서 피가 묻은 총검의 끝만 볼 수 있었다. 미군은 이 '화인火人' 앞에서 공포로 인해 온몸이 굳어버렸다. 싱위탕은 그렇게 적군 몇 명을 연속으로 찔러 쓰러뜨렸다. 생명이 다하는 순간 그는 미군 병사 한 명을 끌어안고는 귀를 물어뜯고 두 팔로 펜치처럼 몸뚱아리를 졸라매 두 사람이 함께 까만 석탄처럼 타버렸다.

미군의 다섯 번째 돌격도 결국 실패했다.

송골봉의 3연대 진지에는 7명의 중국군 병사만 살아남았다.

송골봉 진지는 여전히 중국군 수중에 있었다.

송골봉전투가 끝난 뒤 북한에 온 중국 작가 웨이웨이魏巍와 112사단의 사단장 양다이가 함께 3중대 진지로 갔다. 그들은 진지에 널린 수백 구의 미군 시신과 엉망으로 깨져버린 총기들 사이에서 희생된 중국군 병사들을 목격했다. 병사들은 죽어서까지도 적개심이 가득한 모습을 하고 있었다. 그들이 손에 쥐고 있던 수류탄에는 미군 병사의 뇌장腦漿이 잔뜩 묻어 있었고, 입에는 미군 병사의 귀 절반이 물려 있었다. 싱위탕이라는 병사의 시신에서는 아직도 남은 연기가 피어오르고 있었고, 손가락은 그의 몸 밑에 깔린 미군 병사의 몸에 꽂혀 있었다. 작가 웨이웨이는 송골봉전투를 '가장 사랑스러운 사람은 누구인가誰是最可愛的人'라는 유명한 보도기사로 작성했다.

그날 해질 무렵, 판톈언의 335연대는 수세를 공세로 전환해 전 연대가 출격했다.

동시에 각 방향에서 미군을 포위 섬멸하던 중국군 역시 최후의 공격을 시작했다.

뉘엿뉘엿한 석양이 비출 때 군우리와 봉명리 그리고 용원리 사이에서 겹겹이 둘러싸인 포위로 곤경에 처한 미군은 잘게 나누어 사면에서 압박해오는 중국군에 추살당했다. 미군 병사를 구하려는 비행기가 저공비행을 하자 도처에서 목숨을 건지기 위해 달아나던 미군 병사들이 하늘을 향해 흰색 수건을 흔들어댔다. 하지만 중국군 병사들도 그들과 똑같이 흰색 수건을 흔들어대는 바람에 미군 조종사들은 어쩔 줄 몰라 하며 최고사령부에 계속해서 같은 보고를 올렸다. "끝났습니다. 그들은 완전히 끝났습니다!"

밤의 장막이 내려왔다.

한국전쟁에서 어두운 밤은 미군을 위해 준비된 무덤이었다.

제38군의 부군단장 장융후이는 지휘소의 가장 높은 곳에 올랐다. 그는 그곳에서 전투 경험이 풍부한 지휘관마저 공포에 떨 만한 장면을 목격했다.

나는 고지에 서서 남쪽을 바라보았다. 차가운 달빛과 별빛이 눈부시게 빛나는 진지에서 하늘을 갈라놓을 듯 '우르르 우르르' 하는 우레 같은 소리가 끊임없이 들려왔다. 수십 킬로미터 길이의 전선에서 예광탄이며 조명탄이며 신호탄이 연이어 공중에서 교차하며 춤추듯 날아올랐다. 포탄의 날카로운 소리와 수류탄, 폭약통, 폭약포대가 내는 귀가 먹먹할 정도의 폭발음이 협곡 사이에서 쉬지 않고 메아리쳤다. 피아가 도로 연선에서 복잡하게 뒤엉켜 치열한 전투를 벌이고 있었다. 이는 종군 수십 년의 여정을 걸어온 내가 지금껏 보지 못했던 웅장하고 엄청난 장면이었다. 적군이 유기한 대포며 전차며 장갑차며 각종 대소형 차량들이 끊임없이 이어져 한눈에 다 들어오지 않을 정도였다. 도처에 문서와 종이, 사진, 포탄, 미군 군기, 한국군의 '태극기', 그밖에 군용물자들이 널려 있었다.

이날 저녁은 지원군 사령부가 가장 긴장했던 때였다. 펑더화이는 외투를 걸치고 밤새도록 전보의 초안을 잡았다. 담배를 피우지 않던 그가 참모에게 손을 뻗어 담배를 요구하기 시작했다. 펑더화이는 6일 동안 눈을 붙이지 못했다. 전방의 승전보를 받았을 때 몹시 초췌한 그는 더없이 흥분에 휩싸였다. 펑더화이는 직접 표창을 위한 전보의 초안을 작성했다.

량싱추, 류시위안 그리고 38군 전체 동지들!
이번 전투로 1차 전역에서 각 동지들의 마음속에 있던 일부 지나친 우려를 떨쳐냈고 38군은 전투에 임하는 훌륭한 태도를 유감없이 발휘했소. 특히 113사단의 신속한 행동으로 적보다 앞서 삼소리와 용원리를 점령했고, 남으로 도주하는 적군과 북상해 지원하는 적군을 저지했소. 적기와 전차 각각 100여 대가 최종적으로 폭파되었고, 적군의 반복된 포위 돌파 시도는 그 목표를 이루지 못했소. 어제(30일)까지의 전과는 실로 대단했소. 노획한 물품들 중에서 전차와 차량만도 거의 천 대에 달하고 포위당한 적군도 많소. 어려움을 극복하고 용기를 힘껏 발휘해 포위된 적군을 계속해서 완전히 섬멸하기를 바라오. 그리고 북상해 지원하는 적군을 저지하는 데 유념하기 바라오. 이에 특별히 표창 사실을 전군에 통고하고 그대들의 연전연승을 빌겠소. 중국인민지원군 만세! 38군 만세!

중국어 단어에서 '만세'는 특별한 의미를 함축한다. 아무렇게나 사용할 수 있는 것이 아닌, 지상 최고의 인물이나 사물에만 사용할 수 있는 용어다. 중국 전쟁사상 만세라고 호칭된 부대는 이전에도 없었고 현재도 없다. 표창을 위한 전보의 초안이 작성되고 나서 부사령관들조차도 이 만세라는 칭호에 이의를 제기했다. 중국어에 칭송을 위한 단어가 수도 없는데 그중 다른 단어로 대체할 수 없느냐는 것이었다. 하지만 펑더화이는 만세를 고집했다.

1차 전역을 마친 뒤 펑더화이에게 매서운 꾸지람을 들었던 제38군 군단장 량싱추는 전방에서 펑더화이의 전보를 받고 눈물을 흘렸다.

지원군 총사령부의 전보가 발송되었을 때 제38군의 병사들은 도로에서 노획한 미군 물자를 정리하고 있었다. 부군단장 장융후이의 회고에 따르면, 당시 중국군 병사 한 명이 미군 라디오를 조작하고 있을 때 라디오에서 노래 한 곡이 흘러나왔다고 한다. 순간 그 자리에 있던 모든 중국군 병사는 어리둥절했다. 라디오에서 아나운서가 중국어로 방송하고 있었던 것이다.

"여기는 중앙인민방송국입니다. 지금 중화인민공화국 국가를 보내드리고 있습니다."

중국을 떠나온 이후로 생사를 넘나드는 전장에 있는 제38군 병사들의 얼굴은 연기와 불에 그을려 얼룩덜룩했고 몸에 걸친 옷은 남루했다. 그들은 초연이 자욱한 도로에서 라디오를 빙 둘러싼 채 꼼짝도 하지 않았다.

일어나라,

노예가 되기를 거부하는 이들이여!

우리 피와 살로

새로운 만리장성을 쌓아가자!

중화민족이 위기에 닥쳐

핍박에 맞서 외치는 최후의 함성

일어나라. 일어나라. 일어나라!

한마음으로 굳게 뭉쳐,

적의 포화를 뚫고 전진!

적의 포화를 뚫고 전진! 전진!

제4장

메리 크리스마스!

"진심으로 중국 놈들이 애석하다!"
"해병대, 남쪽으로 진격!"
악몽의 시작
수문교
메리 크리스마스!

"진심으로 중국 놈들이
애석하다!"

　1950년 11월 26일, 한반도 동북부의 개마고원은 빙설로 뒤덮여 있었다. 낮기온이 영하 20도에서 영하 25도 사이를 오르내렸다. 중국 둥베이 지역에서 불어온 시베리아 한풍이 적막하고 가파른 계곡을 휩쓸고 있었다. 좁고 구불구불한 자갈길이 한반도 동해안의 함흥에서 고원의 깊숙한 곳까지 곧장 뻗어 올라갔다. 구불구불한 낭림산맥까지 뻗어 들어간 무질서하고도 거대한 습곡 사이로 난 좁은 길이 지나는 지역의 이름은 사응령, 검산령, 황산령, 설한령 등등 듣기에도 모골이 송연한 것들이었다.

　미 제1해병사단 사단장 올리버 스미스는 헬기에 앉아서 아래를 내려다보고 있었다. 그가 본 것은 눈과 안개로 자욱한 세계였다. 그의 마음속에 내내 공포로 자리하고 있는 이 혼돈세계에서 스미스는 빙설 속에 꿈틀거리는 대오를 발견하려고 했다. 이 대오는 명확한 국적 표시도 없고 병사들의 솜옷은 노출된 암석의 빛깔과 비슷했다. 그중 어떤 병사들은 솜옷이 없어 솜이불을 머리에 덮어쓰기도 했다. 그나마 솜이불도 일률적으로 맞춘 군용이 아니어서 간혹 어떤 것들은 이 극동 지역의 농가에서 쓰는 작은 꽃무늬 솜이불 같기도 했다. 이런 대오가 만약 이 순간 개마고원에 나타난다면 눈에 확 띌 것이었다.

교전하는 일방의 지휘관으로서 스미스의 심정은 다소 색다른 점이 있었다. 진격하는 군대는 적군이 등장하길 바라지 말아야 하는 법이다. 하지만 스미스는 되레 그가 상상하는 그 대오가 나타나기를 바랐다. 이는 그가 전투를 바라서가 아니라 그에게 하나의 원칙, 바로 중국인의 자취를 발견하기만 하면 제1해병사단은 즉각 진격을 중지하겠다는 원칙이 있었기 때문이었다.

스미스는 헬기 조종사에게 좀더 낮게 비행하라고 요구했지만 개마고원에서 아무것도 발견하지 못했다.

스미스는 오전에 흥남항의 사단 사령부에서 제1해병사단의 진격 전방인 유담리로 갔다. 제1해병사단 7연대는 그보다 1시간 빨리 이곳에 도착했다. 7연대의 연대장 리첸버그 대령이 나와서 그를 맞이했다. 스미스는 유담리라는 산촌을 한번 둘러보고는 이내 전략적 가치가 없는 곳이라고 생각했다. 거대한 산봉우리가 작은 분지를 둘러싸고 있었으며, 분지에 있는 촌락은 이미 폭파되었다. 이는 분명 극동공군 조종사의 작품이리라. 이 분지에는 대피할 기력이 없는 늙고 쇠약한 북한 산촌 주민들이 폐허 속에서 벌벌 떨고 있는 모습 외에는 아무도 살아남아 있지 않았다.

미 제1해병사단이 유담리에 온 유일한 이유는 몇 갈래의 산길이 이곳에서 만나 북쪽과 서쪽의 몇 갈래로 나눠지기 때문이었다.

맥아더는 "제1해병사단은 진격하라!"는 명령을 내렸다.

이때 한반도 북부 서부전선의 전장에서 중국군의 진격이 이미 개시되었다.

개마고원은 서부전선에서 수백 킬로미터 떨어진 곳에 있었고, 이 엄청난 공간적 거리로 인해 스미스는 안절부절못했다.

7연대는 중국군 병사 3명을 사로잡았다. 신분 감별을 거쳐 그들이 중국군 제20군이라고 확신했다.

제20군, 새로운 중국군 부대명이었다!

중국군 병사의 자백에 따르면, 중국의 2개 군이 미 제1해병사단을 공격할 것이라고 했다. 또한 중국군은 하갈우리를 공격해 그곳의 도로를 차단할 것이라고도 했다.

끔찍한 자백이었다.

하지만 자백의 신뢰성이 의심스러웠다. 이처럼 대규모 병력의 투입과 관련한 구체적 전투 전략은 일반 병사들이 알 만한 사안이 아니었다. 맥아더는 이런 말을 했었다.

"동양인들은 정말 교활하다. 그들의 까맣고 작은 눈동자에는 늘 상대방을 조롱하는 기색이 어려 있다. 그들은 자신의 강력함을 부풀려 선전해 상대방을 악몽 속에 몰아넣는다."

만약 이곳에 정말로 2개 군이 있다면 중국 군대의 편제에 따라 최소한 8만여 명에 달하는 병력이 있어야 한다. 이렇게 어마어마한 병력이 이동하려면 어느 정도의 차량과 말이 필요할까? 중국군의 은폐 능력이 엄청나다고는 하지만 그들이 두더지마냥 지하에서 걸어다닐 수는 없지 않은가! 제1해병사단의 정찰기가 압록강변의 강나루까지 날아갔다 돌아와서 보고하기를 분명히 대규모 병력이 접근하는 흔적을 발견하지 못했다고 했다.

이런저런 생각에 스미스 사단장은 갈등에 휩싸였으나, 그래도 그는 7연대 연대장 리첸버그와 함께 제10군단 군단장 아몬드가 11월 23일에 하달한 작전명령을 복습했다.

군의 주공격 방향은 서쪽의 무평리다. 그곳에서 제10군단과 대치하고 있는 중국군의 배후를 습격하고 제8군과 서로 협공한다. 중국군을 사로잡고 무찌른 뒤 무평리에서 북진해 압록강 남쪽 기슭을 점령한다.

진격 시일은 27일이다. 제1해병사단은 주공격 임무를 담당한다. 미 제7보병
사단은 조공助攻 부대로서 해병사단의 동쪽에서 장진호 동쪽 기슭을 거쳐
북으로 진격한다. 제3보병사단은 제1해병사단의 좌측을 엄호한다.

스미스와 리첸버그는 지도에서 무평리를 찾았다.

무평리는 유담리에서 90킬로미터 떨어진 지점에 있었다. 그곳에 도착하기
만 하면 도로 조건이 다소 완화되어 기계화부대가 압록강변의 강계로 직행할
수 있었다.

스미스가 최후에 내린 명령에는 여전히 신중을 기한 모습이 역력했다.

"먼저 유담리 서남쪽 43킬로미터 지점의 용림동을 점령하고, 11월 27일 다시
그곳에서 계속 북진한다. 주공격 임무는 5연대가 담당하고, 7연대는 유담리를
확보함과 동시에 하갈우리에서 유담리 사이 병참선의 안전을 엄호하며, 1연대
는 그 뒤를 따른다."

명령을 내린 후 스미스는 헬기에 올라 돌아갔다.

헬기가 이륙하는 소리가 귀청이 터질 듯 커지자 스미스의 심정은 더욱 초조
하고 불안해졌다. 지상의 상황을 보다 정확히 살피기 위해 스미스가 헬기의
문을 열자마자 맹렬하게 불어대던 북풍이 그의 두툼한 가죽재킷을 파고들어
칼로 찌르듯 뼛속 깊숙이 스며들었다.

극도의 추위!

스미스는 헬기의 문 옆에 걸려 있는 온도계를 살펴보았다. 온도계의 표면
은 어느샌가 얼음과 서리가 맺혀 있었다. 그는 가죽장갑으로 온도계 표면을
닦은 후에 가까스로 눈금을 확인했다. 기온은 이미 영하 40도까지 내려가 있
었다! 스미스는 헬기의 문을 닫고 뻣뻣하게 앉아 있었다. 자신의 머리가 언
것 같았다.

올리버 스미스는 미 해군의 이름난 해병대원으로서 해병대가 '마땅히 갖춰

야 할 이상'을 순교자처럼 추구하는 지휘관이었다. 그는 제2차 세계대전 때 아이슬란드 방위군 대대장을 시작으로 과달카날 섬의 제1해병사단 5연대 연대장을 지냈고, 팔라우 섬 작전 때는 제1해병사단 부사단장을 역임했다. 제2차 세계대전이 끝난 뒤 해군 해병대 부사령관으로 워싱턴에서 복무했으며, 한국전쟁이 발발했을 때 해병대의 최고 영예라고 할 수 있는 제1해병사단 사단장에 보임되었다. 미군의 전쟁사료에서는 그에 대해 "불요불굴, 주도면밀, 결연하고 결단성이 있다"는 평가를 내리고 있다.

다만 스미스 사단장의 현재 상관이자 미 제10군단 군단장인 아몬드 장군은 이에 대해 회의적 태도를 유지하고 있었다.

추수감사절인 11월 23일, 동부전선의 미군 장병들은 서부전선의 미군과 마찬가지로 풍성한 기념일 만찬을 즐기고 있었다. 미 제10군단 지휘부의 기념일 분위기는 상당히 과장되어 있었고, 이로 인해 스미스 사단장을 포함한 수많은 장교는 다소 거북한 느낌을 떨치지 못했다. 식탁보가 깔린 식탁 위에는 냅킨이며 자기 그릇이며 은식기에 나이프와 포크가 가지런히 놓여 있었으며, 칵테일과 정교하게 만들어진 이름표까지 놓여 있었다. 캘리포니아 클럽에나 놓여 있어야 할 것들이 황당하게도 강추위가 몰아치는 극동의 전장에 등장한 것이다. 이러한 현실로 인해 장교들은 모종의 떨칠 수 없는 기괴한 느낌에 사로잡혔다. 더욱 이상한 점은 군단장 아몬드가 내비친 득의만만한 표정이었다. 장군은 식탁 한쪽에서 일어섰다 앉았다 하면서 군대에서 종종 들을 법한 저속한 농담을 쉬지 않고 내뱉고 있었다. 그리고 나서는 자신이 직접 압록강변의 혜산진으로 날아가서 미 제7사단의 장병들과 중국 만주를 배경으로 기념사진을 찍은 일을 반복해서 이야기했다. 아몬드 장군의 흥분은 한국전쟁에 참전한 미군 가운데 자신의 부대가 최초로(또 유일하게) 압록강변에 진격했다는 데서 기인했다.

제7사단은 원산에 상륙한 이후 신속하게 전진해 17연대 선발대가 21일 압록강변의 혜산진에 진입했다. 그곳에서 미군 병사들은 얼음으로 뒤덮인 압록강과 강 맞은편 기슭에 자리한 중국의 촌락과 소도시들을 보았다. 아몬드 장군은 모든 미군 병사와 마찬가지로 압록강변에 도달한 것을 '종전終戰'의 상징으로 보았다. 그래서 그는 제7사단 사단장 데이비드 바David G. Barr 소장이 18명의 병사가 두 발이 모두 동상에 걸렸다고 보고했는데도 불구하고, 직접 비행기를 타고 혜산진에 가기로 결정했다. 아몬드는 희소식을 어서 빨리 맥아더에게 전하려는 마음에 흥분이 가라앉지 않았다! 맥아더는 "바 장군, 제7사단의 노고가 참으로 컸소!"라는 답전을 보냈다. 제7사단은 20일 전에 이원에서 상륙작전을 실시했다. 그런 다음 가파른 산간지대에서 322킬로미터를 전진하며 수차례 중국군의 완강한 저지를 돌파했다. 아몬드는 "이 일은 타의 추종을 불허하는 뛰어난 군사적 업적으로 역사에 기록될 것"이라고 말했다.

추수감사절 파티에서 아몬드가 제7사단의 '영예'를 힘주어 말할 때 바 사단장은 작은 목소리로 스미스 사단장에게 동부전선의 미군 작전에 대한 우려를 말하고 있었다.

"그는 내게 모든 상황을 감수하고 전진하라고 압박하고 있지. 측면의 엄호도 없고 기후조건도 최악인 데다 이때껏 우리에게 보급된 물자는 늘 하루 분량을 초과하지 않았네. 압록강변의 최전방 진지를 점령하면 이 망할 놈의 전쟁을 이기는 것처럼 말하는데, 젠장! 정말 이해가 안 되는 일이야! 길도 찾을 수 없는 이 열악한 곳에서는 역시 조심하는 게 좋을 것 같아."

바 사단장의 근심은 얼마 지나지 않아 잔혹하게 증명되었다. 그의 제7사단은 추수감사절에 잠깐의 만족을 얻은 후 곧바로 눈보라가 미친 듯이 몰아치는 개마고원으로 들어갔다. 미군 병사들은 강추위 속에서 한 걸음 한 걸음 중국군이 깔아놓은 죽음의 함정 속으로 걸어들어가고 있었다.

스미스 사단장은 초조함 속에 경멸하는 눈빛으로 그의 상관 아몬드를 바라보았다.

아몬드는 당시 53세였다. 두 차례의 세계대전을 거쳐 1946년부터 맥아더의 휘하에서 임무를 맡았고, 1949년 미 극동사령부 참모장이 되었다. 그는 맥아더와 성격이 매우 비슷한 점이 있었는데, 특히 혈기왕성하고 거만하며 거칠고 조급했다. 미 극동부대 모든 장병은 아몬드를 두려워하면서도 적대시했다. 57세의 스미스는 아몬드와 전혀 다른 사람이었다. 그는 두 차례의 세계대전에서 혁혁한 공을 세웠으나, 미군 장병들이 보기에 그는 학자 같은 사람이었다. 1930년대 프랑스 파리에 주재한 미 대사관에서 일했던 경험 때문인지, 체격이 큰 이 텍사스 인의 말과 행동에는 온화한 품성과 교양이 배어 있었다. 그를 이해하지 못하는 사람들은 그가 내보이는 이러한 기질을 유약한 모습이라고 쉽사리 단정했다. 제10군단 군단장 아몬드가 바로 그렇게 생각했다. 사실 스미스와 아몬드의 갈등은 성격상의 차이에서 비롯되었다기보다는 미 육군과 해군 사이의 오래된 대결 구도에서 비롯되었다고 하는 게 맞을 것이다. 스미스가 보기에 아몬드는 아첨에 능한 수완가로서 실제 작전을 지휘할 때는 맥아더의 앵무새 역할을 하고 나섰다. 아몬드에 대항하는 것은 맥아더에 저항하는 것과 마찬가지라는 사실을 스미스는 알고 있었지만 대항이든 저항이든 그의 앞날에 무슨 대단한 영향력을 행사할 수 없다는 것도 잘 알고 있었다. 해군 측은 일개 해병대 사단장에 대한 극동 육군사령관의 평가에 관심을 가지지 않을 것이다.

하지만 전장에 있는 한 스미스는 전쟁을 게임으로 여길 생각은 없었다. 제1해병사단이 제10군단의 동부전선 작전에 투입된 후 스미스 사단장은 아몬드의 명령에 대해 기본적으로 복종했다. 아몬드 군단장이 제1해병사단을 대하는 태도도 정중했다. 이러한 태도에 간혹 스미스는 가시방석에 앉는 기분이 들기도 했다. 아몬드가 직접 제1해병사단에 와서 시찰할 때 현장에서 중대장 한 명에게 은성훈장 수여를 결정하고, 그 중대장이 두 군데의 부상을 입고도 "중요 고지에서 굳건히 전투에 나섰음"을 표창했다. 손안에 휘장이 없었기 때문에 아몬드는 메모지에 '용감하고 굳세게 전투에 임한 자에게 수여하는 은성훈장—아몬드'라고 적었다. 그러고는 그 메모지를 중대장의 군복 외투에 달아주었다. 이러한 행동은 제1해병사단 장병들의 비웃음을 샀다. 그들에게는 아몬드 군단장이 중대장의 외투에 메모지를 달아주는 동작이 더없이 우스꽝스럽게 보였던 것이다. 나중에 군복 외투에 달린 메모지 훈장이 내내 자리를 잡지 못하고 이리저리 팔랑거리는 모습은 더욱 큰 웃음거리가 되었다.

스미스의 제1해병사단은 유달리 진격 속도가 더뎌 아몬드를 화나게 했다.

전방에 행군을 할 수 있는 길이 거의 없는 데다 중국군이 활동한 족적이 발견되었다는 제1해병사단 선봉대의 보고를 듣고도 아몬드는 여전히 제1해병사단에 전속력으로 전진하라고 명령했다. 스미스는 이 명령을 단호히 거부했다.

"중국군 3개 사단이 나타났다는 말이 들리는 상황에서 살아남기 어려운 혹한을 뚫고 유담리로 전속력으로 전진한다는 것은 안 될 말입니다."

스미스의 반항에 아몬드는 화를 참지 못하고 즉시 전진하라고 단호하게 다시 명령하고, 북쪽과 서쪽 두 갈래로 병력을 나눠 서부전선에 있는 제8군의 진격과 보폭을 맞추라고 요구했다. 이때 스미스는 3가지 조건을 제시했다. 병참선에 대한 철저한 수비, 보급품 비축, 하갈우리에 간이 비행장 구축이 그것이었다. 스미스는 만약 이 세 가지 조건이 갖춰지지 않으면 제1해병사단은 진격하지 않겠다고 표명했다. 그가 내세운 이유는 이런 것들이었다.

첫째, 서부전선의 유엔군 최우측이 멀리 덕천에 있기 때문에 제1해병사단의 측면이 완전히 노출될 것이다.

둘째, 제1해병사단 병참선의 기점이 흥남항이어서 부대가 전진할수록 병참선과 후방 병참로가 차단될 위험이 그만큼 커질 것이다. 하갈우리의 병참선을 보장하지 않으면 공격을 받았을 때 제1해병사단은 그야말로 속수무책이 되고만다.

셋째, 진격에는 대량의 병참 물자가 필요하기 때문에 간이 비행장이 없어서는 안 된다.

넷째, 현재 제1해병사단의 병력은 분산되어 있는데, 분산된 상황에서 진격해서는 안 된다는 것은 군사상식이다.

아몬드 장군이 제1해병사단에게 진격을 명령한 그날, 스미스 사단장은 그의 부대에게 '전진 속도를 늦추거나 전진을 멈추는 것은 우리 부대가 다 합류한 다음에 결정할 것'이라는 지시를 내렸다.

스미스가 제1해병사단의 작전목표인 '압록강 도달'을 부인한 것은 결코 아니었다. 하지만 해병사단 전체의 안전을 확보할 수 있는 속도로 전진해야 한다는 의견을 유지했다.

아몬드는 펄쩍 뛰며 진노했다. 스미스는 화를 풀 곳이 없어 멀리 미국 본토의 해군 해병대 사령관 클리프턴 케이츠Clifton B. Cates 장군에게 편지를 보냈다. 스미스 사단장이 쓴 장문의 이 편지는 훗날 한국전쟁을 연구하는 군사학 전문가들이 가장 관심을 기울인 문서 가운데 하나가 되었다. 이 편지는 1950년 11월 하순 한반도 동북부에서 발생한 더없이 참혹한 전투에 대한 일종의 주석이 되었다.

중국군이 북부로 물러났으나 나는 리첸버그에게 신속히 전진하라고 독촉하지 않았습니다. 우리가 받은 명령은 여전히 만주 국경지대로 전진하는 것입니다. 우리는 제10군단의 좌익부대인데 우리 좌익은 어떠한 보호도 받지 못하고 있습니다. 리첸버그의 좌익에서 최소한 128킬로미터 안에는 우군이 전혀 없습니다……. 해병사단이 함흥에서 압록강 국경지대에 이르는 120킬로미터의 좁은 산길에서 작전을 펴는 상상은 하고 싶지 않습니다. 현재 해병사단 2개 연대가 그 길에 있으며 3개 연대가 곧 뒤쫓을 것입니다. 내가 걱정하는 부분은 겨울에 산간 지역의 이 2개 연대에 대한 병참 보급 능력에 대한 것입니다. 눈이 내린 뒤 녹았다가 다시 얼면 이 길은 지나기 더욱 어려워질 것입니다……. 장진호 저수지에서 압록강 국경지대에 이르기까지 산길 이외에 다른 선택이 없습니다. 겨울에 공중투하하는 것으로는 2개 연대의 병참을 보급하기에 충분하지 않습니다. 하지만 퇴각할 수도 없습니다. 기온과 부대의 분산 그리고 해발고도라는 악재로 인해 헬기를 타고 부대를 시찰하려 해도 어려움이 있습니다.

(…) 나는 제10군단의 전술적 판단 능력과 그들이 세운 계획의 현실성에 대한 확신이 없으며, 그 방면에서는 신뢰가 여전히 회복되지 않고 있습니다. 그들은 축척 100분의 1 지도를 놓고 작전을 세우고 있습니다. 우리는 축척 5만분의 1 지도에서 임무를 수행하고 있습니다. 병력은 계속해서 분산되고 있으며 그렇게 분산된 소부대에 파견 임무를 맡기고 있습니다. 이런 작전은 병력을 매우 위험천만한 상황에 빠뜨리게 됩니다. 한국에서 이런 작전은 매우 보편적으로 취해지는 것으로 보입니다. 이곳에서 그동안 겪은 수많은 실패는 제반 조건을 완벽하게 갖춰야 하는 부대 상황을 고려하지 않고, 적절한 시기와 지리적 이점을 염두에 두지 않은 작전에서 기인한다고 나는 확신합니다.

해군 해병사단은 군단을 지탱하는 막강한 힘이지만 만약 병력을 분산시키면 전체 전투력을 상실하고 어떤 역할도 해낼 수 없다는 점을 군단의 지휘관에게 알리려고 여러 차례 시도한 바 있습니다. 아마도 나 자신의 관점을 지켜나간다는 것이 다른 사단의 지휘관보다 훨씬 운이 좋은 것인지도 모릅니다. 어떤 고위 인사가 우리 목표에 대해 결단을 내려야 했습니다. 내 임무는 변함없이 압록강 국경지대를 향해 전진하는 것입니다……. 북한 산간지대에서 동계작전을 벌이는 것은 미군 병사들이나 해병사단에 몹시 가혹한 처사라고 생각합니다. 또한 나는 겨울철에 이런 지역에 있는 부대에 병참을 보급하거나 부상자를 후송하는 일의 실현 가능성에 대해 회의적입니다.

스미스가 이 편지를 쓸 때 마침 극동해군 참모장 앨버트 모어하우스Albert K. Morehouse가 제1해병사단을 예방했다. 모어하우스의 해군 제복을 본 스미스는 '집에 돌아온' 것 같은 느낌을 받았다. 그는 아몬드가 이끄는 제10군단의 작전계획에 현실성이 부족하고 계획을 세울 때 적군의 실력을 심각하게 무시했다고 솔직하게 말했다. 스미스는 육군과 왕래한 경험이 화제에 올랐을 때 육군은 낙관적이거나 비관적인 양극단을 오간다며 "그 인간들의 정서에는 신뢰할 만한 중간지점이 없다"고 말했다.

스미스의 신중한 태도는 제1해병사단의 다른 장교들에게까지 전이되었다. 그래서 제1해병사단에는 비관에 가까운 정서가 생겨났다. 1연대 연대장 루이스 풀러는 수하 장병들에게 이런 말을 했다.

"제군들은 지금 내가 말한 대로 실행에 옮기도록. 가족들에게 편지를 써서 그들에게 이렇게 알려라. 이곳은 현재 그 빌어먹을 전쟁을 하고 있다고. 배후가 박살난 북한인들이 소위 정예라는 수많은 미군이 배를 타고 이곳까지 오게 만들었다고. 우리는 무슨 비밀무기도 없고 그저 고생스럽게 전투를 벌일 뿐이라고."

루이스 풀러 자신은 아내에게 보내는 편지에 이렇게 적었다.

"한 차례 혹독한 참패를 당해야 현재 우리 제도가 바뀔 것이오. 이 제도가 지금 우리를 재난 속으로 밀어넣고 있소."

제1해병사단 장병들의 고단한 심정은 몹시 추운 날씨에서 비롯됐다.

미군 병사들은 이토록 추운 날씨를 경험해 본 적이 없었다. 매일 밤이 지나면 모든 차량의 엔진이 가동되지 않아 병사들의 얼굴이 창백해졌다. 고원에서 굶주린 흑곰이 추위에 꽁꽁 언 이등병을 먹이로 오인해 잡아먹을 뻔한 일도 있었다. 놀란 그 이등병은 한쪽 면에 낫과 망치를 그린 소련 국기를 만들어 자기 몸을 감쌌다. 미국인들은 소련을 흑곰에 비유했는데, 그 이등병은 이렇게 하면 흑곰을 향해 자기편은 먹지 말라는 암시를 줄 것이라고 생각했던 것이다. 병사들은 늘 침낭 속에서 몸을 웅크려 온기를 얻었고, 경유난로에 밤낮으로 쉬지 않고 스프를 끓였지만 심각한 동상을 피할 수는 없었다. 피부가 푸른색으로 변했고 특히 발가락은 어느새 거멓게 변해 있었다. "다친 일부 병사들은 의사가 수혈해줄 방법이 없어 목숨을 잃었다. 혈장이 혈액주머니와 호스에서 얼어버릴 수 있기 때문이었다."

이런 상황에서도 미 제10군단 군단장 아몬드의 명령은 바뀌지 않았다. 매일 같은 내용, "전진! 신속히 전진하라!"는 것이었다.

이때, 헬기에 있던 스미스 사단장은 다시 창문을 통해 지상을 내려다보았다. 개마고원에 광풍이 휘몰아쳤다. 원을 그리며 몰아치는 북풍으로 눈발이 날려 고원의 전경이 희뿌옇게 흐려져 있었다.

중국군이 정말 아직 도착하지 않은 것일지도 모른다. 중국군 포로의 얇은 옷으로 보아 그들은 이런 강추위를 견딜 수가 없다. 그들이 만약 이곳에서 꼼짝도 않고 엎드려 있다면 30분만 지나도 얼어 죽을 것이다. 어쨌든 중국군들도 사람이니까.

하지만 스미스가 틀렸다.

그 시각 스미스의 헬기 아래에서 수만의 중국군 병사가 개마고원의 희뿌연 빙설 속에 잠복해 있었다. 그들은 얼어 죽지 않았고, 살아서 공격 명령을 기다리고 있었다.

1950년 11월 하순 동부전선에서 벌어진 이 전투에 대해 적어도 중국의 한국전쟁 관련 사료에는 매우 간단하게 기록되어 있다. 왜 그렇게 간단히 기록되었는지는 모를 일이다.

전투가 너무 참혹해서였을까?

쌍방이 치른 전투의 대가가 엄청나서였을까?

전투가 끝난 뒤 쌍방이 저마다 '빛나는 승리'를 거두었다고 선언한 모든 것이 다소 과장된 점이 있었기 때문일까?

치른 대가가 몹시 큰 전투를 현실 그대로 돌아보는 것이 매우 고통스러운 일이었기 때문일까?

11월 27일 춥고도 청명한 이른 아침, 유담리에서 몹시 추운 첫날밤을 보낸 미 제1해병사단의 병사들은 침낭에서 기어나와 천막을 둘러싸고 오가면서 발을 구르고 손뼉을 쳤다. 그들은 전투식량을 경유난로에 올려놓고 데웠다. 음식이 익기를 기다리는 동안 몇몇 병사들은 총기를 불에 말리고 있었다. 구조가 복잡한 카빈총과 브라우닝 자동소총의 부품이 얼어서 망가져버렸기 때문이었다. 해병대 병사 한 명이 총기 고장을 방지하는 방법을 찾아냈다고 했다. 바로 헤어 크림으로 총기 윤활유를 대체하면 된다는 것이었다.

이때 해병사단 병사들 사이에서 중국어로 인쇄된 책 한 권을 돌려 읽기 시작했는데, 중국군이 전장에 버리고 간 것이라고 했다. 『피비린내 나는 역정血腥的歷程』이란 제목의 이 책은, 저자가 소련군 해병 대위였으며, 내용은 한반도에서 미 해군 해병대가 겪은 일을 기록한 것이었다. 중국어를 아는 통역원이 한 단락을 번역하자 병사들은 한바탕 웃음을 터뜨렸다. 이 한 권의 책이 매우 추운 아침을 다소 편안하게 만들어주었다.

미 제국주의 약탈자가 한반도에서 피비린내 나는 대학살을 도발할 때 친월가 맥아더는 미국의 해군 해병대를 즉시 그의 지휘 아래 둘 것을 요구했다. 완고하기 이를 데 없는 이 전범은 군대를 신속히 전투에 투입할 계획이었으며, 그 의도는 북한 인민에게 당시 그들이 생각하는 최후의 타격을 가하려는 데 있었다. 맥아더는 한 가지 사실을 염두에 두고 이러한 요구를 했다. 바로 평화를 애호하는 영웅적인 북한 인민을 겨냥해 더없이 폭력적이고 야만적이며 약탈적인 전쟁을 치르는 데는 미 해군 해병대가 다른 어떤 미군 부대보다 더 적합한 훈련을 받았다는 것이다. 해적 맥아더가 마침 해군 해병대에 이런 말을 했다. "풍요로운 성이 그대들 앞에 있다. 그곳에는 좋은 술과 맛난 요리가 차고 넘친다. 그곳의 아가씨들은 그대들 것이다. 주민의 재산은 정복자의 소유다. 그대들은 그 재산을 집으로 보낼 수 있다."

이렇게 야만적이고 무지막지한 어휘로 해병대를 묘사한 글에 대해 제1해병 사단 병사들은 난감하고도 어쩔 수 없다는 느낌이 들었다. 동시에 맥아더가 자신들에게 좋은 술과 맛난 요리, 아가씨 그리고 재산 같은 말들을 언급한 적이 없다는 사실도 설명할 수 없는 유감스러운 감정을 불러일으켰다.

7연대 연대장 리첸버그의 명령이 마침내 내려졌다. 해럴드 로이스Harold S. Roise 중령이 5연대 2대대를 이끌고 먼저 서쪽으로 전진하고, 3대대가 그 뒤를 따르라고 했다. 목표 지점은 서북산과 서남산 그리고 두 산의 중간에서 서남 방향으로 통하는 도로였다. 7연대는 유담리 주변에서 원형 방어진을 치고 제1해병사단의 측면 안전을 책임지며, 아울러 5연대의 뒤를 따르기로 했다.

미 제1해병사단의 작전계획은 하나의 구상에 기반한 것이었다. 바로 서부전선의 제8군과 함께 나란히 전진하면서 일제히 압록강으로 밀고 올라간다는 것이다.

그러나 리첸버그 연대장은 물론 스미스 사단장마저도 바로 그날 아침 서부전선의 제8군이 이미 모든 전선에서 붕괴된 사실을 모르고 있었다.

전체 전황을 파악하고 있어야 할 제10군단 군단장 아몬드가 어째서 제1해병사단에 전속력으로 전진하라고 명령한 것인지, 명확하게 설명해줄 수 있는 사람이 아무도 없다.

해병사단의 병사들은 더디지만 신중하게 출발했다. 흙길을 따라 잠시 행군한 후 길가의 산비탈에 올랐다. 후미의 3대대는 행군 속도가 오히려 다소 빠른 편이어서 오전 10시에 H중대가 아무런 저지도 받지 않고 첫 번째 목표 지점인 1403고지를 점령했다. 남쪽 J중대의 중대장은 바로 아몬드가 종이로 만든 훈장을 수여했던 그 장교였다. 그 종잇조각은 비웃음 속에서 군용 배낭에

쑤셔 박혔다. J중대가 막 서남쪽의 주봉을 점령한 뒤에 대략 수백 미터 떨어진 지점에서 갑자기 총탄이 날아들었다. 그렇지만 거리가 멀어서 개의치 않았는데, 당시 북한 유격대의 그와 같은 교란사격이 거의 매일같이 발생했기 때문이다. 5연대 2대대의 선두중대는 피터스Peters가 이끄는 F중대였는데, 유담리를 나서자마자 전방으로부터 사격을 받았다. 그들과 5대대의 D중대는 할 수 없이 길을 벗어나서 산으로 올라갔다. 하지만 정면에서 쏟아지는 사격은 갈수록 맹렬해졌다. 오후 3시, 그들은 마침내 전진을 멈췄다. 로이스 중령은 그 자리에서 참호를 파고 수비하라고 명령했다.

제1해병사단의 낮 동안의 진격은 그렇게 끝이 났다. 이전과 마찬가지로 여전히 전진 계획을 완수하지 못했다. 해병사단의 전진 계획은 50킬로미터였으나, 로이스가 정지 명령을 내렸을 때 전 부대는 유담리에서 2킬로미터 이내의 거리에 있었다.

오후 6시, 제1해병사단은 산에서 간단한 방어참호를 파고 7연대의 10개 중대를 고지에 배치했다. 그중 C중대와 F중대는 도로변에 따로 배치되었고, 5연대의 2개 대대는 촌락 부근의 산골짜기에 있었다. 105밀리 곡사포 약 40문과 155밀리 곡사포 18문이 유담리의 최남단에 배치되었다. 여기에 75밀리 무반동포와 박격포가 원형으로 배치되었다.

해가 서산으로 넘어갔다.

해병사단의 병사들은 참호 속에서 몸을 웅크린 채 견디기 어려운 혹한을 참아내고 있었다. 전후에 운 좋게 살아남은 해병사단의 한 중사는 이렇게 회고했다.

"보온을 위해 옷을 많이 껴입는 것은 위험천만한 행동이었다. 장갑, 방한복, 긴 내의, 두건 그리고 온갖 옷가지들로 몸을 꽁꽁 싸매고 산에 올라갈 때 분명히 땀이 나는데, 일단 전진을 멈추면 땀이 그 빌어먹을 옷 안에서 얼어붙었다. 오, M-1 소총이나 카빈총과 딱 달라붙은 그야말로 황당한 광경을 상상해보라! 차가운 강철 병기에 손이 딱 달라붙어버리면 그것을 떼어내는 유일한 방법은 살갗 한 겹을 포기하는 수밖에 없었다. 침과 수염이 한데 얼어붙어버려 입을 벌릴 수도 없었다. 수백만 달러를 들여 연구 제작한 끈으로 묶는 특제 동계 방수화를 신고 맹추위 속에서 몇 시간 동안 움직이지 않으면 땀에 젖은 발이 서서히 부어올라 정말 죽을 것처럼 아팠다. 우리가 왜 눈보라가 끝없이 몰아치는 아시아에 와야 했는지 모두 고민했으리라 믿는다."

어두운 밤이 찾아왔다.

한 장교가 로이스를 찾아와 브랜드가 가득 담긴 술잔을 건넸다.

"오늘이 내 생일입니다."

"건강을 빌겠소!" 로이스가 말했다.

"고맙습니다. 잠시 후에도 내가 건강하다면."

장교의 말이 채 끝나기도 전에 갑자기 유담리 산골짜기에 총포 소리가 크게 울려 퍼졌다. 특히 미군 장병들이 기겁했던 것은 총포 소리에 귀를 찌를 듯한 나팔 소리가 섞여 점차 뚜렷하게 들려온다는 점이었다.

중국인!

중국 군대였다!

중국군 병사들의 얇은 고무창 신발이 어두운 밤 빙설로 뒤덮인 대지에서 사박사박 소리를 냈다.

중국군 병사들이 돌진하면서 지르는 함성 소리는 추위에 목이 얼어버렸기 때문인지 아니면 몹시 추운 날씨로 인해 소리가 대기중에 왜곡돼 퍼져나가서인지는 몰라도 마치 거세게 들이치는 파도처럼 한 차례씩 사납게 용솟음치듯 들려왔다.

그와 거의 동시에 심각한 동상을 입어 거의 운신하지 못하는 중국군 몇 명을 사로잡았다는 보고가 들어왔다. 미 제1해병사단은 사로잡힌 중국군 병사들의 입을 통해 한 중국군 장군의 이름을 들었다. '쏭스룬!'

최근에 북한에 진입한 중국군은 1차 전역 이후 북한 전장의 동부전선에 집결했다. 미군 극동사령부 정보참모 윌러비가 맥아더에게 보낸 보고서에는 이렇게 적혀 있었다.

"함흥 이북의 장진호 지역에 집결한 중국군은 현재 주도권을 잡고 남쪽을 향해 협공을 벌여 함흥 북서쪽과 동북쪽의 유엔군을 차단할 것입니다."

이번에는 윌러비의 판단이 정확했다.

하지만 유감스럽게도 맥아더는 그 보고서를 안중에도 두지 않았다.

맥아더는 어디에서 올라오는 분석이든 상관없이 그저 중국군이 눈과 얼음으로 뒤덮인 메마른 고지에 대규모 집결을 하지 않을 것이라는 생각을 고집스럽게 견지했다.

한편 1차 전역이 채 끝나지 않은 11월 5일 마오쩌둥은 2차 전역을 계획함과 동시에 북한 전장 동부전선의 작전 문제에 대해 펑더화이에게 다음과 같은 전보를 보낸 바 있다.

강계, 장진 방면은 쑹스룬 병단이 전담해 적을 깊숙이 유인하고 기회를 잡아 섬멸하는 것을 방침으로 확정해야 하오. 이후 이 병단은 그쪽에서 직접 지휘하시오. 이곳에서 원격통제하지 않겠소. 9병단의 1개 군은 곧장 강계를 벗어나 장진으로 신속히 이동해야 하오.

제9병단은 중국인민해방군 제3야전군의 주력부대로 제20군, 제26군, 제27군을 관할했다. 원래 화둥야전군華東野戰軍을 개편해 조직된 이 부대는 그때 산둥성 진푸철도津浦鐵道의 연선에 집결해 북한으로 들어갈 준비를 하고 있었다.

쑹스룬은 중국인민해방군의 노전사로 17세에 중국의 유명한 황푸군관학교黃埔軍官學校를 졸업했다. 이후 1929년에 중국 공농홍군에 참가한 뒤 유격대장과 사단장, 군 참모장, 군단장 등을 역임해 작전 경험이 풍부했다.

군정軍情이 급박하게 흘러가면서 마오쩌둥이 펑더화이에게 제9병단을 이동시킨다는 전보를 보낸 지 사흘째 되던 날 쑹스룬은 부대를 이끌고 한국이라는 생소한 전장으로 출발했다.

제9병단의 북한 진입 순서는 다음과 같았다. 제27군이 제1제대가 되어 북에서 동남으로 북한의 장진 지구를 향해 진격한다. 제20군은 강계를 거쳐 서에서 동으로 측면을 담당한다. 제26군은 예비대로 그 뒤를 따른다.

북한 날씨가 매우 춥다고 들었지만, 과연 얼마나 추운지 제9병단의 모든 장병은 상상도 하지 못했다. 압록강변에서 그들은 솜옷과 솜모자를 지급받았다. 하지만 수량이 부족해 어떤 병사는 솜옷은 있는데 솜모자는 없었고, 어떤 병사는 솜모자만 받았으며, 둘 중 하나도 지급받지 못한 병사도 있었다.

11월 7일 제9병단의 선두부대가 북·중 국경지대를 넘어 북한에 진입했다.

제9병단의 전진 방향이 동쪽으로 쏠려 있었기 때문에 모든 병사가 단숨에 북한의 춥고 황량하기 그지없는 크고 높은 산에 진입하게 되었다. 미군 비행기가 제27군 차량 수송대를 발견해 물자를 가득 실은 40여 대 차량을 향해 네이팜탄을 퍼부었다. 어쩔 수 없이 간편한 복장만 한 채로 제9병단 내 수만 명의 대오가 모든 상황을 무릅쓰고 눈보라가 휘몰아치는 전장으로 들어갔다.

낭림산맥은 해발이 높고 눈이 많이 쌓여 있었다. 북풍이 굉음을 내고 불어닥치는 가운데 가파른 산봉우리에 걸린 태양은 얇디얇은 흰 종잇조각 같았다. 눈발이 정면으로 날아와 눈을 뜰 수가 없었다. 산맥에 막 들어섰을 때 장교들은 쉴새없이 소리쳤다.

"미끄러지지 않게 조심하라! 서로 당겨줘라!"

하지만 시간이 흐르면서 함성은 잦아들었다. 기나긴 대열이 천천히 이동하는 것을 제외하고는 모든 것이 얼어붙었다. 굶주린 장병들은 몸이 안팎으로 얼어붙어 완전히 마비된 것 같은 느낌을 받았다.

행군 첫째 날, 700여 명의 병사가 심각한 동상에 걸렸다.

11월 24일, 제9병단은 예정된 전쟁터에 이르기까지 이틀을 더 걸어야 하는 거리를 남겨두고 있었다. 하지만 펑더화이의 명령이 도착했다.

한국군의 제3사단 26연대가 사창리에 진입했고, 미 제3사단 65연대가 이미 상천리와 용천리 전선에 도달했소······. 당신들은 26일 저녁 1개 사단으로 사창리와 흑수리에 있는 한국군 26연대를 포위 섬멸해야 하오. 목적을 달성한 후 즉시 황초령 이남의 상통리와 하통리로 공격 전진하시오. 그 전선을 확실히 점령하고 북진해 원조하는 적을 저지하시오. 또한 1개 사단은 창리에서 황초령과 보후장(미 제1사단 지휘소)으로 전진 공격해 적군의 사단지휘부를 섬멸하시오. 목적이 달성된 후 고토수를 향해 진격해 주력부대와 협공해서 고토수와 유담리 일대의 미 5연대와 7연대 전체를 포위 섬멸하시오.

펑더화이가 세운 애초의 계획은 11월 25일 동부전선의 제9병단과 서부전선의 지원군부대가 동시에 공격을 개시하는 것이었다.

쑹스룬은 공격개시 시각을 늦출 것을 요청했다. 작전부대가 아직 준비를 마치지 못했기 때문이었다.

동부전선의 전장은 상대적으로 독립된 곳이어서 펑더화이는 쑹스룬의 요청에 동의했다.

11월 27일 밤, 개마고원에 북풍이 몰아치고 있었다.

제9병단의 제27군과 제20군은 각각 유담리, 신흥리, 하갈우리, 고토리 그리고 사창리의 미군에 공격을 가했다.

제20군 89사단의 박격포가 먼저 유담리 방어진지의 7연대 H중대의 머리 위로 떨어졌다. H중대는 낮에 아무런 저지를 받지 않고 1403고지를 점령했던 그 중대였다. 포탄이 폭발하는 소리가 들리자 중대장 쿡Cook 대위는 병사들에게 즉시 저지 태세를 갖추라고 고함을 질렀다. 미군 병사들이 거의 총도 제대로 잡지 못한 상태에서 중국군의 첫 번째 충격파가 밀려왔다. 고지를 향해 돌격한 중국군 부대는 89사단의 267연대였다. 중국군 병사들이 던진 수류탄이 미군 병사들 머리 위에서 빽빽한 탄막을 형성했고, 귀청이 터질 듯한 엄청난 폭발음이 밤하늘에 퍼져나갔다. 격렬한 전투 속에서 미군 진지에 몇 개의 작은 틈이 벌어졌지만 쿡 중대장의 강력한 지휘에 돌파구가 확대되지 않았다.

"겁내지 마라! 중국군에게는 예비대가 없다!"

쿡 중대장은 칠흑 같은 어둠 속에서 이리저리 뛰어다니며 소리를 질렀다. 이는 H중대의 병사들이 들은 그의 마지막 함성이었다. 순식간에 날아온 수류탄 한 발이 폭발해 그를 쓰러뜨렸기 때문이다. 1403고지의 우측이 붕괴될 기미가 보이자 중국군 병사들이 돌진해 들어가 미군 병사들과 근접전을 벌였다. 대대본부에서 보낸 신임 중대장 해리스Harris 중위가 비 오듯 쏟아지는 총탄을 무릅쓰고 H중대 진지로 뛰어들었을 때, 그는 이 진지를 지켜낼 가능성이 그리 크지 않음을 알아차렸다. 뉴턴Newton이라는 중위 한 명만 그때까지 전투를 지휘하고 있었고 중대의 다른 장교들은 이미 죽거나 부상당한 상황이었다. 병사들도 절반 이상이 죽거나 다쳤다. 해리스 중위가 진지 전방을 향해 시선을 돌리자 폭발하는 포탄의 불빛 속에서 중국군 병사들이 전우들의 시체를 밟으며 밀려오는 파도처럼 달려드는 광경이 시야에 들어왔다. 해리스는 이후 일생 동안 중국군의 완강하고 필사적인 정신에 대한 극도의 놀라움을 간직하고 살았다.

한밤중에 H중대 진지는 완전히 함락되었다.

제1해병사단 7연대 D중대가 방어한 1240고지도 동시에 중국군의 공격을 받았다. 중국군 제27군 79사단 236연대는 물샐틈없는 돌격대형으로 모든 위험을 감수하고 미군의 맹렬한 사격을 맞받으며 쉴새없이 밀어붙였다. 중대본부도 공격을 받아 점령당하자 두 차례의 부상으로 얼굴이 피범벅이 된 중대장 밀트 헐Milt Hull 대위의 신념이 흔들렸다. 주진지에 이미 중국군의 그림자가 드리워졌고, D중대는 전체가 서서히 퇴각해 고지 아래까지 후퇴해 있었다. 5연대 C중대의 1개 소대가 추가 지원되어 그들이 있는 곳에 도착했을 때, 헐 대위와 일부 병사는 이미 비탈 구석에 잔뜩 웅크리고 있었다. 증원부대가 도달하자 헐 대위는 병력을 대략 점검해볼 수 있었다. 200명가량이었던 중대의 전체 병력이 4시간도 안 걸린 전투를 치르면서 겨우 16명밖에 남아 있지 않았다. 한때 C중대가 지원한 소대 병력으로 헐 대위는 반격하며 산꼭대기에 오르기도 했으나 중국군의 돌격으로 다시 퇴각했다. 이때 D중대 장병들은 거의 다 죽거나 다쳤고, C중대가 지원한 소대 병력도 절반 이상의 사상자를 냈다.

오전 10시, 유담리의 미 제1해병사단 최고지휘관인 7연대 연대장 리첸버그는 사방에서 바람이 들이치는 천막에서 장교회의를 소집했다. 그는 장교들에게 유담리 사방에 최소 중국군 3개 사단이 있다는 정보를 알려주었다. 중국군의 의도는 유담리의 2개 해병연대를 섬멸하는 것이었다. 동시에 사응령 부근에서도 중국군 사단을 발견했고, 현재 유담리와 하갈우리 사이의 연락이 두절되었으며, 하갈우리는 이미 포위된 상태였다. 게다가 고토리에서 하갈우리에 이르는 도로도 차단되었는데, 이는 곧 중국군이 제1해병사단의 정면에서 공세를 취하고 있으며, 제1해병사단의 퇴로도 위기에 직면했다는 것을 의미했다.

장교들이 침묵하는 가운데 리첸버그는 천막 바깥으로 시선을 보냈다. 그는 셔면Sherman 경전차 한 대를 보았다. 이것은 현재 유담리에 있는 유일한 전차였다. 본래 스미스 사단장은 그에게 퍼싱Pershing 중전차 4대를 약속했다. 하지만 전차 조종사가 길이 얼어붙어 너무 미끄러워서 자체 중량이 엄청난 퍼싱 전차가 유담리로 들어가지 못할 것이라고 했기 때문에, 경전차 한 대만 운전해 길을 탐색하게 되었다. 셔면 전차를 몰고 이곳에 도착하자마자 조종사는 즉시 헬기를 타고 하갈우리로 돌아가면서 다른 전차들을 몰고 다시 오겠다고 했다. 따라서 리첸버그가 바라본 이 전차는 조종사가 없기 때문에 사실상 고

철 덩어리나 다름이 없었다. 사방에서 들려오는 총포 소리가 갈수록 커지고 있었고, 장교들은 어떤 행동을 취해야 할지 갈피를 못 잡는 상황에서 원성이 터져나오기 시작했다. 식량과 유류는 사흘분, 탄약은 이틀분밖에 없었다. 이런 상황에서 사단에서 신속히 지원해주지 않는다면 전투를 지속하기 힘들었다. 하지만 그나마 다행스러운 것은 제1해병사단의 수송차량 행렬이 낮에 유담리에 물자를 가져다주고 하갈우리로 되돌아갈 때는 동상 환자가 대부분인 부상자들을 데리고 갔다는 점이다. 만약 이런 때 주변에 부상자까지 많다면 더욱 골치 아픈 일이었다.

리첸버그는 방어계획을 세우고 어찌되었든 중국군을 유담리 사방의 산 위에 고립시켜야 한다고 요구했다. 동시에 자신이 7연대의 연대장으로서 유담리에 있는 두 연대의 지휘를 통일해 협동작전을 펴야 한다고 요구했다. 마지막으로 리첸버그는 한번 웃어 보이고는 이런 요지로 말을 이었다. 얼마 지나지 않아 중국인들은 유담리를 공격한 것이 분명 잘못한 일이었을 뿐 아니라 전술상 초보적 오류를 범했음을 깨닫게 될 것이다. 만약 자신이 중국군을 지휘했다면 이렇게 일찍 해병대가 북쪽을 향해 내민 촉수를 공격하지 않고, 해병대가 북쪽으로 좀더 멀리 이동하도록 했을 것이다. 유담리에서 멀어질수록 더 유리한 상황이 조성될 것이니 말이다. 그리고 나서 취약해진 미군 병참선을 전부 차단한다. 그렇게 된다면 제1해병사단 7연대와 5연대는 아마도 현재 발 딛고 선 큰 산을 벗어날 수 없으리라는 것이었다.

이때 보고가 들어왔다. 1282고지가 곧 중국군에 점령당할 상황이라는 내용이었다.

유담리 전체의 공방전에서 쌍방 간 쟁탈전이 가장 치열했던 곳이 바로 1282고지였다. 이 고지에서 수비 임무를 담당한 부대는 제1해병사단 7연대의 E중대였다. 1282고지는 유담리 북쪽의 중요한 감제고지여서 일단 이곳이 점령되면 유담리가 완전히 노출되는 상황이었다. 미군 포병진지는 이 고지에서 멀지 않은 곳에 있었다. 곡사포 40문이 밤새도록 180도 포격을 퍼붓느라 포구의 불빛으로 포병진지의 위치가 적나라하게 노출되었다. 지표면의 얼음 두께가 40센티미터나 되어 미군이 배치한 TD-14형 불도저는 제 역할을 해내지 못했다. 미군 화포는 한결같이 콘크리트처럼 단단한 지면 위에 분명히 드러나게 배치되어 있었다. 하지만 유담리의 미군 포병이 이상하게 여긴 것은 경계 병력이 매우 취약한 포병진지는 의외로 아무런 공격을 받지 않았고, 중국군이 보병진지를 향해서만 정면공격을 퍼붓는다는 점이었다.

중국군은 유담리의 미 제1해병사단을 공격할 때 어째서 미군을 유담리에서 멀리 떨어진 지역으로 유인한 뒤 공격하지 않았던 것일까? 공격 과정에서 중국군에 능숙한 우회차단 전술을 쓰지 않고 정면공격만 고수했던 이유는 무엇일까? 보병진지를 공격함과 동시에 포병진지에 대해서는 왜 기습공격을 가하지 않았을까? 이는 전쟁 과정에서 해명될 문제이다.

1282고지를 정면공격한 부대는 중국군 제27군 79사단 235연대의 1개 대대와 1개 보충중대였다.

미 제1해병사단 7연대 E중대 장병들은 유담리로 진격하는 길에서 심신이 극도로 지쳐갔고 동상 환자들이 넘쳤다. 병사들은 낮 동안에는 중대장 필립스Phillips의 독촉을 받아 전투에 대응할 수 있도록 고지에 참호를 파고 산기슭에 조명지뢰를 설치해야 했다. 어둠 속에서 그들은 얼음과 눈을 밟는 중국군의 고무장화에서 나는 발소리를 듣고 또 중국군의 검은 그림자를 보고서야 조명지뢰의 줄을 잡아당겼다. 순간 번쩍하고 푸르스름한 빛이 터졌다. 불빛 속에서 중국군의 새카만 돌격 대열이 드러나자 미군 병사들은 경악을 금치 못했다. E중대의 진지 앞에 신속히 기관총과 수류탄 화력망을 조직하고 나서 중대장 필립스는 지휘소에서 산 정상의 진지를 향해 뛰어갔다. 그는 로버트 케네모어Robert S. Kennemore 중사가 사상자의 몸에서 수류탄을 모아 다른 병사들에게 나누어주거나 자신이 던질 준비를 하는 모습을 발견했다. 하지만 중국군 병사들이 던진 수류탄이 빗발처럼 쏟아졌고 그중 한 발이 케네모어 중사 주변에서 폭발했다. 케네모어는 폭발과 동시에 무릎을 꿇었으나 하필 연기가 피어오르고 있는 또다른 수류탄 위였다. 폭발로 인한 불빛 속에서 케네모어의 두 다리가 나뭇가지처럼 날아올랐다. 필립스 중대장은 귀가 먹도록 날카롭게 비명을 지르고는 착검된 소총을 땅에 꽂았다.

"바로 이 선에서 한 발자국도 후퇴해서는 안 된다!"

이때 기관총 탄환 여러 발이 동시에 필립스의 어깨와 허벅지에 명중했고, 그는 곧바로 눈 덮인 비탈에 쓰러지고 말았다.

1282고지에서 치러진 격전이 최고조에 달한 후 전투는 잠시 소강상태에 접어들었다.

산 정상 내 진지를 지키던 미군 지휘관은 E중대의 존 얀시John Yancey라는 소대장이었다. 얀시 중위는 6개월 전만 해도 아칸소 주 리틀록에서 작은 술집을 운영했다. 그는 해병대 예비장교의 신분으로 한반도에 들어와 참전했다. 얀시는 제2차 세계대전 중에도 해병대에서 복무했고 과달카날전투와 오키나와전투에서 일본인과 전투를 벌여 해군 십자훈장을 받았다. 그는 해병대의 일을 그다지 달가워하지 않았고, 한사코 자신은 직업군인이 아니라고 했다. 그가 인천상륙작전에 참여했을 때 아내가 아기를 낳았다는 소식을 접했다. 당시 얀시는 1282고지에서 호흡곤란을 일으키고 있었는데, 포탄 파편에 잘려나간 코에서 흘러내린 피가 빠르게 얼어붙었기 때문이었다.

잠시 멈췄던 전투가 곧 재개되었다. 얀시 중위는 한동안 호루라기 소리와 나팔 소리가 자아내는, 멀어졌다 가까워지는 기괴한 소리와 뒤이어 수천 쌍의 고무장화가 눈을 밟아 뽀드득거리는 소리를 들었다. 얀시는 무선 통신병에게 조명탄과 화포 지원을 요청하라고 명령했다. 하지만 무슨 일인지 지휘부는 그의 요청을 거절했다. 얀시는 화가 치밀어 욕설을 퍼부으며 병사들을 이끌고 사격을 가하기 시작했다. 산 정상은 돌격해오는 중국군 병사들로 빠르게 점령되었고, 미군은 산 중턱까지 밀려갔다. 얀시가 병사 몇 명에게 자신과 함께 반격하자고 강제로 명령을 내릴 때 총탄 한 발이 그의 아래턱을 갈라놓았다. 총탄은 그의 입을 뚫고 들어가 혀 안에 머물러 있었다. 소규모의 반격은 중국군에 의해 즉시 붕괴되었고, 수류탄 한 발의 폭발음과 함께 얀시는 얼굴에 또 한차례 중상을 입었다. 두 눈을 잃은 얀시는 이번에는 그대로 쓰러지고 말았다.

중국군 병사들은 1282고지를 차지했다.

11월 28일 동틀 무렵, 제1해병사단 7연대 E중대의 사상자는 130명이었고, 증원된 5연대 C중대의 2개 소대와 A중대의 1개 소대도 85명의 사상자를 냈다.

1282고지를 공격한 중국군 제27군 79사단 235연대 1대대는 절반 이상의 사상자를 냈고, 그중 대다수는 심각한 동상으로 희생되었다.

동부전선의 전투가 시작된 지 얼마 지나지 않아 멀리 미국 캘리포니아 주 델마Del Mar 병영의 미 해군 해병대훈련소에서 한 장교가 사령관 메릴 트와이닝Merrill B. Twining 준장의 사무실로 달려들어왔다.

"장군님!" 그는 소리쳤다. "한국에서 중국이 이미 제1해병사단을 포위했다고 합니다!"

트와이닝 준장은 이에 전혀 아랑곳하지 않는 듯한 모습으로 고개를 들었다.

"젊은이, 나는 진심으로 중국 놈들이 애석하다고 밖에 할 수 없겠네만!"

트와이닝은 그 말을 한 지 얼마 되지 않아서 자신이 도대체 누구를 애석해야 할지 알게 되었다.

"해병대, 남쪽으로 진격!"

동부전선의 공격이 시작된 그날, 교전 쌍방의 장병들에게 가장 인상 깊었던 것은 밤새도록 유혈이 낭자하게 치른 혼전이 아닌, 하늘이 온통 하얗게 보이도록 끝도 없이 내리던 엄청난 눈이었다. 함박눈이 한 치 앞도 보이지 않게 내렸고, 기온은 어느덧 영하 30도까지 떨어졌다. 교전 쌍방의 동상자들은 전투로 인한 부상자보다 더욱 견딜 수 없이 고통스러워했다.

11월 28일 동틀 무렵, 밤새도록 지속된 맹렬한 공격이 소강상태로 접어들기 시작했다. 날이 밝아오면서 중국군과 미군은 각자의 현재 상태를 살펴볼 겨를이 생겼다.

중국군은 제20군 60사단이 부성리와 소민태리 일대를 점령했고, 하갈우리에 있는 미 제1해병사단의 남쪽 퇴로를 차단했다. 제20군 58사단은 상평리 지역에 도달했고 하갈우리를 삼면 포위했으며, 59사단은 사웅령과 신흥리 등 진지를 점령해 미 제1해병사단의 유담리와 하갈우리 간 연락을 차단했다. 제27군 81사단은 부전호 서쪽을 점령했고, 이로 인해 미 제7사단과 제1해병사단이 분리, 고립되었다. 80사단은 신흥리에서 미 제7사단을 포위하고 있었다. 유담리에서는 미 제1해병사단 선두부대가 중국군 제27군 79사단과 밤새 전투를 벌이다 대치 상태에 들어갔다.

중국군 지휘관은 이 지역에 있는 미군 병력이 예상했던 것보다 2배나 되고 장비도 중국군보다 훨씬 우수하다고 판단했다.

미군 지휘관은 이 혹한의 불모지에서 엄청난 규모의 중국군에 의해 부대가 분할되었고, 만약 어떤 조치를 취하지 않은 상태에서 날이 다시 어두워진다면 중국군의 나팔 소리가 울릴 때 자신들은 끝장나고 말 것이 분명하다고 판단했다.

중국군이 동부전선에서 첫날밤에 가했던 공격은 적어도 전술적으로는 허점이 있었다. 이는 동틀 무렵 양측 군대가 유담리에서 대치 상태에 놓이게 된 직접적인 요인이었으며, 이런 상황을 예측하지 못한 중국군 지휘관들은 골치를 앓았다. 날이 밝아올 무렵이 되어서야 중국군은 지휘상의 문제점을 알고 작전을 변경하기로 결정했다. 곧 먼저 병력을 집중시켜 신흥리에 있는 미 제7사단 31연대와 상대적으로 취약한 미 제1해병사단 지휘소 그리고 간이 비행장 소재지인 하갈우리를 공격하는 작전이었다. 이 결정은 전술적으로는 중국군이 역사적으로 이룩해온 전술 원칙에 부합했다. 그 원칙의 기본은 우수한 병력을 집중시키고, 적을 분리 고립시키며, 중점 포위하고, 각개 섬멸하는 것이다. 전날 밤 중국군이 공격을 개시할 때 유담리의 적군을 포위한 채 공격하지 않고 하갈우리를 집중 공격해 그곳을 점령했다면 동틀 무렵의 전세는 분명 중국군에게 훨씬 유리했을 것이다. 상황이 그렇게 되었다면 스미스 사단장은 자신의 전방 지휘소를 어디에 세울지를 두고 참으로 골치아팠을 것이다.

새벽녘 홍남항의 미 제1해병사단 최고사령부에 있던 스미스 사단장은 뜬눈으로 밤을 새워 피곤한 기색이 역력했다. 제2차 세계대전에 참전했던 노병은 자정이 되기도 전에 한 가지 진실을 깨우쳤다. 제1해병사단이 이 빌어먹을 지역에 상륙할 때부터 자의든 타의든 간에 아몬드와 대립하고 거역하며 반대했던, 자신이 취한 모든 행동이 아주 현명한 처사였음을 현실이 증명해준다는 점 말이다. 나 스미스는 정말 대단한 인물 아닌가! 그중에서도 가장 대단한 점은 스스로 직업군인으로서의 전도양양한 미래를 대가로 내걸고 하갈우리에 간이 비행장을 세울 시간을 벌었다는 것이다. 해병대 입장에서 당시 가장 중요한 것은 수백 킬로미터에 달하는 분산된 노선의 중간 지점인 하갈우리의 안전을 지키는 일이었다. 하갈우리는 공중 지원을 확보하는 중추이자 제1해병사단 병사들의 생존을 최대한 보호할 수 있는 최적의 지점이었다.

그날 밤 중국군은 하갈우리에 거센 공격을 퍼붓지도 않았고 그곳을 점령하지도 않았다. 제1해병사단에게는 그야말로 천운이라 할 수 있었다.

날이 밝아왔다. 스미스 사단장은 헬기를 타고 하갈우리로 향했다. 그때 그는 헬기에서 육안으로 제1해병사단이 각 연대를 배치해놓은 도로마다 중국군이 구간별로 고립시킨 상황을 똑똑히 목격할 수 있었다. 폭격을 가할 미군 함재기艦載機가 아직 도착하지 않았기 때문에 도로를 따라 중국군들이 눈밭에서 이동하는 그림자를 선명하게 볼 수 있었다.

"중국군 병력은 헤아릴 수 없을 만큼 많았다." 훗날 스미스는 이렇게 회고했다. "최소한 해병사단의 열 배는 되었다."

하갈우리는 장진호 남단의 작은 마을이었는데, 세 갈래의 간이 도로가 이곳에서 나뉘면서 작은 마을이 교통 중심지가 되었다. 동쪽에 있는 고지 하나를 제외하면 이곳은 경사도가 완만한 분지였다. 남쪽 끝에는 수송기가 이착륙할 수 있는 간이 활주로가 있어 제1해병사단의 병참선을 유지할 수 있었다. 이곳에 제1해병사단의 전방 지휘소를 설치하고 사단의 근무부대를 집중시켰으며, 1연대 3대대의 대대장 토머스 리지Thomas L. Ridge 중령이 안전을 담당해 3개 중대를 지휘했다. 동시에 이곳에는 수송 문제로 7연대 2대대 대대본부와 1개 화기중대도 주둔했다. 중국군이 공격을 개시하기 전에 리지 중령은 작전참모에게 방어계획을 세우라고 지시했다. 군사지식이 조금이라도 있는 사람이라면 하갈우리를 방어할 요지는 동쪽의 고지와 남쪽의 비행장뿐이라는 사실을 알수 있을 것이다.

사실 아몬드가 제1해병사단에 '북진' 명령을 내린 그날, 제1해병사단 지휘부의 대부분 인사들 그리고 제10군단이 보낸 직속부대가 속속 하갈우리에 도착했다. 이로 인해 작은 마을은 순식간에 차량과 인파로 북적댔다. 스미스 사단장의 고집으로 비행장의 간이 활주로가 속도를 내어 건설되고 있었고, D중대의 병사들은 명령에 따라 밤낮을 가리지 않고 노동에 동원되었다. 어둠이 드리워지면서 유담리의 미군이 공격을 받기 시작했을 때 간이 비행장 건설 현장에 등불을 밝혀놓았으나 활주로 공사는 겨우 25퍼센트밖에 진척되지 않았다. 스미스 사단장이 고집했던 간이 비행장의 활주로 공사는 이후 며칠 동안 중국군 병사들이 활주로에 뛰어들어 미군 병사들과 육박전을 벌였을 때나, 중국군의 박격포탄이 비처럼 쏟아졌을 때에도 결코 멈추지 않았다. 미군 병사들은 불도저를 몰기도 하고 총을 들고 사격을 가하기도 했다. 생명과 맞바꾼 활주로는 나중에 제1해병사단이 후퇴할 때 거의 결정적인 역할을 해냈다. 스미스 사단장은 활주로를 이용해 미군 4000명의 목숨을 구해냈다.

11월 27일 오전 11시, 미 제1해병사단과 제7사단은 하갈우리에 지휘소를 설치했다. 제10군단 군단장 아몬드도 하갈우리로 날아왔다. 아몬드와 스미스는 지휘부 천막에서 1시간 가까이 밀담을 나눴다. 무슨 말을 주고받았는지 정확하지는 않지만 아몬드가 계획 수정 문제를 거론하지 않았다는 점만은 확실하다. 이유는 간단하다. 맥아더가 진격계획과 관련한 명령을 수정하지 않았기 때문이다. 천막에서 나온 스미스의 얼굴은 평온해 보였다. 그후 아몬드는 중국군에 포위된 소부대를 직접 들러 훈장을 수여했다. 훈장 수여식에서 아몬드는 병사들에게 분명히 이렇게 말했다.

"지금은 후퇴하는 적군을 추격할 시점이다. 신속히 압록강으로 전진하라!"

아몬드의 논조와는 상반되게 스미스 사단장이 부대에 내린 명령에 '압록강'이라는 세 글자는 아예 들어 있지도 않았다. 뿐만 아니라 스미스는 자신을 포함해 자신의 병사들과 아무 관련이 없는 북·중의 경계를 가르는 이 강을 평생 다시는 언급하지 않으리라 이미 결심한 상태였다.

스미스 사단장이 내린 명령의 요점은 각 부대별로 신속히 상호 연락을 취할 수 있는 통로를 열라는 것이었다.

오후 1시, 고토리에 있던 제1해병사단 1연대 연대장 루이스 풀러 대령은 2대대 D중대에게 하갈우리 방향으로 진격하라고 명령했다. D중대가 약 1킬로미터쯤 행군했을 때 폭설 속에서 돌연 맹렬하게 삼면 공격을 퍼붓는 중국군과 맞닥뜨렸다. 풀러 대령은 즉시 퇴각을 명령했다. 결국 황혼 무렵이 되어서야 D중대는 중국군의 포위 공격을 뚫고 나와 고토리로 돌아갔다. D중대는 이 작전에서 장병 38명을 잃었고, 유일한 소득은 그들을 습격한 부대가 중국군 제20군 60사단의 179연대라는 사실을 알았다는 것이다.

11월 28일 낮 동안 내내 중국군은 방공진지를 이동하거나 은폐하면서 보냈다.

해가 곧 서산으로 넘어갈 무렵이었다.

해가 질 무렵 미 제1해병사단은 유담리, 덕동령, 하갈우리, 고토리 그리고 진흥리의 기나긴 산간 흙길에 각각 고립된 5곳의 원형진지에서 잔뜩 웅크리고 있는 상태였다.

스미스 사단장은 하갈우리에서 밤을 보내기로 결정했다. 하갈우리는 중국군이 그날 밤 반드시 공격해올 가장 중요한 목표였다.

스미스는 지지직거리며 소음을 내는 수신기 옆에서 지키면서 각 부대의 전황 보도를 들었다. 서부전선에서 전해진 전황에 그는 크게 놀라고 말았다. 워커 중장의 제8군이 전면 퇴각하기 시작했을 뿐 아니라, 미 제2사단은 삼소리 지역까지 퇴각했다가 갑자기 등장한 중국군에게 봉쇄되었다는 소식이었다.

서부전선이 이미 무너진 마당에 제1해병사단이 동부전선에서 전진할 필요가 있을까?

중국군이 이 황량하고 눈 덮인 산에서 제1해병사단을 소멸시키려는 의도가 분명히 드러난 상황에서 압록강변으로 진격해 유엔군과 협공 태세를 취할 수나 있겠는가?

스미스는 아몬드에게 제1해병사단이 처한 위기상황을 끊임없이 보고했다.

하지만 그는 아몬드에게서 '진격계획을 수정한다는 일언반구'도 듣지 못했다. 이는 곧 제1해병사단의 임무가 변함없이 '유담리에서 북쪽과 서쪽으로 진격'하는 것을 의미했다.

"이렇게 어리석을 수가 있을까!" 스미스는 이후 이렇게 회고했다. "상황을 보면 우리는 생존을 위해 전투할 수밖에 없었다."

스미스는 유담리의 7연대 연대장 리첸버그에게 작전지시를 내렸다.

"참호를 파고 굳게 지켜라!"

스미스는 하갈우리의 해병대에도 동일한 작전지시를 내렸다.

"참호를 파고 굳게 지켜라!"

이때 하갈우리는 취약한 상태였다. 날이 어두워졌을 때 스미스가 "리지 중령을 하갈우리 지구의 통합 방어 지휘관으로 임명한다"라는 명령을 내리긴 했지만, 당시 하갈우리의 미군을 지휘한다는 것은 결코 쉬운 일이 아니었다. 리지 중령은 하갈우리에서 자신의 지휘권 내에 있는 모든 병력을 점검한 후 놀라 마지않았다. 이곳의 미군은 기본적으로 수많은 모듬 요리처럼 구성되어 있었다. 3913명의 전체 병력은 육군, 해군, 해군 해병대, 한국군 등 58개 단위에서 소집되었다. 그중 대다수는 소속 인원이 10명 이하인 다양한 선발부대나 연락부대였다. 이 병사들 가운데 다수가 전투병이 아닌 기술병이나 통신병이었다.

눈은 퍼붓다가 잦아들기를 반복했다.

어스름할 무렵은 두려울 만큼 고요했다.

이따금씩 들려오는 경화기 사격 소리가 개마고원에 드리운 정적에 엄숙함을 더했다.

하갈우리를 정면 공격한 부대는 중국군 제20군 58사단이었다. 이는 이 부대가 압록강을 도하한 뒤에 치른 첫 번째 전투다운 전투였다. 172연대는 서쪽에, 173연대는 동쪽에 배치되고, 174연대는 예비대로 편성되었다. 어둠이 드리웠을 때 공격에 참여하는 모든 병사가 이미 총탄을 장전하고 착검한 상태였다.

58사단 전방 주진지에서 방어하던 부대는 미 제1해병사단 1연대의 H중대와 I중대였다. 미군 병사들은 단단하게 얼어버린 땅에 참호를 파기 위해 폭약을 음료수 캔에 넣어 폭발시켰고, 수천 개의 마대에 흙을 넣어 가슴 높이까지 흉벽胸壁을 쌓았다. 진지 전방에 지뢰와 대인지뢰, 조명지뢰 그리고 수류탄으로 폭발을 일으킬 수 있는 5갤런짜리 휘발유통과 가시철조망 등을 매설했다. 또 기관총과 무반동포, 전차포, 박격포 그리고 곡사포를 적절히 배치했다. 이 밖에 2개 중대의 분계선상에 전차 2대를 배치했다.

H중대와 I중대의 후방에는 등불을 밝힌 간이 비행장 공사 현장이 있었다.

오후 8시, 큰 눈이 내리고 있었다.

오후 10시 30분, 미군 진지 전방의 조명지뢰가 터졌다. 조명탄이 뿜어내는 불빛 속에서 미군들은 몇 개의 소부대로 나뉘어 탐색하듯, 미군 진지의 측면 위치와 정면의 틈을 찾는 중국군 병사들을 보았다. 탐색조가 물러간 뒤 중국군의 공격준비사격이 시작되었다. 박격포탄이 진지에 떨어지자 미군 병사들은 참호 속에 웅크렸고 총을 잡은 손에는 열기가 피어오르기 시작했다. 중국군이 30분간 포격을 퍼붓더니 갑자기 나팔 소리가 세 번 울렸다. 미군 병사들이 무의식적으로 흉벽에서 머리를 내밀고 앞을 보니 "마치 지면이 갑자기 솟아오르는 것처럼 몰려오는 중국군 병사들의 돌격 진형"이 눈앞에 펼쳐졌다.

미군 진지 전방에 접근한 중국군 병사들은 즉시 제1해병사단의 화력망 속으로 진입했다.

강력한 화력을 배치한 미군 화력망 앞에서 중국군 병사들은 사상자가 속출하는 상황에 직면할 수밖에 없었다. 중국군 병사들은 이 점을 알고 있었지만 여전히 희생을 두려워하지 않고 용감하게 돌진했다. 미군 화력에 대한 중국군 병사들과 지휘관의 견해는 일치했다. 그것은 바로 미군의 강력한 화력망 속으로 뛰어들어 제대로 된 백병전을 벌이면 미군 병사들이 꼼짝 못한다는 것이었다.

한 시간 후 H중대 진지 중앙부가 중국군에 의해 돌파되었다. 백병전이 벌어지자 H중대는 진지를 버리고 후퇴했다. 미군 병사들은 그 길로 공사 중인 비행장 활주로까지 후퇴했다. 공사 작업을 하고 있던 D중대 병사들이 주변의 경화기로 H중대 병사들과 반격을 가해 가까스로 중국군을 활주로에서 몰아냈다. 그러고 나서 D중대 병사들은 공사를 계속했다. H중대 병사들은 대대본부가 보낸 통신병과 공병의 지원으로 중국군 병사들이 점령한 진지를 향해 돌격을 개시했고, 그 결과 지원부대를 지휘하던 지휘관이 전사했다. 진지가 중국군 병사들로 넘쳐났지만 개중에는 미군 병사들도 섞여 있어서 눈 내리는 밤에 쌍방의 병사들은 피아를 판별하기 쉽지 않았다. 자정 무렵에 1연대는 다시 공병과 운전병으로 구성된 반격부대를 조직해 H중대의 진지를 점령한 중국군을 공격했다. 미군은 이번 반격으로 일부 빼앗겼던 진지를 탈환했고, 쌍방은 이 일대에서 일진일퇴식의 대치 국면을 형성했다.

I중대 중대장 피셔Fisher는 키가 컸다. 그런 그가 한 참호에서 다른 참호까지 달려가는 도중에 중국군 병사들이 사격을 가했지만 결국 이 눈에 띄는 목표물을 맞히지는 못했다. I중대의 진지는 두 차례 중국군에 의해 점령당한 바 있었다. 진지에 세워진 숙소 두 곳이 포탄에 명중돼 불에 타자 불빛이 진지를 환히 비췄다. 이는 중국군 병사들이 매우 꺼리는 상황인 데다 제압되지 않은

I중대 박격포가 1000여 발의 포탄을 쉬지 않고 퍼붓는 바람에 중국군은 최종적으로 I중대의 진지를 점령하지 못했다.

고지 위에 있으면 하갈우리 전체를 조망할 수 있기 때문에 동쪽 고지 방어는 더할 나위 없이 중요했다. 하지만 미군이 이 고지에 배치한 방어 병력은 다소 이상한 면이 있었다. 방어를 담당하기로 예정된 제1해병사단 1연대의 G중대가 도착하지 않아서 리지 중령은 중국군이 공격을 개시하기 한 시간 전에야 가까스로 방어부대를 규합했다. 방어부대는 미 육군 제10공병대대 D중대를 위시한 오합지졸이었다. D중대는 77명의 미군 병사와 90명의 한국군 병사로 편성되었는데, 그들이 하갈우리에 와서 맡은 임무는 전투가 아닌 차량과 전차를 수리하는 일이었다. 자신들의 임무가 진지 수비이며, 지휘관이 해군 해병대 대위라는 사실을 알고는 병사들의 원성이 극에 달했다. 오후 8시, 불만으로 가득 찬 이 부대가 비로소 고지에 도달했다. 막 엉성하게 구축된 참호에 웅크리려 할 때 중국군의 공격이 시작되었다. D중대의 방어선은 순식간에 붕괴되었다. 중국군 병사들은 그들과 대치하던 이 오합지졸을 산 정상에서 쫓아냈다. 이 짧은 전투에서 미군 공병 77명 가운데 44명을 잃었고, 한국군에서는 90명 가운데 60명의 사상자가 나왔다. 오합지졸을 지휘하던 해군 해병대 대위는 혼란스러운 총격 속에서 전사했다. 대위의 통신병은 무전기 한 대를 짊어지고 산 위에 숨어 있으면서 내려오지 못했다. 그래서 그는 지휘소에 중국군이 어떻게 진지로 뛰어들고 있는지를 계속 보고할 수 있었다.

날이 샐 무렵, 미군은 비로소 전차의 엄호를 받는 근무부대를 조직해 가까스로 고지의 한쪽에서 중국군과 대치할 방어선을 구축했다.

당시 하갈우리가 중국군의 수중에 들어가는 것은 시간문제였다.

하지만 동쪽 고지를 점령한 중국군은 더 이상 공격하지 않았다.

단번에 전과를 확대해 미군의 취약한 방어선을 돌파하지 않은 이유는 무엇일까?

스미스는 아마도 중국군이 적진의 종심에서 공격을 유지할 만한 전투 역량을 충분히 갖추지 못했기 때문이라고 판단했다. 이어서 스미스는 또 한 가지 다행스러운 현상을 깨달았다. 미군의 원형진지에 탄약과 유류가 산처럼 쌓여 있었는데, 만약 이 물자가 포탄 공격을 받았다면 그로 인한 폭발과 화염은 미군에 완전히 재난이었을 것이다. 그러나 중국군 제58사단 포병은 정확하고도 효과적으로 미군의 최전방 방어진지에 포격을 가할 수 있었을 텐데도 이 극도로 위험한 미군의 노출된 물자에 한 발의 포탄도 발사하지 않았다.

그럼에도 불구하고 동쪽 고지를 잃은 것은 하갈우리의 미군에도 치명적이었다. 이 고지는 고토리로 통하는 도로를 지킬 수 있을 뿐 아니라 소총으로 하갈우리에 구축한 원형진지의 모든 위치에 사격을 가할 수 있었기 때문이다.

새벽부터 리지 중령의 감독하에 부대대장 마이어스Myers가 미군을 지휘해 고지를 향해 거듭 반격을 가했다.

미군은 날이 밝으면 중국군이 늘 그랬듯이 능동적으로 공격하지 않을 것이며, 방어태세로 돌아선 중국군의 모자를 벗겨낼 미군 비행기가 머지않아 도착하리라는 것을 알고 있었다.

날이 밝았을 때, 한 중국군 중대장이 하갈우리의 동쪽 고지를 방어하는 임무를 맡았다. 그의 이름은 양건쓰楊根思로 1950년 이후 상당히 오랫동안 전 중국 인민에게 익숙하고 흠모의 대상이 되었으며, 오늘에 이르기까지 중국군 제20군의 긍지가 된 172연대 3중대의 중대장이었다.

양건쓰는 1922년 중국 장쑤 성江蘇省 타이싱泰興 우관 향五官鄕의 양훠랑단羊貨郎擔이라는 작은 마을에서 태어났다. 극도로 빈곤한 세월 속에서 성장한 양건쓰는 22세에 중국인민해방군에 입대한 뒤 이듬해에 중국 공산당에 입당했다. 28세에 그는 이미 전국전투영웅대표대회에 참석하는 대표가 되었고, 이 영예는 그가 수년간 전쟁에서 얼마나 많은 전공을 세웠는지 말해준다.

3중대 중대장에게 안배된 병력은 1개 소대였다. 양건쓰를 포함해 모든 병사가 지닌 비상식량이라고는 삶은 감자 3개씩이 전부였지만 그나마 이미 딱딱하게 얼어버렸다. 감자 3개 이외에 병사들이 물건을 넣을 수 있는 주머니는 모두 수류탄으로 꽉 채워져 있었다.

대대장은 양건쓰에게 하갈우리 외곽의 모든 진지는 이미 아군 수중에 들어왔다. 날이 밝으면 공격을 중지하라. 전열을 정비하고 방공 태세를 취하다가 날이 어두워지면 공격을 재개하라. 날이 밝아오면 미군이 먼저 공격할 곳은 바로 이 고지이니 결코 미군이 뜻을 이루도록 해서는 안 된다고 말했다. 대대장이 내린 최후의 명령은 "미군이 고지에 한 치도 올라오도록 해서는 안 된다!"는 것이었다.

새벽녘이 되자 눈이 더욱 많이 내렸다.

양건쓰와 그의 병사들은 고지에 쌓인 눈으로 참호를 구축했다. 혹한 속에서 전투가 이어지면서 병사들의 발은 신발과 하나로 얼어붙어 감각을 잃은 상태였다. 손가락도 굽어서 소총 방아쇠를 단번에 당기기도 여의치 않았다. 또한 굶주림의 습격은 더욱 참기 어려웠다.

날이 환하게 밝아오자 미군이 공격준비사격을 시작했다. 동시에 흥남항 밖의 미군 군함에서 이륙한 함재기도 도착했다. 고지가 갑자기 짙은 연기로 뒤덮였고, 묵직한 폭격음과 포탄의 파편이 내는 날카로운 소리가 뒤섞였다. 진지 위에 까맣게 변색된 눈과 동토가 사방으로 흩날렸으며, 유황 냄새가 퍼져 중국군 병사들이 질식할 정도였다. 미군 비행기에서 투하된 네이팜탄으로 인해 까만 눈이 연소되었다. 중국군은 대공포 없이 반격을 시도했고, 젊은 병사들은 그저 간이 참호에서 숨죽이며 웅크리고 있다가 끊임없이 사방으로 흩날리는 강철 파편과 언 땅에 파묻히기도 했다. 중국군 병사들은 서로 소리쳐 부르면서 전우에게 상처를 싸매달라고 하기도 하고 함몰된 참호에서 꺼내달라고 하기도 했다.

포화가 지나간 후 미군이 첫 번째 돌격을 개시했으나 곧바로 중국군 병사들이 빽빽하게 투척하는 수류탄 공격에 저지당했다.

이어서 전보다 훨씬 맹렬한 폭격이 가해졌다.

이번에는 폭발음 속에서 양건쓰를 놀라게 하는 소리가 들려왔고, 그는 그것이 전차의 포성이라는 것을 알아차렸다. 고지의 한쪽에서 그는 미군 전차 8대를 발견했다.

전차가 미군의 진지전에 투입되었다는 사실은 곧 미군이 전례 없이 강력하게 공격할 것이라는 의미였다.

미군은 중국군이 던지는 수류탄도 불사하고 최전방 진지로 돌진했다.

적군과 아군이 한데 뒤섞여 혼전이 벌어졌다.

미군의 포화 공격이 멈추었고, 비행기는 고지에서 저공 선회했다. 진지에는 양쪽 병사들이 내는 격투 소리만 들릴 뿐이었다. 중국군 병사 중에는 한 걸음도 물러서는 사람이 없었다. 미군 병사들이 보기에 중국군 병사들은 얼굴이 피투성이가 되고 두 눈이 실명한 상태에서도 여전히 자신들을 향해 돌진해서 뭐라도 붙잡으면 절대로 놓아주지 않을 태세였다.

양건쓰는 미군 공격의 약점을 간파했다. 그는 분대의 절반을 보내 산허리에서부터 고지의 측면과 후미를 포위하고 공세를 취하는 미군의 후방에서 불시에 발포하게 했다. 동시에 자신은 병사 한 명을 데리고 폭약을 가져가 최전방 진지에서 가장 가까이 있는 전차 한 대를 폭파시켰다.

미군 병사들이 후퇴했다.

양건쓰는 병사들에게 희생자의 시신을 묻도록 명령하고, 8분대장에게는 병사들을 데려가 수류탄을 운반하라고 지시했다.

8분대 병사들은 수류탄과 함께 대대장의 메모도 가져왔다. 메모지의 글씨는 휘갈겨 쓴 것이지만 그 뜻은 분명했다. "반드시 진지를 사수하라!"

오전 10시, 미군의 또 한 차례 공격이 시작되었다. 이번 공격은 그 어느 때보다도 거셌다. 비행기가 하늘을 꽉 메우도록 날아다니는 광경은 중국군 병사들에게 난생처음이었다.

리지 중령의 엄격한 전투 감독 아래 미군은 '특공대'를 조직하고 고지를 향해 결연한 공격에 나섰다.

고지 전방에는 미군 병사들의 시신이 즐비했고, 중국군의 전투 병력도 계속 줄어들었다.

양건쓰는 중기관총소대 소대장이 그를 향해 기어오는 것을 보았다.

소대장이 말했다. "기관총 총탄이 다 떨어졌습니다."

"병력은 얼마나 남아 있나?"

"저 이외에 부상당한 생존자 그리고 중대장님뿐입니다."

"너희는 가서 대대장께 상황을 보고하라."

"그럼 중대장님은요?"

"나는 여기서 진지를 사수하겠다."

양건쓰는 홀로 동쪽 고지 위에 섰다. 거기서 그는 미군 수송기가 하갈우리의 간이 비행장 활주로에서 이착륙하는 광경을 볼 수 있었다. 비행장의 사방에서 전투가 벌어지고 있었다. 고지 아래의 도로에 미군 차량은 없었다. 이는 고지를 지켜낸 결과였다. 이제 고지에는 정적이 감돌았고 그저 들려오는 소리라고는 전방의 눈밭에 쓰러진 쌍방의 부상자들이 내는 기괴하기 짝이 없는 신음 소리뿐이었다. 양건쓰는 고지의 사방을 한 바퀴 돌고 나서 은폐할 곳을 찾아내 몸을 숨겼다.

미군의 화포 사격과 비행기의 폭격이 다시 시작되었다.

이번에는 포격과 폭격 시간이 매우 길었다.

포격이 잦아들면서 미군 병사들이 고지로 기어오르기 시작했다.

양건쓰는 미군 대열 속에서 한쪽 면이 남색인 깃발을 보았는데, 그것이 미군 해병대의 군기인 줄은 몰랐다.

총기 사격과 수류탄 투척이 없자 미군 병사들은 고지 위에 살아남은 중국군 병사가 한 명도 없다고 생각했다.

산 정상에 근접해 미군 병사들은 허리를 폈다.

바로 그때 그들은 중국군 한 명이 땅속에서 갑자기 뚫고 나온 것처럼 눈앞에서 일어서는 모습을 보았다. 그는 양팔로 커다란 폭약 포대를 안고 있었고, 포대 위의 도화선은 이미 점화되어 노란색 초연이 피어오르고 있었다.

중국군의 솜모자 양쪽에 달린 귀덮개가 흔들렸다. 그는 큰 걸음으로 미군 병사들을 향해 돌진했다.

양건쓰가 해병대의 깃발 아래로 뛰어들었을 때 품고 있던 폭약 포대가 폭발했다.

미군 해병대의 남색 깃발은 폭발과 함께 무수한 조각이 되어 눈 내리는 하늘을 날아다녔다.

깃발의 잔해와 함께 공중으로 높이 떠오른 것은 찢겨나간 인체의 사지였다.

양건쓰 때문에 미군의 공격은 중단되었다.

이때부터 미 제1해병사단 모든 병력이 이 지역에서 철수할 때까지 미군 병사들은 하갈우리의 전경을 조망할 수 있는 고지에 한 발도 내디딜 수 없었다.

얼마 지나지 않아 평범한 작은 산에 비석 하나가 세워졌다. 비석은 북한 장진군 주민들이 먼 해변에서 운반해온 흰색 돌을 조각해 만든 것이었다. 수십 년이 지난 후에도 이 비석은 끊임없이 굽이굽이 이어지는 한반도의 북부에 변함없이 우뚝 서서 양건쓰라는 중국 군인을 기념하고 있다.

미 제1해병사단이 하갈우리에서 전투를 벌이고 있을 때, 신흥리의 미 제7사단은 11월 28일 밤 중국군 제27군 80사단의 집요한 공격을 받기 시작했다. 11월 29일 새벽에 미 제7사단이 외곽 진지에 유기한 시체는 300여 구에 달했다. 중국군 제27군 80사단은 병사 대부분이 심각한 동상에 걸린 데다 병참 공급도 차질이 생겼지만, 그래도 한 차례 신흥리를 공격했다. 교전 쌍방은 원형진지에서 밀고 당기는 피비린내 나는 전투를 벌였다. 신흥리를 수비하던 미군 지휘관은 제7사단 31연대의 연대장 앨런 매클린Allan D. MacLean 대령이었다. 그의 부대는 주로 31연대 3대대와 32연대 1대대 그리고 제57포병대대로 구성되었다. 매클린 연대장이 혼전 속에서 전사한 후 제7사단은 극심한 혼란에 빠져들기 시작했다.

제7사단이 중국군에 곧 섬멸될 것으로 보이자, 아몬드는 제1해병사단 사단장 스미스가 극도로 분노할 결정을 내렸다. 스미스가 제7사단을 지휘할 임무를 맡고, 제1해병사단이 유담리에서 1개 연대를 보내 제7사단을 구출하라는 요구였다. 유담리에 있던 제1해병사단은 그 시각 이미 중국군에 의해 포위돼 자신을 돌볼 겨를도 없이 매우 위급한 상황이었고, 어떻게 난국을 타개할 것인지 궁리하는 판국인데 어떻게 1개 연대를 보내 빌어먹을 육군을 구하라는 말인가! 하지만 스미스는 결국 군인이었다. 그는 명령대로 1개 소규모 부대를 보내 신흥리 방향을 탐색하도록 했으나 곧바로 중국군의 공격을 받고 돌아왔다. 미 제7사단은 점차 거세지는 중국군의 공격을 받으며 지원군을 애타게 기다리고 있었다. 연대장 대행 판Farn 중령은 결국 "자체적으로 포위를 돌파하라"는 명령을 내렸다. 전장에서 이런 명령은 곧 장병 각자가 알아서 목숨을 구하라는 선포와도 같았다. 판 중령이 정한 포위 돌파 후 목표 지점은 하갈우리 방향이었다. 하지만 포위 돌파를 막 시작하려 할 때 연대장 대행인 판 중령이 부상을 당했고, 지휘관을 잃은 장병들은 급작스레 뿔뿔이 흩어져 패잔병으로 전락해 여기저기로 달아났다.

한국 전쟁사료에는 신흥리에 있던 미 제7사단 부대에서 최후에 하갈우리로 도주한 숫자는 모두 670명이라고 기록되어 있는데, 전투가 벌어지기 전 그곳에 있던 미군 3개 대대의 전체 병력은 마땅히 2500명일 것이다. 한국 전쟁사료에는 이 통계 숫자에 "300명은 전사자로 판명됐고 나머지는 모두 실종됐고"라는 주석이 붙어 있다. 구체적 통계 숫자의 신뢰성은 차치하고라도 미 육군 제7사단 31연대가 철저히 붕괴된 것은 의심할 여지가 없는 사실이다. 이는 한국전쟁 전체를 통틀어 중국군이 개편된 미군 1개 연대를 섬멸한 보기 드문 전투 사례 가운데 하나다.

중국군이 최종적으로 하갈우리를 점령하지 않은 이유에는 여러 가지가 있다. 그중 한 가지 무시할 수 없는 점은 바로 일부 미군이 예상을 깨고 중국군이 쳐놓은 사망봉쇄선死亡封鎖線을 돌파해 들어와 증원이 시급한 하갈우리에 도달했다는 것이다. 이 부대의 인원은 많지 않았지만 어쨌든 전멸 위기에 놓인 제1해병사단에게는 유력한 지원군이었음이 틀림없다. 이 증원부대는 '드라이즈데일 특수임무부대'라 불리는 혼합부대였다.

혼합부대는 스미스 사단장이 하갈우리로 보낸 1개 보병중대가 중국군의 공격에 저지당해 돌아온 후 재차 조직한 부대였다. 스미스는 특수임무부대 명령을 내렸다. "어떤 대가를 치르더라도 하갈우리를 지원하라!"

특수임무부대 총지휘관인 더글러스 드라이즈데일Douglas B. Drysdale은 영국인이며, 해군 중령으로 영국군 제41지대 지휘관이었다. 이 영국군 지대는 미 해군 해병대에 배속되었다. 특수임무부대에 편성된 부대는 퍼싱 전차 29대를 보유한 미 제1전차대대의 5개 전차소대, 차량 22대를 보유한 미 해군 제1해병연대 1개 중대, 차량 22대를 보유하고 고토리에서 대기하던 미 제7사단 31연대의 1개 중대, 차량 66대를 보유한 미 해군 해병대 사령부 인원, 그리고 차량 31대를 보유한 영국군 제41지대 등이었다.

11월 29일 정오, 증원부대가 출발했다. 이는 중국군이 보기에 무척 호화로운 부대였다. 전차 17대가 전방에서 길을 열고, 가운데서 차량 100여 대가 가고 후미에서 전차 12대가 호위했다. 특수임무부대의 머리 위에는 코세어 전투기 2기가 엄호하고 있었다. 동시에 고토리와 하갈우리에 있던 미군 포병이 105밀리 곡사포와 107.81밀리 박격포로 그들이 통과해야 하는 도로를 향해 집중적으로 포격 지원했다.

드라이즈데일 특수임무부대는 출발하자마자 중국군의 거센 저지에 맞닥뜨렸다. 그들은 4시간 동안 겨우 4킬로미터 전진했다. 도로 양쪽의 중국군 진지에서 박격포탄과 기관총탄이 날아오자 영국군과 미군들은 잇달아 차량에서 뛰어내려 은폐 반격에 나섰다. 전차도 멈춰 포를 쏘았으나 중국군의 사격을 완전히 제압하기는 어려웠다. 하늘이 어두워지면서 드라이즈데일 특수임무부대에게 불운한 시기가 닥쳤다. 먼저 전방에서 가던 전차병이 도로가 중국군에 의해 파괴되어 전차는 돌파할 수 있으나 차량은 갈 수 없다는 소식을 전했다. 다시 말하면 중국군이 수시로 도로변의 진지에서 뛰어들 수 있다는 뜻이었고, 육탄전은 영국군과 미군이 달가워하지 않는 상황이었다. 이어서 전차의 통신만 제대로 작동하고 나머지 통신장비는 모조리 파괴되었다. 암흑은 영국군과 미군에게 엄청난 공포감을 심어주었고, 땅거미가 지면서 혹한이 더해져 모든 병사는 부상으로 죽지 않더라도 동상으로 죽을 수 있음을 감지했다. 드라이즈데일은 전차 내 무전기로 스미스 사단장에게 향후 작전을 물었으나 대답은 여전히 매우 간략했다. "멈추지 말고 하갈우리로 전진하라!"

드라이즈데일 특수임무부대를 기다린 것은 중국군 제20군 60사단의 179연대였다. 이 중국군 병사들이 혹한 속에서 병참 보급도 없이 어떻게 얼어 죽지 않고 살아남았는지 상상도 안 되는 일이었다. 칠흑 같은 어둠, 영국군과 미군들이 혹한 속에서 목격한 것은 끊임없이 그들을 향해 돌진해오는 중국군 병사들이었다. 나팔 소리와 함께 몰려오기도 했고, 아무런 기척 없이 다가오기도 했다. 그리고 나서는 폭우가 쏟아지듯 수류탄 세례가 이어졌다. 드라이즈데일 중령과 그의 부관이 모두 부상당했다. 차량이 파괴되어 불길에 휩싸였고 도로는 빠르게 가로막혔으며, 후미의 차량들은 도로변의 도랑에 빠졌다. 특수임무부대의 행진 순서가 뒤엉키기 시작했다. 가장 두려운 것은 부상당한 드라이즈데일이 혼란에 빠진 부대를 정비하기도 전에 그를 따라 전진하는 병력은 소규모 부대밖에 남지 않고, 후미의 대부대는 이미 중국군에게 여러 무리로 나뉜 상황을 파악했다는 점이었다. 이 영국 장교는 중국인과의 전투에서 일단 이런 상황에 직면했다는 것은 바로 가장 심각한 순간이 다가왔음을 의미한다는 것을 잘 알고 있었다.

남쪽에서 북쪽으로 향하는 도로를 따라가던 특수임무부대는 중국군에 의해 분산 포위되었다. 도랑에 모여 있던 미 육군의 2개 소대와 해병대 병사들 중 일부는 해병대의 선전장교 카프라로Capraro 대위를 필두로 흙 둔덕 뒤편에 웅크리고 있었고, 일부는 차량 수송장교 힐리Healey 소령을 필두로 차량 아래에 숨어 있었다. 그리고 후미에서 엄호 임무를 맡은 전차로 형성된 또다른 고립된 무리가 있었다. 이처럼 포위된 영국군과 미군들은 각자 저항을 했으나 중국군의 경화기와 박격포 공격으로 인해 사상자가 속출했다. 중국군 병사들은 다가와 수류탄을 던지고는 어둠 속으로 사라졌으며 언제 다시 나타날지 알 수 없었다. 장갑차로 보호를 받던 전차병들은 곧 반대 방향으로 전차를 몰았고 엄청난 손실을 입은 후 계속해서 고토리로 도망갔다. 전차의 엄호도 없고 차량도 파괴된 병사들에게 남은 것은 절망감뿐이었다. 도로에는 미 육군 장교가 인솔하는 250명가량의 병력이 고립되었다. 육군 장교의 이름은 매클로린Maclaurin으로 아몬드 제10군 사령부 작전참모 보좌관 겸 제10군단과 해군 해병대의 연락 책임자였다. 매클로린은 부상병을 한데 모아 에워싸도록 하고, 정찰병을 보내 포위를 돌파할 노선을 정찰하라고 지시했다. 하지만 정찰 나간 병사들은 다시 돌아오지 않았다. 매클로린은 날이 밝아올 때까지 기다리기로 결정했다. 날이 밝으면 비행기가 와서 살아날 희망이 생길 것이었다. 하지만 이런 상황에서 그의 지휘를 따를 사람은 이미 아무도 없었다. 병사 몇 명은 지프 한 대를 타고 도주하기 시작했는데, 결국 멀리 가지도 못하고 전원이 중국군의 포로가 되었다.

새벽 4시경 온몸이 마비된 매클로린 소령은 중국군 한 명이 포로가 된 미군 병사 한 명을 데리고 그의 앞에 나타난 것을 발견했다.

매클로린 소령은 떨리는 입술로 물었다. "투항하러 왔는가?"

중국군이 말했다. "나는 군에서 보낸 사절이다. 우리는 당신들이 소수 인원을 파견해 중상자를 고토리로 후송하는 데 동의한다. 조건은 남은 인원이 반드시 우리에게 항복하는 것이다."

매클로린은 하늘을 보면서 말했다. "생각해보겠다."

그는 언제쯤 날이 밝아올지 가늠해보고 날이 밝을 때까지 이 협상을 이어볼 생각이었다. 부상을 입은 장교들과 의견을 교환하고 나서 다시 중국군의 포위망에 갇힌 힐리 소령과 연락을 취했다. 힐리는 자신에게 탄약이 조금 남아 있고 투항할 의사는 없다고 말했다. 매클로린은 저항하는 데 필요한 탄약과 전투 가능한 병력을 정확히 가늠해보았다. 탄약을 가진 병사도 많아야 고작 8발밖에 되지 않았고, 무리 중에 절대다수는 큰 소리로 신음하는 부상자들인 것을 확인했다.

매클로린 소령이 입을 열었다. "투항하겠다!"

그러자 중국군 병사들이 벌 떼처럼 몰려들어 정신없이 차량 위로 올라가 전리품들을 내렸다. 전리품 중에는 중국군에 급히 필요한 식량과 방한 피복들이 적잖이 있었기 때문이다.

이 도로에서 투항한 특수임무부대는 240명이었다.

이 시각, 드라이즈데일이 직접 인솔한 특수임무부대의 선두부대는 하갈우리에 근접했다. 그들은 간이 비행장에서 비치는 하얀 불빛이 보이자 죽음을 무릅쓰고 전진했다. 그들은 하갈우리까지 불과 1킬로미터 남겨둔 지점에서 중국군의 거센 공격을 받았고, 드라이즈데일은 2차 부상을 당해 해병대의 대위에게 지휘권을 넘겨줄 수밖에 없었다. 그 대위는 마침내 하갈우리에서 리지 중령에게 도착했다는 보고를 올렸다.

드라이즈데일 특수임무부대가 수행한 하갈우리 지원작전은 절반의 손실을 대가로 완수되었다. 하갈우리에 도착했을 때 드라이즈데일 특수임무부대의 병력은 300여 명밖에 되지 않았지만, 이로써 취약한 하갈우리의 방어력이 강화되었다.

특수임무부대가 도착한 지 얼마 지나지 않아 중국군이 공격을 재개했다.

이는 사활을 건 전투로 쌍방 모두 죽음을 각오한 결의를 드러냈다.

중국군 박격포 사수는 마침내 미군 방어진지의 최적 목표를 발견했고, 이번에는 중국 포병의 포탄이 산처럼 쌓아놓은 미군 가솔린 드럼통에 명중했다. 거세게 타오르는 불길에 하갈우리 전체가 대낮처럼 밝아졌다.

중국군은 공격을 반복하면서 탄약이 거의 바닥났고 사상자도 속출했다.

시종 유리한 지형을 점령했지만 중국군은 결국 하갈우리를 함락시키지는 못했다.

11월 30일 새벽, 미 제10군단에서 제1해병사단으로 파견된 고위 참모 에드워드 포니Edward H. Forney 대령은 고토리에서 함흥으로 날아와 아몬드 군단장에게 제1해병사단이 처한 현황을 보고했다.

이때 맥아더는 이미 유엔군에게 북한 전장에서 전면 철수하라고 명령을 내린 상태였다.

아몬드는 즉시 하갈우리로 향했다.

하갈우리에서 아몬드는 제1해병사단의 스미스 사단장과 제7사단의 바 사단장이 참석한 회의를 소집했다. 아몬드는 마침내 "남쪽으로 퇴각하라"는 명령을 내렸다. 그리고 스미스 사단장에게 장진호 지구의 미군 후퇴작전을 지휘할 권한을 부여했다. 동시에 그에게 '후퇴에 지장을 주는 일체의 장비를 파괴할 수 있는 권한'도 주었다.

제1해병사단 작전처장 알파 바우저Alpha L. Bowser 대령은 다른 대령 한 명과 후퇴작전 계획을 책임졌다. 그 대령은 "맙소사! 참모 수첩을 좀 찾아봐야겠군. 해병대가 후퇴나 철수 작전에 참여할 거라곤 생각해본 적도 없는데 말이야"라고 말했다.

스미스 사단장은 이미 너무 늦어버린 결정에 대해 어떤 적극적인 반응도 보이지 않았다. 그는 아몬드 장군에게 이렇게 말했다.

"첫째, 철수 속도는 부상병을 수송하는 능력에 달려 있습니다. 둘째, 해병대는 끝까지 전투에 임하고 대부분의 장비를 가지고 돌아가기를 바랍니다."

이처럼 비참한 상황은 미군 역사상 아주 보기 드문 예였으며, 미군 병사들에게는 지옥과도 같은 장진호 대철수가 시작되었다.

스미스 사단장이 제1해병사단에 내린 철수 명령 속에는 이후 세계의 수많은 군사학자가 깊이 음미하게 되는 한마디가 있다. 스미스 사단장은 막대한 손실을 입은 제1해병사단에 이렇게 말했던 것이다.

"해병대, 남쪽으로 진격!"

악몽의 시작

1950년 11월 30일 밤, 한반도 동북부에 위치한 개마고원에 큰 눈이 어지럽게 내리고 북풍이 거세게 몰아쳤다.

아득하고 황량한 작은 산 정상에 미군 중대가 외롭게 숨어 있었다. 병사들은 심각한 동상으로 검게 변색된 얼굴과 놀라 불안한 눈만 내놓은 채로 침낭 속에 누워 있었다.

북쪽 유담리 방향에서 총포 소리가 끊임없이 들려왔다. 남쪽 하갈우리 방향에서 들려오는 총포 소리는 더욱 격렬했다. 하지만 이곳은 되레 쥐 죽은 듯이 고요했다.

정적을 뚫고 산 정상 사방에서 미군 병사들의 귀에 매우 이상한 중국어가 들려왔다. 그들은 세계 모든 언어 중에 계속 '꽥꽥' 소리를 내는 중국어 발음이 가장 불가사의하다고 생각했다. 지금은 영하 40도의 낮은 기온에서 전해오는 소리여서 더욱 불안정하게 들렸다. 진짜 같기도 하고 환청 같기도 했지만, 번역하면 이 중국말에 내포된 의미는 분명했다.

"미군 병사들아, 너희는 포위됐다. 더 이상 희망은 없다. 무기를 버려라! 지원군은 포로를 우대한다. 너희에게 따뜻한 옷과 더운 음식을 제공하겠다!"

중국어로 외치는 함성이 어두운 산 정상에 울려 퍼져 혹한 속의 미군 병사들은 소름이 끼쳤다. 그들은 돌연 침낭에서 뛰쳐나와 신경질적으로 진지를 산만하게 서성이며 욕설을 내뱉거나 소리를 질렀다. 빙설 위에 쭈그리고 앉아 우는 병사도 있었다.

F중대는 제1해병사단이 북진하기 시작할 때 이곳으로 보내졌다.

하갈우리에서 유담리에 이르는 도로 요충지에 덕동령이라는 고지가 있었다. 덕동령은 U자 모양의 산마루가 도로변까지 곧장 뻗었고 도로 가까이 몇 미터 높이의 낭떠러지를 형성했다. 도로를 통과하려면 반드시 이 고지를 점령하고 수비해야 했다. 미 제1해병사단의 2개 원형진지 간의 연락을 철저히 차단해야 하는 중국군 입장에서나, 유담리에 있는 부대의 퇴로를 확보하고 하갈우리를 지원해야 하는 미군 입장에서나, 덕동령은 이때 쌍방이 목숨을 걸고 쟁취해야 하는 군사적 거점으로 정해져 있었다.

제1해병사단 사단장 스미스는 그의 부대가 북진하고 있을 때 이미 철수 문제를 염두에 두고 있었다. 그는 이런 말을 한 적이 있었다.

"이 고지를 잃게 된다면 2개 해병연대는 완전히 끝장이다."

제1해병사단 윌리엄 바버William E. Barber 대위는 20일 전에 F중대 중대장으로 임명되었다. 그는 군 경력 10년의 베테랑으로, 입대 직후 2년간 공수부대원으로 복무하다 태평양전쟁에서 용감한 기상을 보여 입대 3년째 되는 해에 소위로 임관했다. 태평양의 이오 섬硫黃島 전투에서 미군 해병대는 일본군과 세상이 놀랄 만한 참혹한 전투를 벌였고, 바버는 이 전투로 은성훈장을 받았다.

스미스 사단장이 제1해병사단의 퇴로에 있는 이 요충지를 중시했다는 사실은 그가 바버라는 노련한 해병을 선택해 중대장을 맡긴 데서도 잘 드러난다. 게다가 바버의 F중대에는 중기관총분대와 박격포분대까지 배속돼 전체 병력이 제1해병사단의 다른 중대보다 50명이나 많은 240명에 달했다. 동시에 하갈우리의 1개 105밀리 곡사포병중대는 오로지 F중대에만 화력 지원을 하라는 명령을 받았다.

11월 27일, F중대가 덕동령 진지에 도달했을 때 고지 아래 도로에는 제1해병사단 제1수송대대의 차량 종대가 지나가고 있었다. F중대 병사들은 극도로 지쳐 돌처럼 딱딱하게 굳어버린 동토에 참호를 팔 엄두를 내지 못하고 침낭에 들어가 수면을 취했다. 3소대 소대장 로버트 매카시Robert McCarthy 중위는 군홧발로 병사들의 엉덩이를 걷어차면서 어서 일어나 참호를 파라고 소리쳤다. 바로 이때 유담리와 하갈우리 방향에서 동시에 총포 소리가 들려오면서 중국군이 덕동령에 공격을 개시했다.

얼마 지나지 않아 바버는 스미스 사단장이 F중대와 동시에 덕동령 지구의 도로 수비를 위해 보낸 C중대가 중국군의 공격을 받아 엄청난 사상자를 내고 진지도 이미 함락되었다는 사실을 알게 되었다. 이는 곧 F중대에 퇴각의 여지가 없다는 것을 의미했다.

자정이 지난 11월 28일 새벽 2시, 중국군은 신호나팔 소리와 함께 덕동령을 수비하던 F중대에 공격을 개시했다. 미군 병사들은 당황해 침낭에서 기어 나오며 큰 소리로 외쳤다. "중국군이 정말로 왔다!"

1개 중대로 구성된 중국군 병사들은 삼면에서 F중대의 진지를 공격해 북쪽에서 한 차례 방어선을 돌파했다. 북쪽을 방어하던 F중대의 2개 분대가 일시에 엄청난 손실을 입어 35명 중 27명이 죽거나 부상했다. 북쪽의 방어진지가 술렁인 데 이어서 서쪽과 서북쪽 진지도 위기에 몰리게 되었다. 중국군 병사들은 진지로 돌진해 미군 병사들과 참혹한 육탄전을 벌였다. 쌍방은 참호를 파던 삽, 곡괭이, 총의 개머리판, 총검 그리고 주먹 등 쓸 수 있는 모든 도구를 사용했다. 병사들은 어둠 속에서 한데 엉켜 뒹굴며 서로 목을 누르거나 눈을 파거나 상대의 얼굴을 가격했다. 산 정상은 한때 중국군 병사들이 점령했으나 곧 미군의 반격을 받았다. 이때 하갈우리에 있던 미군 포병의 포격 지원이 시작되었다. 하지만 쌍방이 이미 육탄전에 돌입한 상태였기 때문에 미군 포병은 집중 포격을 가해 중국군이 지원받을 수 있는 노선을 차단하는 수밖에 없었다. 미군 포병의 화력으로 중국군의 병력 지원이 제한을 받게 되었다. 전투는 거의 3시간 동안 지속되었다. 아침 6시에 접어들 무렵 찢어지는 듯한 호루라기 소리와 함께 중국군 병사들이 신속히 철수했다.

이것이 F중대가 덕동령에서 보낸 첫날밤이었다. 이날 밤 F중대의 사상자는 70여 명에 달했고 그중 20여 명이 사망했다. 중대의 위생병들은 액체가 얼지 않도록 모르핀이 담긴 주사용기를 입안에 머금고 이리저리 분주히 뛰어다녔다. 하지만 준비한 혈장은 별수 없이 얼고 말아 부상자들이 제때 수혈을 받지 못하면서 새로운 사망자가 발생했다. 석유난로를 피워 어느 정도 따뜻한 천막에는 수용할 수 있는 인원이 한정되었기 때문에, F중대의 부상자들은 줄을 서서 차례로 몸을 녹였다. '사망자를 질서정연하게 배열하는 것은 해병대의 관례'였으므로 날이 밝아오면서 강추위 속에서 점차 굳어가는 병사들의 시신을 한데 모았고, 모리시Morrissey라는 간호병이 사망자의 신분증을 등록하는 임무를 맡았다. 바버가 전 중대의 탄약을 점검해보니 남은 탄약이 얼마 되지 않았다. 수송기가 공중 보급한 탄약과 응급 기자재 등의 물자는 미군 병사들이 아예 갈 엄두를 내지 못하는 원형진지의 외곽에 투하되었다. 수송기는 한 번 오고는 더 이상 종적이 없었다. 무전기로 연락을 취하고 나서야 비로소 하갈우리에 있던 간이 비행장의 활주로 길이가 규격에 미달돼 수송기의 착륙이 금지된 사실을 알게 되었다.

당시 제1해병사단에서는 이것이 F중대가 겪게 될 참혹한 운명의 시작일 뿐이라는 사실을 아무도 몰랐다.

11월 28일 밤, 중국군 제20군 58사단은 F중대에 공격을 재개했다. 이날 밤은 전날 밤과 상황이 비슷했다. 공격과 반격을 거쳐 진지는 쌍방의 수중에 몇 차례나 탈환되기를 반복했다. 다른 점이 있다면 이날 밤의 전투가 더욱 참혹했다는 사실이다. 수류탄 2개가 잇달아 헥터 카페라타Hector Caffereta 이병의 눈앞에 떨어지자 그는 두려움 속에 혼신의 힘을 다해 수류탄을 하나하나 발로 차버렸다. 세 번째 수류탄이 그의 머리 위를 지나 부상병으로 꽉 찬 참호로 떨어지자. 카페라타는 수류탄 쪽으로 몸을 날려 수류탄을 집어 다른 곳으로 던졌다. 그러나 "수류탄이 그의 손가락을 완전히 빠져나가기 전에 폭발해" 손바닥이 작렬하는 파편에 맞아 으스러지고 "손가락 하나가 그의 발치에 떨어졌다." 바버 중대장도 이날 밤 총알이 무릎을 관통하는 부상을 입었다. F중대의 손실은 전날 밤에 비해 다소 적기는 했지만 그래도 사상자가 30여 명에 달했다. F중대의 병력은 이미 절반도 남지 않은 상태였다.

날이 밝자 탄약과 식량이 모조리 바닥난 F중대가 절망 속에서 고대했던 더없이 소중한 보급품이 도착했다. 해군 해병대의 또다른 기종의 수송기가 F중대의 진지에 대량의 물자를 정확히 투하했다. 그중에는 탄약과 C-레이션 한국전쟁 당시 미군의 전투식량, 커피, 모포, 들것과 약품이 포함되었고, 각양각색의 낙하산이 고지의 산 정상을 뒤덮을 정도였다. 또 헬기는 F중대의 무전기에 시급히 필요한 건전지를 투하했다.

들것 위에 누운 채로 바버는 전 중대 병사들에게 가감 없이 현 상황을 전달했다. 그는 병사들에게 증원을 받을 가능성이 없고, 해병대의 7연대와 5연대는 이미 중국군에 의해 물샐 틈 없이 포위되었다고 알려주었다. F중대는 이곳을 반드시 사수해야 하며 그렇지 않을 시에는 해병사단 전체가 한 사람도 살아서 나갈 생각을 말라고 일렀다. 바버는 "이곳이 포위된 아군의 유일한 출로이니 만약 우리가 이곳을 사수하지 못한다면 아군은 정말로 빠져나갈 길이 없다"고 말했다.

11월 29일 밤에는 중국군이 공격해오지 않았다.

11월 30일 낮에 F중대는 다시 헬기로부터 보급을 받았는데, 보급물자의 수량은 이미 1개 중대 규모로는 지나치게 많았다.

덕동령 진지에서 수비하던 도로가 미 제1해병사단의 후퇴에 매우 중요한 역할을 했다는 사실이 이후에 증명되었다. 중국군이 최종적으로 F중대가 점령한 덕동령 진지를 섬멸하지 못한 원인은 여러 가지인데, 그중 하나는 혹한 속에서 전투를 지속하는 데 필요한 물자보급이 부족했다는 점이다. 가장 중요한 것은 탄약과 식량 그리고 병사들의 동상을 막아줄 피복이었는데, 이런 물자보급은 중국군의 가장 취약한 부분이었다.

막 내전을 마친 중국군은 병참보급 면에서 현대화 전쟁에 부합하는 준비를 전혀 하지 못했다. 남의 나라에서 싸우느라 군대가 생존을 위해 의탁할 인민 대중이라는 '든든한 후방'도 없었다. 중국 군대의 각 군은 개별적이고 수송도구가 취약한 후방지원 근무분대를 통해 물자를 보급받았다. 중국군의 후방에서 각각 수적으로 규모가 다른 농민 출신 노동자들이 뒤따르고 있긴 했지만, 험악하고 기나긴 한반도의 보급선에서 이들이 등에 짊어지고 손으로 밀면서 공급하는 물자는 언 발에 오줌 누는 격이었다. 중국 둥베이 국경지대에서 동부전선 최전방까지 간이 도로 하나가 험산준령에 구불구불 이어져 있을 뿐이었는데, 미군이 이 유일한 수송로를 치밀하게 봉쇄했다. 중국군은 방공 능력이 취약했기 때문에 낮이면 미군 조종사들이 도로에 보이는 모든 목표물에 거리낌 없이 폭격을 퍼부었고, 밤에는 이 도로를 따라 하늘을 하얗게 밝힐 정도로 끊임없이 조명탄을 쏘아댔다. 중국의 트럭 운전사는 조명탄이 소멸된 짧은 틈을 이용해 낯설고 가파른 산길에서 등도 켜지 못한 채 극도로 위험한 상태에서 운전했고, 그래서 길을 안내하는 사람이 있어야 차가 느리게라도 움직일 수 있었다. 이런 상황에 동부전선의 전투가 개시된 지 얼마 지나지 않아 그나마 많지 않은 중국군 차량들도 대다수 파괴되었다. 중국군은 거의 모든 비전투 인력을 동원해 물자 수송에 투입했다. 군의 1급 기관원과 잡역부, 심지어 문화선전대 소속 배우들까지 전방에 물자를 수송하는 업무에 투입됐다. 그들은 탄약과 식량을 메고 눈보라가 몰아치는 상황에서 힘겹게 전진해 최전선에 물자를 조달했다. 식량 한 알과 탄환 한 발이 그야말로 생명을 담보로 한 것들이었다. 하지만 수량이 제한되어 최전방의 장병들은 여전히 극도의 기아에 시달리는 동시에 방한장비도 부족한 터였다.

물자를 수송하던 한 분대는 뜻밖에 황량한 산에서 철도를 발견했는데, 그것은 광석 운송용으로 쓰이다 폐기된 지 오래된 협궤철도였다. 그들은 한 줄기 서광이 비치는 듯한 느낌을 받았다. 수색작업을 통해 그들은 바퀴 4개와 횡목 2개가 달린 낡은 화물칸을 발견했다. 그들은 널빤지에 못을 박고 탄약을 실어 화물칸을 밀기 시작했다. 빙설로 뒤덮인 협궤철도는 구불구불한 데다 불시에 가파른 경사면이 나타나기도 했다. 그래서 겨우 5명이 전부인 소분대에서 3명은 화물칸의 앞에서 밧줄로 끌어당기고 나머지 2명은 뒤에서 밀었다. 녜정푸聶征夫라는 문화지도원은 후에 이렇게 회고했다.

얼마나 많은 산골짜기와 가파른 비탈길을 지났는지도, 또 몇 리를 걸었는지도 모르겠다. 어느덧 깊은 밤이 되었고 산골짜기의 북풍이 눈발을 휘말아 올려 곧장 얼굴에 내리쳤다. 우리의 수염과 눈썹에는 고드름이 맺혔고 호흡하기도 어려울 지경이었다. 기아와 혹한 그리고 피로가 한꺼번에 엄습했다. 나는 이를 악물고 두 손으로 애써 화물칸을 밀었고, 두 다리는 기계적으로 침목을 내디뎌 한 걸음 한 걸음 위로 올라갔다. 이미 이틀이나 밥을 먹지 못한 터라 나는 허리를 숙여 눈을 한 줌 쥐고는 입안에 채워넣었다. 일시에 청량감이 몰려왔다가 서서히 다시금 배가 고팠다. 몸은 축 늘어져 기력이 하나도 없었고 마음은 벌레에 물어뜯긴 듯 고통스럽기 그지없었으며 머릿속은 몽롱했다. 동시에 두 손에도 참기 힘든 통증이 몰려왔다. 손등에서 시작된 통증은 팔뚝까지 이어졌다. 아마도 도로변에서 폭발한 포탄으로 인한 상처일 것이라 생각했다. 나중에 자세히 보고 나서야 손등이 만두처럼 부어오른 것을 발견했다. 피가 얼어 응고된 것이었다……

동부전선의 상황을 감안해 펑더화이는 지원군 제9병단에 전보로 명령을 내렸다. 병력을 집중시켜 신흥리에 있는 미군을 섬멸하고, 유담리와 하갈우리는 '포위하되 섬멸하지 말라'는 내용이었다.

11월 30일 저녁, 제9병단 사령관 쑹스룬은 부대를 재편성해 제9병단의 80사단과 81사단을 신흥리에 집중 배치했다.

거의 같은 시각인 11월 30일 저녁 7시 20분, 미 제1해병사단의 스미스 사단장은 유담리에 있는 5연대와 7연대에 하갈우리로 철수하라는 공식 명령을 내렸다.

5연대 연대장 레이먼드 머리Raymond L. Murray 중령과 7연대 연대장 호머 리첸버그 대령은 철수명령을 받을 때 서로 잠시 만나게 되었다. 제2차 세계대전을 경험한 두 베테랑은 자신들에게 지극히 중대한 시기가 도래했다는 것을 알고 있었다. 두 사람은 "하느님이 보우하사"라는 말을 하기까지 했는데, 이 말에 담긴 의미는 두 사람만이 정확히 알고 있었다. 그것은 바로 진급이 기정사실화 되었다는 것으로, 3개월이 지나 1951년 1월이 되면 머리는 대령으로, 리첸버그는 준장으로 진급할 것이라는 뜻이었다.

살아남기만 하면 모든 상황이 좋아질 것이다.

두 연대장은 연합 철수작전을 세웠다.

제5연대와 제7연대는 유담리에서 하갈우리에 이르는 도로를 따라 신속히 하갈우리로 전진한다. 먼저 보병이 차례대로 도로변의 거점을 확보하고, 차량 종대는 엄호를 받으면서 도로를 따라 전진한다. 깊은 밤을 틈타 적의 틈새를 돌파하고 야지기동野地機動으로 비밀리에 덕동령 입구로 향한다. F중대를 구함과 동시에 산 어귀의 경계를 강화하고 주력을 엄호해 산 어귀를 통과한다. 5연대 제3대대를 전위대대로 하고, 제7연대 1대대는 야지기동을 책임진다. 남쪽을 향해 공격을 개시하기 전에 제7연대 제3대대는 1542고지를 쟁취하고 또다른 1개 중대로 1419고지를 점령해 주력이 후퇴하기 위한 근거지를 확보한다.

이날 밤 두 연대장은 사단본부에서 보내는 전장 통보를 계속해서 받았다. 그들이 철수하는 긴 도로의 주요 거점인 신흥리에서 중국군이 맹공을 가하고 있으며, 겹겹이 포위된 미군은 이미 중국군과 혼전에 돌입한 상태라는 소식이었다. 하지만 더 이상 이런저런 상황을 돌아볼 여력도 없이 어쨌든 날이 밝으면 반드시 포위를 뚫어야 했다.

12월 1일, 유담리의 새벽은 유난히 소란스러웠다. 날이 밝자마자 155밀리 곡사포군群이 집단 사격을 개시했다. 포병들은 포탄을 도대체 어디를 향해 쏘아야 하는지 아는 사람이 아무도 없었다. 155밀리 곡사포는 육중한 무게 때문에 보병과 함께 원활히 철수하려면 반드시 철수 전에 포탄을 다 쏘아야만 했기 때문이다. 운전병이 없어 진지에 줄곧 정지해 있던 전차의 운전병을 헬기가 데리고 왔다. 그 시각 전장에 투입되는 운전병의 심정은 가히 짐작이 가고도 남는다. 그는 원형진지에 있던 전차를 몰아 미친 듯이 이리저리 움직였다. 스미스 사단장의 명령에 따라 대부분의 물자는 반드시 차에 실어 가져가야 했다. 병사들은 긴장되고 얼떨떨한 심정으로 물자를 차에 실었다. 중국군의 공격이 없자 병사들은 마치 철수가 아니라 이사를 가는 심정이었다. 원형진지의 한쪽에서 갑자기 트럼펫으로 연주되는 미국 국가의 선율이 울려 퍼졌다. 차가운 바람 속에서 떨리는 선율은 미군 병사들에게 순간적으로 데려가지 못하는 망자들을 상기시켰다. 수많은 미군 병사의 시신이 바로 그곳에 묻혔던 것이다. 이들의 유해는 한국전쟁이 끝난 지 40년이 지나고서야 미국 정부가 북한 정부의 허가를 받아 태평양 건너편에 있는 병사들의 고향으로 이송했다.

오전 8시, 미 제1해병사단은 5연대 3대대를 전위대로 하여 돌파를 시도했다.

미군이 포위 돌파에 나선 것과 거의 동시에 유담리를 포위한 중국군 제27군 79사단이 즉각 반응을 보이며 각 고지에서 맹공을 퍼붓기 시작했다. 1249고지와 1419고지 그리고 쌍방이 점령과 탈환을 반복했던 1282고지에서 목숨을 건 전투가 벌어졌다. 장비와 물자 면에서 중국군보다 훨씬 우월한 미군은 가장 중요한 시점에 남은 힘을 다 짜내 더없이 맹렬하게 밀어붙였다. 일단 진지를 잃게 되면 철수 중인 대부대가 그들과 함께 전멸하리라는 것을 알기 때문이었다. 혹한과 기아 속에서 포위망을 굳건히 지키던 중국군 병사들 역시 사력을 다해 전투에 임했다. 그들이 추위와 배고픔을 이기며 지금까지 견뎌온 이유는 미 제1해병사단에 치명적 타격을 주기 위해서였으므로 결코 그렇게 도망가도록 내버려두지 않았다.

1282고지에서 미군과 쟁탈전을 벌인 중국군은 79사단 235연대의 1개 소대였고, 소대장의 이름은 후진성胡金生이었다. 후진성의 대대장은 그에게 작전임무를 인계할 때 1282고지의 중요성을 특별히 강조했다.

"고지 아래는 하갈우리로 통하는 도로여서 만약 적군이 이곳에서 도망간다면 우리가 그간 뿌린 피는 모두 헛것이 되고 만다! 한 사람이 남더라도 반드시 이곳을 사수해야 한다!"

1282고지의 쟁탈전은 이 때문에 그 어느 때보다도 훨씬 참혹했다. 이 고지에서 쌍방은 7차례나 접전을 벌였다. 중국군 병사들과 고지 쟁탈전을 벌인 부대는 해병대의 G중대였다. 이 중대는 그들이 알고 있는 중국군의 전법에 따라 전투가 시작되자마자 대량의 수류탄을 준비했다. 그래서 이 전투는 혼란스러운 '수류탄전'이 되었다. 미군 비행기가 무리 지어 고지 상공에서 비행하고 있었다. 진지의 병사들이 한데 얽혀 혼전을 치르고 있었기 때문에 지원 나온 비행기는 폭탄을 함부로 투하하지 못하고 '중국군을 위협'하는 임무를 수행하고 있었다. 일곱 번째 쟁탈전 이후 소대장 후진성이 희생되었고, 고지에 남은 중국군 병사는 분대장 천중셴陳忠賢과 샤오황小黄이라 부르는 탄약수 2명뿐이었다. 미군의 최후 돌격이 시작되자 샤오황이 쓰러졌고, 천중셴은 하늘로 치솟는 화염 속에 서서 밀집한 미군 병사들을 향해 분노하며 기관총을 좌우로 휘둘러 갈겨댔다. 미군 병사들은 다시 물러섰다. 이번의 후퇴로 미군은 더 이상 이 고지에 대한 공격을 조직할 수 없었다. 왜냐하면 이때 G중대 병사들은 유담리의 미군이 이미 모두 철수해버려 지금 후퇴하지 않으면 따라갈 수 없다는 것을 알았기 때문이다. G중대가 죽은 전우들을 버려두고 하갈우리 방향으로 철수하자 고지를 겨냥해 미군의 비행기와 포탄이 맹공을 가하기 시작했다. 미군 공병은 고지에 남아 있는 폭약까지 폭파해 1282고지 전체가 순식간에 불바다가 되었다.

유담리 주변의 각 고지에서 중국군이 가한 압박으로 인해 철수 전위대대인 미 제1해병사단 5연대 3대대는 오후 4시가 되어서야 포위 돌파를 위해 길을 여는 진정한 임무를 수행했다.

유담리에서 하갈우리로 통하는 도로에 미군의 기나긴 차량 종대가 느릿느릿 움직이고 있었다. 이는 미군에 가장 취약한 순간이었다. 도로변의 거의 모든 고지에서 중국군 병사들이 도로를 향해 총탄과 박격포탄을 겨누고 있었다. 게다가 조금 있으면 날이 어두워져 미군 비행기가 지원하러 올 수도 없는 상황이어서 미군 병사들은 불운한 시간이 다가오는 것을 알고 있었다. 중국군 병사들이 도로변의 고지에서 뛰쳐나와 분대 단위로 철수하는 미군 대오에 접근해서는 먼저 수류탄으로 탐색한 후 거침없이 돌진했다. 미군 병사들은 혼비백산한 채 어둠 속에서 목숨을 걸고 저항했고, 그때마다 철수하던 대오는 정지할 수밖에 없었다. 미군 장교들은 조직적으로 저항하면서 후퇴하는 대오가 뿔뿔이 흩어지는 것을 막기 위해 안간힘을 다했다. 미군의 주요 포병화력인 155밀리 곡사포는 포탄이 다 떨어져 고철이 됐기 때문에 사망한 병사들의 시신을 포신에 묶어 데려가는 것이 이 강철무기의 유일한 용도였다. 부상병으로 꽉 찬 트럭이 다급한 와중에 작은 다리의 난간에 부딪히자 다리가 충격으로 그대로 붕괴되면서 트럭도 사상자들과 함께 빙하 속으로 떨어졌다. 경상자들은 몸부림을 치면서 기슭에 올라왔으나 트럭의 짐칸에 붕대로 묶어둔 중상자들은 이내 실종되었다. 지상에 있던 미군의 강력한 요구로 미군 조종사가 대량의 조명탄을 투하한 후 통례를 깨고 야간에 화력 지원을 개시했다. 비행기에서 투하한 폭탄으로 쌍방의 병사들은 엄청난 희생을 치러야 했다. 조종사들도 이런 저공 폭격은 실제로 상당히 충격적이었을 것이다. 지상의 부대가 도로변의 고지를 향한 화력 지원을 요청하자 그들은 중국군 병사가 출몰하는 작은 산의 산마루에 네이팜탄과 500파운드 폭탄으로 장장 25분간 폭격을 퍼부었다. 극동공군은 나중에 그들의 강력한 전투력을 묘사하면서 그 산마루를 '세상에서 가장 쓸모없는 땅'으로 만들려고 했다고 표현했다.

유담리에서 철수한 첫날밤, 미 제1해병사단은 엄청난 사상자를 냈다.

날이 밝은 뒤 미군 비행기는 해병대 병사들의 정수리에 거의 닿을 정도로 낮게 날면서 철수하는 그들을 철저히 엄호했다.

일반적인 전투였다면 그날 밤에 미 제1해병사단의 2개 대대가 전멸했을 것이다. 하지만 야간전투에 능한 중국군이 섬멸할 시기를 놓친 원인은 극도의 기아와 혹한 그리고 탄약 부족 이외에 중국군 병사들에게 가장 위협적인 미군의 공중화력 때문이었다. 이는 공중지원과 대공무기가 전무한 중국군 병사들이 극복할 수 없는 것이었다. 날이 밝기만 하면 중국군 병사들은 전장에 나타날 수 없을 정도였다. 중국군이 소량의 공중무기를 갖추었다면 미 해병대는 그날 밤 피가 강이 될 정도의 희생을 치렀을 것이다. 미 제1해병사단 작전참모의 말도 그랬다. "만약 중국군이 일정 수량의 공중무기를 보유하고 충분한 병참보급이 이루어졌다면 해병대는 분명 한 사람도 살아서 도망칠 생각을 말아야 했을 것이다."

스미스 사단장이 철수를 안배하면서 가장 역점을 둔 전략이 하나 있었다. 바로 부대 하나를 파견해 도로를 벗어나 야전과 야지행군으로 신속히 덕동령으로 돌진해서 그곳을 수비하는 F중대와 합류한 뒤 철수 노선의 최대 관건인 요충지를 더욱 공고히 지키게 하는 것이었다.

야전 돌파의 임무를 맡은 7연대 1대대 대대장 레이먼드 데이비스Raymond Davis 중령은 연대장 리첸버그가 직접 선발한 인물이었다. 데이비스 중령은 조지아공과대를 졸업하고 제2차 세계대전에 참전해 대대 지휘관으로서 팔라우 섬 전투에서 혁혁한 공을 세웠다. 리첸버그는 데이비스에게 자신의 견해를 이렇게 설명했다.

"우리는 반드시 F중대를 구해내고 덕동령 고지의 역량을 키워야 하네. 중국군은 미군 병사들이 도로에서만 작전을 할 것이라고 생각하고 있고 실제로도 그랬지. 이전의 전투방식에서는 미군 병사들이 도로를 벗어난다는 것은 바로 죽음을 의미했으니까. 이번엔 우리가 중국군을 깜짝 놀라게 해야 하네."

데이비스 중령은 심혈을 기울여 준비했다. 대대 내의 부상자와 병자를 가려 남겨두었고 특히 전 대대의 화력공급에 만전을 기울여 각종 무기를 2배의 규모로 편성했으며, 박격포의 탄약도 2배로 늘렸다. 병사들은 1인당 4인분의 식량을 휴대했고, 또한 반드시 포탄 1발과 동상 방지용 오리털 침낭 1개, 2배로 지급된 기관총과 소총 탄약 그리고 기타 필수적인 야전 물품을 소지했다. 이렇게 해서 데이비스의 1대대 병사들이 제각기 짊어진 짐의 무게는 약 50킬로그램에 달했다. 교신 두절을 방지하기 위해 데이비스는 통상 사용하던 SCR-300 휴대용 무전기를 원거리 통화가 가능한 AN/GRC-610 무전기로 교체했으며, 포병 연락원은 통신 거리가 더 먼 SCR-610 무전기를 휴대했다.

데이비스 대대의 노선은 먼저 1419고지를 통과하는 것이었다. 원래는 낮에

이 고지를 점령하는 데는 문제가 없을 것이라 생각했다. 통보에 따르면 이 고지를 지키는 중국군 병사들은 이미 3일 동안 병참보급을 전혀 받지 못한 상황이었기 때문에, 미군들은 그들이 굶어 죽지 않았다면 얼어 죽었을 것이 분명하고 설령 몇 명이 생존해 있더라도 더 이상 전투력을 발휘하지는 못할 것이라고 생각했다. 하지만 미군 병사들은 고지를 수비하는 중국군 병사들이 여전히 엄청나게 강경한 기세를 보이고 있다는 것을 이내 발견할 수 있었다. 미군은 1개 중대가 오전 내내 전투를 벌였다. 공군과의 협공은 더없이 긴밀했고 멀리서 보기에도 1419고지가 거센 불길에 휩싸여 어떤 생명체도 살아남을 수 없을 지경이 되었지만, 미군 병사들은 선뜻 고지로 올라가지 못했다. 고지를 공격한 전투는 아침부터 시작해 해 질 녘까지 이어졌다. 리첸버그는 두 차례 공격 병력을 증강시켰고, 마지막으로 공격한 전체 병력은 데이비스 대대의 1개 중대를 포함해 4개 중대에 해당하는 800명에 가까웠으며, 여기에 비행기와 곡사포 그리고 박격포의 지원이 가세되었다. 미군이 최종적으로 1419고지를 돌파한 시각은 저녁 7시 30분이었다.

데이비스 대대가 아직 정식으로 출발하지도 않은 상태에서 엄청난 손실을 입자 리첸버그는 1개 중대 병력을 더 지원했다.

밤 9시, 데이비스는 1대대에 덕동령으로 출발하라고 명령했다. 낮 동안 내내 전투에 시달린 병사들은 온몸이 녹초가 되었고, 무거운 군복 안은 땀으로 흠뻑 젖어 있었다. 이때 데이비스가 온도계를 보니 영하 24도였다. 그는 병사들에게 이렇게 말했다.

"만약 이 온도에서 젖은 내의를 입고 그 자리에서 밤을 보낸다면 죽음을 자초하는 것과 같다. 지금 우리에게 최선의 도박은 이 밤에 출발하는 것이다."

데이비스 대대가 취한 행동은 분명 중국군의 예상을 벗어난 것이라고 말해야 옳다. 미군이 야간에 도로도 없는 황폐한 산을 행군한 선례는 없었다. 무릎까지 올라오는 눈 속에서 한 발씩 내딛는 미군 병사들은 이때껏 이런 고통을 겪어본 적이 없었다. 낙오하는 병사들이 속출했고 중국군 병사들과의 산발적 전투도 끊이지 않은 가운데, 어둠 속에서 방향을 짐작할 수 없는 총탄과 포탄이 불시에 날아들었다. 데이비스는 섣불리 무전기로 연락을 취하지도 못했고 또 어떤 소리도 내지 못했다. 단지 병사들이 걷지 못하고 있을 때 발로 차거나 끌어당기면서 내지르는 몇 마디만 할 뿐이었다. 정말 걷지 못할 지경일 때는 병사들에게 침낭에 누워 잠시 눈을 붙이라고 명령했다. 위험은 끊임없이 도사리고 있었다. 데이비스가 침낭에 들어갔을 때 불시에 날아든 총탄 한 발이 자신의 침낭을 관통하자 이렇게 말했다. "머리 가죽이 벗겨질 뻔했잖아."

죽음에 대한 공포와 잔혹한 추위로 인한 고통으로 혼이 빠진 일부 미군 병사들은 예정된 노선에서 이탈해 몇 차례나 중국군의 진지로 갈 뻔하기도 했다. 한국전쟁이 끝난 후 소장으로 진급한 데이비스는 이렇게 회고했다.

길을 따라 중국인이 파놓은 참호가 있었다. 정확한 행군 방향을 확보하기 위해 나는 그 참호 속에 들어가 나침반으로 방향을 정했다. 나는 두 차례 군용 우의를 머리에 덮어쓰고 땅에 엎드린 채 손전등 불빛으로 지도를 검토하면서 행군 방향을 점검했다. 머리를 한 곳의 물체에 고정시킨 후 손전등을 끄고 우의를 벗은 뒤 참호 밖으로 나와 방향을 정했다. 하지만 우의 속에서 뭘 했는지 생각나지 않기가 일쑤여서 그 자리에 멍하니 서 있었다…… 하는 수 없이 다시 참호로 내려가서 했던 일을 되풀이했다. 그러는 바람에 모든 인원이 여러 차례 나를 찾아 나섰고 그제야 내가 뭘 하려는지 확실히 알게 되었다. 실제로 혹한은 우리를 완전히 마비 상태에 빠뜨렸다.

12월 2일 새벽녘에 데이비스 대대는 덕동령 부근에 다다랐다.

F중대에 근접했을 때 그들은 다시 중국군의 강력한 저지를 받았다. 거의

오전 내내 전투를 치르고서야 오전 11시에 데이비스 대대는 F중대와 합류했다. 데이비스 대대의 병사들이 F중대 진지로 걸어갈 때 그들은 "한데 엉켜 있는 중국군의 시신을 가로질러 갔다."

데이비스 대대의 엄청난 사상자를 대가로 하여 미 제1해병사단 전체가 전멸의 재난 속에서 도망쳐 나올 수 있는 희망을 얻었다.

12월 3일, 미 제1해병사단 2개 연대의 주력이 덕동령까지 철수했다. 그러고 나서 대오를 정비해 계속해서 하갈우리로 철수했다. 차량은 부상자들로 꽉 차서 부상이 경미한 병사들은 차에서 내려 걸어서 따라왔다. 연대장 2명의 지프에도 부상자가 넘쳐 리첸버그와 머리는 병사들과 함께 도보로 행군할 수밖에 없었다. 긴 차량과 보병이 뒤섞여 대열은 혼잡하게 전진했다. 도로 양측에는 엄호하는 중대가 배치되었고, 머리 위의 비행기는 쉴새없이 중국군의 현재 저지 위치와 병력을 보고했다. 이날 해군 해병대 조종사들은 총 145차례 출동해 중국군 저지부대가 있을 법한 모든 산마루에 폭격을 가함과 동시에 차량에 필요한 휘발유를 포함해 지상에서 요구하는 모든 물자를 공중투하했다.

12월 4일, 미 제1해병사단 5연대와 7연대가 하갈우리로 철수했다.

유담리에서 하갈우리까지의 거리는 22킬로미터였는데, 제1해병사단의 선두부대는 이 거리에서 59시간을, 후위부대는 77시간을 소요했다. 한 시간에 평균 300미터를 걸어 1킬로미터를 전진하는 데 약 3시간이 걸린 셈이었다. 철수하는 길에서 1500명의 사상자가 발생했는데, 그중 500명은 동상자였다.

『뉴욕헤럴드트리뷴』지의 종군 여기자 마거릿 히긴스Marguerite Higgins는 미군 병사들이 하갈우리의 진지로 퇴각하는 광경을 목격한 후 이렇게 썼다.

나는 하갈우리에서 공격을 받은 장병들을 보았다. 그들이 만약 다시 한번 공격을 받는다면 도망칠 여력이 있을지 생각해보지 않을 수 없었다. 장병들의 옷은 다 해져 너덜너덜했고 얼굴은 북풍을 맞아 부어올랐으며 피를 흘리고 있었다. 장갑도 다 해져 실밥이 풀려 있었고, 모자도 없어 어떤 이의 귀는 얼어서 자줏빛을 띠고 있었으며, 또 어떤 이의 발은 동상에 걸려 신발도 신지 않은 맨발로 군의관이 있는 천막으로 들어갔다……. 연대장 머리 중령은 제5연대를 지휘해 성공적으로 인천상륙을 실시했던 때와는 완전히 딴판으로 넋이 나간 망령 같았다…….

그리고 '넋이 나간 망령 같은' 머리 중령은 이렇게 말했다.

혈로를 연 5일 밤낮은 마치 악몽과도 같았다. 해군 해병대에 이렇게 열악한 순간은 처음이었다. 유담리 부근에서 나는 매일 밤 다시는 동이 트는 것을 볼 수 없을지도 모른다고 생각했다.

해군 해병대가 동부전선에서 철수한다는 정보는 즉각 미국 내에서 두 가지 반응을 일으켰다. 이는 미군의 엄청난 치욕이자 실패라는 반응과 '서사시와도 같은 장거壯擧'라는 사뭇 다른 반응이었다.

제1해병사단 사단장 스미스는 이렇게 말했다.

"우리는 모든 주요 보급선을 탈환했다. 이는 근본적으로 결코 후퇴가 아니다. 우리는 지나가는 모든 지역에서 공격을 해야 했기 때문이다."

어떻게 말하든 미군의 동부전선 철수는 중국군이 한반도 전장에서 얻은 엄청난 승리였다. 이는 최소한 이때까지는 전쟁의 주도권을 중국군이 단단히 틀어쥐고 있었음을 증명해준다. 미군이 치밀한 포위망에서 어떻게 빠져나올 수 있었는지에 대해서는 동부전선의 중국군 병력이 매우 분산되었기 때문이라고 분석하는 사람도 있고, 교전 쌍방의 무기장비와 병참보급 그리고 통신시설의 현저한 격차 때문이라고 평하는 사람도 있다.

전쟁의 승패는 여러 요소가 복합적으로 작용한 결과다.

미군에 대해 말하자면, 아무런 전략적 목표도 없이 순전히 살기 위해 철수한 것은 어찌되었든 압박받은 결과였으며, 미군의 '백전백승' 신화가 사정없이 조롱당한 것이었다.

게다가 하갈우리로 철수한 것이 악몽의 끝을 의미하는 것은 아니었다.

미 제1해병사단 병사들의 지옥행은 이제 막 시작되었다.

수문교

제9병단 사령관 쑹스룬의 계획에 따라 제26군은 하갈우리를 주공격 지점으로 하고, 늦어도 12월 5일까지 공격을 개시해야 했다.

하지만 12월 5일 하갈우리는 이상하리만치 고요했고, 중국군은 어떠한 대규모 공격 움직임도 보이지 않았다.

제26군이 예정된 시각에 공격을 개시하지 않은 까닭은 이 부대의 전진속도가 몹시 더뎌 공격 시한인 5일에도 하갈우리까지는 아직 50~70킬로미터의 거리가 남아 있었기 때문이다.

유담리에 있던 미 제1해병사단이 하갈우리로 후퇴하자 중국군 제26군은 하갈우리를 공격할 최적의 시기를 놓치고 말았다. 전투가 끝난 뒤의 전장 통보에 따르면, 유담리의 미군이 하갈우리를 향해 포위망을 뚫기 전까지 하갈우리에 있던 미군 병력은 2개 보병소대에 불과했다.

중국군 제27군이 전투가 끝난 뒤 내린 결론은 당시 한반도 전장에 있던 중국군에게는 이미 익숙한 내용이었다. 적군을 과소평가했고, 대부대의 분산과 소부대의 집중이 과도하게 이루어졌으며, 정찰 수단이 한계가 있고 병참보급이 심각하게 부족했다는 점 등이 그것이었다.

12월 5일, 하갈우리에 집결한 미군 병력은 수만 명에 이르렀고 1000여 대의 각종 차량을 보유하고 있었다. 미군 병력과 차량은 사방 몇 제곱킬로미터에 불과한 아주 좁은 지역에 집중되었다. 밀집한 많은 병력과 산더미처럼 쌓인 군수물자에 포탄 한 발이라도 떨어진다면 엄청난 사상자를 낼 수 있었다. 하지만 동부전선에 투입된 중국군은 화포를 신속하고 기민하게 운용할 능력이 부족했기 때문에 미군의 대규모 집결을 그냥 보고만 있을 수밖에 없었다.

그럼에도 불구하고 적어도 미 제1해병사단 스미스 사단장만은 자신의 부대를 섬멸하겠다는 중국군의 결심이 이미 확고하다는 것을 꿰뚫어보고 있었다. 중국군 제26군이 현재 이곳을 향해 접근해오고 있었고, 제27군도 유담리 방향에서 압박해 다가오고 있었기 때문이다. 더 골치 아픈 것은 미 제1해병사단의 다음 철수 경로에서 대략 5~6개 사단의 중국군이 이미 신속히 남하하고 있었고, 하갈우리에서 고토리와 오로리에 이르는 도로 양쪽에서 철수를 저지할 준비를 착착 진행하고 있다는 점이었다. 이 도로 위에 부설된 모든 교량은 중국군이 이미 폭파해버린 상황이었다. 미 제1해병사단은 여전히 포위당해 있지만, 빈틈없는 포위망을 돌파해 나간다고 해도 죽음의 함정이 도사리고 있는 상황이었다.

미 제10군단 군단장 아몬드가 하달한 명령은 단 한 마디뿐이었다.

"최대한 신속하게 함흥 지구로 철수하라!"

스미스도 동한만에 인접한 함흥 지구로 즉각 철수하고 싶은 마음이 누구보다 간절했다. 하지만 그가 지휘하는 제1해병사단은 근본적으로 속도를 낼 수 없는 상황이었다. 치열한 전투를 치러 막대한 손실을 입은 부대를 정비해야 할 뿐 아니라 병사들에게 다소나마 체력을 회복할 여유를 주어야 했다. 그리고 더욱 중요한 것은 하갈우리에 설치한 천막 안에 혼잡하게 누워 있는 부상자들을 철수시켜야 한다는 점이었다. 부상자 수는 5000명 정도였는데, 그들을 데리고 긴 혈로를 돌파해 동해안의 함흥 지구까지 철수한다는 것은 그야말로 어불성설이었다.

방법은 바로 '공중수송'뿐이었다. 부상자들을 하갈우리에서 비행기로 수송하는 것이었다.

하갈우리의 간이 비행장이 비로소 제 역할을 하게 되었다. 이는 스미스 사단장이 한 치 앞도 내다볼 수 없는 암담한 날들 속에서 본 한 줄기 빛이었다. 아몬드가 제1해병사단에게 신속히 북상해서 공격하라고 다그칠 때, 제1해병사단은 비행장 건설을 고집스럽게 밀고 나갔기 때문에 북진 시간이 상당히 지연되었다. 그 과정에서 스미스는 자칫 직업군인으로서의 전도양양한 미래를 잃을 뻔했다. 하지만 그로부터 겨우 11일 뒤, 극동공군의 C-47 수송기가 첫 번째로 부상자를 태우고 하갈우리를 떠났을 때 제10군단의 모든 지휘관은 마침내 이 비행장 건설의 필요성을 절감했다.

부상자 철수작업 중에 해병대 대원들은 비행장 활주로에서 이전에 황급히 도주했던 미 제7사단의 가짜 부상자를 적잖이 발견했다. 이 병사들은 "활주로까지 가서 모포 하나를 몸에 휘감고는 들것 위에 쓰러져 크게 신음을 냈다. 그러자 위생병이 그들을 들어 비행기에 실었다." 이 과정에서 한 군의관이 스미스 사단장에게 한 가지 수상쩍은 데이터를 보고했다. 그가 관할하는 천막의 부상자는 원래 450명이었는데 공중수송 당일에 자신이 이송한 부상자 수가 941명으로 늘어났다는 것이다. 그리고 날이 어두워져 비행장에서 돌아온 그는 천막에 또 260명이 누워 있는 것을 발견했다고 했다. 군의관은 검열을 강화하지 않으면 더 많은 '부상당하지 않은 병사가 비행기에 오를 것'이라고 판단했다. 스미스 사단장은 즉시 이 군의관이 수송기 탑승 여부를 판단하는 '최종 결정자'라고 공표했다. 군의관은 판정에 편리를 기하기 위해 살아 있는

'모델' 하나를 택했다. 다리에 동상이 걸려 절름거리며 걷는 체스터 레센던 Chester Lessenden이라는 군의관이 바로 그 '모델'이었다. 모든 부상자는 반드시 이 군의관과 비교 절차를 거친 후 "부상 정도가 덜하면 탑승할 수 없었다."

부상자 이외에도 스미스 사단장은 138구의 전사자 시신을 비행기에 실어야 한다고 강력히 주장했다. 이 때문에 그는 또다시 제10군단 사령부와 마찰을 빚었다. 사령부는 시신을 현지에 남겨두는 대신 비행기를 더 많은 지역에 투입해 부상자들을 최대한 조속히 수송하자고 주장했다. 하지만 스미스의 태도는 강경했다.

"우리는 목숨을 걸고서라도 시신을 데려가야 합니다. 해병대는 전사한 병사들을 존경합니다. 결코 이들을 고적하고 황폐한 북한 촌락에 남겨둘 수 없습니다!"

하지만 유담리에서 전사한 미군 병사의 시신은 이미 현지에 매장된 상태였다. 스미스를 더욱 분노케 한 것은 일본의 병원으로 후송된 병사들의 동상 문제로 제1해병사단을 비난하는 여론이 야기된 일이다. 병사들이 동상에 걸린 것은 '지휘관의 직무상 과실'이라며 군사법정에 '직무상 과실을 범한 당사자들을 조사하라'고 요구하는 여론이 일었던 것이다. 이 일로 스미스는 다시 미 해군 해병대 사령관 케이츠 장군에게 편지를 썼다. 편지에서 그는 분노하며 이렇게 물었다.

나는 이곳에서 막 중사 한 명에게 은성훈장을 수여했습니다. 그 중사는 수류탄을 투척하기 위해 장갑을 벗었다가 손가락이 동상에 걸렸습니다. 이 병사가 적절한 예방 조치를 취하지 못해 동상에 걸렸다고 해서 그를 군사법정에 세울 수 있겠습니까? 이런 문제로 그의 대대장, 연대장, 사단장을 군사법정에 서게 할 수 있겠습니까?

한반도 동부전선의 전투 과정에서 장비와 병참보급이 열악했던 중국군 가운데 동상으로 전투력을 상실하거나 사망한 병사의 수는 1만 명에 육박했다. 미군이 동상으로 잃은 전투병력과 비교하면 그야말로 천문학적 숫자였다.

미 제1해병사단의 한 부사관은 이렇게 회고했다. "혹한 속에서 중국 병사들은 얇은 고무장화를 신고 있었고, 그들의 발은 동상에 걸려 축구공처럼 엄청나게 부어 있었다." 부상으로 진지 위에 쓰러져 작전을 수행할 수 없는 병사들은 손에 총을 움켜쥐고 있었고, "우리는 어쩔 수 없이 손가락을 부러뜨리고서야 비로소 꽁꽁 얼어붙은 손에서 소총을 가져올 수 있었다."

철수를 위해 미군은 하갈우리에 전례 없는 규모의 물자를 보급했다. 4발 엔진을 장착한 비행기가 적색·남색·황색·녹색·귤색 5가지 색상의 낙하산으로 대량의 식품과 약품, 유류 그리고 탄약을 투하했다. 규모가 엄청나 극동공군의 낙하산으로는 역부족이었다. 하갈우리의 지상에서 계속 낙하산을 회수하려고 했지만 떨어진 낙하산은 대부분 미군 병사들이 찢어서 방한용 모포나 목도리로 사용해버렸다. 지면이 얼어 딱딱해진 상태라 투하된 물자의 절반 이상이 땅에 떨어지면서 훼손되었고 일부는 중국군의 화력 통제권 안으로 떨어지기도 했다. 투하된 물자의 총중량이 300여 톤에 육박했지만 스미스 사단장은 아직도 부족하다고 생각했다. 그밖에 제1해병사단에 시급히 필요한 것은 병력 보충이었다. 인천상륙작전 때 부상을 당했다가 회복된 500여 명의 해병대 장병이 하갈우리에 공중투하되어 제1해병사단 철수의 주요 돌격 병력이 되었다.

미 제1해병사단이 하갈우리에서 시작한 대규모 철수 과정에서 대두된 한 가지 문제는 역사적으로 길이 남는 논쟁거리가 되었다. 그것은 바로 미 공군의 힘으로 철수하는 것이었는데, 공중수송 방식으로 하갈우리에 있는 수만 명의 미군을 수송하는 것이 불가능한 일은 아니었다. 당시 미 공군이 이 지역의 군사작전 지휘관으로 파견한 윌리엄 데이나William Dana 소장은 직접 하갈우리로 와서 스미스 사단장을 만났다. 그리고 공군 C-47기로 제1해병사단의 전 대원을 철수시키자는 건의를 했다. 하지만 제1해병사단은 안전한 공중철수를 포기하고 구사일생의 지상돌파를 선택했다. 그 이유를 스미스 사단장은 이렇게 설명했다.

'첫째, 공중수송을 할 경우 병력을 한 무리씩 뽑아내 수송하기 때문에 서서히 하갈우리의 원형진지 규모가 축소될 것이다. 그런데 공중수송 과정에서 중국군이 대규모 공격(가능성이 아주 큼)을 할 경우 공중수송은 엄청난 혼란에 빠질 것이고 공중철수 과정에 있는 미군은 즉각 효과적인 저항을 조직하기 어려워질 것이다. 결국 부대는 엄청난 사상자를 낳게 될 것이고 더 심각하게는 통제불가 상태에 놓일지도 모른다. 이러한 상황이 일단 발생하면 제1해병사단은 말 그대로 전멸되고 말 것이다. 둘째, 공중수송을 하려면 반드시 병력을 뽑아 비행장을 수비해야 한다. 마지막 수송기가 이륙해야 임무를 완수하는 이 수비부대는 필경 중국군에 의해 섬멸될 것이다. 셋째, 하갈우리의 미군이 공중수송으로 전장을 빠져나간다면 황초령에서 대부대가 철수하기를 기다려 함께 포위를 돌파하려던 대대는 단독으로 돌파할 수 없을 게 분명하다. 그들은 외롭게 중국군의 먹이가 될 수밖에 없을 것이다. 이 모든 요소를 감안하면 지상 돌파가 지닌 위험부담이 크기는 하지만 더 많은 생명을 보호한다는 관점에서는 오히려 공중수송보다 더 많은 생존의 기회를 줄 것이다.'

스미스는 사단장으로서 미 해군 제1해병사단의 모든 부대와 장병에 대해 책임감을 느꼈던 것이다.

12월 5일 오후, 예정된 철수 시각에서 반나절을 남겨두고 스미스는 기자들의 강력한 요청에 응해 기자회견을 열었다. 미국, 영국, 프랑스 기자들이 속속 함흥에서 날아왔다. 그들은 이미 해병대가 처한 난감한 상황을 전 세계에 타전한 터였다. 참혹한 철수작전을 목전에 두고 스미스는 기자들과 설전을 벌이고 싶은 생각은 전혀 없었다. 하지만 기자들이 현재 해병대의 행보를 놓고 '후

'퇴'냐 '철수'냐를 언급하자, 해병대가 유담리에서 남쪽으로 철수할 때 '남쪽으로 진격'이라는 기이한 명령을 내렸던 스미스 사단장은 갑자기 흥분했다.

철수는 적군에 의해 어쩔 수 없이 아군이 수비하는 후방 지역으로 이동하는 것입니다. 하지만 아군의 후방 역시 적군에 점령되었으니 우리는 완전히 포위된 상태입니다. 후퇴도 철수도 할 수 없으니 제1해병사단의 유일한 출로는 공격입니다! 그러니 이번 작전은 철수가 아니라 공격입니다!

이튿날, 서방의 각 신문에 실린 헤드라인은 충격 그 자체였다.

후퇴가 아니라 다른 방향으로의 공격이다!

12월 5일 저녁, 하갈우리의 미군 포병 진지에 있던 모든 155밀리 화포가 일제히 불을 뿜었다. 거대한 굉음이 이틀간 정적에 휩싸였던 산골짜기를 뒤흔들었다. 사격 목표는 제1해병사단이 향후 남쪽으로 철수할 때 통과할 도로변에 있는 중국군 저지진지 그리고 미군이 보기에 진지일 가능성이 있다고 의심되는 곳이었다. 도로까지 파괴될 것을 우려해 포병들은 지상에서 일정한 각도를 두고 폭발하는 포탄의 신관을 사용했다. 이번 발사에는 남은 포탄을 모두 소모해 버리려는 목적도 있었다. 미군 화력의 집중 공격은 이튿날 새벽까지 이어졌다.

12월 5일 밤, 미군은 출발할 준비를 하고 있었다. 미군 병사들에게 고지된 바로는 이렇게 야심한 밤을 틈타 중국군이 전에 없던 대규모 공격을 퍼부을 수도 있기 때문에 병사들은 주변의 조그만 소리에도 알 수 없는 공황 상태에 빠져들었다. 그러던 중 갑자기 폭격음이 크게 들리더니 거대한 불덩어리가 하갈우리의 미군 병사 천막 위로 떨어졌다. 사상자 발생에 대한 불안과 갑작스런 상황에 혼란스럽던 분위기가 가라앉은 뒤에야 밤공기를 가르고 하갈우리로 급강하해 공격을 가했던 물체가 쌍발 엔진을 장착한 극동공군의 B-26 폭격기라는 사실이 밝혀졌다. 투하된 것은 미제 항공 폭탄과 130밀리 미사일 그리고 12.7밀리 기관총탄이었다. 스미스 사단장은 화가 머리끝까지 나서 큰 소리를 질렀다.

"어떻게 이런 일이 일어날 수 있나? 하갈우리 상공에서 당번을 서던 해군 야간비행기는 어디로 간 거야?"

후에 미군 조종사는 무선 교신으로 "하갈우리를 공격하라"는 명령을 받았다고 해명했다. 그렇다면 미 공군이 무선 신호로 잘못된 명령을 내린 것일까? 아니면 중국군이 노획한 미군 무전기로 '잘못'된 명령을 내린 것일까?

12월 6일 새벽, 하갈우리에서 남쪽으로 향하는 미군의 대규모 철수작전이 시작되었다.

먼저 미군은 스스로 폭약을 터뜨려 하갈우리를 철저히 파괴하려고 했다. 특히 군사설비와 방한이 가능한 모든 숙소를 파괴하는 동시에 의복이며 식량이며 탄약 등 가져가지 못하는 모든 물자를 소각하려고 했다. 불도저를 이용해 산더미처럼 쌓인 통조림을 납작하게 눌러부쉈고 기름을 뿌린 뒤 태워버렸다. 가져가지 못하는 물자에는 종군 매점의 일부 물품도 포함되었는데 그중에 예쁜 종이로 싼 버터사탕이 있었다. 버터사탕을 소각하려던 장교는 문득 사탕이 병사들에게 지급되는 C-레이션보다 맛있어 병사들에게 먹이는 게 낫겠다는 생각이 들었다. 그날 하갈우리를 떠나는 수많은 미군 병사는 모두 입에 버터사탕을 물고 있었다.

마지막 무리가 하갈우리를 떠나자 중국군은 미군이 발사하는 포탄을 무릅쓰고 거센 불길에 휩싸인 하갈우리로 들이닥쳐 작전을 지속하는 데 필요한 물자를 찾아다녔다.

하갈우리를 떠난 미군 부대는 규모가 크고 화려하며 병종兵種이 다양한 연합작전 대오였다. 선두부대는 전차의 인솔하에 도로변을 따라 공격 전진했다.

그 뒤에 보병과 차량이 뒤섞인 기나긴 종대가 따르고 후미에는 후위대가 이어졌다. 발사진지를 선점하기 위해 포병과 선두부대는 사전에 출발했다. 전체 대오의 상공에는 수백 대의 비행기가 같은 고도를 유지하면서 지상 철수를 빈틈없이 엄호하고 있었다. 이는 한국전쟁 발발 이후 가장 규모가 큰 공중 엄호였으며, 항공모함 레이테USS Leyte 호, 밸리포지USS Valley Forge 호, 필리핀시 USS Philippine Sea 호, 프린스턴USS Princeton 호, 바둥스트레이트USS Badoeng Strait 호, 시실리USS Sicily 호에서 이륙한 함재기와 미 제5항공대 소속 정찰기와 전투기, 중형中型과 중형重型 폭격기 등이 동원되었다. 이들은 순서대로 돌아가면서 이륙해 제1해병사단 전 병력이 철수하면서 반드시 거쳐야 할 길에 해당하는 공중 구역에서 빈틈없는 화력망을 형성해 엄호했다.

12월 6일 새벽은 안개가 자욱했다. 제1해병사단의 선두부대는 한 고지에서 그때까지도 잠에 취해 있는 중국군 병사 몇 명을 발견했다. 이어진 상황은 심상치가 않았다. 중국군은 머리 위의 미군 비행기가 난사하거나 폭격하는 것에 개의치 않고 죽음을 각오한 채 미군을 저지하기 시작했다. 중국군은 미군 선두부대의 전차를 그냥 지나쳐가도록 둔 다음 보병을 향해 맹렬한 사격을 가했다. 도로 양쪽의 산봉우리에서 빈틈없이 총탄이 날아들었다. 동시에 미군 병사들의 간담을 서늘하게 만드는 구리나팔 소리와 함께 중국군 병사들이 두려움 없이 달려들어 백병전을 벌였다. 제1해병사단의 철수 대열이 뒤엉키기 시작해 기나긴 차량 대열은 그 상황에서 멈춰서서 저항할 수밖에 없었다. 낮이었지만 중국군 병사들의 용감한 저지로 미군은 하루 동안 겨우 5킬로미터밖에 철수하지 못했다.

날이 어두워졌다.

중국군 제26군이 마침내 전장에 도달했다. 쑹스룬 제9병단 사령관은 제26군에 철수하는 미군을 향해 전면적이고도 단호한 공격을 퍼부으라고 명령했다. 중국군 제26군의 공격에 맞선 부대는 미 제1해병사단의 7연대였다. 이 연대의 병사들은 죽음의 위기를 몇 차례나 겪었기 때문에 중국군 병사들의 공격에도 망설임 없이 맞설 수 있었다. 그들은 고함을 지르며 거의 제정신이 아닌 상태에서 죽음을 무릅쓰고 저항에 나섰다. 제1해병사단의 후위 5연대는 압박해오는 중국군 제27군에 맞서 저항했다. 도로 양편의 작은 산마다 피아간의 쟁탈전이 반복해 이어지면서 황량했던 산골짜기는 온통 핏빛으로 물들었다. 미군 병사들은 후에 이 산골짜기를 '불지옥 골짜기'라고 불렀다.

제1해병사단의 이병 배리 레스터Barry Lester는 이렇게 회고했다.

해병대와 중국군은 모든 고지와 산마루를 점령하기 위해 뒤섞여 혼전을 치렀다. 중국군의 맹렬한 반격은 통상 밤에 가해졌다. 그들은 역삼각 대형의 이점을 십분 활용했고 분대를 단위로 아군의 중간 부분과 측면을 공격했다. 그리고 수류탄 투척 거리 내에서 탐색했다……. 우리 5명은 높이가 23미터 정도 되는 측면의 가파른 고개에 배치돼 서너 시간 동안 전후좌우에서 달려드는 중국군과 전투를 벌였다. 그들은 있는 힘껏 수류탄 투척 거리까지 돌격했다가는 다시 후퇴했다. 총탄 한 발이 내 종아리를 맞혔고 죽을 것처럼 고통이 밀려왔다. 피가 흘러 바닥을 적셨지만 이내 피가 얼어버리는 바람에 더 이상 흐르지는 않았다……. 중국군이 점차 가까이 돌진해왔고 우리가 소지한 탄약은 곧 바닥날 상황이었다. 중사 한 명은 오후에 만나게 된 사람인데, 그는 복부에 부상을 당한 데다 다리를 움직이지 못한다는 걸 보니 등뼈도 다친 것 같았다……. "너희가 가지고 있는 탄창을 내게 던져라. 가진 것 전부 말이야……." 그는 "난 여기 남아서 너희를 엄호하겠다"고 소리쳤다. 우리는 명령에 따랐다. 하지만 그가 그 산을 떠날 가능성이 희박하다는 것을 알고 있었기에 슬펐다……. 우리가 아래로 철수한 것을 중국군이 알아챘다면 바싹 공격해올 것이 틀림없었다.

레스터와 다른 해병대원 3명은 진지를 떠났고, 한바탕 격렬한 총성이 지나간 뒤 진지는 고요해졌다.

바로 지금이 미군을 섬멸할 절호의 기회라는 것을 중국군 병사들은 알고 있었다.

1개 소대의 중국군 병사들이 11월 29일부터 도로변의 고지를 지키고 있었다. 그들은 굶주림과 추위를 무릅쓰고 이 순간을 기다렸다. 미 해병대 병사들은 이 고지를 쟁취하는 데 혈안이 되어 있었다. 그들은 고지를 빈틈없이 에워싸고 동원 가능한 모든 화력을 이용했으며, 등산가처럼 밧줄에 의지해 고지로 올라갔다. 하지만 중국군의 수중에서 한 번도 고지를 빼앗지는 못했다.

12월 7일, 미국의 군사전문가 몬트로즈Montrose는 이날의 전투를 '가장 멋진 전투'라고 표현했다.

해병대원들은 이처럼 많은 중국군이 벌 떼처럼 몰려드는 광경을 본 적이 없었다. 중국군은 계속 완강하게 공격해왔다. 밤하늘에는 이따금씩 예광탄이 교직해 날아오르면서 하나의 화망을 형성했고, 조명탄 역시 때때로 간담을 서늘케 하는 빛을 뿜어내면서 구보로 전진하는 중국군을 남김없이 드러내주었다. 해병대의 포병, 전차, 기관총이 전력을 다해 사격했지만 중국군은 끄떡없이 밀어닥쳤다. 죽음도 두려워하지 않는 그들의 정신은 해병대원들이 지금껏 본 적이 없는 것이었다.

미군의 전차 선두부대는 총탄이 빗발치는 상황을 뚫고 고토리에 도달했다. 상처투성이가 되어 천막에 눕자마자 곯아떨어진 병사들에게 왔던 길로 되돌아가라는 명령이 떨어졌다. 제1해병사단의 주력부대, 특히 군수품 보급부대가 그때 중국군과 혼전을 치르고 있었기 때문이다. 보급부대는 공병이 중국군에 의해 파괴된 다리를 수리해 우회 도로가 열리기를 기다리고 있다가 중국군 병사들에게 겹겹이 포위되었다. 보급부대의 엄호 임무를 맡은 사람은 미 해군 제1해병항공단 사단장 필드 해리스Field Harris 소장의 아들 윌리엄 해리스 William F. Harris 중령이었다. 그는 자신이 지휘하던 3개 보병중대를 모두 동원했으나 군수품을 운반하는 부대는 여전히 위험에서 벗어나지 못했다. 중국군의 강력한 공격으로 보급부대의 부연대장이 전사했고 지휘부의 참모 2명도 이어서 목숨을 잃었다. 결국 해리스 중령도 혼전 속에 전사하고 말았다.

이때 하갈우리 부근에 남아 후위 임무를 맡은 제1해병사단 5연대는 중국군과 더욱 참혹한 전투를 벌이고 있었다. 중국군의 전진을 저지하던 미군 병사들은 전차와 곡사포, 무반동포, 바주카포 그리고 기관총으로 구성된 화력망 속에서 한발도 후퇴하지 않았다. 중국군 병사들은 미군 병사들의 등골을 오싹하게 할 정도로 완강한 자세로 밀어닥쳤다. 미군 전쟁사료는 당시의 상황을 "조명탄이 뿜어내는 푸르스름한 하얀빛 속에서 중국군 병사들의 형체가 드러났다. 이처럼 죽음을 무릅쓴 공격은 한 번도 본 적이 없었다"라고 기록하고 있다.

전투는 12월 7일 오후까지 이어졌다.

미 제1해병사단의 주력부대는 계속해서 고토리로 철수했다.

하갈우리에서 고토리까지의 거리는 18킬로미터였다. 미군은 이 18킬로미터의 도로를 38시간 동안 걸었으니 1시간에 평균 500미터씩 전진한 셈이었다. 또 18킬로미터를 가는 동안 장병 661명을 잃었으니 1킬로미터에 평균 34명의 사상자가 발생한 셈이었다.

고토리에는 아직 미군 1만여 명이 모여 있었다.

여기서 제1해병사단의 최종 철수 목표 지점인 흥남항까지는 70킬로미터를 더 가야 했다.

미군이 고토리에 도착하자 거센 눈보라가 휘몰아쳤다. 놀란 가슴이 진정되지 않은 미군 병사들은 극도의 추위 속에서 굉음을 내며 불어닥치는 눈보라보다 더욱 두려운 정보를 접했다. 함흥으로 철수하는 길에 험준한 협곡 입구가 있는데, 그 입구의 유일한 다리를 중국군이 폭파했다는 것이다.

미 제1해병사단의 발목을 잡은 다리의 명칭은 수문교였다.

수문교水門橋는 고토리 남쪽 6킬로미터 지점에 있었다. 장진 댐 아랫부분에 있는 배수로 안의 물이 이곳으로 모였다가 다시 4개의 거대한 도관으로 유입돼 산 아래의 수력발전소로 가파르게 뻗어나갔다. 도관과 도로가 서로 교차하는 지역에 1차선 교량이 가설되어 있었다. 멀리서 보면 다리가 낭떠러지 위에 높이 걸려 있었고, 다리 아래에는 깊은 못이 있었다. 수문교가 없으면 차량이 우회할 길이 없어 여기서 차단될 수밖에 없었다.

중국군은 수문교가 미 제1해병사단의 남하를 저지할 최적의 지점임을 알고 있었기에 앞서 2차례 폭파한 바 있었다. 12월 1일에 첫 번째로 폭파했지만 미군 해병대 공병이 나무다리로 복구해 차량이 지나다닐 수 있었다. 12월 4일에 두 번째로 폭파한 뒤에는 미군 공병이 철교로 복구해놓았다. 이제 중국군이 다시 세 번째로 다리를 폭파했으며, 이번에 사용된 폭약량은 이전보다 훨씬 많았다.

이 다리에 대한 일화는 한국전쟁에서 전쟁 쌍방이 지닌 산업 능력의 현저한 격차가 군사력의 차이로 이어짐을 여실히 보여준다. 이처럼 전쟁 역량의 차이가 현저한 상황 속에서 전쟁은 지속되고 있었다.

제1해병사단의 공병참모 겸 제1공병대대 대대장 존 파트리지John Partridge 중령은 새로운 다리 건설자재를 고토리에 공중투하한 후 그 자재를 다리 공사현장으로 옮기는 것이 가장 좋은 방법이라고 건의했다. 다리 가설에는 M2형 자재 4세트가 필요했지만 공중투하로 인해 발생할 손실을 감안해 제1해병사단은 8세트를 요구했다. 하지만 자재 중량이 거의 1톤에 육박하다보니 미 공군이 보유한 기존의 공중투하용 낙하산이 이만한 중량을 감당해낼 수 있을지 의문이었다. 이와 관련한 선례가 없었기 때문이다. 상황이 이렇게 되자 남한의 공군기지에서 낙하산 적재량과 관련한 공중투하를 실험했다. 그 결과 철제 자재가 지면에 떨어질 때 심각하게 휘는 현상이 나타났다. 공군은 일본에서 더 큰 낙하산을 공수해달라고 요청했다. 그날 밤, 낙하산 수리조가 일본에서 더 큰 낙하산을 가지고 북한에 있던 미 해군 연포 비행장에 도착했다. 해군 해병대의 공수소대와 미군 제1수륙양용 견인차대대 소속 엔지니어 100여 명이 공동으로 작업한 후 시험을 거쳐 고토리에 공중투하를 실시할 일련의 준비를 마쳤다.

12월 7일 오전 9시, 해병대원들은 예정된 공중투하 지역에서 벗어나 "자재가 머리 위에 떨어지는 상황을 미연에 방지하라"는 통지를 받았다. 그리고 나서 미 공군의 C-119 대형 수송기 8대가 철제 M2형 자재 8세트를 고토리의 좁은 원형진지에 공중투하했다. 1세트만 원형진지 밖으로 떨어지고 나머지는 모두 안전하게 회수됐다. 자재는 이내 트럭에 실려 삼엄한 엄호 속에 수문교로 향했다. 도중에 굵은 눈발이 날리고 중국군의 기습도 끊이지 않았지만 더 엉망이었던 것은 수문교를 점령하라고 파견한 선두부대가 임무를 완수하지 못해 트럭이 되돌아올 수밖에 없었던 일이다. 다음날에는 좀더 순조롭게 전진할 수 있었다. 하지만 미군이 수문교에 도달했을 때 파트리지 중령은 깜짝 놀랐다. 중국 공병이 언젠지 모르게 남아 있던 다리의 한 부분을 또 폭파해버려 공수해온 M2형 자재가 절단면의 너비와 맞지 않는 상황이 벌어진 것이다. 미군 공병들은 깊은 골짜기에서 낡은 침목 더미를 발견하고는 그것을 끌어와서 임시 교각을 가설했다.

12월 9일 오후 4시, 수문교 가설이 완료되었다. 파트리지 중령은 스미스 사단장에게 '유감을 표했다'. '1시간 반 이내'에 다리를 다시 가설할 수 있다고 호언장담했기 때문이다.

이렇게 본국에서 멀리 떨어진 곳에 와서 작전을 벌이고 있던 미군은 3일도 채 안 되는 기간에 끊임없이 총포 소리가 들려오는 가운데 북한 동북부의 외진 산간지대에 있는 낭떠러지에 다리를 가설했다. 적재량이 50톤에 달하고 모든 기종의 전차와 차량이 통과할 수 있는 철교였다.

중국군이 이처럼 중요한 수문교과 협곡의 입구 근처에 적은 규모의 병력을 투입한 것으로 보아 중국군 지휘관들은 미군이 단시간 내에 철교를 복구하지는 못하리라고 철석같이 믿고 있었다는 것을 알 수 있다. 다리를 아예 복구할 수 없을 정도로 파괴해놓기만 하면 미군의 퇴로가 철저히 차단될 것이라고 여겼을 것이다. 그래서 중국군은 여러 번 되풀이해서 공병을 보내 다리를 파괴했다. 중국군은 현대화된 장비를 기반으로 한 미군의 우수한 작전능력을 인식하지 못했다. 설령 인식했다고 하더라도 그 내막을 속속들이 알지는 못했을 것이다. 때문에 미군 병사들은 두려움에 떨면서 수문교를 통과하고서야 중국군이 이 험준한 지역에 대부대를 배치하지 않았다는 사실을 알게 되었다. 규모 면에서 저지 병력은 고작 대대급에 불과하다는 판단이 섰다. 사실 미군이 수문교를 복구하기는 했지만 대규모 차량부대가 이동할 때 협곡 입구에서 병목현상이 나타날 수밖에 없었다. 만일 중국군이 협곡 입구 부근의 고지 여러 개를 점령하고 협곡 입구에 쉴새없이 공격을 가했다면 미군은 엄청난 대가를 치렀을 것이다. 하지만 수문교 일대에서 중국군의 미미한 기습공격 외에 더 거센 저지공격은 없었다.

이후 군사전문가들은 중국군의 최고사령관이 협곡 입구에 대규모 병력을 배치하지 않은 것은 이 협곡 입구가 지닌 가치를 몰라서가 아니라 병참보급이 중단되는 심각한 문제에 부딪혀 더 이상 대규모 공격을 가할 역량이 없었기 때문이라고 분석했다.

고토리에서 진흥리에 이르러 수동마을 부근에서 이젠 중국군의 손아귀에서 벗어났다고 여긴 미군은 갑자기 공격을 받았다. 시야를 흐리는 눈보라 속에서 등장한 중국군 병사들로 인해 미군은 어찌할 바를 모르고 우왕좌왕했다. 미군 병사들은 일부 중국군 병사의 맨발을 보고 영하 40도에 육박하는 기온 속에서 마치 환영을 보는 듯한 착각에 빠졌다. 중국군 병사들의 수류탄과 총탄이 이내 미군 트럭 운전수에게 날아갔고, 트럭은 거대한 화염에 휩싸였다. 번뜩이는 불빛 속에서 도처에 중국군이 도사리고 있음을 감지한 미군 병사들이 사방으로 도주하자 전투 대열은 곧 와해됐다.

미 제1해병사단의 퇴로에 있는 1081고지는 줄곧 중국군이 점령하고 있었다. 이곳은 중국군의 병참선에서 더욱 멀리 떨어져 있는 고지였다. 미군은 이 고지를 점령하기 위해 맹공을 가할 부대를 보냈다. 미군 병사들은 얼음과 눈 속에서 중국군 병사들과 고지를 놓고 점령과 탈환을 반복했다. 혹한으로 자동소총과 카빈총이 발사되지 않았고 불에 쬐인 후에도 40퍼센트는 사용할 수 없게 되었다. 1081고지는 도로에서 고작 800미터 떨어진 곳에 있었다. 하지만 눈이 20센티미터 높이로 쌓여 있어서 미군은 공격 전방에서 부상병을 데리고 800미터의 비탈길을 내려오는 데 무려 7시간이나 걸렸다. 식량 공급도 받지 못하고 방한복도 부족한 엄혹한 환경 속에서 고지의 중국군이 어떻게 살아남았는지 정말 알 수 없는 일이었다. 하지만 그들의 생명은 전투 중에 여전히 치열한 투지를 뿜어내고 있었다. 결국 미군은 1081고지를 사면 포위하기에 이르렀다. 고지 사방의 모든 방향에 미군 항공관제관이 인도한 전투기가 배치됐다. 진흥리 방향의 155밀리 곡사포, 연대 소속의 107밀리 중박격포와 105밀리 곡사포, 대대 소속의 81밀리 박격포와 60밀리 박격포가 일제히 고지를 향해 포격을 가했다. 지상의 미군은 1개 대대 병력을 가동해 산 정상에 공세를 취했다. 이 전투에 참가했던 미군 병사들은 전쟁이 끝난 뒤, 그날 1081고지에서 본 중국군 병사들에 대해 이렇게 평가했다.

"중국군은 치열한 전투가 끝날 때까지 한 명도 투항하지 않고 자신들의 임무를 충실히 수행했다. 모든 병사가 전사할 때까지 진지를 지켰으며 살아서 돌아간 사람은 아무도 없었다."

제1해병사단이 고토리에서 진흥리까지 철수하는 데는 77시간이 걸렸다. 1킬로미터 전진하는 데 평균 2시간이 걸린 셈이다. 이 과정에서 미군 81명이 사망하고 16명이 실종됐으며 256명이 부상당했다.

12월 11일 오후 1시, 제1해병사단의 주력부대가 진흥리를 통과했다.

이로써 한반도 동부전선의 미 제1해병사단에 대한 중국군의 저지가 기본적으로 마무리되었다.

미 제1해병사단은 원산상륙에서부터 함흥으로 철수하기까지 모두 718명이 사망했고 192명이 실종됐으며 3504명이 부상당했다. 이로 인해 전투인원은 총 4418명, 비전투인원은 수천을 헤아릴 정도로 줄었는데 그중 대다수는 동상자들이었다.

동부전선의 중국군 병력 손실에 관한 정확한 데이터 기록은 공개되지 않았다.

전후에 미군은 중국군 제27군이 북한 동부전선에서 치른 전투와 관련된 종합자료를 번역한 바 있다. 그중에 이런 내용이 있다.

식량과 숙소 설비가 부족해 병사들은 혹한을 견뎌낼 수 없을 지경이었다. 이로 인해 비전투요원이 1만 명 이상 줄어들었다. 무기를 효율적으로 사용할 수 없었던 것도 원인을 제공했다. 전투 과정에서 병사들은 눈이 쌓여 있는 지면에서 야영을 했다. 발과 양말 그리고 손이 눈덩이처럼 새하얗게 얼어 수류탄 안전핀도 뽑지 못할 정도였다. 신관도 점화되지 않았고 박격포관은 추위로 수축됐으며, 박격포탄 중 70퍼센트가 폭발하지 않았다. 손의 피부가 포탄 및 포신과 한데 달라붙어버렸다.

이런 상황 속에서도 미 해군 해병대의 최정예부대인 제1해병사단은 동부전선의 전투에서 중국군 때문에 엄청난 타격을 입었고, 중국군에 밀려 동부전선에서 부득이 대규모 철수를 하고 있었다. 바로 이런 이유로 중국의 '농민무장'식 군대를 쉽게 모욕할 수 있다고 여기는 세력은 세상에 더 이상 존재하지 않게 되었다.

한국전쟁이 끝나고 여러 해가 지난 뒤 일본에서 한국전쟁과 관련된 저작물이 출판됐다. 그 책에서 한 일본인은 당시의 중국군을 이렇게 묘사했다.

미군이 제공권을 완전히 장악한 상황에서 중국군은 장비와 탄약, 식량 그리고 방한용구가 부족해 고생했지만 모든 어려움을 참아냈다. 명령을 충실히 수행하고 묵묵히 작전과 전투를 치러낸 것이다. 이는 바로 마오쩌둥이 주창한 "아무리 어려운 상황이라도 한 명이라도 남아 있다면 최후의 한 명은 끝까지 전투를 지속해야 한다"는 용감한 정신이었다. 미군의 거센 화력망은 조금도 개의치 않는 듯 첫 번째 대열이 쓰러지면 두 번째 대열이 시체를 넘어 전진했고 또 세 번째 네 번째 대열이 계속해서 전진했다. 죽음을 두려워하지 않고 최후의 한 명이 남을 때까지 전투에 임하는 그들의 굳건한 의지는 순교자의 정신을 방불케 했다. 그들과 마주한 미군 장병들도 그 용감한 모습에 감탄했고 두려움에 몸을 떨었다. 이 군대의 용감한 전투정신과 인내성은 도대체 어디에서 기인한 것일까? 단순히 강제와 명령에 의한 것은 아니리라. 공산주의에 대한 신앙과 제국주의에 대한 증오 그리고 현재 치러지고 있는 전쟁이 '정의의 전쟁'이라는 굳은 믿음이 군 장병들 마음 깊숙이 자리하고 있었기 때문일 것이다. 아니다! 그들의 골수 깊숙이 파고든 것이 분명하다!

메리 크리스마스!

한국전쟁이 발발한 이후 초조한 마음에 사로잡혀 있던 마오쩌둥은 마침내 이유 있는 기쁨을 만끽하게 되었다. 중국군이 2차 전역에서 유엔군의 대규모 철수를 이끌어냈다는 정보를 접하고 마오쩌둥은 이런 글을 지었다.

안촉顏燭과 제왕齊王이 서로 앞으로 나오라 하니 　　顏燭齊王各命前

오랫동안 갈등이 한없이 커지다가 　　多年矛盾廓無邊

오늘에야 신기원을 열게 되누나 　　而今一掃新紀元

가장 아끼는 시인이 격조 높은 시를 읊으니 　　最喜詩人高唱至

때마침 전선에서 승전보를 전해오네 　　正和前線捷音聯

묘향산에 나부끼는 전쟁 깃발이 아름답기 그지없네 　　妙香山上戰旗姸

중국 고전 시사詩詞가 보여주는 정교하고 아름다운 잣대로 가늠하든 아니면 마오쩌둥이 이전에 지은 웅장한 시와 비교하든 이 사詞는 걸작임에 분명하다. 이는 마오쩌둥이 베이징의 중난하이中南海에서 가을 호숫가를 따라 거닐다가 저우언라이 앞에서 '격조 높은 시인'에 화답해 즉흥적으로 지은 작품이다. 당시 마오쩌둥의 손에는 중국군이 전면적으로 남진하고 있다는 전황 보고가 들려 있어 흥분된 기분이 절로 마음을 요동치게 만들었던 것이다.

'격조 높은 시인'이란 바로 중국의 유명한 민주인사인 류야쯔柳亞子를 가리킨다. 한국전쟁에서 유엔군이 손쓸 도리 없이 패주하고 있을 때 중국 내에 고조된 승리감은 모든 중국인에게 영향을 미쳤다. 류야쯔 역시 예외가 아니었다. 그는 마오쩌둥에게 「완계사浣溪沙」라는 사를 한 수 지어 보냈다. 그 아래 구절에 다음과 같은 내용이 있다.

전쟁 장사꾼 집단인 원수 미 제국주의여　　　　　　　戰販集團仇美帝
평화의 보루에 소련을 끌어안으니　　　　　　　　　和平堡壘擁蘇聯
톈안먼의 수많은 붉은빛이 아름답기도 하구나!　　　天安門上萬紅姸

뛰어난 사로 유명한 류야쯔의 이 작품이 어떻게 쓰였든지 간에 이 글이 보여주는 미묘한 국제정치 관계는 상당히 현실적인 경향을 띤다. 이는 바로 한국전쟁에서 중·소 연맹中蘇聯盟이라는 거대한 정치집단이 지닌 영향력이었다.

류야쯔의 이 작품이 영어로 정확히 번역돼 미국 정부 인사들에게 전달됐다면 미국인들은 자신들이 사전에 한국전쟁의 본질에 관해 수행했던 모든 분석이 틀리지 않았다는 것을 똑똑히 인식했을 것이다.

국제정치 무대에서 소련과 동맹을 맺은 신중국은 군사적으로는 '결코 무시할 수 없는' 국제적 위상을 드러냄과 동시에 이데올로기적으로는 전 세계에 자신의 정치적 주장을 펼치고자 했다.

중국은 한반도 전장의 군사행동과 긴밀하게 보조를 맞춰 우슈취안伍修權 장군을 비롯한 9인의 외교팀을 유엔에 보내 외교활동을 전개했다. 이는 중국 공산당이 신중국을 수립한 이후 첫 번째로 자국의 대표를 보내 유엔총회에 참석한 것이었다. 당시 유엔의 중국 의석에는 장제스의 대표가 앉아 있었고, 거의 모든 서구 국가가 신중국의 존재를 무시하는 실정이었다.

마오쩌둥의 말을 빌리자면 "우슈취안이 천궁天宮에 소란을 피우러" 갔다.

중국군이 한국전쟁에서 2차 전역을 발동해 유엔군 서부전선의 우익이 붕괴되기 시작할 때 우슈취안 장군을 비롯한 중국 공산당의 외교팀이 출국했다. 그들은 몽골과 소련, 체코를 경유하는 장장 10일간의 여정 끝에 신중국과 외교관계가 전무한 미국에 도착했다. 그들의 손에는 수립된 지 1년밖에 되지 않은 중화인민공화국 여권이 쥐어져 있었다.

뉴욕 공항은 동이 틀 무렵이었고 새벽바람이 차가웠다. 100여 명의 기자가 공항 출구에 몰려들었다. 항의하는 인파와 환영하는 인파도 공항 출구에 혼잡하게 뒤엉켜 있었다. 미국 경찰의 표정은 강적과 맞닥뜨린 것처럼 긴장해 있었다. 신중국 공산당 대표 9인이 비행기에서 내렸다. 한 미국 기자는 이 장면을 보도하며 이런 제목을 사용했다.

이 여행자들은 그들을 둘러싼 역사적 기류 속에 깊은 인상을 남겨놓았다

11월 28일, 유엔 정치위원회 회의가 열리는 회의장 방청석은 사람들로 북적댔다. 회의장에는 신중국의 대표를 위한 의석이 마련되었고, 의석 앞에는 '중화인민공화국'이라는 명패가 놓여 있었다. 이 명패는 사람들의 이목을 사로잡았다. 당시 유엔에서는 신중국을 세계에 존재하는 국가로 인정하지 않았기 때문이다. 공교롭게도 우슈취안의 옆자리에는 한국전쟁이 발발하기 전 38선에서 망원경을 들고 북한 쪽을 정탐하던 존 포스터 덜레스가 앉아 있었다. 덜레

스가 '중화인민공화국'이라고 적힌 명패를 봤을 때 어떤 마음이었을까. 아쉽게도 이제는 그것을 알 길이 없다.

우슈취안은 '미국의 타이완 무장침략 안건'이라는 주제로 장장 2시간에 달하는 발언을 시작했다.

"나는 중화인민공화국 중앙인민정부의 명을 받고 4억7500만 전체 중국 인민을 대표해 이 자리에서 미국 정부가 중국 영토인 타이완을 무장침략한 불법적이고 범죄적인 행위를 폭로합니다."

우슈취안은 미국이 유포한 "타이완의 국제적 지위가 아직 정해지지 않았다"거나 "미국이 신탁통치해야 한다"는 등의 황당무계한 논리에 대해 카이로선언과 포츠담선언 그리고 미국 대통령 트루먼의 '타이완 문제에 관한 성명'을 인용하면서 중국 대중의 입장을 역설했다. 한국전쟁에 관한 내용을 언급할 때 우슈취안이 선택한 어휘는 예리하고도 화려했다.

한반도의 내전은 미국이 유발한 것입니다. 한반도의 내전은 어떠한 의미에서도 미국이 타이완을 무장침략한 이유나 구실이 될 수 없습니다. 대표 여러분! 스페인 내전으로 인해 이탈리아가 프랑스의 코르시카Corsica를 점령할 권리가 있다고 생각할 수 있겠습니까? 멕시코 내전으로 영국이 미국의 플로리다를 점령할 권리가 있다고 생각할 수 있겠습니까? 이것은 일리도 없고 상상할 수도 없는 일입니다. 사실 미국 정부가 타이완을 무장침략한 정책은 한반도를 침략한 정책과 같은 것입니다. 미국이 한반도 내전을 일으키기 전에 이미 결정된 사안이었습니다.

(…)

미국 정부가 우리나라 영토인 타이완을 무력침략하고 한국전쟁으로 확대 침략한 사실은 미 제국주의에 대한 전체 중국 인민의 증오와 분노를 가중시켰습니다. 6월 27일 이후 중국의 각 민주당파, 인민단체, 소수민족, 해외

화교, 노동자, 농민, 지식인, 상공업자들이 미국 정부의 잔혹한 침략행위에 거세게 항의한 것은 중국 인민의 노도와 같은 분노를 대변해줍니다. 중국 인민은 평화를 사랑합니다. 하지만 미국 침략자가 이를 중국 인민의 나약한 모습이라고 생각한다면 그건 엄청난 착각입니다. 중국 인민은 지금까지 침략전쟁에 대한 저항에 두려움을 품은 적이 없으며 앞으로도 영원히 그럴 것입니다. 미국 정부가 어떠한 군사적 제재를 가하고 어떠한 형태로 유엔의 명의를 도용하더라도 중국 인민은 미국 침략자의 수중에서 타이완과 중국에 속해 있는 모든 영토를 되찾을 것을 다짐합니다.

장제스 정권의 대표 장팅푸蔣廷黻의 의석은 우슈취안과 정면으로 마주하고 있었기 때문에 우슈취안이 발언할 때 그의 시선이 가장 많이 가닿은 곳은 타이완 대표의 얼굴이었을 것이다. 장팅푸는 우슈취안이 발언할 때 시종 손으로 이마를 가리고 있었다.

미국 대표는 타이완 문제라는 화두를 돌려 현재 진행 중인 한국전쟁으로 토론을 유도하려고 애썼다. 그러면서 '중국이 한국을 침략한 안건'을 상정했다. 하지만 중국 대표는 이 문제가 토론에 회부되는 것을 거부했다. 우슈취안은 이렇게 반대 입장을 밝혔다.

나는 이른바 '한국에 대한 침략을 규탄하는 안건'과 관련한 토론에 참여하지 않겠습니다. 이유는 분명합니다. 한반도 문제는 다름아닌 바로 미국 정부가 한반도의 내정에 무장간섭하고 중화인민공화국의 안전을 심각하게 훼손한 데서 비롯되었기 때문입니다. 미국 정부가 유엔의 명의를 도용한 것은 불법입니다. 6월 27일 한반도 문제에 대한 유엔 안전보장이사회의 결의안은 중화인민공화국과 소련 두 이사국이 참여하지 않았기 때문에 본질적으로 불법입니다. 이러한 상황 속에서 나는 황당하기 짝이 없는 이른바 '한국에 대한 침략을 규탄하는 안건'과 관련한 토론에 절대로 참여하지 않겠습니다. 또한 오스틴 선생주유엔 미국 대사 워런 오스틴Warren R. Austin이 맥아더의 보고서를 기반으로 제기한 문제는 대답할 필요성이 전혀 없습니다.

(…)

제국주의 침략만을 허용하고 인민의 저항을 허용하지 않는 시대는 이미 지나갔습니다. 중국 인민은 용감하게도 중국을 침략한 모든 제국주의자를 물리치겠다는 확고한 신념이 있습니다.

12월 7일 유엔은 미군의 조종을 받아 '중국이 한반도를 침략'한 안건을 유엔총회 의사일정에 상정했다. 중화인민공화국의 9인 대표단은 분노에 치를 떨며 회의장을 나섰다. 어찌되었든 중국 공산당은 이제 국제정치 무대에서 자국의 운명을 주도하기 시작했다.

한국전쟁이 이 시각까지 전개되고 특히 중국 공산당이 유엔 연단에서 자신의 입장을 천명하면서 미국인들은 마침내 상황을 정확히 인식하게 되었다. 중국 공산당이 한국전쟁에 참전한 근본적인 이유는 신생 정권이 국경지대에서 비롯된 위협을 감지해서가 아니라, 신생 정권이 국제정치적으로 확고하게 인정을 받으려는 데 있다는 것을 말이다. 이 점은 저우언라이가 발표한 성명에서 보다 정확히 드러난다.

저우언라이는 중국군이 한반도에서 전쟁을 중지하기 위한 세 가지 조건을 열거했다.

첫째, 중화인민공화국 대표가 유엔의 합법적 위상을 얻어야 한다.

둘째, 미국 침략군은 타이완에서 철수한다.

셋째, 모든 외국 군대가 한반도에서 철수한다.

저우언라이는 일부 국가의 대표가 제기한 '선전투중지 후정전'이라는 건의를 거부했다. 그는 "한반도 문제와 아시아의 중요한 문제에 대한 평화적 해결은 상술한 조건들과 서로 밀접히 연관되어 있다"라고 힘주어 강조했다. 미국인들을 더욱 놀라게 한 것은 미군이 38선을 넘었을 때 저우언라이가 "이 지정학적 경계선은 영구히 지워져버렸다"라고 지적했다는 점이다.

중국 공산당의 태도는 더없이 강경했다. 중국군이 한국전쟁에 참전한 목적은 신중국의 국제적 위상 확립과 타이완 문제 해결 그리고 전체 아시아 정세의 안정과 연관되어 있었다. 중국 공산당의 위협 신호는 명확했다. 중국군 입장에서 38선이라는 인위적 경계선은 근본적으로 존재하지 않는다. 따라서 중국군이 원하기만 하면 유엔군을 동해로 몰아내는 순간까지 멈추지 않고 싸우겠다는 것이었다.

중국 공산당 사람들은 자신의 이상을 실현하기 위해 노력을 기울이기 시작한 순간부터 살을 깎는 고통 속에서 완강하면서도 특별히 낙관적인 성격을 지니고 있었다. 신중국이 수립된 이후 중국 공산당 사람들은 국제정치적 고립상태를 일종의 전투 동력으로 삼았다. 이는 중국군이 정의를 위해 주저없이 한국전쟁에 참전한 중요한 요인 가운데 하나다. 굴복이란 있을 수 없는 일이며, 중국 공산당 사람들의 기질에 맞지 않았다. 그들에게는 전투뿐이었고, 완강한 전투를 통해 신중국이 최종적으로 전 세계의 승인을 획득할 수 있다고 믿었다.

중국 공산당 사람들의 이러한 성격은 중국군이 도망치는 유엔군을 추격하는 과정에서도 잘 드러난다. 중국군 중 우수한 병사들은 죽판竹板, 대나무로 만든 장방형의 중국 리듬악기을 치면서 돌격 과정에서 피로와 허기를 느끼는 동행자의 얼굴에 활짝 핀 웃음을 만들어주기도 했다.

동지들아, 힘을 내라!
앞이 바로 숙영지다.
거기서 한숨 돌리며 쉬자꾸나.

목적지에 도달하지 못해 임무를 완수하지 못했으니,

목적지는 도대체 어디인가?

잠깐 비밀을 지켜야 하는가보다…….

중국군 병사들은 목적지가 어딘지 정말 아무도 몰랐다. 그들은 그저 이번에는 아마도 미국인을 해변까지 몰아내야 할지도 모른다는 것만 알고 있었을 뿐이다. 미군의 철수는 종전을 의미하는 것일 수도 있었다. 모두들 미군의 전투력이 실로 엄청나고, 비행기와 대포의 위력이 대단한 것도 사실이지만, 결국에는 그리 대단할 것도 없다고 말했다. 맥아더가 "크리스마스 이전에 젊은 병사들을 고향으로 돌려보내자"고 한 말 때문에 미군 병사들은 한동안 기쁨에 충만해 있었다. 그때 중국의 전통 명절인 위안단元旦, 양력 1월 1일과 춘제春節, 음력 정월 초하루 또한 다가오고 있었다. 중국군 병사들은 스스로 노랫가락을 지었다.

"북에서 남으로 한번 밀어붙이니 이내 박살이 나네. 적군을 섬멸했으니 집으로 돌아가 새해를 맞이하리."

중국군 병사들의 낙관적 태도에는 그럴 만한 이유가 있었다. 중국인민지원군 6개 군의 공격을 받아 북한 전장의 서부전선에 있는 미 제2사단과 터키군 여단 그리고 한국군 제2군단이 완전히 전투력을 상실했고, 미 제25사단은 심각한 타격을 입었으며, 미 제1기병사단과 제24사단이 엄청난 사상자를 낸 것이 그 이유였다. 이런 상황에서 맥아더는 부대들에 거의 전면 철수하라는 명령을 내릴 수밖에 없었다. 이는 미군 역사상 보기 드문 대규모 철수였다. 그중 일부 미군은 일주일 동안 단번에 250킬로미터를 철수하면서 전 세계에 불명예를 남겼다. 미국 여론은 비극적인 분위기 속에서 맥아더가 단행한 철수에 대해 더할 나위 없는 조소를 보냈다.

"맥아더는 북한 산비탈의 마른 강아지풀만 보고도 놀라 벌벌 떤다."

"중국군의 거센 돌격으로 맥아더는 사실상 자신의 구상을 망치고 말았다."

군사평론가들은 이런 견해를 보였다.

"청천강 이북에서 미군이 입은 타격은 분명 전례 없이 심각했다. 하지만 그 뒤로 미군은 제대로 된 전투를 하지 못하고 계속 철수했다. 싸우지 않으면서 250킬로미터를 철수한 일은 '정말이지 보기 드문' 사례다."

미군의 철수 과정이 어려워질수록 더욱 긴박해지는 양상을 띠는 가운데 한반도 전장에 전해진 미국 신문에는 그와 관련된 유머 기사가 실렸다.

"평양이 곧 함락될 위기에 놓여 있을 때 맥아더는 어디에 기반을 둘 것인지 고심하면서 참모에게 50킬로미터 철수작전을 세우라는 명령을 내렸다. 참모는 소축척지도를 대축척지도로 착각했다. 참모는 소축척지도에서 가장 협소한 방어선을 발견하고는 그곳을 철수지로 결정했다. 사실 이곳은 38선 부근의 임진강 어귀였으나 맥아더는 이를 허가했다."

2차 전역에서 정면공격을 맡았던 중국군 제38군·제39군·제42군·제40군은 펑더화이의 명령에 따라 어떤 어려움도 개의치 않고, 어떤 위험도 두려워하지 않으며, 어떤 대가도 감수하면서 철수하는 적군을 최대한 섬멸하기 위해 남쪽으로 용맹하게 전진했다.

한반도 남쪽으로 통하는 각 도로는 앞다퉈 달아나려는 유엔군의 차량으로 북새통을 이루었다. 한편 한반도 남쪽으로 통하는 모든 산간 지름길에는 보행하는 중국군이 무섭도록 빠른 속도로 전진하고 있었다. 유엔군 부대가 재차 전멸의 상황으로 치닫고 있다는 정보가 속속 날아들고 있었다. 유엔군 차량의 바퀴가 내는 속도는 중국군 병사들의 걸음만 못했다. 이는 전 세계를 경이로운 충격에 빠뜨렸다. 일본 군사학자는 "중국군 병사들은 전쟁 역사상 보기 드문 기록을 만들어냈다"고 평했다. 이는 한국전쟁에서 중국군이 보여준 '7가지 미스터리' 중 하나였다.

이른바 '7가지 미스터리'는 다음과 같다.

첫째, 중국군이 한국전쟁에 개입한 목적, 동기, 규모.

둘째, 중국군의 정찰 방법.

셋째, 중국군의 위장, 토목공사 능력.

넷째, 원시적 병참 체계로 부대에 장비와 물자를 보급한 방법.

다섯째, 중국군의 탁월한 야간전투 능력.

여섯째, 죽음도 불사하는 인해전술.

일곱째, 기계적 운송수단이 지원되지 않는 상황에서 중국군이 보인 기민한 추격 속도.

12월 4일 깊은 밤, 유엔군이 38선으로 총퇴각하고 있는 전황에 직면해서 마오쩌둥은 펑더화이에게 전보를 보냈다.

펑더화이, 덩화, 박일우 그리고 홍쉐즈 동지, 축하하오.

대체적인 상황을 보니 평양의 적군이 퇴각하는 것이 분명하오. 주력은 이미 평양에서 38선 사이까지 철수한 듯하고, 후위부대는 아직 평양 이북 및 동북부 지역에 있는 것 같소. 그대들은 내일(5일) 1개 사단 또는 1개 사단의 주력을 평양으로 전진시켜 기회를 포착해 평양을 점령하도록 하시오.

펑더화이는 즉시 3개 사단 병력으로 평양을 위협하라는 명령을 내렸고, 그다음 날 명확하게 제39군 116사단에게 평양을 점령하라는 명령을 내렸다.

유엔군은 확실히 평양을 포기하려고 했다.

북한 중부에서 중국군의 추격 속도는 세인의 예상을 뛰어넘었다. 평양의 측면 지역에서 어느새 중국군의 이동 행적이 포착됐다. 평양의 유엔군이 입수한 정보에 의하면 중국군은 새로운 정예부대를 투입했다. 정보원은 심지어 몽골말을 탄 최소 2개 기병부대가 평양에 기습을 가하는 광경을 목격했다고까지 말했으며, 이 2개 사단의 중국군 병사들은 '새로운 황색 솜옷을 입고 있기' 때문에 막 전장에 투입된 부대라고 했다. 유엔군은 평양에 대규모 파괴 작업을 진행해 모든 군사 및 공업 시설을 폭파함과 동시에 철저한 약탈을 감행했다. 그중에는 수송이 가능한 모든 민용 물자와 심지어 김일성도서관에 소장된 책들도 포함되었다. 유엔군의 철수 대열 속에 수많은 피란민이 병사들과 한데 뒤엉켜 대규모 피란 물결을 형성했다. 사료에 기록된 철수 군민軍民 총인원은 300만 명에 육박했는데, 이는 당시 북한 인구의 3분의 1에 상당하는 숫자였다.

한국군 제1사단 사단장 백선엽은 평양 출신이었다. 그런 그에게 평양을 철저히 파괴하는 폭격음은 형언할 수 없는 절망감과 고통을 안겨주었다.

12월 5일 이른 아침, 베이징의 중앙인민방송국에서 뉴스를 방송했다. 이 뉴스는 한반도 전세를 상세히 설명한 후 다음과 같은 말을 이었다.

······동부전선과 서부전선에 있던 적군이 당황해 급히 도망치고 있습니다. 평양에 있던 적군은 현재 인민에 대한 대대적인 학살을 자행하고 있습니다. 물자와 도시 내에 있는 발전설비들을 불태워 거센 화염이 평양을 뒤덮고 있습니다. 북한 인민군과 우리 인민지원군은 평양을 향해 진격하고 있습니다.

이 뉴스 원고는 마오쩌둥이 직접 작성했다.

중국군 제39군 116사단 346연대의 1개 대대는 부연대장 리더궁李德功의 인솔하에 적군이 도로에 비행기 폭격을 위해 목표물로 설치한 불더미와 맹렬한 포격에도 불구하고 12월 6일 오전에 평양 시내로 돌진했다.

평양의 유엔군은 대부분 이미 대동강 남쪽 기슭으로 철수했다. 리더궁은 적군의 대동강교 폭파를 저지하기 위해 부대에게 최대한 빠른 속도로 강가를 향해 전진하라고 명령했다. 하지만 강가에 도달하기도 전에 저 멀리 대동강

쪽에서 굉음이 들려왔다. 이때 346연대의 주력부대가 뒤따라왔다.

중국군이 대동강 교두보를 점령한 시각은 12월 6일 오전 10시 30분이었다.

중국군은 즉시 지원군 총사령부가 공포한 '입성규정入城規定'을 집행했다. 이 규정은 중국군 병사들이 이국의 수도에서 반드시 준수해야 할 군율을 상세히 정한 것으로, 중요 목표물에 대한 경계, 물자에 대한 상세한 조사와 관리 그리고 군중 노동 및 사회 치안과 관련된 내용이 포함되었다. 346연대 1대대의 경리장교는 식량을 구하기 위해 우선 북한 주민에게 조금이나마 빌려보려고 가정집 문을 두드렸다. 그런데 그가 문을 두드린 곳은 김일성의 집이었다. 한 북한 여성이 그를 맞았는데, 그 여성은 김일성의 작은어머니였다.

그날 중앙인민방송국은 다음과 같은 뉴스를 방송했다.

……북한군과 우리 인민지원군은 오늘 평양을 해방시켰습니다. 미국과 기타 국가의 침략군 그리고 이승만 적병의 잔여인원이 평양 이남으로 후퇴하고 있습니다. 북한군과 우리 인민지원군의 정규부대는 12월 6일 오후 2시 평양에 진입했습니다.

이 뉴스 원고 또한 마오쩌둥이 직접 작성했다.

미국 대통령 트루먼에게는 1950년 12월 1일부터 골치 아픈 일들이 끊이지 않았다. 먼저 그가 소속된 민주당이 국회의원 선거에서 참패했다. 이는 곧 그의 정치 인생에서 가장 어려운 시기가 도래했음을 의미했다. 공화당은 미국 정부의 손실을 빌미로 트루먼을 공격했다. 한국전쟁의 전세는 트루먼을 하야시키려는 자들에게 최상의 화젯거리였다. 그리고 미 극동 최고사령관 맥아더가 그달에 발표한 적잖은 발언들은 그가 이미 단호한 태도로 반대파의 입장에 서 있음을 증명했다. 맥아더는 미군 병사들과 그의 가족들에게 '크리스마스에는 집으로 보내주겠다'고 약속을 했으면서도 '신기할 정도로 빠른 속도로'

자신이 내뱉은 말을 번복했다. 트루먼의 심기를 가장 자극했던 일은 맥아더가 12월 3일 미국 정부에 보낸 전보戰報였다. 전보에서 한반도 전장의 군사 형세를 암담하게 묘사하고 나서 맥아더는 상세하고도 친절하게 자신이 철수를 명령한 이유를 설명하기 시작했다. 또한 "미국 정부가 한국전쟁에 대한 노선을 바꾸지 않는다면 한반도에 있는 미군은 철저히 끝장나고 말 것"이라며 의미가 모호한 경고를 했다. 이 보고서는 트루먼의 상처 위에 소금을 뿌린 격이나 마찬가지였으며 행간에 강압적인 어감도 적잖이 내비치고 있었다.

맥아더가 합동참모본부에 보내는 글

제10군단이 전속력으로 함흥 지역으로 철수했습니다. 제8군의 상황은 갈수록 위급해지고 있습니다. 워커 장군은 평양 지역을 수비하기 역부족이며 적군이 일단 공세를 가하기 시작하면 분명 서울까지 철수할 수밖에 없을 것이라고 보고했습니다. 내 생각도 같습니다. 제8군과 제10군단의 병력 규합은 가능하지도 않거니와 그로 인한 이점도 없습니다. 이 두 부대는 수적으로도 절대적인 열세에 처해 있습니다. 그들의 합류로는 전투력을 강화할 수도 없을 뿐 아니라 현실적으로 두 갈래로 나눈 해상보급과 배치된 병참선이 주는 자유활동의 편리성를 저해합니다.

이전에 보고한 바와 같이 방어진을 친 지역의 광활한 입지 조건을 감안해야 합니다. 방어선의 두 부분은 근방의 해구海口에서 병참보급을 받아야 합니다. 또 방어선이 남과 북으로, 험한 산악지대에 의해 둘로 나뉘기 때문에 아군의 병력은 취약해질 수밖에 없습니다. 이러한 방어선은 공간적으로 계산해도 대략 194킬로미터이고, 지상에서 재보아도 240킬로미터 정도나 됩니다. 내가 지휘하는 7개 미군 사단을 이 방어선에 배치한다는 것은 곧 1개 사단이 약 32킬로미터에 달하는 거리를 수비해야 한다는 말이 됩니다. 반면 대치하고 있는 적군은 수적으로 절대 우위를 점하고 있으며 산간지대에서 야간에 침투할 엄청난 위협 요인을 안고 있습니다. 이러한 방어선에 종심후방이 없으면 전투력을 갖출 수 없습니다. 방어의 관점에서 이러한 방어선은 반드시 적군의 침투를 유도하게 되며 결과적으로 포위 섬멸당하거나 각개격파될 것입니다.

비교적 취약한 북한군에 맞선다는 전략적 관점은 실행 가능하겠지만 중국 육군의 전체 병력에 맞서는 것은 안 될 일입니다.

나는 중국 육군이 전투에 공개적으로 투입되어 생긴 근본적 변화를 사람들이 완벽하게 이해하지 못하고 있다고 생각합니다. 이미 중국군 26개 사단 병력이 최전선 전투에 투입되었다고 짐작하고 있습니다. 이밖에도 적군의 후방에는 최소한 20만 명이 버티고 있습니다. 북한의 잔여부대 또한 후방에서 휴식을 취하며 정비하고 있습니다. 물론 그 뒤에는 또 중국 공산당 전체의 잠재적 군사역량이 기다리고 있습니다.

적군의 병참 시스템을 차단할 때 산악지대는 아군 공군의 협력 효율이 떨어지는 반면, 적군의 분산전술은 도리어 매우 유리한 상황입니다. 게다가 현재 국제적 전선의 제한으로 인해 우리 공군의 우세함으로 얻을 수 있는 정상적인 효과가 크게 저하되었습니다.

적군이 내륙에 집중해 있어 우리 해군이 발휘할 수 있는 위력도 크게 저하되었습니다. 수륙양용작전은 더 이상 불가능하고 해군의 포화를 효과적으로 사용하는 합동작전도 제한을 받게 되었습니다. 따라서 우리 각 군의 연합작전 역량은 크게 감소되었고, 적군과 아군 쌍방의 역량은 점차 지상작전에 좌우되고 있습니다.

이러한 이유로 지상부대의 증원이 대대적으로 이루어지지 않는다면 본 군은 부득이 차례로 후퇴하면서 저항병력을 점차 잃거나 아니면 해안 교두보 진지에서 죽음을 각오하고 싸워야 되는 상황에 놓일 것이 불을 보듯 뻔합니다. 이렇게 되면 어느 정도 저항 시일을 늦출 수는 있겠지만 방어 이외에는 아무런 희망도 없습니다.

이렇게 적은 규모의 부대가 현재 사실상 선전포고도 없이 싸우는 전쟁 속에서 전체 중국을 상대하고 있습니다. 적극적이고 신속하게 행동을 취하지 않으면 승리의 희망은 요원합니다. 하지만 병력이 계속해서 소모된다면 결국 전군이 전멸당할 것은 예측 가능한 일입니다.

현재까지 아군은 왕성한 사기와 돋보이는 성과를 보였습니다. 물론 아군이 5개월 동안 거의 하루도 쉬지 않고 전투를 치러오면서 정신적으로 피폐해지고 체력은 소모되었지만 말입니다. 현재 우리가 지휘하는 한국 부대의 전투력은 취약하기 짝이 없습니다. 경찰과 치안부대가 그나마 쓸 만할 뿐입니다. 기타 국가의 육군 분견대分遣隊는 전투 효율에 관계없이 병력이 극히 적어 작은 역할밖에 해낼 수 없습니다. 내가 지휘하는 각 사단 중 제1해병사단을 제외하고 나머지 모든 부대는 약 5000명의 결원이라는 심각한 병력 부족에 시달리고 있습니다. 이 몇 개의 사단은 지금까지 규정된 인원수대로 보충된 적이 단 한 번도 없습니다. 중국군은 부대를 새로이 전투에 투입해 조직을 정비하고 있으며 훈련 및 장비도 매우 우수합니다. 그들의 전투 의지가 고양된 상태인 것은 매우 분명합니다. 여기서 정세 전반에 대한 예측을 해보자면 상술한 관점에서 다음의 문제를 대해야 한다고 생각합니다. 바로 전혀 새로운 상황에서, 강력한 군사력을 보유한 전혀 새로운 강국과, 전혀 새로운 전쟁을 치르는 것 말입니다.

내가 집행한 지시는 원래 북한군을 상대로 한 것이었습니다. 하지만 새로운 상황이 도래하면서 이 지시는 완전히 과거의 것이 되고 말았습니다. 병력이 적은 아군이 현재 상대하는 것은 소련에서 대량으로 물자를 공급받아 강력해진 공산당 중국의 전면 공세라는 사실을 분명히 이해해야 합니다. 이전에 북한 육군과 전투를 벌일 때 성공적으로 사용했던 논리를 지금 이런 강국과 맞서는 데 계속 사용할 수는 없는 노릇입니다. 실행 가능하고 현실적 문제에 충분히 대응할 수 있는 정치적 결정과 전략적 계획을 다시 수립해야 합니다. 바로 이 대목에서 시간의 중요성이 대두됩니다. 1시간마다 적군의 힘은 강화되고 아군의 힘은 약해지고 있기 때문입니다.

하지만 공개된 장소에서 맥아더는 전혀 다른 말을 했다. 첫째, 그는 '크리스마스 공세'는 성공적이었다고 고집스럽게 말했다. 중국군에 의해 일찌감치 교전을 치르게 되어 중국군의 '한반도를 점령하라'는 기습공격 계획을 무산시켰다는 것이다. 둘째, 그는 자신이 유엔군에게 38선을 넘어 중국 국경지대에 바싹 접근하라고 명령을 내렸기 때문에 중국군의 참전을 초래하게 되었다는 견해를 적극 부인했다. 셋째, 그는 '계획적인 철수'를 궤멸이라고 간주하는 것에 대해 단호하게 반대 입장을 표명했다. 더불어 기자들이 무지해서 '기술적으로 우수한 철수가 무엇인지 알지도 못한다'고 말했다. 넷째, 그는 워싱턴 측이 그의 수족을 얽어맨 사실에 대해 재차 지적하는 것을 잊지 않았다. 그가 압록강을 건너 중국군을 공격하려는 것을 저지했던 사실 말이다. 맥아더는 이것이 현재의 국면을 초래한 중요한 사항이라고 지적했다.

트루먼이 보기에 맥아더가 이런 관점들을 되풀이하는 것은 그가 공화당의 일부 거물과 의심스러운 정치적 왕래를 하고 있음을 드러내는 것이었다. 그렇다면 트루먼과 맥아더의 대립은 군사적 관점에만 국한된 것이 아니었다는 말이 된다. 트루먼의 입장에서는 맥아더가 한국전쟁 중 저지른 과오는 전장에서의 실패만이 아니었으며, 더 심각한 것은 이 늙은이가 자신의 정적과 결탁했을지도 모른다는 점이었다.

트루먼은 체면 때문에 맥아더의 극동사령관 직을 지켜줄 사람이 아니었다. 중국군이 평양을 탈환한 다음날 트루먼은 모든 정부 관료에게 명령을 하달했다. 보기만 해도 맥아더를 겨냥한 것임을 단박에 알아차릴 만한 내용으로, 국무부의 비준을 거치지 않고는 누구도 외교정책과 관련한 발언, 뉴스 브리핑 그리고 언론플레이를 해서는 안 된다는 것이었다. 이런 조치를 통해 공개적으로 발표된 정보가 '미국 정부의 정책과 확실하게 일관성을 유지할 수 있도록' 한다는 명목에서였다.

발언에 신중을 기하도록 엄중하게 경고한 당사자인 트루먼 자신은 도리어 30일에 있었던 기자회견에서 돌연 세계를 들썩이게 할 발언을 하고 말았다.

"미국은 원자폭탄을 사용할 수도 있다!"

기자 대통령님, 만주를 공격하는 사안은 유엔의 차후 행동에 달려 있는 겁니까?

대통령 네. 분명히 그렇습니다.

기자 다시 말해 유엔이 맥아더 장군에게 지금의 전장보다 먼 곳으로 진격하라는 권한을 위임한다면 그는 그렇게 할까요?

대통령 필요한 모든 절차는 군사적 상황을 만족시키는 선에서 취해지게 될 것입니다. 우리가 취해왔던 방식대로 말입니다.

기자 그렇다면 거기에 원자폭탄 사용도 포함됩니까?

대통령 우리가 보유한 모든 무기를 포함합니다.

기자 대통령님께서 말씀하신 '우리가 보유한 모든 무기'란 현재 원자폭탄 사용을 적극적으로 고려하고 있다는 의미로 해석해도 되겠습니까?

대통령 줄곧 원자폭탄 사용을 적극적으로 고려해왔습니다. 그러나 나는 원자폭탄을 사용하고 싶지는 않습니다. 그것은 정말 무서운 무기입니다. 군사적 침략과 아무런 관련이 없는 남성, 여성 그리고 아이들을 겨냥해서는 안될 것입니다. 하지만 원자탄을 사용하게 된다면 무고한 생명의 희생은 불가피합니다.

몇 시간 후에 백악관 프레스센터에서는 '성명'을 발표해 트루먼이 "원자폭탄 사용을 이미 결정했다고 말한 것은 결코 아니다"라고 해명했다. 하지만 미국 기자들은 트루먼의 이 말을 신속히 전 세계에 타전했고, 이로 인해 세계 여론이 크게 들썩였다. 사람들은 보편적으로 트루먼의 이 발언에 대해 성격을 파악하기 어려운 맥아더가 이미 대통령의 권한을 위임받아 자의로 원자폭탄을 사용할 수 있게 되었다고 생각했다.

전 세계는 두 국가의 반응에 집중했다. 중국과 영국이었다.

사실 한국전쟁이 발발하자 미 국방부는 줄곧 비밀리에 원자폭탄을 사용하는 문제를 연구해왔다. 당시 원자폭탄은 대규모 살상무기로서 미국이 안고 있는 난제를 해결할 수 있는 비장의 카드였다. 하지만 원자폭탄 사용과 관련된 모든 연구자료는 극비에 부쳐졌다.

마오쩌둥은 이 소식을 접하고 실소를 금치 못했다. 그는 김일성에게 원자폭탄 문제와 관련해 이런 말을 했다.

"이건 공갈이고 적나라하게 드러난 핵 위협이오. 소련이 이미 핵무기를 보유하고 있다는 것을 말할 필요도 없소. 일본에 원자폭탄을 투하할 때 사전에 통지하고 그에 대응하도록 준비시키지는 않았잖소? 한반도도 마찬가지요. 트루먼에게 그럴 의무는 없지요. 이말 저말을 늘어놓는 걸 보니 공갈협박인 것이 분명하군요."

독특한 성격을 지닌 정치가로서 마오쩌둥은 시종 한 가지 철학적 관점을 믿고 있었다. 그것은 '사람이 제일'이라는 것으로, 그는 이 관점으로 모든 사물을 해석했다. 그는 여태껏 사람이 발명한 물질이 사람 자체를 이길 수 없다는 확고한 신념을 갖고 있었다. 구체적으로 전쟁의 승패를 결정하는 수많은 요소에 대해서 그는 시종 무기의 우열이 1순위라고는 생각하지 않았다. 마오쩌둥은 트루먼이 원자폭탄으로 위협을 가하는 상황에서도 그저 하나의 의견이라고 치부했다. 마오쩌둥의 웃음소리는 진실이었다.

진정으로 당황하고 있는 쪽은 유럽이었다. 트루먼의 발언이 끝나자마자 수많은 유엔 주재 유럽 대사들이 워런 오스틴 주유엔 미국 대사를 에워쌌다. 네 덜란드 대사는 '눈물을 머금고' 오스틴에게 전쟁의 확대를 막을 길이 없느냐고 물었다. 한국전쟁이 발발한 이래 유럽의 태도는 줄곧 아주 애매한 가운데 다수의 국가는 심지어 전쟁을 반대하는 입장에 서기도 했다. 전쟁을 반대한 이유는 결코 공산당 중국을 두둔해서가 아니라, 유럽 국가들은 시종 동서양에 존재하는 거대한 이데올로기 대립 구도가 가져오는 군사적 위협이 결국에는 소련의 대규모 병력이 집결된 유럽 쪽을 향하게 될 것이라고 생각해왔기 때문이다. 다시 말해 "공산주의의 위협이 소련과 인접한 유럽 국경지대를 겨냥하고 있다"는 것이다. 그런데 현재 미국이 "이해할 수 없는 시기와 최악의 전략적 조건 아래서 그들을 아시아 전장의 심연 속으로 끌어들이고 있는" 것이다. 이러한 관점은 영국 정부가 가장 격렬하게 표명했다. 원자폭탄 사용과 관련한 트루먼의 발언이 나오자마자 영국 의회는 큰 파문에 휩싸였다. 100여 명의 노동당 의원들은 클레멘트 애틀리Clement R. Attlee 총리에 보내는 서신에 서명해 "어떠한 상황에서도 원자폭탄 사용을 반대한다"는 입장을 단호히 밝혔다. 반대자 가운데는 종전된 지 얼마 지나지 않은 제2차 세계대전 당시 미국인과 생사를 함께했던 전임 총리 처칠도 포함되었다. 처칠은 전쟁이 아시아로 확대된다면 유럽의 방어력이 심각하게 약화될 것은 명약관화한 일이며, 이로 인해 영국 안보가 큰 위협을 받게 되리라고 생각했다. 한편 애틀리 총리는 전례 없는 압박에 시달리고 있었다. 한 의원이 한국전쟁에서의 영국의 입장과 관련해 총리에 대한 재신임 투표를 요구했기 때문이다. 그는 표결을 하게 되면 실각할 것이 분명하다고 내다봤다. 애틀리가 직접 미국으로 가서 트루먼 대통령과 의견을 교환하겠다고 하자 논쟁 중이던 의원들은 총리에게 환호성을 보냈다.

영·미 정상회담은 당시 세인의 이목을 끄는 일대 사건이었다.

3일 동안 열린 정상회담에서 두 동맹국은 한반도 문제에 대한 합의점을 찾지 못했다. 미국은 근본적으로 애틀리라는 인물을 좋아하지 않았다. 미국 국무장관 애치슨은 그의 오랜 친구 처칠의 말을 인용해 기자들에게 이렇게 말했다.

"애틀리는 '양의 가죽을 쓴 늑대'다."

두 대국의 정상이 한반도 문제에 대해 이처럼 첨예하게 대립하는 관점을 보인 것은 영·미 관계 사상 극히 드문 일이었다.

애틀리는 유엔이 협상을 통해 한반도에서 철수하는 방법 이외에는 다른 출로가 없다고 생각했다. 그는 심지어 유엔의 중국 의석을 베이징에 내줄 가능성도 생각하고 있었다. "우리가 빠져나오기 힘든 소용돌이에 휩쓸려 서방을 공격 대상으로 만들 수는 없다"고 생각했기 때문이다.

반면 트루먼은 정전停戰은 할 수도 있다고 생각했지만 그것이 곧 남한과 타이완을 포기하거나 베이징이 유엔의 의석을 차지하도록 방관한다는 뜻은 아니었다. 중국이 정전을 받아들이지 않는다면 미국은 곧 "중국 경내에서의 유격전 선동을 포함해 각종 군사적, 정치적, 경제적 제재를 가할" 준비에 돌입할 태세였다.

결국 영국은 신중국에 '유화정책'을 펴야 한다는 입장인 반면 미국은 "중국에게 따끔한 맛을 보여주는 것 이외의 다른 방법은 모두 충분치 않다"는 태도로 일관했다.

하지만 애틀리는 트루먼에게서 최소한 "원자탄을 사용하지 않겠다"는 약속은 얻어냈다.

자기 입으로는 "중국을 가르쳐야 한다"고 했던 트루먼은 도리어 수시로 한반도 전장에서 미군이 또 "따끔한 맛을 보았다"는 실망스러운 보고를 받았다. 맥아더가 보내는 날마다 변하는 보고서로 인해 트루먼은 이 극동사령관에 대해 극도의 악감정이 생겼다. 맥아더는 자신의 부대가 "치명적 재난에 봉착했다"고 비명을 지르면서 "더 많은 부대와 폭격의 권한을 확대"해달라고 요구했다. 그러다가도 또 언론에는 워싱턴의 관료들이 놀라워하는 건 이해할 수 없는 모습이라면서 자신의 부대는 실패하지도 않았고 현재 '교묘한 철수'를 하고 있다고 했다. 미국 신문들은 연일 '형세도形勢圖'를 게재해 중국군이 미 제10군단과 제8군을 어떻게 포위했는지를 설명했다. 호전적인 기자들은 트루먼에게 전쟁을 계속해야 하며 그렇지 않으면 "아시아 국가들의 모든 반공 약속이 타격을 받을 것"이라고 으름장을 놓았다. 절망적인 기자들은 '형세도' 옆에서 이런 말로 불난 집에 부채질을 하고 있었다.

"이는 미국 군사상 가장 참혹한 실패가 될 것이다."

"외교적으로 기적이 일어나지 않는 한 한반도 전장에 있는 미군은 새로운 됭케르크 철수작전Withdrawal of Dunkerque, 제2차 세계대전 초기인 1940년 프랑스 북부 됭케르크에서 독일군에 포위된 약 34만 명의 연합군이 최소한의 희생으로 포위망을 뚫고 철수에 성공한 작전을 가리킴을 실시해 바탄전투Battle of Bataan, 제2차 세계대전 중인 1942년 필리핀 바탄에서 미 극동지상군이 일본군에 참패한 전투 같은 전멸을 피해야 한다."

한편 이번 전쟁에 대해 미국인들이 보인 반응 또한 트루먼에게 낭패감을 주었다. 국가의 수뇌가 얼마나 초조해하는지는 아랑곳하지 않고 미국 국민은 '자기와는 아무런 관련이 없다'는 식의 대범한 모습을 보였다. 그들은 평소와 다름없이 주말에 열리는 대학생 미식축구 경기장에 발 디딜 틈도 없이 모여들었다. 크리스마스가 다가오면서 백화점은 구매 인파로 불야성을 이루었다. 한 기자가 거리에서 행인에게 한국전쟁에 대해 묻자 돌아온 대답은 "라디오를 켜지 않아서요"였다. 트루먼을 아연실색케 하는 대답이었다.

그리고 나서 가장 경악할 만한 소식이 워싱턴에 전해졌다. 미 제8군 사령관 워커 중장이 전사했다는 소식이었다.

워커는 중국이 한국전쟁에 참전한 지 불과 2개월 만에 전사한 미군 지휘관 중 계급이 가장 높은 장교였다.

워커의 지프는 남쪽으로 철수하는 혼잡한 미군 대오 속에 있었다. 그는 "차를 타고 가면 늘 한시도 참지 못하고 길을 재촉하는 명령을 내렸다. 뭔가에 의해 지프 속도가 떨어지면 그는 가차 없이 '우회해서 전진하라'고 명령했다." 하지만 그날은 기나긴 한국군 차량 대열에 도로가 꽉 막혔고, 워커가 탄 지프의 운전병이 '우회해서 전진'하려던 참에 한국군 차량 한 대가 갑자기 "차량 행렬을 벗어나 워커의 지프를 향해 정면으로 달려들었다." 지프는 브레이크를 밟을 겨를도 없이 도랑에 처박혔다. 워커 장군은 머리에 '중상'을 입고 야전병원으로 후송되었지만 '이미 사망'한 상태였다. 미군 전쟁사료에 따르면, 워커는 당시 미 제20사단으로 향하는 길이었다. 그는 이 부대에 표창을 하고 더불어 제20사단의 한 중대장에게 은성훈장을 수여할 계획이었다. 중대장은 샘 워커Sam Walker 대위로 워커 장군의 아들이었다.

중국 전쟁사료에는 '워커가 교통사고로 사망했다'고 기록되어 있다.

북한 전쟁사료에는 미 워커 장군이 "우리의 용감한 유격대원에게 사살되었다"고 기록되어 있다.

만약 죽지 않았다면 워커는 며칠 후에 4성 장군으로 진급할 예정이었다.

이때, 중국 베이징에서는 마오쩌둥과 북한 수령 김일성이 만나고 있었다.

당시만 해도 이는 절대 기밀에 부쳐진 만남이었다.

전쟁의 진전 과정은 두 지도자에게 매우 만족스러웠다. 전쟁 초기에 도사리고 있던 위기는 이제 더 이상 존재하지 않았다. 그들은 유엔군이 남하하는 데서 비롯된 쾌감을 공유하고 있었다. 물론 그럴 만한 충분한 이유가 있었다.

마오쩌둥이 김일성에게 말했다.

"원래 나는 두 가지 문제로 내내 걱정을 하고 있었습니다. 하나는 지원군이 도하한 후 북한에서 거점을 마련할 수 있을지에 대한 것이었습니다. 하지만 1차 전역을 거치면서 이 문제는 해결되었습니다. 둘째는 우리가 가진 장비로 현대화된 장비를 갖춘 미군과 교전할 수 있을 것인지 그리고 교전해서 승리할 수 있을 것인지에 대한 걱정이었습니다. 하지만 이제 이 문제도 해결되었습니다. 우리는 미군과 교전을 치를 수 있을뿐더러 승리할 수도 있다는 것을 현실이 증명해주고 있습니다. 상황을 지켜보니 마음속 걱정들이 다 부질없는 것이었습니다."

두 지도자는 향후 전쟁이 어떻게 전개될지에 대해 토론했다. 이는 세계 정세 및 아시아 정세와 관련된 중대한 문제임과 동시에 한반도 전장에 있는 수천수만의 중국군 병사들의 생명과 직결된 문제였다.

중국군이 평양을 점령한 이후 마오쩌둥의 지시대로 모든 전선이 38선을 향해 압박해가면서 유엔군과 단기간 대치 상태를 이루었다.

정전 후 한참 뒤에야 공개된 자료의 분석에 따르면, 당시 트루먼과 애치슨은 미국의 체면을 유지하고 명예를 실추시키지 않으면서 전쟁을 중지할 방법을 찾느라 고심했다. 유엔군은 철수한다 하더라도 전쟁 전의 38선까지만 철수하면 되는 것이고, 중국군은 전쟁 발발 이전의 남북 분할 상황을 회복할 수 있다는 것이 현실적인 이유였다. 정전은 양측 모두 받아들일 수 있는 현실적 대안이었으며, 비록 이 현실이 미국의 입장에서는 어쩔 수 없는 선택이긴 하지만 적어도 당시에는 강력하게 반대할 수 없었다. 뒤이어 소집된 국가안보위원회 회의에서 미국 관료들은 오랫동안 토의를 거쳐 결론을 내렸다. 유엔군은 한반도에서 군사적 원인으로 축출되지 않는 한 결코 스스로 철수하지는 않는다는 것이었다. 또한 회의에서는 서구세계에서 가장 위험한 곳은 유럽이며, 미국은 아시아의 지구전에 말려들지 않는 게 최선이라는 데 의견 일치를 보았다. 이러한 이유로 다음과 같은 원칙이 도출되었다.

첫째, 전쟁을 한반도에 국한한다.

둘째, 해군과 공군 병력에 대한 제한적 운용을 유지한다.

셋째, 한반도에 대한 군대 증파 없이 38선 전선의 안정을 유지해 정전협정을 달성하고, 38선을 전쟁 발발 이전 상태로 회복한다.

당시 중국 측이 정전에 동의했다면 한국전쟁은 끝났을 것이다.

하지만 지금까지도 수많은 서구의 전쟁사 전문가들이 해결하지 못한 문제는 중국 측이 이 시기에 정전에 동의하지 않은 이유다.

저우언라이가 제기한 3가지 조건이 충족되지 않은 것이 이유의 전부는 아니다.

마오쩌둥은 담배를 피우면서 김일성에게 이렇게 말했다.

"미국인들이 대담하게도 무력에 호소했으니 중국 지원군은 끝까지 함께하겠소. 1차 전역과 2차 전역 모두 승리를 거두었으나 이것만으로는 부족하지. 계속해서 공격하겠소. 그들이 38선을 넘어 북진했는데 우리라고 38선을 넘어서 안 될 이유가 어디 있겠소?"

김일성은 이렇게 대답했다.

"맞습니다. 승세를 타고 전진해야 합니다!"

마오쩌둥이 한국전쟁에 대한 전략을 고민할 때 지대한 영향을 미친 요인은 바로 아시아와 아프리카 일부 국가가 '갑작스럽게 일침을 가한' 사건이라고 말하는 게 옳을 것이다.

마오쩌둥의 생각에 아시아와 아프리카 국가 대다수는 '단결할 수 있는 역량'이 있고 국제정치적 입장에서 중도파가 대다수를 차지했다. 하지만 트루먼이 한반도 전장에 원자폭탄을 사용하겠다고 호언장담한 후 아시아와 아프리카 국가들에 자국의 안보에서 비롯된 우려가 싹트기 시작했다. 그러면서 유엔 총회에서 '평화 제창'을 골자로 한 '13개국 공동 제안'을 도출해내기에 이르렀다. 이 국가들은 종전을 희망했고, 또 미국의 미움을 살까 두려워했다. 그 제안에는 특별히 '선정전 후협상'을 명시했고, 아울러 이에 대해 마오쩌둥을 심히 자극하는 다음과 같은 설명이 덧붙어 있었다.

"중국이 38선을 넘지 않겠다고 선언한다면 이들 국가의 환영과 도의적 지지를 받게 될 것이다."

'13개국 공동 제안'이 얼마나 선한 동기에서 도출된 것이든 객관적으로는 미국에게 한숨 돌릴 기회를 제공해주었고, 이는 바로 그 시기에 미국에게 절실한 것이었다. 제안의 핵심은 '선정전 후협상'이었다. 이를 본 마오쩌둥에게는 자연히 생각나는 상황이 있었다. 바로 국공내전 당시 미국의 조지 마셜이 중국에서 진행한 '조정'이었다. 이때도 먼저 '정전'을 선포한 후 뒤에서는 장제스를 도와 병력과 무기를 지원해주는 바람에 공산당이 손실을 보았다.

저우언라이는 인도 대사를 만나 4가지 날카로운 문제를 제시했다.

첫째, 13개국은 한반도와 중국을 침략하는 미국을 왜 반대하지 않는가?

둘째, 13개국이 한반도에서 모든 외국 군대는 철수해야 한다고 선포하지 않은 이유는 무엇인가?

셋째, 13개국 가운데 필리핀(필리핀은 한국전쟁에 참전한 유엔군의 일원이었다)이 포함된 이유는 무엇인가?

넷째, 미군이 38선을 공격했을 때 13개국은 왜 발언하지 않았는가?

바꿔 말하면 유엔군이 이것저것 따지지 않고 38선을 넘어 북한에 대규모 공격을 퍼부을 때는 13개국이 한마디도 하지 않다가 어째서 중국군이 38선을 넘을 수 있게 되니 '정전'을 제안하느냐는 것이다.

중국 측은 다음과 같은 조건을 내세워 응답했다.

첫째, 모든 외국 군대가 한반도에서 철수하는 원칙이 받아들여지고 현실화되면 중화인민공화국의 중앙인민정부는 중국인민지원군 부대에 권유해 본국으로 돌아오도록 하겠다.

둘째, 한국전쟁 중지와 한반도 문제의 평화적 조정은 2단계로 나눠 진행할 수 있다.

1단계로 7개국 회의에서 기한을 둔 전투 중지를 결정하고 이를 실행에 옮겨 지속적인 협상을 유도한다.

2단계로 정치적 문제와 연계해 전투 중지와 관련된 제반 조건을 논의하고 결정한다. 여기에는 모든 외국 군대가 한반도에서 철수하는 절차와 방법, 남북한이 한반도 내정문제를 자체 해결할 절차와 방법에 대한 건의, 미국 무장

세력이 타이완과 타이완 해협에서 철수하는 문제 및 극동 관련 문제들이 포함된다.

셋째, 유엔에서 중화인민공화국의 합법적 지위를 보장해야 한다.

이런 조건들은 분명 미국이 받아들일 수 없는 것이었다.

이리하여 1950년 12월, 한국전쟁의 전망은 복잡하게 뒤엉킨 양상을 띠고 있었다.

한반도 전선에서 중국군의 총사령관으로 있는 펑더화이는 전체 전황에 대해 우려가 가득했다.

크리스마스이브에 북한 동부의 흥남항은 엄청난 혼란에 빠졌다. 심산유곡에서 철수한 미군 장병 대부분이 이미 배에 올라 철수하고 있었다. 하지만 바싹 뒤쫓은 중국군은 여전히 항구를 향해 거센 공격을 가했다. 흥남항 외곽의 미군 방어권이 점차 축소되면서 격렬한 전투는 항구 밖의 거의 모든 큰길과 골목에까지 확대되었다. 항구 내의 미군은 전력으로 승선 철수를 추진하는 한편 가져갈 수 없는 모든 물자를 소각했다. 미군 병참 지휘관은 '창고 안에 가득 찬 식량이며 비누며 돼지기름이며 커피며 주스 등을 모두 운반하려는' 시도는 '헛수고'일 뿐이라는 점을 잘 알고 있었다. 가장 좋은 방법은 창고 문을 활짝 열어 모두가 '마음껏 가져가 먹도록' 하는 것이었다. 미국『타임』지 기자는 이렇게 보도했다.

"미군 병사들과 한국인 부두 인부들은 하루 종일 끊임없이 먹고 있었다. 그들은 샌드위치 하나를 만들기 위해 아무렇게나 3킬로그램짜리 점심용 돼지고기 통조림을 땄고, 주스 한 모금을 마시려고 4리터짜리 깡통 주스를 땄다."

이와 동시에 지원 가능한 모든 미군 비행기가 작은 흥남항 상공에 집결해 인천상륙 때보다 더 어마어마한 규모의 폭격을 퍼부었다. "거의 3만4000발의 포탄과 1만2800발의 로켓탄이 천지를 뒤덮었고" "다이너마이트 400톤과 0.5톤 폭탄 500개"가 최후의 시각에 순식간에 폭파되어 흥남항 전체가 화산이 분출하는 것처럼 사나운 불길이 밤낮으로 타올랐고 짙은 연기가 온 하늘을 가렸다.

12월 24일 크리스마스이브는 미군 철수작전의 마지막 날이었다. 항공모함 '프린스턴 호'의 조종사 마이크Mike 대위는 최후 비행 임무를 맡았다. 그의 비행기가 흥남항 상공에 진입하자 그는 이렇게 말했다.

"나는 지금까지 이렇게 우울하고 슬픈 광경을 본 적이 없다. 아래에서는 마지막으로 남은 병사들과 물자가 전차 상륙용 함정에 오르고 있고, 나머지 함정은 막 부두를 떠나고 있다. 대지는 불바다가 되어 도처가 불타고 있다. 열두 척의 구축함이 다가와 함포로 모든 건축물을 부수고 있다. 적군이 사용하지 못하도록 하기 위해서다. 해상의 함대는 서커스단의 코끼리처럼 꼬리에 꼬리를 물고 전진하고 있다."

미군이 흥남항에서 수송한 병사는 10만5000여 명, 차량은 1만7500여 대, 물자는 35만 톤에 달했다.

마이크의 비행기는 흥남항 상공에서 마지막으로 한 바퀴 선회했다. 그러고는 항공모함에 착륙할 준비를 할 때 갑자기 맥아더가 "크리스마스 이전에 젊은 병사들을 고향으로 돌려보내겠다"고 한 말이 생각났다. 마이크 대위는 무전기로 항공모함 '프린스턴 호'에 있는 미군 장병들에게 한마디 소리쳤다.

"메리 크리스마스!"

| 제5장 |

리지웨이,
중국군 총사령관에게 안부를 전하다

차오몐주러우炒麵煮肉 회의

"한 번의 승리가 정말 중요하네"

대빙하

"미국을 물리치기 전에는 귀국하지 않으리"

"서울로 가라! 그곳엔 아가씨가 있다"

치약한통주의—瓶牙膏主義

차오몐주러우 회의

펑더화이는 2차 전역이 끝나면 중국군은 3개월 이상 쉬어야 한다고 생각했다. 이는 당시 전장에서 중국군이 처한 현실을 충분히 고려해 내린 판단이었다.

중국군에게 가장 중요한 현실적 문제는 후방 보급이었다. 2차 전역 후반에 유엔군의 대규모 철수와 중국군의 발 빠른 추격으로 원래도 취약했던 중국군의 보급선은 더욱 길어졌다. 현대전 경험이 부족했던 중국군은 한국전쟁 초기에 병참보급 배치가 지나치게 분산되어 투입할 보급 병력이 절대적으로 부족하다는 문제점을 안고 있었다. 미군의 경우 보급병 13명이 미군 병사 1명의 물자공급을 책임졌던 반면에 중국군은 보급병 1명이 수백 명에게 물자를 공급하는 형편이었다. 중국군은 아직 체계적인 병참보급 기구를 갖추지 못하고 심지어 전문적으로 병참을 담당하는 후근부後勤部도 없었으며, 각 부대의 후근과後勤科는 모두 사령부 안에 설치되었다.

전체 지원군의 병참업무 책임부서는 멀리 중국 본토에 위치한 둥베이군구의 후근부였다. 이 후근부가 전장의 지휘부로 파견한 인원은 10여 명에 불과했다. 전장에 도착한 그들은 황급히 후근 지부 몇 개를 조직했지만 미군 폭격기가 밤낮을 가리지 않고 공격해오는 가운데, 체계도 없고 능력까지 부족했던 이들이 효과적으로 물자를 공급하기란 불가능했다. '현지 조달'이나 '부대의 먹는 문제는 각각 알아서 해결하기' 같은 해방전쟁 시절에 중국에서 썼던 기존의 방법은 한반도라는 타향에서는 통하지 않았다. 38선으로 향하는 중국군의 행군 길은 수백 리를 가도 '인적 없는 지역'이 대부분이었다. 북한 주민이 있는 지역을 지날 때 식량을 책임진 간부들이 이리 뛰고 저리 뛰어도 대규모 작전에 필요한 식량을 조달하기란 불가능했다.

교전이 시작되면 중국군 부대는 굶주린 채 적진으로 돌격하는 경우가 다반사였다. 겨울이 왔지만 대부분의 중국군 장병에게는 아직 방한용 솜옷이 배급되지 않았다. 제42군 병사들은 영하 20도의 매서운 추위 속에서 짚신을 신기도 했다. 어떤 분대에는 솜을 넣은 신발이 배급되기도 했지만 병사들은 닳을까 아까워 차마 신고 다니지 못했다. 병사들은 보초를 서는 사람만 이 따뜻한 신발을 신는 사치를 누리기로 결정했다. 그해 겨울, 엄동설한 속에서 참혹한 전투를 셀 수 없이 치렀음에도 불구하고 그 솜신발은 원래 형태 그대로 닳지 않은 채 보존되었다. 해당 분대는 전선에서 철수해 재정비에 들어가면서 방어 임무를 인계받은 형제부대에 그 솜신발을 그대로 물려주었다. 한편 탄약과 무기장비의 보급 부족은 계속해서 펑더화이를 괴롭힌 골칫거리였다. 중국군 병사들의 손에 들린 무기는 대부분 항일전쟁과 해방전쟁 중 노획한 것들이어서 총기마다 구경이 달랐기 때문에 탄약을 공급하는 데 어려움이 컸다. 현대화된 운송 장비를 갖추지 못함으로써 전방의 병사들이 겪는 탄약 부족 현상은 보편적인 것이었고, 이로 인해 말단 부대의 지휘관들은 마음이 타들어갔다. 끝으로 중국군 장병들은 극도로 피로한 상태였다. 중국군은 거의 모든 작전을 도보에 의존했으며 참혹한 전투를 끝내고 나서 곧장 먼 곳의 적을 급습하기 위해 빠른 걸음으로 이동해야 하는 경우도 많았다. 하지만 폭탄과 총기를 난사하는 적기에 맞서 평평한 도로를 따라 걸을 수 있는 부대는 거의 없었다. 그래서 병사들은 비록 체력 소모는 극심하지만 지세가 험한 산일수록 더욱 안전하다고 느꼈다.

2차 전역 후 펑더화이의 완고한 뜻에 따라 중국군 지휘부는 전선에서 아주 가까운 거리에 있는 군자리로 이동했다.

군자리에서 펑더화이는 마오쩌둥에게 전보를 보내 부대를 쉬게 할 필요가 있다는 의견을 제시했다. 또한 지원군은 "38선을 넘지 않겠다"는 의견을 명확히 했다.

12월 13일, 마오쩌둥은 펑더화이에게 보낸 답전에서 한국전쟁에 관한 국제정세를 전하는 한편 지원군이 "38선을 넘어야 한다"는 입장을 확실히 했다.

마오쩌둥의 답전 내용은 대략 다음과 같았다.

(1) 현재 미국과 영국은 아군에게 38선 이북에서 멈춰설 것을 요구하고 있다. 이는 유엔군을 재정비해 다시 전투에 임하기 위해서다. 따라서 아군은 반드시 38선을 넘어야 한다. 38선 이북에서 남진을 멈춘다면 이는 정치적으로 중국에 지극히 불리하게 작용할 것이다.

(2) 아군이 이번 남진 중 개성 남북 지역, 곧 서울에서 멀지 않은 지역에서 적군의 일부를 섬멸하기를 바란다. 그런 다음 상황을 보아 만약 적군이 서울을 강력히 방어한다면 아군 주력은 개성 전선과 그 이북 지역으로 후퇴해 휴식을 취하고 정비하면서 서울 공격을 위한 여건을 조성한다. 동시에 몇 개 사단 병력을 동원해 한강 중류의 북쪽 기슭에서 활동하게 해서 북한군이 한강을 넘어 한국군을 격멸할 수 있도록 지원한다. 만약 적군이 서울을 포기한다면 서부전선에 배치된 아군 6개 군단은 평양과 서울 사이에서 휴식을 취하며 재정비하도록 한다.

이 회신 내용은 지원군이 곧 새로운 전투에 투입될 것이라는 것을 의미했다. 마오쩌둥의 답전을 받은 펑더화이는 커다란 갈등에 빠져들었다.

군사적 측면에서 펑더화이는 곧장 전투를 재개해서는 안 된다고 생각했다. 중국군은 한국전쟁에 투입되고 한 달간 이미 두 차례의 큰 전투를 치러 전선을 38선 부근까지 남하시켰다. 전쟁은 모든 이의 예상을 뛰어넘는 속도로 전개되고 있었다. 서부전선의 6개 군단은 이미 극도로 피로한 상태였고, 동부전선의 제9병단은 더 큰 어려움에 직면한 상황이었다. 전쟁 경험이 있는 병사들을 투입해달라는 요청에는 아무런 회신이 없었고, 식량과 탄약도 제때에 배급되지 못하는 상황에서 전투를 계속해나가기란 무리였다. 게다가 2차 전역 후반에 유엔군이 신속히 퇴각했지만 전투력을 갖춘 부대의 손실은 사실상 크지 않아 대다수 주력부대가 비교적 온전한 상태를 유지하고 있었다. 유엔군의 신속한 철수는 결코 전쟁에서 최후의 패배를 의미하는 것은 아니었다. 전쟁 상식으로 봐도 유엔군이 철수한 데에는 나름의 이유가 있었다. 첫째, 38선 이북의 평원에는 적군의 공격을 막아낼 수 있는 유엔군의 요새가 없었다. 둘째, 유엔군은 신속히 중국군과의 교전에서 벗어나 전선을 보강하고 38선 이남의 진지를 바탕으로 재정비할 필요가 있었다. 따라서 유엔군이 재빨리 철수한 데에는 진지를 선점해서 구축하려는 목적도 있었던 것이다. 이런 상황에서 중국군이 공세를 재개한다면 여러 가지 불리한 상황에 맞닥뜨릴 것은 의심할 여지가 없었다.

펑더화이는 저우언라이가 '13개국 공동 제안'에 대해 했던 말을 떠올렸다.

"미군이 이미 38선을 넘어섰으니 38선은 없어진 것이나 마찬가지다. 맥아더가 38선을 없애버린 것이다."

이 말에 담긴 뜻은 명확했다. 중국군이 38선을 넘지 않겠다고 선언하는 일은 결코 없으리라는 것이다.

국제정치적 분쟁의 측면에서 봐도 당시 중국군은 반드시, 단 한 걸음일지라도 38선을 넘어야 했다.

군사적으로는 싸울 형편이 안 되었지만, 정치적으로는 반드시 싸워야만 하는 상황이었던 것이다.

군사는 반드시 정치적 필요에 따라 움직이기 마련이다.

펑더화이는 군사적 어려움을 잠시나마 잊기로 했다.

하지만 그는 38선을 넘는 공세를 펴기 직전 마오쩌둥에게 보낸 전보에서 자신의 의견을 다시 한번 피력했다.

한국전쟁은 장기전이 될 공산이 크고 그 과정 또한 험난할 것으로 생각됩니다. 적군은 공격에서 방어태세로 전환했고 전선은 축소되었으며 병력은 집중되어 있습니다. 전방은 협소한 지형이라 종심이 자연히 강화되는 구조이고 이는 적군의 작전에 유리합니다. 현재 미군과 한국군의 사기가 떨어졌다고는 하지만 아직도 26만에 가까운 병력을 보유하고 있습니다. 게다가 한반도를 바로 포기하는 것은 정치적으로 제국주의 진영에게 매우 불리하고, 영국과 프랑스도 미국에게 한반도를 포기하라고 요구하지는 않습니다. 이후 한두 번의 패전을 겪고 두세 개 사단이 섬멸되면 적군이 부산, 인천, 군산 등 교두보 진지로 후퇴할 가능성은 있지만, 그렇다고 곧장 한반도에서 병력 전부를 철수하지는 않을 것입니다. 아군은 당장 무리한 공세를 삼가는 게 좋다고 생각합니다. 또한 제13병단의 원기를 지나치게 상하게 해서도 안 됩니다. 비록 피로가 극에 달하지는 않았지만 두 달 동안 안전한 휴식을 취하지 못해 병사들은 상당히 지친 상태입니다. 또한 제때에 공급되지 못하는 물자와 추운 날씨도 문제입니다. 이미 공세 교전은 개시되었습니다. 수송력 부족과 추운 날씨, 누적된 피로 이외에도 산지 기동전을 위주로 한 기존의 공세와는 달리 이번 공세에서는 38선에 견고히 구축된 적군을 공격하는 진지전으로 전환할 것인데, 이에 대한 교육이 불충분한 것도 문제입니다. 이런 여러 가지 이유로 지난 8일 주석계 제출한 보고에서 당분간은 38선을 넘지 말고 충분한 준비를 거쳐 내년 봄에 다시 공세를 재개하자는 의견을 올렸던 것입니다. 하지만 13일 주석의 답전을 받고 나서 그 지시에 따라 현재 38선 이남으로 진격하기 위한 작전을 진행 중입니다. 의외의 상황이 발생하지 않는 한 적에게 패하지는 않을 것입니다. 하지만 아군의 공격이 저지당하거나 큰 승리를 거두지 못할 가능성은 존재합니다. 예상치 못한 과오를 범하지 않기 위해 4개 군을 집중 배치(제50군과 제66군은 양익에 배치해 적군을 견제)할 생각입니다. 먼저 한국군 제1사단을 섬멸한 뒤 틈을 보아 제6사단도 격멸할 계획입니다. 공세가 순조롭게 전개된다면 춘천에 있는 한국군 제3군단도 공격할 것입니다. 하지만 만약 공세가 계획대로 전개되지 않는다면 적절한 시기에 철수하겠습니다. 38선을 통제할 수 있는지 여부는 이후 구체적인 상황을 보아 다시 결정해야 할 것입니다. 상술한 의견이 타당한지에 대한 답전을 기다리고 있겠습니다.

마오쩌둥이 보내온 답전은 부드러운 어조였지만 38선 이남으로 공격작전을 즉시 이행하겠다는 결심에는 변함이 없었다.

제9병단은 함흥 지구에서 휴식하며 재정비하고 중상을 입은 부상병들만 둥베이로 후송하시오……. 적의 정세에 대한 펑 동지의 판단은 매우 정확하오. 우리는 반드시 장기적인 계획을 세워야 할 것이오……. 미국과 영국은 현재 38선에 대한 사람들의 선입견을 이용해 정치적 선전을 하는 한편 정전(停戰)하도록 우리를 유인하고 있소. 따라서 아군은 이런 시기에 38선을 넘어 다시 전투를 벌일 필요가 있소. 휴식과 재정비는 전투를 끝낸 후에 하도록 하시오……. 전술에 있어서는 펑 동지의 의견에 전적으로 동의하오. 즉 지금 미군과 영국군은 서울에 집결해 있어 공격하기에 불리하니 먼저 한국군을 찾아 공격해야 할 것이오. 한국군의 대부분 또는 전부를 섬멸한다면 미군은 고립 상태에 빠질 것이고, 그렇게 되면 미군도 한반도에 오래 남아 있을 수는 없을 것이오. 거기에 더해 미군 사단 몇 개도 섬멸할 수 있다면 한반도 문제는 더욱 수월하게 해결할 수 있을 것이오……. 공세를 개시하기 전에 가능하다면 며칠간 휴식을 취해 피로를 회복한 후 전투에 투입하시오…….주도권은 우리 손에 있으니 침착하게 작전을 펼치도록 하고, 병사들이 지나치게 피로하지 않도록 하시오……. 만약 공세가 순조롭게 전개되지 않는다면 적당한 시기에 철수해 적절한 지점에서 휴식을 취하고 재정비를 해야 한다는 의견에도 동의하오…….

마오쩌둥은 "공세를 개시하기 전에 가능하다면 며칠간 휴식을 취하라"고 했지만 전선에서 이를 실행에 옮기기란 불가능했다. 마오쩌둥에게 회신을 보낸 날, 펑더화이는 눈이 펑펑 내리는 기상 조건에서 중국군 6개 군단을 38선으로 긴급히 행군하도록 한 것이다. 기계화된 운송 수단이 없는 상황에서 중국군 병사들은 두 다리에 의존해 예정된 공세 개시 시각 전까지 전장에 도착해야 했다.

3차 전역이 눈앞에 다가왔다.

펑더화이는 중국군 장병들의 식량 문제를 걱정했다.

당시 한국전쟁에 투입된 중국군 병사들 사이에는 다음과 같은 우스갯소리가 유행했다.

'마오 주석이 한반도에서 전투에 임하고 있는 병사들이 아주 힘들게 생활한다는 것을 알게 되었다. 그는 전선에 물자를 공급하는 가오강에게 전장의 병사들에게 양질의 곡물가루好麵를 공급하라고 지시했다. 하지만 가오강은 마오 주석이 후난 사투리로 발음한 양질의 곡물가루를 뜻하는 '하오몐好麵'을 볶음면을 뜻하는 '차오몐炒麵'으로 잘못 알아들었다. 그래서 병사들이 끼니마다

차오몐을 먹게 된 것이다.'

차오몐은 중국군 병사들의 생명 유지를 위한 최소한의 영양을 공급했다. 하지만 인체에 필요한 여러 비타민 성분이 함유되지 않아 병사들은 비타민 결핍 증세를 보이기도 했다. 가장 흔한 증상은 입꼬리에 부스럼이 나거나 금이 가고 갈라지는 입꼬리염이었다. 장병들은 차오몐 주머니를 나무 위에 걸어놓으면 "어차피 며칠 못 가 쓰러질 걸 뻔히 알기에 미군 폭격기도 폭격을 가하지 않는다"고 말하기도 했다.

병참 장비도 부족한 데다 미군 폭격기 또한 쉴새없이 폭격을 퍼붓는 통에 중국군은 대낮에 불을 지펴 밥을 할 엄두를 내지 못했다. 반면 볶아서 익힌 차오몐은 장기간 운송에도 변질되지 않고 휴대하기도 간편하며 먹기도 편할 뿐 아니라 대량 공급도 가능했다. 이 때문에 차오몐은 무의식중에 중국군이 대규모 전쟁에서 발명한 야전 식량이 되었다.

차오몐은 밀가루 70퍼센트에 옥수수 가루나 콩가루 또는 수수 가루 30퍼센트를 섞어 볶아 말린 뒤 0.5퍼센트의 소금을 섞어 만든 것이다.

1차 전역이 막 끝났을 때 둥베이군구의 후근부는 전선의 요구에 따라 '차오몐을 위주로 가공식품을 제조해 공급량 기준을 적정 수준으로 끌어올릴 것'을 제안하며 차오몐의 견본을 만들어 전선의 지휘부로 보냈다. 펑더화이는 견본으로 온 차오몐을 맛본 후 이렇게 말했다.

"보내온 비상식품 견본은 가루로 빻아 소금을 넣으니 좋군. 볶기 전에 반드시 한 번 씻도록 하고 대량으로 공급하도록 하시오."

전선의 병사들이 빠짐없이 모두 차오몐을 먹을 수 있으려면 어마어마한 양이 필요했다. 병사 1명의 한 달 규정 배급량의 3분의 1을 기준으로 공급한다 하더라도 한 달에 공급해야 할 차오몐은 8890톤에 달했다! 중국 둥베이 지역 전체가 전력으로 이 일에 매달린다 하더라도 1000만 근 이상을 만드는 것은 무리였다. 둥베이 지방정부는 이를 위해 '차오몐 임무수행에 관한 몇 가지 규정'을 하달해 공산당과 정부, 군부, 국민 각 계층에 맞는 임무를 할당했고, 하루 평균 제조량의 최저치를 23톤으로 규정했다.

2차 전역 개시를 앞둔 11월 18일, 중국 공산당 둥베이국은 둥베이 지역의 공산당, 정부, 군부 소속의 책임자들을 포함한 전문 회의를 또 한 번 소집했다. 저우언라이 총리도 특별히 베이징에서 서둘러 와서 참석했으며, 회의 명칭을 '차오몐주러우炒麵煮肉 회의'라고 정했다.

'차오몐주러우 회의'에서 한 달 안에 차오몐 3900톤과 가공육 310톤을 만들라는 임무가 떨어졌다.

1950년 초겨울, 때맞춰 눈이 내리는 가운데 중국에는 독특한 대규모 군중운동이 일어났다. 남녀노소 할 것 없이, 집집마다 아침부터 저녁 늦게까지 차오몐 만들기에 매달렸다. 차오몐 특유의 냄새가 광활한 중국 영토 곳곳에 퍼져 나갔다. 언론 매체들은 이런 열풍에 특별한 호의를 보이며 총리를 비롯한 중앙 지도자들과 베이징의 행정 간부 그리고 국민이 하나가 되어 차오몐을 만들고 있다는 내용의 기사를 싣기도 했다. 이 기사의 의미는 한반도에서 전투에 임하고 있는 중국군 장병들의 병참 해결이라는 범주를 완전히 벗어난 것이었다. 지구 반대편의 미국에게 이 기사는 재미라고는 요만큼도 없었을 것이 분명하다. 신중국은 어찌됐든 이제 막 건국된 신생 국가인데, 그런 나라의 지도자들이 원하기만 하면 그 어떠한 일이라도 대규모 군중운동으로 바꿀 수 있다는 것은 놀라운 일이었다. 그것도 이데올로기적 선전 색채가 매우 뚜렷한 운동 말이다.

38선을 향해 행군하는 중국군 장병들은 비록 옷도 얇고 배도 곯았지만 그들 뒤에는 조국의 국민이 있다는 것을 알고 있었다. 그랬기에 정치적으로는 무지한 그들이었지만 행군 길은 기운이 넘쳤고 낙관적이었다.

한반도의 북에서 남으로 행군하며 중국과 북한은 중국군의 6개 군단과 북한군 3개 군단으로 대군을 조직했다. 보병, 포병, 수송부대와 운송대원들이 큰길, 작은 길을 모두 가득 메웠고 강과 하천의 나루터마다 그득그득했다.

밤이 깊자 환한 달빛 아래 대지가 은백색으로 빛났다. 중국군 병사들이 전투에서 노획한 것 중에는 생전 처음 보는 까만 가루가 있었는데 쓸모없는 짐만 됐다. 누군가는 이 가루 없이는 미군이 아무것도 먹지 못하기 때문에 미군에게는 보물과도 같은 것이라고 했다. 중국군 병사들도 맛을 보고는 아마도 세상에서 먹을 수 있는 것 가운데 가장 이상한 먹을거리일 것이라는 생각이 들었다. 맛이 한약처럼 쓴 것은 말할 것도 없고 중요한 것은 배고픔을 해결하는 데 아무런 도움이 안 된다는 점이었다. 결국 제39군의 선봉부대는 노획한 미군 커피 전부를 전진 노선을 안내하는 표시로 눈길에 뿌렸다. 중국군 병사들은 커피향이 그윽한 길을 따라 38선을 향해 진군했다.

당시 각 군에서 가장 바빴던 이들은 문화선전 공작단원들이었다. 중국군에서만 찾아볼 수 있는 독특한 이 병과에는 꽃다운 나이의 여성들이 적잖이 소속되어 있었다. 그들은 무언가를 보고 그것을 바로 노래로 표현해내는 재주가 뛰어났고, 중국 전통악기인 징과 북 이외에 트롬본과 클라리넷 등 서양 악기도 연주했다. 한밤중에 미군 비행기가 중국군의 머리를 스칠 듯 낮게 날아갈 때도 그들은 길가의 구릉에 올라 두려운 기색 없이 꼿꼿이 서 있었다.

"적군을 잡아라! 도망가게 놔두지 마라!"

얼굴 가득 눈꽃이 핀 중국군 장병들이 듣기에 그녀들의 목소리는 세상에서 가장 아름다운 소리였다.

너는 하늘에서 빙빙 돌지만
나는 땅에서 일한다네
너희가 더욱 발악할수록
우리 발걸음은 더욱 즐거워진다네

길에 쌓인 눈은 수많은 사람의 발에 밟혀 유리처럼 미끄러웠다. 포차를 끌던 노새들이 계속해서 미끄러져 포차가 길가 도랑으로 곤두박질쳤다. 노새를 부리던 이들은 길가의 보병들에게 끊임없이 도움을 요청했다. 너무 피곤했던 탓에 보병 중에서도 길가 도랑으로 빠지는 사람들이 끊이지 않았다. 하지만 대오 뒤쪽으로 군용차 한 대가 따라오자 병사들이 놀라며 물었다.

"아군 차입니까?"

그렇다는 대답을 듣자 병사들은 피로가 한방에 가시는 느낌이었다.

1951년 새해는 중국군이 한창 38선을 향해 진군하고 있는 가운데 찾아왔다. 펑더화이는 베이징에 전보 한 통을 보냈다.

마오 주석, 주 총사령관 보십시오.

주석님과 총사령관님의 영명한 지도 아래 두 차례 전투에서 위대한 승리를 거둘 수 있었습니다. 또 한 번의 승리를 신년 선물로 올리기 위해 현재도 끊임없이 노력하고 있습니다. 늘 건강하십시오!

중국인민지원군 지휘관 일동

왕양은 제39군 소속 사단장 가운데 유일하게 항일전쟁 시기의 혁명에 참가했던 엘리트 출신 사단장이었다. 젊고 준수한 용모에 문무까지 겸비한 그는 세인의 관심을 한 몸에 받았다. 당시 그가 지휘한 116사단은 임진강 돌파 임무를 받은 제39군의 선두부대였다.

태백산맥에서 발원한 임진강은 한강의 주요 지류 가운데 하나로 전체 길이는 254킬로미터, 강폭은 100여 미터에 이르렀으며, 양쪽 기슭에 높은 산이 솟아 있었다. 제39군은 38선상에 위치한 임진강 중류의 한 구간을 돌파해야 했다.

왕양 사단장은 임진강변에서 포대경으로 강 맞은편을 오랫동안 관찰했다.

관찰 지점에서 한국의 수도 서울까지 거리는 75킬로미터밖에 되지 않았다.

포대경 속에서는 모든 게 뚜렷하게 아주 잘 보였다. 강 맞은편의 유엔군은 중국군의 도하를 막기 위해 진지 전방에 겹겹이 철조망을 치고 대량의 지뢰를 매설했다. 강기슭으로 난 가파른 낭떠러지로는 크고 작은 토치카가 **빽빽하**게 들어서 있었다. 왕양 사단장이 관찰하고 있을 때 강 상공에서 적군 비행기가 끊임없이 조명탄을 쏘아올리고 있었다.

정찰참모가 왕양에게 보고했다.

"347연대의 정찰대가 어젯밤 도하정찰을 하다가 적에게 발견돼 강물 속에서 화력 공격을 받아 심한 동상에 걸렸고, 네 명의 병사가 희생됐지만 정찰을 마치고 돌아왔습니다."

"수면이 어떤 상태라 하던가?"

"신벌 도하점 왼쪽으로 200미터는 완전히 얼었다고 합니다. 하지만 도하점 정면은 물살이 거세 아직 결빙하지 않았고 수심은 1.2미터 정도라고 합니다."

"토정은 어떤가?"

"토정 도하점은 결빙 상태지만 얼음장이 얇아 포병이 지나기엔 무리일 것 같습니다."

왕양은 마음이 무거워졌다.

며칠 동안 왕양은 선봉대 역할을 맡은 제347연대의 연대장 리강李剛과 제346연대 연대장 우바오광吳寶光을 이끌고 전선의 지형을 관찰했다. 그는 이 연대들에게 최적의 돌파구를 직접 찾아줄 작정이었다. 하루는 지형을 관찰하고 있는데 한국 주민으로 보이는 열 명 남짓한 사람이 그들이 있는 쪽으로 다가왔다. 이들은 사실 민간인이 아니라 한국군이 파견한 위장 정찰대원이었다. 중국 측의 경계분대가 즉시 교전을 개시하자 그들은 맞은편 강기슭 쪽으로 방향을 틀어 재빨리 도주했다. 하지만 맞은편의 한국군 병사들은 그들을 중국군 정찰대원으로 오인해 방아쇠를 당겼다. 그날 살아남은 한국군 정찰대원은 한 사람도 없었다. 왕양은 사살된 정찰대원들의 옷에서 정찰계획 지도를 발견했다. 지도에는 임진강의 결빙 상황이 자세히 정리되어 있었다.

왕양이 346연대에 도착했다.

346연대에 벌써 와 있던 116사단의 부사단장 장펑張峰은 연대 당위원회에 참석해 강 맞은편의 192고지를 순조롭게 점령할 방법을 논의하고 있었다.

장펑이 말했다.

"우리가 한국 전장에서 한 걸음 전진할 때마다 세계평화도 한 걸음 가까워질 겁니다. 얼마나 힘들고 고생스럽든지 간에 나는 부대를 이끌고 임진강을 건널 겁니다!"

1차 전역에서 운산을 초토화시켰던 4중대의 지뢰제거조 조장 장차이수張財書는 결의서에 이렇게 썼다.

"임진강 돌파를 위해 나는 당이 우리에게 부여한 지뢰제거 임무를 반드시 완수할 것이다. 갈고리가 끊어지면 손으로 잡아당기고, 손이 끊어지면 발로 밟고, 발마저 끊어지면 몸을 굴려서라도 반드시 돌격부대가 전진할 수 있는 길을 열어서 192고지를 점령할 수 있게 할 것이다!"

4중대 중대장 주쯔위朱子玉는 이렇게 말했다.

"만약 내가 임진강을 건너지 못하고 전사한다면 나를 강 건너편 진지에 묻어주시오!"

347연대로 간 왕양은 연대장 리강을 찾았다. 리강은 예전에 소설을 발표했던 특이한 이력으로 유명해 '소설 연대장'이라고 불렸다. 리강은 노련하고 용감한 사람이었다. 그는 며칠 간 전선을 누비며 파악한 정황을 왕양에게 보고했다. 리강은 연필로 지도상의 347연대 정면에 빽빽하게 기호를 그려넣었다. 이 기호들은 적군의 철조망, 지뢰 구간, 화력 집결지, 종심 방어선과 그밖에 의심가는 구간을 표시한 것이었다. 곧이어 왕양은 6중대가 선봉대를 맡은 강철중대에게 보내온 도전장을 봤다.

친애하는 강철중대 동지들 보시오!

임진강 돌파 임무를 수행할 때가 왔소! 우리는 더없이 기쁜 마음이오!

조국과 인민에 대한 동지들의 크나큰 공헌을 우리는 탄복해 마지않으며 늘 배우려 노력하고 있소! 우리에게 주어진 영예로운 임무를 함께 완수하기 위해 동지들에게 특별히 혁명우의革命友誼 시합을 제안하오. 시합 조건은 아래와 같소.

첫째, 돌파구를 연 후 누가 먼저 점령하는가.

둘째, 누가 먼저 적군의 주진지를 점령하는가.

셋째, 누가 더 많은 포로를 생포하는가.

6중대 동지 일동

왕양 사단장의 눈길이 도전장에서 강 맞은편으로 옮겨졌다.

"전선 정찰은 상세하고 또 상세하게 해야 하네. 병력의 손실을 최대한 줄일 수 있도록 말일세!"

병사 장궈한張國漢은 명령을 받고 결빙 상태를 확인하러 길을 나섰다. 그는 몸에 권총을 차고 꽁꽁 얼어붙은 강 위를 숨죽여 기어갔다. 빙판의 눈가루가 차가운 바람을 타고 옷깃 속으로 파고들었고 온몸이 얼어붙는 듯한 느낌이었다. 그러나 날이 추울수록 얼음이 더 두꺼워질 것이고 부대가 돌파하는 데 유리할 것이기에 그는 매우 기뻤다. 강심까지 기어갔을 때 그는 돌연 얼음층의 움직임을 느꼈고, 게다가 얼음이 갈라지는 소리까지 나자 조금 긴장이 되었다. 그렇게 꼼짝 않고 한참을 보내고 나서야 그는 조금 전에 얼음층이 움직인 것은 자연스러운 현상임을 깨달았다. 그래, 고향의 하천도 한겨울이면 쩍쩍 갈라지는 소리를 내지 않았던가? 강 중간에 다다르자 그는 몸을 일으켜 다람쥐처럼 이리저리 뛰어다녔다. 얼음은 아주 튼튼하게 잘 얼어 있었다. 지휘관님이 얼마나 기뻐하실까! 장궈한은 그래도 안심할 수 없어 강 중간의 좌우로 각각 30미터씩을 기어서 왕복했다. 다시 돌아가야 할 때가 되자 그는 강 맞은 편을 한번 바라보았다. 칠흑 같은 어둠 속에 묻힌 남쪽 기슭에는 불빛들이 끊임없이 반짝거렸다. 야간 당번을 서는 유엔군 기관총에서 발사된 예광탄이 줄지어 강으로 날아들었다. 그 순간 갑자기 장궈한의 머릿속에 '대장들이 줄곧 중얼거리던 38선이라는 것은 도대체 무엇일까? 한번 볼 수 있지 않을까? 손으로 만져볼 수 있을 지도 모른다'라는 생각이 들었다. 장궈한은 남쪽 기슭까지 기어갔다. 그는 강기슭의 지뢰지대를 지나 낭떠러지 밑까지 기어갔다. 머리 위로는 유엔군이 쏜 총알이 쉴새없이 지나갔고, 유엔군이 무전기에 대고 말하는 소리까지 들렸다. 그는 꼼짝도 않고 멈춰서 38선의 모습을 상상했지만 끝내 그 모습을 그리는 데는 실패했다. 그래도 그는 자부심을 느꼈다. 어찌 되었든 간에 맨 처음 임진강을 돌파한 사람은 장궈한, 바로 자신이었던 것이다!

1950년 12월 30일, 제39군 116사단은 임진강 진격을 위한 모든 준비를 마쳤다.

116사단은 너비 2킬로미터, 종심 2.5킬로미터에 걸친 강 정면에, 유엔군과는 150~2500미터 떨어진 출발 진지에 구릉과 관목숲, 시내, 강우로 인해 침식된 지형을 활용해 7개 보병대대가 몸을 숨길 수 있는 간이 은폐소 316개를 구축했다. 또한 18개 연대와 대대본부의 300여 지휘관을 수용할 수 있도록 참호를 파고 교통호로 연결했는데(참호 측벽에는 1미터 간격으로 폭탄 대피용 구멍을 팜) 그 길이가 총 1킬로미터가 넘었다. 이밖에 50개가 넘는 탄약기자재실과 30여 개의 무개호無蓋壕 포병 발사진지, 50여 개의 유개호有蓋壕 포병 발사진지를 구축했고, 진지마다 500명의 부상병을 수용할 수 있는 대피소를 만들어놓았다.

116사단은 대량의 도하 장비를 준비했다. 제1제대 병사들은 가파른 절벽을 오르는 데 사용할 사다리 24개를 마련했다. 보병부대의 각 대원은 방수포로 방수양말 한 켤레와 짚신 두 켤레씩 만들었다. 짚신은 얼음 위에서 미끄러지는 것을 방지하기 위해 필요했다. 또 적군의 포화에 깨진 얼음의 틈을 메울 문짝과 미끄러짐을 방지할 왕겨도 대량으로 준비했다.

116사단의 도하 준비는 다른 부대보다 한 수 위였다. 어떤 경로를 이용했는 지는 아무도 몰랐지만 본토에서 가져온 돼지기름이 있었다. 이 돼지기름을 병 사들에게 배급해 허벅지와 발에 바르게 했는데, 이렇게 하면 동상을 방지할 수 있다고 했다. 병사들은 돼지기름 냄새를 맡자 참기 힘든 허기를 느꼈다. 한국에 온 뒤로 콩기름과 돼지기름 냄새는 거의 맡지 못하다시피 한 것이다. 병사들은 말했다.

"돼지기름으로 볶은 배추 한 접시만 먹을 수 있다면 얼마나 좋을까!"

사단 후근부는 150톤의 식량을 모아 전 병사가 하루 치 식량과 사흘 치 비 상식량을 휴대할 수 있도록 했다. 또한 포병들을 위해서는 기준량의 1.5배를 준비했고, 그중 보병포와 박격포는 2배를 준비했다. 기관총과 개인 소총 탄환 은 기준량의 2배 이상을 준비했고 수류탄은 각자 5발씩 휴대하도록 했다.

야전병원도 대량의 구급약을 보충했고, 들것부대 또한 대량의 들것을 준비 했다.

346연대와 347연대를 지원할 화포는 각각 23문과 27문이었으며, 야전포와 산포山砲, 보병포, 화학박격포로 구성되었다. 또한 사단의 2선 포병부대가 정 면의 공격부대를 전력으로 지원하기로 했다.

왕양 사단장이 내린 명령에는 "공격진지에 진입한 후 목표를 노출하는 대원 이 있다면 군율로 제재하겠다"라는 내용도 포함되어 있었다.

제38군이 돌파해야 할 정면은 적군이 견고하게 방어하고 있는 지역이었으 므로 강공을 펴야 했다. 영평永平에서 먼저 적진을 돌파할 부대는 114사단이었 다. 114사단은 선발대로서 부여받은 임무를 342연대에 인계했고, 342연대는 1대대에게 먼저 돌파할 임무를 주었다.

돌파지점을 선택하려는 시기에 2대대 대대장 야오위룽은 다리에 총상을 입고 실려가면서 친구인 차오위하이에게 이렇게 말했다.

"친구, 또 자네가 앞장설 차례야."

차오위하이는 1대대 대대장이었다.

한국전쟁에서 싸운 수백만의 중국군 병사들 가운데 '차오위하이'라는 이 이름은 예상치 못한 시기에 튀어나오곤 한다.

차오위하이는 말했다.

"우선 적군의 방어선이 강철같이 견고한지 두부처럼 무른지 확인해봐야겠어."

차오위하이는 매우 꼼꼼한 사람이었다. 그는 최적의 돌파 지점을 찾기 위해 여러 차례 직접 꽁꽁 얼어붙은 강 위를 기어 정찰에 나섰다. 그는 38선 북쪽에 굽이쳐 흐르는 한탄강을 정찰했는데, 이 강은 임진강의 지류 가운데 하나였다. 최종적으로 차오위하이는 깎아지르는 듯 가파른 낭떠러지를 돌파 목표로 선택했다. 그는 적이 예상치 못한 지역일수록 방어에 취약할 가능성이 높기 때문에 더욱 안전할 것이라는 이유를 들었다.

제40군 119사단 355연대 연대장 리관즈李冠智는 엄격하고 진지한 사람으로, 부하들이 '대개'나 '아마도' 같은 단어를 입에 담는 것을 결코 허용하지 않는 것으로 유명했다. 병사 스사오칭石紹淸은 얼음 상태를 확인하라는 리관즈의 명령을 받고 해질 무렵 강을 향해 출발했다. 하지만 그는 오후 8시가 되기도 전에 돌아와 강 한복판의 약 5미터 정도가 완전히 얼지 않았다고 보고했다. 그는 자신이 직접 물에 들어갔다 나왔다고 강조하며 말했다.

"발을 살짝 물에 담가봤는데, 맙소사, 너무 차가워서 숨을 몇 번이나 들이마셔야 했습니다! 아직 얼음이 얼지 않은 곳으로 가서 입수하자 물이 순식간에 배꼽 밑까지 올라왔습니다. 얼마나 차갑던지! 호흡이 가빠질 정도였습니다. 강바닥의 돌도 아주 미끄러웠습니다. 물살도 셌고요, 물속으로 곤두박질칠 뻔 했으니까요. 다리는 칼처럼 날카로운 얼음에 베었습니다. 하지만 조금 있으니 아픈 줄도 모르겠더라고요!"

스사오칭은 말하면서 솜바지를 걷어올렸다. 다리는 한기에 이미 파랗게 변했고, 얼음에 베인 상처에서는 피가 흐르고 있었다. 그의 말에 놀라 눈이 휘둥그레진 병사들 사이에서 다양한 의견이 분분히 일어났다. 어떤 이는 우의로 방수용 바지를 만들어야 한다고 강력히 주장했고, 또 어떤 이는 아예 부교浮橋를 설치하자고 했다.

이튿날, 리관즈는 어제까지도 얼지 않아 까만 수면을 드러냈던 강심의 일부분이 사라진 것을 발견했다. 설마 밤새 얼어버린 것일까?

리관즈는 다시 사람을 파견해 정찰하도록 했다.

어제 병사들의 눈을 휘둥그레지게 만들었던 스사오칭이 또 정찰 임무를 맡았다.

출발 전, 스사오칭은 튼튼한 나무 막대기를 하나 구해 한쪽 끝을 솜으로 싸서 묶었다. 날이 저물자 그는 눈처럼 새하얀 천을 몸에 걸치고 정찰에 나섰다. 강변에 도착한 스사오칭은 얼어붙은 강에 엎드려 기어가서 강 중심에 다다랐다. 아니나 다를까, 그곳은 완전히 얼어 있었다! 그는 얼음이 얼마나 두껍게 얼었는지 알아보기 위해서 솜으로 싼 막대기로 두드리고 얼음이 갈라지는 소리가 들리는지 귀를 기울였다. 솜으로 감싸긴 했지만 막대기를 두드릴 때 나는 소리에 스사오칭은 마음을 놓을 수 없었다. 그는 자신의 정찰이 불확실할 경우 수많은 전우의 생명이 위험에 처할 것이고 355연대의 승리도 불투명해진다는 사실을 잘 알고 있었다. 여기에 생각이 미치자 그는 아예 벌떡 일어섰다. 그리고 온 힘을 다해 빙판 위에서 뛰어보았다. 그렇게 힘껏 뛰기를 반복하자 강 맞은편 적진에서 포탄이 날아왔다. 포탄 하나가 그로부터 10미터 떨어진 곳에서 터졌다. 얼음 파편들이 튀어 그의 몸에 우수수 떨어졌고, 극심한 고통에 소리를 지를 뻔 했지만 이를 악물고 참았다. 그는 뒤돌아 뛰는 대신 폭탄이 터지며 만들어진 큰 구멍의 가장자리로 기어갔다. 그리고 차가운 강물 속으로 손을 뻗어 얼음의 두께를 측정해보았다. 두께를 확인한 그는 기쁨을 감출 수 없었다. 얼음은 두껍게 잘 얼어 있었다. 그 정도 두께라면 보병은 말할 것도 없고 대포도 충분히 지나갈 수 있었다. 그는 승리의 기쁨을 안고 다시 진지를 향해 기어가기 시작했다. 계속해서 앞으로 기어가다가 문득 진지한 질문 하나가 떠올랐다. '이번에는 내가 진실을 말한다는 것을, 진짜 정찰임무를 확실히 이행했다는 것을 무슨 수로 증명한단 말인가?' 그는 어둠 속에서 잠시 생각에 잠겼다가 방향을 되돌려 강 맞은편으로 기어가기 시작했다. 쉬지 않고 포복해 전진한 그는 경비가 삼엄한 강의 남쪽 기슭에 이르렀다. 그는 적군이 기슭에 지뢰 지대를 설치해놓은 사실을 알고 있었다. 지뢰 지대의 한쪽 끝에 이르자 보초병이 왔다갔다하는 그림자가 보였다. 그는 어둠 속에서 더듬으며 앞으로 나아갔다. 짧지 않은 시간을 그렇게 보내고 나서야 다시 얼어붙은 강에 올라 진지를 향해 포복해 되돌아왔다. 중대장에게 정찰 결과를 보고하며 스사오칭은 품 안에서 미국식 지뢰 세 개를 꺼냈다.

"제가 보고한 정찰 상황은 모두 진실입니다. 여기 양놈들의 지뢰가 그 증거입니다!"

펑더화이는 3차 전역의 작전계획을 두고 심사숙고를 거듭한 후 다음과 같은 계획을 확정했다. '중국군 6개 군단을 집결하고 북한 인민군 3개 군단의 협조하에 공세를 개시한다. 적군이 38선에 구축한 방어진지를 박살내고 임진강과 북한강 지역에 배치된 한국군 제1사단·제5사단·제6사단을 섬멸한다. 만약 순조롭게 작전이 진행된다면 그 기세를 몰아 서울까지 점령한다.'

3차 전역의 구체적인 작전계획은 다음과 같았다.

'중국군 제38군·제39군·제40군·제50군과 6개 포병연대로 우익종대를 구성하고 그 지휘는 한셴추 부사령관이 맡는다. 우익종대는 고랑포리에서 영평에 이르는 구간을 뚫고 전진한 뒤 먼저 한국군 제6사단을 섬멸한다. 그런 다음 한국군 제1사단을 격멸하고 의정부 방향으로 전진한다. 각 군의 임무는 다음과 같다. 제39군은 신벌과 토정 구간에서 임진강을 돌파하고, 주력은 상성동·오현리·법원리 방향으로 돌격해 적의 지원군을 칠 준비를 하는 한편 문산 지구의 한국군 제1사단을 포위 공격한다. 또다른 1개 사단은 상수리와 선암리 방향으로 우회해 그 지역의 적군 진지를 점령하는 동시에 북쪽을 지원하는 적군과 남쪽으로 도주하는 적군을 저지한다. 제40군은 아미리에서 고탄에 이르는 구간을 통해 임진강과 한탄강을 돌파하고 이후 동두천 방향으로 공격을 개시한다. 또한 제38군·제39군과 협동해 한국군 제6사단을 섬멸한다. 제38군은 누벌부터 판거리까지의 구간을 통해 한탄강을 돌파하고 영평의 적군을 우선 섬멸한 후 동두천리와 지행리 방향으로 공격을 가한다. 또한 1개 사단으로 칠봉산 진지를 점령하고 북쪽으로 증원하려는 적을 저지하며 포천의 적을 감시한다. 제50군은 모석동에서 고랑포리에 이르는 구간으로 돌파해 개목동 방향으로 공격을 개시한다. 또한 제39군과 연합해 한국군과 유엔군의 증원을 차단하거나 한국군 제1사단을 공격한다.

중국군 제42군·제66군과 포병44연대로 구성한 좌익종대는 제42군 군단장이 지휘를 맡는다. 좌익종대는 영평에서 마평리에 이르는 구간을 돌파한 후 주력은 영평에서 용소동에 이르는 구간의 한국군 제2사단 제1연대와 제2연대를 섬멸한다. 이후 가평과 청평천 방향으로 전선을 확장해 서울과 춘천 간의 교통을 차단한다. 1개 사단은 화천에서 북한강을 건너 춘천 이북의 적에게 양동작전을 펴며 한국군 제5사단을 포위 공격한다. 각 군의 임무는 아래와 같다. 제42군은 관음산에서 배선동 구간을 돌파하고, 주력은 중판리와 귀목동 방향으로 공격을 가해 한국군 제2사단 17연대를 섬멸하고 청평천과 가평을 잇는 도로를 차단한다. 또다른 1개 사단은 제령리 방향으로 우회한 뒤 제66군과 협동해 한국군 제2사단 32연대와 제5사단 36연대를 섬멸한다. 제66군 주력은 각각 용소동·마평리·원평리 구간을 돌파해 제령리 방향으로 공격을 개시하고 제42군과 협동해 한국군 제2사단을 섬멸한다.'

3차 전역에서 확실한 승리를 거두기 위해 전투 경험이 있는 중국의 8만여 고참병이 전선에 추가 투입되었다.

중국군 후근부는 병참 역량을 강화하는 한편 철도부대와 교량부대를 전장에 추가 투입했다. 전선의 각 군은 적극적으로 현지에서 식량을 조달했고, 현지 주민들에게서 18톤에 달하는 식량을 빌리기도 했다.

중국군과 북한군은 연합지휘부를 세우고 총지휘사령관 겸 정치위원으로 펑더화이를 임명했다.

평소보다도 더 무거운 정적에 휩싸인 임진강 양쪽 기슭, 어둠 속의 강 북쪽 기슭에는 10만의 중국군이 몸을 웅크린 채 참호에 은폐하고 있었다. 그 특별한 순간, 어렸을 때 고향에서 보낸 새해를 떠올린 중국군 병사가 있었는지는 알 수 없는 일이다. 중국인에게 양력 1월 1일의 위안단은 음력 1월 1일인 춘제처럼 열렬하지는 않지만, 그래도 새해를 맞이해 집집마다 초롱을 걸고 온 가족이 푸짐하게 차린 밥상머리에 모이는 날이었다. 풍년이 든 해에는 고기와 술도 상에 올랐다. 식사를 마친 후 젊은이들은 피워놓은 숯불 앞에 모여 새해의 생활계획 같은, 평소에는 꺼내기 힘든 이야기들을 나누기도 했다. 어른들은 일찌감치 잠자리에 들고 없는 자리였다. 중국에서 새해가 곧 시작되는 것을 알리는 위안단은 젊은이들의 명절이었다. '미래'라는 단어는 젊은이들에게 늘 어렴풋하지만 아름다운 것으로 다가오기 때문이다.

1951년 새해가 오기 전날 밤, 한반도의 10만여 중국군 병사들을 맞이한 것은 잔혹한 전투였다.

항미원조전쟁에서 중국군의 3차 전역은 1950년 12월 31일 저녁 7시에 개시되었다.

"한 번의 승리가 정말 중요하네"

12월 23일 밤, 미 육군 참모차장 매슈 리지웨이는 육군 전우들과 함께 만찬을 즐기고 있었다. 며칠 동안 골치 아픈 한국문제를 논의하기 위해 쉴새없이 회의에 참석하느라 모두가 정신적으로 피폐한 상태였다. 긴장을 풀고 술도 몇 잔 하기에 크리스마스이브는 그런대로 괜찮은 이유였다. 하지만 술기운에 아시아 동북 지역의 모서리에 위치한 이 조그만 나라가 잊혀지려 하던 그 순간, 육군 참모총장 콜린스로부터 전화가 걸려왔다. 수화기 너머로 전해진 소식에 술자리 분위기는 순식간에 깨져버렸다.

"매슈, 워커가 죽었네!"

리지웨이는 펜타곤에서 열리는 회의에 즉각 참석하도록 통보받았다.

펜타곤으로 간 리지웨이는 자질구레한 약간의 상황 정보를 전달받고 나서 그날 밤 극동으로 날아가 워커의 제8군 사령관직을 인계받으라는 통보를 받았다.

리지웨이의 머릿속에 가장 먼저 떠오른 생각은 '아내에게 이 이야기를 어떻게 해야 하나?' 하는 것이었다.

당시 56세의 리지웨이는 미 육군 포병 대령의 아들로 태어나 아버지와 마찬가지로 반평생을 미 육군에 몸담은 군인이었다. 1919년 웨스트포인트 사관학교를 졸업한 그의 동기로는 당시 육군 참모총장인 조지프 로턴 콜린스와 한국전쟁 중에 그의 후임자가 될 마크 클라크Mark W. Clark가 있다. 웨스트포인트 사관학교 생도 시절 그에 대한 평은 '당당한 용모에 소박하면서도 위엄 있는' 학생이었다. 그는 학교에서 가장 주목받는 미식축구팀 주장인 동시에 아이스하키팀에서도 없어서는 안 될 주요 선수였다. 당시 그가 누렸던 영예는 학교연감에 실린 "매슈 리지웨이는 이곳에서 가장 바빴던 사람이었다는 데 논쟁의 여지가 없다"라는 한 문장에 잘 나타나 있다.

리지웨이는 군인으로서 전쟁에서 명예를 얻기를 바라 마지않았다. 하지만 그가 소위로 임관되었을 때는 제1차 세계대전이 이미 막바지에 다다랐다. 제1차 세계대전이 끝나고 제2차 세계대전이 시작되기 전까지 그는 중국과 니카라과, 필리핀 등지에서 복무했다. 그동안 훗날 그의 아내가 된 아가씨와 교제한 것을 제외하고는 스스로를 기쁘게 한 일이라고는 한 게 없었다. 그는 자신이 인내심은 갖추었으나 '싫증 나는' 생활을 하고 있다고 생각했다. 그러던 중 제2차 세계대전이 발발하자 군인으로서 출세할 기회도 찾아왔다. 리지웨이는 미 육군 제82사단 사단장으로 임명되었다. 이 사단은 곧 공수사단으로 재편되어 미 육군의 정예부대가 되었다. 이탈리아 시칠리아 섬에서 작전을 개시한 이후 그는 수하 병사들을 이끌고 시칠리아 섬에서의 대공수 강습작전에서부터 노르망디 상륙작전에 이르기까지 유럽의 전장을 누비며 다양한 전투 경험을 쌓았다. 1945년, 리지웨이는 이미 1개 군단을 지휘하는 수장으로 성장해 있었다. 1949년, 그는 미 육군 참모차장에 임명되었고 자타가 공인하는 '미래의 참모총장'이 되었다.

리지웨이는 치밀한 지휘와 기민한 전술로 미 육군의 영예를 떨쳤다.

그럼에도 불구하고 그는 자신이 전장에 나가야 한다는 소식을 아내에게 전하고 싶지 않았다. 하지만 그날 밤에 출발해야 했기에 가까운 친구에게 그 소식을 아내에게 전해달라고 부탁했다.

집에 돌아온 리지웨이는 한국 전장에 가지고 가야 할 물품의 목록을 꺼내놓았다. 예상과는 달리 그의 아내는 위험하기 그지없는 머나먼 타국으로 부임하는 남편에게 격한 반응을 보이지 않았다.

"그녀는 아주 용감했다. 잘 교육받은 사람처럼, 군인의 아내들에게 볼 수 있는 특유의 의연한 모습으로 현실을 받아들였다."

리지웨이는 유언장을 작성했다. 유언장에 자신이 사망할 경우에 유산을 어떻게 분배할 것인지를 언급했다. 그러고 나서 그는 아내와 아이들과 함께 가족사진을 찍었다. 이 사진은 훗날 엄혹한 한국 전장에서 그에게 따뜻함을 안겨준 유일한 물품이 되었다.

공항으로 그를 데려갈 자동차가 집 앞에 도착했다. 아내와 아이들에게 입을 맞춘 후 그는 다시 한번 콜린스의 전화를 받았다. 수화기 너머의 콜린스는 그에게 참모들의 배웅이 필요한지를 물었다. 리지웨이가 대답했다.

"아닐세, 나 혼자 가겠네. 크리스마스 아닌가, 이런 날에는 홀아비들도 계획이 있게 마련이지."

그를 실은 비행기가 어둠을 뚫고 이륙했다. 잔혹한 전투를 무수히 치른 이 노병의 머릿속에 많은 일이 꼬리에 꼬리를 물고 떠올랐다. 질서 없이 뒤죽박죽 섞인 기억들도 머리를 스쳤다. 여러 해가 지난 뒤에도 그때의 기억은 그의 뇌리에 생생히 남아 있었다.

사관학교에서 공부할 때 교관은 나를 종종 지도 앞으로 불러세우고 질문에 대답하게 했다. '대대장이 전사했다. 후임으로 네가 그 자리에 부임해 향후 어떻게 해야 할지 조속히 결정해야 한다고 하자. 너는 어떤 결정을 내리겠는가?' 이런 질문을 받으면 나는 재빨리 적군과 아군의 병력 배치와 전투 능력을 고려하고 내 지식에 의거해 결정을 내렸다. 그런 다음에는 명령을 하달할 순서와 그 내용을 생각했다.

하지만 내 앞에 닥친 문제는 내가 사관학교에서 배운 것과도, 내가 전장에서 경험한 것과도 크게 달랐다. 정도의 차이가 있는 게 아니라 본질적으로 다른 문제였다.

내 앞에 닥친 상황은 제8군이 청천강 전투에서 패배한 후 철수해 현재 38선 일대를 지키고 있다는 것, 그리고 제10군단도 가까스로 장진에서 빠져 나와 부대원들이 피로에 지쳐 있고 사기는 저하되어 있다는 것이었다.

적군의 전투력은 아군을 앞서고 있었다. 게다가 적군은 한국의 산간지대에서 작전을 펼치는 데 뛰어났고 야전에도 능했다. 전황은 아군에게 몹시 불리했다. 만약 교관이 지금 내게 어떻게 할 것이냐고 묻는다면 나는 뭐라고 대답해야 하는가?

리지웨이는 미 육군 참모차장으로서 워싱턴의 펜타곤에서 한반도 지도를 펼쳐놓고 매일같이 작전을 연구했기 때문에 한반도의 지리적 환경에 대해서는 자기 집 정원만큼이나 익숙했다. 또한 현재 한국 전장에 있는 미군 고급 장교들 가운데 해군 소속인 제1해병사단의 스미스 사단장을 제외하고는 모두가 그의 오랜 친구들이었다.

리지웨이는 노트에 부인과 육군본부에 보낼 전보를 써내려갔고 부임 연설 원고의 초안도 작성했다. 또한 자신이 앞으로 취해야 할 행동을 순서대로 정리해보았다.

1. 맥아더 장군에게 보고하고 현황에 대한 그의 상황 판단과 작전 방침을 알아본다.

2. 지휘권을 행사한다. 신출귀몰하는 중국군을 물리칠 수 있다고 믿는 자신감을 제8군 장병들에게 전한다.

3. 제8군의 참모들을 파악하고 전황에 대한 그들의 판단을 알아본다.

4. 각급 지휘부를 방문하고 전선을 시찰해 부대의 실제 상황을 파악한다. 특히 부대의 작전 능력과 약점을 파악하고 각급 지휘관들의 생각도 알아본다.

5. 이상 각 항의 행동을 완수한 후 종합적 판단에 의거, 방어할 것인지 아니면 진격할 것인지를 결정한다.

기름 재급유를 위해 비행기가 알류산 열도에 잠시 착륙했을 때 리지웨이는 그곳 기지의 사령관 부부와 고고학적 문제를 잠시 논하기도 했다.

비행기는 곧 태평양을 향해 비행을 시작했다. 목적지는 일본의 도쿄였다.

리지웨이와 맥아더의 개인적 관계는 매우 기묘했다. 리지웨이가 웨스트포인트 사관학교 생도였을 때 맥아더는 이미 그곳의 교장이었다. 그때부터 리지웨이는 이 거만한 인물을 존경하면서도 일정한 거리를 두었다. 이는 리지웨이가 맥아더의 '허풍과 자화자찬하는 나쁜 습관'과 '존재하지도 않는 일의 공로를 자신에게 돌리는 고질병'을 잘 알고 있었기 때문이다. 리지웨이는 훗날 그의 회고록에서 이렇게 맥아더를 묘사했다.

수하의 지상부대가 참가한 상륙작전이나 주요 공세에서 그는 대중에게 전장의 진정한 지휘관으로서 모습을 드러내길 바랐다. 맥아더는 마치 천재라면 응당 그래야 한다는 양 고의적으로 고상하고 도도한 모습을 꾸며냈는데 간혹 그와 도무지 어울리지 않는 모습을 보이기도 했다……. 이 때문에 그는 사령관으로서 자신의 부하로부터 비판적 의견이나 정곡을 찌르는 평가를 듣지 못했다. 고집이 무척 셌기 때문에 가끔은 논리에 상관없이 무조건 자신의 뜻에 따라 행동하기도 했다. 자신의 판단에는 절대적 믿음을 가지고 있었으며, 이 때문에 늘 정확히 들어맞는 예감을 갖기도 했다.

크리스마스 다음날 리지웨이는 도쿄에 도착했다.

리지웨이가 도쿄에 도착한 그날 밤, 맥아더는 그를 접견하지 않았다. 리지웨이는 맥아더 아내의 배려로 편안한 하룻밤을 보낼 수 있었다.

이튿날, 곧 12월 27일에 리지웨이는 그의 직속상관 맥아더 장군을 만났다. 특이한 점은 당시 맥아더가 리지웨이에게 그로서는 좀처럼 쉽지 않은 좋은 인상을 남겼다는 사실이다.

맥아더 장군은 학문에 조예가 깊었고 군더더기 없는 간결한 말투로 이야기했다. 나는 그에게 묻고 싶었던 몇 가지 질문을 빠짐없이 물었고 그의 의견을 들을 수 있었다. 맥아더 장군은 마음을 터놓고 이야기하는 방법을 알고 있는 듯했다. 그는 지도자로서 리더십이 탁월했으며 기민하게 사고했다. 그는 모든 사물의 본질을 꿰뚫어보고 이해하는 데 탁월했다. 그의 설명을 들으면 아무리 둔한 사람도 그 요점을 이해할 수 있었다. 장군이 간혹 약점을 드러낼 때도 있겠지만 그는 위대한 군인이고 위대한 정치가이며 포부가 큰 지도자임에 틀림없다. 내가 알고 있는 몇 안 되는 천재 중 한 명과 다시 함께 일할 수 있게 되어 기뻤다.

그날 회견에서 두 사람은 당시 전황만을 논했을 뿐 '어떻게 위기를 타개할 것인가'에 대해서는 사실상 별다른 이야기를 나누지 않았다. 맥아더는 한국전쟁에서 미 공군이 지극히 평범한 모습을 보이고 있다며 불만을 토로하면서 리지웨이에게 "그놈들에게 기대하지 말라"고 말했다. 그리고 장제스 부대의 참전을 강력하게 희망한다는 의견을 밝혔다. 서울에 대해서는 "가능하다면 사수하라"는 입장을 밝혔다. 마지막으로 맥아더는 리지웨이에게 중국인에 대해 "그들은 아주 위험한 병력"이라며 과소평가하지 말라고 진심으로 충고했다.

리지웨이가 '만약 전황을 본인 나름대로 판단해 공격한다면 장군은 반대하겠는가'라고 묻자 맥아더는 이렇게 대답했다.

"귀관이 판단하기에 공격이 전황에 맞는다면 공격하시오."

말을 마치고 맥아더는 아주 만족한 듯 웃음을 지으며 리지웨이의 어깨를 두드렸다.

"귀관 스스로 가장 좋다고 생각하는 대로 하시오. 제8군은 당신 것이니 말이오."

맥아더의 이 말은 결코 농담이 아닌 진심이었다.

회견을 마치고 맥아더 관저에서 나온 리지웨이의 마음은 마냥 기쁘지만은 않았다. 그는 '이런 난국에서 모든 책임이 아주 무겁고 급박하게 자신의 양어깨를 짓누르고 있음'을 깨달았다.

리지웨이는 즉시 한국으로 날아가야 했다.

비행기에 올라타기 직전, 리지웨이는 상의에 제8군 휘장을 달았다.

한국으로 가는 비행기가 이륙했다. 여정은 내내 몰아친 비바람으로 험난했다. 심하게 요동치는 기내에서 리지웨이는 연설 원고의 초안을 수정했다. 창밖으로 보이는 먹구름이 그의 어두운 앞날을 예고하는 것만 같았다.

대구 비행장은 비구름으로 축축해져 있었다.

비행기가 활주로에 멈추고 문이 열리자 리지웨이가 걸어나왔다. 환영하기 위해 비행장에 나온 사람들의 눈에 맥아더와 놀라우리만치 닮은 새 사령관이 들어왔다. 리지웨이는 가장자리를 털로 덧댄 모자를 쓰고 허리춤에는 권총을 차고 있었다. 바짝 세운 공수복 옷깃 부분에는 별 세 개와 낙하산병 휘장이 달려 있었다. 상의 위에 조끼를 덧입은 그의 목에 시꺼먼 무언가가 매달려 좌우로 흔들거렸다. 가까이 다가가 자세히 들여다보니 그것은 미군식 파인애플 수류탄 두 개였다.

"리지웨이는 한국에서 그가 아니면 찾아볼 수 없는 전매특허 복장으로 비행기에서 내렸다." 기자들은 이렇게 쓴 기사를 전 세계로 타전했다.

어떤 이들은 리지웨이가 목에 늘 걸고 다니는 수류탄 두 개를 '사람들의 관심을 끌기 위한 수작'일 뿐이라고 비판했다.

그런 소리에 리지웨이는 "제길, 여기는 전쟁터라고!"라는 말로 반박했다.

한국전쟁이 끝난 뒤에도 이 사령관의 목에는 언제나 수류탄 두 개가 매달려 있었다.

미군 전쟁사료에 실린 리지웨이의 부임 연설은 다음과 같다.

최후의 승리는 반드시 우리 것이라고 나는 굳게 믿습니다. 이런 신념은 기존의 연합작전에서 거둔 업적과 결코 흔들리지 않는 굳건한 정신에 기초합니다. 우리는 현재 엄혹한 시험대에 올라 있습니다. 공세를 펼칠 때는 굳건한 신념을 가지고, 방어할 때에는 고도의 인내력을 발휘해야 하겠습니다.

우리는 반드시 풍부한 지략을 발휘해야 합니다. 1개 소대나 1개 분대의 전투도 전군의 작전에 영향을 미칠 수 있습니다. 설령 지휘관과 참모들이 없는 상황일지라도 과감히 전투를 계속해야 합니다. 미군의 위대한 정신을 발휘할 기회를 잃어서는 안 됩니다.

하느님이 여러분과 함께할 것입니다.

리지웨이가 '미국 냄새' 물씬 풍기는 연설을 발표하던 그때, 펑더화이는 전선에 근접한 산속 동굴에서 지도를 보고 있었다. 리지웨이와 마찬가지로 쉰 살이 넘은 중국군 지휘관 펑더화이는 어둡고 습한 동굴에서 장기간 업무를 본 나머지 얼굴도 동굴 벽처럼 회색빛으로 변해 있었다. 각 군의 공세 전 준비는 순조롭게 진행되는 편이었다. 하지만 진행 속도가 매우 더딘 포병이 문제였다. 그들은 목표를 노출시켜 적기의 폭격을 받았다. 포병 전체가 제시간에 맞춰 예정된 지점에 도착하지 못한 데 대해 모두가 불만을 품었다. 포탄 수송도 문제였다. 일부 부대에는 식량이 부족했다.

비서가 조국위문단이 사탕을 보내왔는데 특별히 총사령관 몫으로 보낸 것도 있다고 했다.

"나는 됐네! 전부 다 부대로 보내게!" 펑더화이가 말했다.

비서는 또 위문단이 펑 총사령관 앞으로 털가죽으로 만든 무릎 보호대를 보내왔다며 펑 총사령관의 아내가 직접 만든 것이라고 했다.

펑더화이는 가죽으로 만든 무릎 보호대를 손에 들고 쓰다듬어보았다. 아주 부드러웠다.

참모가 다가와 리지웨이가 오늘 한국에 도착했다며 새로 부임한 미군 사령관의 작전 원칙은 '실력이 허락한다면 즉각 공세에 돌입한다'는 것이라고 보고했다.

펑더화이는 무척 놀랐다.

유엔군은 전면 철수를 이제 막 끝낸 상태였다. 군사적 측면에서 보면 철수 후 유엔군에게 가장 절박한 문제는 방어 전선을 찾아 향후 중국군의 대규모 공세를 막아내는 것이어야 했다. 그리고 중국군의 새로운 공세가 이제 곧 개시될 참이었다. 그런데 새로 부임한 미 제8군 사령관 리지웨이가 이런 전황에서 '공세'라는 두 글자를 꺼낸 것이다. 만약 유엔군이 공세 여건을 갖추었다면 중국군 전선이 수세에 빠져들 것은 불 보듯 뻔했다.

북한 인민군 지휘부는 세 번째 걸어온 전화에서 신년을 맞아 제야除夜 음식을 함께 먹자며 펑더화이를 초대했다.

"지금 밥 먹을 여유가 어디 있나!"

펑더화이가 말했다.

부사령관 훙쉐즈가 다가와 말했다.

"총사령관님, 그렇게 노상 지도만 들여다보지 마시고 우리랑 장기나 한 판 두시지요!"

펑더화이가 대답했다. "싫네!"

당시, 유엔군은 한반도를 가로지르는 38선을 따라 250킬로미터의 정면과 60킬로미터에 이르는 종심 지대에서 두 겹의 방어선을 구축한 상태였다. 첫 번째 방어선은 서쪽 임진강 어귀에서 시작해 동쪽으로 운산을 지나 38선을 따라 동해안 양양까지 이어졌다. 두 번째 방어선은 서쪽의 고양에서 시작해 동쪽의 의정부·가평·자은리, 그리고 동해안의 동덕리에 걸쳐 구축되었다. 당시 미 제10군단이 부산에 상륙해 서부전선에 투입됨으로써 최전선 유엔군의 병력은 5개 군 13개 사단 3개 여단으로 늘어나 있었다. 중국군이 한국 전장에서 상대해야 할 유엔군 병력은 총 35만5000명 안팎이었고, 그중 작전 병력만 25만 명에 가까웠다.

유엔군은 한국군 제3군단이 제2사단·제5사단·제8사단을 지휘하도록 하고 탑두욱·배후령·경운산 방향으로 순서대로 진형을 구축했다. 한국군 제2군단에게는 제3사단의 지휘를 맡기고 추전리와 갑둔리를 방어하도록 했다. 한국군 제1군단에게는 제9사단과 수도사단의 지휘를 맡기고 갑둔리에서 동해안에 이르는 지역을 방어하도록 배치했다. 한국군 제7사단은 한국군의 예비대로 춘천·횡성 지구에 배치했다. 미 제1군단은 2개 사단과 3개 여단을 지휘하도록 했다. 그 제1제대는 염하 입구부터 김포에 이르는 구간을 방어하는 터키군 여단과 임진강 어귀부터 주월리에 이르는 구간을 방어하는 한국군 제1사단이었다. 제2제대는 미 제25사단과 영국군 제27여단·제29여단을 서울 북서쪽의 고양과 수원 지구에 나누어 배치했다. 미 제9군단은 3개 사단을 지휘했는데, 제1제대는 주월리에서 양문리에 이르는 구간을 방어하는 한국군 제6사단이었고, 제2제대는 미 제24사단과 미 제1기병사단을 의정부와 서울 동쪽의 금곡리·도곡리 지구에 나누어 배치했다. 제8군의 예비대로는 미 제2사단 주력을 제천과 홍천에 배치하고, 미 제187공수연대를 김포비행장에 주둔시켰다. 미 제10군단의 제1해병사단과 제7사단·제3사단은 대구와 부산에 배치해 수시로 전투에 투입할 준비를 했다.

유엔군 군사배치의 특징은 한국군을 최전선에 배치하고 미군은 2선에 배치했으며, 모든 군대를 서울 주위와 한강 남북의 교통 요로에 집중 배치했다는 점이었다. 이런 지리적 방어선은 방어할 수 있으면 방어하고, 방어할 수 없다면 후퇴하겠다는 유엔군의 전략을 나타내는 것이었다.

따라서 중국군에게 3차 전역의 관건은 공세 시작 전부터 도망갈 자세를 보이는 유엔군을 잡을 수 있느냐의 여부에 달려 있었다.

하지만 결코 경시할 수 없었던 것은 유엔군의 행동 속도였다. 그들은 철수할 때도 매우 신속했고 방어에서 공격으로 전환할 때도 놀라운 속도를 보였다. 리지웨이는 공세를 펴겠다고 공언했다. 이는 심리적 위협만은 아닐 것이었다. 미군은 철수 중에도 공격태세로 전환할 수 있는 군사력을 지니고 있었다.

리지웨이는 안하무인인 맥아더도, 신중에 신중을 기하는 워커도 아니었다.

12월 27일, 리지웨이는 B-17 폭격기를 타고 서울에 위치한 전선 지휘부를 방문했다. 굳이 B-17이라는 구식 폭격기를 선택한 것은 그 기종의 사격병 전면 창문이 커서 지면을 넓게 관찰하는 데 용이했기 때문이다. 폭격기는 리지웨이의 명령에 따라 양측이 팽팽히 대치하는 대치선을 따라 고도 1000미터로 저공비행했다. 리지웨이는 폭격기 날개 밑으로 높게 솟은 산봉우리들에 깊은 인상을 받았다.

"산봉우리들이 칼날처럼 높이 솟아 있었고 협곡은 뱀처럼 구불구불했다."

"그런 전장은 도보徒步 기동전을 주로 하는 공산당 군대에게 최후의 게릴라전을 벌일 터전이었으며, 가장 이상적인 전장이었다. 반면 차량 기동전을 주로 하는 아군에게는 비참한 최후를 가져올 전장이었다."

주한 미국 대사 무초의 안내로 리지웨이는 서울에서 이승만 대통령을 만났다. 그는 비관적이었고 실망의 빠져 있었다.

"중국인의 죄를 물어야 합니다!" 이승만은 흥분하며 말했다. "중국은 흉악한 침략자입니다!"

이승만은 군대 확대를 위해 이미 전국에 장병 징집령을 내린 상태였다. 또한 중국군과 맞붙을 전선에는 수만 명의 노동자들이 참호와 진지 구축에 한창이었다. 얼마 전 이승만은 서울에서 한국군 1사단을 직접 방문해 전 장병과 출정을 위한 표창대회를 열고 대한민국을 위해 끝까지 싸워달라고 격려했다. 하지만 한국군 1사단은 중국군이 곧 개시할 3차 전역에서 가장 빠른 속도로 참패하게 된다.

리지웨이는 말했다.

"대통령 각하, 저는 이 나라를 위해 이곳에 머물 것입니다."

유엔군이 곧 철수할 것이라는 소문이 돌던 차에 리지웨이의 이 말은 큰 효과를 발휘했다. 사령관은 '머문다'는 단어를 사용하기는 했지만 미국이 계속 전쟁을 치를 것이라는 의지가 담겨 있었기 때문이다.

리지웨이는 서울 전선 지휘부에 도착했다. 문을 열고 들어선 그는 곧장 벌컥 화를 냈다. 그렇게 중요한 지휘부에는 단 몇 명의 참모만 남아 있었고, 대부분의 참모는 그곳으로부터 300여 킬로미터 떨어진 후방으로 철수했기 때문이다.

"이게 무슨 지휘부인가? 후방의 참모들을 당장 내 앞으로 불러오게!"

이 무렵, 방어선의 부대 상황은 더욱 엉망진창이었다.

리지웨이가 어느 사단 지휘부를 방문했을 때의 일이다. 그가 장병들에게 적군과 아군의 상황을 보고하라고 지시하자 사단장부터 참모에 이르기까지 모두 새로 부임한 사령관의 눈길을 피하기에 급급할 뿐이었다. 최전선 부대 지휘관이라면 응당 파악해야 할 적의 기본적 배치 상황 등 적의 동향에 대해 아무도 설명하지 못했다. 참모들이 리지웨이에게 보여준 것은 중국군이 집결한 지역에 빨간 펜으로 커다란 동그라미를 몇 개 그려넣은 지도뿐이었다.

또다른 최전방 진지를 방문했을 때의 일이다. 리지웨이가 한 대대장에게 진지 우익의 상황이 어떠냐고 질문하자 대대장이 대답했다.

"통신기가 고장 나서 우익과 연락을 취할 방법이 없습니다."

또 리지웨이가 그 대대 포병에게 중국군 진지를 향해 당장 포탄을 발사하라고 명령하자 대대장은 중국군 진지의 분포도가 없으며, 심지어 자기 수하의 중대 배치도도 없다고 대답했다. 결국 포병들은 포탄을 제멋대로 발사했고 그중 한 발은 미군 진지에 떨어져 터지기까지 했다.

어느 도로에서 리지웨이는 그를 수행하는 헌병들에게 탄알을 장전하고 철수 중인 한국군 트럭을 막아서라고 명령했다.

"뒤로 돌아가! 전선으로 돌아가라!"

리지웨이가 트럭을 향해 명령했다. 한국군 병사들은 화가 머리끝까지 난 이 사람이 누군지는 몰랐지만 미군 헌병은 알고 있었기에 트럭을 돌려 다시 전선으로 향했다. 그러자 리지웨이 옆에 있던 사람이 이렇게 말해주었다.

"조금 있으면 아까보다 더 빠른 속도로 돌아올 겁니다."

리지웨이가 미군의 연대급 지휘부 입구에서 지프에 덮개가 달린 것을 보았을 때, 이제껏 마음속에 쌓였던 모든 불만이 한꺼번에 터져나왔다.

"지프에서 덮개를 모두 떼어서 내 앞에 가져오라! 전장에서 덮개가 있는 차를 타는 것은 밀폐된 차 안에서 착각에 불과한 안전과 근거 없는 편안함을 느끼는 것에 불과하다. 덮개가 총알을 막아낼 수 없다는 사실은 제군들 모두 알고 있을 것이다. 이건 막다른 길에 몰린 타조가 모래 속에 머리를 처박는 것과 다를 게 없다!"

마침내 리지웨이는 제8군이 중국군의 공격으로 '육체적으로도 심리적으로도 깊은 상처를 받았다'는 것을 깨달았다. 늦은 밤, 전선 인근의 막사 안에서 그는 육군 참모총장 콜린스에게 편지를 쓰기 시작했다.

이곳에 불안감과 큰 재난이 임박해 동요하는 분위기가 조성되고 일종의 공황 상태에 빠졌다는 것은 의심할 여지 없이 확실하네. 나는 우리 부대가 이미 자신감을 잃었다는 것을 분명히 알 수 있네. 그들의 눈빛과 걸음걸이에서 그것이 확연히 보이고 또 부사관에서 최고급 장교까지, 지휘관들의 표정에서도 그것이 확실히 드러난다네. 그들은 반응이 느리고 나와 이야기를 나누려 하지 않네. 그들을 통해 상황을 파악해야 하는데 그들에게서는 사기가 드높은 부대원들에게 보이는 경각심과 진취적 정신을 볼 수 없다네.

제8군은 곧 새로 부임한 사령관의 엄격한 태도를 알아챘다. 리지웨이는 모든 장교에게 다음과 같은 명령을 내렸다.

"나는 전화를 받고도 멍하니 앉아 있거나 담배를 계속 피우는 장교의 모습을 보기 싫다. 전화를 받고 수화기를 놓으면 응당 모자를 쓰고 완수해야 할 임무를 수행하기 위해 곧장 행동하라. 모든 장교는 반드시 선봉대대와 함께하라. 문서 작업은 밤에도 할 수 있는 것 아닌가? 낮에는 총성과 포성이 울려 퍼지는 곳이 제군들이 있어야 할 곳이다!"

"전투 중 큰 공로를 세웠다 하더라도 군복에 달린 구리 단추는 빛나고 있어야 한다."

리지웨이는 전투 중에는 조금의 실수도 용납되지 않는다는 것을 잘 알고 있었다. 그는 부대가 목적지를 향해 전진할 때 지휘관들이라면 반드시 "보병들이 무기와 탄약, 식량을 짊어지고 600미터의 산등성이를 올라야 하는지, 무거운 무기장비를 수송해야 하는지, 입수해 강을 건너야 하는지, 행군하는 길은 차량이 통과할 수 있는 길인지의 여부"를 파악하고 있어야 한다고 요구했다.

리지웨이는 미 육군 참모총장 콜린스에게 "가차없이" "직위에 맞지 않게 행동"하는 지휘관들을 해임할 준비를 하고 있다고 알렸다. 과연, 그가 한국 전선에 도착하고 3일 동안 미 제2보병사단장 로버트 매클루어Robert B. McClure 장군, 제7보병사단장 데이비드 바 장군, 제24사단장 존 처치 장군, 제1기병사단장 호바트 게이Hobart R. Gay 장군 등 중·고급 장교들이 대거 해임되었다.

리지웨이는 제8군에 자신의 새로운 전술을 구체적으로 알리기 시작했다.

현재 일부 지휘관이 전장에서 어떻게 하는지 제군과 제군 부하들의 조상님들이 알게 된다면 낯이 뜨거워 무덤 속에서 얼굴을 돌릴 것이 틀림없다.

군사 입문서에서 우리가 배운 첫 번째 원칙은 '최대한 신속히 적군과 접촉하라'는 것이다. 나와 제군들 모두는 이 원칙을 다시 새길 필요가 있다. 명령을 하달하면 즉시 정찰부대를 파견하라! 적과 일단 조우하면 개처럼 꽉 물고 절대 놓아주지 마라. 적군의 위치와 병력이 노출되기 전, 반드시 적을 찔러보고 자극해보라. 잠입한 적의 정찰대원을 매일같이 생포하고 격멸하라. 내 앞에서 '이 길이 어디로 통하는지 모르겠다'고 말하지 마라.

지휘관의 임무는 가장 위험한 전장으로 가는 것이다. 그 어떤 뛰어난 상상도 현지 시찰을 대신할 수는 없다. 전투가 시작되면 사단장과 최전방 대대장이 함께, 군단장과 최전방 연대장이 함께 위치해 있도록 하라. 지휘관들은 반드시 적군과 아군이 상호 총격전을 벌이는 곳에 위치해 있도록 한다!

제8군의 문제는 지나치게 도로에 의존한다는 것이다. 이런 상황에서 중국군이 산을 점령하면 아군의 차량부대에 심각한 타격을 입힐 수 있다. 이 전쟁에서 승리하고 싶다면 미군은 반드시 지프, 트럭, 포차에서 내려와 도보 공세를 펼쳐야 할 것이다. 앞장서지 않고 전투에 용감하게 임하지 않는 지휘관 모두는 해임되어 미국으로 보내질 것이다.

미국의 국위와 신용은 한반도의 운명에 걸려 있다. 실패를 면하는 유일한 방법은 바로 용기를 내는 것이다! 적색 중국을 흰색으로 만들어버리자! 몇 제곱미터의 땅을 점령하는 것은 중요하지 않다. 제군들의 목표는 진지를 점령하는 것이 아니라 최대한 많은 적을 사살하는 것이다. 진지의 득실은 전쟁의 승패와 직결되지 않는다. 가장 중요한 것은 적군을 사살하는 것이다!

매복해 적을 기습할 기회를 찾아라! 강력한 부대를 양익에 매복시켜 예상치 못한 시기에 맹렬한 공격을 퍼붓고 그들을 섬멸하라!

리지웨이는 평소 격렬한 언사를 즐겨 사용하는 지휘관은 아니었다. 이에 비추어 볼 때 '끊임없는 공격'은 확실히 그의 머릿속에 깊이 뿌리 박혀 있는 전술이었던 셈이다.

부대의 사기를 북돋우기 위해 리지웨이는 전용기를 타고 최전선 인근으로 날아가서는 적당한 지역을 골라 착륙해 그곳의 부대를 방문했다. 리지웨이의 전용기 조종사 마이크 린치는 대단한 담력의 소유자였다. 그는 전장을 손바닥 보듯 구석구석 파악하고자 하는 리지웨이의 갈망을 늘 만족시켜주었다. 리지웨이의 요청으로 흙길에 착륙하는 일이 잦았고 때로는 시골마을의 거리에 착륙하기도 했다. 한번은 황량한 시골마을 상공을 비행하다가 그 마을에 중국군이 있는지 알고 싶어진 리지웨이가 린치에게 물었다.

"착륙할 수 있겠는가?"

"마을로 파고 들어가 착륙할 수는 있습니다. 하지만 더럽게 번거로울 겁니다."

린치는 비행기를 전깃줄 아래로 낮게 몰아 마을로 진입했고 작은 다리를 하나 지나 착륙했다. 리지웨이는 손에 카빈 소총을 꼭 쥔 채 비행기에서 내렸다. 그러고는 걸어서 그 마을을 샅샅이 살피기 시작했다. 착륙 전 전용기가 지나쳤던 작은 다리에서는 중국군이 있는지, 그들이 지뢰를 묻어놓았는지를 살폈다. 미군 병사들이 사령관이 왔다는 소식을 듣고 달려왔을 때, 그들의 사령관은 구경 나온 한국 아이들에 둘러싸여 소형 미국 국기를 하나씩 나눠주고 있었다.

이후의 전쟁에서도 리지웨이는 항상 전장의 최전선을 방문했다. 한번은 그의 전용기가 전방에 착륙하려다가 하마터면 중국군 진지에 착륙할 뻔한 일이 있었다. 중국군 병사들이 발견하고 전용기를 격파하자 리지웨이와 린치는 자신들을 향해 쏟아지는 총알을 헤치고 산속으로 숨어들었다. 그때부터 한국전쟁이 정전할 때까지 어떤 기자도 다시는 리지웨이 목에 걸린 수류탄을 조롱하지 않았다.

부대의 사기 침체를 바로잡기 위해 리지웨이가 온갖 노력을 다했지만 중국군의 3차 전역 개시를 앞둔 당시, 최전선에 배치된 미군 장병들의 가라앉은 기분은 좀체 나아지지 않았다.

한편 워싱턴의 트루먼 대통령과 펜타곤 관료들은 전황에 대한 비관적 예측을 듣고 전장에서 철수해야겠다고 생각하고 있었다. 미국 합동참모본부 의장 브래들리는 상하 양원에서 열린 공청회에서 훗날 매우 유명해진 말을 했다.

"만약 전쟁이 중국 대륙으로까지 확대되어 중국과 전면전을 벌이게 된다면 이는 잘못된 시기에 잘못된 지역에서 잘못된 적과 벌이는 잘못된 전쟁이 될 것이다."

이 발언은 발 빠르게 한국 전선의 미군 장병들에게 전해졌다.

하지만 어찌 되었든 간에 미국은 유엔군이 바다로 후퇴할 정도로 궁지에 몰리지 않는 한 이렇게 체통 없는 모습으로 한반도에서 철수할 수는 없다고 생각했다.

트루먼은 국가비상사태를 선포하고 전쟁에서 대통령이 갖는 권력을 강화했으며, 군대 확대와 군수물자의 생산 속도를 높였다.

트루먼은 이렇게 선포했다.

아메리카합중국의 대통령인 나 해리 트루먼은 국가비상사태를 정식으로 선포한다. 우리는 최대한 조속히 육해공군과 민간 방위력을 강화해 조국의 안전을 위협하는 모든 세력을 격멸해야 할 것이다.

미국 상원은 육군의 확대 편성 속도를 높이자는 건의를 제출했다. 이 건의의 첫 번째 단계는 제31·제37주방위군National Guard을 즉시 정식 연방사단으로 개편하자는 것이었다.

미국은 긴급히 국방동원국을 설립하고 당시 250만 명인 미군 병력을 350만 명으로 신속히 늘리기 위한 준비에 돌입했다.

또 군수업 방면으로는 비행기와 전차의 연간 생산량을 4~5배로 늘리고자 했다.

2차 전역에서 군용물자를 대량으로 잃었기 때문에 미군은 한반도에 군용물자 수송을 재개했다. 미국 본토와 일본에서 수십 척의 수송선이 밤낮 없이 미군에게 필요한 일체의 물자를 실어 날랐다. 전례 없는 대규모 운송이었다. 모든 행동에 이름 붙이기를 좋아하는 미국인은 한반도에 물자를 보낸 이 계획을 '패랭이꽃'이라 명명했다.

1950년 12월 31일, 리지웨이는 하루 종일 불안감에 시달렸다. 그날은 그가 제8군 사령관에 부임한 지 닷새째 되는 날이자 그해의 마지막 날이기도 했다. 알 수 없는 거대한 위협이 그를 향해 다가오고 있는 것만 같은 느낌이었다. 그는 차를 몰고 서울을 방어하는 전선 진지에 가서 수많은 노동자가 참호를 보강하는 광경을 보았다. 영국군 제27여단의 방어 구간에 가니 헌칠하고 잘 생긴 영국군 중위가 병사들과 함께 벙커를 손보고 있었다. 리지웨이가 흐뭇한 마음으로 젊은 영국인에게 인사를 건네니 중위도 웃으며 그를 맞이했다. 중위는 고향의 아버지 목장에서 말을 키운 적이 있다고 말했고, 두 사람은 참호 곁에 서서 잠시 말에 대해 이야기꽃을 피웠다. 리지웨이가 중위에게 말했다.

"내가 해줄 일이 있다면 뭐든지 말해보게."

젊은 영국군 중위의 표정이 갑자기 굳어지며 대답했다.

"없습니다."

"아무런 문제가 없다는 것인가?"

"그렇습니다. 아무런 문제가 없습니다."

중위는 잠시 말을 멈추더니 다시 말을 이었다.

"다만 이곳 방어선에 바람이 많이 샌다는 게 문제라면 문제입니다."

리지웨이는 순간적으로 그 말뜻을 알아차렸다. 300킬로미터에 달하는 방어선에 방어 병력으로 배치된 최전방 부대가 지나치게 적다는 뜻이었다. 이곳 방어선을 예로 들면 영국군 1개 대대가 너비 10킬로미터에 이르는 정면을 방어해야 했고, 이 중위가 이끄는 1개 소대는 너비 900미터의 방어진지를 맡고 있었다. 리지웨이는 뭐라 말해야 할지 몰라 망원경을 들어 먼 북쪽을 바라봤다.

리지웨이는 망원경을 통해 어떤 움직임도 발견하지 못했다.

하지만 그 시각, 대규모 중국군이 바로 그의 앞에서 조용히 적진을 향해 돌격하고 있었다.

영국군 제27여단을 떠날 때 리지웨이는 시계를 보았다. 오후 3시 정각이었다. 그때까지만 해도 그는 단 두 시간 뒤 중국군의 공세가 개시될 줄은 꿈에도 몰랐다.

전선에서 서울로 돌아온 리지웨이는 정보참모에게 의견을 구했다. 참모는 이렇게 보고했다.

"요 며칠 거의 매일같이 새로운 번호의 중국군 부대가 나타나고 있습니다. 중국군이 대규모 공세를 준비하고 있다는 점은 확실합니다. 언제 어디서 공세를 개시할지가 불확실할 뿐입니다. 방금 전에 전방의 지휘부와 통화했는데 전선은 평상시와 다름없이 조용하다고 합니다."

미 제8군 병사들이 침낭에 들어가 취침하며 산타클로스가 참호로 와서 크리스마스 선물을 주는 꿈을 다시 한번 꾸고 있을 때, 멀지 않은 곳의 커다란 광산굴 안에서는 중국군의 최고지휘관 펑더화이가 지도에서 눈길을 거두고 돋보기를 벗었다. 3차 전역에 관한 모든 구상은 명확했다. 참모는 손에 전화기를 들고 손목시계를 노려보며 전선에 공세 개시 지령을 하달할 준비를 하고 있었다. 펑더화이는 뜨거운 김이 모락모락 올라오는 물을 벌컥벌컥 들이키며 홍쉐즈에게 말했다.

"키다리! 초대를 받고서 안 갈 이유가 또 어디 있겠나! 가서 밥 먹자고! 식사 후에는 장기도 한 판 두고!"

과중한 후방 지원 업무에 시달려 수척해진 홍쉐즈가 말했다.

"또 물러달라고 하시면 총사령관님과 안 둘 겁니다."

"사람이 그러면 쓰나, 고칠 수 있는 기회는 줘야지."

펑더화이가 말했다.

차를 타고 펑더화이는 북한군 지휘부로 향했다.

새해를 맞이하는 밤, 사방은 눈바람으로 자욱했다.

서울의 리지웨이는 왠지 모르겠지만 육군 참모총장 콜린스가 탄식하며 반복했던 말을 떠올렸다.

"친구, 현재 전황에서는 한 번의 승리가 정말 중요하네."

대빙하

1950년 12월 31일 오후 5시 정각이었다.

한강 북쪽 기슭에 갑자기 한 줄기 눈부신 신호탄이 날아올라 제야除夜의 눈 내리는 저녁 하늘을 갈랐다. 이어서 중국군 포병이 포화 사격을 개시했다. 맹렬히 치솟는 불빛이 밤하늘을 붉게 물들였고 하늘이 무너지고 땅이 갈라지는 듯한 굉음이 전장의 고요함을 순식간에 찢어놓았다. 임진강 남쪽 기슭의 유엔군 진지가 일시에 연기와 불에 휩싸였다.

중국군의 공격준비사격은 단 20분에 그쳤지만, 이번 포격은 한국전쟁 개전 이래 규모가 가장 크고 화력도 가장 강력했다. 그나마 낮에는 견고히 버티고 있던 유엔군 방어선 최전방의 한국군 진지 참호들이 포격을 받고 하나씩 무너졌다. 포탄이 동시에 진지 앞쪽에 매설한 지뢰들도 폭파해 연속해서 울려대는 폭음에 땅 전체가 흔들리기 시작했다. 하늘로 치솟는 불길 속에 한국군 병사들이 당황해 어찌할 바를 모르고 이리저리 어수선하게 뛰어다녔다. 참호 안에서 돌격신호를 기다리던 중국군 병사들은 일어나서 오랫동안 숨어 있느라 무감각해진 몸을 움직였다. 이들은 아군의 포화가 하늘 반쪽을 붉게 물들이는 것을 보며 흥분해서 소리를 질렀다. 전쟁을 눈앞에 두고 생사를 잊은 사람만이 이해할 수 있는, 혈맥이 죽 뻗는 듯한 흥분이었다.

"동지들! 강만 건너면 승리다!"

중국군의 새로운 공격이 시작됐다.

미군과 한국군의 전쟁사료에서는 이 공격을 '신년 공세'라고 칭하고, 중국 전쟁사료에서는 '제3차 전역'이라고 한다.

중국군 제39군은 우익 돌격종대의 제1제대였다. 이들의 돌격 방향은 정면 전방의 서울이었다.

'결사결의서'를 쓴 346연대 지뢰제거조의 장차이수 조장은 돌격부대보다 20분 먼저 출발했다. 포격과 보병들의 돌격 사이에는 20분이라는 짧은 시간밖에 없었다. 이 짧은 시간에 그는 돌격부대가 지나갈 길에 매설된 지뢰를 가능한 한 많이 제거해야 했다. 장차이수와 조원 두 명은 각자 1장丈 정도 길이의 장대를 들고 돌격선에 빽빽이 서서 돌격신호를 기다리는 병사들 쪽에 대고 큰 소리로 외쳤다.

"비켜. 어서 비켜!"

병사들은 즉시 통로를 냈다. 그들은 장차이수의 표정에서 뭐라도 알아내고 싶어서 그의 얼굴을 보았다.

"이봐, 깨끗이 제거해!" 누군가가 그에게 외쳤다.

장차이수는 대답하지 않고 고개를 들고 앞을 향해 달렸다.

장차이수, 자오전하이趙振海, 진위산金玉山으로 편성된 지뢰제거 3인조가 산언덕으로 내달리자 이내 맞은편에서 빈틈없이 날아오는 기관총탄의 저지에 부딪쳤다. 세 명은 아랑곳하지 않고 60미터 길이의 개활지를 넘어 단숨에 모래언덕으로 몸을 던졌다. 아무도 다치거나 죽지 않았다.

장차이수가 모래언덕에서 고개를 들고 보니 강가에 평평하게 펼쳐진 모래
사장이 바로 적의 지뢰 매설 구역이었다.

이곳이 돌파구였다. 조금 있으면 부대가 이 모래사장으로 건너올 것이었다.
이곳은 돌파구이기 때문에 돌파 위치를 노출할 것을 염려해 사전에 지뢰를
제거하지 않았다.

맞은편 기슭에서 적의 총알이 폭우처럼 쏟아졌다.

장차이수가 말했다.

"내가 먼저 가겠다. 내가 다치면 자네들이 뒤를 잇는다. 일단은 잘 숨어 있
어라!"

말을 마치고 장차이수는 모래사장 쪽으로 기어갔다.

바로 옆의 모래사장에 총알이 날아와 박히며 둔탁한 소리를 냈다.

움푹 꺼진 작은 구덩이는 낮에 잘 정찰해 두었다. 장차이수는 구덩이로 굴
러가 기다란 장대를 뻗었다. 이 장대의 끝에는 갈고리가 달려 있었다. 갈고리
를 지뢰 끝에 연결된 철사에 걸고 돌리니 지뢰 몇 개가 동시에 터졌다. 모래와
자갈이 튀어오르고 짙은 초연 냄새가 코를 찔러 숨을 쉴 수가 없었다. 초연과
모래가 잦아들자 장차이수는 계속 앞으로 기어가려고 하다가 장대가 부러진
것을 발견했다.

그는 황급히 기어서 돌아와 자오전하이가 진위산 위에 엎드려 뭐라고 큰 소
리로 외치는 것을 보았다.

진위산이 기관총에 맞아 죽은 것이었다.

장차이수는 진위산이 남긴 장대를 잡고 다시 내달렸다. 두 번째 지뢰제거
지점에서 그는 다시 지뢰 몇 개를 갈고리에 걸어 터뜨렸다. 이번에는 연속 폭
발이 일어났다. 폭발이 멈추기도 전에 그는 다시 세 번째 지점으로 달려갔지
만 들고 있던 장대가 또 부러졌다.

장차이수는 다시 돌아와 마지막 남은 장대를 들었다. 그러고는 떠나기 전에

한마디 남겼다.

"자오전하이, 잘 숨어! 내가 잘못되면 자네가 가게."

장차이수는 이미 자신이 총에 맞거나 말거나 전혀 신경 쓰지 않고 세 번째 제거 지점에 거의 다다랐다. 그는 연속해서 지뢰 두 줄을 제거했는데, 갈고리로 건 지뢰가 아주 가까운 곳에 있어 거의 바로 옆에서 폭발했다. 연기가 그를 에워쌌고, 그는 일순간 땅 밑이 푹 꺼지는 듯한 느낌이 들다가 다시 하늘로 튀어올랐다. 왼쪽 다리와 오른손은 이미 감각이 없었고, 머리가 부어오르고 입안은 찝찔름했다. 그는 자신이 다쳤음을 알았다. 장차이수는 하늘을 향해 누워 포화와 예광탄으로 울긋불긋하게 수놓아진 하늘을 보았다. 그는 곧 죽을 것이라 예감했다. 그는 무의식적으로 왼손을 뻗어 장대를 찾았다. 그러나 들어올린 것은 반 토막 난 막대기였다.

"자오전하이, 자오전하이!"

그는 잠긴 목소리로 외쳤다.

"가, 가라고!"

대답이 없었다.

자오전하이는 이미 모래사장에 죽어 있었다.

자오전하이가 자기 몸을 숨길 줄 몰랐던 것은 아니다. 그는 적의 화력을 유인해 장차이수의 지뢰제거 작업을 엄호하려고 일부러 자신을 잘 보이게 노출시켰던 것이다.

이때 중국군이 더욱 맹렬한 포격을 개시했다.

장차이수는 이것이 부대의 돌격을 예고하는 포격임을 알아챘다. 돌격 전 3분 동안 가장 맹렬한 포격이 있을 것이라고 중대장이 알려주었기 때문이다.

장차이수는 또한 그 시점에 뒤에서 돌격을 준비하고 있는 전사들이 자신을 바라보고 있다는 것도 알았다. 지뢰를 말끔히 제거하지 못하면 무수한 전우들이 이 모래사장에 고꾸라질 것이었다.

앞쪽을 보니 돌격로에 매설된 지뢰들이 또 눈에 들어왔다. 가느다란 철사가 포화로 눈부신 빛 속에서 번쩍번쩍거렸다.

장차이수가 손에 든 막대기를 철사 쪽으로 던졌으나 지뢰는 터지지 않았다.

이때 한 줄기 신호탄이 피어올랐다.

전우들의 돌격 함성이 울려 퍼졌다.

장차이수가 갑자기 일어나 앉았다. 그는 앉는 순간 고개를 돌려 전우들 쪽을 한번 바라보고는 몸을 가로로 누워 지뢰를 향해 굴렀다.

피범벅이 된 장차이수의 몸이 데굴데굴 구르면서 지뢰가 폭발하는 소리가 연속해서 울렸다.

중국군 병사들은 장차이수가 굴러간 길을 따라 물밀듯이 돌격했다.

모두들 장차이수가 분명히 죽었을 것이라고 말했다.

지뢰가 가득 매설되었던 임진강 북쪽 기슭의 모래사장에서는 장차이수의 시체를 찾지 못했다.

오랜 시간이 흐른 뒤, 346연대 장병들은 난데없이 중국의 한 병원에 장차이수라고 하는 지원군 부상병이 있다는 말을 들었다. 서둘러 알아보니 바로 그 장차이수였다.

347연대 5중대 병사들은 돌격 신호탄이 솟구쳐 올랐을 때 이미 강물 속으로 뛰어들었다.

이 중대의 돌파구는 신대라는 곳으로, 임진강이 굽이쳐 흐르는 곳이었다. 이곳은 물살이 빨라서 수면이 얼어붙지 않았다. 병사들은 북한 안내인에게 강물이 얼마나 깊은지 물었다. 안내인은 계속 같은 말만 반복했다. 자신이 강변에서 40년을 넘게 살았지만 이런 엄동설한에 겁도 없이 강을 건넌다는 말은 이제껏 한 번도 들어보지 못했다는 것이다.

5중대 병사들은 특별히 그들을 위해 준비된 고추소고기찜으로 저녁 식사를 했다. 커다란 냄비에 만터우饅頭. 소 없는 찐빵 크기만 한 소고기 덩어리가 가득했다. 그런데 지나치게 오래 쪄서 흐물흐물했다. 중대 전 대원이 소고기를 먹는 중에 2소대 부소대장 장뎬쉐張殿學는 연대 정치처 주임이 대대 정치교도원에게 하는 말을 들었다.

"먼저 도강한 병사 세 명의 이름을 적어두게!"

장뎬쉐는 물에 들어가자마자 뼛속까지 스며드는 냉기를 느꼈다. 온몸의 근육이 팽팽해져서 고꾸라질 뻔했다. 머리카락에 튄 강물이 순식간에 얼어붙었다. 지도원이 외치는 소리가 들렸다.

"5중대! 공을 세울 때가 다가왔다!"

병사들은 총을 정수리 위로 치켜들고 대빙하大氷河로 향했다. 눈 깜짝할 사이에 강물이 명치까지 차올랐다. 맞은편 기슭에서 날아오는 총알이 귓가에서 휙휙 날카로운 소리를 냈고 옆에서는 포탄이 터지면서 거대한 물기둥이 치솟았다. 포탄이 터지면서 강 표면에 떠다니는 얼음장이 갈라졌고 서로 맞부딪치며 내려오는 커다란 부빙浮氷에 부딪혀 물속으로 쓰러지는 병사들도 있었다. 장뎬쉐 옆에 중국 남방 출신의 병사가 있었는데, 별안간 강물 속으로 사라져 버렸다.

"샤오판小范! 샤오판!" 장뎬쉐가 외쳤다.

가슴까지 차오른 얼음물 때문에 그의 목소리는 날카롭게 떨렸다.

샤오판이 다시 강 위로 머리를 내밀었다.

"어떻게 된 거야? 다쳤어?" 장뎬쉐가 물었다.

"부소대장님, 제 기관총이요! 총신이 물에 빠졌습니다."

덜덜 떨리는 샤오판의 목소리에는 울먹임이 섞여 있었다. 그는 말하면서 다시 물속으로 들어갔다. 저쪽에서 또 장뎬쉐를 부르는 소리가 들려왔다. 병사한 명이 두 개의 얼음 덩어리 사이에 끼어 있었다. 장뎬쉐는 그를 위해 얼음 덩어리를 밀었다. 빠져 나온 기관총수는 얼음 덩어리 위로 기어오르더니 곧바로 맞은편을 향해 사격했다.

"내려와. 얼른 내려오라고! 그러다가 떠내려간다니까."

그러나 기관총수는 내려오지 못했다. 그의 몸은 얼음물이 스며들어 이미 얼음 덩어리와 함께 얼어붙었다. 장몐쉐의 왼쪽에서 작은 나팔 소리가 들려왔다. 7중대가 이미 기슭에 다다랐다는 의미였다. 그는 목이 쉬고 힘이 다 빠진 채로 외쳤다.

"어서 가라. 돌격!"

임진강 남쪽 기슭에 오른 중국군 병사들이 입은 솜옷은 얼음물에 젖어 곧바로 돌덩이처럼 딱딱하게 얼었다. 그 때문에 병사들은 적군 벙커에서 촘촘히 날아드는 총알을 앞에 두고도 굼뜨고 뻣뻣해 보였다. 총알을 맞은 병사들은 돌처럼 딱딱하고 육중하게 그대로 바닥에 쓰러졌다. 병사들의 총신에도 강물이 들어가 얼어버리는 바람에 한동안 사격을 할 수가 없었다. "오줌! 총에 오줌을 눠라!" 하지만 오줌이 나오는 사람이 없었다. 장몐쉐는 기관총 1정으로 잠시 눈앞에 있는 적군의 화력점 하나를 제지하도록 지휘했다. 그런데 그의 옆에 있던 6소대장이 지뢰를 밟았다. 장몐쉐는 이미 얼음덩이가 되어버린 구급낭을 꺼내 그에게 던졌다. 그리고 나서 다른 화력점을 향해 달려갔다. 마침내 그가 적군 벙커 하나를 점령했을 때 갑자기 뒤에 누군가가 쫓아오는 느낌이 들었다. 고개를 돌려 보니 6소대장이 다친 다리를 끌며 따라오고 있었다. 장몐쉐는 오열하며 나팔을 불어 자신의 중대가 돌격한 정면의 모래사장을 점령했음을 중대에 알렸다.

347연대의 또다른 중대인 강철중대에서 선두소대를 이끈 사람은 유명한 전투영웅 왕펑장王鳳江이었다. 중대가 돌파할 구역은 얼음장이 두꺼웠는데, 병사들이 얼음 위에서 계속 미끄러져 넘어졌다가 기어 일어나서는 다시 전진 돌격했다. 그러나 얼마 지나지 않아 전 중대원이 모두 물속에 빠지고 말았다. 강 중앙의 얼음장이 맹렬한 포화로 폭파되었기 때문이다. 강물에 빠진 병사들은 안간힘을 써서 하나하나 부빙으로 기어올랐다. 어떤 부빙은 많은 사람의 무게를 이기지 못하고 부서져 병사들이 다시 물속에 빠졌다. 대다수 병사가 부빙한 덩어리를 꽉 붙잡고 몸의 반은 물속에 담은 채로 전진했다. 수면 위로 노출된 신체 부분은 곧바로 얼음 덩어리와 함께 얼어붙었다. 적의 강력한 포격으로 중국군 병사들은 한 명 한 명 얼음물 속으로 넘어졌다. 그러나 몸을 돌려 도망가는 사람은 아무도 없었다. 맨 앞에 선 왕평장은 한 손으로는 노획한 미제 카빈총을 들고 다른 손으로는 옆의 전우들을 도왔다. 그는 입으로 쉬지 않고 외쳤다.

"동지들, 3등 안에 들게. 기슭에 오르면 큰 공을 세우게 되네!"

기슭에 가까워지자 또 두터운 얼음장이 나타났다. 물에서 다시 얼음으로 기어오르기란 그리 쉬운 일이 아니었다. 온몸이 꽁꽁 얼어 무감각해진 병사들은 이미 기진맥진한 상태였다. 강 맞은편 기슭을 봉쇄하고 있는 포화와 기관총 사격이 더 거세져 부상을 입은 병사들이 계속해서 물속으로 들어갔다. 왕평장은 언제든 총에 맞을 수 있는 위험을 무릅쓰고 허리까지 올라오는 얼음물 속에 서서 병사들을 한 명 한 명 얼음 위로 밀어올렸다. 다시 얼음 위로 올라간 병사들은 죽음을 무릅쓰고 비틀비틀 강기슭으로 향했다.

왕평장은 다섯 번째로 기슭에 올랐다.

후속부대가 갈라진 돌파구 쪽에서 임진강 남쪽 기슭의 종심으로 몰려들었다.

제39군이 정면의 강 남쪽 기슭으로 돌격하고 성공을 알리는 신호탄이 피어오르자 지휘소의 모두가 무거운 짐을 내려놓은 듯 긴 숨을 내쉬었다.

"됐다. 돌격해 들어갔다!"

제40군의 우익인 119사단의 돌파구는 아미리에서 고탄에 이르는 구간이었다. 강 남쪽 기슭의 한국군 방어진지는 견고하긴 했지만, 보병이 돌격을 개시하기 전에 119사단에 배속된 포병이 맹렬하고도 정확한 화력을 발사했다. 미군 비행기가 관례를 깨고 야간폭격을 개시한 상황에서 포수들은 혹한의 날씨에 상의를 벗어버리고 포탄을 짊어진 채 날듯이 진지를 왕복하며 질주했다.

포수장과 조준수의 끊임없는 외침 속에 대포가 잇달아 발포되었다. 돌격 최전선에 잠복한 보병들은 포병의 훌륭한 사격 솜씨에 놀라 얼이 빠졌다. 강 맞은편 적군 진지는 완전히 포화에 뒤덮이다시피 했고 모래사장은 포격으로 인해 불바다로 변했다. 포탄으로 지뢰가 폭발해 여기저기서 끊임없이 폭음이 울렸고, 적의 벙커가 하나하나 납작해졌다. 돌격신호가 공중에 떠오르자 보병들은 큰 소리로 구호를 외치며 앞에서 돌진하고 뒤에서 바짝 뒤쫓았다. 단 13분 만에 선두돌격대대인 119사단 355연대 3대대 전원이 임진강 남쪽 기슭으로 돌격했다. 대대장 장칭창張慶昌이 병사들을 이끌고 한국군 전방의 엄폐부로 돌격해 들어가서 보니 한국군 병사들이 마침 식사할 준비를 하던 참이었는지 전사자를 제외하고는 모두들 아무것도 챙기지 못하고 자취를 감춘 상태였다. 엄폐부 안에는 숯불이 활활 타오르는 화로 위에 소고기찜 냄비가 아직도 열기를 뿜고 있었고, 식탁 위의 술병은 뚜껑이 따져 있어 사방에 술냄새가 진동했다. 한 시간 반이 지났을 때, 돌격대대는 돌파구에서 중요한 위치를 점하는 고지를 점령해 후속부대가 종심으로 병력을 전개할 수 있도록 길을 열었다.

119사단 356연대에서 임진강 모래사장 진지를 돌파한 선두부대는 2개 대대였다. 그중 1대대의 돌격중대는 3중대였는데, 3중대 병사들은 강 북쪽 기슭의 험준한 절벽에서부터 곧장 강 위의 빙판으로 미끄러졌다. 그런 다음 모든 위험을 불사하고 강 맞은편으로 공격을 개시했다. 앞쪽에서 돌격하던 병사는 도끼로 용마루 모양의 철조망을 베고 나서 목숨을 아끼지 않고 300미터 너비의 지뢰 매설 구역으로 돌진했다. 그러고는 얼마 지나지 않아 적군의 저지고지 아래까지 내달렸다. 그러나 돌격 속도가 너무 빨라서 분대장 마오펑毛鳳이 고개를 돌려보니 뒤쫓아온 병사들이 그를 포함해서 9명밖에 되지 않았다. 목숨을 잃은 사람도 많았지만 더 심각한 것은 돌격부대가 이미 적의 화력 저지에 막혀 뒤처졌다는 점이었다. 마오펑은 중국 해방전쟁에서 하이난 섬 전투에 참가해 전공을 세운 백전노장이었다. 한국에 들어와 치른 1차 전역에서 그가 이끈 병사들은 곡파원에서 요지를 차지했고 주력부대의 작전전개를 엄호했다. 오늘, 목숨이 걸린 긴급한 시점에서 그는 9명으로 대부대의 전진을 제지하는 벙커를 공격하기로 결심했다. 마오펑은 9명을 2개 조로 나누고 각각 고지를 찾아가도록 했다. 고지에 다다르자 벙커 뒤쪽에 또 하나의 커다란 방공호가 있는 것을 발견했다. 그는 과감히 1개 조에 벙커를 맡으라고 명하고, 자신과 몇몇 병사는 방공호 쪽을 더듬어갔다. 방공호에서 적들의 어수선한 말소리가 들려왔다. 마지막 승부에 모든 것을 건 병사들은 마오펑의 구령에 맞춰 몸에 지닌 모든 수류탄을 일제히 방공호의 사격구射擊口 속으로 밀어넣었다. 이쪽에서 격렬한 폭음이 울리는 가운데 다른 조도 그들 쪽의 벙커에 손에 쓰기 시작했다. 돌격부대를 저지하는 사격이 이내 잠잠해지더니 귀청이 터질 듯한 중국군의 나팔 소리가 울려 퍼졌다. 저지당했던 중국군 병사들이 우르르 몰려나왔고 356연대의 돌격 통로도 열렸다.

119사단과는 달리 제40군 118사단의 돌격은 순탄치 않았다. 젊은 사단장 덩웨는 모든 어려움을 사전에 염두에 두었으며 격전에 강하기로 이름난 자신의 부대를 신뢰했다. 그러나 돌격을 개시하기 직전에 그를 극도로 분노케 한 소식이 전해졌다. 118사단에 배속된 포병이 전진하는 도중에 신중을 기하지 못하고 목표를 노출시켜 미군 비행기의 맹렬한 폭격을 당했다는 것이었다. 이로 인해 막대한 병력 손실을 입어 정작 전방에 도착한 포병은 1개 중대에 불과했다. 포병을 다시 배속해달라고 신청하기에는 이미 늦었고, 보병이 돌격할 때 포병의 지원이 없으면 그 결과는 불 보듯 뻔했다. 덩웨는 문제의 심각성을 인식하고 돌격에 참가하는 제1제대의 2개 연대에게 '포병을 기대하지 말고 자신의 노력으로 공격을 펼치라'고 엄숙히 통지했다.

포병이 공격준비사격을 못한 관계로 118사단 정면에 있는 적군의 모래사장 방어진지는 거의 진지를 확고히 하고 중국군이 오기를 기다리는 형세였다. 이 때문에 사단 우익의 352연대와 좌익의 354연대의 돌격작전이 커다란 난관에 부딪혔다. 병사들은 수중의 경화기에 의존하고 포탄 포대와 폭약통을 이용해 견고한 참호의 모든 화력점 앞에서 적군과 힘겹게 일진일퇴의 접전을 벌여야 했다. 돌격작전은 잔혹하고 더디게 진행되었다. 특히 352연대는 도하할 때가 되어서야 비로소 돌파 구간의 수면이 아직 완전히 얼지 않은 사실을 알게 되었다. 엄청난 병력 손실을 입으며 힘겹게 빙하를 건너 막 남쪽 기슭에 오른 그들은 또 불행하게도 적군이 설치한 위장 진지에 진입했다. 그 위장 진지는 실은 지뢰밭이었다. 중국군 포병의 포격을 받지 않은 지뢰밭은 지뢰가 촘촘히 매설되어 있어 발을 내딛기도 어려웠으며, 부대는 막대한 전력 손실을 입어 공격이 좌절되었다.

뜻밖에도 352연대 측면에서 공격을 보조한 경비중대가 돌격에 성공했다. 부대가 돌격을 개시하기에 앞서 전투 핵심병력의 큰 손실을 방지하기 위해 덩웨는 특별히 진커즈金克智라는 '전차격멸 영웅'을 전투중대에서 경비중대로 이동시켜 '보존'해두었다. 이 이동조치로 돌격 과정에서 진커즈가 능력을 발휘할 기회가 마련될 줄 누가 알았으랴. 진커즈는 경비중대 병사들을 이끌고 대빙하를 건너 진군을 방해하는 철조망을 제거했고, 중국군 돌격부대를 향해 미친 듯이 로켓탄을 퍼붓는 벙커를 빠른 속도로 궤멸시켰다. 진커즈는 기관총 받침대를 이용해 벙커에서 엄호사격을 하게 하고 자신은 병사들을 이끌고 적이 파놓은 구불구불한 교통호를 따라 공격하며 전진했다. 보루 3개를 연속해서 손에 넣고 무반동포 1문을 노획했다. 이로써 352연대 돌격부대를 향해 측면 사격하는 적군의 화력을 크게 경감시켰다.

갖은 위기를 겪고 118사단이 마침내 임진강 방어선을 돌파했을 때 우익의 119사단은 이미 방어선 종심 쪽으로 12킬로미터 돌진해 한국군 제6사단의 측후방을 파고든 상태였다.

중국군 제38군 지휘관이 가장 걱정한 것은 빙하가 아니었다. 그들 앞에 놓인 한탄강은 그리 큰 강이 아니었기 때문이다. 가장 걱정스러운 것은 대빙하를 횡단한 후 부대가 돌격하는 도로에서 만나게 될 험준한 산봉우리들이었다.

제38군 114사단 340연대 예하의 돌격대는 공격준비사격을 가하는 10분 동안 한탄강에 부교를 설치했다. 부대는 이 부교를 통과한 지 10분 만에 적의 전초진지를 돌파했다. 반면 342연대는 그리 운이 좋지 못했다. 공격 시각이 되었는데도 부교를 다 설치하지 못하자 돌격중대 푸창산傅長山 중대장은 더 기다릴 수가 없어 아예 병사들을 이끌고 물속으로 들어갔다. 이들은 강 맞은편의 적군 진지를 아주 재빨리 공격해서 3개의 고지를 연속해서 점령했는데, 각 고지를 점령하는 데 걸린 전투 시간이 10분을 넘지 않았다. 하늘에서 조명탄이 진지의 적군 시체를 밝히자 중국군 병사들이 크게 외쳤다.

"미국인이다!"

적의 전초부대는 모두 한국군일 것이라고 줄곧 생각해왔는데, 이 구간의 미군 병사들이 이렇게 전초부대와 가까이 있을 줄은 미처 몰랐다.

한탄강을 돌파할 때 미군과 조우한 342연대 선두대대의 대대장은 바로 차오위하이였다.

차오위하이는 2중대에게 다른 것은 개의치 말고 우선 뚫고 들어가서 적의 포진지를 제거하라고 명령했다. 2중대는 차오위하이를 실망시키지 않고 적의 포진지를 무너뜨릴 때까지 곧장 돌진했다. 그러나 2중대가 너무 깊숙이 파고드는 바람에 적군이 사방을 에워쌌고 차오위하이의 대대본부와 연락이 두절되었다.

차오위하이가 몹시 초조해하고 있는데 1중대가 도로에서 적군 차량 10여 대를 봉쇄했다. 이들은 먼저 선두에 있던 한 대를 공격해 도로를 폐쇄한 후에 포위하고 맹렬히 공격을 가했다. 이 공격에 한국군 병사들이 사방으로 도주했다. 마지막에 전장을 점검하면서 그것이 포병 분대라는 것을 알게 되었다.

1대대 3중대는 장퉁수張同書 중대장이 인솔해 산봉우리 하나를 점령했는데, 산봉우리에 참호는 구축돼 있었지만 적군은 없었다. 산 중턱을 보니 온통 천막이었다. 장퉁수는 자동소총을 들고 천막으로 돌진하며 사격을 가했다. 천막 안에서 처참한 비명이 흘러나왔다. 또 미국인이었다! 미군들은 자신들이 제2방어선을 지키고 있다고 여기고 그때까지 천막에서 자고 있었다. 전면에 있던 한국군 병사들이 그렇게 빨리 도망갈 줄은 생각지도 못했던 것이다.

제1대대 예하의 3개 중대가 다시 합류했을 때 차오위하이는 3중대 장퉁수 중대장이 보이지 않는 것을 발견했다. 누군가가 장퉁수가 중대를 이끌고 작은 산에서 공세를 펼치다가 전사했다고 알려주었다.

제38군은 돌파작전이 차질 없이 진행되어 빠른 속도로 진군하면서 여러 부대가 적과 교전을 벌였다. 곳곳에서 불빛이 번쩍이는 어두운 밤, 구불구불한 산간의 흙길은 뒤섞여 교전을 벌이는 병사들로 꽉 차 있었다. 피로가 극에 달한 중국군 병사 한 명이 짊어지고 있던 92식 보병포 포신을 불시에 한국군 병사에게 빼앗겼다. 중국군 병사는 그 한국군 병사를 쫓아가 총 개머리판으로 한 대 내리치고 포신을 다시 찾아온 후에 계속해서 전진했다. 342연대 기관원들은 혼란을 틈타 적잖은 포로를 사로잡았다. 어느 한국군 연대급 지휘소의 축음기에서는 여전히 음악이 흘러나오고 있었고 한국군 장교 몇 명이 이불에서 빠져나오지 못한 채 사살되었다. 2차 전역에서 적의 후방을 뚫었던 유명한 정찰과장 장쿠이인이 이끄는 부대 병력은 이번에도 적의 후방으로 파고들었고, 그 결과 길에서 적군 대오와 한데 뒤섞이게 되었다. 중국군 병사 가운데 영어를 할 줄 아는 정찰병이 뜻밖에도 미군 병사와 대화를 나누게 되었다. 중국군 병사가 미군에게 왜 차를 타고 가지 않느냐고 물으니 미군은 차가 진작에 떠나버렸다고 대답했다. 미군은 종이 한 장을 꺼내 중국군 병사의 눈앞에 대고 마구 흔들면서 중국인이 발급한 '우대증'이라고 말했다. 포로로 잡혔다가 석방된 친구가 그에게 준 것인데, 그것이 있으면 포로가 된 후에 따뜻한 음식을 먹을 수 있고 따뜻한 물에 목욕도 할 수 있다고 했다. 114사단의 후위부대인 341연대는 돌파 후 다시 명령에 따라 추격에 나섰다. 장병들이 견딜 수 없을 만큼 피곤해 휴식을 취하고 있을 때 연대 정치위원 장전밍張鎭銘도 짚더미에 기대어 누웠다. 누워서 보니 옆에서 누군가가 졸고 있었는데, 미군 외투를 덮어쓰고 있었다. 장전밍은 연대에서 미군 외투를 가지고 있는 사람은 궈郭 참모장밖에 없다는 것을 알고 말했다. "라오궈老郭, 자리 잘 잡았네요!" 그러고 나서 그도 쓰러져 잠이 들었다. 부대가 행군을 다시 시작하자 장전밍도 일어나서 옆에서 아직 자고 있는 '라오궈'를 툭툭 밀었다. "라오궈, 라오궈, 갑시다!" 그러다가 왠지 수상쩍다는 생각이 들었다. '라오궈'가 미군 가죽구두를 신고 있는 것을 발견했기 때문이다. 궈 참모장은 미군 외투는 있어도 미군 가죽구두는 없었다. 그래서 그를 땅바닥에 누르고 외투를 벗겨 보니 공포로 안절부절못하는 한국 포병 대대장이었다!

중국군 우익종대가 임진강과 한탄강 전방을 돌파함과 동시에 좌익의 제42군 돌격부대도 맹렬한 공격을 가하며 앞에 있는 양아암과 도성현의 험준하고도 중요한 두 고지를 점령했다. 또 제66군 주력부대도 한 시간 반 동안 공세를 펼친 후에 눈앞의 적군이 구축해놓은 방어선을 돌파했다.

한밤중, 38선의 유엔군 제1방어선은 완전히 붕괴되었다.

3차 전역이 의도한 은폐성에서 보자면 그야말로 공전의 성공이었다.

중국군 병사들은 영하 20도의 혹한 속에서 빈틈없이 봉쇄하는 화력을 무릅쓰고 빙하를 건너 견고하게 구축된 적군 방어진지를 전체 전선에서 단번에 돌파했다. 전쟁사상 일대 쾌거가 아닐 수 없다.

하지만 이를 위해 수많은 중국군 병사가 목숨을 바쳤다.

1951년 새해 전야에 펼친 공세에서 중국군 병사들은 대빙하뿐 아니라 지뢰, 녹채鹿砦, 적의 침입을 막기 위해 나뭇가지나 나무토막을 사슴뿔처럼 얽어서 만든 장애물, 가시철조망 그리고 벙커에서 끊임없이 발사되는 총알에 맞닥뜨렸다. 1초마다 병사들이 목숨을 잃었다. 빙하 뒤쪽에는 심산설곡深山雪谷과 미끄럽고 가파른 길이 끊임없이 이어져 적지 않은 병사들이 깊고깊은 눈 골짜기로 미끄러졌다. 옷에 스며든 강물과 몸에서 흐른 땀은 **빠른** 속도로 얼어붙었다가 격렬한 교전을 벌일 때면 뜨거운 피와 땀이 다시 그 '얼음 갑옷'을 녹였다.

이는 세계 전쟁사상 흔치 않은 고달픈 전투였다.

중국 본토에서 부대를 따라온 무수한 부상병 운송대원들이 그날 밤 사력을 다해 다쳐서 쓰러진 중국군 병사들을 응급 처치했다. 부상병 운송대원은 대부분 중국 둥베이 지역에서 온 농민 청년들로, 그들은 자신이 맡은 병사들에게서 혈육의 정을 느꼈다. 본래 따뜻한 집에서 새해를 보내야 마땅할 시점에 그들은 포화를 무릅쓰고 가장 격렬한 전투가 벌어지는 곳에서 이리저리 뛰어다니고 있었다. 그들은 얼음처럼 차디찬 땅에서 마지막 숨을 고르고 있는 동포들을 안아올리고 가장 **빠른** 속도로 응급 치료소로 실어날랐다. 부상병들을 살리기 위해 그들은 자신이 입고 있던 방한복을 벗어서 덮어주었다. 부상병이 무척 많아서 운송대원들은 발가벗다시피 했다. 그래서 방법을 하나 생각해냈는데, 불에 달군 돌을 들것의 무명이불 속에 넣어 부상병의 체온을 유지하는 것이었다. 이는 구식이지만 매우 효과적인 방법이었다. 이후 한국전쟁에서 중국군은 내내 이 방법을 사용했다.

1951년 1월 1일 여명이 밝아오려 할 때, 지원군 총사령부는 중국군 우익종대를 지휘할 '한 지휘대韓指'를 파견해 제40군 지휘부와 함께 38선을 넘도록 했다. 이른바 '한 지휘대'란 실제로는 지원군 부사령관 한셴추, 지원군 사령부 작전처 부처장 양디楊迪 그리고 참모 한 명으로만 구성되었다. 이들이 임진강을 막 건넜을 때 앞쪽에서 길을 내던 트럭이 지뢰에 폭파되었다. 제40군 군단장 원위청은 지뢰가 무척 많다며 일단 멈춰서 날이 밝은 후에 다시 출발하자고 말했다. 그러나 한셴추는 전진을 고수했다. 한셴추는 제40군의 전임 군단장으로, 그의 고집은 유명했다.

"부대와 연락이 두절되면 무슨 지휘부인가? 부대를 지휘해 도주한 적군을 막아내야 한단 말이야!"

진군을 재개하고 얼마 되지 않았는데 뒤쪽에서도 차량 한 대가 지뢰에 폭파되었다. 이번에는 손실이 심각했다. 제40군 지휘부 관계자들이 거의 대부분 부상을 입었고 일부는 부상 상태가 심각했다.

한셴추는 직접 부상병 구호를 지휘했다. 이때 전방에서 보고가 전해졌다. 제40군의 부대가 신속히 진군해 이미 적군의 제2방어선을 돌파했으며, 그 방어선에서는 미군이 방어하고 있다고 했다. 또한 적어도 10여 곳에서 미군을 포위했으며, 한 곳에 적어도 1개 대대가 있다고 했다.

이 소식은 차량 폭파로 무거워진 분위기를 어느 정도 완화시켰다.

한셴추는 밤하늘을 바라보았다. 얼굴에 웃음기라곤 전혀 없었다.

'한 지휘대'는 동두천 북쪽의 소요동이라는 곳까지 행군한 다음 야영을 했다. 동두천이라는 지명과 어울리지 않게 한셴추 자신을 비롯한 모든 사람의 비상식량 주머니는 하나같이 텅텅 비어 있었다. 4개 군의 수만 병력을 지휘하는 중국군 우익 지휘소에는 식량이 한 알갱이도 남아 있지 않은 상태였다. 굶주림을 해결하기 위해 경비대원들은 사방으로 요깃거리를 찾아다녔다. 얼마 후 한 병사가 몹시 흥분하며 보고하러 왔다. 길에서 적군이 도주하며 흘린 좁쌀을 주웠는데 모래와 돌을 제거하면 적어도 몇 근은 될 것이라고 했다.

따끈한 좁쌀죽을 다 마시고 나서 한셴추는 동 트기 전에 희미하게 밝아오는 하늘을 바라보며 말했다.

"우리가 기뻐하는 건 잠시뿐일 거야! 날이 밝으면 어찌 될지 모르지."

"미국을 물리치기 전에는
귀국하지 않으리"

1951년 1월 1일 아침, 날이 희부옇게 밝아오자마자 미 제8군 사령관 리지웨이는 지프를 타고 서울을 나서서 전방 쪽으로 차를 몰았다. 그의 두 눈엔 핏발이 가득했고 얼굴은 굳어 있었다. 지프가 흔들릴 때마다 목에 걸린 두 개의 수류탄이 심하게 흔들렸고, 허리춤에 찬 권총집은 열려 있어 정교한 총 손잡이가 드러났다.

어제 저녁 방어 전초기지에서 서울 시내로 돌아오는 두 시간도 안 되는 사이에 중국군이 갑자기 대규모의 공세를 개시했다.

리지웨이 지휘부에서는 밤새도록 끊임없이 전화가 울렸고 전보가 물밀 듯 날아들었다. 동쪽에서 서쪽까지 수백 킬로미터에 걸친 방어선에서 중국군은 놀랍게도 순식간에 모든 전선을 돌파했다! 제1선의 한국군 사단들은 일제히 위기에 처했고 특히 제1사단과 제6사단은 치명적인 타격을 입었다. 이승만 대통령은 자신이 직접 배정한 최소 10만 명의 노동자가 이미 최전방을 강철처럼 견고하게 구축했다고 말하지 않았던가? 방어 전략을 자신이 직접 심사했으며, 방어선은 상당히 치밀한 화력을 갖추고 있다고 하지 않았던가? 단지 중국군의 전진을 저지하는 화력망인데 적어도 몇 겹은 설치하지 않았던가?

찬바람이 몰아치면서 어지럽게 날리는 눈발이 모래처럼 따갑게 얼굴을 내리쳤다.

바로 전방에서 '우르르 쾅쾅' 포성이 울리고 폭음이 끊이질 않았다.

지프가 몇 킬로미터 가지도 않았는데 도로 맞은편에서 웅성거리며 군인 한 무리가 뛰어왔다. 리지웨이가 시찰했던 최전방에서 도주하는 첫 번째 패잔병들이었다. 지프가 다시 앞으로 나아가자 패주하는 군인들이 점점 더 많아져 도로 전체를 가득 메웠다. 리지웨이는 훗날까지도 당시 상황을 생생히 기억했고, 자신이 겪은 전쟁에서 가장 절망감을 느끼게 한 패주병 부대였다고 말했다.

머리카락이 마구 헝클어지고 얼굴엔 땟물이 흐르는 한국군 병사들은 줄줄이 이어진 트럭을 타고 꼬리에 꼬리를 물 듯 남쪽으로 몰려갔다. 트럭을 타지 못한 이들은 우마차나 당나귀 마차 그리고 어디서 끌고 왔는지 모를 각종 가축 등 가능한 모든 교통수단을 이용했다. 그들에겐 질서도, 무기도, 지휘관도 없었다. 그저 중국군으로부터 될 수 있는 한 멀어져야 한다는 일념밖에 없었다. 그들은 개인화기와 권총을 팽개쳤고, 대포와 박격포, 기관총 그리고 다른 공용화기들도 모두 버렸다.

리지웨이의 분노가 결국 폭발하고 말았다.

그는 권총을 꺼내 들고 도로 한복판에 서서 하늘을 향해 연속해서 몇 발을 쏘았다. 그러고 나서 큰 소리로 외쳤다. "멈춰!"

그러나 아무도 그를 상관하지 않았다.

리지웨이의 외침과 총성은 패잔병들의 아우성과 점점 가까워오는 폭음 속에서 너무나 미약했다. 병사들은 혼비백산해서 이 사령관의 존재에 주의를 기울일 여유가 아예 없었고, 차량들은 하나하나 그의 지프를 돌아 그대로 남쪽으로 달렸다. 마지막으로 리지웨이의 지프에 새겨진 세 개의 흰색 별을 본 한국군 장교 한 명이 이 미국인이 일개 하급 장교가 아님을 알아챘는지, 패주하던 차량 행렬이 리지웨이 앞에 멈춰 섰다. 그 한국군 장교는 영어를 모르는 건지 아니면 못 알아듣는 척하는 건지, 기를 쓰고 리지웨이에게 손짓을 어지럽게 해댔다. 그러고는 리지웨이가 자신에게 어떤 명령을 내렸는지는 아예 신경 쓰지도 않고 차에 올라 부대를 이끌고 바람처럼 가버렸다.

이렇게 패주한 병사들 속에는 서양 종군기자들도 꽤 섞여 있었다. 이들은 수많은 형용사를 사용해 당시의 광경을 기록했다.

AFP통신에는 이런 문구들이 실렸다.

"동맹군 군대는 머리가 아찔하고 눈앞이 캄캄해졌다."

"미 제8군은 무리를 이루어 퇴각했다."

"최전방에서 도망친 병사들이 궁지에 몰려 긴 행렬을 이루며 남하했다. 그들은 안색이 초췌하고 어두웠으며 기진맥진한 상태였다."

"서울로 향하는 길가는 온통 불타고 있는 군용물자로 가득했다."

AP통신은 이렇게 묘사했다.

"전선 뒤쪽에서 철수하는 부대들은 연신 정신없이 저주를 퍼부어댔으며, 뒤죽박죽 어수선하기 짝이 없었다."

"퇴각하는 기나긴 차량 행렬은 끊임없이 진창에 빠졌다."

미 제8군 대변인은 다음과 같은 어휘들을 사용해 전황을 발표했다.

"중국군은 강력한 공세를 펼쳐 이미 미군 방어선에 거대한 틈을 벌려놓았습니다. 이로써 완강하기로 이름난 유엔군이 완전히 붕괴되었습니다. 또한 미 제8군의 모든 전선으로 통하는 주요 보급선이 심각하게 위협받는 상황입니다."

리지웨이는 총을 거두었다. 군대가 이미 완전히 통제불능 상태임을 깨달은 것이다.

그는 서울로 돌아와 한국군이 남쪽으로 퇴각하는 길에 즉시 헌병을 출동시켜 검문소를 설치해서 전방에서 도망쳐 오는 모든 군인을 검문하고 전장의 군율을 집행하라고 명령했다. 아울러 그는 한국 대통령 관저에 전화를 걸어 "이승만 대통령을 전방 시찰에 초청"했다.

이에 연로한 이승만 대통령은 리지웨이 장군이 동반한 가운데 기체 표면이 범포帆布로 된 연락기를 타고 전방으로 향했다. 리지웨이는 두꺼운 방한복을 입고서도 기내에서 추워 죽을 지경이었다. 옆자리 노인을 보니 추위를 전혀 막지 못할 것 같은 흰색 한복을 입고 있었고, 주름이 가득한 얼굴은 극도의 추위로 더욱 창백하고 쪼글쪼글했다.

비행기는 의정부 부근에 착륙했다. 거기서 그들은 수용대에 수용된 한국군 병사들이 웅성거리며 앞다퉈 먹을 것을 받는 모습을 보았다.

이승만 대통령은 병사들에게 전쟁터로 복귀하라는 연설을 했다.

연설을 마친 후 이승만 대통령은 영어로 리지웨이에게 말했다.

"낙심하지 마시오. 낙심하지 말아요!"

그러나 리지웨이는 머릿속에 가장 끔찍한 생각이 언뜻 스쳤다. '서울을 지킬 수 없을지도 모르겠군.'

중국군 제42군 124사단은 돌파전을 펼친 부대였다. 이 부대에 훗날 이름을 떨친 군인이 있었는데, 바로 19세의 렁수궈冷樹國였다. 랴오닝遼寧에서 태어난 이 청년은 고향에서는 영리하고 손재주 있는 젊은 목수였으며, 특히 용과 봉황을 조각하는 솜씨가 뛰어났다. 그는 고향에서 토지개혁이 실시된 해에 입대했고, 중국 전역에서 전개된 해방전쟁에 참전했다. 부대에서 그는 남동생이 보낸 편지를 받았다. "형이 입대한지도 몇 년이 지났는데 아직 무슨 공을 세웠다는 소식을 못 들었네. 우리 마을에서 입대한 사람들은 다들 공을 세웠던데. 말로는 늘 인민을 위해 봉사한다고 하지만 그래도 어쨌든 작은 공이라도 세워야지."

렁수궈는 이 편지가 큰 자극이 되었다고 말했다.

124사단의 돌파 목적지는 제령리였다. 사단장 쑤커즈蘇克之는 공격에 능한 372연대에게 선두연대를 맡도록 명했고, 가장 견고한 4중대를 전 연대의 최전방에 포진해야 한다고 주장했다. 4중대 중대장의 이름은 왕칭슈王淸秀였는데, 전투를 할 때는 이름처럼 깨끗하고淸 준수한秀 모습이라고는 조금도 없었다. 성격이 불같아서 중기관총이 아직 뒤따라오지도 못했는데 바로 출발할 기세였다. 왕칭슈가 조급해하는 것도 그만한 이유가 있었다. 날이 아직 밝지도 않았는데 앞쪽에서는 총소리가 점점 뜸해졌기 때문이다. 적이 점점 멀어지고 있다는 뜻이었다. 게다가 상대는 차를 타고 가니 두 다리로 쫓아가려면 빨리, 더 빨리 서둘러야 했다.

왕칭슈는 1소대장에게 말했다.

"자네는 전진 돌격에만 신경 쓰게. 내가 3소대를 이끌고 도로 양쪽을 따라 공격하며 엄호하겠네!"

이미 피로에 지친 병사들은 왕칭슈의 인솔로 아무것도 돌아보지 않고 추격을 개시했다.

38선에서는 더 이상 유엔군의 저항을 찾아볼 수 없었다. 따라서 4중대가 38선을 넘을 때 병사들은 자기 발밑에 한반도에서 가장 중요한 지계地界가 있다는 사실을 전혀 몰랐다.

오전 6시, 리지웨이가 차를 몰아 서울 외곽 도로에서 패주병들을 막아서고 있을 때, 4중대 1소대 1분대는 거림천이란 곳에 도착했다. 이곳은 그들이 38선 이남에서 처음으로 접한 큰 마을이었다. 정찰병은 마을에 적어도 한국군 1개 대대가 있다고 보고했다. 1분대장 자오헝원趙恒文은 뒤에 따라오는 부대가 마을에 다다르길 기다렸다가는 한국군이 도망쳐버릴지도 모르니 먼저 쳐들어가 공격하는 것이 낫겠다고 생각했다.

중국군 1개 분대가 한국군 수백 명을 향해 살금살금 접근해갔다.

한국군 보초병을 습격하자 한 명이 탈출해 정신없이 소리를 지르며 마을 쪽으로 달아났다. 자오형원이 소리쳤다. "공격!" 중국군의 경화기가 발사되기 시작했고 동시에 수류탄이 마을로 날아들어 폭발했다. 마을은 즉시 일대 혼란에 빠졌다. 한국군 장교는 병사들에게 마을 어귀로 가라고 지휘하고, 다급히 저지 화력을 편성해 여명이 밝아오는 벼랑 밑 컴컴한 곳을 향해 목표도 없이 마구 난사했다. 자오형원은 총소리가 울리면 중대장이 부대를 이끌고 재빨리 올 것이라 예측하고 앞에 있는 적을 내버려둔 채 분대원들에게 외쳤다. "저들의 퇴로로 질러 가라!"

마을 뒤쪽에 다다르자 자오형원은 깜짝 놀랐다. 최소 100명은 되는 한국군이 마을 뒤쪽 도로를 따라 달아나고 있었고, 중국군은 얼떨결에 한국군 무리 속으로 돌진하게 되었다. 한국군 장교 한 명은 더 빨리 뛰려고 신발을 벗고 맨발로 자오형원과 나란히 달렸다. 사방 천지에 한국군이 버린 카빈총이 널려 있었다. 자오형원은 몇 자루를 주웠지만 곧 이래서는 안 되겠다는 생각이 들었다. 이렇게 계속 뛰다가는 한국군을 몇 명밖에 생포하지 못할 것이기 때문이었다. 그는 곧 발을 멈추고 하늘을 향해 총을 한 발 쏘면서 큰 소리로 외쳤다. "멈춰!"

한국군 병사들은 몹시 놀라 도로변 배수로 쪽으로 우르르 흩어졌다.

"나는 중국인민지원군이다!"

말을 내뱉고 나서 자오형원은 자신이 중국어로 말했음을 깨닫고 다시 한국어로 소리쳤다. "무기를 버려라."

중국군 부대의 공격에 얼떨떨해진 한국군 병사들은 순간 어찌해야 할지 몰랐다.

외투를 뒤집어 입은 한국군 한 명이 일어나더니 어두운 곳에서 중국어로 조그맣게 물었다.

"중국인이냐?"

"그렇다! 저들에게 전해라. 총구를 거꾸로 해서 등에 지고 이쪽으로 오라고. 지원군은 포로를 죽이지 않는다고!" 자오형원이 대답했다.

그 한국군이 새까맣게 들어찬 행렬 쪽으로 가서 한국어로 뭐라고 하자 20여 명이 즉시 와서 투항했다.

자오형원은 그들을 도로변에 있는 농가 마당으로 데리고 가서 총을 내려놓으라고 명령했다. 그러고 나서 그들을 전부 한 방에 가두었다. 일을 마친 후 자오형원은 잡아온 포로가 적다는 생각이 들어 중국어를 할 줄 아는 그 한국군에게 다시 도로로 나가 사람들을 모아오라고 시켰다. 이렇게 해서 다시 20여 명이 더 모아졌다.

이때 날은 이미 환하게 밝았다. 마당에 있는 한국군 포로들은 그곳에 중국군이 몇 안 된다는 것을 똑똑히 보았다. 왁자지껄 떠들고 있는 중국군 병사들은 용모도 변변치 못했다. 이런 상황에서 한국군 병사들이 곁눈질로 힐끗힐끗 쳐다보니, 자오형원이 마음속으로 다소 두려움을 느낀 무리는 아니었다. 다행히 중대장이 서둘러 부대를 이끌고 왔다.

자오형원이 포로들을 점검해보니 딱 50명이었다. 그는 만족해서 생각했다. '이번에는 틀림없이 영웅이 될 수 있겠지.'

렁수궈는 자오형원이 못 견디게 부러웠다.

중대장 왕칭슈는 시간에 맞춰 제령리로 돌격하려고 길을 재촉했다.

렁수궈는 이번에는 어떻게 해서든지 선봉이 되고 싶었다. 2소대 부소대장 바이원린白文林이 부대를 통솔했고, 렁수궈의 5분대가 맨 앞에서 행군했다.

산골짜기의 길은 모래와 돌이 깔린 작은 도로로 구불구불 남쪽으로 뻗었다. 양쪽은 절벽이었고 무질서하게 뻗은 나무들이 빼곡히 들어서 있었다. 5분대가 선두에서 행군을 하는데 길 양쪽 숲에서 패퇴해 뿔뿔이 흩어진 한국군들이 끊임없이 머리를 내밀어 살폈고 불시에 총을 몇 발씩 쏘기도 했다. 렁수궈는 이 일대가 이미 중국군에게 둘러싸인 것을 알고 생각했다. '산을 수색하는 일은 후속부대에 맡기자. 지금 중요한 것은 서둘러서 제시간에 예정된 지점으로 가는 것이다. 기필코 포로를 한 무더기 잡고 말리라!'

그래서 5분대는 최전방으로 전화선을 수송하는 한국군 트럭 한 대를 해치운 것 이외에는 그 어느 것도 신경 쓰지 않고 앞을 향해 달렸다! 굶주림과 피로에 렁수궈는 다리가 풀렸으나 달리고 또 달리다보니 몸이 가벼운 것이 꼭 바람결을 따라 나는 듯한 느낌이었다. 폭음이 한 번 울리고 나서야 렁수궈는 행군을 멈췄다. 그는 패주하는 한국군 병사들이 폭약으로 민가 한 채를 폭파시키는 것을 보았다. 민가 옆에는 나이 든 사람 한 명과 젊은 사람 한 명이 누워 있었다. 젊은이는 폭발로 허벅지를 다쳤지만 아직 살아 있었고 힘겹게 숨을 쉬고 있었다.

렁수궈의 추격 속도는 372연대의 선두중대장을 맡은 왕칭슈마저 놀랄 정도로 빨랐다. 왕칭슈는 맨 앞에서 달리는 선봉대가 인원도 적고 기운도 달려서 대규모 적군과 맞닥뜨리면 곤란할 것이라 걱정했다. 그래서 부대를 이끌고 사력을 다해 렁수궈를 따라잡는 것을 목표로 했지만 아무리 해도 따라잡을 수가 없었다. 돌격하는 길은 4중대가 렁수궈를 쫓아가고, 2대대는 4중대를, 연대 주력은 또 2대대를 쫓아가는 형국이었는데, 이런 상황은 줄곧 신속하게 행군하라고 부대를 재촉한 124사단장 쑤커즈마저 다소 불만스러웠다. 거림천에서 4중대가 그렇게 많은 적을 처리한 것으로 보아 앞쪽에 패주하는 적군이 얼마나 될는지 짐작할 수 없었기 때문이다. 그는 372연대의 주력을 최대한 빨리 쫓아가도록 해서 선봉대의 병력을 강화해야겠다고 생각했다.

렁수궈가 이끄는 돌격소대는 줄곧 중대보다 최소한 2킬로미터 앞에서 달리고 있었다.

낮이 되자 미군 비행기가 나타났다. 그러나 남쪽으로 통하는 도로에서 양측 병사들이 어수선하게 한 방향으로 내달리고 있어 미군 조종사들은 누가 패주하는 한국군이고 누가 추격하는 중국군인지 분별할 도리가 없었다. 양국 병사들의 옷이 모두 똑같이 너덜너덜했기 때문에 공중 지원을 실시할 수 없었다. 미군 조종사들은 하는 수 없이 저공으로 비행해 쉴새없이 양국 군인들 머리 위를 스쳐가야 했고, 이로 인해 도로의 분위기가 더욱 긴장되고 혼란스러웠다.

앞쪽에 도대리라는 마을이 있었다. 렁수궈는 발을 멈추고 나서야 자신과 함께 있는 사람이 다섯 명뿐이라는 사실을 알았다. 부소대장 바이원린과 병사 더우궈빈竇國斌, 궈인쒀郭銀鎖, 왕얼王二 그리고 자신이었다.

바이원린은 렁수궈와 다른 대원들을 숨어 있게 하고 자신이 정찰하러 나아갔다. 그 결과 도대리 마을 안팎에 적군이 깔려 있으며 최소 400여 명은 되는 것을 알게 되었다.

그들이 추격한 것은 한국군 제2사단 32연대 예하의 2대대였다.

거림천에서 1소대장 자오헝원이 바로 이렇게 하지 않았던가?

적이 얼마나 되든지 상관없이 공격해야 한다!

공격!

중국군 다섯 명은 2개 조로 나누어 마을 양쪽 끝에서 수색하며 나아갔다. 렁수궈는 흙더미에서 고개를 들었다. 바로 앞에 트럭 한 대가 있고 한국군 장교 4명이 타고 있었다. 운전수가 시동을 건 것을 보니 출발하려는 듯했다. 렁수궈는 뛰어올라 정면에서 총을 쏘았다. 장교 4명은 반격할 틈도 없이 사살되었다. 이때 다른 몇몇 중국군도 수류탄을 던졌다.

중국제 막대수류탄은 폭발할 때 특이한 소리가 났는데, 한국군 병사들은 그 소리를 잘 알고 있었다. 순식간에 한국군 1개 대대 병력이 혼란에 빠졌다.

렁수궈는 마을 뒷길로 돌격했다. 지프 한 대가 작은 마당에서 질주해 나와서 하마터면 그를 칠 뻔했다. 차에는 무선통신기가 있었는데 안테나가 굉장히 길었다. 또 몸집이 커다란 적군이 타고 있었다. 미국인이었다!

돌격해 오던 길에서 렁수궈는 미군을 보지 못했다. 그는 미군에게 달려들었다.

미국인은 단번에 렁수궈를 밀쳐 넘어뜨리고 허리춤에서 권총을 꺼내려고 했다. 렁수궈는 미군이 총을 꺼내기 전에 다시 달려들어 단단히 끌어안았다. 미국인은 온몸을 떨기 시작했고 렁수궈의 손가락이 그의 가슴팍 두툼한 살을 파고들었다. 어디서 그런 힘이 나온 건지, 렁수궈는 놀랍게도 그 미국인을 안아 올려 차 밑으로 내동댕이쳤다. 미국인은 중국군 병사의 사나운 가세에 놀라 멍해진 채로 렁수궈가 자신의 총집에서 권총을 뽑는 것을 바라볼 뿐이었다.

미국인은 두 손을 들어올렸다.

막대수류탄의 폭음이 들리자 4중대는 서둘러 도대리로 갔다.

단 몇 분 만에 한국군 1개 대대 전체에서 수십 명이 다치거나 죽었고 수십 명이 포로로 잡혔다. 나머지는 모두 뿔뿔이 숲속으로 흩어졌다. 왕칭슈는 아직 렁수궈의 그림자도 보지 못했다.

중대가 한국군을 섬멸할 때 5분대는 또다시 앞으로 추격해 나갔다. 정오가 가까워질 무렵, 렁수궈의 5분대 대원 5명은 124사단의 돌격 목적지인 제령리에 다다랐다. 높은 곳에서 보니 개울가 도로에 차량 수십 대가 있었고 대포를 견인하는 대형 트랙터도 있었다.

후속부대가 도착하길 기다릴까?

아니지, 진격하자! 저들을 막아야 한다.

렁수궈는 개울로 달려갔다. 그의 맹렬한 동작에 개울의 얼음이 갈라지면서 뼈를 에는 듯한 물속에 발이 빠졌다. 맞은편의 적이 그를 발견해 총알이 빗발처럼 쏟아졌다.

돌격! 기필코 전진 돌격해야 한다.

적군 차량들 맨 앞에 있던 지프가 시동을 걸었다. 렁수궈는 지프를 향해 총을 쏘았다. 곧바로 타이어가 터져 지프가 도로에 가로놓임으로써 전체 부대의 도주로를 막았다.

렁수궈와 바이윈린, 그리고 그들 뒤의 병사 세 명은 대규모의 적군을 향해 매섭게 돌진했다. 적군은 이 중국군 몇 명의 사기에 기겁을 했고, 모든 트럭이 후진해서 도주할 길을 찾으려다가 어수선하게 한데 몰렸다. 트럭 한 대의 화물칸에 중국군의 막대수류탄이 떨어져 엄청난 폭발이 일어났다. 이 트럭에는 탄약이 가득 실려 있었기 때문에 하늘을 찌를 듯한 강한 충격에 중국군 병사들도 공중으로 솟구쳤다가 떨어졌다. 연쇄 폭발이 일어나는 가운데 온 하늘에 차량 파편이 날아다녔다. 렁수궈는 도랑에서 고개를 들었다. 뭐라 말할 수 없는 희열이 그의 마음에 가득 차올랐다.

왕칭슈가 중대를 이끌고 따라왔을 때 도로는 이미 적의 시체로 가득 찼다.

"모두 무사한가?" 왕칭슈가 물었다.

"사상자는 없습니다! 포로를 많이 잡아 보여드리지 못했습니다!" 렁수궈가 대답했다.

왕칭슈가 말했다. "이번에 정말 큰 공을 세웠네! 첫째는 빠른 속도로 돌격해서 우리 사단이 적어도 적군 2개 연대를 봉쇄할 수 있었네. 둘째, 자넨 안 잡았으면 안 잡았지, 잡았다 하면 거물이구먼!"

왕칭슈는 렁수궈와 격투를 벌인 그 미국인을 말한 것이었다. 포로들을 선별한 결과 그 미국인은 한국군 제2사단 고문이며 미국 육군 대령으로 밝혀졌다.

얼마 후 지원군 부대에 한 병사의 이야기가 떠돌아다니기 시작했다. 그의 '11호두 다리를 가리킴'가 자동차 바퀴보다 뛰어나 미군 고문을 추격해서 도망가지 못하게 했다는 이야기였다.

연대장 장징야오張景耀는 렁수궈를 만났을 때, 산 넘고 물 건너 필사적으로 적을 추격한 이 병사의 발에 뜻밖에도 신발이 없는 것을 보았다. 이에 당장 렁수궈에게 반드시 좋은 신발 한 켤레를 찾아주겠다고 약속했다.

중국군 제42군 124사단 372연대 4중대 5분대 렁수궈 분대장에게 '추격영웅'이라는 영예로운 칭호가 수여됐다.

제42군과 함께 좌로左路 종대에 배속된 제66군도 맹렬히 전투를 벌였다. 그 주력부대는 60센티미터가 넘게 쌓인 눈길을 걸어 적군이 설치한 겹겹의 화력을 뚫고 국망봉, 화악산, 고수령 등 고지를 돌파했다. 그리고 한국군 종심으로 빠르게 진격해서 제42군과 협동해 한국군 제2사단 예하의 31연대와 32연대, 제5사단 예하의 36연대를 궤멸시켰다. 제66군 196사단 587연대 3중대장 장쉬지張續計는 국망봉 진지를 돌파할 때 혼자서 적군 보루 5개를 연속으로 함락시켜 부대가 전진할 수 있도록 길을 터주었다. 586연대 4중대 돌격분대는 5시간에 걸친 목숨을 건 전투 끝에 화악산을 점령했다. 이들이 화악산을 점령한 시각은 1951년 1월 1일 자정이었다. 4중대는 '38선 최초 돌파 영웅중대' 깃발을 받았다.

1월 2일이 되자 중국군 우익종대 전체가 이미 유엔군 방어진지의 종심 20~50킬로미터 지점에 진입했다.

리지웨이가 가장 걱정한 것은 서울 방어선 정면이었다. 정면의 1선 방어부대는 한국군 정예부대인 제1사단이었다. 제1사단은 새해 전야에 전면적인 혼란에 빠졌고, 날이 밝자 백선엽 사단장은 자신의 부대가 계속 붕괴되고 있으며 '조직적으로 철수하라'는 자신의 명령을 이행할 방도가 전혀 없음을 깨달았다. 중국군이 임진강 도하작전을 강행하고 나서 한 시간도 채 지나지 않아 사단 우익의 12연대가 전화로 '이미 버틸 수 없게 되었다'고 전한 뒤 즉시 철수하기 시작했다. 강변의 2선 진지에서 막 뿔뿔이 흩어진 병사들을 수용하기 시작했을 때, 또 이 연대의 예비대가 이미 중국군에게 삼면으로 포위되었다는 소식이 전해졌다. 12연대는 퇴각에 퇴각을 거듭했고 무선통신은 끊어진 상태였다. 가까스로 통신이 다시 연결되었지만 연대 지휘소는 도무지 상황을 그대로 보고할 수 없어 "사방에 중국군의 징, 북, 나팔 소리와 신호나팔 소리뿐"이라고만 전했다.

우익이 붕괴되자 제1사단 좌익의 11연대 문형태 연대장은 그들도 "반드시 철수해야 한다"고 말했다.

제1사단의 예비대인 15연대는 중국군이 공격을 개시한 지 얼마 지나지 않아 12연대 병사들이 자신들의 방어구역으로 대거 몰려드는 것을 보았다. 15연대 장은 백선엽 사단장에게 전화를 걸어 포화 지원으로 중국군의 공세를 막아달 라고 요청하면서 "적군과 아군을 가리지 말고 어서 발포하십시오!"라고 말했 다. 하지만 포를 쏘기도 전에 중국군 제39군 병사들이 12연대 병력 뒤쪽으로 몰려왔다. 15연대를 포함해 한국군 제1사단의 모든 진지가 자정을 넘기지 못 하고 무너졌다. 15연대 조재미 연대장은 이렇게 해명했다. "115밀리 곡사포의 지원을 받기는 했지만 적군이 이미 진지 50미터까지 접근한 상태여서 포화 지 원은 의미를 잃었다. 곧이어 진지에서 육박전이 벌어졌다."

한국군 전쟁사료에는 제1사단이 1951년 새해 첫날 겪은 전투에 대해 다음 과 같이 기록되어 있다.

밤을 새워 격전을 벌이는 가운데 새해를 맞았다. 묵은해를 보내고 새해를 맞는 시점에 적군은 이른바 '신년 공세'를 펼치며 창끝을 서울로 향했다. 반 면 아군은 계속해서 철수하고 있었다.

제12연대 제1대대는 전날 밤 패해서 흩어졌다가 경신리, 비석거리 부근에 다시 집결해 연곡리 일대로 이동했다. 제2·제3대대는 성공적으로 포위를 뚫 었지만 동두천 서남쪽에서 다시 적에게 포위되어 퇴각했다.

적군이 아군에서 낙오된 병사들과 한데 섞여 계속 돌격해오는 바람에 아 군은 계속 후퇴할 수밖에 없었다. 후퇴하는 부대를 지원하기 위해 제15연 대 부대대장이 지휘하는 보충대가 구암리에서 295고지 부근으로 진출했으 나 적의 맹렬한 습격을 받아 흩어졌다. 제3대대 예하 6중대가 포병지원을 요청했으나 적군과 아군의 거리가 너무 가깝고 상황을 관측할 수 없어 지원이 무산되었다. 그 결과 180고지가 함락되었고 6중대는 막대한 병력 손실을 입었다. 적군이 또 5중대를 공격해 5중대장이 전사했다. 결국 5중대는 탄약을 소진했고 전 대원이 처참히 흩어졌다.

대대장 최병순 중령은 약 100명의 병력을 집합시켜 수색중대 및 공병중대와 함께 1고지로 이동했다. 적군을 저지하겠다고 결심한 것이다. 그러나 적은 180고지에서 출격해 보충중대 진지로 공격해왔고 총검과 수류탄으로 백병전을 벌였다. 적군이 그 고지를 탈취했다.

제11연대 예하 1대대는 전날 밤부터 계속 적의 위협에 시달렸다. 적군이 적성에서 남하하면서 제3대대 방어진지를 돌파하고 마지리를 공격하자 대대장은 제1·제2중대에 철수를 명령했다. 제3대대는 방어 방향을 바꿔 제15연대 2대대와 진지를 연결해 적군을 저지하기로 했다. 바로 이때 사단에 철수 명령이 하달되었다. 따라서 이때부터 전 연대가 단계적으로 적을 지체시키기 시작했다.

이날, 사단사령부는 신산리에서 서울 녹번동으로 이전했다.

서울의 정면 방어진지를 돌파한 것은 중국군 제39군이었다.

서울 정면 방어를 책임진 한국군 제1사단은 중국군이 3차 전역을 개시한 다음날 바로 지휘부를 서울 시내로 철수했다. 한국군 정예부대인 제1사단의 패퇴 속도가 얼마나 빨랐는지 짐작해볼 수 있다. 한국군이 신속히 패퇴함으로 인해 제2선에서 방어하던 미군이 중국군의 공격에 노출되고 말았다. 미군 제24사단과 제25사단, 그리고 영국군 제29여단이 이로 인해 심각한 손실을 입었다.

중국군 제39군은 임진강을 돌파한 후 밤낮을 가리지 않고 서둘러 눈앞의 한국군 제1사단을 추격했다. 그 과정에서 선두부대가 의정부 회룡사에서 미 제24사단 21연대와 조우했다. 미군의 일부를 격멸한 후 이들은 다시 의정부 서쪽 부곡리에서 영국군 제29여단의 2개 중대를 에워쌌다.

부곡리는 중국군 제39군의 군사사료에서 특히 눈에 띄는 한국 지명이다.

부곡리는 한국의 수도인 서울에서 30킬로미터밖에 떨어지지 않은 작은 마을로, 서울로 통하는 길의 중요한 삼거리에 위치했다. 중국군 제39군 116사단 347연대는 명령에 따라 신속히 이곳을 점령했다. 전 연대는 즉시 네 갈래 길로 나누어 강행군의 속도로 전진했고, 그 전진 속도를 재촉하는 당번병이 줄줄이 도착했다. 347연대의 일부 병사는 극도의 강행군 속에서 정신을 잃기도 했으며, 정말로 더 이상 뛸 수 없는 부상병들은 도로변에 누워 수용대를 기다렸다. 잠깐 동안 "제자리에서 휴식하라"는 명령이 떨어지자마자 병사들은 눈바닥에 누워 되는 대로 눈을 움켜쥐고 입에 넣었다.

부곡리의 한 고지에 접근한 후 리강 연대장은 대대장 회의를 소집했다.

"힘겹고 격렬한 전투이지만 우리는 반드시 적군을 이곳에 묶어두고 주력부대가 도착할 때까지 기다려야 한다!"

이때 리강 연대장을 포함한 347연대 전체가 부곡리를 지키는 적군이 한국군이 아니라는 사실을 전혀 몰랐다.

1월 3일 동틀 무렵, 347연대는 부곡리에 도착했다. 현지의 한 주민은 그곳에 주둔하고 있는 것이 1개 연합부대라고 했다. 347연대는 줄곧 부곡리에는 한국군 부대밖에 없다고 생각해온 터라 '1개 연합부대'를 '1개 중대'로 알아들었다_{중국어에서 연합부대聯隊과 중대連隊의 발음이 같다.} 잠정적 검토를 거친 후 1대대 부대대장 푸쉐쥔傅學君은 3중대를 이끌고 진격했다. 격렬한 전투를 펼치면서 푸쉐쥔은 뭔가 이상하다고 느꼈다. 얼마 지나지 않아 그는 부곡리에 '1개 중대'만 있는 것이 아니라 병력을 제대로 갖춘 1개 '연대'가 있다는 사실을 알게 되었다. 또한 중국군과 교전하고 있는 것은 한국군이 아니라 영국군이었다!

347연대가 조우한 적군은 영국군 제29여단의 왕립 얼스터 소총대Royal Ulster Rifles였다. 제29여단은 영국군 정예부대이자 유명한 버나드 몽고메리 Bernard Law Montgomery 장군의 부대로 제2차 세계대전에서 노르망디상륙작전에 참가했다. 왕립 얼스터 소총대는 진지전陣地戰에 강하기로 이름났으며, 장병들의 군복에는 이 부대의 마크인 '녹색 호랑이'가 달려 있었다.

푸쉐쥔은 즉시 진지에서 철수해 연대 지휘부로 달려갔다.

날은 이미 밝아 있었다. 영국군이 그를 발견하고 사격을 가해 그는 어깨에 총상을 입었다. 그는 빈집으로 뛰어들어가 대충 상처를 싸매고 계속해서 지휘소를 향해 달렸다. 영국군의 화력이 계속해서 그를 추격해 다리에도 총상을 입었다. 그가 마침내 지휘소에 도착했을 때는 이미 온몸에서 피가 흐르고 있었다. 그는 리강 연대장에게 있는 그대로 적의 상황을 보고했다.

이때 2중대는 이미 소학교지금의 초등학교 한 곳을 점령하고 적군 1개 중대를 격멸했다. 또한 영국군 300명을 포로로 잡아 소학교에 가둬두었다. 2중대는 마침 영국군과 대치하고 있었다.

또 하나의 소식이 지휘소에 전해졌다. 전방의 7중대 부중대장 왕펑장이 희생됐다는 소식이었다!

임진강 대빙하를 건널 때 허리 깊이의 얼음물 속에 서서 병사들을 한 명 한 명 얼음장으로 끌어올렸던 바로 그 왕펑장이었다.

영국군과 교전하는 최전방에서 왕펑장은 연대 참모장이 다가오는 것을 보고 큰 소리로 외쳤다.

"우하오五號, 돌아가십시오. 여긴 아주 위험합니다!"

말이 채 끝나기도 전에 포탄이 날아와 그의 옆에서 터졌고 파편 한 덩이가 그의 머리에 박혔다.

왕펑장은 중국 둥베이 지역 농민 출신으로, 입대 후 제39군에서 수차례 참혹한 전투를 겪으며 공훈을 가장 많이 세운 군인이 되었다.

왕펑장이 전사한 후 그의 전우는 이 유명한 영웅의 몸에서 겨우 두 가지 물건밖에 찾아낼 수 없었다. 상의 호주머니에는 오랫동안 사용한 조립식 만년필이 걸려 있었고, 주머니에는 허기를 채울 밤 몇 알이 들어 있을 뿐이었다.

347연대는 매우 심각한 상황에 직면했다.

부곡리는 저지대이고 삼면이 산이어서 의정부에서 서울로 통하는 길과 철도 하나를 통제하는 지형이었다. 영국군 제29여단의 '녹색 호랑이 부대'가 이미 이곳의 유리한 지형을 선점했고 전황에 변화가 생기면 주력부대를 엄호해 남쪽으로 철수하려고 준비하고 있었다.

하늘에는 비행기가 나타났고 지상에는 전차가 출동했다. 영국군이 347대대의 진지를 향해 반격을 개시했다.

347연대 예하의 몇 개 중대가 막대한 병력 손실을 입어 더 버틸 수 없을 것으로 보였다.

116사단 전 대원이 공인한 젊고 지식 있는 참모장, 28세의 쉐젠창薛劍強은 줄곧 347연대와 함께 싸우며 부곡리까지 왔다. 최전방에서 사단장 왕양汪洋과 통화하는 그의 목소리에는 초조한 심사가 배어 있었다.

"300여 명의 포로를 잡았는데 영국군 29여단입니다. 모두 소학교에 갇혀 있고요. 어서 348연대를 보내주십시오!"

무기장비 면에서는 영국군이 절대적으로 우세했다. 따라서 영국군과 대치한 전투는 전에 없이 참혹했다. 게다가 347연대는 야간에 부곡리로 돌격했는데, 날이 밝은 뒤에야 몇몇 중요한 감제고지를 때맞춰 점령하지 못해 아군에게 커다란 위협이 되고 있다는 것을 발견했다. 전투가 정오까지 이어졌고 347연대는 사단지휘부와 전화가 끊기고 무선 교신도 두절되었다. 오후에 군 무선기에 347연대의 병력 손실이 엄청나다는 전보가 전달되었다. 왕양 사단장은 마음이 급해져서 참모를 데리고 최전방으로 향해 곧장 347연대의 진지로 갔다. 왕양 사단장은 막 진지에 오르자마자 쉐젠창이 들것에 실려 내려가는 광경을 보앉고, 그의 경호병은 아직도 울고 있었다.

116사단의 젊은 참모장은 이미 희생되었다.

반드시 이곳에서 영국군을 저지해야 했다. 아무리 큰 대가를 치르더라도!

리강 연대장은 7중대를 보내 도로를 가로막고 있는 감제고지 한 곳을 점령하고 사수하도록 했다. 그 감제고지를 통제하면 영국군은 부곡리라는 이 저지대에 갇힌 것이나 다름없었다.

7중대장 리펑탕鳳鳳堂과 지도원 장딩셴張鼎先은 부대를 이끌고 먼저 도로변의 소학교를 장악했다. 둘은 학교 담장에 올라 도로 쪽을 살폈다. 도로에는 차량들이 새까맣게 꽉 차 있었다. 리펑탕은 적군에게는 차량이 생명이나 마찬가지라는 것을 잘 알고 있었다. 적군은 도주할 때 온전히 이 물건에 의존하기 때문에 도로와 차량을 막으면 절대로 달아나지 못할 것이었다. 그래서 그는 전사들을 이끌고 신속하게 도로변의 작은 고지를 점령했다. 고지를 점령하고 아직 숨도 돌리지 못했는데 영국군의 공세가 시작됐다.

7중대는 제2차 국공내전 당시 공산당이 이끌었던 공농홍군에서 이어져 내려온 부대였다. 이제 7중대가 생사의 갈림길에 설 시간이 다가왔다.

영국군으로 말하자면, 그 고지는 그들의 생사가 걸린 곳이었다.

영국군의 포화는 지독할 만큼 맹렬해 고지를 덮고 있던 약 33.3센티미터 두께의 눈이 이내 절절 끓는 흙탕물로 변했다. 참호와 벙커를 구축할 도리가 없는 중국군은 그저 흙탕물 속에서 영국군의 계속되는 공세에 반격할 뿐이었다. 탄약이 곧 바닥날 태세였고 지휘소에서 보낸 탄약 수송병들은 전부 길에서 목숨을 잃었다. 영국군의 빈틈없는 화력이 고지에서 연대 지휘소로 통하는 길을 철통같이 봉쇄하고 있었다.

곧이어 지도원 장딩셴이 희생되었다. 그리고 잇달아 소대장들도 모두 전사했다. 중기관총이 망가졌을 때 중대장 리펑탕은 중상을 입고 쓰러졌다. 진지에는 간부가 남아 있지 않았고, 리펑탕은 질퍽한 피바다 속에서 그의 상처를 싸매주고 있는 신호병 정치鄭起를 보면서 이미 말을 할 수 없는 상태였다. 그러나 정치는 중대장의 눈빛에서 자신에게 하려는 말이 무언지 이해했다. '가서 전투를 지휘하라'는 뜻이었다.

정치는 마지막 숨을 내쉬는 중대장에게 말했다.

"걱정하지 마십시오. 진지는 제가 맡겠습니다. 기필코 사수하겠습니다!"

정치가 가장 숭배하는 사람은 바로 부중대장 왕평장이었다. 임진강을 돌파하기 전날, 은신처인 동굴에서 그는 자신이 숭배하는 사람과 오랫동안 얘기를 나누었다. 왕평장이 전사했다는 소식을 들었을 때부터 그는 자신이 무언가를 영원히 잃어버린 듯했고, 명치 쪽에 줄곧 통증을 느꼈다.

정치는 진지에 남은 사람들을 집합시켰다. 전투를 계속할 수 있는 사람이 총 13명이었고, 그중 6명은 공산당원이었다.

정치는 13명을 몇 개의 전투조로 나누었다. 누군가가 지휘관은 뒤쪽에 위치해야 한다고 건의했지만 정치는 반대했다. 그는 중대장이 앞에서 전투를 지휘해야 한다는 것을 알고 있었고, 자신도 맨 앞에 서려고 했다. 또한 자신이 죽으면 뒤를 이어 지휘할 사람도 지정해 두었다.

영국군은 박격포 여러 발을 발사한 후 공격을 재개했다. 도로의 전차는 포구를 이 고지에 겨누고 조준 사격했고, 영국군들은 산개대형散開隊形으로 한 줄 한줄씩 고지를 향해 올라왔다.

정치는 진지에서 질주하며 외쳤다. "공격! 공격! 승리하고 내일 서울로 진격한다!"

몇 차례 영국군의 공격을 물리치고 나서 정치는 진지에 총알이 떨어진 것을 알았다. 그는 적의 시신에서 총알을 모아오기로 결정했다.

정치는 엎드려서 영국군 시신들 사이를 왔다갔다했다. 영국군의 기관총이 그의 그림자를 쫓아다니다시피 하며 사격을 가했다. 그는 몇 번이고 포탄 구덩이로 뛰어들어 숨었다가 마지막에는 나뭇가지로 자신의 군모를 받쳐놓고 마구 흔들었다. 총알이 날아와 찢겨진 모자 조각이 사방으로 흩어졌다.

정치는 적군의 시신들에서 10여 개의 탄띠와 수류탄 한 뭉치를 짊어지고 돌아왔다.

그는 탄약을 분배하면서 또 6명이 희생되었음을 알았다.

고지에는 사람을 불안하게 만드는 정적이 흘렀다.

도로에는 영국군 차량이 아직 있었고 차에는 영국군 병사들이 가득 타고 있었다.

이 고지가 아직 중국군 수중에 놓여 있었으므로 영국군은 도망갈 수가 없었다.

정치는 비상식량 주머니 속에 조금 남은 마지막 식량을 모두에게 나눠주고 나서 최후의 순간이 오길 기다렸다.

영국군이 마지막 공세를 개시했다. 전차 6대가 고지를 향한 돌격에 가담했고, 보병 병력은 앞서 벌어진 수차례 공격의 몇 배에 달했다.

영국군의 철모를 확실히 볼 수 있게 되자 정치는 발포 명령을 내렸다.

진지에 남은 단 7명의 중국군은 거의 동시에 일어나 총을 쐈다. 정치는 수류탄을 던지며 외쳤다.

"이 진지는 동지들의 피로 얻은 것이다! 적군에게 빼앗길 수 없다!"

영국군이 이미 진지로 몰려왔고 중국군은 모두 총검을 들었다.

갑자기 정치가 진지에서 가장 높은 곳으로 달려가서 그곳에 서서 자신의 작은 나팔을 들었다. 그는 사력을 다해 불어서 군대 신호나팔로 낼 수 있는 최대 음량을 냈다.

갑자기 들려오는 나팔 소리에 영국군들은 잠시 의심하는가 싶더니 곧바로 몸을 돌려 뒤쪽으로 달리기 시작했다.

죽음을 맞을 준비를 하고 있던 중국군들은 이상하다고 생각했다. 곧 있으면 고지를 점령할 적군이 나팔 소리를 듣더니 갑자기 공격을 멈추고 큰 재앙이라도 닥친 듯 정신없이 아래쪽으로 달려가다니!

347연대 지휘소에서 내내 긴장하며 이 고지의 동향을 관찰하던 사람들도 어찌된 영문인지 알 수가 없었다. "이 신호나팔은 무슨 뜻인가? 도대체 무슨 일이 일어난 거지?"

정치는 너무 불어서 입술에서 피가 날 때까지, 그리고 적군이 도로로 밀려 갈 때까지 신호나팔을 불고 또 불었다.

도로에는 이미 큰 불길이 솟구쳤고, 347연대 주력부대의 공격에 영국군 차량이 불타기 시작했다.

7중대는 거의 모두가 죽거나 다치는 큰 대가를 치르면서 이 고지에서 하루 밤낮을 지켰다. 마침내 주력부대가 도착해 영국군 제29여단 왕립 얼스터 소총대 예하의 1개 대대를 이 고지에서 섬멸했다.

오늘날 영국군 '녹색 호랑이 부대'의 깃발은 중국혁명군사박물관에 전시되어 있다. 또한 정치가 진지에서 불었던 그 나팔도 함께 전시되어 있다.

부곡리 전투가 끝난 지 1년 후에 정치는 초대를 받고 베이징으로 가서 국경절 기념식에 참석했다. 베이징에서 기념식을 참관하고 며칠 후인 9월 30일에 붉은색 초대장을 한 장 더 받았다. 겉면에는 '정중히 모십니다. 중앙인민정부 주석 마오쩌둥'이라고 써 있었다.

공산당 중앙위원회와 국무원이 자리한 베이징 중난하이 화이런탕懷仁堂에서 마오쩌둥은 각계 귀빈 2000여 명을 초대해 주연을 베풀어 대접하며 신중국 탄생 3주년을 함께 축하했다.

마오쩌둥이 앉은 테이블 번호는 100호였고, 정치의 테이블은 66호였다. 테이블 배열에 따라 정치와 마오쩌둥은 테이블 하나를 사이에 두고 앉게 되었다.

19세의 정치는 불운한 가정에서 태어났다. 두 살 때 아버지가 돌아가셨고 세 살 때 어머니가 재가를 했다. 그는 구걸도 해보았고 돼지도 길러보았다. 입대하지 않았더라면 사람이 배불리 먹는다는 것이 어떤 기분인지 알 턱이 없었을 것이다.

정치는 술잔을 들고 마오쩌둥에게로 갔다.

"마오 주석님께 술 한 잔 올리겠습니다."

마오쩌둥이 물었다. "지원군 대표인가?"

"예, 전방에서 왔습니다."

마오쩌둥은 술잔을 내려놓고 젊은 군인의 손을 끌어당겼다. 정치는 한국의 참호로 돌아온 후에 전우들에게 마오 주석의 손이 참 따뜻했다고, 두툼하면서도 부드러웠다고 말했다.

1951년 1월 3일, 중국군이 모든 전선에서 서울로 진격해왔다.

당시 중국 지원군 부대에서는 이런 노래가 유행하기 시작했다.

지원군은 어떤 어려움도 두려워 않네,

추위도 배고픔도 거뜬하다네.

두 다리로 차 바퀴를 쫓으며

산을 넘고 강을 건너네.

미국의 세찬 반격을 겁내지 말고

꼭꼭 숨어 폭격을 피하세.

비행기가 하늘 한 가득 날아와도

변함없이 회의하고 노래 부르리.

조선인민군이 함께하고

조선유격대가 협력하네.

미군 방어선 ABC는

공격 한방이면 전부 돌파!

지원군은 어떤 어려움도 두려워 않네.

추위도 배고픔도 거뜬하다네.

승리하지 않으면 쉬지 않고

미국을 물리치기 전에는 귀국하지 않으리.

"서울로 가라! 그곳엔 아가씨가 있다"

1951년 1월 3일 오전, 중국인민지원군 사령부 정보참모가 펑더화이의 지휘부로 뛰어들어와 보고했다.

"미군의 무선전신을 도청했는데 그들이 서울에서 철수를 준비 중이라고 합니다."

펑더화이는 즉시 인민지원군 우익종대의 제39군과 제50군 그리고 북한 인민군 제1군단에 전보를 보내 신속하게 서울을 공격하라는 명령을 내렸다.

전쟁이 시작된 이후 끊임없이 펑더화이를 괴롭혔던 걱정이 싹 사라졌다.

'유엔군이 서울 이북 지역에 방어선을 구축해 서울을 사수할 준비를 하진 않았겠지.'

그는 중국군의 서울 점령이 세계를 뒤흔들 사건이라는 사실을 알고 있었다. 서울은 곧 남한의 수도이기 때문이다. 서울 점령은 인민지원군과 북한 인민군에게 한국전쟁에서 중대한 승리를 거두는 하나의 상징이었다.

하지만 이와 동시에 펑더화이의 마음속에는 알 수 없는 일말의 불안감이 스쳤다.

경기도 고양 북쪽으로 약 2킬로미터 떨어진 벽제리라는 작은 마을에서 중국군 제50군은 미군 제25사단 34연대 1개 대대의 저지를 받았다. 제50군의 2개 중대가 미군 진지에 맹렬한 공격을 퍼부었다. 전투는 고작 20분 동안 벌어졌지만 미군 28명이 포로로 잡혔고, 나머지는 진지를 잃고 서울 방향으로 후퇴했다. 미군이 쏜살같이 후퇴했기 때문에 미군과 합동작전을 펴던 영국군은 금세 자신들이 중국군의 포위망에 갇혀 공격을 받게 되었다는 사실을 알았다. 영국군 1개 대대는 고양 동남쪽의 선유리 고지에서 중국군의 포위 공격을 받았고, 30분이 지나 영국군 병사들 역시 진지를 잃고 도망쳤다. 그곳은 중국군의 서울 점령을 지연시킬 수 있는 중요한 고지인 데다 이 고지를 잃으면 영국군 제29여단 중전차대의 퇴로가 막혀 궁지에 몰리는 상황이었다. 그래서 꼬박 사흘을 의정부 방향에서 이동해온 영국군 1000여 명이 고지에서 후퇴하는 병사들과 합동해서 200여 문의 대포를 쏘며 중국군이 점령한 진지에 연거푸 공격을 가했다. 중국군의 진지 앞에는 영국군 병사들의 시체가 즐비했다. 중국군은 죽음을 불사한 혈전을 벌여 진지를 지켜냈다. 공격하던 영국군 병사들은 폭격을 당해 거의 평평해진 고지 위에서 불사신처럼 죽여도 죽여도 밀려오는 중국군 병사들이 죽은 영국군 병사 머리에서 벗겨낸 철모를 쓰고 있는 것을 보았다. 타오르는 불길과 화약 연기 속에서 함성을 내지르며 필사적으로 싸우는 중국군의 모습이 보였다 안 보였다 했다. 현실인지 환상인지 모를 광경을 보며 영국군은 두려움에 몸서리쳤다.

영국군 병사들은 한국전쟁 내내 이상하게도 액운에 시달렸다. 그들은 미군의 지휘를 받아 공격의 최전방에 서서 중국군의 맹렬한 공격을 받거나, 후퇴 중 미군에게 버림받아 추격하는 중국군과 참혹한 교착전을 치렀다. 이번에도 미군이 벌써 줄행랑을 친 마당에 돌아와 자신들을 지원해줄 리가 없으니 도망칠 때를 놓쳐서는 안 되겠다는 생각에 신속하게 퇴각하기 시작했다. 그들은 기계화된 운송장비가 있으니 중국군이 걸어서 쫓아오지는 못할 것이라고 생각했다. 게다가 그들은 제2차 세계대전 때 독일군을 애먹인 '센추리온 전차 Centurion tank'를 보유한 전차대대이니 겨우 경무기만 갖춘 중국군에게 본때를 보여줄 수 있을 것이라고 생각했다.

그러나 그들은 그것이 영국군 제29여단 '왕립 중전차대대'의 비참한 운명을 결정하게 될 줄은 생각지도 못했다.

쓰촨성 출신의 병사 리광루李光祿는 중국군 제50군의 폭파수였는데, 낮에 중대를 따라 황량한 오솔길을 급하게 행군했다. 오솔길에는 사람의 그림자가 전혀 보이지 않았다. 그는 속으로 중얼거렸다.

'적군을 추격하고 있는 데 길을 잘못 든 것은 아닐까? 사람이 지나간 흔적이 전혀 없잖아.'

그런 생각을 하고 있는데 앞에서 명령이 전달되었다.

"폭약통 준비 완료!"

"폭약 준비 완료!"

"폭파수 앞으로!"

리광루가 앞으로 뛰어나가자 소대장이 말했다.

"휘발유 냄새 안 나나? 지금 우리는 산길로 가서 도로 상의 적들을 앞질러야 한다. 쇳덩어리들을 해치울 준비를 해야 해!"

쉬지 않고 산과 고개를 넘은 중대는 어느 산골짜기에 들어섰다. 산골짜기는 하얀 눈으로 덮여 있었고, 그 가운데 한 줄기 까만 도로가 나 있었다.

중대장은 그곳이 불수지佛殊地라고 했다.

중국군 병사들은 도로변에 매복한 뒤 모두 솜옷을 뒤집어 입었다. 솜옷의 안감이 흰색이었기 때문에 눈 위에 엎드려 있으면 발견하기가 쉽지 않았다. 병사들의 솜옷은 남쪽으로 급히 행군하면서 땀으로 흠뻑 젖은 데다 지금은 북쪽을 향해 엎드려 있으니 북서풍이 불어와서 금세 얼어붙어 철판처럼 딱딱해졌다. 리광루는 몹시 추운 데다 배도 고팠다. 배 속에서 꼬르륵거리는 소리가 멈추지 않았다. 눈을 한 움큼 집어 입안에 집어넣고 허리띠를 더 꽉 졸라맸다. '여기서 뭘 기다리고 있는 거지? 벌써 적을 앞지르지 않았나? 아무래도 무슨 냄새가 나는 것 같은데. 휘발유 냄새인가?'라는 생각이 계속 머릿속을 맴돌았다.

그때였다. 북쪽 도로의 모퉁이에서 불빛이 반짝이더니 이어서 불빛이 기다랗게 비쳤다. 대지가 갑자기 울리기 시작하더니 우르르릉 하는 소리가 전해졌다.

적의 전차다. 게다가 숫자도 많다!

갑자기 전차 대오 앞에 있는 지프에서 불길이 치솟았다.

눈 속에 매복한 중국군 병사가 불을 지른 것이다. 곧이어 세찬 총성과 수류탄의 폭발음이 전해졌다.

산골짜기가 불빛으로 온통 붉게 물들었다.

전차가 중국군 병사들을 향해 돌진하고 있었다.

리광루는 저도 모르게 극도로 긴장했다. 전차와 차량을 폭파하는 폭파수로서 그는 적들의 전차를 '거북이처럼 납작하게' 해주리라고 결심했다. 그러나 말은 그렇게 했지만 리광루는 사실 한 번도 전차를 폭파시켜본 적이 없었다. 전차는 칼이나 총으로 뚫을 수 없고, 사람이 그 밑에 깔리면 완전히 전병처럼 납작해진다고 했다. 배짱 있는 사람이 아니면 전차가 쿠르릉거리며 오는 것만 봐도 놀라서 반쯤 넋이 나가버렸다. 그때, 뒤에서 2개 소대가 맨 앞에 있는 전차를 향해 기관총을 쏘는 소리가 들렸다. 하지만 징을 울리는 것처럼 댕그랑거리는 소리만 들릴 뿐 전차는 아랑곳하지 않고 계속 굴러갔다.

리광루의 손바닥에는 땀이 배어나왔다. 그는 어떻게 폭파수가 되어서는 적의 전차가 바로 눈앞에서 굴러가게 놓아둘 수 있느냐고 자책했다. 바로 그때 거대한 폭발음이 울리고 지도원의 함성이 들렸다.

"동지들! 3분대장 저우스제周士杰가 적의 전차를 폭파했다. 다들 3분대장을 본받도록 하라!"

몸을 꼿꼿이 세운 리광루는 폭약 꾸러미를 안고 폭파조와 함께 튀어나왔다.

적의 두 번째 전차가 멈추더니 포탑을 돌리면서 사방에 사격을 가했다.

폭파조의 양허우자오楊厚昭가 먼저 폭약통을 들고 전차를 향해 달려들었다. 그는 논에서부터 비스듬하게 도로에 접근하려고 했다. 논은 도로의 노면보다 2미터 아래에 있었는데 온통 눈으로 덮여서 올라가다 몇 번 미끄러졌다. 마지막에는 전차를 따라 몇 걸음 뛰어가서야 도로로 올라가서는 폭약통을 전차의 캐터필러 안에 밀어넣었다. 하지만 양허우자오가 엎드리기도 전에 캐터필러가 폭약통을 밀어내서 논으로 굴러가 터지고 말았다. 뒤이어 폭파조의 류펑치劉鳳岐가 위로 올라갔다. 이번에 그가 들고 있는 것은 족히 10킬로그램은 되는 큰 폭약 꾸러미였다. 그는 도로에 올라가서 폭약 꾸러미를 전차 앞에 놓고는 도화선에 불을 붙였지만, 폭약 꾸러미가 폭발하기도 전에 전차가 그 위를 깔아뭉개고 지나가버렸다.

리광루는 이제 자기에게 달렸음을 깨달았다.

그는 더 큰 폭약 꾸러미를 들고 도로로 올라갔다. 그는 몸을 최대한 낮춰 바닥에 붙이고는 앞에 있는 전차를 주시했다. 전차는 몇 바퀴 굴러가다가 멈춘 뒤 포를 쏘고 다시 움직였다. 강철로 된 캐터필러가 얼어서 딱딱해진 지면을 지나갈 때면 타닥타닥하며 불똥이 튀었다. 매캐한 휘발유 냄새가 풍겨서 숨을 쉬기가 힘들었다. 전차가 기관총을 발사하자 탄피가 비 오듯 사방에 우수수 떨어졌다. 리광루는 처음으로 이렇게 가까운 거리에서 강철로 된 전차를 보았고, 전차란 것은 정말 거대하다고 느꼈다. 그는 바닥에서 굴러 그 강철 덩어리가 자기 몸을 깔아뭉개기 전에 얼른 피했다. 머릿속에서는 도화선이 타들어가는 시간과 전차의 속도를 계산해서 폭약 꾸러미를 놓아야 할 위치를 생각하고 있었다. 리광루는 마지막으로 도화선에 불을 댕겨 자신이 생각한 위치에 폭약 꾸러미를 놓고는 논으로 몸을 굴렸다. 구르는 동작이 멈추기도 전에 천지를 뒤흔드는 굉음이 들렸다. 리광루는 자신의 몸이 갑자기 붕 떠올랐다가 바닥에 떨어지는 것을 느꼈고 이내 정신을 잃었다.

얼마나 정신을 잃었을까, 리광루는 서서히 눈을 떴다. 의식이 돌아온 그는 가슴에 격렬한 통증을 느꼈다. 온몸은 꼭 사지가 다 떨어져 나간 듯했고, 입 안은 짜고 썼다.

피를 몇 번 토하고 나서 땅에 엎드려 눈을 먹었다. 그제야 정신이 좀 또렷해졌다. 그는 논 가운데의 깨진 얼음 위에 쓰러져 있었고, 몸 위에는 언 흙이 덮여 있었다. 도로 쪽에서는 거대한 불기둥이 솟아올랐고 코를 찌르는 짙은 연기가 자욱했다. 리광루는 기어 올라가서 화염에 휩싸인 채 도로변에 비스듬히 서 있는 그 전차를 보았다. 그 뒤로 멀지 않은 곳에서 또다른 전차 한 대가 불타고 있었는데, 누가 폭파시킨 것인지는 몰랐다.

폭약통과 폭약 꾸러미, 수류탄이 폭발하면서 나오는 불빛이 한데 합쳐져 불수지 산골짜기는 삽시간에 불바다로 변했다. 도로와 논에서 전차 몇 대가 불타고 있었다. 다른 전차는 여기저기 시끄럽게 굴러가다가 서로 부딪혀 커다란 충돌음을 냈다. 폭발음과 비명 소리가 산골짜기에 메아리쳤고, 적군은 도망치느라 바빴다.

리광루는 또다시 폭약 꾸러미를 안고는 전차를 향해 달려갔다.

그때 갑자기 류펑치가 외치는 소리가 들렸다. "폭약이 없다!"

리광루는 지휘소를 향해 달렸다.

지휘소 안에 있던 대대 지도원이 리광루를 보니 온몸이 피투성이였다.

"부상을 입었군. 빨리 상처를 싸매야겠어!"

리광루가 말했다. "폭약이 필요합니다."

그때 대대장의 고함 소리가 들렸다.

"저것 봐, 거대한 녀석이다!"

리광루는 대대장이 가리키는 방향으로 고개를 돌렸다. 어마어마하게 큰 전차가 천천히 다가오고 있었다. 그런 전차는 다들 난생 처음 보았는데, 꼭 작은 산이 움직이는 것 같았다. 멈춰 선 전차가 포신에서 돌연 한 줄기 눈부신 화염을 뿜어냈고, 삽시간에 도로변의 초가집 한 채가 불타올랐다.

그것은 영국군 제29여단 왕립 중전차대대의 초대형 화염방사전차였다.

리광루는 폭약 꾸러미와 수류탄 몇 개를 들고는 그 거대한 녀석을 향해 돌진했다.

거대한 전차 앞으로 달려간 리광루는 순간 멍해졌다. 다시 보니 그 전차는 정말 너무나 컸다. 들고 있는 5킬로그램의 폭약 꾸러미도 아무 소용없을 것 같았다. 그는 전차 주위를 한 바퀴 돌고 나서 몸을 날려 전차 위로 기어올랐다. 화염방사전차의 보호판 위에 있으니 불꽃과 같은 이글이글한 열기가 느껴졌다. 열기 때문에 껍질이 벗겨진 것처럼 얼굴이 화끈거리며 아렸다. 전차 위는 온통 펄펄 끓고 있는 것 같았다. 위를 보니 전차의 포탑 뚜껑이 절반쯤 열려 있었다. 위로 올라가 보니 그 안에 영국군 병사 두 명이 있었다. 전차는 굴러가면서 포탑을 이리저리 옮기며 사격을 해댔다. 리광루는 손이 데는 것은 상관 않고 한손으로 전차 위의 쇠고리를 꽉 움켜쥐었고, 다른 한손에는 폭약을 들고 있었다. 전차가 쏴대는 탄알이 그의 겨드랑이 아래로 날아갔다.

갑자기 귓가에서 큰 소리가 울리기 시작했고, 게다가 중국말이어서 리광루는 깜짝 놀랐다.

"중국인이여, 서울로 가라! 그곳엔 아가씨가 있다."

그 거대한 전차에는 확성기가 설치되어 있었다.

리광루는 입으로 안전핀을 당기고는 몸을 날려 아래로 뛰어내렸다.

"투항하라, 중국인이여……."

불빛이 번쩍인 뒤 우레와 같은 굉음이 들렸고, 거대한 불기둥이 초대형 전차를 휘감았다.

리꽝루는 다시 정신이 들자 아까 것보다 훨씬 크기가 작은 전차에 힘겹게 올라가 폭파시켰다. 그 전차는 연료를 가득 싣고 있어 폭발할 때 휘발유가 리꽝루의 몸에 튀었다. 순식간에 몸에 불이 붙었고, 입고 있던 솜옷이 타들어 갔다. 그가 불을 끄려고 툭툭 칠수록 불길은 더욱 맹렬히 타올랐다. 숨이 막히고 통증이 몰려오는 가운데 리꽝루는 눈밭을 데굴데굴 굴렀다. 다른 병사들도 모두 달려와서 그를 도와 마침내 불이 꺼졌다.

들것에 누운 리꽝루는 타버린 솜옷을 생각하니 마음이 쓰렸다. 날이 이렇게 추운데 솜옷이 없으니 어떻게 또 전차를 폭파하러 간단 말인가?

그날 밤 영국군이 자랑하던 '왕립 중전차대대'의 전차 31대가 중국군 병사의 가장 원시적인 수단으로 격파되었다.

1951년 1월 3일 오전, 중국군은 서울을 활 모양으로 포위했다.

매슈 리지웨이는 지프를 타거나 연락기로 갈아타고 각 전방 사단의 저지 전장을 다니면서 모든 군단장 및 사단장과 전황에 관해 의견을 교환하고 있었다. 그때 한강 남쪽 기슭에서도 중국군의 침투 흔적이 발견되었다는 정보가 입수되었다. 군단장과 사단장들은 일선 부대의 저항력이 상당히 한계에 달했고, 서울 이북에 방어선을 다시 구축한다는 것은 불가능하기 때문에 현재로서는 계속 철수하는 것만이 유일한 방법이라고 입을 모아 말했다. 더욱이 총체적 전략 면에서 고려하면, 반드시 서울을 포기하고 서울 이남의 예정된 방어선에서 효과적인 저항을 재조직할 필요가 있었다.

맥아더는 서울을 포기하라는 명령을 내렸다. 각 부대의 철수 목표와 임무는 다음과 같았다.

1. 미군 제25사단과 영국군 제29여단에 배치돼 철수하는 부대는 서울 외곽에 철수 진지를 점령하고, 제1선 부대가 퇴각하고 강을 건널 때 엄호하는 임무를 맡는다.

2. 미군 제1군단과 제9군단은 서로 나란히 철수하고 수원에서 양평까지의

일선 진지를 점령한다.

3. 미군 제10군단이 지휘하는 한국군 제2사단·제5사단·제8사단은 양평에서 홍천에 이르는 전선의 진지를 확보한다. 한국군 제2군단을 해산하고 그에 속한 각 사단은 미군 제10군단의 지휘를 받는다.

4. 한국군 제1군단과 제3군단은 홍천에서 주문진에 이르는 전선의 진지를 확보한다.

5. 미군 제3사단은 평택 부근으로, 미군 제1기병사단은 안성 부근으로 이동한다.

이 명령을 통해 유엔군의 철수가 비단 서울을 포기한 것뿐 아니라, 37선 부근까지 물러나는 대규모 철수임을 알 수 있다.

리지웨이는 자신의 일기에 한국전쟁에서의 이번 철수에 대해 이렇게 적었다.

"나는 원래 중국군이 전력을 다해 진격해올 때 서울을 오래 지킬 수 없다는 것을 알고 있었다. 제8군의 방침은 최대한 적에게 더 큰 손실을 입힌 뒤 빨리 그곳을 떠나 새로운 방향으로 후퇴하는 것이었다."

그러나 그는 서울에서 철수하는 것이 매우 위험한 군사행동이라는 사실을 깨달았다. 한강 이북에 있는 대규모 부대와 각종 전차, 화포, 차량을 이끌고 꽁꽁 언 한강을 건널 때 중국군의 제지를 받거나 한강변에서 결전을 벌이게 되면 유엔군은 막대한 손실을 입게 될 것이었다. 그 결과는 그야말로 재난이었다.

이 때문에 리지웨이는 서울 포기 결정을 주한 미국 대사인 존 무초에게 통보했다. 그리고 즉시 이승만에게 알려서 서울에 남아 있는 한국 정부기관들을 오후 3시 이전까지 철수시키라고 요구하도록 했다. 오후 3시 이후 한강교와 모든 교통 요지는 군대만 사용할 수 있었고, 민간인과 민간 차량의 통행은 전면 금지되었다.

얼마 후 무초 대사는 이승만과 전화로 통화했고, 이승만은 그에게 이렇게 물었다.

"리지웨이 장군은 한국에 오래 머물겠다고 했습니다. 하지만 한국에 부임한 지 일주일밖에 되지 않았는데 서울에서 철수하다니요? 장군의 부대는 철수밖에 할 줄 모른답니까?"

리지웨이는 이승만의 마지막 한마디에 뜨끔했다.

"그 노인에게 전해주시오. 나는 지금 서울에서 철수하는 것이지 한국을 떠나는 것이 아니라고 말이오!"

그는 또 덧붙였다.

"자기 군대가 중국군의 공격 앞에서 양 떼처럼 뿔뿔이 도망치는 꼴이나 보라고 하시오."

리지웨이는 전화를 끊고 미 제1기병사단 포병사령관 찰스 파머Charles D. Palmer 준장을 교통협력팀장에 임명했다. 파머에게는 제8군 사령부의 명의로 교통통제권이 부여됐는데, 특히 한강교를 통제할 수 있었다. 리지웨이는 수십만 명의 서울 피란민과 미군이 동시에 퇴로를 두고 싸우는 것이야말로 적군이 가장 바라는 일임을 잘 알고 있었다.

서울, 인구 150만의 이 도시는 5개월 동안 세 번째로 주인이 바뀌었다.

그리고 맥아더가 서울 포기 명령을 내린 지 약 70일이 지나서 유엔군이 다시 서울을 점령했다.

한 국가의 수도가 이렇게 짧은 기간에 전쟁 쌍방의 수중에 반복해서 점령된 경우는 세계에서 아마 서울 말고는 거의 없을 것이다.

평범한 국민이 또다시 전쟁의 가장 큰 피해자가 되었다.

북한군이 처음 서울을 공격했을 때 서울 시민 50만 명이 이 도시를 떠났다. 전세가 변하면서 얼마 전에 10여만 명의 시민이 서울을 등졌지만, 여전히 100만의 시민은 유엔군이 결코 서울을 포기하지 않을 거라고 여겼다. 이 때문에 이승만이 '수도 이전'을 선포했을 때 서울은 또 한 번 큰 혼란에 빠져들었다. 적어도 절반의 시민, 대략 50만 명은 공산당 군대가 살인과 약탈 등 온 갖 죄악을 저지른다는 이승만 정부의 선전을 믿고 다시 피란을 가기로 결정했 다. 한국 정부 관료와 군대의 장군 및 일반 장교의 가족들은 더욱이 아무것 도 돌아보지 않고 가산을 버려둔 채 타고갈 수 있는 모든 교통수단을 동원해 한강 남쪽으로 도망갔다.

1950년 6월 서울 대탈출의 광경이 1951년 1월에 재현되었다.

오후 3시 이전까지 피란민들은 미군이 한강에 임시로 가설한 2개의 부교를 건널 수 있었다.

서울의 수십만 피란민이 보따리를 등에 지고 남녀노소 할 것 없이 앞다퉈 한강변으로 몰려들었다. 좁은 부교는 인파와 차량으로 가득 차 이리저리 흔 들렸고 빠져나가는 속도는 더디기만 했다. 인파에 치여 얼음으로 가득 찬 강 물에 빠지는 사람도 속출했다. 추운 눈보라 속에 울리는 처량한 절규는 등골 을 오싹하게 했다. 일부 피란민은 인천에서 미국과 캐나다, 오스트레일리아, 네덜란드 선박을 탈 수 있었다. 이와 동시에 유엔 구호기구는 이들에게 최대 한의 음식과 옷을 나눠주었고, 의료 서비스와 수용소도 제공했다. 그러나 이 런 도움을 받은 사람은 피란민 중 극소수에 불과했다. 대부분은 어떤 도움도 받지 못하고 점점 가까이 들리는 포화성 속에서 겁에 질려 어딘지도 모른 채 앞으로 나아갔다.

리지웨이는 한강교 앞에서 직접 부대 철수를 지휘했다.

오후 3시가 지나자 파머 준장은 리지웨이의 명령을 단호하게 집행해 피란민 의 다리 통행을 금지했다. 이 과정에서 헌병은 심지어 피란민에게 총을 쏘기 도 했다.

리지웨이는 자신이 목격한 광경을 이렇게 기록했다.

군용 다리 상류와 하류에서는 인류의 대참극이 벌어졌다. 피란민들은 살을에는 삭풍을 맞으며 얼음 위를 걸어 강을 건넜다. 얼음이 미끄러웠기 때문에 사람들이 넘어져 바닥을 엉금엉금 기어서 남쪽으로 도망갔다. 아이를 꼭 끌어안은 어머니, 노인이나 환자, 장애인을 업은 남자들, 큰 짐을 짊어진 사람들과 작은 이륜차를 미는 사람들이 강 북쪽의 제방에서 갑자기 뛰어내려와 얼음판을 건너갔다. 그러던 중 높이 솟은 짐과 아이들을 실은 마차가 급히 지나갔다. 황소의 네 다리가 허공에 뜨는가 싶더니 얇은 얼음이 깨져 물속에 빠지고 말았다. 피란길은 완전히 아수라장으로 변했다. 누구 하나 넘어진 사람을 도와주는 이가 없었다. 비참한 피란길에서는 아무도 옆 사람을 도와줄 여유가 없었다. 눈물을 흘리는 사람도 없었고, 다만 힘겹게 얼음판을 건너느라 숨을 헐떡이는 소리만 들릴 뿐이었다.

미국인으로서 리지웨이는 본능적으로 한 가지 문제에 생각이 미쳤다. 그 문제가 뜻밖에도 그 순간에 그렇게 생생하게 떠오르자 리지웨이는 자신의 생각에 온몸이 오싹해졌다.

만약 200만 미국 시민이 혹독한 추위와 원자폭탄 공격의 위협을 받는다면 어떤 상황이 벌어질까? 200만 명의 시민이 도로의 통행을 금지당하고, 무장한 헌병이 '반드시 차에서 내려 언덕을 넘어 도망가라'고 명령한다면 그들은 어떻게 목숨을 보전할까? 한국 국민은 순종적인 편이라 명령을 잘 따른다. 그리고 어려움을 극복하고 살길을 찾는 인내심이 있다. 하지만 미국인은 체력이 약하고 제멋대로인 데다 권리 주장이 강하고 어려움을 극복하려는 패기도 부족하다. 그런 사람들이 이런 비참한 상황에 직면하면 무슨 수로 자신을 보호할 것인가?

유엔군이 한강 남쪽으로 철수할 때, 서울 시내에서는 대규모 파괴 공작이 진행되고 있었다.

한국 최대의 국제공항인 김포공항에서는 미처 운반하지 못한 약 50만 갤런의 항공연료와 3만 갤런의 네이팜탄에 불이 붙여졌다. 거대한 화염과 짙은 연기가 서울 상공을 뒤덮었다. 미국에서 보내온 한국의 각종 군수물자가 산더미처럼 쌓여 있었는데, 원래 세워둔 운반 계획이 중국군의 빠른 진군으로 무산되었으므로 그 자리에서 소각해버리는 수밖에 없었다.

"최전방 진지에서 담배 한 대 피울 틈이 있을 줄 몰랐군!"

미 제8군의 병참보급 장교들이 투덜거리며 말했다.

"50만 갤런의 연료를 불지르면 어떤 광경이 벌어지겠어? 바로 지옥이지, 지옥!"

한강 남쪽 기슭으로 철수한 한국군 병사들도 똑같이 망연자실했다.

한국군 제1사단 사단장 백선엽은 철수 도중 미군 제1군단 군단장 프랭크 밀번을 만났다.

백선엽이 물었다. "앞으로 전쟁이 어떻게 될 것 같습니까?"

"잘 모르겠소. 우리는 그저 명령대로 움직일 뿐이오. 상대방 상황을 모르니 상황이 어떻게 변할지도 알 수 없지요. 내 생각에 최악의 경우 유엔군이 일본으로 철수할 것 같소."

'미국인이 일본으로 돌아간다!' 이 소문은 한국군 군대와 국민 사이에 파다하게 퍼졌다. 그들의 복잡한 심정은 이루 다 말할 수 없었다.

밤이 찾아왔다.

미국 기자는 그날 밤 서울의 모습을 이렇게 묘사했다.

"경찰이 떠난 서울은 약탈의 도시로 돌변했다. 시커먼 연기가 찬바람에 흩어졌고, 시끄러운 총소리가 밤하늘에 울려 퍼졌다."

유엔군은 한강교를 황급히 건넜다. 피란민들이 한강의 얼음판 위로 한꺼번에 쏟아져 나올 때 중국군은 서울에 정면 공격을 퍼붓고 있었으며 서울 교외에 이미 중국군 병사들의 모습이 보였다. 중국군 좌익의 한 부대가 이미 서울 동쪽의 횡성에 다다랐다.

횡성에 침투한 중국군 부대는 제42군 124사단 부사단장인 샤오젠페이蕭劍飛가 이끄는 372연대였다. 이 연대는 횡성 부근의 정빙청靜氷廳이라는 작은 마을에서 도로에 서 있는 적군의 경계차량 2대와 맞닥뜨렸고 짧은 교전 끝에 적군을 사로잡았다. 포로의 입을 통해 그들이 미 제2사단 38연대가 파견한 정찰대라는 사실을 알아냈다.

적군을 만난 372연대는 일말의 망설임도 없이 즉시 돌진했다.

민가에서 잠을 자고 있던 미군 병사들은 갑작스러운 습격에 방비하지 못했고, 중국군은 집집마다 수류탄을 던지고 소총과 기관총을 연신 쏴댔다. 미군 병사들은 일시에 참혹하게 쓰러졌다. 미군 포병을 공격할 임무를 맡은 중국군 병사들은 민첩하게 움직였다. 미군은 대체 얼마나 많은 중국군이 왔는지 알지도 못한 채 도망가다 대부분 사살되었다. 마을 주변의 고지를 점령한 중국군은 즉시 미군 경계부대와 교전을 벌였다. 중국군이 맹렬하게 돌진해서 양국 병사들은 곧바로 육탄전에 돌입했다.

이 조우전은 리지웨이를 놀라게 했다. 왜냐하면 횡성에 중국군의 주력부대가 나타났다는 것은 미군의 좌익이 궤멸된 속도가 자신의 예상보다 훨씬 빨랐음을 뜻하기 때문이었다.

1월 4일, 중국군 제39군 정찰대 정찰병들이 가장 먼저 서울 시내에 진입했다. 그들은 연기와 불길이 솟아오르는 거리 곳곳에서 일부 시민들이 '중국 지원군 환영'이라고 한자로 쓴 표어를 붙이고 있는 광경을 목격했다. 그 표어들은 '유엔군 환영'이라고 쓴 영문 글씨들 위에 덧붙여졌다.

그들은 즉시 지휘부에 상황을 보고했다.

지휘부는 제39군과 제50군, 북한군 제1군단에게 즉시 서울을 점령하라고 명령했다. 저우원차오周問樵 부연대장이 이끄는 116사단의 348연대는 제39군의 선발부대 중 하나였다. 2차 전역 당시, 116사단의 사단장 왕양은 낮에 소부대가 활동할 수 있겠느냐는 문제를 거론했다. 그때 저우원차오는 한두 개 중대라면 가능하다고 답했다. 3차 전역이 시작된 뒤, 저우원차오의 선발부대는 줄곧 주공격 부대의 앞에서 필사적으로 철수하는 유엔군 부대의 뒤를 쫓았다. 그들은 지름길로 가면서 적기가 나타나면 숨었고, 전사하거나 부상당한 병사 한 명 없이 거의 적의 발뒤꿈치를 따라 서울로 입성했다.

서울에 진입한 중국군 부대는 곧바로 중국말을 하는 시민들에게 둘러싸였다. 서울에 사는 중국 화교 대부분은 산둥山東 사람이었다. 귀에 익은 산둥 사투리가 들리자 중국군 병사들은 반가움을 금치 못했다. 화교들은 미군이 어떻게 도주했는지 일러주면서 병사들에게 필요한 모든 것을 제공하겠다고 했다.

저우원차오는 경호병을 대동하고 직접 이승만의 관저로 들어갔다. 그는 한국 대통령의 관저에 지대한 관심을 보였다. 그의 눈에는 세상에서 가장 화려하게 꾸며진 집이었다. 거실과 침실, 주방, 서재, 피아노, 땅에 떨어진 비단 커튼, 그밖에 옷장에는 수백 벌의 화려한 옷이 걸려 있고, 구두도 수백 켤레나 되었다. 바닥에 떨어진 라디오는 아직 켜진 채였다.

그는 통신병에게 명령해 사단장에게 '들어왔다'고 보고하도록 했다.

저우원차오는 이승만 대통령의 화장실로 들어갔다. 화로에는 불씨가 아직 남아 타고 있었다. 사방 벽면은 매끄럽게 윤이 나고 반짝였다.

그가 옷을 벗어 털자 크고 작은 이들이 화로 속으로 떨어져 탁탁 소리를 냈다.

때투성이 얼굴에 떡이 져서 달라붙은 머리카락, 거칠고 뻣뻣한 피부, 코를 찌르는 땀내와 짙은 화약 냄새를 풍기는 이 중국 군인은 무수한 산과 고개를 넘고 수차례의 격렬한 전투를 거쳐 마침내 따뜻한 물이 가득한 한국 대통령의 욕조에 몸을 뉘었다.

라디오에서는 '미국의 소리' 아나운서가 한국 군대의 전황을 전하고 있었다.

"국군은 공산군을 대거 살상한 뒤 안전한 곳으로 이동했습니다."

통신병이 들어왔다. "사단장님께서 통화를 하시겠답니다."

왕양은 저우원차오에게 물었다. "자네 지금 어디 있나?"

저우원차오가 대답했다. "이 대통령 관저에 있습니다!"

인민지원군 본부는 즉각 '서울 입성 기율 수칙入漢城紀律守則'을 발표했다. 이 것은 전보 형식으로 서울에 진입한 지원군 부대에 반포되었다. 그 주요 내용은 다음과 같다.

1. 남은 적군을 신속하게 소탕하고, 반항하는 반혁명분자를 진압한다.
2. 도시 치안을 유지하고 혁명 질서를 회복하며, 함부로 체포하거나 죽이는 행위를 엄금한다.
3. 공장과 상점, 창고 등 모든 공공건물을 보호한다.
4. 학교와 병원, 문화시설, 명승고적 등 모든 공공장소를 보호한다.
5. 법을 준수하는 교회와 사원, 종교 단체에 일절 간섭하지 않는다.
6. 법을 준수하는 외국 교포를 간섭하지 않고, 외국 대사관에 침입하지 않으며, 돌발 상황을 막기 위해서 군대를 파견해 외국 대사관을 보호할 수 있다.
7. 시민들에게 승리를 선전하고, 방공·방첩·방화를 선전하며, 대중 기율을 엄격히 준수해 함부로 민가에 들어가서는 안 된다.
8. 서울 입성 부대는 반드시 3일에서 5일분의 양식과 채소를 휴대하며, 함부로 물건을 사는 일을 엄금한다.
9. '삼대기율'과 '팔항주의'를 확실하게 실행하며, 군대의 규율과 청결·위생에 주의한다.

1월 5일, 한반도의 두 주요 도시인 평양과 서울에서는 각각 240문의 대포가 서울 점령을 축하하는 24발의 예포를 동시에 발사했다.

중국군 병사들에게는 특별한 순간이었다.

이날 이전의 기나긴 중국 전쟁사에서 중국 병사가 무장하고 타국의 수도에 진입한 적은 없었다.

이날 이후로 오늘날까지도 그런 일은 없다.

리지웨이는 서울을 떠날 때 결코 서두르지 않았다. 그는 후방을 맡은 미군이 철수한 뒤에야 자신의 지휘부를 떠났다. 그는 책상에 있던 가족사진을 챙기고, 평소에 입는 잠옷을 벽에 박힌 못에 걸었다. 그리고 그 옆에 한마디 적었다.

"제8군 사령관이 중국군 총사령관에게 안부를 전함!"

치약한통주의 一瓶牙膏主義

　　30만 명이 넘는 중국군과 북한군 병사는 강풍과 폭설을 무릅쓰고 영하 20도의 엄동설한에 유혈 희생을 치렀고, 추위와 배고픔을 견뎌냈다. 그들은 상상도 할 수 없는 각종 고난을 극복하고 연속 8일 밤낮을 쉬지 않고 적을 공격해 남쪽으로 80킬로미터에서 100킬로미터에 이르는 전선을 넓혔다. 그 선봉은 이미 37선에 도달했다.

　　1951년 1월 5일, 중국 공산당 기관지이자 신중국에서 최대의 발행부수를 자랑하는 일간지 『런민일보人民日報』의 제1면 헤드라인은 다음과 같았다.

　　'중국군과 북한군 새로운 공세 개시, 서울을 되찾고 남쪽으로 쾌속 전진!'

　　이와 동시에 『런민일보』는 '서울 탈환 축하'라는 제목의 사설을 실었다.

　　서울 탈환으로 중국인민지원군과 북한 인민군의 강대함이 또다시 증명되었다. 미국은 공군과 해군, 전차와 대포 등에서 우세를 보이고 있지만, 위대한 중국과 북한의 군대 앞에서는 공격과 방어 모두에서 무력함이 입증되었다. 중국과 북한 군대는 오늘 전 세계에 자신의 강대함과 평화의 힘을 보여주었다. 그들은 한반도를 침략한 미군을 섬멸하고 쫓아냄으로써 한반도의 평화를 회복시킬 충분한 힘을 가지고 있다.

사설 말미에서는 전선에 있는 지휘관의 어조로 호소했다.

'대전으로 전진하자. 대구로 전진하자. 부산으로 전진하자! 한반도에서 철수하지 않는 미국 침략군을 바다로 몰아내자!'

승전보를 접한 중국 국민은 매우 기뻐했고, 그 소식을 사방에 알리느라 분주했다. 전쟁을 시작했을 때 중국 국민은 자국 군대가 다른 나라에 가서 싸우는 게 마땅한 일인지, 강대한 미군의 적수가 될 수 있을지에 대해 어느 정도 회의적이었다. 그러나 중국군은 2개월 동안 세 번의 전역에서 연속 승리했고, 특히 3차 전역에서는 한국의 수도인 서울을 점령했다. 역사적으로 열강에게 무시당해온 중국 국민은 자신의 조국과 군대가 이렇게 강대하다는 것을 처음으로 느꼈다. 게다가 교전 상대는 15개국 이상의 외국군이 모인 유엔군이었던 것이다. 이미 민족의 국력을 자랑스럽게 여기자는 열기가 갑자기 중국 대륙 전체를 휩쓸었다.

중국의 수도 베이징에서는 성대한 경축 퍼레이드가 열렸다. 새해 벽두, 상서로운 눈이 날리는 베이징 거리에는 노동자와 농민, 학생과 부녀자의 행렬이 끊이지 않고 이어졌다. 퍼레이드의 열기는 중국 도시와 시골 전역으로 퍼져나갔다. 사람들은 지원군을 위한 위문품과 성금을 자발적으로 내놓았고, 각 단체와 청소년들이 쓴 위문편지가 천 리 밖의 한반도로 눈송이처럼 날아들었다.

중국에서 발행된 신문이 한국 전선에 있는 펑더화이의 수중에 들어갔을 때, 그는 장기간에 걸친 수면 부족과 긴장으로 인해 피로와 초조감이 최고조에 이른 상태였다. 그러나 신문을 보고 난 뒤 긴장과 초초함은 더해졌다.

"서울 해방을 축하하는 퍼레이드가 열렸군. 미국 침략자는 해외로 물러가라는 구호까지 외쳤다니……. 사람들은 우리가 승리했다는 것만 알지 승리를 얻기 위해 어떤 대가를 치렀는지, 얼마나 힘겨웠는지는 알지 못해. 속전속결의 관점은 해로운데. 그런데 신문이 어떻게 이런 선전을 하는 거지? 서울이 해방됐다고 이렇게 떠들썩한데 만약 서울을 뺏기기라도 하면 어떻게 될까?"

펑더화이가 말한 '승리의 대가와 어려움'은 중국이 북한에 출병한 뒤 세 차례의 전역을 치르면서 입은 손실을 가리켰다. 전쟁으로 많은 병사가 죽거나 다쳤다. 주력부대, 그중에서도 중국인민해방군 정예부대인 第38군·第39군·第40군·第42군에서 사상자가 가장 많았다. 많은 중대의 핵심 전투력이 대부분 손실되었고, 하급 간부의 희생 비율은 마음을 아프게 했다. 현재 병사수가 3분의 1로 줄어든 부대도 적지 않았다. 현대화된 무기와 장비를 갖춘 유엔군과의 전투에서 중국군이 승리를 거둔 유일한 이유는 희생을 두려워하지 않고 줄기차게 용감히 적과 맞서온 병사가 많았기 때문이다. 미군 전쟁사료에서는 중국군을 이렇게 묘사한다.

"지상은 밀집한 포화와 각종 화기 공격으로 물샐 틈 없이 가로막히고, 하늘을 새카맣게 덮은 비행기들이 항공폭탄과 네이팜탄, 기관포로 죽음의 그물을 드리웠지만, 중국군 병사들은 마치 밀물처럼 꼬리에 꼬리를 물고 밀려들어 공격해왔다. 조명탄의 눈부신 섬광 속에서 유엔군 병사들은 앞에 쓰러진 전우의 시체를 밟고 두려운 기색 없이 돌진해오는 중국군을 보고 경악을 금치 못했다. 중국군 병사들은 용감하게 나아갔고 조금도 물러서지 않았다."

펑더화이와 다른 지원군 장교들은 이미 항일전쟁과 국공내전을 치른 노장이었기 때문에 전쟁 중 사상한 병사들을 보고 지나치게 상심하지 않았다. 그러나 한국전쟁에서 중국군 병사와 하급 지휘관의 사상 숫자와 그 속도는 이미 그들이 수용할 수 있는 정도를 넘어섰다. 한국전쟁에서 중국이 거둔 모든 승리는 젊은 병사들의 피와 생명을 바꾼 결과였다. 그들의 지휘관인 펑더화이는 그 사실을 아주 잘 알고 있었다.

중국군의 선봉이 한강을 넘어 남쪽으로 돌격하고 있을 때, 펑더화이는 일시에 격렬한 논쟁을 일으킨, 이해하기 어려운 명령을 내렸다. "전군은 즉시 추격을 중지하라!"

전장에서 한참 떨어진 남쪽으로 철수한 유엔군 때문에 서방 진영에는 다시금 정치적 혼란이 일어났다. 영국을 비롯한 거의 모든 서방 국가는 한국전쟁의 전세 악화와 특히 서울을 뺏긴 사실 때문에 이루 말할 수 없는 당혹감을 느꼈다. 동맹국들은 이구동성으로 트루먼에게 질문을 쏟아냈다.

"유엔군은 이기지 못하는 것입니까?"

"이래도 그 망할 극동 반도에서 철수하지 않는 겁니까?"

"도쿄에 있는 그 오만한 미국 늙은이는 대체 뭐하는 사람입니까?"

"맥아더는 반공의 영웅입니까 아니면 적과 내통한 첩자입니까?"

중국군이 3차 전역을 개시하고 유엔군의 최전방이 빠르게 붕괴될 때, 맥아더는 워싱턴에 전보 한 통을 보냈다. 그 내용은 미 합동참모본부에 자신이 제안했다가 부결된, 중국을 겨냥한 행동을 재고해달라는 것이었다. 그렇지 않으면 유엔군은 철수로 인한 뼈아픈 대가를 치르게 될 것이라고 큰소리쳤다. 맥아더가 말한 '중국을 겨냥한 행동'이란 한국전쟁이 시작되면서부터 그가 제기해왔던 일련의 전쟁 확대 주장이다. 여기에는 중국 해안 봉쇄와 중국 둥베이 지방의 비행장 습격, 장제스의 타이완 참전, 중국 동남부 교란 등이 포함된다. 미 합동참모본부는 맥아더의 전보 내용을 이미 예측하고 있었다. 전장에서 불리한 상황에 처했으니 이 늙은이가 이런 전보를 통해 전쟁을 확대하지 않으면 철수하는 수밖에 없다는 위협성 신호를 계속 보내리라는 것을.

전후에 미군 관계자는 한국전쟁 시기에 맥아더가 합동참모본부에 보낸 수십 통의 전보를 다시 읽고 이런 결론을 얻었다.

"맥아더는 현실과 동떨어진 지휘관이다. 그는 전장에서 얻은 모든 승리를 자신의 공으로 돌렸지만 실패에 대해서는 어떤 책임도 지려 하지 않았다."

그가 보낸 전보에는 모두 '내 요구대로 하지 않으면 그 결과는 당신들이 책임지라'는 조건이 붙어 있었다.

1월 9일, 미 합동참모본부는 트루먼 대통령의 비준을 거쳐 도쿄에 있는 맥아더에게 회신을 보냈다. 전보에 적힌 표현은 매우 모호했다.

"정책적인 변화나 다른 예기치 못한 외부 사건이 발생해 미군이 한국 전장에서의 노력을 강화할 가능성은 크지 않고", "중국 봉쇄 역시 한반도에서 미국 입지가 안정될 때까지 기다려야 하며, 동시에 영국 등 동맹국과 상의해야 하는데", "왜냐하면 영국이 홍콩을 경유해 중국과 진행하는 무역과 유엔의 동의를 고려해야 하기 때문이다." "중국 본토 공격은 중국이 한반도 이외의 지역에서 미국 부대를 공격할 때만 권한을 위임받아 진행할 수 있다."

전보는 장제스 부대를 참전시키겠다는 맥아더의 요구를 명확하게 거절한 것이다. 마지막으로 전보에는 한반도 전세의 발전에 관해 이렇게 언급했다.

사령관 부대의 안전 보장과 일본에서의 사명 완수를 최우선으로 고려한 상황에서 진지를 굳게 지키고 적에게 되도록 중대한 타격을 가하라.

명확한 판단에 근거해, 병력과 물자의 심각한 손실을 피하기 위해서 반드시 철수해야 한다면 부대를 한반도에서 일본으로 철수해도 된다.

전보를 받은 맥아더는 분노가 극에 달했다. '완전히 모순된 선택'을 하라고 하니 자신을 '함정'에 빠뜨린 것이라고 생각했다. '진지를 굳게 지키라'는 것은 뭐고, '한반도에서 일본으로 철수하라'는 것은 또 뭐란 말인가?

다음날 맥아더는 답장을 보냈다. 그 요지는 한반도도 지켜야 하고 또 일본도 지켜야 한다면 우리에게는 그런 강력한 힘이 없다, 만약 워싱턴에서 미국이 극동에서 얻는 이익을 확정할 수 없다면 미군의 현재 병력으로는 한반도에서 군사적 지위를 지탱하기 어렵다는 것이었다. 맥아더는 이렇게 말했다.

유엔군은 장기간에 걸친 험난한 원정으로 기진맥진한 상태이며, 아울러 후퇴 과정에서의 용기와 전투 능력을 곡해하여 터무니없이 그들을 질책한 수치스러운 선전 때문에 괴로웠습니다. 사기는 급격히 떨어지고, 작전의 효율도 심각하게 위협받고 있습니다. 다만 그들에게 목숨을 대가로 시간을 벌라는 정치적인 요구가 있어야만 명확한 설명과 충분한 이해를 얻을 수 있고, 긴박한 작전의 위험성을 기꺼이 받아들일 것입니다.

맥아더는 재차 워싱턴에 질문했다.

지난번 전보를 합리적으로 이해한 바에 따르면, 적들의 우세가 사실상 결정적인 기준입니다. 따라서 나는 다음과 같은 의문이 생깁니다. 현재 미국의 정책 목표는 대체 무엇입니까? 제한된 시간 내에 최대한 한반도에서의 군사적 우위를 유지하는 것입니까, 아니면 최대한 손실을 줄이기 위해 후퇴할 수 있을 때 즉시 후퇴하는 것입니까?

마지막으로 맥아더는 미래를 암흑으로 묘사했다.

특별한 제한을 받고 온갖 어려움에 직면한 상황에서, 한반도에서 본 군의 군사적 지위를 보증하기는 어렵습니다. 그러나 아군이 전멸할 때까지 어느 정도 시간을 벌 수는 있을 겁니다. 만약 모든 것을 압도하는 정치적 고려가 그것을 요구한다면 말입니다.

맥아더의 살기등등한 협박과 서슬 퍼런 질문은 트루먼에게 일련의 난제를 안겨주었다. 공평하게 말하자면, 전장의 사령관으로서 본국 정부의 원거리 통제를 받아 자기 마음대로 할 수 없다는 것은 전쟁 승패의 책임을 지고 있는 직업 군인에게는 매우 고통스러운 일이다. 맥아더가 제기한 문제에 대해서는 트루먼 본인조차도 딱 잘라 답변을 줄 수 없었다. 그 이유는 간단했다. 미국 정부 전체가 혼란에 빠져 있었기 때문이다. 한국전쟁의 중대한 실패에 직면해서 미국은 어떻게 해야 할까? 이에 대해 결론을 내릴 수 있는 사람은 아무도 없었다. 갈등의 본질은 분명했다. 한국에서 중국군과 전쟁을 벌여봐야 분명 좋은 결과를 얻을 수는 없었다. 전쟁을 계속한다면, 어떻게 해야 미국과 동맹국의 더 많은 힘을 동원하지 않고 이길 수 있을까? 동맹국이 유럽의 안보에 대한 걱정과 북한 문제에 대한 질책을 피하면서 신속하게 한국전쟁에서 승리를 거둘 가능성은 있을까? 그럴 가능성이 없다면 전쟁은 지금 그만 두는 것이 가장 바람직했다. 하지만 어떻게? 어떤 방법으로 그만둬야 극동 지역에서 미국의 이익에 부합하고, 미국 정부와 미군의 체면을 상하지 않게 할 수 있을까?

미 합동참모본부의 간부들은 맥아더의 전보를 보고 극도의 불만을 표시했다. 맥아더가 "국가안전보장회의와 합동참모본부에서 결정하고 대통령의 비준을 거친 행동방침을 실행해서는 안 된다"고 공개적으로 비난한 것이라고 생각했기 때문이다. 워싱턴은 맥아더의 전보가 "후대에 보이려고 남긴 것이며, 그 목적은 일단 일이 잘못되면 그에 따른 모든 책임을 전가하려는 것"임을 민감하게 의식했다.

마셜 국방장관은 맥아더가 사기를 언급한 부분을 보고 이렇게 말했다.

"장군이 자기 부대의 사기를 원망하는 날은 바로 자신의 사기를 점검해야 할 때다."

애치슨 국무장관의 반응은 더욱 격렬했다.

"증명할 필요도 없이 나는 이 장군의 오만불손함과 고집이 구제할 수 없는 지경에 이르렀을 뿐만 아니라 대통령의 의도를 기본적으로 존중하지 않는다고 믿는다."

애치슨은 관료사회의 냉철함으로 문제의 본질을 말한 것이다.

미군 해외 지휘관인 맥아더와 미국 대통령의 갈등은 이미 군사의 범주를 뛰어넘었다.

어떻게 말하든 트루먼 대통령은 일련의 회의를 소집한 후에 맥아더를 위로할 계획이었다. 그 목적은 다시 한번 전장의 형세 변화를 냉정하게 관찰하는 데 있었다.

전후에 발표된 사료를 분석해보면, 트루먼과 그의 동료들은 당시 한국전쟁의 미군 지휘관인 제8군 사령관 리지웨이가 전해온 모종의 소식을 받았다. 그 소식의 핵심은 최후의 승자가 누구라고 함부로 말할 수는 없지만, 미군이 한반도에서 굳건히 버티면서 중국군에 군사적인 타격을 가한다면 충분히 승리할 수 있다는 것이었다.

애치슨은 워싱턴의 정치권 내에서 여러 의견을 들었다. "어떻게 해야 맥아더에게 미국이 특수한 사업을 진행 중에 있고, 끝도 없이 문제를 만드는 그의 행동을 정부가 더는 참을 수 없다는 것을 분명히 깨닫게 해서 골칫거리를 없앨 수 있는지" 정말로 방법을 몰랐기 때문이었다.

트루먼 대통령은 세 가지 방법을 통해 맥아더를 진정시키기로 결정했다.

1. 합동참모본부가 전보를 보내 세 번째로 워싱턴의 의견을 밝힌다. 즉 미국이 오랫동안 한반도에서 버틸 수는 없겠지만 외교적인 노력을 통해 시간을 버는 것은 미국의 이익에 부합한다. 중국군에게 '최대한 무거운' 징벌을 가해서 한반도에서 호락호락 철수하지 않으려면 군사적인 압력밖에 없다.

2. 콜린스 육군 참모총장을 극동에 파견해서 워싱턴의 결정에 관해 맥아더와 직접 상의하도록 한다. '전보 왕래 같은 번잡한 일 없이' 워싱턴의 입장을 명확히 설명할 수 있기 때문이다. 이와 동시에 콜린스가 한국에 가서 전장의 실제 상황을 조사한다.

3. 대통령 개인 명의로 맥아더에게 전보를 보내 '미국 대외정책의 본말을 이해'시키고 '자국의 대외정책'을 따르게 한다.

대통령이 아랫사람에게 개인적으로 전보를 보내야 하는 이유에 대해 트루먼은 이렇게 생각했다. 맥아더는 자신이 보낸 전보가 합동참모본부에서 차단되어 대통령이 그 내용을 모른다고 수차례 언급했다. 트루먼은 개인적인 전보를 보내 자신이 모든 것을 알고 있고, 모든 것을 자신이 결정했다는 사실을 전달하고자 했던 것이다.

트루먼의 전보는 매우 장황했다. 과거에 언급한 관점을 다시 되풀이한 것 말고 다른 새로운 내용은 없었다. 그러나 이 전보는 적어도 다음과 같은 역할을 했다. 먼저 철저하게, 다시 한번 미국 정부의 한반도 문제에 대한 기본 입장을 설명했다. 또한 전쟁을 확대해서 세계대전의 위험을 야기할 수 없다는 점을 못 박아두었고, 전장에서 성과를 내야 한다는 점도 분명히 했다. 이와 동시에 대통령의 개인 전보라는 사실은 맥아더 장군의 허영심도 어느 정도 만족시켜주었다.

콜린스 육군 참모총장이 도쿄에 도착했다. 맥아더는 워싱턴이 '이미 누차 대답한' 그 문제, 바로 증병 가능성 유무에 대한 질문을 또 한 번 꺼냈다. 콜린스의 대답은 전과 다름없었다. "없습니다." 그 뒤 콜린스는 한국 전장으로 가서 직접 미 제10군단과 제8군을 순시하고, 특별히 전장 지휘관을 통해 전세의 발전 추이와 구체적인 전술 계획을 들었다.

콜린스가 워싱턴으로 돌아간 뒤 미국 정부는 일련의 정책을 과감하게 실시했다. 이것은 미국 정부가 한국전쟁의 미래에 대해 새로운 평가를 내렸음을 의미했다. 관련 정책은 다음과 같다.

1. 200억 달러를 국방비로 증액하기로 한 법안을 승인해서 그해 군사예산은 80퍼센트 늘어난 450억 달러에 달했다.

2. 징병 연령을 19세에서 18세로 낮추고, 복무 기한을 연장했다.

3. 주州 방위군을 현역에 편입했다.

4. 무기 생산을 강화하고, 매년 신형 작전기 5만 대와 전차 3만5000대를 생산하기로 했다.

5. 단독으로 일본과 평화조약을 체결하는 문제를 계획하고 일본의 무장을 가속화했다.

미국은 한반도에서 철수하려는 것이 아니라 전면적으로 전쟁 체제를 강화하려 했던 것이다.

펑더화이의 조바심에도 일리가 있었다. "우리는 한국전쟁에서 결정적인 승리를 거뒀다"고 하지만 현재 전세는 결코 많은 사람이 상상하는 것처럼 전개되고 있지 않다는 것이다.

실제도 진정 잔혹한 전투는 후반부에 벌어졌다는 것이 이를 증명한다.

그러나 "우리는 무적"이고 "우리는 이미 승리했다"는 정서가 이미 중국에서부터 북한 전선에 있는 지원군 장병들에게까지 퍼졌다.

"38선을 넘었으니 차오몐을 반죽하리."

승리의 정서를 따라 극도로 어려운 생활에 대한 원망이 생겨났다. 38선을 돌파한 장병들은 '빨리 싸우고, 빨리 승리해서, 빨리 돌아가자'는 생각을 하기 시작했다. 병사들은 '속전속결'을 되뇌면서 조급해했다. "북쪽에서 남쪽까지 다 밀어버리고 적군을 섬멸한 뒤 고향으로 돌아가 새해를 맞자"는 것이다.

그래서 전선에 있는 중국군 사이에서는 '치약한통주의一瓶牙膏主義'라는 말이 한때 유행했다. 당시만 해도 치약은 사치품이었기 때문에 병사들 중에서 사용하는 이는 드물었다. 그런 문명화된 물건은 간부들이 썼다. 그것도 연대 이상의 간부라야 가능했다.

'치약한통주의'의 뜻을 명확하게 설명하기는 어렵지만, 그중 한 가지는 전쟁이 빨리 끝나기를 예측하거나 기대하는 뜻을 담고 있다. 즉 치약 한 통—瓶牙膏을 다 쓰기 전에 끝나는 것이 가장 좋다는 것이다. 또다른 뜻은 한반도 국토가 좁고 길어서 치약처럼 생긴 것과 관련이 있는데, 치약을 짜듯이 단숨에 미군을 싹 몰아내자는 의미를 담고 있다.

제40군은 장병들의 생각을 통일하기 위해 회의를 열었다. 제40군의 사단과 연대 책임자들이 한반도에 진입한 뒤 처음으로 모인 자리였다. 이들은 서로 얼굴을 맞대고 전장에서 하는 농담을 주고받았다.

"아직 마르크스한테 가서 도착 보고 안 했나?"

"피차 마찬가지지. 나쁜 놈이 오래 산다더니 너도 아직 안 죽었군."

이어 서로 선물을 교환했는데, 모두 전장에서 노획한 신기한 물건들이었다. 커피와 미국 담배, 각종 라이터, 정교한 장난감처럼 생긴 조그만 권총, 금촉이 달린 파커 만년필, 손전등 같은 것들이었다.

그러나 부대가 당면한 문제를 언급하자 모두 숙연해지는 분위기였다. 제40군은 전장에서 임무를 완수했다고 말할 수 있고 전투도 잘했지만, 이들 사단장과 연대장의 마음속에는 말로는 설명하지 못할 느낌이 있었다. 바로 북한에서의 전투가 매우 '답답하게' 느껴진다는 점이었다. 이날 회의에서 오고간 말들은 대체로 이런 내용이었다. '부대의 사상자가 적지 않을뿐더러 희생된 사람들이 모두 노련한 전사여서 생각하면 몹시 괴롭다. 이에 비하면 섬멸한 적은 많지 않아서 3차 전역까지 합해도 겨우 1만 명이다. 이는 중국 국내 전쟁에서 전투를 한 번 치르고 섬멸한 적의 숫자와는 비교도 되지 않는다. 적은 기계화된 장비를 갖추고 있어 대응하기가 어렵다. 산에서 그렇게 많은 사상자를 내고 돌진해 올라가면 적군은 전차와 차량을 이용해 달아나버린다. 밤에 적군을 포위하더라도 날이 밝기 전까지 해결하지 못할 경우 날이 밝으면 적의 비행기와 전차가 오기 때문에 적을 무찌르기는커녕 적을 막아낼 수 있을 지가 문제가 된다. 이왕에 적군이 두려워서 빨리 도망친다면 더 빨리 도망치게 하고, 차오몐과 탄약만 있으면 적의 꽁무니를 쫓아가서 양을 몰듯이 적들은 바다에 처넣고 우리는 집으로 돌아가면 된다.'

제40군과 마찬가지로 지원군의 각 군도 비슷한 회의를 열었다.

회의 내용은 기록되어 펑더화이에게 보내졌다. 그것을 보자 펑더화이의 마음속에 품고 있던 불길한 예감은 더해졌다.

펑더화이만큼 한국 전선에서 중국군이 직면한 커다란 난제를 잘 이해하는 사람은 없었다.

제40군은 지원군 사령부에 전보를 보냈다.

"부대는 극도로 피로하며 많은 어려움을 겪고 있습니다. 38선 이남의 주민들은 모조리 도망쳤고, 적군이 집을 불태우고 식량을 모두 빼앗아가서 부대가 먹고 쉬는 데 곤란을 겪고 있으며, 체력이 크게 떨어진 상태입니다. 급히 식량과 탄약, 신발 등이 필요한데 병참 공급이 안 되고 있습니다……."

이때 지원군 모두는 38선 이남의 좁은 지역에 모여 있었는데 다들 솜옷과 약품, 식량, 탄약이 부족했다. 병사들 사이에서는 질병이 만연했다. 임진강을 건널 때 동상에 걸린 병사들이 아직 회복되지도 않았는데, 추운 날씨에 입을 솜옷이 없으니 새로운 동상 환자가 속출했다. 어떤 사단은 동상 때문에 수천 명의 사병이 전투력을 잃기도 했다. 지원군이 38선 이남까지 진출했기 때문에 병참 보급선은 500킬로미터에서 700킬로미터까지 연장되었다. 그러나 미군의 비행기가 밤낮으로 봉쇄하고 있고, 운송 수단도 몹시 부족해서 전선의 중국군 부대는 상당한 곤경에 빠져 있었다.

한국전쟁 후반부, 펑더화이가 중국으로 돌아가 보직을 맡고 있을 때, 어떤 작전 회의에서 3차 전역을 이렇게 회고했다.

"나는 평생을 전장에서 보내면서 두려움을 느껴본 적이 없다. 그러나 지원군이 38선을 넘어 37선에 이르렀을 때 전후 상황을 생각해보니 매우 두려웠다. 그 당시 내 안위를 고려해서 그랬던 것이 아니라 중국과 북한의 수십만 병력이 적의 공세에 놓여 있는 현실 앞에 몹시 겁이 났던 것이다. 며칠 동안 잠을 이루지 못했고, 어떻게 하면 이 곤경을 벗어날 수 있을까 하는 생각만 했다. 중국군은 37선까지 진출해 이미 남쪽으로 수백 킬로미터를 내려갔기 때문에 병참의 물자 보급선이 유지되기 어려웠다. 이때 적군은 또다시 비행기를 보내 중국군의 수송 노선에 맹렬한 폭격을 가했다. 따라서 지원군의 각종 물자와 식량, 탄약 공급이 매우 어려운 상태였다. 공중에서는 적군의 비행기, 지상에서는 미군의 전차 대포가 우리를 공격했다. 또 해상에 있던 미군 함대는 배에서 내리지도 않고 우리에게 포탄을 날릴 수 있었다. 게다가 때는 엄동설한인 음력 12월이었다. 곳곳에서 혹한이 몰아닥쳤다. 제대로 먹지도 입지도 못한 병사들은 전투도 치르지 않았는데 그 수가 날로 줄었다. 이런 심각한 상황에서 지원군은 언제든 악운을 만날 가능성이 있었다. 수십만 군대의 생명을 한낱 애들 장난처럼 버릴 수는 없었다. 그러므로 반드시 멈춰야만 했고 더 이상 전진할 수는 없었다. 그리고 적에게 대항할 준비를 해야 했다."

블라디미르 라주바예프Vladimir N. Razuvaev 주북한 소련 대사는 사실상 스탈린이 북한의 군사 상황을 관찰하라고 보낸 인물이었다. 그는 펑더화이가 돌연 3차 전역을 중지한 데 대해 굉장한 불만을 품었다. 그는 자신의 의견을 스탈린에게 전달하면서 펑더화이를 "군사적 보수주의자"라고 비난했다. 그는 전쟁에서 이기고 있는 지휘관이 자기 부대가 적군을 추격하는 것을 중지시키는 것은 처음 봤다면서 "전장의 주도권을 잡고 승세를 몰아 한반도 전역을 해방시켜야 한다"고 주장했다.

펑더화이는 이런 비난에 화가 머리끝까지 치밀었다.

"라주바예프? 그 자가 전쟁에 대해 뭘 알아? 2차 전역에서 우리가 추격을 중지했을 때도 그는 동의하지 않았어! 내가 아무렴 전과를 거두기 싫어서 적을 추격하지 않았겠나? 두 다리로 네 바퀴를 쫓아가봐야 무슨 성과를 얻을 수 있단 말인가? 설마 내가 승기를 잡았을 때 바짝 따라잡아야 한다는 이치를 모를까? 우리 중국군은 예로부터 적군을 격파한 뒤 숨 돌릴 틈도 없이 몰아붙여야 한다고 주장해왔지. 그러나 한반도에는 한반도만의 특수한 상황이 있는 거야. 아군의 전투 인원이 줄어들고 병사들이 극도의 피로에 시달리는 건 차치하고서라도, 한반도는 좁고 긴 반도라서 동해안과 서해안 곳곳에서 적군이 상륙할 수 있단 말이다. 아군 전략 예비부대가 올라오지 못해 인천에서 겪은 일을 되풀이할 수는 없었어. 펑더화이는 전쟁에서 패하기 위해 한반도에 온 것이 아니란 말이다!"

김일성은 펑더화이가 추격을 멈춘 것을 더욱 이해할 수 없었다. 북한의 최고지도자로서 그는 유엔군을 몰아내고 한반도 통일이라는 이상을 실현하기를 갈망했다. 그러나 중국군과 북한군은 37선까지 내려간 뒤 도리어 공세를 멈췄다. 그 생각만 하면 잠이 달아났다. 펑더화이와 토론하면서 김일성은 "계속 진격해달라"고 거듭 요구했지만, 펑더화이는 적군과 아군의 병력과 대치 상황을 분석한 뒤 잠시 휴식하며 정비해야 새로운 전투를 할 수 있다고 밝혔다. 서로 이견을 보인 두 사람은 얼굴을 붉히고 헤어졌다. 한밤중에 펑더화이의 경호병이 김일성의 집에 계속 불이 켜져 있다고 보고했다. 펑더화이는 김일성에게 수면제 두 알을 보냈다. 그러나 그는 김일성에게 필요한 것은 수면제가 아니라는 사실을 잘 알고 있었다.

1월 10일, 펑더화이와 김일성은 그 문제에 관해 정식 회담을 가졌다.

군자리의 커다란 광갱鑛坑에서 열린 회담에는 중국군 측에서는 펑더화이와 훙쉐즈 등이, 북한군 측에서는 김일성과 박헌영 등이 참석했다. 양측은 "남쪽으로 진격하기만 하면 미군은 한국에서 철수할 것"이라는 소련 대사의 관점에 대해 토론을 벌였다. 그러나 양측은 극명한 의견 차이를 보였고, 심지어 대화 속에서는 짙은 화약 냄새가 풍기기도 했다.

박헌영: 지원군이 계속 남쪽으로 진격하기만 하면 미군은 틀림없이 한반도에서 철수할 거요.

펑더화이: 정말입니까? 만약 아군이 추격하면 미군이 틀림없이 물러갈까요?

박헌영: 그렇소.

펑더화이: 미군이 한반도에서 물러가면 좋겠지요. 그것은 유엔 주재 소련 대표인 야코프 말리크Yakov Malik가 제시한 요구에 부합합니다.

박헌영: 아군이 신속하게 남진하지 않으면 미국은 물러나지 않을 겁니다.

펑더화이: 무슨 근거로 그런 말을 하십니까?

박헌영: 미국 국민이 전쟁을 반대하고, 자산계급 사이에서 내부 갈등이 발생했기 때문이오.

펑더화이: 그것은 하나의 요소이지 결정적인 작용을 할 수는 없습니다. 만일 미군 서너 개 사단의 5~6만 명이 더 소멸된다면 그 요소가 유리한 조건으로 바뀌겠지요. 두 달 뒤 지원군과 인민군의 역량이 지금보다 커지면 그때 가서 다시 상황을 보고 남쪽으로 진군합시다.

박헌영: 그때가 되면 미군은 절대 철수하지 않을 거요.

김일성이 끼어들었다.

"15일 내에 지원군 3개 군단이 남진을 하고 나머지는 한 달 동안 쉬고 나서 남쪽으로 가는 것이 가장 좋을 듯싶소."

이때 펑더화이는 꾹꾹 눌러왔던 우려를 억누를 수가 없었고 말을 하면 할수록 더 흥분했다.

"미군이 분명 한반도에서 철수할 거라고 말하지만 생각을 해보세요. 만약 미군이 철수하지 않으면 어떻게 할 겁니까? 속전속결도 좋지만 구체적인 준비가 안 되어 있으면 결국 전쟁만 오래 끌게 됩니다. 북한이 전쟁의 승리에서 요행을 바란다면 실패할 겁니다! 지원군은 두 달 동안의 휴식이 필요합니다. 휴식 전에는 1개 사단도 남진할 수 없으니 그리 아십시오. 내가 북·중 연합군 총사령관에 적합하지 않다고 생각하면 직위를 해제하세요. 우리가 남진하면 미군이 철수할 거라고 말씀하시는데 그럼 이렇게 하시지요. 인천에서 양양 전선 이북의 전 해안을 경비하고 후방 교통선을 유지하는 일은 모두 우리 지원군이 맡고 있습니다. 북한 인민군 5개 군단 12만 명은 두 달간 쉬었으니 직접 맡아서 지휘해 소원대로 남쪽으로 진격하세요. 미국이 북한의 상상대로 한반도에서 철수한다면 한반도의 해방을 축하하며 만세를 부르겠습니다. 만약 미군이 철수하지 않는다면 지원군은 예정된 계획대로 남진할 것입니다!"

흥분한 펑더화이의 발언으로 그 자리에 있던 사람들은 숨을 죽였다. 회담장에 함께 있던 중국과 북한 관계자들은 상황을 보고 조용히 그곳을 빠져나갔다.

마오쩌둥은 1월 11일 펑더화이에게 전보를 보냈다.

김일성 동지가 휴식 정비하지 않고 전진할 수 있다면, 인민군이 전진 공격하고 북한 정부가 직접 지휘하는 데 동의하오. 지원군은 인천과 서울 및 38선 이북을 방어하시오.

이 전보는 마오쩌둥이 펑더화이의 공격 중지 결정을 지원한다는 뜻이었다.

당시 마오쩌둥은 한반도 전장에서 중국군의 처지를 진지하게 분석했다. 그리고 적군이 여전히 실력을 갖추고 있고, 북진하기 위해 기회를 엿보고 있다고 판단했다. 적어도 그는 '미군이 철수할 것'이라는 판단을 믿지 않았다. '쓸지 않으면 먼지는 날아가지 않는다'는 것이 적군의 본질에 대한 마오쩌둥의 뿌리깊은 생각이었다.

펑더화이는 이 전보를 김일성에게 보여주었다.

현재 펑더화이는 북한군의 단독 남진에 분명히 동의했지만 김일성과 박헌영은 난색을 표했다. "북한군이 원기를 회복하지 않으면 단독으로 남진을 할수는 없습니다."

펑더화이: 그렇다면 한번 시험해보십시오. 경험과 교훈을 얻는 것도 소중한일입니다.

김일성: 이게 무슨 장난입니까. 한번 시험하는 데 수만 명의 목숨을 대가로바쳐야 합니다.

펑더화이: 내가 남진하면 미군이 철수한다고 하지 않았습니까? 앞뒤가 안맞는 그런 말은 이해할 수 없군요.

펑더화이의 뜻은 분명했다. '중국 병사의 생명도 똑같이 귀중하단 말이오!'

펑더화이는 한국전쟁이 끝나고 한참 뒤에 발생한 '문화대혁명'에서 모함을당해 감옥에 갔혔다. 신중국 성립을 위해 숱한 전쟁과 어려움을 겪은 노장은감옥에서 한국전쟁 시기를 다음과 같이 회고했다.

"아군은 적군을 37선 밖으로 몰아냈지만, 적군은 계획을 바꿔 일본과 미국에서 선발한 새로운 4개 사단과 유럽에서 선발한 경험 많은 병사로 부대를 보충해서 낙동강 예비 방어선에 집결시켰다. 또한 동부전선에서 철수한 병력도낙동강으로 집결시켰다. 결국 적군은 차근차근 우리가 남쪽으로 공격하도록유도하고 아군이 체력을 소모하기를 기다렸다가 다시 정면으로 반격했고, 측면 날개에서 상륙해서 차단 공격으로 아군의 퇴각로를 끊었다. 지원군은 북한에 진입한 지 3개월도 안 되어 세 차례의 큰 전역을 연속해서 치렀다. 또한겨울을 맞아 혹한에 시달리고 공군의 엄호도 전혀 받지 못한 데다 단 하루도쉬지 못했으니 피로가 얼마나 심한지 알 수 있다. 전투와 비전투로 인한 병력감소가 이미 부대의 반수에 달해 휴식을 취하고 정비 보충하면서 다음 전투를 준비하는 것이 시급했다."

펑더화이는 지원군이 휴식을 취하고 정비한 뒤에야 남진할 수 있다는 주장을 굽히지 않았다.

3차 전역에서 중국군은 수백 킬로미터를 전진했다. 공세를 시작할 때는 최전방에 있던 한국군도 엄청난 손실을 입었다. 그러나 펑더화이조차 '미군은 거의 싸우지 않고 철수했다'는 사실을 인정했다. 지원군의 장병들 모두 그들이 싸워서 38선을 얻은 것이 아니라 그냥 가기만 했을 뿐이라는 사실을 알고 있었다. 미군이 성큼성큼 철수한 것은 사실 기동 계획에 따른 대규모 행동이었다. 군사 전략상 그들이 '궤멸'했다고 말하는 것은 억지였다. 전장에서 이런 대규모 철수가 있을 때 현명한 군사전문가라면 매우 경계해야 한다. 대규모 반격이 일어날 전조이기 때문이다.

리지웨이가 바로 그런 생각을 하고 있었다.

리지웨이는 후퇴가 꼭 패배를 의미하는 것은 아니라고 말했다. 미군은 대규모 후퇴를 감행해서 얻은 것이 있었다. 평택 동쪽으로 가서 원주를 거쳐 동해안의 삼척에 이르는 한반도의 허리 부분을 가로지르는 전선을 점령함으로써 제8군에게 마침내 발붙이고 작전을 펼칠 전선이 생긴 것이다.

그때 수십만 명의 북·중 군대가 계속 남진했다면 리지웨이의 함정에 빠질 뻔했다. 37선에는 유엔군이 견고한 진지를 쌓고 북·중 군대가 오기를 기다리고 있었기 때문이다. 굶주림에 허덕이고 탄약이 부족한 북·중 군대가 충분한 화력을 비축한 유엔군의 공격을 받는다면 대규모의 사상자를 낼 것이다. 그리고 유엔군은 언제든지 우월한 기동 수단으로 북·중 군대에 맹렬한 반격을 퍼부어 조각을 냈을 것이다. 게다가 수륙상륙작전에 능한 맥아더가 동해안과 서해안에서 상륙해 협공할 좋은 기회를 놓칠 리가 없었다. 그렇게 되면 북·중 군대는 치명타를 입을 것이다. 6개월 전, 북한군이 파죽지세로 진격하다 참패를 당한 것은 맹목적으로 대규모 남진을 벌인 결과였다. 1개월여 전, 유엔군이 경솔하게 북진했다가 실패를 맛본 것도 바로 얼마 전에 일어난 일이다.

중국의 전통 명절인 춘제가 다가오자 지원군 전방 부대는 명절을 쇠는 데 필요한 물자를 준비하기 시작했다. 국내에서 운송해온 위문품도 속속 부대에 도착했다. 마오쩌둥은 지원군에 "북한의 산 하나, 물 한 모금, 풀 한 포기, 나무 한 그루까지 아끼고 보호하라"는 지시를 내렸다. 지원군 본부는 전체 병사를 모아놓고 "조선 노동당과 정부를 보호하고, 북한 인민을 사랑하라"는 운동을 전개했다.

제38군은 제일 먼저 '10개 규율규약'을 제시했다.

1. 북한 인민을 존중하고, 자신의 부모나 형제자매처럼 대해야 한다. 부녀자를 희롱하거나 모욕해서는 절대 안 된다.

2. 민심과 풍습을 존중한다. 건물에 들어갈 때는 신발을 벗고 예의를 갖춰 말한다. 항상 변소를 퍼내고 아무 데서나 대소변을 보지 않는다. 실내에서는 함부로 침을 뱉어서는 안 되며 실내외 위생을 청결히 한다.

3. 민가에 거주할 때는 집주인과 상의하고 주인에게 일정한 거처를 내주어야 한다. 강제로 거주하거나 집 전체를 차지할 수 없으며 부엌을 점령할 수 없다. 주인이 있건 없건 간에 주인의 물건을 아끼고 잘 보관해야 한다.

4. 빌려 쓰는 가구와 목재, 침상에 까는 짚은 잘 쓰고 나서 돌려주고, 파손했을 경우 가격에 따라 배상하며 직접 사과한다.

5. 노동자를 고용하면 규정에 따라 임금을 지급한다. 노동자에게 상냥하게 대하고 구타하거나 욕해서는 안 되며, 정해진 것 이외의 일을 시켜서는 안 된다.

6. 주민의 이익을 우선시한다. 풀 한 포기, 나무 한 그루라도 훼손해서는 안 되며, 바늘 하나, 실 한 올도 가져가서는 안 된다. 주민의 음식을 함부로 먹어서는 안 되고, 새싹을 밟아서는 안 된다.

7. 식량이나 땔나무를 빌리면 그 대상을 분명히 하고 규정을 준수하며 빌린 수량대로 시표柴票나 초표草票와 같은 증서를 발행한다. 혼란을 틈타 함부로 주민들의 물건을 뒤지거나 없애서는 안 된다.

8. 물건을 살 때는 공정하게 가격대로 돈을 지불한다. 강제로 뺏거나 싸게 사서는 안 된다. 물건을 살 때 다투지 않으며 외상으로 살 수 없다. 농사에 쓰는 소와 60근 이하의 어린 돼지는 절대 도살해서는 안 된다.

9. 주민에게 선전하고 교육하며, 끝나면 집으로 돌려보낸다. 주민 회의를 열어 아군의 승리를 선전하고, 미군과 한국군의 죄상을 폭로해서 주민들의 의식을 높인다. 여가 시간을 이용해 주민들의 일을 돕고, 실질적인 애민愛民 행동으로 주민과 단결한다.

10. 주민의 괴로움에 관심을 갖는다. 적의 항공기나 미사일 공격을 막는 방법을 알려주고, 식량과 물자를 숨기는 데 적극 협조한다. 취사나 난방 관리를 강화하고 실수하지 않도록 한다. 민가에 불을 내거나 함부로 총을 쏘아 주민을 다치게 해서는 안 된다.

지원군 사령부는 기왕에 휴식을 하려면 그 시간 동안 장교들에게 합동훈련을 시키는 것이 낫고, 그렇게 하면 설사 갑자기 전투에 나가게 되더라도 일정한 효과를 거둘 것이라고 생각했다. 그래서 지원군 참모장인 셰팡의 주도하에 소련 군사전문가를 초청해 강의를 하고, 중국 선양에서 전군의 사단장과 연대장이 참가하는 연합작전 합동훈련을 실시한다는 통지가 전해졌다. 훈련에 참가하는 사람은 곧 본국으로 귀국할 수 있었다. 제39군 군단장 우신취안은 적군이 언제 반격해올지 모르기 때문에 전선에서 다수의 사단장과 연대장을 중국으로 보내는 것이 부적절하다고 생각했다. 더구나 지원군은 공군도 해군도 없었다. 포병이 있기는 하지만 그 수가 많지 않고 화포의 구경도 작았다. 그런데 전군이 연합작전을 위한 합동훈련을 한다는 것은 탁상공론에 불과했다. 그러나 절대다수의 지휘관은 적의 동향을 살피는 것은 상부의 일이고 본국에 돌아갈 수만 있다면 좋다고 생각했다. 당시 지원군 전선의 사단과 연대를 이끄는 지휘관들은 깨끗한 옷으로 갈아입고 본국으로 향하는 각종 차에 올랐다. 그중 다수는 상당히 들떠 있었다. 그들은 모두 중국이 해방된 후에야 결혼을 했고, 결혼 후 전쟁에 나온 사람들이라 '오랜 이별 후에 만나는 것이 신혼보다 달콤하다久別勝新婚'는 속설처럼 아내와 해후할 수 있다는 생각에 돌아가는 동안 전에 없이 즐거워했다.

그러나 바로 그때, 얼마 후 한국전쟁의 전세에 영향을 미칠 중요한 문제들이 조용히 수면 위로 떠오르고 있었다.

이 무렵 한국 전선에서 미군의 정찰 활동은 매우 빈번했다. 미 제3사단은 이미 전선의 방어 정면으로 이동했으나 중국군의 주력부대는 휴식을 취하느라 전방의 위치에서 지나치게 북쪽으로 옮겨간 채 소수의 부대만 이 최전방에 돌출된 상태였다. 이런 태세는 적의 갑작스러운 반격에 아주 쉽게 무너질 수 있었다.

이런 우려가 베이징으로부터 한국 전장의 지원군 사령부로 전달되었다. 펑더화이는 이 문제를 놓고 회의를 소집해 연구한 뒤 "적군이 한강 남쪽 다리 어귀에 있는 아군 진지를 공격할 의도는 없을 것"으로 보고, 지원군 부대는 춘계 공세 준비 태세에 따라 배치하는 것이 좋으며 특히 전선 후방에 위치하는 주력부대가 너무 앞에 있으면 휴식에 불리하다고 판단했다.

그리하여 전쟁의 명운이 달린 문제가 그냥 묻혀버리고 말았다.

이것은 펑더화이의 오랜 군 생활에서 드물게 나타난 판단 착오였다.

그러나 이 판단 착오가 가져온 결과는 심각했다.

사후의 평가는 매우 가혹했다. 게다가 당시의 전장 상황은 복잡하기 그지없었다. 펑더화이가 적의 반격을 예상치 못했다고 말하는 것은 사실에 부합하지 않지만, 펑더화이도 재난이 이렇게 빨리 닥칠 줄은 생각지 못했다.

"36선을 쟁취하라!"

리지웨이는 부임한 지 며칠 만에 돌이킬 수 없는 대규모 철수 상황에 직면했다. 미군이 철수하던 당시는 그의 군 생활에서 가장 고난의 시간이었다.

전장에서 발전한 원인과 결과를 본다면, 사실 방금 사령관으로 부임한 리지웨이에게는 유엔군이 진지를 잃고 서울을 포기한 것에 대한 직접적인 책임은 없었다. 그러나 전장의 지휘관으로서 군사와 정치적인 압력 그리고 악화된 상황에 기름을 붓는 언론의 과장 때문에 하루가 1년처럼 길게 느껴졌다. 더욱 중요한 것은 자신의 군대가 현재 어떤 상황에 처해 있는지 곧바로 정확하게 판단해내야 한다는 사실이었다. 구체적으로 말하자면 유엔군이 일본으로 철수할 준비를 하고 있는지를 알아야 했다. 맥아더는 그에게 이렇게 지시했다.

"어쨌든 최악의 상황에서 부대가 일본으로 철수하기 위해서 마지막에는 부산을 교두보로 확보해야 하오."

그럴 경우 리지웨이는 천 리 밖에서 한반도에 온 유엔군의 패잔병을 전장에서 철수시키는 사령관이 될 것이다. 그것은 리지웨이의 명성뿐 아니라 앞으로의 미래에도 비극적인 영향을 미칠 것이다. 어떻게 해서든 그런 결과를 보고 싶지는 않았다.

미군 전쟁사료에는 이런 기록이 있다.

"리지웨이는 마치 보통 병사처럼 자신의 직무를 이행하기 시작했다. 맥아더와 저 멀리 1만2000킬로미터나 떨어진 워싱턴 사이의 정치 및 군사 분쟁은 전부 머릿속에서 지워버렸다."

리지웨이는 처음부터 미국이 북한에서 패한 것은 아니라고 생각했다. 콜린스 육군 참모총장이 전방을 시찰할 때 그는 자신의 느낌을 웨스트포인트 사관학교 동창생인 그에게 넌지시 알렸다. 리지웨이는 지도를 앞에 두고 중국군이 참전한 이후 세 차례의 큰 전역을 치르면서 각 전역의 전세가 변한 원인과 과정을 상세히 분석했다. 그리고 마지막으로 미군은 얼마든지 다시 시도할 수 있다고 결론을 내렸다.

서울에서 철수한 유엔군은 37선 부근에서 방어력을 강화하고 언제 올지 모르는 중국군의 공격에 대비했다. 그러나 전장에는 알 수 없는 정적이 감돌았다. 중국군이 20일부터 공격을 시작한다는 소식이 전해지자 유엔군 전방 진지의 장병들은 종일 긴장과 공포 속에 떨어야 했다. 그러나 또 공중정찰기는 중국군이 대규모로 진격하는 흔적을 발견하지 못했고, 심지어 정찰 구간에서는 아예 중국군 병사의 그림자도 발견하지 못했다고 보고했다. 중국군은 흔적도 없이 모습을 감췄다. 유엔군이 처음으로 압록강으로 진격해 중국군의 매복 공격을 받은 뒤에도 중국군이 갑자기 사라졌는데, 지금도 그때와 똑같은 상황이었다. 그렇지만 중국군 사령관이 대체 무슨 계산을 하고 있는지 제대로 말할 수 있는 사람은 아무도 없었다. 왜냐하면 일반적인 법칙으로는 중국군이 계속 대규모 공격을 해온다면 유엔군은 철수할 수밖에 없고, 중국군의 진격이 멈추지 않고 지속된다면 유엔군이 종국에는 바다로 쫓겨나는 것도 불가능한 일은 아니었기 때문이다. 혹시 중국군 사령관이 더 큰 음모를 꾸미고 있는 것은 아닐까? 누군가 말했다. 이것은 더 큰 규모의 공격이 있을 거라는 징조가 아닐까?

한 치 앞을 알 수 없는 유엔군의 전방에서는 모두 초조해하며 불길한 여러 가능성을 점쳐보고 있었다. 제8군 사령부 소속 참모들은 맥아더의 요구에 따라 상세한 한반도 철수 계획을 세우지 않았던가? 철수 순서와 운송 수단을 포함한 구체적인 철수 내용을 완전히 정하지 않았던가? 심지어 한국군이 갈 방향과 한국 정부 관료 및 그 가족이 갈 방향까지 고려하지 않았던가? 듣기로는 중국의 장제스가 섬으로 도망간 것처럼 이들도 바다의 한 섬으로 옮긴다고 했다.

경기도 여주에 있는 제8군 지휘부, 리지웨이는 희미한 가스등 아래서 중국군이 한국전쟁에 참전한 후 미국과 벌인 전투의 기밀 기록들을 자세히 살펴보고 있었다. 현재까지 중국군과 유엔군은 세 차례의 대규모 전투를 치렀다. 앞의 두 번은 유엔군이 공격 상태에서 불시에 중국군을 만나 벌어진 조우전이었고, 마지막 한 번은 유엔군이 방어하는 상태에서 중국군이 공격해온 진지 공격전이었다. 리지웨이는 전투 기록에서 아주 중요한 일련의 숫자를 발견했다.

미 제8군이 처음 압록강으로 진격할 때 중국 참전부대의 대규모 공격을 받은 것은 1950년 10월 25일이었고, 진정한 전투는 다음날인 10월 26일부터 시작되었다. 그로부터 8일이 지난 11월 2일, 유엔군 주력부대는 청천강 남쪽 기슭으로 철수했다. 미 제8군은 두 번째로 압록강으로 진격하던 중 11월 25일 또다시 중국군의 공격을 받았다. 양군의 전투는 12월 2일까지 계속됐고, 중국군은 전투 시작 8일 만에 궤멸된 유엔군에 대한 공격을 중지했다. 중국군이 세 번째로 대규모 공격을 해온 것은 12월 31일이었고 1월 8일에 추격을 멈추었다. 전투는 이번에도 역시 8일 동안 계속되었다.

"8일이라……. 세 차례 전투 모두 8일 동안 계속됐어."

리지웨이는 중국군이 어떤 공세를 펴든, 그 병력 규모가 얼마나 크든 간에 전투가 지속된 최장 시간은 8일이라는 사실을 알았다.

그 '8일'은 중국군의 보급 능력으로 결정된 일수였다.

유엔군의 강력한 공중 봉쇄로 중국군의 후방 보급선은 심각한 위협을 받았고 심지어 끊임없이 중단되기도 했다. 중국군의 물자 수송 수단은 원래 원시적 상태에 가까웠다. 자동차와 기차가 공중 봉쇄당한 뒤로는 인력과 비축분에 의지했다. 험난한 산과 고개를 넘고 악천후를 만나면서 수십만 대군을 지탱하는 식량과 탄약 공급이 더욱 어려워졌다. 한 차례의 전역을 시작하기 전에 중국군 병참부대가 준비한 최대한의 물량은 고작 병사 한 명이 대략 1주일 동안 버틸 수 있는 식량과 탄약이 전부였다. 게다가 이 물자는 병사가 직접 짊어지고 다녀야 했다. 일단 식량과 탄약이 바닥이 났는데 병참부대가 제때 보충해주지 못하면 공격을 중지할 수밖에 없었다. 이런 상황이라서 중국군은 아무리 맹렬한 공세라도 일주일밖에는 지속할 수 없었던 것이다.

리지웨이는 이런 현상을 중국군의 '일주일 공세'라고 불렀다.

사실 서울을 점령한 중국군이 계속해서 전투를 확대하지 않은 가장 근본적인 원인은 중국군이 지속적인 공격 능력을 갖추지 못한 데 있었다.

리지웨이는 마침내 한국전쟁에서 전진과 후퇴의 혼전 양상을 확실하게 분석해냈다. '일주일 공세'가 중국군의 작전을 심하게 제약한 것이 틀림없었다. 게다가 설령 전투 중이라도 중국군은 낮에는 대규모 공격을 감행할 엄두조차 내지 못했다. 유엔군의 위력적인 공습을 견뎌낼 재간이 없었기 때문이다. 그들은 밤이 되면 작전을 개시하고 날이 밝으면 즉시 몸을 숨겼다. 이런 상황이 중국군의 공격 속도 및 공세 확대를 극도로 제한했다.

군사적으로 이런 중대한 제약이 있으면 뛰어난 성과를 거두는 것은 사실상 불가능하다.

리지웨이는 중국군을 상대할 좋을 방법을 생각해냈다. 맹렬한 '일주일 공세'가 끝나갈 무렵, 강력한 반격 역량을 최전방에 투입해 탄약과 식량이 거의 바닥난 중국군에 가차 없이 공격을 퍼붓는다는 계획이었다.

"그들에게 접근하라! 그리고 공격하라!" 리지웨이가 부하들에게 외쳤다. "우리는 미군이 방어에서 공격으로 전환할 때까지 기약 없이 한반도에 남아 있어야 한다."

그러나 사방에 위기가 도사린 전장의 "포로가 되는 것이 죽기보다 더 두려운" 운명에 직면해서 리지웨이는 포위당한 부대가 있다면 "모든 방법을 동원해 반드시 구해줄 것"을 약속했다.

"모든 부대에게 알려라. 우리는 절대 병사들을 포기하지 않을 것이며, 절대 곤경에 빠뜨리지 않을 것이다. 그들을 구하다가 그 부대와 동등한 병력 심지어 더 많은 병력을 잃더라도 우리는 그들을 위해 싸울 것이다."

리지웨이는 자신의 첫 번째 작전을 '울프하운드 작전Operation Wolfhound'이라 명명했다. 늑대 사냥개인 울프하운드처럼 중국군을 찾아내고 주도적으로 이길 기회를 만들어서 대담하게 중국군 선봉과 맞서 물자가 부족한 중국군을 끝까지 물고 늘어지겠다는 심산이었다.

"다들 유엔군이 어떻게 해야 할지 묻지 않았나? 내가 보기에 유엔군이 살길은 공격하고 공격하고 또 공격하는 것밖에 없네!"

펑더화이가 모든 중국군에게 추격을 중지하라고 명령한 지 일주일이 지난 1951년 1월 15일, 리지웨이의 '울프하운드 작전'이 시작되었다.

미군 장병들에게 자신의 전술을 더욱 명확하게 이해시키기 위해 리지웨이는 앞으로 중국군을 물리치는 데 쓸 유엔군의 전술 원칙을 '자성전술磁性戰術'이라고 정의했다. 그는 최전방의 모든 부대가 즉시 소규모 정찰대를 파견해서 "중국인의 진짜 방어선을 발견할 때까지" 대담하게 북쪽으로 정찰을 계속하라고 다그쳤다.

리지웨이는 정찰대의 중심은 미군 병사들에게 맡길 것을 특별히 요구했다.

1월 15일, 경기도 수원과 이천 사이의 양군 대치선에서 리지웨이가 파견한 정찰대가 북쪽으로 시험 정찰을 나갔다.

보병을 실은 차량과 전차 몇 대가 선두에 서고, 병사들은 인원을 나누어 여러 길로 정찰을 나갔다. 넓은 접촉선의 정면을 따라 북쪽으로 집중 수색을 실시하고, 중국군이 갔던 최전방의 모든 곳에 소규모 공격을 가하면서 중국군의 반응을 면밀히 관찰했다. 정찰을 시작할 때는 중대와 소대급의 병력 규모였지만 나중에는 연대 규모의 병력으로 확대됐고, 수많은 정찰기까지 합세해서 공중 정찰도 실시했다. 이와 동시에 정보기관은 대량의 특공대를 북쪽으로 침투시켰다. 미군의 지상 정찰대는 중국군 부대의 흔적을 찾지 못했다. 그들이 찾은 거라고는 전쟁으로 파괴된 마을의 폐허 속에서 몸을 녹이려 불을 피우고 있는 농민뿐이었으며, "몇 명 되지 않는 농민만이 이 불모지에 아직 남아 있는 생명의 흔적이었다." 가끔 중국군 정찰병 몇몇이 나타나서 수차례 소규모 조우전이 벌어지기도 했지만 전투는 오래가지 않았다. 중국군 정찰병이 눈 덮인 들판으로 사라지면 전투 종료였다.

울프하운드 작전은 8일 동안 계속되었다. 여러 정찰부대의 보고에 따르면 리지웨이는 중국군의 의도가 무엇인지, 방어진지의 구체적인 위치가 어딘지 완전하게 파악할 수는 없었지만 적어도 중국군이 잠시 동안은 새로운 전투를 시작할 능력이나 의도가 없다는 것만은 확신할 수 있었다.

하지만 미 제8군의 정북쪽에 17만 명의 중국군이 있는 것은 분명한 사실이었다. 그렇다면 중국군은 대체 어디에 방어 병력을 배치한 것일까? 그들은 무엇을 하고 있을까? 다음 작전의 의도는 무엇일까?

1월 22일, 맥아더가 비행기로 한반도에 날아왔다. 제8군 사령부에서 그는 리지웨이가 제정한 북진 계획을 심사했다. 이어 맥아더는 평소와 마찬가지로 기자들에게 연설을 발표했다.

보급선 연장 때문에 적군의 전략상 약점이 점차 커지고 있습니다. 적군 병사들 사이에서는 질병도 만연하고 있습니다. 중국군이 전투력을 파괴할 전염병의 확산을 어떻게 막을지 모르겠군요. 현재 중국인이 우리를 몰아낼 거라는 풍문이 돌고 있습니다. 일찍이 떠돌았던 북한 사람들이 우리를 몰아낼 거라는 황당무계한 말과 비슷합니다. 우리를 몰아낼 수 있는 사람은 아무도 없습니다. 사령부는 워싱턴의 명령만 있다면 반드시 한반도의 진지를 지킬 것입니다.

유엔군이 다시 북진하기로 결정했을 때, 맥아더는 예전의 교훈을 받아들였다. 이번에는 북진의 목표를 '한반도에서 진지를 지킬 것'이라며 모호하고 보수적으로 말했다.

그러나 리지웨이의 목표는 달랐다. 그는 야심 찬 계획을 갖고 있었다.

"북쪽으로 진격하라! 적군의 주 저항선까지 가라!"

제8군의 참모진은 이번 북진을 '선더볼트 작전Operation Thunderbolt'이라 명명했다.

1951년 1월 25일, '선더볼트 작전'이 시작되었다.

유엔군은 5개 군단에서 총 16개 사단을 동원했다. 그밖에도 3개 여단과 1개 공수연대 및 포병 전부, 전차와 공군 병력을 추가했다. 지상부대 병력을 집결하니 23만 명에 달했다. 서부전선이 주공격 방향이었고, 동부전선은 진격을 보조했다. 구체적인 배치는 다음과 같다.

서부전선: 미 제1군단은 터키군 여단과 미 제3사단, 영국군 제29여단을 제1제대로 하여 야목리와 수원, 김량장리 전선 30킬로미터 지역에서 서울 방향으로 공격을 실시하고, 한국군 제1사단을 예비대로 둔다.

미 제9군단은 미 제1기병사단과 영국군 제27여단, 미 제24사단을 제1제대로 하여 김량장리 동쪽으로 여주 전선까지 38킬로미터 구간에서 예봉산 방향으로 공격하고, 한국군 제6사단을 예비대로 둔다.

동부전선: 미 제10군단은 미 제2사단과 187공수연대, 한국군 제8사단과 제5사단을 제1제대로 하여 여주에서 평창 동쪽 전선까지 72킬로미터 구간에서 횡성과 양덕원리, 청평리 방향으로 공격하고, 미 제7사단을 예비대로 둔다.

한국군 제3군단은 한국군 제7사단을 제1제대로 하여 회동리에서 정선 동쪽 전선까지 30킬로미터 구간에서 하진부리와 현리 방향으로 공격하고, 한국군 제3사단을 예비대로 둔다.

한국군 제1군단은 한국군 제9사단과 수도사단을 제1제대로 하여 북동리에서 옥계 전선까지 30킬로미터 구간에서 동해안을 따라 공격한다.

전투의 총예비대는 대전에 주둔한 미 제1해병사단과 한국군 제11사단이 맡았다.

한국군 제2사단은 후방의 경계와 교통운수 엄호 임무를 맡았다.

유엔군의 이번 북진 전투 계획은 리지웨이와 전임이었던 워커가 전술상 서로 다른 생각을 갖고 있다는 것을 여실히 보여주었다. 특히 미군과 영국군의 배치에서 생각의 차이가 분명했다.

1. 미군이 전투의 주공격을 맡아 서울 방향의 서부전선에 집중 배치하고, 한국군은 동부전선에서 공격을 돕는다.

2. 중국군이 자주 쓰는 분할포위 전술에 맞서 서로 근접해 나란히 전진하며, 천천히 공격해 들어가고 동서가 호응하는 협공작전을 취한다.

3. '자성전술' 원칙을 유지하고, 단호하게 근거리에서 중국군과 접촉하며 연속해서 공격한다. 중국군이 숨 돌릴 틈을 주어서는 안 되며, 중국군과 소모전을 치러야 한다. 그리고 일부 지역에서는 전투 중 '불바다 전술'을 취한다. 즉 포병과 공군, 전차의 우수한 화력에 의지해서 치열한 화력 공격을 집중적으로 퍼부어 중국군의 인명을 살상한다.

중국군은 미군의 반격이 이렇게 빠를 줄 전혀 예상치 못했다.

심지어 저 멀리 워싱턴의 미국 정부도 한국전쟁의 전세 때문에 걱정을 하고 있을 때 유엔군의 반격은 빠르게 시작되었다.

선더볼트 작전이 시작되자 리지웨이는 자신의 낙하산병 전투복을 입고 참외 모양의 수류탄 두 개를 평소처럼 목에 건 뒤에 미 제5공군 사령관인 얼 파트리지 소장에게 전화를 걸었다.

"파트리지, 나와 함께 공산군 머리 위로 드라이브하면서 그들이 뭘 하는지 구경하지 않을 텐가?"

"기꺼이 모시겠습니다, 장군. 제 비행술을 보여드릴 절호의 기회군요."

제5공군 사령관 파트리지는 직접 구식 AT-6 연습기를 몰고 이륙했다. 비행기는 속도가 느리고 기체는 범포로 제작되었지만, 이륙한 뒤에는 매우 안정적이어서 리지웨이가 지상 관찰을 하기에 유리했다. 비행기는 양군의 접촉선을 따라 중국군 작전구역인 32킬로미터 지점까지 들어갔다. 낮게 날아 산과 하류를 지났고, 중국군의 대규모 부대가 있을 것으로 의심되는 마을과 읍, 골짜기 상공을 반복해서 선회했다. 비행은 3시간 넘게 이어졌다.

대지는 흰 눈으로 덮여 있었지만, 산골짜기의 소나무 숲은 짙은 녹색을 띠었다. 눈 덮인 대지 위로는 거미줄처럼 무수한 도로가 드러나 있었다. 너무나 고요한 통에 현실 세계가 맞는지 의심이 들 정도였다.

"움직이는 생명체는 하나도 보기 어려웠다." 리지웨이는 훗날 자신의 회고록에 이렇게 적었다. "모닥불 연기도 없고, 바퀴 자국도 없었다. 심지어 눈을 밟은 흔적도 없었다. 대부대가 존재했다는 흔적을 보여주는 것은 아무것도 없었다."

리지웨이는 상공을 낮게 선회하는 AT-6 연습기의 날개 아래, 흰 눈으로 덮인 큰 동굴 안에서 그의 적수인 펑더화이 북·중 총사령관과 김일성 북한 최고지도자 그리고 100여 명의 북·중 고위급 관료가 기분 좋게 「어머니」라는 가극을 관람하고 있다는 사실을 전혀 모르고 있었다. 커다란 탄광 안에서 울리는 구성진 노랫소리는 귀를 사로잡았고, 춤사위는 마음을 움직였다.

중국군의 문화선전 공작단이 창작하고 연출한 가극 「어머니」는 단원들이 한국 전장의 임무를 받고 급하게 만든 것이었다. 어쨌든 이 작품은 북·중 고위급 간부회의 개막식에서도 큰 환영을 받았다. 김일성은 극본을 주면서 직접 한국어로 번역해 무대에 올리겠다고 했다. 개막식에서는 북한 인민군 합주단 단원들도 공연했다. 그들은 모직으로 된 군복을 입었다. 허리에는 총알이 있는 탄띠를 맸고, 목이 긴 구두를 신고 있었다. 여자 단원들이 그렇게 입으니 정말 보기 좋았다. 그러나 중국군 문화선전 공작단의 배우들은 예복이 아닌 평상시에 입는 면으로 된 군복 차림으로 무대에 올라갔다. 참전 후 오랫동안 전투에 참가하거나 아니면 최전방에서 위문공연을 했기 때문에 대다수 단원들의 군복은 기운 흔적이 있었고, 여자들의 손도 새까맸다. 중국군 고위장교들은 이 때문에 다소 부끄러운 기색을 띠었다. 그들은 지원군 정치부 주임 두핑에게 하소연을 했다.

"모금을 받아서 문화선전 공작단 동지들에게 그럴듯한 옷을 마련해줘야겠어요. 그래야 우리도 체면이 설 것 아닙니까!"

한국전쟁에서 중국과 북한 고위 간부들이 함께 모여 회의를 한 것은 그때가 처음이자 마지막이었다. 회의에는 김일성 북한 인민군 최고사령관과 조선노동당 중앙정치국 주요 책임자, 펑더화이 지원군 사령관과 그밖의 지도자, 가오강 둥베이 인민정부 주석, 중국군 각 군단의 주요 책임자, 전장을 참관하러 온 중국군 제19병단 소속 지도 간부, 북한군 본부와 각 군단의 주요 책임자 등 총 122명이 참석했다. 회의에 참석한 중국과 북한 측 관계자들은 크게 6개 조로 혼합 편성되어 거대한 탄광 안에 둘러앉았다. 책상과 의자가 부족했기 때문에 바닥에 앉은 사람이 많았다. 이 많은 인원이 식사를 하는 것도 문제였다. 미군 비행기가 수시로 정찰을 하기 때문에 회의할 때 깃발을 달거나 표어를 붙일 수도 없었다. 그래도 전쟁 중이라는 점을 감안하면 회의 규모는 매우 화려한 편이었다.

회의에서는 소련의 스탈린과 중국의 마오쩌둥을 대회 주석단의 명예 주석으로 추천하는 안이 통과되었고, 이어 대회 주석단 명단과 비서장 선출자도 결정되었다.

펑더화이는 먼저 '3개 전역의 총결산과 앞으로의 임무'라는 제목의 보고서를 작성했다. 이 보고서는 마오쩌둥이 직접 심사했는데, 펑더화이가 들고 있는 보고서에는 마오쩌둥이 빨간색 연필로 수정한 흔적이 가득했다. 마오쩌둥이 가장 많이 수정한 부분은 북·중 군대와 양국 군대의 관계 문제를 논한 단락이었다. 마오쩌둥은 보고서에 이렇게 적었다.

김일성 동지를 수반으로 하는 조선 노동당과 인민군은 북한에서 진행한 5년간의 투쟁 동안 위대한 성취를 이루었다. 그들은 미 제국주의와 봉건주의를 단호하게 반대하며 인민을 위해 봉사하는 인민정권을 수립하고 용감한 인민군을 창설했으며, 소련과 중국 그리고 다른 인민 국가들과 우호 관계를 맺었다. 현재는 또 미 침략군과 한국군에 맞서 용맹한 투쟁을 벌이고 있다. 따라서 전장에 있는 모든 중국군 동지는 반드시 북한 동지들을 열심히 배우고, 전심전력을 다해 북한 인민과 조선민주주의인민공화국 정부, 북한 인민군, 조선 노동당, 북한 인민의 수령인 김일성 동지를 지지해야 한다. 중·북 양국 군대의 동지들은 친형제처럼 단결하고 기쁨과 걱정을 함께 나누며, 생사를 함께하며, 전쟁에서 공동의 적을 물리치기 위해 끝까지 분투해야 한다. 중국군 동지들은 북한의 일을 자신의 일처럼 여기고, 교육 지휘관과 전투원은 북한의 산 하나, 물 한 모금, 풀 한 포기, 나무 한 그루도 아끼고 보호해야 하며, 북한 인민의 바늘 하나, 실 한 올도 가져가지 않도록 하고, 국내에서 생각하고 행동했던 것과 똑같이 하도록 한다. 이것이 바로 승리의 정치적 기초다. 우리가 이렇게 할 수 있기만 하면 반드시 최후의 승리를 얻을 것이다.

마오쩌둥은 중국군이 외국 전장에서 작전을 수행한 경험이 없음을 분명히 인식했다. 게다가 전쟁이 시작된 이후 북·중 양군이 이미 이견을 보이고 있었는데, 이는 전쟁 과정에서 매우 불리한 것이었다. 그래서 북한에 대한 존중을 강조해 전쟁에서의 승리를 위해 믿을 만한 정치적 기초를 제공한 것이다.

펑더화이 역시 이에 대해 깊이 느끼고 있었다. 그는 마오쩌둥에게 올린 보고서에서 이미 이런 문제를 여러 차례 거론하며 필요한 말은 기본적으로 다 했지만, 마오쩌둥은 여전히 이렇게 장황하게 덧붙인 것이다. 펑더화이가 회의에서 이 말을 마치자 회의장에서는 박수가 터져나왔다. 그러나 얼마나 열렬한 호응이 있었든지 간에, 토론할 때 이견은 여전히 존재했고, 심지어 격렬한 논쟁이 벌어지기도 했다. 3차 전역 후에 승세를 몰아 추격해야 했는지의 여부가 양측의 민감한 문제가 되었다.

따라서 보고서에서 펑더화이는 3차 전역에서 거둔 승리의 의의와 원인, 전술상의 몇 가지 문제, 다음 전역의 사상 준비, 병참 업무 강화, 38선 이남 지역에서 실시해야 할 정책, 조선 노동당과 북한군에 대한 중국군의 학습 등 일곱 가지 문제에 관해 상세하게 논술했다. 이어 그는 현재 특히 시급한 사상 통일 문제에 관해 자신의 관점을 분명히 밝혔다. 3차 전역 후 왜 추격을 하지 않았는지, 적군의 우수한 장비를 어떻게 평가하며 어떻게 대처해야 하는지, 한국전쟁의 전망은 어떠한지, 최후의 승리를 거두기 위해 갖추어야 할 조건은 무엇인지가 그 내용이었다.

마지막으로 보고서에서 펑더화이는 지원군 총사령관으로서 두 가지 중요한 관점을 설명했다. 하나는 '정치적으로 미국은 더 큰 타격을 입지 않는 한 스스로 한반도에서 철수하지는 않을 것'이며, 다른 하나는 '군사적으로 중국군은 야간 전투와 분할 우회, 적진의 후방 침투 등의 전술에 능하며 여러 정황이 이를 증명해준다'는 것이었다.

이 두 가지 관점은 향후 한국전쟁의 전세 변화에 중요한 영향을 미쳤다.

회의 이틀째, 모두들 병참보급 문제를 놓고 큰 관심을 보였다.

중국군에게는 세 가지 걱정이 있었다. 첫째는 식량 고갈, 둘째는 탄약 고갈, 셋째는 부상자를 후송할 수 없다는 점이었다. 병참보급 전반을 책임진 홍쉐즈 부사령관은 중국군의 병참 업무에서 문제점은 물자 공급 부족과 부상자를 제때 치료하지 못하는 것, 추위와 허기 속에서 병사들이 전투를 치르는 것이라고 밝혔다. 제공권이 없기 때문에 3차 전역에서 1200여 대의 차량을 잃었다. 하루 평균 30대의 차량 손실을 본 셈이었다. 중국군은 병참보급에 참여하는 병력이 몹시 적고 물자도 부족했다. 또 물자 운반을 위한 교통 수단이나 도로 조건도 확보하지 못했고, 온전한 조직기구도 갖춰지지 않았으니 전투를 지속할 방법이 없었다.

회의에서는 격렬한 발언과 논쟁이 이어졌지만, 회의 첫날 전방에서 전해진 소식 때문에 회의장에는 초조하고 불안한 기운이 감돌았다.

1월 25일, 전방에 적군이 진격한다는 소식이 전해졌다. 놀란 펑더화이는 전방부대에 적군의 동향을 면밀히 주시하라고 명령했다.

다음날 전해진 보고는 좀더 분명했다. 적군이 이미 전면 공세를 시작했다는 것이다.

결국 펑더화이가 원치 않았던 최악의 상황이 일어나고 말았다.

유엔군은 중국군이 전투하기에 가장 불리할 때에 공격해왔다.

당시 중국군의 상황은 좋지 않았다. 전방의 몇 개 군은 연속해서 진행된 세 차례의 전역을 거치면서 병력에 심각한 손실을 입은 상태였다. 병사들은 지치고 병참공급은 몹시 부족했다. 그리고 다음 전역 때 투입하려고 했던 제2의 입북작전부대인 제3병단과 제19병단은 아직 도착하지도 않았다. 전방에 보충하려던 고참병 4만 명과 신병 8만 명도 도착하지 않았다. 병력 면에서는 적군과 아군이 비슷하지만, 장비 면에서는 유엔군이 절대 우위를 점하고 있었다. 따라서 섣불리 병력 비교를 할 수는 없었다. 더 위험한 것은 부대가 전투를 치를 사상적 준비가 안 되었다는 사실이었다. 현재 각 군의 위치에서 볼 때, 적군의 전면 공격을 막아내려면 즉각 부대 배치를 다시 해야 했다.

펑더화이는 탄광 밖에 있는 산 정상에 서 있었다. 그곳에서는 멀리서 들려오는 폭발음을 들을 수 있었다. 미군 비행기가 밤낮으로 평양과 다른 주요 지점에 폭격을 가하고 있었다.

백전노장인 그였기에 전세가 몹시 위험하게 돌아가리라고 예측할 수 있었다. 그래도 38선에서 바로 공격을 멈춘 것이 정말 다행이었다. 계속 남진했더라면 중국군은 더 곤경에 처한 채로 적군의 반격을 받았을 것이고, 그 결과는 끔찍했을 것이었다.

1월 27일, 펑더화이는 중국군 각 부대에 '휴식을 멈추고 작전을 준비하라'는 전보를 보냈다.

깊은 밤 펑더화이는 마오쩌둥에게도 전보를 쳤다.

(1) 미군 약 3개 연대(후속부대 미상)가 세 길로 나누어 김량장리와 수원 전선 북쪽으로 몇 리를 넘어 기회를 틈타 서울시와 한강 북쪽 기슭의 교두보 진지를 공격해 점령할 태세이며, 현재 유엔 내부에 일고 있는 심각한 혼란 현상을 안정시키려 하고 있습니다. 제국주의 진영의 갈등을 격화시키기 위해 중·북 양군이 한시적으로 정전을 하는 것이 어떨까 합니다. 북한 인민군과 지원군이 오산 태평리와 단구리(원주 남쪽) 전선에서 북쪽으로 15~30킬로미터 철수하는 방안을 생각해보았습니다. 이에 동의하면 베이징에서 방송을 해주십시오.

(2) 적군이 계속 북쪽을 침범하고 우리가 전력을 다해 출격해서 1개 사단 이상을 섬멸하지 않는다면 교두보 진지를 지키는 것도 매우 어려울 것입니

다. 출격하려면 정비와 훈련 계획을 그만두고 춘계 공세를 늦춰야 합니다. 그리고 현재 탄약과 식량이 전혀 보급되지 않아서 무리해서 출동한다 해도 빨라야 내달 초순에나 가능할 것입니다. 우리가 잠시 인천과 교두보 진지를 포기하는 것을 국내외 정치 상황이 허락할지 모르겠습니다……. 적군의 북진을 막을 수 없고 정치적으로도 서울과 인천을 포기하는 것이 허락되지 않는다면 반격에 나서야 합니다. 그러나 여러 요소를 고려해볼 때 정말 힘든 일입니다. 어떻게 해야 좋을지 답신 주십시오.

'정전 지지' 건의는 펑더화이가 직접 한 말이다. 이를 통해 당시 전세가 얼마나 급박했는지 알 수 있다.

정전은 유엔군이 일부 국가의 제안에 따라 제시한 것이었다. 중국 측은 이미 거부 의사를 확실히 했다. 휴전이란 유엔군이 숨고를 시간을 벌기 위한 농간이라고 생각했기 때문이다. 펑더화이 자신도 이틀 전의 보고에서 유엔군이 스스로 한반도에서 물러나지는 않을 거라고 분명하게 밝혔다. 유엔군이 대규모 공격을 진행하고 있는 상황에서 정전 얘기를 꺼낸다면, 그리고 30킬로미터를 후퇴한다면 과연 정치의 저울은 어느 쪽으로 기울까? 게다가 서울은 어떻게 할 것인가? 포기할 것인가? 이렇게 빨리 서울을 포기한다면 중국과 북한 인민을 무슨 낯으로 대하겠는가? 중국군의 사기에는 어떤 영향을 미칠 것인가? 펑더화이는 밤새도록 이 문제에 따를 결과를 하나하나 생각해보았다. 적을 맞아 싸우고 싶었지만 군사적 역량이 이를 허락하지 않았다. 현재 모든 면에서 부족한 중국군의 상황으로는 만약 출격한다 해도 십중팔구 큰 피해를 입을 것이었다. 부대의 출격은 모든 준비가 갖춰진 다음에 하는 것이 군사적 상식이다. 억지로 전장에 나간 군대가 승리를 거둔 예는 역사상 한 번도 없었다. 일단 전투가 시작되면 반드시 피를 볼 수밖에 없다. 따라서 병사들의 생명을 담보로 요행을 바라고 도박을 할 수는 없다. 부대가 중대한 손

실을 입는 군사적 피해는 말할 것도 없고, 정치적 피해도 이만저만이 아닐 것
이다…….

전쟁은 바로 정치다.

전보를 보내고 나서 펑더화이 스스로도 마오쩌둥이 자신의 의견에 동의하
지 않으리라는 것을 알았다.

생각대로였다.

1월 28일 밤, 마오쩌둥에게서 회신이 왔다. 그 내용은 펑더화이의 예상과
거의 같았다. 그러나 그 요구 사항을 본 펑더화이는 몹시 놀랐다.

더화이 동지에게

(1) 1월 27일 자정, 내게 보낸 전보와 각 군에게 하달한 작전준비 명령을 모
두 접수했소.

(2) 아군은 즉시 4차 전역을 준비해야 하오. 미군과 한국군을 2만에서 3만
명 섬멸하고, 대전과 안동 북쪽 지역을 점령하는 것을 목표로 하시오.

(3) 4차 전역을 준비하는 기간에 반드시 인천과 한강 남쪽을 지켜야 하오.
서울을 확보해 적군 주력부대를 수원과 이천 지역으로 끌어들이고, 전투가
시작되면 중·북 양군은 원주를 돌파해 곧바로 영주와 안동으로 향하도록
하시오.

(4) 중·북 양군이 북쪽으로 15~30킬로미터 철수해서 한시적 정전을 지지
한다고 발표하는 것은 적절하지 않소. 적군은 아군이 일정 지역으로 철수
하면 한강을 봉쇄하고 정전하려는 것이오.

(5) 4차 전역이 끝나고 적군이 우리와 한반도 문제를 해결하기 위한 평화협
상을 진행한다면 그 협상은 중·북 양군에게 유리할 것이오. 그러나 적군이
인천과 한강 남쪽의 교두보를 회복하고 한강을 봉쇄해 서울이 적의 위협에
놓인 상태에서 정전협상을 하게 되면 중·북 양국이 불리하오. 따라서 그것

은 결코 허락할 수 없소.

(6) 아군은 보충병이 없고 탄약도 부족해 분명 어려움이 많소. 하지만 주력 부대를 원주와 영주에 집중시킨다면 미군 일부와 한국군 4~5개 사단을 섬멸할 역량은 아직 있소. 이번 고위급 간부회의에서 이에 대해 설명하시오. 이번 회의는 4차 전역 진행에 동원하는 회의가 되어야 하오.

(7) 중·북 양군이 대전과 안동 이북 지역을 점령한 뒤 다시 두세 달의 준비 작업을 거쳐 마지막으로 5차 전역을 진행한다면 각 방면에서 비교적 유리할 것이오.

(8) 쑹스룬 병단은 즉시 평양과 서울, 인천, 수원 지역으로 이동해 휴식하며 정비하도록 하시오. 그리고 이 지역을 튼튼히 방비하고 적군이 인천과 진남포에 상륙하는 것을 저지하시오. 앞으로 있을 5차 전역에서 이 병단은 서부 전선 작전을 담당하시오.

(9) 4차 전역을 집행할 때 중·북 양군의 주력부대를 2개 제대로 나누어 임무를 맡기는 것을 고려하시오. 이들은 각각 5일분의 건량乾糧과 채소를 휴대하고, 제1제대는 돌파와 1단계 추격을 맡고, 제2제대도 또 한 단계의 추격을 맡아 전투를 10일에서 20일 동안 지속시켜 더 많은 적군을 섬멸하도록 하시오.

(10) 동지의 의견은 어떤지 답신을 기다리겠소.

마오쩌둥

1951년 1월 28일 오후 7시

마오쩌둥은 부대 철수에 동의하지 않았을 뿐 아니라, 즉시 4차 전역을 개시하라고 지시했다. 4차 전역의 목표는 36선에 있는 대전과 안동을 점령하는 것이었다.

1월 29일에 열린 북·중 고위급 간부회의는 4차 전역을 위한 동원 회의로 바뀌었다.

펑더화이는 마오쩌둥의 요구대로 36선까지 진격하는 것은 아무런 가망이 없으며, 36선에 이르러 부대를 휴식하고 정비한다는 것은 더더욱 허황된 상상이라는 것을 잘 알고 있었다. 현재 37선상의 부대는 휴식을 취하며 전열을 가다듬고 싶어하지만 마오쩌둥은 이를 거부했다. 4차 전역이 억지로 진행되는 상황에서, 최선의 결말은 대전과 안동을 점령하는 것이 아니었다. 기존의 37선도 제대로 지켜낼 수 있을지가 심각한 문제였다. 북·중 군대의 전투가 정의로운 것이라 해도 그것은 단지 전쟁 승리의 정치적인 보장일 뿐 군사적인 보장은 또 어떻게 한단 말인가? 교전하는 쌍방이 보유한 장비 격차는 군사적 우열을 극명하게 가른다. 이 차이를 메우기 위해 치러야 할 대가는 지금으로서는 더 많은 병사의 목숨뿐이었다.

철수는 군사적으로 합리적인 결정이었지만 정치가 그것을 허용하지 않았다.

공격은 군사적으로는 비현실적이지만 정치적으로는 필요했다.

4차 전역은 반드시 치러야 했다.

펑더화이는 마오쩌둥에게 답신을 보냈다.

(1) ……

(2) 아군 상황: 신발, 탄약, 식량이 모두 보충되지 않았습니다. 한 사람당 평균 5근씩 보충하려면 2월 6일은 되어야 겨우 끝납니다. 특히 맨발로 눈 위를 행군하는 것은 불가능합니다. 각 군이 사단 직속부대 들것병을 차출해 보병 연대에 보충하는 데도 며칠이 걸립니다. 제13병단 주력부대는 현지에서 출동해 홍천과 횡성으로 집결하는데, 약 200킬로미터 거리입니다. 우리는 2월 7일 저녁에 출동해서 2월 12일 저녁에 공격을 시작할 계획입니다.

(3) 공격 배치: 덩화 동지가 제39군·40군·42군·66군을 이끌고 먼저 미 제

2사단을 섬멸하고 나서 제천으로 진격해 미 제7사단이나 한국군 제8사단, 제2사단을 공격하고, 성공 후에는 상황을 보겠습니다. 한셴추 동지는 서울로 가서 제38군과 제50군, 북한군 제1군단을 지휘하고 한강 남쪽 진지를 고수하며, 기회를 보아 주력부대와 함께 출격할 것입니다. 김웅 동지는 평창으로 가서 북한군 제2군단과 제5군단을 지휘해 먼저 한국군 7사단을 섬멸하고 영주로 전진합니다.

(4) 제9병단은 현재 제26군의 8개 연대밖에 출동할 수 없으며, 2월 18일이 되어야 철원에 도착해서 예비대 임무를 맡을 수 있습니다. 나머지는 동상 때문에 걸을 수가 없습니다(1개 사단이 3일간 겨우 15리를 이동함). 4월에 가야 전체 병사들의 건강이 회복될 것 같습니다. 이것은 아군 보병이 적군 보병보다 우세하다는 데 영향을 미치는 심각한 문제입니다. 4차 전역에서 적군과 아군의 보병 수준은 대등하지만 사기 면에서는 아군이 앞섭니다. 그러나 아군은 많은 취약점을 안고 있습니다. 우리가 적군 2~3만 명을 섬멸한 후에 적군은 기술적인 우세를 이용할 수 있지만, 우리는 두세 달 동안 휴식할 상황이 못 됩니다. 3차 전역도 약간의 강제성(피로)이 있었지만, 이번 4차 전역은 강제성이 더 큽니다. 주력부대가 출격해서 저지당한다면 한반도 전세는 잠시 수동적으로 될 가능성이 있습니다. 이를 피하기 위해 제19병단을 신속하게 안둥으로 출발시켜 재정비 훈련을 보충해서 언제든 전선에 투입될 수 있도록 할 것을 건의합니다.

펑더화이의 군사적 배치는 다음과 같은 의도를 담고 있었다. 현재 서부전선에 있는 제38군과 제50군은 적군이 한강 남쪽으로 오는 것을 반드시 막고, 북한군 제1군단은 해안 방어와 서울 수비 임무를 맡는다. 동부전선은 적군이 진격하도록 한 뒤 제39군·제40군·제42군·제66군이 분할해 섬멸한다. 북한군 제3군단과 제5군단은 측면 엄호를 맡는다.

이것은 마오쩌둥이 요구한 36선으로 진격하는 배치는 아니었다. 저지와 일부 방어를 통해 적군의 진격을 멈추게 하는 일시적인 대책이었다.

이는 펑더화이가 할 수 있는 최대한의 진격이었다.

이 계획이 아직 실시되지는 않았지만, 보기에도 이미 여러 위험이 꼬리를 물고 일어날 여지가 다분했다. 서부전선은 유엔군의 최정예이며 강력한 공격 역량이 집결된 곳이었고, 유엔군의 주공격 방향이었다. 그러나 북·중 양군은 이 방향에 단지 3개 군(군단)뿐이어서 이 3개 군(군단)에서 엄청난 사상자가 나올 것은 말할 것도 없고, 일단 적군을 저지하는 데 실패하면 북·중 양군의 방어선이 전면 붕괴된다. 동부전선은 선방어 후공격을 원칙으로 하는 데다 전투력이 약한 한국군을 공격하긴 하지만 작전을 수행할 몇 개 군(군단)이 현재 공격 지역에서 수백 킬로미터 떨어진 곳에서 휴식을 취하고 있다. 그러니 모든 부대가 촉박하게 쉬지 않고 행군해서 공격 지역으로 간다면 막상 적과 싸울 때는 지쳐서…….

한반도 전장에서 수십만 북·중 병사에게 가장 가혹했던 4차 전역은 이렇게 시작되었다.

"중국군 장병 여러분,
오늘은 설날입니다!"

미 제25사단 사단장 윌리엄 킨 소장은 지프의 앞 유리창을 통해서 돌들이 훤히 드러난 산봉우리를 보았다. 그때 마음속에서 뭔가 알 수 없는 시큰한 감정이 솟구쳤다.

윌리엄 킨은 1919년 웨스트포인트 사관학교를 졸업하고 31년 동안 육군에서 복무하고 있었다. 제2차 세계대전 때는 브래들리 장군 휘하에서 참모장을 맡았고, 북아프리카와 유럽에서 전투에 참가했다. 당시 육군 참모총장 콜린스는 킨 사단장을 이렇게 평가했다.

"충성스럽고 신뢰가 가며, 절대 굽히지 않는 한결같은 성격이다."

킨은 제25사단을 이끌고 한국전쟁에 참전한 뒤로 그의 사단이 보인 행동 때문에 줄곧 풀이 죽어 있었다. 원래 이 사단에 속했던 24연대는 흑인 병사들로 구성되었는데, 작전에서 소극적이라는 이유로 상부에서 해산시켰다. 4개월 전, 북한군이 전력으로 부산 방어권에 압력을 가할 때, 당시 제8군 사령관 워커는 부산 방어권 남단의 안전을 확보하기 위해 제25사단에 진주 도로와 해안 도로를 따라 진격하라는 명령을 내렸다. 이 진격은 제25사단에 대한 워커의 큰 기대를 담고 있기 때문에 '킨 작전'이라고 명명했다. 진격한 킨의 부대는 진주를 점령하긴 했지만, 산에서 북한군의 매복 습격을 받아 참담한 손실을 입었다. 철수한 후에는 워커 장군의 명령에 따라 전 사단이 불명예스럽게 후방으로 이동해 정돈 업무를 맡게 되었다. '킨 작전'은 미 육군 전쟁사료에 실패한 전투 사례로 기록되었다.

이번에 제25사단은 해안 도로를 따라 공격하는 임무를 맡았다. 이곳의 지형과 4개월 전 '킨 작전'을 수행한 곳의 지형은 완전히 똑같았다. 눈앞에 있는 수리산 산봉우리는 보고 있자니 뭔가 불길한 모습이었다. 킨은 지금의 적군이 이전의 북한군보다 전투력이 더 뛰어나며, 게다가 중국군의 전술은 두서가 없다는 사실을 알고 있었다. 따라서 어떤 불운한 일이 발생할지 누구도 몰랐다. 킨은 자신의 이름이 또다시 패배한 전투와 연결되어 자신의 모교인 웨스트포인트 사관학교의 교재에 언급되는 것은 참을 수 없었다.

'선더볼트 작전'이 시작되자 킨은 스스로 절대 변하지 않는 원칙을 정했다. 그 원칙이란 함께 전진하는 것, 매일 엄격하게 정해진 거리만 전진하는 것, 당일 계획에 도달했으면 무슨 일이 있어도 더 이상 전진하지 않는 것이었다.

그리하여 서부전선에 있는 미 제25사단의 선봉부대는 서쪽에서 동쪽으로 터키군 여단과 제35연대, 한국군 15연대와 함께 나란히 전진했다.

수리산은 서울 남쪽에 있는 중요한 고지였다. 북쪽에서 서울로 진입하려면 수원에서 인천과 서울로 가는 도로가 내려다보이는 이 산을 반드시 거쳐야만 했다.

당시 수리산은 중국군 제50군 예하 1개 사단이 방어하고 있었다.

수원에서 북쪽으로 진격한 후, 미 제25사단은 중국군 사단과 계속 부딪혀 교전을 벌이면서 여기까지 오게 되었다. 중국군은 아직까지 그리 맹렬하게 저지하지 않았다. 사실 그것은 저지라고 말할 수도 없었다. 참모들은 리지웨이에게 "그저 대수롭지 않은 중국인들의 저항이 있었다"고 보고할 정도였다. '선더볼트 작전'이 시작된 지 이틀째 되던 1월 26일, 제25사단 부대는 터키군 여단이 오산 부근에서 격렬한 사격을 받은 것을 제외하면, 35연대가 소수 중국군 병사의 저항을 가볍게 물리치고 성벽이 있는 수원 화성에 진입했다. 수원 화성 안의 주민들은 미군 병사에게 "중국인들이 금방 돌아온다고 했다"고 말했다.

1월 27일, 제25사단이 수리산에 접근하자 중국군의 저항이 점차 거세졌다. 제25사단은 이날 계획된 위치로 전진하지 못했고, 중국군의 '조직적인 박격포 습격'을 받았다. 정찰 보고에 따르면 수리산에서 광교산까지 중국군은 상당한 규모의 진지를 구축했고, 남쪽 기슭 모퉁이에 참호를 구축하고 총구를 집중 배치해놓았다.

킨은 수리산을 포위하고 도로와 전차중대를 이용해서 북쪽으로 진격하자는 참모들의 건의를 거부했다. 일단 격전이 눈앞에 닥치니 킨은 4개월 전의 실패가 끊임없이 떠올랐다. 그는 수리산을 쟁취한 뒤 장갑종대를 이용해 전진하기로 결정했다.

수리산에 있는 중국군 저지진지를 공격하라는 명령이 떨어졌다.

킨은 공격 날짜를 1월 31일로 확정했다.

중국군 제50군은 중국 국민당 제60군을 개편한 부대였다. 1948년 가을 중국인민해방군 둥베이 야전군 제1병단이 창춘長春을 포위했고, 강력한 군사적 압력과 정치 공세에 직면해서 국민당 제60군 군단장 쩡쩌성曾澤生이 부대를 이끌고 봉기를 일으켰다. 1949년 1월 2일 이 군은 중국인민해방군으로 개편됐고, 제50군이라는 번호를 부여받았다. 개편 후에는 공산당의 다수 간부와 우수한 청년지식인, 그리고 둥베이 지역에서 모집한 대규모 신병으로 병력을 보충했다. 1949년 6월 제50군이 명령을 받고 남하했고, 10월에는 후베이성 서쪽에서 벌어진 어시鄂西 전투에 참가해서 국민당 제79군 병사 7000여 명을 포로로 잡았다. 11월, 제50군은 제2야전군을 따라 쓰촨 성에 입성해서 청두成都 전투에 참가하고 국민당 병사 8000여 명을 포로로 잡았다. 1950년 2월, 제4야전군 서열에 포함된 제50군은 후베이 성에 입성해 중국 한장漢江 강의 대규모 제방 건축 공사에 참가했다.

맨 처음 한국전쟁에 참전한 부대 가운데 하나인 제50군은 이전 세 차례 전역에 모두 참가했고, 계속해서 서부전선의 주공격 방향에 배치되었다. 전군이 용맹하게 작전을 수행했으며 혁혁한 전공을 세웠다. 3차 전역 중, 이 부대는 서울을 공격하는 주요 공격선을 따라 날쌔게 전진했고, 경기도 고양 부근에서 영국군 '왕립 중전차대대'를 섬멸시킨 전투로 전쟁사에서 유명해졌다. 또 맨 먼저 서울에 진입한 부대 중 하나이기도 하다. 3차 전역 후에는 수원 부근까지 적군을 추격했고, 한반도 남쪽으로 가장 먼 곳까지 가서 전투를 벌인 중국군 부대 가운데 하나로 기록되었다.

당시 제50군 간부진은 군단장 쩡쩌성, 정치위원 쉬원례徐文烈, 참모장 수싱舒行으로 구성되어 있었다.

1951년 한국전쟁의 4차 전역이 시작되었을 때 제50군은 맨 먼저 미군의 강력한 공세를 받고 고전했다. 이 때문에 중국군 병사들은 미국의 전차와 대포를 몸으로 막아냈다. 병사들의 뜨거운 피가 한강 남쪽 기슭과 이어진 험준한 산봉우리에 뿌려졌다.

1월 31일 새벽, 미 제25사단 소속 포병들은 이틀의 준비 끝에 1시간에 달하는 공격준비사격을 퍼붓기 시작했다. 한반도 서해안 외해外海의 항공모함에서 날아오른 공격기도 수리산 상공에 이르러 맹렬한 폭격을 퍼부었다. 미군은 중국군 저지진지의 양익에서 동시에 진격을 시작했다. 공격준비사격이 진행되는 동안 돌격에 참가한 미군은 이미 양익에서 대대급 포화를 사용해 협공했다. 좌익의 주공격을 담당한 제35연대 2대대의 대대급 포화만 해도 수십

문의 75밀리 무반동포와 81밀리 박격포, 60밀리 박격포, 전차 21대의 활강포와 M-16 자주 고사기관총 여러 대가 포함되었다. 수리산 전선의 중국군 진지는 화약 연기와 화염에 뒤덮였다.

미 제25사단 35연대가 먼저 돌격했다.

좌익 공격을 맡은 제1제대는 2대대장이 지휘하는 F중대였다. 공격준비사격이 중국군 진지의 뒤쪽 비탈면反斜面으로 확대될 때, F중대 병사들은 함성을 지르면서 수리산의 중국군 진지 최전방을 공격하기 시작했다. 이들은 박격포를 쏘며 저지하는 중국군의 공격을 받았고, 동시에 측면 사격과 수류탄 공격을 받아 사상자가 생겼지만 계속해서 최전방 능선 꼭대기로 차츰차츰 접근했다. 중국군은 공격이 시작되자 집중 사격을 해댔고, F중대의 병사들 상당수가 부상당하거나 전사해서 한때 공격이 중단되기도 했다. 정오 무렵, 중국군의 화력이 서서히 약해졌고 F중대는 마침내 최전방의 능선을 오르는 데 성공했다. 중국군의 저지 공격이 갑자기 약해져 F중대는 순조롭게 진지의 능선을 점령할 수 있었다. 2대대장은 의외라고 생각했다. 점령한 진지에서 전투 결과를 확인해보니 F중대의 전사자는 30명, 진지에 남겨진 중국군의 시체는 43구였다.

우익 공격을 맡은 제1제대는 갤런드 중위가 지휘하는 E중대였다. 105밀리 곡사포와 81밀리 박격포의 엄호를 받으며 E중대는 공격선상에 있는 광활한 논을 넘어 최전방의 능선으로 접근했다. 미군 병사들이 마른 나뭇가지로 덮이고 자잘한 돌들이 여기저기 깔린 가파른 고개를 올라가자 즉시 위에서 이들을 저지하기 위해 총알세례를 퍼부었다. 갤런드 중위는 각 소대에 흩어져서 다른 방향에서 올라가라고 명령했다. 바위에 몸을 숨긴 미국 병사들은 구령에 맞춰 위를 향해 함께 수류탄을 던진 뒤 한 걸음씩 산 정상을 향해 전진했다. 정오 무렵, 역시 병사 20여 명의 목숨을 대가로 E중대 최전방 능선을 점령에 성공했다. 중국군의 시체는 20구가 넘었다. 갤런드 중위 자신도 이날의 공격이 이렇게 순조롭게 진행되는 것에 놀라고 있었다. 그때 그의 눈에 F중대가 몰아낸 약 50여 명의 중국군이 산골짜기를 따라 뒤쪽으로 도망가는 것이 보였다.

중국군은 수리산 진지의 최전방에 깊은 참호를 파고 감쪽같이 은폐해놓았다. 그러나 미군은 단 세 시간 만에 진지를 박살냈다. 2대대장과 갤런드 중대장은 승리 앞에서 말없이 서로 마주 보고만 있었다. 전투에서 지지 않을까 걱정하던 그들은 눈앞의 현실이 도대체 좋은 것인지 나쁜 것인지 알 수가 없었다.

킨 사단장을 포함한 미 제25사단 장병들은 중국군 진지의 모든 시설물을 파괴하기 위해서 전투를 시작하기 전에 반드시 맹렬하게 공격준비사격을 퍼부어야 한다는 결론을 내렸다. 그렇게 하면 의외로 전투인원에 대한 살상력도 높일 수 있었다. 수리산에서 그들은 진지에서 전사한 대부분의 중국군 병사가 포격과 폭격으로 죽었다는 것을 알게 되었다. 특히 근접사격한 곡사포와 진지의 포구를 직접 겨냥한 무반동포 사격은 진격하기 전에 중국 진지 전체를 파괴할 수 있었다.

중국군은 미군의 강력한 화력 공격이 있는 한 저지진지를 앞쪽 비탈면正斜面에 구축하는 전통적인 방법이 무용지물이라는 사실을 깨달았다. 귀한 생명을 담보로 얻은 교훈이었다. 앞쪽 비탈면은 일단 먼저 포격을 받는 곳이기 때문에 인명 피해가 많았고 진지 구축물도 심하게 파손되었다. 이 때문에 미군의 군사교재에는 이런 말이 실려 있다.

"우세한 화력을 보유한 적을 방어할 때 진지선을 비탈면 앞쪽으로 선택하면 헛되이 적군의 먹이가 되고 만다."

게다가 미군의 화력 장비는 중국군과 비교할 바가 아니었으니 결과는 뻔했다.

1월 31일 정오, 수리산의 중국군 최전방 진지가 무너졌다.

수리산 최전방 진지에서 바라보면 그리 멀지 않은 다른 고지에 중국군 병사들이 급박하게 적을 저지할 구축물을 쌓고 있는 모습을 볼 수 있었다. 갤런드 중위는 즉시 적군을 공격하자고 주장했다. 그러나 2대대장은 그의 주장을 받아들이지 않았다.

"상대는 중국군이야. 그리 쉽지 않을 걸세. 화력 지원을 기다리세."

2대대장은 공군의 화력 지원을 기다렸다.

공중 지원이 없을 때는 공격을 할 수가 없다.

미군 병사들은 바위 위에 앉아서 한국인 노무자들이 가져온 음식을 먹었다. 그중에는 뜨겁고 진한 커피도 있었다. 부상자와 전사자의 시신은 이미 아래로 옮겨졌다. 따사로운 햇볕이 비추는 그곳에는 중국군 진지에서 참호를 구축하는 소리가 들려올 뿐 모든 것이 고요했다. 뜨거운 커피를 마시는 미국 병사들은 때로 바위 위에서 졸기도 했다. 갤런드 중위만이 점점 애가 탔다. 그는 이따금 하늘을 보았다.

'왜 아직도 지원기가 오지 않는 거지?'

한 시간쯤 지났을 때 갑자기 중국군 진지에서 격렬한 총성이 울리면서 기관총탄이 미군 병사를 향해 비 오듯 쏟아졌다. 병사들은 바위 뒤로 몸을 굴려 피한 뒤 급박하게 총을 잡았고, 총에 맞은 병사는 고통으로 외마디 비명을 질렀다.

사격은 계속되었다. 미국 병사들은 언제든 중국군이 돌진해올 수 있다는 것을 직감했다.

해가 서쪽으로 기울었을 때 E중대는 공격을 시작하라는 명령을 받았다.

2대대장이 소리쳤다. "곧 지원기가 올 것이다! 즉시 눈앞의 고지를 점령하라!"

갤런드는 여전히 비행기가 오지 않은 하늘을 쳐다보며 격하게 욕설을 내뱉었다.

포화 공격을 받은 중국군 진지에서 화약 연기와 불길이 치솟았다. E중대 병사들이 바위 틈을 따라 중국군 진지로 접근했을 때, 놀랍게도 멀지 않은 곳에서 두 명의 중국군 병사가 일사불란하게 박격포를 조종해서 사격하는 모습이 보였다. 그들은 미군이 접근하는 것을 전혀 대수롭지 않게 여기는 것 같았고, 그 모습을 본 미국 병사들은 경악했다.

"그것은 중국군의 완강한 저항을 보여주는 증거였다." 갤런드 중위는 나중에 이렇게 회상했다. "그들의 침착한 모습에 보는 사람들이 오히려 두려움을 느꼈다."

미군이 고지의 허리 부분에 이르렀을 때 중국군의 사격이 더욱 거세졌다. 대량의 보병 소총이 일시에 불을 뿜었다. 소리로 판단해보면 기관총이 적어도 2정은 되는 듯했다. 선두에 있던 에이브러햄 소대는 중국군의 화력 앞에 속수무책이었다. 미군 병사들은 추락하듯 산허리에서 굴러떨어졌다. 혼란 속에서 병사들은 뿔뿔이 흩어졌다. 부상당한 병사는 큰 소리로 소대장을 불렀지만 소대장도 바위 뒤로 굴러떨어져 가쁜 숨을 몰아쉬면서 무전기로 갤런드 중대장에게 보고하고 있었다.

"궁지에 몰렸습니다. 우린 궁지에 몰렸습니다!"

갤런드는 또다시 하늘을 쳐다보았다.

"조금만 버텨라! 곧 지원기가 올 거다."

그렇지만 빌어먹을 비행기는 그림자도 보이지 않았다.

그리고 미군 병사들이 가장 두려워하던 일이 벌어졌다. 위급한 상황에 처한 에이브러햄 소대의 측후방에서 중국군의 반격이 시작된 것이다. 제일 먼저 반격을 당한 것은 2대대 1소대였다. 1소대 병사들은 미친 듯이 뒤로 달아났지만 중국군의 총검이 그들 뒤를 바싹 쫓고 있었다. 에이브러햄 소대 뒤로 A자 모양의 지게를 지고 탄약을 나르는 한 무리의 중국인이 나타났다. 그들이 등에 진 물건은 탄약 상자라기보다 식량을 담은 포대처럼 보였다. 에이브러햄 소대는 이미 삼면이 적에 둘러싸인 상황에 숨을 죽인 채 알 수 없는 자신의 운명을 기다렸다.

중국군의 반격을 받은 1소대가 섬멸된 것일까? 그들을 추격하던 중국군 병사들이 방향을 돌려 산허리에 엎드려 있는 에이브러햄 소대를 공격하기 시작했다. 측면과 후면, 정면에서 쏟아지는 사격에 이 소대는 일방적으로 얻어맞는 것과 같은 곤경에 빠졌고, 소대장은 즉시 후퇴할 것을 요청했다. "상황이 더 지속됐다가는 우린 전멸할 겁니다!"

갤런드가 대대장에게 철수 요청을 했지만, 대대장은 딱 잘라 거절했다.

"버텨라! 곧 비행기가 올 것이다."

갤런드 중위는 더는 버틸 재간이 없었다. 이미 4시간을 기다린 뒤였다.

"설사 지금 비행기가 온다고 해도 이미 늦었습니다! 온다고 해도 뭐가 달라집니까? 산 위로 네이팜탄을 떨어뜨립니까? 우리 1개 소대가 아직 위에 있습니다!"

대대장은 결국 철수에 동의했다.

갤런드는 중대의 동원 가능한 모든 포화를 이용해서 에이브러햄 소대의 철수를 엄호했다. 각종 화포 18문, 108밀리 박격포 8문이 나란히 중국군 진지에 사격을 가했다. 단 몇 분 만에 200여 발의 포탄이 발사되었다. 살아남은 미군 병사는 포화의 엄호를 받고 내려오면서 공군에 욕지거리를 퍼부었다. 이어 사상자를 파악하자 사망자 가운데 2명이 막 투입된 신병이었다. 그 이름조차 알 수 없었다.

그렇게 기다리던 미군기가 도착했다. A-7 코세어 공격기들이었다. 공중을 선회한 비행기들이 급강하하더니 중국군 진지를 향해 새까맣게 폭탄을 퍼부었다. 시커먼 연기와 불기둥이 솟구치면서 서쪽으로 기운 석양을 가렸다. 하늘이 갑자기 어두워졌다. 2대대 병사들은 또 욕을 퍼붓기 시작했다. 비행기가 폭격한 곳은 그들에게 심각한 피해를 준 그 중국군 진지가 아니었기 때문이다. 미군 비행기들이 폭격한 곳은 수리산의 주봉이었다.

욕을 퍼붓던 미군 병사들은 중국군 진지의 최전방에서 사람 그림자 두 개가 어둠 속에서 흔들리는 것을 보았다. 부상당한 미군 병사가 내려올 길을 찾고 있다고 확신한 그들은 두 사람에게 빨리 내려오라고 소리를 질렀으나 두 사람은 전혀 알아채지 못했다. 자세히 보니 그 둘은 중국군 병사였으며 미군 병사의 시신에서 뭔가를 찾고 있었다.

이튿날, 2대대 병사들은 공격을 재개했다. 그러나 그들은 완만하게 고지를 향해 올라가면서 중국군 병사들이 이미 사라진 것을 알았다. 포화로 시커멓게 그을린 땅 위 진지에는 파괴된 소련제 경기관총과 보병 소총들만 흩어져 있었다.

2월 2일 밤에는 눈보라가 불어닥쳤다.

2월 3일, 날이 밝자 미 제25사단은 수리산 주봉을 향해 공격을 개시했다.

우익에서 공격한 미군은 뜻밖에 별 힘을 들이지 않고도 수리산 주봉에 올라갔다. 동시에 좌익의 터키군 여단도 주봉에 올랐다는 좋은 소식을 전해왔다. 주봉에는 안개가 자욱했다. 미군 병사들은 그들의 우전방 능선 양쪽 길에 종대가 그들 배후에서 움직이고 있는 것을 보았지만, 짙은 안개 때문에 누군지 잘 보이지 않았다. 미군은 그들이 총을 쏘지 않았기 때문에 아마도 터키군일 거라고 생각했다. 마음이 놓이지 않은 미군 장교가 터키군 여단 사령부에 전화를 걸었다. 그러나 전화를 받은 터키군 장교가 영어를 할 줄 몰라서 한참을 얘기해도 서로 알아듣지 못했다. 곧 날이 저물었다. 수리산의 정상에 있는 미군 병사들은 저마다 두려움을 느끼고 있었다. 장교들도 초조하고 불안했다. 그들은 날이 어두워지면 중국군이 생각지도 못한 곳에서 공격해올 수도 있다는 사실을 잘 알고 있었다.

예전처럼 선봉에 섰던 2대대장은 G중대에게 밤새도록 산 정상을 밀착 방어하도록 지시했다. 긴급사태 시 정상에 있는 E중대를 지원하기 위해서였다. 하지만 G중대의 연락병이 어둠 속에서 계속 소리쳤는데도 E중대에서는 아무런 회답이 없었다. 어떤 상황인지 몰라 애를 태우고 있을 때 어둠 속에서 한 부대가 걸어나왔다. 그들은 영어로 "우리는 터키군 중대입니다. 우리는 터키군 중대예요!"라고 말했다.

　G중대는 제대로 보이지 않아 다가갔다. 이 상황은 미군 지휘소에 전달되었고, 모두가 뭔가 이상하다고 느꼈다. 어둠 속의 그 부대가 지나온 곳은 중국군 저격수가 출몰하는 곳으로, 분명히 통행을 금지하고 특별 경계한 구역이었다. 저 부대의 정체는 무엇인가? 저지선을 통과했는데도 어째서 아무 전투도 벌어지지 않았던 것일까?

　오래지 않아 터키군 여단이 보낸 연락관이 미군 지휘소에 도착했다. 그들과 미군 진지 사이에 400여 미터의 틈이 있다면서 부대를 파견해 그 위험한 틈을 메워달라고 요구했다. 미군 장교는 그제야 지금까지 터키군이 점령한 것으로 알고 있던 우익에 있는 부대가 실은 터키군이 아니라는 사실을 깨달았다.

　저녁부터 자정 전까지 일어난 이상한 일들로 미군은 혼란스러웠다.

　한밤중이 되었다.

　미 제25사단 35연대 2대대 1소대의 진지 상공에 갑자기 수류탄이 날아들었고 동시에 보병 소총과 기관총탄이 집중적으로 쏟아졌다. 사격은 그들과 15미터도 되지 않는 거리에서 이루어지고 있었다. 미군 병사들은 즉시 참호에서 기어나와 사방에 몸을 숨길 수 있는 바위 뒤로 흩어졌다. 이들은 곧바로 진지를 잃고 말았다.

　거의 같은 시각, 터키군 여단의 진지에서는 더욱 격렬한 총성이 들려왔다. 얼마 후 피투성이가 된 터키군 병사들이 미군 2소대 진지로 뛰어왔다. 그들은 어지러운 손짓으로 자신들이 완전히 궤멸됐다고 설명했다.

　중국군 제50군 저지부대가 놓은 덫에 걸려 터키군 여단은 액운을 만났다. 낮에 수리산 위로 올라갈 때 그들은 아무런 저항도 받지 않았다. 그래서 자신들이 진지를 점령했다고 보고한 것이다. 그들은 자신들의 발 아래서 중국군이 숨을 죽이고 감시하고 있는 줄은 꿈에도 몰랐다. 수리산 저지진지에서 중국군은 매우 견고한 참호를 파놓고 감쪽같이 위장해 화력 지점과 은폐 장소를 구축한 뒤 교통 참호와 한데 연결시켰다. 그 안에는 전화선뿐 아니라 일주일은 버틸 수 있는 물자가 쌓여 있었다. 진지를 점령했다고 선언한 터키군은 사실 중국군의 머리 위에 앉아 있었던 셈이다.

2대대장의 지휘소에 있던 터키군 여단장은 자신의 부대가 전멸했다는 사실을 믿지 못했다. 마침 30여 명의 터키군 병사가 지휘소로 뛰어들어오자 그럴 리가 없다고 억지를 쓰던 터키군 여단장은 당혹스러운 표정을 감추지 못했다. 여단장은 자신의 병사들과 터키어로 잠시 대화를 나눈 뒤 홀가분해진 듯한 표정으로 말했다.

"우리 병사가 그러는데 미군도 진지를 잃었다면서요!"

터키군 여단의 전멸로 수리산 정상에는 미군 E중대만 남게 되었다.

중국군은 E중대 진지를 향해 공격을 반복했다. 어둠 속에서 중국군의 그림자가 나타났다 사라졌다 하면서 끝도 없이 수류탄을 던져댔다. 정상에 있는 E중대는 계속해서 보고했다.

"더 이상은 버틸 수가 없습니다!"

그러나 그들이 들은 대답은 한결같았다.

"계속 버텨라!"

갤런드는 절망했다. 포병의 사격은 목표를 제대로 관측하지 못했기 때문에 명중률이 낮았다. 155밀리 곡사포에서 발사한 조명탄은 아군에 도움을 주기는커녕 E중대의 위치만 노출시킨 셈이 되었다. 밝은 조명탄의 섬광 아래 갤런드는 중국군이 산 정상으로 몰려오는 것을 보았다. 산 정상에서 중국군과 미군은 즉시 육탄전에 돌입했다. 육탄전으로 수리산 정상에서 전진과 후퇴가 반복되었고, 전투는 날이 밝을 때까지 계속됐다.

날이 밝자 미군 비행기가 나타났고, 중국군은 철수했다.

E중대는 태반의 병사를 잃었다. 연대와 함께 행동한 포병도 30여 명이나 전사했다.

그러나 터키군 여단이 공격을 맡았던 진지는 여전히 중국군의 수중에 있었다. 분노한 킨 사단장은 터키군 여단의 패잔병을 갈아치우고 사단 예비대인 27연대의 1개 대대를 파견했다. 조지 디 차우George H. De Chow 중령이 지휘하는 3대대는 박격포와 A-16 자주 고사기관포를 보유하고 있었고, 야전 포병 1개 대대도 사용할 수 있었다.

그들은 440고지를 공격할 예정이었다.

차우 중령은 헬기를 타고 방어 임무를 인계받을 진지를 관찰했다. 440고지 위에는 '갈색 옷을 입은 중국군'이 있었고, 수리산 정상 방향에서 격렬한 전투가 벌어지는 것도 보였다. 중국군이 수리산 정상에 또다시 포위 공격을 하고 있었다.

차우의 3대대 역시 곧바로 중국군과의 전투를 체험할 수 있었다.

고지로 한 걸음씩 접근할 때마다 커다란 대가를 치러야 했다. 선봉에 선 F중대는 출격하자마자 "순식간에 8명의 병사가 전사했다." 포병과의 협동도 그리 순조롭지 않았다. 포화의 지원은 강력했지만, 정작 효과는 확실하지 않은 것 같았다. 중국군의 저지가 조금도 약해지지 않았기 때문이다. 화력으로 적군을 압도하기 위해서 차우 중령은 1개 소대가 공격할 때 5문의 자주 고사기관포와 20정의 중기관총을 사용하도록 했다. 그들은 이 무기들로 맞은편에 있는 중국군 진지에 쉬지 않고 사격을 가했다. 그러나 미군은 이렇게 강력한 화력 앞에서도 중국군의 저지선이 여전하다는 사실에 놀라움을 금치 못했다. 엄청난 대가를 치르고 3대대는 440고지의 마지막 저지진지를 공격했다. 차우는 모든 포병을 동원했고, 미군의 코세어 공격기까지 가세했다. 미군이 퍼붓는 화포의 밀도는 고지의 모든 생물을 죽이고도 남았지만 중국군만은 여전히 사격을 계속했다. 코세어 기 조종사는 지상의 목표물을 착각해 사격하고 있는 자기편의 A-16 자주 고사기관포 위에 폭탄을 투하했다. 차우는 무전기에 대고 큰 소리로 욕을 하고 나서 말했다.

"공군의 세밀한 보살핌에 감사해야겠군!"

미군 전쟁사료에는 440고지 전투에 관해 다음과 같이 기술하고 있다.

스키너Skinner 중위는 백절불굴의 용감한 정신을 발휘했다. 그는 돌격을 주저하는 병사들을 큰 소리로 질책했다. 그리하여 새머 중사와 왈라 중사 등이 함께 병사들을 격려하고 그들의 엉덩이를 걷어차면서 산 정상으로 올라가게 했다. 약 1분 후, 모든 병사가 정상에 올라갔고 중위의 명령이 떨어졌지만 다들 산비탈로 달려 내려갔다.

스키너 중위는 돌격대를 조직했다. 산언덕을 넘으니 2미터 거리에서 총성이 들렸다. 그들은 돌진하면서 사격을 했는데, 갑자기 주위가 고요해졌다. 돌격대가 착각을 했던 것이다. 그 순간 맥이 쭉 빠졌고, 스키너 중위는 실제로는 자신들이 절반도 오지 못했다는 사실을 깨달았다.

2월 6일, 미군에게 지대한 인명 피해를 안긴 뒤 중국군은 수리산 진지를 포기하고 철수했다.

미군 병사들은 참호 속에서 한국 노무자들이 운반해온 담배와 간식, 마른 양말과 우편물을 받았다. 종전 후 누군가는 그날 화약 연기 가득한 수리산 정상에서 편지를 읽던 새머 중사의 음성을 기억하고 있었다.

"달링, 당신은 지금 무엇을 하고 있나요? 나는……."

중국군 제38군은 한국전쟁의 2차 전역에서 '만세군萬歲軍'이라는 칭호를 얻었다. 이는 중국인민해방군의 역사에서 거의 드문 경우라고 할 수 있다. 그러나 그 뒤 제38군의 군사軍史에는 더없이 처참한 전투 경력이 기록되었다. 그것은 바로 1951년 1월 말부터 시작된 한강 저지전투이다.

저지전은 1월 28일 최전방 진지인 태화산에서 벌어졌다. 태화산 진지와 서쪽 제50군의 저지진지는 서로 연결되었고, 산 아래의 도로는 동쪽은 이원으로, 북서쪽은 서울로 통했다. 이 도로는 유엔군이 북진하려면 반드시 거쳐야할 길이었다. 제38군의 정면에는 미 제1기병사단과 제3사단의 돌격부대가 있었다.

유엔군과 처음으로 맞서 싸울 부대는 제38군 112사단 336연대 5중대였다. 5중대가 지키고 있는 진지는 태화산 주진지의 최전방으로 초하리 남산이라고 불리는 곳이었다.

쉬헝루徐恒祿 5중대장은 산둥 성 쥐 현莒縣 출신으로 당시 27세였으며, 국공내전 때 여러 차례 전공을 세웠다. 5중대가 진격하는 미군을 발견했을 때, 그는 진지 최전방인 331고지에 있었고 이 고지는 6분대가 지키고 있었다. 6분대의 관찰병이 저 멀리 도로에 누군가 오고 있다고 보고했다. 망원경을 들어 그쪽을 바라본 쉬헝루는 온몸에 전해지는 긴장을 느꼈다. 적군이었다. 적어도 1개 대대의 병력과 10여 대의 전차가 세 길로 나누어 5중대가 있는 초하리 남산 쪽으로 이동하고 있었다.

쉬헝루는 가장 격렬한 전투가 벌어질 것을 예감했다. 그는 즉시 뒷산에 숨어 있던 부대를 올라오게 하고, 미군의 화포로 인한 피해를 막기 위해 절대로 적에게 목표를 드러내지 말라는 엄명을 내렸다. 그러고 나서 병력을 도로변의 관목숲에 배치해 미군이 다가오면 습격할 준비를 했다.

쉬헝루의 생각은 적중했다. 미군은 무방비 상태로 갑작스레 도로 양쪽의 관목숲에서 날아오는 총알 세례를 받았다. 잠깐의 혼란 후 미군은 전투 대형을 갖추고 숲을 향해 집중 포격을 가했다. 동시에 미군 1개 중대가 숲으로 돌격했지만 그 안에는 이미 중국군 그림자도 보이지 않았다. 미군이 어리둥절하고 있을 때, 또다시 우익에서 총탄이 비 오듯 쏟아졌다. 이어 수류탄 연기 속에서 총검을 든 10여 명의 중국군 병사가 달려들었다. 미군은 부상자와 전사자의 시신도 버려둔 채 벌 떼처럼 도망쳤다.

미군 장교는 그들이 북쪽으로 공격을 시작한 이래 이제야 진짜 중국군의 저지선과 맞닥뜨렸다는 사실을 깨달았다.

5중대의 기습공격은 확실한 효과를 거두었다.

그러나 이어진 전투에서 그들은 처참하게 희생되기 시작했다.

다음날, 날이 밝자 미군은 리지웨이의 '불바다 전술'의 원칙대로 공격준비사격을 시작했다. 수십 문의 화포와 30여 대의 전차까지 합세해서 협소한 초하리 남산 진지에 폭탄을 퍼부어 진지가 온통 쟁기로 갈아놓은 것 같았다. 참호 안에 쪼그리고 있던 중국군 병사들은 짙은 화약 연기에 제대로 숨조차 쉴 수 없고, 고막이 터져 귀에서 피가 흘러나왔다. 포화 공격은 꼬박 한 시간 동안 계속되고서야 잦아들었다. 이어서 비행기 8대가 들이닥치더니 차례로 대량의 네이팜탄을 투하했다. 초하리 남산 전체가 불길에 휩싸였다. 쉬헝루는 최전방에 있는 3명의 경계병이 걱정되었다. 그래서 포화를 무릅쓰고 앞으로 전진했다. 포탄이 그의 앞에서 터졌지만 개의치 않았다. 그는 이미 중대의 위원회 지부에서 다음과 같은 결정을 내렸기 때문이다.

"중대의 주요 간부를 분산시켜서 한 사람이 죽으면 다른 사람이 그 뒤를 잇는다. 한 사람이라도 남아 있으면 결연히 부대를 지휘해서 계속 싸운다."

최전방에 이른 쉬헝루는 혼란스러웠다. 방어용 구축물도 없어졌고, 원래 있던 언덕도 없어졌다. 나무는 폭탄에 여기저기 쓰러져 있고, 쓰러지지 않은 나무는 불에 타고 있어 마치 횃불 같았다. 세 명의 병사는 왜 보이지 않는 걸까? 그는 대강의 위치를 계산하고는 손으로 뜨거운 흙을 파헤쳤다. 한 명은 살고 한 명은 부상당했으며, 마지막 한 명은 이미 숨진 뒤였다.

쉬헝루에게 구조된 병사가 갑자기 소리쳤다.

"중대장님, 적군이 옵니다!"

미군 2개 대대가 전차의 엄호를 받으며 초하리 남산 진지를 향해 공격을 개시했다.

5중대 각 소대가 굳세게 지키는 진지는 거의 동시에 목숨을 건 전투를 시작했다. 양측 병사들은 교착상태에서 진지를 뺏고 빼앗기는 싸움을 되풀이했다.

정오가 되자 미군이 물러갔다.

초하리 남산 진지에 살아남은 중국군 병사들은 이제 두려워하지도 긴장하지도 않았다. 그저 목이 마르고 배가 고프다고 느낄 뿐이었다. 전투 전에는 그래도 진지에 쌓인 눈이라도 먹을 수 있었지만, 이제 진지에는 눈도 없다. 차오몐을 입안에 넣었지만 침도 마른지라 사레가 들려 심한 기침이 터져나왔다. 머우린牟林 1소대 3분대장은 쉬헝루에게 깨끗한 손수건을 달라고 하더니 3명의 병사와 함께 차오몐 세 포대를 가지고 한참을 올라가 눈 덮인 곳을 찾았다. 그는 손수건 위에 눈을 한 층 깔고는 그 위에 차오몐 두 묶음을 놓고 그것을 잘 싸더니 품 속에 넣었다. 온기로 눈이 녹으면서 차오몐이 부드럽고 촉촉해졌다. 그가 손수 만든 '음식'을 진지로 갖고 돌아오자 사람들은 환호성을 질렀다.

12시 30분, 배불리 먹은 미군은 새로운 공격을 시작했다. 이번엔 1개 연대가 추가된 병력이었다.

중국군은 한때 초하리 남산 진지를 잃었지만 쉬헝루가 지휘한 반격으로 다시 탈환했다. 미군이 또다시 공격해올 때 원래 100여 명이었던 5중대는 20여 명만 남았다. 연대 지휘소의 통신병이 쉬헝루와 1소대장의 공적을 기록한다는 결정과 한 가지 명령을 전달했다. 적어도 다섯 시간을 더 지켜야 한다는 명령이었다.

산을 오르는 미군 병사들은 머리 위로 수류탄 말고 돌도 함께 떨어지는 것을 알았다.

6분대장 왕원싱王文興은 부상을 입었지만 결연히 하산하지 않았다. 반격하는 과정에서 그는 재차 부상을 입어 쓰러진 뒤 움직이지 못했다. 쉬헝루가 그를 안고 상처를 싸매려고 하는데 이미 다리가 절단된 왕원싱이 수류탄 2발을 들고 무릎을 꿇었다. 아직 미소를 띠고 있었다.

"중대장님! 어차피 저는 살아남기 글렀습니다. 그렇다면 제 몫은 다 하고 죽겠습니다."

왕원싱은 쉬헝루에게서 벗어나 산비탈을 따라 산을 오르고 있는 미군을 향해 굴러갔다. 미군 병사들의 중간에 이르렀을 때 그의 품속에서 수류탄이 터졌다.

눈시울이 붉어진 쉬헝루는 총을 들었다.

"6분대장의 원수를 갚자!"

병사들은 총검을 들고 산 아래로 돌진했다.

5중대는 거의 전원이 죽거나 부상한 대가로 상부에서 규정한 시각까지 초하리 남산 진지를 굳세게 지켜냈다.

제38군 112사단 334연대 2대대 9중대의 저지진지에는 판톈옌潘天炎이라는 병사가 있었다. 미군 1개 연대가 판톈옌이 소속된 진지를 맹폭하고 공격을 반복해 마지막에는 그 혼자만 남게 되었다. 그는 열여덟 살에 키가 아주 작았기 때문에 미군이 재차 이 진지를 공격할 때 망원경으로 진지를 살펴본 장교는 모두 전멸한 것으로 판단했다. 당시 판톈옌은 마침 배가 아파 대변을 보는 중이었다. 적군이 올라오자 그는 바지를 올리고 뒤를 정리했다. 꾀가 많은 판톈옌은 수류탄 6발을 한데 묶어 참호 앞에 놓고 전선을 사용해서 안전핀을 연결했다. 그러고는 한쪽으로 숨어서 적이 다가오기를 기다렸다가 전선을 잡아당겨 수류탄을 터뜨렸다. 미군 병사들이 또 올라오고 있을 때 그는 갑자기 큰소리로 외쳤다. "동지들! 적군이 왔다!" 미군이 갑작스런 고함 소리에 모두 땅에 엎드려 꼼짝하지 않자 판톈옌이 튀어오르며 수류탄을 던졌다. 미군은 이 진지에 대체 중국군 병사가 아직 얼마나 남아 있는지 알 수가 없어 포격을 시작했고, 포격이 멈춘 뒤 병력을 늘려 다시 진격했다. 최후에 키 작은 중국 병사 판톈옌은 죽기를 각오하고 진지에서 뛰쳐나와 몸을 숨길 생각도 않은 채 수류탄을 던지며 카빈총을 쏴댔다. 그가 적과 함께 죽기로 결심했을 때 증원군이 도착했다. 중국군 병사들은 이 용감하고 운수 좋은 조그만 병사를 흠모했다. 나중에 문화선전 공작단원이 판톈옌의 이야기를 소재로 노래를 만들었고, 지원군 각 부대에서 이 노래가 널리 불렸다.

"한 청년 전사가 있었지, 그 이름은 판톈옌. 양놈들의 아홉 번 공격을 물리치고, 가슴에 훈장을 달았다네."

2월 2일. 334연대 3대대 9중대 저지진지의 모든 참호가 미군의 화포와 비행기 공격으로 파괴되었다. 탄약이 소진되고 심각한 인명 피해를 입은 상황에서 9중대는 진지를 포기할 수밖에 없었다. 병사들의 철수를 엄호하기 위해서 왕칭춘王靑春 3소대 부소대장은 자발적으로 진지에 남아 적을 유인했다. 병사들이 막 철수한 뒤 미군이 진지를 포위했다. 왕칭춘은 마지막 한 발까지 쏘고 무기를 부숴버린 뒤 하늘을 보고 드러누웠다. 미군이 그의 머리에 총을 쏘았다.

9중대는 남은 인원이 30명도 되지 않았다. 측면 진지를 잃었고, 중대가 있는 진지는 삼면이 포위된 위급한 상황이었지만 한 명도 물러서는 이가 없었다. 격분한 3대대장은 대대 지휘소를 앞으로 옮기라고 명령해 진지에 단 한 사람만 남아 있더라도 진지를 잃을 수 없다는 뜻을 드러냈다.

337연대 진지에서 '병사들의 어머니'라고 불렸던 장스푸姜世福 분대장이 희생되자 병사들은 비탄에 빠졌다. 장스푸는 몹시 마르고 침착한 사람으로 평소 병사들을 세심하게 보살펴주었다. 병사들은 모두 그를 좋아했고, 그가 자신의 어머니 같다고 말하기도 했다. 그가 소속된 3중대는 저지전에서 인명 피해를 크게 입어 부득이 진지에서 철수했다. 지도원 바이광싱白廣興이 마지막으로 진지를 떠날 때 중상을 입은 장스푸를 발견했다. 그의 두 다리는 폭격으로 절단되었고, 복부에도 총상을 입어 피를 많이 흘린 터였다. 지도원이 그를 업고 내려가려 하자 장스푸가 정신을 차리고 말했다.

"내가 엄호할 테니 빨리 가십시오! 동지들에게 나 장스푸는 절대 적에게 고개를 숙이지 않았다고 전해주시길 부탁드립니다."

지도원이 한사코 장스푸를 업고 내려가려고 했지만 그때 미군이 다시 공격해왔다. 장스푸는 지도원에게 즉시 그곳을 떠나라고 간청했고, 결국 지도원은 할 수 없이 몸을 피했다. 진지에 앉아 있는 장스푸의 몸은 피투성이였다. 미군이 뭔가 이상한 물건을 발견한 것처럼 그를 둘러쌌을 때 장스푸는 침착하게 몸에 숨겼던 수류탄 2발의 안전핀을 뽑았다.

제38군의 군·사단·연대의 주요 지휘관들이 모두 선양에서 밤낮을 쉬지 않고 서둘러 전방으로 돌아왔다. 천 리 길을 달려 선양에 합동훈련을 하러 간 간부들은 겨우 개막식밖에 참여하지 못했다. 개막식에 흥을 돋우는 경극 공연을 보고 있을 때 즉시 전선으로 복귀하라는 명령을 받았다. 미군의 전면 반격이 시작되었기 때문이다. 급히 전선으로 가는 도중에 장융후이江擁輝 부군단장은 전방에서 후송되는 다수의 부상병과 마주쳤다. 부상병들은 자신의 군 지휘관을 보고 가득한 불만을 터트렸다.

"적군이 불바다 전술을 사용해 산꼭대기가 평평해지고 초목이 모두 불탔는데, 산을 지키고 있자니 정말 울화가 치밉니다!"

장융후이는 제38군 병사들이 겪은 어려움은 그것뿐만이 아니라는 사실을 잘 알고 있었다.

제38군은 한강 남쪽 기슭에서 저지 공격을 담당하느라 수많은 병사가 전사했을 뿐 아니라 위험한 상황이 꼬리를 물고 발생했다. 2월 2일 밤, 미군은 뜻밖에도 중국군의 전법을 모방한 공격을 감행했다. 미 제24사단 19연대는 야간 행군을 통해 중국군 방어선 후방으로 침투했다. 제38군 113사단의 측후방에서 미군을 발견했지만 포탄이 이미 사단 지휘소에 떨어진 뒤였다. 군 지휘부는 즉시 338연대에 밤새 산을 기습해 포위를 풀라고 명령했다. 338연대는 발 빠르게 움직였고, 마침내 중국군 후방에 침투한 미군 2개 대대를 거의 섬멸했다. 그러나 338연대의 사상자 수도 아주 많았다. 전투가 끝난 후 중국군의 야전구호대는 수많은 부상병을 구조했다. 아수라장이 된 전쟁터에 쓰러져 있는 중국군 곁에 여러 개의 선이 그려진 돌이 있었다. 살아 있는 한 병사는 그것이 미군을 죽일 때마다 기록한 숫자라고 했다. 미군 역시 다수의 사상자를 냈다. 전투 후 중국군은 미군 지휘부에 무전 연락을 취했다. 자신들이 안전을 보장할 테니 미군 병사들의 시신과 부상자를 옮겨가라고 전했다. 미군은 정말로 헬기를 보내서 오전 내내 사상자를 실어 날랐다.

2월 7일, 중국군 제50군과 제38군은 동시에 펑더화이의 명령을 받았다.

"제50군 주력부대는 한강 북쪽으로 철수해 방어선을 조직하고, 제38군은 계속 남쪽에 남아 적군을 저지하라."

바로 그날, 제때 결혼도 못하고 무더운 우한 거리에서 얼어붙은 한반도 전장으로 출정한 제38군 114사단 342연대 1대대장 차오위하이가 전투에서 전사했다.

이날 342연대 2대대와 3대대는 암월산 진지를 잃었다. 1대대가 있던 350.3고지는 돌출된 위치 때문에 미군의 집중 공격을 받았다. 전투 전, 군 지휘부는 특별히 전투영웅인 차오위하이 1대대장을 불러 직접 임무를 하달했다. 미군의 공격은 전에 없이 강력해 2중대 진지가 곧 무너졌다. 진지를 되찾기 위해 차오위하이는 부대원을 이끌고 완강하게 반격했고, 탄약이 다 떨어질 때까지 버티던 차오위하이는 결국 총에 맞고 쓰러졌다. 지도원인 팡신方新이 그를 대신해 부대를 지휘했고, 연대 지휘소에 보고했다.

"대대장님은 적군을 물리치고 네 번째 공격을 할 때 전사하셨습니다."

팡신은 잠시 말을 멈춘 뒤 갑자기 소리를 높였다.

"우리 대대원 모두 끝까지 목숨을 걸고 싸우겠다고 당에 맹세합니다."

차오위하이가 쓰러진 곳에서 27세의 대대 지도원 팡신은 미군이 진지로 쳐들어오는 순간 박격포탄 하나를 안고 적군을 향해 돌진했다.

중국군이 미군과 한강 남쪽에서 육탄전을 벌이고 있을 때, 중국의 전통 명절인 춘제가 코앞으로 다가왔다.

중국군 저지진지의 최전방에 미군은 대형 나팔을 설치하고 진지를 지키는 중국군 병사들에게 중국어로 투항을 권했다. 나팔에서는 부드러운 여자의 음성이 흘러나왔다.

"중국군 장병 여러분, 오늘은 설날입니다! 설날에도 산을 지키느라 얼마나 수고가 많으세요. 제대로 밥도 못 먹고, 물도 못 마시고, 다리도 얼어서 퉁퉁 부으셨죠."

"우리 유엔군은 한반도를 해방시키기 위해 왔습니다. 유엔은 당신들을 침략자로 규정했습니다!"

"투항하라, 중국인!"

동시에 미군 비행기는 적지 않은 전단을 뿌려댔다. '새해 축하恭賀 新年'라는 네 글자가 크게 적힌 전단 뒷면에는 이런 글이 적혀 있었다.

"새해가 다가와도 당신 마누라는 집에서 빚도 못 갚고 있고, 당신은 아마도 외국 전쟁터에서 죽을 운명이다."

중국군 진지의 병사들은 취사병이 좀처럼 볼 수 없는 고기를 가져오는 것을 보고 바로 오늘이 춘제임을 알았다. 제38군은 참혹한 전투를 치렀지만 춘제는 떠들썩하게 보냈다. 군은 간부들을 조직해서 건량과 숯, 설탕물과 심지어 고기까지 들고 진지를 방문해 위문했다. 문화선전 공작단원들도 위험을 무릅쓰고 전선을 찾아 병사들을 위한 공연을 펼쳤다. 진지에 전달된 위문품 중에는 본국에서 보낸 것도 꽤 있었다. 병사들은 '중국 제조'라고 적힌 색지에 싸인 사탕을 먹기가 아까워 그저 손에 꼭 쥐고 있었다. 후에 많은 병사가 한반도의 딱딱한 동토 위에 쓰러졌을 때, 이 사탕은 여전히 그들의 앞주머니에 들어 있었다.

춘제가 지난 후 며칠 동안 미군의 맹렬한 공격을 막아내던 중국군 진지에는 늘 이런 함성이 들렸다.

"동지들! 동부전선의 부대가 큰 승리를 거두었다고 합니다! 적군은 더 이상

날뛰지 못할 겁니다!"

펑더화이가 서부전선의 제38군과 제50군에 어떤 희생을 감수해서라도 미군의 북진 속도를 지연시키라고 명령한 것은 동부전선에서 손에 땀을 쥐게 하는 반격작전을 기획하고 있었기 때문이다.

유명한 횡성 반격전이 바로 그것이다.

최악의 손실을 입은 전투

서부전선의 중국군 제38군과 제50군이 온몸으로 유엔군의 북진을 막고 있을 때 동부전선의 횡성과 지평리 지역으로 북진하는 유엔군은 서부전선보다 빠른 속도로 전진하고 있었다. 그리하여 그들은 마침내 모든 전선에서 돌출해서 나아갔다.

전장에서 이런 상황이 전개되자 전세를 몹시 걱정하던 펑더화이는 갑자기 수세적 상황을 전환시킬 기회가 왔다는 것을 깨달았다.

전장의 기회는 조금만 늦어도 사라지는 것이어서 반드시 과감하게 그 기회를 잡아 이용해야 한다.

2월 5일, 펑더화이는 서부전선에 있는 중국군 저지부대의 부담을 덜어주기 위해 중국군 제42군과 북한군 제2군단·제5군단에게 동부전선에서 북진하는 유엔군을 저지하라는 명령을 내렸다. 이와 동시에 덩화가 지휘하는 제39군·제40군·제66군은 명령을 받고 동쪽으로 이동해서 승리의 기회를 노렸다.

펑더화이는 이미 머릿속으로 동부전선 반격을 위한 기본 구상을 끝낸 상태였다. 그러나 아직 완벽하게 성공시킬 자신은 없었다. 서부전선에서 반드시 버텨내야 대규모 병단을 동부전선에 빠르게 집결시켜 상대적으로 전투력이 약한 한국군에 비교적 큰 규모의 반격을 가할 수 있었다. 만일 반격이 성공한다면 차츰 적의 공세에 밀려 철수하고 있는 아군의 상황을 크게 개선할 수 있고, 또 유엔군의 공세를 멈추게 할 수도 있을 것이다. 그러나 펑더화이는 동부전선에서 반격을 하려면 최소한 세 가지 조건을 갖추어야 한다는 것을 분명히 알고 있었다. 첫째, 동부전선 유엔군의 북진 위치가 앞으로 돌출된 상태라야 했다. 둘째, 반격에 참가하는 부대가 적시에 전투 개시 지점에 도달해야 했다. 셋째가 가장 중요한데, 서부전선의 제38군과 제50군이 반드시 맹공을 퍼붓는 미군을 한강 부근에서 저지해야 했다. 만일 동부전선으로 대부대를 이동시킬 때 서부전선의 저지선이 무너진다면 반격은 고사하고 전선 전체가 붕괴되는 상황에 직면할 수도 있었다.

2월 9일, 동부전선에 있는 유엔군의 상황은 다음과 같았다.

미 제2사단 23연대와 프랑스군 대대는 지평리 북쪽에서 중국군 제42군에게 저지되었고, 한국군 제8사단과 제5사단은 횡성 북쪽의 풍수원·상창봉리·부동리·매일리 전선으로 진격했으며, 다시 동쪽으로 한국군 제7사단·제9사단과 수도사단은 하진부리와 강릉 전선에서 저지당했다. 이때 지평리와 횡성 전선에서 진군한 유엔군은 이미 전체 전선을 돌파했다. 그러나 미 제2사단의 28연대와 네덜란드군 대대, 미 제2사단 사단부와 9연대는 아직 원주에 있었고, 미 제7사단과 187공수연대는 그들의 후방에 있어 동부전선을 돌파한 유엔군은 상대적으로 고립된 상태였다.

서부전선에서 저지 공격을 맡은 중국군 제38군과 제50군은 비록 저지선이 조금씩 뒤로 밀리기는 했지만 그래도 미군의 북진을 상당히 지연시키고 있었다.

덩화가 지휘하는 동부전선의 각 군은 이미 신속히 전투 예정 위치에 도달했다.

전투의 기운이 무르익었다.

하지만 펑더화이는 여전히 결단을 내리기가 쉽지 않았다. 유엔군의 돌출부는 지평리와 횡성 전선 두 군데에 있는데, 어느 쪽을 먼저 치는 것이 더 유리할까? 펑더화이는 심사숙고 끝에 지평리를 먼저 치기로 결정했다. 그는 2월 8일 각 군에 전보를 보냈다.

"현 상황에 근거하면 3개 군의 주력을 결집해서 우선 지평리 부근의 적군을 섬멸하는 것이 유리하다. 덩화 동지는 속히 제42군 사령부와 간격을 좁혀서 각 군과 연계하기 쉽도록 하라. 부대 배치를 어떻게 할 건지 신속히 알려달라."

전보를 보내고 나서 얼마 후 펑더화이는 갑자기 결정을 변경하고 곧바로 다시 각 군에 전보를 보냈다.

⑴ 지금까지 알고 있는 상황으로는 지평리 지구에 미 제2사단 23연대와 프랑스군 대대, 미 제24사단 1~2개 대대가 있고, 이밖에 미 제2사단 9연대가 석곡리 방향으로 간 것으로 보여 합하면 대략 8~9개 대대 병력이 있다. 우리가 이들을 공격해 하루 만에 전투를 끝내지 못할 경우 이천 지구에 있는 영국군 27여단과 한국군 제6사단, 원주 남북 지구에 있는 미 제2사단 28연대와 미 제7사단이 지원을 하러 올 수 있고, 한국군 제5사단·제8사단과 187공수연대도 협동 작전으로 서쪽이나 북쪽을 침범할 수 있다. 만약 이틀 밤낮 동안 전투를 끝내지 못하면 수원 방향의 미 제1군단과 제9군단이 2~3개 사단을 뽑아서 동쪽으로 지원할 가능성도 있다. 만일 단숨에 승리하지 못하고 소모전을 한다면 심지어 홍천에서 용두리에 이르는 도로까지 적의 수중에 넘어갈 수도 있다. 이렇게 되면 우리는 극히 불리한 상황에 빠질 수 있으니 이 점을 충분히 고려해야 한다.

(2) 횡성 동서 지구에는 한국군 제8사단·제5사단과 187공수연대, 미 제7사단 부대가 있어 적군의 수가 많은 편이다. 그러나 한국군 제8사단과 제5사단은 비교적 병력이 약하므로 아군 제39군·제40군·제42군·제66군 및 제3군단과 제5군단의 병력을 집중하면 초전에 적을 뒤흔들어놓을 수 있다. 공격이 성공하면 다시 원주와 그 남쪽으로 전과를 확장해 적군 전체의 배치를 교란할 수 있고, 만에 하나 상황이 불리하더라도 홍천 중추 지구를 통제할 수 있어 이후의 작전에 유리하다……. 이전 전보에서는 지평리를 먼저 공격하라고 했지만, 이번에는 횡성 부근을 먼저 공격할 것을 명령한다. 다른 의견이 없다면 덩화·김웅·한셴추 동지는 이에 따라 구체적인 배치를 해주기를 바란다.

펑더화이가 무엇을 고려했는지는 분명하다. 즉 화력이 강력한 미군과 프랑스군 대대를 상대해서는 중국군이 병력에서 아무리 우세하다고 해도 승리할 자신이 없기 때문에 먼저 전투력이 취약한 한국군을 공격하는 것이 낫겠다고 판단한 것이다.

1951년 2월 11일 저녁, 횡성 반격전이 시작되었다.

덩화가 이끄는 병단은 먼저 횡성 북서쪽에 있는 한국군 제8사단에 반격을 가했다. 그들은 여기서부터 돌파구를 만들어 원주의 미군 방어선으로 진격하길 바랐다. 구체적인 작전 배치는 다음과 같았다.

'제42군(제39군 117사단과 포병 25연대 1대대 배속)은 124사단과 117사단을 선두부대로 하여 횡성 북서쪽 학곡리와 상하가운 방어선으로 진격해 한국군 제8사단의 퇴로를 끊는다. 125사단을 횡성 남서쪽의 개전리, 회암봉 지구로 보내 원주에서 올 수 있는 적의 증원군을 막고 제66군의 작전과 호응한다. 126사단은 지평리 북쪽 지구에 배치해 계속해서 지평리의 적군을 견제한다. 제40군(포병 44연대 2개 대대와 29연대 2개 중대 배속)은 정면에서 횡성 북서쪽의 한국군 제8사단으로 돌격한다. 제66군은 196사단과 197사단을 횡성 남동쪽으로 보내 돌격하고, 지평리에 바싹 접근한다. 만약 반격작전이 시작된 뒤 지평리의 적군이 남쪽으로 도주하면 단호하게 추격한다.'

군의 사기는 북돋아야지 떨어뜨려서는 안 되는 법이다.

그러나 펑더화이는 이번 횡성 반격작전에서 승리를 거둬 소기의 목적을 달성할 수 있을지 여전히 마음이 놓이지 않았다. 그는 각 군에 전보를 보낸 뒤 마오쩌둥에게 비밀 전보를 보냈다.

지평리 부근의 적군은 하루 이틀에 제거하기 어려워 횡성 주변에 있는 한국군 제5사단·8사단과 미 제7사단 17연대, 187공수연대를 먼저 공격하기로 목표를 바꿨습니다(현재까지 승전보는 없음). 2월 11일 해질 무렵에 공격을 개시해서 먼저 2~3개 연대를 섬멸하고, 성공하면 다시 2~3개 연대를 섬멸할 것입니다. 5~6개 연대를 섬멸할 수 있다면 아마도 잠시(15일) 안정을 취할 수 있을 것입니다. 그러나 반격이 성공하지 못하면 적은 우리를 미친 듯이 추격해와(기계화 무기와 공군으로) 38선을 지키기 어려워집니다. 현재 모든 것을 다 바쳐 결연히 반격해 반드시 승리를 쟁취하고 시간을 벌어 전세를 안정시켜야 합니다. 그렇지 않으면 더 큰 대가를 치러야 하며, 더 많은 어려움에 직면할 것입니다.

마오쩌둥이 이 전보를 읽었을 때의 심정은 알 수가 없다.

그는 펑더화이에게 즉시 4차 전역을 시작하고 중국군의 전선을 남쪽인 36선으로 밀고 내려가라고 요구했지만, 현재 전세는 서부전선의 중국군이 오히려 38선 이북으로 후퇴할 수밖에 없는 상황이었다.

2월 11일 해질 무렵, 중국군의 4개 군이 횡성 지구에 대규모 반격작전을 개시했다.

중국군 제40군이 맡은 정면 공격 목표는 한국군 제8사단이었다.

제40군 군단장 원위청과 정치위원 위안성핑은 118사단과 120사단을 제1제대에 배치했다. 주요 돌격 병력은 젊은 사단장 덩웨가 지휘하는 118사단이었다. 원위청은 군의 주요 포병 병력을 이 사단에 배치했고, 예비대인 119사단의 주력인 355연대를 덩웨에게 보강해주었다. 그리고 120사단은 먼저 한국군 8사단이 지키는 성지봉과 800고지를 점령해 118사단 공격노선 양익의 안전을 보장하는 임무를 맡았다. 이 배치는 각 사단 지휘관에게는 익숙한 것이었다. 과거 전투에서도 그랬기 때문이다. 제40군 병사들 사이에서는 '118군은 싸우고, 119군은 보고, 120군은 에워싸고 빙빙돈다'라는 노래가 전해지고 있었다.

덩웨의 118사단은 중국군의 대담한 우회 전술과 분할포위 전술의 유효성을 또 한 번 증명했다.

덩웨는 지도를 연구하면서 118사단의 주공격 방향인 정면에 두 갈래 도로가 합쳐지는 'Y'자 모양의 길목이 있는 것을 발견했다. 이곳은 일단 공격을 시작하면 도망치는 데 능한 한국군이 반드시 거쳐야 할 길이 분명했다. 적을 물리치는 데 그치지 않고 더 많은 적군을 섬멸하려면 부대를 보내 뚫고 들어가게 해서 이 Y자 길목을 봉쇄하면 그만이었다. 118사단의 다른 지휘관들은 덩웨가 소부대를 투입하던 관례를 깨고 이번에는 연대를 파견하기로 결정한 것을 보고 몹시 놀랐다. 공격 개시선에서 Y자 길목까지 족히 25킬로미터는 되었으므로 돌파부대는 반드시 동 트기 전에 도달해서 길목을 점령해야 정면에 있는 한국군 제8사단 21연대의 퇴로를 완전히 봉쇄할 수 있었다.

서양의 군사학자들은 많은 세월이 지난 뒤에도 여전히 중국의 젊은 사단장 덩웨의 전술을 칭찬해 마지않고 있다. 2개 연대가 정면에서 나란히 돌파하고 1개 연대가 중간에서 뚫고 후방으로 들어간다. 위험하지만 얼마나 참신한가!

덩웨는 정면에 배치한 3개 연대를 한 줄로 진격하지 않게 하면서 서로 협동하고 엄호하게 했다. 353연대는 좌측에서, 354연대는 우측에서 나란히 한국군 제8사단 21연대의 방어진지를 돌파하게 했다. 352연대는 두 연대의 중간에서 침투해 후방까지 뚫고 들어가도록 했다. 이는 우회작전을 더욱 신속하게 펼치기 위해서였다. 덩웨는 한국군 1개 연대가 중국군 3개 연대의 전면 공세를 견뎌낼 수 있을 거라고는 믿지 않았다.

352연대는 덩웨의 주력부대로 전투에서 용감하기로 이름이 높았다. 이 연대의 연대장인 뤄사오푸羅紹福는 홍군 출신으로 덩웨의 멘토였다.

반격이 시작되자 118사단은 맹렬하게 한국군 진지를 공격했다. 좌익의 353연대는 한 시간도 안 걸려 한국군 2개 중대의 방어진지를 돌파했다. 우익의 354연대 2대대는 불과 30분 만에 저지진지를 점령하고 한국군 1개 중대를 섬멸했다. 352연대는 두 연대가 적군에 맹공을 퍼붓는 틈을 타서 신속하게 적의 후방으로 침투했다. 그들은 최전방에서는 저지를 받지 않았지만, 상유동이라는 곳을 지날 때 참모장 렁리화冷利華가 적군의 포화 공격으로 전사했다. 렁리화는 1939년에 입대해서 수많은 전투를 치렀으며, 전투 모범으로 세 차례 선정되었다. 그의 죽음 앞에서 병사들은 몹시 비통해했다.

352연대 7중대는 중간 돌파 임무를 맡은 돌격대였다. 병사들은 렁리화가 희생된 곳에서 한국군 1개 소대와 마주쳤다. 7중대의 병사들이 흉포하게 달려들어 격투를 벌였고 한국군 수색소대는 단 한 명도 살아남지 못했다. 352연대는 점차 대부대의 전선을 벗어나 독자적으로 적의 후방에 깊숙이 침투했다. 그러나 산에 들어온 뒤 북한 안내원이 그만 길을 잃고 말았다. 장훙린張洪林 7중대장은 나침반을 따라 눈이 높이 쌓여 미로 같은 계곡에서 병사들을 이끌고 곳곳이 전진했고, 마침내 지도에 표시된 고지에 도착했다. 고지에 오르니 앞쪽에 있는 작은 산에서 담뱃불이 보였다. 그곳에 있는 한국군 병사들은 맹렬한 전투가 벌어지는 최전방으로부터 수십 킬로미터 떨어진 곳에서 3000명의 중국군이 조용히 지나가고 있다는 사실은 꿈에도 몰랐을 것이다.

적군이 보이지 않으면 352연대는 앞으로 전진했다. 도로에서 중국군은 최전방에서 도주한 한국군 병사가 여기저기 나뒹구는 모습을 보았다. 그들은 어둠 속에서 급하게 행군하는 수천 명의 병사가 중국군일 거라는 생각은 결코 하지 못했기 때문에 그들에게 주의를 돌리지 않았다. 일부 한국군 병사는 대부대와 함께하는 것이 안전하다고 생각해서 352연대를 따라가기도 했다. 중국군 병사들이 눈치채지 못하는 사이에 그렇게 한참을 가던 한국군 병사는 결국 뒤로 명령을 전달할 때 중국어를 하지 못하는 바람에 결국 탄로나 총을 빼앗겼다. 중국군은 한국군 병사들을 풀어주고 가던 길을 재촉했다.

6시간 후, 352연대는 Y자 모양의 길목에 접근했다.

갑자기 앞에서 환한 불빛이 쏟아지면서 100대가 넘는 적군의 차량 행렬이 맞은편에서 다가왔다.

352연대는 망설임 없이 적군을 덮쳤다.

수류탄을 던지자 차량은 일시에 화염에 휩싸였다. 한바탕 혼란이 지나가고 전차 몇 대가 반격을 가했다.

이때 위수이린於水林이라는 병사가 전차로 돌진했다.

위수이린은 키가 큰 병사였다. 전투 전에 그는 분대 안에 있던 2개의 대전차용 개면Gammon 수류탄을 가져왔다. 전차를 공격할 수 있는 이 수류탄은 꽤 커서 일반 수류탄 자루에는 넣을 수가 없었고, 허리에 달고 걷는 것도 어려웠다. 그래서 그는 개면 수류탄을 자신의 쌀자루 안에 집어넣었다. 쌀자루의 한쪽에는 차오몐이 있고, 다른 한쪽에는 2개의 큰 수류탄이 있었다. 행군할 때 수류탄을 잃어버릴까 걱정하여 자루 주둥이를 꽉 묶었다. 이제 그가 전차를 향해 돌진할 때 자루 주둥이가 아무리 해도 풀리지 않았고, 다급해진 그는 어쩔 줄 몰랐다. 분대장은 그가 무서워서 주저하는 줄 알고 고함쳤다.

"위수이린! 결심한 거 맞나?"

급박한 상황에서 위수이린은 있는 힘껏 자루를 찢어버리고 개면 수류탄을 꺼내 들었다. 그는 곧장 거대한 전차 앞으로 돌진하더니 개면 수류탄을 탱크의 캐터필러 중간에 끼워넣었다. 엄청난 굉음이 울리면서 전차가 폭발했다. 위수이린은 연속해서 2대의 전차를 폭파시킨 뒤 총을 들고 전차에서 빠져나와 도주하는 미군을 추격했다. 전투 중에 오른팔에 여러 발의 총상을 입어 선혈이 군복을 적셨지만, 그는 왼손에 수류탄을 들고 끝까지 적군을 쫓아갔다. 이렇게 해서 위수이린은 8명의 미군 병사를 사로잡았다.

자이원칭翟文淸 3대대 지도원은 즉시 위수이린에게 표창을 내리기로 결정했다.

전쟁이 끝나고 몇 년이 지나 자이원칭은 118사단 부사단장이 되었다. 그는 전장에서 함께 싸운 전우들을 잊지 못했다. 그중에는 개면 수류탄을 들고 미군 전차에 돌진했던 키다리 위수이린도 있었다. 위수이린은 상처를 치료하기 위해 후방으로 옮겨진 뒤 부대원들과 연락이 끊겼다. 부대에 남은 기록에는 그가 러허熱河. 청더承德의 옛 이름 출신이라는 것만 적혀 있었다. 그래서 자이원칭은 청더로 사람을 보냈지만 위수이린의 행방을 찾지 못했다. 자이원칭은 몇 년 동안이나 그를 찾기 위해 노력한 끝에 한국전쟁이 끝난 지 10년째인 어느 날, 마침내 위수이린이 네이멍구 자치구內蒙古自治區 츠펑赤峰 메이리허 진美麗河村에 살고 있다는 사실을 알아냈다.

메이리허, 얼마나 아름다운 이름인가.

그러나 메이리허 진은 찢어지게 가난한 마을이었다.

위수이린은 가난한 마을에서도 가장 가난한 사람이었다. 그는 부모도 형제자매도 없이 생산대生産隊의 마구간에서 홀로 살고 있었다. 그는 오른팔이 절단되어 노동력을 잃은 상태였다.

남루한 옷을 입은 이 장애인이 과거 미군 전차 2대를 연속 폭파시키고 한팔로 미군 병사 8명을 포로로 잡았으며, 신중국을 지키기 위한 전투에서 일등 전공을 세운 공신이라는 사실은 아무도 몰랐다.

자이원칭 부사단장은 직접 머나먼 메이리허 진까지 와서 위수이린과 상봉했다. 그는 키다리 병사 위수이린을 꼭 끌어안고 뜨거운 눈물을 흘렸다.

현지 정부는 위수이린이 전쟁영웅이라는 사실을 알고는 집을 새로 지어주고 배필도 찾아주었다. 위수이린이 결혼할 때 자이원칭은 사람을 보내 그와 그의 아내를 부대로 불러 침구 일체를 마련해주고 커다란 영웅 액자를 특별 제작했다. 나중에 그는 병사들에게 특별히 액자를 호송하게 해서 그 멀고 외진 메이리허 진까지 보내주었다.

자이원칭은 다정하고 의리 있는 군인이었다.

위수이린은 그때부터 해마다 초청을 받아 옛 부대를 찾았다. 후에 사단장으로 승진한 자오원칭도 여러 차례 옛 전우를 보러 메이리허 진을 찾아오기도 했다. 위수이린이 병으로 세상을 떠나자 자오원칭 사단장은 전쟁에서 목숨을 걸고 싸웠던 옛 전우를 위해 직접 장례 절차를 도맡아 처리했다.

위수이린이 참전했던 전투가 끝났을 때, 352연대는 미군 차량 140여 대와 곡사포 20여 문, 고사기관총 10정을 격파했다.

352연대에 섬멸당한 미군 부대는 제2사단의 장갑대대였다. 이 대대는 궤멸된 한국군 제8사단을 지원하러 가는 길이었다. 병사들은 전선에서 수십 킬로미터 떨어진 곳에서 중국군 대부대의 습격을 받을 줄은 미처 예상하지 못했다.

미군 전쟁사료는 당시의 전투를 이렇게 기록했다.

한국군 1개 연대의 궤멸로 또 한 차례 엄청난 수의 사상자가 발생했다. 당시 미군 포병중대는 호위대의 엄호를 받아 횡성 북서쪽으로 약 5킬로미터 떨어진 협소한 길을 따라 북쪽으로 가는 중이었기에 분명 어떤 측면 보호도 없었다. 이 부대는 북쪽으로 몇 킬로미터 지점에 있는 한국군 제8사단을 지원하기 위해 이동 중이었다. 야간에 중국군 부대가 펼친 반격에 패한 한국군 부대는 도주했다. 이어 중국군 병사들은 미군 포병에게 벌 떼처럼 달려들었다. 500명이 넘는 미군 병사 가운데 단 세 명만 살아남았다. 횡성의 매복기습전은 한국전쟁을 통틀어 미군이 최악의 인명 피해를 입은 전투로, 약 530명이 목숨을 잃었다. 이 비극은 한국군 부대의 궤멸로 시작되었고, 거기에 미군 부대의 부적절한 전술 운용으로 더욱 악화되었다.

세 명의 생존자 가운데 한 명인 이등병은 종전 후 당시 상황을 이렇게 회고했다.

맨 앞에 있는 차량의 운전수가 중국군의 총탄에 맞아 쓰러졌기 때문에 전체 차량 행렬이 멈춰섰다. 모두가 어쩔 줄 모르고 허둥댔다. 한 사람이 쓰러지면, 중국군은 바로 와서 무기를 뺏어갔다. 누군가 "여기 한 명 있다!"라고 외쳤다. 나는 총을 쐈지만 나무밖에 맞추지 못했다. 누군가 또 "여기서 돌격하자!"고 외쳤다. 무척 혼란스러웠다. 온 세계가 내 발밑에서 터져버린 것 같았다. 실제로 내 몸에서 흘러나온 피가 들판을 적셨다. 당시 나는 끝장이라고 생각했다…….

횡성 반격전에서 또다른 중국군 사단은 회심의 작품을 만들어냈다. 한국전쟁을 통틀어 1개 사단이 한 차례의 전투에서 가장 많은 적을 섬멸하고, 가장 많은 무기를 노획한 것이다.

그 주인공은 바로 장제청張竭誠이 지휘한 제39군 117사단이다.

횡성 반격작전에서 제39군은 지평리 지구의 유엔군을 견제하는 임무를 맡았다. 펑더화이의 지시에 따라 횡성 방향의 돌격 병력을 강화하기 위해 제39군 117사단을 제42군에 배속하기로 결정했다. 117사단이 받은 임무는 제40군 118사단과 마찬가지로 중간 돌파였다.

시작은 순조롭지 않았다.

장제청 사단장은 임무를 받은 후 즉시 부대를 이끌고 반격을 시작할 전선으로 전진했다. 전 사단은 달빛에 의지해 안전하게 한강을 건넜고, 이틀 동안 행군을 계속해서 마침내 목적지인 용두리에 접근했다. 그러나 용두리에 거의 도착했을 때 미군의 야간정찰기가 최전방과 10킬로미터 정도 떨어진 곳에서 연신 폭격을 가하며 빈틈없는 봉쇄선을 형성했다. 부대를 이끌고 봉쇄선을 통과할 때 펑진가오彭金高 부사단장이 부상을 입었다. 장제청이 막 펑진가오를 들것에 실어 후송하도록 안배할 때 또 정치부 주임 우수吳書가 중상을 입었다는 비보가 전해졌다. 장제청은 또다시 우수를 적기의 봉쇄지역 밖으로 후송했다. 도중에 한 민가에서 군의관들이 응급조치를 실시했다. 우수는 가슴과 머리에 총상을 입었다. 흘러나온 피가 군복을 적셨으며, 호흡이 매우 약하고 얼굴이 창백했다. 갑자기 그는 떨리는 손을 뻗어 장제청의 손을 꼭 잡고 "사단장……" 하고 부르고는 눈을 감았다.

용두리에 도착한 뒤에 열린 사단 당위원회는 두 상무위원의 빈자리 때문에 아주 무거운 분위기였다. 장제청은 다시 한번 결연하게 전 사단의 임무를 명시했다.

"2월 11일 밤, 상오안리의 적군과 인접 지대 사이의 틈으로 진입해 전투를 치른다. 약사전·창촌리·금벌리 전선을 따라 횡성 서쪽의 하일·학곡리 방향으로 뚫고 들어가 우회하며, 반드시 2월 12일 오전 7시 이전에 하일·학곡리 도로 서쪽의 유리한 지형을 점령해서 적군의 퇴로를 철저히 차단한다. 또 정면공격부대와 협동해서 안흥의 한국군 제8사단과 미 제2사단 일부를 섬멸한다. 부대 배치는 351연대를 전위대로 하여 하일 도로를 점령한다. 349연대는 학곡리 점령을 책임지고, 350연대를 사단 예비대로 둔다."

2월 11일, 중국군 병사들은 낮에 잠을 자고 저녁을 앞당겨 먹은 뒤 5일분의 건량과 충분한 탄약을 휴대했다. 모든 병사는 왼팔에 흰색 수건을 묶었다. 오후 4시 40분에 117사단은 중간 돌파를 위한 출발지인 아시리라는 마을로 진입했다. 폭설이 내리고 있어서 작전과장을 데리고 직접 이곳을 정찰했던 장제청조차 어디가 도로인지 구분할 수가 없었다. 군공과(軍工科)는 길을 안내할 북한군 두 명을 찾아서 한 명은 전위대로 보내고, 한 명은 사단 지휘부에 남겨두었다.

오후 5시, 반격의 포성이 울렸고 정면공격부대는 행동을 개시했다. 제42군 지휘부의 지시대로 117사단의 행동과 정면공격이 동시에 시작되었다. 장제청도 명령을 내렸다. "전위대, 출발!"

117사단 병력 7000명은 351연대와 사단 지휘소, 39연대, 35연대, 기관, 병참분대 순으로 적의 후방에 대규모 침투 행동을 개시했다.

도로 양쪽에 있는 민가는 적기의 폭격으로 불타고 있었고, 네이팜탄 냄새 때문에 질식할 것 같았다. 도로를 따라 전진하는 117사단은 흡사 불바다를 지나가는 것 같았다. 30분 후, 전 사단이 어두운 산골짜기에 들어섰다. 병사들은 한국군 제8사단 16연대의 진지 우익을 조용히 지나갔다. 돌격중대가 적군의 소대급 수색대와 끊임없이 맞닥뜨린 것 외에는 전진하는 동안 별다른 큰 전투는 없었다. 전 사단은 곧장 멈추지 않고 하일로 전진하고 있었다.

한밤중에 장제청은 351연대가 길을 잘못 들었다는 보고를 받았다. 사실을 파악한 뒤 장제청은 즉시 배치를 조정했다. 이때 351연대에서 전보가 왔다. 그들은 길을 잘못 든 것을 이미 알고 있으며 산을 넘어 하일로 가기로 결정했다는 것이다.

덩화의 지휘부에 전보가 도착했다. '정면공격부대가 이미 적군 진지에 진입했고 적군은 횡성 방향으로 패주하고 있다. 중간돌파 부대가 규정된 시각에 저지 지점에 도착하기를 바란다'는 내용이었다.

사단 정찰대는 포로를 잡아 상황을 알아보라는 명령을 받았다.

정찰대는 험준한 산길을 수색했지만 사람 그림자도 보이지 않았다. 급한 와중에 눈 속에서 미국식 군용전화선이 눈에 띄었다. 전화선을 따라 앞으로 가보니 작은 마을이 있었고, 어느 집에 다가가자 미국인의 말소리가 들렸다.

우융장吳永章 소대장이 손짓으로 신호하자 정찰대원들이 돌진했다. 전투는 금세 끝났다. 30여 명의 미군 병사를 포로로 잡았는데 모두 흑인이었다. 물어보니 그들은 미 제2사단 9연대의 흑인소대로 한국군 제8사단의 후방 경계를 맡고 있다고 했다.

뒤따라온 349연대의 병사들도 한국군 병사를 포로로 데려왔다. 그들은 모두 붉은 천으로 만든 자루를 가지고 있었는데, 신병이라는 표시였다.

눈 위에 서 있는 포로들은 모두들 얼떨떨한 모습이었다. 그들은 이들 중국군이 어디서 왔는지, 자기가 왜 전선 후방에서 포로로 잡혔는지 도무지 알 수가 없었던 것이다.

부대는 계속 전진했다. 눈 쌓인 큰 산을 넘어 정상으로 올라갈 때 병사들은 이미 기진맥진했다. 날이 밝기 시작할 때 산을 내려와보니 도로가 뻗어 있었다. 그곳이 바로 학곡리였다. 도로에는 정적이 흘렀다. 중국군 병사들은 자신들이 적군의 자동차 바퀴 앞까지 왔다는 사실을 깨달았다.

원래 전위대인 351연대는 길을 잘못 들었다. 그 사실을 인식했을 때 한 무리의 패잔병들이 웅성거리며 그들의 대오에 끼어들었는데, 패주하는 한국군 병사들이었다. 짧은 교전 후 포로로 잡힌 병사들은 하일로 가는 지름길이 있다고 했고, 그래서 포로들에게 길 안내를 맡겼다. 정말 지름길이 나왔는데 도무지 길이라고 할 수 없었다. 중국군 병사들은 한국군 포로의 뒤를 따라 눈길에서 비틀비틀하면서 전진했다. 산을 내려올 때는 거의 구르다시피 했다. 한국군 병사들은 정말로 351연대를 하일로 데려다주었다. 그곳에 막 도착하니 도로에는 차량들이 끝이 보이지 않게 늘어서 있었다. 정찰대는 또 한 명의 포로를 잡아왔다. 심문 끝에 그들이 미 제2사단 9연대 부대와 한국군 제8사단 중 일부 철수하는 병력이라는 사실을 알아냈다. 그들은 이미 중국군이 이곳에 왔다는 것을 알고 도로변의 고지를 점령하려는 참이었다고 했다.

가장 먼저 도착한 351연대의 2대대는 머뭇거리지 않고 곧바로 공격을 개시했다. 하지만 눈앞의 적군은 적어도 그들의 2배는 되어 보였다.

중국군 병사들은 피로와 굶주림도 잊은 채 용맹하게 달려들었다. 미군과 한국군 병사들은 거의 반항도 못하고 죽거나 포로로 잡혔는데, 그 수가 200명이 넘었다. 중국군은 신속하게 도로 양쪽의 고지를 점령했다.

뿔뿔이 흩어진 미군과 한국군 병사들은 도로 근처의 한 산골짜기에 숨어 있었다.

날은 이미 환히 밝았고, 뒤따라온 351연대의 정치위원 펑중타오彭仲韜는 병사 몇 명이 총을 들고 추위에 목을 잔뜩 움츠린 채 도로변에 쪼그려 앉은 200여 명의 미군 포로를 감시하는 모습을 보고는 깜짝 놀라서 다급하게 참모에게 명령해 1개 분대와 기관총 1정을 가져와 포로 감시를 강화하도록 했다.

349연대 연대장 쉐푸리薛復禮는 부대를 배치해 모든 요지를 점령하기 위해서 각 산꼭대기 사이를 바쁘게 뛰어다녔다. 그러던 중 누군가 자신에게 고함을 치는 소리를 듣고 뒤를 돌아보니 한국군 병사 8명이 멀지 않은 곳에 앉아서 불을 쬐고 있었다. 왼쪽 팔에 신병을 상징하는 붉은 헝겊 조각을 묶은 이들이었다. 그들은 미군 장교 모자를 쓰고 한국군 장교의 모직 외투를 걸친 쉐푸리를 보고 자기들 상관이라 생각했던 것이다. 쉐푸리가 그들에게 다가가서 권총을 뽑아 연속 두 발을 발사했지만 불발되었다. 세 번째에서야 겨우 총알이 발사됐지만 한국군 병사는 벌써 도망가고 난 뒤였다.

장제청은 쉐푸리에게 전화를 걸었다.

"적군의 전차가 돌아다니는 것을 봤다. 병력을 조직해 공격하라! 길을 완전히 막아버려!"

자오훙지趙鴻吉라는 분대장이 병사 몇 명을 이끌고 작은 다리 아래에서 전차를 공격했다. 잇달아 폭파된 2대의 탱크가 일시에 도로를 막아버렸다.

이때 남쪽으로 도망가던 적군이 포위망을 뚫기 시작했다.

117사단은 완강하게 저지전을 펼쳤다.

351연대는 최전방에 있었다. 미 제2사단 9연대는 2대대 진지에 맹공을 퍼부었다. 맨 앞에 있는 4중대는 도로를 막고 포위를 뚫고 나오려는 모든 차량을 향해 발포했다. 미군이 4중대 진지에 연속해 맹공을 가해서 2소대에는 수많은 사상자가 발생했다. 진지에 남은 것은 부소대장과 2명의 병사뿐이었다. 그들은 다시 공격해오는 미군과 맞서 싸웠고, 차례로 희생되었다. 4중대는 중대의 문화교원文化敎員과 취사병, 신호병, 통신병을 모두 동원해서 주진지를 완강하게 지켜냈다. 5중대는 중대장과 교관 및 모든 중대급 간부들이 전사하자 신호병인 마더치馬德起가 남은 병사들을 지휘해 끝까지 진지를 지켰다. 탄약이 다 떨어진 3중대는 돌과 총검으로 미군에게 반격했고, 미군은 끝내 351연대의 저지진지를 돌파하지 못했다.

북쪽에서 철수하는 적군이 갈수록 늘어났고, 차량과 전차들이 몇 리 길이의 도로를 물샐틈없이 가득 메웠다.

날이 점점 저물고 있을 때, 공중으로 3발의 신호탄이 솟구쳤고 중국군의 총공세가 시작되었다.

도로에 울리는 총포 속에서 들려오는 날카로운 신호나팔 소리에 미 제2사단과 한국군 제8사단 병사들은 세상의 종말을 맞은 듯한 공포감을 느꼈다. 공중을 선회하는 미군 비행기가 투하하는 조명탄으로 전장은 대낮처럼 밝았다. 곳곳에서 차량과 전차가 불타고 있었고, 중국군은 도로로 돌격해 유엔군 병사들과 한데 엉켜 혼전을 벌였다.

전투는 한밤중에 끝났다.

117사단은 적군 3350명을 섬멸하고, 차량과 전차 200여 대 그리고 각종 화포 100여 문을 노획 또는 격파했다.

중국군의 횡성 반격작전으로 한국군 제3사단·5사단·8사단, 미군 제2사단 일부와 187공수연대가 철수하기 시작했다. 이로써 중국군이 전선에서 직면한 압력이 어느 정도 완화되었다.

중국군의 반격을 받은 동부전선의 유엔군은 전체 전장에서 동요하는 기색을 보였다. 그러나 유엔군 각 부대가 저마다의 사정에 따라 철수를 시작할 때도 전혀 흔들리지 않는 곳이 있었다. 미 제2사단 23연대와 프랑스군 대대 그리고 그 소속부대가 지키고 있는 유엔군의 전초 진지, 지평리였다.

지평리는 미군과 프랑스군, 중국군을 막론하고 모두에게 뼈아픈 기억을 남겨준 곳이다. 그 기억들은 일련의 피비린내 나는 잔혹한 장면들로 구성된다.

폭설 속에 묻힌 유해

　2월 13일 새벽, 피로한 기색이 완연한 미 제2사단 23연대장 폴 프리먼Paul Freeman 대령은 지평리의 원형진지 비탈에 서서 아몬드 제10군단 군단장을 기다리고 있었다. 하늘에는 여전히 안개가 자욱했고, 드넓은 눈밭은 적막하기만 했다. 군단장의 헬기는 아직 한참 기다려야 올 모양이었다.

　지평리 주변에서 이틀 밤낮 연속으로 포성이 울리고 있어 프리먼 대령은 신경이 극도로 곤두선 상태였다. 횡성에 가해진 중국군의 대규모 반격으로 미 제2사단과 한국군 제8사단이 급히 후퇴하고 있다는 말이 들렸다. 지금 지평리의 이 조그만 원형진지에서는 모두가 끊이지 않는 포성 속에서 이리저리 뛰어다니고 있고, 지휘소 안에는 큰 재난이 임박한 분위기가 팽배했다. 프리먼은 "고도의 경계 태세를 갖추고 중국군의 공격에 대비하라"는 명령을 내렸다. 병사들은 밤새 자동소총을 꼭 잡고 진지 주변에서 고무창을 댄 중국군의 군화가 언 땅을 밟는 소리나 심장을 찌르는 날카로운 나팔 소리가 들리지 않을까 바짝 긴장하고 기다렸다.

이틀이 지나도 중국군은 오지 않았다.

이날 아침에는 포성도 들리지 않았다. 중국군은 남쪽으로 진격한 것이 아닐까? 그러나 프리먼 대령이 진지 사방으로 파견한 정찰병들은 중국군이 동쪽과 서쪽, 북쪽 방향으로 부대를 집결하고 있다고 보고했다. 이 일대 상공을 순찰한 미군 정찰기 조종사도 대규모 중국군이 북쪽과 동쪽에서 지평리를 향해 접근하고 있다고 알렸다. 이외에도 아침에 사단 사령부에서 파견한 정찰대는 북상해서 지평리와 연락을 취하려고 했지만 지평리 남쪽으로 약 6킬로미터 지점에서 정체불명의 중국군에게 기습을 당했다. 이쯤 되니 모든 것이 아주 분명해졌다. 지평리 진지는 외로이 중국군의 공격선에 포함되었고, 23연대는 이미 포위당한 것이다. 중국군은 분명 지평리를 공격할 작전을 세우고 있을 것이다. 여기서 밀물처럼 밀려들 중국군의 공격을 그냥 기다리는 것은 바보짓이다.

23연대는 즉시 철수해야 했다.

프리먼 대령은 오늘 부대를 철수시키기로 결심했다. 전선 전체가 후방으로 이동하는데 23연대만 이곳에서 홀로 버티고 있을 아무런 명분이 없었다. 다만 목에 항상 수류탄 2개를 걸고 다니는 녀석이 23연대의 형제들을 잊지 않기를 바랄 뿐이었다.

그는 자신이 지평리로 북진할 때의 골치 아픈 기억을 잊을 수가 없었다. 쌍굴 터널이라는 곳에서 60명으로 구성된 23연대의 정찰대가 중국군의 매복 공격을 받았다. 제임스 미첼James Mitchell 중위는 무기를 버린 뒤 모든 사병을 데리고 산 위로 도망쳤다. 이 과정에서 9명의 신병이 공포에 질려 낙오되었고, 결국 중국군의 총탄에 전사했다. 중국군은 계속해서 산 위로 공격을 가했다. 프리먼 대령이 이들을 구하기 위해 F중대를 보냈지만, F중대마저도 중국군의 공격을 받게 되었고 투항의 위기에 몰렸다. 날이 밝자 폭격기의 엄호 아래 정찰대와 F중대의 생존자가 겨우 구조되었다. 헬리콥터가 이곳 진지에서 실어 나른 시신은 생존자의 2배가 넘었다.

중국군은 일단 공격을 시작하면 쉽게 멈추지 않았고, 그들은 완강하고 용맹하기로 유명했다. 중국군과는 맞붙지 않는 것이 상책이었다.

정오가 다될 무렵, 아몬드 군단장의 헬기가 도착했다.

미 제2사단은 제10군단의 관할에 속했다. 중국군이 횡성 반격작전을 시작한 후 날로 악화되는 전세 때문에 아몬드의 분노가 폭발했다. 그는 리지웨이에게 전화를 걸어 아무짝에도 쓸모없는 한국군 때문에 제10군단이 피해를 입었다고 불만을 터트렸다.

"우리 제2사단은 중국군의 공세를 맨 먼저 받아서 심각한 손실을 입었습니다. 특히 화포의 손실은 전적으로 한국군 제8사단이 황급히 철수한 탓입니다. 한국군 8사단은 적군의 야간 공격에 완전히 무너졌고, 우리 2사단의 양익까지 노출시켰습니다. 한국군은 중국군을 몹시 두려워해서 거의 그들을 천하무적이라고 생각하는 것 같습니다. 중국군이 한국군 진지에 나타나면 뒤도 돌아보지 않고 걸음아 나 살려라 하고 도망치는 병사들이 허다합니다."

아몬드는 헬기에서 내리자마자 곧바로 프리먼과 지평리 문제에 관해 진지하게 논하기 시작했다. 그는 즉시 철수하자는 프리먼의 건의와 그 이유를 듣고 나서 동의했다. 굳이 이 연대를 위태롭게 중국군의 손아귀에 둘 필요는 없다고 생각했다. 게다가 연대장도 이곳에서 버틸 수 있을지 자신이 없는 마당이었다.

아몬드는 철수에 동의 의사를 밝힌 후 헬기를 타고 떠났다.

프리먼은 즉시 참모진에게 철수 계획을 세우라고 명령했다.

그러나 프리먼이 자신의 짐을 싸고 있을 때 꿈에도 생각지 않은 명령이 떨어졌다.

"철수 불가, 지평리를 사수하라!"

리지웨이가 직접 내린 명령이었다.

그는 아몬드에게 이렇게 말했다.

"만약 지평리에서 철수한다면 먼저 자네를 해임하겠네."

지평리 사수 결정은 전반적 전세에 대한 리지웨이의 독특한 판단에서 나온 것이었고, 이로 인해 펑더화이는 리지웨이가 진정 상대하기 어려운 적수임을 깨달았다.

우선 리지웨이는 '선더볼트 작전'이 중국군의 횡성 반격으로 심각한 좌절을 겪지는 않을 것으로 판단했다. 미 제2사단과 한국군 제8사단은 단지 중국군이 요충지와 무관한 곳에서 저지전을 펼칠 때 그들이 시도한 최후의 저항으로 손실을 입은 것뿐이었다. 중국군 일부가 승리했다고 해서 전체적인 판도가 바뀐 것은 아니었다. 오히려 극단적인 어려움에 처한 상황에서 억지로 공격을 하다보니 중국군은 어려움이 가중되었다. 중국군의 횡성 반격 후에도 유엔군의 전선에 중대한 변화는 없었다. 따라서 최전방의 교통 요지인 지평리를 포기한다면 미 제9군단의 우익이 비게 될 것은 불 보듯 뻔했다. 이 경우 중국군이 여세를 몰아 공격해온다면 전체 전선이 균열되고 '선더볼트 작전'도 기대한 효과를 거두지 못할 가능성이 있었다. 리지웨이는 서울 철수 때 '안부'를 물었던 펑더화이 역시 이 점을 간파하고 있을 거라고 믿었다. 그래서 그는 이런 결론을 내렸다.

"적군이 이번 공세에서 성공을 거두려면 반드시 지평리를 점령해야 한다. 따라서 아군은 어떤 희생을 치르더라도 지평리를 사수해야 한다."

리지웨이는 제10군단에 세 가지 작전 명령을 내렸다.

1. 지평리의 미 제2사단 23연대는 지평리 진지를 사수한다.
2. 미 제10군단은 즉시 문막리에 있는 미 제2사단 28연대를 지평리로 보내 23연대를 증원한다.

3. 미 제9군단과 영국군 제27여단, 한국군 제6사단은 지평리와 문막리 사
  이로 이동해서 미 제10군단의 공백을 철저히 메운다.

자그마한 마을인 지평리는 공전의 혈전을 벌일 격전지로 결정되었다.

지평리는 지름 5킬로미터 정도 되는 작은 분지 안에 위치한 마을로 사방에
낮은 산들이 둘러싸고 있었다. 남쪽에 가장 높은 해발 297미터의 망미산이
있고, 서남쪽에 248고지, 북서쪽에 345고지, 북쪽에 207고지, 동북쪽에 212
고지가 자리잡고 있었다.

지평리 진지를 사수하라는 명령을 받은 프리먼 대령은 방어배치를 새로 하
기 시작했다. 원형진지가 물론 가장 이상적인 형태였지만 그 둘레가 최소 18킬
로미터나 되기 때문에 프리먼의 병력으로는 부족했다. 23연대의 병력은 프랑
스군 대대를 포함한 4개 보병대대와 1개 포병대대, 1개 전차중대로 구성되었
다. 전체 인원은 6000명 정도지만 원형진지 주변에 빈틈없이 병력을 배치하려
면 인원이 모자랐다. 프리먼은 청천강변의 방어진지에 생긴 빈틈으로 중국군
에게 허를 찔린 씁쓸한 경험이 있었다. 결국 프리먼은 지름 1.6킬로미터의 원
형 구획을 정해서 진지를 구축하기 시작했다.

미 제2사단 23연대가 완성한 지평리의 방어체계는 다음과 같았다.

1대대는 북쪽 207고지의 남단, 2대대는 남쪽 망미산, 3대대는 동쪽의 202고
지를 각각 맡았다. 프랑스군 대대의 진지는 지평리 서쪽에 평평하게 펼쳐진
논과 철도선 주변에 위치해 지형상 가장 불리했다. 각 대대는 빈틈없이 서로
연결되어 있었다. 그럼에도 불구하고 병력이 몹시 적다고 생각한 프리먼 대령
은 할 수 없이 예비대를 위험할 정도로 줄였다. 연대의 예비대로는 1개 중대
만 남기고, 각 중대의 예비대로 1개 소대만 남겨놓은 것이다. 사단과 멀리 떨
어진 주력연대 배후의 16킬로미터에 이르는 종심지대의 안전을 지키기 위해서
는 진지 중간의 방어선을 강화하는 수밖에 없었다. 프리먼은 원형진지 안에

155밀리 곡사포 6문, 105밀리 곡사포 18문, 연속 고사기관포, 전차 20대, 박격포 51문을 배치했다. 원형진지 최전방에는 전차로 에워싸고 참호를 팠으며, 보병의 공격을 막기 위해 지뢰와 조명탄을 빽빽하게 배치했다. 각 진지 사이를 연결하는 지역에는 모두 M-16 고사기관총과 전차를 배치해서 엄밀히 봉쇄했다. 심지어 중국군이 접근할 가능성이 있는 곳에는 물을 뿌려서 험준한 빙판을 만들어놓았다.

2월 13일 해가 지기 전, 23연대는 화포 시험사격을 마쳤다. 또 보병과 전차, 포병 간의 통신 연락체계를 시험하고, 충분한 탄약과 10일분의 식량을 비축했다.

날이 저물자 사방은 온몸이 오싹할 정도로 적막해졌다.

미군과 프랑스군 병사들은 각자 진지를 지키는 참호 안에서 예측할 수 없는 자신들의 운명을 기다리고 있었다.

중국군은 확실히 지평리를 공격하려고 했다.

중국군은 횡성 반격작전으로 만족스러운 성과를 거두었다. 특히 횡성에 있던 미 제2사단 부대가 철수를 시작했고, 한국군 제8사단의 전투력도 크게 손상되었다. 이런 상황에서 관례대로라면 지평리의 미군은 고립무원의 상태를 벗어나기 위해 남쪽으로 철수할 것이며, 그때를 틈타 공격한다면 더 큰 전과를 올릴 것임이 자명했다. 이밖에 당시 중국군은 지평리의 적군 정황에 대해 4개 대대도 안 되는 병력이 거의 도망쳤고, 적군이 의지할 것이라고는 일반 야전 참호뿐이어서 기름진 고기를 거저먹을 기회가 왔다고 판단하고 있었다.

중국군은 부정확한 추측과 맹목적인 낙관에 취해 적군을 얕잡아보았다. 이런 이유에서인지 지평리를 공격하는 부대는 임시로 조직한 잡탕 같았다. 공격전에 앞뒤로 투입하는 8개 연대는 제39군·40군·42군의 3개 군에서 차출했고, 통합 지휘는 제40군의 119사단이 맡았다.

쉬궈푸徐國夫 119사단장은 지휘 임무를 맡았을 때 도무지 납득이 가지 않았다. 그쪽 지형과 적군의 상황도 제대로 모르는 것은 차치하고 이렇게 마구잡이식으로 공격부대를 구성하고 119사단에 '전방 지휘'를 맡기는 것은 말이 되지 않았다. 게다가 쉬궈푸는 다른 부대의 상황을 전혀 알지 못했고, 부대에 통신 수단이 심각할 정도로 부족해 일단 전투가 시작되면 사실상 서로 협동하기 어려운 상태였다. 쉬궈푸는 적군의 상황과 지형을 파악하고 참전하는 각 부대와 소통하기 위해 전투 개시 시각을 미뤄달라고 요구했다. 특히 그는 119사단의 주력연대인 355연대의 귀환을 기다리고 있었다. 주력연대가 참전한다면 훨씬 든든하기 때문이다. 하지만 동부전선 지휘부는 그의 요구를 완강히 거절했다.

"적군은 1~2개 대대밖에 없을뿐더러 아마 일부는 벌써 도망쳤을 것이다. 신속히 적군을 공격해야 하기 때문에 더는 미룰 수 없다!"

지평리 공격이 예정된 시각은 2월 13일 오전이었다.

그러나 이때 지평리의 중국군은 공격을 개시할 수 없는 상황이었다. 쉬궈푸는 황급히 공격에 참가하는 지휘부 회의를 소집했다. 그러나 제40군 359연대장이 회의에 참석하지 않고 대신 정치위원을 보내자 그의 분노가 폭발했다. 제42군 375연대는 부연대장만 보냈지만, 다행히 부연대장이 지평리의 사정을 잘 알고 있었다. 그의 말에 따르면, 현재 지평리에는 1~2개 대대만 있는 것이 아닌 데다 적들이 도망친 흔적은 전혀 없고 오히려 진지를 사수하는 상황이라고 했다. 쉬궈푸는 즉시 이 사실을 상부에 보고했지만 아무런 대답도 듣지 못했다.

막 회의를 마친 쉬궈푸에게 또 충격적인 소식이 전해졌다. 지평리 공격에 함께하기로 했던 포병 42연대가 말이 놀라는 바람에 문제가 생겨 적의 공습을 받았고, 결국 제시간에 전투에 참가할 수 없게 되었다는 것이다. 이것은 가뜩이나 화력이 약한 중국군이 화포 지원도 전혀 받지 못한 채 수중의 무기로만 싸워야 한다는 것을 의미했다.

당시 제42군 125사단 375연대는 지평리로 접근하는 길에서 적군과 마주쳐 저지당했고, 제40군 119사단 356연대도 행동이 느려 제때 공격 지점에 도착하지 못했다. 결국 쉬궈푸가 지휘하는 방향에는 357연대와 359연대 2개 연대밖에 없었다.

교전 쌍방의 병력과 화력이 심각하게 균형을 잃은 가운데 2월 13일 저녁 무렵부터 지평리 공격이 시작되었다.

사실은 당시 몇몇 부대가 더 지평리 공격에 참가했지만, 열악한 통신 수단 때문에 서로 연락을 하지 못해 쉬궈푸는 그 사실을 모르고 있었다.

지휘는 혼선을 빚고 있었지만, 두려움을 모르는 중국군 병사들의 헌신은 포화로 붉게 물든 지평리의 밤에도 눈부신 빛을 발했다.

357연대 3대대 7중대는 중대장 인카이원殷開文과 지도원 왕위슈王玉岫의 지휘를 받아 화력이 작렬하는 적진으로 돌진했다. 돌격소대가 얼음 언덕을 넘을 때 적군이 맹렬한 총격을 가해 많은 인원이 전사했지만 병사들은 죽음을 불사하고 돌격을 감행했고, 마침내 적군의 최전방 진지를 점령했다. 그러나 이들은 미군의 맹공으로 곧바로 진지를 다시 빼앗겼고, 그 과정에서 인카이원이 희생되었다. 중국군과 미군이 서로 진지 쟁탈전을 벌이는 와중에 지도원도 전사했다. 극심한 병력 손실을 입은 7중대는 미군의 최전방에서 교전을 계속했지만 주진지에 접근할 수는 없었다. 359연대 9중대 지도원인 관더구이關德貴는 '폭파영웅'으로 유명했다. 그는 1차 전역에서 병사들을 인솔해 굳건히 진지를 지켜냈지만 네이팜탄 때문에 손과 발에 심한 화상을 입었다. 이번 공격에서는 돌격대를 이끌고 맨 앞에서 돌진했다. 첫 번째 산을 공격할 때 팔에 부상을 입었고, 두 번째 산을 공격할 때는 다리에 총탄을 맞아 솜바지와 솜신발에 피가 흥건하게 배어들었다.

쉬궈푸가 지휘하는 2개 연대는 날이 밝을 때까지 전투를 계속했지만 적군의 주진지는 한 귀퉁이도 점령하지 못했고 예상보다 훨씬 많은 사상자가 발생했다.

제39군 115사단은 지평리 전투에 참가하라는 명령을 받았을 때 사단 전체가 모두 싱글벙글했다. 지평리에 적군이 많지 않다고 하니 큰 공을 세울 수 있을 거라는 생각 때문이었다. 따라서 2월 13일 작전계획을 세울 때 사단장 왕량타이는 344연대를 1제대로, 343연대를 2제대로, 345연대를 예비대로 해서 공격하자고 주장했다. 그러나 343연대장 왕푸즈는 생각이 달랐다. 격전의 명수인 그는 자신이 2제대에 속한 것이 못내 불만인 데다 다른 심산이 있었다. 지평리에 적군이 그렇게 적은데 344연대 뒤를 따라 공격한다면 무슨 공을 세울 수 있겠는가? 그래서 그는 343연대와 344연대가 함께 공격하자고 제안했다. 사단장과 정치위원은 의견을 교환한 뒤 왕푸즈의 제안에 동의했다.

황혼 녘, 343연대는 공격을 개시했다. 첫 번째 산을 함락시킨 뒤 그들은 사단 지휘부에 보고했다.

"지평리를 공격했습니다!"

"공격해서 점령하라!" 사단 지휘부가 답신했다.

왕푸즈는 다시 지도를 펼쳐 확인하면서 자신의 연대가 공격한 곳이 지평리가 아니라 지평리 외곽의 마산이라는 산이었음을 깨달았다. 더구나 포로를 심문해보니 더욱 의외의 사실이 밝혀졌다. 지평리에는 적이 별로 없는 것이 아니었다. 전차와 대포는 말할 것도 없고 병력만 6000명이 넘는다고 했다.

왕푸즈는 서둘러 이 사실을 사단 지휘부에 보고하고, 아울러 부대에는 날이 밝기 전 마산 외곽에서 적군이 반격해올 것에 철저히 대비하라고 명령했다.

지평리 전투에 참가한 제42군 126사단 376연대 역시 343연대와 똑같은 판단 착오를 범했다. 제39군에 배속된 이 연대는 지평리를 공격하라는 명령을 받고 연대장 장즈차오張志超가 즉시 부대를 인솔해 행동을 개시했다. 그들은 신속하게 공격 노선을 막고 있던 낮은 산 하나를 점령하고는 지도에 나온 노선대로 지평리로 쳐들어갔다. 방위와 행군 시간을 고려해서 지평리에 거의 도착했다고 생각했을 때 그들은 산골짜기에서 작은 마을 하나를 발견했다. 밤이었지만 탁 트인 평지며 가옥이며 도로며 철로가 지도에서 본 것과 일치했다. 그리하여 376연대는 조금의 망설임도 없이 바로 맹공을 퍼부었다. 첫 번째 전투의 포문을 연 것은 2대대였다. 연대 소속 포병은 적의 화력을 압도하는 공격을 퍼부었다. 3대대가 측면에서 협공했으며, 돌격분대의 병사들은 각각 10여 발의 수류탄을 마을에 투척했다. 마을은 삽시간에 불바다로 변했다. 이곳을 지키던 미군은 더 이상 버티지 못하고 어둠 속으로 달아났다. 흥분한 장즈차오는 즉시 사단 지휘부에 승전보를 전했다.

"우리가 지평리를 점령했습니다!"

지휘부는 이 소식을 듣고 매우 기뻐했다. 몇 개의 연대만으로 지평리를 이렇게 쉽게 점령하다니! 그들은 지평리전투가 끝났다는 생각에 지평리 공격 준비를 하던 377연대에 진군을 멈추라고 명령했다.

126사단장 황징야오黃經耀는 노련한 지휘관이었다. 그는 생각할수록 뭔가 이상했다. 일이 그렇게 수월하게 끝날 리가 없었다. 그래서 장즈차오에 전화를 걸어 물었다.

"자세히 살펴보게. 도로는 남서쪽 방향으로 나 있나? 철도는 분명 남동쪽 방향인가?"

"이곳 도로와 철로는 평행하게 남쪽으로 뻗어 있습니다."

황징야오는 순간 머리가 멍해졌다.

"장즈차오! 아주 큰 실수를 저질렀어. 자네가 점령한 곳은 전곡이라는 곳일세. 지평리는 전곡의 남동쪽에 있어. 즉시 지평리를 공격하게!"

376연대는 서둘러 부대를 집결시켜 1대대를 주력부대로 해서 진짜 지평리를 공격했다. 이들은 산포 7문과 박격포 23문을 지원받아 지평리를 연속 세 차례 공격했지만 포탄은 금방 떨어지고 희생된 병력을 만회할 방법이 없어 날이 밝을 때까지 아무런 성과도 얻지 못했다.

2월 14일 낮이 되었다.

하늘을 뒤덮은 미군기가 교대로 중국군의 모든 진지에 전에 없던 맹렬한 사격을 퍼붓고 폭탄을 투하했다. 중국군 병사들은 한국전쟁이 시작된 이후 손바닥만 한 하늘에 이렇게 많은 적기가 모인 것을 본 적이 없었다. 오전 내내 지속된 미군기의 폭격에 이어 지평리의 미군과 프랑스군이 전차와 보병을 출동시켜 중국군 진지에 호되게 매서운 반격을 가했다. 343연대 2대대가 있는 마산 진지에는 지평리에서 출동한 미군과 프랑스군이 사방에서 들이닥쳤다. 화력이 어찌나 센지 진지에 있는 중국군 병사들이 고개를 들지 못할 정도였다. 희생이 가장 컸던 2대대의 소대 및 분대 조직은 완전히 엉망이 되었다. 그리고 각기 다른 곳에서 밀려온 미군이 차례차례 중국군 진지로 돌격했다. 2대대장 왕사오보王少伯는 다급히 왕푸즈 연대장에게 전화를 걸었다.

"연대장님, 빨리 철수 명령을 내려주십시오. 그렇지 않으면 2대대는 전멸입니다!"

그러나 왕푸즈의 대답은 단호했다.

"진지를 잃는다면 자네 목을 자르고 말겠다!"

말을 끝낸 왕푸즈는 후회했다. 이런 상황에서 부하에게 그런 말을 해서는 안 되는 것이었다. 하지만 단호하게 지평리를 공격해야 하는 상황에서 마산의 지형은 돌격의 출발점으로 더할 나위 없었다. 그런 마산을 잃고 어떻게 싸워나가겠는가.

왕사오보는 병사들을 지휘해 진지에서 가까스로 낮 한나절을 버텼다. 막대한 인명 피해를 입긴 했지만 다행히 진지는 무사했다.

또다른 방향에 있는 359연대의 진지에는 몸 하나 숨길 곳도 없었다. 미군기는 왕복하면서 급강하 폭격을 가했다. 적기 중에는 미 해군 항공모함에서 날아온 것도 있고, 한국 부산공항에서 온 것도 있었다. 중형 폭격기는 일본 이타즈케 공군기지에서 날아왔다. 적기는 아주 낮은 고도로 지나갔기 때문에 귀청이 떨어질 듯한 굉음이 들렸다. 359연대의 진지와 인접한 고지는 여전히 미군의 수중에 있었다. 그들은 전차의 직사포와 M-16 고사기관총을 사용해 고지에서 가까운 중국군의 진지에 사격을 가했다. 중국군 병사들의 사격은 완전히 막혀버렸기 때문에 속수무책으로 당하고 있을 수밖에 없었다. 연대장 리린이李林一가 막 전화로 각 대대에 '진지 사수' 명령을 하달하던 참에 전화선이 폭격으로 끊기고 말았다. 최전방의 3대대와 연락을 취하고 싶었지만, 끊임없이 이어지는 폭격 때문에 불가능했다. 리린이는 통신중대에 명령을 내렸다.

"전화선을 반드시 연결하라!"

그 결과 7명의 전화병이 임무 도중 희생당해 한 명도 살아 돌아오지 못했다.

마침내 날이 저물었다. 낮 동안 버텨낸 중국군 병사들이 지평리 주진지를 공격할 시각이 다시 돌아왔다.

2월 14일 밤, 지평리전투에 참가한 중국군 각 연대가 모두 모였다. 그들은 각지에서 한데 모여 2제곱킬로미터도 안 되는 작은 원형진지에 끝도 없는 공격을 시작했다.

미 23연대 각 대대의 최전방에서는 포탄과 수류탄이 연이어 터지면서 격전이 벌어졌다. 중국군 병사들은 미군이 배치한 방어막을 한겹 한겹 뚫고 두려움 없이 전진했다. 앞에 가던 병사가 쓰러지면 뒤에 있는 병사가 그 시체를 밟고 전진했다. 원형진지 곳곳에 중국군 병사의 그림자가 부산히 움직이고 있었다. 그들의 형체는 솜옷을 입어 몹시 둔해 보였지만 실제로 전진할 때는 매우 날쌔고 맹렬했다. 미군의 모든 전차와 화포는 가장 민첩한 속도로 사방에 화염을 뿜어댔다. 중국군의 공격이 있는 곳에는 총알이 비 오듯 쏟아졌다. 한밤중이 가까워올 무렵, 격전은 최고조에 달했다. 땅 위에 흐르는 선혈은 전장 상공으로 5분마다 솟아오르는 밀집한 조명탄 아래 환히 드러났고, 수십 개의 예광탄이 뿜어낸 빛의 띠들이 연속해서 평행하게 이어지거나 서로 교차하면서 하얀 조명탄 빛을 뚫고 지나갔다. 미군을 지원하는 야간비행기가 투하한 낙하산 조명탄은 더욱 눈부신 빛을 발하며 거대한 초롱처럼 지평리에서 교전하는 쌍방 병사들의 머리 위에서 오랫동안 이리저리 흔들리고 있었다.

망미산 방향의 미군 진지는 한밤중에 함락되었다. 2대대 G중대 1소대에는 스미스 중사 한 명만 살아남았고, 3소대 역시 여섯 명밖에 남지 않았다. 대대장 제임스 에드워즈James W. Edwards의 엄명으로 중대장 토머스 히스Thomas Heath는 연대 예비대에서 뽑은 특별소대와 전차 몇 대를 보충한 뒤 중국군에 반격을 시작했다. 그러나 미군을 엄호하는 박격포가 중국군의 화포에 제압당해 그리 멀리 나아가지 못했을 때 이미 6명의 사상자가 생겼다. 계속 전진하고 있을 때 측면에서 중국군의 총탄이 날아들었다. 옆에 있던 진지도 중국군에게 점령당했던 것이다. 돌격소대는 금세 전원이 죽거나 부상당했고, 히스 중대장은 직접 병사들을 이끌고 돌격하다가 결국 흙두렁에서 총탄에 맞아 쓰러졌다. 한 병사가 그를 잡아당겨 반대 방향으로 끌고 갔는데, 뒤따라가던 한 대위는 조명탄 불빛 아래 그 병사의 팔이 찢어져 피부가 너덜거리는 광경을 목격했다. 그런데도 한쪽 팔로 가슴에 총탄을 맞아 정신을 잃은 히스 중대장을 끌고 갔던 것이다. 이때 중국군이 또 한 차례 공격을 시작했고, G중대에서 살아서 원형진지로 돌아간 병사는 몇 명 되지 않았다.

지평리 원형진지에서 밤새 중국군과 혈전을 벌인 부대 중에는 프랑스군 대대도 있었다. 이 대대의 지휘관은 랄프 몽클라르Ralph Monclar 중령본명은 라울 샤를 마그랭 베르느레Raoul Charles Magrin-Vernerey이었다. 몽클라르 중령은 전기적傳奇的 색채가 물씬한 프랑스 군인으로, 그의 군복에는 각종 훈장이 빼곡히 달려 있었다. 그는 참가한 전투에서 16차례나 부상을 당했고, 당시에도 한쪽 다리를 심하게 절었다. 한국전쟁이 시작됐을 때, 그는 프랑스 외인부대의 감찰장으로 계급은 중장이었다. 그는 프랑스 군대를 이끌고 한국전쟁에 참전하는 것을 특별한 영광이라 여겨 자원해서 계급을 중령으로 낮췄던 것이다.대한민국 2012년 2월의 6·25 영웅으로 선정했다. 중국군이 공격을 개시하자 이 노중령은 즉시 나팔수에게 경보 사이렌을 울리도록 명령했다. 귀신이 울부짖는 듯한 날카롭고 처량한 사이렌 소리가 밤하늘에 울려 퍼졌다. 프랑스 병사들은 모두 머리에 철모가 아닌 붉은 두건을 쓰고 있었고, 소리 높여 "카메로네Camerone"라고 외쳐댔다. 카메로네는 멕시코의 시골 마을 이름인데, 1863년 이 마을에서 65명의 프랑스 외인부대 병사들이 2000여 명의 멕시코 군대와 전투를 벌여 모두 전사했으며 한 명도 투항하지 않았다. 이 프랑스군 대대의 병사 대부분은 외인부대 출신의 노병들이었다. 그들은 중국군과 육탄전을 벌이는 동시에 최전방에서 도망쳐 내려오는 미군 병사들의 엉덩이를 걷어차며 말했다.

"빌어먹을, 산꼭대기로 다시 올라가! 어차피 죽을 거라면 거기서 죽어!"

그러나 프랑스군의 반격도 연속 실패했기 때문에 프리먼 연대장은 할 수 없이 예비대를 사용해서 벌 떼처럼 몰려드는 중국군을 막았다.

G중대의 진지가 함락되었기 때문에 원형진지는 이미 중국군의 공격으로 큰 구멍이 나서 원형이 오목한 모양으로 바뀌었다.

지평리 원형진지가 위기를 맞았을 때, 23연대장 프리먼 대령은 팔에 총상을 입었다.

이 중요한 시각에 중국군이 가장 보고 싶지 않은 일이 일어났다. 날이 다시 밝은 것이다.

지평리 혈전과 동시에 벌어진 참혹한 전투가 또 있었다. 중국군은 미군이 지평리로 지원군을 보내는 방향을 막고 저지전을 벌였다. 이곳에서 중국군 병사들은 미군의 전차부대를 맞아 온몸으로 막아내며 치열한 혈전을 치렀다.

2월 13일, 지평리에서 중국군의 공세가 시작되었을 때 리지웨이는 미 제2사단 28연대를 지원군으로 보내라고 명령했다. 28연대는 얼마 못 가서 중국군의 저지를 받았고, 양측의 격전은 교착상태에 빠졌다.

2월 14일, 지평리의 프리먼 대령에게서 걸려온 수차례의 지원군 요청 전화 때문에 리지웨이는 마음이 산란했다. 2차 지원군을 보내 포위당한 23연대를 구하는 수밖에 없었다. 하지만 미 제10군단의 정면에는 지원군으로 보낼 부대가 없었다. 남은 것은 예비대뿐이었다. 전쟁 중에 방어하는 쪽에서 예비대를 동원한다는 것은 전체 방어선의 병력 안배가 이미 변통하기 어려운 상황임을 의미한다.

아몬드는 나중에 제10군단 정면의 방어선은 지평리가 돌출해서 원주와 지평리 간에 큰 공백이 생겼으며, 만일 중국군이 그렇게 지평리를 집중 공격하지 않고 지평리를 포위 공격하는 동시에 원주 방향으로 횡성 반격작전 규모의 맹공을 퍼부었다면 유엔군의 동부전선은 완전히 붕괴되었을 것이라고 말했다.

아몬드의 말에도 일리가 있었다. 그러나 그는 자신의 상관인 리지웨이처럼 중국군의 '일주일 공세' 규칙을 꿰뚫어보지는 못했다. 횡성 반격작전 당시에는 미 제2사단과 한국군 제8사단이 공격을 당해 후퇴했기 때문에 원주 방어선에 위험한 공백이 생긴 것이다. 그러나 중국군이 횡성 반격전을 발동한 날로부터 지금은 이미 며칠이 흘렀다. 중국군은 대규모 공격을 8일밖에 지속할 수 없었다. 그리고 대규모 공격을 마친 뒤 새로운 공세를 취하기까지는 최소한 한 달에서 두 달의 준비 기간이 필요했다. 따라서 당시 중국군이 공세를 계속할 가능성은 없었다. 중국군이 대규모 공세를 지속할 능력이 있었다면 그때까지 기다리지도 않았을 것이며, 아몬드를 포함한 모든 유엔군은 이미 배를 타고 한국을 떠나야 했을 것이다.

리지웨이는 미 제1기병사단 5기병연대를 즉시 지평리로 보내면서 적의 저항이 얼마나 거세든 간에 반드시 지평리로 돌진하라고 명령했다. 그는 어떤 대가를 치르고서라도 반드시 지평리를 지키겠다고 결심했다.

미 제1기병사단 5기병연대장은 마르셀 크롬베즈Marcel Crombez 대령이었다. 2월 14일 오후, 5기병연대는 지평리 남쪽으로 6킬로미터 떨어진 곳에 집결했다. 5기병연대는 여러 병력이 섞인 부대였다. 2개의 야전포병대대와 M-46 중형전차를 갖춘 전차중대, MA-76G형 전차 2대를 갖춘 전차소대, 1개 공병중대, 지평리에 지원할 각종 물자를 실은 대형차량부대, 그리고 지평리에서 전사한 미군 병사를 처리할 위생중대 등으로 구성되었다.

지평리의 위급 상황을 고려해서 밤에는 전투하지 않는다는 미군의 관례를 깨고 지원부대가 2월 14일 오후 5시에 출발했다.

전차가 앞뒤에서 엄호하고, 중간에 보병·포병·공병과 차량부대가 행군하는 지원부대의 대열은 좁은 흙길에서 3킬로미터나 이어졌다.

약 1킬로미터쯤 전진하자 도로의 다리가 중국군에 의해 폭파되어 있었다. 모든 부대가 멈춰서 공병이 다리를 수리할 때까지 기다려야 했다. 이때 중국군은 5킬로미터 떨어진 지평리에서 가장 맹렬한 공격을 퍼붓고 있었다. 부상을 입은 프리먼 대령은 전화로 크롬베즈 대령에게 외쳤다.

"빨리 여기로 와주시오!"

그러나 폭파된 다리를 잇는 작업은 밤새 계속되었다.

2월 15일 새벽, 5기병연대는 다시 출발했다. 막 다리를 건너자마자 중국군의 저지 공격이 시작되었다. 양쪽 고지에서 쏟아지는 화력 공격으로 5기병연대는 또 멈출 수밖에 없었다. 낮이 되자 5기병연대는 미군기의 지원을 받아 도로 양쪽의 고지를 향해 전진할 수 있었고, 1대대·2대대와 포병대대의 화포 36문의 엄호를 받아 3대대와 차량부대가 도로를 따라 전진했다.

미 제1기병사단 5기병연대를 저지한 것은 중국군 제39군의 116사단과 제42군의 126사단이었다.

이것은 아마도 미 제1기병사단이 한국전쟁 참전 후 맞닥뜨린 가장 완강한 저지전이었을 것이다. 중국군은 도로 양쪽의 모든 유리한 지형을 점령하고 높은 곳에서 아래로 사격을 가했다. 비록 그들의 화력은 미군에 비할 바가 아니었지만 중국군의 박격포는 매우 정확한 명중률을 보였다. 도로에 있는 차량부대와 전차부대는 가장 먼저 목표물이 되었기에 사상자가 많았다. 5기병연대 1대대와 2대대는 양쪽 고지로 나누어 돌격했고, 공중 화력을 지원받아 하나하나 고지를 차지했으나 고지를 점령하면 또다시 반격에 막히고는 했다. 크롬베즈 대령은 당시 상황을 이렇게 회고했다.

"중국군은 막대한 사상자를 냈지만 공격하면 할수록 끊임없이 몰려오는 듯했다. 그들의 인내력과 죽음을 두려워하지 않는 의지는 정말 놀라웠다."

미군 전쟁사료에서는 당시 중국군의 저지전을 이렇게 평가하고 있다.

"매우 단호했고, 몹시 완강했다."

5기병연대와 중국군 저지부대의 교전은 정오까지 계속되었고, 지원부대는 한 걸음도 나아가지 못했다.

프리먼의 23연대는 여전히 지평리에서 중국군의 공격을 받고 있었다. 이번에 중국군은 낮에도 공격을 멈추지 않았다. 지평리의 전세는 참으로 심상치 않아 보였다. 지원군인 5기병연대는 중국군의 저지를 받아 전진하지 못했고, 리지웨이와 프리먼 사이에 낀 크롬베즈 대령은 호된 질책을 받고 있었다. 정오가 되었을 때, 크롬베즈 대령은 군법으로 처리되지 않으려면 세 번째 선택밖에는 없다는 결론을 내렸다.

지평리까지는 5킬로미터밖에 남지 않았다. 하지만 그렇게 가까운 거리가 무척이나 멀게만 느껴졌다.

마지막에 크롬베즈 대령은 물자를 가득 실은 트럭도, 중국군과 싸우고 있는 병사들도, 심지어 포병들까지 내버려두고 자신이 직접 전차분대를 이끌고 두터운 장갑裝甲에 의지해 지평리로 돌격하기로 결심했다.

크롬베즈는 죽기를 각오했다.

오후 3시, 전차분대가 조직되었다. 총 23대의 전차가 출동하고, 4명의 지뢰 제거 공병이 두 번째 전차에 탑승했다. 전차중대의 중대장이 네 번째 전차에서 전차의 전진을 지휘하고, 크롬베즈 대령은 다섯 번째 전차에서 총지휘를 맡기로 했다. 3대대장과 L중대장은 여섯 번째 전차에서 보병을 지휘하고, 3대대 L중대의 병사 160명은 뒤의 전차들 위에 나누어 올라타 따라가기로 했다.

이와 동시에 1대대와 2대대는 도로 양쪽에서 엄호하고, 포병은 포탄을 아낌없이 사용해서 중국군의 화력을 막기로 했다. 크롬베즈 대령은 공군 폭격기에 도로 양쪽의 비탈면을 향해 최대한 폭격해줄 것을 요구했다.

전차분대의 맨 뒤에는 부상자들을 실을 트럭이 뒤따랐다. 이 트럭이 지평리까지 돌파할 수 있을지는 순전히 운에 달렸다.

크롬베즈는 프리먼에게 전화를 걸었다.

"운송중대와 보병은 함께 가지 못할 것 같소. 나는 전차분대로 돌격하려고 하는데 어떻소?"

"다른 사람은 몰라도 당신은 반드시 와야 하오!"

45분 후, 최후의 승부를 건 전차분대가 출발했다.

미군 폭격기는 전차분대가 전진하는 도로에 있는 모든 고지에 맹렬한 폭격을 가했다. 도로 양쪽에 있는 미군 2개 대대는 중국군의 저지공격을 견제하기 위해 전력을 다했다. 연락기는 공중을 선회하면서 포병의 사격을 인도하고 전방의 상황을 보고하는 임무를 맡았다. 전차분대의 모든 전차는 각각 50미터의 간격을 유지해 전차 행렬은 1.5킬로미터 길이로 늘어섰다.

지평리와 가까운 곳에 곡수리라는 마을이 있었다. 전차분대가 막 마을의 집을 발견했을 때 중국군의 박격포 공격을 받았다. 매서운 공격 때문에 전차 행렬이 멈춰 섰다. 상공의 비행기와 지상의 전차가 아무리 화력 공격을 퍼부어도 중국군의 총알은 비 오듯 쏟아졌다. 전차 위에 올라탄 보병은 전차의 전진을 엄호하는 임무를 맡았지만 재빨리 전차에서 뛰어내려 길가에 있는 눈구덩이 안으로 몸을 숨겼다. 크롬베즈 대령은 확성기에 대고 "우리가 중국군 수백 명을 죽였다"고 큰 소리로 외쳤지만 전차 위 보병들의 도주를 막을 수는 없었다. 전차가 다시 출발했을 때는 두 명의 장교를 포함해 수십 명의 보병이 도주한 뒤였다.

곡수리는 조그만 시골 마을로, 도로가 마을 중앙으로 통했다. 중국군은 마을 양쪽의 고지에서 마을로 진입하는 전차분대에 사격을 가하고 수류탄을 던졌다. 전차는 공격에도 끄떡없었지만 전차 위에 있던 보병들은 몸을 숨길 곳이 없었다. 일부 중국군은 도로 양쪽의 집 지붕에서 전차 위로 뛰어내려 미군 병사들과 격투를 벌였고, 전차 위에 폭약을 설치해 폭파시키기도 했다. 전차 중대장은 화염에 휩싸인 전차를 보고 멈춰서 중국군에 반격을 가하자고 했지만 크롬베즈 대령은 이를 거부했다.

"전진하라! 멈추면 끝장이다!"

곡수리 마을을 통과하는 과정에서 전차분대의 전차 몇 대가 파괴되었고, 전차 위에 올라탔던 160명의 L중대 병사는 60명만이 남아 있었다.

지평리를 2킬로미터 남겨두고 전차분대는 험준한 협곡 어귀를 지나갔다. 이곳은 망미산 우측 산허리를 뚫어 만든 매우 좁은 길이었다. 전체 길이는 140미터, 양옆 벼랑의 높이는 15미터에 달했고, 도로 폭은 전차 한 대가 겨우 통과할 정도였다.

전차분대의 첫 번째 전차가 협곡 어귀에 진입하자 중국군이 발사한 대전차 로켓탄이 전차의 포탑에 명중했다. 4명의 공병이 탑승한 두 번째 전차가 협곡 어귀에 들어서자 로켓탄과 폭파통이 전차의 양옆에서 동시에 터졌다. 가장 큰 피해를 입은 것은 전차중대장이 탑승한 네 번째 전차였다. 로켓탄 한 발이 명중되어 운전병 한 명을 제외하고 전차중대장 조니 하이어스Johnny Hiers를 포함한 나머지는 모두 전사했다. 다행히 살아남은 운전병이 가속장치를 최대한도로 가동해 파괴된 전차를 몰았기에 협곡 어귀의 좁은 길이 막히는 상황을 피할 수 있었다.

협곡 어귀를 빠져나온 전차는 방향을 돌려 중국군을 제압했고, 아직 어귀를 통과하지 못한 전차도 뒤에서 중국군을 향해 발포했다. 대오 맨 뒤의 부상자 트럭은 이곳에 이르러 파괴되었고, 부상자들은 모두 행방불명되었다.

협곡 어귀를 빠져나온 크롬베즈 대령은 지평리 외곽에서 사격하는 미군 전차와 중국군과 혼전을 벌이고 있는 미군 병사들을 발견했다. 그는 즉시 지평리의 미군 전차와 합류해서 지평리를 포위하고 있는 중국군 진지를 포격하라고 명령했다.

지평리의 미 23연대는 제1기병사단 5기병연대가 도착했다는 소식을 듣자 천군만마를 얻은 듯 환호했다. 그러나 사실 지평리에 도착한 미 제1기병사단 5기병연대의 병력은 전차 10여 대와 23명의 보병에 불과했고 그나마 23명의 보병 중 13명이 부상자였다. 전차는 지평리까지 오는 동안 탄약을 다 쓰고 말았다. 따라서 구사일생으로 살아온 크롬베즈 대령의 전차분대는 사실상 23연대에 심리적인 안정을 주었을 뿐 군사적으로는 별다른 힘을 실어주지 못했다.

다행히 2월 15일 오후 중국군이 공격을 중지했다.

지평리 공격 중지는 중국군 하급 지휘관들의 결연한 요구로 결정된 사항이었다.

중국군의 전쟁사에서 하급 지휘관들이 전투 중에 상급 지휘관에게 '전투 중지'를 요구한 예는 거의 없다. 지평리는 특수한 경우였다.

지평리전투에서 불만이 가장 많았던 사람은 제39군단장인 우신취안이었다.

2월 6일, 제42군에 역량을 집중시켜 지평리를 공격하라는 상부의 명령이 하달되었다. 그러나 제42군은 지평리와 아주 멀리 떨어져 있어서 이 명령을 집행할 수 없었다. 나중에 제40군과 제42군이 각각 1개 사단을 파견해 지평리를 포위하라는 명령이 내려졌지만, 마지막에 포위한 곳은 북쪽과 서쪽뿐이었다. 동쪽과 남쪽 방향에 중국군 부대가 없는데 이것이 무슨 포위란 말인가? 원래의 명령은 제39군의 115사단과 116사단이 한강 북쪽 기슭을 따라 동쪽으로 진격하고 117사단은 용두리로 집결하는 것이었다. 그러나 실제로는 집결하기도 전에 117사단은 또 남쪽으로 진격하라는 명령을 받았다. 횡성 반격작전이 마무리된 뒤 115사단은 명령을 받아 서쪽으로 진격해 동쪽에서 지평리를 공격하고 부대 앞뒤로 큰 원으로 에워쌌다. 이렇게 급하게 부대를 동원하면 전투뿐 아니라 부대의 전력에도 큰 차질이 생길 수밖에 없다. 115사단은 지평리에서 멀리 떨어져 있었기 때문에 2월 12일 오후 3시가 되어서야 마산을 공격했다. 하지만 그때 지평리의 서쪽과 북쪽 양방향에서는 총성이 전혀 울리지 않았고, 나중에야 제40군과 제42군이 초저녁에서 자정까지만 공격을 하고, 자정 이후로는 공격을 중지했다는 것을 알았다.

2월 15일 오전, 우신취안 군단장은 지평리전투에 참가한 3개 사단이 일률적으로 제40군의 지휘를 받아 움직이라는 명령을 받았다. 그러나 우신취안은 명령대로 이행하면 매우 불리하다는 생각이 들었다. 덩화의 지휘부가 3개 사단을 통합 지휘하면 어려운 상황이 닥쳤을 때 어떻게 지휘권을 바꾼다는 말인가? 게다가 덩화는 전화로 2월 16일에 반드시 지평리를 점령하라고 명령했다. 지평리를 지키고 있는 미군 병력은 원래 예상했던 것처럼 적은 수가 아니었다. 6000명이 넘는 데다 방어진지도 매우 견고해서 아군의 야전 작전으로는 꿈쩍도 하지 않았다. 게다가 적군은 비행기며 대포며 전차의 화력이 아주 맹렬한데, 아군은 공격에 참가한 3개 사단의 모든 화포를 합쳐봐야 겨우 30여 문이었다. 병력과 화력의 차이가 이렇게 뚜렷한데 무슨 수로 16일에 지평리를 점령한단 말인가? 게다가 사상한 병사가 무척 많았다. 더 이상 이렇게 사상자가 나도록 둘 수는 없었다.

덩화 지휘부가 제40군에 전화를 걸어 군단장 원위청에게 지평리 공격 지휘를 일임하고 "16일에 반드시 지평리를 점령하라"고 요구했을 때, 원위청은 며칠 동안 쌓인 불만이 폭발하고 말았다. 전투 경험이 풍부한 이 군단장은 이번 지평리전투는 협동이 이루어지지 않은 지리멸렬한 싸움이며, 아군의 단점으로 적군의 장점을 상대해 이길 수 없는 싸움이니 즉시 물러나야 한다는 의견을 명확히 밝혔다.

원위청 군단장은 직접 덩화에게 전화를 걸어 전투에서 철수할 것을 분명히 건의했다.

덩화는 원위청에게 전화를 끊지 말라고 이른 뒤 즉각 펑더화이에게 그의 건의를 보고했다.

펑더화이는 원위청의 건의에 동의를 표했다.

2월 15일 오후 6시 30분, 지원군 총사령부는 덩화 지휘부의 전보를 받았다.

각 방향의 적이 모두 북쪽으로 지평리를 지원해서 5기병연대가 이미 곡수리에 도착했다. 오늘 오후 전차 다섯 대가 지평리에 당도했는데, 만일 아군이 다시 지평리의 적을 공격한다면 완전히 수동적 상황에 처해 기동성을 발휘할 수 없게 될 것이기에 지평리 공격을 중지하기로 결정했다. 이미 제 40군을 석우·고송·월산리와 그 북쪽 지구로 이동시켰다. 제39군은 신구창리·금왕리·상하계림 지구로 이동시켰다. 제42군은 섬강 북쪽 기슭의 원벌리·장산현 북쪽 지구로 이동시켰다. 제66군은 원주 북동 지구로 이동했다. 126사단은 다문리·대홍리와 그 북쪽 지구로 이동하고 일부는 주읍산을 통제하도록 했다. 각 군이 집결한 후 기회가 있으면 이동 중 적을 섬멸할 것이다. 시간이 촉박해서 총사령부의 답신을 기다리지 못하고 실행에 옮긴다.

이렇게 지평리전투가 끝났다.

지평리전투에서 중국군은 어마어마한 사상자를 냈다. 전투에 참여한 8개 연대 가운데 제40군 소속 3개 연대의 사상자만 해도 1830여 명에 달했다. 359연대 3대대 병사들은 거의 모두 전사했다. 3대대장 뉴전허우牛振厚는 병사들의 시체가 널린 진지를 절대 못 떠난다고 버티다가 결국 강제로 끌려갔다. 357연대장 멍쥐화孟灼華는 사상자 현황을 상부에 보고하다가 몹시 고통스러워 슬픔에 목이 메었다.

중국군은 지평리 공격에 실패했다.

전후에 지원군 부사령관 덩화는 이번 전투의 패인을 깊이 분석했다.

2월 15일 밤, 하늘에서는 눈이 내렸다.

이날 밤 지평리의 원형진지에서는 잔뜩 긴장한 미군과 프랑스군이 중국군의 공격을 기다리고 있었다. 큰 눈이 내리는 가운데 원형진지 주위는 칠흑같이 어두웠다가 갑자기 횃불이 빽빽이 나타났지만 중국군의 공격은 없었다. 횃불은 지평리 진지 주위에서 밤새 흔들렸다. 날이 밝았을 때 흰 눈이 뒤덮인 세상은 고요했다.

2월 15일 밤에 중국군 병사들은 횃불을 밝히고 전사한 장병들의 시신을 찾아 옮기고 있었다. 찾지 못한 시신은 쌓이는 눈에 금세 묻혀버렸다.

중국군은 부상자와 전사자의 시신, 사로잡은 포로들을 데리고 북쪽으로 철수하기 시작했다.

제39군 지휘부는 철수하면서 일주일 전 횡성 반격작전에서 117사단이 미제2사단 9연대를 섬멸했던 학곡리를 지나갔다. 그곳 도로에는 여전히 전차와 차량의 잔해가 가득했고, 미군 병사들의 시신이 눈 위에 즐비했다. 시신의 대부분이 미군이 투하한 네이팜탄 때문에 숯덩이가 되어 있었다.

약 40년 후, 한국에서 한국전쟁 관련 자료를 수집하던 미국의 한 역사학자가 특별히 지평리를 방문했다. 그는 어느 한국 노인에게서 자신이 당시 이곳에 중국인민지원군 병사의 시신을 묻은 적이 있다는 말을 들었다. 노인이 제공한 단서에 근거해서 미국 역사학자는 북위 37도선 부근에서 중국군의 유해 19구를 발굴했다. 유해 주변의 동토에서 중국군 병사들이 사용하던 군장이며 총알이며 물병이며 칫솔이며 고무창을 댄 신발 등의 유품도 발견되었다.

1989년 5월 12일, 중국 신화사新華社는 다음과 같은 기사를 타전했다.

최근 남한 영토에서 발견된 중국인민지원군 열사들의 유해 안장식이 오늘 오후 북한 군사분계선 변경 도시 개성에 있는 중국인민지원군열사능원에서 거행되었다. 열아홉 구의 열사 유골은 오늘 오전 판문점에서 열린 군사

정전위원회 제495차 비서장 회의에서 군사정전위원회 유엔군 측이 북한과 중국 측에 인도했다. 이는 한국전쟁 정전 이후에 남한에서 한 번에 발견된 지원군 열사 유골로는 가장 많은 숫자다. 유골과 함께 발견된 지원군 열사가 사용했던 각종 유물 수백 점도 북한과 중국 측에 전달되었다.

분노한 펑더화이

지평리전투가 끝난 뒤 중국군 제39군 115사단 344연대 2중대 문화지도원 리강李剛의 이름이 열사 명단에 포함되었다. 리강의 소속 부대에서는 그를 위한 추도식을 열었다. 전우들은 그를 위한 추도사를 부대의 소형 신문에 실었다.

그러나 리강의 전우들은 1년 후에야 그가 죽지 않았다는 사실을 알게 되었다.

115사단이 지평리를 공격하라는 명령을 받았을 때, 문화지도원이었던 리강은 전장의 들것부대 부대장으로 지명되었다. 부대의 공격이 심각하게 저지되고 수많은 사상자가 발생하자 리강은 자진해서 폭파조에 참가했다. 그는 몇 명의 병사와 함께 미군 토치카를 폭파시켰는데, 토치카 안에서 살아남은 미군 병사가 갑자기 그에게 총을 쏘았다. 총알은 그의 왼쪽 무릎관절에서부터 허벅지를 관통해 허벅지 살이 30센티미터 정도 찢어졌고, 뼈가 밖으로 드러났다. 리강은 극심한 고통을 견디며 각반으로 솜바지까지 함께 동여매 상처를 감쌌다. 그때 부대는 지평리에서 이미 철수를 시작한 상태였다.

전우들은 돌아가며 리강을 업고 철수했다. 같은 후난 성 출신인 전우는 심각한 부상을 입은 그를 보고 눈물을 흘렸다. 전장에서 철수한 지 얼마 되지 않아 철수 행렬이 미군 비행기에 노출되어 곧바로 폭격과 기총소사를 당했다. 네이팜탄 하나가 리강의 주변에서 터져 그는 산골짜기로 굴러떨어진 뒤 그만 의식을 잃고 말았다.

얼마 후, 뼈저린 한기를 느끼면서 리강은 서서히 정신을 차렸다. 눈이 내리는 것 같았다. 온몸이 꽁꽁 얼었고, 피도 다 빠져나간 것 같았다. 화포 소리와 사람들의 함성도 들리지 않았다. 정적만이 그를 휘감고 있었다.

꼼짝도 할 수 없던 그는 눈 속에 완전히 파묻히고 말았다.

리강의 전우들이 그를 찾을 수 없었던 것은 아마도 그가 폭설 속에 파묻혔기 때문일 것이다. 철수하는 길에 모든 중대원이 그를 걱정했다. 누군가는 리강이 다리가 절단되었을 뿐 아니라 창자도 관통당했다고 했고, 나중에 온 누군가는 리강이 들것에 실려 치료소로 가는 것을 보았다고도 했으며, 또다른 누군가는 치료소에서 네이팜탄 폭격을 당했다고도 했다. 어쨌든 리강이 전장에서 빠져나온 것을 본 사람은 아무도 없었다.

며칠 후, 344연대는 리강이 이미 전사했다는 판단을 내렸다. 그래서 344연대의 보위 담당자 리자쉬李家詳가 리강의 추도식에서 쓸 추도사를 작성했다.

리자쉬가 추도사를 쓰고 있을 때, 344연대의 또다른 2개의 낙오대 병사들은 폭설 속에서 부대를 따라갈 길을 찾고 있었다. 그들이 산골짜기를 지나갈 때, 뭔가를 밟은 것 같아 눈을 파헤쳐 보니 사람이었다. 눈 속의 사람은 중국군 간부복 차림에 가슴팍에는 공산당원의 표시가 있었다. 두 명의 병사는 그의 상처를 살펴본 뒤 부상당한 다리를 다시 싸매주었다. 상처를 싸매고 있는데 갑자기 그가 깨어났다.

"왜 나를 묶는 거요? 왜 묶는 거요?"

"우리도 공산당원이오. 우리가 살아 있는 한 당신을 그냥 버려두고 갈 수는 없소."

리강은 생면부지의 전우들에게 이끌려 하염없이 눈 내리는 밤에 힘겨운 행진을 시작했다.

날이 밝자 이들은 어느 작은 마을에 들어가 한국 노인과 그의 젊은 딸, 그 밖에 또 조선인민군의 여자 군의관을 만났다. 여군의관은 즉시 리강의 상처를 치료해주었다. 그러나 당시 리강의 다리는 상처보다 동상이 더 심각한 상태였다. 노인과 그의 딸은 리강의 바지를 찢고 눈으로 동상에 걸린 두 다리를 문질렀다. 이것은 동상을 치료하는 한국의 민간요법이었다. 리강의 두 다리가 홍조를 띠고 피가 돌기 시작하자 그들은 다시 솜으로 다리를 꽉 감쌌다. 노인은 리강에게 이렇게 일렀다.

"7일 안에는 풀면 안 되오. 만약 고통을 참지 못해 풀었다가는 당신 다리는 끝장이오."

이 작은 마을에는 10여 명의 중국군 부상병이 몸을 숨기고 있었다.

한밤중에 노인과 여자가 대부분인 마을 사람들은 중국군을 들것에 실어 후송했다. 리강은 그 노인 부녀와 헤어질 때 눈물을 흘렸다. 들것에 누운 리강은 다친 다리의 극심한 통증에 온몸을 떨었다. 하지만 그곳이 이젠 적의 점령 구역이기 때문에 감히 소리를 내지는 못했다. 그 노인과 딸은 밤새 부상병을 운송해 중국 둥베이 지구에서 전방을 지원하러 온 들것부대에 리강을 넘겨주었다. 둥베이 농민들로 구성된 들것부대는 한국전쟁에서 지극히 용감했다. 늘상 이들은 아군과 적군의 경계 지역까지 깊숙이 들어가 낙오된 부상자를 찾는 일을 했다. 그중에는 노인도 있었다. 중국군 부상병들이 자기 아버지 연배의 노인 손에 실려가는 것을 못 견뎌할 때면 노인은 이렇게 말했다.

"이보게, 난 아직 안 늙었네. 소련에서는 60세가 넘지 않으면 노인으로 치지 않는다고 하지 않던가."

그 당시 신중국 사람들의 모든 생활의 기준은 소련에 맞춰져 있었다.

날이 밝자 공습을 피하기 위해 들것부대는 인근 마을에 몸을 숨겼다. 리강은 모녀 두 사람만 있는 민가에 맡겨졌다. 모녀는 그에게 물과 끼닛거리를 주었다. 그러나 그가 갑자기 고열에 시달리자 모녀는 덜컥 겁이 났다. 리강은 열이 높아 대소변도 제대로 가리지 못했지만 이들은 끓인 물을 수건에 적셔 그의 몸을 닦아주는 등 마치 가족처럼 돌봐주었다. 미군기가 이 마을에 폭격을 가하자 모녀는 위험을 무릅쓰고 혼수상태의 리강을 업고 산 위로 올라가기도 했다.

이후 리강은 마침내 중국 방향으로 가는 차량부대에 인도되었다.

그러나 차량부대는 중국 쪽으로 가는 도중에 공습을 받았고, 리강이 탄 차는 폭격으로 불타올랐다. 차에 있는 다른 부상자는 도망쳤지만 리강은 움직일 수가 없었다. 운전병이 큰 소리로 외쳤다.

"안에 누구요? 죽고 싶소? 얼른 내려와요!"

그러나 아무런 대답이 없었다. 운전병은 화염에 휩싸인 트럭으로 기어올라 온몸에 불이 붙은 리강을 업고 내려왔다. 그러고는 그를 도랑에 밀어넣고 불을 끄기 위해 삽으로 그의 몸에 흙을 덮었다.

리강은 부상병을 수송하는 전용 열차로 이송되었다. 기차간은 사람들로 꽉 차 있었다. 군의관은 아직 혼수상태인 리강이 과연 목숨을 부지할 수 있을지 걱정이었다. 그를 살리려면 즉시 수술을 하는 방법밖에는 없었다. 기차 안에는 마취제가 없어서 그냥 몸에 칼을 대야 했다. 부상병들은 빙 둘러서서 의사가 마취제 없이 수술하는 모습을 지켜보았다. 리강을 끊임없이 고통과 혼수상태에 빠지게 하는 수술이 진행되었다. 그의 상처에서 엄청난 양의 피고름이 나왔고, 의사는 뼈에 가까이 박힌 탄환을 빼냈다.

한 달 동안 이곳저곳을 전전한 후 리강은 조국의 품으로 돌아왔다.

창춘의 병원에서 의사들은 온몸의 상처가 곪은 이 군인을 구하기 위해 여러 차례 응급처치를 실시했다. 상처 감염으로 인한 지속적인 고열 때문에 의료진은 몇 번이나 절망했다. 마지막에는 뇌 속까지 감염돼 목이 경직되었고, 이루 말할 수 없는 고통을 겪었다. 의사의 진료보고서에는 '목의 압력이 너무 높아서 언제든 생명이 위험할 수 있음'이라고 적혀 있었다.

여러 차례의 요추천자를 통해 뇌압을 낮출 수 있었다. 그러나 8개월 동안 제대로 먹지 못한 리강은 장작개비처럼 말라 있었고, 온몸이 욕창투성이여서 옴짝달싹 못했다. 최후에 그는 몸이 몹시 쇠약해져 수액 주사도 맞지 못하게 되었고, 의사와 간호사가 응급실로 옮겨서 밤낮으로 간호했다.

리강은 그래도 아직 살아 있었다.

마지막 관문은 다리의 상처를 치료하는 것이었다. 그의 다리는 폭격으로 인해 근육이 뒤집어지고 뼈가 밖으로 드러났는데, 여러 차례의 수술로도 치유되지 않았다. 결국 새로 생긴 근육을 절개한 후 스테인리스선으로 억지로 봉합했다. 리강의 무릎관절은 심한 골수염 때문에 매일 대량의 물을 뽑아내야 했으므로 의사는 다리를 절단해야 된다고 생각했다. 그러나 다행히 미국에서 돌아온 유명한 정형외과 전문의 천징윈陳景雲이 창춘 병원에 이런 군인 동지가 있다는 것을 알고 직접 서둘러 와서 리강의 무릎관절을 위해 최후의 노력을 기울였다. 수술은 8시간이나 계속되었고, 수술을 마친 뒤 천징윈은 탈진해서 수술대 옆으로 쓰러졌다.

리강은 정말로 살아났다.

이 소식을 들은 344연대의 병사들은 오랫동안 기뻐했다.

그러나 구사일생한 리강을 기다리고 있는 것은 바로 생각지도 못했던, 정치운동에서 진행된 끊임없는 정치적 검열이었다. 최후에 내부검열기관은 "부상후 미군 포로가 되어 미국인에게 간첩 훈련을 받고 본국에서 간첩 활동을 하도록 파견되었다"고 판정했다. 리강은 부대에서 쫓겨나 하역 인부가 되었다. 한국전쟁에서 적군의 토치카를 폭파하고 중국군 병사와 한국 국민 그리고 수많은 의사가 구해낸 이 군인은 문화대혁명 기간 10년이라는 오랜 세월을 감옥 살이와 노동개조로 보내야 했다.

동부전선의 중국군은 이미 철수하기 시작했다. 서부전선의 제38군과 제50군은 서울에서 차례차례 유엔군의 퇴각로를 막은 뒤 철수해서 한강을 건널 준비를 하고 있었다. 이때 일본군 교과서에 실린 중국군 연대장 판톈언은 명령을 받고도 단호하게 한 걸음도 후퇴할 수 없다고 버텼다.

판톈언은 지원군의 다른 사단과 연대의 주요 지휘관들과 마찬가지로 3차 전역 후에 명령을 받고 중국으로 돌아가 합동훈련을 받았다. 귀국하는 길에 그는 자기가 생각해도 신기하게 미군의 지프를 타게 되었다. 운전은 한국군 포로가 했고, 미군의 오리털 침낭은 더없이 따뜻했다. 차 안에 누우면 조금 흔들리기는 했지만 전장에서는 맥아더도 이런 대우밖에는 못 받을 거라고 생각했다. 그러나 즐거움이 극에 이르면 슬픔이 찾아오는 법. 판톈언은 연이은 전투로 편안한 잠자리가 아닌 길에서 자야 했다. 아직 중국 국경도 넘지 않았는데 침낭 밖으로 내놓은 얼굴은 얼어서 푸르뎅뎅했고, 특히 두 손은 심한 동상을 입었다.

선양에 도착해 동상 치료를 받고 있는데 갑자기 즉시 전방으로 복귀하라는 명령이 떨어졌다. 두 손이 짓물러서 참을 수 없을 정도로 고통스러웠지만, 그래도 판톈언은 즉시 출발했다. 전방으로 복귀하는 길에는 어떻게 해서든 미군 지프를 타지 않았다. 그는 전방으로 물자를 운송하는 트럭 운전실에 탔는데, 엔진의 열기 때문에 따뜻했고 비스킷 몇 상자와 통조림이 있어 든든했다. 그는 또다시 편안함을 느낄 수 있었다. 배불리 먹은 뒤 그는 며칠간은 편안하게 잘 수 있을 거라고 생각했다. 하지만 막 북한으로 진입한 트럭이 전복되면서 운전실에 있던 판톈언은 밖으로 튕겨나왔다. 비스킷과 통조림을 잃은 것보다 큰 문제는 그의 넓적다리가 으스러지는 부상이었다. 하지만 빨리 전방으로 돌아가기 위해 그는 길에서 지나가는 차를 불러 세웠다. 동상 입은 두 손에 다리의 극심한 고통까지 더해져 그는 엄청난 고난을 겪었다. 마침내 사단 지휘부에 도착해 양다이 112사단장과 상봉했을 때 그의 다리는 퉁퉁 부어올 랐고 몰골이 말이 아니었다. 양다이는 그의 모습을 보고 다른 것은 생각지 말 고 먼저 치료부터 받으라고 했다. 판텐언은 말했다. "들것으로 나를 좀 옮겨주 세요."

그날 제38군 112사단의 335연대는 며칠 동안 진지를 지킨 334연대와 교체 하라는 명령을 받았다. 양다이 사단장의 배려로 판텐언은 검은 노새를 타고 진지로 향했다. 지형을 살피고 부대 배치를 정비하는 동안 지팡이를 짚고 걷 는 연대장을 보고 병사들이 모두 마음 아파하며 그를 부축해주었다.

판텐언은 전 연대에 명령을 내렸다.

"각 대대는 진지를 사수하라. 어떤 상황이 닥치더라도 나 판텐언이 지휘하 는 연대에 결코 후퇴는 없다!"

335연대는 '불바다 전술'로 화염이 충천하는 가운데 연속해서 8일간 미군의 맹렬한 공격을 막아냈고, 진지는 끄떡도 하지 않았다.

미군의 공격은 2월 15일과 16일 이틀간 최고조에 이르렀다.

판텐언은 현재 동부전선에서는 아군이 지평리를 공격하고 있지만 전투가 순조롭지 않다는 소식을 들었다. 양다이 사단장은 목전의 형세를 분명히 설 명하면서 부대 모두가 동부전선으로 집결하고 이곳에는 335연대와 제50군의 1개 연대만 남아 적을 저지한다고 말했다. 동부전선의 전투를 위해 이곳은 반 드시 지켜야 했다. 동부전선의 전투가 끝나기도 전에 이곳이 무너진다면 전체 전선에 심각한 결과를 불러와 지휘관의 목 하나로는 감당할 수 있는 일이 아 니었다.

580고지는 연대 지휘소와 가장 멀리 떨어져 있었고 미군의 공격이 가장 맹 렬한 진지였다. 이곳을 지키던 1대대는 사상자 수가 심각한 수준이었고, 이미 식량도 떨어져 며칠 동안 병사들은 눈만 먹으며 허기를 달래야 했다. 낮에는 진지를 뺏겼다가 저녁에 다시 공격해서 탈환했다. 탄알도 다 떨어져서 사람을 조직해 적군의 시신을 뒤지기도 했다. 진지를 재차 잃었을 때 1대대의 부상병 100여 명이 스스로 돌격대를 조직해 결연히 진지를 탈환하려고 했다. 지휘소에 있는 판톈언은 좌불안석이었다. 비록 사단장의 계속되는 질문에는 "진지를 잃는다면 내가 책임지겠소!"라고 답했지만 불안함을 감출 수는 없었다. 우익을 맡았던 336연대가 철수하자 미군의 곡사포가 모두 지휘소로 떨어졌다. 포탄이 지휘소의 엄폐부에 명중해 판톈언과 정치위원 자오샤오윈은 무너져내린 흙과 돌 속에 파묻히고 말았다.

호위중대에 우익의 빈틈을 메우라고 명령했지만 580고지를 지탱할 수는 없었다. 1대대의 몇 명 남지 않은 병력도 더는 교대로 공격하는 미군을 막아내지 못하고 진지를 빼앗겼다가 탈환했으나 다시 빼앗겼다. 판톈언은 할 수 없이 3대대를 파견했다. 그러나 오래지 않아 미군의 포화가 아주 강력해서 3대대가 많은 사상자를 냈다는 보고를 들었다.

판톈언은 처음으로 군단장 량싱추에게 병력 지원을 요청했다. 량싱추는 병력의 9분의 1을 예비대로 남겨야 한다고 상기시킨 뒤 군 정찰중대를 판톈언에게 내주었다. 군 정찰중대가 올라간 뒤에도 1대대는 전화에서 이렇게 말했다. "다 썼습니다. 탄환을 다 썼습니다!"

전화 속 군단장의 말투는 엄숙했다. "자넨 판톈언이라는 사실을 명심해! 전쟁은 원래 잔혹한 거야. 부하들이 우는 소리를 해도 듣지 말게. 예비대는 절대 함부로 써서는 안 돼."

사실 량싱추는 판톈언을 가장 잘 이해하는 사람이었다. 만약 그가 고통을 호소한다면 그것은 정말로 상황이 위급하다는 뜻이었다.

량싱추는 군 작전과장에게 직접 335연대를 살펴보라고 지시했다.

작전과장은 335연대 지휘소뿐 아니라 가장 상황이 급박한 580고지에도 올라갔다.

한밤중인데도 580고지는 대낮처럼 환했다. 미군의 조명탄이 하늘에서 연거푸 터져서 고지와 부대가 몸을 숨긴 숲속을 환히 비추었다.

산으로 오를 수 있는 길이 하나밖에 없어서 좁은 오솔길이 북적거렸다. 보충병들은 올라가고 부상병들은 들것에 실려 내려왔는데, 미군의 포격 속에서 질서를 지키다가도 혼란해지곤 했다.

작전과장은 죽음을 무릅쓰고 산으로 건량을 나르는 취사병의 뒤를 따라 정상까지 올라갔다. 정상의 모든 나무는 폭격으로 절단되었고, 그나마 불에 탄 밑동만 남아 있었다. 얼어붙었던 땅은 폭격에 얼마나 뒤집혔는지 푸석푸석한 흙으로 변해서 밟으면 발목까지 빠질 정도였다. 작전과장은 1대대장을 찾았다. 1대대장은 아직 살아 있을 뿐 아니라 여전히 투지가 넘쳐흘렀다.

"군단장님께 전해주세요. 대전차 수류탄만 주면 이곳을 지켜낼 수 있습니다!"

작전과장의 보고를 받은 량싱추는 114사단 341연대의 1개 대대를 지원했다. 그는 직접 대대장 류바오핑劉保苹과 정치교도원 류더성劉德勝을 데리고 580고지가 보이는 고지에 올라갔다.

"자네 둘은 용감한 병사라고 들었네. 판톈언의 지휘를 받아 335연대 1대대와 함께 580고지에서 사흘간 버티게. 목숨을 희생할 각오를 해야 하네."

정치교도원 류더성이 답했다.

"한 가지 부탁만 들어주십시오. 하얼빈 열사능묘에 잊지 말고 제 이름을 새겨주십시오!"

판톈언은 군단장이 직접 파견한 지원병을 얻었다.

미군은 판톈언이 지금까지 본 적도 없는 맹렬한 포화 공격을 퍼부었다. 하늘에서 비행기가 번갈아 가며 끊임없이 폭격하는 것 외에도 최소한 3개 포군砲群이 580고지를 향해 포격을 퍼붓는 동시에 전방에서 수십 대의 전차가 포위해 사격했다. 580고지의 방어 면적은 600제곱미터에 지나지 않았지만 매일 지상에 떨어진 포탄은 2만 발이 넘었다. 고지로 통하는 오솔길은 미군의 포화에 완전히 봉쇄되어 부상병을 이송하거나 보충대가 올라갈 때 또는 탄약을 보충할 때면 반드시 엄청난 대가를 치러야 했다. 그중에서도 판톈언을 가장 괴롭히는 것은 계속해서 끊기는 전화선이었다. 전화분대의 병사들이 연이어 수리하러 출격해 차례로 희생되었다. 판톈언이 전투가 끝난 뒤 철수하면서 마지막으로 회수한 전화선의 이음매를 세어보니 30개가 넘었다. 거의 이음매 하나당 한 명의 젊은 생명과 바꾼 셈이었다.

2월 15일 낮, 동부전선 지평리의 중국군은 마지막 전투를 벌이고 있었고, 서부전선 판톈언의 580고지에도 가장 위급한 시각이 다가왔다.

류바오핑 대대장은 1941년에 이미 114사단의 전투영웅이었다. 8중대가 최전방 진지에 있었고, 류바오핑이 전투를 지휘했다. 이 조그만 고지를 빼앗기 위해서 각종 유형의 미군 비행기 70대와 전차 40여 대가 고지의 최전방을 에워싸고 일제히 포격해 미군 병사들의 집단 돌격을 엄호했다. 미군의 공격을 몇 차례 막아낸 뒤 진지에 남은 병사는 10여 명뿐이었다. 류바오핑은 최전방으로 나가 적군에게 기관총을 쏘아대다가 미군 폭탄에 복부가 터져 창자가 흘러나왔다. 류바오핑은 한손으로 흘러나오는 창자를 받쳐들고 한손으로 사격을 계속하다가 피를 다 쏟아내고 쓰러졌다. 정치교도원 류더성은 주진지에서 전투를 지휘했다. 각 중대에 사상자가 아주 많아서 마지막에는 어쩔 수 없이 3개 중대를 1개 중대로 편성했다. 류더성은 스스로 용감한 본보기를 보여 끝까지 진지를 잃지 않았다.

2월 16일은 판톈언에게 가장 힘든 하루였다. 연일 계속된 전투로 그는 지칠 대로 지쳐 있었고, 제대로 치료받지 못한 손발의 상처도 그를 더욱 초조하게 했다. 격전을 적잖이 치러봤지만 이렇게 잘 안 풀리기는 처음이어서 능욕당하고 있다는 느낌마저 들었다. 그의 성격에 남에게 능욕당하는 것은 가장 참기 힘든 일이었다. 미군의 화력과 병력은 아군을 훨씬 뛰어넘었기 때문에 제대로 싸울 수가 없었다.

"절대적으로 우세한 병력으로 적을 섬멸한다." 이것이 마오쩌둥의 전술이었고 판톈언은 지금까지 전투에서 마음먹은 대로 승리했지만, 지금은 완전히 상황이 변해서 도무지 어떻게 해야 할지 알 수가 없었다. 전투하면서 한시라도 빨리 철수명령이 떨어지기를 기다린 적은 이번이 처음이었다. 수많은 병사가 눈앞에서 죽고 다치는 끔찍한 광경을 견뎌내기가 어려웠다. 그러나 그에게 전달된 것은 여전히 "단호하게 버티라"는 명령이었다. 그는 반드시 진지를 사수해야 한다는 것을 알고 있었고, 이 점은 결코 소홀히 하지 않았다. 또 전투에는 희생이 따른다는 것도 알고 있고 이미 자신을 바칠 준비가 되어 있지만, 병사들이 줄줄이 희생되는 것에 대해서는 여전히 심장이 칼로 에이는 듯 고통스러웠다.

2월 16일, 지평리의 중국군은 철수하기 시작했지만 판톈언의 580고지는 여전히 그곳에서 버티고 있었다.

580고지에는 끊임없이 증원군이 도착했다. 335연대 1대대를 비롯해 334연대 3대대, 군 정찰중대, 341연대 3대대가 함께 싸웠다. 살아남은 병사들은 판톈언의 명령에 따라 저지전을 펼쳤다. 335연대 1대대장은 명령을 받아 각기 다른 대대와 중대의 병사들을 하나로 모으고 전차를 공격하기 위해서 한 사람당 대전차 수류탄 2발씩을 지급했다. 저녁에 판톈언은 포병 일부를 고지로 보냈다. 원래 포병은 포탄이 떨어지면 할 일이 없어지는 법이다. 판톈언은 그들에게 각자 수류탄 몇 발씩을 지급하고 즉시 580고지로 올라가게 했다. 그는 고지에 전화를 걸어 예의 그 말을 전했다.

"설사 적군이 올라오더라도 연대 지휘소는 후퇴하지 않는다. 나 판톈언은 여러분과 함께 적군을 막을 것이다!"

2월 16일 오전 10시, 580고지는 상황이 좋지 않았다. 판톈언은 통신분대의 병사를 모았다. 이들은 스무 살 전후의 청년들로 다들 지식도 많고 총명했으며 카빈총을 소지하고 있었다. 판톈언은 이들에게 명령했다.

"고지로 올라가라. 그곳의 대대 간부들을 보위해서 그들이 다 죽게 해서는 안 된다. 그리고 진지를 지키고 한 걸음도 후퇴해서는 안 된다. 가고 싶지 않은 사람은 여기 남아라!"

통신분대는 모두 고지로 올라갔다. 이들이 고지로 올라갈 때 마침 미군의 맹공이 시작되었다. 청년들은 판톈언의 기대를 저버리지 않고 훌륭하게 미군을 물리쳤다.

오후가 되자 고지의 상황이 또 급박해졌다. 판톈언이 애를 태우고 있을 때 식량을 구하러 외지로 나갔던 민간인 운송 책임자가 20여 명의 문화교원文化教員을 데리고 돌아왔다. 그는 생각지도 못하게 이승만의 대저택에서 적지 않은 식량을 발견해서 가져왔다고 했다. 판톈언은 그에게 말했다.

"문화교원들을 내게 주시오. 식량이 많다니 부대에 조금 남겨두고, 나머지는 이곳 주민들에게 나누어주도록 하시오."

당시 대부분의 중국군 병사는 제대로 배우지 못한 이들이었다. 따라서 중대마다 병사들을 교육하는 문화교원이 따로 있었다. 이들은 중국군의 대단히 소중한 자산이어서 가장 위험한 상황에서도 어떤 대가를 치르더라도 그들의 생명과 안전을 보호해주곤 했다. 지금 판톈언은 다른 것은 생각할 겨를이 없었고, 고지에는 살아 있는 사람이 필요했다. 이 20여 명의 문화교원 중에는 전장에서 부상병을 구조한 경험이 있는 사람도 있었지만 대부분은 아예 최전방에 나가보지도 못했다. 그래서 진짜 전투가 어떤 모습인지 제대로 알지 못했다. 판톈언은 각자에게 수류탄 5발씩을 나눠주고는 어떻게 안전핀을 뽑고 던지는지 설명한 뒤 580고지로 보냈다.

580고지에서 난생처음으로 수류탄을 던져본 문화교원들은 예상외로 아주 용감하게 싸웠다. 그들은 독서를 많이 한 사람들이라 평소 사사로이 논의할 때는 미국이 세계 최강국이라고 말해왔다. 그러나 자신들이 던진 수류탄이 미군 병사들 가운데 폭발했을 때, 자신들의 반격으로 미군 병사들이 산 아래로 굴러 내려가는 모습을 보았다. 그때서야 그들은 처음으로 한 가지 진리를 체득했다. 자신이 용감할 때 자신이 바로 가장 강한 사람이라는 것을.

2월 16일 밤, 335연대에 철수하라는 명령이 떨어졌다.

판톈언은 전화를 끊고 기절해 쓰러졌다.

1951년 2월 17일, 중국군은 동부전선과 서부전선에서 모두 철수했다.

제38군은 즉시 부대를 이동 배치했다. 이때 한강은 이미 해빙기여서 량싱추 군단장은 걱정이 이만저만이 아니었다. 대부대가 강을 건너는 동안 철수를 엄호하는 임무는 338연대와 341연대의 2개 대대가 맡았고, 113사단 부사단장 류하이칭과 114사단 부사단장 쑹원훙宋文洪이 이들을 인솔해 한강 남쪽 기슭에서 적군을 저지했다. 한강은 얼음이 녹는 것이 육안으로도 보였기에 두 대대는 강을 건너지 못했고, 산으로 올라가 유격전을 벌여 길을 확보하는 수밖에 없었다. 이를 위해 그들은 몸에 지닌 기밀문서를 태우고 최악의 상황이 발생할 것에 대비했다. 그러나 이상하게도 미군은 이전처럼 전면 공격을 하지 않았고 그들은 2월 18일 안전하게 강의 북쪽으로 이동할 수 있었다.

제38군의 마지막 2개 대대가 한강을 넘은 다음날, 한 달 전에 모든 희생을 감수하고 건넜던 대빙하, 한강이 녹아내렸다.

현지 주민들은 중국군은 운이 참 좋다고들 했다. 남쪽으로 내려올 때는 몇 년 동안 얼지 않던 한강이 얼었고, 북쪽으로 철수할 때는 강을 건너자마자 얼었던 강이 완전히 녹았기 때문이다.

바로 그날, 미 제9군단장이 리지웨이에게 희소식 같은 전보를 보냈다.

한강 교두보를 공격한 미 제24사단 우익 제1선 연대가 오늘 새벽 다시 그곳을 공격했지만 적군의 어떠한 저항도 없었습니다. 적군의 참호에는 아무도 없었고 장비는 버려져 있었습니다. 취사병이 쓰는 도구도 어지럽게 흩어져 있었습니다. 어떻게 된 일인지 밝히기 위해서 적과의 접촉을 명령해두었습니다.

리지웨이는 지평리에서 막 돌아오는 길이었다. 지평리전투가 마무리된 후 그는 즉시 헬기를 타고 자신이 대단히 중요한 지역이라고 판단한 지평리를 방문해 용감하게 싸운 23연대장 프리먼 대령을 만났다. 리지웨이가 "대단히 중요하다"고 말한 것은 지평리의 득실을 가리키는 것이 아니라 미군이 한국전쟁에 참전한 이후 처음으로 '결연히 지켜낸' 진지라는 의미였다. 리지웨이에게 이것은 바로 '중국군과 싸워 이길 수 있다'는 대단히 의미 있는 신호였다. 용감무쌍하다는 중국군의 신화는 모두 과장된 것이었다. 제대로 된 전술을 사용하기만 한다면 미군은 한국전쟁에서 확실한 터전을 잡을 수 있는 것이다. 프리먼이 지평리전투에 대해 자신이 참전한 가장 잔혹한 전투라고 말한 것을 듣고도 리지웨이는 마치 한국전쟁에서 완전히 승리를 거둔 것처럼 흥분해서 시체가 즐비한 지평리 전장을 누비고 다니며 이렇게 말했다.

"우리는 다행히 중국군의 공세에도 무너지지 않고 버텨냈다."

미군 전쟁사료는 지평리전투에 관해 이렇게 기록하고 있다.

"한국전쟁에서 미군은 중국군의 전면 공세를 처음으로 물리쳤다."

그러나 제9군단장의 전보를 받은 리지웨이는 상당히 보수적인 답신을 보냈다.

"중국군의 후퇴는 아군을 유인하기 위한 함정일 수도 있으니 반드시 신중하게 행동하라."

바로 이런 리지웨이의 신중함 덕분에 중국군 제38군은 안전하게 한강 북쪽 기슭으로 이동할 수 있었다.

한국전쟁의 4차 전역은 펑더화이가 서부전선의 중국군 저지부대를 모두 한강 이북 지역으로 이동시키라고 명령한 1951년 2월 16일에 1단계 전투가 마무리되었다.

펑더화이는 상황을 분석해보았다. 중국군은 고도의 전투 정신으로 완강한 저지전을 펼쳐 미군을 하루 평균 1킬로미터밖에 북진하지 못하게 했다. 그러나 기본적으로 중국군은 얻어맞는 처지를 벗어나지 못했고, 전선은 계속해서 북쪽으로 밀려났다. 중앙군사위원회가 파견한 제19병단은 2월에 안동을 출발했으니 빨라도 4월에나 전선에 도착할 것이다. 병참 운송은 여전히 어려움을 겪고 있고 탄약과 식량 공급이 부족한 상황도 해결되지 않았다. 그 때문에 철수해서 보충부대가 도착하고 병참 공급이 개선되기를 기다려야 했다. 어쨌든 2개월 동안은 휴식과 정돈이 필요했다.

2월 17일, 펑더화이는 지원군 각 군에 전보를 보내 4차 전역을 총결산했다.

이번 적군의 공격을 통해 미군의 주력을 섬멸하지 않으면 적군은 한반도에서 물러나지 않을 거라는 사실을 알 수 있었다. 이는 전쟁의 장기화 여부를 결정할 것이다. 동시에 이번 적군의 공격은 1차 및 2차 전역과 다른 점이 있었다. 병력이 많았고, 동부 및 서부 양 전선의 병력이 간격을 좁혔다. 또 종심이 크고 공격할 때 서로 호응했다. 한셴추 부사령관의 군단은 완강하고 적극적인 방어를 진행해서 23일 동안 적군 1만여 명을 살상했다. 이로써 적군은 서울을 점령하지 못했고, 적의 주력을 남한강 서쪽 기슭으로 유인해서 시간을 벌었다. 이들의 활약으로 덩화와 김웅 동지의 군단은 횡성에서 한국군 제8사단과 미 제2사단 1개 대대 및 한국군 제3사단과 제5사단 부대를 섬멸하고 약 1만2000명의 적군을 살상 또는 포로로 잡아 반격전에서 첫 승리를 거두었다. 그러나 이 승리는 완벽한 것은 아니었다. 제때 적의 퇴로를 끊지 못해서 포위된 적이 대부분 도주했다. 2월 13일과 14일 밤, 지평리의 적군을 공격할 때 성과를 거두었지만 적군은 신속하게 3개 사단을 모아 증원군을 파견했다. 횡성의 적은 격파했지만 원주에 있는 적의 종심은 파괴하지 못했다. 이미 적을 섬멸할 때를 놓쳤기 때문에 주력은 점차 상다봉리와 홍천 및 그 동서 지구로 이동해서 기회를 기다렸다.

펑더화이는 중국군의 철수에 대해 고려하고 있었다.

철수는 해야 하지만 그 속도가 지나치게 빨라도 안 되고, 지나치게 멀리까지 철수해서도 안 되며, 군의 사기에 영향을 미쳐서도 안 되었다. 동시에 가장 중요한 것은 정치적인 영향을 고려해야 한다는 점이었다. 그는 홍쉐즈에게 이런 말을 했다.

"사람들이 어찌된 일이냐고 우릴 문책할 걸세. 지난번 전투에서는 그렇게 잘 싸워 단시간에 37선까지 밀고 가더니, 어째서 이번엔 단시간에 그렇게 멀리 철수했냐고 말이야. 민주진영과 중국 인민 그리고 북한 인민에게 어떻게 설명한담?"

펑더화이는 각 군에 '철수 지침'을 전달했다. 지침에는 하루에 철수할 수 있는 최대한의 거리가 명확히 규정되어 있었다. 또한 '적군이 진격하지 않으면 우리는 후퇴하지 않으며, 적군이 후퇴하면 우리는 진격한다'는 말도 있었다.

철수 지침은 전술상으로는 비과학적이었다. 중국군의 전통적인 전술은 '철수할 때는 큰 걸음으로 물러나서 실력을 보존하고, 대폭적인 후퇴와 전진 속에서 적군을 섬멸할 전기戰機를 찾는다'는 것이었다.

그러나 한국전쟁에는 그만의 특징이 있어서 중국군은 적을 섬멸하기 위해 힘써야 했고, 또 도시 하나 땅 하나의 득실을 비교해야 했다. 한반도의 지세와 지형도 중국군의 대폭적인 전진과 후퇴를 허락하지 않았다. 그러나 전쟁의 잔혹함은 여기에 있으니, 이 점은 또 리지웨이에게는 '자성전술'을 펼 수 있는 기회가 되었던 것이다. 리지웨이가 가장 걱정한 것은 중국군과 접촉하지 못함으로써 승리할 기회를 갖지 못하는 상황이었다. 4차 전역에서 접촉선이 차례차례 저지당해 중국군이 엄청난 곤란을 겪고 엄청난 사상자가 발생한 것이 바로 무자비한 증거였다.

군사적 형세가 대단히 불리했던 중국군으로서는 대체 어떻게 싸워나갈지 갈피를 잡을 수 없었다. 펑더화이는 고통과 갈등 속에서 베이징에 한번 다녀와야겠다는 생각이 싹텄다.

지평리전투에서 철수하기로 결정한 2월 16일, 펑더화이는 마오쩌둥에게 전보를 보냈는데 대강 이런 내용이었다.

"이 틈을 이용해서 본국에 한번 가서 뵙고 여러 가지 사항을 보고할까 합니다. 동의하신다면 21일 새벽 단둥으로 가겠습니다. 시간을 아끼기 위해서 단둥으로 전용기를 보내주시면 그날 바로 베이징으로 갈 수 있습니다……."

전장의 앞날을 예측할 수 없는 상황에서 총사령관이 베이징으로 돌아가겠다고 제안한 데서, 중앙에서 한국 전장의 실상을 확실히 이해하는 것이 펑더화이에게 얼마나 절박했는지를 충분히 짐작할 수 있다.

펑더화이는 전방에 가장 긴요한 일은 병력 충원이라고 생각했다. 그래서 그는 그전에도 마오쩌둥과 저우언라이에게 전보를 보내 어려움을 설명하고 제19병단을 빨리 입북시켜 달라고 거듭 재촉한 바 있었다. 이에 2월 11일 중앙군사위원회에서 전보를 보내왔다. 이 전보는 저우언라이가 초안을 작성한 것이었다.

이번 전투에서 아군이 제대로 반격하지 못하면 적군이 38선으로 진출할 가능성이 있소. 만일 적군이 승기를 몰아 급히 전진한다면 2월 말 금천과 철원 축선에 도달할 수 있을 것이오. 그러나 아군 제19병단은 차로 움직이든 걸어가든 그때에 맞춰 서흥과 금천, 철원 축선에 도착할 수는 없소. 적군이 만일 38선에 이르러 한동안 상황을 관망하고 정리한 뒤에 북진한다면 아군 제19병단은 3월 10일에 앞서 말한 전선으로 출발할 것이오. 지금의 형세로 보면 후자의 가능성이 더 높소. 그러나 미 제국주의는 장제스와 마찬가지로 아침저녁으로 바뀌니 스스로 대승할 수 있다고 판단할 때 급히 전진할 가능성도 있소. 그렇다면 우리는 반드시 평양과 원산 축선의 남쪽 지구에서 반격을 가할 것을 고려해야 하오. 그러나 적군이 38선으로 진출했을 때 즉시 반격 준비를 하는 것은 불가능하오.

전보를 받고 나서 펑더화의 불안과 우려는 더욱 커졌다.

펑더화이는 현재 중국군의 상황을 감안하면 전장과 관련된 실제 상황을 전보로 설명하기에는 시간이 걸리고 정확하게 전달할 수도 없기 때문에 반드시 귀국해 얼굴을 맞대고 모든 상황을 분명히 알려야겠다고 생각했던 것이다.

마오쩌둥은 답전에서 펑더화이가 베이징으로 돌아오는 데 동의했다.

펑더화이는 일부 업무를 인계한 뒤 1951년 2월 20일 급히 귀국길에 올랐다. 그는 참모와 경호원을 데리고 함께 지프차를 타고 곳곳에 포탄 구덩이가 파인 도로를 따라 북쪽으로 질주했다. 일행은 21일 새벽 중국 땅에 들어와 안둥으로 가서 비행기에 탑승했다. 비행기가 선양에 착륙해 주유할 때는 이미 정오였다. 그를 영접한 군정軍政 최고 간부가 휴게실에서 잠시 쉬면서 식사를 하라고 청했다. 그러나 심정이 상한 펑더화이는 미간을 찌푸렸다.

"식사도 휴식도 필요 없네! 신경 쓰지 말게."

그는 비행기에서 서서 기다리다가 주유를 마치자마자 베이징으로 날아갔다.

오후 1시, 비행기가 베이징 공항에 착륙하자 펑더화이는 지체 없이 운전수에게 중난하이로 차를 몰게 했다. 마오쩌둥이 중난하이가 아닌 시자오西郊 위취안산玉泉山의 징밍위안靜明園에 있다는 것을 알고는 즉시 그쪽으로 발길을 돌렸다. 징밍위안에 도착했을 때 마오쩌둥은 낮잠을 자고 있었기 때문에 비서와 경호원이 들어가지 못하게 했다. 마오쩌둥이 밤에 일하고 날이 밝을 때가 되어서야 쉰다는 것은 누구나 다 아는 사실이었다. 그리고 잠을 잘 못 이루기 때문에 일단 낮잠이 들면 아무도 감히 깨우지 못했다. 비서가 펑더화이의 식사를 준비하려고 하자 그는 버럭 소리를 질렀다.

"급히 마오 주석에게 보고할 것이 있소!"

그러고는 다짜고짜 문을 열고 들어갔다.

마오쩌둥은 화내는 기색 없이 옷을 입으면서 말했다.

"내가 낮잠 자는 데 뛰어들어와 의견을 말하는 사람은 펑 사령관밖에 없소."

마오쩌둥은 펑더화이가 오는 도중에 한 끼도 안 먹었다는 말을 듣고는 식사를 안 하면 보고를 듣지 않겠다고 했다.

펑더화이는 억지로 요기를 하고는 한반도 전장의 상황을 보고하기 시작했다. 그는 '속승速勝을 할 수 없다'는 판단에 대해 미군의 작전과 국내전쟁의 차이점을 근거로 들며 자신의 견해를 상세하게 피력했으며, 아울러 3차 전역 후 중국군의 공격을 중지시킨 이유를 재차 설명했다.

마오쩌둥은 그의 말을 다 듣고 나서 명확하게 말했다.

"현재 상황으로 볼 때 한국전쟁에서 속승할 수 있으면 속승하고, 속승할 수 없으면 완승緩勝, 느리게 이김하는 것이니 성급하게 이루려 하지 마시오."

마오쩌둥의 이런 태도는 펑더화이의 부담을 적잖이 줄여주었다.

펑더화이는 이어 비통한 어조로 마오쩌둥의 아들 마오안잉이 희생된 일을 언급했다. 마오쩌둥은 얘기를 들으면서 오랫동안 담배만 피우고 있었다.

이튿날, 펑더화이는 각 분야의 지도자를 찾아 전방 지원에 관한 문제를 논의했다. 총참모장 직무대행 녜룽전聶榮臻은 세심한 사람이어서 특별히 전용기를 동원해 산시陝西省 셴양咸陽에서 일하고 있는 펑더화이의 아내 푸안슈浦安修를 베이징으로 데려와 부부를 상봉시켜주었다. 펑더화이가 베이징에 온 것은 극비 사항이었다. 그래서 자신의 숙소에 아내가 나타났을 때 그는 놀랍고도 기뻤다. 그는 전우의 따뜻한 배려를 느낄 수 있었다.

2월 24일, 펑더화이는 중국 주재 소련 군사총고문 사하로프를 만나 소련 공군이 출동해 후방 교통선을 엄호하고 방공무기를 지원해주길 바란다고 협의했다. 그러나 사하로프는 "소련이 한국전쟁에 개입하는 것은 적당하지 않다"는 상투적인 말만 되풀이해서 펑더화이를 분노케 했다.

2월 25일, 저우언라이의 주재로 군사위원회 확대회의가 소집되어 중국인민지원군을 어떻게 지원할 것인가에 대해 중점적으로 토론했다. 이 회의에는 군위원회의 각 본부 지도자, 각 군별 지도자, 국무원 관계자가 참석했다. 펑더화이는 한국 전장의 상황을 보고하며 감정이 북받쳤다.

"지원군은 한반도에서 적군의 맹렬한 공격에 저항하고 있습니다. 지원군의 상황에 대해 다들 잘 알지 못하실 겁니다. 국내에서는 지원군이 세 차례 전역에서 승리를 거둔 것만 알지 얼마나 큰 어려움을 겪었는지는 모르고 있습니다. 첫 번째로 한국전에 참전한 9개 군은 3개월 동안 작전을 수행하면서 4만 5000명이 넘는 사상자를 냈습니다. 이밖에 질병, 동상, 동사, 도주 등으로 잃은 병력이 약 4만 명입니다. 그 원인은 첫째, 적군의 무기가 절대적인 우위를 점하고 있기 때문입니다. 적군은 대량의 비행기와 전차, 대포를 가지고 있지만 아군의 무기는 상대적으로 낙후되어 있습니다. 비행기도 없고 전차나 대포도 없습니다. 그저 보병의 총에만 의존할 뿐입니다. 둘째, 적기가 아군의 후방에 맹렬한 폭격을 가해 도로와 교량이 파손되었습니다. 아군이 밤에 이를 보수하면 적기가 낮에 다시 폭파합니다. 이 때문에 후방의 운송선을 보장할 수가 없어 군량과 탄약, 의복, 연료, 소금 공급에 큰 지장을 받고 있습니다. 또한 한반도에서는 현지에서 식량과 채소를 조달할 수가 없습니다. 제대로 먹지를 못하니 병사들이 야맹증을 앓는 것도 이상한 일이 아닙니다. 셋째, 현재 적군은 계속해서 진격하고 있습니다. 3차 전역에서 아군이 남쪽으로 매우 멀리 갔기 때문에 적기의 폭격에 각종 물자 공급이 어렵게 되었습니다. 근본적으로 아무런 보장 없이 많은 병사가 동상으로 병들고 군복도 다 해지고 탄약도 부족한 채 일방적으로 얻어맞는 국면에 처했기 때문에 어쩔 수 없이 철수한 것입니다. 당면한 어려움은 후방 공급선이 누차 파괴되고 병력이 충분하지 않으며 탄약도 부족하다는 점입니다. 수십만 명의 중국군이 충분한 식량과 차오몐 공급을 받지 못할뿐더러 신선한 채소를 전혀 먹지 못하고 있습니다. 일선부대는 차오몐 한 움큼과 눈 한 주먹으로 허기를 때우고 작전을 수행하고 있습니다. 병사들은 영양 상태가 좋지 못해 얼굴이 누렇게 뜨고 바짝 말랐습니다. 많은 병사가 야맹증을 앓고 있어 작전에 심각한 영향을 줍니다. 지금의 결정적 문제는 아군이 공군의 엄호와 지원를 받지 못하고 있다는 점과 고사포도 충분치 않다는 점입니다. 만일 적의 공군에 대한 방어 조치를 신속히 취하지 않으면 장차 더 큰 손실을 입을 것이고, 이 전쟁을 지속해나갈 도리가 없습니다."

회의에서 문제 해결 방법에 관해 토론할 때 일부 지도자들은 자기 부처의 어려움을 호소하기 시작했다. 펑더화이는 더는 듣고 있을 수가 없어 책상을 치고 일어섰다.

"이것도 어렵다 저것도 어렵다고 하면 대체 뭘 할 생각입니까? 다들 자기들만 애국하는 것처럼 말하는데 그렇다면 수십만 아군 병사는 바보입니까? 그들이 애국을 모르겠습니까? 전장에 와보세요. 병사들이 어디서 자고, 뭘 먹고, 뭘 입는지 말입니다! 우리 병사들은 적군 비행기와 전차, 대포가 돌아가며 퍼붓는 공격을 피해 눈 덮인 땅 속에 엎드려 허기와 추위를 참으면서 적군의 맹공에 저항하고 있습니다. 그것이 나라를 지키기 위한 일이 아니면 무엇입니까? 전쟁으로 북한 땅이 파괴되어 현지에서는 물자와 식량 조달이 불가능합니다. 식량과 채소, 군복 등의 물자 부족은 일선 중대에서는 일반적인 현상입니다. 그 어려움은 홍군 시절보다 더합니다. 몇 개월간 힘든 전투로 많은 병사가 죽거나 다쳤습니다. 그들이 누구를 위해 희생하고 누구를 위해 피를 흘렸겠습니까? 우리 청년들이 전장에서 죽고 부상당하고 굶주려 죽고 동상으로 죽고 있습니다. 그런데 국내에서는 긴급조치를 취할 수 없다는 겁니까?"

회의장 안에 펑더화이의 목소리가 쩌렁쩌렁 울렸다.

그러나 회의에서는 실질적으로 아무것도 해결하지 못했다.

푸안슈는 숙소로 돌아온 펑더화이의 안색이 안 좋은 것을 보고 무슨 일인지 물었다. 펑더화이의 노기는 아직도 가라앉지 않은 상태였다.

"전선에서는 병사들이 그렇게 어려움을 겪고 있는데 베이징 곳곳에서 춤판이라니! 나야 굶주리지도 추위에 떨지도 않지만 젊은 병사들은 어디 그렇겠소? 사령관으로서 빤히 눈만 뜬 채로 아무 말도 못하고 있을 수는 없지!"

2월 26일, 펑더화이는 마오쩌둥을 다시 만났다. 논의 끝에 스탈린에게 전보를 보내기로 결정했다. 그 내용은 고사포와 차량 요청, 60개 사단에 장비할 소련 무기 구입, 소련 공군 2개 사단의 참전 요청 등이었다. 그와 동시에 중국 청년들을 증원해서 한국 전장에 투입하기로 했다.

3월 1일, 펑더화이는 베이징을 떠나 전방으로 돌아갔다.

펑더화이의 이번 베이징행은 중앙군사위원회가 전방의 조건을 개선하는 일련의 결정을 내리는 데 유리하게 작용했다. 다음 사항들을 포함한 조치가 취해진 것이다.

1. 제19병단은 가능한 한 신속히 한반도 전방에 도착한다.

2. 제3병단의 3개 군은 즉시 입북해서 참전한다.

3. 서부전선 부대에 5만 명의 신병과 7000명의 고참 병사를 보충해 즉시 한반도로 보낸다.

4. 막 창설된 중국 공군은 즉시 인력을 파견해 북한에 비행장을 건설한다.

5. 포병은 고사포 1개 사단과 대전차포 1개 사단, 로켓포 3개 연대를 출동시키고, 4월에 또 곡사포 2개 연대를 출동시킨다.

6. 소련에서 구입하는 1만7000대의 차량은 대부분 지원군에 지급한다.

7. 10만 병상 규모의 병원을 준비해 부상병 8만 명을 수용한다.

펑더화이는 선양 등지에서 잠시 머문 뒤 3월 9일 한반도 전방의 지원군 지휘부로 돌아왔다.

펑더화이가 전방에 돌아와서 첫 번째로 들은 소식은 중국군이 연이어 후퇴하는 국면은 이미 통제할 수 없게 되었다는 것이다. 결국 중국군은 서울을 포기하고 38선 이북까지 철수했다.

리퍼 작전—가장 어려운 시기

펑더화이가 베이징을 떠나 한반도 전선으로 돌아올 준비를 하던 그날, 리지웨이 미 제8군단 사령관과 윌리엄 호지William M. Hoge 제9군단장, 아몬드 제10군단장, 스미스 제1해병사단장은 경기도 여주의 미 제9군단 지휘소에서 작전회의를 열고 반격작전의 문제점에 관해 토론했다.

지평리전투가 끝난 뒤 유엔군은 리지웨이의 재촉으로 신속하게 다시 북진 태세를 취했고 중국군의 별다른 저항을 받지 않았다. 리지웨이는 다시 한번 자신의 판단을 확신했다.

'중국군이 곤란한 지경에 처해 있으니 반드시 즉각 새로운 공세를 시작해 북진의 전과를 더 올려야 한다.'

작전회의는 아침 식사 시간이 되어서야 끝났다.

이때 미국인들은 한국전쟁과 관련한 명칭에 더 이상 '패랭이꽃'과 같은 부드러운 이름을 붙일 수 없다고 생각했다. 그래서 새로운 작전명을 '킬러 작전

Operation Killer'이라고 정했다.

'킬러 작전'의 목적은 중국군에 휴식과 재편성할 시간을 주지 않기 위해 연이어 공격하는 것이었다. 그 내용은 '서부전선에서는 남한강의 교두보를 파괴하고 한강 일선을 점령한다. 중부전선에서는 지평리−횡성−방림리 북쪽 일선까지 밀고 올라간다. 동부전선에서는 강릉 북쪽 일선까지 진격한다. 요철 모양으로 고르지 못한 전선을 정리해 다음번의 정식 북진작전을 준비한다'는 것이었다.

2월 20일, 리지웨이는 제8군 작전 명령에 서명했다.

미 제9군단과 제10군단은 2월 21일 오전 10시부터 영월·평창을 축선으로 하고 원주·횡성을 따라 공격해서 한강 동부와 '애리조나 선'(방림리·대미동·현천리·신촌·풍수원·527고지·양평 일선) 이남의 적군을 소멸하고, 한국군 제3군단은 미 제10군단 동쪽 측면을 엄호한다.

병력을 집결하면서 리지웨이는 병력이 부족하다고 느꼈다. 한국군 제3군단은 중국군의 횡성 반격전에서 심각한 타격을 입었다. 병력은 말할 것도 없고 사기도 떨어져서 미군의 양익을 안심하고 맡길 수 없었다. 그러나 미군의 기존 부대가 이렇게 넓은 정면에서 북진을 실시하려면 중국군에 빈틈을 주어서는 안 되기 때문에 반드시 전선에서 북진 병력의 밀도를 높여야 했다. 그렇게 하려면 단 한 가지 방법, 바로 스미스의 제1해병사단을 동원하는 수밖에는 없었다.

그러나 제1해병사단은 장진호에서 대규모로 철수한 뒤에 장병들이 오랫동안 심리적으로 불안정한 데다 병력과 무기장비의 손실도 큰 편이어서 배를 타고 부산으로 이동해 지금까지 휴식을 취하고 있는 터였다. '선더볼트 작전'을 시작할 때 리지웨이는 미군 최정예부대라고 불리는 제1해병사단에 '산으로 가서 유격대를 토벌하라'는, 사단 전 장병의 체면을 깎는 명령을 내렸다.

미 제1해병사단에 유격대 토벌을 맡긴 데는 이유가 있었다. 첫째는 유격대를 대처하기가 실로 매우 어려웠기 때문이었고, 둘째는 제1해병사단이 장진호 지구에서 입은 손실이 몹시 컸기 때문이었다. 제1해병사단 장병들은 리지웨이가 자신들에게 그런 임무를 맡긴 것이 큰 불만이었다. 제1해병사단이 정규 정예 작전부대라는 점은 차치하고, 산에 들어가서 임무를 수행하느라 숨 돌릴 새가 없었기 때문이다. 유격대는 완전히 신출귀몰했다. 제1해병사단은 이쪽 마을로 달려가서 유격대에 포위된 한국군을 구했다가, 또 저쪽 마을로 달려가서 유격대의 습격을 받은 운송부대를 엄호해야 했다. 끝없이 오르락내리락하는 황량한 산과 눈 덮인 고개에서 제1해병사단은 유격대의 주력을 잡지 못했을 뿐 아니라 아군에 사상자까지 발생했다. 정예의 정규군 제1해병사단은 '쫓아가면 도망가고, 철수하면 또 나타나는' 숨바꼭질식의 전투에 아주 넌더리를 내면서 "파리를 쫓는 것은 해병사단의 임무가 아니다"라고들 말했다.

그랬던 제1해병사단이 마침내 다시 전장에 나가게 되었다.

리지웨이는 '킬러 작전'에 관한 모든 부대 배치를 마친 뒤에 무척 언짢은 통지를 받았다. 맥아더가 전방을 방문하겠다는 것이다.

당시 맥아더는 상당히 난처한 입장에 처해 있었다. 중국군이 3차 전역을 시작하자 유엔군은 계속 37선 주변에 묶여 있었다. 당황한 맥아더는 미국 정부가 자신의 손발을 묶어 전쟁에서 지게 될 것이라고 여러 차례 말했다. 이 때문에 서방의 동맹국들은 '한국전쟁은 이미 가망이 없다'는 인상을 받았다. 그러나 리지웨이가 전장에 온 뒤로 중국군에게 맞서 공세를 펼쳤고, 생각지 못한 성과를 거두었다. 맥아더가 말한 것처럼 '이길 수 없는' 상대는 아니라는 사실을 증명해 보인 것이다. 그래서 맥아더는 반드시 자기가 드러냈던 비관적 정서에 대한 적당한 핑계를 찾아야 했는데, 이는 아주 어려운 일이었다. 맥아더 곁에서 일하던 사람들은 후에 이렇게 회고했다.

"그는 극도로 피폐해 있었고, 과거의 매력적인 광채도 잃었다."

"기름때에 절은 그의 군모조차도 정상이 아니었다. 그는 패장이었다."

맥아더는 바로 변명을 늘어놓기 시작했다. 그는 또다시 "중국에 대한 보복 조치를 진행해서" "중국 본토를 폭격하고 장제스 군대가 중국 동남 연해에서 군사행동을 진행하도록 격려하며 중국의 모든 해상교통을 봉쇄하자"고 제안했다. 그는 이렇게 묘사했다.

"중국군은 식량과 무기 및 탄약 보급량이 열흘분밖에 없기 때문에 미군이 장제스 부대와 협력해 수륙상륙작전을 실시한다면 중국군은 굶어 죽거나 투항할 것이다."

그러나 이 '정신 상태가 천천히 회복되고 있는 장군'은 갑자기 언론을 깜짝 놀라게 한 주장을 내놓았다.

"나는 적군의 병참공급선에 원자력공업의 부산물을 투하해 방사성폐기물 구역을 설치해서 한반도를 만주와 격리시키려 한다."

미국 합동참모본부의 관료들은 맥아더의 확전 주장을 줄곧 고도로 경계해왔다. 그들은 맥아더가 "조리 있게 기록을 만들어놓고 일단 전세가 다시 악화되면 그 기록을 근거로 자기 변호를 할 사람"이라고 인식했다.

맥아더는 그럴듯한 말로 재삼 성명을 발표했다. 애초에 중국군의 3차 전역에서 후퇴한 것은 "일종의 교묘한 전략적 행동"이었다며, "나는 중국군의 보급선을 연장시켰고" "현재의 국면은 내 전략이 유효했음을 설명한다"는 것이다.

맥아더의 허세에 극도의 반감을 가졌던 합동참모본부 관료들은 그 말을 듣고 반문했다.

"무슨 중국군 보급선을 연장했다는 겁니까? 그렇게 따지면 우리가 필리핀으로 가면 중국군의 보급선이 더 길어지지 않겠습니까?"

애치슨 국무장관의 말은 더 가혹했다.

"이보다 더 가증스럽고 어리석은 성명을 발표할 수 있는 사람이 또 있으리라고는 생각하기 어렵다……. 그것은 명백히 가장 어리석은 시도다. 우리가 중국군을 속이려고 한반도에서 철수했다고 억지를 부리다니, 정말 황당무계하다!"

물론 맥아더를 가장 경계하는 사람은 리지웨이였다. 그래서 맥아더가 전방에 오려 한다는 말을 들었을 때 뭔가 불쾌한 일이 곧 일어나리라고 예감했다.

아니나 다를까, 맥아더는 비행기에서 내리자마자 수많은 기자 앞에서 사리 판단이 정확한 사람처럼 행동했고, 기자들에게 매우 강렬한 인상을 남겼다. 극동사령관인 자신이 전방까지 와서 전방의 고급장교들과 상의한 뒤에야 중대한 전투 결정을 내린다는 모습을 보여준 것이다. 맥아더는 기자들 앞에서 아주 그럴듯하게 공표했다.

"나는 방금 공격 재개 명령을 내렸소!"

리지웨이와 전방의 장교들은 모두 '킬러 작전'이 맥아더와는 아무 관계도 없다는 것을 분명히 알고 있었다. 게다가 맥아더의 말은 중국 측에 미군의 공격이 곧 시작된다고 통보하는 거나 다름이 없었다. 맥아더의 행동에 불만을 품은 제8군 부참모장은 짐짓 수석 정보감찰관인 윌리스 중령에게 이렇게 물었다.

"만약 어떤 장군이 뉴스 발포 방면의 기밀 규정을 위반하면 어찌 해야 하는가?"

리지웨이는 "최고사령관이 자신의 빛나는 이미지를 유지하기 위해" 사용한 방법에 분노를 금할 수가 없었다.

"맥아더 장군이 언론에 한 말은 전장에 있는 병사들의 목숨을 위험하게 만드는 것이다. 변함없이, 매번 중대한 공격을 하기 전에 맥아더 장군은 공격부대를 시찰하고 상징적인 출발의 총성을 울린다. 이런 행동은 부대의 사기를 높이는 점이 없지는 않지만, 마찬가지로 적군에게도 아주 귀중한 정보다."

맥아더는 기분 좋게 도쿄로 돌아갔다. 하지만 사무실에 들어서자마자 미국 본토에서 온 미군 가족 청원단에 둘러싸여 비난을 받았다.

맥아더가 가족들을 벚꽃놀이에 초대하겠다는 인사말을 마치기도 전에 가족들의 질문이 속사포처럼 쏟아졌다.

"우린 당신에게 아들을 보내달라는 말을 하려고 왔어요! 작년에 아이들이 집에 돌아와 크리스마스를 보내게 해준다고 대답했잖아요."

"내 남편이 한국에서 피를 흘리고 있어요. 노란 피부의 중국인들이 사냥하듯이 잡아 죽인단 말이에요."

"불쌍한 우리 존은 추위를 제일 못 견뎌요. 제발 집에 보내주세요!"

맥아더는 화를 참으며 말했다.

"여러분, 제8군의 임무는 한반도 통일입니다. 전선에 있는 가족과 만나고 싶다면 그들의 복무기간이 끝날 때까지 인내심을 갖고 기다리세요."

"우리 애를 보내줘요!"

맥아더는 가혹하게 말했다.

"존경하는 여러분, 정말 너무하시는군요! 제가 여러분 가족을 잘 돌봐줄 테니 걱정 마세요. 그들의 상관에게 명령해서 여러분의 아들이나 남편을 모두 최전선에 배치하도록 하죠. 적진으로 돌격하다 지뢰나 밟으라고 말입니다. 아시겠어요?"

맥아더는 문을 쾅 닫고 나가버렸다.

이때 큰비가 쏟아지는 진흙탕 속에서 리지웨이의 '킬러 작전' 공세가 시작되었다.

중국군은 한국전쟁에서 최고의 고비를 맞게 되었다.

횡성전투에서 중국군에게 돌파당해 오목하게 팬 전선을 평평하게 정비하기 위해서 서부전선의 미군은 북쪽에서 한강을 넘는 동시에 제1해병사단과 제1기병사단, 영국군 제27여단, 한국군 제3사단과 제6사단이 횡성 일선의 중국군 제42군과 제66군에 맹공을 가했다. 중국군 제42군과 제66군, 제38군은 서로 인접해서 응봉·중원산·몰운현 일선에서 미군과 힘겨운 전투를 펼쳤다.

제42군단장 우루이린은 부대가 극단적인 어려움에 처한 상황에서 미군의 맹공에 직면해 현재의 진지를 사수할 수 없다는 것을 잘 알고 있었다. 그는 이런 진지 저지전에서는 병력은 전경후중前輕後重의 원칙에 따라 후방에 집중 배치하고, 화력은 전중후경前重後輕의 원칙에 따라 전방에 집중 배치해서 "공간으로 시간을 벌어야 한다"고 주장했다. 결론적으로 많지 않은 병력으로 최전방 진지에서 미군과 쟁탈을 반복해 미군의 시간을 소모함으로써 "가능한 한 적군의 북진 속도를 늦추라"는 상부의 지시를 실현해야 한다는 것이다.

그리하여 우루이린은 1선 진지의 연대·대대·중대 간부와 전투 핵심 인력의 절반을 일률적으로 뽑아 2선 진지에 배치하도록 명령해서 일단 1선이 힘을 다하면 신속하게 다시 전투를 조직할 수 있도록 했다.

우루이린은 진지 뒤편에 1개 연대를 예비대로 남겨두었다.

아직 장마철이 아닌데도 한반도에는 연일 많은 비가 내렸다. 차가운 빗물이 흘러내려 진지는 온통 진흙탕으로 변했다. 중국군 병사들은 낮에는 흙탕물투성이였고, 밤이 되면 얼어붙어 온몸이 진흙 얼음투성이가 되었다. 371연대 9중대는 중대장 장홍신蔣洪信의 지휘 아래 응봉 저지진지에서 16일 밤낮을 버텼다. 그러나 미군 전차와 수차례 집단 돌격의 육박전을 벌이면서 중대 전체가 엄청난 희생을 치렀다. 370연대 6중대장 정자구이鄭家貴는 병사들을 이끌고 저지진지에서 마지막까지 버텼는데, 미군 2개 중대의 병력과 전차 10대가 조그만 진지를 완전히 포위한 뒤에 강공을 시작했다. 진지에서는 미군 병사들과 중국군 병사들이 맞붙어 싸웠고, 쌍방이 육박전을 벌이면서 내뱉는 욕설 소리가 산골짜기에 울려 퍼졌다. 마지막에 정자구이의 총검이 부러지고 개머리판도 박살났으며, 주변의 돌도 다 던져버려 바닥나고 말았다. 수십 명의 미군이 자신을 에워싸자 온몸이 진흙과 피로 범벅이 된 정자구이는 최후의 순간을 위해 남겨둔 화약포를 터뜨렸다.

광탄리에서 용두리로 가는 중간에 있는 보룡리는 미군이 북진할 때 반드시 거쳐야 하는 곳이었다. 중국군 377연대 2중대의 진지는 이 보룡리에 있었다. 미 제1기병사단은 보룡리 공격에 1개 연대 규모의 병력을 동원했다. 저지 5일째 되던 날, 2중대의 최전방 진지에는 2분대장 자오싱왕趙興旺만 홀로 남았다. 미군은 2개 중대를 둘로 나누어 진지에 투입했다. 그러나 자오싱왕은 진지에서 혼자 이리저리 뛰면서 기관총을 쏘고 수류탄을 던졌다. 미군은 진지에 병력이 대거 증원되었다고 생각해 시종 올라가지 못했다. 미 제1기병사단은 보룡리 진지를 빼앗는 데 6일이 걸렸고, 모두 32차례에 걸쳐 공격했으며 220여 명의 목숨을 대가로 치렀다.

저지전이 가장 어려운 단계에 이르렀을 때, 전방에서 전해온 한 가지 소식이 각급 간부들을 긴장시켰다. 그것은 바로 중국군 병사 한 명이 기관총으로 미군 비행기를 격추시켰다는 소식이었다.

관충구이關崇貴는 375연대 1중대 1소대 2분대의 부분대장으로 기관총수이었다. 2월 24일, 그의 중대는 614고지에서 영국군 제27여단 1개 대대의 공격을 저지하고 있었다. 1중대는 그날 밤에 올라간 진지에 하룻밤 새 참호를 팠고, 날이 밝자 적군이 공격해왔다. 1중대 장병들은 피곤함과 굶주림 때문에 싸움이 시작되자 울화가 치밀었다. 오후까지 싸웠지만 영국군의 공격은 멈추기는커녕 더욱 거세졌으며, 10여 대의 미군 전투기도 날아와 가세했다. 미군 조종사들은 한국전쟁에 참전한 이후 지상 사격을 당해본 적이 없었다. 따라서 그들은 중국군 병사들의 머리 위에 바짝 붙어서 날았고, 급강하할 때 비행기 날개가 거의 중국군 병사의 모자를 벗길 수 있을 정도였다. 비행기에서 지상으로 사격하는 기관총과 투하되는 폭탄에 중국군은 엄청난 사상자를 냈다. 기관총수 관충구이는 다급한 상황에 몰리자 기관총을 들고 적기를 격추시키려 했다. 탄약병인 마커신馬可新이 얼른 뛰어와 그를 제지했다. "부분대장님, 이러면 안 됩니다."

중국군에는 비행기를 향해 대공사격을 못하도록 하는 군율이 있었다. 이를 군율로 정한 것은 일리가 있었다. 경무기로 대공사격을 한들 비행기를 격추시키지 못할뿐더러 오히려 지상의 목표를 노출하게 되어 더 정확한 폭격을 불러올 수 있기 때문이었다. 이것은 중국군이 한국전쟁 참전 초기에 피를 흘린 대가로 얻은 교훈이었다. 이 군율은 매우 엄격해서 위반할 경우 혹독한 처벌을 당했다.

절박한 관충구이는 큰 소리로 외쳤다.

"그래 봐야 총살밖에 더 당하겠나!"

관충구이는 방아쇠를 당겼다. 첫 번째로 쏜 일곱 발의 총알은 명중하지 않았다. 비행기 한 대가 그를 향해 날아오자 그는 또 방아쇠를 당겨 일곱 발을 발사했다. 그러고는 눈앞에 벌어진 광경에 자기 자신조차 어리둥절해졌다. P-51 전투기의 날개 한쪽이 비스듬히 기울어지고 꼬리 부분에서 검은 연기가 솟구치더니 곧장 산골짜기에 처박혔던 것이다. 잠시 후 엄청난 폭발음과 함께 화염이 충천했다.

"명중이다! 그놈을 떨어뜨렸다!"

진지에 있던 중국군 병사들이 환호하기 시작했다.

미군 조종사는 낙하산을 메고 탈출했지만 고도가 너무 낮아 낙하산이 펴지기도 전에 떨어지다가 뾰족한 나뭇가지에 찔려 즉사했다.

1중대 1소대의 한 병사가 기관총으로 미군기를 떨어뜨렸다는 소식이 빠르게 연대 안에 퍼졌고, 연대에서는 즉시 총을 쏜 사람이 누군지 알아보라고 명령했다. 대대본부에서 진지로 사람을 파견했지만 다들 모른다고만 할 뿐 감히 대답하지 못했다. 관충구이는 대장부라면 마땅히 자신이 한 일에 책임을 지고 다른 사람이 연루되게 해서는 안 된다고 생각해 자신이 한 일이라고 인정했다.

대대본부에서 관충구이를 어떻게 처리할 것인지 통보하기도 전에 영국군이 다시 미친 듯이 공격해왔다. 관충구이는 기관총을 들고 진지에서 올라와 갈겨댔다. 아직 목숨이 붙어 있을 때 적군을 한 명이라도 더 죽이고 싶었다.

1개 대대의 영국군은 결국 중국군이 사수하는 진지를 함락시키지 못했다.

관충구이가 비행기를 명중시킨 일은 단계적으로 상부에 보고되어 펑더화이도 그의 처벌을 요청하는 보고를 받았다. 중국군의 취약한 방공 화력 때문에 애태우던 그는 이 소식을 듣고 잔뜩 흥분했다. 비행기 격추에 관한 자초지종을 묻고 나서 펑더화이는 이렇게 말했다.

"이 군율은 한 가지 경험을 간과하고 있소. 손에 든 경무기로 적기를 격추시킬 수 있다니, 이로써 중국군 병사는 대공 작전에 대한 믿음이 생겼소. 그 병사에게 큰 상을 내려야겠소."

공을 세웠다는 명령이 하달되었을 때 관충구이는 자신이 꿈을 꾸는 것만 같았다. 그는 '1급 전투영웅'의 칭호를 받았고, 특등 공훈으로 기록되었다.

관충구이는 그래도 자신이 군율을 위반했다고 생각해 처벌을 내려달라고 요구했다.

375연대 정치위원인 바오난썬包楠森은 그에게 이렇게 말했다.

"어리석은 짓 말게. 계속 고집 부렸다가는 정말 처벌할 걸세!"

인민지원군 총사령부는 각 부대에서 관충구이를 본받도록 하기 위해 경무기로 적기를 격추하는 경험을 널리 보급하기로 결정했다.

이로 인해 관충구이의 투지는 극도로 고무되었고, 이후의 전투에서도 놀라운 용기와 완강함을 발휘했다. 그는 1개 분대를 이끌고 적군을 끝까지 저지했으며, 전 분대의 병사들은 차례로 죽거나 부상하고 진지에는 그 혼자만 남았다. 대부대가 후방으로 철수한 지 3일 후, 미군 비행기는 여전히 이 진지에 번갈아가며 폭격을 퍼부었다. 폭격하는 사이사이에 여전히 저항의 총성이 희미하게 들려왔다. 절대 다수의 미군은 폭격을 며칠 동안 계속했으니 더 이상 중국군의 저항은 없을 것이라고 했지만, 총성은 분명 아직까지 울리고 있었다.

군단장 우루이린은 마음을 놓을 수가 없어서 2개 대대를 파견해 진지 양쪽에서 포위 공격하기로 결심했다. 부대가 돌격해 올라가니 영국군과 중국군 병사들의 시신이 가득한 진지에 아직 살아 있는 중국군 병사가 한 명 있었다. 바로 관충구이였다.

대부대가 철수할 때 그는 함께 가지 않았다. 그는 진지의 돌 틈에 몸을 숨기고 적군을 향해 사격해서 시종 적군이 이 작은 진지를 점령하지 못하게 했다. 탄약과 식량이 떨어지자 시신의 몸을 뒤져 찾아냈고, 단신으로 이 진지를 2박3일간 사수했다. 중국군이 밀어닥쳤을 때, 관충구이는 굶주림과 피로 때문에 제대로 서 있지도 못하는 상태였다. 그의 옆에는 영국군 시신에서 찾아낸 보병소총과 기관총, 개인자동화기 등이 30정 넘게 쌓여 있었다.

관충구이의 강인한 정신에 모든 중국군 병사가 숙연해졌다.

인민지원군 총사령관 펑더화이는 이 사실을 듣고 '3단계 특진중국군의 계급 제도는 1955년부터 시행됨'을 명령했다.

관충구이는 부분대장에서 곧바로 부중대장으로 임명되었다.

북한 정부는 관충구이에게 '1급전사영예훈장'을 수여했다.

관충구이는 용감했고 운도 따랐다.

중국군이 고비를 맞고 있을 때 병사들이 직면했던 어려움과 희생은 말로 다할 수 없었다. 매서운 꽃샘추위에 빙설은 아직 녹지 않았고 찬비가 부슬부슬 내렸다. 먹을 것이 없어 산나물과 나무껍질로 연명하는 부대가 많았다. 솜옷 한 벌을 겨우내 입었기 때문에 엉덩이 부분이 이미 다 해져 속살이 드러났고, 소맷부리가 닳아 해져서 반쯤 드러난 팔뚝은 얼어서 시퍼랬다. 많은 사람이 동상으로 손에 큰 상처가 벌어져서 피가 흘렀기 때문에 어쩔 수 없이 실로 꿰매 지혈하는 수밖에 없었다. 매번 다른 진지로 철수할 때면 추위와 배고픔에 지친 병사들은 즉시 간단한 도구로 방어 시설을 구축했고, 동시에 적의 전차와 비행기 폭격에 대비해서 방공호도 구축해야 했다. 그리고 남는 시간이 있으면 진지 앞에 있는 풀을 뽑아서 사계射界, 탄알이 미치는 범위를 청소하거나 방화선防火線을 설치했다. 날이 밝으면 경계 초소에서 경비를 서는 병사들을 제외한 병사들은 적의 공격이 없으면 뭐라도 입안에 채워넣고는 차가운 진흙탕에 쓰러져 눈을 붙였다. 전투에서 탄약이 극도로 부족한 중국군 병사들은 진지와 자신을 방어할 기본적인 여건을 상실한 채였다. 한반도 중부의 산마루에 널린 돌들은 종종 그들이 적의 대포 전차와 격투를 벌이는 무기로 사용되곤 했다. 무수한 중국군 병사들이 뱃속은 텅 비고 남루한 옷을 입은 채 인적 없는 야산과 들판에서 쓰러져갔다. 대부대가 후퇴할 때 사망자들의 시신은 차가운 빗속에 아무 말 없이 그저 누워 있었다. 미 제1해병사단 병사들조차도 중국군 병사들의 시신을 보고 진저리를 쳤다. 사료에는 이렇게 기록되어 있다.

"시체들이 여기저기 널려 있었다. 상당수는 미군 병사의 시체와 뒤엉켜 있기도 했다. 시체가 뻣뻣하게 굳어서 떼어놓을 수도 없었다. 중국군은 철수하면서 시신을 묻을 때도 있었지만 급하게 아군과 적군을 가리지 않고 한꺼번에 얕게 묻어서 거의 포탄이 갈아엎어 먼지처럼 푸석푸석해진 흙으로 한 꺼풀 덮어놓은 것 같았다."

3월 5일, 미 제1해병사단은 날이 밝자 전방의 중국군 저지진지에 아무도 없는 것을 발견했고, 유엔군은 횡성을 점령했다.

이때, 유엔군 각 부대가 모두 '킬러 작전' 계획에서 지정한 점령선인 애리조나 선에 도달했다.

'킬러 작전'을 수행 중이던 2월 22일, 미 육군본부는 다음과 같은 내용의 전황 보고서를 발표했다. 개전 이후 중국군은 총 20만6000명의 병력을 손실했다. 그중 사상자가 18만5000명, 동상과 기타 질병으로 인한 부상자가 2만1000명이며, 여기에 포로는 포함되지 않았다. 동시에 육군본부는 미국 측 전황도 발표했다. 개전 이후 미군의 병력 손실은 5만2400명, 그중 전사자가

8553명, 부상자가 3만3781명, 실종자가 8724명이었다.

또 이와 동시에 미군 고위층은 '기밀 정보' 한 건을 회람하고 있었다. '중국군 제4야전군 사령관 린뱌오林彪는 한반도를 떠났고, 펑더화이가 북·중 연합 사령부 사령관으로 임명되었다'는 내용이었다.

전쟁이 지금에 이를 때까지 세계에서 가장 정보에 밝다는 미군이 적군의 사령관이 누군지도 잘 모르고 있었으면서 정확한 전쟁 사상자 숫자는 어디서 얻었다는 말인가?

펑더화이가 한국 전선으로 돌아왔을 때, 리지웨이는 '킬러 작전' 계획을 이미 완성하고 새로운 작전을 실시했다.

미군은 이 새로운 작전계획을 '리퍼 작전Operation Ripper'이라 명명했다.

'킬러 작전'이 피비린내가 물씬한 이름이라면, '리퍼 작전'은 전술적인 맛이 있었다. 리지웨이는 '킬러 작전'의 성과에 결코 만족하지 못했다. 중부전선 공격에서 중국군 제42군과 제50군을 철저하게 섬멸하지 못했기 때문이다. 게다가 중국군 제40군과 제39군에 대한 공격은 "큰비 때문에 제대로 된 효과를 거두지 못했다." 리지웨이는 "중국군은 패한 것이 아니라 자발적으로 철수했다"고 판단했다. 그렇다면 미군의 다음 전투 임무는 먼저 중국군의 수중에 있는 서울을 탈환하는 것이었다. 그러나 정면 탈환을 위해서는 반드시 대규모 전투를 치러야 했다. 그래서 리지웨이는 중부전선에서 우회하는 방법을 택했다. 이른바 '리퍼'란 바로 전장의 중부전선에서 틈을 벌려 공격해 들어가서 중국군과 북한군을 분리하고, 서울 정면을 방어하는 중국군의 방어선을 위협하면서 서울을 포위한다는 의미를 담고 있다.

'리퍼 작전'의 목표는 미군이 서울 동쪽에서 춘천으로 향하다가 38선 남쪽의 각 요지 사이의 연결선으로 방향을 바꿔 가는 것이었다. 리지웨이는 이 선을 '아이다호 선'이라고 불렀다.

미군은 한반도에서 늘 마음속으로는 언제나 고향에 돌아갈 수 있을지 생각했던 것이고, 그래서 이 먼 극동에서 '애리조나'와 '아이다호' 같은 고국의 지명을 붙인 것이 틀림없다.

3월 7일, '리퍼 작전'은 미 제25사단이 한강을 건너면서 시작되었다.

새벽 5시 50분, 미군은 공격준비사격을 퍼붓기 시작했다. 한강 기슭에서는 목에 2개의 수류탄을 건 리지웨이가 직접 전투를 독려했다. 그는 부하들에게 "지휘관은 격렬한 전투를 벌이는 부대와 함께 있어야 한다"고 말해왔는데, 이날 그는 모범을 보였다. 그러나 리지웨이의 마음속에는 한 가지 걱정거리가 있었다. 원인은 여전히 그의 상관인 맥아더에게서 비롯되었다. '리퍼 작전'을 발동하는 계획은 부득이하게 맥아더의 비준을 받아야 했는데, 맥아더가 다시 전방에 오는 것을 막기 위해 리지웨이는 이번 작전의 취지를 최대한 낮췄지만 맥아더는 그래도 오려고 했다. 리지웨이는 하는 수 없이 "조심스럽고 신중한 단어를 골라" 전보를 보내 "맥아더에게 안전에 문제가 있으니 전투 전날 저녁에 전방을 시찰하는 것은 포기해달라고 요청했다." 다행히 이번에는 맥아더가 동의하면서 전투가 순조롭게 시작되면 다시 오겠다고 밝혔다.

이때, 리지웨이 앞쪽에서는 미 제25사단이 강을 건너기에 앞서 공격준비사격을 실시하고 있었는데, "이번 전쟁에서 가장 맹렬한 포병 사격 가운데 하나였다." 야전포 148문, 전차 100대, 중형 박격포 48문이 동원되었고 이밖에 M-16 자주 고사기관총 25정, 중형 기관총 100정, 폭격기 10여 대가 일제히 강 맞은편 중국군의 진지에 포격을 퍼부었다. 장관을 이루는 광경에 리지웨이는 몹시 흡족했다. 20분의 공격준비사격을 마친 뒤 미 제25사단은 강을 건너기 시작했다. 하지만 즉시 중국군의 화포 공격에 저지당했다. 갑자기 포탄 하나가 리지웨이 주변에 떨어졌다. 리지웨이는 왜 중국군을 깨뜨릴 수 없다고 하는지 다시 한번 몸으로 느꼈다. 미군은 도강에 필요한 최첨단 기자재를 사용했다. 중국군의 화포와 사격이 점차 약해진 틈을 타서 미 제25사단은 순조롭게 한강을 건넜다.

아마도 웨스트포인트 사관학교 졸업생은 다들 이런 수를 잘 쓰는 모양이다. 리지웨이는 한강 남쪽 기슭을 떠난 뒤 헬기를 타고 최고의 격전지로 예상되는 원주 전선으로 가서는 길가에 선 채로 미 제10군단의 공격을 지켜보았다. 여전히 많은 종군기자가 리지웨이를 따라왔고, 그는 본능적으로 무엇을 해야 할지 알고 있었다. 이때 체구가 작고 허약해 보이는 미 제1해병사단의 병사 한 명이 무거운 무선통신기를 등에 지고 절룩거리며 걸어왔다. 그 병사는 군화 끈이 풀어져서 한 걸음 걸을 때마다 걸리적거렸지만 무거운 통신기 때문에 앉아서 끈을 묶을 수가 없었기 때문에 계속 휘청거리면서 걸었다. 그 병사가 길가에 서 있는 리지웨이에게 뭐라고 큰 소리로 외쳤지만 리지웨이는 제대로 알아듣지 못했다. 그러나 리지웨이는 성큼성큼 다가가서 쪼그려 앉아 병사의 군화 끈을 묶어주었다. 기자들은 기회를 놓치지 않고 보기 드문 그 장면을 카메라에 담았다. 하지만 사진이 신문에 실리자 칭찬하기보다는 빈정대는 사람이 더 많았다. 사람들은 리지웨이가 주제넘게 나선다고 말했다. 리지웨이는 예상 밖의 반응에 놀라 해명했다.

"그 병사가 직접 쪼그려 앉아 군화 끈을 묶었다면 무거운 통신기 때문에 일어나지 못했을 겁니다. 나는 그 병사가 부르기에 가서 도와준 것뿐입니다. 그것은 마음에서 우러나와 한 행동입니다."

신문에서는 그의 목에 매달린 두 개의 수류탄에 대해서도 논평했는데, 리지웨이는 이에 대해서도 해명했다.

"적에게 반항도 하지 않고 포로가 되고 싶지는 않습니다."

극도의 곤경에 빠진 중국군은 할 수 없이 다시 후퇴했다. 하지만 미군의 대규모 공격에 직면해 대다수 중국군의 진지는 병사들이 모두 죽거나 부상한 상황에서 미군에 점령당했다. 한강 남쪽 기슭에서 중국군 제38군과 제50군은 미군이 한강을 넘을 때 몇 개 중대가 완강하게 저지했고, 이들 중대의 병사들은 모두 전사했다. 횡성·원주 방향에서도 중국군의 저지는 매우 완강했다. 일선 부대는 사상자가 하도 많아서 전투 중에 심각하게 병력이 줄어 편제가 혼란해진 몇 개 중대의 생존자들을 모아서 새로운 중대를 편성하는 지경에 이르렀다. 이로 인해 1개 연대가 4~8개 중대로만 편제되는 경우도 왕왕 생겼다.

펑더화이가 전방 지휘부로 돌아왔을 때 이틀 동안 진행된 '리퍼 작전'으로 중국군은 모든 전선에서 불리한 상황에 놓이게 되었다. 유엔군이 중부전선에서부터 돌격해 온다면 서울을 포위할 것이 틀림없었다. 다시 멀리 철수하지 않으면 더욱 궁지에 몰릴 것이었다. 펑더화이는 각 군에 전보를 보냈다. 3월 10일부터 모든 전선에서 기동방어를 시작해 대규모 부대가 질서 있게 북쪽으로 철수한다는 내용이었다.

저우언라이에게 보낸 전보에서 펑더화이는 서울을 포기하자는 의견을 제시했다.

나는 9일 날이 밝기 전에 사령부에 도착했습니다. 적군은 7일 모든 전선에서 공세를 시작했습니다. 계속 적을 피로하게 하기 위해 아군의 방어선을 단축하며, 시간을 벌기 위해 서울을 포기하고 기동방어를 택해 부대의 역량을 보존하기로 결정했습니다. 적군이 자발적으로 38선을 공격하도록 유도해야 합니다……. 운송 상황이 아직 개선되지 않아 부대가 여전히 제대로 먹지 못하고 있고, 앞으로 현지에서 식량을 조달하는 것도 불가능합니다. 병력이 증대되어 물자공급도 늘어나야 하는데, 적의 공군이 증가해서 우리 공군은 그에 상응하게 교통운송을 엄호할 수 없습니다. 이런 어려움이 계속된다면 다음 전역에 결정적인 영향을 미칠 것입니다.

1951년 3월 14일, 중국군은 서울에서 철수했다.

중국군이 대한민국의 수도 서울을 점령한 기간은 70일이었다.

펑더화이가 서울을 포기하기로 결심한 그날, 한국군 제1사단의 정찰대가 서울시 구역으로 잠입했다. 도시 안에서는 중국군이 한 명도 눈에 띄지 않았다. 정찰병들은 중앙청에서 태극기를 게양할 때 큰 소리로 만세를 불렀으며, 북한군 포로 한 명을 데리고 사단본부로 돌아왔다. 한국군 제1사단장 백선엽은 중국군이 이미 철수했다는 사실을 그제야 깨달았다. 서울은 이미 텅 비어 있었다. 백선엽은 즉시 미 제1군단장 존 오대니얼John W. O'Daniel에게 전화를 걸어 즉시 한국군 제1사단의 서울 진입을 재가해달라고 요구했다. 오대니얼의 허락이 떨어졌다.

"시작하시오!"

이것은 리지웨이의 작전계획을 제멋대로 바꾼 행동이었다. 리지웨이의 원래 계획은 중부전선에서 돌파한 뒤 서울을 포위하는 것이었다. 그러나 현재 아직 포위를 하지도 않았는데 서울에 진입한 것이다.

3월 15일 오전, 한국군 제1사단은 각기 다른 방향에서 서울에 진입했다.

저항은 없었고, 시가전은 더더욱 없었다. 한국군은 폐허가 된 서울로 돌아왔다.

서울 수복은 이승만에게 큰 기쁨이었다. 그는 즉시 맥아더에게 편지를 보내 감사의 뜻을 표했다. 다음날, 맥아더는 이 한국 노쇠한 대통령에게 차가운 어조의 편지를 보냈다.

폭군暴軍이 철수해서 나도 기쁩니다. 하지만 이번 경우는 작년 9월과는 다릅니다. 적군의 수비부대가 결정적인 패배를 한 것이 아닙니다. 서울 탈환이 비록 심리적으로는 매우 큰 의의가 있지만 군사적인 각도에서 보면 앞으로 서울의 안전을 완벽하게 보장하기는 어렵습니다. 본인은 귀국 정부가 즉시 서울에 돌아가는 것은 현명하지 못한 처사라고 생각합니다.

비록 말하지는 않았지만, 맥아더는 마음속으로 중국군의 철수에 모종의 함정을 설치한 음모가 도사리고 있는 것 같은 느낌이 들었다.

맥아더의 비관적 논조 때문에 한국과 미국 측이든 아니면 중국 측이든 서울의 주인이 바뀐 데 대해 더 이상 격한 반응을 보이지는 않았다.

리지웨이는 더욱이 서울 수복에 미련이 없었다. 그는 미군에게 '리퍼 작전'의 예정 목표대로 결연히 북진하라고 명령했다.

펑더화이는 심각한 타격을 입은 중국군 저지부대를 후방으로 이동시켜 휴식을 취하게 했다. 그중 제50군과 제66군은 귀국했고, 제38군과 제42군은 숙천과 원산 서쪽 지구로로 철수했다.

중국군 2선 부대는 3월 12일에 정식으로 적군과 교전했다.

펑더화이의 과감한 철수 결정으로 리지웨이가 애써 안배한 함정이 목적을 이루지 못하고 말았다. 그 함정이란 바로 미 187공수연대의 문산 공수작전이었다. 문산 공수작전의 목적은 공수부대의 신속한 기동력을 이용해서 중국군과 북한군의 철수 경로에 대량의 부대를 투입해 포위하는 것이었다. 정보에 따르면, 문산에서 공수작전을 실시해야 최소 2만4000명의 중국군 병사를 미군의 그물망에 가둘 수 있었다. 리지웨이는 심지어 자신이 낙하산병 출신이라는 점을 내세워 직접 병사들을 이끌고 낙하할 준비까지 했으나, 부하들이 그의 나이가 56세라는 이유로 말려서 실행에 옮길 수는 없었다. 리지웨이는 단념하지 않고 공수부대 비행장으로 달려가서 미군 낙하산병들이 어떻게 대규모의 중국군을 포위해 섬멸하는지 직접 보려고 했다. 이번 공수작전에는 C-119기 80대와 C-46기 55대가 투입되었다. 그러나 공중 투하가 시작된 뒤 사고가 속출했다. 첫 번째 낙하는 예정 지점에서 벗어나서 결국 착지한 30여 명의 참모가 북한군 병사들의 추격으로 사살되었다. 또 그 뒤에 뛰어내린 인원 가운데 84명의 병사가 낙하산 사고로 부상을 입었고, 부대가 착륙한 후 18명의 병사가 지상의 화력 공격으로 사상했다. 중국군의 지상 대공 화력에 운송기 5대가 훼손되었고, 다른 1대의 운송기는 기지로 돌아오는 도중에 폭발해 탑승한 전원이 사망했다. 결국 문산의 대규모 공수작전은 철수하는 중국군 부대를 포위하는 데 실패했다. 중국군 부대의 이동 속도는 리지웨이가 예상했던 것보다 훨씬 빨랐다.

3월 20일, 미군은 '아이다호 선'을 점령했다.

'리퍼 작전'은 완성되었다.

그날, 중국군은 3차 전역을 시작했던 38선 이북 지역까지 철수했다.

1951년 2월에서 3월까지 일본과 서방 국가의 신문은 다음과 같은 헤드라인으로 가득 채워졌다.

미군 38선에서 행동 중지

외교를 통한 해결 보류

미군 신중하게 한국전쟁 출발점으로 진입

제8군과 38선 거리는 18킬로미터

중국군의 반격 예상

이 대통령 부산 군중집회에 참석 "북쪽으로 쳐들어가자!"

영국, 중국의 태도를 기대한다

38선까지 거리는 1.6킬로미터

한국군 순찰대 38선 넘었다

트루먼은 체면을 세우면서 전쟁을 끝내길 바란다

맥아더 "적군 고위급 장교와 회견 준비"

……

이런 상황에 이르러, 한국전쟁의 앞날은 갈피를 잡을 수 없었다.

'죽지 않는 노병' 사라지다

1951년 4월 11일 정오, 맥아더는 자신의 관저에서 초대 손님과 식사를 하고 있었다. 그때 맥아더의 부관이 눈물이 그렁그렁한 채로 조용히 들어왔다. 맥아더의 아내가 부관에게 다가가서 몇 마디 듣더니 맥아더 옆으로 돌아가 귓속말을 했다. 순간 맥아더의 표정이 얼어붙었다. 잠시 후 그는 모든 사람이 들을 수 있는 온화한 목소리로 아내에게 말했다.

"여보, 우리가 마침내 고향으로 돌아갈 수 있게 됐소."

맥아더가 유엔군 최고사령관에서 해임되었다는 소식이 전 세계에 퍼졌다.

이 명성이 자자한 미국인 '극동의 제왕'에게 대체 무슨 일이 일어난 것일까?

진행 중인 한국전쟁과 관계가 있는 것일까?

그렇다면 한국전쟁은 어떻게 될까?

미국이 패한 것일까, 아니면 중국이 패한 것일까?

양측이 대규모의 필사적 전투를 치른 끝에 전선은 처음 전쟁이 시작된 상태로 되돌아갔다. 설마 전쟁이 이렇게 끝난단 말인가?

'리퍼 작전'이 성공해 유엔군이 서울에 진입한 일이 맥아더에게 강심제 역할을 한 것은 의심할 바 없다. 그러나 정보기관이 제공하는 갈수록 늘어나는 모든 정보가 맥아더에게 '중국인이 반격작전을 준비하고 있다'는 점을 일깨워주었다. 정찰기 조종사들은 전방으로 통하는 길에서 대규모로 행군하는 중국군을 여러 차례 발견했는데, 주로 노새와 말로 구성된 운송대가 산간 소로를 따라 굽이굽이 10여 킬로미터를 이동하는 때도 있었다. 숙천에서 평양으로 가는 도로에서는 전에 없던 대규모의 중국군 대형 트럭 부대가 이동했고 무선 감청에서는 중국군의 새로운 부대 번호가 끊임없이 나왔다.

맥아더는 갈등에 빠졌다. '아이다호 선'에서 멈출 것인가 아니면 계속 전진할 것인가? 멈추자니 이 선은 분명 대규모 공격을 방어하기에 유리한 지역이 아니었다. 또 계속 전진하자니 어디서 중국군의 공격을 받게 될지 알 수 없었다.

"이처럼 정치색이 짙은 전쟁에서 최고 통수권자는 몇 가지 기본 방침들만 말하고, 현장 지휘관들에게 온갖 결단을 일임한 예는 세계 전쟁사에서 극히 보기 드물다." 맥아더는 이렇게 워싱턴을 비난했다. "나는 워싱턴으로부터 행동 방침에 관련된 훈령을 받은 적이 한 번도 없다. 나는 늘 뒷짐을 지고 천천히 걸었다. 결과가 좋으면 칭찬을, 결과가 나쁘면 비난을 받았다."

"해도 비난을 받을 것이고 안 해도 비난을 받을 것이다." 그러나 맥아더는 사령관으로서 아무런 군사적 의의도 없는 38선에서 부대를 정지시킬 수는 없었다. 정부가 어떤 정치적 문제를 고려하든 간에 그는 반드시 부대가 어디로 전진해야 할지, 전진한 뒤에는 무엇을 준비해야 할지를 과감하게 결정해야 했다.

맥아더는 계속 북진하기로 결정을 내렸다.

정지하는 것보다는 차라리 전진하는 것이 낫다고 판단했다. 리지웨이도 그의 생각에 찬동했다. 리지웨이 역시 군사적인 각도에서 문제를 고려했기 때문이다. 두 사람 다 1944년 겨울 미군이 유럽 전장의 라인 강변에서 직면했던 비슷한 상황을 떠올렸다. 그때 계속 전진하기로 결심한 사람은 드와이트 아이젠하워Dwight D. Eisenhower 장군이었다. 당시 아이젠하워 장군의 관점은 이런 것이었는데 조금 이상하게 들리는 데가 있었다.

"적군은 우세를 차지하고 있고 게다가 공격할 결심을 한 상태다. 아군은 방어 병력이 부족하기 때문에 공격 외에는 임무를 완수하고 아울러 부대의 안전을 확보할 다른 방법이 없다. 병력이 적기 때문에 반드시 공격해야 한다."

리지웨이는 맥아더의 동의를 받아 새로운 작전계획을 세웠다. 바로 "모든 전선에서 새로운 공세를 펼쳐 '캔자스 선'까지 나아감으로써 중국군이 발동할 가능성이 있는 반격에 대응한다"는 것이었다.

캔자스 선은 임진강 어귀의 남쪽 기슭에서부터 판문점을 거쳐 38선을 비스듬히 지나가 연천 북쪽에서 곧장 화천저수지에 이르는 선을 가리킨다. 이 전선은 38선 북쪽 약 20킬로미터 지점에서 시작해 38선과 기본적으로 평행을 이루었다. 캔자스 선의 너비는 184킬로미터로 그 좌익은 바다에 의지할 수 있고, 너비 16킬로미터의 화천저수지도 군사상 방어의 근거로 삼을 수 있어 중국군의 지휘와 보급을 공동으로 위협할 수 있는 삼각지대였다.

새로운 작전은 '러기드 작전Rugged Operation'이라고 명명되었다.

'러기드rugged'는 '울퉁불퉁한' 것을 형용한다. 이 명칭이 한반도의 지세가 북쪽으로 갈수록 울퉁불퉁한 것을 가리킨 것인지, 아니면 미군의 앞길이 울퉁불퉁한 산길처럼 험난한 것을 비유한 것인지는 알 수 없다.

이때 리지웨이는 이런 문제로 곤혹스러워했다. 미군은 거의 매번 공격 노선에서 중국군에게 몹시 완강하게 저지되었다. 국부전이 정말 힘들고 잔혹하게 진행되었지만 그들은 중국군의 소규모 저지부대일 뿐이었다. 그렇다면 중국군 주력부대는 어디로 간 것일까? 혹시 그들은 다른 곳에서 그물망을 활짝 펴고 기력이 다한 미군 병사들을 기다리고 있는 것은 아닐까?

중국군 제40군은 대부대를 엄호하기 위해 이동해서 홍천 부근에서 미 제1해병사단의 북진을 지연시키고 있었다. 산 정상을 빼앗고 뺏기는 지루하고 참혹한 전투가 펼쳐졌다. 오야평북산이라는 저지진지에서 제40군 354연대 4중대는 병력 절반을 잃었지만 여전히 미 제1해병사단의 북진을 막고 있었다. 정오가 되었을 때 2소대장은 미군이 4중대 주진지의 양익으로 우회하고 있으며, 미군이 우회하는 방향에 아군 부대는 하나도 없다는 보고를 받았다. 병력을 따로 뽑을 수 있는 상황도 아니어서 4중대 지도원은 위팅치於廷起·리커셴李克先·쩡난성曾南生 세 명의 병사에게 작은 산을 지켜 2소대 양익의 안전을 보장하라고 명령했다.

그러나 세 명의 병사가 그 작은 산에 올라가 2소대 진지의 양익을 보호하려고 준비할 때 2소대 주진지는 이미 미군에 점령되었다. 2소대는 사상자가 속출해 결국 진지를 잃고 말았다. 세 병사는 즉시 2소대 진지의 반격에 참가했다. 도중에 위팅치는 부상을 당해 실려 가고 리커셴과 쩡난성 두 사람이 미군 1개 소대의 공격에 맞섰다. 산에는 관목이 빽빽하게 우거져 있어 미군이 올라와서는 이곳에 중국군이 있는 것을 미처 보지 못하고 앉아서 좀 쉬려고 했다. 그들의 엉덩이가 막 땅에 닿았을 때 수류탄이 날아왔고 좌우에서 사격이 이어졌다. 리커셴과 쩡난성은 몸을 은폐하고 기습 공격을 가했고 사살되지 않은 미군 병사는 산 아래로 굴러 내려갔다.

미군은 병력을 증원하고 대포와 비행기를 동원해 중국군 두 명밖에 없는 작은 진지에 연거푸 공격을 실시했다. 전투는 오후까지 이어졌고, 리커셴이 다리에 심각한 총상을 입어 두 사람은 이동하기로 결정했다. 쩡난성은 리커셴을 업었고, 미군 병사가 뒤에서 한발 한발 따라오면서 기관총을 쏴댔다. 리커셴은 더 이상 못 가겠다면서 쩡난성에게 수류탄 두 발을 남겨달라고 했다. 쩡난성은 절대로 혼자 갈 수 없다고 했지만 리커셴이 그를 설득했다.

"날 업고 갈 수는 없어. 어쨌든 미군이 내가 숨은 곳을 발견하지 못했으니 빨리 주진지로 가서 들것을 가져오게."

쩡난성은 그때 겨우 열여덟 살이었다. 후난 성 창사 출신인 그는 가정 형편이 어려워 신문팔이와 노점상, 짐꾼 등 온갖 일을 전전하다 해방군에 입대했다. 그는 리커셴을 한쪽에 잘 앉혀놓고 중대의 주진지를 향해 냅다 달렸다. 시간을 절약하기 위해 그는 험준한 절벽을 통해 바로 주진지로 올라갔다. 그러나 중대의 진지는 텅 비어 있었다. 중대가 언제 이동했는지 알 수가 없었다. 어떻게 해야 좋을지 잠깐 망설이던 쩡난성은 리커셴에게 돌아가기로 결정했다. 그러나 그가 리커셴이 숨은 곳에 도착하기 전에 멀리서 세 명의 미군이 리커셴을 둘러싸고 있는 모습을 보았다. 이어 수류탄의 폭발음이…….

쩡난성은 가슴을 찢는 듯한 슬픔을 뒤로한 채 철수한 부대를 따라갔다.

2년 4개월 뒤, 쩡난성은 황해도 장풍군 항동리전투에서 전사했다.

중국군 2선부대 제26군은 참전하자마자 험난한 저지전을 치르게 되었다.

레이바오썬雷保森은 스물네 살에 해방군에 입대하고 공산당에 입당한 용감한 군인이었다. 그가 속한 부대는 칠봉산 부근에서 미군을 저지하는 임무를 맡았다. 그는 4분대를 이끌고 도로에서 12대의 미군 전차와 전투를 벌여 11대를 격파했는데, 전 분대에서 사상자는 한 명도 없었다. 부대는 증원을 요청한 6분대 진지의 철수를 엄호하기 위해서 북쪽으로 이동하기 시작했다. 그러나 이들이 6분대 진지에 접근했을 때 그곳에는 이미 철모를 쓴 미군 병사들로 가득했고 6분대 병사들은 전멸한 뒤였다. 4분대는 즉시 달려들어 미군이 최전방 진지로 전진하는 것을 온몸으로 막았다. 미군은 이들의 병력이 얼마 안 되는 것을 알고 벌 떼처럼 몰려왔다. 그러나 미군의 생각 외로 한 차례의 함성과 함께 중국군 병사들이 반격을 시작했다. 레이바오썬의 4분대는 놀라운 용기로 미군을 향해 돌격해 곧바로 육탄전이 벌어졌다. 레이바오썬은 연이어 몇 명을 쓰러뜨리고 가장 먼저 6분대 진지로 뛰어들었다. 그러나 그가 고개를 돌려 분대원들을 부르고 나서야 방금 치른 육탄전에서 병사들이 모두 희생된 것을 알았다. 6분대 진지에 올라온 것은 레이바오썬 외에 저우스우周士

武 라는 병사 한 명밖에 없었다.

레이바오썬은 진지 위에서 6분대 병사들의 시신을 바라보았다. 죽어간 병사들의 손에는 피가 흥건한 곡괭이가 들려 있어 피와 살이 튀는 격투가 벌어졌음을 알 수 있었다. 레이바오썬은 여기저기서 20여 개의 미제 수류탄을 모았다. 미군의 돌격이 다시 시작되었다. 진지 삼면에서 셀 수 없이 많은 미군 병사가 새카맣게 몰려왔다. 레이바오썬과 저우스우는 바쁘게 뛰어다니며 삼면에서 몰려오는 적군을 향해 사격을 가했지만 점점 더 가까이 다가왔다. 저우스우가 두 눈에 총상을 입어 앞을 볼 수 없게 되자 레이바오썬이 그에게 말했다.

"날이 곧 어두워질 거다. 너는 북쪽 비탈길을 타고 밑으로 미끄러져 내려가라. 내가 엄호해주겠다."

저우스우는 북쪽의 산비탈을 향해 천천히 미끄러져갔다.

레이바오썬은 기관총을 망가뜨리고 마지막 수류탄을 손에 쥔 채 미군이 접근하기를 기다렸다.

미군이 가까이 다가오자 그는 수류탄을 던지려고 했지만 땅에 떨어뜨리고 말았다. 부상당한 오른팔이 말을 듣지 않았기 때문이다. 그는 왼팔로 수류탄을 집어 이빨로 안전핀을 빼낸 뒤 힘껏 던졌다. 폭발로 연기가 일어나는 틈을 타서 레이바오썬은 몸을 날려 낭떠러지로 뛰어내렸다.

한밤중에 북한 농민 두 사람이 절벽 아래서 온몸의 뼈가 부러지고 피투성이가 된 레이바오썬을 발견하고는 나무판에 실은 뒤 중국군이 철수한 북쪽으로 향했다.

러기드 작전이 시작된 지 얼마 안 되어, 미 제1해병사단은 철수하는 중국군을 따라서 화천저수지에 접근했다. 그러나 한국군 제6사단의 정보에 따르면 화천저수지는 중국군이 지키고 있을 뿐 아니라 댐의 수문을 전부 열어서 북한강의 물이 불어나 적지 않은 한국군 병사와 장비가 떠내려갔다고 했다. 제1

해병사단 7연대는 어쩌면 얼마 전 장진호 댐에서 마주친 액운 때문에 '댐'이라는 단어에 특별히 민감하게 반응한 것인지도 모른다. 그러나 어쩌면 바로 이런 기억 때문에 그들이 뜻밖에 중국군의 전술을 모방해 화천저수지를 기습하게 되었는지도 모른다.

리지웨이가 직접 제1해병사단의 작전계획을 심의하고 비준했다.

기습부대는 7연대를 중심으로 하고, 또 특별히 1개 특수중대를 배치했다. 미군은 낮에만 차를 타고 행군하던 관례를 깨고 개인 보급품과 탄약을 휴대하고 밤에 행군해 전진하기 시작했다.

화천저수지의 수문을 열어 불어난 물로 미군의 북진 속도를 늦추는 작전은 중국군 제39군 115사단 344연대의 생각이었다. 4월 9일 새벽 4시, 사단 작전과 부과장인 선무沈穆의 주도로 댐에 가서 관리 직원에게 수문 10개를 모두 열도록 했다. 급격히 불어난 물은 미군의 포병 진지 하나와 도로까지 휩쓸었다.

미 제1해병사단의 기습부대는 급습해 저수지를 점령하고 나서 수문을 닫을 생각이었다.

그러나 이들이 저수지에 도착해 고무보트를 타고 건너갈 때 중국군 병사에게 발각되어 즉시 사격을 받았다. 저수지 북쪽 기슭에 남아 있던 7연대의 2개 중대도 동시에 중국군의 맹렬한 반격을 받았다. 대포 지원도 없고, 산이 높고 안개가 짙어 비행기도 지원할 수 없는 상황에서 미군 병사들은 어떻게 싸워야 할지 막막했다. 제1해병사단 1대대는 명령에 따라 저수지를 건너야 했지만, 하루 종일 찾아도 저수지를 건너기에 적합하다고 생각되는 나루터를 찾을 수 없었다. 절벽 위에는 온통 중국군이 구축한 견고한 진지가 들어서 있었다.

7연대가 저수지의 댐을 습격할 때, 그 엄호를 맡은 3연대가 저수지로 통하는 방향에 있는 한 고지에 맹렬한 공격을 퍼붓기 시작했다. 이 고지를 수비한 것은 중국군 344연대의 1중대로 중대장은 자오즈리趙志立였다. 이 전투는 캄캄한 밤까지 계속되었다. 미 제1해병사단 3연대는 1개 대대 병력을 동원해서 차례로 공격을 했지만 번번이 1중대의 방어에 막히고 말았다. 이 진지를 뺏기 위해 3연대는 나흘의 시간을 들였고 사상자는 400여 명에 달했다. 전투의 잔혹함과 중국군의 완강한 저항은 미군을 대경실색하게 했다. 그들은 화천저수지의 이 조그만 고지를 기억에 깊이 새겨두었다.

1년 후, 한국전쟁이 협상 단계에 들어섰을 때, 협상을 진행하던 미국 측은 돌연 한 가지 요구를 제시했다. 바로 화천저수지에서 전투를 지휘한 중국군 지휘관을 볼 수 없겠냐는 것이었다. 미국인들은 "그 완강한 군인이 도대체 어떻게 생긴 사람인지 보고 싶다"고 했다.

중국군 제39군 344연대 1중대장 자오즈리는 저지전에서 앞뒤 돌아보지 않고 열심히 싸웠을 뿐이었다. 그러나 생각지도 못하게 그 전투로 명성을 떨치게 되었을 뿐 아니라 그 이름이 유엔군에게까지 알려졌다.

자오즈리는 새 군복과 새 군화로 단장을 했다. 중국군 장교가 미군이 말하는 그런 '난폭한 녀석'이 아니라는 것을 보여주기 위해서 중국군 측에서는 특별히 자오즈리를 위해 서류가방과 안경을 준비했다. 단장을 마치고 나니 품위가 있어 보였다. 정치 부처에서는 자오즈리에게 수많은 역사적 지식을 가르친 뒤 판문점으로 데려갔다.

미국 기자들을 만났을 때 문제의 핵심은 미국 측에서 화천저수지의 그 작은 산에서 미군을 저지한 것이 겨우 1개 중대였다는 사실을 믿지 않는다는 점이었다. 왜냐하면 공격한 측은 미군 최정예 부대의 1개 대대였기 때문이었다. 기자들은 자오즈리가 적어도 증강된 대대의 대대장일 것이라며 중국인들이 거짓말을 한다고 했다.

자오즈리는 이렇게 대답했다.

"나는 올해 스물두 살이고 중국인민지원군의 보병 중대장입니다. 내가 중대를 이끌고 미 제1해병사단 3연대와 전투를 하던 날은 마침 내 생일이었습니다."

이어 자오즈리는 화천댐 전투의 전 과정을 상세히 기억했고, 심지어 자신이 그 전투를 지휘했다는 것을 증명하기 위해서 작은 고지의 지형과 지세까지 세밀하게 설명했다.

기자들은 이 젊은 중국군 장교의 모습에 점점 더 흥미를 느낀 듯했다. 그리하여 중국군의 평범한 중대장의 이름과 사진이 서방 국가의 신문에 실렸고, 신문에서는 그를 '동방 지브롤터 해전1607년 4월 이베리아반도 남단의 지브롤터에서 네덜란드 함대가 스페인 함대를 기습해 격멸한 전투의 승리자'라고 칭했다.

화천저수지 전투는 해가 저문 뒤에도 계속되었다. 리지웨이는 중국군의 전술이 그리 쉽게 배울 수 있는 것이 아님을 인정하고 습격 실패를 선언했다.

습격작전을 수행하던 미 제1해병사단은 원래의 주둔지로 철수했다.

후에 미 제1해병사단의 전사에서 미군은 이렇게 기록했다.

"이것으로 38선을 넘어 진행된 휘황찬란한 공격이 마무리되었다. 만약 7연대가 하루 이틀만 더 시간이 있었다면 훌륭하게 임무를 완성할 수 있었을 것이다."

한반도의 전장에서 미군이 전력으로 러기드 작전에서 확정한 캔자스 선을 향해 북진하고 있을 때, 미군이 대규모로 38선에 접근해 심지어 38선을 넘은 일로 마침내 맥아더와 미국 정부의 오랜 갈등이 폭발했다.

3월의 어느 날, 트루먼 대통령의 책상에는 미국 국가안보국National Security Agency, NSA에서 보낸 극비 정보가 놓여 있었다. 그것은 일본 도쿄 주재 스페인 대사와 포르투갈 대사가 본국 정부에 보낸 전보를 입수한 것이었다. 전보의 내용은 맥아더 장군과 나눈 대화였다. 맥아더는 이들 대사와 만난 자리에서 미국 정부에 대해 신랄하게 비판했다. 그리고 현재 진행 중인 한국전쟁을 대규모로 확장해서 중국 공산당을 철저히 소멸시키고 싶다는 뜻을 내비쳤다. 맥아더는 또 만약 그런 일이 일어나더라도 놀라지 말라고 스페인과 포르투갈 정부에 당부했으며, 소련의 경우는 전쟁에 휘말리는 것이 두려워 수수방관할 것이라고 말했다.

한국전쟁을 둘러싼 트루먼과 맥아더의 의견은 아주 단순했다. 맥아더는 처음부터 전쟁을 확대할 준비를 했고, 한국전쟁이 최종적으로는 적어도 아시아를 휩쓰는 대규모 전쟁으로 변해서 전쟁을 통해 "아시아의 공산 세력을 철저히 소멸"시키는 목적을 이루길 바랐다. 그러나 트루먼을 위시한 미국 정부와 미국의 서방 동맹국들은 한국전쟁에 대해 서방의 주적인 소련이 동맹국 군사력를 가지고 벌이는 파워게임이며, 동맹국 군사방어의 중점은 유럽이니 서방은 한국전쟁을 국지전으로 간주해 처리하는 것이 마땅할뿐더러 빨리 끝낼수록 좋다고 생각했다.

맥아더는 부단히 전쟁 확대를 제안했지만 매번 워싱턴에 거부당했다. 이로 인해 맥아더와 트루먼 대통령 사이의 불쾌한 감정은 점점 더 첨예해졌다. 웨이크 섬의 회견 때 두 사람은 겉으로는 정중하게 예의를 지켰지만 속마음은 이미 딴판이었다. 심지어 이때부터 트루먼은 눈앞의 늙은이를 잘라버릴 생각을 품게 되었다고 말하는 사람도 있다. 트루먼이 맥아더에게 그렇게 정중하고 친절하게 대한 것은 대통령의 "교활한 정치적 수단"이었다는 것이다.

유엔군이 한반도 전장에서 반격을 시작해 승리를 거두자 맥아더는 리지웨이의 군사적 성공으로 인한 난처함을 떨쳐버리고 다시 안하무인이 되었지만, 트루먼 정부는 극단적인 모순에 빠져들었다. 트루먼 대통령을 포함한 대다수의 미국 정부 관료들과 '가장 강경한 반공주의자' 애치슨 국무장관은 모두 한국전쟁에서 '적당한 시기에 물러난다'는 생각을 가지고 있었고, 유엔군이 다시 38선을 돌파해 체면은 세웠다고 여겼다. 당연히 압록강을 점령할 수 있다면 가장 좋겠지만 최근 중국군의 작전 상황에 비춰볼 때 그럴 가능성은 희박했다. 물론 맥아더가 건의한 것처럼 중국 해안을 봉쇄하고 중국 본토에 폭격을 가하며, 타이완을 참전시키고 심지어 원자폭탄까지 사용하면 중국을 사지에 몰아넣을 수는 있겠지만, 이는 소련이 유럽에 위협을 가하고 동맹국이 분열되는 상황을 초래할 수 있어 득보다는 실이 더 많았다. 요컨대, 한반도 통일을 견지하려다 미국의 근본 이익에 손해를 끼칠 바에야 체면을 지켰으니 정전을 하는 편이 나았다. 분석을 거쳐 미국은 중국이 정전 주장을 받아들일 가능성이 높다고 판단했다. 현재의 전선 상황을 보면 교전 쌍방의 누구도 실질적으로 손해를 보지 않았기 때문이다. 중국은 "크게 손해를 본 것도 아니고 체면을 구긴 것도 아니었다." 그래서 트루먼은 협상의 기회와 대화의 가능성을 찾기 시작했으며, 국무부와 국방부에 정전 협정 정책을 입안하도록 했다.

정전을 위해 기회를 엿보던 트루먼은 정보부가 보낸 전보를 읽고 치솟는 분노를 금치 못했다. 그는 "이를 악다물고 손바닥으로 책상을 거세게 내리쳤다." 트루먼은 그것이 철저한 배신이라고 생각했고, '그 늙은이가 반드시 대가를 치르게 해주겠다'고 다짐했다.

하지만 첩보 입수된 전보를 공개할 수는 없었다. 따라서 '그 늙은이'를 처리하려면 다른 구실이 필요했다.

어떤 방법으로 미국 정부의 정전 의도를 표명할 것인가?

아무래도 정치적 관례를 따르는 것이 좋을 듯했다. 즉, 성명을 발표하고 중국 측에 협상할 수 있는 조건을 제시하는 것이다. 애치슨과 마셜 등 고위 관료들이 여러 차례 머리를 맞대고 의논한 결과 대통령이 발표할 성명이 작성되었다. 합동참모본부는 확실하게 하기 위해서 맥아더에게 전보를 보냈다. 대통령의 성명과 관련해 맥아더의 의견을 묻는 내용이었다.

국무부에서 대통령의 성명 초안을 작성했습니다. 그 요점은 다음과 같습니다. 유엔은 이미 남한 대부분 지역의 침략자를 처단했고, 현재는 한반도 문제를 해결하기 위한 조건을 토론하고 있습니다. 유엔은 유엔군이 38선 이북으로 전진하기 전에 마땅히 진일보한 외교적 노력을 기울여 화해를 취하는 것이 좋다고 생각합니다. 이를 위해서는 시간을 두고 외교적 반응을 판단해야 하고, 아울러 새로운 협상의 진전을 기다려야 합니다. 38선이 더 이상 군사적 의의가 없다는 점을 감안해서 국무부에서 합동참모본부에 사령관이 어떤 조건을 갖춰야 앞으로 몇 주 동안 충분한 행동의 자유를 얻을 수 있도록 유엔군의 안전을 보장함과 아울러 적과의 접촉을 유지할 수 있을지 물어보았습니다. 사령관의 의견을 밝혀주기 바랍니다.

3월 21일, 맥아더의 답신이 왔다. 그는 합동참모본부의 요청은 무시하고 또다시 미국 정부가 자신의 지휘권을 제한해서 "북한을 쓸어버릴 수 없었고 그 때문에 분명한 노력을 기울이지 못해 목적을 달성할 수 없었다"는 말만 늘어놓았다.

워싱턴은 여전히 대통령의 성명을 발표할 준비를 하고 있었다. 그 준비에는 모든 참전국가의 워싱턴 주재 대표의 의견을 구하는 것과 그들의 일치된 찬성이나 지지를 요구하는 것도 포함되었다.

최종 확정된 대통령 성명은 신중하고 모호한 단어들을 골라 써서 맞는 것 같으면서도 그렇지 않은 말들과 이도 저도 아닌 외교적 수사로 가득했다. 하지만 협상을 하고 싶다는 뜻만은 분명했다.

나는 정부의 행정 수반으로서 유엔의 요구에 응해 한반도에서 통일된 지휘권을 행사하고 있으며, 유엔이 한반도에서 행동하는 것을 지지해 전투부대를 제공한 각국 정부와 충분한 협의를 거쳐 다음과 같이 성명을 발표합니다. 한반도의 유엔군은 현재 대한민국과 유엔에 대한 침략 행위를 물리치고 있습니다. 침략자들은 중대한 손실을 입고 작년 6월 처음으로 불법 공격을 시작한 지역 부근으로 물러났습니다.

해결해야 할 문제는 1950년 6월 27일 유엔 안전보장이사회의 결의에서 제시한 조건에 따라서 이 지역의 국제적인 평화와 안전을 회복하는 것입니다.

유엔헌장의 정신과 원칙은 최대한 전쟁의 확산을 막고 인명 손실을 줄이는 것입니다. 성명은 이 지역의 평화와 안전 회복을 기초로 합니다. 평화를 진심으로 바라는 국가라면 분명 수용할 것입니다.

유엔 통일지휘부는 전쟁을 중지하고 재발을 방지하기 위한 배치를 준비하고 있습니다. 이는 한반도 문제를 해결하는 데 더욱 넓은 길을 마련해줄 것입니다. 여기에는 외국 군대의 한반도 철수도 포함됩니다.

유엔은 이미 이 세계적 조직의 정책으로 한반도 국민이 통일되고 독립된 민주국가를 세우는 것을 허가한다고 선포했습니다.

한반도 국민은 평화를 누릴 권리가 있습니다. 그들은 자신의 선택과 필요에 따라 정치와 기타 제도를 정할 권리가 있습니다.

한반도 국민은 전쟁의 상처를 치료하기 위해서 세계기구의 원조를 받을 권리가 있습니다. 유엔은 해당 원조를 준비했으며, 이를 위해 필요한 기구를 설립했습니다. 유엔 회원국은 아낌없는 도움을 주고 있습니다. 현재 필요한 것은 평화입니다. 평화가 있어야 유엔은 그 자원을 이용해서 창조적인 재건 사업을 진행할 수 있습니다.

아쉽게도 한반도에서 유엔을 반대하는 사람들은 원래 가능했을뿐더러 지금도 여전히 가능한, 한반도를 위해 평화를 가져올 기회를 거의 무시하고 있습니다.

한반도 문제의 신속한 해결은 극동 지역의 국제적 긴장을 크게 낮추는 길을 열어줄 것입니다. 유엔헌장에 규정된 분쟁의 평화적 해결 절차에 따라 이 지역의 다른 문제 해결을 고려해야 할 것입니다.

전투를 종결하는 만족할 만한 배치가 이루어지기 전에는 유엔의 군사행동은 반드시 계속될 것입니다.

트루먼은 중국 측이 성명의 분명한 정전 신호를 이해하길 바랐고, 아울러 성명이 커다란 국제적 반향을 불러일으키길 기대했다.

하지만 트루먼이 꿈에도 생각지 못한 일이 벌어졌다. 정성 들여 준비한 대통령의 성명이 발표되기도 전에 저 멀리 도쿄에 있는 맥아더가 먼저 자신의 성명을 발표해버린 것이다.

1951년 3월 24일 미군이 문산에 공수작전을 실시하던 그날, 맥아더는 또 전방을 방문했다. 그리고 도쿄에 돌아가 성명을 발표했다.

전쟁은 예정된 일정과 계획에 따라 진행되고 있습니다. 현재 우리는 남한에 있는 공산당 군대를 대부분 소탕했습니다. 밤낮없이 계속된 대규모 육해공 공격으로 적군의 병참선은 심각하게 파괴되었고, 이로 인해 적군의 전방부대는 전투를 유지할 충분한 필수품을 확보할 수 없게 되었습니다. 우리 지상부대는 이 약점을 훌륭하게 이용했습니다. 적군의 인해전술은 의심할 바 없이 실패했습니다. 우리 부대가 이미 적군의 작전 방식에 적응했기 때문입니다. 열악한 날씨와 지형과 작전 조건하에 적군의 작전 지속 능력은 아군보다 떨어집니다.

전술상의 성공보다 더 큰 의의는 적색 중국이라는 새로운 적이 공업 능력이 부족해 현대전에 필요한 중요 물자를 충분히 제공하지 못한다는 사실이 분명히 밝혀졌다는 점입니다. 적군은 생산기지가 부족하며, 작전에 투입할 중급 규모의 공군과 해군을 건립하고 유지하는 데 필요한 원재료가 부족합니다. 적군은 또한 지상전을 성공적으로 수행하는 데 필요한 무기, 예컨대 전차와 중형 대포 및 과학기술로 만든 정교한 무기장비도 제공할 수 없습니다. 적군은 처음에는 수많은 병사라는 거대한 역량으로 그 차이를 보충했지만, 현대적인 대규모 섬멸 수단이 발전함에 따라 단순히 인원수에만 의존해서는 이러한 결함이 지닌 고유의 위험을 상쇄할 수 없습니다. 해상과 공중을 통제한다는 것은 더 나아가 보급과 교통, 운송을 통제하는 것을 의

미합니다. 오늘날 그 중요성과 그것이 초래하는 결정적 작용은 결코 과거에 못지않습니다. 우리는 현재 그런 통제권을 가지고 있으며, 게다가 적군은 지상의 화력 면에서도 열세이므로 그 작용은 더욱 배가됩니다.

이런 군사적인 약점은 적색 중국이 한국전쟁에 참전했을 때 이미 분명하게 드러났습니다. 유엔군은 현재 유엔의 감독 아래 작전을 진행하고 있기 때문에 그에 상응해 적색 중국이 군사적 우세를 점하도록 했습니다. 설사 그렇다 하더라도 사실대로 표명하면 적색 중국은 결코 무력으로 한반도를 정복할 수 없습니다. 이 때문에 적군은 지금 만약 유엔이 전쟁을 한반도 국경 안으로 제한하기로 한 결정을 바꿔 우리 군사행동을 적색 중국의 연해 지역과 내부 기지로 확대한다면 적색 중국은 즉시 군사적으로 붕괴할 위험에 처하리라는 것을 고통스럽게 인식하고 있을 것입니다. 이런 기본 사실을 확인한 후 만일 한반도 문제가 그 자체의 시비에 따라 해결될 수 있고, 한반도와 직접 관련이 없는 문제(타이완 문제나 중국의 유엔 의석 문제)의 영향을 받지 않는다면 한반도 문제를 결정할 때 극복하기 어려운 난제는 없을 것입니다.

이미 무참하게 유린당한 한국과 그 국민을 더 희생시킬 수는 없습니다. 이것은 지극히 중요한 문제입니다. 이 문제는 군사 방면의 전투 종결로 해결할 수 있습니다. 그러나 이밖에도 기본적인 문제는 여전히 정치적인 것이고 반드시 외교 방면에서 해답을 찾아야 합니다. 말할 것도 없이 나는 군사 사령관의 권한 내에서 언제든지 적군 사령관과 전장에서 회담을 열어 더 이상 피 흘리지 않고 유엔이 한반도에서 정치적 목표를 실현할 수 있는 어떠한 군사적 수단이든 성실하게 찾을 준비가 되어 있습니다. 유엔이 한반도에서 이루고자 하는 정치적 목표는 어떤 나라도 반대할 이유가 없는 것입니다.

맥아더의 성명을 본 미 합동참모본부의 관료들은 "유엔군 사령관이 이보다 효과적으로 대통령의 화를 돋울 방법은 찾지 못할 것"이라고 입을 모았다.

맥아더의 성명으로 트루먼이 정전을 위해 주도면밀하게 준비한 모든 것이 헛수고로 돌아갔다.

맥아더의 성명 내용은 워싱턴이 심사숙고를 마친 성명 내용과는 관점이 정반대였다.

맥아더는 작년에 대통령이 그를 겨냥해서 서명해 보낸 명령을 위반했다. 그 명령은 '어느 누구도 허가 없이 외교정책과 관련한 성명을 공개적으로 발표해서는 안 된다'는 것이었다. 이는 국가의 최고 정책결정기구와 최고 정책결정권자에 대한 공공연한 항명이며, 미국 헌법이 부여한 대통령의 권위에 도전하고 대통령을 무시하는 행동이었다. 이와 동시에 맥아더의 성명은 중국 측에 동맹국이 모든 힘을 모아 맞서 싸우겠다고 최후통첩을 보낸 것과 같았다. 이는 한국전쟁이 장차 세계대전으로 확대될 것이라고 선포하는 것이나 다름없었다.

서방 동맹국들은 맥아더의 성명을 일컬어 공산당에 대한 '선전포고'라고 했다.

맥아더가 범한 더욱 심각한 잘못은 미국의 군 통수권이라는 국가정체에 도전한 것인데, 삼권이 분립된 미국 정권의 기본은 바로 문민통치인 것이다.

분노한 트루먼은 즉시 회의를 소집했다.

"지금 내가 할 수 있는 말이라고는 정말 놀랐다는 말뿐이오. 나와 맥아더 사이의 어려움을 대수롭지 않게 생각한 적은 없지만, 웨이크 섬에서 만난 뒤로 그가 대통령의 권한을 존중해줄 것이라고 기대했소. 이제는 그를 전장의 최고지휘관 직위에서 해제하는 것 말고는 다른 선택의 여지가 없소."

줄곧 맥아더와 갈등을 빚어온 국무장관 애치슨은 더욱 노발대발했다.

"맥아더는 입에서 나오는 대로 지껄여댔습니다. 그가 발표한 성명 때문에 상대방에 협상 제의를 해도 받아들이지 않을 겁니다. 정말 믿을 수가 없는 상황입니다. 우리 동맹국은 도대체 누가 미국을 관리하는지 모르겠다고 생각할 겁니다."

애치슨은 대통령의 결정에 결연히 동의하는 동시에 오성五星 장군인 맥아더를 "더러운 인간"이라고 평가했다.

어떻게 손을 쓸 것인지 트루먼은 좀더 생각을 해봐야 했다.

맥아더의 직위를 해제한다는 것은 쉬운 일이 아니었다. 잘못하면 정치적으로 큰 파장을 몰고올 수도 있었다.

미 합동참모본부는 맥아더에게 전보 한 통을 보내 대통령의 훈령을 준수해야 한다는 사실을 일깨워주었다. 아울러 중국 측에 협상을 제시하려면 반드시 즉각 대통령에게 보고하고 "명령을 기다리라"고 요구했다.

맥아더는 곧바로 답전해 자신의 성명은 단지 '작전 구역 사령관의 일부 관점'일 뿐이며, '작전 구역 사령관이 언제든지 발포할 수 있는 공고'라고 밝혔다.

백악관에서 맥아더의 언행을 단속하는 한편, 트루먼과 그의 관료들은 어떻게 하면 맥아더의 직위를 타당하게 해제할 수 있을지 연구했다. 그러나 맥아더는 여전히 자신의 생각을 계속 쏟아냈다. 그는 기자들과 이야기하면서 재차 자신의 군사 지휘권이 "인위적인 그물에 속박되었고" 이로 인해 "명확한 목표가 없는 전쟁을 치르고 있으며", 38선 문제에 관해서는 "정치가들이 군인의 직권을 침범했다"고 밝혔다.

맥아더를 해임시킬 도화선에 마침내 불꽃이 튀었다.

4월 5일, 미국 하원의원 조지프 마틴Joseph W. Martin, Jr.은 하원에서 발언하면서 맥아더의 편지를 낭독했다. 그 편지는 맥아더가 성명을 발표하기 사흘 전에 마틴에게 보낸 답신이었다. 그전에 마틴은 맥아더에게 보낸 편지에서 '한국 전쟁에서 포모사(타이완) 군대를 이용하지 않는 것은 어리석기 짝이 없는 일'이라고 했고, 그에 대해 맥아더는 답신에서 이렇게 말했다.

5일 보낸 편지에 의원께서 2월 12월에 연설한 원고를 동봉했더군요. 나는 무척 흥미롭게 읽었고, 세월이 많이 흘렀지만 의원의 늠름한 풍모가 전성기에 못지않다는 것을 알았습니다.

적색 중국이 한국전쟁에 참전해서 조성된 국면에 관해 내 의견과 건의를 상세하게 적어 워싱턴에 제출했습니다. 전반적으로 다들 이 의견을 이해하고 있습니다. 왜냐하면 내 의견은 단지 전통적 방식대로 폭력에 최대한의 반격을 가하자는 것이기 때문입니다. 우리는 과거에도 줄곧 그렇게 해왔습니다. 포모사 군대를 이용하자는 의원의 의견은 논리에 부합할 뿐 아니라 전통과도 맞아떨어집니다.

불가사의하게도 어떤 사람들은 공산당이 아시아의 이 지역을 선택해 세계 정복에 착수했으며 우리는 그로 인해 일어난 전쟁 문제에 대해 토론을 하고 있다는 사실을 인식하지 못합니다. 그들은 또 우리는 여기서 무기를 이용해 유럽을 위해 작전하고 있으며, 외교가들은 여전히 거기서 설전을 벌이고 있다는 사실도 인식하지 못합니다. 만일 우리가 아시아에서 공산주의에 패한다면 유럽의 몰락 역시 피할 수 없습니다. 만일 우리가 여기서 승리한다면 유럽은 전쟁을 피하고 자유를 수호할 수 있을 것입니다. 의원께서 지적했듯이 우리는 반드시 승리해야 합니다. 승리 외에는 다른 선택이 없습니다.

트루먼은 신문에서 이 편지 내용을 보고 마침내 분노가 폭발하고 말았다. 맥아더는 무슨 근거로 공산당이 그가 관할하는 지역에 모든 역량을 집중하기로 결정했다고 그럴듯하게 말한단 말인가? 그가 무슨 권한으로 미국의 정책이 논리에 맞지 않고 전통에 위배된다고 말한단 말인가?

다음날, 트루먼은 애치슨 국무장관과 마셜 국방장관, 브래들리 합동참모본부 의장을 집무실로 불러 반드시 맥아더를 해임해야겠다고 분명하게 밝혔다. 그 자리에 있던 사람 모두 이의가 없다고 했다.

트루먼은 그날의 일기에서 맥아더에 관해 이렇게 묘사했다.

"맥아더는 마틴을 통해서 또다시 정치적 폭탄을 던졌다. 그것은 최후의 치명타인 듯하다."

이어 합동참모본부에서 맥아더의 해임 문제가 제기되었을 때 애치슨 국무장관은 '합동참모본부의 일치된 지지를 얻는 것이 매우 중요하다'고 생각했다. 그는 맥아더의 해임이 '감정적으로 일을 처리하는 대통령이 취한 경솔한 행위'로 비춰지는 것을 원치 않았다.

마셜 국방장관은 이 사안에 관해 참모총장들의 '엄격한 군사적 의의에 입각한 의견'을 얻기를 원했지만 콜린스 육군 참모총장, 셔먼 해군 참모총장, 밴던 버그 공군 참모총장의 의견은 "맥아더가 정부 정책을 공격했다"는 데만 집중했다. 마지막에 참모총장들은 '전장 사령관의 관점은 정부의 기본 정책과 일치해야 하며, 총사령관은 대통령의 의견과 의지에 더욱 호응할 수 있어야 한다'는 데 인식을 같이했다. 물론 참모총장들은 개인적으로 결코 '앞으로 발생할 일이 달갑지 않다'는 점에서도 생각이 일치했다. 콜린스 육군 참모총장은 이렇게 말했다.

"걸출한 전사를 해임하는 데 참여하는 것은 쉬운 일이 아니었다."

이제 다음 문제는 맥아더에게 해임을 통보하는 방법이었다. 어떤 방식이 더 합리적이고 적당할 것인가? 워싱턴의 다수는 군사적 채널을 통해 발표하는 것은 극히 현명하지 못한 방법이라고 생각했다.

"그것은 맥아더에게 크나큰 수치다. 그의 사령부 사람들이 장군이 사전에 인지하지 못한 상태에서 해임된 사실을 알게 될 것이기 때문이다."

4월 10일, 트루먼은 극동을 시찰하고 있던 프랭크 페이스 육군장관에게 직접 맥아더를 만나 해임 명령을 전달하도록 결정했다.

그러나 통신선의 고장으로 육군장관은 명령을 받지 못했고, 『시카고트리뷴』지가 먼저 이 뉴스를 보도했다.

그리하여 1951년 4월 11일 새벽 1시, 트루먼은 백악관 기자단을 임시로 소집해서 맥아더를 해임한다는 명령을 발표했다.

참으로 유감스러운 일이지만 육군 오성장군 더글러스 맥아더는 자신이 맡고 있는 직책과 관련한 문제에서 미국 정부와 유엔의 정책을 전심전력으로 지지할 수가 없게 되었음을 선언합니다. 미국 헌법이 내게 부여한 책임과 유엔이 특별히 내게 위임한 책임에 따라 나는 극동의 지휘관을 경질하기로 결정했습니다. 이에 따라 나는 맥아더의 지휘권을 해제하고 매슈 리지웨이 중장을 그 후임으로 임명합니다.

국가정책에 관한 각종 문제에 전면적이고 열렬한 토론을 하는 것은 우리 자유민주주의 입헌제도에서 빼놓을 수 없는 요소입니다. 그러나 군사 사령관은 미국의 법률과 헌법에 규정된 방식에 따라 그들에게 하달된 정책과 지시에 복종해야 하며, 이것은 기본적인 조건입니다. 위급한 시기에 이는 특히 중요합니다.

맥아더 장군은 역사적으로 미국의 가장 위대한 사령관 중 한 명입니다. 중대한 직책을 맡아 국가를 위해 탁월하고 비범한 공헌을 해준 점에 있어서는 전 국민이 깊이 감사하고 있습니다. 부득이하게 이런 조치를 내리게 되어 깊은 유감을 표합니다.

이어 백악관 비서실장이 해임 명령을 낭독했다.

더글러스 맥아더 육군 오성장군

대단히 유감스럽지만 나는 대통령이자 미군 통수권자로서 부득이하게 당신의 동맹국 최고사령관, 유엔군 최고사령관, 극동 최고사령관, 극동 미 육군 최고사령관의 직위를 해제합니다.

당신의 지휘권은 곧바로 매슈 리지웨이 중장에게 이양될 것입니다. 당신은 계획의 완성을 위해 선택한 곳에 가고 필요한 명령을 발표할 권리가 있습니다. 당신의 경질 이유는 상술한 명령을 발표함과 동시에 대중에게 공개될 것입니다.

페이스 육군장관이 맥아더의 해임 전보를 정식으로 접했을 때, 그는 리지웨이와 함께 한국 전선을 시찰하는 중이었다. 비바람이 휘몰아치는 저녁, 전화로 제8군 참모장에게 전보 내용을 전해 들은 페이스는 실로 깜짝 놀랐다. 그는 즉시 리지웨이를 지휘소 문밖으로 불러냈다. 밖에는 우박이 내리고 있었다. 페이스는 리지웨이의 목에 걸려 있는 수류탄을 **빼**면서 말했다.

"매슈, 이 빌어먹을 수류탄은 그만 **빼**시오. 우박에 맞아서 터지기라도 하면 미국의 육군장관과 유엔군 최고사령관 자리가 공석이 될 것 아니오."

리지웨이는 자신이 맥아더의 직위를 이어받은 것이 아주 뜻밖이었다.

4월 12일, 리지웨이는 도쿄에서 취임했다.

리지웨이가 맥아더를 만났을 때 맥아더의 표정은 평온했다. 둘은 전황에 관한 대화를 나누었다. 도쿄에서 두 번째로 만난 맥아더는 리지웨이에게 좋은 인상을 심어주었다. 그러나 이어진 대화에서 리지웨이는 뭔가 이상하다는 걸 느꼈다.

맥아더는 대통령과의 갈등을 말하는 조건으로 각종 대가를 제안받았다고 밝혔다. 어떤 사람은 15만 달러를, 또 누군가는 30만 달러를 주겠다고 했고, 최고 100만 달러를 제시한 사람도 있었다는 것이다. 맥아더는 또 어떤 '권위 있는 의학계 인사'가 자신에게 트루먼이 악성 고혈압을 앓고 있으며 '아마도 6개월을 넘기지 못할 것'이라고 말했다고도 했다.

맥아더는 미국으로 돌아갔다.

미국인들은 헌법이 부여한 권력과 의무로 정부가 군을 감독해야 한다는 것을 이해하면서도, 필리핀을 탈환하고 인천상륙작전을 승리로 이끈 '영웅'에게 트루먼이 그런 대접을 해서는 안 된다고 생각했다. 700만 명의 미국인이 자발적으로 거리에 나와 맥아더의 귀환을 축하하는 환영식을 거행했다. 맥아더의 지지율은 69퍼센트로 치솟은 반면 트루먼의 지지율은 29퍼센트로 떨어졌다. 감격한 맥아더는 이렇게 말했다.

"확실히 전쟁에서 승리를 대신할 것은 아무것도 없다."

1962년 5월, 여러 해 동안 공식 석상에 나타나지 않았던 맥아더는 초췌하고 허약해 보이는 모습으로 자신의 군 생애의 출발점인 웨스트포인트 사관학교로 돌아와 시적 정취가 물씬 풍기는 연설을 했다. 이 마지막 연설은 그가 태평양에서 일군 혁혁한 전공과 마찬가지로 오랫동안 세상 사람들의 기억 속에 남아 있다.

연설 제목은 '의무, 명예, 조국Duty, Honor, Country'이었다.

나의 그림자가 점점 길어지고 있습니다. 인생의 황혼이 다가온 것입니다. 나의 지난날들은, 그 소리 그 빛깔이 희미해져갑니다. 지난날의 모습들을 꿈결처럼 보여주며 명멸하고 스러져갑니다. 놀랄 만큼 아름다운 그 추억에는 어제의 눈물이 배어 있기도 하고, 미소로 달래고 어루만져주기도 합니다. 그럴 때면 나는 마법의 가락처럼 희미한 기상나팔 소리와 멀리서 둥둥둥 울려 퍼지는 북소리를 들으려 목마른 귀를 기울입니다.

잠이 들면 꿈속에서도 대포의 굉음과 총신銃身이 덜그럭거리는 소리, 그리고 낯설고 구슬픈 전장의 중얼거림이 귓전을 맴돕니다. 하지만 회상이 끝날 때면 나는 언제나 웨스트포인트로 돌아와 있습니다. 그곳에는 늘 '의무, 명예, 조국'이라는 목소리가 메아리쳐 울립니다.

오늘로서 여러분과 함께하는 점호는 마지막입니다. 하지만 내가 숨을 거두고 저승의 강을 건너는 순간에 내 마지막 의식 속에는 육사, 육사, 또 육사 생각뿐임을 기억해주시기 바랍니다.

여러분, 안녕히 계십시오.

1964년 4월 5일 오후 2시 30분, 맥아더는 워싱턴의 월터리드 육군의료센터에서 84세로 생을 마감했다.

죽지 않는 노병이 떠나간 것이다.

제7장

누가 승기를
잡을 것인가

밴 플리트 장군
"공산군의 공격을 환영한다!"

유엔군 전방 무선 감청 기록.

감청 일시: 1951년 3월 30일

장소: 홍천 북쪽 205고지

출처: 중국군 전화 내용

내용: 오늘 식량배급에 문제는 없는가?

유엔군은 북진하면서 줄곧 중국군이 대규모 반격작전을 개시할 조짐이 보이지는 않는지 유심히 살폈다.

4차 전역에서 중국군이 북쪽으로 철수할 때 펑더화이의 지휘부만은 남쪽으로 내려왔다. 이때, 펑더화이의 지휘부는 거의 적과 근접한 전방에 위치해 머리 위로는 적기가 쉴새없이 날아다녔고, 전방에서 벌어지는 저지전의 포성을 똑똑히 들을 수 있었다.

봄이 왔다. 비록 전장의 봄은 그렇게나 더디게 왔지만, 여기저기 포탄 구덩이로 움푹 팬 산에는 형형색색의 들꽃과 여린 새싹을 드러낸 들풀들이 만발했다. 나뭇가지에는 샛노란 새싹이 돋았고 산골짜기 사이에서는 따스한 바람이 불어왔다.

1951년 4월 6일, 중국인민지원군 당위원회 제5차 확대회의가 김화 동북쪽으로 몇 킬로미터 떨어진 상감령에서 열렸다.

회의 장소는 버려진 대형 금광 동굴이었다. 포탄 상자를 수십 개 쌓아 만든 테이블이 동굴 중앙에 놓여 있었다. 회의에는 지원군 지휘기관의 수뇌부 외에 한국전쟁 초기에 투입된 9개 군의 군사행정 주관자 및 이제 막 전장에 투입된 제3병단 부사령관 왕진산王近山, 부정치위원 두이더杜義德, 제19병단 사령관 양더즈楊德志, 정치위원 리즈민李志民 등의 지도자들이 참석했다. 북한 측에서도 인민군 지도자들이 회의를 참관했다.

중국인민지원군의 고위 군사지휘관들이 이 동굴에 모두 모인 셈이었다.

지휘관들 중에는 펑더화이가 잘 모르는 사람들도 있었지만, 고위 군사지휘관들 중에 펑더화이를 모르는 사람은 없었다. 펑더화이는 예전보다 한결 강력해진 지휘관들의 부대를 보고 농담하듯 말했다.

"미 제국주의가 15개국의 군대로 연합군을 만들었지. 그런데 내가 보니 우리 군대도 '연합군대'라 할 만하구먼. 조국의 각지에서 온 부대들이 연합했으니 말이오. 게다가 우리 1개 병단의 관할 지역이 연합군의 국가 하나보다 훨씬 크지 않소."

중국 본토에서 증원부대가 도착하면서 펑더화이의 마음은 한결 가벼워졌다. 두 달 남짓 지난한 저지전을 벌이며 초조하게 기다렸던 제3병단과 제19병단의 6개 군이 드디어 전선에 도착한 것이다. 여기에 초기부터 전장에 투입된 9개 군과 포병, 철도병, 병참부대와 기술병과까지 더하면 한국 전장의 중국군 총병력은 70만을 훌쩍 뛰어넘었다.

사람만 있으면 뭐든지 하기 쉬운 법이다.

사람의 능력에 대한 인식이라는 측면에서, 트루먼은 아시아 지역에서 14년간 생활한 경험이 있는 맥아더만큼 중국인을 이해하지는 못했다. 워싱턴의 고위 막료들은 '중국인들도 지금이 전쟁을 멈출 시기라고 생각할 것'이라고 판단했지만, 이는 완전히 주관적인 억측에 지나지 않았다. 중국은 전쟁을 중지해야 한다고 생각하지 않았을 뿐 아니라 한국전쟁 발발 이래 최대 규모의 전역을 준비하고 있었다. 중국군이 유엔군의 공세에 밀려 철수했던 그 피비린내 진동하던 시기에도 마오쩌둥과 펑더화이는 더 큰 전역을 일으켜 더 많은 적군을 섬멸하겠다는 생각을 하고 있었다.

그 무엇도 중국인 특유의 완강한 민족정신을 막을 수는 없다. 이것저것 따지지 않고 최후까지 멈추지 않을뿐더러 영원히 패배를 인정하지도 않을 것이다. 미군은 한반도에서 꼬박 3년의 시간을 보낸 후에야 이 사실을 명확히 깨닫게 되었다.

지원군 당위원회 확대회의에서는 먼저 4차 전역의 득실을 정리했다.

87일간 진행된 4차 전역에서 중국군은 한편으로는 저지하고 한편으로는 후퇴하면서 현 위치인 38선 이북 지역까지 철수했으며, 기동방어를 하면서 가장 힘든 시기를 보냈다. 중국군 장병들은 사상 최대 규모로 현대화된 살상무기의 엄호를 받으며 진격하는 미군에 온몸으로 맞서 그들의 공격을 지연시켰다. 이로 인해 미군의 북진 공격은 매일 수백 명의 희생을 치르면서도 하루 평균 1.3킬로미터밖에 전진하지 못했다. 그러나 중국군도 4차 전역을 통해 많은 교훈을 얻었다. 간략히 말하자면, 첫째로 한국전쟁은 지난한 장기전이어서 신속히 승리한다는 '속승'은 무섭고 해로운 생각이라는 점이었다. 둘째로 미군의 현대화된 장비 앞에서 고수방어固守防禦는 곤란하고 반드시 적극적으로 기동방어를 해야 한다는 점이었다.

중국군이 병사들의 기본적 생존과 전투에 필요한 물자 공급에 겪은 어려움은 차치하고라도 부대의 기동성 측면에서 기동수단도 미군에 훨씬 뒤처졌다. 중국군의 공격 수단은 과거와 하나도 달라진 것이 없어서 기동방어를 하면서 전선 붕괴를 막기 위해서는 반드시 상당한 종심의 진지 배치를 유지해야 했을뿐더러 마음대로 철수할 수도 없었다. 이 때문에 미군이 기계화 장비로 빠르게 돌격해오면 중국군은 수세에 몰릴 수밖에 없었다. 이런 현실로 인해 중국군은 심각한 갈등에 빠졌다. 문제를 인식한 후에도 실행 가능한 대응 방법을 마련하지 못했기 때문이다. 결국 중국군은 이러한 상황을 시종 소홀히 함으로써 향후의 전쟁 과정에서 똑같은 잘못을 반복하게 된다.

회의는 5차 전역에 대한 토론으로 넘어갔다.

당시 전선에 배치된 유엔군 병력은 유엔군 예하의 14개 사단과 3개 여단, 여기에 한국군 3개 사단을 더하면 총 30만 명에 가까웠다. 유엔군이 38선에 도달한 이후에도 대규모 북진을 계속할 것인가 하는 문제에 대해서는 비록 중국 측이 미국 측에서 띄운 모종의 평화협상 신호를 받긴 했지만, 마오쩌둥과 펑더화이는 수년간 적과 투쟁한 경험에 근거해 적의 본질에 대해 확고한 판단을 갖고 있었다. 그것은 바로 갑자기 성불成佛하는 적이란 없다는 것이었다. 당시 전황으로 보아 향후 상황은 다음과 같은 세 가지 방향으로 전개될 가능성이 컸다. 첫째, 만일 유엔군이 대규모 북진을 계속한다면 중국군이 준비하고 있는 반격작전에 가장 유리하다. 유엔군이 일단 북쪽으로 깊숙이 들어오면 전선의 상황은 중국군이 그 틈새를 뚫고 들어가 적을 분할하기 편하기 때문이다. 둘째, 만일 유엔군이 북진 속도를 늦추고 주력부대가 정지한다면 현 상황의 중국군에게 유리하다. 중국군은 소규모로 북진하는 적을 저지할 능력은 충분히 갖추고 있고 다음 전역을 준비하는 시간을 벌기도 좋기 때문이다. 셋째, 만일 유엔군이 현 상태에서 더 이상 북진하지 않으면 오히려 중국군에게는 가장 좋지 않은 상황이다. 미군이 일단 북진을 멈추기로 결정하고 견고한 방어선을 구축한다면 중국군의 반격은 기동 섬멸이 아니라 견고한 미군 진지를 공격해야 될 것이고, 이는 가장 승리를 장담할 수 없는 교전 태세이기 때문이다.

리지웨이는 시종일관 중국군의 반격에 대한 경계를 늦추지 않았다. 그는 차근차근 전진하며 전투하고, 신중하고도 빈틈없이 방어하는 전략을 취했다. 진격 속도는 결코 빠르지 않았지만 기복이 없었다. 또한 전선 구축에 있어서도 빈틈을 보이지 않았다. 38선을 넘어 북진한다 해도 그 전략에는 변함이 없을 터였다. 이런 상황인지라 펑더화이는 결정을 내리기 쉽지 않았다. 반격작전은 필히 개시해야 하지만 언제가 적시일까? 또 어떻게 싸워야 할까? 이런 문제들을 둘러싸고 중국군 사령부의 군사 수뇌들은 격렬한 논쟁을 벌였다.

부사령관 홍쉐즈는 대규모 공세를 즉시 재개하는 것에 단호하게 반대 입장을 밝혔다. 그는 유엔군이 계속 북진하도록 놔둔 뒤 승리의 기회가 형성될 때, 즉 중국군이 완전히 준비될 때까지 기다린 후에 공세를 재개해야 한다고 주장했다. 홍쉐즈는 당장 공세를 재개한다면 유엔군이 일시적으로 후퇴해 마오쩌둥이 요구한 '적군 부대를 완전히 섬멸하라'는 목적을 달성하기 힘들 것으로 보았다. 반대로 유엔군이 계속 북진하도록 놔두면 그들의 허리를 차단하는 전술을 쓸 수 있어 문제를 한결 순조롭게 해결할 수 있다는 것이다. 게다가 막 한반도 전장에 도착한 증원부대들은 대규모 전역에 즉각 투입될 사상준비도 되지 않은 상황이었다.

펑더화이가 홍쉐즈의 말을 잘랐다.

"더 이상 물러설 수는 없네. 적군이 철원과 김화 북쪽으로 이동한다면 우리에게 불리한 점이 더 많아져. 철원은 앞이 탁 트인 평원 지대라서 적의 전차가 밀고 들어오면 막아내기가 힘들 것이야. 게다가 적이 다가오면 우리가 물개리 부근에 저장해둔 많은 물자와 식량은 또 어쩔 것인가? 안 돼. 적군을 더 이상 북진하게 내버려둘 수는 없어. 아무래도 철원과 김화 남쪽에서 싸워야 해!"

부사령관 덩화의 생각도 훙쉐즈의 의견으로 기울었다.

"훙 부사령관의 의견에 일리가 있다고 봅니다. 적이 깊숙한 곳까지 북진할 때까지 기다려야 합니다. 제3병단과 제9병단은 이제 막 전장에 투입되었습니다. 이들은 아직 이곳 지형에 익숙하지 않기 때문에 작전을 시행하기에는 무척 촉박합니다. 적군이 북쪽으로 깊숙이 들어온 후 공세를 개시한다면 아군은 더 충분한 준비를 할 수 있고 또 휴식도 취한 상태라 피로한 적과 맞서 싸우기에도 훨씬 유리할 것입니다. 또한 그때까지 전장의 지형도 충분히 파악할 수 있을 것입니다."

훙쉐즈가 거들었다.

"물개리의 물자와 식량은 제가 책임지고 이틀 안에 북쪽으로 모두 이동시키겠습니다!"

하지만 펑더화이는 근엄한 태도로 다시 물었다.

"대체 이 전투를 하겠다는 건가 말겠다는 건가?"

펑더화이는 자신의 생각대로 마오쩌둥에게 보내는 전보를 작성했고, 5차 전역에 대한 지원군의 견해를 보고했다.

그날 훙쉐즈는 또 홀로 펑더화이를 찾아와 자신의 의견을 다시 한번 피력했다.

"펑 총사령관님, 참모에게는 세 차례의 건의권이 있습니다. 저는 이미 두 번을 썼습니다. 이제 마지막 남은 하나를 쓰니 최후의 결정은 사령관님이 해주십시오."

훙쉐즈가 가장 우려한 것은 중국군의 공세 속도가 미군의 후퇴 속도를 따라잡지 못할 것이라는 점이었다. 공세를 개시하자마자 중국군이 적군을 분할 포위하고 앞으로 나아갈 때 미군이 후방으로 계속 후퇴한다면 중국군 병사들의 두 다리로는 미군의 자동차 바퀴를 쫓아갈 수 없는 것이다. 또 너무 멀리까지 추격할 경우에는 물자공급이 힘들어져 4차 전역 후기와 유사한 상황이 발생할 수도 있었다.

펑더화이는 아무런 말도 하지 않았다.

펑더화이는 즉시 개전을 주장한 중요한 이유를 당시에는 명확하게 말하지 않았는데, 그것은 바로 미군이 한반도의 동서 양측에서 상륙작전을 실시할 것을 우려했기 때문이었다.

펑더화이는 참모장 셰팡이 제공한 두 가지 정보를 듣고 깊은 수심에 잠겼다. 첫 번째 정보는 리지웨이가 동부전선을 시찰한 후 미 해군이 원산·신포·청진 등의 항구에 대한 포격과 봉쇄를 강화하고 연해 도서 지역의 정찰을 빈번히 수행한다는 내용이었다. 두 번째 정보는 금주에 미군이 미국 본토에서 2개 사단을 일본으로 이동시켜 증원을 준비하고 있고, 한국군도 최소 3만 명이 일본의 미군 기지에서 훈련에 박차를 가하고 있다는 내용이었다. 그밖에 장제스 군대의 3만 병력이 이미 제주도로 수송되었다는 소식도 있었다. 모든 조짐은 미군이 또 한 차례의 대규모 상륙작전을 계획하고 있을 가능성을 나타냈고, 상륙 지점은 동해안의 통천과 원산이 될 가능성이 높았다. 정면에서 유엔군이 대거 북진함과 동시에 한반도의 동서 해안에서 대규모 상륙작전을 실시한다면 중국군의 병참선은 완전히 차단되고, 앞뒤에서 적의 공격을 받는 중국군은 재난 상황에 처하게 될 터였다.

아시아 지역에 주둔하는 미군은 상륙작전 능력이 뛰어나기로 이름이 높았다.

기동력이 떨어지는 중국군은 인천상륙작전과 같은 수륙양용작전의 협공을 막아날 재간이 없었다. 특히 준비가 미비한 상황에서는 더욱 그랬다.

펑더화이는 한반도 전장의 총사령관 자리에 앉은 그 순간부터 줄곧 이러한 상황에 대한 경계를 늦추지 않았다. 미군이 상륙작전을 개시하기 전에 전선의 정면에서 압력을 가함으로써 미군의 의도를 분쇄해 중국군 측후방의 위협 요소를 제거해야 한다. 이것이 바로 펑더화이가 즉시 공세를 개시해야 한다는 의견을 굽히지 않은 이유였다.

펑더화이는 지원군 당위원회 확대회의에서 이렇게 말했다.

"아군이 반격하기에 지금이 최적의 시기요. 왜냐하면 적군은 피로한 상태고, 사상자 충원이 아직 이루어지지 않아서 부대가 충실하지 못하며, 또 예비부대도 아직 도착하지 않았기 때문이오. 하지만 현재 아군도 완전히 집결하지 못한 상태요. 반격작전은 적의 전진이 빠르면 4월 20일 전후에, 적의 전진이 느리면 5월 상순에 개시하겠소. 만약 더 늦춰서 적이 상륙작전을 실시해 증원된 뒤에 싸운다면 아군은 더 곤란한 상황에 놓이게 될 것이오……. 적군이 이번엔 병력의 간격을 좁히고, 전투의 종심이 확대된 양상이오. 따라서 우리는 반드시 전역戰役 분할과 전투 분할을 서로 결합해서 실행해야 하며, 반드시 김화에서 가평에 이르는 선에서 돌파구를 열어 적을 동서로 분할한 연후에 각개 포위해서 섬멸해야 하오."

펑더화이는 즉시 서둘러 정치동원과 전술교육을 진행할 것을 요구했다. 또한 제1진으로 참전한 부대의 간부를 조직해 새로 참전한 부대에 작전 경험을 소개하도록 하고, 새로 참전한 부대에 고문을 파견해 즉시 전역 정찰과 전술 정찰을 전개하도록 했다. 동시에 후근부後勤部에는 식량과 탄약과 물자를 더욱 비축해 이번 전역에 참가하는 모든 병사가 5일분의 식량을 휴대할 수 있도록 하고, 후근분부後勤分部는 5일분의 건량을 준비해 부대의 전진을 뒤따르도록 했다. 38선 일대 150킬로미터에 걸쳐 식량이 없는 구역의 어려움을 극복하려면 병사들이 굶주리는 상황이 발생해서는 안 되었고, 하루 이틀 양식이 끊어진다면 더 좋은 작전계획도 무용지물이었다. 위생 부문은 4만 내지 5만 명의 부상병을 수용해 치료할 준비를 하도록 했다. 공병부대는 즉시 희천에서 덕현리·영원·맹산을 거쳐 양덕에 이르는 도로 보수에 착수해, 적군이 일단 측후방에서 상륙해 중국군의 서부전선 교통이 차단되었을 때 주요 운송선으로 쓸 수 있도록 준비했다.

4월 10일 자정, 펑더화이는 5차 전역의 구체적 계획과 배치를 마오쩌둥에게 전보로 보고했다.

아군의 작전 의도는 김화에서 가평에 이르는 선에서 이 큰 산악 지구를 이용해 돌파구를 열고, 적군을 동서로 분할한 연후에 제9병단과 제19병단으로 서부전선의 적군에 대해 양익으로 우회하며, 제3병단은 정면에서 공격해 적군을 각개 분할해서 섬멸함으로써 38선 이북에서 적군 몇 개 사단을 섬멸하는 것입니다. 성공하면 다시 적군의 종심을 향해 전진합니다.
(⋯)
공격은 적의 진격이 빠를 경우 4월 20일 전후에 개시할 계획인데, 각 병단은 4월 15일에 집결을 마칠 수 있으니 시간이 꽤 촉박한 편입니다. 적의 진격이 더딜 경우에는 5월 상순에 출격할 계획이니 준비할 시간이 충분한 편이고, 우리 공군과 장갑차부대도 일부 참전할 수 있어 더 큰 전과를 올릴 수 있을 것입니다.

저우언라이는 이 작전계획에 대해 이렇게 주의를 환기시켰다.
"투입하는 병력이나 전선의 폭 그리고 예상하는 전과 등 모든 면으로 보아 지난 네 차례의 전역보다 훨씬 규모가 크다. 그런데 지난 네 차례의 전역에서 한 번에 미군 몇 개 사단, 1개 사단 전체, 심지어 1개 연대도 포위해서 섬멸한다는 목표를 달성하기가 어렵다는 것이 증명되었다. 그러니 이번 전역에서 '적군 몇 개 사단을 섬멸'한다고 예정한 목표는 객관적으로 이루기 어려울 것이다……."
하지만 마오쩌둥은 펑더화이의 작전계획을 승인했다.
4월 13일, 마오쩌둥은 펑더화이에게 이렇게 답전을 보냈다.

귀관의 계획과 배치에 전적으로 동의하오. 상황에 따라 결연히 행동에 옮겨주길 바라오.

중국군 5차 전역의 개시 일시는 1951년 4월 22일로 최종 확정되었다.

제5차 당위원회 확대회의에 참석한 모든 군사 지휘관은 자신의 맡은 바 임무를 확실히 머리에 새겼다. 특히 한국 전장에 투입된 지 얼마 되지 않은 데다 곧 시작되는 공세에서 주력을 맡게 된 제3병단과 제9병단 지휘관들의 가슴은 더욱 뛰었다. 그들은 미군과 전투 경험이 있는 기존 참전부대에 진지하게 가르침을 청했고, 가슴 뛰는 전투 이야기들을 흥미진진하게 경청했다. 또한 그들은 전투 사례마다 꼼꼼하게 탐구했으며, 제1진으로 참전한 부대의 노련한 간부들에게 자기 부대의 전투 고문이 되어달라고 요청하기도 했다. 지휘관들은 저마다 '멋진 섬멸전을 펼치겠다'거나 '한국 전장에서 큰 공을 세우겠다'는 결심을 안고 회의장을 떠났다.

미군과 네 차례의 전역에서 목숨을 건 사투를 벌였으나 5차 전역에는 참가하지 않게 된 제38군과 제42군의 지휘관들은 어떤 마음으로 회의장을 나섰을지 모를 일이다.

전선의 포성이 갈수록 가까워졌다. 미군의 선봉부대가 상감령에서 불과 10여 킬로미터 떨어진 곳까지 다가온 것이다. 회의가 끝나자 참모들은 펑더화이에게 즉시 자리를 옮기라고 요구했다. 펑더화이는 가고 싶지 않았지만 참모들은 기관이 이미 이전했고, 그곳에는 사실상 사령관과 부사령관 등 몇몇 주요 지도자만 남았으며, 무선기도 모두 트럭으로 옮겼다고 했다. 더 이상 지체하면 북쪽으로 철수하는 유일한 도로가 적에게 봉쇄되어 상황이 위급해질 거라며 재촉했다.

펑더화이는 어쩔 수 없이 지프에 몸을 실었다.

펑더화이를 태운 지프는 전방을 등지고 달려갔다. 중국군을 이끌고 한국전쟁에 참전한 이래 펑더화이의 지휘부는 남쪽으로만 전진해 대유동과 군자리 그리고 이곳 상감령까지 내려왔다. 그러나 이제 그의 지휘부는 북쪽으로 가기 시작했다.

펑더화이의 지휘부는 이천 북쪽의 공사동으로 옮겨갔다. 지휘부가 들어선 곳은 지난번과 마찬가지로 버려진 금광 동굴이었다.

이동은 칠흑 같은 밤에 이루어졌다. 안전을 위해 지원군 본부의 지휘관들은 조를 나눠 차례로 이동했다.

"하늘이 무너져도 살 사람은 살고 죽을 사람은 죽는다!"

펑더화이가 좀처럼 하지 않는 농담을 했다.

중국군의 최고지휘기관이 이동하는 길이었지만 위험한 일들이 꼬리에 꼬리를 물고 일어났다. 훙쉐즈는 펑더화이가 떠난 다음날 지프를 타고 길을 나섰다. 그런데 얼마 가지 않아서 그들 머리 위로 야간에는 나타나지 않을 거라고만 믿었던 미군 비행기가 급강하했다. 지프는 폭격을 뚫고 도랑으로 돌진했다. 다행히 다친 사람은 없었지만 훙쉐즈와 경호병 두 명이 아무리 힘을 써도 지프를 도랑 밖으로 꺼내지 못하고 있다가 지나가던 트럭의 도움을 받아 꺼낼 수 있었다. 그런데 막 지프를 도랑에서 꺼냈을 때 공중 방어 때문에 전조등을 켜지 못하고 운행하던 자동차 한 대가 어둠 속에서 돌진해와 경호병 한 명을 치어 중상을 입혔다. 훙쉐즈는 그 차 운전자에게 다친 경호병을 병원으로 이송하라고 명령했다. 지프는 다시 한 시간쯤 달려가다가 이번엔 적의 공습을 당했고, 바로 이어서 또 마주 달려오던 대형 트럭과 충돌했다. 지프는 납작하게 찌그러졌고 훙쉐즈도 두 다리에 부상을 입었다. 트럭에 타고 있던 제40군 재무과장은 다친 사람이 훙 부사령관인 것을 발견하고 소스라치게 놀랐다. 재빨리 차에서 내린 그에게 훙쉐즈는 어서 빨리 그곳을 떠나라고 지시했다. 미국산 지프는 충돌로 찌그러졌지만 놀랍게도 아직 굴러갔고, 날이 막 밝을 무렵에 훙쉐즈는 마침내 절룩거리며 공사동이라는 곳에 도착했다.

공사동 동굴 안은 물이 떨어져서 몹시 습한 데다 너무 어두워서 펑더화이는 그곳에 있고 싶지 않았다. 마침 산 아래에는 폭격에도 파괴되지 않은 집 몇 채가 남아 있어 펑더화이는 그중 한 채에 머물기로 했다. 그런데 하루는 새벽 5시에 미군 비행기가 갑자기 상공에 나타났다. 홍쉐즈와 덩화는 방공호로 대피했지만 펑더화이가 묵던 집은 로켓탄에 맞아 활활 타올랐다. 비행기가 가고 나서 홍쉐즈가 달려가보니 집은 이미 완전히 타버린 후였다. 다행히 경호병들이 재빨리 펑더화이를 조그만 방공호로 대피시켜 부상을 피할 수 있었지만, 방공호 입구를 막아놓은 가마니에 적중한 기관총탄이 족히 70여 발은 되었다.

그 뒤로 펑더화이는 다시 습하고 어두운 동굴 속에서 생활했다. 공병들이 펑더화이가 업무를 더 편하게 볼 수 있도록 동굴 입구 바깥에 작은 굴을 하나 파주었다. 그래서 펑더화이는 미군 비행기가 나타나지 않을 때는 빛이 들어오는 작은 동굴에서 지도를 걸어놓고 볼 수 있었다. 하지만 미군 비행기가 오지 않는 날이란 거의 없었다.

5차 전역 준비가 긴박하게 진행되고 있을 때, 삼등의 창고가 미군기에 폭격당했다는 소식이 전해졌다.

펑더화이는 격노했다.

평양 동쪽, 성천 남쪽에 위치한 삼등은 겉으로 잘 드러나지 않는 작은 기차역으로, 중국군의 주요 하역 기지이자 중계수송 기지로 사용되었다. 지원군 후근부는 이곳에 작전물자를 비축해두고 제39군·제12군·제15군·제66군·제63군에 물자를 공급했다. 2월 초부터 4월 상순까지 중국군은 삼등에 화물칸 700여 량의 식량·의복·식품 등을 하역했고, 그중 대부분은 다른 지역으로 수송했으나 아직 170여 량의 물자를 보관하고 있었다.

미군은 이 목표를 발견하고 비행기를 출동시켜 장장 10시간 동안 폭격을 가했다. 그 결과 90여 량의 군수물자가 폭격으로 훼손되어 식량 260만 근과 콩기름 33만 근, 의복 43만 8000벌과 그밖에 엄청난 물자가 손실되었다.

5차 전역을 막 시작하려는 때에 삼등이 폭격을 당해 펑더화이의 마음은 이루 말할 수 없을 만큼 쓰라렸다.

"목표를 노출시킨 데 직접적 책임이 있는 자는 군법에 따라 엄중히 처벌하라!" 펑더화이는 군 위원회에 전보를 보내 이렇게 지시했다. "즉시 유능한 간부들로 구성된 검사단을 파견해 이런 일이 발생한 원인과 그 책임을 철저히 규명해 군율을 엄격히 집행하고, 전원을 대상으로 교육을 실시하라. 그렇게 하지 않으면 한국전쟁에서 아군은 심각한 손실을 입을 것이다."

삼등이 폭격을 당한 일은 중국군의 운수 역량과 방공 역량이 얼마나 낙후되었는지를 드러내보였다. 운송 수단이 부족해 대량의 물자를 제때 분산하지 못했고, 놀랍게도 이처럼 중요한 중계수송 기지에 고사포병도 배치하지 않았던 것이다.

얼마 지나지 않아 펑더화이를 또 화나게 하는 소식이 전해졌다. 제60군이 부대에 양식이 떨어져서 병사들이 의복과 수건을 현지 주민의 닭이나 절인 야채와 교환하고 있다는 전보를 보내온 것이다. 펑더화이는 병참 업무를 맡은 홍쉐즈에게 싫은 소리를 몇 마디 하고 나서 자기 사무실 주임을 현장으로 보내 조사하도록 했다. 조사 결과 제60군은 식량이 떨어지기는커녕 아직 3일분의 식량을 보유하고 있었다. 전보를 그렇게 보낸 이유는 식량을 좀더 보급받을 수 있는지 알아보기 위해서라고 했다.

사실을 알고 나서 펑더화이는 홍쉐즈에게 배梨 한 개를 보냈다. 모든 것이 오해였다며 홍쉐즈에게 '사죄'중국어에서 梨는 사죄한다는 뜻을 가진 賠理의 理와 발음이 같음의 뜻을 표한 것이다.

홍쉐즈가 말했다.

"제가 어떻게 감히 이 배를 먹을 수 있겠습니까! 펑 총사령관님은 부대원들이 배를 곯을까 걱정을 놓지 않고 계십니다. 이런 고도의 혁명 책임감은 우리가 평생 배워야 합니다."

펑더화이가 계획한 5차 전역의 개시일이 하루하루 다가왔다.

당시 보고를 위해 중국에 돌아간 지원군 영웅 대표들은 열렬한 환영을 받아 장병들이 가는 곳마다 꽃다발과 박수 소리가 넘쳐났다. 노인들은 죽음도 불사하고 전투를 치른 젊은 병사들을 친자식처럼 여기며 그들의 손을 잡고 눈물을 흘렸다. 아이들은 미군을 무찌른 전투 이야기를 해주는 지원군 삼촌들을 제일 좋아했다. 학생들은 공책에 병사들의 사인을 받았고, 병사들을 댄스파티에 초대하기도 했다. 지원군에 합류하기를 원하는 젊은이들은 하루빨리 그들과 함께 전선으로 떠나고 싶어했다. 한반도 전선의 참호에는 수많은 위문편지가 도착했는데, 보낸 사람은 세 살배기 아이부터 고희의 노인까지 다양했고 그중에서도 중학생과 대학생이 가장 많았다. 젊은 여학생들은 우아하고 아름다운 글로 감동을 주었고 일부는 정열적인 사랑을 표현하기도 해 참호 속 병사들을 잠 못 이루게 만들었다. 작가 웨이웨이는 제38군의 한 부대가 송골봉에서 미군을 저지한 전투를 '가장 사랑스러운 이는 누구인가'라는 유명한 보도기사로 작성했다. 이후 지원군 장병은 중국 전역에서 '가장 사랑스러운 이最可愛的人'라는 대명사로 불리게 되었다.

리지웨이는 맥아더의 뒤를 이어 극동사령관에 부임한 뒤 제8군 사령관으로 제임스 밴 플리트James Alward Van Fleet 중장을 선택했다.

밴 플리트는 미 제8군 사령관에 임명되기 전에는 미국에서 신병 교육을 담당했다. 미군에서는 그에 대해 '난세의 영웅'이라 평하는 사람도 있었고 '과격한 구식 군인'이라고 평하는 사람도 있었다. 만약 제2차 세계대전이 일어나지 않았다면 그는 기껏해야 중령까지 진급했을 것이다. 전쟁이 그의 앞길을 밝게 비춰주었고, 행운의 신이 가장 잔혹한 전투에서 그의 머리 위에 강림했다. 노르망디상륙작전을 수행할 때 그는 미 제29사단에 소속된 연대장이었다. 제29사단은 오마하Omaha 해변에 상륙했지만 전투는 계획대로 풀리지 않았다. 상륙한 지 닷새가 지나고서도 전 사단이 여전히 해변에서 진격하지 못했고, 독일군의 반격으로 엄청난 사상자가 발생했다. 이 국부적 상륙작전이 실패로 끝나려는 때에, 전선을 시찰하던 아이젠하워와 브래들리는 제29사단 사단장을 해임하고 밴 플리트를 사단장 대리로 임명했다. 그러자 "전 사단이 마치 소생한 것처럼 전진했다." 얼마 후 밴 플리트는 정식으로 사단장 자리에 올랐고 곧이어 군단장으로 진급했다. 제2차 세계대전이 끝난 뒤에는 한동안 그리스에 주재하며 그리스 공산당 게릴라를 소탕했다.

정치에 전혀 관심을 보이지 않는 밴 플리트를 두고 사람들은 전체적 국면을 살피는 능력이 부족하다고 평가하기도 했다. 일부는 그에게 제8군의 지휘를 맡기기가 불안하다고도 했다. 하지만 리지웨이의 생각은 달랐다. 그는 밴 플리트에 대해 이렇게 말했다.

"그는 전투에 능하고 완벽을 추구하는 군인이다. 아무리 작은 전투라 해도 그는 완승을 거두려고 한다."

4월 14일, 제8군 사령관에 부임하게 된 밴 플리트는 당장 무엇을 해야 할지 또는 앞으로 무슨 일을 해나가야 할지에 대해 고민을 거듭하고 있었다. 중국군의 반격 조짐은 여기저기서 명확하게 드러났다. 단지 개시 시점과 지점을 알 수 없었을 뿐이다. 하지만 현 위치에서 정지해 방어진지를 구축하고 중국군이 공격해오기를 기다려야 할까, 아니면 반대로 해야 할까? 밴 플리트는 방어진지를 구축한다 해도 중국군은 공격해올 것이라고 생각했다. 이런 상황에서라면 방어진지를 구축한다 해도 견고한 방어 기능을 발휘하지 못할 뿐 아니라 심리적으로도 병사들에게 악영향을 끼칠 확률이 높았다. 따라서 그는 리지웨이의 방침에 따라 결연히 북진하고 또 북진하는 것만이 유일한 방법이라고 생각했다. 미군이 최대한 북쪽으로 진격해 계속 공격한다면 중국군의 반격 계획이 흐트러질지도 모를 일이었다.

밴 플리트는 북진 계획을 세우고 '와이오밍 선Wyoming line'을 목표로 삼았다. 이 선의 목적은 울퉁불퉁한 제8군의 전선을 다시 한번 평평하게 만드는 것이었다.

4월 21일, 중국군이 공격을 개시하기 하루 전. 쌍방의 전장 태세는 다음과 같았다.

미 제1군단 예하의 제3사단과 제25사단 그리고 한국군 제1사단은 문산 동쪽 지구에 배치되었고, 그 선두부대인 한국군 제1사단의 청년단은 개성과 석주원리 지구에 도착했다. 미 제3사단 15연대는 예비대로 의정부에 배치되었다.

미 제9군단 예하의 제24사단과 제1해병사단 그리고 한국군 제6사단은 지포리에서 대리리에 이르는 전선에 배치되었다. 영국군 제29여단은 예비대로 가평에 배치되었다.

미 제10군 예하의 제2사단·제7사단과 네덜란드 대대·프랑스 대대 그리고 한국군 제5사단은 구만리에서 원통리에 이르는 전선에 배치되었다.

한국군 제3군단 예하의 한국군 제3사단은 원통리에서 한계령에 이르는 전선에 배치되었다. 예비대인 한국군 제7사단은 현리와 미산리 지구에 배치되었다.

한국군 제1군단 예하의 수도사단과 제11사단은 간성 일대를 방어하기로 했다.

미 제8군의 총예비대는 미 제1기병사단과 187공수연대 그리고 한국군 제2사단으로 구성되었으며, 각각 춘천·수원·원주에 배치되었다.

한편, 중국군의 5차 전역 계획은 다음과 같았다.

3개 병단의 총 12개 사단(북한 인민군 제1군단 포함)으로 서부전선에서 집중 돌격을 실시해 한강 서쪽의 적군을 분할하는 것을 목표로 한다. 제3병단이 중앙 돌파를 맡아 정면에서 돌격한다. 제9병단과 제19병단은 각각 좌우로 나누어 양익에서 우회한다. 먼저 한국군 제1사단과 영국군 제29여단, 미 제3사단, 터키군 여단 그리고 한국군 제5사단 등 총 5개 사단(여단)을 섬멸하는 데 역량을 집중한다. 그런 다음 다시 병력을 집중시켜 미 제24사단과 제25사단을 섬멸한다. 북한군은 적극적으로 적을 견제하고, 기회를 포착해 섬멸한다.

중앙 돌격을 맡은 제3병단 예하의 제12군·제15군·제60군에 2개 포병연대와 1개 대전차 포병연대를 배속해 삼관리부터 신광동까지의 15킬로미터 구간에서 정면 돌파를 실시한다. 먼저 미 제3사단과 터키군 여단을 섬멸한 뒤에 초성리와 종현산 지구를 향해 돌격을 실시하고, 제9병단·제19병단과 함께 영평·포천 지구의 미 제24사단과 제25사단을 섬멸한다.

우익 돌파를 맡은 제19병단 예하의 제63군·제64군·제65군에 1개 포병연대를 배속해 임진강 서쪽의 적 후방을 소탕하고, 덕현리에서 무등리에 이르는 31킬로미터 구간에서 임진강을 정면 돌파한다. 먼저 영국군 제29여단을 섬멸한 뒤에 동두천·포천 방향으로 돌격을 실시해 협동해서 미 제24사단과 제25사단을 섬멸한다. 제64군은 강을 건넌 뒤 신속히 의정부 방향으로 우회해 적의 퇴로를 차단하고 증원을 저지한다. 성공하면 서울로 진군해서 기회를 보아 서울을 점령한다.

좌익 돌파를 맡은 제9병단 예하의 제20군·제26군·제27군·제39군·제40군에 6개 포병대대와 1개 대전차 포병연대를 배속한다. 제20군·제26군·제27군 등 3개 군은 고남산에서 복주산에 이르는 27킬로미터 구간에서 정면 돌파를 실시해 먼저 미 제24사단과 한국군 제6사단의 일부를 섬멸한 뒤에 제9병단·제19병단과 협동해 미 제 24사단과 제25사단을 섬멸한다. 제40군은 상실내리에서 하만산동 일선의 6킬로미터 구간에서 정면 돌파를 실시하고 가평 방향으로 돌격해 춘천에서 가평에 이르는 도로를 끊어 동서 전선의 미군 연결을 차단한다. 아울러 일부는 화천과 춘천 사이로 나아가 적의 퇴로를 차단하고 제39군과 협력해 적을 섬멸한다. 제39군은 일부 병력으로 화천 이북에서 적을 견제하고 주력은 원천리와 장본리 방향으로 돌격해 미 제1해병사단과 제1기병사단을 견제해 서쪽을 지원하지 못하게 하고 전역의 주요 돌격 방향인 좌익의 안전을 보장한다.

5차 전역은 상술한 계획에서 보듯이 병력 투입 규모나 정면 공격의 폭, 예정 돌격 거리, 섬멸하고자 설정한 적군의 규모 등 모든 면에서 중국군이 한국전쟁에 참전한 이래 최대 규모였다. 이는 전례 없는 규모의 전역이었으며, 굳건한 결의와 완벽에 가까운 계획으로 유엔군 5개 사단 전체를 섬멸하는 것을 목표로 했다.

5차 전역 막판에 이르러 마오쩌둥과 펑더화이는 한반도의 전쟁과 국내전쟁은 그 상대가 다르다는 점에서 근본적으로 차이가 있다는 것을 깨닫게 되었다. 한반도 전장의 적군은 육해공군의 최신 장비를 이용한 입체적 작전에서 우세했다. 이런 상황에서 중국군은 지나치게 낙관적으로 아군 지상 병력의 우세함을 과신했고, 적군에 대해서는 근접전과 야간전투에 취약하다고 과소평가했다. 이는 전쟁의 시작 시점에서부터 중국군이 예상 목표를 달성하기 어렵게 만든 원인이었다. 객관적으로 당시 중국군은 미군을 상대로 대규모(5개 사단) 섬멸전을 펼칠 실력을 갖추지 못했다. 특히 미군은 이미 갖가지 제한으로 인해 나타난 단기간에 극복할 수 없는 중국군의 약점을 파악했다. 그리하여 중국군의 거창한 작전계획은 잘못된 생각으로만 끝난 것이 아니라 전장에서 중대한 손실을 가져왔다. 안타까운 일은 피의 대가를 치르고 나서야 이런 패착을 깨달았다는 점이다.

4월 19일, 지원군 본부는 전군에 정치동원령을 내렸다. 정치동원령은 이런 내용이었다.

"5차 전역이 곧 시작된다. 적군의 몇 개 사단을 섬멸하라는 영광스러운 임무가 동지들의 어깨에 떨어졌다! 이번 전역은 이후 아군이 주도권을 획득하느냐, 한국전쟁 기간을 단축하느냐 아니면 연장하느냐가 걸려 있어 그 의의가 대단히 중대하다. 중국과 북한 인민을 위해 전쟁 기간을 단축시키려면 우리는 전력을 다해 싸워야 한다. 우리는 승리할 조건을 갖추었기 때문에 이 전쟁에서 승리하도록 전력을 다해 싸워야 한다. 적을 향해 출격하여 중국과 북한 인민을 위해 공을 세울 때가 왔다! 전투 구호는 이렇게 정했다. 전체를 동원해 간고분투를 발휘하고, 어려움을 극복하는 정신으로 전투마다 반드시 승리를 쟁취하자! 혁명의 영광스러운 전통을 보전하자!"

중국군이 5차 전역을 개시하기 바로 전날, 『아사히신문朝日新聞』은 눈에 띄게 큼지막한 헤드라인을 실었다.

밴 플리트 장군 "공산군의 공격을 환영한다!"

성 조지 축일

4월 22일 오후 5시.

크고 둥근 달이 떠올랐다.

야간 전투에 능한 중국군은 대규모 공격을 할 때는 매번 달이 차오르는 밤에 시작했다. 부드러운 달빛이 중국군 병사들이 전진하는 도로를 밝게 비추고 있었다.

너비 200킬로미터에 이르는 정면 전선에서 중국군의 대규모 반격작전 시작을 알리는 포성이 요란스럽게 울리기 시작했다.

공사동의 동굴 안, 펑더화이는 커다란 지도 앞에 앉아 있었다. 그는 전역의 전 과정에 걸쳐 이렇게 습관처럼 앉아서 참모들이 각 군의 도달 위치를 표시하는 깃발을 꽂는 모습을 바라보았다.

이번 전역의 공격준비사격은 화포의 수량 면에서나 포격 시간 면에서나 모두 이전의 전역을 크게 넘어서는 규모였다. 펑더화이는 그 시각에 적군의 전선이 중국군의 맹렬한 폭격으로 잿더미가 된 광경을 상상하고 있었을지도 모른다.

돌격할 시각이 왔다.

공격 개시!

이때 갑자기 참모가 보고 사항을 전달했다. 어떤 부대가 전보를 보내 자기 부대는 아직 돌격 개시 위치로 이동하는 중인데 어째서 벌써 돌격 명령을 내렸는가, 돌격 시각을 늦출 수는 없겠냐고 물었다는 것이다.

그날 밤 안으로 공세를 개시하려면 시간을 늦추는 데도 한계가 있었다. 포병이 공격준비사격을 마치고 나서 보병이 즉각 출격하지 않는다면 공격준비사격은 실제 효과를 발휘하지 못하는 것이 아닌가? 그들이 돌격 지점에 도착할 때까지 기다린다면 자정을 훌쩍 넘긴 시간이 될 터였다! 날이 밝기 전에 돌파를 이루지 못한다면 대낮에 무슨 희망이 있겠는가? 이 부대는 도대체 어쩌자고 늦은 것인가?

펑더화이의 얼굴이 노여움으로 새파래졌다.

돌격! 무조건 앞으로 돌격!

약간 문제가 일어나기는 했지만 펑더화이를 비롯한 모든 중국군 장병은 이번 대규모 공세에 대한 확고한 믿음이 있었다. 그들은 '이렇게 많은 부대를 일시에 투입하는데 미국 양코배기들을 쳐부수는 일에 무슨 문제가 있을 수 있단 말인가'라고 생각했던 것이다.

일제히 나팔 소리가 울렸다!

20만에 가까운 지원군 장병들이 전선 전체에서 산을 밀고 바다를 뒤덮을 기세로 돌격을 시작했다!

좌익의 제9병단은 발 빠르게 적군의 방어 최전선을 돌파했다. 주력은 종심으로 진격해 미 제24사단과 한국군 제6사단의 일부를 섬멸했고, 23일에는 적군의 종심 30킬로미터까지 파고들어 갔다.

중앙 돌파를 맡은 제3병단은 중국에서 공격진지에 투입된 지 열흘밖에 되지 않았지만 역시 적군의 종심을 뚫고 들어가 적군이 동서로 연결하는 것을 차단하는 데 성공했다.

우익의 제19병단은 임진강 서쪽 기슭의 적 후방을 섬멸한 후 23일에 임진강 도하를 강행해 당면한 적을 향해 지속적 공격을 가했다.

중국군의 갑작스런 반격에 미 제8군 사령관 밴 플리트가 맨 처음 보인 반응은 '부대를 조직해 후퇴하라'는 것이었다. 하지만 예외가 있었으니 그가 한반도 전장에 투입된 그날부터 굳게 결심한, '어떠한 일이 있어도 서울은 포기하지 않는다'는 것이었다. 밴 플리트는 서울이 적에게 넘어가면 그것은 단지 도시 하나를 잃는다는 의미를 넘어서 전체 전세에 결정적 영향을 미칠 것이라고 판단했다.

누가 이 '구식 군인'이 정치를 모른다고 했던가?

밴 플리트는 187공수연대를 영등포로 이동시키고 명령을 기다리도록 지시했다. 또 예비대인 미 제1기병사단 5연대를 제9군에 합류시켜 서울 정면의 방어를 강화하는 한편 미군 전체 전선을 '캔자스 선'으로 후퇴하라고 명령했다.

한국군 제6사단이 빨리 무너져 미 제9군의 양익이 중국군에게 그대로 노출되었다. 제9군은 교전하며 후퇴를 지속했고, 각 부대는 거의 통제력을 잃은 터였다. 미 제25사단은 더욱 강력한 공격을 받았다. 중국군 돌격부대는 맹렬한 화포 공격뿐 아니라 전차까지 가세했다. 자정이 넘어가자 미 27연대는 더는 버티지 못하고 지포리 일선으로 후퇴하기 시작했다. 미 24연대도 한탄강 남쪽 기슭으로 철수해 방어진지를 구축했다. 중국군은 24연대가 철수한 틈을 이용해 터키군 여단을 포위했다. 터키군 여단은 하룻밤 사이에 모든 포탄을 소진할 정도로 결사적으로 저항했다. 1개 대대가 선두에서 혈로를 열어 전 여단이 남쪽으로 달아날 수 있도록 인도했다. 터키군 여단은 밤새 15킬로미터를 후퇴했다.

서울 방향에서 철수하는 유엔군을 엄호한 부대는 영국군 제29여단이었다. 밴 플리트는 '진지를 사수하라'는 명령을 내렸다.

중국군이 반격작전을 개시한 그날, 영국군 제29여단만은 공격을 받지 않았다. 그들은 하늘을 붉게 물들이는 포화와 동서 양쪽 진지에서 들려오는 격렬한 총성 속에서 자신들이 있는 곳은 왜 아무런 움직임이 없는지 이해할 수 없었다.

이 여단은 축제를 위한 모든 준비를 마친 상태였다. 그다음 날이 영국인에게 중요한 날인 '성 조지 축일St. George's Day'이었던 것이다. 영국인들은 이 종교기념일을 '수호신의 날'이라고 불렀다.

하지만 수호신의 날이 다가오던 그때, 영국인의 머리 위에 강림한 것은 수호신이 아니라 중공군의 맹렬한 공격이었다.

영국군 제29여단이 문득 자신들의 진지 주위에도 움직임이 나타나기 시작했음을 감지했을 때는 중국군이 이미 그들을 삼면에서 포위한 뒤였다. 최전선의 벨기에군 대대가 가장 먼저 공격을 받았다. 임진강 북쪽 기슭에 위치해 있던 벨기에군 대대는 중국군의 첫 번째 공격이 시작되자마자 이내 혼란에 빠졌다. 여단과 통신 연락이 두절되었으며, 뒤에는 칠흑 같은 어둠 속에 큰 강이 흐르고 앞에서는 중국군 병사들이 교전하며 질러대는 함성 소리가 울려 퍼지는 가운데 전 대대가 절망에 빠졌다. 제29여단은 1개 대대를 파견해 강을 건너 구조를 시도하려 했으나 이 대대는 곧 스스로를 돌보기도 힘겹게 되었다. 결국 벨기에군 대대는 홍수처럼 밀려온 중국군 병사들에게 침몰되었고, 겁에 질린 벨기에군 병사들은 사방으로 흩어지며 임진강으로 뛰어들었다. 운이 좋은 이들은 전차의 엄호를 받으며 기슭으로 다시 올라와 소란스럽게 어둠을 뚫고 남쪽으로 도주했다.

가장 위급한 상황에 처한 것은 제29여단의 우익을 방어하던 글로스터Gloucester 대대글로스터셔Gloucestershire 연대의 제1대대였다. 한밤중에 임진강을 건넌 중국군 제63군 병사들은 첫 번째 공격을 가한 후 이 대대의 최전선에 배치된 A중대를 포위했다. 중대본부가 먼저 습격당해 중대장 앵거Anger가 중국군이 난사하는 총에 맞아 숨졌다. 동이 틀 무렵 중대의 대부분이 사망하거나 부상 당한 상황에서 중국군은 대대 양측의 고지를 점령하고 영국군의 퇴로를 차단 했다. 제29여단은 1개 포병대대를 지원부대로 투입했다. 대포마다 수천 발의 포탄을 발사해 포신이 붉게 달구어졌지만 글로스터 대대의 상황은 호전될 줄 몰랐다. 미군 비행기가 진지를 향해 대량의 보급품을 공중투하하기 시작했 다. 하지만 피아가 혼전을 벌이는 가운데 투하된 물자는 대부분 중국군에게 돌아갔다. 글로스터 대대는 실탄이 소진되고 식량도 떨어져 그야말로 사면초 가였다. 그러나 그들이 여단 지휘부로부터 받은 최신 명령은 여전히 '그 자리 에서 사수하라'는 것이었다.

글로스터 대대는 영국군 중 유일하게 모자에 2개의 휘장을 부착한 부대였 다. 이 휘장은 150년 전, 이집트 원정 때 적에게 포위되어 패색이 짙었던 전투 를 승리로 이끌며 얻은 영광의 상징이었다.

날이 밝아오기 전, 가랑비가 부슬부슬 내리기 시작했다. 중국군 제19병단 의 사령관 양더즈와 그의 지휘부는 임진강을 건넜다. 맞은편에서 중국군 병 사들이 호송하는 포로들이 걸어왔다. 강기슭은 시신과 어지럽게 흩어진 물자 들로 뒤덮여 있었다. 한 무리의 영국제 전차는 북쪽으로 가고 있었다. 이 전차 들은 영국군 제29여단에게서 포획한 것으로, 중국군 중에는 운전할 수 있는 병사가 없어서 생포한 영국군 포로에게 몰고 가도록 했다. 해가 중천에 뜨자 제19병단 지휘관들은 손에 든 나뭇가지로 머리 위를 가리고 길을 재촉했다. 적기의 공중 공격을 방어하기 위해서였다.

제19병단은 기차를 타고 한반도에 진입했는데, 낮에는 미군기의 공습 때문 에 운행할 수 없었기 때문에 기차에 탄 채 터널 속에 숨어 있었다. 그런데 기 차의 브레이크 장치가 고장 나서 기관차도 없는 상태에서 비탈길을 따라 저절로 미끄러져 내려가기 시작했다. 갈수록 속도가 빨라져 약 10분 뒤에는 번개처럼 빠르게 기차역으로 들이닥쳤고, 곧 역에 정차한 화물칸과 충돌할 것처럼 보였다. 다행스럽게도 북한의 한 남자아이가 민첩하게 선로 전환기를 조작함으로써 기차가 안전한 궤도로 변경되어 무사할 수 있었다. 기차간에는 양더즈를 포함해 제19병단의 고위 지휘관이 모두 타고 있었는데, 키가 겨우 총 길이만 한 북한 남자아이가 1개 병단 전체를 구했다는 생각을 하면 조금 무서운 느낌이 든다. 이밖에 전역을 개시하기 전, 제63군 군단장 푸충비傅崇碧도 아찔한 순간을 경험했다. 그는 몇 명의 참모와 함께 북한군 제1군단을 찾아 나섰다가 뜻밖에 길에서 한 무리의 적군 전차와 마주쳤다. 일행은 그제야 북한군 제1군단은 이미 후퇴했고 미군이 반격하고 있다는 사실을 알아차렸다. 푸충비 군단장은 하는 수 없이 산으로 올라가 몸을 숨겼고, 그 결과 제63군은 예정된 방어 지점에 도착하지 못한 채 적군 저지를 시작해야 했다.

제63군이 맹렬히 적을 저지하고 있을 때, 의정부 돌파 임무를 맡은 제64군은 더디게 진격하고 있었다. 의정부를 돌파하면 정면에서 서울의 공수를 위협할 수 있었기 때문에 펑더화이는 이 지역 돌파를 매우 중요하게 생각했다. 제64군은 강을 건넌 뒤 미군의 전차와 비행기의 방해를 받아 앞으로 전진할 수가 없었다. 이 때문에 19병단 사령관 양더즈는 펑더화이의 전보를 받았다.

"반드시 계속 노력해서 화력과 기동력을 결합한 작전을 조직하고 용맹하게 의정부와 그 남북 일선을 향해 전진하시오. 그렇게 하지 않으면 정면의 적이 차례대로 반격해 한강 남쪽 기슭까지 후퇴할 것이고, 강을 건너 전개되는 전세가 더욱 어려워질 것이오. 내 말을 새겨듣고 결연히 작전을 수행하길 바라오."

이에 따라 양더즈는 제64군에 연속 두 차례 전보를 보내 신속하게 적군의 저지방어선을 돌파하라고 재촉했다. 전보는 아주 단호한 단어로 채워져 있었다.

(1) 한강 남쪽의 적은 영국군 제29여단과 한국군 제1사단으로 모두 합쳐도

2만여 명에 불과하다. 그들이 비록 참호와 진지를 구축했고 화력이 강력하며 비행기가 미친 듯이 폭격을 가하고 있지만, 40~50킬로미터 너비의 정면에 흩어져 있다.

(2) 아군의 주력은 강 남쪽의 협소한 배수背水 지역에 멈춰 있으니 결연히 공격하지 않는다면 죽은 것이나 다름없고, 반드시 불필요한 손실을 당하게 될 형세이니 더 큰 어려움에 부딪힐 것이다.

(3) 각 군의 사단은 오늘(24일) 저녁, 원래 정해진 임무에 따라 어떤 희생도 마다하지 않아야 하며, 화력을 서로 긴밀히 협동하도록 조직해 적극적으로 공격에 나서서 결연히 적을 섬멸해야 한다. 제64군 각 사단이 용맹하게 목적지까지 뚫고 들어가 전역의 임무를 완수하지 못할 시에는 혁명 기율의 제재를 받게 될 것이다.

제64군이 저지당함에 따라 제19병단은 어쩔 수 없이 제2제대의 제65군을 보내 돕도록 했다. 양더즈는 제64군 쩡쓰위曾思玉 군단장과 직접 통화해 적진을 신속히 돌파해서 종심으로 뚫고 들어가 어떤 대가를 치르더라도 임무를 완수하라고 명령했다. 그러나 격전을 치른 뒤 제64군의 1개 정찰대와 1개 대대만 돌파에 성공했을 뿐이다. 이들은 종심을 뚫고 120킬로미터나 전진해 서울로 통하는 교통 요충지인 도봉산을 점령함으로써 미군에 엄청난 위협이 되기는 했지만, 병력이 몹시 적어 효과적으로 유지할 수 없었다. 제64군의 주력은 거듭 공격했으나 여전히 전진하지 못했고, 증원 명령을 받은 제2제대 제65군이 도착했다. 제65군은 전진하지 못하고 있는 제64군 뒤에 바짝 붙은 형국이 되어 임진강 남쪽 기슭의 좁은 강가에 중국군 5개 사단 총 6만여 병력이 빽빽이 들어차게 되었다. 전진해 돌격하지도 못하고 철수 명령도 내려오지 않는 상황에서 미군 폭격기가 방공 능력이 없는 중국군 병사들을 향해 맹렬한 폭격과 기총소사를 퍼부었다. 임진강 남쪽 기슭은 피범벅이 된 중국군 병사들의 시체로 발 디딜 틈도 없었다.

중국군 돌격전선의 우익에는 쑹스룬이 지휘하는 제9병단의 제20군·제26군·제27군·제40군이 있었다. 제9병단은 2차 전역에서 심각한 병력 손실을 입었고, 병사들 가운데 동상에 걸린 숫자가 전투 중 사망하거나 부상당한 숫자보다 훨씬 많았다. 이후 제9병단은 동부전선에서 5개월 동안 충분한 휴식을 취했고, 신병과 장비를 보충한 뒤 5차 전역에 다시 투입되었다.

제9병단의 정면에서 최전선에 위치한 적군은 한국군 제6사단이었다.

중국군이 반격작전을 개시하기 바로 전날, 한국군 제6사단은 계획대로 북진하는 중이었다. 해가 질 무렵의 오후 5시, 그들은 북진하던 도중 갑자기 중국군의 대규모 공격을 받았다. 상징적으로 한 차례 저항한 뒤 제6사단 장도영 사단장은 'A선'까지 철수하라는 명령을 내렸다. 이른바 'A선'이란 후방으로 몇 킬로미터 떨어진 곳에 예정된 방어선이었다. 하지만 전세가 순식간에 기울어졌다. 제6사단 2연대의 진지가 중국군에게 양쪽으로 포위 공격을 받고, 연대 지휘소가 포격을 당하자 전 연대가 곧바로 후퇴했다. 19연대는 2연대가 당하는 것을 보고 감히 성급히 전진하지 못하고 한참을 관망하다가 자신들의 측후방에도 중국군이 나타난 것을 발견했다. 그제야 일이 크게 잘못되었음을 깨달은 19연대도 철수하기 시작했다. 철수하는 길에서 19연대는 중국군의 공격을 받아 혼란에 빠졌다. 19연대장 임익순은 효과적으로 부대를 조직해 저지하지 못함으로써 전선 전체가 무너져내렸다. 예비대인 7연대는 본래 'A선'에서 저지할 준비를 하고 있었으며, 주력의 철수를 엄호하는 임무를 맡았다. 그러나 그들은 곧 사단 예비대인 자신들이 순식간에 최전방이 되리라는 것을 알아차렸다. 최전방의 운명을 감당할 수 없었던 7연대는 작전을 수행하지도 않고 그대로 달아나기 시작했다.

이 방향에서 중국군 제40군의 임무는 적진 돌파였다.

120사단이 한국군 제6사단을 향해 전면 공격을 가한 후 사단 예하의 3개 연대가 나란히 돌파해서 끝까지 적을 쫓아가 맹타했다. 360연대는 공격하는 도중에 산 아래의 도로 위로 대오 길이가 족히 1킬로미터는 되어 보이는 적군의 기계화부대가 남쪽으로 철수하는 광경을 보았다. 연대장 쉬루이徐銳는 '먹잇감'을 발견하고 생각할 것도 없이 즉시 부대에 공격 명령을 내렸다. 당시 산 아래는 남쪽으로 철수하는 한국군 제6사단의 포병대대가 북쪽으로 증원에 나선 미 제24사단의 자주포대대와 도로에서 정면으로 마주쳐 팽팽히 대치하는 상황이었다. 도로의 한쪽은 낭떠러지였고 다른 한쪽은 강이 흐르고 있어 돌아갈 길도 없었다. 미군은 한국군에게 전선으로 돌아가 싸우라고 명령했고, 한국군 병사들은 미군에게 길을 비켜달라고 요구했다. 두 부대가 한데 엉켜 옥신각신하고 있을 때 중국군이 나타났다. 중국군 병사들은 도로 양쪽 끝을 완벽히 봉쇄한 후 경화기를 들고 강철로 무장한 부대를 향해 돌진했다. 미군 병사들과 한국군 병사들은 전차의 엄호를 받으며 길을 찾아 도망치려 했지만, 중국군 병사들이 맹렬히 퍼붓는 박격포탄과 총탄으로 도로는 일순간 불바다로 변했다. 화염 속에서 중국군 병사들은 사방으로 흩어져 도망가는 미군과 한국군 병사들을 추격해 자동차 밑이나 전차 안에서 그들을 사살하거나 생포했다. 날이 밝자 쉬루이 연대장이 도로에 올라섰다. 도로에 펼쳐진 광경은 쉬루이처럼 노련한 군인도 놀랄 만한 것이었다. 도로를 가득 메운 셀 수 없이 많은 전차와 자동차, 자주포가 불타고 있었고, 전차와 충돌해 전복된 자동차도 적지 않았다. 지프 한 대는 자주포에 깔려 있었고, 지프 안의 미군 장교들도 납작해진 채였다. 도처에 널린 한국군 병사들과 미군 병사들의 시신이 모두 새카맣게 타면서 도로 전체에 코를 찌르는 냄새가 진동했다…….

중국군 120사단 358연대는 돌파 도중 미군 제1해병사단의 부대와 조우했다. 먼저 1중대 7분대의 한친중韓勤忠이 산비탈 아래에 있는 헬리콥터 한 대를 발견했는데, 막 미군 장교 몇 명이 내리고 있었다. 한친중은 즉시 7분대 병사들을 이끌고 다가가 헬리콥터에 수류탄을 투척하고 기관총을 난사했다. 미군은 파괴된 헬리콥터를 버리고 산으로 도주했고, 그 뒤를 추격하던 7분대는 예상치 못하게 미 제1해병사단 소속 부대의 진지 바로 앞까지 이르게 되었다. 한친중과 분대원들은 이것저것 생각할 틈도 없이 결연하고 용감하게 산 위로 돌격했다. 미군 보병들은 이처럼 죽음을 불사하고 돌격하는 중국군에 정신이 혼미해질 정도로 놀라 진지를 버리고 달아났다. 전차 한 대가 중국군 병사들을 향해 포탄을 발사하면서 한친중은 부상을 입었다. 분노한 그는 다시 일어나 그 전차를 향해 돌격해 화염병을 던졌다. 중국군 병사들은 계속해서 미군 병사들을 추격해 산굴 안까지 들어갔다. 대략 1개 소대인 미군은 그제야 중국군이 몇 명뿐이라는 사실을 알아채고 반격을 가하기 시작했다. 한친중은 또다시 부상을 입어 가슴에서 선혈이 솟구쳤다. 이때 신호나팔 소리가 들려 고개를 돌려 보니 중국군 주력부대가 도착했다. 피를 너무 많이 흘린 한친중은 곧 머리를 땅에 떨구었다.

용감히 싸운 한친중은 지원군을 통틀어 보병으로서 미군 헬리콥터를 격파한 최초의 사병이었다. 이 때문에 그는 1등 공훈으로 기록되었고, '조선민주주의인민공화국 2급전사영예훈장'을 받았다.

358연대는 359연대 2대대의 협조를 받아 판미동에 몰려 있는 미군을 포위했다. 날은 이미 밝았고 미군은 비행기 수십 대의 엄호를 받으며 포위 돌파를 개시했다. 중국군은 비행기의 폭격과 화포의 저지 포격을 무릅쓰고 결연히 돌격했다. 하지만 대전차 무기가 부족한 중국군은 끝내 미군을 봉쇄하지 못하고 달아나는 것을 지켜보기만 했다.

중국군은 설령 미군을 포위하더라도, 심지어 몇 배나 많은 병력으로 포위하더라도, 미군의 강력한 화력 때문에 결국에는 적을 완전히 섬멸하지 못하곤 했다. 이런 문제점은 한국전쟁 이전 몇 차례의 전역에서 이미 드러났던 것인데, 이번 전역에서도 여전히 되풀이되고 있었다.

120사단 359연대 2대대는 추격 중에 미군의 1개 포병대대를 포위했다. 포위된 미군 부대는 제92장갑야전포병대대였다. 이 대대는 대구경 화포 장비를 갖추고 155밀리 장갑자주포 2개 대대와 200밀리 견인식 곡사포 1개 중대로 구성되었다. 이 야전포병대대의 임무는 같은 군단에 속한 부대에 각 방향에서 화력 지원을 하는 것이었다. 미군 포병들은 원형진지 및 전차와 고사기관총으로 편성된 화력망을 구축해놓은 상태였기 때문에 중국군의 공격을 대수롭게 생각하지 않았다. 그들은 중국군과의 전투에 전념하는 대신 전투에서 패하고 도주 중인 한국군 병사들을 막아서고 멍청한 놈들이라며 끊임없이 욕을 해댔다. 359연대 2대대는 중국군에 엄청난 병력 손실을 가져온 이 포병진지를 손에 넣기 위해 2개 중대가 번갈아 공격을 가했다. 3일 밤낮을 쉬지 않고 교전한 끝에 2개 중대 병력 중 살아남은 병사는 채 100명이 되지 않았다. 엄청난 병력 손실을 입었음에도 불구하고 중국군은 미군 포병진지를 점령하는 데 실패했다. 반면 미군의 야전포병대대는 중국군의 공격을 저지하는 한편 각 방향에서 미 제9군단에 화포를 지원하는 임무까지 완수했다. 이 대대는 3일 밤낮을 교전하고 나서야 철수했는데, 사상자는 단 15명에 불과했다.

118사단은 한국군 제6사단의 미약한 저항을 신속히 돌파해 종심으로 나아갔다. 한국전쟁에 가장 먼저 투입되어 첫 방아쇠를 당겼던 354연대는 사단의 좌익에서 돌격하는 임무를 받았다. 354연대의 맹렬한 돌파와 신속한 움직임은 사단 지휘부조차 의외라고 느낄 정도였다. 354연대 3대대는 맹렬히 적진을 돌파해 여러 차례 적군의 저지를 뚫고 적 후방의 120킬로미터 지점까지 깊숙이 침투했다. 날이 밝았을 때 3대대는 목동리라는 지역에 도착했다. 3대대는 그제야 자신들이 쫓던 한국군은 온데간데없이 사라지고 정작 대치하고 있는 적군은 하얀 피부에 파란 눈의 병사들인 것을 알았다. 적군은 영국제 '센추리온 전차'를 사용했고 개인 소총도 영국제였다. 생포한 포로에게 물어보니 그들은 캐나다군 부대였다. 후속부대와 아주 멀리 떨어진 3대대는 곧 캐나다군 제25여단에 포위되었다. 병력 수에서 적과 현격한 차이를 보이고 식량과 탄약도 곧 소진될 상황이어서 부대를 이끄는 연대 참모장 류위주劉玉珠와 3대대장 리더장李德章은 긴장되기 시작했다. 류위주는 부대의 돌파 임무가 적군의 증원을 동서로 차단하는 것이니만큼 기왕 여기까지 온 바에야 끝까지 혈전을 벌여 적 후방을 뒤집어놓아 가능한 한 적의 예정된 배치를 교란해야겠다고 생각했다. 결심이 서자 모든 간부가 몸에 지니고 있던 문건과 노트를 소각한 뒤 죽음을 각오하고 전투에 뛰어들었다.

캐나다군 여단은 비행기와 전차의 지원을 받으며 적진 깊숙이 홀로 뛰어든 이 중국군 부대를 향해 미친 듯이 공격을 퍼부었다. 강철로 만들어진 전차가 중국군 병사들의 저지 진형을 갈라놓고 흩어져 저항하는 중국군 병사들을 도로 옆의 몇몇 언덕에서 겹겹이 포위했다. 일부 중국군 병사들은 캐나다군 병사들과 육박전을 벌이기 시작했다. 중국군 기관포중대는 적군 전차 몇 대를 파괴하고 나서 탄약이 떨어지자 적에게 달려들어 총을 빼앗았다. 위생병 위창안郁長安은 부상병의 골절된 뼈를 고정하기 위해 준비한 부목을 들고 적을 향해 달려들었는데, 처음 보는 무기에 겁먹은 캐나다 병사는 총을 버리고 그대로 도주했다. 서기병 장천姜臣은 체구가 큰 캐나다 병사와 뒤엉켜 싸우다가 아무래도 힘으로는 이길 수 없다고 판단하고 손을 뻗어 상대의 얼굴을 더듬어서 눈을 있는 힘껏 후벼 팠다. 최후의 시각, 대대장 리더장과 연대 참모장 류위주는 상의 끝에 대오를 둘로 나눠 각자 하나씩 이끌고 동서 양방향에서 포위를 뚫고 나가기로 결정했다. 리더장이 먼저 포위 돌파에 나서서 적의 화력을 유인했다. 이 대오는 도로를 넘어가기도 전에 전원이 부상하거나 사망했고, 리더장도 총에 맞아 쓰러졌다. 류위주는 적군의 맹렬한 기총 사격 속에 전사했고, 그가 이끄는 부대도 흩어지고 말았다.

1940년에 입대한 류위주는 용감무쌍하게 작전에 임하고 병사들을 소중히 보살펴 연대 전 장병에게 존경받는 지휘관이었다. 한국전쟁에 참전한 이래 수차례 잔혹한 전투를 치르면서 늘 최전선에서 병사들과 함께 목숨을 걸고 싸왔다.

남은 3대대 병사들은 포위를 돌파하며 끝까지 완강히 저항했다. 밤이 깊자 캐나다군 여단이 먼저 철수했다.

총상을 입고 의식을 잃었다가 깨어난 리더장은 부상병들을 이끌고 적 후방을 전전하다 나흘 뒤 부대에 복귀했다.

354연대 3대대의 장병들은 전장의 종심에서 적군의 증원부대를 견제하며 부대의 정면 공격에 유리한 여건을 조성했다.

대대장 리더장은 이후 장수했으며 1994년에 세상을 떠났다. 그의 옛 전우는 그를 추도하는 대련對聯에 이렇게 묘사했다. "보기 드물게 뜻이 원대하고 담대했던 사람, 전장에서는 늘 병사들보다 앞장섰던 사람, 그 어떤 위험한 일도 피하지 아니했던 사람, 생각하는 바를 숨기지 아니했던 사람, 신의를 굳게 지켰던, 평생 진심으로 사람을 대했던 사람."

좌익의 제9병단 각 군은 4월 23일을 기해 적군의 종심 15~20킬로미터까지 파고들어와 있었다.

제39군은 일부 병력으로 화천에서 미 제1해병사단을 견제해 서쪽으로 증원하는 것을 막으라는 특별한 임무를 맡았다. 미 제1해병사단을 따라 함께 작전하는 부대 중 한국군 해군 해병대도 있었다. 중국군이 공격을 개시하던 그날, 한국군 해병대는 북쪽으로 이동하는 중이었다. 그들은 부교와 수륙양용차를 사용해 북한강을 건넌 뒤 정오 무렵에는 화천 지구의 고지 하나를 점령하는 데 성공했다. 한국군 전쟁사료에는 이렇게 기록되어 있다.

"격렬한 전투 끝에 중국군은 참패해 도주했다. 한국군은 미 해병 5연대와 한데 모여 승리의 기쁨을 함께 나누었다."

미 제1해병사단 스미스 사단장도 한국군 해병대에 '축전'을 보내왔다.

"귀관과 귀관이 인솔한 장병들은 적군의 강력한 공격을 결연히 저지해 진지를 사수했소. 용감한 전투 정신에 깊이 사의를 표하오. 이처럼 강력한 한국군 해군 해병대와 함께 전투할 수 있다는 것이 더할 수 없이 자랑스럽소.”

하지만 몇 시간 후 '이처럼 강력한 한국군 해군 해병대'는 중국군 제39군의 강력한 압박을 받아 제대로 저항하지도 않고 곧바로 철수하기 시작했다. 미 제1해병사단과 한국군 제6사단이 인접한 지대가 중국군 제39군에 돌파당하자 한국군 해병대가 즉시 후퇴한 것이다. 하지만 새로운 방어진지에 안착하기도 전에 예하 10중대 진지에서 상황이 위급하다는 보고가 들어왔다. 중대장이 중상을 입어 병사들이 그를 들쳐 메고 후방으로 후퇴하고 있다는 것이었다. 곧이어 11중대 진지에서도 보고가 들어왔다. 11연대의 연대장도 중상을 입어 진지 밖으로 호송하는 중이라고 했다. 한국군 해병대가 미 제1해병사단과 함께 철수할 당시, 상공의 미군 해병대 지원 비행기가 돌연 한국군 해병대 제1대대의 지휘부에 폭탄을 투하해 엄청난 화력의 네이팜탄으로 자기편을 불태우는 실수를 범했다.

중국군이 좌우 양익을 돌파하는 것과 때를 같이해 중앙 돌파 임무를 맡은 제3병단도 화천 방향에서 돌격해 들어왔다. 돌파 후 제3병단의 각 부대는 연천 북쪽에서 미 제3사단과 터키군 여단의 완강한 저항에 부딪혀 진격 속도를 낼 수 없었다. 4월 23일이 되어서야 연천 지구에 도착한 제3병단은 계속해서 영평·초성리 방향으로 전진했다.

서울 방향에서는 영국군 제29여단의 글로스터 대대가 변함없이 고립 상태로 진지를 사수하고 있었다. 이 대대를 구하기 위해 제29여단은 필리핀군 대대에 1개 전차중대의 엄호를 받아 증원에 나서라는 명령을 내렸다. 글로스터 대대에 접근했을 때 필리핀군 대대는 중국군의 저지를 받아 더 이상 전진할 수 없었다. 전차중대도 습격을 받아 선두에 선 전차가 중국군 병사들에게 파괴되어 길을 막아버렸다. 증원 계획이 실패하자 제29여단은 벨기에군 대대와 65연대에 배속된 푸에르토리코군 부대를 증원 행렬에 동참시켰다. 하지만 이들 또한 글로스터 대대로부터 불과 2킬로미터 떨어진 곳에서 중국군의 저지를 받아 꼼짝 못하는 신세가 되었다. 얼마 후, 영국군 제29여단은 어쩔 수 없이 후퇴하기 시작했고, 겹겹이 포위된 글로스터 대대는 포위를 돌파하라는 명령을 받았지만 포위를 뚫고 나갈 희망이 없었다. 대대 전체 인원의 절반이 전사했고 부상병을 포함해도 살아남은 병력이 300명도 채 안 되었다. 대대장 제임스 칸James P. Carne 중령은 포병 지원을 받은 후 포위 돌파를 재시도하겠다고 요청했다. 하지만 그러기에는 제29여단이 아주 멀리 가 있었기 때문에 '지원 불가'라는 대답이 돌아왔다. 칸 중령은 어쩔 수 없이 '흩어져 포위를 돌파하라'는 명령을 내렸다. 부상병들이 진지에 집합했고, 대대장 칸 중령과 군의관 로버트 히키Robert P. Hickey 대위, 위생병 3명과 군종 목사 데이비스도 그들과 함께 남았다.

포위를 돌파한 영국군 병사들은 곧바로 중국군이 깔아놓은 빈틈없는 그물망에 걸려들었다. 중국군 제63군 187사단 561연대 1대대 2중대에 소속된 류광쯔劉光子는 네이멍구 자치구 항진 후기杭錦後旗 젠쯔디 향尖子地鄕의 작은 마을 출신으로 당시 30세였다. 기근이 들어 고향을 떠나온 가난한 농민 집안에서 태어난 그는 공출미를 갚기 위해 국민당 군대에서 10년간 복무했다. 1948년 그는 해방군에게 '해방'된 뒤 중국인민해방군에 합류했다. 그는 내향적인 성격에 말이 없는 사람이었다. 한국전쟁에 참전한 이래 그는 줄곧 전투에서 공을 세우고 싶었다. 부대가 북쪽으로 적을 추격할 때, 그는 도주하는 영국군 병사 몇 명을 발견하고는 생포하기로 결심했다. 영국군 병사에게 다가가서는 갑자기 총을 들고 일어서면서 고함을 질렀다. 그러나 놀란 쪽은 영국군이 아니라 류광쯔였다. 바위 뒤편에서 고함 소리를 들은 영국군 병사 한 무리가 갑자기 벌떡 일어섰던 것이다!

수십 개의 흉악한 얼굴과 수십 개의 시꺼먼 총구가 그를 향해 다가왔다.

류광쯔는 '진정해! 진정하자고!' 하며 스스로를 다독였다.

영국군 병사들의 총구가 류광쯔의 가슴을 겨누었다.

한 장교가 권총으로 그의 이마를 겨누었다.

류광쯔는 침착하게 수류탄의 안전핀을 뽑았다.

수류탄이 터지려는 그 순간, 류광쯔는 뒤로 물러서면서 수류탄을 던지고 산비탈로 굴러 내려갔다.

수류탄이 터지는 소리에 부대가 몰려와 영국군을 포위하고 섬멸하기 시작했다. 기절했다 깨어난 류광쯔는 어둠 속에서 사방으로 흩어져 도주하는 영국군을 끝까지 추격했다. 입고 있던 솜옷은 일찌감치 땀에 흠뻑 젖고 호흡은 풀무질하는 것처럼 가빠졌지만, 그는 전심전력으로 적을 추격해 몇 명을 생포하는 큰 공을 세웠다.

류광쯔는 재차 한 무리의 영국군 병사를 막아섰다. 그는 영국군 면전에 서서 '도망가면 즉시 사살하겠다'고 고함쳤다.

우두머리인 키가 크고 손에 기관총을 든 영국군 병사가 먼저 총을 내려놓고 손을 들어 올렸다. 그러자 나머지 병사들도 총을 땅에 던졌다.

멀지 않은 곳에서도 한 무리의 영국군 병사들이 도주하고 있었다. 류광쯔가 기관총을 들고 탄띠 하나를 다 발사하고 나서 고함을 치자 도망치던 영국군 병사들도 더 이상 달아나지 않았다.

류광쯔가 생포한 영국군 병사들을 한데 모아놓고 품속에서 영문 삐라를 꺼내 보여주자 포로들이 안정되었다.

중대에서는 장시간 류광쯔의 모습이 보이지 않자 다소 긴장하면서 그가 어디선가 부상을 입거나 전사했다고 생각했다. 초조해하던 중대는 갑자기 멀리서 한 무리의 영국군 병사들이 다가오는 것을 보았다. 막 사격을 하려는 순간, 영국인들이 손을 들어올린 채였고 온몸에 피를 뒤집어쓴 류광쯔가 기관총을 들고 뒤에서 따라오는 것을 알았다.

중국군 병사들은 즉시 류광쯔가 잡아온 포로 수를 세어 보았다. 두 번이나 세어 파악한 정확한 숫자는 63명이었다.

이는 한국전쟁 기간에 중국군 병사 혼자서 한 번에 적군을 생포한 숫자로는 최고 기록이다.

류광쯔는 1등 공훈에 기록되었다.

그가 생포한 영국군은 모두 글로스터 대대 병사였다. 모자에 2개의 휘장이 부착된 것을 보면 알 수 있었다.

영국군 제29여단은 심각한 병력 손실 외에 장비도 대부분 잃어버렸다.

하지만 전장의 전체적 국면에서 보면, 영국군 제29여단의 글로스터 대대가 전선에서 사흘을 버텨주었기 때문에 중국군 부대의 진격을 어느 정도 견제할 수 있었고, 이로써 서울 방향의 유엔군도 상대적으로 완벽히 철수를 마칠 수 있었다고 보는 게 합당할 것이다.

5차 전역이 개시된 지 나흘째 되던 4월 25일, 중국군은 사흘 밤낮을 가리지 않고 전투를 치른 끝에 가평 방향에서 전역의 돌파구를 열어 미군의 양익에 심각한 위협을 조성했지만, 기본적으로 진격 속도는 그다지 빠르지 않았고 섬멸한 적군 숫자도 많지 않았다. 유엔군은 금병산·죽엽산·현리·가평·춘천 등 2선 진지로 점차 철수하며 계속해서 중국군을 저지했다.

밴 플리트는 매일 밤 철수하는 거리를 최장 30킬로미터로 제한하는 리지웨이의 전술을 어김없이 따랐다. 30킬로미터는 중국군이 하룻밤에 진격할 수 있는 최대한도이기도 했기 때문이다. 미군은 30킬로미터를 물러나서 정지한 뒤 곧바로 낮을 이용해 방어태세로 전환하고 강력한 화력을 퍼부어 중국군에게 최대한 많은 살상을 가했다. 날이 저물면 상황을 보아 다시 철수했고, 다음 날 낮이 되면 다시 공격했다. 당시 밴 플리트도 중국군의 공격작전이 무한정 지속되지는 못할 것이라는 사실을 잘 알고 있었다.

4월 26일, 펑더화이는 5차 전역의 발전 상황과 다음 단계의 계획에 대해 마오쩌둥에게 아래와 같이 보고했다.

(1) ······

(2) 이번 전역은 원래 5월 상순에 개시할 계획이었으나 적의 상륙을 지연시 킴과 동시에 양면작전을 하는 상황을 피하기 위해 4월 22일에 앞당겨 시작 했습니다. 피아가 충분히 준비하지 못한 상황인데, 특히 아군은 탄약이 부 족하고 운송 여건도 나아진 것이 없습니다. 아군 제19병단에 투입된 많은 신병은 필요한 훈련을 제대로 받지 못했고, 제3병단은 도착한 지 7일 만에 작전에 참가할 만큼 시간이 촉박했습니다. 또한 제39군과 제40군은 몇 달 간 연이어 전투하면서 제대로 휴식을 취하지 못했습니다. 포병, 전차들을 전장에 제때 투입시키지 못했고, 공군의 참전은 더욱 요원한 상황입니다. 반면 적군의 병력은 빽빽이 모여 있어 빈틈이 없고, 기술적 여건도 아군보 다 절대적으로 우세합니다. 전술상으로는 전진하며 가는 곳마다 진을 치고 철수할 때는 저항을 멈추지 않습니다. 아군이 적의 종심으로 파고들기 위 해서는 큰 전투를 치러야만 돌파구를 열 수 있습니다. 따라서 3일 밤낮으 로 작전을 펼쳤지만 의정부로 우회해 적의 퇴로를 차단하겠다는 목표를 이 루지 못했습니다. 이번 전과는 한계가 있고 적의 상륙 기도를 충분히 타파 하지 못할 것 같습니다.

(3) 한반도의 지형은 폭이 좁고, 해안선은 길고 항구가 많습니다. 또 적군은 강력한 해군과 공군을 갖추고 있어 모든 조건이 상륙작전에 유리합니다. 일본으로 병력을 대거 증강 배치한 것도 아군의 후방에서 상륙작전을 시행 할 계획을 더욱 확실히 뒷받침해주고 있습니다. 지원군 당위원회의 상임위 원회는 다음번 전역에서 적의 상륙부대를 타파할 준비의 필요성에 대해 여 러 차례 고려했습니다. 따라서 현 상황에서 아군 주력이 지나치게 멀리 남 진하는 것은 타당하지 않습니다. 아군이 한반도 작전에서 적의 상륙부대를 대량 섬멸하지 못한다면 적은 상륙작전에 대한 야심을 끝까지 버리지 않을 것입니다. 적의 상륙작전이 성공한다면 아군은 숨이 막히는 상황에 처할

것입니다. 아군 정면 부대가 부산까지 도달한다 하더라도 결국 철수할 수밖에 없을 것입니다. 적의 상륙 기도를 이용해 그들이 상륙하기를 기다린 뒤 깊숙한 곳으로 유인해 상륙부대를 섬멸해서 그들의 상륙 음모를 분쇄해야만 비로소 최후의 승리를 얻을 수 있습니다. 또한 한반도의 지형은 폭이 좁아서 적이 상륙하지 않으면 적의 병력이 집중되어 분할하기가 쉽지 않으니, 적의 상륙작전을 이용해서 그 연결을 끊는 것이 오히려 각개격파하는 데 유리합니다.

(4) 만일 적의 상륙작전이 신속히 이루어진다면 아군이 준비를 한다 하더라도 실제 역량은 양면작전에 대처하기 어렵습니다……. 만일 적의 상륙작전을 한 달에서 한 달 반까지 늦출 수 있다면 아군은 양면작전을 동시에 대처할 수 있습니다.

(5) 상술한 내용에 근거해 이번에 아군은 적의 저항을 쳐부순 뒤 아군 1개 병단과 북한군 제1군단·제5군단으로 계속 기회를 보아 37도선까지 추격하고 그칠 계획입니다. 적군이 한강과 서울 교두보 진지를 사수한다면 아군은 소규모 부대로 그들을 감시하고 기습할 것입니다. 이렇게 해서 적이 예비대 일부를 정면에 증원하게 해서 상륙 시기를 늦추고 상륙의 역량을 약화시켜 섬멸하기 용이하도록 할 것입니다……. 아군 주력은 38선과 그 북쪽의 기동 지구에 배치해 상륙부대를 섬멸할 준비를 하든지 아니면 정면에서 반격하는 적을 각개격파하든지 상황을 보아 결정하겠습니다.

펑더화이는 미군이 상륙작전을 감행할 것이라고 확신했다. 하지만 전후 전쟁 관련국들의 수많은 사료를 보면 당시 맥아더와 리지웨이가 중국군 측후방에서 상륙작전을 시행할 생각을 시종일관 가졌던 것은 사실이나 이를 위해 실제로 준비한 적은 없는 것으로 나타난다. 그 이유는 간단했다. 한국전쟁에서 미군의 군사행동은 정치적 영향력에서 자유로울 수 없었기 때문이다. 당시 트루먼 정부는 전쟁을 더 이상 확대할 계획이 전혀 없었다. 만약 미국 정부가 모든 수단을 동원해서 중국군과 싸울 생각이었다면 적어도 맥아더가 그렇게 일찍 해임되지는 않았을 것이다.

마오쩌둥은 펑더화이의 분석에 동의하며 '적군의 신속한 상륙작전에 대비해 수동적 상황에 처하지 말아야 한다'고 재차 강조했다.

이에 따라 4월 26일, 중국군은 계속해서 유엔군의 종심으로 진격했고, 그날로 유엔군 2선 진지를 점령했다.

4월 28일, 중국군 우익의 제19병단은 국사봉·오금리·백운대 지구까지 점령했다. 중앙의 제3병단은 자일리·부평리 지구까지, 좌익의 제9병단은 진벌리·축령산·청평리·가평·춘천 지역까지 진격했다.

미군 주력은 서울과 북한강, 소양강 남쪽까지 철수해 방어진지를 구축했다.

서울은 놀라 허둥대는 시민들로 다시 한번 동요했다. 리지웨이와 이승만이 절대로 서울을 포기하지 않을 것이라는 의지를 아무리 강력히 표명해도 서울에는 한국전쟁 발발 이래 세 번째로 피란민 행렬이 가득했다.

미 제1기병사단은 명령에 따라 서울로 재배치되었고 서울 주위에서 빈틈없는 화력망을 구축했다. 화력망은 대포와 비행기로 편성되었으며 모든 포병중대는 평균 3000발의 포탄을 발사했다. 미 공군은 4월 28일 하루에만 서울 전선에 39차례의 맹렬한 폭격을 가했다. 미군은 이만한 화력망을 돌파할 수 있는 것은 태평양전쟁사에도 선례가 없는 일이라고 생각했다.

하지만 정작 중국군은 서울을 점령할 생각이 없었다.

전선에 위치한 모든 중국군 부대는 탄약과 식량을 소진한 상태였다.

4월 29일, 펑더화이는 중국군의 모든 전선에 공격을 멈추라는 명령을 내렸다.

한국전쟁 5차 전역의 1단계 작전은 1951년 4월 22일에 시작해 4월 29일에 멈췄으니 꼬박 7일 동안 진행되었다.

7일은 1주일이니, 바로 리지웨이가 말한 '1주일 공세탄약과 식량 보급이 부족한 중국군 병사들이 전투에서 최대한 버틸 수 있는 기간이 1주일이라는 뜻'와 일치했다.

그러나 공격을 멈춘 뒤에 중국군은 어떤 행보를 보였을까?

한국군을 무찌르러 가자!

펑더화이는 문예공연 관람을 그다지 좋아하지 않았지만 유명한 만담배우 허우바오린侯寶林의 「언어의 예술語言的藝術」 공연만큼은 웃으며 즐겼다.

지원군 지휘부 작전실이 설치된 동굴은 그리 크지 않았지만 이날은 중국에서 가장 유명한 예술인들이 동굴 안에 모여 있었다. 산둥콰이서山東快書, 산둥·화베이·둥베이 일대에서 유행하는 쾌서. 쾌서란 동판이나 죽판으로 된 리듬악기로 반주를 하며 압운된 내용을 이야기하는, 설창 문예의 일종의 명인 가오위안쥔高元鈞은 『수호전水滸傳』의 호걸 무송武松이 역경에 처해 유배 가는 길에서 인육만두를 파는 여협객 손이랑孫二娘을 만나는 이야기를 다룬 「십자파十字坡」를 공연했다. 이밖에도 유명 배우들이 경극을 반주 없이 노래했고, 잡기 공연도 이어졌다.

랴오청즈廖承志 단장의 인솔 아래 중국에서 한국 전선에 위문공연을 하러 온 위문단은 총 575명이고 8개 분단分團으로 구성되었다. 이들은 전국 각지에서 보내온 1093개의 우승기, 420억 위안(구화폐 단위)의 위문금, 2000상자의 위문품을 가지고 4월 중순에 한국 전선에 도착했다.

4월 21일, 중국군이 5차 전역을 개시하기 하루 전날, 위문단은 군용차를 타고 평양 서쪽의 작은 산촌에 도착했다. 이들은 먼저 북한 주민과 조선 노동당 및 정부, 인민군과 김일성을 위문했다. 랴오청즈는 중국 국민을 대표해서 김일성 주석에게 인사를 올렸다.

"중국 인민의 위대한 영수 마오쩌둥 주석께서는 우리의 찬란한 오성홍기에 북한 혁명열사들의 선혈이 묻어 있노라고 말씀하셨습니다. 오늘 우리가 바치는 화려한 빛깔의 우승기는 자신들의 피를 항미원조전쟁에 뿌리는 것을 영광으로 삼고 굳건한 마음으로 항미원조전쟁에서 완전한 승리를 준비하고자 하는 중국 인민의 염원을 담고 있습니다."

곧이어 김일성도 환영 연회에서 축사를 했다.

"우리 조선 인민이 조국 해방전쟁에서 가장 어려운 시기를 맞았을 때 중국 인민은 자신들의 뛰어난 자녀들로 구성된 중국인민지원군을 보내주어 우리를 도왔습니다. 오늘은 또 위문단을 보내 우리를 위문하니 조선 인민은 중국 인민이 보여준 우의를 영원히 기억할 것입니다. 우리는 이번 전쟁에서 승리할 수 있다고 굳게 믿습니다. 우리 등 뒤에서 4억5000만의 중국 인민이 우리 방패가 되어주고 있기 때문입니다. 중국인민지원군이 조선과 조선인민군과 함께 싸워준 이래 우리는 이미 네 차례 전역에서 승리를 거두었고, 미 제국주의에 심각한 타격을 입혀 최후 승리의 발판을 마련했습니다."

한국전쟁의 가장 어려운 시기에 북·중 양국은 구체적인 전쟁 목표에 대한 합의점을 얻지는 못했지만 쌍방이 기대하는 전쟁의 효과는 완벽히 일치했다. 그것은 바로 '유엔군 세력에 무릎 꿇지 않고 승리해 전 세계에 동방의 두 나라가 존재한다는 것을 엄연한 사실로써 보여주자'는 것이었다. 당시 중국과 북한은 모두 유엔이 인정하지 않아 '비합법적으로 존재하는' 국가였기 때문이다.

이처럼 가장 중요한 일치점이 있었기에 중국과 북한은 전투에 대한 공동의 기반을 가질 수 있었다.

당시 중국과 북한의 신문에는 '중국과 북한 인민 간의 우의'에 관한 기사가 수도 없이 많이 실렸다. 그중에 이런 이야기도 있었다.

'평양에 살던 안옥희는 남편을 전장에 보낸 여인이었다. 유엔군이 평양을 점령했을 때 임신 중이던 그녀는 일곱 살배기 아들 김영수를 데리고 북쪽으로 피란길을 떠났다. 모자가 피란길에서 굶주림에 시달릴 때, 중국군 병사들이 길가에서 그들을 발견하고 임신한 안옥희를 들것에 실어 주둔지의 은폐된 집에 안전하게 옮겨주었다. 이튿날 안옥희는 유산하고 말았다. 중국군 병사들은 양식과 옷을 보내주고 물을 끓여 밥도 지어주는 등 번갈아가며 그녀를 돌봐주어 결국 살아나게 했다. 안옥희가 막 건강을 회복해 발을 땅에 디딜 수 있게 되었을 때, 항상 자신을 돌봐주던 리즈황李治黃이라는 중국군 병사가 정찰 임무에 나섰다가 돌아오지 않았다는 사실을 알게 되었다. 안옥희는 그를 걱정한 나머지 수류탄 한 발을 품속에 넣고 아들 영수를 데리고 적이 점령한 구역으로 향했다. 안옥희는 수소문 끝에 리즈황이 아직 죽지 않았으나 포로가 되어 마을에 갇혀 있다는 사실을 알게 되었다. 황혼 무렵에 마을에 다다른 안옥희는 아들에게 낫을 주면서 말했다.

"삼촌이 있는 곳에 도착하면 문틈으로 이 낫을 삼촌에게 전해주고, 삼촌이 나오면 함께 산으로 올라가거라. 나를 기다리지는 말고, 나 있는 쪽으로 돌을 하나 던져서 성공했다고 알려주기만 하면 된다."

"우리가 가버리면 어머니는 어쩌시려고요?"

안옥희의 눈에서 갑자기 눈물이 솟구쳐 흘렀다.

"에미는 기다리지 마라. 돌아가지 못할지도 모르니까!"

일곱 살배기 영수는 리즈황이 갇혀 있는 곳으로 가서 보초병의 눈을 피해 문틈으로 낫을 사용해 리즈황을 묶어놓은 밧줄을 잘랐다. 그러자 리즈황이 다시 낫으로 뒷문을 비틀어 열고 나와 둘이 함께 산으로 도망쳤다. 영수는 엄마의 말을 기억하고 달려가면서 엄마가 있는 쪽으로 돌멩이를 던졌다. 돌멩이가 땅에 떨어질 때 그들은 수류탄이 터지는 소리를 들었다. 안옥희가 자신에게 치근대던 적군 병사 5명과 함께 목숨을 끊은 것이다.'

4월 30일, 조국위문단이 지원군 본부에서 거행된 위문대회에서 지원군 지도기관에 헌정한 우승기에는 이런 문구가 쓰여 있었다.

"당신들은 중국 인민의 대표요 조선 인민의 충성스런 친구이며, 또한 세계 평화를 위해 싸우는 영용한 전위대입니다."

랴오청즈 단장은 지원군 본부에서 이렇게 인사했다.

"지원군과 북한 인민군은 함께 용감히 싸워 적군의 침략 음모를 쳐부수고 조국의 안전을 지켰습니다. 항미전선에서 지원군이 쟁취한 위대한 승리는 조국의 위상을 드높였습니다. 중국 내의 항미원조 운동은 전국 인민이 더욱 단결할 수 있도록 해주었습니다. 비록 우리 위문단이 이번에 가져온 선물들과 위문금은 보잘것없는 수준이지만 지원군에 대한 조국 인민의 감사와 관심을 담고 있습니다. 앞으로도 조국 인민은 항미원조 전선에 끊임없는 지원을 아끼지 않을 것입니다."

펑더화이는 위문단 대표들에게 다음과 같이 한국전쟁을 소개했다.

"적군은 우리를 낙동강까지 유인해 이른바 워커 계획을 실현하려 했습니다. 우리는 그들에게 속지 않았고, 그 계획을 수포로 돌아가게 만들었습니다. 4차 전역에서 적군이 입은 손실과 소모는 이전보다 훨씬 큽니다. 이 기세를 몰아가면 적군은 견딜 수 없을 겁니다. 현대화 장비를 갖춘 미 제국주의는 눈이 뒤통수에 달린 듯 오만하지만 뒤만 볼 뿐이어서 앞길은 암흑천지입니다."

위문단은 여러 조로 나누어 전방 진지까지 깊숙이 들어가 공연했다. 지원군 장병들은 조국에서 온 사람들에게 특별한 친밀감을 느꼈고, 탄피로 직접 만든 기념품을 위문단 대표들에게 선물했다. 당시 전선에는 아래와 같은 노래 한 곡이 유행했다.

봄바람이 불어오는 압록강,	春風吹過鴨綠江
조국의 친구들이 전선으로 와주었네.	祖國親人來前方
당부의 말들과 희망을 가지고	帶着囑托和希望
우리와 이야기를 하러 와주었네.	來和子弟敍短長
오늘 친구들의 얼굴을 보니	今天見了親人面
마음이 참말로 따뜻해지네.	我們心裏暖洋洋
마오 주석을 뵌 듯하고,	好像見了毛主席
어머니 아버지를 뵌 듯도 하네!	好像見了親爹娘

하지만 펑더화이의 마음에는 떨칠 수 없는 부담이 여전히 자리하고 있었다. 그는 손에는 제64군 당위원회가 보내온 검토 보고서가 들려 있었다.

7일간 지속된 중국군 5차 전역 1단계 작전을 유엔군은 '중국군 제1차 춘계 공세'라고 불렀다. 중국군은 전선을 남쪽으로 50~80킬로미터 밀어내려서 유엔군이 38선을 넘어 계속 북으로 공격해오지 못하도록 막았다. 각 부대가 보낸 전과戰果 통계에는 적군을 얼마나 섬멸했는지 적혀 있었지만, 펑더화이는 이것이 대략적인 숫자일 뿐이어서 결코 승리의 기준으로 삼을 수 없다는 것을 잘 알고 있었다. 그는 '미군과 한국군의 몇 개 사단을 통째로 섬멸하기만 한다면 수세적 국면을 완전히 뒤집을 수 있다'고 생각했다. 하지만 5차 전역의 1단계 작전 결과로 봐서는 이번 전역의 목표를 실현하지 못했다. 전역 계획은 치밀했고, 중간 돌파와 양익 우회 전술도 제대로 된 선택이었다. 하지만 전투는 계획대로 진행되지 않았다. 중간 돌파는 힘겨웠고 우회 전술은 적의 저지를 받았다. 미군의 저항은 착착 진행되었고 질서 있게 후퇴하며 전체 전선을 평행하게 남쪽으로 이동시켰다. 전선의 그 어떤 곳도 돌파하기 쉽지 않았다. 물론 이런 결과는 전역을 준비할 시간이 촉박했던 것과 무관하지 않았다. 특히 제3병단의 경우, 서둘러 전선으로 출동한 뒤 도착하자마자 전투에 투입되느라 전투 전 준비를 전혀 할 수 없었다. 공세 과정에서 중국군은 분명 여러 차례 미군의 한 부대 전체를 포위했으며 심지어 사단 전체를 포위한 적도 있었다. 하지만 미군은 강력한 화력의 엄호를 받아 연대나 사단 전체가 결국은 포위망에서 벗어났다. 중국군은 공격을 통해 미군의 수륙상륙작전 계획을 어느 정도 무산시켰다고 볼 수 있겠지만, 그 계획은 어디까지나 사실이 아닌 추측이었다. 전투력을 갖춘 적군을 대규모로 섬멸하지 않고서는 전장의 상태가 어떻든 간에 승리했다고 볼 수 없는 것이다…….

위문단의 공연이 막 끝났을 때 참모들의 적정敵情 보고서가 도착했다. 중국군이 공격을 멈추자마자 미군이 전체 전선에서 반격을 개시할 조짐을 보인다는 내용이었다.

다음 단계 작전에 신속히 돌입해야 한다! 절대로 리지웨이가 여유 있게 반격을 하도록 놔둬서는 안 된다!

펑더화이는 4차 전역 후반에 그랬던 것처럼 미군이 대규모 반격을 한다면 중국군의 수동적 국면이 재연될 수 있다는 것을 알고 있었다.

중국군의 공격에 대해 리지웨이와 밴 플리트 두 사람은 아주 유사한 관점을 가지고 있었다. 즉, 조밀하고 정연한 방어선을 유지하고 질서 있게 후퇴하면서 중국군 공격의 예봉을 피해야 하며, '1주일 공세'가 끝나기를 기다렸다가 곧바로 반격에 돌입해 대규모 병력 손실을 입혀야 한다는 것이었다. 따라서 황혼 무렵에 중국군이 공격을 개시할 때마다 미군은 비행기와 화포를 이용한 엄호 속에 기계화된 철수를 실시했고, 그 속도는 중국군 병사들의 다급한 걸음으로 뒤쫓기에 한계가 있었다. 철수 중의 요점은 중국군의 돌파를 엄밀하게 저지하고, 전체 방어선이 분리되지 않도록 확보하는 것이었다. 중국군이 하룻밤 사이에 공격하는 거리는 약 30킬로미터였다. 미군도 딱 그 정도 거리를 철수한 후 전차를 사용해 견고한 방어진지를 구축했다. 대낮에도 중국군이 진격하는 날에는 미 공군의 협조를 받아 강력한 화력으로 중국군을 저지했다.

이에 중국군의 공격력은 대폭 경감되었고 전투 물자도 심각하게 소모되었다. 다시 날이 저물면 위와 같은 공격과 후퇴가 반복되었다.

중국군의 공격이 마침내 멈추었을 때, 밴 플리트는 즉시 기자들에게 '중국 군의 공세가 실패했다'고 선언했다.

펑더화이는 '실패한 공세'임을 인정하지 않았지만, 자국의 기자들이 '승리' 라는 단어로 상황을 과장하는 데 동의하지도 않았다. 3차 전역 때 중국군의 서울 입성을 두고 기자들이 요란을 떤 것도 이미 목에 가시처럼 느껴지던 터 였다.

5월 1일 노동절에 베이징에서는 대규모 군중 행진이 있었다. 행진 중 한국 전쟁에서 중국군이 거둔 승리에 대한 선전과 '미 제국주의는 종이 호랑이'에 불과하다는 평가에 대한 맹신의 분위기가 극에 달했다. 베이징에서 노동절 행진을 참관한 서양 기자들은 중국인의 격앙된 모습에 크게 놀랐다. 그러나 한반도 전선의 산굴에서는 펑더화이가 중국 기자들만 불러 모아 당과 인민에 책임을 진다는 정신으로 전세에 대한 보도 특히 전역의 성과에 대한 보도는 반드시 '실사구시'에 근거하도록 요구했다. 펑더화이는 이렇게 말했다. "그 어 떠한 과장과 거짓도 결국은 당과 국가의 이익을 해치는 것이오."

언제라도 유엔군이 반격을 개시할 수 있는 상황에서 펑더화이는 마침내 승 리의 기회를 포착했다.

5차 전역의 1단계 작전에서 중국군은 서부전선을 위주로 남진하며 돌격했 다. 이로 인해 현 전선은 실제로는 서남쪽에서 동북쪽으로 경사진 상태로 형 성되었고, 동부전선을 방어하는 한국군 제3사단·제5사단·제9사단 등 3개 사 단의 양익이 노출되었다. 리지웨이가 '서울은 절대로 포기하지 말라'는 명령을 내려 미군의 주력은 서울 주변에 집중했고, 서울을 기필코 사수하겠다는 태 세를 드러냈다. 반면 중국군 제19병단은 공격을 멈추고도 철수하지 않고 여전 히 서울 전선의 최전방에 바짝 붙어서 미군에 한껏 압력을 가하고 있었다. 이런 시기에 중국군이 주력을 즉시 동쪽으로 이동시켜서 한국군의 노출된 양익과 서울에서 동쪽으로 병력을 신속히 증원해줄 수 없는 미군의 입장을 십분 활용하면 전투력이 비교적 약한 한국군 몇 개 사단을 해치우는 것은 반드시 성공할 수 있을 터였다. 그리하여 1단계 전역이 완전히 멈추지 않은 상황에서 펑더화이는 급히 제3병단과 제9병단에 전보를 쳐 자신의 전역 구상을 알렸다.

나는 다음 전역에서 쑹스룬·타오융陶勇(9병단)과 천겅·왕진산(3병단)의 두 병단을 동쪽으로 은폐 이동시켜 양구·자은리 선에서 동남쪽으로 돌격해 한국군 2~3개 사단과 미 제7사단 일부를 섬멸할 계획이다. 이 행동은 반드시 충분히 은폐해야 하니, 제39군이 두 병단의 기동을 착실하게 엄호해야만 성공할 수 있을 것이다. 이를 위한 부대 배치를 자세히 연구해주길 바란다.

이 계획은 기본적으로 4차 전역의 후기 계획과 다를 게 없었다.

4차 전역 후기에 중국군 주력이 동쪽으로 이동해 한국군을 공격함으로써 미군의 신속한 증원을 초래했다. 미군은 중국군이 작전을 지속할 능력이 부족하다는 약점을 이용해 맹렬한 반격을 펼쳤고, 중국군은 뼈아픈 교훈을 얻었다.

그러나 어찌되었든 펑더화이는 전선에 드러난 형상과 전기戰機를 확신했다. 게다가 일찌감치 확신하고 일찌감치 안배해 결심을 확고히 했다.

중국군 주력을 동쪽으로 이동하려는 의도를 드러내지 않기 위해서 펑더화이는 4차 전역 때 제38군과 제50군에 미군을 결사 저지하라고 명령했던 것처럼 중국군 제19병단과 북한군 제1군단에 전보를 보냈다. 서부전선에서 미국·영국·터키·한국군의 총 8개 사단이 "서울 주변과 한강 남쪽 기슭에 집결해 아군의 공격을 유인해서 살상하려 한다"는 내용이었다. 적군의 판단을 흐리게 하기 위해 북한군 제1군단에 이렇게 요청했다. "서울 하류의 강 북쪽 기슭에서 도하해 양동작전을 펴고, 아울러 소규모 부대로 정면의 적을 습격해 교란 시키고 적을 서울 주변에 묶어두라.(19병단은 서울 상류에서 같은 방법으로 작전을 수행한다.) 이로써 아군의 주력이 내달 초 동부전선에서 출격해 한국군 2~3개 사단과 미 제7사단 일부를 섬멸하는 데 유리한 조건을 조성한다. 이 정보는 반드시 비밀에 부쳐 절대 하달하지 말고 읽은 후 소각하라."

같은 시각, 리지웨이도 중국군의 주력이 다시 집결하고 있다는 정보를 입수 했다.

리지웨이는 공격에 나선 부대들에 인접 부대와 '손에 손을 잡고, 어깨를 나 란히' 해 빈틈을 보이지 않으며 전진하는 '자성전술'을 견지시켜 소부대로 반격 을 진행했다. 이와 동시에 리지웨이는 중국군의 다음 단계 주공격 방향은 중 부전선이라고 판단하고 미 제7사단을 추곡리·용두리 지구로, 한국군 제2사 단을 화야산·정배 지구로 이동시켜 미 제9군의 방어를 강화했다. 이렇게 해 서 동부전선의 한국군 3개 사단의 측후방 역량이 강화되기는 했지만 양익은 여전히 노출된 상태였다.

5월 6일 저녁, 중국군의 5차 전역 2단계 작전을 개시하는 명령이 하달되었다.

명령의 주요 내용은 다음과 같았다. '지원군 제9병단과 북한군 제3군단·제 5군단은 먼저 역량을 집중해 현리 지구의 한국군 제3사단·제5사단·제9사단 을 섬멸하고 나서 기회를 보아 한국군 수도사단과 제11사단을 섬멸한다. 중간 지대의 제3병단은 미군과 한국군의 연결을 차단해 미 제10군단이 동쪽으로 증원부대를 보내지 못하도록 저지한다. 서부의 제19병단은 정면의 적을 견제 하고 동부전선 작전에 협력한다. 명령을 받은 각 부대는 5월 10일 전까지 충분 한 식량과 탄약을 휴대하고 9일 또는 10일 밤 공격준비 위치로 출발해 14일 동틀 무렵까지는 집결을 완료한다.'

5차 전역의 2단계 작전 개시 시각은 1951년 5월 15일 또는 16일 황혼 무렵 이었다.

전역 배치 명령을 하달하고도 펑더화이는 불안한 마음을 떨치지 못했다. 그는 어떤 불길함을 예감하기라도 한 듯 며칠간 제대로 먹지도 자지도 못하며 불안해했다. 5월 8일, 그는 다시 한번 각 병단의 각 군에 명령을 하달했다. 이 명령은 거의 지난번 명령을 되풀이해 전역의 요점을 더욱 두드러지게 강조한 것에 지나지 않는 것으로, 펑더화이가 내심 극도로 초조했다는 것이 뚜렷이 드러나는 대목이다. 명령의 요점은 다음과 같았다.

1. 서부의 제19병단은 적극적으로 적을 견제하고 양동작전을 실시해 미군 주력을 서부전선으로 유인한다.

2. 중부의 제3병단과 동부의 제9병단은 신속히 부대를 조직해 진격하고, 아군의 의도를 철저히 은폐해서 아군이 동쪽으로 이동하는 것이 적에게 절대로 발각되지 않도록 한다.

3. 현리 지구의 한국군 3개 사단을 완전히 섬멸할 수 있는지의 관건은 각 군과 사단이 제때 예정된 협공 위치로 뚫고 들어와서 신속하게 양익으로 우회해 겹겹이 포위할 수 있는가에 달려 있다.

4. 과감하게 주력을 사용해 맹렬히 돌파해야 하고, 첨병 전술은 단호히 반대하며, 협공해 포위하는 데 역량을 집중해야 한다. 각급 지휘관들은 마땅히 최전선과 2선까지 깊숙이 들어가 지휘해야 하고, 아울러 때맞춰 적의 동향과 자신의 위치를 보고해야 한다.

펑더화이는 중국군의 후방 보급 문제에도 불안함을 느꼈다.

펑더화이는 특별히 지원군의 병참기구 설치 문제를 논의하는 회의를 소집했다. 중국군이 처음 한반도 전장에 도착했을 때 총병력은 제13병단의 6개 군에 불과했으나, 회의 소집 당시에는 16개 군과 7개 포병사단, 4개 고사포사단, 4개 전차연대, 9개 공병연대, 3개 철도병사단 그리고 일부 직속부대를 포함해 총병력이 70만 명이 넘었다. 이런 상황에서 지원군의 병참 보급을 둥베이군구 후근부에서만 관리하는 것은 확실히 무리였다. 이 문제를 해결하기 위해 펑더화이는 홍쉐즈를 베이징으로 보내 지원군 후방근무사령부 설립과 관련해 마오쩌둥과 저우언라이의 지시를 받도록 했다.

　베이징에서 홍쉐즈가 저우언라이에게 설명한 말은 귀와 눈을 번쩍 뜨이게 할 정도였다.

　한반도 전장에서 펑 총사령관과 우리 지휘관은 현대화 전쟁에서 병참의 역할을 점차 깨닫게 되었습니다. 현대전쟁은 입체전쟁입니다. 하늘과 지상과 해상과 전방과 후방에서 동시에 진행되거나 교차해서 진행됩니다. 전장의 범위는 넓고, 상황 변화도 빠르며, 인력과 물자의 소모도 큽니다. 현재 유럽과 미국 등의 국가에서는 모두 대규모 병참전략을 시행해서 50킬로미터 이내는 전방 사령부에서 관할하고 그 외에는 후방 사령부에서 관할합니다. 전투는 전방뿐 아니라 후방에서도 이뤄집니다. 현재 미국은 아군 후방에 전면적인 폭격을 가하고 있으니, 바로 우리 후방에서 전쟁을 치르고 있다는 말입니다. 이 후방 전투의 규모에 따라 아군의 전방 전투 규모뿐 아니라 전방 전투의 승패도 결정됩니다. 우리가 후방 전투에서 승리해야만 전방 전투에서의 승리도 더욱 확실하게 보장할 수 있습니다. 병참은 바로 이 점에 맞춰 진행되어야 합니다. 즉 군위원회는 우리에게 방공부대·통신부대·철도부대·공병부대 등 다양한 부대를 증원 파견해 연합작전을 펼 수 있게 해주어야 합니다. 또한 후방 전투의 지도기관으로 후근사령부를 설치해 후방 전투에서 여러 병과 간 연합작전을 통일해서 지휘하도록 하며, 전투 중 보장을 진행하고 보장 속에서 전쟁을 진행해야 합니다.

　당시 국내전쟁을 막 끝낸 역사적 여건에서 중국군 수뇌부는 현대 전쟁의 특징을 잘 파악하고 있었다.

　하지만 누가 새로 설치될 후근사령부의 사령관이 될 것인가를 토론하면서 홍쉐즈와 펑더화이는 매우 언짢은 상황이 되었다. 홍쉐즈는 후근 업무를 맡고 싶지 않았으며, 전투를 지휘하고 싶었다. 대화가 극단적으로 치달아 펑더화이는 고함을 질렀다.

"자네가 안 하겠다고? 그럼 내가 하지! 자네가 가서 부대를 지휘하면 되겠네."

"총사령관님, 그렇게 말씀하시는 건 저를 너무 궁지로 몰아넣는 것 아닙니까!"

홍쉐즈의 말에 펑더화이는 계속 고함을 지르며 말했다.

"자네가 날 궁지로 모는 건가, 아니면 내가 자넬 궁지로 모는 건가?"

결국 홍쉐즈는 당위원회의 결정에 따라 후근 업무를 맡았다. 하지만 그도 한 가지 조건을 제시했는데, 바로 한국전쟁이 끝나면 후근 업무에서 손을 떼겠다는 것이었다. 지원군 당위원회도 그 조건을 받아들였다.

1952년, 펑더화이는 한반도 전장을 떠나 중국으로 돌아와 보직을 받게 되었다. 중국으로 떠나기 전에 홍쉐즈는 펑더화이에게 다시 한번 그 일을 언급하며 이는 당위원회가 확정한 것이고 당위원회는 결정에 책임을 져야 한다고 말했다. 이에 펑더화이는 이렇게 말했다.

"내가 총참모장인 이상 자네는 도망갈 수 없어!"

지원군 후근사령부의 사령관으로 임명된 홍쉐즈는 나중에 중국인민해방군의 총후근부 부장이 되었다.

지원군 후근사령부가 설치됨으로써 지원군의 후방 공급이 개선되었을 뿐 아니라, 이는 중국군이 현대전쟁 특유의 규율에 초보적 탐색을 시작했다는 것을 상징한다는 점에서 더욱 중요성을 띤다.

5월 8일, 지원군 정치부는 '5차 전역 2단계 정치공작에 관한 지시'를 발표하고 '사단 전체, 연대 전체 단위로 섬멸해 적군의 부대 번호를 없애버리고' '적군을 대량 섬멸하는 목적을 달성하라'고 재차 강조했다.

한반도의 산천 하류는 대부분 남북 방향이다. 5월 9일부터 중국군은 미군이 알아채지 못한 상황에서 높은 산과 협곡을 건너고 산 사이로 난 작은 길과 관목림을 지나 5월 15일 이전에 전역 개시 위치인 춘천과 난전 사이의 북한강과 소양강 양쪽 기슭에 도착했다.

주력이 동쪽으로 이동하는 데 협조하기 위해 서울 방향의 제19병단은 서울을 강공하려는 태세를 펼쳤다. 북한군도 6000여 명의 병사를 보내 한강을 건너게 하는 최대의 양동작전을 펼쳐 미군을 한동안 바짝 긴장하게 만들었다. 전방에서는 중국군 제64군의 소부대가 끊임없이 미군과 소규모 전투를 벌였다.

5월 5일, 미 제8군의 참모들은 군용 막사에 모여 커피를 마시며 서울을 지키고 있는 방어부대에 다음과 같은 명령을 내린 바 있다. 부하들이 어떻게 따라야 할지 모를 정도로 애매모호한 명령이었다.

아래의 두 가지 상황이 발생하면 임의로 철수해도 좋다.
1. 적군이 예상보다 약할 때
2. 적군의 반격으로 위험에 처했을 때

적군이 강력하면 철수하라는 것은 이해할 수 있다. 하지만 적군이 강하지 않아도 철수하라니, 그 속뜻은 자기 부대와 전투력이 비슷한 적을 만났을 때만 철수하지 말고 교전에 임하라는 뜻이 아니겠는가?

밴 플리트는 리지웨이의 적극적 교전과 신중한 반격, 빈틈없는 방어망의 '자성전술'에 연연해 4월 말부터 5월 초에 이르는 동안 펑더화이가 무엇을 하고 있는지 전혀 알아채지 못했다.

중국군이 적극적으로 새로운 공격을 준비하고 있을 때, 미국 국가안보위원회는 격론 끝에 트루먼 대통령에게 한국전쟁을 종결하자는 요지의 제안을 했다. '전쟁 이전의 38선을 회복하는 선에서 회담을 통해 적대 행동을 종결하자'는 것이었다.

트루먼은 이후 회고록에서 이렇게 말했다.

"나는 미국의 주적이 소련이라는 사실을 잊어본 적이 없다. 이 적국이 한국 전쟁에 개입하지는 않고 막후에서 조종만 한다면, 우리는 결코 자신의 역량을 낭비할 수 없었다."

1951년 5월 16일, 트루먼은 한국전쟁을 종결하자는 제안을 승인했다.

그리고 바로 이날, 극동의 한반도 전장에서는 중국군의 5차 전역 2단계 작전, 유엔군은 '제2차 춘계 공세'라 부르는 대규모 전투가 시작되었다.

진지를 사수하지 못한 쪽은?

중국군의 공세에 맞서 한국군 제3군단 장병은 부상, 전사, 포로, 패퇴, 철수 등 모든 사항을 염두에 두었다. 그런데 이 3일간의 짧은 전투가 종국에는 한국군에게 치욕스런 결과를 초래하리라고는 꿈에도 생각지 못했다. 미국인들이 바로 이 전투 후에 이렇게 무능한 군대는 아예 존재할 가치가 없다고 여겨 한국군 제3군단을 해산시켜버린 것이다.

한 나라의 군대가 자기 나라에서 전투를 하다가 참패했다는 이유로 '그들의 전투에 협조한' 외국 군대로부터 강제해산 명령을 받다니, 이는 이유야 어찌됐든 세계 전쟁사에서 가장 희귀하고도 기이한 일이었다.

중국군이 5차 전역 2단계 전투에서 한국군 제3사단·제5사단·제9사단을 상대로 거둔 성과는 '한국군이 싸우기 가장 편하다'는 펑더화이의 판단이 옳았음을 다시 한번 증명해주었다. 그러나 제3군단의 해산으로 한국군은 극도의 불만을 품게 되었다. 한국군은 그들 군대가 실패한 가장 주요한 원인이 미군의 패배로 조성된 것이니, 해산하려면 미군이 먼저 해산해야 한다고 생각했다. 이 문제를 둘러싸고 격렬한 논쟁이 일어났고 서로 감정이 격해져서 10여 년이 지난 후까지도 당시 전투에서 도대체 '진지를 사수하지 못한 것은 어느 쪽인가'라는 논쟁이 지속되었다. 그로부터 13년이 지난 1964년, 당시 한국군 제9사단장이었던 최석은 이렇게 말했다.

"어떤 지도에 근거해 미 제10군단과 한국군 제3군단의 분계선을 정했는지 아직까지도 이해가 가지 않는다. 미 제10군단은 제3군단의 보급로에 있는 상남리 이남 지역을 맡고 있었는데, 이는 미 제8군 측의 실수였다. 중요한 지형과 지물地物을 분할하면 안 된다는 것은 전술에 있어서 가장 기본적 상식이기 때문이다."

14년이 지난 1965년, 당시 한국군 제3사단장이었던 김종오는 이렇게 말했다.

"미군은 한국 군단장의 말을 따르지 않고 보급선에 놓인 진지를 사수하지 않았다. 이것이 실패를 초래한 직접적인 원인이다."

22년이 지난 1973년, 당시 한국군 제3군단장이었던 유재흥은 또 이렇게 말했다.

"미 제10군단장의 고집과 지휘상 실수는 우리와 그들이 모두 무너지는 참담한 결과를 가져왔다."

한편 한국군 전쟁사료에는 다음과 같이 기록되어 있다.

"미 제10군단과 미 제8군의 적절하지 않은 조치 때문에 아군 제3군단은 생각지도 못한 재난을 맞았다. 아군 제9사단은 작전에서 미 제3사단에 배속되었으므로 미 제3사단장을 파면시키는 것이 마땅했다. 그런데 그들은 도리어 국군의 얼굴에 먹칠을 했고, 국군의 사기를 전혀 고려하지 않고도 자신들은 태연자약했다!"

1951년 5월 16일의 전투는 한국군 제7사단의 패배로부터 시작되었다.

5월 11일, 중국군 제12군과 제27군이 공격 개시 지점인 소양강 북쪽 기슭을 향해 진군하고 있을 때, 여전히 북진 중이던 한국군 제7사단이 소양강 남쪽 기슭에 도착했다. 계획대로라면 그들은 다음날 도강을 시작할 예정이었다. 그런데 이때 군단에서 소양강 정면의 인제·양구에서 '적어도 15개의 중국군 사단이 집결해 있는 것'을 포착했다는 정찰 보고가 전해졌다. 이에 제7사단은 즉시 '전진을 중단하고 방어태세로 전환하라'는 명령을 하달했다. 다음날 제7사단은 도강하는 대신 진지를 구축하기 시작했으며, 최전방 전선에 철조망을 설치하고 지뢰를 매설했다. 사단장 김형일은 전초진지와 주진지 사이에 지형적 보호벽이 없다고 판단하고 강가에 빽빽한 탄막지대를 만들라고 명령했다. 또한 105밀리 곡사포 16문을 배치해 제5·제8 2개 연대의 정면을 지원하도록 하고, 1개 중박격포 중대에 중국군이 도강할 가능성이 있는 지점을 중점적으로 봉쇄하도록 했다.

5월 16일 황혼 무렵, 바람이 세차게 불고 비가 억수같이 쏟아졌다.

소양강 맞은편의 관대산冠岱山 뒤쪽에서 갑자기 신호탄 한 줄기가 솟아오르며 중국군의 공격이 시작되었다.

중국군은 전례 없는 규모의 공격준비사격을 실시했다. 소양강 북쪽 기슭에서 발사된 포탄이 한국군 제7사단 진지 뒤쪽의 도로와 통신 시스템 그리고 반격을 시도하는 포병진지를 집중적으로 뒤덮었다. 한 시간 동안 진행된 포격으로 제7사단은 통신 연락이 차단되고 지휘 체계가 마비되었다. 중국군 보병이 아직 돌격을 개시하기도 전에 제7사단 진지 뒤쪽에 포진해 있던 포병이 포차를 수습해 남쪽으로 철수하기 시작했다. 포병들은 단숨에 13킬로미터나 후퇴한 뒤 다시 포탄을 발사했지만 사거리가 충분치 않아 최전방 공격에 실패했다. 이로써 한국군 제7사단은 전투가 시작되자마자 포병을 잃었다. 중국군 포병은 아무런 제지도 받지 않고 최전방에 포격을 가했는데, 이는 곧 보병이 돌격할 것이라는 신호였다. 중국군 포병이 발사한 포탄에 철조망이 파괴되고 지뢰가 폭발했으며, 강가의 방어 설비가 모조리 무너졌다. 곧이어 중국군 보병이 돌진해왔다.

소양강은 강폭이 100~200미터이고 수심이 1미터밖에 안 되어 걸어서 건널 수 있었다. 중국군 병사들의 첫 번째 충격파가 5연대 진지에 들이쳤다. 한 시간도 안 되어 5연대의 최전방이 돌파되었고, 5연대가 중국군에 밀려 남쪽으로 1킬로미터가량 퇴각하는 바람에 강가의 각 나루터가 중국군 쪽으로 활짝 열리게 되었다. 전세를 보고 다급해진 김형일 사단장은 5대대에게 반드시 진지를 사수해야 한다고 명령했다. 그리고 8연대에게는 즉시 2선 방어진지를 구축하라고 명하고 예비대인 3연대에게는 앞쪽으로 바짝 접근해 빈틈을 막으라고 명령했다. 그러나 보병을 엄호하는 박격포중대마저도 어느 곳으로 철수했는지 알 수 없는 상황이었고, 5연대의 양측에서 중국군의 그림자가 보이기 시작했다. 연대 지휘소가 습격을 당했고 최전방을 지키던 5연대는 이미 일대 혼란에 휩싸였다. 각 대대가 남쪽으로 달아나는 가운데 연대 지휘소도 대대와 함께 남쪽으로 철수하기 시작해 '사수' 명령 같은 것은 아예 이행할 수도 없었다. 좌익의 8연대도 5대대와 거의 똑같은 상황이었다. 통신은 중국군의 포격에 차단되고 후방 도로도 만신창이가 되었으며, 연대 포병들도 가장 먼저 달아났다. 8연대장은 그래도 진지를 사수하려 했으나 곧 진지 양측이 이미 중국군에게 돌파된 것을 알아차렸다. 얼마 지나지 않아 진지 뒤쪽에서도 소규모 중국군 부대가 소동을 일으켜서 전 연대의 혼란스러운 대도주가 시작되었다. 예비대인 3연대는 '긴급히 소치리로 가서 5연대를 추가 지원하라'는 명령을 받았다. 그러나 3연대가 미처 예정된 목적지에 이르기도 전에 5연대는 이미 붕괴된 상태였다. 하는 수 없이 3연대는 임시 수용대가 되어 5연대에서 달아난 산병들을 수용했다.

자정에서 여명이 밝아올 때까지 한국군 제7사단장은 일련의 명령을 하달했지만 어느 것 하나도 이행되지 못했다. 예비대인 3연대는 남쪽으로 패퇴하는 흐름에 휩쓸려 오히려 전 사단의 최전방에 서게 되었다. 8연대는 명령에 따라

전 사단이 철수하는 도로를 엄호했는데, 결과적으로 8연대 지휘소는 자기 부대가 어디로 갔는지도 파악하지 못했다. 그들은 간신히 1개 대대를 보내 도로상 요지인 오마치 고개를 선점하려 했지만 도착해보니 그 요지는 이미 중국군이 장악하고 있었다. 5연대는 계속해서 병사들이 패퇴하는 길에 수용소를 세워 병사들을 통제할 수 없는 혼란 국면을 억제해보려 했다. 그러나 어느 곳에서든 수용소가 세워지자마자 물밀듯이 정신없이 달아나는 병사들에게 휩쓸려 무너졌다.

한국군 제7사단이 빠르게 무너지면서 한국군 제3군단의 양익이 중국군에게 완전히 노출되었다. 게다가 후방 도로의 요지인 오마치도 함락됨으로써 제3군단도 대규모로 붕괴되기 시작했다.

양익에 포진했던 제7사단이 붕괴하기 시작하자 한국군 제3군단 예하 제3사단과 제9사단은 당황하기 시작했다. 군단 지휘부에서는 작전참모가 군단장에게 한 가지 제안을 했다. 진지가 돌파되어 혼란에 빠지는 것보다는 빨리 남쪽으로 철수하는 것이 낫다는 것이었다. 이는 작전참모가 먼저 꺼내야 합당한 말이었고, 군단장은 '즉시 그 제안에 동의했다.' 제3군단 사령부는 이 결정을 미군 지휘부에 보고했으나 돌아온 대답은 간결하고 단호했다. "어떤 상황이 발생해도 결단코 후퇴해서는 안 된다!"는 것이었다.

제9사단장 최석이 제3사단장에게 증원을 요청하자 제3사단장은 최석에게 절망스런 소식을 전했다. 제7사단이 도로 요지인 오마치를 빼앗겨서 이미 중국군에게 점령되었다는 소식이었다. 이는 제3군단 전체의 퇴로가 차단되었음을 의미했다. 제3사단이 이미 철수한 마당에 제9사단이 무얼 더 기다리겠는가? 철수하라!

이렇게 해서 현리 방향의 한국군 3개 사단은 전투가 시작된 지 세 시간도 안 되어 있는 힘을 다해 철수하기 시작했다.

현리 남서쪽 도로에 오마치라는 곳이 있다. 이곳은 전쟁이 끝난 후 한국군과 미군 사이에 논쟁이 끊이지 않았던 곳이다. 오마치 고개는 전선 후방 보급로인 동시에 철수할 때 반드시 지나야 하는 곳으로, 도로변에 높다랗게 솟아 있어 이 고개를 점령하면 곧 도로를 통제하는 것과 같았다. 한국군 제3군단장 유재흥은 이 요지의 중요성을 잘 알고 있어서 처음부터 이곳에 부대를 배치해 예측할 수 없는 일에 대비했다. 그러나 한국군 제3군단과 미 제10군단의 방어구역 분계선에 대한 문제가 불거졌다. 미군은 자신들의 방어구역 내의 한국군 배치를 허가하지 않았고, 한국군이 미군의 작전을 방해할까 싶어서 한시도 참지 못하고 몇 번이나 한국군을 내쫓았다. 반면 한국군은 이 도로가 자신들의 유일한 보급로이자 퇴각로이므로, 후방을 스스로 지키지 않으면 누가 지켜주겠냐고 생각했다. 이를 둘러싼 공방은 미 제10군단장 아몬드에게까지 흘러들어갔다. "한국군이 왜 우리 방어구역 안에 병력을 배치하는가? 그들에게 나가달라고 하라!"는 것이 아몬드의 결론이었다.

훗날 한국군 제3군단이 비난한 것처럼 한국군은 그곳에서 '나갔지만' 미군은 오마치를 대수롭지 않게 생각했다. 그 도로는 미군의 보급선이 아니었기 때문이다.

한국군 제3군단 제9사단의 대규모 철수 병력이 얼마 후 오마치에 다다랐으나 이미 지나갈 수 없게 되었다. 중국군이 고지를 점령해 완강히 저지하고 있었고, 도로에는 남쪽으로 달아나려고 기다리는 차량 행렬이 어둠 속에서 선두가 보이지 않을 만큼 길게 늘어서서 산골짜기에는 구불구불 이어진 전조등 불빛이 장사진을 이루었다. 새벽 3시, 제9사단 30연대의 몇 차례 공격이 실패로 돌아가자 한국군의 절망감이 극에 달했고 적잖은 병사가 장비를 버리고 산속으로 뿔뿔이 흩어졌다. 이때 한국군 제3군단장이 비행기를 타고 직접 현리로 왔다. 유재흥 군단장은 하진부리 지휘부에서 오마치가 이미 중국군에게 점령되었음을 알게 되었다. 그때 그는 미군에 대해 분노를 터뜨렸으나 그 소식이 진실이라고는 결코 믿지 않았다. 그는 계산을 해보았다. 소양강에서 오마치까지 지도상 직선거리로 18킬로미터, 지상의 실제 거리로는 29킬로미터였다. 중국군이 어떻게 야간에 지형도 익숙지 않은 상황에서 3시간 만에 제7사단 방어선을 돌파했을 뿐 아니라 신속히 오마치에 도착해 그곳을 점령할 수 있단 말인가? 만약 이것이 정말이라면 합리적으로 설명할 수 있는 것은 두 가지밖에 없다. 첫째는 제7사단이 아예 저항을 하지 않고 중국군이 돌격하자마자 길을 내주어 그들의 방어진지를 한걸음에 통과하게 했다는 것이고, 둘째는 중국군 병사들이 날개가 달려서 하늘을 날 수 있는 능력을 지녔다는 것이었다.

중국군 2개 사단이 바로 정면에서 압박해오자 한국군 제3군단의 제3사단과 제9사단은 포위당한 셈이었다.

유재흥 군단장은 직접 작전을 지휘하며 어떻게 해서든지 중국군의 포위망을 뚫어야 한다고 명령했다. 단호한 명령을 받고 제9사단 30연대의 3개 대대가 선봉을 맡아 오마치의 중국군 진지를 향해 공격을 개시했다. 오마치 고지에 도대체 얼마나 많은 중국군이 있는지 아는 사람은 아무도 없었다. 2개 사단 병력과 산골짜기를 환하게 비추는 차량·전차 수백 대에 맞서 죽음을 무릅쓰고 저지하는 것으로 보아 틀림없이 병력이 적지 않거나 결사대였다. 중국군 방어진지 공격에 나선 3개 대대는 임무를 분담해 3대대가 진지 한쪽에서 엄호하고 1대대와 2대대는 정면공격을 펼치기로 했다. 3대대는 명령대로 작전을 이행했고 반격하는 중국군과 격렬한 전투를 펼쳤다. 도로에서 두려움에 떨고 있던 한국군 장병들은 칠흑 같은 오마치 봉우리를 눈이 빠지도록 바라보면서 1대대와 2대대의 고지 점령 신호를 기다렸다. 그러나 30분이 지나고 1시간이 지나도 아무런 기미가 없었다. 정면에서 압박해오는 중국군 대부대와 거리가 점점 가까워졌고, 박격포탄이 도로로 날아들었다. 그러자 도로에 빽빽이 들어찬 한국군과 차량 대오가 혼란에 빠지기 시작했다. 이때 한국군을 아연실색하게 만든 한 가지 소식이 전해졌다. 오마치의 중국군 방어진지 공격과 2개 사단의 퇴각로를 여는 임무를 맡은 1대대와 2대대가 아예 중국군 쪽으로 진격하지도 않고 오마치 봉우리를 돌아 남쪽 방태산 쪽으로 도망갔다는 것이었다. 제3군단장 유재흥은 불같이 화를 내며 제9사단장에게 도대체 누가 내린 명령인지 물었다. 제9사단장은 자신은 그런 명령을 내린 적이 없으며 그들이 겁을 먹고 스스로 그렇게 한 것이 틀림없다고 주장했다.

이리하여 한국군 제3군단 전 병력에게는 단 하나의 길만 남았다. 군단장이 작전을 독려하는 가운데 도망친 두 대대가 그랬던 것처럼 우회해서 방태산 쪽으로 철수하는 것이었다.

진정한 대혼란이 시작되었다. 철수 명령이 하달되기도 전에 한국군 병사들은 차량 타이어의 바람을 뺀 뒤 차를 버리고 도망쳤다. 원래 앞쪽에서 길이 열리길 기대하고 있던 18연대와 30연대는 방태산 방향으로 혈로를 열 수 있었으나 곧이어 자신들도 도망가는 처지에 놓인 것을 알게 되었다. 산골짜기 도처에서 한국군 병사들이 제멋대로 각종 장비를 태워 산불이 났다. 사방에서 한국군 장병들이 편제도 이루지 않은 채 웅성거리며 남쪽 아무 길로나 도주했다. 이런 때에 일어나서 무질서한 수많은 패잔병을 지휘하는 지휘관은 한 명도 없었고, 장교들은 모두 자신의 계급장을 떼어 내버렸다. 명령에 따라 엄호하던 부대는 빠른 속도로 흩어져 각자 목숨을 건질 수 있겠다고 생각되는 쪽으로 내달렸다.

이렇게 해서 2개 사단의 한국군은 패퇴하면서 세 무리를 형성했다. 첫 번째 무리는 창촌리 방향으로, 두 번째 무리는 삼거리 방향으로, 세 번째 무리는 계방산 방향으로 달아났다가 마지막에 하진부리 부근에서 합류하기로 했다.

첫 번째 무리의 한국군은 제3군단 부군단장 강영훈이 이끌었다. 가까스로 창촌리에 도달했는데 그곳도 이미 중국군에 점령된 뒤였다. 부대는 다시 혼란에 휩싸였고 몇 개의 작은 무리로 나뉘어 사방으로 흩어졌다. 한국군 병사들은 미군과 달리 야전 취사도구를 가졌거나 공군으로부터 보급받는 체제를 갖추지 못했다. 병사들이 각자 휴대한 비상식량으로는 길어야 3~5일 정도 버틸 수 있었다. 도주하는 기간에 일부 한국군 병사들은 깊은 산속에서 굶어 죽기도 했다. 운이 더 나쁜 쪽은 30연대 1대대와 2대대의 오마치 공격을 엄호한 3대대였다. 이들의 임무는 오마치 공격을 엄호하는 것이었으나, 한참 지나고서 보니 전쟁터가 잠잠해졌고 상부의 지시도, 판단의 기초가 될 만한 적의 움직임도 없었다. 3대대는 무선통신으로 인근 부대를 불러보았지만 응답이 없었다. 연대 지휘소로도 사람을 보냈지만 거기도 이미 사람의 자취가 없었다. 그제야 부대가 모두 달아나고 자신들만 뒤에 남겨진 것을 깨달았고, 즉시 전 대대가 자체적으로 조직을 꾸려 도주했다. 하룻밤 내달린 뒤 대대장은 뒤따르던 병력 중 1개 중대가 줄어든 것을 발견했다. 나중에야 알게 된 바로는, 10중대 장병들이 도저히 걸음을 뗄 수 없게 되자 중대장이 고지를 찾아 방어 참호를 구축하고 보초병을 배치해 전 중대원이 잠시 쉬었다가 다시 출발하기로 결정했었다는 것이다. 그 결과, 보초병이 몹시 피곤해서 잠이 들었는데, 뭔가 낌새를 알아차리고 눈을 떴을 때는 이미 사방이 중국군의 시커먼 총구로 둘러싸인 뒤였다. 이 중대는 개별적으로 사력을 다해 큰 산으로 도망친 병사들을 제외하고는 모두 포로가 되었다.

한국군에 비하면 미군은 화력 배치뿐 아니라 진지의 견고성 면에서도 지나치게 사치스러워 보였다. 미 제2사단 38연대 3대대는 적의 돌격에 대비해 최전방 주진지의 저항 능력을 보강하기 위해 철근 6000개, 모래주머니 23만 7000개, 가시철조망 358개를 사용했다. 또한 최전방 전면에 각종 조명기구와 대인지뢰를 가득 설치하고, 38개의 대형 인공지뢰도 매설했다. 이 대형 인공지뢰는 유류와 폭약을 섞어 약 4리터짜리 휘발유 통에 넣어서 만든 것으로, 일단 폭발하면 타오르는 화염의 온도가 거의 1650도에 달했다.

미군 3대대의 진지를 돌파하기 위해 정면에서 공격해 들어간 중국군은 엄청난 사상자를 냈다. 미군 병사들은 중국군이 분명 죽음 앞에서 움츠러들어 앞으로 나아가지 못할 것이라 생각했으며, 중국군이 뒤쪽으로 우회해 지뢰가 매설되지 않은 쪽에서 다시 공격을 해오리라고는 예상치 못했다. 심지어 이 구역은 깎아지른 듯한 절벽이었던 것이다. 중국군은 '인간 계단'을 만들고 마른 덩굴을 타며 절벽 위에서 쉴새없이 투하되는 수류탄과 기관총 탄알을 무릅쓰고 완강하게 위로 올라갔다. 허름한 옷에 온몸이 피로 범벅된 중국군 병사들이 총검을 들고 절벽을 올라 돌격하자 미군 진지의 일각이 무너졌다.

사단장 자오란톈趙蘭田이 지휘한 제12군 31사단은 전투 시작부터 작전이 순탄하게 전개되지 않았다. 자오란톈 사단장은 직접 2개 연대를 이끌고 정면에 있는 적군 진지를 돌파한 후 종심으로 병력을 전개시켰으나 자음리 북쪽의 삼거리 지역에서 미군 전차부대에 저지당했다. 자오란톈은 즉시 날이 밝기 전에 미군을 우회해 양홍楊洪 도로로 뚫고 들어가기로 결단을 내렸다. 하지만 미군의 포화가 굉장히 맹렬한 데다 낮에는 비행기의 폭격까지 가세해 부대는 아주 힘겹게 전투를 치러야 했다. 시간에 맞춰 지정된 지점에 도착하기 위해 부대는 낮에도 행군을 감행했다. 부봉에 도착해서 그들은 또 미군과 맞닥뜨렸다. 중국군이 포화 지원을 받지 않고 수중의 경무기로만 미군의 저지를 돌파하는 것은 무리였다. 이로 인해 제31사단은 예정된 시각에 지정된 지점에 도착하지 못했다.

리더성李德生 사단장이 지휘한 제35사단은 가리산 주봉을 함락한 후 아무것도 가리지 않고 낮에도 작전을 이행하며 결연히 예정된 지점으로 전진함으로써 마침내 양홍 도로를 차단하는 임무를 완수했다. 제35사단은 공격 중 막대한 전력 손실을 입었다. 부사단장 차이치룽蔡啓榮, 작전과 부과장 리차오펑李超峰, 105연대장 자오체위안趙切源 등 지휘관이 차례로 희생됐다.

자은리에서 적과 교전을 하고 나서야 원래 한국군 제5사단이 방어하는 진지라고 판단했던 곳에 미 제2사단 23연대의 2개 대대와 프랑스군 대대가 배치되었다는 사실을 알게 되었다. 제12군 쩡사오산曾紹山 군단장은 적의 움직임에 변화가 있긴 하지만 이번이 적군을 섬멸할 좋은 기회라 여겼다. 다만 제35

사단은 연이은 공격으로 전력이 약해졌기 때문에, 제34사단 1개 사단만으로는 자은리에 포진한 적군을 완전히 섬멸하기 어려웠다. 그래서 찡사오산 군단장은 즉시 병단에 전보를 보내, 원래 계획을 변경해 제31사단을 남겨 미군 2개 대대와 프랑스군 대대를 섬멸하는 데 협력하겠다고 건의했다. 그러나 병단에서 100연대를 남기는 데만 동의한다는 답전을 보냈기 때문에, 제31사단은 계속 예정된 임무를 완수해야 했다. 그러나 통신 장애로 인해 100연대는 남으라는 명령을 제때에 받지 못하고 곧장 남쪽으로 파고들어 갔다. 찡사오산 군단장은 의연하게 제34사단의 2개 연대로 전투에 임하고 제35사단에 차단을 맡기기로 결정했다. 2개 연대 병사들은 강력한 화력을 앞세운 미군을 상대로 전혀 두려운 기색을 보이지 않고 용감하게 적진으로 돌격했다. 프랑스군 대대는 지평리 전투에서 중국군과 혈전을 치른 부대로, 지휘관도 그때 그 프랑스 외인부대의 절름발이 베테랑 군인 랄프 몽클라르였다. 6시간 동안 이어진 전투 끝에 중국군은 미 23연대 일부와 프랑스군 대대 일부를 섬멸하고 200명을 생포했으며, 차량 및 전차 250여 대를 파괴했다. 그러나 중국군은 포위 섬멸에 동원할 병력이 심각하게 부족했고 화력도 미약해 치밀한 포위망을 형성할 수 없었다. 그 결과 미군 2개 대대와 프랑스군 대대의 대부분이 비행기의 엄호를 받으며 도주했다.

제31사단이 남아서 포위 섬멸작전에 참여했다면 미 23연대 2개 대대와 프랑스군 대대를 전멸시킬 가능성이 크게 높아졌을 것이었다. 후에 증명된 바에 따르면, 제31사단은 남쪽으로 뚫고 들어가긴 했지만 지나치게 깊숙이 들어가는 바람에 전투 기회를 놓쳐 그다지 큰 성과를 올리지 못했다. 또한 나중에는 또 부대가 철수하는 데 애를 먹었다.

미 제2사단과 프랑스군 대대는 몇 차례 공격을 받고서 남쪽으로 철수하기 시작했는데 18~20일에 복녕동과 한계령 지역에서 또다시 중국군 제60군 181사단의 포위 공격을 받았다. 제181사단 542연대는 도로에서 프랑스군 대대를 막아서고 머리에 빨간 띠를 두른 이 프랑스군을 향해 맹렬한 공격을 가했다. 프랑스군 대대는 또 한 번 큰 타격을 입었다. 나중에 열여덟 살짜리 프랑스군 포로를 심문할 때 중국군 장병들은 이 프랑스인의 입이 끊임없이 움직이고 있어 호기심이 일었다. 알고 보니 이 프랑스군 병사는 이틀 동안 음식을 먹지 못했고, 입안에 씹고 있는 것은 어디에서 났는지 모를 땅콩이었다.

5월 21일, 북·중 군대가 동부전선에서 남쪽으로 50~60킬로미터 밀고 내려갔다. 제3병단은 돌파 후 가장 멀리 돌격해 그 예하의 제12군이 이미 37선에 다다랐고, 제91연대는 남쪽으로 150킬로미터 진격해 37선 이남 지역인 하진부리에 도착했다. 한국 중부의 산맥은 대부분 남북 방향으로 뻗어 있는데, 중국군은 대규모 병력을 투입시켜 밀집해 있어서 산맥의 방향이 중국군이 동서로 기동하는 데 심각한 영향을 미쳤다. 중국군의 모든 부대가 몇몇 제한된 남북 방향의 도로를 따라 남쪽으로 추격했는데, 이것이 남쪽으로 아주 멀리 뚫고 들어오게 된 요인 가운데 하나였다. 또한 바로 이 때문에 중국군은 부대끼리 서로 교차하게 되어 적군을 포위하는 경우가 많지 않았으므로 적을 섬멸하는 데도 한계가 있었다. 반면 미군과 한국군은 우세한 기동성을 이용해 멀리서 적의 기세가 보이면 신속히 철수했다. 중국군이 많은 적을 섬멸하지 못했던 두 번째 이유가 바로 여기에 있다. 더 중요한 점은 중국군은 연이은 작전으로 사상자가 엄청났고, 장병들은 피로했으며, 식량과 탄약이 바닥나 더 이상 작전을 지속할 능력이 없었다는 것이다.

이때 펑더화이는 제3병단과 제9병단 고위장교들이 공동으로 보내온 전보를 받았다.

현재 상황으로 볼 때 미군은 이미 동쪽으로 이동했고 한국군은 패해서 흩어진 뒤 후퇴한 상태입니다. 우리 부대는 곧 식량이 바닥날 것이며 개별 단위들도 굶주리기 시작했습니다. 따라서 우리 생각으로는 전체 전선에서 계속 대공세를 펼치지 말고 동쪽 한 방면에서만 작전을 개시해 적군 일부 부대를 섬멸하는 것이 좋을 듯합니다. 이 경우 아군도 반드시 상당한 대가를 치러야 하겠지만, 만일 큰 성과를 거둘 수 없다면 현 위치에서 병력을 철수하고 배치를 조정해 차후 준비를 한 뒤 다시 전투를 개시하는 것이 낫다고 봅니다. 만일 전체 전선에서 계속해서 대규모 공세를 펼친다면 우리도 전투를 계속하겠습니다. 어떻게 하는 것이 좋을지 속히 지시를 내려주십시오.

5월 21일, 펑더화이는 마오쩌둥에게 전보를 보냈다.

……이전에는 전투마다 5일분의 식량을 휴대해 7일간 싸웠습니다. 현지에서 식량을 조달해 보충할 수 있었기 때문입니다. 현재는 7일분의 식량을 가지고 가면 5일에서 6일밖에 싸울 수 없습니다. 전투 중에 소모·손실되고 현지에서 조달해 보충할 수 없기 때문입니다. 홍천의 적군이 완강히 저항하며 물러나지 않아 우리 동부전선 부대가 보급물자를 수송할 수 없는 상황입니다. 또한 미 제3사단이 동쪽으로 이동해 홍천과 강릉 사이의 빈틈을 막고 있습니다. 5차 전역의 서부전선 출격(4월 22~28일)에서 사상자가 3만 명 발생했고, 동부전선 출격(5월 16~21일)에서는 1만여 명 발생했습니다. 1개월 동안 동서 전선에서 펼친 두 번의 작전으로 부대가 피로한 상태이기 때문에 심신을 회복하고 전투에서의 경험을 정리할 필요가 있습니다. 전투를 개시한 후 제1선의 수송이 극도로 어렵습니다. 수송연대가 도착하면 다소 개선될 것으로 보입니다. 또한 곧 우기가 시작되는데, 여러 강과 호수, 늪이 아군 배후에 있어 일단 산에서 홍수가 나면 교통이 전면 차단되기 때문에 심히 우려됩니다. 이번 전역에서는 아직 미군 사단과 연대 편제를 소멸하지 못했습니다. 적이 아군의 사상 규모를 과대평가하고 북침할 가능성도 있습니다. 상술한 내용으로 볼 때 아군이 계속 전진한다 해도 적을 궤멸하기는 수월하지 않으며

어려움만 더해질 것입니다. 따라서 일단 철수해 주력이 휴식하며 정비할 수 있게 한 뒤 피로에 지친 적과 싸우는 것이 좋을 것 같습니다…….

펑더화이는 마오쩌둥에게 전보를 보내는 동시에 부대에는 공격을 중지하라는 명령을 내렸다. 제65군은 의정부·청평리 지구에서, 제60군은 가평·춘천 지구에서, 제27군 1개 사단은 춘천·대동리 지구에서 적군을 저지하면서 공동으로 제19병단·제3병단·제9병단의 주력이 각각 위천리와 연천 이북 지구, 김화 지구, 화천 이북 지구로 이동해 휴식을 취하며 전열을 정비하도록 엄호하고 있었다.

그러나 펑더화이가 중국군 3개 병단에게 북쪽으로 이동하라는 명령을 막 하달했을 때, 유엔군은 반격작전을 위한 병력배치를 마무리한 상태였다. 거대한 그림자가 중국군을 슬금슬금 압박해오고 있었다.

이것이 바로 전쟁이다.

전쟁은 어느 한쪽의 계획대로 진행되지 않으며, 심지어 쌍방의 계획대로 진행되지도 않는다. 전쟁은 자체의 규율이 있고, 우연과 필연이 한데 섞여 흐름이 결정되기도 하며, 삶의 희열과 죽음의 함정을 안배하기도 한다…….

5월 19일, 중국군의 공세가 약해졌다는 증거가 갈수록 많이 나타나자 리지웨이는 비행기로 미 제10군단 지휘부에 가서 제8군 사령관 밴 플리트, 제9군단장 윌리엄 호지 그리고 제10군단장 아몬드와 함께 미군이 차후 취해야 할 작전을 상의했다. 회의 참석자들은 한국군의 무능함을 비난하고 한국군 제3군의 해산을 결정한 후 모두 다음 사항에 동의했다. 중국군이 일으킨 공세로 미 제2사단은 최소 900명 이상의 병력 손실을 입었고 동부전선이 남쪽으로 약 100킬로미터 후퇴했다. 그러나 중부전선에서는 미군의 저지로 전선이 크게 돌출되었고 중국군의 넓은 양익이 이미 모두 노출되었다. 더군다나 중국군의 '1주일 공세'가 점차 약해지고 있으니 지금이 바로 유엔군이 반격하기 위한 최적의 시기이며 중국군에게 유엔군의 위력을 보여줄 때가 되었다는 것이었다.

회의에서는 즉시 4개 군단의 13개 사단 병력을 집중시켜 기계화보병·전차·포병으로 신속히 반응하고 기동할 수 있는 '기동부대'를 편성할 것, 공군과 장거리 포병 사격을 지원받아 서울에서 연천, 춘천에서 화천, 홍천에서 인제를 잇는 도로를 따라 여러 길로 신속한 반격을 실시할 것을 결정했다.

리지웨이는 다음과 같은 작전명령에 서명했다.

제8군은 5월 20일에 공격을 개시해야 한다. 각 군의 임무는 아래와 같다.
제1군단은 서울-철원 축선을 따라 주공격을 실시하고 제9군단의 좌익을 책임진다.
제9군단은 춘천, 화천 방향으로 공격하며 춘천 분지 서쪽의 고지를 점령한다.
제10군단은 적군이 우익을 돌파하지 못하도록 제지하고 제9군단 우익부대와 협력해 인제, 양구 방향으로 공격을 펼친다. 제9군단의 우익도 제10군단이 맡는다.
제8군 사령관 밴 플리트는 이번 공격의 전개 상황에 세심한 주의를 기울여야 한다.

중국군의 코앞까지 재난이 다가오고 있었다.

밴 플리트 탄약량

펑더화이는 미군의 반격 가능성에 마음의 준비를 하고 있었다.

중국군이 철수할 때 미군이 바싹 뒤쫓지 못하게 하고 4차 전역 후반의 수동적 국면이 재연되지 않도록 하기 위해 펑더화이는 5월 21일에 제3병단·제9병단·제19병단과 북한군 전방 지휘부에 전보를 보내고 군위원회와 김일성에게도 통지해 다음 사항을 명확히 규정했다. 즉, 각 병단이 철수할 때 반드시 1개 사단 내지 1개 군의 병력을 남겨 미군을 감시 및 저지하고, 철수하는 위치에서부터 일일이 저지하는 방식으로 주력의 이동을 엄호하라는 것이었다. 각 병단의 철수 노선을 상세히 정했음에도 펑더화이는 여전히 마음을 놓지 못하고 다음날 다시 제19병단에게 급전을 띄웠다.

적군은 이전의 습관대로 고도로 기계화된 이른바 자성전술을 이용해 아군을 소모시키고 피로하게 만들려고 했다. 아군 주력이 북쪽으로 이동해 휴식을 취하고 정비할 때 적은 아군을 뒤쫓아 북침할 것이 분명하다. 전진 속도를 보아 적군 병력의 규모를 파악해서 아군이 기동방어로 타격하는 것이 좋을지 나쁠지 결정하고, 거리의 멀고 가까움에 따라 확실하게 판단해야 할 것이다(적군의 사상자 보충에 대한 구체적 상황이 분명치 않음). 아군의 다음 전역 반격선은 5차 전역의 반격 출발 진지로 한다.

각 군이 동시에 철수해서 전선에 병력이 과도하게 밀집되는 것을 피하기 위해 펑더화이는 이번 전투에서 예비대를 맡은 제39군에 미리 철수하라는 명령을 내렸다.

그러나 치명적인 문제가 있었다. 중국군은 '5차 전역을 승리로 마무리한다'는 생각을 전제로 하여 북쪽으로 이동하기 시작한 것인데, 절대 다수의 장병은 북쪽으로의 이동을 '승리 후 회군'하는 것으로 생각했다는 점이다. 설령 자기 부대가 이미 심각하게 피로한 상태이고 식량과 탄약이 부족한 것을 의식하고 있다 하더라도, 현재 피로에 지친 군대가 대규모로 철수한다는 사실을 충분히 객관적으로 직시할 수 있는 사람은 매우 드물었다. 여러 개 병단의 십수만 병력이 이동해 철수할 때 극도로 냉정하고 극도로 엄밀한 조직과 통제가 이루어지지 않는다면, 일단 적의 동향에 변화가 생겼을 때 혼란이 조성되기 쉽고 심지어 대규모 패퇴를 불러올 수도 있다. 병단의 일급 고위 지휘관을 포함한 중국군의 각급 지휘관들은 미군의 반격 속도와 규모 및 기세를 충분히 예측하지 못했고, 철수 계획도 그다지 치밀하게 세우지 못했다. 또한 지원군 총사령부의 철수 계획을 이행하는 데에도 결연함이 부족했으며, 심지어 총사령부의 철수 계획을 따르지 않은 병단도 있었다. 군사 지휘에 있어서 철수 도중에 도로 요충지를 철저히 통제하지 못하면 적의 저지에 맞닥뜨렸을 때 전술이 단조로울 수밖에 없고 각 부대 간 협공을 펼칠 수도 없어 전장에서 치명적인 빈틈들이 생겨나기 마련이다. 이런 상황에서는 일단 미군이 최전선을 돌파하고 기계화 장비로 신속히 종심으로 돌격해오면 중국군은 이를 막을 수 없게 되어 재난을 피할 수 없는 것이다.

이것이 5차 전역의 2단계 전투를 마무리하고 북쪽으로 이동하기 시작했을 때 중국군이 처한 객관적이고 진실한 상황이었다.

미군의 반격은 장시간의 계획을 거쳐 치밀하게 조직한 가운데 진행된 것으로, 한국전쟁 발발 이래 미군이 모든 전선에서 단행한 최대 규모의 반격이었다. 밴 플리트가 이번 반격작전을 위해 세운 기본 목표는 여전히 '캔자스 선'이었다.

'캔자스 선'은 '리퍼 작전'에서 달성하지 못했던 전선 목표로, 임진강 어귀에서 동쪽으로 연천까지 이른 후 38선을 따라 남쪽으로 영평·화천·양구·대포리와 잇닿아 구성되는 방어선이었다. 또한 이는 한반도 영토에서 동서 폭이 가장 좁고 방어하기 가장 쉽다고 여겨지는 군사선이었다.

'캔자스 선'은 향후 한반도에 굉장히 중요한 군사선이 될 것이었다. 군사적으로는 미국이 줄곧 추구했던 선이며, 정치적으로는 중국이 줄곧 용인할 수 없었던 선이기도 했다. 그러나 '캔자스 선'은 전쟁이 끝난 뒤 교전 쌍방이 정한 '군사분계선'에 가장 근접한 선이었다.

미 제8군은 모든 전선의 반격을 실시하면서 다음과 같이 병력을 배치했다.

서부전선에는 서울 정면의 미 제1군단이 동쪽으로 한국군 제1사단, 미 제1기병사단, 미 제25사단, 영국군 제28여단(제27여단에서 개편 조직된 여단)과 캐나다군 여단을 병렬 배치했다. 그 정면에는 중국군 제65군·제64군·제63군이 있었고, 공격 방향은 연천과 철원이었다.

중부전선에는 미 제9군단이 서쪽에서 동쪽으로 한국군 제2사단과 미 제24사단, 한국군 제6사단과 미 제7사단을 배치했다. 정면에는 중국군 제63군·제60군·제15군이 있었고, 공격 방향은 김화와 화천이었다.

미 제10군단은 홍천 북쪽에서 하진부리에 이르는 70킬로미터 전선에서 서쪽으로부터 동쪽으로 미 제1해병사단과 187공수연대, 미 제2사단·제3사단을 병렬 배치해 동해안의 한국군 제1군단과 협동작전을 펼치면서 중국군의 2차 춘계 공세로 형성된 돌출부의 중국군 제15군·제20군·제27군·제12군을 집중 포착하기로 했다. 이 구간에서는 다음과 같이 작전을 분담했다. 제1해병사단은 인제·한계령 도로 서쪽 구간을 맡고, 공격 목표는 양구였다. 미 제2사단과 공수연대는 도로 동쪽 구간을 맡고, 공격 목표는 인제였다. 미 제3사단은 한국군 제8사단과 제9사단을 배속해 창촌리를 공격 목표로 삼았다.

이른바 '중국군 포착'이란, 직선으로 평평하게 밀고 나아가는 전술을 바탕으로 기동력을 높이고, 전장에서 야전 방식의 작전을 회복해 부대가 전방을 돌파한 뒤 즉시 상대의 '뿌리'를 향해 맹렬히 돌격하는 것을 강조하는 의미를 담고 있다. 이는 밴 플리트가 선임인 리지웨이의 북진 전술을 수정한 것으로, 밴 플리트는 놀랍게도 여기에 '신속하고 맹렬한 돌파', '퇴로 차단', '우회 포위' 등과 같은 중국군의 전술적 특징을 흡수해 적용했다.

전쟁이 여기까지 진행되었을 때 전방에서 작전을 수행하는 한국군은 1개 군단밖에 남지 않았고, 1선에서 직접 중국군과 교전하는 것은 모두 미군 최정예 부대의 몫이었다.

5월 22일, 미군은 400킬로미터에 이르는 전선에서 동시에 반격작전을 개시했다. 서부전선의 제1기병사단은 하루 만에 의정부 선까지 밀고 들어갔다. 중부전선의 미 제9군단은 미 제7사단을 우익으로, 제24사단을 좌익으로 하여 24일에 가평까지 북진했다. 동부전선의 미 제10군단장 아몬드는 반격을 개시한 이후 부대가 하루에 4~5킬로미터밖에 진격하지 않는 데 대해 불만이 컸다. 그는 그런 속도로는 절대로 중국군을 사지로 몰아넣을 수 없다고 생각했다. 그래서 미 제3사단에게 즉시 37선 부근으로 돌격해 하진부리에 있는 중국군을 앞뒤로 협공하라고 명령했다. 또한 187공수연대를 미 제2사단에 배속해 중국군이 노출한 넓은 양익에 해당하는, 홍천에서 인제로 이어지는 도로를 따라 소양강으로 돌격하라고 명령했다.

미군의 선봉부대는 주력이 안정적으로 돌격하는 동시에 전차를 위주로 한 '특공돌격대' 몇 개를 편성해 모든 전선에서 맹렬한 돌격을 개시함으로써 중국군을 전선에서 분리시켰다. 아몬드 군단장은 미 제2사단장 클라크 러프너 Clack L. Ruffner 소장에게 다음과 같은 명령을 내렸다.

"제2사단은 한계령 부근에서 1개 보병대대와 2개 전차중대, 일부 공병으로 신속히 기동대를 편성해 금일 12시부터 한계령, 음양리陰陽里 축선을 따라 전진하라. 음양리 부근에서 교두보를 점령하고 적의 퇴로를 차단하라."

미군의 이 반격작전에서 두드러진 특징은 각 부대가 '특공돌격대'를 조직해 중국군 진지 사이를 '돌파했다'는 점이다. 그중에는 제1기병사단이 7연대를 위주로 조직한 돌격대, 미 제25사단이 조직한 '돌빈Dolvin 특수임무부대'가 있었고, 가장 유명한 부대로는 아몬드 군단장이 직접 조직한 전차돌격대 '거하트Gerhart 특수임무부대'가 있었다. 전차돌격대의 돌격 방향은 중국군에게 가장 민감한 허리 부위였다. 만약 이곳이 일단 돌격으로 뚫리면 중국군은 이전 전투에서 가장 멀리 들어갔던 몇만의 장병이 38선 이남에서 분리되어 미군의 포위망에 빠지게 될 것이었다.

5월 23일 아침, 187공수연대의 2개 대대가 포병과 비행기의 대대적인 지원을 받아 하루 낮 동안 전투를 펼친 끝에 중국군 제15군의 방어진지를 돌파했고, 한계령 이북 8킬로미터 지점의 외후동을 빼앗아 거하트 특수임무부대가 출격하는 데 유리한 조건을 만들었다.

5월 24일 오전 9시 30분, 아몬드는 거하트 특수임무부대에 두 시간 안으로 출격하라는 명령을 하달했다.

이 미국식 돌격부대의 규모는 1개 연대에 상당했다. 즉 187공수연대 예하의 1개 보병대대와 72전차대대, 1개 정보정찰분대, 1개 포병중대, 1개 공병중대 그리고 M-16 자주 고사기관총 4량으로 편성했으며, 부대장은 187공수연대 부연대장인 거하트Gerhart 대령이었다. 선봉에는 '뉴먼Newman 첨병부대'라 부르는 선두부대가 포진했다. 이 부대는 1개 탱크소대와 1개 정보정찰분대, 1개 공병소대로 편성되어 규모가 1개 중대에는 미치지 못했으며, 지휘관은 72전차대대 부대대장인 찰스 뉴먼Charles A. Newman 소령이었다.

바람이 산들산들 불고 햇볕이 따사로운 봄날, M-4 셔먼전차 2대와 A-3 전차 2대, 여기에 지프 2대와 트럭 2대, 그리고 40명이 채 안 되는 군인들이 출발했다. 이런 소규모의 부대가 감히 방대한 중국군 사이를 돌파한다는 것은 미군으로서는 이전에는 결코 상상할 수도 없는 일이었다. 따라서 '뉴먼 첨병부대'의 돌격 과정은 중국군의 당시 상태를 크게 반영해준다.

정오가 되어 '뉴먼 첨병부대'가 출발할 때, 뉴먼 소령은 헬기 한 대가 머리 위에서 선회하는 것을 보았다. 그는 아마도 사단이나 군단에서 보낸 정찰기일 것이라 생각하고 이 헬기에 별로 주의를 기울이지 않았다. 당시 그는 공병들을 지휘하느라 바빠 시종 자신의 머리 위에서 윙윙대고 있는 헬기에 대해 짜증이 났을 뿐 다른 생각은 없었다. 그는 부대가 진군하는 길에 중국군이 지뢰를 매설해 놓았을까 염려해서 전차들을 멈춰 세우고 명령을 기다리게 한 뒤 공병 지뢰탐색분대를 보내 상황을 탐색해 보고하라고 지시했다. 이때 머리 위에서 맴돌던 헬기가 착륙했는데, 뉴먼은 헬기에서 내린 사람을 보고 깜짝 놀랐다. 바로 아몬드 군단장이었던 것이다.

아몬드가 물었다. "왜 멈추었나?"

뉴먼이 이유를 말하기도 전에 아몬드는 지휘봉을 휘두르면서 불같이 화를 내며 소리쳤다.

"방금 자은리를 지나왔는데, 거기서 중국군이 너희를 기다리고 있다! 즉시 전진하라! 나는 지뢰 같은 것은 상관하지 않는다. 1시간에 32킬로미터 속도로 전진해!"

뉴먼은 즉시 전차에 올라타 출발하라고 명령했다. 이 부대는 도로를 따라

무인지경을 달리듯이 빠른 속도로 전진했다. 도로 양측에서는 끊임없이 중국군이 튀어나와 전차를 향해 로켓탄을 발사했고 심지어 10여 명의 중국군이 한꺼번에 몰려나와 폭약포대를 던지기도 했다. 뉴먼은 전차를 멈춰서는 안 된다고 명령하고 화력으로 반격을 가하면서 빠른 속도를 유지하며 전진했다. 자은리에서 2킬로미터 떨어진 곳에 이르자 공중에서 연락기가 통신통을 투하했다. 통신문 내용은 "많은 적군이 전방 도로 동쪽에 매복해 있다. 공중 공격을 요청하려면 황색 신호탄을 발사하라"는 것이었다.

그러나 뉴먼은 공군의 공격을 기다리기 위해 전차를 멈춰서는 안 된다고 판단하고 계속 전진하라고 명령했다. 전차는 포탄 30여 발을 발포하며 중국군의 방어진지로 돌격했을 뿐 아니라 중국군 30명을 포로로 잡았다. 계속해서 전진하던 '뉴먼 첨병부대'는 중국군 200여 명의 저지에 부딪혔다. 뉴먼은 전차들에 포화로 엄호하도록 명령하고 자신은 병사들을 이끌고 마을로 돌격했다. 중국군은 한참 동안 저지하다가 20여 명의 부상병을 남겨두고 철수했다.

'뉴먼 첨병부대'는 계속 돌진하다가 사치리 부근에서 중국군 80여 명이 노새와 말 20여 필을 끌고 도로에서 행군하는 것을 발견했다. 그들은 미군이 이곳에 나타나리라고는 생각지도 못한 듯했고, 그래서 쌍방 간의 거리가 100여 미터쯤 되었을 때에야 교전이 시작되었다. 그들은 이동 중인 중국군 박격포병부대였는데, 10분간 교전한 후 신속히 퇴각했다.

다시 1킬로미터를 전진했을 때 뉴먼은 주력부대와의 연락을 통해 자신의 전진 속도가 지나치게 빠르다는 사실을 깨달았다. 이때 앞쪽의 그리 멀지 않은 곳에서는 새카맣게 많은 중국군 병사가 다급히 행군하고 있었다. 연락기에서 다시 통신통이 투하되었다. "귀 부대 북쪽 1.5킬로미터 지점에 최소 4000명의 적이 기다리고 있다! 공군의 공격을 기다린 뒤에 다시 움직이는 것이 좋겠다!"

뉴먼은 이번에도 계속 전진하라고 명령했다. 전차소대장은 전방에 틀림없이 중국군 주력의 철수를 엄호하는 대부대가 있을 것이니 아무래도 돌아가서 주력과 합류해야 하지 않겠냐며 우려를 표했다. 뉴먼이 말했다.

"돌아가고 싶으면 돌아가게, 하지만 귀관은 아몬드, 그 노인네를 만나게 될 걸세."

뉴먼이 탄 전차가 얼마 가지도 못했는데 중국군의 대규모 저지 대형이 눈에 들어왔다. 이때 미 공군 비행기가 도착했다. 대규모로 편성된 제트기가 '뉴먼도 엔진의 열기를 느낄 수 있을 정도의 초저공 네이팜탄 공격'을 퍼부었다. 중국군은 맹렬한 공중 공격에 어쩔 수 없이 서둘러 철수했다. 뉴먼은 이 기회를 틈타 전차부대를 이끌고 돌격했다. 청구리의 산 어귀까지 전진했을 때 뉴먼은 소양강을 볼 수 있었다.

소양강은 중국군이 5차 전역의 '2차 춘계 공세'를 개시한 출발점이었다.

강가는 어수선하기 그지없었다. 공격받아 파괴된 미군 차량이 들판에 너저분하게 버려져 있었고 도처에 미군 보급품과 장비들이 널려 있었다. 중국군 병사들은 그 전리품들을 가져갈 여유가 없어서 불을 질러 태웠다. 강가에 짙은 연기가 피어올라 태양을 가렸다. 소양강 북쪽 기슭을 따라 철수하는 중국군은 다급히 내달리고 있었다.

한 시간 후 거하트 특수임무부대의 주력이 도착했다.

뉴먼은 즉시 소양강을 건너 북쪽 기슭의 나루터를 점령했다.

소규모의 거하트 특수임무부대는 3시간 만에 중국군 허리 부분에서 20킬로미터 북진해 중요한 천연 장애물인 소양강을 건넜다. 이는 중국군의 철수와 엄호 과정에서 빈틈이 얼마나 컸는지를 분명히 보여주는 대목이다. 더 중요한 것은 '뉴먼 첨병부대'가 돌파한 곳이 중국군이 가장 중점적으로 방어해야 하는 구간이었다는 점이다. 미군은 이 구간을 이용해 쉽사리 홍천에서 인제로 이어지는 도로를 따라 비스듬히 뚫고 들어올 수 있었고, 이는 동부전선에서 철수하는 중국군의 허리 부분을 단숨에 뚫은 것이나 마찬가지였다. 달리 말하면, 37선 부근에 멀리 떨어져 있어 제때 철수하지 못한 중국군 제12군·제

27군 등의 부대는 펑더화이가 철수 명령을 내린 지 사흘째 되던 날에 앞뒤에서 적의 공격을 받았을 뿐 아니라, 중부전선 제15군·제60군의 우익도 완전히 노출된 것이다.

돌격대의 뒤를 바짝 쫓은 미 제10군단이 신속하고 맹렬하게 북쪽으로 돌격함으로써 서부전선과 중부전선의 중국군이 당면한 전세는 더욱 위급해졌다.

서부전선에서는 한국군 제1사단의 공격으로 북한군 제1군단이 문산 선까지 철수했고, 중국군 제65군은 우익이 완전히 노출되어 의정부·청평리 선에서 철수할 수밖에 없었다. 방어선이 붕괴되지 않도록 하기 위해 펑더화이는 제65군에게 어떻게 해서든지 의정부 선에서 20일 동안 미군을 저지하라고 명령했다. 20일이란 시간은 이미 곤경에 처한 제65군에게는 무척 버거운 것이었다. 미군의 맹렬한 공격에 제65군 진지는 5일도 채우지 못하고 돌파되었다. 그 결과 중국군 제3병단과 제19병단 사이에 원래 존재했던 빈틈이 완전히 벌어지고 말았고, 미 제1기병사단과 제25사단, 영국군 제28여단과 캐나다군 여단 그리고 한국군 제2사단이 이 빈틈을 따라 거침없이 북쪽으로 진격했다.

중부전선에서는 한국군 제6사단과 미 제24사단이 이미 제령리·성황당城隍堂 지구로 돌진하고 가평 동쪽 북한강 남쪽 기슭의 나루터를 점거한 상태였다. 또 미 제7사단과 제1해병사단은 춘천에 접근해 중국군 제60군을 위기로 몰고 갔다. 중국군 제60군 180사단은 800여 명의 부상병을 옮기지 못해 철수하지 못하고 계속 그 자리에서 저지하고 있었다. 그 양익은 이미 온통 미군이었다. 이렇게 되자 180사단은 실질적으로 미군에 의해 분리되어 고립된 셈이었다. 제9병단 예하의 제20군은 구만리 부근에서 미군 공수부대와 맹렬한 전투를 치렀다. 한편 제27군은 부평리 이남, 홍천에서 인제에 이르는 도로 동서 양쪽의 도목동·옥산동·현리 지구에서 미군에 저지당해 소양강을 따라 미군을 저지하라는 임무를 이행할 수 없었다. 제9병단에 배속된 제12군도 미군에 의해 분리되었고, 5차 전역의 2단계 전투에서 가장 멀리 뚫고 들어간 31사단 91연대는 멀찌감치 삼거리 부근에서 고립되어 군사령부와 이미 연락이 두절된 상태였다.

중국군은 예정했던 기동방어전선을 미처 형성하지도 못하고 미군에게 서부전선의 가평과 동부전선의 인제에서 각각 분할됨으로써 각 부대가 모두 분산 철수할 때 맞닥뜨릴 수 있는 갖가지 곤경에 처해 있었다.

펑더화이는 급전을 띄워 각 부대에 무슨 일이 있어도 곤경을 극복하고 계획성 있게 엄호 병력을 배치하는 동시에 유리한 지형과 시기를 택해 미군 일부를 섬멸할 수 있도록 하라고 요구했다. 펑더화이는 반드시 미군의 공격을 억제하지 않으면, 부상병을 후송할 수 없을 뿐 아니라 주력도 손실을 입는다는 것을 잘 알고 있었다.

중국군 제19병단 제63군 군단장 푸충비는 참기 어렵게 배가 고플 때 볶은 콩 한 움큼을 배급받았다. 그러나 그가 가장 참을 수 없었던 것은 배고픔이 아니라 눈앞에서 벌어지고 있는 전선의 혼란 국면이었다. 눈앞의 미군은 몇 개 사단으로 이미 제63군의 양익을 포위 공격하고 있고, 또 전차에 보병을 태우고 한강 서쪽 기슭을 따라 제63군의 배후로 우회했다. 결단을 내리지 않으면 전 군의 퇴각로가 사라질 판이었다.

철수하라! 더 이상 이런 식으로 전투를 치를 수는 없다!

철수 명령을 내린 후 푸충비 군단장은 군 지휘부를 따라 한강을 건너 북쪽으로 철수했다. 187사단도 군 지휘부를 따라 철수했다. 군 지휘부와 187사단이 강을 건너고 있을 때 의외의 상황이 발생했다. 수백 미터 떨어진 곳에서 역시 강을 건너고 있는 미군 부대가 나타났는데, 군함도 10여 척이나 되었다! 상황이 긴급한 가운데 미군 정찰기가 날아와 군 지휘부와 187사단 상공을 선회했다! 그런데 이상하게도 미군은 철수 중인 중국군을 공격하지 않았다. 양측은 놀랍게도 교전 없이 평화롭게 강을 건넜다. 미군 정찰기가 중국군을 한국군으로 여긴 걸까? 미군은 그들이 한국군이 아니라면 어찌 감히 미군과 나란히 강을 건널 수 있겠느냐고 생각했던 걸까?

한강을 건넌 푸충비는 즉시 부대에게 신속히 미군에게서 벗어나라고 명령했고, 병단에 차후 행동 지시를 요청했다. 병단으로부터 적의 상황을 전해 들은 푸충비는 놀라움을 금치 못했다. 중국군 제3병단과 제9병단의 부대가 이미 미군에 의해 분리된 상태였고, 현 상태에서 제19병단이 철수할 수 있는 방향은 철원이 유일하다고 했다. 현재 병단은 제65군에게 의정부에서 미군을 저지해 병단 대부대의 철수를 엄호하라고 명령한 상태였다……

푸충비는 자신이 병단의 전보를 받았을 때는 이미 제65군이 더 이상 미군의 공격을 막을 수 없어 후퇴한 사실을 알지 못했다.

피로, 굶주림, 실망감, 이 모든 것이 푸충비를 괴롭혔다. 중국군은 장교와 일반 사병이 모두 똑같이 도보로 움직였다. 미군은 지상 포화와 공중 폭격으로 중국군이 철수하는 길에 겹겹이 차단망을 형성했다. 이런 탄막의 차단망을 뚫을 때마다 엄청난 사상자가 발생할 것이었다. 푸충비는 더 이상 걸을 수가 없어서 경호병의 부축을 받을 수밖에 없었다. 188사단 563연대가 청평리 나루터에서 저지하는 미군과 용감하고 장렬하게 싸웠으며, 진지에서 철수하면서 열사들의 시신을 수습해 잘 묻어주었다는 보고를 들었을 때 이 백전노장의 눈에서는 저도 모르게 뜨거운 눈물이 철철 흘러내렸다.

제63군 지휘부는 산골짜기로 들어와 이곳에 설치된 병단 지휘부가 철수한 지 얼마 되지 않은 사실을 알게 되었으며, 철수할 때 남기고 간 과자 등의 먹을 것을 발견했다. 굶주린 지휘부 요원들이 허겁지겁 먹고 있는데 누군가 크게 외치는 소리가 들렸다. "적이다!" 돌아보니 미군 전차가 다가오고 있었다! 푸충비는 권총을 뽑아 들고 큰 소리로 명령했다.

"군 기관들은 어서 가라! 경비중대는 엄호하라!"

푸충비 군단장이 한국전쟁에 참전한 이래로 이렇게 가까운 거리에서 적과 조우한 것은 이번이 두 번째였다. 첫 번째는 5차 전역을 개시하기 전에 강가에서 지형을 살피고 있을 때였다. 그때도 적군의 전차가 갑자기 쳐들어와서 주변이 온통 강철 캐터필러가 일으키는 연기와 먼지로 뒤덮였다⋯⋯.

제63군 지휘부가 가까스로 연천까지 철수했을 때 병단에서 급전을 보내왔다. 제63군이 즉시 제65군의 방어 임무를 인계받아 연천에서 철원 사이의 너비 25킬로미터, 종심 20킬로미터에 이르는 지역에서 어떤 대가를 치르더라도 결연히 미군의 북진을 저지하라는 명령이었다.

푸충비 군단장은 전보를 보고 멍해졌다. 제63군은 폭우가 쏟아지는 진창 속에 연천까지 철수하면서 병력 손실이 막대했고, 병사들은 극도로 피곤한 상태였다. 그런데 그렇게 넓은 정면에서 미군의 집중 돌격을 저지하라니, 말처럼 그렇게 쉬운 일인가! 전투를 하면서 진지를 빼앗기기를 바라는 사람은 아무도 없다. 제65군도 전투에 능한 훌륭한 부대인데 막아내지 못한 것이 아닌가?

35세의 군단장 푸충비는 제63군을 시험하는 마지막 순간이 도래했음을 깨달았다.

중국군 제3병단 부사령관 왕진산은 강직한 성격의 군인으로, 제2야전군에서 이름난 용장이었다. 그는 중국 국공내전에서 제6종대 사령관을 맡아 용감하고 완강하게 전투를 치러 출중한 전공을 세웠다. 사람들은 그를 미치광이라는 뜻의 '왕펑쯔王瘋子'라고 불렀고, 마오쩌둥까지도 그렇게 불렀다. 노련한 장교인 천경은 명령을 받아 지원군 제3병단을 편성해 한국전쟁에 참전케 하면서 특별히 왕진산을 지휘관으로 점찍었다. 천경은 병이 들어 참전하지 못했고, 왕진산이 병단 사령관의 직무를 이행했다. 그의 별명에 대해 펑더화이는 통찰력 있게 해석한 바 있다. "그것이 혁명의 영웅주의지!"

왕진산은 사람이 솔직하고 마음에 담아두는 성격이 아니어서 자신이 미국군을 깔본다는 것을 시인했다.

"미군에 병사가 얼마나 돼? 한국군까지 합쳐도 우리 군구 하나에도 못 미치지. 화이하이전투淮海戰役, 랴오선전투遼瀋戰役·핑진전투平津戰役와 함께 중국 해방전쟁의 3

대 전역으로 꼽힘 하나도 제대로 치르지 못할걸! 내가 보기에 미국 놈들 내쫓는 건 문제도 아니야. 한반도 땅덩어리가 얼마나 된다고? 38선에서 오줌을 누면 부산까지 뻗는다니까."

5차 전역의 2단계 전투에서 제3병단의 주력인 제12군은 제9병단에 배속되었는데, 왕진산은 그것이 굉장히 못마땅했다. 이렇게 되면 그가 이끄는 제3병단은 주공主攻이 아닌 조공에 머물기 때문이었다. 그런데 제대로 격전을 벌이지도 못한 지금 그가 이끄는 제60군은 좋지 않은 상황에 놓였다. 지원군 사령부는 제60군에게 가평·춘천 일대에서 미군을 저지하라는 명령을 하달했다. 그런데 제60군 좌익의 제12군은 벌써 후퇴했고 우익인 제19병단 예하의 제63군도 철수했으며, 후방의 제39군은 그보다 앞서 철수한 상태였다. 그러니 제60군에게 삼면에서 적의 공격을 받으라는 소리가 아닌가. 제60군은 서둘러 철수해야만 최대한 병력을 보존할 수 있었으나 철수 명령이 내려오지 않았다. 게다가 제60군은 아직 8000명에 가까운 부상병을 철수시키지 못했기 때문에 설령 철수하라는 명령이 내려와도 즉시 철수할 수도 없는 상황이었다. 이밖에도 제9병단에 배속된 제12군은 2단계 전투에서 아주 멀리까지 들어가는 바람에 현재 더 큰 위기에 봉착한 상태였다.

왕진산은 심기가 극도로 불편했다.

"12군을 왜 그리 멀리 들어가게 한 거야? 적 후방에서 저지당하면 철수하지도 못한다고. 쑹스룬을 찾아서 결판을 내야겠어!"

제9병단 사령관 쑹스룬은 이때 전장 전체를 통틀어 가장 초조한 지휘관이었다. 제9병단이 한국전쟁에 참전한 이래 이들은 가장 험난한 전투를 치렀고, 2차 전역에서는 동부전선에서 미 제1해병사단과 교전 중 용감하고 완강하게 맞서 막대한 대가를 치렀다. 2차 전역이 마무리된 뒤 제9병단은 병력 손실이 엄청나서 동부전선에서 꼬박 5개월간 휴식을 취하며 전열을 가다듬었고, 5차 전역이 개시되고 나서야 다시 전투에 참가했다. 5차 전역이 막 시작되었을 때 제9병단은 동부전선의 주돌격 임무를 맡아 결연히 싸웠다. 그러나 남쪽으로 아주 깊숙이 진격하는 바람에 이제는 철수하는 데 가장 곤란을 겪는 병단이 되고 말았다. 특히 제3병단에 배속된 제12군 2개 사단은 이때 이미 미군에게 퇴로를 차단당했고, 그중에서도 자오란톈이 이끄는 제31사단이 가장 위급했다.

군 지휘부와 연락이 두절된 제31사단은 적 후방에 고립된 상태였다. 자오란톈 사단장이 더욱 염려한 것은 자신의 안전이 아니라 전역의 2단계 전투에서 지나치게 멀리 들어간 91연대였다. 91연대는 2단계 전투에서 가히 신속神速하다고 할 정도로 빠르게 진격해 놀랍게도 하진부리까지 공격해 들어갔다. 하진부리는 38선에서 더 남쪽인 37도선에 위치한 곳으로, 91연대는 그야말로 적의 뱃속으로 파고들어간 셈이었다. 그러나 이제는 부대가 철수해야 하는데, 이미 적의 뱃속으로 파고들어간 그들은 어찌해야 돌아올 수 있단 말인가? 그들 뒤쪽의 길은 이미 미군이 장악하고 있어 들어갔던 길로 나오는 것은 불가능했다. 그러나 들어갔던 원래의 길로 가지 않는다면 또 어느 길을 택해 위험을 벗어날 수 있을까? 온전히 1개 연대 전체, 1000여 장병의 생사가 달려 있는데…….

좌우 양익에 포진한 제27군과 북한군은 모두 사람을 보내 자신들은 철수하겠다고 통보했다.

제31사단은 다시 후퇴하지 않으면 고립무원의 상황에 처할 가능성이 컸다.

고통스럽고도 격렬한 논의 끝에 자오란톈 사단장과 류쉬안劉瑄 정치위원은 91연대가 위험에서 벗어난 뒤 사단 지휘부가 움직이기로 결정했다. 아울러 93연대에 결사적으로 미군을 저지해 91연대가 위험에서 벗어날 수 있는 시간을 벌라는 명령을 내렸다. 동시에 91연대에게는 원래 왔던 길로 철수할 수 있으면 더 좋겠지만 사실상 불가능하니 동쪽으로 동해안 산지를 따라 북쪽으로 철수할 수 있는 길을 찾아보라고 명령했다.

91연대와 연락할 방법이 없어 인편에 서신을 들려 보내는 수밖에 없었다.

제31사단 작전과 부과장 펑팅楓亭이 이 임무를 맡아 경호병 2명을 데리고 출발했다.

중국군이 모든 전선에서 북쪽으로 철수하는 가운데 이 3명만이 모든 전선의 적군을 맞이하며 남쪽으로 향했다.

두 경호병은 도중에 차례로 희생됐고, 펑팅 혼자 91연대 지휘부에 도착했다.

91연대장 리창린李長林은 펑팅을 보고 깜짝 놀랐다. 그가 어떻게 겹겹의 적군 전선을 뚫고 온 것인지 알 수가 없었다. 그러나 더 놀란 쪽은 역시 펑팅 부과장이었다. 전황이 어떻게 전개되고 있는지 전혀 모르고 있던 리창린 연대장은 막 신이 나서 눈앞의 한국군을 공격할 전투 배치를 하는 참이었던 것이다. 리창린은 사단 지휘부의 명령을 보고 나서야 대부대가 이미 철수했고 91연대는 적 후방에 고립되었음을 깨달았다.

왔던 길로 철수하는 것은 이미 불가능했다. 설령 혈로를 연다고 해도 막대한 전력 손실을 입을 것이 분명했고 부상병을 데리고 갈 방법도 없었다. 동쪽에는 높은 산과 바다가 있고, 적군도 있었다. 적의 예상을 뒤엎고 동남쪽으로 향해 적 후방으로 이동하고 다시 우회해서 북쪽으로 향한 후 방법을 강구해 적의 점령 구역에서 벗어나는 수밖에 없었다.

이때 통신 연락이 끊겼던 무전기에 갑자기 신호가 왔고, 자오란텐 사단장의 다급한 목소리가 들려왔다.

"귀관의 계획에 동의하네! 내가 93연대를 이끌고 적을 막아 91연대가 동남쪽으로 갈 수 있도록 엄호하겠네! 조심하게!"

이렇게 해서 중국군 1개 연대는 극도로 위급한 상황에서 힘겹게 포위망을 뚫기 시작했다.

간부들의 침착하고 과감한 모습은 병사들에게도 영향을 끼쳤다. 병사들은 자신들이 신뢰하는 간부들 뒤를 따랐다. 그들에겐 두려움은 없었고 오로지

대부대로 돌아가겠다는 결심만 있었다.

91연대는 부상병들을 들것에 싣고 포로들을 호송하며 버리기 아까운 장비들을 모두 챙겨서 은밀히 남한강을 건너 울창한 숲으로 들어갔다. 이들은 끊임없이 적군과 맞닥뜨렸다. 숨어서 지나갈 수 있으면 소리 죽여 살금살금 지나갔고, 적과 조우하면 결연히 맞서 특별히 용맹하고 완강하게 싸웠다. 적군 포로의 자백을 통해 현재 적군이 그들을 가로막고 있으며, 그 병력이 3개 사단에 달한다는 사실을 알게 되었다.

3개 사단이 1개 연대를 둘러싸고 있다니!

리창린은 후위 엄호 임무를 맡은 2대대와 1중대가 방향을 잘못 들어 연대 본부와 연락이 끊겼다는 보고를 받았다. 이때 동남쪽에서 총성이 들려왔다. 리창린은 과감하게 행군 방향을 바꿔 2대대와 1중대를 구하러 가라고 명령했다. 어두운 밤에도 산길에 들쭉날쭉 어지러이 박힌 바위들을 볼 수 있었다. 산꼭대기에 올라서자 중국군 병사들은 짭짤한 바닷물 냄새를 맡았다.

리창린도 바다를 보았다. 한반도의 동해안이었다.

2대대와 1중대도 마침내 돌아왔다. 그들은 부대와 떨어진 뒤 전투를 치르면서 철수했는데, 적군의 포위를 뚫었을 뿐 아니라 뜻밖에도 60명의 포로까지 붙잡아왔다.

리창린 연대장은 수하의 병사들이 아직 정신적으로 무너지지 않았다는 것을 알 수 있었다.

91연대는 계속 행군했다. 이들은 산나물이며 나무껍질이며 풀뿌리로 허기를 채우면서 서로 다독이며 한마음으로 단결했다. 철갑산을 넘은 후 북한군을 만나 100여 명의 포로를 넘겨주고 계속해서 결연히 나아갔다. 6일 후, 남루한 군복에 초췌한 얼굴을 하고 기진맥진해진 91연대 1000여 명의 장병은 마침내 줄곧 그들을 기다리고 있던 제31사단 지휘부를 만났다.

강인하기로 소문난 리창린 연대장은 눈물을 흘리며 자오란톈 사단장과 얼싸안았다.

1951년 5월 26일, 미군은 모든 전선에서 38선을 넘었다.

예상외로 빨리 얻은 승리에 밴 플리트는 흥분을 감추지 못했다. 그러나 밴 플리트가 전혀 생각지 못했던 일이 발생했다. 미국 국내에서 일부 의원이 그의 전적을 칭찬하기는커녕 그를 조사해서 의회에 출석시켜 질의를 받게 해야 한다고 주장하고 나선 것이다. 그 이유는 밴 플리트가 탄약을 지나치게 많이 사용해서 미국 납세자들의 세금을 낭비했다는 것이다.

미군이 매섭게 반격하는 과정에서 밴 플리트는 리지웨이의 '불바다 전술'을 훌륭히 계승해서 전술을 한층 더 발전시켰다. 전후의 통계는 그가 반격작전에서 사용한 탄약량은 미군이 작전 시 규정한 사용 한도의 5배 이상을 초과했음을 분명히 보여주었다. 기자들은 이를 두고 '밴 플리트 탄약량'이라고 불렀다. 이 탄약량에 힘입어 미군은 반드시 경유해야 하는 모든 지역을 선점해 초토화했다. 미군 조종사들은 공중에서 지상을 내려다보면서 전투가 벌어졌던 곳에선 "더 이상 어떤 생물도 존재하지 못할 것"이라고들 했다.

밴 플리트 장군은 노발대발하며 말했다.

"의원들 보고 여기 와서 적군 시체랑 포로들 좀 보라고 해. 오지 않을 거라면 '밴 플리트 탄약량' 같은 말은 꺼내지도 말라고 해!"

5월 29일 저녁, 한반도 중부에 비가 억수같이 쏟아졌다. 지원군 부사령관 훙쉐즈는 전화로 펑더화이의 낮은 목소리를 들었다. 즉시 그쪽으로 오라는 지시였다.

훙쉐즈가 장대비를 뚫고 펑더화이가 있는 곳에서 100킬로미터 떨어진 후근 사령부에 온 것이 바로 전날 저녁이었는데, 어째서 다시 오라는 것일까? 몇 분 후 훙쉐즈가 탄 지프가 폭우를 뚫고 달렸다. 산은 높고 길은 험한 데다 강물이 불어났다. 적기의 공습을 피하기 위해 지프는 전조등을 켜지 않고 어둠 속에서 가다 서다를 반복했다. 한밤중이 되어 훙쉐즈는 마침내 공사동에 도착했다.

산 동굴에는 반바지만 입고 상반신에는 아무것도 걸치지 않은 펑더화이가 혼자 촛불 아래에서 천천히 왔다갔다하고 있었다. 온몸이 흠뻑 젖은 훙쉐즈를 보더니 펑더화이는 나지막한 목소리로 말했다.

"큰일났다."

제60군 180사단은 이미 외부와 일체 연락이 두절된 상태였다.

펑더화이는 훙쉐즈에게 자신이 방금 띄운 전보를 보여주었다.

181사단과 45사단은 즉시 포위된 180사단을 구하라.

60군·15군 수장, 병단 부사령관 왕진산, 병단 참모장 왕원루이王蘊瑞: 현재까지는 아군 180사단이 궤멸당했다는 보고는 없다. 정탐한 소식에 따르면 27일 2개 대대가 미군 지휘소를 습격했으나 적의 원군이 빨리 도착해 성공하지 못했다. 또다른 소식에 의하면 납실리納實里·퇴동리退洞里에서 아군의 무기 일부를 획득했다고 한다. 이상에 근거해 판단하면, 아군 구원부대가 단호히 행동하면 반드시 180사단을 구해낼 수 있으나 머뭇거리며 결정하지 못하면 심각한 손실을 입을 것이다.

5월 30일 오전 1시 펑더화이

상황이 단숨에 이렇게 위험해지다니, 중국군 지휘관들이 미처 생각지 못한 국면이었다.

"편제를 짜서 미군 몇 개 사단을 섬멸하자."

"미군 놈들도 별것 아니잖아. 우세한 병력을 집중하면 해치우지 못하겠어?"

"미군들은 죽음을 두려워하니 돌격하면 커다란 공을 세우는 것은 따놓은 당상이지!"

중국군은 한국전쟁에서 5차에 걸친 대규모 전역을 진행하며 미군의 특징을 어느 정도 이해하고 있었지만, 그 이해는 여전히 매우 얕았고 더러는 편파적인 정치적 색채를 띠기도 했다.

전쟁은 정치적 수단의 일종이다. 전쟁에서 정치적 열정은 불가결한 것일뿐더러 전쟁에서 최후의 승리를 획득하는 보장이 되기도 한다. 그러나 국부적이고 구체적인 전투를 진행하면서 전쟁의 쌍방이 더 많이 염두에 두는 것은 지피지기知彼知己나 운주유악運籌帷幄 군막 안에서 전략을 세운다는 뜻 같은 전쟁 지략이며, 전쟁 특유의 규율을 준수해서 치밀하고도 정확하게 전술을 운용하는 것이다.

고루한 전쟁 관념, 뒤떨어진 전쟁 수단과 전술로 인해 궁극적으로 손해를 입는 것은 정치적 이익이다.

180사단은 누란의 위기에 처했다.

Korean War

영원한 슬픔

1951년 5월 23일은 중국군 제60군 180사단에게 결정적이고도 치명적인 날이었다.

이날은 미군이 모든 전선에서 반격을 개시한 다음날로, 제60군 180사단은 아직도 남쪽으로 진공하고 있었다. 180사단 예하 538연대와 539연대는 북진하는 미 제7사단과 진지 쟁탈전을 반복했다. 격렬한 전투가 진행되는 가운데 180사단은 제60군 군단장 웨이제韋杰와 정치위원 위안쯔친袁子欽이 보낸 전보를 받았다. 180사단의 주력을 북한강 이남에 배치해 병단의 주력이 북쪽으로 철수하도록 엄호하라는 명령이었다.

180사단은 자신의 처지도 이미 위급한 상황에 처한 사실을 인식하지 못하고 있었다.

지원군 지휘부는 중국군을 모든 전선에서 북쪽으로 이동 배치시키기에 앞서 제3병단에게 지시를 내렸다. 예비대인 제39군보다 먼저 이동하는 동시에

1개 군을 남겨서 가평—춘천 선에 방어 병력을 배치하고 산지를 이용해서 미군을 저지해 제3병단의 주력이 철원 방향으로 이동하도록 엄호하라는 요구였다. 제3병단은 저지 엄호 임무를 제60군에게 맡긴 것이다.

제60군 군단장 웨이제는 몹시 복잡한 심경이었다. 5차 전역의 1단계 전투에서 제3병단의 3개 군이 돌격한 정면의 너비는 15킬로미터에 불과했다. 그렇게 많은 병력을 그렇게 협소한 정면에 집중시키는 것은 '병력 집중'에 익숙한 웨이제도 처음이었다. 그는 '병력이 지나치게 집중된 것이 아닌가? 지역이 협소하니 밀집한 부대가 전개할 수 없어서 전장에 혼잡한 국면이 조성될 것이 틀림없는데' 하는 느낌이 들었다.

제60군은 제3병단 좌익의 돌격부대였다. 말로는 제60군 정면의 전선 길이가 7킬로미터라고 했지만 실제로 지형을 보고서야 '7킬로미터'는 단지 두 줄기의 산등성이일 뿐이라는 사실을 알게 되었다. 결과적으로 부대가 한데 빽빽이 붙어서 앞으로 돌격하는 형국이 되었다. 속도를 낼 수도 없는 상황이었고, 돌파 임무를 맡은 부대가 설령 산을 넘고 재를 넘는다 하더라도 적군의 자동차 바퀴를 따라잡을 수는 없었다. 1단계 전투 전반에 걸쳐 제60군은 기본적으로 큰 전투를 치르지 않았다. 당시에 웨이제 군단장은 향후 이어질 전투에서는 무슨 일이 있어도 제대로 한번 싸워서 부대에 미군과 싸워서 승리한 기쁨을 맛보게 하겠다는 생각을 했었다. 그러나 2단계 전투의 병력 배치를 보고 웨이제 군단장은 더욱 화가 났다. 그가 이끄는 제60군이 뜻밖에도 '박을 쪼개듯이 분할되어' 다른 부대에 배속된 것이다. 즉, 181사단은 제12군에 배속되어 돌격 임무를 맡았고, 179사단은 제15군에 배속되었으며, 180사단은 제3병단의 예비대로 배속되었다. 제60군 지휘부는 '속 빈 강정'으로 전락해 군단장이 지휘할 수 있는 부대는 고작 300여 명으로 편성된 1개 공병대대뿐이었다. 이제 전 병단이 모든 전선에서 북쪽으로 철수하면서 제60군은 그제야 철수를 엄호하라는 임무를 받았다. 다시 말해, 이제야 웨이제 군단장이 자신의 부대를 제대로 지휘할 수 있게 된 것이다. 그러나 181사단은 군 지휘부에서 120킬로미터 떨어져 있었기 때문에 귀환하려면 적어도 이틀은 걸릴 것이었고, 179사단도 귀환하는 데 하루가 필요했다. 또 180사단은 아직 가평 방향에 있었기 때문에 귀환하려면 역시 이틀이 필요했다. 그건 그렇다 치고 웨이제가 방금 알게 된 바에 따르면, 좌익의 제15군이 전날 철수해 전선에 거대한 구멍이 노출되는 바람에 181사단과 179사단이 제때에 돌아오지 못하면 그 방향에서는 오직 180사단 1개 사단에만 의지할 수밖에 없는 상황이었다. 그렇게 되면 병단의 철수를 엄호하는 임무는 둘째치고 그나마 현재 상황도 보장하기 어려울 것이었다.

그래도 명령은 명령이니 결단코 이행해야 했다.

제60군단 웨이제 군단장은 명령을 하달했다.

'179사단은 포병46연대를 따라 현재 위치, 즉 대룡산·감정리에서 부상병 후송을 엄호한다. 임무를 완수한 후에는 예정된 5월 25일에 일부를 현지에 남겨두고 9병단에게 인계한 후 다시 지정된 지역으로 이동한다. 사단 주력은 두 길로 나눠서 지암리·퇴동리를 경유해 가평·관음산·휴덕산 지구로 진출해 방어 병력을 배치한다.

181사단은 현지에서 부상병 후송을 엄호한다. 임무를 완수한 후 예정된 26일에 신포리·국망봉·관음산·상해봉 사이 지구를 지나 휴식하고 정비하면서 국망봉·관음산에 방어 병력을 배치할 준비를 한다.

180사단은 포병2사단 2개 중대를 따른다. 1개 보병대대로 북진해 한강 이북에 진지를 구축하고, 사단 주력은 북한강 이남에 포진해 병단 주력의 북진 및 부상병 후송을 엄호한다. 사단의 작전지역은 신연강·지암리·백적산·상해봉 이남 지구로 하고, 우측에 인접한 제63군과 연락을 취하는 데 주의를 기울인다.'

179사단은 명령을 받은 후 즉시 행동을 개시해 최고 속도로 북쪽으로 철수해서 귀환했다. 웨이제 군단장은 179사단에게 춘천에서 화천으로 이어지는 도로를 점거하라고 명령했다. 웨이제의 이 명령은 적시에 하달되어 179사단이 병력 배치를 마치자마자 미군 전차부대가 당도했다. 179사단 장병들은 완강히 저지했고 수많은 생명을 대가로 치른 끝에 제3병단이 철수하는 소중한 시간을 벌어주었다.

180사단은 전보를 받고 나서 즉시 군 지휘부의 명령대로 병력을 배치했다. 538연대와 539연대는 북한강 남쪽 기슭의 진지를 지키고, 540연대는 북쪽 기슭에서 계관산 고지를 점령해 사단의 2선 진지를 보강했다. 또한 군 지휘부의 지시대로 우익의 제63군과 공동으로 적을 저지하는 문제를 연락하기 위해 사람을 보냈다.

오전 11시, 제63군 방향에서 갑자기 총성이 들려왔고, 180사단 정찰병이 돌아와서 믿기지 않는 소식을 전했다. 제63군이 우익 전선에 없으며, 이미 철수한 것 같다는 말이었다!

원래 제63군 군단장 푸충비는 즉시 부대를 철수해야만 한다고 판단하고 과감하게 전 부대에 모든 전선에서 철수하라는 명령을 내렸다. 이 판단은 의심할 바 없이 정확한 것이었고, 이로써 제63군의 안전을 확보했다. 그러나 한 가지 아쉬운 점은 상황이 급박하고 국면이 혼란스러워 제63군이 철수할 때 인접한 180사단과 협동하지 않았다는 것이다. 또 하나 더욱 치명적인 것은 180사단 우익의 179사단도 철수하면서 180사단과 연락을 소홀히 했다는 사실이다. 이로 인해 미 제7사단과 한국군 제6사단이 허점을 노려 진격했고, 총성은 바로 적이 이미 점령한 양익에서 전해진 것이었다.

180사단은 이 상황을 군 지휘부에 보고했다. 웨이제 군단장은 더 이상 생각할 겨를도 없이 즉시 180사단에게 날이 어두워지면 진지에서 철수해 북쪽으로 이동하라고 명령했다.

웨이제의 명령을 이행했다면 180사단은 그래도 이동할 수 있는 마지막 기회가 있었을 것이다.

그러나 전쟁에서 '그러나'라는 말은 아마도 무수한 생명의 생사를 예측할 수 없는 의외성을 의미하는지도 모른다.

180사단이 철수하기 시작해 일부 부대가 이미 북쪽으로 한강을 건너고 있을 때, 제60군은 또 병단의 갑작스런 전보를 받았다.

……수송력 부족으로 아직 전장에서 부상병들을 옮기지 못해 제12군의 부상병 5000명 전원이 아직 후송되지 못한 상태다. 제15군에는 이미 후송한 자들 외에도 수사동 부근에 거동할 수 없는 부상병 2000명이 남아 있다. 제60군의 부상병도 1000여 명에 달한다. 각 부대는 잠시 철수를 멈추고 최전선에 견고한 참호를 구축해 적을 저지하면서 부상병을 후송한 뒤에 철수를 재개하라. 각 군은 이 결정에 따라 병력을 배치한 후 병단에 보고하길 바란다. 또한 각 부대는 각자의 수송 역량으로 부상병들을 옮기고 부대 인원, 특히 기관원이나 간부들까지 동원해 부상병들을 신속히 후송할 수 있도록 하라…….

전보의 뜻은 명확했다. 즉, 각 군이 인원을 조직해 부상병을 후송하도록 하고 부상병을 후송하지 못했을 때에는 그들을 버려두고 철수해서는 안 된다는 것이었으며, 자기 부대의 부상병들을 다 후송한 뒤에는 철수해도 된다는 것이었다. 그러나 제60군은 이 전보를 '제60군은 반드시 전 병단의 부상병 후송을 엄호하라'는 뜻으로 이해했다.

그래서 제60군은 곧바로 다시 180사단에 전보를 쳐서 북한강 북쪽 기슭으로 이동하라고 했던 명령을 "계속해서 춘천·가평·북한강 이남 지구에서 방어하라"고 수정했다.

이에 180사단은 철수하지 않았을 뿐 아니라 이미 강 북쪽으로 건너간 부대까지 되돌아오라고 명령했다. 사방의 인접 부대들이 모두 철수를 시작하거나 이미 철수했을 때 180사단만이 군 지휘부의 명령을 따라 사단 전체가 원래 있던 곳에서 움직이지 않았다.

바로 이렇게 해서 180사단은 살아서 돌아올 수 있는 마지막 기회를 잃었다.

웨이제 군단장도 사실 180사단의 위기를 예감했다. 당시 이미 철수한 179사단은 다시 180사단에 접근할 수 없었고, 181사단은 180사단과 더 멀리 떨어져 있었기 때문이다. 그러나 마음이 조급해질 대로 조급해진 부군단장 차위성蔡玉珩이 180사단을 북한강 북쪽으로 철수시켜 만일의 사태에 대비하자고 건의했지만, 웨이제 군단장은 반드시 상부의 명령을 결연히 이행해야 한다고 판단했다. 그러면서도 걱정이 되어서 179사단에 전보를 띄워 즉시 병력을 조직해서 미군의 북상을 저지해 180사단 양익의 안전을 최대한 보장하라는 명령을 내렸다. 웨이제 군단장은 180사단에게 5일의 기한을 정해 북한강 남쪽 기슭에서 저지하라고 명령을 내렸다. "낮에 진지를 잃으면 밤에 반격해서 돌아와야 한다."

1951년 5월 23일, 꼬박 하루 동안 180사단은 이렇게 해서 철수 중인 각 부대와 떨어지게 되었다. 전쟁이 끝난 후에야 모두가 5월 23일 그날에 180사단이 원위치에서 하루 동안 미군을 기다린 것이나 마찬가지였다는 사실을 명백히 깨달았다. 바로 이날의 '기다림'이 180사단에 엄청난 액운을 몰고 왔다.

180사단의 사단장은 정치구이鄭其貴, 부사단장은 돤룽장段龍章, 대리 정치위원 겸 정치부 주임은 우청더吳成德였다.

180사단의 장병은 1만여 명에 달했다.

정치구이는 1929년에 홍군에 입대해 분대장, 소대장, 중대장, 지도원, 사단 사령부 참모, 대대 정치교도원, 연대 정치위원, 타이웨군구太岳軍區 제23여단 정치부 주임, 진지루위군구晉冀魯豫軍區 제8종대 23여단 정치부 주임, 제60군 179사단 부정치위원 등을 역임했다. 정치구이의 군 이력에서 볼 수 있듯이,

그는 정치 경력이 아주 풍부했다. 명령이라면 하나도 빠짐없이 이행하는 군인이었으며, 어려운 일에 앞장서고 중대한 임무도 용감히 떠맡았다. 개인의 인품으로 보나 정치적 자질로 보나 180사단에서 단연 뛰어났다.

당시 전장의 구체적 상황으로 봐서는 부대를 신속히 북쪽으로 이동시켜야 마땅했지만, 정치구이는 상부의 명령을 결연히 수행하고 철수 명령을 받기 전에는 결코 마음대로 철수하지 않았다. 그러나 만일 180사단의 운명에 그렇게 많은 의외의 상황과 소홀한 행동이 나타나지 않았다면? 만일 모든 전선에서 전역을 시작할 때 전쟁 중에는 반드시 철수해야 할 형세도 있다는 것을 염두에 두었다면 어땠을까?

정치구이는 538연대장 팡커창龐克昌과 539연대장 왕즈청王至誠에게 진지를 확대하라고 명령했고, 특히 539연대에는 전 사단 우익의 안전을 확보하라고 지시했다. 우익의 구멍이 아주 커져서 2대대가 책임진 정면의 너비가 10킬로미터나 되었다. 2대대의 진지는 저지전이 시작된 뒤 곧바로 미 제7사단의 맹렬한 공격을 받았다. 미군은 대포 수백 문과 비행기 지원을 받으며 1개 연대 병력을 투입했다. 2대대 진지는 네이팜탄이 터지면서 큰 불길에 뒤덮였고 포탄 파편과 돌, 진흙, 나뭇가지가 온 하늘에 어지럽게 날아다녔다. 미 제7사단은 공격을 거듭했으나 2대대 진지를 돌파하지 못했다. 이는 중국군이 북쪽으로 철수하면서 펼친 저지전 가운데 몇 안 되는 성공적인 전투였다.

5월 24일 오후, 538연대와 539연대가 각자의 진지에서 미군과 격전을 벌이고 있는데 북한강 북쪽 기슭의 540연대에서 소식을 전해왔다. 성황당 진지가 함락되었다는 내용이었다.

180사단 지휘소가 순간 쥐 죽은 듯이 고요해졌다. 성황당은 180사단 배후의 진지였다.

성황당이 함락되었다는 것은 미군이 이미 180사단을 부채꼴로 포위했음을 의미했다!

성황당 진지에서 벌어진 저지전은 그 어느 때보다 참혹했다. 540연대 1대대 3중대는 10여 명의 병력만 남은 상태에서 대대 정치교도원 런전화任振華의 지휘하에 미군과 육박전을 벌이다가 마지막 순간에 전원이 미군과 함께 죽음을 맞았다. 포대대 진지가 미 제24사단에 돌파되어 무리지은 전차들이 중국군 병사들을 깔아뭉갤 듯이 압박해오자 대대장은 포를 버리고 철수하라고 명령했다. 하지만 포를 목숨처럼 여긴 중대장 화인구이華銀貴는 무슨 말을 해도 포를 버리려고 하지 않았다. 그는 큰 소리로 외쳤다.

"포를 버리려면 먼저 나 화인구이를 버리십시오!"

화인구이는 탄약수에게 포탄을 장전하라고 명령하고 수십 미터, 심지어 몇 미터 거리에서 포를 조종해 미군 전차를 향해 수평사격을 했다. 포탄이 맞은 편의 미군 전차에 적중해 진지가 요동쳤으며, 미군들은 기겁을 했다.

이러한 지경에 이르러서도 정치구이는 여전히 상부의 명령을 고수해 180사단 전 장병의 생명을 걸고 원위치에서 저지전을 펼쳤다.

웨이제 군단장은 성황당 진지가 함락되었다는 소식을 듣고 결국 180사단에 철수 명령을 하달했다.

그러나 이미 늦었다…….

5월 24일 밤, 180사단은 부대를 조직해 북한강 쪽으로 철수했다. 정치구이는 1개 연대가 마지막 부상병 300명을 후송한 후 후근부가 철수하고 그다음은 포병, 마지막에 사단 지휘부가 철수하라고 명령했다. 무거운 화포는 강을 건널 수 없었기 때문에 포병들이 남은 포탄을 남쪽을 향해 모두 발사하고 나서 남겨둔 마지막 한 발로 화포를 파괴했다. 북한강의 모든 나루터가 이미 미군에게 점령되었기 때문에 180사단은 나루터가 아닌 곳에서 물에 들어갈 수밖에 없었다. 연일 쏟아지는 큰비로 북한강은 강물이 사납게 불어난 상태였다. 수많은 중국군 병사는 강 위로 설치된 고작 세 가닥의 철사를 붙잡고 강을 건너야 했다. 미군이 발사한 조명탄이 머리 위에서 터지자 힘겹고 어수선한 도강 행렬이 미군 포화 공격에 그대로 노출되었다. 미군 포병 탄착관측기가 저공 선회하면서 반격 능력이 없는 중국군을 향해 정확하고 무자비한 포격이 퍼부어졌다. 가슴까지 차는 강물이 세차게 출렁이자 기운이 약한 여군들과 나이 든 병사들은 말총을 꽉 붙잡았다. 전마戰馬가 울부짖는 가운데 병사들은 서로 큰 소리로 불러댔지만, 강물에 휩쓸려서 곧바로 끝없는 강의 어둠 속으로 사라지는 병사들이 속출했다. 부상병을 실어 나르는 병사들은 부상병이 강물에 젖지 않도록 들것을 높이 들어올렸다. 이날 밤, 포화 공격 속에서 180사단 장병들이 흘린 피가 북한강을 붉게 물들였다.

강물 속에서 죽은 180사단 장병의 수는 600명이 넘었다.

북한강은 건너긴 했지만 이미 늦었다. 미 제24사단이 벌써 간촌間村을 점령해 180사단의 퇴로를 막은 터였다. 미 제7사단은 중국군 179사단 536연대의 방어를 돌파해 179사단과 180사단의 연락을 완전히 끊어놓았다. 또 한국군 제6사단도 지암리에 도착해 180사단의 사방을 포위했다.

포위망 돌파를 시도하는 모든 방향에서 목숨을 건 잔혹한 전투가 벌어졌다. 포위된 180사단의 각 방어진지에서는 중국군의 몇 배에 달하는 미군이 집중 공격을 퍼부었다. 미군 포병은 진격 속도가 굉장히 빨랐고, 특히 전차와 자주포는 어떤 위치에서든 보병과 함께 전투에 가담할 수 있었다. 미군 비행기의 출동 대수와 횟수도 종전의 모든 전투를 초과했다. 이에 비해 미군을 저지하는 중국군 장병들은 탄약이 갈수록 줄어들었고, 나중에는 반격할 수 있는 무기라곤 돌과 탄약이 떨어진 총의 개머리판과 적을 물어뜯을 수 있는 이빨밖에 남지 않았다. 사단 지휘소에서 부상자와 사망자 숫자를 보고받은 정치구이는 차마 더 이상 두고 볼 수가 없었다. 1개 중대는 얼마 싸우지도 못했는데 간부들이 전부 희생되고 병사는 10여 명밖에 남지 않았다. 다시 1개 중대가 나섰으나 얼마 가지 않아 똑같은 결과를 맞았다.

죽음보다 더 끔찍한 것은 참을 수 없는 굶주림이었다. 180사단은 사단 전체가 식량이 떨어진 지 여러 날이 되어 장병들이 산나물이나 풀뿌리로 허기를 달랬고, 산나물을 먹고 식중독에 걸린 병사가 적지 않았다. 부상병들의 상황은 더욱 비참했다. 제때에 치료받지 못한 상처가 곪기 시작했고, 풀뿌리를 씹어 먹을 수도 없었으며, 마실 물도 없었다. 한 박격포 분대에서는 포탄이 떨어지자 포탄을 운반하는 노새를 잡아먹자고 주장하는 병사도 있었으나 곧바로 반대에 부딪혔다. 병사들은 차라리 굶어 죽을지언정 자신들을 따라 생사를 넘나든 노새를 죽이고 싶지 않았던 것이다. 노새를 부리는 병사들은 노새들이 잡아먹힐까봐 고삐를 풀어 달아나라고 놓아주었다. 그러나 이 노새들은 주인을 잊지 못하고 가는 곳마다 쫓아와서 노새 부리는 병사들을 울리고 말았다.

5월 25일, 계속해서 군 지휘부에 구원을 요청하는 전보를 보낸 180사단은 내용이 서로 엇갈리는 두 통의 전보를 거의 동시에 받았다. 먼저 받은 전보에서는 마평리 북쪽으로 이동해 미군을 저지하라고 지시했다. 부대가 막 5킬로미터 정도 이동했을 때 또 전보가 와서 원래 위치에서 부상병 철수를 엄호하라고 지시해 결국 되돌아갔다. 이 두 통의 전보 다음에 최악의 소식이 전해졌다. 미군이 이미 마평리를 점령했다는 것이다.

180사단에게 유일하게 남은 활로가 끊긴 것이다.

180사단 주위에는 병력이 5배나 많은 미군이 철통처럼 바람 샐 틈도 없이 단단히 포위하고 있었다.

제60군 지휘부는 침묵 속에 대환난이 임박한 분위기가 가득했다. 며칠 밤낮으로 잠을 자지 못한 웨이제 군단장은 신경이 터져버릴 것만 같았다. 그는 180사단이 응봉 방향으로 포위를 뚫는 계획에 동의하면서 179사단과 191사단에게 180사단 쪽으로 신속히 접근해서 겹겹의 포위망을 뚫을 수 있도록 지원하라고 명령했다.

5월 26일 황혼 녘, 180사단은 포위망 돌파작전을 개시했다.

180사단은 병력을 두 길로 나누기로 했다. 한쪽 길은 사단 지휘부와 538연대·540연대를 편성해 북쪽으로 포위망을 돌파하도록 하고, 다른 한쪽 길은 539연대를 편성했다. 두 길로 나뉜 병력은 다음날 오전 9시에 응봉 남쪽에서 합류하기로 약속했다. 군 지휘부가 보낸 전보에 따르면, 응봉에 도착해 도로만 지나면 안전할 것이며, 먼저 도착한 부대가 나와서 지원할 것이라고 했다.

538연대 참모장 후징이胡景義는 2대대와 3대대를 이끌고 전 사단을 위해 미군의 포위망을 가르기 시작했다. 2개 대대의 중국군 사병들은 목숨을 걸고 도로를 봉쇄하고 있는 미군 전차를 향해 돌진했다. 얼마 지나지 않아 4중대 장병들은 전차와 싸우다가 모두 전사하거나 부상을 입었다. 이어서 5중대가 달려들어 계속 전투를 벌였으며, 마지막에는 10명밖에 남지 않았다. 3대대는 미군 보병과 한데 뒤섞여 혼전을 벌였는데, 야간전투에 익숙하지 않은 미군이 유달리 완강하게 맞서 양쪽 병사들은 최후의 시각까지 혼란한 육박전을 치렀다. 538연대의 2개 대대는 대부분 전사하거나 부상을 입는 대가를 치르고서야 마침내 한 줄기 길을 뚫었고, 180사단은 날이 밝아올 때쯤 응봉 기슭으로 철수했다. 그러나 아직 숨을 돌리기도 전에 전위 임무를 맡은 538연대 병사들이 달려와 보고했다.

"응봉에 미군이 있습니다!"

응봉 도로만 지나면 안전하다고 하지 않았던가?

지원하러 온다던 부대는 어디 있단 말인가?

180사단 장병들은 지원할 부대가 그곳에 도착할 수 없다는 사실을 모르고 있었다. 179사단의 지원부대는 도중에 미군의 공격을 받아 격렬한 전투를 치렀고, 그 결과 지원 임무를 맡은 1개 연대는 4개 소대밖에 남지 않은 상태였다. 그리고 181사단은 각 연대와 통신이 끊겨 사람을 보내 각 연대에 지원 임무를 전달할 수밖에 없었다. 통신병들은 흩어져 있는 각 연대를 향해 억수같이 쏟아지는 비를 뚫고 산길을 더듬어 다음날 아침에야 도착해서 명령을 전달했다. 그러나 이때는 미군이 이미 화천·원천리·장거리 일선을 점령한 뒤여서 181사단은 180사단에 접근할 가능성을 잃었다.

웨이제 군단장은 지원을 맡은 179사단과 181사단이 임무 수행에 실패했다는 소식을 접하자 군 지휘부 바닥에 털썩 쓰러졌다.

180사단이 다시 응봉 아래에서 포위되었을 때가 이 사단의 최후였다.

무전기가 망가져서 군 지휘부와 연락을 취할 방도가 없었다. 전 사단이 양식이 떨어진 지 7일이나 되었고, 탄약도 거의 바닥을 드러내고 있었다. 중장비는 전부 잃어버렸고, 부대는 혼란에 빠지기 시작했다.

미군 비행기가 응봉 상공에서 선회했다.

미군은 산골짜기를 따라 돌진해 들어왔다.

180사단은 마지막 당위원회를 열었다.

회의에서 내려진 결정에 대해 이 부대는 이후에도 분명히 밝히지 못했다.

180사단 당위원회가 응봉에서 내린 최후의 의결은 부대가 분산해서 포위망을 돌파한다는 것이었다.

문서를 불태우고, 무전기를 파괴하고, 암호첩을 소각하고……

암호병 자오궈유趙國友·웨이산훙魏善洪과 통신병이 암호첩을 소각하고 있는데 미군의 기관총탄이 그들에게 쏟아졌다. 정치구이는 그들이 암호첩을 완전히 소각할 수 있도록 엄호하라고 명령했다. 이때 미군 몇 명이 돌격해 올라오자 통신병이 수류탄을 던져 잠시 물리쳤다. 곧바로 포탄이 날아와 맹렬한 폭발음 속에 웨이산훙과 통신병이 부상을 입고 절벽으로 떨어졌다. 고참 암호병인 자오궈유는 암호첩을 완전히 소각하지 못할까봐 계속해서 그 자리에 쪼그리고 앉아 나뭇가지로 불을 돋우다가 피를 흘리며 타오르는 불 옆에서 죽어갔다.

분산해서 포위망을 돌파한다는 것은 180사단의 조직적인 전투가 끝났음을 의미했다.

황혼이 내리고 비는 여전히 억수같이 쏟아졌다.

180사단 장병들은 몇 명씩 작은 무리를 이루어 흩어졌다. 이들은 살고 싶다는 강렬한 본능과 말로 형언할 수 없는 불안감을 안고, 피로에 지친 몸뚱이를 끌고 어두운 숲속으로 분분히 사라졌다.

가장 먼저 포위망 돌파에 성공한 이들은 538연대 참모장 후징이가 인솔한 무리였다. 이들은 포위망을 뚫는 과정에서 539연대 고사기관총중대 중대장 샹다허向大河와 3소대장 리번주李本著가 인솔한 병사 16명, 그리고 사단 포병실 주임 궈자오린郭兆林과 538연대 조직참모 톈관전田冠珍이 인솔한 병사 14명을 차례로 만났고, 또 사단 조직참모 랑둥팡郎東方이 인솔한 병사 3명과 공병대대 참모 톈허우와田候娃가 이끄는 5명의 병사도 만났다. 이들 50여 명은 다시 전투 병력을 편성해 임시 당 지부와 연대 지부를 세우고 전투 소조小組와 조장을 지정했다. 5월 29일, 여러 차례의 전투 끝에 그들은 놀랍게도 미 제24사단의 포로 14명을 데리고 중국군 진지 최전선으로 접근했다. 마지막 돌격에서 기회를 틈타 사방으로 달아나던 미군 포로들은 미군이 쏜 총에 맞아 전부 사망했고, 180사단의 50명의 전투 집단은 마침내 181사단 진지로 돌아왔다.

180사단과 연락이 완전히 두절돼 몹시 초조했던 웨이제 군단장은 즉시 후징이를 만났다. 그는 180사단이 흩어져서 포위망을 돌파하기로 했다는 것을 알고는 전투 경험이 많은 간부와 병사에게 식량과 탄약을 가지고 산속으로 들어가 포위를 뚫은 장병들을 찾으라고 명령했다. 부대가 이렇게 큰 손실을 입어 화가 머리끝까지 치민 부군단장 차위성은 2개 사단을 동원해서 즉시 반격을 가해 포위망을 뚫은 180사단 장병들을 지원하자고 건의했다.

"상부에서 책임을 추궁하면 나 차위성의 머리를 건네주십시오!"

그러나 웨이제 군단장은 분산해서 포위망을 돌파했으니 그들을 찾기는 쉽지 않을 것이고 반격을 가해도 득보다 실이 클 것이라 생각했다. 웨이제의 판단이 옳았다. 적 후방으로 들어가 180사단 장병들을 찾으라고 보낸 부대는 결국 모두 빈손으로 돌아왔다.

포위 돌파에 또 성공한 것은 539연대장 왕즈청과 연대 정치처 주임 리취안산李全山, 작전훈련 참모 장사오우張紹武가 이끈 40여 명의 소부대였다. 이들은 포위를 뚫었을 뿐 아니라 연대의 지도와 문서까지 모두 가지고 나와 181사단 진지로 돌아왔다.

이틀 후 정치교도원 관즈차오關志超의 통솔하에 539연대 2대대 60여 명이 179사단 진지로 돌아왔다.

540연대 정치위원 리마오자오李懋召, 538연대장 팡커창도 몇몇 대원을 이끌고 돌아왔다.

사단장 정치구이, 부사단장 돤룽장, 참모장 왕전방王振邦은 경비분대와 사단 지휘부 기관원 일부를 인솔했다. 이 소규모 대오는 여명 무렵에 미군에게 추격당했다.

미군의 전차가 산골짜기 사이의 개활지에서 포효했고, 강철 캐터필러가 중국군의 몸을 휘감았다가 떨궈놓았다. 이 대오는 방향을 가리지 않고 이리저리 흩어져서 달렸다. 경비분대는 혼란한 와중에도 사단장을 보호해야 한다는 의식이 박혀 있어서 몇 명의 병사가 정치구이와 반대 방향으로 달려가 미군의 화력을 유인했다. 정치구이 등이 개울 건너 탁 트인 개활지에서 산 위를 향해 달릴 때, 2명의 경비병은 필사적으로 미군을 저지해 그나마 남은 탄환으로 반격을 가함으로써 미군 화력 대부분을 유인했다. 이 틈을 타서 사단의 수장들은 산 위로 질주했다.

정치구이 사단장은 산꼭대기에서 고개를 돌려 바라보았다.

경비병 한 명은 그 자리에서 전사했다. 다른 한 명은 부상을 입고 쓰러져 있었는데, 총성이 잠잠해진 뒤 흑인 병사 두 명이 다리를 하나씩 들고 질질 끌고 갔다.

정치구이는 이 장면을 평생 잊을 수 없었다.

가장 힘겹게 포위망을 돌파한 대오는 정치부 주임 우청더가 인솔한 무리였다. 그의 주위를 수백 명이 둘러싸고 있었는데 거기에는 문화선전 공작단의 어린 소녀들과 적잖은 부상병도 섞여 있었다. 우청더는 자신이 그들과 생사를 함께한다는 뜻을 표하기 위해 모두가 보는 데서 권총을 뽑아 자신의 말을 쏴 죽였다. 그러고 나서 모두에게 말했다.

"두려워 마라! 서로 도우면 반드시 빠져나갈 수 있다. 분명히 말하는데, 누구든 배신하고 적에게 투항하려는 자는 내가 총살할 것이다!"

인원이 많았으므로 이 부대의 목표는 분명했다. 이들은 부상병을 나르고 경미한 부상을 입은 자들과 걸을 수 없는 소녀들을 부축하면서 장대비를 뚫고 적의 포위망을 향해 돌진했다. 봉쇄선에서 대낮처럼 밝은 조명탄과 촘촘한 화력 공격으로 인해 누차 좌절을 겪었고, 포위 돌파 방향도 여러 차례 바꿔보았으나 여전히 뚫고 나갈 수 없었다. 어떤 골짜기에서는 미군의 전차에 가로막혔는데, 미군은 잔혹하게 중국군 병사들이 꽉 들어찬 골짜기를 향해 포격을 가하고 나서 전차로 깔아뭉개고 지나갔다. 중국군 장병들은 아무런 반격 능력이 없었지만, 쓰러지지만 않으면 미군에게 저항했다. 이들이 저항할 수 있는 유일한 방법은 달아나는 것이었고, 두 손을 들어 항복하지 않는 것이었다. 결국 우청더는 이 대오로는 포위망을 뚫고 나갈 수 없다는 것을 고통스럽게 깨달았고, 산으로 올라가 유격전을 펼치기로 결정했다.

적군, 굶주림, 고된 여건과 맞서 사력을 다해 투쟁하는 과정에서 이 부대는 희생, 질병, 굶주림 등의 이유로 점차 흩어져서 행동하게 되었다. 우청더는 그의 곁에 남은 33명과 함께 적 후방에서 1년 넘게 유격전을 펼쳤다. 마지막에 3명만 남았을 때 우청더는 포위를 돌파하다가 미군에게 포로로 붙잡혔다. 그는 한국전쟁 중 포로가 된 중국군 장병 가운데 지위가 가장 높은 사람이었다.

180사단에서 포위 돌파에 실패한 장병 가운데 일부는 높은 산속으로 들어가 떠돌았다. 1952년, 강원도 적근산 일대에서 한 무리의 유격대가 끊임없이 미군을 습격했고, 결국 미군은 그것이 지원군 병사들의 소행임을 알게 되었다. 미군은 3000여 병력을 동원하고 중국에서 항일유격대를 포위해 토벌한 경험이 있는 일본인을 고문으로 삼아 산에 들어가 포위 토벌 작전을 펼쳤다. 그러나 있는 힘을 다해 산꼭대기로 공격해 올라가니 사람 그림자라곤 하나도 보이지 않았으나, 적근산에서는 여전히 총성이 끊이질 않았다.

정치구이, 돤룽장, 왕전방은 얼마 되지 않는 병사들을 이끌고 산을 넘고 고개를 넘어 결국 중국군 진지로 돌아갔다.

웨이제 군단장과 마주하자 그들은 울음을 터뜨리며 처분을 요청했다.

지원군 사령부 자료에는 당시 180사단의 병력 손실 상황이 이렇게 기록되어 있다.

제60군 180사단은 화천 서쪽에서 단절되었고, 포위 돌파를 위해 수차례 지원을 펼쳤으나 모두 무산되었다. 사단장, 참모장, 대규모 짐을 엄호한 1개 대대 등 일부 인원이 포위를 뚫고 귀환한 것을 제외하면, 나머지 굶주림과 피로로 움직이지 못하거나 산나물을 먹고 식중독에 걸리거나 작전 중에 전사하거나 뿔뿔이 흩어진 사람이 7000여 명에 달했다.

180사단이 자체적으로 상부에 보고한 '180사단 포위돌파전투 감원減員 통계표'의 총계란에는 사단 전체의 부상자와 전사자 그리고 실종자의 합계가 7644명으로 기록되어 있다. 그중 사단급 간부가 1명, 연대급 간부가 9명, 대대급 간부가 49명이고, 중대급 간부는 201명, 소대급 간부 394명, 분대 이하 간부는 6990명이다.

일부 자료에는 제180사단의 병력 손실은 대부분 포로가 되었기 때문이며,

포로로 잡힌 인원수가 5000여 명에 달했다고 한다.

중국군 역사상 한국전쟁에서 180사단이 겪은 운명은 영원한 슬픔으로 남아 있다.

누가 승기를 잡을 것인가?

1951년 5월 31일, 북으로 진격하던 유엔군 중부전선 부대는 이미 연천·화천 일선에 도달해 있었고, 공세의 강도는 조금도 완화되지 않았다. 중국군 제9병단과 제3병단은 여전히 북으로 철수하는 중이었고, 전선은 북위 38도선에서 점차 멀어져갔다. 죽음과 부상, 굶주림 그리고 전세의 불리한 그림자에 휩싸인 중국군 장병들은 끊임없이 내리는 장맛비를 맞으며 북쪽을 향해 걷고 있었다. 그들은 구할 수 있는 모든 물건을 동원해서 비를 막았다. 끝도 없는 어둠 속에서 피로에 지친 몸을 끌면서 말로 형언하기 어려운 심리적 고통을 소리 없이 감내하고 있었다. '우리는 어디까지 철수해야 하는가? 이렇게 계속해서 북으로 가야 하는가? 우리가 정말 패하고 만 것인가?'

병단의 고위급 지휘관들은 지원군 사령부가 지정한 휴식지가 어디인지 알고 있었다. 하지만 그 시점에서는 그들조차도 계획대로 일이 진행될지 의구심을 갖고 있었다. 유엔군의 공세가 어느 지역에서 멈출지 누구도 예측할 수 없었기 때문이다.

기계화부대가 '승세를 몰아 추격하는' 속도는 실로 놀라웠다.

펑더화이는 공사동 입구에 서서 철원 방향을 바라보았다. 먹구름이 자욱한 남쪽 밤하늘에는 폭격으로 인한 불빛이 간간이 반짝였고, 펑더화이 뒤쪽에서는 선명하게 들려오는 폭격음이 예사롭지 않은 기운을 내뿜고 있었다. 그것은 바로 미군 비행기가 중국군 후방의 철도와 도로선을 봉쇄하기 위해 끊임없이 폭격하는 소리였다.

펑더화이는 리지웨이가 무슨 생각을 하고 있는지 짐작할 수 있을 것 같았다.

한반도 중부에 위치한 철원·김화 전선은 전략적 의의를 지닌 지역으로 '철의 삼각지대'철원·김화와 평강平康을 잇는 지리적 삼각지대를 가리킴라고 불렸다. 이곳은 산봉우리가 끝없이 이어지고 여러 높은 산이 호응하는 형세를 띠면서 우뚝 솟아 있었다. 이곳을 점령하면 아무런 장애물 없이 탁 트인 시야로 북쪽을 내려다볼 수 있으니, 미군이 계속 북진하는 데는 절호의 돌격 지점이었다. 또 이곳은 도로와 철도가 밀집해 몇몇 큰 요지 사이에 종횡으로 교차하는 한반도 중부의 교통 중추로서 방어 면에서든 공격 면에서든 물자를 중계 수송하거나 병력을 집결시키기에 최적의 장소였다. 나아가면 공격할 수 있고 물러서면 수비할 수 있는 곳이니 군사가라면 누구나 어떤 대가를 치르고서라도 점령하고 싶은 곳이었다.

더 이상 후퇴할 수 없었다. 군사적으로든 정치적으로든, 아니면 이치상으로든 심리상으로든 이곳은 중국군이 반드시 지켜내야 할 최후의 방어선이었다.

그렇다면 누가 이 최후의 방어선을 지켜낼 것인가?

이 방향은 원래 제19병단의 방어구역이었다. 좌익은 제3병단의 제12군·제15군·제60군이 수비했으나 공세를 펴는 단계에서는 이들 군의 공격 방향이 동남쪽이었기 때문에 공격 거리가 가장 멀었다. 그러다 보니 철수할 때 180사단에게 불리한 점만 제외하고는 기타 부대들이 철수해 돌아오는 데는 아주 괜찮은 상황이었다. 어떤 부대는 원래의 편제로 복귀하는 단계였고, 전투 과정에서 엄청난 병력 손실이 있었다. 하지만 섣불리 전략예비대인 제39군을 가동할 수도 없었다. 또한 다른 방향에서 횡으로 이동하는 부대가 틈을 메워줄 가능성이나 시간도 없었다.

제19병단의 방어구역은 그들 스스로 책임져야 했다.

제19병단 지휘부는 펑더화이가 보낸 "15~20일 동안 철원을 사수하라"는 전보를 받았을 때, 막 이동을 멈추고 한숨 돌리던 참이었다. 멀리 전선의 최서단에 있는 제64군은 북진하는 미군과 힘겹게 교전을 치르고 있었고, 제65군은 엄청난 손실을 입고 현 상황은 더욱 안 좋아 푸충비가 이끄는 제63군만 남은 상태였다.

제63군은 작전을 개시한 지 한 달 남짓한 기간에 대규모 사상자가 발생하고 식량과 탄환이 부족했으며, 장병들은 극도의 피로에 시달리고 있었다. 전차는 말할 것도 없고 박격포마저 200여 문에 불과했다. 포탄이 이미 동이 난 것은 그렇다 치더라도 적지 않은 화포가 부대의 기동성을 저해하는 짐으로 전락해버렸으며 포병이 보병 역할을 담당하고 있었다. 당시 병단이 제63군에게 사수하라고 요구한 방어선 정면의 너비는 55킬로미터에 달했으며, 밴 플리트 장군이 지휘하는 미군 4개 정규 사단을 마주하고 있었다. 미군 병력은 5만여 명이니 1킬로미터 내에 평균 300여 명이 있는 셈이었다. 게다가 미군은 각종 화포 1600여 문과 전차 300여 대를 보유하고 공군의 강력한 지원을 받고 있었다.

펑더화이가 명령한 저지 기한은 며칠이 아니라 보름 남짓이나 되었다!

제19병단 사령관 양더즈와 정치위원 리즈민은 책임지는 태도로 펑더화이에게 전보를 보내 임무를 완수하지 못한 이유를 진술했다. 일단 방어선을 지키지 못하면 전체 전쟁에 상상할 수 없는 위해를 불러온다는 현실을 감안하지 않을 수 없었기 때문이다.

적군의 선두 전차부대와 차량부대가 이미 연천 부근에 진입했습니다. 동쪽 지역의 적군은 문암리에 와서 지포리를 정찰했는데, 지포리에 제3병단의 부대가 있는지의 여부를 알려주기 바랍니다. 원래 제65군에게 연천 이남 지구에서 15~20일 동안 적군을 저지하라고 명령했으나, 임무를 완수하지 못하고 불과 4일 만에 적을 연천 부근까지 이르게 해서 제63군이 미처 준비할 겨를이 없었습니다. 제63군이 신속히 배치되었다 하더라도 지원군 사령부가 부여한 임무를 수행하기는 어려웠을 것입니다.

펑더화이는 답전에서 변명을 허용하지 않았다.

187사단과 189사단 2개 사단의 각 일부를 신속히 남쪽으로 전진시켜 적군을 단호히 저지하라. 2개 사단의 주력은 시간을 벌어 예정된 지역에서 신속히 참호를 구축하고, 군 직할부대와 188사단 일부는 철원에서 지원군 사령부가 지정한 지역과 석교 부근의 서북 지역에 신속히 참호를 세워 만일에 대비해야 한다. 아울러 177사단은 삭녕 및 그 동남 지구에서 결연한 전투태세를 갖추도록 하라.

제19병단은 제63군에 행동 명령을 하달했다. 동시에 단호한 어휘로 작성한 전보를 제65군에 보내 제63군의 저지작전에 협력하라고 명령했다.

적군의 병력이 아직 새로 증원되지 않았으니 적군을 신속히 연천 지구로 몰아넣도록 하라. 그런 다음 즉시 병력을 조직해 적군의 측면과 후방을 타격해 적군의 전진을 가로막아 제63군이 신속히 참호를 세우도록 도와야 한다. 그렇지 않으면 귀 부대는 철원 함락의 책임을 져야 할 것이다.

펑더화이는 아예 직접 양더즈에게 전화를 걸었는데 목이 잠겨 목소리가 낮게 깔렸다.

"63군이 전멸하더라도 15일에서 20일 동안 철원을 사수해야 하오!"

양더즈가 병단 직속부대에서 500명에 달하는 고참 병사를 뽑아 시급히 병력을 필요로 하는 제63군에 보내자, 젊은 군단장 푸충비는 마음이 몹시 격동해서 이렇게 말했다.

"우리는 최후의 한 사람이 남을 때까지 싸우기로 결심했다. 결단코 밴 플리트가 반걸음도 전진하지 못하도록 하겠다!"

이렇게 해서 중국군 제63군 역사의 가장 비장한 한 페이지가 펼쳐졌다.

6월 1일, 미군은 병력과 화력을 집중시켜 맹공을 개시했다. 연천에서 철원까지의 전선은 하루 종일 불빛이 하늘로 솟구치고 짙은 연기가 해를 가렸다. 전장 한쪽에는 중국군 병사들의 피와 살로 이루어진 육체가 있었고, 다른 한쪽에는 미군의 강철 전차가 장사진을 이루고 있었다. 전장에서 펑더화이의 지휘부까지는 100리에 불과해 미군 전차로 이틀이면 돌진할 수 있는 거리였다. 펑더화이는 철수를 거부했다. 그는 밤낮으로 잠을 이루지 못했다. 캄캄한 어둠 속에서 장맛비가 부슬부슬 내리는 작은 산비탈에 오랫동안 홀로 서서 남쪽을 바라보곤 했다. 그는 장차 중국군의 방어진지로 얼마나 많은 미군의 포화와 폭탄이 큰비처럼 쏟아질지 충분히 상상할 수 있었다. 그리고 선혈이 다 흐를 때까지 미군 병사들과 단단하게 한데 엉켜 싸우는 그의 병사들, 결코 반걸음도 물러서지 않은 진지 위로 그 젊은 육체들이 하나하나 스러져가는 모습도 눈에 선했다. 빈농 출신인 펑더화이는 가난한 집안에서 아들이 성장하는 모습에 얼마나 기대를 품고 있는지, 그 모습에 좀더 행복한 나날을 보낼 수 있다는 것을 누구보다 잘 알았다. 지원군 병사 중에 외아들이 있었는데, 며칠 전에 그의 아버지가 편지를 보내왔다. 아들이 집으로 돌아올 수 있는지를 묻는 내용으로, 노인인 아버지는 아들이 죽으면 살아갈 희망이 없기 때문이었다. 어떤 사람은 이 노인이 사상의식이 낮아 항미원조를 저해한다고 질타했다. 펑더화이는 이 말을 듣고 불같이 화를 내고는 즉시 100만 명에 가까운 병사 가운데 그 병사를 찾아내서 늙은 아버지에게 돌려보내라고 명령했다.

"병사는 부모가 키운 자가 아니던가! 바로 그대들처럼!"

펑더화이는 자신을 깊이 책망할 수밖에 없었다. 어떤 전쟁이든 인명의 희생을 요구한다고는 하지만 지금 상황에서 부하들을 심하게 탓해서는 안 되었다. 그 역시 지휘 과정에서 실책이 있었고, 그마저도 한국전쟁의 특수성에 대해 인식의 혼동을 겪고 있었기 때문이었다.

펑더화이는 계속해서 제63군에 전화를 걸어 반드시 전선을 굳게 지키고 후퇴해서는 안 된다고 엄명을 내렸다.

군령이 떨어지자 장병들은 목숨을 걸고 나섰다.

펑더화이는 산비탈에 오랫동안 밤낮으로 서 있었는데, 숱한 전투를 겪고 나이 50을 넘긴 이 고위장교는 마치 살 날이 얼마 남지 않은 노인처럼 초췌한 모습을 하고 있었다.

3일, 단 3일 만에 최전방의 189사단은 더 이상 견딜 수 없는 지경에 이르고 말았다. 죽음을 각오하고 번갈아 퍼붓는 미군의 공격으로 진지는 하루에도 여러 차례 주인이 바뀌었다. 쌍방의 병사들 시신이 한데 겹겹이 쌓였다가는 무자비한 포화에 다시 산산이 흩어졌다. 189사단 지휘부는 쉴새없이 부대를 새로 조직해야 했다. 몇 개 대대를 합쳐서 1개 대대로, 몇 개 중대를 합쳐서 1개 중대로 재편하고 기관원들까지 중대에 보충했다. 이렇게까지 했지만, 진지는 최후의 한 사람까지 싸우다가 결국 함락되고 말았다.

군 지휘부는 188사단에 올라가 189사단과 교체하라고 명령을 내렸다.

진지에서 내려온 189사단의 장병들은 겨우 1개 연대로밖에 재편성될 수 없었다. 사단장은 연대장이 되고, 연대장은 대대장이 되어 곧바로 탄약을 보충한 뒤 최후의 순간을 준비하면서 다시 돌격했다.

188사단의 563연대 8중대 중대장 궈언즈郭恩志는 허베이성 출신으로, 그의 말에서는 런추任丘 일대의 토박이 사투리가 물씬 풍겼다. 8중대는 진지에서 미군을 꼬박 이틀 동안 저지했다. 병사들은 전투가 잠시 소강상태에 빠진 틈을 타 흙탕물로 가득한 땅바닥에 털썩 쓰러져 드러누웠고, 궈언즈도 정말 견디기 어려웠다. 중대가 40일 동안 연이어 전투를 치렀으니 무쇠처럼 굳센 사람이라도 더는 버티지 못할 지경이었다.

"불러라! 노래 좀 불러봐."

그러나 노래를 부르는 사람은 아무도 없었다.

6월 6일, 궈언즈는 민첩하게 진지의 지형지물을 활용해 중대를 이끌고 미제1기병사단 예하 2개 중대의 공격을 격퇴했다. 사상자가 있기는 했지만 진지는 무사했다. 황혼 무렵, 그는 피로에 절은 병사들의 몰골을 보다가 미군 병사들에게 생각이 미쳤다. '미군 병사들도 이렇게 여러 날이나 계속해서 공격하고 있지 않는가?' 그래서 그는 3소대장에게 1개 소조를 이끌고 미군 숙영지로 찾아가서 소란을 일으키라고 했다. 전투 소조는 한바탕 수류탄을 투척해 미군 병사 몇 명을 죽이고 총기도 몇 정 노획했다.

연대장은 이렇게 말했다.

"바로 그거야! 어떤 방법을 써서라도 적군을 섬멸하고 자신을 지키고 진지를 사수하는 것이 바로 진정한 전사다."

6월 7일 이른 아침, 궈언즈는 뭔가 심상치 않은 느낌이 들었다. 진지 아래의 숲속에서 사람의 그림자가 왔다갔다하고 있었다. 앞쪽 도로에서는 전차 대열이 다가오고 있었고, 전차 뒤쪽으로는 한눈에 다 들어오지 않을 정도로 긴 보병 대열이 새카맣게 이어졌다. 궈언즈가 재빨리 3소대 병력을 1소대와 2소대에 보강 배치하는 작업을 막 완료했을 때 미군이 공격을 개시했다. 한 병사가 말했다. "중대장님! 들어보십시오. 미국 놈들이 중국말을 하고 있습니다!" 미군 중에 누군가가 중국어로 소리를 지르고 있었다. 공격해서 올라갈 수 없다면 화포로 산봉우리를 포격해 초토화시켜버리면 그만이라는 뜻이었다.

모두에게 빨리 방공호로 들어가라는 명령을 막 내리려다가 궈언즈는 갑자기 심장이 뛰기 시작했다. '적군이 어째서 그렇게 큰 소리로 외쳤을까? 심상치 않다. 분명 심상치가 않아!' 그는 각 소대에 즉시 진지로 들어가라는 명령을 내렸다. 과연 미군은 포를 쏘지도 않았고, 1개 대대 병력이 몰래 올라오고 있었다.

8중대의 몇 배나 되는 미군의 공격 의지는 더없이 완강했다. 전차가 포를 쏘고 이어서 비행기가 날아왔다. 8중대 진지에는 곧바로 초연이 자욱해졌다. 포탄이 터지면서 1소대 진지의 기관총수 왕썬마오王森茂가 총과 함께 흙 속에 파묻히자 40여 명의 미군이 소리를 지르면서 벌 떼처럼 몰려들었다. 왕썬마오가 흙 속에서 몸부림치며 나오자 미군이 거의 코앞까지 다가왔다. 왕썬마오가 일어서서 기관총을 들고는 맹렬히 소사하자 미군 병사들이 베인 보리처럼 우수수 쓰러졌다. 2소대의 진지에는 그새 20여 명의 미군 병사가 기어 올라와 있었고, 부상을 입은 4분대원 펑허馬賀의 바짓가랑이는 피에 흠뻑 젖었으며 그의 탄약수는 곁에 죽어 있었다. 그는 옆에 놓인 소총을 집어들고 곧장 눈앞에 있는 미군 병사에게 달려가면서 미친 듯이 총을 쏘았다.

궈언즈는 진지 가장 높은 곳에 서서 시종 큰 소리로 외쳤다. 병사들을 독려함과 동시에 중대장이 아직 건재하다는 것을 알려주기 위해서였다.

마침내 진지는 미군 병사로 가득 찼고 중국군 병사들은 벼랑의 가장자리로 내몰렸다. 이때 궈언즈는 1소대장의 고함 소리를 들었다.

"동지들! 우리에게는 아직 50발의 탄알이 있다. 한 발에 한 명씩 처치하라!"

이 암어는 중대 전체에 탄약이 50발밖에 남지 않았다는 뜻이었다.

진지의 후방에서도 격렬한 총성이 울렸고 8중대는 앞뒤로 포위되고 말았다.

궈언즈는 그의 중대에 영광스런 최후의 순간이 다가온 것을 알았다.

병사들은 거의 동시에 돌을 집어들었다. 평소 같으면 절대 들어올릴 수 없는 커다란 돌덩어리였지만, 지금은 모두가 머리 위로 높이 들어올려 적을 향해 던졌다. 아주 빠르게, 진지에 있던 돌들도 없어졌다. 병사들은 착검하고 한데 모여 육박전을 치를 태세를 갖추었다.

돌연 진지의 사방이 조용해지면서 미군 병사들이 아무런 움직임을 보이지 않았다. 8중대 진지에서 사방을 살펴보니 아래쪽에 녹색 철모가 빽빽이 들어차 있었다. 중국군 진지에 던질 돌도 없는 상황이 되었기에 미군 측에서는 그들이 이미 죽은 목숨이나 다름없다고 생각했다. 그래서 미군 병사들은 흥분해서 고함을 질렀고, 심지어 노래를 부르기까지 했다.

결사의 각오로 온몸에 뜨거운 피가 끓어 얼굴이 벌겋게 상기된 궈언즈가 옆에 있는 병사들에게 말했다. "제길, 우리도 부르자고!"

우리는 인민의 멋진 병사들
우리는 전투 속에서 성장하지
전투를 시작했다 하면
우리는 섬멸전을 편다네
……

중국군 병사들의 노랫소리에 미군 병사들은 어안이 벙벙해졌다.

갑자기 옆에 있는 9중대 진지에서 총성이 집중해서 울려 퍼지자 미군은 이내 허둥대는 기색을 보였다. 바로 그때 궈언즈가 고함 소리와 함께 첫 번째로 벼랑에서 몸을 날려 아래로 뛰어내렸다! 바로 뒤이어 8중대의 생존한 병사들이 분분히 벼랑에서 뛰어내렸다.

벼랑 아래에 있던 미군들은 멍해져서 어쩔 줄 몰랐다. 3소대장이 8중대 전체를 통틀어 단 하나 남은 대전차 수류탄을 미군을 향해 던졌다. 폭발음이 아직 가라앉지 않은 가운데 중국군 병사들은 일제히 '죽여라!'를 외치며 폭발로 열린 틈새로 돌진했다!

날이 어두워진 후 궈언즈가 병사들을 이끌고 대대 지휘소로 돌아오자 대대장은 극도로 흥분했다.

"자네들은 1개 중대 병력만으로 이틀 동안 미군의 대규모 공격을 완강히 저지했으니, 연대장님께서 자네들의 공로를 상신하겠다고 하셨네."

제19병단의 지휘관들은 최전방의 각 진지에서 반복되는 성공과 실패로 마음을 졸일 수밖에 없었다. 끊임없이 가해지는 미군의 압박 앞에서 188사단의 저지선은 후퇴를 거듭하고 있었다. 비록 한 걸음 후퇴할 때마다 허가를 받았고, 더 많은 적군을 섬멸하고 더 많은 시간을 벌기 위한 후퇴이기는 했지만 결국에는 기동방어할 수 있는 종심이 별로 크지 않았다. 이곳의 진지는 모두 높은 산과 벼랑에 구축되어 진지를 이동할 때 병사들이 벼랑에서 뛰어내리는 상황이 여러 차례 있었다. 이는 진지를 사수하는 장병들이 최대한도로 미군을 지체시키고 최후에 벼랑가로 몰리기 전까지 포기하지 않고 미군을 붙잡고 늘어진 것을 설명해준다.

병단 지휘부는 또 한 가지 소식을 접했는데, 563연대의 진지에서 1개 소대가 미군에 포위되어 고립되었다는 것이었다. 이 소대는 원래 전차를 공격하기 위해 파견된 부대여서 총알을 많이 휴대하지 않았다. 이제 많은 미군 병사와 여러 대의 전차가 이 소대를 사방에서 에워싸고 공격을 개시했다.

가까스로 해당 소대와 전화 통화가 연결되었으나, 부소대장 리빙췬李秉群이 "우리는 8명만 남았습니다"라고 한 말만 들리고는 전화선이 미군 포화에 끊어지고 말았다.

병단 지휘부는 아직 살아 있는 8명의 병사의 운명이 걱정되었다.

부대를 보내 지원하도록 했지만, 진지가 이미 미군 진지 속에 깊이 빠져 있는 상태라 접근할 수가 없었다.

유일하게 판단할 수 있는 상황은 8명의 병사 가운데 생존자가 있는 것이 분명하다는 점이었다. 왜냐하면 그 산꼭대기에서 총성과 불빛이 계속 이어지고 있었기 때문이다.

나중에는 총성도 그치고 불빛도 꺼져버렸다.

그 산꼭대기 진지 뒤편에는 20여 미터 높이의 벼랑이 있었다.

제63군이 여러 차례 병력을 보내 수색한 결과 생존자는 3명밖에 찾지 못했다. 병사 뤄쥔청羅俊成과 허우톈유侯天佑는 떨어지면서 중상을 입은 후 되돌아 기어오르는 중에 발견되어 들것에 실려 돌아왔다. 병사 자이궈링翟國靈은 벼랑 나뭇가지에 걸려 다행히 화를 면할 수 있었다. 그는 최후의 순간까지도 자기 총을 버리지 않았고 총에는 3발의 총알이 남아 있었으며, 스스로 기어서 돌아왔다.

부소대장 리빙촨과 병사 허위청賀玉成, 추이쉐차이崔學才, 장추창張秋昌 그리고 멍칭슈孟慶修는 희생되었다.

제19병단의 정치위원 리즈민은 그 진지의 총성이 완전히 잦아든 뒤 하염없이 흐르는 눈물을 주체할 수 없었다.

참혹했던 철원의 저지전은 꼬박 10일 동안 치러진 뒤 막을 내렸다. 제63군은 펑더화이가 부여한 임무를 완수했다.

제63군이 마침내 철수했을 때, 펑더화이는 직접 가서 전방에서 내려온 장병들을 만났다. 그는 자신의 병사들이 실밥이 다 터진 천조가리를 몸에 걸치고, 핏자국과 연기 자국으로 만신창이가 된 속잠방이만 입은 병사들도 적지 않은 것을 보았다. 펑더화이가 "조국은 그대들에게 감사할 것이오"라고 한마디 하자 장병들은 이내 눈물을 흘리면서 희생된 전우들을 떠올렸다.

펑더화이가 제63군 군단장 푸충비에게 원하는 바를 묻자, 푸충비는 이렇게 말했다.

"병력이 필요합니다."

"그럼 2만의 병력을 보충해주겠네!"

6월 10일 이후, 북진하던 유엔군은 중국군의 지속적이고 완강한 저지로 북진의 기세가 다소 누그러졌다가 결국에는 진격을 멈추었다.

한국전쟁에서 교전 쌍방의 대치 전선은 상대적으로 안정되었다.

이렇게 해서 5차 전역이 막을 내렸다.

5차 전역에 대한 중국군의 평가는 객관적이고도 냉정했다.

이번 전역에서 중국군은 모두 15개 군을 투입해 50일간 전투를 지속했다. 이 과정에서 적군 8만여 명에게 심각한 타격을 주었는데, 이는 5차례의 전역에서 적을 가장 많이 섬멸한 것이었다. 하지만 펑더화이가 예견한 대로 5차 전역은 한바탕의 '악전惡戰'이었다. 중국군은 이 공세에서 엄청난 대가를 치러 8만5000명이나 되는 병력이 희생되었다. 특히 후반기의 철수 과정에서 1만 6000명에 달하는 사상자를 냈다. 전투 손실을 가장 심각하게 입은 데는 제60군 180사단이었다.

전역 결과에서 드러난 가장 중요한 문제는 다음과 같다. 첫째는 성급함이었다. 미군이 전혀 조건을 갖추지 않은 이른바 '상륙작전'의 위협에 대해 지나치게 주관적인 판단을 내려 전역 준비를 다급하게 했다. 둘째는 공격의 규모가 지나치게 컸다는 점이다. 첫 번째 단계에서 적군 5개 사단(그중 3개는 미군 사단)을 섬멸하고, 두 번째 단계에서 6개 사단(한국군)을 섬멸할 계획이었으나, 사실상 실행하기 힘들고 심지어 불가능한 것으로 증명되었다. 현실에서 벗어난 계획은 적과 아군에 대한 객관적이고 전면적인 인식 부족에서 기인했다. 특히 미군이 작전을 전개할 때 취할 전술의 변화에 대한 인식이 부족했다. 셋째는 공격 거리가 아주 멀었다는 점이다. 전역의 의도가 지나치게 커서 부대가 멀리까지 돌파했지만 실제 보급능력은 아주 뒤떨어졌다. 이로 인해 부대는 식량과 탄약 부족이 심각했고, 부상자를 제때에 후송할 수 없었으며, 미군이 반격할 때도 적시에 전장에서 벗어나지 못했다.

군사배치 면에서는 첫 번째 단계에서 제20군과 제40군이 돌파한 후 후속 부대가 곧바로 뒤따라 전진하지 못해서 열어놓은 전역의 돌파구를 제대로 활용하지 못했다. 만약 제3병단과 제26군을 동쪽으로 접근시키고, 제27군을 제9병단의 제2제대로 삼아 전역의 돌파구로부터 진격했더라면 전역은 좀더 순조롭게 전개되었을 것이다. 아울러 제3병단이 15킬로미터밖에 안 되는 협소한 정면에서 돌격하느라 부대가 과도하게 몰리는 현상이 빚어졌다. 이로 인해 진격 속도에 영향을 미친 것 말고도 부대에 사상자가 발생했다.

미군은 선진화된 장비와 강력한 화력 그리고 신속한 기동력을 갖추고 있었다. 따라서 중국군이 전역을 개시한 첫날밤에 우회해서 예정된 지점에 도착하지 못했다면 전역은 매우 어렵게 전개되었을 것이다. 그러나 우회해서 예정된 지점에 도착하긴 했지만 포위된 미군이 중국군에게 섬멸될 리가 만무했다. 미군은 30킬로미터를 철수한 후 이내 정지해 기습적인 반격을 실시하곤 했는데, 이때 중국군은 병참보급 문제로 곤란을 겪고 곧 위기 상황에 처했다. 특히 전역 후반기에 대규모 병단이 이동할 때 미군은 신속한 기동력을 이용해 중국군을 극도의 수동적 상태로 몰아넣었다. 중국군은 방어진지의 종심이 무척 짧았고, 저지전술이 단조로웠으며, 전장의 효과도 만족스럽지 못했다. 개별 부대가 전역의 철수 단계에서 혼란을 빚어 지휘상의 문제를 드러냈다.

끝으로 가장 심각한 문제는 병참보급이었다.

이 시기에 중국군 내부에서 발생한 일부 사상적 혼란, 상호간 불만 그리고 전쟁의 앞날에 대한 실망과 비관적 관점을 불식시키기 위해 지원군 지휘부에서는 '전군 분발! 준비 박차! 적군 진격 분쇄!'라는 제목으로 정치공작 지시사항을 선포했다. 이를 통해 각 부대에 전쟁 과정에서 발생한 부분적인 좌절 상황을 정확히 인식해 정신을 진작시키고, 장병이 하나가 되어 다시 전투에 임할 준비를 하도록 요구했다.

한편, 중국군 각 부대의 장병들은 북한 정부로부터 각종 훈장을 받았다. 한국전쟁 과정에서 펑더화이를 포함해 총 52만6354명의 지원군 장병이 잇따라 훈장을 받았다. 이 경이로운 숫자는 거의 장병 2명에 1명꼴로 훈장을 받았음을 말해준다.

1951년 6월 중순, 한국전쟁의 교전 쌍방은 문산·고랑포리·삼곶리·철원·김화·양구 전선에서 대치하고 있었다.

이는 5차례의 대규모 전역을 거쳐 마지막으로 쌍방의 전장 실력에 근거해 형성된 전선이었다.

이 전선은 한국전쟁 발발 당시 남북한이 교전을 개시했던 그 전선과 유사했다.

꼬박 1년 동안 전쟁을 치르고 나서 다시 전쟁 발발 당시의 상황으로 돌아간 것이다.

군사가로서 리지웨이는 미군이 절대적으로 압록강변까지 치고 들어갈 실력을 갖추고 있다고 판단했다. 그는 공군과 해군 그리고 장갑병을 동원하면 이 목적을 충분히 실현해낼 수 있으며 그 과정에서 당연히 엄청난 사상자가 속출하겠지만 이는 응당 치러야 할 대가라고 생각했다. 사상자 문제에 대해 리지웨이 본인은 아주 세세한 계산을 원하지 않았을지도 모르지만, 누군가 그를 위해 '정확하게' 계산했다. 이에 따르면, 중국군이 치른 1차에서 5차까지의 전역은 평균 간격이 1~2개월이었으며, 미군은 한 차례의 전역에서 평균 2만 명의 병력 손실을 입었다. 밴 플리트가 개시한 '고속 전진'과 '거대한 승리'를 거둔 북진 공세의 진격 속도에 근거하면, 미군은 연속해서 쉬지 않고 북진(중국군이 이를 허용하고 어떤 반격도 펴지 않았을 경우)하면서 7차례 이상 이 정도 규모의 공세를 펼쳐야 하고, 또 6개월이 걸려야 압록강변에 도달할 수 있다. 한 차례의 전역에서 2만 명의 병력을 손실했다는 계산을 따르면, 미군의 병력 손실 규모는 14만 명에서 18만 명에 이를 것이다. 설령 미군이 한반도 북부에서 상륙작전과 공수작전을 실시할 수 있다 치더라도 북한처럼 험산준령의 지형에서 기동작전에 능한 중국군이 미군에 살상을 가하면 이런 노력이 아무 소용없을 가능성이 컸다. 게다가 일단 상륙작전을 실시하면 전방의 부대는 병력을 차출해 상륙작전에 참여해야 한다. 그렇게 되면 전방에는 전역의 돌파구가 분명히 드러날 테고, 중국군은 미군을 징벌할 어떤 전투 기회도 놓치지 않을 것이다.

1년간 지속된 전쟁에서 10만 명의 미국 청년이 목숨을 잃은 것을 제외하고도 소모된 자금이 이미 100억 달러에 이르렀다. 이는 미국이 제2차 세계대전에 참전한 첫해에 쓴 액수의 배가 넘었다. 이로 인해 1951년 미국의 군비 지출은 600억 달러로 증가했고, 이 숫자는 미국인 1인당 300여 달러를 부담해야 한다는 것을 의미했다. 전쟁 중에 미군이 매달 소비한 물자는 평균 850만 톤이었고, 이는 미국이 북대서양조약기구에 1년 6개월간 원조하는 물자의 총량에 상당했다. 미국은 한반도에 육군 전체의 3분의 1, 공군의 5분의 1, 해군의 2분의 1을 집중시켜 총병력은 전쟁 초기의 42만 명에서 어느새 70만 명까지 증가했다. 이렇게 했는데도 중국군을 상대로 작전할 때는 여전히 병력이 부족하다고 느꼈다. 이 모든 것이 전략의 중점을 유럽에 두고 있는 미국으로서는 전략상의 본말이 완전히 전도된 것이었다. 미국의 전략예비대는 일본에 남아 있는 2개 사단, 한국의 3개 사단 그리고 멀리 미국 본토의 6개 사단이 전부여서 한반도 전장에 군대를 증파하는 것은 더 이상 불가능했다. 그리고 영국과 프랑스 등 동맹국들은 모두 한반도에 단 한 명의 군사도 추가 지원하지 않겠다고 입장을 명확히 밝힌 터였다.

미 합동참모본부는 "한국전쟁은 밑 빠진 독이다. 유엔군이 승리할 희망이 보이지 않는다"는 점을 명확히 인식하고 있었다.

따라서 트루먼이 현재 가장 중요한 문제는 전쟁을 마무리해서 미국을 한국전쟁의 수렁 속에서 벗어나게 하는 것이며, 유엔군이 압록강까지 쳐들어가면 이 때문에 전쟁을 끝낼 수 없을 뿐 아니라 오히려 더 큰 규모의 전쟁이 시작된다고 생각한 것은 일리가 있었다. 맥아더가 주장한 "전쟁을 중국 국내로 유도하자"는 제안은 현실성이 없는 것이었고, 일본이 중국 본토에서 실패한 교훈마저 간과한 우매한 제안이었다. 게다가 소련이 일단 참전하면 전쟁은 더 이상 아시아만의 일로 국한되지 않을 것이었다. 그렇다면 미국 입장에서 이른바 한반도의 '통일'을 위해 이처럼 엄청난 대가를 치를 가치가 있을까? 다시 말해 전쟁에 들인 가치가 정치적 목적이 지닌 가치를 넘어설 수 있을까? 장기간 한반도 전장에 빠진 것은 정말로 소련의 계략에 걸려든 것은 아닐까? 무력을 사용해 한반도 '통일'을 강행한다고 하더라도 미국이 아시아에서 얼마만큼의 이익을 얻을 수 있을까? 미국이 이를 위해 아시아 국가들의 철천지 원수가 될 가치가 있을까?

중국 측 입장에서 말하자면, 최소한 5차 전역 이후 중국 지도자들은 한 가지를 분명히 알게 되었다. 그것은 바로 전쟁에서 승리를 얻으려면 반드시 엄청난 재력을 투입해 군대의 현대화 장비를 강화해야 한다는 점이었다. 그러나 공교롭게도 이 점은 수립된 지 1년 반도 안 되는 신중국으로서 당장은 해낼 수 없는 일이었다. 중국 역시 한반도를 위해 그렇지 않아도 상당히 미약한 국력을 다 소모할 리는 없었다. 당시 중국 지도자들이 맞닥뜨린 더욱 중요한 문제는 타이완과 티베트였다. 게다가 중국군은 유엔군의 한반도 '통일' 기도를 성공적으로 저지했으니 이는 정치적 의미에서 그 자체로 일대 승리였다. 그밖의 정치적 목적은 군사적 압력을 지속적으로 유지하는 선에서 얻을 수 있었다. 마지막으로, 김일성의 한반도 '통일'을 돕는 것은 지금까지 중국 측이 참전한 가장 중요한 목적이 아니었다.

6월, 마오쩌둥은 베이징에서 한국전쟁에 참전한 중국군 4개 주력군의 지도자를 잇달아 만났다. 그리고 온몸에서 초연이 채 가시지 않은 지휘관들과 장시간 대화를 나누었다. 4개 군의 지도자들은 제38군의 정치위원 류시위안, 제39군 군단장 우신취안, 제40군 군단장 원위청 그리고 제42군 군단장 우루이린이었다. 그들은 지원군 부사령관 덩화의 인솔하에 전황 보고를 위해 귀국했다. 베이징에서 이들은 열렬한 환영을 받았고, 각 군 병과 지휘관들의 수행하에 베이징의 전통요리인 양고기 샤브샤브와 카오야烤鴨 그리고 탄자차이譚家菜 등을 맛보았다. 하지만 그들이 잊을 수 없었던 것은 마오쩌둥의 '자택 연회'에서 먹었던 음식이다. 요리 네 접시에 국 한 그릇이 전부였고, 그중 고기요리는 한 접시에 불과했지만 말이다. 마오쩌둥과 군단장들의 대화는 순전히 한담을 나누는 분위기 속에서 이어졌다. 마오쩌둥은 "이번 전쟁을 어떻게 볼 것인가"라든지 대규모 전역에 대한 견해를 물은 것 말고도 의외로 전투의 극히 세세한 부분까지 구체적으로 질문해 군단장들을 놀라게 했다.

마오쩌둥이 내린 최종 결론은 장기적으로 미군과 대치할 사상적 준비를 다져야 한다는 것이었다.

이때 마오쩌둥은 이미 한국전쟁에 대한 작전지도 방침을 스스로 수정해놓고 있었다. 그 수정은 한국전쟁의 현실에 근거해 변화를 가한 것으로, 펑더화이에게 보낸 전보에서 잘 엿볼 수 있다.

더화이 동지에게

지금까지의 공세에서 아군은 전략 전술적인 대규모 우회작전을 실시해 한 차례 미군의 몇 개 사단 혹은 1개 전체 사단, 심지어 1개 전체 연대를 포위했소. 하지만 모두 섬멸시키지는 못했소. 이는 미군이 아직까지 강렬한 전투의지와 자신감으로 충만해 있기 때문이오. 적군의 자신감을 깨부수고 최후에 대규모 포위 섬멸의 목적을 달성하려면 작전을 펼 때 목표를 지나치게 크게 잡아서는 안 될 것 같소. 아군 1개 군이 한 차례 작전 과정에서 미국과 영국의 1개 대대 전체에서 2개 대대 전체를 섬멸하면 충분하오. 현재 아군의 제1선에는 8개 군이 있는데, 각 군이 1개 대대씩 모두 8개 대대 전체를 섬멸해 적군에게 심대한 타격을 안겨주었소. 만일 전투 때마다 각 군이 2개 대대 전체를 섬멸할 수 있다면 모두 16개 대대 전체를 섬멸하게 되어 적군에게 더 큰 타격을 가할 수 있을 것이오. 만일 이렇게 할 수 없는 경우라면 전투 때마다 각 군이 1개 대대 전체만 섬멸해도 적당할 것이오. 이것은 바로 미군과 영국군을 치는 것은 한국군을 치는 것과는 다르다는 말이오. 한국군은 전략이나 전투로 대규모 포위를 실행할 수 있지만, 미군이나 영국군을 칠 때는 몇 개월 안에는 이런 대규모 포위를 실행해서는 안 되고, 단지 전술적 소규모 포위를 실행하도록 하시오. 다시 말해 각 군은 전투가 있을 때마다 심혈을 기울여 적군의 1개 대대 또는 그보다 좀더 많은 대상을 선별해 전체를 포위 섬멸하면 된다는 것이오. 이렇게 해서 다시 서너 차례 전역을 치르면 미군과 영국군 각 사단은 모두 3~4개 대대 전체가 깨끗이 섬멸되어 사기가 크게 저하되고 자신감도 흔들릴 것이오. 그때는 한 차례 전투에서 적 1개 사단 전체 또는 2~3개 사단 전체를 섬멸하는 계획을 세울 수 있을 것이오. 과거에 우리가 장제스의 신1군·신6군·5군·18군 그리고 계계군벌桂係軍閥, 신해혁명 이후 중국 광시廣西 지방을 근거지로 했던 군벌의 제7군을 쳤던 것이 바로 이처럼 소규모 섬멸전에서 대규모 섬멸전으로 이행하는 과정이었소. 아군은 한반도에 진입한 후 다섯 차례 전역에서 이미 소규모 섬멸전의 과정을 완성했소. 하지만 아직 부족하오. 아직 몇 차례의 전역을 더 거쳐야 소규모 섬멸전의 단계를 완성해 대규모 섬멸전으로 진입할 수 있소. 공격 지점에 대해서는 적군이 자발적으로 나서서 북쪽으로 조금 더 다가올수록 우리에게 유리하고 평양·원산 전선을 넘지만 않으면 되오. 상술한 내용에 대해 그대의 의견을 전보로 알리도록 하시오.

마오쩌둥

5월 26일

중국군의 1개 군으로 미군과 영국군의 1개 대대를 공격한다는 것은 곧 전투에서 3만 명이 800여 명을 공격한다는 것을 의미했다.

절대적 우세를 갖춘 병력을 집중시키는 것은 중국군의 유명한 군사 고위장교 류보청劉伯承의 작전 원칙이었다. 류보청이 원래 했던 말은 '닭을 잡으려면 소 잡는 칼을 써야 한다'는 것이었다.

마오쩌둥은 그 특유의 입담으로 한반도에서 작전을 펼치는 중국군을 위해 한 가지 기본적인 지도방침을 다시 세웠다. 그것이 바로 유명한 '뉴피탕 조각 판매零敲牛皮糖' 전술이다.

뉴피탕牛皮糖은 중국 남방 지역에서 엿기름으로 만든 둥근 빵 모양을 한 사탕을 가리킨다. 뉴피탕을 파는 사람은 작은 망치로 손님이 달라는 만큼 조각내서 팔았다. 마오쩌둥의 뜻은 분명했다. 한국전쟁은 현재 더 이상 대규모 전역을 펼 수 있는 상황이 아니므로 미군과 접촉하는 전선에서 조금씩 타격을 가하는 전법을 취해야 한다는 것이었다.

세계적으로 유명한 군사이론가 카를 폰 클라우제비츠Carl von Clausewitz는 정치와 전쟁의 관계에 대해 다음과 같이 논했다.

지금까지의 전쟁은 맹목적인 충동에 의해서가 아닌 정치적 목적의 지배를 받아 일어난 행위였다. 따라서 그 정치적 목적의 가치에 따라 얼마나 큰 희생을 치를지, 얼마 동안 희생을 감수할지가 결정된다.

이러한 이유로 힘을 과도하게 소모해 정치적 목적을 초과하게 되었을 때 사람들은 이 정치적 목적을 포기하고 화해의 제스처를 취하게 된다.

1951년 6월, 유엔군의 북진 공세가 중지되자 한국전쟁은 갑자가 막다른 골목에 접어든 듯한 국면을 보였다. 그리하여 군사와 정치의 진행 과정에 따라 자연스레 한 가지 현상이 나타났다. 즉, 전쟁의 쌍방이 모두 군사적으로 한국전쟁에서 전면 승리를 취할 생각을 단념한 듯한 모습을 보였던 것이다.

전쟁의 또다른 형식이 곧 등장할 태세였다. 바로 '협상'이었다.

조지 케넌과 내봉장

미국 뉴욕의 롱아일랜드에는 유엔 주재 소련 대표단이 주말을 보내는 운치 있는 여름 별장이 있었다. 미국 땅에 있는 이 소련 외교관들이 드나드는 장소에 미국인이 나타나면 그가 누구든 커다란 주의를 끌었다. 매카시즘이 성행하던 당시 미국에서 소련인과 접촉한다는 것은 어떤 고위층 인사라도 '위험천만한 일'이었다.

1951년 5월 31일, 검은색 승용차 한 대가 별장의 대문으로 들어섰고 미국인 한 명이 주인의 영접을 받으면서 차에서 내렸다.

그는 기자들에게 상당히 잘 알려진 미국인으로, 미국 국무부의 베테랑 고문이자 저명한 소련문제 전문가 조지 케넌George Frost Kennan이었다.

그가 그곳에 와서 뭘 했는지 아는 사람은 아무도 없다.

케넌의 방문 목적을 아는 사람은 트루먼 대통령을 비롯한 몇 명뿐이었다.

아무런 외교 관계도 없는 중국 측에 전쟁을 멈추고 협상 테이블에 마주 앉기를 바란다는 의사를 표명한다는 것은 미국 정부 입장에서 내심 모순되고 난처하며 거북한 일이었을 뿐 아니라, 케넌 자신에게도 곡절이 있고 힘들며 고역스러운 일이었다.

왜냐하면 전쟁이 발발하자 교전의 일방으로서 중국은 여러 차례 평화적 방법으로 한반도 문제를 해결하자는 주장을 폈기 때문이다. 미군이 인천상륙작전을 실행한 뒤 중국 지도자는 여러 차례 미군이 38선에서 정지하고 평화적 방식으로 협상을 통해 한반도 문제를 해결하기를 희망한다는 의사를 표명했다. 하지만 당시 기세가 한껏 올라 있던 미군은 이에 응하지 않았다. 1950년 10월 2일, 미군이 38선을 넘어 북한에 공격을 개시할 때 소련 등 일부 국가는 유엔 총회에 한반도 분쟁을 평화적으로 해결하자는 제안을 내놓았다. 중국 정부는 이 제안에 지지 의사를 표했지만 미국 정부가 조종하는 유엔은 이 제안을 부결시켰다. 같은 해 11월 18일, 제2차 세계평화협의회에 중국 대표단 단장으로 참석한 궈모뤄郭沫若는 5개 항목을 건의해 한반도에서 모든 외국 군대가 철수하고 한반도 문제를 평화적으로 해결하자는 주장을 펼쳤지만 미국 측으로부터 어떤 반응도 얻어내지 못했다. 그러다가 1951년 1월 11일, 미국이 돌연 중국에 '휴전 협상'을 제의해왔고, 아울러 미국이 주도하는 '한국전쟁 휴전을 위한 유엔 3인 위원회'를 통해 한반도 문제 해결을 위한 다섯 가지 의견을 제시했다. 하지만 이는 미군이 3차 전역에서 막대한 손실을 입은 후 시간을 벌려는 의도가 분명했다. 게다가 미국의 제안에는 타이완 문제와 유엔 가입 문제에 관해 일괄 타결을 원칙으로 하자는 중국 측 요구에 대한 회답이 없었다. 따라서 중국은 미국의 제안을 거부함과 동시에 한반도와 극동 문제를 평화롭게 해결할 수 있는 계획을 제시했다. 하지만 이때 미군이 이미 한반도 전장에서 반격을 개시해 전투가 뜻대로 진행되면서 미국 측은 또다시 다가온 협상 기회를 놓쳤다. 1951년 2월 1일, 미국의 주도하에 유엔은 놀랍게도 '중국은 침략자'라는 결의안을 통과시켰다. 저우언라이가 언급했듯이 이 결의안이 통과되었다는 것은 "미국 정부와 그 공범자들은 평화가 아닌 전쟁을 원한다. 평화적 해결의 통로는 가로막히고 말았다"는 현실을 노골적으로 드러낸 것이었다. 당시 트루먼은 한반도 문제를 평화적으로 해결할 문을 닫아걸었으며, 유엔을 조종해 중국에 대한 무역금지 조치 등의 안건을 연속해서 통과시켰다. 이로 인해 중국은 한반도 문제를 평화적으로 해결할 모든 의사를 단념하고 장기전쟁 준비에 돌입했다.

전례 없는 규모의 5차 전역이 막을 내렸는데, 이 과정에서 쌍방이 한반도 전장에 투입한 병력은 어느덧 100만 명을 넘어섰다. 전선이 마침내 38선에 안착되었을 때 안팎으로 어려움에 봉착한 트루먼은 협상 테이블에 앉을 궁리를 하고 있었다. 하지만 트루먼은 그제야 비로소 자신이 굳게 닫아건 문을 다시 열려는 시도가 현실적으로 상당히 어렵겠다는 생각이 들었다. 국무장관 애치슨이 말한 대로 말이다.

"그러므로 우리는 사냥개처럼 여기저기서 중국과 정보를 교류할 수 있는 인물을 찾아내야 한다."

애치슨은 먼저 소련문제 전문가 찰스 볼런Charles Bohlen에게 파리에서 소련의 독일 주재 규제위원회 의장인 블라디미르 시모노프Vladimir Simonov의 의중을 타진해보라고 지시했지만, 상대방은 이해하지 못하는 듯 반응을 보이지 않았다. 이어서 유엔 주재 미국 사절단의 어니스트 그로스Ernest A. Gross와 토머스 커리Thomas Curry는 유엔 빌딩에서 유엔 주재 소련 대표들에게 친밀함을 보이느라 애쓰고 있었다. 하지만 거의 타진될 즈음에 『뉴욕타임스』가 출처가 어디인지는 모르지만 "미국이 한국전쟁 문제에서 평화 회담을 하려 한다"는 단편적인 정보를 입수해 발표하기에 이르렀다. 미국 내에서는 일시에 여기저기서 헛소문이 나돌았다. 이로 인해 매카시즘에 시달리던 미국 정계는 서둘러 '진화'에 나섰고, 다소나마 생각의 여지를 보이던 소련 측은 한발 물러서고 말았다.

골머리를 앓던 애치슨은 직접 중국 측과 정보를 교류할 수 있는 인물을 찾아 나서기로 결정했다. 그는 미국—스웨덴—모스크바 루트를 통해 극비리에 탐색에 나섰으나 역시 효과를 보지 못했다. 그러자 그는 홍콩으로 사람을 보내 미국중앙정보국이 늘 써오던 수단을 동원해 백방으로 베이징과 통하는 '외교' 루트를 찾고자 애썼다. 미국이 홍콩에서 접촉하려고 준비하는 인물 명단은 바로 중앙정보국이 제공한 것으로, 명단에는 중국 측에 정보 전달이 '가능한 중개인' 4명이 적혀 있었다.

애치슨이 '중개인'을 통해 중국 측에 전달하려는 '정보'는 음미해볼 만한 것이다. 이 '정보'는 이후 역사의 발전 과정에서 놀랍게도 부분적으로 검증되기도 했다. 미국 측은 중국 측이 이 정보가 지닌 논리를 믿게 하려고 꽤나 많은 노력을 기울였다. 그 논리란 이런 것이었다. 중·미 양국은 화해해야 한다. 왜냐하면 "소련이야말로 양국 공동의 적"이기 때문이다. 예를 들면, 미국은 중국 국공내전 기간에 국민당 한쪽을 '편들지' 않았고, 특히 장제스가 타이완으로 도주한 뒤 처음에는 도망친 장제스 정권에 대한 보호를 거절했다는 것이다. 미 국방장관 조지 마셜은 중국에서 업무를 수행한 경력이 있는 '중국통'이었다. 그는 신중국이 건국 초기에 정치적 필요에 따라 일종의 '외부의 적을 찾으려는 심리'가 있었지만 불행히도 그 역할이 미국에 낙점되었다고 판단했다. 사실 중국은 미국을 반대하는 문제에서 '소련과 입장을 같이해서는' 안 되었다. 한국전쟁은 중·미 양국에 '고통스러운 상흔'을 남기게 될 것이 분명하니까. 만약 쌍방이 '일정한 거리를 두는 관계'를 설정한다면 '소련이 중국의 외부의 적이 될 것이 분명'하고, 그렇게 되면 미국과 중국이 공개적으로 관계를 개선하는 것은 '논리적으로 합당한 일'이다. 20년 후, 미국의 닉슨 대통령이 중국 베이징의 서우두공항首都機場에서 저우언라이 총리와 악수하고 있을 때, 중국과 소련은 중·소 국경지대의 전바오 섬珍寶島에서 격전을 치렀다. 닉슨이 중국을 방문한 것은 1972년 2월, 전바오 섬에서 중·소 국경분쟁이 일어난 것은 1969년 3월임. 저자의 착오로 보임.

하지만 애치슨이 홍콩에서 취한 행동도 아무런 효과가 없기는 마찬가지였다. 원인은 미국중앙정보국이 제공한 명단에 오른 '가능한 중개인'의 신분이 '의심'스러웠기 때문이었다. 미국 정부는 그들을 보내 정보를 전달하게 하면서도 '그다지 자신이 없었다.' 마지막으로 애치슨이 보낸 사람은 돌고 돌아서 '마오쩌둥의 먼 친척'에게 그 정보를 전달했다. 조지 마셜의 말을 빌리자면, 이 모든 노력은 마치 "편지 한 통을 병 속에 넣어 샌프란시스코 부두에서 바다로 던져 보내는" 것과 같았다. 이렇게 해서 중국 측이 정보를 얻기를 바란다는 것은 참으로 막연한 일이었다.

결국 애치슨은 최종적으로 한 사람을 낙점했는데 그가 바로 조지 케넌이었다.

애치슨은 케넌이야말로 이 임무에 가장 안성맞춤인 인물이라고 생각했다.

조지 케넌은 미 국무부의 소련문제 고문이었다. 당시 그는 장기 휴가를 보내면서 프린스턴대학에서 미·소 관계에 관한 책을 집필하고 있었다. 따라서 그는 미국 외교계의 정식 현직 인사라고 할 수 없었다. 게다가 케넌은 소련 사람들과 줄곧 좋은 관계를 유지하고 있어 적어도 소련 사람들은 케넌이 허튼소리를 일삼는 외교 인사라고는 생각하지 않았다.

애치슨은 즉시 케넌을 워싱턴으로 오게 해서 임무를 맡기고 유엔 주재 소련대사 야코프 말리크와 연락하도록 했다.

애치슨이 케넌에게 한 말은 그가 홍콩에서 찾은 정보원에게 한 말과는 완전히 상반되었다. 애치슨이 케넌에게 소련 측에 전하라고 한 말은 '한반도 문제에 관해 미·소 양국은 적대적 노선으로 가는 것 같다. 미국은 양국이 모두 이런 상황이 생기는 것을 바라지 않으며, 양국이 중국에 끌려가서는 안 된다고 생각한다. 현재 한국전쟁의 전선 위치를 감안하면 지금이 바로 전쟁을 끝낼 호기다'라는 내용이었다.

케넌은 즉시 말리크에게 편지를 썼다. 편지는 "개인 신분으로 가까운 시일 안에 당신을 만나러 가도 되겠습니까"라고 의사를 타진하는 내용이었다. 케

년의 예상과 달리 몇 시간 후에 말리크가 전화를 걸어와 롱아일랜드의 별장으로 와서 "오찬을 함께 하자"고 했다.

이렇게 해서 케넌과 말리크, 두 적대 대국의 고위급 외교관들이 만났다. 미국 측 사료에는 "1925년 케넌이 외교관이 된 이후에 받은 모든 훈련은 바로 이날을 위한 것" 같았다고 기록되어 있다. 케넌은 유창한 러시아어로 말리크와 대화를 나눴으며, 대화는 '친구 같은' 친밀한 분위기 속에서 이어졌다.

두 사람이 인사말을 주고받고 나서 케넌이 말을 이었다.

"우리 양국은 한반도 문제에서 현재 위험천만한 충돌로 치닫고 있는 것 같습니다. 이는 분명 미국의 의도가 아닙니다. 소련 또한 이런 상황을 바란다고도 생각하지 않습니다."

노련한 말리크는 이 '오랜 친구'가 무얼 하러 왔는지 단박에 알아차리고 반문했다.

"당신들이 그런 위험성을 알고 있으니 당신들의 정책을 바꾸면 되지 않겠소?"

케넌이 대답했다. "이는 중국이 초래한 위험입니다."

말리크는 조금도 주저하지 않고 즉시 반박했다. 그는 미군이 압록강에 바싹 접근했기 때문에 중국이 한반도에 군대를 파병할 수밖에 없었다고 거듭 주장했다. 더군다나 한국전쟁이 발발한 뒤로 중국 측이 여러 차례 평화적 해결을 위한 성의를 내비쳤지만 미국 측이 거절했던 사실을 낱낱이 들춰냈다. 그는 타이완에 대한 미군의 간섭과 중국의 유엔 가입을 저지한 것을 미국이 저지른 최대의 오류라고 생각했다.

말리크의 말에 케넌은 전혀 반박하지 않았다. 자신이 여기 온 목적을 똑똑히 기억하고 있기 때문이었다. 그는 위험이 확산되는 것을 막을 유일한 방법은 전쟁 쌍방의 지휘관들이 협상 테이블에 앉는 것뿐이라는 의사를 전달했다. 그러자 말리크는 교활하게 눈을 가늘게 뜨고는 소련은 전쟁의 어떠한 일방도 아니라고 잘라 말했다.

케넌은 이 전형적인 외교가와 허심탄회하게 말을 하지 않으면 언제까지나 이렇게 에둘러갈 수밖에 없다는 생각이 들었다. 그래서 그냥 말해버리기로 작정했다.

"미국은 유엔이나 어떤 위원회에서 또는 다른 어떤 방식으로든 중국 공산당 사람들과 만나서 한국전쟁을 끝내는 문제를 토론할 준비가 되어 있습니다."

말리크는 이내 케넌을 조여왔다.

"그렇다면 반드시 한반도에서 모든 외국 군대가 철수할 것과 타이완에서의 중국의 위상, 중국이 유엔에 가입하는 제반 문제를 토론해야 합니다."

케넌은 그런 문제들은 자신의 직권 범위를 벗어난다고 밝혔다.

두 사람의 만남은 이렇게 끝이 났다.

케넌이 예기치 못했던 일이 며칠 뒤 또 한 번 일어났다. 말리크가 직접 그를 초대한 데다 소련이 한반도 문제를 평화적으로 해결하길 바란다는 의사를 표시한 것이다. 말리크는 소련 정부의 지시를 받고 이런 제스처를 취한 것이 분명했다.

며칠 후 김일성은 베이징에 있는 마오쩌둥의 서재로 갔다. 이는 소련이 전달한 정보로 나타난 구체적인 반응이었다. 마오쩌둥과 김일성은 심도 있게 토론했다. 마오쩌둥은 만일 미군 몇 개 부대를 더 섬멸하고 나서 협상을 한다면 현재보다 더 유리하겠지만, 협상 도중에 '한반도에서 모든 외국 군대가 철수한다'는 등의 문제가 언급되면 미국의 협상 의도를 거절해서는 안 된다는 입장을 밝혔다.

6월 23일, 말리크는 유엔 언론부에서 주관하는 '평화의 대가'라는 방송 프로그램에서 그 유명한 '말리크 연설'을 발표했다.

유엔이 창립한 이래 공공사무에 사용되는 방송 프로그램이 만들어졌고 모든 회원국은 이 프로그램을 활용할 수 있었다. 하지만 소련이 프로그램을 활용한 전례는 없었다. 말리크가 자신에게 연설 시간을 배정해달라고 요구하자 유엔 인사들은 모두 어떤 엄청난 일이 발생할 것이라고 예감했다.

미국은 말리크가 연설 도중에 사용한 '소련 정부의 생각'이 아닌 '소련 인민의 생각'이라는 표현 방식에 주의를 기울였다.

전 세계 각국 인민은 모두 평화라는 화두가 인류에 심대한 가치를 가지고 있음을 인식하고 있습니다.

수많은 인명이 희생된 제2차 세계대전이 막을 내린 지 채 6년도 되지 않았습니다. 그런데 막대한 대가를 치른 뒤 얻은 평화가 또다시 위협받고 있습니다. (…)

미국과 미국에 의존하는 기타 국가들의 한반도에 대한 무장 간섭은 바로 이런 정책이 낳은 가장 생생한 결과입니다. 소련과 중화인민공화국 그리고 기타 일부 국가는 일찍이 한반도 충돌 문제를 평화적으로 해결하자고 거듭 제안한 바 있습니다. 전쟁이 한반도에서 지금까지 진행되고 있는 이유는 순전히 미국이 시종 평화적 제안을 저지하고 있기 때문입니다. (…)

소련은 평화를 공고히 하고 세계대전의 재발 방지를 위해 계속해서 노력을 기울일 것입니다. 소련 인민은 평화를 유지하는 사업이 가능하고, 현재 가장 첨예한 문제인 한반도의 무력 충돌도 해결할 수 있다고 생각합니다. 하지만 그렇게 되기 위해서는 반드시 관련 당사자들이 한반도 문제를 평화적으로 해결하고자 하는 의지를 갖고 있어야 합니다. 소련 인민은 그 첫 단계로 교전 쌍방이 정전과 휴전을 목표로 협상을 해야 하며, 쌍방이 군대를 38선에서 철수해야 한다고 생각합니다. (…)

나는 한반도의 평화를 확보하기 위해 이 대가는 그리 크지 않다고 생각합니다.

말리크의 연설로 미국은 기쁘기도 하고 우려스럽기도 했다. 기쁜 측면은 마침내 상황의 윤곽이 잡혔다는 것이고, 우려스러운 측면은 말리크가 언급한 '소련 인민'이 '소련 정부'를 대표하는 것인지 여부를 알 길이 없었기 때문이었다. 미국 측은 이때 문득 협상 테이블에 소련이 끼어들면 상황이 꽤 심상치 않아진다는 점을 깨달았다. 한 가지에서는 미국인들의 견해가 일치했는데, 그것은 바로 소련이 또 한 차례 '공산당 선전'을 성공적으로 진행했고, '크렘린 궁 사람들은 선전의 귀재이며, 선전은 그들 외교정책의 주요 도구'라는 점이었다.

말리크가 연설하고 이틀 후에 중국의 『런민일보』는 1면 머리기사로 유엔 주재 소련 대사 말리크가 연설을 발표한 뉴스와 '한국전쟁 1년'이라는 제목의 사설을 게재했다. 사설 내용은 말리크의 연설 내용에 대한 중국 정부의 입장 표명이라기보다는 미국의 협상 정보에 대한 공식 응답이라고 말해야 할 것이다. 사설은 이런 내용이었다.

이달 23일 유엔 주재 소련 대표 말리크가 방송 연설을 발표해 다시 한번 한반도 문제를 평화적으로 해결하자는 제안을 했다. 우리 중국 인민은 이 제안에 전적으로 찬동한다. 이를 계기로 미국은 또 한 번 시험대에 오르게 되었는데, 미국이 지난 교훈을 받아들일 것인지, 한반도 문제를 진정으로 평화롭게 해결하기를 바라는지 지켜볼 일이다.

중국인민지원군이 한반도의 반침략 전쟁에 참전한 목적은 한반도 문제를 평화적으로 해결하기 위해서였다. 그런 이유로 참전 이후 중국 인민은 지속적으로 평화적 방식으로 한반도 문제를 해결하자고 주장해왔다. 또한 다른 국가들이 제시한 평화적 해결과 관련된 합리적 제안에 대해 끊임없이 지지 의사를 표명했다.

하지만 미국은 무력으로 한반도 전역을 정복하겠다는 환상을 아직도 버리지 못하고 더 나아가 조국의 둥베이 지역을 위협하고 있다. 이로 인해 한반도 문제를 평화적으로 해결하고자 하는 모든 노력이 실패로 돌아가고 있다. 평화적 해결의 첫 번째 절차로서 말리크가 내놓은 제안이 공평하고 합리적이라는 점은 의심할 여지가 없다.

같은 날, 미국 테네시 주에 있는 항공연구센터의 준공식에 참석한 트루먼은 그 연설 내용 중에 언급된 한반도 문제의 평화적 해결 부분에 대해 공식 입장을 표명했다. 그는 미국 정부가 '한반도 문제의 평화적 해결에 동참하고자 한다'는 의사를 표함과 동시에 미국 내의 반대 세력을 겨냥해 정부의 입장을 변호하고 나섰다.

당파의 고정관념에 사로잡힌 사람들은 우리 외교정책을 '유화주의'로 간주하고 여기에 '공포'라든가 '위축'이라는 평가의 말을 덧붙이려 합니다. 그들은 한 가지 목표만을 지향하면서 우리에게 '타인의 도움 없이 자력으로' 제3차 세계대전과 통하는 길로 가라고 요구하고 있습니다. 세계 자유국가들이 평화를 옹호하는 위대하고도 통일된 행동에 일치단결하고 있는 이때 도대체 공포정책이 말이나 되는 소리입니까? 한반도에서 무장 침략에 타격을 입히고 이를 격퇴하는 것이 유화정책이란 말입니까? 비평가들이 내놓는 또다른 방법을 보십시오. 그들은 이렇게 말하고 있습니다. 모험을 해보자. 충돌을 아시아 대륙까지 확대하자! 모험을 해보자. 기껏해야 우리 유럽 동맹국을 잃기밖에 더하겠는가! 모험을 해보자. 단언하기는 어렵지만 소련은 극동 지역에서의 전쟁을 원치 않을 것이다! 모험을 해보자. 어쩌면 그들은 세계대전을 일으키지 않을지도 모른다!
그들은 우리가 장전된 권총을 머리에 들이대고 미국의 외교정책으로 러시안 룰렛 게임을 하기를 바라고 있습니다.

6월 29일, 미국 국가안보위원회는 트루먼 대통령의 비준을 거쳐 미국 극동 최고사령관인 리지웨이에게 지시를 보냈다. 더불어 그에게 토씨 하나도 빠뜨리지 말고 그대로 이행하라고 요구했다. 대통령의 지시를 받들어 리지웨이는 6월 30일 토요일 도쿄 현지 시각 오전 8시, 라디오방송국을 통해 북한군과 언론계를 향해 문서의 내용을 발표했다.

나는 유엔군 사령관의 자격으로 명령을 받들어 당신들에게 다음과 같은 내용을 통지합니다.

나는 당신들이 한반도에서의 적대행위 및 모든 무장행동을 중지하는 정전 협의에 대해 토론하고 아울러 이 정전협정 실시를 적절하게 보장하기 위해 회담을 원할 것이라고 통보받았습니다.

나는 이 통지에 대해 당신들이 회답하는 대로 우리 측 대표를 파견할 것이고, 아울러 양측 대표의 회담을 위해 회담 일시를 제시할 것입니다. 나는 이 회의를 원산항에 있는 덴마크 병원선에서 거행할 것을 제안합니다.

유엔군 최고사령관 미 육군 대장
리지웨이

7월 1일, 펑더화이와 김일성이 답전을 보냈다.

유엔군 최고사령관 리지웨이 장군
귀하가 올해 6월 30일자로 평화협상과 관련해 발표한 성명을 접수했습니다. 우리는 권한을 위임받아 귀하에게 성명을 발표합니다. 우리는 군사행동을 중지하고 평화를 수립하는 사안과 관련된 협상을 진행하기 위해 당신의 대표단과 만나는 데 동의합니다. 우리는 협상 장소를 38선상의 개성 지역으로 제안합니다. 이에 동의한다면 우리 측 대표는 1951년 7월 10일에서 15일 사이에 유엔 측 대표와 만날 차비를 하겠습니다.

조선인민군 최고사령관 김일성

중국인민지원군 총사령관 펑더화이

중국 측이 협상 장소를 덴마크의 병원선으로 하자는 데 동의하지 않은 이유는 그 함선이 적군에 속해 있기 때문이었다. 장소를 개성으로 정하는 데 대해 미국 측은 자신들에게 불리하다고 생각했다. 개성은 중국군과 북한군의 통제권에 놓인 데다 거기서 가장 가까운 거리에 있는 미군은 약 16킬로미터나 떨어져 있었기 때문이다. 하지만 막 해결의 실마리가 잡힌 일을 그르칠 수 없어 마지못해 동의했다.

양측은 여러 차례 전보를 주고받으면서 토론을 벌여 다음과 같은 협의에 이르렀다.

1. 협상 장소: 38선상의 개성으로 정한다
2. 공식 협상 일정: 1951년 7월 10일 개시한다
3. 양측 대표의 회담 첫날에 대한 세부 일정을 세우기 위해 양측은 각각 연락관 3인, 통역관 3인을 파견하고 7월 8일 오전 9시 개성에서 예비회담을 진행한다.
4. 유엔군 측의 요구에 응해 중국군은 상대방의 연락관 및 수행원이 통제 구역에 진입한 뒤의 행동에 대해 안전을 책임진다.
5. 양측 대표단의 차량 대열이 회담에 모이기 위해 개성으로 올 때 모든 차량의 한 면에 백기白旗를 달아 식별할 수 있도록 한다.

한반도 문제와 관련한 협상의 루트가 이렇게 최종적으로 열리게 되었다.

한국전쟁의 교전 쌍방은 몇 차례에 걸친 저울질로 마침내 협상 테이블에

앉게 되었다.

1951년 7월, 한국전쟁 교전 쌍방의 병력은 다음과 같았다. 중국 측 총병력은 111만 명으로 그중 중국군이 77만여 명, 북한군이 34만여 명이었고, 유엔군의 총병력은 69만 명이었다. 쌍방의 병력은 1.6 대 1의 대비를 보이면서 북한과 중국 측이 절대적 우위를 점했다. 기술·장비 면에서 유엔군은 각종 화포 3560여 문, 전차 1130여 대, 비행기 1670여 기, 함정 270척을 보유했다. 반면 중국 측이 보유한 전차와 비행기는 소량에 불과했고, 화포는 양적으로나 질적으로 모두 유엔군보다 훨씬 뒤떨어진 상황이어서 유엔군은 무기장비 면에서 절대적 우위를 점했다.

당시 교전 쌍방의 전선 현황은 다음과 같았다. 서부전선에 있는 유엔군은 임진강 유역의 소택沼澤 지대를 포기할 의사가 있는 듯 보였다. 통행하기 어려운 이 지대에 대해 군사적으로 별 가치가 없다고 판단했던 것이다. 그러나 '철의 삼각지대'에서는 북쪽으로 깊숙이 파고들어가 철원에서 중국군과 대치하고 있었다. 이 전선은 기본적으로 서울 이북의 북동 방향으로 기울어진 사선이었는데, 38선을 놓고 말하자면 쌍방 모두 '경계를 넘는' 지역에 있었지만 군사적 측면에서만 본다면 중국과 북한 측이 다소 '손해를 보는' 것 같았다.

리지웨이로 말하자면 '협상을 원치 않는' 일파에 속했다. 그때까지 한반도 전장에서 6개월이 넘는 기간을 보낸 그는 자신이 제8군에 다시 '자신감을 불러일으키고' 전선을 북쪽으로 38선 이북까지 밀고 나갔다고 생각해 이런 전공을 순순히 넘겨주고 싶지 않았다. 국내에서 협상에 관한 지시가 내려온 뒤에도 그는 여전히 합동참모본부 회의에 전화를 걸어 자신의 생각을 밝혔다. 그는 "정전은 절대 받아들일 수 없다"고 생각하면서 "명령이 아니라면 정전을 거부한다"는 입장을 견지했다. 리지웨이는 맞은편에 있는 중국군이 "병력을 배치하면서 결전을 준비하고 있다"는 것을 증명할 '확실한 증거'가 있다고 말했다.

이와 동시에 마오쩌둥은 여러 차례 펑더화이에게 전화를 걸어 엄숙하게 거듭 경고했다. 적군이 공격할 가능성이 있으니 특별히 경계하라, 미군이 상륙작전을 펼 가능성이 있으니 특별히 경계하라는 것이었다.

협상의 진척과 무관하게 마오쩌둥의 그 유명한 논점은 변하지 않았다. '빗자루로 쓸지 않으면 먼지가 그냥 없어지지 않는다'는 것이다. 마오쩌둥은 군사적 우세야말로 협상 테이블에서 최상의 카드라는 점을 잘 알고 있었다.

전후의 수많은 사료는 펑더화이의 책상 위에 '6차 전역'을 개시할 구체적 구상과 계획이 놓여 있었다고 기록했다. 협상이 공식적으로 시작된 이후인 8월, 이 새로운 전역 준비가 이미 완료되었고, 펑더화이는 전역을 개시하는 예비명령에 서명한 상태였다. 정치동원령도 동시에 서명 발송되었으며, 전역 개시 시점은 9월 초였다. 6차 전역이 최종적으로 실시되지 않은 이유는 여러 가지인데, 가장 근본적인 이유는 물론 협상과 관련이 있고, 그다음으로는 미군이 구축한 견고한 방어진지를 꼽을 수 있다.

군사적 우위를 유지하기 위해 미군은 최대한의 노력을 기울여 중국군 후방 병참선에 대한 폭격을 강화했다. 집중된 폭격의 강도는 제2차 세계대전 당시의 그 어떤 순간보다도 무시무시했다. 동시에 국지전은 쌍방이 협상 테이블에서 마주 앉아 협의하는 상황에서도 지속되었다. 전투는 기본적으로 38선 이북 철원 부근의 유리한 지형을 빼앗기 위한 것으로 짧고 격렬하게 진행되었으며, 서로 '한 치의 땅이라도 반드시 쟁취하겠다'는 태세였다. 이 민감한 지구의 작은 산 하나하나를 점령함으로써 협상에 유리한 새로운 국면을 조성할 수 있기 때문이었다. 전쟁과 정치는 이처럼 긴밀한 관계를 맺고 있으며, 이런 점은 한국전쟁에서 협상이 시작된 뒤로 더욱 극명하게 드러났다.

이때 한국전쟁의 또다른 일방으로 한국 정부도 있었다. 교전 쌍방이 협상을 개시하는 협정에 서명한 뒤로 거의 잊혀지다시피 한 한국 정부는 씻을 수 없는 모욕을 입었다고 생각하기에 이르렀다. 이승만 대통령은 여러 차례 "목숨을 걸고 공산당과 협상하지 않겠다"고 공언했고, 한국 정부도 여러 차례 대규모 군중집회를 조직했다. 집회에서 군중은 "북으로 쳐들어가자!"라는 구호를 외쳤다.

이 정부를 거들떠보는 사람은 아무도 없었다.

전쟁은 이 정부의 영토에서 진행되고 있었지만, 이 정부는 전쟁에서 아무런 실권도 없었다.

펑더화이가 리지웨이에게 협상 제의 성명에 회답한 7월 1일은 중국 공산당이 창당한 날이었다. 지원군 정치부는 펑더화이에게 기념대회에서 보고를 하라고 요청했다.

펑더화이는 "우리 당은 수많은 재난을 거쳐왔습니다. 도대체 어디서부터 말을 시작해야 할까요?"라며 말을 꺼냈다. 펑더화이는 보고 과정에서 중국 공산당이 노선 투쟁에서 겪은 곡절과 혁명 역사의 고난을 회고했다. 이 기념식에 참석한 사람들은 모두 펑더화이의 연설 내용 중 두 가지 중요한 관점을 기억했다. 첫째는 마오쩌둥이 없었더라면 중국 혁명은 승리할 수 없었다는 것이었고, 둘째는 주더에 대해 우리 당에서 가장 사심이 없는 사람이라고 말했다는 것이었다. 펑더화이가 어째서 한국전쟁이 여기까지 진행된 시점에서 이처럼 상세하게 자기 심중의 중국 혁명 역사를 이야기했는지 지금껏 아무도 알지 못하고, 이해한 사람도 없다.

개성 시내 북서쪽으로 약 2킬로미터 지점의 고려동에는 내봉장来鳳莊이라는 한옥 건물이 있었는데, 바로 이곳이 한국전쟁 협상 장소로 선정되었다. 여기는 가정적 분위기가 물씬 풍기는 저택으로, 앞에는 화단이 있고 가운데에 오래된 소나무가 있었다. 대문으로 들어서면 정면에 세 칸의 대청이 나오는데, 병풍을 치우면 작지 않은 공간을 협상 장소로 쓸 수 있었다. 저택 서쪽의 단층 건물은 중국 대표단의 숙소였고, 북한 대표단은 남쪽에 있는 학교에서 머물렀다. 멀지 않은 곳에 흰색 건물의 교회가 있었는데 상대방 대표단의 휴식

공간으로 사용되었다. 협상 장소로 선정되자 대청소와 탁자·의자 등 집기 마련, 도로 정비와 경비 배치, 협상 전 지역의 지뢰 제거, 담장 새로 칠하기 등 각종 준비 작업으로 밤새 어수선했다.

중국 측은 준비 상황을 점검하면서 문득 양측이 만날 때 대표 자격을 증명하는 '전권위임장'을 교환하는 것이 국제관례라고 들은 것이 생각났다. 중국 측은 이에 대한 아무런 준비를 하지 않은 터라 그날 밤으로 평양에 사람을 보내 김일성의 서명을 받아오도록 했다. 펑더화이의 서명을 받기에는 시간이 모자랐다. 다행히 유엔군 측은 나중에 이 문제에 개의치 않았다.

1951년 7월 8일, 한국전쟁 교전 쌍방의 연락관이 첫 번째로 만났다.

유엔군 측의 연락관으로는 미 공군 대령 앤드루 키니Andrew Kinney, 미 육군 대령 제임스 머리James Murray, 한국군 중령 이수영, 한국어 통역관 언더우드와 중국어 통역관 카이저 우 등이 참석했다.

북한과 중국 측의 연락관은 장춘산, 차이청원, 진이보金一波, 비지룽畢季龍, 두유하오都有浩 등이었다.

쌍방의 연락관이 협상 장소로 모이는 방식에는 큰 차이가 있었다. 유엔군 측 대표는 헬기를 타고 왔다. 그래서 개성 부근에 그들을 위해 비행기 이착륙 장소를 마련하고 지상에 눈에 띄게 '웰컴WELCOME'이라는 글자를 써놓았다.

북한과 중국 측 대표는 차를 타고 왔다. 처음에는 지프 3대에 나눠 타고 출발했는데 도중에 한 대가 고장 나서 다른 차량에 인원을 꽉 채워 다시 길을 재촉했지만, 얼마 가지 못하고 또다시 고장 나고 말았다. 이번에는 임시방편으로 식량을 수송하던 트럭 한 대를 막아 세운 뒤 대표단은 식량 포대 위에 앉아서 이동했다. 협상 장소에 도착했을 때 그들은 얼굴이 온통 먼지투성이였다.

양측 연락관들의 모임 준비를 거쳐 1951년 7월 10일, 한국전쟁 휴전협상이 공식적으로 개시되었다.

유엔군 측의 공식 대표는 미 극동 해군 사령관 터너 조이Turner C. Joy 중장을 수석대표로 하고, 미 극동 공군 부사령관 로런스 크레이기Laurence C. Craigie 소장, 미 제8군 부참모장 헨리 호데스Henry H. Hodes 소장, 미 순양함 분대 사령관 알레이 버크Arleigh A. Burke 소장 그리고 한국군 제1군단 군단장 백선엽 소장으로 구성되었다.

중국과 북한 측 공식 대표는 북한군 제2군 군단장 남일 장군을 수석대표로 하고, 북한군 전방 사령부 참모장 이상조 장군, 중국인민지원군 부사령관 덩화 장군, 중국인민지원군 참모장 셰팡 장군, 북한군 제1군단 참모장 장평산 장군으로 구성되었다.

미 극동 최고사령관 리지웨이는 협상 대표를 선택할 때 꽤나 고심했다. 선택 기준은 우선 자제력이 강한 사람이었다. "장장 몇 시간에 걸친 공산당의 비난에 화를 내서는 안 되고 며칠 동안 이어진 회담이 끝났을 때 중국에 강경한 어조로 응답할 수 있어야 하며" 더 나아가 "여섯 시간을 내리 앉아 있으면서 눈을 깜빡이지도 말고 중간에 화장실에 갈 생각도 말아야" 했다. 그러했기에 "직무에 전력을 다하고 불평한 적이 없다"며 리지웨이가 선택한 유엔군 대표는 시작부터 난항을 예감했다.

먼저 책상 위에 놓인 소형 깃발 문제가 있었다. 어느 한쪽이 깃발을 꽂아놓으면 다른 한쪽은 이내 더 큰 깃발을 더 많이 꽂아놓았다. 깃발의 크기와 깃대의 길이를 두고 벌인 대결은 한동안 지속되었다. 그러고 나서는 의자 문제가 이어졌다. 공산당 측이 유엔군 측에 제공한 의자는 최소한 자신들이 앉는 의자보다 절반 정도는 낮았다. 유엔군 대표가 앉으면 마치 땅속으로 빠져든 것처럼 어디에 있는지 찾지도 못할 지경이었다. 또 한 가지 문제는 바로 안전을 위해 '차량에 백기를 달라'는 규정이었는데, 동양인의 눈에 백기가 투항을 의미한다는 데는 생각이 미치지 못했다. 유엔군이 이런 사실을 알아채기까지 흰색 깃발은 이미 며칠 동안 차량에 달려 있었다. 게다가 그들이 차량에 흰색 깃발을 달고 있는 사진이 이미 모든 공산국가의 신문에 게재된 뒤였다.

내봉장, 참으로 아름다운 이름이다. 이곳 정원에서 전쟁과 관련한 협상이 진행 중이었지만, 이 정원의 원래 주인은 분명 인간 세상이 어찌하여 가장 아름다운지를 알았던 사람이라는 것을 충분히 짐작할 수 있다. 중국 사람들의 오래된 감정세계에서는 가장 존귀한 손님이 올 때 '봉황이 날아오니 어찌 기쁘지 않으랴'라는 말로 환영의 뜻을 나타냈기 때문이다.

내봉장, 이 아름다운 이름은 세계사 역사책에 기재될 운명이었다.

오색나비가 뒤섞여
날아오르는 듯한 환각

오색나비가 뒤섞여
날아오르는 듯한 환각

한국전쟁 휴전협상이 진행될 때 문산 부근의 군용 천막에 누워 지루해 발버둥을 치던 서방의 기자들은 도박을 하면서 갑갑증을 풀기 시작했다. 그들은 휴전협상이 타결되는 데 걸리는 시간을 놓고 내기를 했다. 누군가는 1개월 정도로 예상했고, 또 누군가는 선뜻 거금을 내걸면서 또다른 결과, 즉 '협상은 2주를 넘지 않을 것'이라는 데 승부를 걸려고 했다.

한국전쟁 휴전협상은 꼬박 2년간 진행되었다.

2년이라는 시간 동안 대규모 병력이 투입되는 기동전은 발생하지 않았다.

이 기간 동안 쌍방의 방어선에는 약 200만 명에 달하는 대군이 집중 배치되어 있었다. 세계 전쟁사상 가장 길고 가장 복잡하며 가장 견고한 방어참호가 구축되었다. 유엔군의 방어선은 빈틈없이 배치된 화포진지, 전차군단 그리고 보병으로 구성되었다. 층층으로 이루어진 진지의 종심은 300킬로미터에 육박했으며, 방어선의 층층마다 견고한 참호가 구축되었다. 이와 더불어 공군 지원 대비책이 주도면밀하게 마련되었고, 강력하고도 입체적인 화력 방어망이 형성되었다. 이런 이유로 이 방어선은 '넘을 수 없는 죽음의 심연'이라 불렸다.

한편 중국군의 방어선에서는 수십만 장병이 동원되어 세계에서 가장 거대한 지하 방어진지를 구축하는 공사에 돌입했다. 공사에 사용된 토목과 석재를 모으면 수에즈 운하 몇 개를 팔 수 있을 정도였다. 서쪽에서 동쪽으로 향하는 대치선을 따라 수백 킬로미터에 달하는 방어선이 구축되었는데, 그 지하에 깊숙이 은폐된 견고한 참호와 교통호가 거미줄처럼 사방으로 연결되어 있었다. 전방의 수십만에 달하는 중국군 장병은 지하에 완벽한 설비를 갖추어 생활하고 있었다. 그들이 배치한 화력 함정에 걸려들어 진격한 적군은 모두 그대로 전멸될 상황이었다. 지하에서 적에 대한 경계 태세를 게을리하지 않던 중국군 장병들은 '동굴에 은거하는 용'이라 불렸다.

이 2년 동안 쌍방의 접촉선에서는 수시로 진지를 놓고 전투가 벌어졌다. 대부분의 전투는 고작 작은 산봉우리 하나를 점령하거나 구불구불한 작은 길 하나를 장악하기 위해 벌어졌다. 이는 소모전보다 훨씬 혹독한 전투였는데, 몇 미터에 불과한 작은 산에서 여러 주 동안 전투가 지속되었고, 몇 개의 연대 병력이 투입되었으며, 수십 차례나 진지의 주인이 바뀌는 가운데 무수한 사상자를 냈다. 그중 가장 전형적인 진지전이 상감령이라는 작은 마을 부근의 몇 개의 작은 산에서 발생했다. 쌍방의 병력이 집중된 정도로나 탄약 소모량으로나 그리고 사상자 숫자로나 모두 전례 없는 규모를 기록한 전투였다.

이 2년 동안 한반도 북부 상공에 연일 출격했던 전투기의 전투비행 빈도 역시 역사상 가장 많았다고 할 수 있겠다. 유엔군의 폭격기와 전투기는 밤낮으로 쉬지 않고 한반도 북부에 섬멸성 폭격을 가했다. 미국은 이를 '공중 교살전'이라고 불렀다. 이와 동시에 중국군은 전례 없는 규모의 방공전투防空戰鬪를 벌였는데, 그런 와중에도 수송부대는 최악의 공중 위협을 무릅쓰고 병참보급을 강행했다. 이에 동원된 인력 규모는 세계 역사상 그 어떤 웅대한 건축공사와도 견줄 만했다.

이 2년 동안 교전 쌍방은 정전협상 회의장에서 세계 전쟁사상 가장 지난하고, 가장 험난하고, 가장 극적이고, 가장 치열한 심리전을 연출했다. 정전협정의 각 조항이 협의되거나 심지어 글자 하나에 대한 논쟁까지 모두 전 세계에 순간적인 절망과 희망을 안겨주기도 했다. 저 우주의 은하수만큼이나 수많은 협상 기록과 끊임없이 제기되는 협상 안건들이 세계 전역에서 간행되는 신문 지면을 장황하게 장식했다.

전쟁포로들의 저항, 반전시위, 미묘한 정치적 변화 그리고 돌연히 발생하는 전투들……

어느 날 한 가지 소식이 전해졌다. 정전협정에 곧 서명할 것이라는 내용이었다. 그러자 갑자기 중부전선에서 대규모 전투가 또 벌어졌다. 이승만은 한국이 '단독으로' 처리하겠으니 더 이상 유엔군은 필요 없다고 단언했다. 그 결과 1953년 7월 13일 중국군이 최후의 공세인 금성전투金城戰役를 개시해 '단독으로 처리'하겠다는 한국군에 맹공을 퍼부었다. 한국군은 엄청난 사상자를 냈을 뿐 아니라 많은 영토를 빼앗겼다. 새로 부임한 유엔군 사령관 마크 클라크Mark W. Clark 장군은 "중국이 한국에게 따끔한 맛을 보여주게 하자!"라고 말했다.

대체 전쟁이란 무엇이란 말인가?

정말로 정전협정을 조인하는 날이 왔다.

전후, 한국전쟁을 기록한 무수한 글을 보면 부주의하게 적은 몇 줄의 글로 인해 정전 당일 전방에서 작은 사건이 일어났다. 이는 대규모 전쟁의 틈바구니 속에서 벌어진 아주 사소한 사건이었기 때문에 그 주인공의 이름조차 남길 수 없었다.

전방에서 중국군의 소년병이 최전방 진지로 명령을 전달하러 가고 있었다.

명령이 적힌 쪽지는 잘 접혀서 그의 상의에 넣어져 있었다. 최전방으로 향하는 포화는 왠지 모르게 그날따라 더 맹렬해진 것 같았다. 소년병은 뛰기도 하고 숨기도 하다가 불시에 이쪽 포탄 구덩이에서 저쪽 포탄 구덩이로 건너뛰기도 했다. 적군이 쏜 포탄이 그를 쫓아다녀 몇 번이나 폭발이 일으킨 흙더미에 파묻히기도 했다. 소년병은 죽고 싶지 않았다. 이 길에서 이미 수많은 중국군 병사가 죽어갔지만, 그는 최대한 빨리 임무를 완수하고픈 마음뿐이었다. 소년병은 몇 번이나 가슴께를 더듬어 명령서가 잘 있는지 확인했다. 진지에 거의 접근했을 때 소년병은 포격에 쓰러지고 말았다. 정신이 들자 소년병은 한쪽 다리의 발목이 절단된 것을 알았다. 절단된 발목은 멀지 않은 곳에 있었고, 아직 고무신이 신겨진 채였다. 소년병은 안색이 창백해져 잠시 누워 있다가 한쪽 손으로 힘을 쓰고 다른 한쪽 손으로 절단된 자기 발목을 끌어안고 진지까지 기어가면 발목을 접합할 수 있을 거라고 생각했다. 진지까지 기어 올라왔을 때는 이미 땅거미가 지고 있었고, 소년병은 하늘가를 붉디붉게 물들인 석양을 바라보았다. 정신을 잃기 전에 소년병은 명령서를 가슴에서 꺼냈다.

명령 오늘 밤 10시에 정식으로 휴전한다. 그때 총이나 대포를 한 발도 발사해서는 안 된다.

지휘관은 쪽지를 받아 들고 시계를 보았다. 오후 8시 정각이었다.

한국전쟁이 정식으로 휴전하기까지 겨우 2시간밖에 남지 않았다.

지휘관은 소년병을 안아 올리며 큰 소리로 외쳤다. "세 사람이 와서 그를 업고 내려가라! 그가 죽게 해서는 안 된다! 잘린 발목도 가져가라!"

조선민주주의인민공화국 훈장을 받은 고참 문화선전 공작단원이 전쟁이 끝난 뒤 출판한 『활짝 핀 진달래盛開的金達萊』라는 제목의 책에는 한 소녀를 회상하는 대목이 있다.

샤오옌曉燕이라는 문화선전 공작단원은 베이징 출신으로 16살이었다. 소녀는 목에 늘 붉은색 스카프를 매고 있었다. 1949년 베이징이 평화적으로 해방되었을 때 막 중학교에 입학한 소녀는 신민주주의청년단에 가입했다. 지원군에 참가했을 때 전교 교사와 학생들이 소녀를 부러워했고 성대한 환송식을 열어주었다. 샤오옌은 예쁜 소녀였다. 눈은 크고 빛났으며 노래도 참 잘했다. 목소리를 잘 보호하라고 상급자가 특별히 소녀에게 두터운 털목도리를 주었지만 차마 아까워서 두르지 못했다. 소녀가 부르는 노래는 영웅을 칭송하는 노래였으며 모두 자신이 작곡한 곡들이었다. 폐광의 갱도 안에서 소녀가 얼후二胡, 2줄의 현으로 이루어진 중국의 현악기. 호금胡琴의 일종를 연주하며 노래하기 시작하면 장병들은 이내 부드러운 얼굴로 조용히 감상하며 박수를 치는 것도 잊어버렸다. 소녀가 노래를 마치고 어찌할 바를 모르고 사람들을 쳐다보고 있을 때에야 비로소 우레와 같은 박수가 터져나왔다. 소녀가 「영웅 류광쯔를 노래하다歌唱英雄劉光子」라는 노래를 부르자 모두 곡도 좋고 노래는 더욱 좋다며 칭찬을 아끼지 않았다. 그러나 바로 노래의 주인공인 류광쯔는 벌떡 일어서며 말했다. "좋긴 뭐가 좋아? 별로야!" 그러자 샤오옌은 곧 류광쯔 동지를 찾아가서 수정할 부분이 있는지 의견을 구하고 자신의 일기장에 모두 기록했다. 소녀의 일기장은 소녀 자신처럼 매우 섬세하고 정갈했으며, 표지에는 '공산주의청년단 수첩'이라고 금박 인쇄되어 있었다.

전투할 때는 샤오옌도 용감하게 다른 문화선전 공작대원들과 함께 전방에 엎드려 영어로 미군 병사들에게 투항하라고 외쳤다. 소녀의 목소리가 가늘어서 미군 병사들이 들었을지는 알 수 없는 일이다. 나중에 소녀는 북한의 한 마을에서 남편이 전방으로 나가서 홀로 출산이 임박한 한 아주머니를 만나 보살펴주었다. 소녀는 차마 아까워 두르지도 못한 두터운 목도리의 실을 풀어 부인을 위해 털옷을 짜서 주었다. 북한 마을 주민들은 모두 이 중국 소녀를 좋아했고, 소녀는 마을 주민들에게 한국어로 된 「봄의 노래春之歌」를 들려주었다. 그날 소녀가 노래를 부르고 있을 때 미군 비행기가 날아왔다. 북한 주민들이 당황해서 이리저리 뛰어다니자, 소녀 혼자서 그들을 향해 소리쳤다. "그렇게 마구 뛰어다니면 안 돼요! 방공호로 들어가세요!" 소녀는 소리치면서 탁트인 개활지로 달려가 목에 걸었던 붉은색 스카프를 높이 치켜들었다. 미군 비행기가 이 붉은색을 목표로 급강하해 추격하면서 기총소사와 폭격을 가했다. 부상을 입은 샤오옌 뒤로 핏자국이 길게 이어졌으며, 최후에 폭탄이 작렬하면서 소녀는 쓰러지고 붉은색 스카프가 폭발로 인한 폭풍 속으로 춤추듯 날아 올라갔다.

지원군 문예선전 공작단원 샤오옌이 죽은 그날은 한국전쟁 정전협정이 서명되기 바로 전날이었다.

정전협정이 정식 서명된 시각은 1953년 7월 27일 오전 10시였다.

서명된 문서는 '한반도 정전협정'과 '정전협정에 관한 임시보충협정'이었다.

유엔군 측에서 서명한 인물은 미군의 윌리엄 해리슨William K. Harrison, Jr. 중장이었고 북한군과 중국군 측에서 서명한 인물은 북한군의 남일 대장이었다. 각 문서는 중국어와 한국어 그리고 영어 3종으로 3부씩 작성되어 서명인은 총 18번 서명해야 했다.

정전협정의 "서명 이후 12시간이 지나 정식 발효한다"라는 조항에 따라, 서명한 후 12시간이 지날 때까지 전체 수백 킬로미터의 전선에서 천지를 뒤흔들 정도의 맹렬한 총포 소리가 울려 퍼졌다. 예광탄, 조명탄 그리고 신호탄이 한반도 하늘을 온통 붉게 물들였고, 흡사 새로운 대규모 전투가 또 시작되는 것 같았다. 전쟁의 쌍방은 모두 최후의 12시간까지 자신이 보유한 강력한 화력을 과시하고 불굴의 투지를 증명하려고 했다. 그밖에 소비하고 남은 탄약은 수송해갔다.

7월 27일 오후 10시, 전선에 갑자기 정적이 흘렀다. 참으로 기괴한 '갑작스러움'이었다.

짧은 정적이 지나간 뒤 전방에 있던 쌍방의 장병들은 참호에서 머리를 내밀고는 일제히 환호했다.

미 제1해병사단 병사 마틴 라스Martin Lars는 이때 밤하늘에 걸려 있는 밝은 달을 보면서 이렇게 말했다. "꼭 중국 초롱처럼 생겼네."

중국군 병사 몇 명이 미군 진지를 어슬렁거리다 사탕 몇 알과 손수건 한 장을 꺼내 미군 병사에게 선물로 주려고 했다. 하지만 미군 병사들은 사탕이나 손수건은 필요 없다고 했다.

미국인들은 한국전쟁에서 14만2091명의 병력 손실을 입었고, 그중 전사자는 3만6536명, 부상자는 10만3284명이며, 5718명이 포로가 되거나 또는 실종됐다고 밝혔다.

중국군 측에서는 한국전쟁의 사상자 숫자를 지금까지 공개하지 않았다.

펑더화이는 아직 초연이 가시지 않은 전방 진지를 거닐었다. 이곳에서는 몇 시간 전까지만 하더라도 전투가 벌어지고 있었다. 운송대원들이 중국군 병사들의 유해를 들고 걸어 내려갔다. 펑더화이는 들것마다 덮여 있는 흰 베를 하나씩 들춰보면서 눈가에 물기가 서리더니 굵은 눈물을 흘렸다.

"몇 시간만 더 일찍 발표했어도 이 젊은…… 그들의 이름을 기록하라. 유해를 잘 묻고 팻말을 세우도록 하라……."

진지를 내려갈 때 펑더화이는 갑자기 지프를 세우라고 명령했다. 차에서 내린 그는 길가의 흙 속에서 온통 탄환 구멍이 나 있는 흰색의 법랑 물컵을 집어들었다. 물컵에는 붉은 글씨로 '가장 사랑하는 사람에게 바칩니다'라는 글귀가 새겨져 있었다.

펑더화이는 물컵을 두 손으로 받쳐 들고 한동안 아무 말이 없었다.

물컵의 주인 이름도 모르지만 틀림없이 지원군 병사일 터였다. 한참이 지난 뒤 펑더화이는 마치 자신에게 묻듯이 중얼거렸다. "이 병사는 죽었을까? 아니면 부상당했을까?"

그날 저녁, 개성에서는 경축 연회가 열렸다.

연회에서는 중국 고전 애정극인 「서상기西廂記」와 「양산백과 축영대梁山伯與祝英台」 두 편이 공연되었다.

누군가는 전방에서 이런 극을 공연한다는 것은 바람직하지 않다고 말했지만 공연은 막을 올렸고, 장병들은 이미 본 적이 있지만 또 보고 싶어했다. 무대 위에서 축영대가 사랑하는 양산백이 죽자 자신도 따라 죽으려고 할 때, 무대 아래에서 장병들이 일제히 소리를 질렀다. "죽지 마, 죽으면 안 된다고. 입대하러 가라. 입대해!" 또 누군가는 축영대가 양산백으로 인해 '통곡'하는 장면을 연기하는 것을 못마땅해했다. 울기만 하니 분위기가 몹시 슬퍼진다는 것이었다. 펑더화이는 이렇게 말했다. "사람이 죽었는데 왜 울지 말라고 하는 거지?"

무대 위의 축영대는 결국 입대하지 않고 못다 한 사랑을 위한 죽음을 선택했다. 현실에서는 영원히 뜻을 이룰 수 없다는 환각 속에서 사랑하는 두 사람은 나비가 되어 춤추듯 날아갔다.

지원군 장병들은 이 대목에서 감동하고 또 경이로워했다.

한반도 땅에 선혈을 흘리며 죽어간 그 젊은 병사들도 이후의 기나긴 세월 속에서 더 이상 전쟁을 겪지 않은 사람들의 기억 속에 알록달록한 오색나비처럼 남아 있을지도 모를 일이다.

누군가 펑더화이에게 같이 춤을 추자고 청했지만, 그는 춤출지 모른다고, 한 번도 춰본 적이 없다고 했다.

다시 펑더화이에게 춤추자고 청한 사람은 나이 어린 소녀였다. 샤오옌처럼 커다란 눈을 가진 소녀였다. 펑더화이는 소녀에게 말했다. "애야, 나랑 같이 한 바퀴 걷자꾸나!"

이렇게 초췌한 노장군이 꽃다운 소녀의 손을 잡고 함께 걷기 시작했다. 그들은 아주 천천히 거닐었다. 아름다운 선율이 그들의 평온한 발걸음 속으로 느릿느릿 흘러들었다. 소녀는 고개를 들어 펑더화이를 바라보았다. 그의 얼굴에는 노련하고 침착한 기운이 어려 있었다.

모두가 울고 있었다.

한국전쟁을 회고하면서 중국인민지원군 총사령관 펑더화이는 이렇게 말했다.

"3년이라는 격전을 치른 후 세계 최대의 자본주의 산업강국이 자랑하던 일류 군대는 그들이 원래 침략을 시작한 곳에서 발이 묶였다. 거기서 한걸음도 넘지 못했을 뿐 아니라 도리어 갈수록 곤경에 빠져들었다. 이는 중대한 국제적 의의를 지닌 교훈이다. 수백 년에 걸쳐 서방의 침략자가 동방의 어느 해안에 대포 몇 문을 놓기만 하면 한 나라를 무력으로 점령할 수 있던 시대는 이제 더 이상 되풀이되지 않는다는 현실을 웅변으로 증명한 것이다."

1997년 6월~1999년 11월

광저우~베이징

2008년 11월~2009년 2월

베이징에서 개정

50여 년 전에 발발한 한국전쟁은 제2차 세계대전 이후 참전국 수가 가장 많고 사상자 규모도 가장 큰 전쟁이었다. '세계에서 대규모 병력이 작전하기 가장 부적합한' 지역에서 무기장비의 격차가 극도로 현저했던 교전 쌍방은 세계 전쟁사상 가장 복잡한 참호를 구축했다.

3년 후, 전쟁은 발발 당시의 그 지점에서 중지되었다.

내가 거의 4년이라는 시간을 들여 『한국전쟁』을 집필한 것은 옛일을 되돌아보기 위해서만은 결코 아니었다.

한 권의 책을 집필한다는 측면에서만 본다면 『한국전쟁』은 1년이면 충분히 완성할 수 있었다. 참고할 만한 자료가 풍부하고 취재 가능한 대상도 많았기 때문이다. 하지만 나는 사료를 수집·대조하고 전쟁을 직접 겪은 이들을 취재하는 데만 2년이 넘는 시간을 들였다. 그때 나는 광저우에서 작업 중이었는데 우리 집 대문 밖을 나서면 남부 대도시에서 가장 번화한 상업거리가 있었다.

그 눈부신 생활의 경관이 눈앞에 어른거리기도 했지만, 나는 밤낮으로 수십 년 전에 일어난 전쟁을 분석했고 전쟁에서 발생한 복잡 다변한 역사적 사실을 분석했다. 그렇게 해서 교전 쌍방이 매일 내린 작전 결정과 작전 행동, 작전 전략을 파악했고, 산봉우리의 양쪽에서 교전을 벌이던 병력 규모와 무기의 종류를 파악했다. 이 산봉우리를 수비하던 지원군 소대장의 이름은 무엇이고 분대장의 고향은 어디인가? 전선에서 대규모 병력이 진군하는 과정에서 어느 부대가 작전 목적지에 먼저 도달했는가? 작전 목표를 최종적으로 달성하는 데 가장 중요한 세부 사항은 무엇이었는가? 전후에 동일한 사건에 대한 당사자들의 기억 중 다른 부분이 있는가? 같은 사건을 다룬 각국의 사료에도 다른 부분이 있는가? 세부적인 사료의 출처는 어디인가……. 이렇게 꼬박 2년을 보내고 나니 전장에서 매일 있었던 일들이 내가 직접 겪은 듯 익숙하게 마음속에 새겨졌다.

이렇게 품을 들인 작업을 했는데도 불구하고 나는 섣불리 펜을 들지 못했다.

스스로에게 물었다. '나는 왜 이 책을 쓰려고 하는가? 독자는 왜 이 책을 읽어야 하는가?'

전쟁은 유사 이래 인류가 평화를 제외하고 직면하는 유일한 또다른 생활 형태다. 인류의 평화로운 생활 모습은 음악과 시 그리고 그림 속에 훨씬 더 많이 담겨 있지만, 동서고금을 통틀어 방대한 분량의 역사 서적을 펼쳐 보면 사람을 감동시키는 수많은 글 가운데 전쟁을 기술하지 않은 것이 없다.

인류는 왜 이처럼 방대한 분량을 전쟁에 할애한 것일까?

근본적인 이유는 생명을 지키기 위한 가장 직접적인 행동이 바로 전쟁이기 때문이다.

1998년 여름 가장 무더웠던 어느 날, 나는 당시 지원군 주력군 주력사단 주력연대의 연대장이었던 판뎬언을 만났다. 1950년 11월 30일, 한반도 서부의 송골봉 전장은 미군이 퍼부은 포탄으로 인해 맹렬한 불길이 타오르고 있었다. 그 한가운데 있던 판톈언의 연대는 총알을 다 소진하고 말았다. 장병들은 총알구멍이 난 몸을 이끌고 필사적으로 쌍방 모두가 다 타서 재가 될 때까지 미군 병사들을 물고 늘어졌다. 전후에 판톈언은 일본어로 출판된 『한국전쟁 명인록』에 유일하게 수록된 중국군 연대장이 되었다. 수십 년이 지나 전쟁도 모두의 기억 속에서 잊히는 듯하다. 연로한 판톈언은 셀 수도 없이 많은 작은 알약에 의지해 극도로 쇠약해진 생명을 유지하고 있었다. 판톈언과 그의 병사들은 세계적으로 가장 잔혹했던 전투를 온몸으로 겪었지만, 이제 그는 끔찍한 전쟁 장면을 진술할 만한 힘도 남아 있지 않았다.

"원래는 걸식하던 한 아이가 나중에 내 경호병이 되었지요. 그러다 한강 남쪽 기슭에서 미군 비행기에 폭격당했습니다. 우리는 나무판 몇 개로 덮어 그를 묻어주었습니다. 얼마나 많은 병사가 죽었는지 살펴볼 틈도 없이 부대는 곧바로 돌진했습니다. 귀국하고 나서 나는 그가 살던 고향 정부에 편지를 보냈어요. 그 아이의 가족을 찾으려고 했지만 아무런 회답이 없었습니다. 그렇게 여러 해가 흐르면서 만약 그의 가족을 찾으면 그들의 생활을 내가 책임지겠다고 생각해왔습니다."

수많은 격전을 치른 지휘관 그리고 세상에 이름을 떨친 전투영웅이라는 그가 말년에 겪은 전쟁 속에서 잊을 수 없는 일은 일개 병사였다. 판톈언은 눈에 혼탁한 노인네의 눈물이 그렁한 채 이렇게 말했다.

"진정한 전투에서 영웅은 바로 이런 병사들입니다."

병사란 전쟁 속에서 가장 평범하면서도 가장 중요하고 수적으로 가장 많은 사람들이다. 그들은 내가 『한국전쟁』을 집필하는 유일한 동력이 되었다.

나는 드디어 펜을 들었다.

지원군 병사들은 극도로 엄혹한 전쟁 상황에서 누구와도 견줄 수 없을 정도로 용감하게 전투를 치렀다. 그들은 홑옷을 입고 차디찬 개마고원에 매복해 있다가 도보로 미군의 전차를 추격했다. 그들은 한번 쓰러지면 다시 일어나 시체를 넘어 계속 적진으로 돌격했다. 아마도 전투는 최후의 일인까지 이어졌으리라. 그들은 대빙하의 가장자리에서 한 사람 한 사람씩 몸을 굴려 지뢰매설 구역으로 들어가 돌격하는 부대를 위해 길을 열어주었다……. 하나같이 젊었던 병사들은 그렇게 감히 상상도 할 수 없는 놀라운 상황 속에서 죽어갔다.

『한국전쟁』 집필에 대해서 말하자면, 전쟁의 역사를 생생하게 기술하는 것은 무척 중요하며, 전쟁 속에 투영된 민족정신의 역사를 심도 있게 기술하는 것은 더욱 중요하다. 전자는 '어제'의 일이지만 후자는 오늘날 계승될 수 있는 것이고 우리의 내일에 영향을 미칠 수 있기 때문이다. 나는 오늘을 사는 독자들이 『한국전쟁』에 등장하는 조국, 민족, 이상, 정신, 신념 그리고 의지 등의 요소들을 통해 자신의 선대를 잘 이해하도록 하는 데 역점을 두었다. 더불어 모든 개인, 군대, 민족이 시기에 관계없이 늘 갖추고 있어야 할 꺾이지 않는 정신을 배우도록 하는 데 힘을 기울였다.

『한국전쟁』은 처음에 『극동 한국전쟁遠東 韓國戰爭』이라는 제목으로 출판되었다. 이제 개정판을 내면서 대다수 독자들의 의견을 수렴해 『한국전쟁』으로 제목을 수정해 출판한다. 개정하는 과정에서 군사전문가들의 의견을 수렴했으며, 이 책에 인용된 모든 전문電文을 다시 일일이 대조 확인하는 작업을 거쳤다. 더불어 국내외 일부 독자들의 건의를 수용해 이 책이 처음 출판된 후에 나온 미군 측의 최신 전쟁사료도 인용했다.

초판을 펴낸 1999년에서 2009년에 이르기까지 꼬박 10년이 흘렀다. 이 10년 동안 나는 베이징의 버스 안에서 이 책을 읽는 청년을 보았고, 옌타이煙台로 향하는 비행기 안에서 이 책을 읽는 중년의 독자도 보았다. 내게 이 책을 요청했던 야전군 정치위원과 군 사령관을 만난 적도 있었다. 선양瀋陽의 한 퇴직 노동자는 이 책을 살 돈이 없어서 신문에 연재된 부분을 일일이 오려 붙여 한 권의 두꺼운 책으로 엮었다. 그러고는 여러 사람을 거쳐 내게 전달해서 출판된 책 한 권과 바꿔 소장하고 싶다고 부탁했다. 한국전쟁 당시 두 눈을 잃은 헤이룽장黑龍江의 한 노병은 남동생에게 이 책을 세 번이나 읽어달라고 했다. 장시江西의 한 교통경찰은 이 책을 다 읽은 후 60만 자에 육박하는 이 책속에서 오자 하나를 발견하고는 이를 지적하는 편지를 보내오기도 했다. 이 책을 꼬박 반년 동안 연재한 선양일보瀋陽日報의 편집자는 전화를 걸어 음력 섣달 그믐날 밤에 누군가 신문 열람대 앞에 서서 연재된 글을 보고 있었는데 그날 선양에는 눈발이 자욱하게 흩날리고 있었다고 전해주었다.

모든 독자에게 감사드리며, 『한국전쟁』이 출판된 후 많은 시간이 흘러도 읽어볼 만한 가치가 있는 책으로 남기를 바란다.

2009년 2월 20일 베이징에서

한국전쟁

| 1판 1쇄 | 2013년 6월 24일 |
| 1판 5쇄 | 2020년 4월 13일 |

지은이	왕수쩡
옮긴이	나진희 황선영
펴낸이	강성민
편집장	이은혜
기획	노승현
책임편집	김인수
마케팅	정민호 김도윤 고희수
홍보	김희숙 김상만 오혜림 지문희 우상희 김현지
독자모니터링	황치영

펴낸곳	(주)글항아리	출판등록 2009년 1월 19일 제406-2009-000002호

주소	10881 경기도 파주시 회동길 210
전자우편	bookpot@hanmail.net
전화번호	031-955-2696(마케팅) 031-955-2670(편집부)
팩스	031-955-2557

ISBN	978-89-6735-055-0 03900

글항아리는 (주)문학동네의 계열사입니다.

이 도서의 국립중앙도서관 출판예정도서목록(CIP)은 서지정보유통지원시스템 홈페이지(http://seoji.
nl.go.kr)와 국가자료종합목록 구축시스템(http://kolis-net.nl.go.kr)에서 이용하실 수 있습니다.
(CIP제어번호 : 2013008028)

잘못된 책은 구입하신 서점에서 교환해드립니다.
기타 교환 문의 031-955-2661, 3580

geulhangari.com